ABRAHAM

Patriarche biblique (Genèse, 12-25). Abraham obéit aveuglément à Dieu qui lui demande de quitter la patrie de ses pères pour aller en un pays inconnu, le pays de Canaan (la « Terre promise »), qu'il destine à son peuple. Dieu a promis à Abraham une postérité innombrable. Parce qu'elle est stérile, sa femme Sara lui demande de lui donner des enfants avec sa servante, Agar, qui engendre un fils, Ismaël, ancêtre des Arabes. Alors qu'Abraham est âgé de 99 ans, Dieu lui confirme qu'il aura un fils avec Sara. Mais ce fils si longtemps attendu — Isaac, ancêtre des Israélites —, Dieu en demande aussitôt le sacrifice à Abraham, qui n'hésite pas, emmène Isaac sur une montagne où le sacrifice doit avoir lieu. Au moment où il lève son couteau sur Isaac, l'ange du Seigneur apparaît et arrête Abraham, qui remplace l'enfant par un bélier : « Parce que tu as fait cela, que tu ne m'as pas refusé ton fils, ton unique, je te comblerai de bénédictions... » Selon certaines lectures du Coran (*cf.* Sourate 37, 98-113), c'est Ismaël qui a été demandé en sacrifice.
De part en part, « Abraham crut en Yahvé, qui le lui compta comme justice ».
L'histoire d'Abraham est donc à double titre un symbole religieux :
1. Elle manifeste que la foi* soutient la volonté contre toute raison, et même lorsqu'il n'y a plus de raison d'espérer (saint Paul*, Épître aux Romains, 4). C'est parce qu'il fait preuve d'une subordination aussi totale de sa volonté et de sa raison aux décrets divins, illustrant ainsi l'abnégation requise par le véritable esprit de la foi, qu'Abraham est, en retour, promis par Dieu à une puissance inégalable.
2. L'exil du peuple juif, que Dieu exige d'Abraham, tend à souligner que ce véritable esprit de la foi ne peut être préservé du paganisme que par un recul toujours renouvelé vis-à-vis des préoccupations de l'univers social dans lequel cette foi est vécue : ce n'est pas la loi, mais la foi qui est « comptée comme justice » (saint Paul, *ibid.*).
La figure d'Abraham est reconnue par les trois grandes religions monothéistes : le judaïsme*, le christianisme* et l'islam*. *Cf.* aussi Kierkegaard.

● **CORRÉLATS :** foi ; christianisme ; islam ; judaïsme ; religion.

ABSOLU

(n. m. et adj.) ● **ÉTYM. :** latin *absolutus*, « séparé », « achevé ». ● **SENS ORDINAIRE :** caractérise, dans des expressions comme « pouvoir absolu », « amour absolu », une réalité portée à son plus haut degré et ne comportant aucune restriction. ● **MÉTAPHYSIQUE :** désigne un ordre de réalité parfait, autosuffisant, ne se fondant que sur soi.

Absolu s'oppose d'abord à relatif*. En ce sens, est absolu ce qui ne dépend

(pour exister, être vrai...) que de soi et de rien d'autre que de soi. Par exemple, une proposition comme « Il fait beau » n'est pas une vérité absolue parce que sa vérité dépend de conditions atmosphériques précises ; ou encore : un être vivant n'est pas absolu parce que sa subsistance dépend de conditions extérieures (l'air, l'eau, les aliments...). L'absolu renvoie donc d'abord à une forme extrême d'indépendance et d'autosuffisance. Une chose qui ne présuppose rien d'autre qu'elle-même ne dépend donc d'aucune condition antérieure : l'absolu est toujours un terme premier. Ici encore, on peut distinguer deux niveaux. Dans l'ordre de la connaissance, absolu renvoie à une proposition définissant une vérité première qui permet d'en expliquer d'autres mais qui ne s'explique pas elle-même par d'autres (ce qu'Aristote* nomme un principe). Dans l'ordre de l'être*, absolu qualifie une réalité première qui est au fondement et à la source de toutes choses mais qui n'existe elle-même que par sa propre vertu (Dieu*). Mais le problème de l'accessibilité de ces réalités ou connaissances absolues se pose aussitôt : l'homme peut-il espérer accéder à un état d'autosuffisance complet ? D'autre part, peut-il espérer connaître des vérités premières qui permettent de comprendre la totalité de ce qui est ?
Dans un second sens, absolu s'oppose à limité, imparfait. Le pouvoir* absolu est celui qui peut s'exercer partout sans rencontrer jamais d'entrave ni de résistance. Une justice* absolue serait une justice pure, sans compromission aucune. L'absolu signifie donc pour une réalité, ou pour un idéal, sa réalisation complète, son achèvement parfait. La question est alors de savoir si l'absolu renvoie à une simple exigence de la raison (Kant*) sans pouvoir jamais rencontrer une réalisation concrète (la justice absolue n'est qu'une valeur vers laquelle il faut tendre mais qui ne désignera jamais qu'un idéal), ou si l'histoire des hommes ne constitue pas la réalisation progressive de cet absolu (Hegel*).

● **Termes voisins :** achevé ; autosuffisant ; infini ; anhypothétique.
● **Termes opposés :** contingent ; fini ; imperfection ; limité ; relatif.
● **Corrélats :** connaissance ; chose en soi ; esprit ; être ; fondement.

ABSOLUTISME

Cf. Hobbes.

ABSTRACTION

(n. f.) ● **Étym. :** latin *abstractio*, de *abstrahere*, « tirer », « enlever ». ● **Sens ordinaire :** idée éloignée de la réalité, chimère. ● **Philosophie : 1.** Action de l'esprit consistant à isoler un élément (une propriété, une relation...) d'une représentation (de personne, de chose...) ou d'une notion. **2.** Résultat de cette action (ex. : « La blancheur ou la dureté en général sont des abstractions »).

Les mots abstraction, abstrait sont souvent employés de façon péjorative, comme synonymes de « vague », « invérifiable », « sans rapport avec la réalité* ». L'usage philosophique coïncide en revanche avec le sens propre du mot abstraction. Constitutive de la pensée et du langage, l'action d'abstraire, loin d'être sans rapport avec la réalité (le concret), consiste au contraire à en considérer les différentes composantes : c'est l'opération de l'esprit qui permet, en les traitant séparément, de donner aux qualités des choses et des personnes, aux relations qui les unissent, aux valeurs que nous leur attribuons, à la fois une existence stable et un nom. Des abstractions comme la blancheur, la grandeur, mais aussi la justice ou la liberté, sont des propriétés des choses, dont l'identification structure notre connaissance* du réel, puisqu'elle nous fournit des critères de distinction, de regroupement, de comparaison, etc.

● **Termes voisins :** concept ; idée.
● **Terme opposé :** concret. ● **Corrélats :** catégorie ; concept ; connaissance ; pensée ; réalité ; représentation.

ABSURDE

(adj. et n. m.) ● **Étym. :** latin *absurdus*, « discordant », de *surdus*, « sourd ». ● **Sens ordinaire :** contraire au sens commun. ● **Logique :** qui comporte une contradiction. ● **Philosophie et littérature :** qui n'a pas de sens. Selon l'existentialisme, le monde est absurde, puisqu'il n'a pas de sens ; on parle aussi de « littérature » ou de « théâtre de l'absurde » pour désigner des œuvres qui illustrent ce thème (Ionesco, Beckett, Sartre, Camus...).

C'est au XIXe siècle, avec Schopenhauer*, que le thème de l'absurde fait son entrée sur la scène philosophique. Pour Schopenhauer, la vie est absurde, car elle n'a pas d'autre raison d'être que celle d'un « vouloir-vivre » aveugle et sans but. Cette prise de conscience de l'absurdité du monde justifie, à ses yeux, le pessimisme et le détachement. On peut, avec Nietzsche*, voir dans cette attitude une conception négative de la vie*, héritée du christianisme. Pourquoi, en effet, le sentiment de l'absurde devrait-il s'accompagner de souffrance et de renoncement ? Pour Camus*, loin d'engendrer un rejet dédaigneux du monde, la prise de conscience de l'absurde doit conduire, au contraire, à l'action et à la révolte, c'est-à-dire au double refus de la passivité nihiliste et de la consolation religieuse. Sans illusion, mais aussi sans renoncement, le héros mythique Sisyphe* accepte son destin en toute lucidité. Selon Sartre* et l'existentialisme*, si le sens du monde n'existe pas, s'il n'est pas donné, c'est qu'il est à construire. C'est pourquoi l'angoisse* éprouvée devant l'absurde n'est pas tant liée à l'absence de sens, qu'à la prise de conscience de ma liberté et de ma responsabilité devant un monde dont il dépend de moi qu'il ait ou non un sens, c'est-à-dire qu'il soit ou non conforme à ma définition de l'humanité.

● **TERMES VOISINS** : incohérent ; irrationnel. ● **TERMES OPPOSÉS** : cohérent ; sensé.

RAISONNEMENT PAR L'ABSURDE

Raisonnement qui établit la vérité d'une proposition en montrant que sa contradictoire aboutit à une conséquence dont la fausseté est connue. Par exemple, pour démontrer que la perpendiculaire est plus courte que toute oblique, on montre qu'il est absurde de poser la contradictoire, à savoir qu'une oblique est plus courte que la perpendiculaire.

● **CORRÉLATS** : acte gratuit ; angoisse ; désenchantement ; existence ; existentialisme ; mort de Dieu (cf. Nietzsche) ; néant.

ACCULTURATION

(n. f.) ● **ÉTYM.** : mot anglais *acculturation*. ● **SENS ORDINAIRES** : **1.** Assimilation par un groupe minoritaire (société traditionnelle, immigrants...) des systèmes de représentation d'un groupe dominant. **2.** Abandon des traditions ou des systèmes de références que cette assimilation entraîne, avec l'ensemble de ses conséquences possibles (souffrance individuelle, phénomène de déviance ou de délinquance, mais aussi métissages culturels). ● **PSYCHOLOGIE** : adaptation d'un individu à son environnement social et culturel. ● **ETHNOLOGIE ET SOCIOLOGIE** : processus par lequel un individu ou une société se familiarisent avec les valeurs et les normes d'une autre culture, puis, éventuellement, les assimilent.

● **TERME VOISIN** : métissage. ● **TERME OPPOSÉ** : intégrité (culturelle). ● **CORRÉLATS** : culture ; civilisation ; multiculturalisme.

ACQUIS

Cf. Inné.

ACTE

(n. m.) ● **ÉTYM.** : latin *actum*, « action », « fait accompli », du verbe *agere*, « agir », « faire ». ● **SENS ORDINAIRE** : exercice effectif d'un pouvoir physique ou spirituel de l'homme (ex. : « être responsable de ses actes »). ● **MÉTAPHYSIQUE** : **1.** Mouvement volontaire d'un être ; changement considéré par rapport à l'individu qui le produit. **2.** Réalisation ou accomplissement d'une virtualité, par opposition à la puissance.

C'est à Aristote* que nous devons cette distinction, devenue classique, entre l'être en puissance* et l'être pleinement réalisé, c'est-à-dire en acte. Mais la notion d'acte a pour lui deux sens : l'acte est d'une part la forme* par opposition à la matière* (la matière achevée par opposition au bloc de marbre), d'autre part l'exercice même de l'activité par

◆ **Action**

opposition à la puissance ou virtualité (le fait de parler par opposition au fait d'être susceptible de parler). Seul Dieu* est acte pur, soustrait au devenir.

● **TERMES VOISINS :** accomplissement ; action ; activité ; entéléchie ; forme. ● **TERMES OPPOSÉS :** potentialité ; puissance ; virtualité.

ACTE MANQUÉ

Phénomène incontrôlé du comportement humain qui traduit des pulsions ou intentions inavouées, voire inavouables (*cf.* Lapsus).

ACTE GRATUIT

Acte qui n'est apparemment pas motivé et qui, de ce fait, manifeste l'existence d'une liberté absolue, assimilée à la liberté d'indifférence*. Un crime sans mobile est l'acte gratuit type (voir *les Caves du Vatican* d'André Gide, et aussi le film *La Corde* d'Alfred Hitchcock). Thème de prédilection de la littérature et de la philosophie existentialiste, l'« acte gratuit » reste une notion philosophiquement problématique : la volonté de prouver la liberté par un acte supposé sans mobile constitue en effet, par elle-même, un mobile.

● **CORRÉLATS :** action ; matière ; mouvement.

ACTION

(n. f.) ● **ÉTYM. :** latin *actio*, de « faire, agir ». ● **SENS ORDINAIRE :** fait de produire un ou des effets dont on est la cause en modifiant des objets (choses, autres personnes ou soi-même), et par lequel on réalise volontairement une intention. ● **PHYSIQUE :** effet de l'ensemble des forces exercées par un système sur un autre. ● **ESTHÉTIQUE :** suite de faits et d'actes constituant le sujet d'une œuvre dramatique ou narrative, intrigue.

On appelle « philosophies de l'action » toutes les doctrines qui soutiennent la primauté de l'action par rapport à la connaissance (pragmatisme*, utilitarisme*, humanisme*). Dans une autre perspective mais selon le même schéma, la philosophie antique opposait déjà l'action et la contemplation*. D'une façon générale, le terme désigne l'exercice de la faculté d'agir, c'est-à-dire la capacité de déployer une énergie en vue d'une fin. Cette fin peut être particulière : ainsi, chez Freud*, l'« action spécifique » est le processus nécessaire à la satisfaction d'une tendance interne (comprenant l'intervention adéquate sur le milieu externe, et les réactions de l'organisme lui-même). Mais les fins que nous nous donnons sont aussi morales et universelles : *action* est alors synonyme de « pratique* », et désigne l'ensemble de nos actes, en particulier de nos actes volontaires, qui sont susceptibles d'être qualifiés moralement.

● **TERMES VOISINS :** acte ; effort ; réalisation ; travail. ● **TERMES OPPOSÉS :** contemplation ; inaction ; pensée ; réflexion ; théorie. ● **CORRÉLATS :** contemplation ; création ; force ; morale ; pratique.

ADÉQUATION

(n. f.) ● **ÉTYM. :** latin *adœquatus*, « rendu égal ». ● **SENS ORDINAIRE :** adaptation ou égalité parfaite entre deux éléments distincts (une mesure doit être adéquate à ce qui est mesuré).

L'adéquation désigne traditionnellement la correspondance entre l'esprit et la chose représentée, correspondance qui définit elle-même la vérité*. Ainsi, si je pense comme « rouge » un objet rouge, mon idée de cet objet correspond à la réalité et je suis dans le vrai. L'adéquation n'est donc pas une équivalence vague, mais elle structure la possibilité du jugement* comme mode d'accès rigoureux aux choses.

● **TERMES VOISINS :** correspondance ; égalité. ● **CORRÉLATS :** jugement ; vérité.

ADMIRATION

(n. f.) ● **ÉTYM. :** latin *admiratio*, « étonnement, surprise ». ● **SENS ORDINAIRE :** sentiment d'étonnement et de joie devant ce qu'on juge extraordinaire, imprévu, beau, noble ou grand.

Chez Aristote* ou chez Spinoza*, l'admiration est une passion issue de l'ignorance : le vulgaire admire que les choses soient comme elles sont et s'en émerveille comme un sot. Cette passion disparaît avec la connaissance vraie et impassible de l'ordre de la nature. Mais l'admiration peut aussi être vue comme propre à susciter la réflexion : pour Descartes*, elle est ainsi la passion proprement philosophique et la première de toutes. C'est une « subite surprise de l'âme qui fait qu'elle porte à considérer avec attention les objets qui lui semblent rares et extraordinaires » (*Les Passions de l'âme*, art. 53). Ces objets peuvent être esthétiques ou métaphysiques, et procurent à l'âme un sentiment de joie, comme à la fin de la *Troisième Méditation*, où Descartes s'arrête devant Dieu pour « considérer, admirer, et adorer l'incomparable beauté de cette immense lumière ».

● **TERMES VOISINS :** adoration ; émerveillement ; enthousiasme ; extase ; ravissement. ● **TERMES OPPOSÉS :** dédain ; indifférence ; mépris. ● **CORRÉLATS :** amour ; connaissance ; étonnement.

ADORNO Théodor W. (1903-1969)

REPÈRES BIOGRAPHIQUES

Né à Francfort d'un père juif allemand et d'une mère musicienne, Adorno commence par étudier la musique et devient l'ami des plus grand musiciens de son temps. Séduit par la philosophie dès sa rencontre avec Walter Benjamin en 1923, il soutient une thèse sur Kierkegaard en 1931, et devient l'un des principaux membres de l'école de Francfort, qu'il suit dans son exil américain, avant de se réinstaller à Francfort avec Horkheimer au début des années 50.

Sa double formation musicale et philosophique incite très tôt Adorno à chercher à comprendre, à travers ces deux disciplines, le sort réservé à l'art* et à la culture* modernes dans les sociétés dominées par la rationalité* technologique. La grande diversité de ses intérêts et de ses références rend difficile l'exposé systématique de sa philosophie. Celle-ci prend d'ailleurs, le plus souvent, la forme de textes courts, de fragments, voire d'aphorismes. Une des idées maîtresses d'Adorno est celle de dépérissement, de crise du sens* : comment comprendre l'autodestruction de la raison* qui semble caractériser le XXᵉ siècle ? Détournée de ses objectifs initiaux, la raison, après avoir permis la domination de l'homme sur la nature, devient l'instrument de la domination de l'homme par l'homme. Même la soi-disant démocratisation de la culture ne serait rien d'autre qu'une gigantesque « mystification des masses » par ceux qui en ont la maîtrise. Mais l'expérience et la création esthétiques n'en sont pas moins l'un des derniers modes de résistance accessibles à l'individu : Adorno est un défenseur convaincu de la modernité en art. Un autre grand thème de sa réflexion est la remise en cause du primat de la seule pensée*, afin de redonner toute sa valeur à la pratique*, au corporel, « qualitativement différent » de la raison à laquelle il est lié.

● **PRINCIPAUX ÉCRITS :** *Dialectique de l'Aufklärung* (1947) ; *Minima moralia* (1951) ; *Dialectique négative* (1966) ; *Théorie esthétique* (publié en 1970).

ADVENTICE

(adj.) ● **ÉTYM. :** latin *advenio*, « arriver, advenir ». ● **SENS ORDINAIRE :** qui survient accidentellement (une « plante *adventice* » : une plante qui pousse sans avoir été semée). ● **PHILOSOPHIE :** plus spécialement chez Descartes (*cf. Troisième Méditation*), qualifie une idée qui nous vient « de l'extérieur », par la voie des sens, par opposition aux idées innées (que nous possédons dès la naissance) ou factices (que nous produisons nous-mêmes).

● **CORRÉLATS :** acquis ; idée ; inné.

AFFECT

(n. m.) ● **ÉTYM. :** latin *affectus*, « état affectif, disposition ». ● **PHILOSOPHIE :** état affectif élémentaire, agréable ou pénible. ● **PSYCHANALYSE :** tout état affectif coloré positivement (plaisir) ou négativement (déplaisir, tension, peine) ; chez Freud*, l'affect est une notion intermédiaire entre la pulsion (plus ou moins inconsciente, et d'origine physiologique), et le sentiment ou le désir.

● **TERME VOISIN :** émotion. ● **CORRÉLATS :** désir ; passion ; pulsion ; sentiment.

AGNOSTICISME

(n. m.) ● **ÉTYM. :** grec *agnôstos*, « inconnu ». ● **SENS ORDINAIRE :** refus de se prononcer sur des principes absolus. ● **PHILOSOPHIE :** refus de se prononcer sur l'existence ou la non-existence de Dieu.

Le terme agnosticisme est surtout utilisé pour désigner une attitude face à la religion ; mais il peut être employé dans un sens plus général. Il est alors synonyme de scepticisme radical.

● **TERME VOISIN :** scepticisme. ● **TERMES OPPOSÉS :** athéisme ; croyance ; foi. ● **CORRÉLATS :** Dieu ; religion.

AGRESSIVITÉ

(n. f.) ● **ÉTYM. :** latin *adgredi*, « attaquer ». ● **SENS ORDINAIRE :** tendance à l'agression, à l'hostilité. ● **PSYCHANALYSE :** ensemble de tendances susceptibles de se manifester, en particulier chez l'homme, sous la forme d'actions destructrices et violentes (attaquer autrui, le torturer, l'humilier, le tuer...). ● **SENS LARGE** (anglo-saxon) : manifestation de puissance, d'énergie, de vitalité, connotée positivement, et associée chez l'homme à l'esprit d'entreprise.

Les problèmes philosophiques soulevés par la notion d'agressivité sont de deux ordres. En premier lieu, l'agressivité humaine relève-t-elle du seul instinct*, et, si tel est le cas, constitue-t-elle une pulsion spécifique commune à tout le genre animal ? Ou bien n'est-elle qu'une composante naturelle de toutes les activités d'un organisme vivant (se nourrir, s'approprier un territoire, par exemple, s'expriment couramment sur un mode agressif chez l'animal comme chez l'homme) ? Suivant sur ce point le philosophe Hobbes*, Freud* est amené à penser que l'agressivité — sans se confondre pour autant avec la violence* — est une donnée naturelle dont la composante psychologique est néanmoins déterminante. « L'homme est un loup pour l'homme » écrivait Plaute : mais le loup n'est pas un loup pour le loup. En d'autres termes, c'est la société qui suscite et nourrit chez l'homme une agressivité dont les manifestations chez l'animal restent, finalement, assez limitées et plus spectaculaires qu'effectives. Le second problème philosophique, si l'on suit Freud ici encore, est celui du statut, chez l'homme, des pulsions de mort*. Ces pulsions foncièrement destructrices auxquelles Freud accorde une place et une fonction décisives au sein de l'« appareil psychique » (seconde topique*), semblent recouvrir l'ensemble des tendances hostiles que tout homme nourrit spontanément à l'égard de ses semblables. La réalité est cependant plus complexe : l'agressivité est également liée à la sexualité, qui relève des pulsions de vie*. En outre, chez l'homme, les pulsions de mort se manifestent également, et peut-être même prioritairement, comme autoagression (sentiment de culpabilité, refus de guérir, tendances régressives et suicidaires...). L'agressivité débouchant sur la violence* exercée sur autrui constituerait, de ce point de vue, une manifestation quasiment « normale », ou en tout cas nécessaire, à la fois des pulsions de mort et des pulsions de vie, chez l'homme civilisé tout autant (ou même plus !) que chez l'homme sauvage.

● **TERMES VOISINS :** animosité ; attaque ; lutte. ● **CORRÉLATS :** conflit ; guerre ; pulsions de mort ; violence.

ALAIN (1868-1951)

REPÈRES BIOGRAPHIQUES

De son vrai nom Émile Chartier, Alain sera toute sa vie professeur de philosophie, d'abord en classes terminales, puis en Lettres supérieures ; il exercera sur ses élèves (Simone Weil notamment) une influence considérable. Très marqué par la guerre de 14-18 — où il fut brigadier d'artillerie —, et engagé politiquement auprès du mouvement radical, il restera, même au moment de la montée du péril hitlérien, résolument pacifiste.

Les grandes références

La philosophie d'Alain ne se veut ni nouvelle, ni systématique. Il s'agit davantage de trouver dans les grandes philosophies des instruments pour comprendre le monde et évaluer les maux que l'homme doit vaincre pour être pleinement homme.

De Platon*, Alain retient surtout que la philosophie doit dépasser le monde des apparences et de l'opinion, car l'opinion*, même vraie, n'est pas la science. Celle-ci n'est pas seulement la connaissance correcte des effets, mais la connaissance des raisons qui les fondent.

De Descartes*, qui fut son maître, Alain retient d'abord le doute* ; il permet de résister à notre penchant pour la crédulité ; il invite le citoyen à un nécessaire contrôle des pouvoirs, auxquels l'ordre social exige d'obéir, mais qu'il serait dangereux de respecter aveuglément ; il manifeste enfin qu'il n'est pas de pensée véritable sans volonté*, sans résolution de ne pas se laisser prendre aux facilités des explications premières.

C'est encore de Descartes qu'Alain s'inspire lorsqu'il fait de la conscience* le seul fondement de nos pensées. Cela le conduira à refuser l'idée freudienne de l'inconscient*, « fantôme mythologique » incompatible avec la liberté.

De Kant*, Alain retient la théorie critique de la connaissance : nous ne connaissons pas le monde tel qu'il est, mais tel qu'il est construit à travers les formes de l'espace et du temps, et les catégories de l'entendement. Alain méditera aussi la morale* kantienne du devoir. Une action n'est pas moralement bonne en fonction de ses effets, mais en elle-même ; être vertueux, c'est être fidèle à soi-même, à un engagement, à une idée de l'humanité, c'est-à-dire être libre : savoir résister aux intérêts, comme à la contrainte.

Enfin, le positivisme* d'Auguste Comte* a beaucoup influencé Alain, et surtout cette idée que « toutes nos conceptions, sans exception, furent d'abord théologiques ».

Percevoir, c'est juger

Le rationalisme* d'Alain l'amène à développer une théorie de la perception* originale, où le jugement tient toute sa place.

Soit un dé cubique ; ce que je touche, ce sont seulement des arêtes, des pointes, des surfaces lisses, mais, réunissant toutes ces apparences* en un seul objet, je juge qu'il est cubique. La perception est déjà une fonction d'entendement », et en cela, elle est science*. Il s'ensuit que les apparences ne sont jamais trompeuses en elles-mêmes. La perception vraie sauve toutes les apparences, les ordonne et les explique, mêmes celles qui passent pour mensongères : percevoir correctement la brisure du bâton dans l'eau, ce n'est pas ne pas voir cette brisure, c'est la juger d'après les lois optiques qui l'expliquent.

L'imagination et les passions

Si le monde bien perçu l'est grâce à l'entendement, le monde mal connu l'est par la faute de l'imagination*, qu'Alain définit comme une perception fausse. Excepté l'imagination créatrice, qui se matérialise en un objet (l'œuvre d'art), l'imagination est, comme le disait Malebranche*, « une folle » : elle ne produit pas des images, mais de l'imaginaire.

La théorie de l'imagination permet de comprendre les passions* : le passionné est celui qui est dominé par son imagination et, comme l'enfant ou le fou, peuple le monde de ses phantasmes. Par la connaissance qu'elle donne des passions, la philosophie permet de les modérer et de vivre en être raisonnable. Elle est donc fondamentalement une éthique*.

● **Principaux écrits :** *Propos* (1908-1919) ; *Système des beaux-arts* (1920) ; *Les Idées et les âges* (1927) ; *Propos sur le bonheur* (1929) ; *Idées* (1932) ; *Éléments de philosophie* (1940).

ALEMBERT Jean le Rond d' (1717-1783)

Repères biographiques

Membre de l'Académie des sciences, puis de l'Académie française, d'Alembert est l'un des mathématiciens et des physiciens les plus importants du XVIIIe siècle, et aussi, grâce à l'*Encyclopédie* qu'il dirige avec Diderot, un représentant éminent de la philosophie des Lumières.

La philosophie de d'Alembert est surtout une philosophie des sciences. Il veut concilier « la géométrie et l'expérience », le rationalisme cartésien et l'esprit expé-

...tal qui anime la physique du XVIIIe siècle depuis Newton. Pour lui, les sciences physiques ne sont pas purement empiriques, puisque, si elles ont des objets concrets, ces derniers n'en sont pas moins descriptibles au moyen d'abstractions mathématiques, et que leurs propriétés peuvent être retrouvées déductivement à partir de principes. Selon d'Alembert, la science doit explorer et approfondir sans limites les données de la nature*. En homme des Lumières*, il pense que le progrès de la connaissance peut entraîner un progrès social et moral : cette idée fit de lui un des chefs du « parti philosophique » luttant contre l'obscurantisme*, l'absolutisme politique et le pouvoir de l'Église. Il contribua fortement à la diffusion de telles idées en les propageant dans les diverses académies dont il fut membre.

● **Principal écrit** : *Discours préliminaire à l'Encyclopédie* (1751).

ALÊTHÉIA

(n. f.) ● **Étym.** : terme grec formé du *a* privatif et de *lanthano*, « être caché ». *Alêthéia* signifie donc littéralement : « ce qui n'est pas recouvert ».

Prise en son sens strict, l'*alêthéia* est ce que dévoile une parole qui ne comporte ni mensonge ni erreur. C'est donc par ce terme que les Grecs, et tout particulièrement Platon*, désignaient la vérité* de l'être en tant qu'elle ne demeure pas cachée à l'homme. Heidegger* a tenté de revenir à cette conception de la vérité comme dévoilement* pour l'opposer à celle de la vérité comme adéquation*. Il s'agissait, pour lui, de montrer que le *Dasein** expérimente en quelque sorte la vérité de l'être par le fait d'exister et en deçà de toute connaissance objective.

● **Termes voisins** : ouverture ; révélation. ● **Corrélats** : dévoilement ; être ; vérité.

ALIÉNATION

(n. f.) ● **Étym.** : latin *alienus*, « étranger », de *alius*, « autre ». ● **Droit** : vente ou cession d'un bien ou d'un droit ; c'est en ce sens que Rousseau, dans *Du contrat social*, parle de l'aliénation de la liberté naturelle en échange d'une liberté civile. ● **Psychologie** : état de celui qui ne s'appartient plus et présente des troubles mentaux tels qu'il ne peut être tenu pour responsable de ses actes. ● **Sens large et philosophique** : processus non conscient par lequel un individu est dépossédé de ce qui le constitue au profit d'un autre, qui l'asservit.

Le concept d'aliénation apparaît d'abord chez Hegel* et renvoie à un double mouvement. L'esprit*, pour s'accomplir, doit s'extérioriser, s'objectiver dans une œuvre (*Entäusserung*), mais aussi et du même coup se rendre étranger à lui-même (*Entfremdung*). L'histoire est, selon Hegel, le processus par lequel l'esprit, se perdant d'abord, se retrouve, en fait, et s'accomplit à travers ses réalisations : l'art, la religion et enfin la philosophie. Disciple, puis critique de Hegel, Ludwig Feuerbach* reprend le concept d'aliénation, mais en un sens uniquement négatif. Selon Feuerbach, l'homme projette en un au-delà les qualités qui lui sont propres. Dieu n'est que l'essence de l'humanité rendue étrangère à elle-même. La critique de la religion comme aliénation doit permettre à l'homme de réaliser son essence. Cette critique de l'aliénation religieuse est, selon Marx*, insuffisante. Il faut encore comprendre pourquoi l'homme a besoin de religion, que Marx qualifie d'« opium du peuple ». C'est pourquoi, si Marx, dans ses premiers écrits, utilise à son tour le concept d'aliénation, c'est pour l'appliquer à l'analyse du travail salarié, l'aliénation essentielle étant, selon lui, de nature économique et sociale. En vendant sa force de travail, le travailleur devient étranger à son travail*, considéré aussi bien comme processus (le travail est « divisé », « parcellarisé ») qu'en tant que produit (qui échappe au travailleur salarié, puisqu'il n'en est pas le propriétaire). L'aliénation recouvre ici à la fois une dépossession psychologique et une dépossession économique. Cette ambiguïté amènera Marx à renoncer à l'usage de ce terme, et à parler d'exploitation et non d'aliénation lorsqu'il s'agit de décrire les rapports sociaux de production, et d'idéologie* lorsqu'il s'agit de rendre compte de la façon illusoire dont les hommes se représentent leurs conditions matérielles d'existence.

● **TERMES VOISINS** : asservissement ; dépossession. ● **TERME OPPOSÉ** : liberté. ● **CORRÉLATS** : communisme ; idéologie ; liberté ; religion ; servitude ; travail.

ALLÉGORIE

(n. f.) ● **ÉTYM.** : grec *allos*, « autre » et *agoreuein*, « parler en public », d'où : *allégorein*, « parler par images ». ● **SENS ORDINAIRE** : récit imagé construit de façon à figurer une signification abstraite, exigeant une interprétation (voir Allégorie de la caverne, p. 350-352). ● **SENS ESTHÉTIQUE** (peinture, sculpture, littérature) : tout procédé d'expression consistant à recourir à une image pour renvoyer à un sens abstrait.

● **TERME VOISIN** : image. ● **CORRÉLATS** : interpréter ; symbole.

ALTÉRITÉ

(n. f.) ● **ÉTYM.** : latin *alter*, « autre ». ● **SENS LARGE** : caractère de ce qui est autre. ● **SENS STRICT** : qualité essentielle de l'autre, ou encore différence caractéristique de l'être-autre (de l'autre que moi notamment).

● **TERMES VOISINS** : différence ; étrangeté. ● **TERME OPPOSÉ** : identité. ● **CORRÉLAT** : autre.

ALTHUSSER Louis (1913-1990)

> **REPÈRES BIOGRAPHIQUES**
>
> Philosophe français né en Algérie. Après une jeunesse militante chrétienne, il adhère au Parti communiste français en 1948. La même année, il est nommé agrégé répétiteur à l'École normale supérieure, où il enseignera toute sa vie.

Philosophe marxiste, Althusser, dans le contexte politique des années 1960, a marqué toute une génération d'étudiants en proposant une lecture rénovée, et qui se voulait antidogmatique, de Marx*. Il faut d'après lui séparer radicalement l'œuvre du jeune Marx, inspiré par la philosophie de Hegel* et de Feuerbach*, et le Marx de la maturité préoccupé surtout par une analyse économique de l'Histoire et de la société, et dont *Le Capital* est le fleuron. Le jeune Marx resterait marqué par l'humanisme* philosophique : il voit dans le travail salarié l'aliénation* de l'essence générique de l'homme que le communisme aura pour tâche de réaliser. Dans l'œuvre économique ultérieure, en revanche, le concept scientifique d'*exploitation* se substitue au concept philosophique d'*aliénation*. Ce passage représente pour Althusser une véritable « coupure épistémologique », au terme de laquelle le marxisme se constitue comme science en s'affranchissant de l'influence de l'hégélianisme.

Inspiré par le structuralisme* et les conceptions du psychanalyste Jacques Lacan*, Althusser voit dans la « science » marxiste de la société et de l'histoire un « procès [c'est-à-dire un processus] sans sujet ». Cela implique selon lui que le marxisme est un « anti-humanisme théorique ». Il faut comprendre par là non que le marxisme ne se soucie pas, pratiquement, des hommes et de l'amélioration de leurs conditions de vie, mais que l'« Homme » n'est pas une catégorie en fonction de laquelle les phénomènes sociaux et leurs transformations historiques peuvent se comprendre.

● **PRINCIPAUX ÉCRITS** : *Pour Marx* (1965) ; en collaboration avec E. Balibar, P. Macherey, J. Rancière et R. Establet : *Lire Le Capital* (1965) ; *Positions* (1976)

ÂME

(n. f.) ● **ÉTYM.** : grec *anemos*, « air », « souffle » ; latin *anima*, « souffle », « vie », « âme » (principe vital) et *animus*, « esprit », « âme » (siège de la pensée). ● **BIOLOGIE** : principe de vie, de croissance et de mouvement ; principe organisateur du vivant. ● **PSYCHOLOGIE** : principe ou organe de la pensée. ● **RELIGION** : principe spirituel, immatériel et éternel, de l'homme et, dans certaines religions, de tous les vivants. ● **SENS DÉRIVÉ** : l'esprit qui anime quelque chose, au point de lui donner le pouvoir d'exprimer la pensée,

◆ **Âme**

les sentiments, etc., ou de le faire ressembler à un être vivant (particulièrement en esthétique).

À travers la notion d'âme, se rejoignent des préoccupations en apparence très hétéroclites, puisqu'elle est tour à tour convoquée dans la tradition biologique pour expliquer l'organisation et le fonctionnement du vivant*, en métaphysique et en psychologie pour rendre compte de la pensée et de l'affectivité, et que c'est sur elle que se fonde, en religion, la croyance en l'immortalité. L'âme est d'abord le souffle qui anime un corps* vivant.

L'âme apparaît en effet d'abord comme le principe d'organisation du vivant. Matérielle (par exemple, dès l'Antiquité, chez Démocrite* et Empédocle*, chez les épicuriens et les stoïciens) ou immatérielle (chez les pythagoriciens et les platoniciens, puis dans la tradition classique dominante), la notion d'âme est requise pour rendre compte de la complexité de la vie et articuler les diverses fonctions vitales. À ce titre, Aristote*, dans le *Péri psuchês* (*De l'âme*), ouvrage de référence pour l'ensemble de l'histoire de la notion, en étudie les diverses manifestations dans la totalité des corps animés, en fonction d'une complexité croissante et hiérarchisée de l'univers des êtres vivants. L'âme est alors conçue comme la forme immatérielle des corps vivants, indissociable de ceux-ci, et elle exerce diverses fonctions, elles-mêmes hiérarchisées : fonction nutritive, présente chez tous les vivants et renvoyant à l'âme simple des végétaux, assurant la croissance et la reproduction ; fonction sensitive, apparaissant avec les animaux inférieurs ; fonction motrice (ou « appétitive ») se rajoutant aux deux précédentes chez les animaux supérieurs ; enfin fonction « intellective » (délibérative, voire spéculative) chez l'homme. C'est cette dernière fonction, apparaissant au sommet de la hiérarchie du vivant, qui, lorsqu'elle est privilégiée, conduit au sens exclusivement spirituel, ou métaphysique, voire religieux : l'âme, principe de pensée, privilège et essence de l'homme, ouvrant sur la liberté et la moralité. L'âme est alors le plus souvent conçue comme totalement immatérielle, séparable du corps* et peut donc, dans de nombreuses doctrines, être considérée comme immortelle et éternelle (*cf.* entre autres, le *Phédon* de Platon*, qui tire argument de la parenté entre l'âme connaissante et les Idées* éternelles pour présenter l'immortalité de l'âme comme « un beau risque à courir » ; la tradition judéo-chrétienne ; la *Deuxième Méditation* de Descartes*, qui ne démontre pas l'immortalité de l'âme, mais assure sa possibilité en établissant l'indépendance substantielle de l'âme par rapport au corps). Dans une perspective religieuse, l'âme est de surcroît présentée comme un don de Dieu* assurant le privilège de l'homme face au reste de la Création. Dans le sillage du matérialisme* moderne, qui nie l'existence de l'âme, la biologie cherche à faire l'économie de la notion, jugée trop métaphysique, ce qui conduit certains philosophes contemporains à interroger sa pertinence générale (*cf.* le « fantôme dans la machine » de Gilbert Ryle ; *cf.* Esprit).

● **Terme voisin :** esprit. ● **Termes opposés :** corps ; inertie.

Belle âme

Hegel* désigne par « belle âme » l'état de la « bonne conscience » morale, lorsqu'elle se satisfait de la seule pureté de ses intentions. Forte de ce repli dans la simple conviction* subjective : **1.** Elle se trouve dans l'incapacité d'agir réellement dans le monde tel qu'il est effectivement ; or, une « conscience morale » incapable d'agir est-elle une conscience* ? N'est-elle pas plutôt une forme d'ignorance ? Est-elle morale ? N'est-elle pas plutôt une chimère ouvrant la voie à l'hypocrisie ? **2.** Elle se croit en état de réformer le monde tel qu'il est — ce qui la condamne, tel Don Quichotte, à se battre contre des moulins à vent. La « belle âme » a compris que la pureté de l'intention est un élément essentiel de la morale*, mais elle ne s'est pas encore donné les moyens d'agir moralement, ni par conséquent de faire exister de la moralité dans le monde (*cf.* Idéalisme, Morale et Éthique).

Union de l'âme et du corps

Le problème de l'union de l'âme et du corps se pose dans le cadre classique des dualismes*, qui les considèrent comme deux réalités de nature radicalement différente, voire — le plus souvent — comme deux substances* distinctes. Comment expliquer, dans ces conditions, que non seulement elles cohabitent en un même être, tel que l'homme, mais qu'elles puissent même agir l'une sur l'autre, comme c'est le cas par exemple dans les passions* ?

Ainsi Descartes*, par exemple, parle-t-il de l'union consubstantielle de l'âme et du corps comme d'une réalité indiscutable, mais pour une part incompréhensible par un esprit humain. Ce problème ne se pose évidemment pas dans le cadre des monismes*, ni *a fortiori* des matérialismes*, qui dénoncent le dualisme* comme une illusion, refusant de considérer l'âme et le corps comme deux réalités différentes, mais affirmant au contraire qu'ils sont deux aspects d'une même réalité.

● CORRÉLATS : animal ; animisme ; conscience ; corps ; éternité ; immortalité ; pensée ; psychologie ; réminiscence ; substance ; vitalisme ; vie ; vivant ; vitalité.

AMITIÉ

(n. f.) ● ÉTYM. : latin *amicitia*, « amitié », équivalent du grec *philia*. ● SENS ORDINAIRE : lien de sympathie et d'affection entre deux (ou plusieurs) personnes, qui ne repose ni sur l'attrait sexuel ni sur la parenté. ● CHEZ ARISTOTE : attachement sélectif entre deux personnes ; bienveillance active et réciproque qui en résulte ; l'amitié parfaite (c'est-à-dire authentique) a pour condition la vertu des amis (*Éthique à Nicomaque*, livres VIII et IX).

Le mot grec *philia* comporte un sens large (sentiment d'attachement et d'affection pour les autres) et un sens étroit auquel Aristote* s'est plus particulièrement attaché. L'amitié vraie, qu'il appelle « amitié parfaite », est sélective, rare et recherchée. Elle comporte trois caractères bien spécifiques : **1.** Elle est une vertu*, c'est-à-dire qu'elle n'est ni une puissance* (une simple disposition) ni une passion, mais une disposition permanente acquise par habitude et entretenue activement. **2.** L'amitié accomplie relève d'un choix libre et d'une décision partagée de bienveillance réciproque. **3.** L'autre est aimé pour lui-même et non pour les bénéfices que je peux tirer de cette amitié (amitié utile, amitié plaisante).

Quoique d'inspiration plus chrétienne, la conception kantienne de l'amitié (*Doctrine de la vertu*) est tout aussi exigeante : réalisant un subtil équilibre entre l'inclination naturelle et le respect, l'« amitié parfaite » n'est peut-être alors qu'une « pure idée », rarement réalisée dans les faits. Aujourd'hui, le philosophe Paul Ricœur, s'il suit Kant* dans son refus de dissocier l'amitié de l'obligation morale, admet en même temps avec Aristote que cette bienveillance partagée est peut-être la forme la plus accomplie de notre humanité. Dès lors, il faut considérer non seulement que l'amitié rend heureux, mais qu'elle est « en un sens, le bonheur même », dont elle partage également la « vulnérabilité ».

● TERMES VOISINS : affection ; sympathie. ● TERMES OPPOSÉS : haine ; indifférence ; inimitié. ● CORRÉLATS : amour ; bonheur ; philosophie ; sagesse ; vertu.

AMOUR

(n. m.) ● ÉTYM. : latin *amor*, « amour », « affection », « vif désir ». ● SENS ORDINAIRES : **1.** Affection réciproque entre deux personnes incluant aussi bien la tendresse que l'attirance physique. **2.** Attachement à une valeur, à un idéal, à une idée ; intention — ou volonté — de s'y dévouer (ex. : « l'amour de l'humanité »). ● PHILOSOPHIE : **1.** Tendance à s'unir avec l'autre, c'est-à-dire soit à le posséder continuellement, soit à former un tout avec lui (ex. : « l'amour de Dieu »). **2.** Chez Platon : aspiration au beau et au bien, c'est-à-dire à l'absolu ; l'amour est par excellence le moteur de la philosophie, définie à l'origine comme « amour de la sagesse ». **3.** Chez Kant, il faut distinguer deux formes d'amour : l'amour pathologique, lié à notre sensibilité et à notre intérêt, et l'amour pratique, souci véritable et désintéressé du bien de l'autre. **4.** Chez Freud : *cf.* Éros.

En affirmant que l'amour est le véritable ressort de la philosophie (*Le Banquet*), Platon* découvre la place centrale de ce concept. Encore convient-il de distinguer soigneusement l'amour égoïste et possessif qui poursuit l'autre comme un objet à dévorer (« L'amant aime l'aimant comme le loup aime l'agneau », écrit Platon) et l'amour authentique qui délivre de la souffrance du désir et conduit l'âme jusqu'au banquet divin. Car l'amour véritable — très vite rassasié par les nourritures sensibles — ne peut être comblé que par la contemplation, par-delà le beau, du vrai et du bien. La tradition philosophique reprendra généralement cette opposition entre l'amour-passion (égoïste) et l'amour-action (altruiste), depuis les stoïciens qui condamnent sans appel l'amour-passion, jusqu'à Kant* qui montre que seul « l'amour pratique » est moralement exigible, tandis que « l'amour pathologique » (impossible à commander) est déraison et mépris de l'autre. Il est toutefois possible de remettre en cause cette dichotomie et de soutenir « qu'il existe entre la conscience morale et la conscience amoureuse une secrète affinité » (Alain Finkielkraut, *La Sagesse de l'amour*).

● **TERMES VOISINS** : affection ; altruisme ; amitié ; générosité ; tendresse. ● **TERMES OPPOSÉS** : égoïsme ; haine.

AMOUR DE SOI

Souci qu'on a de soi-même, de sa propre conservation et de son bien-être. Il convient, avec Rousseau*, de distinguer amour de soi et amour-propre.

AMOUR-PROPRE

Respect qu'on a de soi et, dans un sens plus classique, égoïsme, fait de « n'aimer que soi et ne considérer que soi » (Pascal*).
La définition pascalienne suppose un point de vue critique : l'amour-propre serait un penchant négatif du cœur humain, opposé à la considération des autres ou à la modestie. La Rochefoucauld, lui, y voit, l'origine naturelle et intéressée de toutes nos actions — mais, ce faisant, il confond ce que Rousseau* distingue : l'amour de soi et l'amour-propre.
Le premier, selon Rousseau, correspond à une inclination naturelle et primitive du cœur humain, qui est à la racine de la moralité : on ne se soucie des autres que parce qu'on se met à leur place et qu'on s'aime soi-même. Le second, au contraire, est une passion artificielle (née de la société) et moralement funeste, fondée sur la comparaison avec autrui et le désir de paraître et de dominer. Il constitue un dévoiement social de l'amour de soi.

● **CORRÉLATS** : autrui ; compassion ; désir ; devoir ; Éros et Thanatos ; passion ; romantisme.

ANALOGIE

(n. m.) ● **ÉTYM.** : grec *analogos*, « qui est en rapport avec », « proportionnel ». ● **SENS ORDINAIRE, LOGIQUE ET PHILOSOPHIQUE** : **1.** Égalité de rapport entre quatre éléments pris deux à deux (ex. : $\frac{a}{b} = \frac{c}{d}$). **2.** Comparaison ou similitude entre éléments qui – semblables sous un certain angle – sont par ailleurs différents.

D'une façon générale, un raisonnement* par analogie consiste à tirer des conclusions d'une ressemblance « en profondeur » entre les objets sur lesquels on raisonne, si différents soient-ils par ailleurs. (ex. : « Malgré les apparences, les phénomènes physiques de la chute des corps et de la gravitation sont analogues, parce que les lois* qui gouvernent ces mouvements énoncent des rapports comparables entre masse, distance, et vitesse »).

● **TERMES VOISINS** : rapport ; ressemblance ; similitude. ● **TERMES OPPOSÉS** : différence ; opposition. ● **CORRÉLATS** : déduction ; induction ; raisonnement.

ANALYSE

(n. f.) ● **ÉTYM.** : grec *analuein*, « délier ». ● **LOGIQUE ET MATHÉMATIQUES** : **1.** Chez les Grecs : méthode par laquelle on démontre une proposition en remontant de proche en proche jusqu'à une proposition déjà connue dont la première dépend. **2.** Au XVIIe siècle : procédé de mise en équations de grandeurs inconnues avec des grandeurs connues, afin de déterminer les premières (algèbre). **3.** Aujourd'hui : étude des relations de dépendance entre diverses grandeurs (calcul infinitésimal, combinatoire...). ● **SCIENCE (CHIMIE)** : décomposition d'un tout en ses éléments. ● **PHILOSOPHIE DE LA CONNAISSANCE** : méthode de connaissance conçue soit sur le

Analytique (philosophie)

modèle algébrique de la résolution (Descartes), soit sur le modèle physique de la décomposition (l'empirisme, Hume, Condillac...).
● **Psychanalyse :** nom donné à la cure analytique.

● **Terme voisin :** décomposition.
● **Terme opposé :** synthèse. ● **Corrélats :** logique ; méthode.

ANALYTIQUE (PHILOSOPHIE)

L'expression « philosophie analytique » désigne un courant philosophique qui s'est développé à partir du début du XXe siècle en Angleterre avec Bertrand Russell* et Alfred N. Whitehead. Il se caractérise par la tentative de traiter les problèmes philosophiques — notamment ceux de la philosophie de la connaissance — à partir d'une analyse logique du langage.

Lever les faux problèmes

La philosophie analytique est née du renouveau d'intérêt pour la logique*, à la fin du XIXe siècle et en particulier de l'idée, développée par le logicien allemand Gottlob Frege*, selon laquelle le langage formel peut être un « formulaire de la pensée pure », c'est-à-dire une langue symbolique de l'enchaînement des idées. Un tel langage* pourrait alors servir d'instrument à la philosophie* en l'aidant à reformuler de façon rigoureuse et dépourvu d'ambiguïté des problèmes que les langues naturelles (français, anglais, etc.) formulent mal parce que, si elles sont adaptées à la communication*, elles ne le sont que très imparfaitement à la connaissance.

La structure grammaticale des langues naturelles, en effet, ne correspond pas à la structure logique du langage. Dire que telle lessive « lave plus blanc que blanc », par exemple, est logiquement inepte. Autre exemple : un symbole linguistique peut avoir des usages logiquement confus, c'est-à-dire être utilisé pour exprimer des fonctions logiques différentes. Tel est le cas du verbe *être*, qui sert tantôt à attribuer une qualité à un sujet (ex. : « Socrate est athénien »), tantôt à exprimer une relation (ex. : « Pierre est plus grand que Paul »), tantôt encore à indiquer une existence (ex. : « Il est des pays où l'on meurt de faim »).

La philosophie analytique conçoit donc la philosophie comme une entreprise d'élucidation du langage, considérant en effet que bon nombre de problèmes que les philosophes se sont toujours posés — notamment les problèmes métaphysiques — sont de faux problèmes, parce que, selon l'expression de Bertrand Russell, ils sont « cousus d'une mauvaise grammaire ». Telle est également la conviction de Ludwig Wittgenstein* dans son *Tractatus logico-philosophicus*, et le point de départ du positivisme logique* du Cercle de Vienne*. En ce sens, il n'y a pas lieu d'opposer, comme on le fait parfois, la philosophie analytique de langue anglaise et une philosophie continentale de langue allemande : nombre de penseurs « continentaux » (Gottlob Frege, Ludwig Wittgenstein, Rudolph Carnap*...) se sont posés des problèmes semblables et ont abordé la philosophie avec des inspirations voisines.

Les apports de la philosophie analytique

Le courant analytique comporte un certain nombre de traits spécifiques :
1. Il contribue à une reformulation originale et novatrice des théories de la connaissance. Là où la philosophie classique s'interrogeait sur les rapports que les représentations entretiennent avec les objets, la philosophie analytique met au premier plan la question du langage et de la signification. À l'interrogation kantienne : « À quelles conditions des concepts — *a priori* — peuvent-ils s'appliquer au monde ? », ils substituent cette autre question : « À quelles conditions le langage peut-il signifier le monde, puis le représenter adéquatement ? » Il conviendra donc de formuler des propositions simples, exprimant des faits élémentaires sur lesquels on s'appuiera pour élaborer, par déduction logique, une représentation globale du réel (c'est le projet de reconstruction du langage — et, partant, du monde — à partir de propositions simples, ou « atomiques » que Russell appelle l'« atomisme logique »).
2. Le deuxième apport de la philosophie analytique consiste dans l'utilisation du formalisme* logique dans le traitement des problèmes philosophiques. Ce parti pris procède d'une méfiance à l'égard des langues naturelles et renoue avec le projet — ou le rêve, qui fut déjà, au XVIIe siècle, celui de Leibniz* — de fonder la connaissance sur une langue symbolique idéale.
3. Écartant par principe toute spéculation métaphysique, les philosophes « analy-

tiques » sont particulièrement attentifs à tous les travaux scientifiques de notre temps, et ils s'efforcent d'aborder les problèmes philosophiques dans un même esprit de prudence et de rigueur. C'est ainsi, par exemple, que le philosophe anglais Gilbert Ryle (1900-1976) dénonce le « mythe cartésien de la vie mentale intérieure » et montre qu'il est possible de traduire le discours sur l'esprit en termes de savoir-faire, capacités, facultés, etc. Avec P.F. Strawson (né en 1919), la philosophie du langage se transforme en philosophie de l'esprit*, et s'engage sur la voie d'une paradoxale « métaphysique descriptive ». Selon N. Goodman (né en 1906), enfin, il convient de s'interroger sur les relations que les symboles entretiennent avec les « mondes multiples » de la connaissance. L'ordre et la régularité de l'univers trouveraient leur origine, selon ce philosophe, non pas dans la psychologie du sujet (comme c'est le cas pour Hume*) mais dans le fonctionnement du langage considéré comme un système de symboles.

Évolution et perspectives

Après la Deuxième Guerre mondiale, la philosophie analytique infléchit ses recherches. On peut ainsi distinguer une première philosophie analytique (Bertrand Russell), centrée à Cambridge, qui examine le langage du point de vue de son traitement logique et en vue de sa capacité à dire la vérité ; et une deuxième philosophie analytique, développée surtout à partir d'Oxford. Au contraire de la première, celle-ci porte son attention sur le langage ordinaire, en arguant qu'il recèle des richesses, des distinctions et des subtilités que la simple approche logique ne permet pas de saisir.
Les représentants de cette deuxième génération de philosophes « analytiques » sont Ryle, Strawson et surtout Austin*, dont le livre : *Quand dire c'est faire* est publié en 1960. Il y montre que le langage n'est pas seulement un moyen de connaître le monde, mais un acte total, impliquant un jeu de relations complexes entre les interlocuteurs, le contexte, les conditions de communication et d'action... (*cf.* Pragmatique).
Cette évolution de la philosophie analytique anglaise correspond à l'évolution de la pensée de Ludwig Wittgenstein qui finit par renoncer aux thèses du *Tractatus* pour enseigner que le langage est fait d'une multiplicité de « jeux » ayant chacun leurs règles propres. Le langage scientifique, et en général la fonction cognitive du langage, n'est alors qu'un « jeu de langage » parmi d'autres, dont il n'y a pas lieu de proclamer la supériorité. De telles transformations de la philosophie analytique la conduisent aujourd'hui à investir les domaines de l'éthique* ou de l'esthétique*, en analysant les façons que nous avons d'exprimer nos jugements de goût ou nos jugements moraux.

● **Corrélats** : déconstruction ; langage ; logique ; signification.

Anarchie

(n. f.) ● **Étym.** : grec *an* privatif et *arkhê*, « pouvoir, autorité » : « absence de pouvoir ». ● **Sens ordinaire** : signifie un état de désordre social dû à un manque d'autorité politique ; le mot a une nuance péjorative et l'adjectif correspondant est « anarchique ». ● **Politique** : doctrine de l'anarchisme ; l'adjectif correspondant est alors « anarchiste ».

Né au XIXe siècle, l'anarchisme revêt des formes diverses (Stirner, Proudhon*, Bakounine), mais il se caractérise en général par :
— le refus de tout principe extérieur d'autorité, religieux ou politique (« Ni Dieu, ni maître ») ;
— une critique de l'État* au nom de l'individu* : tout État (même la démocratie) est tyrannique ; il empêche la libre expression de l'individu en réglementant sa vie sociale ;
— l'idéal d'une organisation de la société par elle-même, c'est-à-dire sans institutions ou appareils d'État, fondée sur l'association des producteurs (mutuelles, coopératives...) et l'absence de propriété privée.
En ce sens, le terme a une signification positive. Si les anarchistes furent bien souvent des destructeurs (attentats politiques, rejet des lois et des valeurs de la société), ce n'est pas par amour du désordre, mais au nom de l'idée qu'ils se faisaient du véritable ordre politique.

● **Termes voisins** : désordre ; nihilisme ; révolte. ● **Corrélats** : autorité ; individu ; individualisme ; liberté ; révolution ; socialisme ; société.

ANAXAGORE (DE CLAZOMÈNE) (500-428 AV. J.-C.)

REPÈRES BIOGRAPHIQUES

Philosophe présocratique. Ami de Périclès, il vint à Athènes vers – 462. Il y sera condamné au début de la guerre du Péloponnèse pour impiété et devra s'exiler d'Athènes, à cause de son matérialisme, et sans doute aussi parce que c'était là un moyen indirect d'atteindre Périclès.

La « physique » d'Anaxagore explique le cosmos* en soutenant que la réalité originaire est un « mélange primitif » de tous les éléments séminaux. Ce mélange a été ensuite ordonné par un principe organisateur, éternel, séparé des choses et qu'on ne peut limiter : le *nous** (littéralement, « l'intelligence, l'esprit », mais le *nous* d'Anaxagore n'est pas immatériel). Ces éléments séminaux, divisibles à l'infini, restent tous, ne serait-ce qu'en proportion infime, présents dans toute chose, même lorsqu'ils n'y sont pas perceptibles : rien n'est purement soi-même. C'est ce qui explique, par exemple, que les substances végétales puissent se transformer en chair animale ou que le cheveu naisse du non-cheveu. Cette théorie physique conduit Anaxagore à expliquer non seulement la nature et le vivant, mais aussi les astres et leurs mouvements (dont la tradition mythologique grecque faisait des phénomènes divins), de façon purement matérialiste. C'est sans doute pourquoi on l'a considéré comme l'un des précurseurs lointains de l'attitude scientifique moderne (*cf.* Présocratiques). Il fut, dans l'Antiquité, l'objet de critiques, y compris de la part de Platon (voir, par exemple, l'*Apologie de Socrate*, 19 *a-d* et 26 *b-26 e*, et surtout *Phédon*, 96 *a*-100 *a*).

● **PRINCIPAUX ÉCRITS** : il ne reste d'Anaxagore que quelques fragments de son traité *De la nature*, transmis par Simplicius. Ce que nous savons de lui nous vient de témoignages indirects (Platon, Aristote, Diogène Laërce, Plutarque...).

ANAXIMANDRE (VERS 610-VERS 545 AV. J.-C.)

REPÈRES BIOGRAPHIQUES

Philosophe présocratique ionien de l'école de Milet, probablement élève de Thalès. Il est connu non seulement pour sa « physique », mais aussi pour des études géographiques, astronomiques et cartographiques.

Selon Anaximandre, l'univers tire son origine d'un principe indéfini, l'*apeiron* (l'« indéterminé »), d'où sont issus les quatre éléments, opposés deux à deux et gouvernés par des principes de compensation, la « justice » interdisant que l'un d'entre eux domine les autres. À partir de l'indéterminé se forme une substance mixte, capable de produire le chaud et le froid, puis une sphère de flammes qui se développe autour de l'air entourant la Terre, comme une écorce. Cette sphère se déchire en anneaux qui donnent naissance au Soleil, à la Lune et aux étoiles. Les corps célestes sont donc des anneaux creux emplis de feu. Ils possèdent des ouvertures par où respirer ; c'est pourquoi nous les voyons briller. Le cercle du Soleil est le plus haut, puis vient celui de la Lune, enfin celui des étoiles ; la Terre, au centre, est un cylindre plat, qui flotte dans l'infini. Et ce jusqu'à ce que le cosmos* se résorbe à nouveau dans l'indéterminé, avant d'entamer un autre cycle cosmique. Les mondes se succèdent ainsi les uns aux autres.

● **PRINCIPAUX ÉCRITS** : il reste d'Anaximandre moins d'une dizaine de citations de son immense ouvrage *De la nature*. Ce que nous savons de lui nous vient de très nombreux témoignages indirects (par exemple ceux d'Aristote, de Diogène Laërce...).

ÂNE DE BURIDAN

Âne imaginaire qui, selon le philosophe Buridan (XIVe siècle), ayant également faim et soif, hésite entre une botte de foin et un seau d'eau et, incapable de choisir, se laisse mourir. Il est l'illustration de la « liberté d'indifférence* », c'est-à-dire de la situation d'une personne incapable de choisir entre deux actes, les mobiles ou motifs en faveur de l'un ou de l'autre étant équivalents. Chez Descartes*, cette liberté d'indifférence est considérée comme « le plus bas degré de la liberté », même si elle témoigne en même temps d'un pur libre arbitre qui apparente l'homme à Dieu.

ANGOISSE

(n. f.) ● ÉTYM. : latin *angustus*, « étroit », « serré », de *angere*, « oppresser », « étrangler ». ● PSYCHOLOGIE : état physique d'oppression mêlée de crainte diffuse, généralement accompagné de signes somatiques divers (palpitations cardiaques, troubles respiratoires ou sudatoires, etc.) et d'origine psychique indéterminable par le sujet. ● PHILOSOPHIE : dans les divers courants existentialistes, état de la conscience face au néant.

Tandis que crainte, peur, terreur, panique ont, à divers degrés, un objet déterminé, l'angoisse est éprouvée comme étant sans objet. On ne sait pas dire par quoi exactement on est angoissé. La différence entre l'anxiété et l'angoisse est une différence d'intensité et de durée (un fond durable d'anxiété latente s'oppose à la crise d'angoisse). En philosophie, la notion renvoie à une expérience normale et positive de l'existence*, opposée aux théories de l'impassibilité et de la quiétude. Kierkegaard* l'introduit pour décrire l'état de crainte et de tentation éprouvé par la conscience face à un possible existentiel dont elle n'est pas en mesure de comprendre la nature. C'est, par exemple, la situation d'Adam et Ève au paradis, face à l'interdit divin : « De l'arbre de la connaissance du bien et du mal tu ne mangeras pas, car, le jour où tu en mangeras, tu mourras certainement » (Genèse, I, 2, 17). Ils ne peuvent, par hypothèse, comprendre ni l'interdit, ni la menace, car ils ne savent pas encore s'il est bien ou mal d'obéir et ignorent ce qu'est la mort. Mais, précisément, l'interdit révèle ainsi des possibles dont la nature est indéterminable et fait par là naître la tentation au sein de l'innocence même. Cette conjugaison de tentation et de crainte face à l'inconnu, c'est l'angoisse. Dans toutes les situations d'angoisse, selon Kierkegaard, l'homme est ainsi en proie à la volonté de rester soi, mais en même temps à la crainte de ne pas le demeurer... L'angoisse, comme le désespoir, en s'intensifiant, élève progressivement l'individu vers le sens de la foi.

Chez Heidegger*, l'angoisse est l'expérience originelle du néant*, grâce à laquelle la « réalité humaine » (le *Dasein*) éprouve qu'elle est « en retrait » par rapport à la plénitude de l'être — et c'est précisément cela qui lui permet d'interroger l'être et de le dévoiler (*cf.* « Qu'est-ce que la métaphysique ? » in *Questions* I, Gallimard ; *cf.* Existence).
Chez Sartre*, l'angoisse est surtout conscience de la responsabilité* totale qui découle de la liberté de l'homme, désormais sans excuse, puisque rien ne s'impose d'en haut à lui et qu'il est le seul auteur des valeurs que son existence affirme (*cf.* Sartre et Existentialisme). Selon la psychanalyse, l'angoisse est l'effet d'une conversion de la libido*, lorsque celle-ci, du fait de l'histoire du sujet, ne parvient pas à se fixer sur un objet conscient. Elle peut alors être comprise, à la suite du refoulement* et de l'intériorisation des interdits qui l'ont causée, comme agressivité retournée contre soi-même, et se manifester face à des situations normalement génératrices de craintes maîtrisables, mais dont l'exaspération et la diffusion tiennent ici au fait qu'elles masquent le véritable foyer, inconscient, de l'angoisse (névroses* d'angoisse, phobies).
Dans tous les cas, l'angoisse renvoie à la fois à une condition présente perturbée par des exigences insatisfaites et au pressentiment d'une indétermination à venir, ce qui explique que son horizon ultime oriente vers la mort.

● TERMES VOISINS : anxiété ; crainte. ● TERMES OPPOSÉS : quiétude ; sérénité. ● CORRÉLATS : absurde ; agressivité ; doute ; existence ; existentialisme ; hystérie ; libido ; mort ; néant.

ANHYPOTHÉTIQUE

(adj. et subst.) ● ÉTYM. : grec *a* ou *an*, exprimant la privation, et *upothêtos*, « hypothèse » : ce qui ne donne pas lieu à une hypothèse (*upothêsis*), c'est-à-dire à une supposition préalable. ● PHILOSOPHIE : 1. Chez Platon : principe absolument premier de l'être et du connaître, qui ne présuppose rien qui lui soit antérieur. Il serait l'équivalent, dans le monde intelligible, de ce qu'est le soleil dans le monde sensible (*République*, VI). 2. Chez

Aristote : c'est le mieux connu et le plus ferme de tous les principes de connaissance, à savoir le principe de non-contradiction (Aristote, *Métaphysique*, ▲ 3, 1000 5 *b*).

● **TERMES VOISINS (SUBST.)** : absolu ; inconditionné. ● **TERMES OPPOSÉS (ADJ.)** : déduit ; dérivé. ● **CORRÉLATS** : absolu ; axiome ; bien (idée du bien) ; hypothèse ; intelligible.

ANIMAL

(n. m.) ● **ÉTYM.** : latin *animal*, « être animé », de *anima*, « souffle ». ● **SENS ORDINAIRE** : être vivant organisé, doué de sensibilité et de mobilité. ● **(SUBST.) BIOLOGIE** : par opposition au végétal, être vivant organisé, se nourrissant exclusivement de matière organique et capable, généralement, de se déplacer.

On peut caractériser l'animalité par l'instinct* (comportement inné, commun à une espèce). Par opposition, l'homme se définira alors par l'intelligence* (animal doué de raison), le langage*, la sociabilité* (animal politique), par la liberté* ou le travail*. Cette opposition de l'homme et de l'animal peut être conçue soit comme une gradation interne au monde animal lui-même : l'homme est l'être le plus évolué du règne animal ; soit comme une séparation absolue : l'homme n'est pas uniquement un animal ; il n'appartient pas seulement au monde naturel, mais relève d'un monde spirituel supérieur, ou au moins radicalement différent. L'animal est alors ce qui n'est pas humain en l'homme.

Descartes* portera cette opposition à son comble, en faisant de l'animal un pur mécanisme, semblable aux machines* automates (théorie des « animaux-machines »), et en réservant à l'homme seul la pensée.

Cette distinction absolue peut paraître l'expression d'un certain anthropocentrisme*. Remis en partie en cause par Rousseau*, pour qui le sentiment de pitié*, germe de moralité en l'homme, porte sur tout être sensible, homme ou animal, cet anthropocentrisme est aujourd'hui combattu par certains mouvements écologistes qui voudraient faire reconnaître des droits de l'animal analogues aux droits de l'homme. Une telle revendication repose peut-être, cette fois, sur une humanisation exagérée de l'animal. Celle-ci n'est pas sans poser un sérieux problème, non seulement du point de vue de l'identité humaine, mais encore du point de vue de l'identité animale elle-même.

● **TERMES OPPOSÉS** : humain ; végétal. ● **CORRÉLATS** : âme ; écologie ; instinct ; mécanisme ; nature ; vie.

ANIMISME

(n. m.) ● **ÉTYM.** : dérivé du latin *anima*, « âme ». ● **HISTOIRE DE LA PHILOSOPHIE** : doctrine selon laquelle l'âme est le principe de la vie des corps organisés ; en ce sens, animisme est synonyme de vitalisme. ● **SOCIOLOGIE, ANTHROPOLOGIE** : croyance de type religieux selon laquelle les phénomènes ou objets naturels sont des « vivants », habités par des « âmes » ou des « esprits », qui agissent, comme les volontés humaines, en fonction d'intentions.

Pour le philosophe et sociologue Lévy-Bruhl, l'animisme est l'un des principaux aspects de la mentalité « pré-logique » qui caractérise les peuples « primitifs ». Depuis les travaux de Lévi-Strauss*, cette conception est très controversée. Mais le psychologue Jean Piaget*, transposant ce que Lévy-Bruhl dit de l'enfance de l'humanité à l'enfance des individus, voit dans l'animisme une représentation spontanée du monde chez l'enfant entre deux et six ans.

● **TERME VOISIN** : vitalisme. ● **TERME OPPOSÉ** : mécanisme. ● **CORRÉLATS** : anthropomorphisme ; enfance ; état théologique (chez Auguste Comte) ; religion.

ANOMIE

(n. f.) ● **ÉTYM.** : grec *a* privatif, et *nomos*, « loi » : « absence de loi ». ● **CHEZ DURKHEIM** : absence ou désintégration des systèmes de normes collectives, caractéristique des sociétés individualistes : l'anomie serait largement responsable de la fréquence des suicides dans les sociétés modernes (on parle de « suicides anomiques »).

◆ **Anselme de Cantorbéry**

● **Corrélats :** individualisme ; loi ; modernité.

ANSELME DE CANTORBÉRY
(1033-1109)

Repères biographiques

Né à Aoste, ce philosophe théologien a été abbé du Bec avant de devenir archevêque de Cantorbéry, en 1093. De 1070 jusqu'à sa mort, sa production d'écrits philosophiques et théologiques fut considérable.

Le programme philosophique d'Anselme est à l'opposé de la position de certains théologiens du Moyen Âge qui affirmaient la totale inaccessibilité des vérités révélées de la religion* à la spéculation rationnelle, et récusaient comme inutile, voire nuisible, toute tentative faite par la raison* de comprendre les articles de foi*. Pour Anselme, au contraire, la foi doit être « en quête d'intelligence », ce qui signifie non pas que la foi religieuse dépend de sa rationalisation, mais qu'une foi éclairée vaut mieux qu'une foi aveugle.

Ainsi Anselme propose-t-il un argument visant à *prouver* l'existence de Dieu*, argument qui entrera dans l'histoire de la philosophie, grâce à Kant*, sous le nom d'« argument ontologique* » et qu'on retrouvera notamment chez Descartes*. Formulé par Anselme, cet argument peut se résumer ainsi : la pensée de Dieu est la pensée d'un être « tel que rien de plus grand ne peut être conçu ». Or, on ne peut pas penser un tel être et en même temps lui refuser l'existence car, alors, ce ne serait pas la pensée de l'être tel que rien de plus grand ne peut être conçu.

Cette « démonstration » de l'existence de Dieu ne prétend pas, chez Anselme, nier la supériorité de la foi sur la raison. Les articles de foi demeurent des mystères et sont comme tels incompréhensibles. Mais le fait que le principe de la foi (Dieu) soit, quant à lui, rationnellement compréhensible, montre que si les articles de foi sont bien au-dessus de la raison, ils ne lui sont pas contraires.

● **Principaux écrits :** *Monologion* (1076) ; *Proslogion* (1078).

ANTÉCHRIST

(n. m.) ● **Étym. :** grec *anti*, « contre, adversaire de », et *Christ.* ● **Sens théologiques : 1.** Désigne à l'origine les adversaires du Christ, en particulier ceux qui ne reconnaissent pas son caractère divin (« Qui est le menteur, sinon celui qui nie que Jésus soit le Christ ? Le voilà, l'Antéchrist », Jean, Épîtres, 2, 22). **2.** Dans la tradition chrétienne, le terme est aussi utilisé pour désigner l'esprit du mal. ● **Chez Nietzsche :** la figure de l'Antéchrist, souvent jumelée avec celle de Dionysos, est brandie moins contre Jésus lui-même que contre le christianisme et, plus spécialement, contre sa morale négative (*cf.* Nietzsche).

ANTHROPOCENTRISME

(n. m.) ● **Étym. :** grec *anthropos*, « homme », et latin *centrum*, « centre ». ● **Sens ordinaire :** attitude consistant à tenir l'homme pour le centre du monde et la fin (c'est-à-dire le but) de tout le reste de l'univers (ainsi les planètes et les étoiles sont présentées, dans la Genèse, comme des « luminaires » placées par Dieu pour éclairer la terre et ses habitants).

● **Corrélats :** anthropomorphisme ; ethnocentrisme ; humanité.

ANTHROPOLOGIE

Chaque science humaine désigne son objet, et précise ses méthodes. L'anthropologie est, comme l'indique son étymologie (le grec *anthropos*, « homme »), l'étude de l'homme en général ; en ce sens, elle englobe l'ethnologie*, et entretient des rapports avec l'histoire* et la philosophie*.

Des points de vue différents sur l'homme

De quel homme l'anthropologie parle-t-elle ? La médecine étudie son organisme ; la psychologie*, ses désirs et son comportement ; l'ethnologie, ses cultures ; la sociologie*, l'interaction avec autrui dans son mode de vie ; la philosophie*, les conditions de possibilité de son savoir et d'une vie harmonieuse. L'anthropologie, elle, met l'accent sur le fait que l'homme est un être de culture, qui change et évolue. L'histoire de l'alimentation, du corps, de la sexualité, de la famille, de l'enfance, du rapport à la mort, etc., peut ainsi s'inclure dans l'anthropologie.

Le fait culturel

Mais la diversité, historique et géographique, des cultures* amène à se poser une question essentielle : quelle est l'unité de l'humain, qu'est-ce que l'humanité ? Si elle n'essaie pas d'y répondre, l'anthropologie risque alors de se ramener à une simple zoologie de l'espèce humaine, à une anthropologie physique. Les plus grands anthropologues, en s'intéressant surtout au fait culturel, ont, au contraire, enrichi notre idée de l'humain : ainsi, par exemple, Lévi-Strauss*, lorsqu'il médite sur le caractère universel de la prohibition de l'inceste, comme passage nécessaire de la nature à la culture pour tout être et tout groupe humains.

Toutefois, si elle cherche à dégager les invariants culturels de l'humanité, l'anthropologie a aussi contribué à remettre en cause l'idée de nature humaine, ensemble de traits caractéristiques indépendants des cultures, qui font l'humanité de l'homme. L'anthropologie, sans nier l'universalité de certaines règles fondatrices de la culture, a toujours mis à distance cette idée de nature humaine, préoccupée surtout par les hommes concrets qu'elle étudie dans leur diversité.

Un monde commun ?

Mais cette mise à distance ne va pas sans danger. Ne risque-t-on pas d'être plus attentif aux différences* entre les hommes qu'à ce qui peut les unir et, sous le prétexte du respect des différences, de renoncer à penser un monde commun ? Les recherches philosophiques actuelles montrent au contraire une indéfectible unité de l'humanité, du fait de la communication (la raison s'exprime dans des jugements formulés dans un langage* : l'homme est un être parlant, donc doué de raison, et, réciproquement, doué de raison, donc parlant). L'anthropologie ne saurait trouver son objet, l'homme, tout en faisant l'économie d'une réflexion sur le caractère universel de ce qui constitue l'humanité. Or c'est la raison qui peut lui procurer des repères universellement valables, y compris dans le domaine des valeurs.

C'est pourquoi l'anthropologie ne peut pas non plus se passer de la définition philosophique de l'homme comme personne*, membre de la communauté humaine et sujet de droit possédant une dignité. Sans cela, se limitant à l'étude des faits, elle se contenterait de constater ce qui est, sans poser la question de la valeur, et présenterait tout comportement culturel ou social comme équivalent. Avant l'essor de toute anthropologie scientifique, Kant* avait déjà insisté sur le fait qu'une anthropologie n'est possible que si elle tient compte de la liberté* et de la perfectibilité humaines. Il assignait d'ailleurs à cette sorte de connaissance un but pragmatique*, celui de nous instruire de l'état réel de l'homme, à partir duquel celui-ci peut et doit tendre vers un état meilleur.

● **TEXTES CLÉS** : E. Kant, *Anthropologie du point de vue pragmatique* ; M. Mauss, « Essai sur le don » in *Sociologie et anthropologie* ; Cl. Lévi-Strauss, *Anthropologie structurale*. ● **TERMES VOISINS** : ethnographie ; ethnologie ; sociologie. ● **CORRÉLATS** : culture ; habitus ; homme ; humanité ; raison ; sciences humaines ; valeur.

ANTHROPOMORPHISME

(n. m.) ● **ÉTYM.** : grec *anthropos*, « homme », et *morphê*, « forme ». ● **SENS ORDINAIRE** : attitude consistant à se représenter tous les êtres — dieux, esprits, animaux ou même choses — sur le modèle de l'homme (selon le philosophe Xénophane de Colophon, par exemple, « les Éthiopiens disent que leurs dieux sont camus et noirs, les Thraces qu'ils ont les yeux bleus et les cheveux roux ».

● **CORRÉLATS** : anthropocentrisme ; homme ; préjugé ; religion ; subjectivité.

ANTIGONE

Dans la tragédie de Sophocle, Antigone est celle qui brave l'autorité du roi (son oncle Créon), en enterrant son frère Polynice, auquel Créon avait refusé une

◆ Antinomie

sépulture. Elle représente ainsi pour les Grecs la loi naturelle face à la loi civile. En termes plus modernes, on peut interpréter le personnage d'Antigone du point de vue du conflit entre la conscience morale, individuelle, et l'autorité politique. Pour Hegel*, elle est l'affirmation de la particularité (la famille, sa relation avec son frère) contre l'État* qui est un universel* et, comme tel, dépasse le particulier.

ANTINOMIE

> (n.f.) ● ÉTYM. : grec *antinomia*, « contradiction entre les lois dans leurs applications pratiques ». ● SENS ORDINAIRE : contradiction. ● DROIT ET THÉOLOGIE : contradiction entre deux lois ou deux principes dans leur application pratique à un cas particulier. ● PHILOSOPHIE : selon Kant, contradictions dans lesquelles s'engage la raison lorsqu'elle va au-delà des phénomènes et prétend atteindre l'absolu.

Kant* a montré, dans la *Critique de la raison pure*, que la raison ne peut rien connaître avec certitude au-delà du monde phénoménal. Pourtant, lorsqu'elle suit sa pente naturelle, elle cherche à découvrir l'« inconditionné » : elle s'emploie alors à démontrer, avec des arguments apparemment solides, à la fois une chose... et son contraire. Les antinomies de la raison pure sont les contradictions auxquelles elle aboutit alors (« Le monde a un commencement dans le temps ; il n'a aucun commencement dans le temps » ; « nul n'échappe au déterminisme naturel ; l'homme est libre, il n'y est pas soumis », etc.) [*Critique de la raison pure*, « Dialectique », l. II, chap. II].

> ● TERME VOISIN : contradiction. ● CORRÉLATS : chose en soi ; conflit ; démonstration ; dialectique ; phénomène ; preuve ; raison.

ANTITHÈSE

> (n. f.) ● ÉTYM. : grec *antithêsis*, de *anti*, « contre », et *thésis*, « action de poser », « thèse ». ● SENS ORDINAIRE : opposition entre deux termes, propositions, idées, choses, etc. ● LOGIQUE ET PHILOSOPHIE : proposition qui énonce le contraire d'une autre.

Dans l'« Antithétique de la raison pure » (*Critique de la raison pure*), Kant* examine quatre thèses sur la nature et l'origine du monde, et montre comment à chacune d'elle peut être opposée la thèse inverse, ou antithèse. On peut par exemple soutenir soit que « le monde a un commencement dans le temps » et qu'il est « limité dans l'espace », soit qu'« il n'a ni commencement dans le temps ni limite dans l'espace ». La raison se trouve devant une antinomie*, dans la mesure où elle peut apporter des preuves aussi bien à l'antithèse qu'à la thèse*. Chez Hegel*, l'antithèse constitue le second moment du mouvement dialectique* : au moment de la thèse succède celui de l'antithèse puis celui de la synthèse* entre ces deux moments opposés. Par exemple, le néant est le contraire ou antithèse de l'être, et le devenir est l'unité ou synthèse des deux, puisqu'une chose ou un être « en devenir », à la fois sont et ne sont plus ce qu'ils étaient l'instant d'avant. (Héraclite* défendait la même idée en affirmant de façon métaphorique qu'« on ne se baigne jamais deux fois dans le même fleuve », puisque, entre les deux moments, l'eau n'a cessé de couler.)

> ● TERME VOISIN : contradiction. ● TERME OPPOSÉ : thèse. ● CORRÉLATS : antinomie ; contradiction.

APATHIE

> (n. f.) ● ÉTYM. : grec *apatheia*, de *a*, « absence de », et *pathos*, « douleur » : insensibilité. ● SENS ORDINAIRE : état d'indifférence qui se traduit par l'inaction. ● CHEZ LES STOÏCIENS : idéal positif d'absence de passion, forme de sérénité.

> ● TERMES OPPOSÉS : inquiétude ; passion. ● CORRÉLATS : ascétisme ; ataraxie ; bonheur.

APEIRON

Cf. Anaximandre.

APEL KARL-OTTO
(NÉ EN 1921)

REPÈRES BIOGRAPHIQUES

Karl-Otto Apel, né en 1921, professeur à l'université de Francfort, est un continuateur de la philosophie critique et transcendantale de Kant. Son œuvre principale : *Transformation der philosophie* (1973) n'est pas encore traduite en français, mais des extraits et de nombreux articles l'ont fait connaître en France.

La raison critique et ses apories

L'originalité de Karl-Otto Apel réside dans son effort de conciliation du point de vue transcendantal kantien et des concepts contemporains de la linguistique* et de la sémiotique. Sa réflexion porte sur les présupposés nécessairement admis par tout locuteur qui tient un discours argumenté. La position de Karl-Otto Apel s'appuie sur un essai de réfutation des thèses de Karl Popper*. Pour Popper, toute connaissance doit pouvoir être examinée de manière critique, dans un débat argumenté : sans cela, il ne s'agirait que d'un dogme, ou de thèses métaphysiques. Ce principe de la discussion fonde, d'après Popper, la « raison critique ». Karl-Otto Apel a proposé une réfutation interne de cette thèse : si cette dernière est valable pour le savoir scientifique, elle ne peut pas s'étendre au savoir philosophique. Car dire : « Il n'y a rien de définitivement vrai, tout est sujet à examen critique » est une contradiction, puisque, alors, on prétend dire précisément quelque chose de définitivement vrai sur la vérité*. Dire que tout doit pouvoir être critiqué, révisé, c'est pour Karl-Otto Apel invalider la raison en lui refusant une fondation, et se trouver en contradiction pragmatique (contradiction entre ce que l'on dit, et le fait de le dire).

On ne peut pas donc fonder philosophiquement le principe critique, si on l'étend à tout, contrairement à ce qu'affirment Karl Popper ou Jürgen Habermas*. La raison critique doit se limiter elle-même, comme l'avait vu Kant* : il lui faut se fonder sur des principes ultimes nécessairement soustraits à la critique. L'éthique* contemporaine de la communication* permet ainsi une nouvelle compréhension de l'impératif moral kantien, qui trouve dès lors une fondation non réfutable.

● **PRINCIPAUX ÉCRITS** : *L'Éthique à l'âge de la science* (1987, extrait de *Transformation der Philosophie*, 1973) ; *Penser avec Habermas contre Habermas* (1990).

APERCEPTION

(n. f.) ● **ÉTYM.** : terme créé par Leibniz et signifiant l'acte par lequel le sujet prend conscience de lui-même. ● **CHEZ LEIBNIZ** (par opposition aux « petites perceptions » qui ne sont pas conscientes) : prise de conscience réfléchie, par la monade, de l'ensemble de ses perceptions, c'est-à-dire de son état intérieur. ● **CHEZ KANT** : conscience de soi, soit empirique soit transcendantale ; l'aperception transcendantale (c'est-à-dire le Je pense) confère l'unité au divers de la pensée.

● **TERME VOISIN** : conscience. ● **CORRÉLATS** : je ; moi ; monade ; transcendantal.

APODICTIQUE

(adj.) ● **ÉTYM.** : grec *apodeiktikos*, « démonstratif ». ● **PHILOSOPHIE** : une proposition ou un jugement sont apodictiques quand ce qu'ils énoncent est une vérité nécessaire. Telles sont par excellence les vérités de la logique et des mathématiques. Pour Kant, l'apodictique est une modalité du jugement : un jugement *apodictique* énonce un fait comme nécessaire, et se distingue du jugement *assertorique*, qui énonce un fait comme existant, et du jugement *problématique*, qui énonce un fait comme possible.

● **TERME VOISIN** : nécessité (nécessaire). ● **TERMES OPPOSÉS** : assertorique ; problématique. ● **CORRÉLATS** : jugement ; modalité ; tautologie ; vérité.

APOLLON

Dieu de la musique, de la médecine et de la lumière dans l'Antiquité grecque, la figure d'Apollon est reprise par

◆ **Aporie**

Nietzsche* *(La Naissance de la tragédie)* pour caractériser l'une des deux grandes pulsions fondamentales de la vie. L'apollinisme caractérise le principe d'individuation, c'est-à-dire la tendance de la vie* (par essence artiste) à se donner une forme définie et achevée. La perfection plastique incarnée par Apollon nous renvoie au monde heureux des belles apparences*, aux illusions* du rêve. Mais cet univers lumineux se détache sur le fond d'un monde dionysiaque (*cf.* Dionysos*), dont il constitue le plus beau et le plus parfait mensonge. Pour Nietzsche, cette opposition latente donne naissance à la tragédie antique.

APORIE

(n. f.) ● **ÉTYM.** : grec *aporia*, « sans ressources », « embarras ». ● **PHILOSOPHIE, LOGIQUE** : désigne, depuis Aristote*, la difficulté qu'il y a à résoudre un problème ou à trancher entre deux ou plusieurs opinions également argumentées sur une même question. Sous forme adjective : *aporétique*.

L'aporie est par excellence la situation des dialogues de Platon* dits « socratiques ». Dans ceux-ci, en effet, Socrate* se livre à une critique des opinions de ses interlocuteurs, de sorte que les dialogues se terminent sur le caractère irrésolu du problème posé initialement. Dans la philosophie de Platon, ce moment d'aporie est un moment négatif et intellectuellement inconfortable, mais nécessaire à l'esprit pour se détourner de l'opinion* et se disposer à rechercher authentiquement la vérité*. Au contraire, pour l'école sceptique (*cf.* Scepticisme), les apories servent à justifier l'impossibilité pour la raison d'atteindre une vérité certaine, et la nécessité de suspendre son jugement* (*cf.* Épochê).

● **TERME VOISIN** : doute. ● **TERME OPPOSÉ** : certitude. ● **CORRÉLATS** : critique ; maïeutique ; opinion ; vérité.

A POSTERIORI

● **ÉTYM.** : locution latine, signifiant « à partir de ce qui vient après ». ● **SENS ORDINAIRE** : « après coup ».

● **LOGIQUE** : opposé de *a priori* ; désigne les raisonnements qui remontent de la conséquence au principe. ● **THÉORIE DE LA CONNAISSANCE** : type de connaissances « qui ne sont possibles que [...] par l'expérience » (Kant), c'est-à-dire les connaissances empiriques.

● **TERME OPPOSÉ** : *a priori*.

APPARENCE

(n. f.) ● **ÉTYM.** : latin *apparentia*. ● **SENS ORDINAIRE ET PHILOSOPHIQUE** : ce qui se présente immédiatement aux sens ou à l'esprit, par opposition aux aspects de la réalité qui échappent à cette perception immédiate.

La référence à l'apparence est souvent péjorative, aussi bien dans l'usage ordinaire que dans l'emploi philosophique du terme. Les apparences ne donneraient à voir des choses ou des êtres qu'une sorte de surface peu conforme à ce qu'ils sont au fond, ou « en réalité ». Leur caractère facilement trompeur (*cf.* par exemple les illusions* d'optique) éloigne de la vérité. Selon Platon*, le « monde sensible* » dans lequel nous vivons est ainsi peuplé de copies infidèles aux véritables réalités, les Idées* du « monde intelligible » : la célèbre allégorie de la caverne (*cf.* pp. 350-352) compare la condition humaine à celle de prisonniers que leur enfermement dans l'obscurité conduit à confondre les ombres et la réalité. À son tour Descartes*, par exemple, affirmera que pour atteindre l'essence des choses, il convient de se fier à sa raison*, seule capable de connaître, le cas échéant contre les apparences sensibles, ce qui constitue la vraie nature des choses (*cf.* l'analyse du morceau de cire dans la *Deuxième Méditation*). De telles démarches reposent sur la conviction que le réel est connaissable « en soi ». La philosophie critique de Kant* inaugure une autre façon de penser les rapports entre sensibilité et raison, et entre sujet et objet de la connaissance, plus proche des conditions effectives de la connaissance scientifique. Si des « choses en soi » (« noumènes* ») existent, elles sont par définition inconnaissables : la connaissance rationnelle a donc besoin de s'enraciner dans ce que la réalité* donne à voir d'elle-même (les « phénomènes* »). La question n'est donc plus de savoir jusqu'à quel point il faut se méfier des apparences : trompeuse ou non, l'expérience que nous en avons constitue de fait notre première voie d'accès à ce que sont les choses. Pour la phénoménologie*, développée au XXe siècle, c'est parce que toute conscience vise le monde tel qu'il lui apparaît que l'expérience est possible, et peut conduire le sujet à la connaissance des structures constitutives du monde objectif (cf. aussi Alain).

● **TERME VOISIN :** phénomène. ● **TERME OPPOSÉ :** réalité. ● **CORRÉLATS :** être ; illusion ; noumène ; phénomène ; sens ; sensibilité.

APPÉTIT

(n. m.) ● **ÉTYM. :** latin *appetere*, « convoiter », « désirer ». ● **SENS ORDINAIRE :** désir de nourriture. ● **PHILOSOPHIE :** inclination qui porte à satisfaire un besoin organique (faim, mouvement, sexualité...)

Devenu usuel aujourd'hui, le mot appétit a longtemps fait l'objet d'usages spécifiquement philosophiques. Chez Spinoza* en particulier, il désigne la tendance* fondamentale de l'homme à agir, désirer, réaliser ce qu'il n'est pas : « L'appétit [est] l'essence* même de l'homme, de la nature de laquelle suit nécessairement ce qui sert à sa conservation » (*Éthique*, III, IX). Leibniz* emploie le mot « appétition » dans un sens voisin (cf. Monade).

● **TERMES VOISINS :** conatus ; désir ; tendance. ● **TERMES OPPOSÉS :** inertie ; passivité. ● **CORRÉLATS :** besoin ; *conatus* ; désir ; tendance.

A PRIORI

● **ÉTYM. :** locution latine, signifiant « à partir de ce qui vient avant ». ● **SENS ORDINAIRE :** « à première vue » ou, sous une forme substantivée, « préjugé » (« un *a priori* »). ● **LOGIQUE :** au Moyen Âge, on appelait raisonnement *a priori* le raisonnement qui va du principe à la conséquence (le raisonnement contraire, qui remonte de la conséquence au principe, est appelé raisonnement *a posteriori*). ● **THÉORIE DE LA CONNAISSANCE :** connaissance absolument indépendante de l'expérience ; s'oppose aux connaissances *a posteriori* ou « empiriques ».

C'est Kant* qui introduit systématiquement le terme « *a priori* » dans la philosophie de la connaissance. Dans la *Critique de la raison pure* (1781), il veut montrer que les règles formelles de la logique ne sont pas les seules à être connues *a priori*. La connaissance que nous avons du monde repose aussi sur des éléments « purs » *a priori* : sur les formes *a priori* de la sensibilité* (l'espace* et le temps*), dans lesquelles les objets nous sont donnés ; et sur les concepts *a priori* de l'entendement*, grâce auxquels les objets sont pensés et l'expérience organisée (par exemple, dit Kant, nous connaissons *a priori* que « tout événement a une cause » : la causalité est un concept *a priori*).
À l'opposé de la philosophie de Kant, l'empirisme* nie l'existence de données *a priori* qui conditionnent la connaissance du monde : tout ce que nous pouvons savoir sur le monde est dérivé de l'expérience et les seules certitudes *a priori* sont celles, purement formelles, de la logique.

● **TERMES OPPOSÉS :** *a posteriori* ; empirique. ● **CORRÉLATS :** analytique ; concept ; connaissance ; entendement ; expérience ; forme ; synthétique.

ARCHÉTYPE

(n. m.) ● **ÉTYM. :** grec *arkhetupos*, « modèle », « original ». ● **PHILOSOPHIE :** au sens métaphysique, un type, un idéal des choses (ex. : « Les Idées platoniciennes sont des archétypes ») ; pour les empiristes, idée qui sert de modèle à d'autres. ● **PSYCHANALYSE :** dans le cadre de la théorie jungienne, idée archaïque à l'origine des mythes.

La notion d'archétype concerne d'abord le problème de l'origine des idées. L'Idée* platonicienne est le modèle intelligible dont les êtres matériels sont des copies imparfaites ; l'esprit, qui est

◆ Architectonique

capable de dépasser les apparences*, accède à ce type de réalité. Alors que Locke* considère que les idées viennent des sensations et applique le terme d'archétype à l'idée immédiatement issue de celles-ci, Condillac* fait intervenir dans cette notion les idées de choix et de liberté : la source de la notion d'archétype ne se trouve pas seulement dans l'observation des choses qui nous sont extérieures, dans le constat de la constance de leurs propriétés, dans l'accumulation d'exemples. Elle est une idée complexe formée par des combinaisons dont nous ne constatons pas préalablement l'existence ; ainsi, la justice, ou les notions s'appliquant aux arts : « Les modèles des arts, écrit-il, ne se sont pas non plus trouvés ailleurs que dans l'esprit des premiers inventeurs ».

Loin d'être une construction de la pensée rationnelle, l'archétype, selon le psychanalyste Carl Gustav Jung, disciple de Freud*, est une image appartenant à l'inconscient* collectif, issue de l'expérience passée des peuples et de l'humanité. Les mythes* comme les rêves* mettent en scène ces images archaïques. Freud dénie la pertinence de cette notion ; les mythes, pour lui, peuvent exprimer symboliquement des fantasmes universels, comme celui de la castration, mais les images elles-mêmes ne constituent pas un patrimoine héréditaire. Le philosophe Gaston Bachelard*, dans la partie de son œuvre portant sur l'imaginaire, s'est largement inspiré de la psychanalyse jungienne : par exemple, *La Psychanalyse du feu* étudie les formes littéraires et mythologiques des rêveries inspirées de tout temps par la contemplation du feu.

● **Termes voisins :** idéal ; modèle ; type. ● **Corrélats :** idée ; imaginaire ; inconscient ; mythe.

ARCHITECTONIQUE

(n. f. et adj.) ● **Étym. :** grec *architectonikê*, « art de l'architecte ». ● **Sens ordinaire :** art de la construction, ce qui est conforme à l'art de l'architecture. ● **Philosophie : 1.** Chez Aristote, science à laquelle les fins d'une autre science sont subordonnées. **2.** Chez Leibniz, ce qui dépend de causes finales et non mécaniques. **3.** Chez Kant, art des systèmes.

Certaines connaissances sont dites « architectoniques » quand elles ont une importance et une dignité supérieures à d'autres. Chez Kant*, l'architectonique désigne ce qui unifie nos connaissances et leur confère un caractère scientifique. Des connaissances éparses ne forment pas une science* : leur articulation permet de déterminer le contenu propre de la science considérée, ainsi que ses limites. Il faut qu'une idée les unifie et les organise, mais cette idée n'est pas forcément intégralement développée dès le début du processus de connaissance, elle peut se révéler dans les progrès de la science qui apprend ainsi à se définir et à s'organiser.

● **Termes voisins :** méthodologie ; système ; totalité. ● **Termes opposés :** connaissance empirique ; vulgaire. ● **Corrélats :** schème ; science.

ARENDT Hannah (1906-1975)

Repères biographiques

Née à Königsberg dans une famille de juifs éclairés, Hannah Arendt s'oriente très jeune vers la philosophie. Ses maîtres sont Heidegger, puis surtout Karl Jaspers qui dirige sa thèse sur *Le Concept d'amour chez saint Augustin* (1929). À partir de 1953, elle s'installe en France, puis aux États-Unis où elle mène parallèlement une brillante carrière universitaire, une importante activité journalistique, tout en exerçant longtemps des responsabilités au sein d'une organisation de défense de la culture juive. Elle meurt sans avoir pu achever son dernier ouvrage : *La Vie de l'esprit*.

Condition de l'homme moderne

La société « moderne » est, selon Hannah Arendt, celle qui confond le « privé » et le « public », c'est-à-dire l'ordre économique de la production et l'ordre politique de l'action. Les temps modernes se caractérisent en effet par l'indistinction des domaines propres à chaque activité et, en conséquence, par la réduction de la politique à la gestion, ou encore par celle de la vie publique aux activités « privées », c'est-à-dire au travail et à la consommation. Comment en est-on arrivé là ? C'est la confusion des différentes modalités de l'activité humaine (le travail*, l'œuvre* et l'action) qui, selon Hannah Arendt, serait à la source du brouillage des catégories de « privé » et de « public ». Contre les « modernes » (et tout particulièrement Marx*), Hannah Arendt affirme en effet que l'activité spécifiquement humaine n'est ni le travail *(labor)*, « activité de routine » qui ne marque que notre soumission aux processus vitaux, ni l'« œuvrer » *(work)*, « fabrication d'un monde humain d'objets durables », mais l'action politique conçue comme liberté et capacité d'innover, débat et constitution d'un véritable « espace public », d'un « monde » véritablement humain.

Le pouvoir, la loi, l'autorité

À partir de là, Hannah Arendt s'efforce de réhabiliter le « politique » qui existe comme constitution d'un espace pluriel de délibération, émergence d'un pouvoir* sans domination ni violence*. Hannah Arendt définit en effet le pouvoir comme l'expression de l'initiative à plusieurs et non pas comme l'exercice d'une puissance, d'une domination, ni même d'une quelconque « souveraineté* ». Seul le pouvoir est action — ou encore liberté partagée — mais il est contenu dans la durée, il est associé à la mémoire qui préserve l'autorité et garantit la solidité du lien politique. Le contraire du pouvoir est la violence, qu'elle soit simple gestion ou terreur.

Les Origines du totalitarisme

Ce texte, paru en 1951, a rendu Hannah Arendt célèbre. Il constitue à la fois une illustration et une préfiguration des thèses de l'auteur. Le totalitarisme* — forme de gouvernement « moderne » par excellence — s'incarne dans le stalinisme (années 30) et l'hitlérisme (années 40). Or, selon Hannah Arendt, il est la négation même du « politique* ». Visant la domination totale à l'intérieur (il cherche à s'emparer des esprits et même des volontés) comme à l'extérieur, le totalitarisme repose en premier lieu sur la destruction du tissu social et l'atomisation de la communauté réduite à l'état de masse inerte et indifférenciée. Les moyens de cohésion propres à ce système sont l'idéologie et la terreur dont les camps de concentration constituent l'institution centrale et, même, l'apogée.

Cet enfer accompli fournit la preuve concrète du fameux « Tout est permis, tout est possible », conviction qui, selon Hannah Arendt, fournit la clef du dessein totalitaire.

Le cas Eichmann

En 1963, à l'occasion du procès du dirigeant nazi Eichmann, Hannah Arendt publie *Eichmann à Jérusalem*, sous-titré « Rapport sur la banalité du mal ». À l'opposé de tout jugement préconçu, elle refuse de voir en l'accusé un tortionnaire déséquilibré et sadique. Elle le présente au contraire comme un fonctionnaire scrupuleux, animé par le seul souci de faire son devoir, allant même jusqu'à s'identifier au « principe de la loi* ». D'où provient donc la monstruosité d'Eichmann ? La stupidité « bureaucratique » débouchant sur l'obéissance consentante relèverait, selon Hannah Arendt, d'un « vide de pensée ». Ces considérations la conduiront à s'interroger, dans sa dernière œuvre *(La Vie de l'esprit)*, sur le lien entre le mal et l'absence de pensée*. Sans doute la pensée n'est-elle pas une garantie de bonté. Toutefois, l'activité pensante — conçue comme pluralité, c'est-à-dire dialogue, écart de soi à soi qui vise pourtant une réconciliation — reste le seul fondement concevable de la conscience morale.

● **PRINCIPAUX ÉCRITS** : *La Condition de l'homme moderne* (1958) ; *Les Origines du totalitarisme* (1951) ; *La Crise de la culture* (1968) ; *Essai sur la révolution* (1963) ; *Du Mensonge à la violence* (1972) ; *Eichmann à Jérusalem* (1976) ; *La Vie de l'esprit* (1978).

ARGUMENTATION

(n.f.) ● **ÉTYM.** : latin *argumentatio*, substantif dérivé du verbe *argumentare*, « argumenter, prouver ».● **SENS ORDINAIRE, PHILOSOPHIQUE ET LOGIQUE** : enchaînement d'arguments ou de raisons à l'appui d'une affirmation ou d'une thèse.

Ce mot de la langue courante désigne une démarche fondamentale en philosophie : une proposition* ou une thèse doivent toujours être accompagnées de l'argumentation qui les justifie. De la même manière, elles ne peuvent être contestées que sur la base d'une autre argumentation.

◆ Aristocratie

● **CORRÉLATS** : démonstration ; dissertation ; logique ; preuve ; raison ; thèse.

ARISTOCRATIE

(n. f.) ● **ÉTYM.** : du grec *aristos*, « le meilleur », et *kratos*, « domination, pouvoir ». ● **SENS STRICT** : régime politique dans lequel le pouvoir est exercé par « les meilleurs ». ● **SENS PÉJORATIF** : régime où le pouvoir est confisqué par des privilégiés.

Si une aristocratie est par définition anti-démocratique, elle n'est pas nécessairement contraire au principe de la république*. Par exemple, la *République* de Platon* expose des thèses favorables à un régime aristocratique, précisément au nom de la recherche de l'intérêt général qui, selon ces textes, ne peut aboutir que si elle est confiée à des gouvernants excellents (compétents et honnêtes). Du reste, Aristote*, par exemple, considère que le régime dans lequel on élit (par opposition à la pratique alors courante du tirage au sort) les dirigeants (le gouvernement constitutionnel) est l'une des formes de l'aristocratie (*Les Politiques*, IV, chap. 7-9).

● **TERMES VOISINS** : despotisme ; oligarchie ; ploutocratie ; tyrannie. ● **TERMES OPPOSÉS** : démocratie ; monarchie. ● **CORRÉLATS** : autorité ; État ; gouvernement ; politique ; pouvoir ; république.

ARISTOTE
(384-322 AV. J.-C.)

REPÈRES BIOGRAPHIQUES

Aristote naît à Stagire, en Macédoine, dans une famille de médecins. Il séjourne à Athènes où il est l'élève de Platon à l'Académie. Il est ensuite appelé par le roi Philippe de Macédoine pour être le précepteur de son fils, le futur Alexandre le Grand, alors âgé de treize ans. De retour à Athènes, il fonde sa propre école, le Lycée. Il laisse une œuvre immense, dont une partie seulement nous est parvenue, et qui a influencé toute la philosophie du Moyen Âge au point de devenir, à l'époque, la référence intellectuelle obligée des philosophes et des théologiens.

Forme et matière ; acte et puissance

Aristote fut d'abord platonicien. Mais il ne tarda pas à se détacher de l'enseignement du maître. L'opposition à Platon* se situe d'abord au niveau de la méthode : celle d'Aristote est empirique*. Certes, il cherche les principes qui gouvernent le réel, mais il pense, contrairement à Platon, que c'est en suivant les enseignements de l'expérience* qu'on pourra les découvrir. Aussi refuse-t-il d'admettre l'existence séparée d'un « monde intelligible » opposé à un « monde sensible ». En effet, Aristote distingue dans toute chose deux aspects : une forme*, qui fait que la chose est ce qu'elle est, et une matière*, qui est le support de la forme. Soit une statue de Zeus : sa matière est le bloc de marbre dans lequel elle a été sculptée ; sa forme, l'ensemble des déterminations qui lui permettent de représenter le dieu grec. La matière est donc essentiellement indétermination ; un bloc de marbre pourra devenir statue ou tout autre chose. Elle est donc le sujet du changement, ou comme dit le Aristote, elle est puissance* *(dunamis)*, c'est-à-dire virtualité. « Exister en puissance » s'oppose à « exister en acte* » *(energeia)*, c'est-à-dire selon une forme réalisée. Le bloc de marbre est la statue de Zeus en puissance mais l'œuvre achevée est la statue de Zeus en acte.

La logique. Le syllogisme

Il n'y a, selon Aristote, de science que du général et du nécessaire. L'instrument (en grec *organon* — tel est le nom général des œuvres logiques d'Aristote) qui permet de rendre compte de cette nécessité est le syllogisme*, raisonnement qui, à partir de prémisses*, rend la conclusion nécessaire. En inventant le syllogisme, Aristote invente la logique* formelle, indépendante du contenu. Mais, pour Aristote, cette formalisation du raisonnement doit être mise au service de la science effective des choses, de sorte que la raison formelle qui rend la conclusion du syllogisme nécessaire fasse aussi apparaître la cause réelle qui rend le fait lui-même nécessaire.

La métaphysique

Les textes d'Aristote ont été classés au Ier siècle avant J.-C. On a alors appelé *Métaphysique* l'ensemble des textes placés après la *Physique*. Aristote, quant à lui, n'a jamais usé du terme de métaphysique*. Néanmoins, ce titre n'est pas sans rapport avec le contenu de l'œuvre. En quoi consiste donc la « métaphysique » d'Aristote ? Il semble la définir de deux façons. Premièrement, la métaphysique est une science qui étudie les premiers principes et les premières causes ; deuxièmement, la métaphysique est une science qui étudie « l'être en tant qu'être » : non ce qui fait qu'un être est ceci ou cela mais ce qui fait qu'il est un être. Aristote dit souvent en effet que « l'être se dit en plusieurs acceptions » (contre l'éléatisme*, pour qui il était impossible de dire autre chose que « l'être est »). Cela signifie que l'être peut être divisé en catégories*, lesquelles ne sont pas seulement des divisions du discours, mais bien des genres de l'être. Ainsi, on peut qualifier l'être selon la substance*, selon la qualité*, selon la quantité*, la position, etc.

La science des premiers principes et des premières causes est la théologie*, ou science du divin, lequel est acte pur, premier moteur immobile de l'univers. Cette science « théologique* », en donnant accès à la réalité la plus haute et la plus fondamentale, peut ainsi se donner comme la « science de l'être en tant qu'être » ou ontologie*. La métaphysique apparaît alors, dans la division des sciences, comme la science suprême ou philosophie première.

La physique

Elle est « philosophie seconde ». Elle comporte deux grands aspects. D'une part, elle est théorie du mouvement*, qu'Aristote définit comme passage de la puissance à l'acte et en lequel il voit donc une irrémédiable imperfection. Pour lui, un monde parfaitement ordonné serait un monde en repos.
Le deuxième aspect de la physique aristotélicienne est la cosmologie*. Pour Aristote, la terre est le centre d'un univers clos et composé de plusieurs « ciels » ou « sphères ». Dans ce cosmos, il existe une coupure entre le « premier ciel », ou monde « sublunaire » (sous la lune) et le monde « supralunaire ». Celui-ci ne connaît que le mouvement circulaire (celui des astres autour de la terre), le plus parfait possible des mouvements car il n'a ni commencement ni milieu ni fin assignables. Le monde sublunaire est au contraire imparfait, car soumis à la génération et à la corruption.

Dans l'œuvre scientifique d'Aristote, il faut également mentionner les considérations biologiques. Un être vivant possède une âme*, qu'Aristote appelle aussi « entéléchie* », principe de son organisation. Les êtres vivants se distinguent hiérarchiquement selon la nature de cette âme : « végétative » pour les plantes, « sensitive » pour les animaux, et, seulement pour l'homme, « rationnelle ».

La morale et la politique

Quel est, pour l'homme, le Souverain Bien*, c'est-à-dire ce qui est à rechercher pour soi et non comme moyen en vue d'une autre fin ? La réponse d'Aristote est : le bonheur* qui consiste, pour tout être, dans la réalisation de sa nature, c'est-à-dire dans l'exercice de la vertu*. Or la vertu propre de l'homme, qui est être doué de raison, est l'aptitude à la vie raisonnable. Cette vertu est une disposition acquise par l'habitude, ce qui suppose volonté et responsabilité. La vie raisonnable n'est possible que dans la cité. En effet, l'homme est naturellement fait pour vivre en communauté : c'est un « animal politique » et la cité est la forme la plus haute de la vie sociale, supérieure au village ou à la famille. Aristote a tendance à considérer la cité comme un organisme*, régi par des fonctions propres auxquelles doivent concourir les différentes parties. Cela le conduit à considérer comme naturels l'esclavage ou l'inégalité des sexes. Il distingue plusieurs formes de gouvernement : la monarchie, l'aristocratie et la république*. Mais, contrairement à Platon qui, dans *la République*, les hiérarchise selon leur degré de ressemblance avec la cité idéale, Aristote cherche plutôt pour chacune les conditions concrètes de sa réalisation et de sa stabilité.

● **PRINCIPAUX ÉCRITS :** *Organon* ; *Métaphysique* ; *Physique* ; *Les Politiques* ; *Éthique à Nicomaque*.

« L'HOMME EST UN ANIMAL POLITIQUE »

Selon Aristote, la cité est le résultat d'un processus d'évolution naturelle. Depuis le simple noyau familial jusqu'aux grands peuples unifiés, les communautés humaines se sont en effet spontanément développées et renforcées. On ne trouve pas, au principe des sociétés humaines, un contrat d'association, une convention première : elles sont un accomplissement plutôt qu'un commencement absolu. La finalité de ces rassemblements est par ailleurs clairement notée par Aristote : le bonheur d'être ensemble. La communauté seule permet de réaliser la perfection de l'humanité et de lui apporter une satisfaction entière.

« Il est manifeste, à partir de cela, que la cité fait partie des choses naturelles, et que l'homme est par nature un animal politique, et que celui qui est hors cité, naturellement bien sûr et non par le hasard [des circonstances], est soit un être dégradé soit un être surhumain, et il est comme celui qui est injurié [en ces termes] par Homère : « sans lignage, sans loi, sans foyer ». Car un tel homme est du même coup naturellement passionné de guerre, étant comme un pion isolé au jeu de tric-trac. C'est pourquoi il est évident que l'homme est un animal politique plus que n'importe quelle abeille et que n'importe quel animal grégaire. Car, comme nous le disons, la nature ne fait rien en vain ; or seul parmi les animaux l'homme a un langage. Certes la voix est le signe du douloureux et de l'agréable, aussi la rencontre-t-on chez les animaux ; leur nature en effet est parvenue jusqu'au point d'éprouver la sensation du douloureux et de l'agréable et de les signifier mutuellement. Mais le langage existe en vue de manifester l'avantageux et le nuisible, et par suite aussi le juste et l'injuste. Il n'y a en effet qu'une chose qui soit propre aux hommes par rapport aux animaux : le fait que, seuls, ils aient la perception du bien, du mal, du juste, de l'injuste et des autres [notions de ce genre]. Or avoir de telles [notions] en commun c'est ce qui fait une famille et une cité. »

Aristote, Les Politiques, trad. P. Pellegrin,
Paris, GF-Flammarion, 1990, pp. 90-92.

Un animal politique
Dire de l'homme qu'il est un animal politique, c'est penser qu'il ne peut se réaliser complètement que dans le cadre d'une communauté : il y trouve son bien propre et sa fin. La solitude n'est supportable que par un dieu (il se suffit à lui-même) ou un être qu'un état premier d'isolement a définitivement dégradé. L'homme n'est donc pas cet être profondément impropre à la vie sociale, et qui s'y résout par intérêt : la communauté répond à un besoin premier, à une tendance fondamentale.

Un animal doué de langage
Aristote affirme trouver confirmation de sa thèse dans le fait que l'homme possède la faculté de parole. Il ne faut pas s'y tromper : ce qu'on trouve dans les cris des animaux, c'est seulement l'expression vocale de passions. Au contraire, la voix humaine (c'est en cela qu'elle est langage) est le véhicule de valeurs qui dépassent la simple sensibilité individuelle. Ces valeurs sont précisément ce qui peut servir de principes à l'organisation d'une vie en commun : le langage pour Aristote est traversé par la dimension politique.

ARNAULD ANTOINE (1612-1634)

REPÈRES BIOGRAPHIQUES

Théologien et janséniste. Exclu de la Sorbonne en 1656, à l'occasion de controverses impliquant le jansénisme, il se retire à l'abbaye de Port-Royal. Par la suite, il dut s'exiler en Flandre, puis aux Pays-Bas.

- Auteur (avec Lancelot) de *La Grammaire générale et raisonnée* (1660), et (avec Pierre Nicole*) de *La Logique ou l'art de bien penser*, Arnauld s'est inspiré de Descartes* pour effectuer, à partir de la langue naturelle, une analyse des structures rationnelles de la pensée (cf. Logique, Logique de Port-Royal).

- ● **PRINCIPAL ÉCRIT :** *La Logique* (dite) *de Port-Royal* (1662).

ARON RAYMOND
(1905-1983)

REPÈRES BIOGRAPHIQUES
Élève de l'École normale supérieure, Raymond Aron est reçu premier à l'agrégation de philosophie en 1928. Assistant en Allemagne à l'université de Cologne, il découvre la sociologie allemande et assiste à la montée du totalitarisme. De retour à Paris, il mène parallèlement une carrière d'universitaire et de journalisme.

Une conception « post-idéologique » de l'histoire
La dénonciation des crimes staliniens et l'analyse des mécanismes totalitaires s'accompagne très tôt, chez Raymond Aron, d'une remise en cause des idéologies occidentales dominantes dans les années 50. Cette double critique repose sur une conception « post-idéologique » de l'histoire, de la liberté et de la vérité scientifique. Proche en cela de Hannah Arendt*, Raymond Aron montre que l'histoire ne peut prétendre à l'objectivité univoque visée par les autres sciences. Par là, il s'oppose aussi bien au déterminisme marxiste qu'au relativisme historique. Pour Raymond Aron, l'idée kantienne de fin de l'histoire (accomplissement rationnel de l'humanité) doit être retenue à titre de principe régulateur.

Démocratie et totalitarisme
Les nombreuses formes de régimes politiques sont des variantes de deux « types idéaux » : la démocratie* et le totalitarisme*. Raymond Aron définit la première comme un régime « constitutionnel pluraliste » et le second comme un régime de parti « monopolistique » excluant à terme toute liberté non seulement « formelle » mais « réelle ». La remise en question des idéaux démocratiques est souvent faite au nom des libertés « réelles » par opposition aux libertés « formelles » ou théoriques, c'est-à-dire illusoires, des sociétés bourgeoises. Pourtant ce sont dans les mêmes sociétés, pluralistes et libérales, que toutes les libertés sont, même imparfaitement, réalisées. Et c'est dans ce seul cadre que se trouve garanti « le plus simple et le plus profond de tous les droits subjectifs », à savoir le droit à la vérité que Raymond Aron tient pour l'essence même de la liberté.

● **PRINCIPAUX ÉCRITS :** *Introduction à la philosophie de l'histoire* (1938) ; *Paix et guerre entre les nations* (1962) ; *Essai sur les libertés* (1965) ; *Les Étapes de la pensée sociologique* (1967) ; *Les Désillusions du progrès* (1969).

ART

Le terme art (*ars* en latin traduit le mot grec *technê*) désigne aussi bien la technique, le savoir-faire, que la création artistique, la recherche du beau*. S'ajoutant ou se substituant à la nature, l'art peut aussi s'entendre dans le sens quelquefois péjoratif d'artifice. En tant que pratique, il est le fait de l'artisan, celui qui maîtrise un art dans le premier sens, ou de l'artiste, qu'un talent ou un génie particuliers rendent apte à créer la beauté. Comme le suggère l'expression de beaux-arts, un rapport existe entre ces deux sens ; toutefois, la création artistique et l'œuvre d'art ne s'expliquent pas uniquement par la possession d'une maîtrise.

Art et technique
Si l'art est une technique*, un savoir-faire, il suppose l'apprentissage d'un certain nombre de règles et de procédés, ainsi que l'acquisition d'une habileté. Il s'oppose aussi bien à la science*, qui est un savoir théorique, qu'à la pratique aveugle ou à la routine. Lorsque Jean-Jacques Rousseau* parle de l'éducation comme d'un art, il veut dire qu'aucun savoir théorique ne garantit le succès de l'éducateur. À l'inverse, la pratique irréfléchie de l'éducation que l'on peut observer tous les jours n'est pas satisfaisante. L'art est une pratique éclairée dont le but est la réussite plutôt que la connaissance, et qui s'applique aux choses sur lesquelles l'homme a un pouvoir.

« Le hasard aime l'art, l'art aime le hasard », disait Aristote*, qui voyait dans la *technê* la manifestation de la liberté* de l'homme. Créer des formes, en intervenant dans le cours des choses qui ne sont pas déterminées, qui peuvent être autrement, ou sur le contingent, fait de l'artisan le rival de la nature.
Ainsi l'on peut dire que l'art, au sens d'artisanat ou de technique, ne doit pas être opposé de façon rigide à la création artistique car il est loin de se réduire à

◆ Art

la répétition d'un geste sans réflexion, à une pratique sans idée.

La création artistique

L'art qui vise la création du beau s'affranchit cependant de l'utile, et d'une fin déterminée à l'avance, à moins d'enfermer le beau dans des canons esthétiques, de déterminer un idéal dans le but de fournir un modèle aux artistes. La modernité* a libéré les beaux-arts de telles contraintes, l'esthétique kantienne insistant à la fois sur la liberté de l'artiste et sur l'impossibilité d'expliquer la beauté par la correspondance avec une finalité*. La beauté offre une impression de complétude, de totalité, sans qu'une idée puisse justifier ce sentiment. L'artiste susceptible de produire cette beauté possède le génie* : selon Kant*, le génie est plus que le simple talent, il est ce qui donne des règles à l'art, ce qui crée des formes susceptibles d'être imitées, sans se référer par principe à quelque chose de déjà existant. Une œuvre d'art correspondant de manière perceptible à un modèle, faite visiblement selon des règles laborieusement appliquées, sera dite académique et pourra susciter de l'agrément, sans plus. Si l'art du génie rivalise ici avec la nature, ce n'est pas seulement par son pouvoir de création*, mais parce que ses productions peuvent procurer, comme le spectacle de la nature, le sentiment esthétique*. Ce sentiment est le critère du beau dans l'esthétique kantienne ; la contemplation désintéressée du beau naturel ou du beau artistique procurent une satisfaction irréductible au simple agrément, et pour laquelle le sujet requiert l'assentiment d'autrui (esthétique), sans pouvoir exiger cet assentiment au nom d'une démonstration logique.

Signification de l'œuvre d'art

Si l'œuvre d'art est le fruit de la libre inspiration du génie, d'une force irrationnelle qui l'éloigne de l'application et de la rationalité du travail, le pouvoir que conserve l'œuvre d'art à travers les siècles et en dépit des différences de culture est-il destiné à résister à la réflexion ? La philosophie hégélienne propose de voir dans l'œuvre d'art une réalité sensible mais pourvue de signification : la vérité* y devient perceptible, sous une belle forme*. L'art est en effet un moment de la conscience universelle, l'esprit se reconnaissant dans des formes extérieures ; il se trouve ainsi pourvu d'une historicité*, l'histoire de l'art étant la succession et le progrès de ces formes, tandis que l'art lui-même est destiné à disparaître, comme forme éminente de la conscience. À la mort de l'art succèdent la religion et la philosophie : la présence à la conscience de la divinité n'exige pas, en effet, une forme sensible ; tandis que la philosophie comme pensée pure rend l'esprit directement présent à lui-même. Pour Nietzsche*, il n'y a pas à rechercher une telle rationalité dans l'art, dont le but n'est aucunement de rechercher la vérité. La recherche de la vérité est trop souvent la marque de l'appétit de domination ; mais, si elle est sincère, elle mène à renoncer à la présomption d'améliorer l'humanité, de la sauver : la réalité qu'elle découvre est dépourvue de sens*, irrationnelle. L'œuvre d'art est alors le témoin de la lucidité dont l'homme est capable, lucidité qui se traduit par le désir de réaffirmer la vie par-delà l'absurdité et la douleur du monde. Elle est l'illusion joyeuse qui permet de vivre quand même (*cf.* Apollon et Dionysos). Cette illusion salutaire prend donc la forme de l'éternel retour* : l'art est une attitude, toujours nécessaire, vis-à-vis d'une réalité que n'améliore aucun progrès*.

L'art aujourd'hui

Nietzsche anticipait ainsi, d'une certaine manière, sur les remaniements que la modernité a fait subir à la conception traditionnelle de l'art, en définissant ce dernier comme un mouvement plus que comme la recherche d'un idéal de beauté. Tout d'abord, le statut de l'œuvre d'art s'est trouvé modifié du fait des expérimentations et des ruptures qui ont affecté tous les arts. On a pu reprocher à l'art moderne de poursuivre la nouveauté, dans certains cas la provocation même, et d'engendrer l'étonnement plus que le plaisir immédiat. Une œuvre fragile, éphémère, qui tire sa valeur du geste qui l'a créée dans le présent plus que d'une ambition de s'inscrire dans la durée et de susciter l'admiration et le plaisir, mérite-t-elle encore le nom d'œuvre d'art ? Ce problème étant posé, comment définir la création artistique ?
Les sciences humaines, en particulier la sociologie et la psychanalyse, lorsqu'elles expliquent la création par des déterminismes sociaux ou affectifs, privent par là même la subjectivité de sa liberté souveraine dans le jugement esthétique. Si la création relève des pul-

sions, dans quelles conditions peut-elle être l'objet d'une reconnaissance universelle ? Si le sentiment du beau est déterminé au fond par des conventions sociales, peut-il avoir une véritable légitimité ? D'autre part, la possibilité de reproduction indéfinie des œuvres d'art qui les rend accessibles au plus large public — en même temps qu'apparaissait le cinéma*, forme d'art entièrement déterminée par la reproduction technique — n'a-t-elle pas modifié les conditions mêmes de la création ?

Face à ces interrogations, il faut d'abord se garder de croire que l'art du passé parlait immédiatement aux véritable contemporains : la nouveauté, avant d'être assimilée par la culture*, a souvent été une cause de conflit. Justement, parce que la modernité appelle une interrogation à ce propos, il faut rappeler que la beauté artistique ne s'est jamais identifiée à la séduction, sauf à en avoir une conception réductrice, et qu'elle est une incitation à penser. Enfin, condamner ou louer de façon univoque l'art de masse ou la démocratisation, se contenter d'expliquer le rapport de l'œuvre d'art à ses destinataires par les déterminismes psychiques ou sociaux, ne doit pas faire oublier le caractère irréductible du sentiment esthétique.

● **TEXTES CLÉS :** Kant, *Critique de la faculté de juger* ; Hegel, *Esthétique*, Introduction ; Cl. Lévi-Strauss, *La Pensée sauvage,* § 1 ; W. Benjamin, *Essais*, II, « L'œuvre d'art à l'ère de sa reproductibilité technique ». ● **TERMES VOISINS :** génie ; habileté ; technique. ● **TERMES OPPOSÉS :** nature ; science. ● **CORRÉLATS :** apparence ; beau ; cinéma ; création ; écriture ; esthétique ; expression ; formes symboliques ; illusion ; sensibilité ; sublime ; technique.

ASCÉTISME

(n. m.) ● **ÉTYM. :** grec *askein*, « s'exercer ». ● **SENS ORDINAIRE :** qualifie une doctrine morale qui prône le dénuement, la pauvreté, le renoncement.

Certaines philosophies, comme le stoïcisme*, peuvent être qualifiées d'*ascétiques* même si elles n'identifient pas le bien au dénuement, en ce qu'elles considèrent la richesse, les honneurs, le pouvoir, comme indifférents pour atteindre le bonheur. De son côté, Nietzsche* condamne l'ascétisme, où il voit un avatar de l'idéal de sacrifice qui anime le judéo-christianisme et, d'une manière plus générale, de la « morale des faibles » qui aboutit à mutiler l'existence.

● **CORRÉLATS :** apathie ; bouddhisme ; morale ; sacrifice.

ASSERTORIQUE

(adj.) ● **ÉTYM. :** latin *adsertio*, « affirmation ». ● **PHILOSOPHIE :** une proposition ou un jugement sont *assertoriques* quand ce qu'ils énoncent est une vérité de fait, mais non nécessaire. Pour Kant*, l'assertorique est une modalité du jugement : un jugement *assertorique* énonce un fait comme existant et se distingue du jugement *apodictique*, qui énonce un fait comme nécessaire, et du jugement *problématique*, qui énonce un fait comme possible.

● **TERMES VOISINS :** affirmation (affirmatif) ; assertion. ● **TERMES OPPOSÉS :** apodictique ; problématique. ● **CORRÉLATS :** jugement ; modalité ; vérité (de fait).

ASSOCIATION

(n. f.) ● **ÉTYM. :** latin *adsociare*, « joindre, unir ». ● **SENS ORDINAIRES :** action de lier des individus ; groupement qui en résulte. ● **PSYCHOLOGIE :** propriété qu'ont les éléments psychiques (images, idées, représentations) de s'assembler indépendamment de la conscience ou de la volonté du sujet. ● **SENS POLITIQUE :** groupe de personnes qui se réunissent pour poursuivre un objectif déterminé.

D'un point de vue politique, la notion d'association — regroupement volontaire et « finalisé » d'un certain nombre de personnes — est décisive pour saisir la particularité des liens humains, par opposition à ceux qui unissent les animaux. Pour Aristote*, déjà, l'homme est

◆ **Associationnisme**

le seul animal « politique » (*cf.* texte p. 32). Mais c'est chez les philosophes « modernes » (notamment Hobbes* et Rousseau*) que le fondement de toute autorité légitime devient l'*association* conventionnelle et volontaire d'hommes décidant simultanément et conjointement de respecter un certain nombre de principes imprescriptibles (Rousseau, *Du contrat social*, I, 6 ; *cf.* texte p. 394).

● **Termes voisins :** communauté ; groupe. ● **Termes opposés :** désunion ; isolement. ● **Corrélats :** associationnisme ; contrat social.

ASSOCIATIONNISME

(n. m.) ● **Étym. :** *cf.* Association. ● **Psychologie :** théorie d'après laquelle les idées élémentaires ont la propriété de se regrouper automatiquement, gouvernant de cette manière, au moins pour une part, l'ensemble de la vie physique. ● **Philosophie :** doctrine des philosophes empiristes, aux XVIIe et XVIIIe siècles, d'après laquelle les principes de notre vie psychique ne sont pas constitutifs de l'esprit, mais sont au contraire issus de lois procédant de l'expérience, au gré des circonstances, et indépendamment de la volonté du sujet conscient.

Pour le philosophe Hume*, représentant le plus fameux de la philosophie « associationniste », nos représentations dérivent de contacts aléatoires avec le monde extérieur. En d'autres termes, notre esprit est structuré par des liens (« associations ») qui ne sont pas logiques, mais qui procèdent de relations (ressemblance, contiguïté, causalité) comparables aux lois (naturelles) de l'attraction.

L'associationnisme a été critiqué par la suite, d'une part par le courant rationaliste, pour lequel les lois de la logique ne peuvent être conçues comme étant le reflet ou l'émanation de processus « naturels ». Il a été contesté d'autre part par les représentants de la psychologie de la forme* : pour ceux-ci, en effet, les idées ne sont en aucun cas des « atomes » de pensée, mais sont au contraire intégrées dans un champ de perception et un système de représentations, qui sont d'emblée structurés.

● **Corrélats :** association ; empirisme ; psychologie de la forme ; rationalisme ; scepticisme.

ATARAXIE

(n. f.) ● **Étym. :** grec *ataraxia*, « absence de troubles », « quiétude ». ● **Morale :** but des sagesses antiques (stoïcisme, épicurisme et scepticisme) : tranquillité de l'âme, en laquelle consiste le bonheur.

● **Termes voisins :** calme ; maîtrise de soi ; quiétude. ● **Terme opposé :** trouble. ● **Corrélats :** apathie ; bonheur ; plaisir ; sagesse.

ATHÉISME

(n. m.) ● **Étym. :** grec *a* privatif et *théos*, « dieu ». ● **Sens théorique :** position qui consiste à refuser l'existence de Dieu (ou des dieux), ou le fait que Dieu joue un rôle dans la formation du monde. ● **Sens pratique :** fait de fonder son engagement dans le monde à partir du refus de Dieu, ou au moins du désintérêt manifesté à l'égard des questions de l'au-delà et du salut de l'âme (cas, au XVIIe siècle, des libertins).

Du point de vue théorique, l'athéisme apparaît comme la conséquence d'une explication matérialiste* de l'origine et de l'évolution de l'univers et de l'homme. Il se distingue de l'agnosticisme*, qui ne se prononce pas sur la question de l'existence de Dieu.

Quant à l'athéisme pratique, il ouvre la voie à une éthique* et correspond à un engagement moral ou politique. Affirmer, par exemple, avec Nietzsche*, que « Dieu est mort » (et pas seulement qu'il n'existe pas) a le sens d'un refus des valeurs héritées de la religion chrétienne. De la même façon, l'athéisme peut s'articuler, comme chez Marx*, à une critique de la fonction sociale de la religion (« opium du peuple ») ou, comme chez Sartre*, à l'affirmation de l'absolue liberté* humaine.

TERMES VOISINS : agnosticisme ; incroyance. **TERMES OPPOSÉS :** foi ; religiosité. **CORRÉLATS :** absurde ; déisme ; matérialisme ; mort de Dieu (*cf.* Nietzsche) ; religion ; théisme.

ATOME

(n. m.) **ÉTYM. :** grec *atomos*, « indivisible ». **PHILOSOPHIE :** selon la doctrine antique de l'atomisme, l'atome est l'élément matériel primitif, insécable, se mouvant dans le vide et dont les combinaisons diverses constituent les choses et les êtres. **SCIENCE :** la physique moderne a repris le terme ancien d'atome pour désigner les éléments constitutifs de la structure moléculaire de la matière.

TERME VOISIN : élément. **TERME OPPOSÉ :** corps composé. **CORRÉLATS :** matière ; physique.

ATOMISME

(n. m.) **ÉTYM. :** grec *atomos*, « indivisible ». **PHILOSOPHIE :** doctrine soutenue d'abord par Démocrite (ve siècle av. J.-C.), puis reprise par Épicure, selon laquelle tout ce qui existe est matière et toute matière est composée d'atomes et de vide.

L'atomisme, surtout celui d'Épicure*, est ainsi une explication moniste* et matérialiste* de la réalité : le monde se forme par le jeu mécanique et aveugle des diverses combinaisons d'atomes*, sans référence à un ordre ou un plan divins.

TERME OPPOSÉ : finalisme.

ATOMISME LOGIQUE

Dans la philosophie de Bertrand Russell*, conception selon laquelle les phrases déclaratives peuvent être analysées en propositions* simples ou « atomiques », indépendantes les unes des autres et exprimant des faits eux-mêmes indépendants les uns des autres. Les énoncés complexes ou « moléculaires » ne sont que des combinaisons logiques de propositions atomiques. L'atomisme logique s'oppose à une conception « holiste* » (du grec *holos*,

« tout »), selon laquelle la réalité est un tout indivisible dont il n'est pas possible d'avoir une connaissance fragmentée.

CORRÉLATS : matérialisme ; mécanisme.

ATTRIBUT

(n. m.) **ÉTYM. :** latin *attribuere*, « attribuer ». **SENS ORDINAIRE :** ce qui est propre à un être ou à une chose et permet de la distinguer de toute autre. **LOGIQUE** (synonyme de prédicat) : ce qui, dans une proposition, est affirmé ou nié d'un sujet (ex. : « Socrate [sujet] est mortel [attribut] »).

Quelle est la nature des choses ? Suivant en cela la tradition scolastique*, la philosophie a longtemps formulé cette question en termes de substance*, d'attribut, et d'accident*. La substance est la réalité permanente, l'accident est un caractère qui peut être modifié ou supprimé, tandis que l'attribut est une propriété importante ou essentielle, ce qui permet de définir quelque chose. Ainsi, selon Descartes*, ni la saveur ni la couleur, ni l'odeur ne constituent des propriétés essentielles de la cire : seule l'étendue* en est un véritable attribut, c'est-à-dire nous permet de la connaître (*cf. Deuxième Méditation*, analyse du morceau de cire). Dans une perspective voisine, Spinoza* définit l'attribut comme « ce que l'entendement perçoit de la substance comme constituant son essence* » (*Éthique*, I, 1) : ce qui signifie que toutes les caractéristiques essentielles de la substance doivent se retrouver dans ses attributs.

TERMES VOISINS : prédicat ; propriété ; qualité. **TERME OPPOSÉ :** substance. **CORRÉLATS :** accident ; essence ; expression ; mode.

AUFKLÄRUNG

ÉTYM. : de l'allemand *Aufklärung*, « éclaircissement, lumière » (de *aufklären*, « faire venir à la lumière, rendre clair »). **SENS STRICT :** le terme allemand d'*Aufklärung* possède un sens plus dynamique que le mot français *lumière*. Il comporte en effet l'idée de mouvement, de processus par lequel la clarification s'effectue, la lumière

◆ **Augustin**

s'étend et dissipe les ténèbres. C'est pourquoi le titre de l'opuscule de Kant de 1784 *Was is Aufklärung ?* pourrait être traduit par « Qu'est-ce que le progrès des Lumières ? » Kant y examine la question suivante : comment l'individu, d'une part, la société, voire l'humanité, d'autre part, peuvent-ils surmonter leurs préjugés afin d'accéder à la lumière de la raison, c'est-à-dire à la pensée libre ? ● **Sens large :** désigne le siècle des Lumières.

● **Corrélats :** Lumières (philosophie des) ; progrès.

Augustin (saint) (354-430)

Repères biographiques
Né à Thagaste (Algérie actuelle), saint Augustin est élevé à la fois dans la culture païenne et dans le christianisme par sa mère. Définitivement converti à la foi chrétienne en 386, il décide de se vouer à la vie méditative. Mais les circonstances le conduisent à mener une vie active d'évêque, de directeur de conscience et de polémiste. D'une œuvre immense, on a surtout retenu les *Confessions*, sorte d'autobiographie spirituelle, et *La Cité de Dieu*.

La conversion
La première expérience de saint Augustin est celle de la déception : après quelques années d'« égarement », il comprend que la recherche éperdue des objets du désir* nous laisse anxieux et frustrés. Loin d'apporter l'apaisement, une vie dissolue conduit à la dispersion, au déchirement intime et à l'angoisse. Dans l'expérience de l'errance du désir, saint Augustin découvre que la sérénité est inséparable d'un retour sur soi-même à l'écart des biens corruptibles et du divertissement. Le changement radical apporté par la conversion peut seul conduire l'âme à la satisfaction qui est l'apaisement du désir ayant trouvé son véritable objet : l'absolu*, c'est-à-dire Dieu*.

Temporalité et éternité
Mais comment l'absolu pourrait-il faire irruption dans une vie temporelle et finie ? Le problème de la transcendance divine est conjointement celui de la présence et de la distance de l'Éternel au sein d'un monde temporel. La créature livrée au changement continuel et irréversible peut-elle vraiment accueillir l'absolu ? Contrairement à Platon* qui concevait le temps* comme chute et dégradation, saint Augustin conçoit la temporalité à la fois comme lieu de création et de rédemption possible pour les êtres finis. Dieu est susceptible de nous tirer du néant et de nous délivrer de la finitude ; par la connaissance et la foi, l'homme peut se dépasser lui-même et accéder à la plénitude de l'être absolu.

Foi, autorité et raison
Seul un être intelligent a la capacité de croire. Mais la raison* seule ne peut mener à la connaissance de la vérité : « La foi* précède la quête de Dieu ». L'adhésion au message issu d'une sagesse transcendante suppose le secours de l'autorité (le Christ, l'Écriture ou l'Église), puis la mise en œuvre des moyens rationnels permettant la compréhension du témoignage divin. La soumission à l'autorité n'implique donc pas la démission de l'intelligence. Même si elle consent à une humiliation provisoire de la raison, la foi appelle cependant la connaissance qui illumine l'âme et lui ouvre l'accès au verbe divin : « La foi cherche, l'intellect trouve. »

Cité terrestre et cité céleste
« Mon royaume n'est pas de ce monde », proclamait le Christ. Dans *La Cité de Dieu*, saint Augustin montre que deux « cités » coexistent dans ce monde, mais qu'elles sont promises à des fins très différentes. La « cité terrestre » procède de la perversion de la volonté, puisqu'elle prend pour principe « l'amour de soi jusqu'au mépris de Dieu ». La « cité céleste » au contraire, fondée sur « l'amour de Dieu jusqu'au mépris de soi », regroupe toutes les nations qui respectent Dieu et vivent sous sa loi : elle réunit les justes par-delà les frontières et « jusqu'aux extrémités de la terre ». Les deux cités, enchevêtrées dans l'histoire, devront un jour se dissocier. Car la cité céleste poursuit sa fin et attend pour récompense la réconciliation définitive de tous les peuples dans la cité de Dieu.

● **Principaux écrits :** *Confessions* (400) ; *De la Trinité* (400-420) ; *La Cité de Dieu* (412-427).

LE TEMPS

Saint Augustin, dans le chapitre 11 des Confessions, *décrit le temps comme une énigme. En effet, chacun est sûr de comprendre ce qu'on entend par « temps » ; néanmoins, quand on s'interroge sur ce qu'est le temps, nos certitudes s'évanouissent. En effet, le temps se compose du passé, du présent et du futur. Or ce qui est passé n'est plus, ce qui est à venir n'est pas encore, et ce qui est présent, relève du temps (et non pas de l'éternité) seulement parce qu'en lui le futur doit rejoindre le passé. Comment dire ce qu'est le temps alors que son être semble insaisissable.*

L'esprit attend, il est attentif et il se souvient. L'objet de son attente passe par son attention et se change en souvenir. Qui donc ose nier que le futur ne soit pas encore ? Cependant l'attente du futur est déjà dans l'esprit. Et qui conteste que le passé ne soit plus ? Pourtant le souvenir du passé est encore dans l'esprit. Y a-t-il enfin quelqu'un pour nier que le présent n'ait point d'étendue, puisqu'il n'est qu'un point évanescent ? Mais elle dure, l'attention par laquelle ce qui va être son objet, tend à ne l'être plus. Ainsi ce qui est long, ce n'est pas l'avenir : il n'existe pas. Un long avenir, ce n'est pas une longue attente de l'avenir. Ce qui est long, ce n'est pas le passé qui n'existe pas davantage. Un long passé, c'est un long souvenir du passé. »

Saint Augustin, *Confessions* (vers 400), livre XI, chap. 28, trad. J. Trabucco, GF-Flammarion, Paris, 1964, pp. 278-279.

Le temps et l'âme
Saint Augustin, décidé à rendre compte de l'être du temps, s'oppose ici à toute une tradition philosophique : celle qui faisait du temps la mesure du mouvement des astres. Cette définition permettait de déterminer le temps comme une structure objective du cosmos, une dimension appartenant aux choses elles-mêmes. Saint Augustin s'attache à montrer que le sens et l'être du temps dépendent d'une disposition de l'âme.

Les trois dimensions
Le passé, le présent et l'avenir n'ont donc pas d'être objectif, mais seulement celui que leur concède l'âme. C'est ainsi que l'avenir ne tient son existence que de l'attente inquiète de l'âme, et que le passé tire sa profondeur de l'effort de l'âme pour se souvenir. Le présent cesse d'être écartelé entre les deux abîmes du passé et du futur par l'attention de l'âme qui lui octroie une relative stabilité et constance. Il ne faut donc pas dire que l'esprit est dans le temps : l'être et le sens du temps sont suspendus à l'activité de l'esprit.

AUSTIN JOHN LANGSHAW (1911-1960)

REPÈRES BIOGRAPHIQUES
John L. Austin est l'un des représentants les plus marquants de la philosophie analytique anglaise. Nommé *fellow* à Oxford en 1933, il devient professeur en 1952. Il meurt prématurément, ne laissant achevés que deux ouvrages.

John L. Austin représente, dans la philosophie analytique*, une orientation différente de celle des philosophes de Cambridge et, notamment, de Bertrand Russell*. Ceux-ci abordaient les problèmes de la signification* à partir de la logique* et étaient hantés par le rêve d'une langue idéale. Austin se livre au contraire à l'analyse du langage* ordinaire : les manières habituelles de parler sont riches de sens et révèlent des distinctions linguistiques* que l'analyse logique laisse échapper.

Dans *Quand dire, c'est faire*, son livre majeur, Austin montre que le langage ne saurait être réduit à sa fonction représentative. Toutes les phrases ne sont pas « constatatives » (c'est-à-dire décrivant une réalité et pouvant être vraies ou fausses). Il existe aussi des énoncés « performatifs », comme les promesses (« Je te promets que... ») ou certaines phrases officielles (« Je vous déclare unis par les liens du mariage »). Ces énoncés

◆ Autonomie

performatifs ne constatent pas un état de choses mais accomplissent une action (promettre, marier, etc.) Or, beaucoup d'énoncés ont un aspect performatif. Par exemple : « Le train va partir » n'est pas seulement une description mais un avertissement. Austin en vient alors à tenir toute production langagière pour un acte complexe *(speech act)*, dont la signification totale dépend : **1.** de la référence à un réel – c'est l'aspect « locutionnaire » du langage ; **2.** de la situation du locuteur et de l'action qu'il accomplit en parlant (engagement, avertissement, etc.) – c'est l'aspect « illocutionnaire » du langage ; **3.** de l'effet produit par l'interlocuteur – c'est l'aspect « perlocutionnaire » du langage.

● **Principaux écrits :** *Quand dire, c'est faire* (1948) ; *Le Langage de la perception* (1962).

Autonomie

(n. f.) ● **Étym. :** grec *autonomos* (de *autos*, « lui-même », et *nomos*, « loi »), « qui se gouverne par ses propres lois ». ● **Sens ordinaire :** capacité d'un individu ou d'un groupe de déterminer lui-même le mode d'organisation ou les règles auxquelles il se soumet ; en ce sens, on parlera, par exemple, de l'autonomie d'un élève, c'est-à-dire de sa capacité d'organiser son travail sans aide ni contraintes extérieures. ● **Sens philosophique et moral : 1.** Chez Kant, caractère de la volonté en tant qu'elle se soumet librement à la loi morale édictée par la raison pure pratique, par respect de cette loi, et à l'exclusion de tout autre mobile. **2.** Liberté morale du sujet qui agit conformément à ce que lui dicte sa raison, et non par simple obéissance à ses passions.

L'autonomie, chez Kant*, peut se définir comme liberté, au sens négatif, c'est-à-dire comme indépendance à l'égard de toute contrainte extérieure, mais aussi et surtout au sens positif comme législation propre de la raison* pure pratique. L'autonomie de la volonté* est, selon Kant, « le principe suprême de la moralité » (*Fondement pour la métaphysique des mœurs*). En effet, une action ne peut être véritablement morale, si elle obéit à des mobiles sensibles, extérieurs à la raison législatrice. Par exemple, si j'agis par amour de l'humanité, je n'agis pas par devoir*, mais par sentiment. Or, une action dont la maxime repose sur un sentiment ne peut prétendre à l'universalité* et servir de loi à tout être raisonnable. En revanche, et quel que soit mon sentiment pour l'humanité, « traiter l'humanité en ma personne et en la personne de tout autre toujours en même temps comme une fin, et pas simplement comme un moyen » est une maxime exigible universellement, un devoir pour chacun ; la volonté qui détermine son action à partir d'elle est une volonté autonome, en tant qu'elle se soumet librement à la loi de la raison pure pratique.

● **Terme voisin :** liberté. ● **Terme opposé :** hétéronomie. ● **Corrélats :** devoir ; dignité ; liberté ; morale ; personne ; raison ; volonté.

Auto-organisation

Cf. Edgar Morin.

Autorité

(n. f.) ● **Étym. :** latin *auctoritas*. ● **Sens commun :** capacité d'exercer un pouvoir et de le faire respecter par autrui (autorité parentale, autorité publique).

L'autorité est la caractéristique d'une personne ou d'une institution possédant un certain ascendant sur les individus. Elle doit être dissociée de la *domination* qui implique la violence* et réclame une soumission partielle ou totale. L'autorité, si elle peut éventuellement se fonder sur une compétence précise, exige surtout le consentement libre des sujets qui obéissent non sous la contrainte, mais plutôt par respect. Elle est donc indissociable de l'estime que l'on porte à celui qui s'en réclame ; sans cette estime, elle disparaît au bénéfice de la force. (*Cf.* Hannah Arendt, « Qu'est-ce que l'autorité », in *La Crise de la culture*, Gallimard, 1972).

● **Termes voisins :** ascendant ; charisme. ● **Terme opposé :** violence. ● **Corrélats :** éducation ; pouvoir ; tradition.

AUTRUI

Autrui, c'est d'abord l'autre, le différent. Mais l'altérité* ne suffit pas à caractériser autrui. Car s'il est autre que moi, il est aussi en même temps mon semblable. Il est *alter ego*, c'est-à-dire un autre moi et un autre que moi. Autrui est donc à la fois le même et l'autre. Prendre en compte la dimension d'autrui dans la reflexion philosophique signifie, dès lors, s'interroger sur cette double structure du même et de l'autre, du sujet* et de l'objet*, essentiellement réversible. La philosophie classique n'a guère tenu compte de cette dimension. Descartes*, par exemple, fait du *Cogito, ergo sum* la première certitude atteinte par et dans une conscience seule. La conscience de soi est ici première et ne passe pas par l'autre, dont l'existence est d'ailleurs provisoirement mise en doute. C'est seulement avec Hegel* qu'autrui apparaît comme essentiel à la constitution même de la conscience de soi.

Autrui, condition de la conscience de soi

Selon Hegel, la conscience de soi passe par la reconnaissance par une autre conscience*. Dans la *Phénoménologie de l'esprit*, est décrit ce processus de constitution de la conscience de soi qui trouve son expression la plus connue et la plus dramatique dans la relation de maîtrise-servitude*, sous la forme d'une lutte à mort. Cherchant à se faire reconnaître comme sujet, chaque conscience de soi doit en effet prendre le risque de disparaître comme objet, c'est-à-dire de mourir. Le maître est celui qui a pris ce risque et est reconnu comme conscience de soi par l'esclave, qui, lui, a préféré la vie à la reconnaissance de soi. Reprenant cette analyse, Sartre* à son tour fera d'autrui « le médiateur indispensable entre moi et moi-même » (*L'Être et le Néant*) et du conflit la forme indépassable de mon rapport à l'autre. Sous le regard de l'autre, j'acquiers en effet une existence objective. En même temps, ce regard est négateur de ma liberté de sujet, car l'image que l'autre me renvoie est figée et réductrice.

L'intersubjectivité et le dialogue

Le conflit renvoie au face à face de deux consciences, d'où le monde est écarté, comme référence commune. Et pourtant, je partage ce monde avec autrui. Ce monde partagé, ce monde commun, c'est celui de l'intersubjectivité et du dialogue. Le dialogue* constitue par conséquent une forme essentielle du rapport à autrui, comme le souligne la phénoménologie, et notamment Merleau-Ponty* (*Phénoménologie de la perception*). Occupant sur ce monde un point de vue qui lui est propre, et par définition différent du mien, autrui donne au monde épaisseur et relief. À travers le dialogue, j'accède à un univers de sens distinct du mien, que je comprends cependant. Cet échange ne signifie pourtant pas que les points de vue soient interchangeables, ou que la distance entre autrui et moi-même puisse être abolie. Au contraire, l'écart subsiste nécessairement, et l'altérité de l'autre ne saurait disparaître. Le rêve de fusion ou de communion est un rêve sans doute séduisant, mais dangereux. Car dans la fusion, autrui disparaît en tant que tel, et, avec lui, l'obligation morale et la responsabilité.

Autrui, source de l'exigence morale

Au-delà de la sympathie, du dialogue, comme au-delà du conflit, autrui est celui qui m'oblige au respect. Le respect que je dois à autrui — et qui s'oppose également à l'amour et à l'indifférence — s'inscrit dans la juste distance qui m'en sépare. Ce n'est ni le « On » de l'indifférence, ni le « Nous » de l'amour qui caractérise la relation à autrui. Mais c'est le « Tu » qui me requiert et exige que je réponde. Faisant d'autrui le centre de sa réflexion, le philosophe contemporain Emmanuel Levinas* s'est attaché à montrer comment le visage* d'autrui porte le commandement de l'interdiction de la violence*, le « Tu ne tueras point ». Autrui est, avant tout, celui qui fait naître en moi l'exigence éthique*.

● **TEXTES CLÉS** : J.-P. Sartre, *L'Être et le Néant* ; E. Levinas, *Éthique et infini*. ● **TERMES VOISINS** : prochain ; semblable. ● **TERMES OPPOSÉS** : étranger ; même. ● **CORRÉLATS** : altérité ; compassion ; conscience ; différence ; empathie ; respect ; visage.

AVERROÈS (1126-1198)

REPÈRES BIOGRAPHIQUES

Philosophe de l'époque de l'occupation arabe de l'Espagne, Ibn Rushd (Averroès) est un grand commentateur de l'œuvre d'Aristote. Haut magistrat (il est « cadi », chargé de dire le droit à Séville), il suit des études de philosophie, de théologie, de jurisprudence, de médecine et de mathématiques. Ses travaux le rendent suspect d'irréligion.

Trois classes d'arguments, trois types d'hommes

Alors que la tradition musulmane rejette parfois les *falasifa* (« philosophes »), auxquels il est reproché leur esprit critique face aux croyances, Averroès tenta toute sa vie de montrer la complémentarité de la philosophie* et de la religion*, car « la vérité ne saurait contredire la vérité ». Pour lui, Aristote est un « être divin » et inspiré, et rien dans l'aristotélisme bien compris ne contredit le Coran. En effet, il existe trois classes d'arguments : **1.** Les arguments d'*exhortation*, ou oratoires : ils conviennent aux hommes simplement influencés par les mots. **2.** Les arguments *théologiques* : ils conviennent aux hommes capables d'interprétation. **3.** Les arguments *savants* : ils sont pratiqués par les hommes capables d'interprétation certaine et de démonstration, c'est-à-dire les philosophes. Dieu, pour rendre le Coran accessible à tous, l'a communiqué sous forme d'exhortation, mais il peut être interprété et, enfin, les démonstrations de la philosophie ne le contredisent pas.

Les prolongements de l'averroïsme

Averroès fut lu, exposé et combattu durant le Moyen Âge, au moment de l'intégration de l'aristotélisme à la religion chrétienne, par saint Thomas d'Aquin*. Le débat portait sur l'« intellect, agent séparé ». Pour Averroès, il existe une intelligence séparée, la même pour tous les hommes. Il n'y a pas d'immortalité des âmes individuelles, mais seulement de cette intelligence ; Dieu ne connaît que l'universel, le nécessaire, l'immatériel : il ne connaît pas ce bas monde. L'averroïsme fut ainsi rejeté avec vigueur par le catholicisme.

● **PRINCIPAUX ÉCRITS** : *Commentaire sur la Métaphysique d'Aristote ; Traité décisif sur l'accord de la religion et de la philosophie.*

AVICENNE (980-1037)

REPÈRES BIOGRAPHIQUES

Philosophe arabe né au nord de la Perse, Ibn Sin (dit Avicenne dans l'Occident latin) fut très jeune remarqué pour la qualité et l'étendue de son savoir, tant en mathématiques qu'en logique, en jurisprudence, en médecine et en physique, et plus tard en métaphysique. Sa réputation le conduisit à fréquenter de nombreuses cours, où il exerça diverses fonctions éminentes, y compris, un moment, celle de vizir.

La pensée philosophique d'Avicenne puise à trois sources : le courant musulman ismaélien, auquel il est familiarisé très jeune, mais surtout l'aristotélisme à la compréhension duquel lui donne accès la lecture des commentaires du philosophe Al Farabi, dont la pensée eut aussi une grande influence sur lui. Si Avicenne est l'un des philosophes arabes les plus connus et s'il est souvent considéré comme le plus important d'entre eux, c'est parce que c'est grâce à lui que l'Occident prit connaissance non seulement du « néo-platonisme islamique » — dont il fut le grand propagateur plutôt que l'inventeur —, mais aussi des grands thèmes de la philosophie d'Aristote*. Avicenne semble avoir dû cet avantage à la précision de ses connaissances et analyses, et à la clarté de son style.

● **PRINCIPAUX ÉCRITS** : *Livre de la guérison* (encyclopédie logique, physique et métaphysique) ; *Philosophie des Orientaux* ; *Livre des remarques et admonitions.*

AXIOLOGIE

(n. f.) ● **ÉTYM.** : grec *axios*, « digne de », « ayant de la valeur », et *logos*, « discours, science ». ● **SENS ORDINAIRES ET PHILOSOPHIQUES** : **1.** Science des normes en général. **2.** Science — c'est-à-dire étude systématique et rigoureuse — ayant pour objet les valeurs morales.

● **CORRÉLATS** : éthique ; morale ; norme ; valeur.

AXIOMATIQUE

(n. f.) ● **ÉTYM.** : formé à partir du nom *axiome*. ● **LOGIQUE ET MATHÉMATIQUES** : système construit à partir de termes premiers posés à titre d'hypothèses (les axiomes), et entièrement formalisé, c'est-à-dire fondé sur les seuls rapports logiques qui unissent ses propositions, abstraction faite de leur contenu de signification.

● **Corrélat :** mathématiques.

Axiome

(n. m) ● **Étym. :** grec *axioma*, « prix », « valeur ». ● **Sens ordinaire et philosophique :** principe premier d'un raisonnement. ● **Mathématiques :** proposition primitive, elle-même non démontrée, d'un système déductif. L'axiome se distingue alors du théorème, qui est une proposition démontrée.

C'est une nécessité logique de ne pouvoir démontrer les axiomes d'un système déductif. Car, comme l'écrit Pascal*, si la vérité exige de tout démontrer et de tout définir, il faut bien néanmoins, sous peine de régression à l'infini, commencer par des termes non définis et des propositions non démontrées. Pour la tradition mathématique depuis Euclide*, le caractère indémontrable de l'axiome est justifié par son évidence*. L'axiome se distingue alors du postulat*, qui est une proposition que l'on demande d'accepter sans se prononcer sur sa vérité ou sa fausseté. Mais le développement moderne des mathématiques, conçues de plus en plus comme un pur système formel, a remis en cause cette distinction entre axiome et postulat. L'axiome est en effet devenu un point de départ accepté, non pas en raison de son évidence immédiate mais en raison de sa capacité à permettre un raisonnement logiquement cohérent. En ce sens, comme l'écrit le philosophe Robert Blanché, l'axiomatique* contemporaine mériterait davantage de s'appeler une « postulatique ».

● **Termes voisins :** évidence ; postulat. ● **Terme opposé :** théorème.
● **Corrélats :** axiomatique ; déduction ; formalisme ; logique ; mathématiques.

BACHELARD GASTON
(1884-1962)

REPÈRES BIOGRAPHIQUES

Gaston Bachelard est né à Bar-sur-Aube. Licencié de mathématiques puis, en 1922, agrégé de philosophie, il enseigne les sciences et la philosophie. En 1927, il soutient deux thèses en Sorbonne sur l'épistémologie. De 1930 à 1940, il est professeur de philosophie à l'université de Dijon puis, de 1940 à 1954, professeur d'histoire et de philosophie des sciences à la Sorbonne. En 1961, il obtient le Grand Prix national des lettres. Il meurt à Paris le 16 octobre 1962.

Le travail solitaire du philosophe et du poète

L'œuvre de Gaston Bachelard comporte deux volets : la poésie et la science. Ce serait donc la mutiler que d'isoler en elle la rêverie de la rigueur rationnelle. La diversité de sa pensée exprime la plénitude de vie de Bachelard : il est à la fois celui qui, face aux « expériences écartelées, écartelantes » revendique l'intériorité d'existence à sa table de travail, et celui qui dénonce « la rêverie maussade de celui qui s'immobilise dans son coin ». Pour savoir rêver, il faut être profondément attaché au réel, non seulement aux éléments de la matière, mais aux mots et à leur poésie, non seulement à la maison « natale et rêvée » de Bar-sur-Aube, mais aux pavés de Paris et aux luttes humaines. L'œuvre de Bachelard est enracinée dans le concret.

Sans doute ces deux directions de son œuvre, le rêve* et le rationnel de la science, sont-elles, en un sens, antithétiques. Mais Bachelard a concilié ces deux exigences par une même attitude : le refus de tout dogmatisme*.

L'épistémologue polémiste

Gaston Bachelard place le courage intellectuel au centre de sa réflexion, et cela dès ses premiers ouvrages sur le travail scientifique : sa thèse sur *La Connaissance approchée*, puis *Le Nouvel Esprit scientifique*, publié en 1934. Il y montre la raison ouverte à l'avenir, toujours capable, dans la conquête de la vérité, de remettre en question les principes sur lesquels elle s'appuyait tranquillement jusque-là. Bachelard souligne que, dans le progrès de la pensée scientifique, les acquis se font de façon discontinue, par rupture. Il en veut pour preuve les crises du début du XXe siècle : crise de la relativité, du déterminisme, de la théorie des ensembles. Son apport fondamental est d'avoir analysé les « obstacles » épistémologiques* qui sont à l'intérieur même de la pensée, dans les profondeurs inconscientes, souvent culturelles, du psychisme. Sur ce plan, *La Formation de l'esprit scientifique* et *La Psychanalyse du feu*, qui datent de la même année (1938), sont les ouvrages les plus instructifs. Son œuvre est une aide précieuse pour désapprendre le mécanisme*, la science-spectacle, l'analyse morcelante, la réduction au simple, la notion statique de la matière à laquelle correspondent des concepts figés. Bachelard convoque « la philosophie du non » pour marquer son apport à une dialectique de la connaissance qui s'oppose à une conception figée de la raison*. Il désigne sa pensée comme un « surrationalisme ». Certains historiens et philosophes des sciences lui reprochent aujourd'hui ses audaces de formulation. Mais c'est oublier que la pensée bachelardienne n'a rien d'académique et qu'elle est même volontiers frondeuse dans sa volonté pédagogique de dénoncer les blocages, « les erreurs et les horreurs » de la raison.

L'exploration de l'imagination créatrice

Revendiquant la liberté créatrice, Bachelard réhabilite l'imagination*. Proche de la phénoménologie* ou de la psychanalyse*, il rejette une conception « chosiste » de l'image. Selon lui, l'imagination est ouverte, « toute en avenir ». À travers la psychanalyse des images, comme dans l'intelligibilité de la science, il cherche à pénétrer la richesse inépuisable du réel, dont la profondeur est vécue avant d'être pensée. L'imagination est la force même du psychisme mais il faut apprendre à rêver, car la rêverie poétique que Bachelard oppose à la rêverie de somnolence, suppose une discipline. Elle est « développement d'être et prise de conscience ». Contre Bergson*, Bachelard défend la force du langage qui crée de l'être. Si l'imaginaire peut être créateur de réalité, s'il nous « ouvre à une vie nouvelle », n'est-ce pas parce que l'imagination exprime, avant toute scission, l'affirmation de l'être humain dans la nature ? « La rencontre de l'autre, écrit Bachelard, passe par le cosmos. » La richesse et la diversité concrète, « profuse », de l'œuvre de Bachelard nous ouvrent à la densité du monde.

● **Principaux écrits :** *Le Nouvel Esprit scientifique* (1934) ; *La Formation de l'esprit scientifique* (1938) ; *La Psychanalyse du feu* (1938) ; *L'Eau et les rêves* (1942) ; *La Terre et les rêveries de la volonté* (1948) ; *La Poétique de l'espace* (1957).

BACON FRANCIS (1561-1626)

REPÈRES BIOGRAPHIQUES

Homme d'État et philosophe anglais, Bacon est l'auteur d'une « grande œuvre » de restauration des sciences qu'il laisse inachevée ; il réfléchit également aux questions morales, étudie le droit et l'histoire, et critique la religion traditionnelle. D'une œuvre immense, on a surtout retenu l'idée de méthode inductive et expérimentale. Kant lui a dédié la *Critique de la raison pure*.

Persuadé que le progrès* des connaissances doit entraîner à terme une amélioration de la condition humaine, Francis Bacon se lance dans un gigantesque travail de refonte de tout l'édifice scientifique. Mais un progrès effectif du savoir implique tout d'abord une réforme de l'esprit humain, sur la base de principes dont il pose les fondements dans le *Novum Organum*. Pour véritablement « sortir de soi » et devenir attentif aux choses mêmes, l'esprit doit surmonter un certain nombre de préjugés. La méthode* inductive, qui ne peut être adoptée qu'après liquidation des « idoles » (ou obstacles inhérents à l'esprit), est conçue de façon originale : ni spontanée, ni strictement logique, l'« expérimentation instruite » est surtout attentive à tout ce qui peut invalider les hypothèses de travail. Seules des « expériences cruciales » permettent de vérifier des axiomes toujours discutables. Pour Francis Bacon, qui annonce en cela les théories épistémologiques les plus récentes (cf. Karl Popper), la vérité* est « fille du temps », et tout savant, le sachant, doit renoncer aux constructions admirables mais trompeuses d'une raison trop impatiente.

● **Principaux écrits :** *La Grande Restauration* (inachevé) ; *Novum Organum* (1620) ; *La Nouvelle Atlantide* (1627).

BACON ROGER (1214-1294)

REPÈRES BIOGRAPHIQUES

Moine franciscain de l'école d'Oxford, surnommé le « docteur admirable » à cause de l'étendue de ses connaissances. Ne pas le confondre avec Francis Bacon.

Comme son maître Robert Grosseteste, Roger Bacon, dans un esprit chrétien, mais en s'efforçant d'exploiter l'héritage grec (Platon*) et celui des Arabes (Avicenne*), médite sur la Création* et ses divers modes de connaissance par l'homme. De là, il est conduit à s'opposer à la scolastique* et à accorder de l'importance à la raison* mais en même temps, et surtout, à l'expérience*. Un esprit pur connaît les choses créées directement par la lumière première qui permet la contemplation des Idées*, comprises dans l'unique cause première : Dieu*. Un esprit moins pur ne connaît pas les choses par la voie de cette lumière première, mais par celle de la « lumière créée », lieu de rencontre entre la matière et l'esprit, médiatrice entre le sensible et l'idée, qui est l'intelligence. Cette importance accordée à la lumière conduit l'auteur à en traiter également sur le plan scientifique et expérimental (étude mathématique des modalités de sa diffusion) et esthétique* (étude mathématique des règles de la perspective, point de rencontre, en peinture et grâce à l'imagination*, entre l'apparence et la vérité). Ces études sont donc, à bien des égards, annonciatrices de celles de la Renaissance.

● **PRINCIPAUX ÉCRITS** : *Opus majus* ; *Opus minus* ; *Opus tertium*.

BARBARIE

(n. f.) ● **ÉTYM.** : grec *barbaros*, « non grec, étranger ». ● **SENS ORDINAIRES** : **1.** Absence de civilisation. **2.** Sauvagerie, inhumanité.

Initialement, le mot est une onomatopée évoquant des paroles inintelligibles : le *barbare*, c'était celui qui ne parlait pas le grec. Lévi-Strauss*, remarquant que le mot a pu aussi désigner chez les Grecs le gazouillement des oiseaux, dénonce son caractère évidemment ethnocentrique*.
Aujourd'hui, les termes de barbare et surtout de barbarie ont évolué et désignent principalement des actes inhumains, contraires aux règles et aux droits de l'humanité, tels que les génocides*, les crimes contre l'humanité*, les totalitarismes* (la « barbarie nazie »). Par un singulier retournement, les comportements désignés comme « barbares » sont alors ceux qu'inspire une inaptitude à repérer l'unité de l'humanité derrière la diversité des cultures. Comme le dit, là encore, Lévi-Strauss (*Race et Histoire*) : « Le barbare, c'est d'abord celui qui croit à la barbarie ».

● **CORRÉLATS** : civilisation ; crime ; culture ; ethnocentrisme ; génocide ; racisme.

BAYLE Pierre (1647-1706)

REPÈRES BIOGRAPHIQUES
Né dans une famille protestante, il retrouve la foi de ses pères après un bref passage par le catholicisme, qu'il considère lui-même comme une erreur de jeunesse. La révocation de l'édit de Nantes, en 1685, l'oblige à vivre en Hollande, où il produit une œuvre abondante.

Contre les persécutions dont les protestants sont l'objet en France, Pierre Bayle affirme le principe de la tolérance*, qu'il est peut-être le premier à présenter comme fondé sur la raison. Celle-ci est en effet puissance de jugement, capacité naturelle de discerner le vrai du faux, et nul ne peut se prétendre dépositaire d'une « vérité* » qui pourrait être imposée à ceux qui ne la professent pas. Son *Dictionnaire historique et critique* a eu une profonde influence sur la philosophie des Lumières au XVIIIe siècle.

● **PRINCIPAUX ÉCRITS** : *Commentaire philosophique* (1687) ; *Dictionnaire historique et critique* (1696).

BÉATITUDE

(n. f.) ● **ÉTYM.** : latin *beatus*, « bienheureux, heureux ». ● **PHILOSOPHIE** : bonheur du sage. ● **THÉOLOGIE** : félicité des élus dans l'autre monde.

La notion de béatitude se distingue de celle de joie* et de bonheur*, en ce qu'elle désigne plus précisément le bonheur du sage : elle résulte alors d'un état de perfection et d'autonomie, car la dépendance, en nous séparant de nous-mêmes, est fondamentalement cause de toute souffrance. La béatitude est donc l'accomplissement de tout bonheur : c'est un bonheur parfait qui n'est certes pas la somme quantitative de différents bonheurs particuliers, mais le bonheur dont la qualité est absolue. Traditionnellement, mais diversement selon les doctrines, la béatitude résulte de la capacité pour le sage* de neutraliser ce qui sépare l'homme de lui-même : le temps. La béatitude touche donc à l'éternité (*cf.* Spinoza), à l'immortalité (*cf.* Aristote), ou encore à l'absolu de l'instant présent (*cf.* Épicure). Et c'est à la condition de vivre selon la vérité qu'un tel résultat peut être obtenu. La béatitude est ainsi, chez Spinoza*, l'état de bonheur parfait que procure le plus haut degré de connaissance, qui est aussi amour intellectuel de Dieu*. On remarquera que, suivant les doctrines, la béatitude est — ou n'est pas — humainement accessible : soit elle implique de dépasser, d'un certain point de vue du moins, la condition humaine (*cf.* Aristote), soit elle peut être trouvée dans la condition humaine (*cf.* Descartes).

● **TERMES VOISINS :** bonheur ; félicité ; joie. ● **TERMES OPPOSÉS :** malheur ; souffrance. ● **CORRÉLATS :** bonheur ; éthique ; joie ; sagesse ; vertu.

BEAU

(n. m. et adj.) ● **ÉTYM. :** latin *bellus*, « charmant », « délicat ». ● **(SUBST.) SENS ORDINAIRE :** valeur à laquelle renvoie le jugement esthétique. ● **(ADJ.) SENS ORDINAIRES : 1.** Ce qui provoque le sentiment esthétique. **2.** Ce qui correspond à la perfection en son genre, obéit à certaines formes d'équilibre ou d'harmonie.

On peut dire beau un objet ou un être vivant correspondant à un type idéal défini par un usage ou qui porte à un haut degré ses qualités intrinsèques. Mais le beau n'est-il que cela ? Platon*, dans *Hippias majeur*, a ironisé sur le fait qu'on puisse parler d'une « belle marmite » comme d'une « belle vierge »... Le beau fait naître un sentiment particulier, le sentiment esthétique*. Si, depuis l'Antiquité, on a pu chercher à formuler des règles et des idéaux dans le domaine des beaux-arts, la modernité a approché cette notion à travers le problème de l'expérience subjective du beau. Kant*, définissant le beau comme « ce qui plaît universellement sans concept », souligne la spécificité du jugement esthétique — distinct de celui qui est issu de l'entendement — et son fondement subjectif. Les beaux-arts comme la nature sont ainsi à même de nous révéler le beau.

Cependant, le beau reçoit une définition historique avec la philosophie hégélienne : il est « la manifestation sensible du vrai », les différentes formes d'art* exprimant des moments de la conscience universelle. Le beau naturel doit ainsi être distingué du beau artistique ; seul celui-ci, issu d'une activité de l'esprit humain, justifie pleinement cette qualification.

● **TERME VOISIN :** beauté. ● **TERMES OPPOSÉS :** laid ; vil. ● **CORRÉLATS :** art ; beaux-arts ; bien ; esthétique ; goût ; idée ; relativisme ; sensible ; sublime ; vrai.

BÉHAVIORISME

(n. m.) ● **ÉTYM. :** de l'anglais *behavior*, « comportement ». ● **PSYCHOLOGIE :** doctrine qui préconise l'étude expérimentale des comportements humains et animaux, traités comme des réponses à des *stimuli* (ou « excitants », « stimulations ») externes, indépendants de la conscience.

Disciple de William James* (1842-1930) — *cf.* Pragmatisme —, et influencé par les travaux de Pavlov sur le réflexe conditionné (1904), le psychologue américain John B. Watson (1878-1958) donna le nom de béhaviorisme à la position selon laquelle il faut s'en tenir à l'étude systématique des comportements et des rapports qui existent entre les stimulations et les réponses de l'organisme. Cette position visait à déplacer l'objet privilégié de la psychologie* naissante, la conscience* : il s'agissait de nier non pas son existence, mais la possibilité qu'elle constitue un objet d'étude, ou un principe d'explication des conduites humaines. B.J. Skinner (1904-1990) a développé une conception encore plus radicalement empiriste* de la psychologie, avec l'ambition d'en faire une science expérimentale exacte, limitée à la description et au classement des faits, et s'interdisant en principe toute tentative d'explication. Les travaux de Skinner ont contribué au développement de théories sur le langage et l'apprentissage, et de méthodes thérapeutiques, fondées sur la thèse selon laquelle la répétition régulière des mêmes stimulations, principale source de l'imitation et de l'habitude, finit par produire automatiquement des comportements ou des savoir-faire. Cependant, les travaux de nombreux autres psychologues conduisent à douter du bien-fondé de cette thèse et des théories qui en découlent.

● **Corrélats :** conscience ; empirisme ; psychologie.

BENJAMIN WALTER (1892-1940)

REPÈRES BIOGRAPHIQUES

Né à Berlin, Walter Benjamin étudie la philosophie puis rédige sa thèse (1920) sur *Le Concept de critique d'art dans le romantisme allemand*. Il se consacre un temps à Brecht, et se lie avec des intellectuels marxistes. Exilé en 1933 à Paris, il y est aidé par ses amis Theodor W. Adorno et Max Horkheimer. Il écrit des essais sur Kafka, Baudelaire et Paris (*Passages parisiens*). Il tente en 1940 de rejoindre l'Espagne ; arrêté à la frontière, il se suicide.

Une réflexion initiale sur l'esthétique* conduit Walter Benjamin à élucider la notion de « critique* », thème central et fil conducteur de toute son œuvre. Loin de se réduire à une fonction d'appréciation et d'évaluation, la critique doit dégager l'« idée infinie » de l'œuvre et, par là, contribuer à l'achever. Une telle lecture, en même temps qu'elle actualise les productions littéraires et esthétiques, peut leur conférer une dimension rédemptrice tout en les dégageant de leur gangue mythique. Walter Benjamin sera amené à développer tardivement (dans ses *Thèses sur le concept d'histoire*) ces intuitions théologiques ou messianiques, sous-jacentes dans l'ensemble de son œuvre. Mais la philosophie contemporaine a surtout retenu la thèse qu'il soutient dans *L'Œuvre d'art à l'époque de la reproduction mécanisée* : la généralisation de la production à grande échelle des œuvres d'art (photographies, disques, films...), y explique-t-il, marque une véritable mutation dans l'histoire de l'art*. Aujourd'hui, sur le point d'être totalement désacralisée, l'œuvre* a perdu, en même temps que son unicité, son *aura*, c'est-à-dire la dignité et la magie qui la définissaient et qui constituaient une sorte de survivance des origines rituelles et théologiques des premières formes d'art. La beauté peut-elle survivre à une telle profanation généralisée qui semble définir à la fois l'art de masse et la modernité* ? Sans se prononcer sur ce point, Walter Benjamin salue en tout cas dans le cinéma* l'art « moderne » par excellence, qu'il conçoit comme un antidote et un exutoire cathartique aux angoisses et traumatismes engendrés par la violence du capitalisme, en particulier aux États-Unis. Certaines de ses analyses, concernant le rôle du comique et de l'horreur au cinéma, restent très pertinentes et convaincantes pour rendre compte du cinéma d'aujourd'hui.

● **Principaux écrits :** *Le Concept de critique d'art dans le romantisme allemand* (1928) ; *L'Œuvre d'art à l'époque de sa reproduction mécanisée* (1935) ; *Passages parisiens* (1927-1940) ; *Thèses sur le concept d'histoire* (1940).

BENTHAM JEREMY (1748-1832)

REPÈRES BIOGRAPHIQUES

Né dans une famille anglaise de haute condition, Bentham fut admis à l'université d'Oxford à douze ans. Après des études de droit, il délaissa la carrière juridique pour se consacrer à son œuvre philosophique.

Bentham peut être considéré comme le fondateur de l'utilitarisme*. Le principe d'utilité permet de juger toute action en fonction de l'augmentation ou de la diminution du plaisir qu'elle procure. Il s'ensuit une morale hédoniste (*cf.* Hédonisme) : « La nature a placé l'humanité sous la gouverne de deux maîtres souverains, le plaisir et la douleur. C'est à eux, et à eux seuls, de nous indiquer ce que nous devons faire comme de déterminer ce que nous allons faire » (*Introduction aux principes de la morale et de la législation*). La morale doit ainsi consister en une véritable arithmétique des plaisirs et des peines, dont il doit résulter le maximum de bonheur possible pour l'humanité.

● **Principaux écrits :** *Introduction aux principes de la morale et de la législation* (1789) ; *Traité des peines et des récompenses* (1811).

BENVENISTE ÉMILE
(1902-1976)

REPÈRES BIOGRAPHIQUES
Né à Alep, en Syrie, Émile Benveniste a étudié puis enseigné la linguistique à Paris, à l'École pratique des hautes études puis au Collège de France, à partir de 1937.

Les travaux de Benveniste présentent la double originalité de porter sur deux types d'objets — des questions de linguistique générale et l'étude des langues indo-européennes —, et de s'enraciner dans plusieurs domaines de la recherche : son approche de la question du langage* vise à concilier les apports de la linguistique*, sa spécialité d'origine, et ceux d'autres disciplines, comme la philosophie, l'histoire des institutions ou la psychanalyse (l'une de ses études porte ainsi sur « La subjectivité dans le langage »). Dans *Problèmes de linguistique générale*, il prolonge les analyses développées par Saussure* sur le fonctionnement de la langue*, les conditions de la communication*, les rapports entre langue et pensée, la nature des signes linguistiques, etc. Sur ce dernier point par exemple, il remet en cause la thèse de Saussure selon laquelle le signe linguistique est totalement arbitraire, et il insiste sur la nécessité des liens qui unissent dans la conscience des sujets parlants les signifiés* (qui donnent leur sens aux mots) et les signifiants* (qui en constituent les formes sonores). Dans *Le Vocabulaire des institutions indo-européennes*, il met l'analyse linguistique au service de l'histoire : à partir de l'étude des langues indo-européennes (ancêtres des langues actuellement parlées de l'Asie centrale à l'Atlantique), il reconstruit l'organisation institutionnelle et sociale des groupes humains dans lesquels ces langues mères étaient parlées.

● **PRINCIPAUX ÉCRITS** : *Problèmes de linguistique générale* (1966-1974) ; *Le Vocabulaire des institutions indo-européennes* (1969-1970).

BERGSON HENRI
(1859-1941)

REPÈRES BIOGRAPHIQUES
Après des études secondaires orientées vers les sciences, Bergson choisit de se tourner vers la philosophie. Agrégé en 1881, professeur dans le secondaire, puis à l'École normale supérieure, en 1900 il est nommé professeur au Collège de France. Ses cours ont un succès considérable ; y assistent non seulement philosophes et étudiants, mais tout un public mondain et cultivé. En 1928, il obtient le prix Nobel de littérature. Élevé dans la religion juive mais porté, par sa philosophie, vers le christianisme, il ne se convertira pas, voulant, au moment de la montée du nazisme, rester fidèle à « ceux qui seront demain persécutés ».

La durée
Le point de départ de la philosophie de Bergson est la découverte de la durée*. Bergson analyse la notion de temps*, celle en particulier qu'on trouve à l'œuvre dans les sciences physiques et mathématiques. Or, ce temps-là ne dure pas ; il n'est que la juxtaposition ou la succession d'instants immobiles. C'est un temps abstrait, que Bergson oppose au temps réel, et qu'il nomme « durée » pour bien souligner que « son essence [est] de passer ».

La durée présente trois caractères principaux qui la différencient du temps abstrait : la *continuité*, alors que le temps abstrait se laisse fractionner en moments distincts ; l'*indivisibilité* : la durée réelle n'est pas mesurable mais elle constitue un tout et chaque moment y est fonction de la totalité du passé ; le *changement* : la durée ne reste jamais identique à elle-même. Elle est donc également imprévisible, et c'est en elle que Bergson fera résider la liberté : tout, dans l'univers, n'est pas — tant s'en faut — déterminé à l'avance ; c'est une illusion rétrospective que de croire trouver dans le passé ce qui semble rendre nécessaire un événement accompli. La durée est donc le temps concret, non abstrait, le temps qualitatif, non quantitatif, le temps hétérogène, non homogène, à la différence du temps mesuré et calculé des physiciens.

En opposant la durée et le temps des physiciens, on s'aperçoit qu'en réalité, celui-ci possède tous les caractères de l'espace (juxtaposition, divisibilité, réversibilité...) : il est du temps « spatialisé », pensé en extériorité. La durée, au contraire, est une réalité qui se saisit d'abord dans la vie intérieure, la vie de la conscience : ce sont nos pensées, nos états d'âme qui se vivent d'abord comme « durants ». La durée est donc

◆ **Bergson**

d'essence spirituelle. On peut alors parler d'un dualisme* bergsonien où l'intériorité s'opposerait à l'extériorité, l'esprit* (l'âme*) à la matière* (le corps*), qui, elle, peut légitimement être pensée dans les cadres spatiaux.

Mémoire pure et mémoire-habitude
Si la durée est l'étoffe dont est fait notre être intérieur, conscience signifie d'abord mémoire*. Une vie psychique sans passé serait en effet l'inconscient. Il existe deux sortes de mémoire que Bergson distingue soigneusement. Le passé peut servir à éclairer l'action ; il est conservé comme mécanisme* corporel ou intellectuel utile : lorsque je fais du ski, j'ai intégré tout un ensemble de dispositifs, dont j'ai gardé la trace. Telle est la *mémoire-habitude*.

Mais l'habitude n'est pas la mémoire réelle ; elle est du souvenir transformé en action, et converti en présent : quand je skie, je me moque des conditions dans lesquelles j'ai appris tel ou tel geste technique ; l'important est de pouvoir en disposer. Aussi Bergson distingue-t-il, à côté de cette mémoire-habitude, une *mémoire pure* qui, détachée du souci d'agir, nous introduit au cœur de notre vie intérieure. Évoquer un souvenir n'a rien à voir avec le fait d'utiliser un mécanisme appris : c'est un pur état de conscience, où l'esprit est ramené à lui-même et à la durée qui le caractérise.

Intelligence et intuition
La distinction des deux mémoires conduit à un thème central du bergsonisme : l'opposition entre l'action* et la connaissance*, et entre leurs outils respectifs : l'intelligence* et l'intuition*. L'intelligence est aux hommes ce que l'instinct* est aux animaux : une forme d'adaptation au réel. Elle le découpe, y opère des classifications, y repère des états stables. Pour nous permettre d'agir, elle pense l'immobile, la non-durée. La science est donc, au fond, de même nature que la perception et, si elle la corrige ou la dépasse, elle a le même but : l'action, c'est-à-dire l'adaptation.

L'intuition, au contraire, a pour but non l'action mais la connaissance ; elle a pour objet non la matière, mais l'esprit. Bergson la définit comme « la connaissance directe de l'esprit par l'esprit », le résultat de l'effort par lequel nous essayons de coïncider, de « sympathiser » avec l'objet pour le saisir dans son individualité propre. Bergson insiste sur le caractère non intellectuel et ineffable de l'intuition : celle-ci ne peut être qu'imparfaitement traduite par le langage*, dont les mots sont des cadres généraux utiles à l'action, mais inaptes à traduire la richesse de la vie intérieure.

Science et philosophie
Si l'intelligence est l'instrument de la science*, l'intuition est celui de la philosophie, c'est-à-dire, pour Bergson, de la métaphysique*. Science et philosophie* n'ont ni le même objet — la matière pour l'une, l'esprit pour l'autre —, ni la même finalité. La science est au service de l'action ; la philosophie est au service d'une connaissance pure. Il en résulte qu'elles ne sont pas concurrentes. La philosophie n'est pas une science suprême ou supérieure, pas plus que les progrès de la science ne rendent caduque la démarche philosophique. Science et philosophie se développent parallèlement. Elles ont donc une égale dignité. Dans *La Pensée et le Mouvant*, Bergson affirmera même que la science comme la philosophie atteignent toutes deux, quant à leur objet propre — matière ou esprit — un absolu*.

Toutefois, ce parallélisme entre science et philosophie, matière et esprit, n'est pas total. L'esprit prend le pas sur la matière, la durée sur l'espace-temps. En effet, il n'y a pas que la conscience qui dure. Les phénomènes de la vie nous donnent également le spectacle d'une « évolution* créatrice », et le développement des organismes vivants, tant au plan des individus que des espèces, témoigne de l'existence d'un élan vital. Plus encore, l'univers matériel lui-même dure : ainsi, le temps qu'un morceau de sucre met à fondre n'est pas seulement du temps mesurable ; il coïncide en partie avec mon impatience de le voir fondre, c'est-à-dire avec ma propre durée. La durée est donc le fond de notre être, mais aussi la substance de toute chose. Et comme elle est d'essence spirituelle, on a pu dire que la philosophie de Bergson était un « pan-spiritualisme » ou un « pan-psychisme ».

Morale et religion
Le dynamisme qui anime aussi bien la vie de l'esprit que les êtres vivants et, finalement, toutes les forces de l'univers, se retrouve en morale et en religion. Bergson pense ces deux domaines à partir de l'opposition *clos/ouvert*. Est *clos* tout système enfermé dans des règles rigides (la morale kantienne incarne ainsi aux yeux de Bergson la « morale close »), ou la pure observance des rituels religieux. Est *ouvert*, en

revanche, tout ce qui, en morale et en religion, témoigne d'un élan spirituel : la morale du saint ou du héros, par exemple, ou bien, dans le domaine religieux, le rapport personnel et dynamique à Dieu, par opposition à l'organisation statique du culte.

● **Principaux écrits :** *Essai sur les données immédiates de la conscience* (1889) ; *Matière et Mémoire* (1896) ; *L'Évolution créatrice* (1907) ; *Les Deux Sources de la morale et de la religion* (1932) ; *La Pensée et le Mouvant* (1934).

BERKELEY George (1685-1753)

Repères biographiques

Georges Berkeley est né en 1685 en Irlande. De 1700 à 1704, il poursuit ses études au Trinity Collège de Dublin puis il entre dans les ordres en 1709. Il voyage ensuite en Angleterre, en Italie et en France. En 1728, il embarque pour l'Amérique, mais le manque de soutiens financiers l'oblige à renoncer à son projet de fonder un collège. De retour en Irlande, il est nommé évêque de Cloyne en 1735. À partir de cette date, il se consacre essentiellement à son évêché. Il meurt en 1753.

Dès sa publication, l'œuvre de Berkeley a été accueillie avec réticence. La philosophie de celui-ci se présente en effet comme un « immatérialisme », c'est-à-dire qu'elle refuse toute existence à la matière*, ce qui va à l'encontre de l'évidence la plus communément admise. Mais dans la mesure où l'existence d'une chose ne dépend, selon Berkeley, que de la perception* que nous avons de cette chose, exister revient à être perçu ou à percevoir (*esse est percipi*). En d'autres termes, les éléments qui composent notre univers, qu'il s'agisse de l'étendue, du mouvement, de la couleur, de la saveur, du son, n'ont aucune existence en dehors de l'idée ou perception que nous en avons.
Lorsque les hommes conçoivent la matière, ils lui attribuent une étendue, une figure, un mouvement. Cependant, ces attributs sont inconcevables si on ne les associe pas à des choses particulières, appréhendées par les sens. Il est littéralement impossible d'abstraire, c'est-à-dire de séparer, d'isoler, une idée des sensations que nous éprouvons. Peut-on imaginer, par exemple, une étendue dépourvue de couleur ? Si l'étendue, le mouvement, la figure n'existent pas hors de l'esprit, il est alors difficile de penser la matière comme une substance* extérieure, indépendante, qui serait comme le substrat, le support de tout ce qui existe. L'idée de matière n'est donc, selon Berkeley, qu'un mot creux, dénué de toute signification. En donnant un nom à quelque chose qui n'existe pas, que nous ne pouvons percevoir, nous commettons un abus de langage*.
Mais un problème se pose alors : si nos perceptions ne proviennent pas de la matière, quelle est leur origine ? Berkeley résout ce problème en invoquant l'existence d'un Dieu* qui assure l'ordre de nos idées et la régularité de nos perceptions. Dieu est, en effet, l'unique source de ce qui existe et de ce que nous percevons. Ainsi, les choses sensibles ne sont pas issues d'une substance matérielle extérieure à notre esprit mais elles proviennent de la substance divine qui assure sa cohérence à nos perceptions.

● **Principaux écrits :** *Nouvelle Théorie de la vision* (1709) ; *Traité sur les principes de la connaissance* (1710) ; *Dialogues entre Hylas et Philonoüs* (1713).

BERNARD Claude (1813-1878)

Repères biographiques

Médecin français, professeur de physiologie au Collège de France, son œuvre se partage en deux parties : les travaux scientifiques et la réflexion philosophique sur la méthode scientifique.

Dans le domaine scientifique, de grandes découvertes, comme la fonction glycogénique du foie, amènent Claude Bernard à fonder la physiologie moderne. L'organisme est un « milieu intérieur ». Il n'est pas le lieu de « forces vitales » indéterminées, comme l'affirment les vitalistes* ; il n'est pas non plus réductible aux lois physiques, comme le veulent les mécanistes*.
Mais les travaux scientifiques de Claude Bernard s'accompagnent aussi d'une

◆ **Besoin**

réflexion philosophique sur la méthode expérimentale : contre l'empirisme* aveugle professé par son maître François Magendie, Claude Bernard parle de « raisonnement expérimental ». Il souligne l'importance des grandes hypothèses pour guider l'expérimentation. Sans idées préalables et préconçues, on ne peut interroger la nature, c'est-à-dire expérimenter. Et sans la croyance au déterminisme* général du monde, il n'y a pas de science possible. Mais les vérités scientifiques ne sont pas des dogmes. Elles sont objectives parce que, en définitive, c'est l'observation des faits qui tranche et décide de la valeur des hypothèses.

● **Principal écrit** : *Introduction à l'étude de la méthode expérimentale* (1865).

Besoin

(n.m.) ● **Étym.** : du francique *bisunnia*, composé du radical *soin* et du préfixe *bi-*, « auprès » (de l'allemand, *bei*). ● **Sens ordinaire** : exigence ou nécessité naturelle ayant une cause physiologique (ex. : « besoin de nourriture »). ● **Psychologie** : sentiment de manquer — à tort ou à raison — de ce qui nous est nécessaire (ex. : « besoin d'amour »).

On distingue généralement deux sortes de besoins : les besoins innés ou naturels et les besoins acquis ou culturels. Les premiers sont d'ordre physiologique, leur mode de satisfaction est uniforme au sein de l'espèce et leur assouvissement est nécessaire à plus ou moins court terme au maintien de la vie ; les seconds sont d'ordre psychologique ou social, leur mode de satisfaction est variable selon les individus ou selon les cultures, et leur assouvissement n'est pas strictement nécessaire. Cette distinction est utile, mais ne doit pas faire méconnaître le caractère complexe des besoins humains. Car, sans nier leur origine physiologique et naturelle, on peut se demander si la forme qu'ils prennent et leur mode de satisfaction ne sont pas toujours le produit d'une histoire. L'économie classique, au XVIIIe siècle, fait du besoin la source du développement économique. Marx* reprendra ces analyses en les corrigeant. Il montrera que le besoin n'est pas tant ce qui commande le développement économique — sauf, peut-être, dans les sociétés primitives — que son résultat. Il écrit : « La production ne produit pas seulement un objet pour un sujet, mais un sujet pour l'objet » (*Introduction à une critique de l'économie politique*).

Le besoin ou plutôt les besoins sont le produit d'une histoire. Freud*, de son côté, montrera qu'une conception étroitement physiologique de la sexualité — où le sens commun voit pourtant le besoin naturel par excellence — est insuffisante pour rendre compte de la complexité et de la variété des comportements humains dans ce domaine. La pulsion* sexuelle n'a pas, chez l'homme, de but ni d'objet qui lui soient naturellement assignés. Elle s'inscrit, elle aussi, dans une histoire qui est celle du sujet et des investissements qu'il engage, dès la naissance, dans ses relations à l'autre. Ce que cherche à satisfaire le sujet dans la sexualité est moins un besoin que les fantasmes attachés à ces premières expériences. Derrière le besoin, se profile le désir, comme manque dont la radicalité ne saurait se satisfaire d'aucun objet. Enfin, tentant une synthèse des apports de Marx et de Freud, un philosophe comme Herbert Marcuse*, aux États-Unis, ou un sociologue comme Jean Baudrillard, en France, proposent une analyse de la société de consommation où les besoins croissent indéfiniment, traduisant ainsi l'expression d'un manque qu'ils chercheraient illusoirement à combler.

● **Termes voisins** : appétit ; désir ; nécessité. ● **Termes opposés** : luxe ; plénitude ; superflu. ● **Corrélats** : échange ; impétus ; pulsion ; travail.

Bien

(adj. et n. m.) ● **Étym.** : latin *bene*, « bien » ; *bonus*, « bon » ; *bonum*, « le bien » ; *bona*, « les biens » (opposés aux maux), « l'avoir ». ● **(Adj.) sens ordinaire** : ce qui est conforme à sa nature ; ce qui est conforme à ce qu'on attend, ce qui est achevé. ● **(Adj. et subst.) morale** : ce qu'on doit faire, ce qui est moral. ● **(Subst.) économie** : ce qui est possédé, richesse (ex. : « avoir du bien », « biens de consommation »).

Bien

La notion de bien suppose la définition préalable d'une norme*. Ce qui est bien, ce qui est « bien fait », est ce qui répond à une attente, ce qui est parfait au sens propre du mot (« achevé »), ce qu'on approuve : « On doit dire du bien le bien » (Villon, *Double ballade*). Le contenu de la notion est de ce fait susceptible de variations extrêmes, selon le type de normes qui sont posées. Le bien peut être un idéal dont le monde imparfait doit toujours chercher à se rapprocher (*cf.* l'Idée du bien, chez Platon ; texte pp. 350-352) ; il peut être le développement maximal, pour chaque être, de sa nature* propre (*cf.* Aristote) ; il peut être le bonheur* ou le plaisir* (*cf.* Épicure, texte p. 140) ; la conformité à l'ordre universel de la nature (*cf.* Stoïcisme) ; l'obéissance à la loi divine ; la pure intention morale (*cf.* Kant, texte p. 243) ; l'utile (*cf.* Utilitarisme), etc.

Du bien, comme du bonheur, on peut alors dire que tous les hommes le désirent, mais qu'ils ne sont pas forcément d'accord sur ce qu'il est. Se prononcer sur ce qui est bien, c'est donc poser un principe d'existence* et de sens*, qui relève souvent d'une métaphysique*, et toujours d'une morale* ou d'une éthique*. La notion de bien peut cependant être utilisée également de façon relative, et qualifie alors ce qui est utile à la réalisation d'une fin supérieure. Tel est le cas, par exemple, dans les doctrines qui affirment la suprématie de l'intérêt général (le « bien public ») ou qui posent l'existence d'un Souverain Bien.

● **TERMES VOISINS :** bon ; parfait ; utile. ● **TERME OPPOSÉ :** mal.

Souverain Bien

Traduction du latin *summum bonum*, le « Souverain Bien » signifie, dans l'Antiquité, la fin ultime qui doit être poursuivie par l'homme, le bien supérieur à tous les autres ; et, chez Kant*, la réalisation, dans le monde intelligible, de l'accord entre la vertu* et le bonheur. Certains biens sont recherchés, non pour eux-mêmes, mais parce qu'ils servent à la réalisation d'une fin suprême. La notion de Souverain Bien permet ainsi de mettre en garde contre une confusion entre les biens subalternes (le pouvoir, les richesses, l'habileté, etc.) et le vrai Bien. Pour les épicuriens, par exemple, le Souverain Bien est le bonheur, et la vertu est ce qui y conduit ; pour les stoïciens, il consiste en l'accord avec la raison* universelle gouvernant la nature*, accord qui produit inévitablement le bonheur. À partir de sa conception formaliste de la morale* (la vertu ne peut être que liée au respect inconditionnel, par la volonté, de la loi morale énoncée par la raison pure, indépendamment de tout mobile sensible), Kant critiquera ces conceptions du Souverain Bien : les épicuriens confondent vertu et recherche du bonheur qui, variable selon les hommes, ne saurait fonder aucune loi universelle, donc aucune moralité ; les stoïciens identifient correctement la vertu avec la rectitude de la volonté, mais ils identifient à tort raison et nature et sous-estiment la force des penchants sensibles, ce qui les conduit à ignorer à la fois les difficultés d'atteindre la vertu et la possibilité d'un divorce entre vertu et bonheur. Agir moralement ne rend pas forcément heureux... Cette difficulté, Kant la rencontre dans sa propre morale, et c'est pour la résoudre qu'il élabore une nouvelle conception du Souverain Bien : supposons un homme dont la volonté soit réellement disposée à obéir inconditionnellement à la loi morale. **1.** Cet homme n'en restera pas moins un être sensible, qui aspire également au bonheur. Sa volonté devra donc indéfiniment lutter contre les penchants sensibles qui risquent en permanence de le détourner de la pureté morale. Il ne sera donc jamais un être totalement moral. Cette perspective risque de le faire désespérer de la morale... **2.** Par ailleurs, s'il sort vainqueur de cette lutte contre ses penchants et qu'il agit de façon réellement morale, rien ne l'assure qu'il en tirera un quelconque bénéfice : la volonté humaine ne gouverne ni l'ordre réel du monde, ni celui de la nature. Or, s'il est vrai qu'un homme qui agirait en vue du bonheur, n'agirait pas de façon proprement morale, il paraît en revanche proprement scandaleux (c'est-à-dire inacceptable par la raison), qu'un homme qui agit moralement, et qui se rend ainsi digne du bonheur, n'en tire aucun bénéfice (par exemple quelqu'un qui refuserait d'accuser un innocent et se trouverait condamné à la place du coupable). C'est pour résoudre ces deux ordres de difficultés que Kant affirme que la raison doit postuler le Souverain Bien, c'est-à-dire espérer que la loi morale universelle vise réellement un Bien qui, s'il ne se réalise pas ici-bas, permet cependant un progrès moral indéfini et assure la réconciliation de la

◆ **Bioéthique**

vertu et d'une certaine forme de bonheur, dans un autre monde que celui-ci. De cette conception du Souverain Bien suivront les postulats de la raison pratique qui lui sont indissociablement liés : l'espérance en la vie future et la croyance en l'existence d'un législateur suprême (Dieu). (*Cf.* Bien ; Bonheur.)

IDÉE DU BIEN

Chez Platon* : principe ontologique suprême situé à la source de l'ensemble du monde intelligible (*cf.* Allégorie de la caverne, pp. 350-352).

● **CORRÉLATS** : absolu ; anhypothétique ; bonheur ; Dieu ; éthique ; foi ; inconditionné ; morale ; norme ; religion.

BIOÉTHIQUE

(n. f.) ● **ÉTYM.** : grec *bios*, « vie » et *ethos*, « mœurs », « coutume ». ● **SENS LARGE** : désigne l'ensemble des interrogations, recherches et débats suscités — depuis les années 1960 — par les progrès des techniques biomédicales. ● **SENS STRICT** : étude des problèmes éthiques posés par l'interventionnisme médical.

Est-il moralement acceptable de stocker des embryons humains, de les congeler, de les manipuler comme des choses ? Peut-on envisager, dans un avenir proche, de mener jusqu'à son terme la gestation d'un embryon *in vitro* ? Est-il envisageable, à des fins scientifiques ou médicales, de fabriquer génétiquement des chimères (êtres vivants mi-humains, mi-animaux) ou des clones ? Telles sont quelques-uns des redoutables problèmes auxquels les comités d'éthique ont à faire face aujourd'hui. Mais sur quels principes se fonder pour trancher équitablement des questions aussi épineuses, et dont les enjeux sont si essentiels ?

Les réponses des experts et des sages consultés dépendent étroitement de leurs orientations philosophiques. Pour les uns, la recherche de compromis pratiques tend à prendre le pas sur la réflexion théorique portant sur des questions jugées indécidables (L'embryon est-il une personne ? La vie a-t-elle une valeur inconditionnelle ?). Pour les autres, au contraire, l'interrogation sur les fins et sur les principes, même si elle révèle des oppositions insurmontables entre diverses sensibilités, doit rester prépondérante. Quoiqu'il en soit, les discussions et les travaux d'un certain nombre d'experts, de savants, de philosophes et de juristes depuis une vingtaine d'années ont permis l'élaboration d'une « éthique de la recherche », consignée aujourd'hui dans des textes internationaux (Déclaration d'Helsinki de l'Association médicale mondiale, 1964 ; Déclaration de Manille de l'OMS-CIOMS, 1982 ; Recommandation n° R[90]3 du Conseil de l'Europe, 1990). Ces grands textes constituent une reprise et une adaptation, à la recherche biomédicale, des valeurs affirmées dans la Déclaration universelle des droits de l'homme de 1948. Les trois grands principes retenus et les règles qui en découlent sont les suivants :

1. Principe du respect de la personne humaine : la dignité de l'être humain réside dans son autonomie morale, sa liberté. D'où la règle du consentement (pas de recherche sans consentement libre et éclairé des personnes qui y participent ; protection des personnes « fragiles », c'est-à-dire susceptibles d'être manipulées).

2. Principe de bienfaisance ou principe utilitariste : éviter de nuire et faire le plus de bien possible ; ou encore : minimiser le mal, « maximiser » le bien. D'où la règle de la « balance risques/bénéfices » (c'est-à-dire l'appréciation prudente des avantages et des dangers de telle ou telle décision).

3. Principe de justice : les êtres humains sont égaux en dignité et en droits, ils doivent être traités de façon égale ou équitable. D'où la règle d'équité (pas d'exploitation de populations vulnérables ; système de volontariat prévoyant des compensations à apprécier selon les cas).

● **CORRÉLATS** : devoir ; dignité ; éthique ; justice ; respect.

BIOLOGIE

(n. f.) ● **ÉTYM.** : grec *bios*, « vie », et *logos*, « discours ». ● **SENS ORDINAIRE ET SCIENTIFIQUE** : science de la vie et de la reproduction des espèces vivantes.

Alors que l'étude des êtres vivants suscita l'intérêt des savants et des philosophes dès l'Antiquité, elle ne reçut le nom de biologie qu'en 1802, sous la plume de Lamarck*, auteur de la première *Théorie de l'évolution des espèces*. La biologie ne s'est en effet constituée comme science autonome et à part entière qu'au cours du XIXe siècle, à l'occasion de découvertes décisives, comme celles relatives à la cellule, constituant commun à tous les êtres vivants ; celles relatives à la transmission héréditaire des caractères génétiques ; et celles relatives à l'évolution des espèces. Jusque-là, les progrès de l'étude scientifique des êtres vivants se heurtaient régulièrement à trois types d'obstacles : les interdits religieux ; l'influence de doctrines philosophiques — comme le mécanisme*, le finalisme* (*cf.* Fin ; Finalité) ou le vitalisme (explication de la vie par l'intervention d'un principe mystérieux, voire surnaturel) ; l'absence de moyens techniques. Ce retard sur la physique ou les mathématiques n'a pas empêché la biologie d'être aujourd'hui une science dont les progrès restent constants et spectaculaires. Le développement des neurosciences et de la génétique, en particulier, obligent même à se poser de très nombreux problèmes d'ordre éthique (*cf.* Bioéthique).

● **Corrélats :** bioéthique ; évolution/évolutionnisme ; finalisme ; mécanisme ; vie ; vivant.

BONALD Louis-Ambroise de (1754-1840)

Repères biographiques
Né dans un milieu aristocratique, De Bonald s'oppose aux idées révolutionnaires et émigre hors de France en 1791. Après avoir consacré sa vie à l'étude, il meurt pair de France sous le règne de Louis-Philippe.

La philosophie de De Bonald se comprend à partir de son refus de la société et des valeurs issues de la Révolution française. Avec celle de Joseph de Maistre*, elle représente de façon exemplaire un courant conservateur ou traditionaliste important dans la pensée politique française du XIXe siècle. D'une part, une société a besoin d'ordre, or la Révolution est essentiellement destructrice (Auguste Comte* reprendra cette idée à De Bonald). D'autre part, cet ordre ne peut être assuré que si la société s'appuie sur des valeurs transcendantes, trouvant leur origine en Dieu*. De Bonald sera ainsi un défenseur de la monarchie de droit divin. L'ordre social étant fondé en Dieu, ses lois sont naturelles. De Bonald refuse totalement l'idée d'un contrat social* qui ferait dépendre l'autorité politique d'une convention passée entre les hommes. Le principe de la souveraineté* du peuple est, dans ces conditions, une erreur funeste. Contrairement à ce que ses défenseurs prétendent, ce principe n'est pas fondé en raison ; il repose au contraire sur le règne des passions personnelles et entraîne la destruction du lien social. À la manière de Bossuet au XVIIe siècle, De Bonald voit donc dans le droit divin un fondement rationnel de l'ordre politique et du pouvoir.

● **Principaux écrits :** *Théorie du pouvoir politique et religieux* (1796) ; *Essais analytiques sur les lois naturelles de l'ordre social* (1800).

BONHEUR

Le bonheur est une aspiration commune à tous. Cela posé, et dès qu'on cherche à le définir, le bonheur apparaît comme une notion complexe, dont les éléments peuvent même sembler contradictoires. Tout d'abord, si l'on s'attache à l'étymologie du mot, on s'aperçoit que le bonheur est lié au hasard, à la chance. Bonheur signifie en effet « bon heur », dérivé du latin *augurium*, qui signifie « augure », « chance ». Le bonheur, comme le malheur d'ailleurs, est alors quelque chose qui arrive, qui nous échoit, sans qu'on s'y attende. Mais il est du même coup précaire, et échappe à toute tentative de maîtrise. Or le bonheur est souvent défini, en opposition au plaisir* ou à la joie*, comme un état durable de satisfaction. Il y a là une première difficulté : comment s'assurer la maîtrise du bonheur, s'il ne dépend pas de nous ? Ensuite, *bon* dans « bonheur » suggère l'idée d'un bien*. Mais de quelle nature est ce bien ? S'agit-il de l'agréable ou du bien moral ? Le bonheur est-il la fin la plus haute que l'homme puisse se proposer, ou bien en est-il d'autres, comme la justice, ou la liberté par exemple, qui le surpassent en valeur et en dignité ? Le bonheur est-il le bien suprême ?

◆ **Bonheur**

Le Souverain Bien

En accord sur ce point avec l'expérience commune, la philosophie antique fait du bonheur le Souverain Bien*, c'est-à-dire la fin suprême à laquelle toutes les autres sont subordonnées. En disant cela, elle affirme du coup que le bonheur n'est pas un « don », mais qu'il peut être produit, qu'il est, en quelque façon, en notre pouvoir. C'est donc à donner une définition du bonheur qui en rende la maîtrise possible que s'est attachée la pensée antique. C'est pourquoi, en opposition cette fois avec l'opinion commune, elle dissocie plaisir et bonheur. D'une part, le plaisir est essentiellement éphémère ; il ne peut être confondu pour cette raison avec le bonheur. D'autre part, si le plaisir est l'agréable, s'il est « bon », il n'a pas la dignité du bien ; tout au plus en est-il l'accompagnement. Pour Aristote*, comme pour Épicure* ou les stoïciens*, le bonheur durable n'est pas dissociable d'une vie vertueuse, fondée sur la raison*. Car la raison est le propre de l'homme et doit guider ses choix. Une vie heureuse, c'est-à-dire une vie bonne, sera une vie conforme à la raison. Pour Épicure, il s'agira de régler ses désirs sur la nature, pour le stoïcisme d'accepter l'ordre du monde. Il y a là une conception presque négative à la fois du bonheur — comme absence de trouble — et de la vertu* — comme renoncement. Bien différente est la position d'Aristote qui fait consister le bonheur dans l'activité, et la vertu dans l'aptitude propre à chaque être. Si la « vertu » du cheval est la course, la « vertu » de l'homme est de penser. Une vie heureuse sera une vie pleinement humaine, c'est-à-dire délivrée du besoin et tournée vers l'intelligence.

Un idéal de l'imagination ?

À une telle conception, on peut objecter que le bonheur ne se laisse pas maîtriser aussi facilement, ni rationnellement, ni empiriquement. Car est-il vraiment possible de le définir, d'une part, et de l'atteindre, d'autre part ? En ce qui concerne le premier point, le bonheur peut difficilement faire l'objet d'une définition universelle, c'est-à-dire valable pour tout être raisonnable, dans la mesure où il comporte des éléments empiriques liés à la subjectivité et à la sensibilité de chacun. En ce qui concerne le second point, il est clair que le bonheur dépend de conditions qui échappent à la simple volonté*. Aristote en convenait d'ailleurs, lorsqu'il précisait qu'une vie heureuse suppose une activité qui ne soit pas entravée par des obstacles extérieurs. Le bonheur n'est-il pas alors, selon l'expression de Kant*, « un idéal, non de la raison, mais de l'imagination » (*Fondement pour la métaphysique des mœurs*) ? Et si tel est le cas, il ne saurait être proposé comme fin de l'action morale. Bonheur et vertu ne sont d'ailleurs pas liés. On peut être heureux sans être vertueux, et vertueux tout en étant malheureux. L'action morale n'est pas celle qui rend l'homme heureux, mais celle qui rend seulement l'homme digne de l'être.

L'utopie

À l'idéal de l'imagination qui définit, selon Kant, le bonheur sur le plan individuel, on peut faire correspondre l'utopie sur le plan collectif. Saint-Just, au moment de la Révolution française, écrivait : « Le bonheur est une idée neuve en Europe. » Le christianisme, en effet, l'avait condamné, en posant le salut de l'âme comme la seule fin digne d'un chrétien. C'est pourquoi, à travers cette affirmation, Saint-Just semble renouer, par-dessus le christianisme, avec le paganisme antique. Mais il s'en sépare cependant en posant le bonheur comme un droit*. Que signifie ici « droit au bonheur » ? S'il s'agit d'affirmer que tous doivent être délivrés du besoin, afin que chacun puisse rechercher son bonheur propre, il s'agit d'une exigence de justice* que l'État doit satisfaire. Ce qui suppose qu'il existe une mesure commune des besoins, et qu'ils ne sont pas seulement relatifs à chacun, ni même à une classe sociale ; à ces besoins communs, correspondent ce que le philosophe John Rawls* appelle les « biens sociaux de base ». Par contre, s'il s'agit de confier à l'État la charge du bonheur de chacun, à travers la définition d'un bonheur commun, on peut alors penser qu'il s'agit d'une utopie*, et d'une utopie dangereuse en ce qu'elle méconnaît la liberté et la singularité de chaque être. Enfin, si l'aspiration au bonheur est légitime, on peut se demander si, dans ses formes exacerbées, comme par exemple à travers ce slogan de notre époque « Vouloir tout, tout de suite », elle ne confond pas le bonheur et la jouissance. Être heureux, en effet, est-il un état, ou le résultat d'une activité ?

Sauf à en faire le point aveugle de l'imaginaire individuel ou collectif, ou un simple mythe, la tâche de repenser le bonheur s'impose en effet. Il n'est ni un dû, ni un don, contrairement à ce que suggère son étymologie. Il n'est pas non plus la fin suprême que l'humanité peut et doit se proposer. D'autres valeurs, comme la justice ou la liberté*, lui sont supérieures en dignité. Faut-il alors y renoncer ? Sans doute, s'il n'est que le rêve éveillé de la passivité et de l'impuissance. Mais si le bonheur consiste au contraire dans l'activité et l'exercice de la fonction qui nous est propre, et s'il accroît notre puissance, alors, comme Spinoza* l'affirmait déjà, il n'est pas de plus grand bonheur que de comprendre et de penser.

● **TEXTES CLÉS :** Aristote, *Éthique à Nicomaque,* livres IX et X ; Épicure, *Lettre à Ménécée* ; Senèque, *De la vie heureuse* ; B. Spinoza, *Éthique* (livres IV et V) ; Alain, *Propos sur le bonheur.* ● **TERMES VOISINS :** béatitude ; félicité ; joie ; plaisir. ● **TERME OPPOSÉ :** malheur. ● **CORRÉLATS :** besoin ; désir ; droit ; espérance ; éthique ; eudémonisme ; hédonisme ; imaginaire ; morale ; sagesse ; Souverain Bien ; vertu.

BOUDDHISME

Le bouddhisme désigne les doctrines héritières de la sagesse du Bouddha. Initialement, le bouddhisme n'est pas une religion, mais plutôt une forme de sagesse, puisqu'il ne se réclame d'aucun dieu et se refuse à admettre l'existence d'âmes. Le terme *bouddha* signifie l'« éveillé, l'illuminé ». À ce titre, il a existé plusieurs bouddhas et il peut encore en exister. Mais le bouddhisme prend plus spécialement naissance à l'occasion de l'Éveil du bouddha Siddharta Gautama (566-486 av. J.-C.). La légende raconte que sa mère l'aurait conçu et mis au monde au nord-est de l'Inde, au Népal, dans des circonstances accompagnées de prodiges divers, et que son père, ayant entendu une prédiction, l'aurait confiné dans le luxe de son palais afin de le tenir à l'abri des tentations de la vie religieuse. Cependant, un jour, après un mariage prometteur et la naissance d'un fils, le Bouddha serait sorti du palais et aurait alors rencontré successivement un vieillard, un malade, un cadavre et un ascète. Ces quatre rencontres auraient été pour lui révélatrices, en lui faisant prendre connaissance de l'existence des sources de la souffrance humaine et de l'indication d'une voie possible pour y échapper. Le Bouddha aurait ensuite tout abandonné pour mener une vie errante, à la recherche de la délivrance par l'ascétisme*. Déçu par cette voie, il se serait alors arrêté au pied d'un pippal (sorte de figuier) et, à l'issue d'une très longue méditation, serait parvenu à se remémorer ses vies antérieures ainsi que la suite de ses naissances successives. Il aurait de la sorte eu l'intuition de la voie du *nirvana* : la paix issue de la sortie du cycle des naissances successives.

La sagesse du bouddhisme

La sagesse du Bouddha fut d'abord transmise par tradition orale, puis consignée, longtemps après sa mort, dans une triade de textes appelés les « trois corbeilles » : les sermons du Bouddha, les règles monastiques, la reconstitution de l'essentiel de sa doctrine. Héritière de l'hindouisme*, dans lequel le Bouddha avait initialement été bercé, cette sagesse refuse cependant l'idée d'une divinité suprême, ainsi que celles de *dharma* au sens hindou et d'*atman* (âme individuelle) et, *a fortiori*, le système des castes. La voie initiale du Bouddha s'exprime sous la forme des « quatre nobles vérités » : 1. Le cycle de la vie est douleur (naissance, maladie, vieillesse, mort, séparation). 2. Les causes de cette douleur sont le désir et la haine, qui naissent d'une ignorance de la véritable réalité de l'ordre cosmique (le *dharma* au sens bouddhiste, c'est-à-dire l'être fondamental) cachée par un rideau de fausses apparences. 3. La cessation de cette douleur est donc possible en neutralisant le désir*. 4. La cessation du désir est elle-même atteinte par l'« extinction » ou détachement, ou renoncement. L'état d'indifférence entre le bonheur et le malheur conduit à terme à la délivrance du *samsara* (sortie du cycle des incarnations successives). Cette délivrance s'obtient donc grâce à un état d'anéantissement de l'illusion de vie qui permet d'accéder à un tout autre état, état d'être pur autrement plus vrai que l'illusion de vie, bien qu'il soit indéfinissable : le *nirvana*.
C'est la voie du « noble octuple sentier » qui permet de parvenir au nirvana : 1. parole parfaite sans dissimulation ni médisance ; 2. action parfaite sans atteinte aux bonnes mœurs ; 3. moyens d'existence honorables, qui sont les trois règles éthiques ; 4. effort pour devenir

meilleur ; 5. attention à sa pensée et à ce qu'on éprouve intérieurement ; 6. exercices de concentration, qui sont les trois règles de discipline mentale ; 7. compréhension parfaite des quatre nobles vérités ; 8. pensée orientée vers l'acceptation et l'accueil bienveillant de ce qui est : autrement dit le renoncement et la tolérance qui sont les deux règles de la sagesse.

Cette sagesse bouddhiste se développe par le jeu de la solidarité spirituelle au sein de la *sangha* (communauté réunissant les moines et les laïcs) et d'un détachement acquis grâce à l'adoption de la « voie moyenne » entre un ascétisme stérile et une convoitise qui est également cause de souffrance.

L'expansion du bouddhisme

Le bouddhisme, né au nord-est de l'Inde et héritier de l'hindouisme*, se répandit dans un premier temps par l'action des disciples de Siddharta Gautama. C'est au IIIe siècle av. J.-C. qu'il gagna un immense territoire, par la volonté de l'empereur Ashoka, d'abord conquérant d'un immense empire par la voie de la violence, puis repenti et converti à la non-violence* suite à son adoption de la sagesse du Bouddha, qu'il contribua alors à répandre sur l'ensemble du continent indien.

Mais, face à la force de l'hindouisme puis du shintoïsme, c'est finalement en dehors de son lieu de naissance que le bouddhisme se répandit, avec d'autant plus de facilité qu'il n'était pas incompatible avec l'adhésion aux religions initiales de ceux qui en devenaient les nouveaux adeptes. Ainsi gagna-t-il l'Asie du Sud-Est (Birmanie, Thaïlande, Laos, Corée), l'Extrême-Orient (Chine, Tibet), le Japon, aussi bien que le Sri Lanka.

Les grands courants du bouddhisme

Au fil des siècles, la sagesse bouddhiste se divisa en diverses orientations. On distingue aujourd'hui deux grands courants : le bouddhisme du « petit véhicule », ou voie des anciens (*Theravada*), le plus philosophique, qui s'efforce de rester le moins infidèle possible à la rigueur des préceptes du bouddhisme initial ; le bouddhisme du « grand véhicule » (*Mahayana*), plus populaire, qui empreinte davantage la forme d'une religion, tendant à diviniser les bouddhas et les bodhisattvas (ceux qui, parvenus à l'Éveil, ont cependant renoncé à la délivrance pour aider le reste de la communauté à se libérer), un peu à l'image des saints chrétiens.

À ces deux grands courants s'ajoutent la voie de la « Terre pure » (en particulier au Japon), qui aspire à une sorte de paradis où règne le bouddha Amida, célèbre pour sa compassion* ; le bouddhisme zen, qui cultive l'art de la méditation à l'occasion des actes les plus simples de la vie quotidienne ; et le bouddhisme tibétain ou « tantrique », encore appelé « véhicule du diamant », dont on sait la répression qu'il subit depuis l'avènement du régime maoïste. Toutes ces formes de bouddhisme tirent en réalité leur force de l'extrême tolérance et du culte de la non-violence qui ont animé dès l'origine le cœur de la doctrine et le prédestinaient donc à s'acclimater aux vicissitudes et à la diversité des lieux et des temps. On vérifie, du reste, que le bouddhisme ne semble pas éprouver de difficulté majeure à s'accommoder aujourd'hui des mœurs de l'Amérique du Nord ou de l'Europe.

● **CORRÉLATS :** ascétisme ; hindouisme ; religion ; sagesse.

BOURDIEU PIERRE (NÉ EN 1930)

REPÈRES BIOGRAPHIQUES

Sociologue français. Normalien, agrégé de philosophie, et professeur au Collège de France depuis 1982.

La « reproduction »

Dans *Les Héritiers* (1964), Pierre Bourdieu présente « l'école » (c'est-à-dire l'ensemble des institutions* scolaires et universitaires) non pas comme un appareil neutre au service de la culture* et de la République, mais comme un enjeu décisif de la lutte des classes. Les enseignants contribuent (inconsciemment le plus souvent) à transmettre et à consacrer les valeurs et les normes des classes dominantes : l'école ne peut qu'avaliser les clivages sociaux existants et les reproduire.

L'habitus

La théorie de l'habitus* — système de dispositions intériorisées qui orientent nos pratiques sociales — est au cœur de la sociologie* de Pierre Bourdieu. Selon lui, nos orientations et nos stratégies individuelles constituent en fait autant de variantes de nos « habitus de classes ». Dans *La Distinction* (1979), par exemple, le sociologue explique que nos choix et nos goûts esthétiques* révèlent, tout en les masquant, notre statut social, mais également nos aspirations et nos prétentions.

La critique du subjectivisme
La sociologie de Pierre Bourdieu ne doit pourtant pas être comprise comme une pure et simple théorie du conditionnement social. Sans doute les individus sont-ils en grande partie aveugles aux véritables ressorts de leurs décisions, de leurs choix. Les déterminismes* sociaux ne constituent pas pour autant une sorte de programmation mécanique de notre comportement. Toute l'œuvre de Bourdieu révèle, au contraire, que l'habitus est un principe d'invention : si nous reproduisons inévitablement nos conditions sociales d'existence, nous le faisons de façon relativement imprévisible. La culture n'est pas un programme : là où il y a lutte, il y a aussi ouverture et donc histoire.

● **Principaux écrits :** *Les Héritiers* (1964) ; *La Reproduction* (1970) ; *La Distinction* (1979) ; *Homo academicus* (1984) ; *La Noblesse d'État* (1989) ; *La Misère du monde* (1993).

BRUNO Giordano (1548-1600)

Repères biographiques
Né à Nola, il entre en noviciat en 1565. Mais ce moine semble davantage préoccupé de philosophie que de religion. Sa conception du monde étant inacceptable pour l'Église, à peine quinze ans avant l'« affaire » Galilée et au terme d'un procès de sept ans, il est brûlé comme hérétique à Rome.

Sous l'influence de Copernic, mais aussi de l'atomisme* antique (*cf.* Épicure), Giordano Bruno soutient, une quinzaine d'années avant Galilée*, d'une part, que c'est le soleil, et non la terre, qui est le centre du monde, d'autre part, qu'il existe une infinité de « systèmes solaires » semblables au nôtre.
Giordano Bruno est ainsi parfois présenté comme un précurseur de la science moderne. Cela est pourtant inexact, car si ses intuitions devaient être confirmées par la suite, elles résultent non d'une enquête expérimentale mais d'une métaphysique* et d'une théologie* très personnelles. Par exemple, si Bruno soutient qu'il existe une infinité de systèmes solaires, c'est en fonction d'un argument tiré de la toute-puissance divine : si la cause (Dieu) est infinie, les effets (l'univers) doivent l'être aussi.

● **Principaux écrits :** *Le Banquet des cendres* (1584) ; *Cause, principe et unité* (1584) ; *Les Fureurs héroïques* (1585).

BUREAUCRATIE

(n. f.) ● **Étym. :** latin *burrus*, « roux » — d'où le français médiéval *bureau*, « étoffe de laine » (avec laquelle on faisait des tapis de table) — et grec *kratos*, « domination, pouvoir ». ● **Sens ordinaire :** pouvoir excessif accordé à l'administration, à ceux qui décident de loin, dans des bureaux, par opposition à ceux qui font, qui exécutent. ● **Sens politique** (plus spécialement dans le cadre d'un débat intérieur au marxisme) : régime dans lequel le pouvoir est concentré entre les mains d'un appareil d'État excessivement centralisé.

● **Corrélat :** totalitarisme.

BUT

Cf. Finalité.

ÇA

(n. m.) ● **ÉTYM.** : allemand *das Es*. ● **CHEZ FREUD** : dans la seconde topique, une des trois instances de l'appareil psychique.

Selon Freud, le ça constitue (dans la seconde théorie de l'appareil psychique) le pôle pulsionnel de la personnalité. Sorte de réservoir chaotique et impersonnel de tendances ou « motions » contradictoires, le ça est défini de façon négative par l'absence de sujet cohérent : d'où le pronom neutre utilisé pour le désigner. Grand réservoir de l'énergie psychique, le ça est amené à s'opposer à la fois au moi* et au surmoi*. Ses contenus, inconscients, sont pour une part héréditaires et innés, pour l'autre refoulés et acquis.

● **CORRÉLATS** : moi ; pulsion ; surmoi.

CALCUL

(n. m.) ● **ÉTYM.** : latin *calculus*, « caillou ». ● **SENS COURANT** : évaluation des moyens à mettre en œuvre en vue d'une fin. Peut parfois avoir un sens moral péjoratif, quand cette fin est personnelle (« *calcul* égoïste »). ● **LOGIQUE, MATHÉMATIQUES** : usage d'un système de règles entre des signes, permettant de transformer ceux-ci les uns dans les autres de façon telle que le résultat de ces transformations soit nécessaire.

Le calcul type est évidemment le calcul sur les nombres et sur les grandeurs, à l'exemple de l'arithmétique. Celle-ci est faite d'un lexique (les nombres) et d'une syntaxe (les règles d'utilisation des nombres : +, –, =, etc.). Calculer signifie alors user de manière fixe et définie à l'avance des règles, de façon à convertir les nombres les uns par les autres et à rendre immanquable le résultat de cette conversion. En ce sens, la notion de calcul excède son application aux grandeurs et aux nombres, c'est-à-dire aux mathématiques*. Il existe notamment, en logique*, un calcul des propositions (ou calcul proportionnel) dans lequel la valeur de vérité de propositions p, q, r... dépend des règles logiques qui organisent leur négation, leur conjonction, leur disjonction, leur implication* ou leur équivalence. Prise en sa compréhension la plus large, la notion de calcul est au centre du projet de Leibniz* de construire une « caractéristique universelle* », c'est-à-dire une langue philosophique idéale conçue comme une algèbre de la pensée.

● **TERME VOISIN** : raisonnement. ● **CORRÉLATS** : caractéristique (universelle) ; déduction ; logique ; mathématiques ; syllogisme ; tautologie.

CALCUL DES PROPOSITIONS
(OU CALCUL PROPOSITIONNEL)

Cf. Calcul.

CALLICLÈS

Personnage imaginaire mis en scène par Platon* dans le *Gorgias*, qui soutient, contre Socrate*, qu'il est plus avantageux de commettre l'injustice que de la subir. Comme tous les sophistes* grecs (dont Platon s'inspire ici assez librement), il oppose la loi — qui est conventionnelle — à la nature. Mais tandis que Protagoras ou Gorgias interprétaient cette opposition dans un esprit relativement démocratique, Calliclès représente la position de sophistes d'une génération postérieure : à leurs yeux, l'idée d'une loi égale pour tous est une invention des faibles pour se protéger des forts. Le discours de Calliclès est présenté par Platon comme le prototype de la violence et de l'anti-philosophie ; il annonce pourtant certains thèmes de la philosophie de Nietzsche*.

CALVIN
(1509-1564)

REPÈRES BIOGRAPHIQUES

Écrivain et réformateur religieux né en Picardie. Au cours de ses études à Paris, puis à Orléans et à Bourges, Calvin fréquente des cercles humanistes ouverts aux idées religieuses nouvelles et se convertit aux thèses de la Réforme vers 1532. Il se rend à Genève en 1541, sur l'invitation de la ville, pour y organiser l'Église réformée. En 1553, Michel Servet (théologien quelque peu « déviant ») y est condamné et brûlé comme hérétique (à l'instigation de Calvin). En 1559, Calvin fonde l'Académie de Genève qui devient le centre intellectuel de la Réforme, à partir duquel les idées du protestantisme se diffuseront dans toute l'Europe.

La doctrine de Calvin est tout entière religieuse et chrétienne, et n'entend se prononcer sur la nature de l'homme, sur la question du libre arbitre* ou du mal*, par exemple, qu'à partir du double éclairage de l'Écriture sainte et de la foi*. Selon Calvin, en effet, la nature de l'homme est entièrement pervertie par le péché originel qui obscurcit tout à la fois son intelligence et son cœur. Depuis la faute d'Adam, « en toute la nature de l'homme, il ne reste plus une seule goutte de droiture » (*Commentaires*, 3-6). Aussi la conversion à Dieu et à la vie moralement bonne ne peut-elle se faire sans le secours de la grâce* divine. Le salut* lui-même est accordé à l'homme de toute éternité. C'est la théorie de la prédestination, selon laquelle Dieu accorde sa miséricorde à ceux qu'il a élus, sans que ce choix soit déterminé par des motifs accessibles à l'intelligence humaine, comme la volonté de récompenser le mérite, par exemple.

● **PRINCIPAL ÉCRIT :** *Institution de la religion chrétienne* (1536).

CAMUS ALBERT
(1913-1960)

REPÈRES BIOGRAPHIQUES

Né en Algérie, Camus y passe toute son enfance et y suit des études de philosophie. Il adhère brièvement au Parti communiste en 1935, s'engage dans la Résistance en 1941 et s'installe à Paris en 1943. Écrivain engagé, il travaille au journal *Combat*. En 1957, il obtient le prix Nobel de littérature. Il meurt accidentellement le 4 janvier 1960.

Auteur de romans, de pièces de théâtre et de nombreux essais politiques et philosophiques, Camus n'est pas un philosophe « systématique », mais ses œuvres développent un ensemble de réflexions convergentes sur la condition humaine, ancrées dans son engagement politique. Sans Dieu, le monde est absurde* ; pourtant, la découverte de l'absurde est présentée comme une victoire : il faut être lucide, assumer l'injustice pour mieux la maîtriser, vivre dans l'instant, dans le réel, pour conquérir concrètement plus de liberté. Comme Camus l'écrit dans *L'Homme révolté*, « la conclusion dernière du raisonnement absurde est, en effet, le rejet du suicide et le maintien désespéré entre l'interrogation humaine et le silence du monde ».

◆ Canguilhem

● **PRINCIPAUX ÉCRITS** : *L'Envers et l'Endroit* (1937) ; *Le Mythe de Sisyphe* (1942) ; *L'Homme révolté* (1951) ; *Chroniques algériennes* (1958) ; *Carnets* (publiés en 1962).

CANGUILHEM GEORGES (1904-1995)

REPÈRES BIOGRAPHIQUES

Disposant d'une double formation, médicale et philosophique, Georges Canguilhem a dirigé jusqu'à sa retraite l'Institut d'histoire des sciences et des techniques de la Sorbonne, où il avait succédé à Gaston Bachelard.

Poursuivant en France l'œuvre entreprise par son maître Gaston Bachelard*, Georges Canguilhem s'est attaché à développer une histoire non linéaire des sciences, éclairée par l'approche épistémologique*. Pour comprendre les conditions d'apparition d'un savoir*, il ne suffit pas de reconstituer la chronologie des faits qui en ont jalonné l'évolution, il faut s'intéresser aussi aux erreurs, aux oublis, aux obstacles, aux ruptures... Sa formation médicale conduit Georges Canguilhem à explorer plus particulièrement le champ des sciences de la nature, de la biologie en particulier : il a ainsi mis à jour les liens étroits qui unissent, tout au long de l'histoire de cette science, les inventions théoriques, les progrès techniques, les préoccupations philosophiques et les facteurs idéologiques. Pour mener à bien cette entreprise, il a privilégié l'étude d'un certain nombre de thèmes : la formation du concept de réflexe, l'impact du statut accordé au rapport entre le vivant* et son milieu sur l'évolution de la connaissance de la vie, le concept de normalité (*cf.* Norme et Normatif), les enjeux scientifiques et philosophiques de la controverse entre vitalisme* et mécanisme*, etc.

● **PRINCIPAUX ÉCRITS** : *La Formation du concept de réflexe* (1955) ; *La Connaissance de la vie* (1965) ; *Le Normal et le Pathologique* (1966) ; *Études d'histoire et de philosophie des sciences* (1968) ; *Idéologie et rationalité dans l'histoire des sciences de la vie* (1977).

CAPITALISME

(n. m.) ● **ÉTYM.** : terme formé à partir du latin *caput*, « tête ». ● **ÉCONOMIE POLITIQUE** : mode social de production des biens et des richesses, caractérisé par la possession des moyens de production et d'échange par la bourgeoisie, et fondé sur la recherche du profit. Le capitalisme tend à la concentration industrielle et à la rentabilisation maximale de la production.

Le sociologue Max Weber* a mis en évidence les origines protestantes de l'esprit du capitalisme (valorisation par la religion réformée, à partir du XVIe siècle, des activités profanes de l'homme au premier rang desquelles se trouvent le travail* et la production des richesses). Mais c'est à Marx* qu'on doit, dans *Le Capital*, une analyse socio-économique à la fois complète et critique du capitalisme — bien qu'il n'emploie lui-même jamais ce terme et parle plutôt de mode de production « bourgeois » ou « marchand ».

Pour Marx, le capitalisme se développe systématiquement à partir du XVIe siècle, pour culminer au XIXe siècle. Il se caractérise par le fait que la bourgeoisie réalise du profit grâce à l'exploitation du travail salarié, devenu lui-même une marchandise*. Il en résulte une dépossession des travailleurs de leur propre travail, à laquelle la collectivisation socialiste des moyens de production devra en principe mettre fin. L'histoire du « socialisme réel » en ex-URSS a pourtant rendu cette solution douteuse, et l'historien et économiste Charles Bettelheim a voulu montrer que l'Union soviétique était demeurée capitaliste : un *capitalisme d'État* dans lequel la confiscation des produits du travail s'était opéré tout autant, évidemment sur un autre mode, que dans un régime « bourgeois » de propriété privée des moyens de production.

Utilisé dans une perspective critique par le marxisme*, le mot capitalisme a fini par avoir des connotations péjoratives : aussi ses défenseurs parlent-ils plutôt de « libéralisme* » ou de « régime de la libre entreprise ».

● **TERME VOISIN** : libéralisme. ● **TERMES OPPOSÉS** : collectivisme ; communisme ; socialisme. ● **CORRÉLATS** : chrématistique ; échange ; marchandise ; propriété ; société ; travail.

CARACTÉRISTIQUE
(UNIVERSELLE)

● **ÉTYM.** : du grec *kharaktêristikos*. ● **PHILOSOPHIE** : art de représenter les idées et leurs rapports par des signes écrits ou *caractères*, à l'exemple de l'algèbre.

C'est le philosophe Leibniz* qui, au XVIIe siècle, a formulé le projet d'une *caractéristique universelle*, sorte d'algèbre générale de la pensée conçue comme une langue idéale permettant d'exprimer clairement et sans équivoque tous les contenus de pensée.

● **CORRÉLATS** : calcul ; écriture ; langage.

CARNAP RUDOLPH
(1881-1970)

REPÈRES BIOGRAPHIQUES
D'origine allemande, Rudolph Carnap émigre aux États-Unis en 1933. Il y devient l'un des représentants les plus importants de la philosophie de la connaissance contemporaine.

Rudoph Carnap révisa souvent ses conceptions mais resta toujours fidèle à un programme qu'on peut présenter en trois points : l'empirisme*, selon lequel toute connaissance authentique doit être expérimentalement vérifiable ; le positivisme*, et notamment son refus radical de la métaphysique* ; l'adoption de la logique* formelle comme instrument au service de l'analyse philosophique.

L'« empirisme logique » (ou « positivisme logique ») de Carnap s'exprima tout d'abord dans le cadre du Cercle de Vienne* fondé par Moritz Schlick* dans les années 1920. Carnap, comme ses amis du cercle, reprend l'idée de Wittgenstein* selon laquelle il faut répartir en deux classes distinctes l'ensemble des énoncés cognitifs (c'est-à-dire prétendant à une vérité). Il y a, d'une part, les énoncés purement formels que Carnap appelle « analytiques* » : ce sont les tautologies*, dont la vérité tient à leur seule forme « syntaxique » (ex. : « Il pleut ou il ne pleut pas ») et qui, pour cette raison, sont vraies absolument et *a priori*, c'est-à-dire indépendamment de l'état du monde ; telles sont les propositions de la logique et des mathématiques. D'autre part, il y a les vérités « synthétiques* », qui ont un contenu factuel (« Aujourd'hui, il pleut »), et qui peuvent donc être ou bien vraies ou bien fausses ; tels sont les énoncés des sciences « physiques » ou « naturelles ». Si les énoncés analytiques sont vrais *a priori*, c'est qu'ils sont vides de sens. En revanche, contrairement à ce que pensait Kant*, les énoncés synthétiques exigent tous une vérification expérimentale.

Carnap propose alors (avec Schlick) une théorie « vérificationniste » de la signification des énoncés synthétiques : ceux-ci signifient quelque chose (du point de vue de la connaissance) s'il est possible d'établir par l'observation qu'ils sont vrais ou faux. Et il est possible de l'établir si l'on peut déduire d'un énoncé synthétique un ensemble fini d'énoncés directement observables, qui sont les propositions de base de la science, et que Carnap appelle « énoncés protocolaires ».

La métaphysique* se trouve par là radicalement disqualifiée : ses propositions sont intrinsèquement absurdes, puisque ce ne sont ni des tautologies, ni des énoncés satisfaisant au critère vérificationniste du sens. Ce sont des pseudo-propositions.

Par la suite, Carnap amendera le programme du Cercle de Vienne : au principe de stricte vérifiabilité des énoncés, il substituera celui, plus « libéral », de « confirmabilité » ; quant aux propositions de la métaphysique, il admettra que toutes ne sont pas dépourvues de sens. Mais il ne renoncera jamais ni au souci empiriste de trouver dans l'expérience seule ce qui fonde la connaissance du réel, ni à l'interdit fait aux propositions métaphysiques d'avoir un contenu cognitif (celles qui ne sont pas dépourvues de sens portent sur le langage, non sur des objets).

● **PRINCIPAUX ÉCRITS** : *La Construction logique du monde* (1928) ; *La Syntaxe logique du langage* (1934) ; *Les Fondements philosophiques de la physique* (1966).

CASSIRER ERNST
(1874-1945)

REPÈRES BIOGRAPHIQUES
Né à Breslau en 1874, Cassirer suit des études de droit puis de philosophie à Berlin et à Marbourg. Nommé professeur en 1909 à Hambourg, il y enseigne jusqu'en 1933, date à laquelle il quitte l'Allemagne en raison des persécutions nazies contre les juifs. Il continue alors

sa carrière dans les universités d'Europe et d'Amérique, et meurt le 13 avril 1945 à New York.

Le premier pan de l'œuvre monumentale de Cassirer est constitué par sa réflexion sur la théorie de la connaissance. L'étude attentive des systèmes philosophiques modernes amène Cassirer à privilégier le transcendantalisme kantien qui refuse tout dogmatisme* (connaissance des choses telles qu'elles sont en soi) sans céder à l'empirisme* (négation de la puissance de l'esprit au profit de la seule sensation). Cassirer maintient l'exigence rationnelle et le souci de fonder une méthode objective d'accès à la connaissance. C'est là, selon lui, l'essentiel de l'enseignement de Kant* comme il l'affirmera avec force contre Heidegger*, à Davos, en 1929.

Mais le propre de la pensée de Cassirer consiste à élargir la méthode transcendantale au vaste domaine de la culture. La philosophie des formes symboliques s'attache à déterminer les formes a priori (espace, temps, nombre, causalité) qui structurent l'expérience du mythe* et de la religion*. Les « formes symboliques » sont des a priori qui définissent un champ spécifique d'expérience irréductible, par lequel le sensible accède au sens*. Comme c'était déjà le cas pour Kant (mais seulement dans le domaine de la physique), la conscience* s'avère constitutive d'univers, elle est l'origine de toute signification et c'est seulement avec elle que l'on accède au règne de la signification.

● **PRINCIPAUX ÉCRITS** : *Le Problème de la connaissance dans la philosophie et la science contemporaine*, 3 vol. (1906, 1907, 1910) ; *Philosophie des formes symboliques*, 3 vol. (1923, 1925, 1929) ; *La Philosophie des Lumières* (1932) ; *Essai sur l'homme* (1944).

CASUISTIQUE

(n. f.) ● **ÉTYM.** : latin *casus*, « cas ». ● **SENS ORDINAIRE** : subtilité dans l'argumentation. ● **THÉOLOGIE** : partie de la théologie morale qui s'attache à résoudre les cas de conscience.

Les stoïciens concevaient la casuistique comme l'application de principes généraux à des cas particuliers. Il s'agit donc d'une procédure quasi juridique qui implique une grande attention aux circonstances toujours singulières de la vie. En matière religieuse ou morale, les jésuites ont fait de la casuistique une discipline autonome : pour eux, elle désigne l'argumentation morale permettant de résoudre les *cas de conscience*, c'est-à-dire les situations où l'on ne perçoit pas avec évidence ce qu'il faut faire. Ils seront vivement critiqués par les jansénistes (Arnauld*, Pascal*) qui y verront une méthode habile pour se justifier en toute occasion de ses fautes. On le voit, le statut accordé à la casuistique dépend de l'importance que l'on accorde à la rigidité des principes.

● **CORRÉLATS** : argument ; morale ; rhétorique.

CATÉGORIE

(n. f.) ● **ÉTYM.** : grec *katêgoria*, de *katêgorein*, « affirmer ». ● **SENS ORDINAIRE** : classe ou regroupement d'éléments apparentés (ex. : « une catégorie de véhicules »). ● **PHILOSOPHIE** : souvent synonyme de *concept* au sens de notion classificatrice ayant pour fonction de trier, rassembler, et encadrer les êtres, les choses ou les pensées.

Chez Aristote*, les catégories constituent les dix genres suprêmes de l'être, à savoir : la substance (ou essence), la quantité, la qualité, la relation, le temps, le lieu, la situation, l'action. la passion et l'avoir. Chez Kant*, les catégories, c'est-à-dire les concepts *a priori* et fondamentaux de la connaissance, sont rapportées non plus à l'être, mais à l'entendement. Elles sont au nombre de douze et, regroupées en quatre rubriques, elles constituent les concepts fondamentaux de la connaissance :

Quantité	Qualité
Unité	Réalité
Pluralité	Négation
Totalité	Limitation
Relation	Modalité
Inhérence et subsistance	Possibilité
Causalité et dépendance	Existence
Communauté	Nécessité

Catégorique

En logique, un jugement catégorique est purement affirmatif, c'est-à-dire qu'il n'est ni hypothétique ni conditionnel (ex. : « Je vote oui »).

Impératif catégorique

Cf. Impératif.

> ● **Termes voisins** : classe ; concept.
> ● **Corrélats** : entendement ; logique.

Catharsis

(n. f.) ● **Étym.** : du grec *katharsis*, « purgation, purification ». ● **Sens originel et médical** : évacuation, purge, liquidation des « humeurs » malsaines du corps. ● **Dans la tradition orphique et pythagoricienne** : élévation et libération de l'âme se détachant progressivement du corps. ● **Chez Aristote, et sens classique** : purgation des affections — notamment au théâtre — par le biais de l'effroi et de la pitié. ● **Psychanalyse** : procédé visant à évacuer un souvenir traumatisant, ainsi que les émotions qui y sont associées, en l'évoquant et en le commentant en présence d'un analyste.

La purgation (*katharsis*) est à l'origine — suivant le médecin Hippocrate — un processus physiologique, une sorte de *médication*, ou de *thérapie* grâce à laquelle un malade se délivre d'humeurs nocives responsables de son malaise ou de sa maladie. Chez Platon*, qui suit en cela la tradition orphique et pythagoricienne, elle est également un procédé psychologique conduisant à purifier l'âme en la séparant (*khorizein*) du corps. L'originalité d'Aristote* consiste à utiliser ce concept pour expliquer le plaisir que l'auditeur du récit tragique éprouve à vivre, en quelque sorte par procuration, les émotions des personnages. La représentation (*mimêsis* en grec) des passions, dans l'action tragique, suscite nos propres passions, mais en leur ôtant leur caractère destructeur : elle opère de cette manière « l'épuration [ou la « purgation » selon les traductions] de ce genre d'émotions » (Aristote, *Poétique*, 6). Si le spectateur éprouve à son tour certaines passions, c'est sous une forme sublimée (spiritualisée et purifiée) dans le cadre de l'intrigue savamment élaborée par le poète. La représentation de la violence* et de la souffrance est donc *purgatrice* (valeur thérapeutique), *purificatrice* (valeur esthétique) et *apaisante* (valeur morale). Freud reprend cette analyse dans sa théorie de la sublimation*. Il s'en inspire également pour élaborer la « méthode cathartique » qu'il préconise à partir des *Études sur l'hystérie* (1895). La cure doit permettre d'évacuer et, par conséquent, de neutraliser les affects* douloureux du malade en les *représentant*, c'est-à-dire en leur permettant d'accéder à la formulation consciente. La parole est donc, par elle-même, une thérapie. C'est ce qu'Anna O, première malade à expérimenter cette méthode, exprimait de façon très suggestive en nommant cette opération un « ramonage psychique » (*cf.* J. Breuer et J. Freud, *Anna O*, Hatier, coll. « Profil »).

> ● **Termes voisins** : épuration ; purgation. ● **Corrélats** : hystérie ; passions ; psychanalyse ; sublimation.

Causalité

(n. f.) ● **Étym.** : latin *causa*, « cause ». ● **Philosophie** : principe en vertu duquel un phénomène donné est rattaché à un autre qui est perçu comme en étant la condition.

Le principe de causalité, selon lequel « tout événement a une cause », fonde l'idée du déterminisme naturel qui est au cœur de la science moderne.

À partir du XVIIIe siècle, une réflexion critique a mis en évidence que la causalité n'était pas dans les choses, mais dans l'esprit qui les pense. Ce déplacement de l'objet vers le sujet connaissant a deux versions :

1. L'empirisme et le scepticisme de Hume* : la causalité est une habitude de l'esprit née de l'observation d'une conjonction constante entre deux phénomènes. Le développement de cette idée conduisit Auguste Comte* à récuser le concept de cause au profit de celui de loi* physique, c'est-à-dire de relation constante entre deux phénomènes, sans qu'on soit en droit de s'interroger sur le mécanisme producteur existant entre l'un et l'autre.

◆ **Cause**

2. Le criticisme de Kant*. Ce dernier refuse de faire de la causalité une simple habitude associative. Elle est une structure *a priori** de l'entendement*, un concept* pur qui organise l'expérience et permet de la connaître : si nous repérons, dans la nature, des causes et des effets, et non une succession chaotique de phénomènes, c'est que nous savons *a priori* que « tout événement a une cause ».

Le développement des sciences cybernétiques modernes a permis d'élaborer un modèle de causalité complexe et non mécanique, selon lequel les phénomènes se conditionnent réciproquement à l'intérieur d'un système ; la causalité est alors non linéaire mais circulaire, avec retour de l'effet sur la cause.

D'un point de vue métaphysique, le problème de la causalité rencontre celui de la liberté* : peut-il exister une causalité libre dans le monde et, si oui, comment déterminisme* et spontanéité peuvent-ils se concilier ?

● **TERME VOISIN :** déterminisme.
● **CORRÉLATS :** catégorie ; cause ; étiologie ; habitude ; hasard ; raison.

CAUSE

(n. f.) ● **ÉTYM. :** latin *causa*, « raison », « cause ». ● **SENS ORDINAIRES : 1.** Ce qui produit un effet. **2.** Ce qui constitue l'antécédent constant d'un phénomène. **3.** Principe explicatif ; raison ou motif (ex. : « la cause d'un échec »).

Aristote* distinguait quatre causes : la *cause matérielle*, ou le support de la transformation (ex. : le bloc de marbre par rapport à la statue) ; la *cause efficiente* ou l'agent de la transformation (en l'occurrence, l'action du burin pour fabriquer la statue) ; la *cause finale*, ou le but en vue duquel s'accomplit la transformation (ici l'intention du sculpteur) ; la *cause formelle*, ou l'idée qui organise l'objet transformé selon une forme déterminée.

Cette classification fut battue en brèche au fur et à mesure du développement de la science moderne. Celle-ci évacue les causes finales (*cf*. Finalisme) ; la cause et l'effet sont désormais conçus comme unis dans un rapport d'antécédent à conséquent, conforme à l'idée de déterminisme* naturel (*cf*. Causalité) et dont le modèle le plus simple (mais non le seul) est la transmission du mouvement dans une machine. Le positivisme* ira jusqu'à dissocier nettement la cause (ou antécédent constant) et la raison (ou principe d'intelligibilité) qui n'a plus sa place dans les sciences de la nature.

● **TERMES VOISINS :** antécédent ; condition ; raison. ● **TERME OPPOSÉ :** effet.

CAUSE OCCASIONNELLE

Selon la théorie « occasionnaliste » de Malebranche* : agent qui produit, ou qui « occasionne » un effet, ou un événement. En fonction du principe de la « création continuée », Dieu est la seule cause directe et efficace de tout ce qui arrive dans le monde. Les éléments du réel (ou causes « antécédentes ») ne sont que la condition, ou l'instrument de la volonté divine. *Cf*. Malebranche.

● **CORRÉLATS :** causalité ; déterminisme ; explication ; finalité ; finalisme ; nature.

CERCLE DE VIENNE

Le Cercle de Vienne est l'association formée, à partir de 1924, à l'initiative de Moritz Schlick*, par des savants et des philosophes, dont le plus célèbre est Rudolph Carnap*. Fortement influencé par le *Tractatus logico-philosophicus* de Ludwig Wittgenstein*, le Cercle de Vienne se réclame de l'empirisme*. Posant que toute connaissance véritable, et même tout discours pourvu de signification, est de type scientifique, les philosophes représentant ce courant excluent du savoir ce qui n'est pas réductible à la logique ou à l'expérience. Aussi déclarent-ils la guerre à la métaphysique*, accusée d'être le résultat d'un mauvais usage du langage.
Cf. Mach, Carnap, Schlick et Wittgenstein.

CERCLE VICIEUX

Faute logique consistant à présupposer ce que l'on voulait tout d'abord démontrer, ou encore à présenter une conséquence comme une condition (exemple : pour sortir de prison, il faut un contrat de travail ; or, pour obtenir un contrat de travail, il faut sortir de prison).

CERTITUDE

(n. f.) ● **ÉTYM.** : latin *certitudo*, de *certus*, « assuré ». ● **SENS ORDINAIRE** : état d'esprit de celui qui est assuré de détenir une vérité. ● **PHILOSOPHIE** : assurance intellectuelle ou morale fondée sur les conclusions d'une démonstration, sur l'expérience, sur une évidence ou sur une très grande probabilité.

Si la certitude tire sa force de la vérité*, elle ne se confond pas totalement avec elle. La certitude réside en effet dans la double assurance que l'on détient à la fois la vérité et les critères qui nous garantissent qu'il s'agit bien de la vérité. Son caractère subjectif la rapproche de la conviction* : mais à celle-ci manquent précisément les critères qui en fonderaient à coup sûr la vérité. On ne peut que persuader autrui de partager une conviction. La certitude au contraire interdit en principe le doute*. Toutefois à côté de la certitude de ce premier type, Descartes* par exemple admet la possibilité de la certitude « morale », qui porte sur « des choses dont nous n'avons point coutume de douter touchant la conduite de la vie, bien que nous sachions qu'il se peut faire, absolument parlant, qu'elles soient fausses » (*Principes de la philosophie*, 205). Ce sens se rapproche d'un usage courant du terme, qui distingue assez peu la certitude de la conviction, comme lorsqu'on dit avoir « la certitude que telle personne viendra demain ».

● **TERMES VOISINS** : conviction ; vérité. ● **TERME OPPOSÉ** : doute. ● **CORRÉLATS** : démonstration ; évidence ; preuve ; vérité.

CHOMSKY NOAM
(NÉ EN 1928)

REPÈRES BIOGRAPHIQUES

Né à Philadelphie aux États-Unis, Chomsky publie depuis 1951 divers travaux ayant trait à la linguistique, qu'il a commencé à enseigner en 1961 au sein du célèbre Massachusetts Institute of Technology. Il s'est par ailleurs rendu célèbre par ses dénonciations publiques des effets de l'impérialisme américain (persécutions des militants de gauche et des Noirs, guerre du Vietnam, etc.)

S'inscrivant dans la tradition rationaliste inaugurée par Descartes*, Noam Chomsky considère comme celui-ci que la spécificité du langage* humain réside dans la capacité d'inventer et de combiner librement de nouveaux énoncés, adaptés aux situations présentes. À la suite de Descartes, il admet d'une part qu'il doit exister en chaque sujet pensant une sorte de grammaire* innée et universelle qui préexiste à la possibilité d'apprendre une langue particulière, d'autre part que les faits de langage sont produits par cette structure universelle. Noam Chomsky qualifie de « compétence » l'aptitude du sujet parlant à déterminer spontanément si une phrase appartient ou non à sa langue, et de « performance », « l'emploi effectif de la langue dans des situations concrètes ». Un débat toujours en cours l'oppose aux nombreux linguistes, logiciens et psychologues qui lui objectent que la connaissance en général (celle des règles du langage en particulier) ne saurait être produite à partir de structures innées, mais qu'elle fait l'objet d'une construction progressive (*cf.* Piaget).

● **PRINCIPAUX ÉCRITS** : *La Linguistique cartésienne* (1966) ; *Le Langage et la pensée* (1968) ; *Théories du langage. Théories de l'apprentissage* (1975) ; *Réflexions sur le langage* (1977).

CHOSE

(n. f.) ● **ÉTYM.** : latin *causa* (qui a remplacé le mot *res* dont il a gardé le sens). ● **SENS GÉNÉRAL** : tout ce qui a une existence individuelle et concrète ; toute réalité, de n'importe quel ordre. ● **SENS LARGE** : toute réalité objective indépendante de l'esprit humain (la chose s'oppose alors à l'idée, aux représentations en général). ● **SENS STRICT** : réalité matérielle, objet inanimé par opposition à un être vivant (*cf.* En-soi et Pour-soi). ● **PHILOSOPHIE MORALE** : Kant oppose les choses, êtres privés de raison, qui n'ont qu'une valeur relative, aux personnes, fins en soi et objets de respect. Tandis que les choses ont un prix et sont remplaçables par des équivalents, les personnes ont une dignité et une valeur absolues.

◆ **Chrématistique**

Si la chose, par opposition à l'idée, se présente en règle générale comme une existence individuelle se suffisant à elle-même, indépendamment donc de toute conscience, la question se pose alors de savoir si elle peut pourtant être conçue, c'est-à-dire pénétrée, ou encore assimilée, par l'intelligence. Selon Kant*, la chose en soi (réalité en tant qu'elle est, par opposition au phénomène inconnaissable), si elle ne peut être conçue, peut cependant être pensée. Mais « penser », n'est-ce pas toujours s'approprier l'objet donné à penser, au risque d'en réduire ou d'en oublier l'étrangeté ? De façon générale, la chose, impénétrable à l'esprit, serait d'abord ce qui doit être nié dans son altérité, afin de pouvoir être pensé.

Dans un article intitulé « La chose », Heidegger*, contre toute la tradition scientifique et métaphysique, appelle de ses vœux une véritable prise en compte de la chose. Parce qu'elle voulait tout expliquer, la philosophie classique n'a pas ménagé la « chôséité » des choses, elle a ignoré leur épaisseur : « Le savoir de la science, écrit-il, a déjà détruit les choses en tant que choses avant la bombe atomique » (in *Essais et conférences*, 1958).

● **TERMES VOISINS :** donné ; en-soi ; étant ; objet. ● **CORRÉLATS :** esprit ; réalité.

CHRÉMATISTIQUE

(n. f.) ● **ÉTYM. :** grec *khrematistikê*, « acquisition de la richesse ». ● **SENS ORDINAIRE :** partie de l'économie qui s'occupe de la production des richesses. ● **PHILOSOPHIE :** chez Aristote* (*Les Politiques*, I, 9), la chrématistique désigne l'acquisition de la richesse pour elle-même, et non en vue d'une quelconque utilité. Cette recherche de la richesse pour la richesse est artificielle ; le terme a donc un sens péjoratif. Aristote l'oppose à l'« art naturel d'acquérir » qui consiste à « se donner les moyens de se procurer les biens [...] indispensables à la vie » (*ibid.*, I, 8).

● **CORRÉLATS :** capitalisme ; marchandise.

CHRIST

(n. m.) ● **ÉTYM. :** grec *khristos*, « oint, enduit », d'où : « qui a reçu l'onction sainte ». ● **DANS L'ANCIEN TESTAMENT :** le mot grec est utilisé pour traduire l'hébreu *mashiah* (« messie ») qui désigne les rois d'Israël, oints par Yahvé, mais aussi le prophète, le sauveur attendu. ● **DANS LE NOUVEAU TESTAMENT :** le mot *Christ*, dont les chrétiens tirent leur nom (« ceux qui reconnaissent en Jésus le Messie »), désigne Jésus de Nazareth qui, du fait de sa résurrection, aurait été reconnu non seulement comme roi, mais comme fils de Dieu. C'est l'un des dogmes fondamentaux du christianisme.

● **CORRÉLATS :** antéchrist ; christianisme ; Dieu.

CHRISTIANISME

Le christianisme, vieux de vingt siècles, est — chronologiquement — le second des trois grands monothéismes. Ses textes de référence sont l'Ancien Testament, formé de la Bible hébraïque, et le Nouveau Testament, constitué des quatre Évangiles (qui racontent la vie et les paroles de Jésus) écrits par Marc, Matthieu, Luc et Jean, des Actes des apôtres, des Épîtres et de l'Apocalypse.

Jésus de Nazareth

Jésus de Nazareth est la figure centrale du christianisme, qui voit en lui le fils de Dieu et le sauveur annoncé par la Bible (le « messie »). Né juif, il semble qu'il ait lui-même moins annoncé une religion nouvelle que la nécessité d'une fidélité, plus rigoureuse et plus radicale que celle de ses contemporains — en particulier les pharisiens — aux principes du judaïsme*. Cela lui valut leur hostilité, et ses ennemis finirent par obtenir qu'il soit condamné à mort par le tribunal romain présidé par Ponce Pilate, et crucifié.

C'est après sa mort que Jésus devint véritablement l'objet d'un culte et l'origine d'une religion nouvelle, au centre de laquelle figure l'affirmation de sa divinité, la croyance à sa résurrection trois jours après sa mort et à son ascension auprès de son père.

Christianisme

Dogmes et rites

Le christianisme s'est divisé en diverses Églises sous l'effet de l'histoire et de la diversité de son implantation géographique. Toutes ont en commun de considérer le Christ* comme le fils de Dieu, figure par laquelle la divinité s'est humanisée (« Dieu s'est fait homme ») pour prendre en charge les péchés du monde. Toutes croient en l'immortalité de l'âme et au retour du Christ à l'heure du jugement dernier. Le message du Christ, recueilli et interprété par ses disciples, prône par ailleurs l'humilité, le détachement à l'égard des richesses terrestres et du pouvoir, la charité et l'amour entre tous les hommes. Un autre dogme fondamental du christianisme est le mystère de la Trinité : Dieu n'a pas seulement envoyé aux hommes son fils, mais aussi le Saint-Esprit, pour les éclairer. Les trois « personnes » (le Père, le Fils et le Saint-Esprit) n'en sont qu'une.

Parmi les rites fondamentaux (« sacrements ») du christianisme, on retrouve toujours le *baptême* (acte volontaire ou « confirmé » d'appartenance à la communauté chrétienne, qui lave du péché originel) et la *communion*, acte commun de célébration de la mémoire du dernier repas de Jésus avec ses disciples (la Cène), à l'occasion duquel il leur déclare que le pain est devenu sa chair et le vin son sang (mystère de l'Eucharistie) et les invite à refaire cela en mémoire de lui. Comme le judaïsme, dont il est l'héritier pour de nombreux points de dogme, et comme le sera l'islam*, le christianisme est une religion révélée : c'est Dieu lui-même qui se fait connaître aux hommes, par sa parole, par ses prophètes, par le message de son fils. Se pose alors inévitablement le problème des relations entre la foi*, qui seule peut sauver les hommes, et la raison*, problème diversement résolu selon les temps et les tendances (voir par exemple Augustin* ou Thomas d'Aquin*). Mais de surcroît, parce que la foi chrétienne repose sur la vénération d'un Dieu qui s'est fait homme, on a affaire à une religion qui peut s'accommoder des vicissitudes du temporel, en particulier de la diversité géographique et des changements liés au devenir historique. C'est certainement l'une des clefs du succès du christianisme qui, considéré en nombre de baptisés, est quantitativement la première religion du monde. C'est aussi la raison de l'immense influence que le christianisme a exercée sur l'histoire de la culture occidentale. Cela explique aussi sans doute la diversité des Églises chrétiennes et l'apparition, au cours de l'histoire, de nombreux schismes.

Les Églises chrétiennes

Le catholicisme romain (du grec *katholikê*, « universel »), qui englobe aussi certaines Églises orientales aux rites particuliers (Église copte en Égypte, Églises arménienne, byzantine, Églises chaldéenne en Irak, maronite au Liban, Église syrienne), se caractérise essentiellement, outre les points particuliers de dogme (nombre et nature des sacrements, célébration des saints et de la Vierge Marie, interprétation de la Trinité), par son caractère hiérarchisé et par l'autorité suprême qu'il accorde au pape (déclaré infaillible). C'est sur ce dernier point que le catholicisme fut contesté par l'Église chrétienne de Constantinople, ce qui donna lieu en 1054 à un premier schisme et à la naissance de l'Église orthodoxe. C'est également l'un des motifs fondamentaux de la naissance des Églises réformées (protestantisme) au xvi{ }e siècle (cf. Réforme).

Partis de la protestation de Martin Luther* en Allemagne contre la pratique des indulgences (le pécheur pouvait obtenir la remise de ses péchés soit en l'achetant soit en faisant des pèlerinages), relayés par Jean Calvin* en France et Ulrich Zwingli en Suisse, les mouvements protestants vont contester l'idée selon laquelle la foi devrait se soumettre à l'autorité d'une hiérarchie extérieure à la conscience, ce qui ne sera pas sans conséquences majeures sur le destin de la pensée occidentale. Les protestants renvoient à la seule autorité de la Bible (*scriptura sola*, l'« écriture seule » — Luther est l'auteur d'une traduction allemande de la Bible, dont la diffusion fut rendue plus facile par les progrès de l'imprimerie). Ils réaffirment avec force le principe selon lequel le salut* ne peut venir que de la foi personnelle, d'une appropriation du sens des Écritures et de la grâce divine, sans médiation de prêtres ni de saints (les protestants contestent également le culte excessif dévolu à la Vierge Marie, la mère de Jésus). Si la foi est une affaire personnelle, elle doit se vivre en revanche avec l'aide de toute la communauté (tous les fidèles sont partie prenante dans le sacerdoce).

Une nouvelle scission, qui eut lieu en Angleterre en 1534 suite au conflit entre le roi Henry VIII et le pape — celui-ci refusant à celui-là le droit de divorcer — donna naissance à l'anglicanisme, religion d'État qui s'inspira du protestantisme tout en maintenant une structure hiérarchique de l'Église.

Par la suite, les protestantismes, du fait même de l'invitation à l'interprétation personnelle qu'ils énoncent, furent à

◆ Cicéron

l'origine d'une prolifération d'Églises et de sectes (baptistes, méthodistes, pentecôtistes, mennonites, piétistes, fondamentalistes, adventistes du septième jour, témoins de Jéhovah, Mormons...).

Christianisme et philosophie
Le christianisme, dans sa diversité, a considérablement dominé la pensée philosophique occidentale, surtout au Moyen Âge dans sa version catholique. Il a en particulier largement contribué à la transmission des philosophies de l'Antiquité, qu'il a abondamment commentées et exploitées. Cependant, il a longtemps considéré que la philosophie devait avoir une fonction de servante de la foi, dans le sillage de l'injonction d'humilité intellectuelle qui le caractérise depuis sa naissance. Cela donna régulièrement lieu à des conflits et des condamnations spectaculaires. Même si le christianisme a longtemps gardé une influence visible sur elle, on peut dire que la philosophie occidentale, tout en prenant conscience de cet héritage et sans avoir forcément pour intention de le contester en tout point, s'est progressivement émancipée de la tutelle de l'Église à partir du XVIIe siècle.

● **CORRÉLATS :** Dieu ; foi ; judaïsme ; Réforme.

CICÉRON MARCUS TULLIUS CICERO (106-43 AV. J.-C.)

REPÈRES BIOGRAPHIQUES
Homme politique et écrivain latin. Issu d'une grande famille de magistrats et d'officiers romains, Cicéron commence sa carrière en tant qu'avocat, en Sicile. En –75, il devient questeur puis, en –63, consul à Rome. La même année, il vient à bout de Catilina, qui a tenté de le renverser. Il est ensuite exilé en Grèce par le triumvirat constitué par César, Pompée et Crassus (–58). Ultérieurement, il se réconcilie avec César, puis se brouille avec Antoine. Il se consacre désormais davantage à son œuvre littéraire et philosophique. Proscrit, pour finir, par Antoine, Octave et Lépide, il prend la fuite et est assassiné sur l'ordre d'Antoine.

♦ En tant qu'homme politique, Cicéron a connu une existence pour le moins agitée. Ambitieux, passionné, il a consacré l'essentiel de son énergie à conquérir le pouvoir, ou à le conserver, mais sans jamais perdre de vue ce qu'il pensait être l'intérêt de l'État. Brillant orateur, habile politique, il ne connut cependant qu'une réussite partielle et épisodique sur ce plan, même s'il sut, dans une certaine mesure, incarner les plus hautes valeurs républicaines et réconcilier dans les périodes de crise une opinion extrêmement divisée ; il parvint à plusieurs reprises à éviter la guerre civile (en –63 notamment).

L'homme d'État et l'humaniste
♦ La carrière politique de Cicéron reste toutefois modeste en comparaison de son travail théorique. Il s'impose tout d'abord par ses ouvrages de rhétorique, inspirés, puissants, et déjà pétris de philosophie : la « culture oratoire » telle qu'il la conçoit, enveloppe déjà sa conception de l'homme d'État éducateur, et jette les premières bases de cet « humanisme* » que son œuvre ultérieure consacrera. La notion d'*humanitas* se définit à la fois par une culture aux dimensions proprement universelles, et par l'amour sensible de l'humain, notamment sous la forme de la compassion* : elle constituera la clef de voûte de l'ensemble de la philosophie cicéronienne.
♦ La suite de son œuvre comporte deux volets : la doctrine politique et la philosophie, qui ne peuvent être dissociées puisque Cicéron a toujours voulu articuler l'action politique et les principes théoriques. Dans ses ouvrages politiques, il tente de concilier les exigences d'une politique efficace et d'une théorie d'inspiration plus idéaliste. Ses propres déboires l'amènent à se prononcer progressivement en faveur de principes très modérés (une « constitution mixte », équilibrant principes monarchiques et exigences démocratiques), susceptibles de rallier tous les partis et toutes les sensibilités politiques, sous l'égide, toutefois, d'une élite éclairée (ces « princes » dont l'autorité repose sur la sagesse, le savoir et l'éloquence).
♦ Sur le plan philosophique, Cicéron est l'héritier d'une triple tradition : sceptique, stoïcienne et platonicienne. Comme Platon*, il affirme qu'il existe une vérité intangible, et que la vertu est le fondement du bonheur : en cela il se démarque de toute orientation purement pragmatique. Dans le *De natura deo-*

rum, il défend l'idée d'une « religion dans les limites de la simple raison » : il récuse en effet, comme les sceptiques, une quelconque certitude concernant le divin, et il stigmatise toute dérive superstitieuse. Conformément à la tradition stoïcienne, enfin, il défend une approche naturaliste de la loi (dans le *De legibus* [*Des lois*]) ; il apparaît en cela comme l'un des fondateurs des doctrines du droit naturel*.

Modernité de Cicéron

La raison universelle et l'amour de l'humanité doivent inspirer une sagesse pratique, véritable ferment de la concorde civile et de la paix, qui sont les seules finalités de toute entreprise politique. Cicéron ne fut pas seulement un homme d'État ambitieux, il fut également un authentique républicain, tolérant, respectueux de la justice et de la paix sociale. On ne peut que saluer en lui l'un des premiers théoriciens d'une conception moderne, c'est-à-dire universaliste, des droits de l'homme.

● **PRINCIPAUX ÉCRITS** : *De oratore* ; *De republica* ; *De legibus* ; *De natura deorum* ; *Tusculanes* ; *De officiis*.

CINÉMA

(n. m.) ● **ÉTYM.** : (abréviation de *cinématographe*) : grec *kinêma*, « mouvement », et *graphein*, « écrire ». ● **SENS ORDINAIRES** : **1.** Ensemble de procédés permettant d'enregistrer, puis de projeter des images en mouvement. **2.** Ensemble des activités et des techniques ayant pour finalité la réalisation de films. **3.** Les productions du cinéma (au sens 2), en tant qu'il est considéré, éventuellement, comme un art (le « septième art »).

Qu'est-ce que le cinéma ? et à quel titre intéresse-t-il la philosophie ? Né à la fin du XIXe siècle (les frères Lumière projettent *La Sortie des usines Lumière* le 28 décembre 1895), le cinéma a été désigné dès 1912 comme le « septième art », après les « arts de l'espace » (de l'architecture à la photographie) et les « arts du temps » (musique et danse). Sans doute le terme d'*art* doit-il être pris ici dans son sens premier de *technê*, « ensemble de procédés, de méthodes et de techniques » propres à un domaine donné, et qui permettent de réaliser des produits utiles ainsi que des œuvres d'art. La question de savoir si le cinéma est un art*, au sens étroit du terme cette fois, dépendra de la manière dont on restreindra le champ des productions cinématographiques estimées dignes de ce nom (ceci est de l'art, mais pas cela...). Il nous semble plus intéressant de tenter de comprendre en quoi le cinéma a créé une rupture, voire une révolution, dans notre approche de l'art et de l'esthétique : nos catégories mentales, notre mode de perception, notre expérience du monde ont été profondément affectés par ce nouveau mode de représentation dont le développement et les péripéties épousent l'histoire du XXe siècle.

Le cinéma « embaume le temps »

En tout premier lieu, le cinéma, comme l'a montré Walter Benjamin*, est le moyen d'expression qui correspond à l'avènement de la reproduction mécanisée des œuvres d'art. Désormais, des productions supposées esthétiques (une photo, un disque, un film) deviennent accessibles à tous. Parallèlement, elles perdent de leur *aura* (sorte de magie due au caractère unique d'une œuvre). Si le cinéma est un art, c'est donc un art d'un type nouveau, populaire et généreux ; mais c'est également un commerce et une industrie, qui produit les films comme on produit les automobiles : en grande série. Ensuite, et parallèlement, le cinéma vient combler le désir humain immémorial d'exorciser le temps en apprivoisant les apparences, comme le montre André Bazin dans « Ontologie de l'œuvre cinématographique » (*Qu'est-ce que le cinéma ?* Éditions du Cerf, 1985). Le cinéma embaume les images comme les Égyptiens embaumaient les morts. Au moment même où les anciennes divinités s'éclipsent, où notre imaginaire s'appauvrit, tandis que notre monde se « désenchante », le cinéma reconstitue un univers idéal, tout en étant réel, plus réel en un sens que le réel même, parce que plus consistant et doué d'une temporalité autonome. Les films sont des « hallucinations vraies », des réalités que le temps n'affecte plus. Particulièrement accordé à notre prosaïque modernité, le cinéma répond donc, plus adéquatement peut-être que n'importe quel autre système mimétique, à ce qui paraît comme la vocation même de l'image : « embaumer le temps, le soustraire à sa propre corruption » (A. Bazin).

◆ Cité

Témoigner et divertir

De fait, le cinéma ne s'est jamais contenté d'enregistrer le réel, non plus que de divertir, purement et simplement. « Saisir la nature sur le vif » fut sans doute le projet originel des frères Lumière, qui inventent le reportage et le documentaire, tandis que Georges Méliès créait de son côté le film de fiction et de fantaisie, en exploitant notamment ses anciens numéros d'illusionniste. Le destin ambigu du cinéma est désormais scellé : le cinéma-reportage rendra compte du réel avec probité et « réalisme », alors que la fiction alimentera les rêves de tout un chacun. Cependant, rien n'est plus trompeur qu'une telle dichotomie. Les meilleurs documents historiques et les meilleurs documentaires (des frères Lumière à Raymond Depardon, en passant par Alain Resnais, Jean Rouch et Claude Lanzmann, par exemple) sont en même temps des œuvres subjectives, poétiques et très élaborées. Les films de fiction, de leur côté (que l'on songe aux meilleurs westerns d'une part, aux œuvres des plus grands réalisateurs — Jean Renoir, Federico Fellini, Jean-Luc Godard, Stanley Kubrick... — d'autre part), fournissent de notre époque les visions les plus pénétrantes et les plus vraies. Quant à la comédie, dans la mesure où elle met en scène « l'inquiétante étrangeté de l'ordinaire », elle nous parle de nous-mêmes. Les cinéastes de génie (Buster Keaton, Charles Chaplin ou Jacques Tati) nous éclairent donc autant sur notre condition que Shakespeare, Molière ou la philosophie (« telle que nous la pratiquons »), comme le montre le philosophe américain Stanley Cavell (*À la recherche du bonheur, Hollywood et la comédie du remariage*, Éditions des *Cahiers du cinéma*, 1993).

De nouveaux chemins vers la reconnaissance du monde

Le cinéma a accompagné le XXᵉ siècle non pas comme un témoin plus ou moins fidèle, un figurant ou un « acteur de complément ». Bien au contraire, il a joué pleinement et magistralement un rôle de tout premier plan. Les premiers maîtres (Griffith, Eisenstein) n'ont pas seulement exprimé une certaine « vision du monde » ; ils ont également contribué à forger les mythes nécessaires à la constitution d'une histoire et d'une identité nationales. Plus subtilement, le cinéma (comme la philosophie), aide à « découvrir de nouveaux chemins vers la reconnaissance du monde » (S. Cavell). La comédie américaine des années 1930, par exemple, a contribué à la « recréation de l'humain » en donnant, avec humour et fantaisie, un visage aux nouvelles figures de la conscience féminine encore en mal de reconnaissance. Plus généralement, les grands films d'une époque sont « autant de paraboles d'une phase dans le progrès de la conscience ». Quand il est de qualité, le cinéma exprime les « aspirations », les « priorités internes », les « engagements utopiques » dont les peuples ont besoin pour aller de l'avant. Comme toutes les autres créations culturelles, l'art cinématographique invente du « possible ». Mais ce « possible » est en même temps nécessaire car c'est lui qui donne au réel la consistance qui lui fait naturellement défaut. Au même titre que la pensée, le cinéma « tire des plans sur le chaos » (Gilles Deleuze*, *Qu'est-ce que la philosophie ?*). En explorant notre univers, il le rend familier, ouvert, représentable, pensable — en d'autres termes : habitable. (*Cf.* également G. Deleuze, *Cinéma 1 et 2. L'image-mouvement et l'image-temps*, Éditions de Minuit, 1983 et 1985 ; et *De l'histoire au cinéma*, sous la direction d'A. de Baecque et Ch. Delage, Éditions Complexe, 1998.)

● **CORRÉLATS** : activité symbolique ; art ; expression ; imaginaire ; représentation.

CITÉ

(n. f.) ● **ÉTYM.** : latin *civitas*, « ensemble de citoyens », « territoire où ils vivent », puis « ville ». ● **SENS ORDINAIRE** : la ville, considérée comme entité morale et politique. ● **PHILOSOPHIE** : communauté politique organisée (ex. : la « cité idéale », chez Platon).

Dans l'Antiquité grecque, la cité désigne une fédération de tribus groupées sous des institutions communes. Sparte et Athènes en sont les exemples les plus connus.

Aristote*, dans *Les Politiques*, voit dans la cité à la fois un fait de nature et la forme d'organisation sociale la plus parfaite en ce qu'elle réalise l'essence de l'homme, « animal politique* » (*cf.* texte pp. 31-32). En effet, la capacité de se suffire à soi-même, que la nature a refu-

sée à l'homme, ne se réalise pleinement que dans la cité. Par l'étendue de son territoire et de ses ressources, la cité constitue une unité politique autonome. Elle permet d'assurer la défense et de satisfaire les besoins de ses membres. Mais c'est surtout parce qu'elle permet aux hommes de s'accorder sur un idéal de justice* et de vivre en amitié en cultivant la vertu* que la cité constitue, aux yeux d'Aristote, la condition d'une vie pleinement humaine, c'est-à-dire délivrée du besoin.
L'État-nation, forme moderne de la communauté politique ou cité, par sa taille et sa complexité, rend plus abstrait le rapport du citoyen à l'intérêt commun. C'est pourquoi la citoyenneté n'est pas une qualité ou une vertu immédiate, mais doit se construire, notamment grâce à l'éducation*.

● **TERMES VOISINS** : communauté ; État. ● **CORRÉLATS** : citoyen ; cosmopolitisme ; éducation ; nation ; république.

CITOYEN

(n. m.) ● **ÉTYM.** : latin *civis*, « citoyen ». ● **PHILOSOPHIE POLITIQUE** : membre de la communauté politique, qui se définit à la fois par le libre exercice de ses droits civiques et politiques et par sa participation aux décisions de l'État, au nom de la volonté générale.

Le citoyen se distingue du sujet des monarchies absolues, obéissant au roi. Il n'y a de citoyens que dans une république* ou une démocratie*. Cela ne signifie pas qu'il n'y ait que des citoyens dans une démocratie : ainsi un dixième seulement de la population d'Athènes, au Ve siècle av. J.-C., avait le privilège d'être citoyen. Beaucoup plus près de nous, en France, les femmes n'ont le droit de vote que depuis 1945.
Le citoyen se définit par l'exercice des libertés* publiques, et par l'égalité* devant la loi*. Membre équivalent à n'importe quel autre dans le corps politique, il est considéré sous un angle universel, c'est-à-dire abstraction faite de ses caractéristiques particulières (origine et condition sociales, religion, etc.). En l'absence d'un organisme international de juridiction garantissant les droits, la citoyenneté est liée à la nationalité ; mais une citoyenneté pleinement réalisée supposerait idéalement une politique cosmopolite, c'est-à-dire des citoyens du monde et non plus seulement d'une nation.

● **CORRÉLATS** : contrat social ; cosmopolitisme ; démocratie ; droit ; égalité ; liberté ; politique ; république ; souverain ; universel ; volonté générale.

CIVILISATION

(n. f.) ● **ÉTYM.** : latin *civis*, « citoyen ». ● **SENS ORDINAIRES : 1.** Ensemble de phénomènes sociaux d'ordre religieux, moral, esthétique, ou technique et scientifique, caractéristiques d'une société. **2.** État d'avancement des mœurs et des connaissances, qu'il s'agisse d'une réalité ou d'un idéal.

Les deux sens de civilisation sont intimement liés : si l'on peut parler de « civilisations » au pluriel, au premier sens, le second sens du mot civilisation introduit dans cette notion l'idée de progrès* ; la civilisation s'oppose alors à l'état sauvage et à la barbarie. Longtemps, la civilisation européenne s'est considérée comme la civilisation par excellence, supérieure tant sur le plan moral, que sur le plan intellectuel et technologique. Rousseau* contestait déjà cette opinion en soulignant que la civilisation, au sens d'éloignement de l'état de nature, ne se confond pas avec le progrès. L'anthropologie* culturelle puis l'anthropologie structurale de Claude Lévi-Strauss* assurent la postérité de cette idée ; aujourd'hui, sous leur influence, on emploie souvent le terme de culture au sens de civilisation. Ensembles cohérents de règles, de savoirs et de croyance, les civilisations (ou cultures) ne sauraient alors être hiérarchisées dans une échelle de progrès. La civilisation occidentale, loin de représenter à elle seule un « progrès » universel et indiscutable, n'a-t-elle pas produit, notamment pendant la Seconde Guerre mondiale, les actes de barbarie* les plus graves ?
La question de l'emploi de ce terme au pluriel (les « civilisations », voire les « cultures ») pose cependant un véritable problème philosophique : si l'on admet en effet qu'il n'y a pas plusieurs « humanités » dans l'humanité, il est important de postuler l'unité essentielle de notre « civi-

◆ Classe

lisation » (ou de notre « culture »), définie alors non pas comme particularisme mais, au contraire, comme condition, pour tout homme, de l'accès à l'universel*.

> ● **TERME VOISIN :** culture. ● **TERMES OPPOSÉS :** barbarie ; sauvagerie. ● **CORRÉLATS :** culture ; ethnocentrisme ; progrès ; société.

CLASSE

> (n. f.) ● **ÉTYM. :** latin *classis*, « classe de citoyens ». ● **LOGIQUE :** extension d'un terme ; ensemble des éléments indiqués par ce terme. ● **SOCIOLOGIE :** groupe d'individus caractérisés par une même condition sociale. ● **TERMES VOISINS :** caste ; catégorie ; groupe.

CLASSE SOCIALE
Concept apparu aux XVIIIe et XIXe siècles (Adam Smith*, David Ricardo).
Marx* lui donne une très grande importance en faisant de l'existence des classes sociales, et surtout des rapports conflictuels entre « classe dominante » et « classe dominée », un principe majeur d'explication des sociétés et de l'histoire (*cf.* Lutte des classes).
Les classes sociales se distinguent des castes, dont la hiérarchie est définie institutionnellement (les ordres de l'Ancien Régime, les castes de l'Inde traditionnelle...) Elles se distinguent aussi des catégories socio-professionnelles, qui regroupent les activités par type de profession et par niveau de revenu : la classe est un concept sociologique et pas seulement économique.

LUTTE DES CLASSES
Concept essentiel du marxisme qui a d'abord un contenu économique : toute société fondée sur la propriété privée des moyens de production et d'échange implique un antagonisme au sein des rapports de production*.
Cet antagonisme économique se traduit au plan politique, d'une part par l'existence d'institutions comme l'État, dont le but est de maintenir la domination de la classe dominante ; d'autre part, par des affrontements entre celle-ci et l'ensemble des classes dominées et exploitées.
La lutte des classes devient alors un principe fondamental de l'explication historique. Tout phénomène historique peut être considéré comme l'expression de la lutte des classes, et particulièrement les bouleversements sociaux, que Marx interprète comme le moment où une classe sociale modifie l'ancien ordre social et politique en devenant dominante.

> ● **CORRÉLATS :** communisme ; conflit ; marxisme.

COGITO

> (n. m.) ● **ÉTYM. :** verbe latin signifiant « je pense ». ● **PHILOSOPHIE :** désigne le principe énoncé dans la formule de Descartes : « Je pense donc je suis » (*Cogito ergo sum*), qu'il est d'usage d'employer sous forme de substantif (« le cogito »).

Ce principe implique que :
— L'expérience de « la » pensée* se fait toujours à la première personne (« je pense »).
— Cette expérience est la marque absolument certaine de l'existence d'un sujet*. Celui-ci se définit donc d'abord comme sujet pensant. Essayer de le mettre en doute revient à le confirmer, car si je doute, alors je pense. Avant Descartes*, dès les débuts de l'ère chrétienne, saint Augustin* affirmait déjà le principe de la certitude du cogito : « Si je me trompe, je suis, puisque l'on ne peut se tromper si l'on n'est » (*La Cité de Dieu*, XI, 26).
Toutefois, le sujet du cogito est-il une substance* ou bien une fonction de synthèse qui ordonne nos représentations ? Pour Kant*, en effet, si « le je pense doit pouvoir accompagner toutes mes représentations », cela ne signifie nullement qu'il existe une substance qui en soit le support.

> ● **TERMES VOISINS :** conscience ; pensée ; sujet. ● **CORRÉLATS :** conscience ; inconscient.

COLÈRE

> (n. f. et adj.) ● **ÉTYM. :** latin *cholera* et grec *khôlê*, « bile, colère ». ● **SENS ORDINAIRE :** état violent et passager provenant du sentiment d'avoir été agressé ou offensé, et qui s'accompagne d'agressivité dans le comportement ou le discours.

La tradition philosophique condamne la colère comme une passion triste qui nous porte à des excès que nous regrettons par la suite (Sénèque*, Descartes*). Pour Sénèque, la colère est un sentiment proprement humain qui entraîne l'âme à donner son assentiment à l'agitation et à la violence en elle. C'est donc une passion à laquelle l'homme sage, qui se maîtrise, ne doit jamais consentir. Descartes décrit la colère comme « une espèce de haine ou d'aversion que nous avons contre ceux qui ont fait quelque mal ou ont tâché de nuire, non pas indifféremment à quoi que ce soit, mais particulièrement à nous » (*Les Passions de l'âme*, art. 199) : il faut particulièrement s'en préserver car aucune passion ne prête autant à des excès dus au désir de se venger. La colère de l'homme semble être fondée sur l'amour de soi, mais la tradition judéo-chrétienne en fait aussi un motif du jugement de Dieu contre l'impiété et l'injustice des hommes : « Par ton endurcissement, par ton cœur impénitent, tu amasses contre toi un trésor de colère pour le jour de la colère où se révélera le juste jugement de Dieu » (saint Paul*, Épître aux Romains, 2, 5).

● **TERMES VOISINS :** courroux ; énervement ; exaspération ; fureur ; rage. ● **TERMES OPPOSÉS :** calme ; douceur ; modération. ● **CORRÉLATS :** haine ; passion ; violence.

COMMUNAUTARISME

(n. m.) ● **ÉTYM. :** latin *communis*, « ce qui appartient à plusieurs ». ● **PHILOSOPHIE :** doctrine politique et morale du XXe siècle qui s'oppose ainsi aussi bien à l'individualisme qu'à l'universalisme rationnel.

Doctrine philosophique contemporaine, le communautarisme affirme le primat de la communauté* sur l'individu*. Pour les défenseurs de cette doctrine, la communauté est un groupe humain défini par la recherche d'un certain bien dont dépendent le bonheur et la dignité de ses membres. Les communautariens s'opposent au libéralisme* qui fait de l'individu l'origine unique des droits fondamentaux de l'homme et ignore qu'un sujet est toujours un sujet « engagé » dans une ou plusieurs communautés. Les principaux représentants de cette école sont des auteurs anglo-saxons (Charles Taylor*, Michaël Walzer*).

● **CORRÉLATS :** individualisme ; holisme ; libéralisme.

COMMUNAUTÉ

(n. f.) ● **ÉTYM. :** latin *communitas*, « communauté ». ● **ÉCONOMIE, DROIT :** possession en commun de biens matériels (ex. : le régime de la communauté, en droit matrimonial, opposé à la séparation de biens). ● **SOCIOLOGIE, PHILOSOPHIE POLITIQUE :** groupe d'individus vivant ensemble, ayant des intérêts communs, et partageant un certain nombre de valeurs ou de traditions (ex. : « la communauté nationale »).

Selon Aristote*, la communauté politique est un fait de nature. Naturellement, l'homme est un « animal politique » et c'est dans le partage et la complémentarité qu'il se réalise pleinement (cf. texte pp. 31-32).
Pour la pensée politique moderne au contraire, et notamment à partir de Hobbes*, la communauté politique est un fait de culture, qui résulte de l'adhésion volontaire des individus à un contrat social.
Reprenant en partie cette opposition, le philosophe et sociologue allemand Ferdinand Tönnies (1855-1936) distingue communauté (*Gemeinschaft*) et société (*Gesellschaft*). La première est une forme naturelle et organique de vie sociale, dans laquelle l'individu est inscrit dès sa naissance et qui repose essentiellement sur le sentiment. La famille en constitue le modèle. La seconde est une forme artificielle et mécanique d'association, dans laquelle l'individu entre volontairement et dont il résulte, en principe, quelque avantage. La société civile*, fondée sur les échanges, en serait le type.
À partir de cette distinction, on voit comment la communauté, dans la mesure où elle engendre et suppose le partage et la solidarité, peut sembler constituer un modèle de vie préférable à la simple coexistence d'individus reliés entre eux par un calcul d'intérêts. Mais une conception communautaire, et par conséquent non contractuelle, de la vie sociale et politique n'est pas sans danger pour la liberté des individus. En posant un idéal de vie collective fusionnelle,

◆ **Communication**

elle comporte le risque du totalitarisme* et du refus de toute opposition, comme les formes historiques du nationalisme et du communisme l'ont montré.

● **TERMES VOISINS :** association ; collectivité ; société. ● **TERMES OPPOSÉS :** division ; isolement. ● **CORRÉLATS :** association ; classe (classe sociale) ; communisme ; contrat social ; État ; nation ; société ; totalitarisme.

COMMUNICATION

(n. f.) ● **ÉTYM. :** latin *communicatio*, de *communicare*, « être en relation avec », « mettre en commun ». ● **SENS LARGE :** fait d'être en relation avec quelqu'un (par exemple au téléphone). ● **SENS STRICT :** transmission d'informations (ex. : « la communication animale ») ou de signaux (ex. : « la communication entre les cellules, dans un organisme vivant »). ● **SOCIOLOGIE :** 1. Ensemble de procédés et de moyens techniques permettant les échanges d'informations et le dialogue (communication médiatique). 2. Ensemble des échanges sociaux, sous leurs formes les plus diverses (communication de biens, mais aussi de personnes).

Communication et échanges

La notion de communication recouvre les différentes formes de l'échange social. Désignant le plus souvent l'acte de transmettre et d'échanger des signes et des messages, elle peut renvoyer aux formes les plus variées de circulation de biens ou même de personnes. Dans son acception la plus large, la communication peut alors se confondre avec l'ensemble des activités de la vie sociale. En outre, le concept recouvre les divers phénomènes de transmission et d'échanges de signaux dans tout le monde vivant. Au XXe siècle, le terme est utilisé pour désigner plus particulièrement les nouvelles techniques de diffusion de masse de l'information — presse, radio, câble, satellites, etc. — ainsi que le cinéma et la publicité. Les « médias » sont les réseaux de transmission des « messages » omniprésents de nos sociétés industrialisées (*cf.* Médiologie). Le journal télévisé est l'une des illustrations les plus caractéristique de ce phénomène.

Communication et communauté

La communication sociale — c'est-à-dire la communication dans son sens le plus courant — comporte trois formes principales. **1.** Interpersonnelle tout d'abord, elle ne met en jeu que des individus dans leurs relations singulières et spontanées ; son principe est la gratuité (on parle « pour parler »), sa condition la sympathie, ou tout au moins le besoin ou le désir de communiquer. **2.** La communication médiatisée, au contraire, répond à une fonction sociale bien précise et à des impératifs, notamment économiques, extrêmement contraignants. **3.** La communication institutionnalisée, enfin, met en jeu l'ensemble des organisations sociales, la culture et la vie politique d'une société. La « communication » renvoie ici à la *communitas*, la communauté* en tant qu'elle est organisée et dotée d'institutions* qui privilégient, selon les cas, le pouvoir* autoritaire ou le débat démocratique.

Communication et information

La linguistique* et les mathématiques* s'occupent l'une et l'autre — quoique par des voies différentes et indépendantes — du domaine de la communication verbale. Le linguiste Roman Jakobson (*Essais de linguistique générale*, 1963) voit dans la théorie mathématique de l'information le moyen de concilier modèles mathématiques et modèles linguistiques : dans les deux cas, la communication est définie en termes de « transmission d'informations ». La langue* est conçue comme un code commun qui fonde et rend possible l'échange des messages : communiquer, c'est transmettre de l'information à l'aide d'une langue-code indépendante du parleur selon le schéma suivant :

Contexte
Message
Destinateur⟷Contact⟷Destinataire
Code

L'éthique communicationnelle

À partir des années 1970, les travaux de Jürgen Habermas* et Karl-Otto Apel* se rejoignent dans une « philosophie pragmatique » du langage, inspirée partiellement par la tradition analytique (*cf.* J. L. Austin). Cette conception nouvelle met en avant le caractère essentiel de la communication définie comme « la relation inter-subjective qu'instaurent des sujets capables de parler et d'agir lorsqu'ils s'entendent entre eux sur quelque chose » (Karl-Otto Apel). Étant donné que toute communication — expliquent-ils — présente nécessairement un fondement rationnel (il implique le désir de dialoguer, l'effort pour argumenter, donc la reconnaissance de la raison de son interlocuteur), il doit être possible de fonder une éthique sur ce type de considérations. Car la reconnaissance de la valeur de l'être est la condition de possibilité de toute communication authentique ; autrement dit : « Tout être capable de communication linguistique doit être reconnu comme une personne* » (*L'Éthique à l'âge de la science,* 1987).

● **Termes voisins :** code ; débat ; dialogue ; discussion ; information ; langage. ● **Corrélats :** expression ; langage ; linguistique ; médiologie.

COMMUNISME

(n. m.) ● **Étym. :** formé à partir de l'adjectif *commun.* ● **Sens ordinaire :** toute doctrine ou régime qui se fixe comme objectif la communauté des biens (voire des personnes) et récuse la propriété privée ; en ce sens on peut parler du « communisme » de Platon dans la *République,* ou du « communisme » de Thomas More dans son *Utopie.*
● **Politique et économie : 1.** Philosophie de l'histoire et de la société développée par Marx (le mot *communisme* sert souvent, en fait, à désigner cette seule philosophie). **2.** Les régimes qui, au nom du marxisme, ont été mis en place en ex-URSS, en Europe de l'Est, en Chine, etc.

Selon Marx*, le communisme est l'alternative historique au capitalisme*. Le passage de l'un à l'autre se fait par une révolution* au cours de laquelle le prolétariat se libère de son exploitation, et émancipe ainsi l'humanité entière, grâce à l'appropriation collective des moyens de production et d'échange.
Selon la philosophie marxiste, il faut en toute rigueur distinguer le communisme du socialisme*. La révolution prolétarienne est à l'origine d'un État prolétarien qui musèle la bourgeoisie auparavant dominante. Tel est le socialisme. L'extinction progressive de la classe bourgeoise, donc de l'État socialiste-prolétarien, aboutira à cette société sans classes et sans État qui est le communisme proprement dit. Celle-ci est donc, pour Marx, la fin de l'histoire. Bien que le communisme marxiste soit associé à un idéal libérateur, il a d'emblée (comme tout communisme d'ailleurs) été dénoncé comme négateur de l'individu, absorbé alors dans la collectivité. Ainsi, Raymond Aron* s'appuie sur la philosophie libérale d'un Benjamin Constant* ou d'un Alexis de Tocqueville* — et aussi sur la réalité historique de l'ex-URSS ou de la Chine populaire ! — pour tenter de montrer le caractère intrinsèquement « totalitaire* » du projet communiste.

● **Terme voisin :** collectivisme.
● **Termes opposés :** individualisme ; libéralisme. ● **Corrélats :** capitalisme ; classe (lutte des classes) ; socialisme ; utopie.

COMPASSION

Cf. Pitié.

COMPLEXITÉ

Cf. Edgar Morin.

COMPRÉHENSION

(n. f.) ● **Étym. :** latin *comprehendere,* « saisir ensemble ». ● **Sens ordinaire :** action de comprendre.
● **Logique :** désigne le contenu de signification d'un concept ; se distingue de son extension, c'est-à-dire du nombre d'objets désignés par ce concept.

● **Corrélat :** comprendre.

COMPRENDRE

(v.) ● **Étym. :** latin *comprehendere,* « saisir avec », « embrasser par la pensée ». ● **Sens ordinaire :** acte par lequel l'intelligence saisit un phénomène, une notion, un raisonnement, soit en en déterminant la cause ou la raison ; soit en l'embrassant par la

◆ Comte

pensée (ex. : « comprendre une démonstration »). ● **ÉPISTÉMOLOGIE :** la compréhension est le mode de connaissance d'ordre intuitif et synthétique par opposition à l'explication, qui est la connaissance d'ordre analytique et discursif ; tandis que l'explication étudie les phénomènes isolément, et les détaille, la compréhension s'efforce surtout de saisir leur sens global.

« Nous expliquons la nature, nous comprenons la vie psychique » : par cette formule, le philosophe allemand Wilhelm Dilthey* (1833-1911) affirme l'indépendance des sciences de l'esprit par rapport aux sciences de la nature. Leurs différences d'objet, explique-t-il, justifient leurs différences de méthode. Tandis que les sciences de la nature étudient des phénomènes donnés isolément, les sciences de l'esprit (psychologie, sociologie, histoire, sciences politiques...) étudient des ensembles vécus dont les parties ne peuvent être distinguées qu'artificiellement. Pour cette raison, les méthodes d'approche seront très différentes : les phénomènes relevant de la vie psychique ne doivent pas forcément être analysés pour être compris. Bien au contraire : la volonté de décomposer à tout prix un objet d'étude relevant de la vie psychique peut conduire à l'incompréhension ou à l'absurdité (ainsi on ne pourrait comprendre une œuvre d'art qu'on aurait préalablement décomposée en ses divers éléments ; pas plus qu'on ne peut saisir le comportement d'un homme qu'on observerait de l'extérieur comme un insecte ou un robot).

Toute compréhension implique la recherche d'un sens* qui ne peut être que global, et par là-même suppose l'implication d'une subjectivité* indépassable quoique également toujours contestable. Car comprendre, c'est proposer une signification et par là même une interprétation*, en prenant le risque d'une « mésinterprétation » (une interprétation erronée). La compréhension implique également, le plus souvent, un effort pour se mettre à la place des acteurs, pour s'identifier à eux : c'est pour cette raison que l'écrivain Primo Levi a pu dire que le nazisme « ne peut pas être compris, et même ne doit pas être compris, dans la mesure où comprendre c'est presque justifier ».

● **TERMES VOISINS :** intelligence ; sympathie. ● **TERME OPPOSÉ :** incompréhension. ● **CORRÉLATS :** expliquer ; histoire ; sens ; signification ; sociologie.

COMTE Auguste (1798-1857)

REPÈRES BIOGRAPHIQUES

Né à Montpellier, il est reçu à 16 ans à l'École polytechnique. En 1817, il rencontre Saint-Simon, le « prophète de l'industrialisme », et reste son secrétaire jusqu'en 1824. Voulant faire de la politique une « science positive », il publie, de 1830 à 1842, ses *Cours de philosophie positive*, qui proposent une réorganisation scientifique de l'ensemble du savoir.
En octobre 1844, Comte rencontre Clotilde de Vaux, qui meurt en 1846. Le culte qu'il lui voue alors fait évoluer sa philosophie vers une « religion de l'Humanité », à laquelle il se consacrera jusqu'à sa mort.

La loi des trois états

Le positivisme* d'Auguste Comte se construit autour de deux préoccupations : scientifique et politique. Comte est d'abord un rénovateur social ; et il veut fonder cette rénovation sur des bases scientifiques.
Il n'est pas question de réformer la société en traçant un plan idéal, mais plutôt de vouloir pour elle ce qui correspond au degré d'évolution réelle de l'humanité.
La loi essentielle de cette évolution est la « loi des trois états* ». Selon cette loi, l'esprit humain est théologien en sa jeunesse, métaphysicien en son adolescence et positif en sa maturité. L'état positif est l'âge de la science. Ce qui le caractérise est le fait de renoncer à la connaissance de l'absolu* (les causes premières ou finales) et de se contenter du relatif*, c'est-à-dire de l'établissement, grâce à l'observation et à l'expérience, des relations constantes entre les phénomènes. Outre « relatif », positif signifie également « réel », « certain » et surtout « utile » (Auguste Comte insiste sur la destination pratique de la science). Enfin, au contraire de la métaphysique* (qualifiée de « négative »), l'esprit « positif » désigne une aptitude, non à détruire, mais à organiser.

La classification des sciences

Auguste Comte complète la loi des trois états par une classification des sciences. Il distingue six sciences fondamentales, qui entrent successivement dans l'âge positif : les mathématiques, l'astronomie, la physique, la chimie, la biologie et la sociologie ; ces six sciences s'ordonnent selon la complexité croissante des phénomènes qu'elles étudient. Mais si l'ordre « inférieur » commande l'accès à l'ordre « supérieur », il ne l'explique pas. Chaque ordre de phénomènes est au contraire irréductible à ceux qui précèdent. C'est pourquoi la véritable hiérarchie des sciences est inverse de leur ordre historique : la sociologie*, dernière née, est la première du point de vue de l'importance et de la dignité.

Sociologie et philosophie

Avec la sociologie, que Comte appelle aussi « physique sociale », c'est l'humanité qui devient objet de science. Il n'y a plus alors de phénomène qui échappe à l'esprit positif. C'est un achèvement non du savoir, mais du devenir de l'intelligence humaine. Une des missions dont Comte se croit investi est de réaliser cet achèvement, de fonder la sociologie — dont il invente le nom — comme science positive.

Son autre ambition est d'instituer la philosophie positive, c'est-à-dire de construire la conception générale du monde correspondant au régime normal de l'esprit scientifique. La philosophie, en effet, n'est pas une science parmi d'autres ; elle n'a pas d'objet propre. Son but est d'essayer d'unifier le savoir, d'en construire la synthèse « objective » (en faisant apparaître les liaisons entre les phénomènes) mais aussi la synthèse « subjective » (au regard de son utilité pour l'homme). Le philosophe est le « spécialiste des généralités », c'est-à-dire le spécialiste de l'unité, car le danger qui guette la science est l'éclatement des disciplines.

De la sociologie à la religion de l'Humanité

Avec l'avènement de la sociologie et de la philosophie « positives », sont réunies les conditions spirituelles pour fonder la politique « positive ». La réorganisation sociale implique l'ordre*, c'est-à-dire le consensus social (contrairement à Marx*, Comte ne croit pas que l'antagonisme des classes soit inévitable), et le progrès*. Le premier sans le deuxième est rétrograde, le deuxième sans le premier entraîne l'anarchie. La sociologie comportera donc une « statique », c'est-à-dire l'étude des conditions générales de l'ordre social, et une « dynamique », c'est-à-dire une étude du progrès de l'humanité, dont la loi des trois états est l'élément principal.

À quelles conditions l'ordre social en général peut-il être réalisé ? Il faut que, distinct du pouvoir temporel, qui détient la puissance politique et économique, existe un pouvoir spirituel, qui conseille et agisse, par l'intermédiaire de l'opinion (jamais par la violence), sur le pouvoir temporel.

Dans les temps « théologiques », le pouvoir temporel était aux mains des guerriers et le pouvoir spirituel dans celles de l'Église. Dans l'état positif, le pouvoir temporel appartiendra aux industriels (les « patriciens »). Quant au pouvoir spirituel, Comte avait d'abord pensé le confier à un magistère d'« intellectuels », savants et philosophes. Mais à la fin de sa vie, il le considérait davantage comme le sacerdoce d'une nouvelle Église, avec son clergé, ses cultes, ses sacrements, sa foi et même son calendrier. En effet, Comte s'est voulu le fondateur d'une nouvelle religion, dont il s'est lui-même institué le grand-prêtre. Cette religion ne saurait évidemment être théologique, c'est-à-dire adorer un ou des dieux. Elle est religion de l'Humanité*, que Comte nomme le « Grand Être », qui n'est nullement transcendant mais qui est constitué par la continuité indissoluble des générations. Cette religion se manifeste dans le culte porté aux grands hommes, promis, dans la mémoire des générations futures, à l'« immortalité subjective ».

● **PRINCIPAUX ÉCRITS :** *Cours de philosophie positive* (1830-1842) ; *Système de politique positive* (1851-1854).

LA LOI DES TROIS ÉTATS

La perspective d'Auguste Comte est d'emblée historique : la philosophie positive dont il se veut l'instaurateur, se présente comme le résultat d'une évolution déterminée de l'esprit. La pensée humaine connaît en effet un développement et un progrès réglés par une loi fondamentale. Cette loi est globale (elle concerne en même temps tous les secteurs de la connaissance) et nécessaire (elle décrit un mouvement irréversible de l'esprit). Elle impose trois états successifs, qui sont comme l'enfance, la jeunesse et l'âge adulte de la pensée.

◆ **Conatus**

> « Dans l'état théologique, l'esprit humain dirigeant essentiellement ses recherches vers la nature intime des êtres, les causes premières et finales de tous les effets qui le frappent, en un mot, vers les connaissances absolues, se représente les phénomènes comme produits par l'action directe et continue d'agents surnaturels plus ou moins nombreux, dont l'intervention arbitraire explique toutes les anomalies apparentes de l'univers.
> Dans l'état métaphysique, qui n'est au fond qu'une simple modification générale du premier, les agents surnaturels sont remplacés par des forces abstraites, véritables entités (abstractions personnifiées) inhérentes aux divers êtres du monde, et conçues comme capables d'engendrer par elles-mêmes tous les phénomènes observés, dont l'explication consiste alors à assigner pour chacun l'entité correspondante.
> Dans l'état positif, l'esprit humain reconnaissant l'impossibilité d'obtenir des notions absolues, renonce à chercher l'origine et la destination de l'univers, et à connaître les causes intimes des phénomènes, pour s'attacher uniquement à découvrir par l'usage bien combiné du raisonnement et de l'observation, leurs lois effectives, c'est-à-dire leurs relations invariables de succession et de similitude. L'explication des faits, réduite alors à ses termes réels, n'est plus désormais que la liaison établie entre les divers phénomènes particuliers et quelques faits généraux, dont les progrès de la science tendent de plus en plus à diminuer le nombre. »
>
> A. Comte, *Cours de philosophie positive* (1830-1842), Première leçon, Paris, Hatier, coll. « Profil Philosophie », 1992, pp. 62-63.

Les explications absolues

Il y a une créativité, une inventivité de l'esprit dans ses premières pensées : spontanément, il s'élance bien au-delà de ce qu'il peut simplement constater, et, dans tout phénomène naturel, il verra la manifestation de volontés divines. L'esprit, en quête d'une explication dernière, suppose partout l'action de forces surnaturelles. Il commence à penser dans l'élément de la fiction et de l'irrationnel : c'est l'âge théologique de la pensée. L'état métaphysique est essentiellement intermédiaire : l'esprit abandonne l'idée d'agents surnaturels mais continue à rechercher les causes premières des phénomènes.

L'état positif

L'esprit, parvenu enfin à sa pleine maturité, renonce au mythe d'une explication ultime et définitive du monde. Il ne tentera pas de percer le secret de la constitution de l'univers : ce sont là des questions d'enfant. L'esprit adulte ne devra se poser que des problèmes qu'il peut résoudre : non plus rechercher les causes de ce qui arrive mais établir des relations constantes entre les phénomènes. Le « comment ? » remplace le « pourquoi ? », et ouvre la voie, non plus à la découverte fulgurante des clés de la création, mais au progrès indéfini des connaissances.

CONATUS

(n.m.) ● **ÉTYM.** : latin *conatus*, « effort », « tendance », « poussée vers ». ● **CHEZ SPINOZA** : effort pour « persévérer dans l'être » qui peut prendre la forme de « l'appétit » ou du désir (lorsqu'il est accompagné de conscience) et qui définit l'« essence » (la nature véritable) de toute chose.

● **TERME VOISIN** : tendance. ● **CORRÉLATS** : appétit ; désir ; impétus ; vie ; volonté de puissance.

CONCEPT

(n. m.) ● **ÉTYM.** : latin *conceptus*, « reçu », « saisi », participe passé de *concipere*, « recevoir », mais aussi « former une conception », « concevoir ». ● **PHILOSOPHIE** : idée abstraite et générale, qui réunit les caractères communs à tous les individus appartenant à une même catégorie.

Concept et idée* sont souvent employés indifféremment. Par abstraction*, l'esprit peut isoler, au sein de la réalité, des ensembles stables de caractères communs à de nombreux individus, et associer un nom à chacun de ces ensembles : chaque ensemble ainsi désigné par un mot est un concept (ex. : la formation du concept de « chien » à partir de la comparaison de teckels, caniches, dogues, etc.). Les concepts sont notre principal moyen de maîtrise du réel : ils en sont issus, et ils permettent en retour de le connaître et de l'organiser (cf. Abstraction et Abstrait). De nombreux philosophes se sont interrogés sur l'origine de ces idées abstraites et générales, autrement dit sur la nature des opérations qui relient l'esprit à la réalité. Kant*, dans la *Critique de la raison pure*, distingue ainsi les concepts *a priori* ou purs, c'est-à-dire indépendants de toute expérience, et les concepts *a posteriori* ou empiriques. Les premiers constituent les catégories de l'entendement comme l'unité, la pluralité, la causalité, etc. ; ils sont les conditions *a priori* de toute connaissance. Les seconds, issus de l'expérience, définissent des classes d'objets ou d'êtres ; c'est pourquoi on les analyse souvent en termes de compréhension* et d'extension*.

● **TERMES VOISINS :** idée ; notion ; représentation. ● **TERMES OPPOSÉS :** objet ; réel. ● **CORRÉLATS :** abstrait ; abstraction ; catégorie ; compréhension ; espèce ; extension ; jugement ; pensée.

CONCRET

(adj. et n. m.) ● **ÉTYM. :** latin *concretus*, participe passé de *concrescere*, « se solidifier ». ● **(ADJ.) SENS ORDINAIRES : 1.** Qui se rapporte à la réalité matérielle, tangible. **2.** Qui a le sens des réalités (ex. : « esprit concret », par opposition à « rêveur », « irréaliste »). ● **(SUBST.) SENS ORDINAIRES : 1.** Qualité de ce qui est concret. **2.** Ensemble des choses concrètes.

L'usage philosophique du terme coïncide le plus souvent avec son emploi habituel, et renvoie généralement à la réalité des êtres ou des objets tels qu'ils sont donnés dans l'expérience, par opposition à l'abstrait*, qui se situe dans l'ordre de la pensée et non de l'existence matérielle, et au général*, qui englobe les qualités communes à plusieurs êtres ou objets.

● **TERMES VOISINS :** matériel ; réel. ● **TERME OPPOSÉ :** abstrait. ● **CORRÉLATS :** abstraction ; abstrait ; concept.

CONDILLAC, ÉTIENNE BONNOT DE (1715-1780)

REPÈRES BIOGRAPHIQUES
Condillac est né à Grenoble dans une famille de la noblesse de robe qui le destine à la vie religieuse. Il fréquente les grands philosophes de son siècle (Diderot, Rousseau...) et est élu à l'Académie française en 1768. Précepteur du fils du duc de Parme, il mène jusqu'à sa mort une existence discrète et retirée.

La philosophie de Condillac se situe résolument contre Descartes* et dans la lignée de l'empirisme* de Locke*, duquel il fut d'abord un disciple. Elle se propose d'expliquer la genèse de toutes nos idées à partir des sensations (cf. Sensualisme) et de réfléchir sur les opérations de l'âme provoquées par les sensations. L'originalité de Condillac réside dans le rôle fondamental qu'il attribue au langage*, non seulement dans l'expression des idées, mais dans leur élaboration même : les signes du langage sont une institution humaine arbitraire et assurent la transition des idées directement issues de la sensation aux idées complexes et abstraites de l'entendement* et de l'imagination*. Nominaliste*, il affirme que « les idées abstraites et générales ne sont que des dénominations ». Le langage sert alors de fondement à l'organisation du savoir et la science doit se définir comme « une langue bien faite ». Condillac prétend ainsi fournir une analyse complète de la façon dont se construit l'esprit*, sans supposer une activité propre et spontanée de celui-ci.

● **PRINCIPAUX ÉCRITS :** *Essai sur l'origine des connaissances humaines* (1749) ; *Traité des sensations* (1755) ; *Logique* (1780) ; *Langue des calculs* (1798).

◆ Condorcet

CONDORCET MARIE JEAN DE CARITAT, MARQUIS DE (1743-1794)

REPÈRES BIOGRAPHIQUES

Mathématicien et philosophe, Condorcet est l'un des rares penseurs du XVIIIe siècle à participer à la fois au mouvement des Lumières et à la Révolution française. Ami de d'Alembert, il collabore à l'*Encyclopédie*. Élu à 26 ans à l'Académie royale des Sciences, dont il devient en 1773 le secrétaire perpétuel, il se montre toujours un partisan zélé des Lumières en liant le libre progrès du savoir à celui de la civilisation et de l'humanité. Député, lors de la Révolution française, à l'Assemblée législative, puis à la Convention, il milite ardemment en faveur des droits de l'homme. Arrêté en 1794, il s'empoisonne dans sa prison.

Défenseur, en économie, des conceptions libérales (*cf.* Libéralisme), qui lui semblent seules cohérentes avec la liberté politique, Condorcet prône la libre circulation des biens et la libre détermination des prix sur le marché. Condorcet a toujours vu dans la revendication populaire en faveur d'un contrôle des prix un effet de l'aveuglement des masses.

Son originalité majeure reste sa réflexion sur l'instruction du peuple. Condorcet présente en effet, le 20 avril 1792, devant l'Assemblée législative, un projet de loi relatif à l'instruction publique, gratuite, laïque (mais non obligatoire). Celle-ci est exigée autant par l'égalité des droits*, que reconnaît la Constitution de 1789, que par le progrès* des Lumières*. Un peuple ignorant est une proie facile pour les tyrans. Condorcet a pu ainsi apparaître comme un précurseur de l'école républicaine instituée cent ans plus tard par Jules Ferry.

Même à la fin de sa vie — qui fut dramatique —, Condorcet n'avait rien perdu de son optimisme rationaliste et de la confiance qu'il avait dans l'issue heureuse de la Révolution, dans le progrès de la raison et la perfectibilité de l'homme. Sa philosophie du progrès a influencé le positivisme* d'Auguste Comte*.

● **PRINCIPAUX ÉCRITS :** *Cinq Mémoires sur l'instruction publique* (1791-1792) ; *Esquisse d'un tableau des progrès de l'esprit humain* (1794).

CONFIRMATION

(n. f.) ● **ÉTYM. :** latin *confirmare*, « rendre ferme ». ● **ÉPISTÉMOLOGIE :** une proposition est confirmée quand un fait auquel elle permet de s'attendre se produit en réalité.

La confirmation d'une proposition (d'une hypothèse*, d'une théorie*...) ne doit pas être, au sens strict, confondue avec sa vérification*. Plus des faits nombreux et variés confirment une hypothèse, plus le degré de confirmation augmente, mais il n'est pas certain cependant qu'une proposition, même bien confirmée, soit vraie : il reste toujours logiquement possible qu'elle finisse par être démentie par une expérience contraire (*cf.* Falsifiabilité).

● **TERMES VOISINS :** corroboration ; vérification. ● **TERMES OPPOSÉS :** démenti ; réfutation. ● **CORRÉLATS :** expérience ; falsifiabilité.

CONFLIT

(n. m.) ● **ÉTYM. :** latin *conflictus*, « choc », de *confligere*, « (se) heurter ». ● **SENS ORDINAIRE :** lutte, combat, opposition d'éléments, d'opinions ou de sentiments contraires éclatant entre des personnes ou des groupes. ● **PHILOSOPHIE :** opposition entre des personnes (individus ou groupes) ou des principes (tendances, devoirs).

On parle de « conflit de devoirs* » lorsqu'une situation pose un cas de conscience sur le choix à faire entre deux devoirs qui s'imposent également et qui s'excluent. En psychologie, on parlera plutôt de « conflit de tendances* ». Freud* a montré en ce sens que le psychisme devait être compris essentiellement comme le lieu d'un conflit entre motivations conscientes et motivations inconscientes, pulsions de vie et pulsions de mort, etc.

Héraclite* est le premier à avoir donné une portée philosophique au terme de conflit en montrant sa fécondité : la guerre (*polemos*, « combat, guerre ») est la mère de toutes choses, et l'univers est suspendu à un équilibre des contraires qui s'opposent les uns aux autres. L'union des contraires (jour et nuit, vie et mort, etc.), qui réalise l'harmonie, est maintenue par Dikê, la Justice, et tout excès d'un contraire sur l'autre entraîne la destruction de cette harmonie qui fait l'univers. Nietzsche* s'inscrit explicitement dans cette tradition en faisant de la compétition la spiritualisation d'une lutte primitive, spiritualisation qui garantit la libre expression de l'agressivité comme facteur de progrès et d'harmonie. Chez Hegel*, le conflit est la dialectique* elle-même, opposition de contraires qui donne lieu à leur dépassement. Elle constitue la vie même de l'Esprit et le moteur de l'Histoire.

Dans la *Critique de la raison pure*, Kant* parle également d'un possible « conflit de la raison avec elle-même » : lorsque la raison, dans la métaphysique, s'efforce de trouver dans les phénomènes le principe inconditionné dont ils dépendent, elle entre nécessairement dans des contradictions (« antinomies* de la raison pure ») que seule la critique* peut dissiper en montrant les limites de notre pouvoir de connaître.

● **Termes voisins :** antagonisme ; antinomie ; combat ; crise ; dispute ; guerre ; lutte ; opposition ; rivalité.
● **Termes opposés :** accord ; paix.
● **Corrélats :** agressivité ; classe (lutte des classes) ; critique ; dialectique ; violence.

CONFUCIANISME

Doctrine philosophique, morale et politique se réclamant du sage chinois Confucius (Kong-Fu-Zi, 551-479 av. J.-C.).

Confucius en son temps

Il convient de distinguer la doctrine originaire du maître et de ses proches de ce qu'elle devint au fil des siècles, jusqu'à nos jours. Confucius, contemporain de Pythagore* et de Bouddha, était issu de la petite noblesse. Lettré à la fortune modeste, il fut le témoin du déclin de l'empire chinois de l'époque, celui des Zhou. Dans ce contexte, il entreprit d'élaborer une sagesse politique fondée sur une morale et susceptible de rétablir la justice et la prospérité que, par l'effet d'une nostalgie un peu illusoire, il attribuait aux princes d'autrefois. Cette doctrine n'avait donc pas tant l'ambition d'innover que de transmettre des valeurs éprouvées dans le passé en vue de pacifier le présent et le futur, en remettant les comportements humains en accord avec l'ordre céleste (le *tian*) et avec le destin de chacun (le *ming*). En tirant avec affection les leçons de la sagesse des ancêtres, chacun doit ainsi chercher à se maintenir en harmonie avec le mouvement de l'ordre cosmique (cette harmonie s'appelle le *dao*). Même s'il ne renie pas la religion traditionnelle, le confucianisme vise donc d'abord à instaurer, loin de toute théologie* et de toute spéculation métaphysique*, une sagesse toute pratique, empreinte des leçons de l'expérience. C'est sans doute la raison pour laquelle Confucius n'a pas véritablement produit de somme doctrinale. Les écrits qu'on lui attribue sont soit des compilations qu'il a constituées à partir d'un choix de textes issus d'anciennes traditions (les « Cinq Classiques » : Livre des mutations, Livre des documents, Livre des poèmes, Livre des rites, les Printemps et les Automnes), soit des témoignages recueillis par ses disciples (*Entretiens*).

La sagesse confucéenne

Selon le message confucéen, l'ordre du monde est en toute chose une alternance en même temps que la recherche d'un équilibre entre le *yin* (principe masculin) et le *yang* (principe féminin). Ainsi de l'ordre et de la succession des saisons, alternance entre le froid et le chaud ; ainsi de l'ordre et de la succession des cérémonies humaines ; ainsi des saisons de la vie ; ainsi de la succession des dynasties politiques. Par ailleurs, l'univers est lui-même régi par un système d'harmonie numérique réglant les relations entre les cinq éléments fondamentaux : l'eau, le feu, le bois, le métal, la terre, dont les différents modes de composition sont à l'origine de toutes choses.

Au fondement des préoccupations de Confucius, on trouve la recherche d'une sagesse morale et politique, ainsi que celle de l'instauration de la justice sociale. Cette sagesse suppose de mettre d'abord au clair l'objet de la recherche en clarifiant les « dénominations », pour rendre ensuite conformes les actes aux pensées. Les principales vertus qui forment le sage sont ainsi la *fidélité* aux principes de la (et de notre) nature, qui s'exprime sous la forme de la civilité et du respect des rites, la *générosité*, la *bonne foi*, la *vigilance* ou effort permanent pour progresser, la *bonté* à l'égard d'autrui. En vertu d'un principe de perfectibilité de l'humanité, chacun, par une éducation appropriée et un effort constant, est capable de développer au mieux ces qua-

◆ **Connaissance**

lités dont il est potentiellement pourvu, plus ou moins selon son tempérament.

L'évolution et l'expansion du confucianisme.

Confucius forma de son vivant de nombreux disciples qui en formèrent d'autres. Certains (comme Mencius-Mengzi, ou comme Xunzi) restèrent plutôt fidèles à la pensée de Confucius. D'autres tentèrent peu à peu de la concilier avec le taoïsme, puis avec le bouddhisme*. Le confucianisme se transforma peu à peu en une sorte de culte religieux rendu au maître, ainsi divinisé contre l'esprit de sa sagesse. Surtout, le confucianisme devint trop rapidement une doctrine officielle, figée et dogmatique, au service de princes et d'empereurs tyranniques, au mépris, là encore, de la doctrine initiale, qui visait l'émancipation du jugement à la faveur de propos et de réflexions libres échangés lors d'entretiens sans entraves... Comble de trahison : le « système des examens » consista ainsi pendant des siècles à recruter les fonctionnaires (mandarins) sur la précision de leur connaissance des classiques confucéens, dont les versions successives furent de plus en plus dénaturées pour les besoins de la cause, au point de rendre inaccessible la pensée originaire du maître. La pensée de Confucius, si on peut encore l'appeler ainsi, fut officiellement interdite par le régime maoïste.

Le confucianisme s'était par ailleurs répandu avec l'empire chinois et s'était en particulier assez rapidement imposé en Corée et au Japon. Il a peut-être eu une influence très indirecte sur certains courants de la pensée grecque antique. Il atteignit explicitement l'Occident aux XVIe et XVIIe siècles, à la faveur de missions jésuites qui, dans un premier temps, ne le jugèrent pas incompatible avec le catholicisme. Il eut également une influence réelle sur certains penseurs des Lumières* (en particulier Voltaire* qui avait une grande admiration pour le confucianisme).

■ ● **Corrélats** : religion ; sagesse.

Connaissance

(n. f.) ● **Étym.** : latin *cognitio*, « action d'apprendre ». ● **Sens ordinaire et philosophique** : activité par laquelle l'homme prend acte des données de l'expérience et cherche à les comprendre ou à les expliquer.

La connaissance est en elle-même une activité théorique et désintéressée, c'est-à-dire satisfaisant un pur désir de savoir, sans souci de son utilité pratique. C'est pourquoi il est habituel de la distinguer de l'action*. On conçoit cependant d'ordinaire qu'une connaissance, même si elle est désintéressée, permet une action efficace.

L'origine et le fondement de la connaissance

La question de l'origine de la connaissance est résolue de façon différente par deux théories qu'on oppose traditionnellement :

1. L'innéisme*, défendu notamment par Descartes*, selon lequel les éléments premiers de la connaissance sont naturellement en notre esprit comme des « semences de vérité », et connaissables par une évidence* immédiate.

2. L'empirisme*, défendu aux XVIIe et XVIIIe siècles, notamment par Locke* et Hume*. Pour l'empirisme, nous n'avons pas d'idées innées, l'esprit est une « table rase ». Toute notre connaissance provient de l'expérience*, c'est-à-dire des données de la sensation.

Kant* critiquera l'empirisme et apportera à la question de l'origine de la connaissance une réponse originale (*cf.* texte pp. 242-243). Toute notre connaissance, affirmera-t-il, débute avec l'expérience. Mais cela ne signifie pas que toute notre connaissance dérive de l'expérience. L'expérience n'est que la « matière » de notre connaissance. Pour que cette matière devienne l'objet d'une connaissance, il nous faut l'organiser, ce qui ne se peut que grâce aux structures *a priori* de la raison humaine, qui rendent la connaissance possible. La connaissance est alors conçue comme une construction, élaborée par l'intelligence à partir des matériaux sensibles.

Les limites de la connaissance

Du même coup, se trouve posée la question des limites de notre connaissance, car si la connaissance a besoin de la « matière » fournie par l'expérience, est-il possible de connaître des objets situés au-delà de l'expérience, comme le sont les objets métaphysiques* ?

Pour Platon*, connaître consistait à dépasser les apparences* pour saisir les essences* absolues et immuables des choses. Pour Kant, au contraire, nous ne

connaissons pas les choses en elles-mêmes (les noumènes*), mais seulement les phénomènes. La « chose en soi » est inconnaissable. De même, les objets métaphysiques (Dieu, l'âme, la liberté), situés hors de toute expérience possible, échappent, selon Kant, à notre pouvoir de connaître.
Le développement des sciences de la nature peut lui aussi conduire à l'idée qu'il faut renoncer à la connaissance absolue des causes premières ou des fins dernières des choses, et se limiter à celle des relations entre les phénomènes, comme le suggère le positivisme*.

● **TERMES VOISINS :** certitude ; savoir ; science. ● **TERME OPPOSÉ :** ignorance. ● **CORRÉLATS :** empirisme ; expérience ; innéisme ; philosophie analytique ; positivisme ; raison ; vérité.

CONSCIENCE

La conscience peut se définir comme la connaissance qu'a l'homme de ses pensées, de ses sentiments, et de ses actes. On distingue généralement la conscience immédiate ou spontanée, qui renvoie à la simple présence de l'homme à lui-même au moment où il pense, sent, agit, etc., et la conscience seconde ou réfléchie, qui est la capacité de faire retour sur ses pensées ou actions, et, du coup, de les analyser, voire de les juger.
Dans tous les cas, la conscience, par cette possibilité qu'elle contient de faire retour sur elle-même, est toujours également conscience de soi. Elle fait de l'homme un sujet*, capable de penser le monde qui l'entoure. C'est en elle que prennent racine le sentiment de l'existence* et la pensée de la mort*. La conscience est donc le propre de l'homme, et si elle fait sa misère, elle constitue aussi sa grandeur : « L'homme n'est qu'un roseau, le plus faible de la nature ; mais c'est un roseau pensant », écrit Pascal* dans les *Pensées*.
Depuis Descartes*, toute une tradition philosophique, que l'on peut, si l'on veut, appeler idéalisme*, fait fond sur la conscience, comme source de connaissance et de vérité.

Conscience et connaissance
Certes, avant Descartes, la conscience n'est pas ignorée. De Socrate*, qui fait sien l'oracle de Delphes « Connais-toi toi-même » à saint Augustin* qui, dans les *Confessions*, invite au retour sur soi, au *redi in te* pour atteindre la foi et la vérité intérieure, la conscience apparaît comme la condition nécessaire et préalable de toute recherche de sens* et de vérité*. Mais pour que la conscience devienne vraiment un problème philosophique, il fallait qu'elle joue un rôle constitutif dans la connaissance. Or la naissance de la science moderne et mécanique, au XVIIe siècle, bouleverse profondément l'ancienne représentation d'un monde ordonné et finalisé, héritée à la fois de la philosophie chrétienne et de l'aristotélisme. C'est dans ce contexte de crise que Descartes, dans les *Méditations métaphysiques*, entreprend de soumettre tout savoir — y compris le plus assuré — à l'épreuve du doute*. Et l'unique certitude qui résiste au doute est celle du *Cogito ergo sum* : « Je pense, donc je suis ».
À partir de là, la conscience peut apparaître comme le fondement* et le modèle de toute connaissance. N'est-elle pas, selon Descartes, plus facile à connaître que le corps ? C'est elle qui me fait connaître non seulement que j'existe, mais encore qui je suis, c'est-à-dire, toujours selon Descartes, une « chose pensante », une « âme » séparée du corps. Poser ainsi la conscience au fondement de la connaissance, c'est affirmer la transparence du sujet à lui-même. Or une telle transparence peut être contestée.

Les illusions de la conscience
Spinoza*, au livre III de l'*Éthique*, stigmatise la conscience, comme source d'illusions. Certes, nous sommes conscients de nos désirs et de nos représentations. Mais la conscience n'est ici qu'une connaissance incomplète, inadéquate, qui nous laisse dans l'ignorance des causes qui les produisent. De sorte que, loin d'être connaissance vraie, la conscience est plutôt constitutivement productrice d'illusions* et notamment de l'illusion de la liberté*.
La philosophie contemporaine semble, elle aussi, refuser tout crédit à la conscience comme moyen d'accès à la connaissance de soi. Nietzsche*, dans la *Généalogie de la morale*, montre que la conscience morale — la « voix » de la conscience — est en réalité l'expression de sentiments qui n'ont rien de moral. Marx*, dans l'*Idéologie allemande*, soutient que les sentiments, les idées des hommes sont déterminés par leur position dans la société. Freud*, enfin, en posant l'existence d'un inconscient*, ruine

◆ Conscience

plus radicalement encore l'idée, chère à la philosophie classique, d'une transparence du sujet à lui-même, telle que pouvait l'exprimer Descartes, par exemple : « Par le mot de penser, j'entends tout ce qui se fait en nous de telle sorte que nous l'apercevons immédiatement par nous-mêmes », écrit-il dans ses *Principes de la philosophie*, récusant ainsi par avance l'idée, pour lui contradictoire, d'une pensée inconsciente d'elle-même.

Si la conscience ne nous livre qu'une connaissance partielle et donc erronée de nous-mêmes, on peut se demander si elle n'est pas finalement davantage un obstacle plutôt qu'un instrument pour la connaissance de nous-mêmes. C'est en tout cas ce qu'affirme le béhaviorisme*, doctrine psychologique qui prétend pouvoir rendre compte du comportement humain comme réponse à des stimuli, ou excitants indépendants de toute conscience. Certes, si la conscience est pensée sur le modèle d'une « chose » – fût-elle une « chose pensante », à la manière de Descartes –, la psychologie*, comme science positive, a beau jeu de montrer qu'elle est alors une simple hypothèse, inutile de surcroît.

La conscience comme intentionnalité

On peut se demander, cependant, si on a bien compris la nature de la conscience, lorsqu'on en fait une chose. C'est ce que conteste, en tout cas, Husserl*, philosophe contemporain et fondateur de la phénoménologie*. Reprenant et approfondissant la réflexion sur la conscience, Husserl montre en effet, dans les *Méditations cartésiennes* que, même en pratiquant ce qu'il appelle l'*épochê**, c'est-à-dire la suspension de tout jugement — et notamment de tout jugement d'existence — au sujet du monde, la conscience n'en continue pas moins à se rapporter au monde, qu'elle vise comme son objet. La conscience, par conséquent, n'est pas intériorité, ni « chose », mais extériorité, « rapport à... », intentionnalité*.

Mais dire que la conscience est intentionnalité*, c'est dire qu'il existe une distance irréductible entre le sujet conscient et l'objet qu'il vise, même si cet objet est lui-même. Il n'y a donc, pas pour le sujet, de pure coïncidence de soi à soi. Pour Husserl, la conscience n'est finalement rien d'autre que la temporalité elle-même. Tout entière hors d'elle-même, elle est « ek-stase », orientée vers le passé qu'elle retient, ou vers l'avenir qu'elle vise.

Donc avant d'être l'instrument d'une connaissance, la conscience est donatrice de sens, si le sens est ce par quoi un être s'oriente vers quelque chose, ailleurs et à venir. Or, à la question du sens, aucun savoir positif ne peut répondre, précisément parce que le sens n'est pas donné, mais à construire. C'est à cette tâche qu'un philosophe contemporain, phénoménologue et disciple de Husserl, Paul Ricœur*, nous convie aujourd'hui.

● **Textes clés :** R. Descartes, *Méditations métaphysiques* (1641) ; E. Husserl, *Méditations cartésiennes* (1931). ● **Termes voisins :** âme ; esprit ; intériorité ; pensée ; sentiment ; subjectivité. ● **Termes opposés :** corps ; inconscience ; inconscient ; matière.

Bonne conscience

Sentiment (pas forcément légitime) de n'avoir rien à se reprocher.

Mauvaise conscience

Trouble, remords*, que la conscience éprouve à la suite du sentiment d'avoir mal agi. Chez Nietzsche*, la mauvaise conscience est un signe de faiblesse, hérité de la « morale* négative », laquelle inspire un sentiment de culpabilité qui empoisonne à tort les forces affirmatives de la vie — en vertu du principe selon lequel la morale des esclaves ne triomphe des maîtres qu'en neutralisant leur force.

Communication des consciences

Relation immédiate et intuitive des consciences entre elles. S'opposant à la tradition cartésienne, le philosophe Max Scheler* a montré que la connaissance d'autrui ne procédait pas, à l'origine, d'un raisonnement analogique. La compréhension*, la sympathie constituent des relations directes avec autrui qui, bien que précédant le stade du langage* et de l'intelligence conceptuelle, nous donnent cependant un accès authentique au vécu de l'autre (*cf.* Max Scheler). Merleau-Ponty* et Sartre* confirmeront ces analyses dans le cadre de la philosophie phénoménologique.

● **Corrélats :** âme ; cogito ; donation ; empathie ; existence ; inconscient ; intentionnalité ; sujet ; temporalité.

CONSTANT BENJAMIN (1767-1830)

REPÈRES BIOGRAPHIQUES

Né à Lausanne, Benjamin Constant passe son enfance entre la Suisse, la Belgique, la Hollande et l'Angleterre. Sa rencontre avec Madame de Staël, en 1794, sera dans sa vie intellectuelle et sentimentale un événement majeur. Il s'installe à Paris en 1795, participe à la vie politique et en subit les vicissitudes, y compris l'exil, au début de la Restauration (1815), suite à sa compromission avec Napoléon lors des Cent-Jours. Son œuvre se partage en un volet littéraire (son roman *Adolphe* paraît en 1816) et un volet politique, lui-même composé d'essais liés aux circonstances de la vie publique et d'ouvrages où il expose les principes de sa philosophie politique.

La philosophie politique de Benjamin Constant s'inscrit sous le sceau du libéralisme* : « J'ai défendu quarante ans le même principe : liberté en tout, en religion, en philosophie, en littérature, en industrie, en politique », écrit-il dans ses *Mélanges*. Constant est ainsi significatif du tournant que le libéralisme opère au XIXe siècle : jusqu'alors en effet, la pensée libérale était, à l'instar de Locke*, surtout attentive à lutter contre l'absolutisme monarchique. Mais le double épisode de la terreur jacobine, sous Robespierre, et de la dictature napoléonienne, qu'a vécu Constant, fait naître une interrogation nouvelle : comment faire en sorte que les principes de liberté et de démocratie issus de la Révolution — où figure au premier chef la souveraineté du peuple — ne puissent se retourner en tyrannie* et en despotisme* ?

Pour résoudre ce problème, Benjamin Constant formule deux principes :

1. La limitation de l'étendue de la souveraineté populaire. S'il accepte sans réserve le principe nouveau selon lequel il n'y a pas d'autre autorité légitime que celle du peuple, c'est-à-dire la volonté générale*, Constant refuse, contre Rousseau*, que cette volonté générale soit absolue et illimitée. Ses bornes sont constituées par les droits privés des individus. Il en résulte un modèle de citoyenneté et de liberté politique « moderne », fondé sur l'individualisme des sociétés démocratiques et original par rapport à la « liberté des Anciens ». Celle-ci était une liberté de participation directe à la chose publique ; elle supposait un engagement citoyen à plein temps des membres de la communauté, une politisation intensive des consciences et la subordination systématique de l'intérêt privé à l'intérêt de la Cité. La « liberté des Modernes » est au contraire essentiellement une liberté privée : la jouissance des droits individuels, et la possibilité pour les hommes de poursuivre leurs intérêts privés et de vivre leur existence personnelle sans penser à tout moment qu'ils vivent en société. Dans une démocratie moderne, où la nation* de plusieurs millions d'hommes a remplacé la Cité antique resserrée en étroites limites territoriales et démographiques, les affaires publiques ne peuvent pas être l'objet d'un souci constant ni d'une délibération directe : seul un régime représentatif est possible. Constant se présente ici encore aux antipodes de la philosophie de Rousseau : il est souhaitable que les individus ne pensent pas toujours à l'État* et indispensable que la souveraineté populaire soit représentée. Il va même jusqu'à n'accorder la participation politique qu'à la classe des « propriétaires », qui possèdent le loisir, les lumières et le désintéressement nécessaires à la conduite des affaires publiques.

2. Le second principe de la philosophie politique de Benjamin Constant résulte du premier : il faut séparer nettement la société civile*, c'est-à-dire la sphère des échanges privés (industriels, commerciaux, personnels...), et l'État, dont l'intervention légitime doit être limitée aux fonctions de maintien de l'ordre intérieur (police, justice) et de préservation de l'intégrité territoriale de la nation (armée).

● **PRINCIPAUX ÉCRITS :** *De l'esprit de conquête et de l'usurpation* (1814) ; *Principes de politique* (1815) ; *De la liberté des Anciens comparée à celles des Modernes* (1819) ; *De la religion considérée dans sa source, sa forme et ses développements* (1824-1827) ; *Mélanges de littérature et de politique* (1829). ● **CORRÉLAT :** libéralisme.

CONTEMPLATION

(n. f.) ● ÉTYM. : latin *contemplatio*, « regarder attentivement ». ● MÉTAPHYSIQUE : connaissance spéculative d'un objet intelligible, opposée à la fois à la connaissance sensible et à l'action pratique. ● THÉOLOGIE : connaissance directe de Dieu. ● ESTHÉTIQUE : attitude du spectateur devant une œuvre d'art (ou, par extension, devant la nature), caractérisée par la seule satisfaction prise à admirer cette œuvre.

Contemplatio est la traduction latine du mot grec *theôria* qui désigne, chez Platon*, la « vision » par l'âme* des essences* intelligibles, et au-delà, de l'idée de Bien*, principe inconditionné de toute réalité et de toute vérité*.

L'idée de contemplation a une double caractéristique :

1. La connaissance contemplative est toujours présentée sur le modèle de la vision ; Platon dit ainsi souvent que c'est grâce à l'« œil de l'âme » que l'on perçoit les essences éternelles. La référence à la vision se retrouve également dans le sens théologique et le sens esthétique de contemplation.

2. Dans son opposition à la pratique, la contemplation est toujours conçue comme une activité désintéressée. Là encore, c'est également vrai des sens théologique et esthétique du terme.

Sur ces deux points, la philosophie moderne, qui conçoit la connaissance comme une production conceptuelle soumise à vérification* et en vue d'une maîtrise de la nature, remet en cause la notion de contemplation. Le développement philosophique de celle-ci est surtout le propre de la pensée grecque. Il faut enfin noter que le sens théologique de la contemplation ne diffère pas fondamentalement de son sens métaphysique mais qu'il l'infléchit sur trois points importants. D'une part, l'objet de la contemplation n'est pas, en général, une vérité intelligible, mais il se circonscrit à Dieu et aux choses divines. D'autre part, les modes de contemplation relèvent de la foi* et non, comme chez Platon par exemple, d'une démarche rationnelle. Enfin, l'effet de la contemplation, au sens théologique, n'est pas seulement la satisfaction intellectuelle de la connaissance, mais un sentiment extatique (*cf.* Mysticisme). Cependant, on trouve déjà chez Platon l'idée quasi religieuse d'une illumination liée à la contemplation du Bien.

● TERMES VOISINS : spéculation ; théorie. ● TERMES OPPOSÉS : action ; pratique. ● CORRÉLATS : art ; connaissance ; esthétique ; intelligible ; métaphysique ; mysticisme ; religion ; vérité.

CONTINGENCE

(n. f.) ● ÉTYM. : latin *contingere*, « arriver par hasard ». ● SENS ORDINAIRE : possibilité qu'une chose arrive ou non. ● LOGIQUE : une des quatre modalités de la logique classique, avec la nécessité, la possibilité et l'impossibilité ; est contingente une proposition qui n'est ni vraie ni fausse, en tant qu'elle porte sur quelque chose qui peut être aussi bien que ne pas être. ● MÉTAPHYSIQUE : ce qui n'a pas en soi sa raison d'être ; en théologie, la « preuve par la contingence » part de la contingence du monde pour montrer qu'il faut remonter jusqu'à Dieu pour en trouver la cause ; pour l'existentialisme athée, la contingence du monde est radicale, au contraire, et place l'homme devant l'absurde.

C'est Aristote* qui, le premier, cherche à penser la contingence. Il oppose la *science théorique*, qui porte sur le nécessaire, à l'*action pratique*, qui porte sur le contingent. Dans la mesure où l'action vise une fin qui n'existe pas encore, elle se rapporte à un futur, qui est lui-même contingent. L'exemple qu'Aristote en donne est celui d'une bataille navale. « Nécessairement, il y aura demain une bataille navale ou il n'y en aura pas ; mais il n'est pas nécessaire qu'il y ait demain une bataille navale, pas plus qu'il n'est nécessaire qu'il n'y en ait pas. » La contingence est, en effet, l'objet d'une délibération, d'un choix réfléchi et renvoie à la liberté qui en est inséparable. Au contraire, la métaphysique* classique, avec Leibniz* notamment, définira la contingence négativement, comme une simple limite à la connaissance. Si une chose nous apparaît comme contingente, c'est parce que nous en ignorons la cause. Pour Leibniz, il existe un principe de raison suffisante selon lequel chaque chose existe nécessairement, principe par lequel Dieu* choisit parmi tous les mondes possibles le meilleur. Mais, alors, se pose le problème de la compatibilité d'un tel principe déterministe avec celui de la liberté humaine. En posant la contingence radicale du monde, son absence de justification, Sartre* et l'existentialisme athée redonnent au contraire tout son sens à l'idée de liberté*.

● **Terme voisin :** hasard. ● **Terme opposé :** nécessité. ● **Corrélats :** absurde ; existence ; existentialisme ; futur ; liberté.

Contradiction

(n. f.) ● **Étym. :** latin *contradicere*, « dire contre ». ● **Sens ordinaire :** fait de soutenir à la fois une proposition et son contraire, d'affirmer deux choses qui ne peuvent pas être vraies en même temps. ● **Logique :** fait d'affirmer simultanément, sur un même sujet, quelque chose et son contraire.

La contradiction renvoie au principe dit du « tiers exclu » (si A est vrai, alors non-A ne peut l'être). Elle est donc à distinguer de la simple opposition (qui n'interdit pas la coexistence des opposés), et du paradoxe*, dans lequel ce qui est affirmé n'est qu'en apparence contraire à une autre affirmation, ou à l'opinion* (c'est-à-dire à ce qui est tenu communément pour vrai, sans l'être nécessairement pour autant).

● **Terme voisin :** opposition. ● **Termes opposés :** compatibilité ; identité.

Principe de non-contradiction

Principe selon lequel deux propositions contradictoires ne peuvent être vraies en même temps, ou fausses en même temps.

● **Corrélats :** antinomie ; antithèse ; contraire.

Contrainte

(n. f.) ● **Étym. :** latin *constringere*, « serrer ». ● **Sens ordinaires et philosophiques : 1.** Lien ou règle qui limite, entrave ou empêche l'action. **2.** Norme sociale issue des lois et règlements, ou encore de l'opinion ou des mœurs.

Contrairement à ce que l'on admet spontanément, la contrainte ne s'oppose pas forcément à la liberté* ; elle peut au contraire en être la condition. La contrainte par violence physique est certes en dehors de la moralité ; mais les lois ainsi que les règlements conçus dans l'intérêt général contraignent légitimement. La raison conduit à subir volontairement cette contrainte et, dans le cas contraire, la répression est elle aussi légitime. La loi* s'oppose ainsi à la violence naturelle que représenterait la confrontation des libres arbitres individuels, la liberté absolue annulant à terme toute possibilité de liberté. Dans le domaine de l'éducation*, ainsi que le montre Kant*, la contrainte prend la forme de la discipline ; elle consiste à inculquer les principes de la moralité par le biais d'une contrainte extérieure, en attendant que le sujet devienne capable d'autonomie* et de s'imposer à lui-même des contraintes morales. Nous voyons ainsi que la contrainte peut être interne, et pas seulement externe.
C'est aussi une contrainte interne, mais dans un autre sens, que le sociologue Durkheim* a mise en évidence : la contrainte sociale est une norme acceptée par les individus, dans le domaine des mœurs ou des habitudes. Elle ne se confond pas avec la simple routine ou le préjugé, même si elle est en partie irrationnelle, car elle est un facteur d'intégration de l'individu à la communauté et, à ce titre, fait partie intégrante du lien social.

● **Termes voisins :** coercition ; discipline ; norme ; obligation ; règle. ● **Terme opposé :** liberté. ● **Corrélats :** éthique ; liberté ; loi ; mœurs ; morale ; société.

Contraire

(adj. et n. m.) ● **Étym. :** latin *contrarius*, « opposé », « contraire ». ● **Sens ordinaire :** synonyme d'« opposé », « inverse », « non conforme à ». ● **Logique :** au sein d'une même catégorie de pensée ou de réalité (la santé, les vertus morales...), les contraires sont des concepts opposés (bien portant/

malade ; courage/lâcheté...) ; mais si l'affirmation de l'un implique la négation de l'autre, la négation de l'un n'entraîne pas automatiquement l'affirmation de son contraire (par exemple, ne pas posséder une qualité ne veut pas forcément dire qu'on possède la qualité inverse).

● **Terme voisin :** opposé. ● **Termes opposés :** compatible ; semblable. ● **Corrélats :** antithèse ; contradiction.

Contrat

(n. m.) ● **Étym. :** latin *contractus*, « contrat », « convention ». ● **Sens ordinaire :** accord conclu par écrit, entre plusieurs personnes, impliquant des engagements réciproques.

Contrat social
En philosophie politique, théorie selon laquelle l'autorité politique dérive d'une convention originaire par laquelle les hommes renoncent à la totalité ou à une partie de leurs droits naturels, en échange d'une sécurité et d'une liberté* garanties par la loi*.
La philosophie du contrat est surtout connue chez Rousseau* (*Du contrat social*, 1762) mais se développe dans la pensée politique dès le XVIIe siècle (Hobbes*, Locke*, les Jurisconsultes...). Il s'agit là d'une théorie du droit politique ; elle pose, non le problème historique de l'origine de la société, mais le problème juridique de son fondement ou de sa légitimité : qu'est-ce qui fait que, en dehors même de toute contrainte physique, nous sommes en conscience tenus d'obéir à la loi ? En répondant : « le pacte social », les philosophes contractualistes combattent trois conceptions :
1. Celle selon laquelle le pouvoir n'est qu'un fait arbitraire, sans droit ; le résultat de la coutume, de la force ou des circonstances historiques.
2. Celle d'Aristote*, selon laquelle l'ordre social est naturel (l'homme est un « animal politique », *cf.* texte pp. 31-32) — le contrat implique au contraire qu'il résulte d'une convention.
3. Celle d'un droit divin, défendue notamment, au XVIIe siècle, par Bossuet. Pour les philosophies du contrat, le fondement de l'autorité n'est pas en Dieu, mais en l'homme. Cela ne signifie pas nécessairement que c'est le peuple qui, démocratiquement, exerce la souveraineté* (ce qui fut la position de Rousseau), mais que, même lorsque — par le contrat — il la délègue (comme chez Hobbes par exemple), le souverain n'existe que par cette délégation.
En affirmant d'une part que c'est en chaque homme que réside, comme en germe, la souveraineté politique, d'autre part que seule une convention peut fonder l'autorité, la théorie du contrat social affirme que tout État légitime est ce qu'on appelle aujourd'hui un « État de droit* ».

● **Terme voisin :** pacte. ● **Corrélats :** association ; autorité ; convention ; droit ; loi ; politique ; souveraineté.

Convention

(n. f.) ● **Étym. :** latin *conventio*, « pacte ». ● **Sens ordinaire :** résultat d'un accord explicite ou tacite. ● **Épistémologie :** disposition ou règle posée librement (*cf.* Pierre Duhem et Henri Poincaré).

La convention s'oppose à la nature. Les théoriciens du contrat social* (comme Rousseau*) voulaient fonder l'ordre politique sur une convention originaire (le pacte social) passée entre les individus. Cependant toute convention suppose le langage, et par là même la société. Le contrat social est de ce point de vue, en toute rigueur, impossible à penser.

● **Termes voisins :** accord ; contrat. ● **Corrélats :** conventionnalisme ; culture ; nature ; politique.

Conventionnalisme

(n. m.) ● **Étym. :** formé à partir du nom *convention*. ● **Philosophie politique :** toute conception qui fait de l'ensemble des institutions et des pratiques humaines le résultat de conventions, et non de la nature. ● **Épistémologie :** théorie selon laquelle la science ne peut atteindre une réalité extérieure et objective, c'est-à-dire indépendante de l'esprit humain.

Le conventionnalisme fut une philosophie générale défendue par certains sophistes grecs au vᵉ siècle avant J.-C., tels Protagoras ou Gorgias : l'ordre politique (c'est-à-dire la démocratie athénienne) est le fruit d'une sorte de contrat* social ; les lois, débattues et votées à l'assemblée démocratique, sont conventionnelles ; le langage* et la vérité* eux-mêmes sont le résultat d'une convention.

Au sens épistémologique, le conventionnalisme fut développé au tournant du xixᵉ et du xxᵉ siècle, notamment par Pierre Duhem et Henri Poincaré. Pour ces auteurs, une théorie scientifique n'est qu'une façon d'ordonner des données observables pour formuler des prédictions. Entre deux théories rivales également compatibles avec les données et permettant les mêmes prédictions, il n'y a pas de sens à dire que l'une est « réellement » ou « objectivement » plus vraie que l'autre. Le seul critère pertinent de choix sera la commodité et la simplicité de la théorie.

● **Terme opposé :** réalisme. ● **Corrélats :** connaissance ; science.

Conviction

(n. f.) ● **Étym. :** latin *convictio*, de *convincere*, « convaincre ». ● **Sens ancien :** preuve établissant la culpabilité de quelqu'un. ● **Droit :** certitude acquise avec bonne foi et après analyse approfondie, et mûre réflexion. ● **Sens ordinaire et philosophique :** croyance ferme et assurée en la vérité d'une thèse ou d'une position philosophique, ou bien en la légitimité d'un idéal ou d'une doctrine.

On distinguera la conviction de la simple croyance*, ou même de l'opinion*. Contrairement à la croyance, la conviction est fondée soit sur une réflexion ou une étude approfondie, soit sur un choix clair et lucide. En second lieu, la conviction se traduit par un jugement ferme et un engagement stable, quoique prudent : à cet égard, elle est aux antipodes des fluctuations de l'opinion. La conviction ne saurait non plus être confondue avec la persuasion, dont les procédés peuvent être sophistiques et les ressorts extrêmement fragiles. De son sens originel, la conviction a gardé cette connotation d'assurance justifiée qui la distingue de toute adhésion irré-

fléchie et capricieuse. Bien qu'ayant – comme on vient de le voir – partie liée avec la raison, la conviction reste cependant, par définition, subjective, et impossible à fonder rationnellement. Bien plus : n'est-ce pas la raison tout entière qui repose en fin de compte sur une conviction, autrement dit sur la « foi » en la valeur de la rationalité, c'est-à-dire de l'universel ?

● **Terme voisin :** certitude. ● **Termes opposés :** agnosticisme ; doute. ● **Corrélats :** connaissance ; raison ; rationalité ; vérité.

Copernic Nicolas (1474-1543)

Repères biographiques

Chanoine et astronome polonais. Ses travaux — en particulier sa théorie « héliocentrique » exposée dans le traité *De revolutionibus orbium cœlestium* — sont à l'origine de l'astronomie moderne.

Au géocentrisme des grecs Aristote* et Ptolémée (vers 90-168 apr. J.-C.), Copernic oppose une représentation « héliocentrique » du mouvement des astres : contrairement aux apparences, ce n'est pas la terre qui est le point immobile et central des mouvements célestes, mais le soleil, la terre prenant le rang de simple planète. Cette théorie — dont l'idée centrale avait déjà été formulée, dès l'Antiquité, par Aristarque de Samos (220-143 av. J.-C.) — est à l'origine de la révolution scientifique du xviiᵉ siècle. Elle ne fut toutefois confirmée expérimentalement que par Kepler* puis par Galilée* qui observa, grâce à la lunette d'approche, les phases de Vénus, déjà établies par Copernic.

● **Principal écrit :** *De revolutionibus orbium cœlestium* (1542).

Corps

Le corps humain qui fut, durant certaines périodes de l'histoire de notre civilisation, un objet qu'il convenait de cacher, de taire et d'ignorer, est devenu, à la fin du xxᵉ siècle, le centre de préoccupations multiples, dont la significa-

◆ Corps

tion, l'importance et les implications sont très diverses. La société de consommation le valorise. Le corps est le lieu supposé de notre accomplissement, et le sport* nous invite à l'expérience du bien-être, voire de l'« extrême » ; mais il est aussi investi de toutes nos craintes, et nous demandons plus que jamais à la médecine de le maintenir en bonne santé, de prévenir ses imperfections et ses maux, de le délivrer de toute souffrance. Très attentifs à nos droits*, nous prétendons en disposer librement alors que les nouvelles techniques biologiques ouvrent des perspectives vertigineuses pour son utilisation (conservation de sperme et d'ovules fécondés, dons d'organes, « mères porteuses », transsexualisme, manipulations génétiques...), qui semblent remettre en cause le principe juridique de l'« indisponibilité » du corps humain, affirmé au nom de la dignité de la personne* humaine.

La connaissance des corps

Le mot corps vient du latin *corpus*, dont la signification est elle-même liée à celle du mot grec *sôma*. Le corps est ce qui, en tant qu'objet tangible, s'oppose à l'esprit, à l'âme : c'est alors le corps vivant de l'être animé, homme ou animal, ou le corps mort, le cadavre ; c'est aussi ce qui tient ensemble plusieurs éléments (voir les termes *incorporer*, *corporation*). Le mot a donc un sens large (les objets matériels en général), un sens restreint mais prépondérant (le corps humain), un sens propre (matériel) et un sens figuré, désignant ce qui réunit en un tout doué d'une unité propre des éléments matériellement distincts (par exemple un corps politique). Pris dans son sens propre restreint, *corps* a pour principal synonyme « chair ».

La connaissance générale de la nature corporelle remonte à la distinction de la nature et du mythe dans la pensée des présocratiques. Leucippe (Vᵉ siècle av. J.-C.) affirmait « que l'univers est à la fois vide et rempli de corps ». Parallèlement, la médecine grecque connaissait un bel essor (Hippocrate en est le représentant le plus célèbre) ; elle s'intéressait aussi aux aspects psychologiques de la maladie. Depuis, la connaissance des corps matériels et la connaissance du corps humain n'ont cessé de se rapporter l'une à l'autre selon des figures diverses, dont l'une des plus intéressantes se trouve dans la pensée de Descartes*.

La « substance étendue »

Afin d'« établir quelque chose de ferme et de constant dans les sciences », Descartes veut « trouver seulement une chose qui soit certaine et indubitable ». Dans le cadre du doute qu'il met alors en œuvre, Descartes va jusqu'à remettre en cause l'opinion suivant laquelle il existe des objets matériels. Cette méthode lui permet de distinguer clairement le subjectif de l'objectif, la pensée des choses matérielles, et de fonder ainsi une science libérée de l'anthropomorphisme* et des vertus occultes, qui s'affirme déjà, à la même époque, à travers les travaux d'un Galilée*. L'essence* de la matière*, qui se manifeste sous la forme des corps, réside alors dans l'étendue : « La nature de la matière, ou du corps pris en général, ne consiste point en ce qu'il est une chose dure, ou pesante, ou colorée, ou qui touche nos sens de quelque autre façon, mais seulement en ce qu'il est une substance étendue en longueur, largeur et profondeur » (*Principes de la philosophie*).

Le corps et l'âme

La distinction radicale de la « substance* pensante » et de la « substance étendue », si elle ouvre la possibilité d'une connaissance purement objective de la nature corporelle, souligne en revanche l'hétérogénéité de l'âme et du corps. Comment penser leur liaison ? Car c'est un fait, j'éprouve le lien particulier qui unit mon corps à mon âme : « Je ne suis pas seulement logé dans mon corps, ainsi qu'un pilote en son navire, mais, outre cela, je lui suis conjoint très étroitement et tellement confondu et mêlé, que je compose un seul tout avec lui » (*Sixième Méditation*). Pour concilier cette « union substantielle » avec la distinction des substances pensante et étendue, Descartes affirme que nous avons trois notions innées ou idées primitives : celle de l'âme, « qui ne se conçoit que par l'entendement pur » ; celle du corps, qui se connaît « beaucoup mieux par l'entendement aidé de l'imagination » ; celle de l'union de l'âme et du corps — et les choses qui appartiennent à celle-ci « se connaissent très clairement par les sens* » (*Lettres à Élisabeth*, 28 juin 1643). La problématique cartésienne a largement nourri la pensée philosophique depuis le XVIIᵉ siècle. Son dualisme* a été vivement critiqué. À la démarche qui commence par distinguer pensée et étendue, puis essaie de les réconcilier, certains ont opposé la recherche de leur unité originaire à partir de notre expérience première. Tel est notamment le cas de Maurice Merleau-Ponty*. Pour cet auteur, « le corps n'est pas dans le monde mais au monde, il "l'habite" ».

Destins du corps
Une certaine ambivalence domine la relation au corps, déjà sensible dans la philosophie de Platon*. Celui-ci en effet dénonce la violence du corps, « tombeau de l'âme » et développe un idéal ascétique. Mais d'autres dialogues, tel le *Philèbe* qui réhabilite le plaisir*, proposent une autre philosophie du corps, qui intègre celui-ci à une vie équilibrée et le fait participer de la sagesse : « Il n'y a qu'un moyen de salut : ne pas exercer l'âme sans le corps, ni le corps sans l'âme » (*op. cit.*).
Ces deux tendances pourront tour à tour s'affirmer et, à l'exclamation d'un Malebranche* : « Seigneur, pourquoi m'avez-vous donné un corps qui me remplit de ténèbres ? », pourront répondre les assauts d'un Nietzsche* contre les contempteurs du corps : « Il y a plus dans ton corps que dans le meilleur même de ta sagesse » (*Zarathoustra*). À l'écart de ces appréciations mêlées de passion, Spinoza* nous invite à découvrir la puissance du corps.
La conscience s'inscrit et s'incarne dans un corps qui est de ce fait signe et médiation, et qui nous fait être au monde en tant qu'hommes. Le corps individualise le sujet pensant, lui donne une identité physique (à la fois dans sa nature objective, à travers le génome, et dans son apparence physique). À ce titre, il constitue la personne*. Dira-t-on pour autant qu'il est la propriété de celle-ci ? Sans doute en ce sens qu'il ne peut être la propriété d'aucun autre ; mais cette « indisponibilité » ne doit-elle pas aussi être protégée contre les errements d'une volonté aliénée ? N'avons-nous pas des devoirs envers ce qui nous permet d'exister en tant que personnes ? Jusqu'où ceux-ci s'étendent-ils ? À partir de quand le souci du corps devient-il une idolâtrie ? Tels sont quelques-uns des enjeux de la notion.

● **Textes clés** : Platon, *Phédon* ; R. Descartes, *Méditations métaphysiques* ; B. Spinoza, *Éthique*, III ; M. Merleau-Ponty, *Phénoménologie de la perception*. ● **Terme voisin** : matière. ● **Termes opposés** : âme ; esprit. ● **Corrélats** : âme ; épicurisme ; imagination ; matérialisme ; sensibilité ; sensualisme ; sport.

COSMOLOGIE

(n. f.) ● **Étym.** : grec *cosmos*, « monde », « univers » et *logos*, « discours », « raison ». ● **Philosophie** : discours rationnel sur la formation et la structure de l'univers ; la cosmologie s'oppose en ce sens à la cosmogonie, récit mythique non rationnel des origines du monde (*cf.* Mythe) ; les cosmologies philosophiques furent nombreuses et importantes dans la Grèce antique (*cf.* École de Milet et Présocratiques). ● **Science** : étude des phénomènes cosmiques, fondée sur la méthode expérimentale et sur les acquis de la physique moderne.

● **Terme voisin** : astronomie. ● **Corrélat** : univers.

Preuve cosmologique
Cf. Preuves de l'existence de Dieu.

COSMOPOLITISME

(n. m.) ● **Étym.** : grec *cosmopolitês*, « citoyen [*politês*] du monde ». ● **Sens ordinaire** : disposition à vivre en *cosmopolite* — c'est-à-dire aptitude à s'adapter aux cultures et aux mœurs les plus variés — de celui qui se considère comme un « citoyen de l'univers ». ● **Philosophie** : doctrine ou idéologie pour laquelle l'homme doit être considéré avant tout comme un représentant du genre humain dans son ensemble. Dans cette perspective, la citoyenneté universelle serait destinée, à terme, à prendre le dessus sur la citoyenneté nationale.

« Qu'est-ce que l'homme ? Une partie de la cité, de la cité première faite des hommes et des dieux, et de celle qui s'en approche le plus, et qui est une petite image de la cité universelle » (Épictète*, *Entretiens*, II, 4). Ce sont les stoïciens, et Cicéron* (106-43 av. J.-C.) en particulier, qui ont posé les fondements philosophiques du cosmopolitisme, en affirmant que l'homme appartient à la communauté humaine tout entière, et non pas seulement à la cité qui lui a donné naissance. C'est toutefois par l'intermédiaire de cette communauté particulière que l'individu peut s'intégrer à la « cité universelle ». Il ne s'agit donc pas de nier l'appartenance nationale (culturelle, religieuse, etc.), mais de la dépasser. Ainsi, par exemple, le cosmopolitisme de Kant* ne dessine pas la perspective d'un monde indifférencié. Son *Projet de paix perpétuelle* (1795) préconise une libre association des nations, et non pas l'abolition des frontières, pas plus que la dilution ou la fusion des cultures : « Le droit cosmopolitique, écrit-il, doit se restreindre aux conditions de l'hospitalité universelle » (IIIe Article définitif). C'est le droit qui devient cosmopolite, mais chaque nation n'abandonne pour autant ni ses traditions ni sa souveraineté politique.

- **TERME VOISIN :** universalisme.
- **TERME OPPOSÉ :** nationalisme.
- **CORRÉLATS :** cité ; citoyen ; paix.

COSMOS

(n. m.) terme grec, de *Kosmos*, « ordre de l'univers », « monde ».

Le monde en tant que totalité harmonieuse, ordonnée et close. Voir Aristote et Galilée.

- **TERMES VOISINS :** monde, univers.

COURNOT Antoine Augustin (1801-1877)

REPÈRES BIOGRAPHIQUES

Après avoir été professeur de mathématiques, puis inspecteur général, Cournot devient recteur de l'Académie de Dijon. Ses premières œuvres portent sur les mathématiques. Par la suite, il est amené à étendre ses thèses sur les probabilités à l'ensemble des connaissances humaines.

Un rationalisme prudent

Les premiers travaux de Cournot portent sur les principes mathématiques de l'économie et sur la question des probabilités. Plus généralement, il est amené à s'interroger sur la rationalité à l'œuvre dans les sciences, en partant du principe que science* et philosophie* doivent s'allier et s'épauler mais non pas se confondre (cas du scientisme). Sans la science, en effet, la philosophie « s'égarerait dans des espaces imaginaires », tandis que la science sans la philosophie s'épuiserait dans une rigueur stérile. Au rationalisme triomphant du XVIIe siècle, Cournot oppose donc la démarche prudente d'une raison* vouée à la recherche et résignée à la modestie. Aussi est-il amené à considérer qu'un monde ordonné n'exclut ni le hasard* ni l'insignifiance.

La théorie du hasard

Laplace pensait qu'une intelligence qui « connaîtrait toutes les forces dont la nature est animée » ainsi que les dispositions de tous ses éléments, serait en mesure de prévoir avec certitude le devenir entier de l'univers (*Essai philosophique sur les probabilités,* 1814). Cette idée, aussi séduisante soit-elle, est cependant fausse aux yeux de Cournot. Car la rationalité du monde laisse une large place à des faits sans raison, qu'on appellera « aléatoires » ou « fortuits » (ils auraient pu ne pas se produire). Un tel constat n'implique absolument pas, cependant, une démission de la raison : le hasard, en effet, peut être rigoureusement traité. Car aucun événement — et Cournot rejoint sur ce point le déterminisme classique — n'est un commencement absolu. Mais les séries causales (enchaînements linéaires et prévisibles de causes et d'effets) sont le plus souvent indépendantes les unes des autres, et ce sont leurs rencontres qui sont aléatoires. Les événements fortuits sont donc sans raison (sans nécessité) et non pas sans causes*. Le hasard n'est donc pas dû à notre ignorance : notion positive, il désigne un « concours de causes indépendantes » qui peut être abordé scientifiquement. Ainsi, selon Cournot, le réel n'est ni décousu, ni absurde : il est ordonné globalement et non pas gouverné dans ses moindres détails par une rationalité implacable. La raison, à l'œuvre dans l'histoire comme dans les sciences, doit cesser d'être despotique pour devenir régulatrice et critique.

- **PRINCIPAUX ÉCRITS :** *Exposition de la théorie des chances et des probabilités* (1843) ; *Essai sur les fondements de nos connaissances et sur les caractères de la critique philosophique* (1851) ; *Les Institutions d'instruction publique en France* (1864) ; *Matérialisme, vitalisme, rationalisme* (1875).

COUSIN VICTOR
(1792-1867)

REPÈRES BIOGRAPHIQUES

Fils d'un ouvrier joaillier, Victor Cousin entre à l'École normale supérieure après de brillantes études. Enseignant à la faculté des lettres dès l'âge de vingt-trois ans, il voyage en Allemagne, rencontre Hegel et Schelling. Les idées libérales de Cousin se trouvent favorisées par la révolution de juillet 1830. Il devient conseiller d'État, est élu à l'Académie française et exerce pendant sept mois, en 1840, la charge de ministre de l'Instruction publique. Instigateur de l'agrégation de philosophie, inspecteur général de philosophie, il occupa, au milieu du XIXe siècle, une position dominante dans l'institution philosophique française.

La philosophie de Victor Cousin se caractérise par ce qu'il a lui-même appelé l'*éclectisme** : il s'agit de prendre à chaque système philosophique et religieux ce qu'il a de plus valable, et de faire la synthèse des éléments ainsi dégagés. L'éclectisme cousinien est spiritualiste (*cf.* Spiritualisme) : Cousin récuse fermement le matérialisme*, le scepticisme* et le positivisme*.

● **PRINCIPAUX ÉCRITS :** *Cours de philosophie professé pendant l'année 1818 sur le fondement des idées absolues du vrai, du beau et du bien* (1836) ; *Cours d'histoire de la philosophie morale au XVIIIe siècle* (4 vol., 1839-1842) ; *Leçons sur la philosophie de Kant* (1844).

CRÉATION

(n. f.) ● **ÉTYM. :** latin *creare*, « faire pousser », de *crescere*, « croître ». ● **THÉOLOGIE :** opération par laquelle Dieu donne naissance au monde. ● **ESTHÉTIQUE :** opération par laquelle l'artiste donne naissance à son œuvre. ● **DROIT :** institution d'un statut (ex. : « créer un poste »).

La création, action incompréhensible qui fait advenir de l'être à partir du néant (elle est *ex nihilo*, « à partir de rien »), se distingue de la production*, du travail* et de la technique*, qui agissent sur une matière préexistante. La notion pose deux grands types de problèmes : celui de sa pertinence ; celui de son unité. En théologie*, où l'usage de la notion est le plus rigoureux, la création est explicitement un mystère. Violant les lois de la nature (rien ne naît de rien), elle est incompréhensible : elle souligne une limite de la raison* humaine et, par là, renvoie à l'un des aspects essentiels du religieux (voir le rôle des miracles* et des mystères* dans les *Pensées* de Pascal*). Aussi les rationalismes* les plus radicaux la refusent-ils en lui opposant, par exemple, la notion d'éternité* (*cf.* Spinoza). En esthétique*, à partir de la fin du XVIIIe siècle, la notion, liée à l'acquisition par l'artiste d'une autonomie sociale et culturelle, hérite du sens théologique. Dire que l'œuvre d'art a été « créée », cela ne revient-il pas, en effet, à affirmer : **1.** Que son existence est singulière et exceptionnelle (une copie n'est plus une œuvre) ? **2.** Que l'artiste, loin de reproduire ce qui existe déjà, donne naissance à un autre monde ? **3.** Que son activité est en partie incompréhensible et non codifiable (*cf.* Génie) ? **4.** Que, dans l'œuvre la matière, subordonnée à des fins essentiellement spirituelles, n'est qu'un moyen (inéluctable) de manifestation de l'esprit, au-delà des limites rencontrées par le langage et le raisonnement ? Signalons que certaines pratiques de l'art contemporain (usage de procédés de reproduction ou de formules codifiées, effacement du rôle de la subjectivité de l'artiste, mise en valeur de la matière de l'œuvre) mettent en question l'usage esthétique de la notion.

● **TERMES VOISINS :** invention ; institution ; œuvre ; production. ● **CORRÉLATS :** cinéma ; esthétique ; génie ; religion.

CRIME CONTRE L'HUMANITÉ

(n. m. et f.) ● **ÉTYM. :** latin *crimen*, et *humanité*. ● **DROIT :** Actes extrêmement cruels, atrocités (meurtre, torture, viol, esclavage sexuel...) commis en connaissance de cause par des personnes agissant dans le cadre d'une attaque généralisée contre des populations civiles, de

◆ Critique

façon systématique, ou sur une grande échelle (statuts de la CPI, 17 juillet 1998).

Les guerres du XIXe siècle ont entraîné l'élaboration et l'institution — encore toute théorique — d'un « droit de la guerre », destiné à fixer les limites que les peuples ne doivent pas dépasser à l'occasion de conflits armés entre États (Conventions de Genève, 22 août 1864). Ensuite, les désillusions du XXe siècle ont conduit à l'idée qu'il fallait punir non seulement ceux qui avaient enfreint les lois et coutumes de la guerre, mais aussi les responsables (politiques) de guerres d'agression (*crime contre la paix*) ainsi que ceux qui transgressent les lois de la guerre (*crime de guerre*). La notion de *crime contre l'humanité*, apparue dès 1915 pour qualifier l'extermination des Arméniens par l'État turc, a été reprise et précisée à propos de la Shoah. La loi française du 26 décembre 1964 le rend « imprescriptible » : ce qui signifie que les criminels nazis ne pourront pas échapper aux poursuites en raison de la règle usuelle de la « prescription » (abandon des actions judiciaires au bout d'un temps défini). Vladimir Jankélévitch* explique la singularité de cette décision (dans *L'Imprescriptible*, 1971) par la monstruosité du crime nazi, qui appelle un traitement hors du commun. Ce ne sont pas tant les actes commis qui seraient — par eux-mêmes — inhumains, que le contexte dans lequel ils ont été accomplis, dans le cadre d'un État pratiquant une politique d'« hégémonie idéologique ». Ces crimes ont été annoncés, programmés, théorisés, et comme « justifiés » par leurs instigateurs : c'est là le plus haut degré de préméditation que l'on puisse concevoir. En outre, les responsables de crimes contre l'humanité semblent avoir voulu atteindre, à travers leurs victimes, non seulement la singularité des individus (dont l'identité est niée dans l'avilissement, la mort, et même au-delà de la mort), non seulement une communauté tout entière (Arméniens, juifs, etc.) mais encore, à travers eux, l'idée d'humanité dont tout homme est le dépositaire et le représentant.

Créée en juillet 1998, la Cour pénale internationale (CPI) sera compétente pour juger les instigateurs de *génocides*, de *crimes contre l'humanité*, de *crimes contre la paix*, et de *crimes de guerre*. Les conséquences de la création de la CPI sont considérables, notamment sur le plan théorique. En effet, le *crime* n'est plus seulement une infraction portant atteinte aux intérêts essentiels d'un ordre social particulier : désormais, les hommes doivent s'entendre pour apprécier et sanctionner les formes les plus graves de violation des droits « indérogeables » des hommes, et ce en n'importe quel lieu de la planète, comme l'avait justement annoncé Kant* (*Projet de paix perpétuelle*, IIIe Article définitif).

● **Termes voisins :** assassinat ; profanation. ● **Corrélats :** génocide ; guerre ; négationnisme ; violence.

Critique

(n. f. et adj.) ● **Étym. :** grec *krinein*, « discerner, trier ». ● **Sens ordinaires : 1.** Dénonciation vigoureuse, remise en question. **2.** Compte rendu et appréciation argumentés d'une œuvre, d'un spectacle (ex. : « critique de cinéma »). ● **Philosophie : 1.** Analyse des fondements. **2.** Chez Kant : assignation à la raison de ses pouvoirs et de ses limites.

La critique renvoie à une activité spécifique de la raison* : opérer des partages, des discernements, et porter des jugements. La critique, c'est la raison dans sa dimension juridique : elle apparaît comme censeur et juge, séparant le bon grain de l'ivraie, distinguant le vrai du faux, le bon du mauvais. C'est au XVIIIe siècle surtout (philosophie des Lumières*) que s'est développée l'idée d'une soumission nécessaire de tous les objets aux normes d'une rationalité une et universelle : il convenait alors de dénoncer au tribunal de la raison tout ce qui, dans la religion, les mœurs, la politique, prétendait faussement à la légitimité et ne relevait en fait que de l'arbitraire et de l'historique. Mais ce mouvement de critique par la raison peut aussi bien se retourner contre la raison elle-même : c'est la leçon du criticisme kantien. La philosophie critique de Kant* se présente en effet comme critique des prétentions de la raison elle-même à délivrer une connaissance absolue. Kant trace les limites (celles de l'expérience) au-delà desquelles la raison ne peut s'aventurer sans délirer et dire indifféremment une chose et son contraire (l'âme, le monde comme totalité et Dieu ne peuvent donner lieu qu'à des antinomies*). La théorie critique de l'école de Francfort* apparaîtra comme critique de la raison dans son rapport avec des finalités techniques. On voit par là que la critique garde une dimension polémique essentielle : il s'agit toujours de dénoncer des droits seulement prétendus, des abus de pouvoir. La critique, c'est la raison dans son usage de contestation et de démystification.

● **TERMES VOISINS :** discernement ; évaluation ; jugement. ● **CORRÉLATS :** Lumières ; philosophie.

CROYANCE

(n. f.) ● **ÉTYM. :** latin *credere*, « croire ». ● **SENS ORDINAIRE :** disposition de l'esprit qui admet quelque chose, qui adhère à une opinion, une doctrine, une idéologie, etc. ● **PHILOSOPHIE :** adhésion incertaine, par opposition au savoir ou à la foi.

D'une façon générale, la croyance est adhésion à une idée, une pensée, une affirmation, une théorie, un dogme... En ce sens, la naïveté, le préjugé*, l'erreur*, la foi*, l'opinion*, aussi bien que le savoir sont des modes différents de croyance. Comme le montre Descartes* (*Quatrième Méditation métaphysique*), la croyance est un effet de la volonté : l'entendement conçoit les idées, la volonté y adhère, les refuse ou les met en doute. Toutefois, la notion de croyance est le plus souvent utilisée par opposition au savoir et, dans une moindre mesure, à la foi*. La croyance est alors surtout considérée comme une adhésion plus ou moins hasardeuse.

● **TERMES VOISINS :** confiance ; foi. ● **TERMES OPPOSÉS :** agnosticisme ; doute. ● **CORRÉLATS :** certitude ; foi ; opinion.

CULTURE

« On façonne les plantes par la culture, les hommes par l'éducation », dit Rousseau* au début de l'*Émile*, présentant ainsi conjointement deux sens du mot culture. Dans un sens général, culture, du latin *colere*, signifie « mettre en valeur », par exemple un champ, mais aussi bien l'esprit. Cependant, chez Rousseau, ce rapprochement recèle une critique de la civilisation*, autre sens du mot culture : pour lui, le processus de civilisation ne s'identifie pas à un progrès*. L'anthropologie contemporaine de Claude Lévi-Strauss* se situe dans la lignée de la pensée rousseauiste, dans la mesure où la rupture entre nature et culture donne lieu à l'épanouissement de formes multiples de civilisations, les cultures dites primitives n'étant pas, en dépit de ce que suggère ce mot, en retard par rapport à la civilisation occidentale, mais différentes. La culture en est venue par ce biais à désigner un ensemble de normes collectives, alors qu'un autre sens du terme demeure : la culture est aussi le raffinement individuel qui distingue un individu de ses semblables.

Culture et histoire

À l'optimisme du siècle des Lumières*, Rousseau oppose l'idée que la marche vers le progrès et l'éloignement de la nature* entraînent des maux propres à l'homme : nature et civilisation s'opposent, il y a entre ces deux états un fossé irréversible. Après l'instauration de la vie en société et le basculement dans l'histoire*, l'inégalité naturelle, de peu de conséquence tant que les hommes vivent simplement, se double d'une inégalité due à l'appétit des richesses et du pouvoir (*cf.* État de nature).

Une telle rupture n'existe pas dans la philosophie hégélienne : la culture est un processus historique au cours duquel l'homme apprend à connaître et à dominer la réalité. Il ne peut se satisfaire du donné, imprime sa marque au monde par son activité, mouvement que reflète le progrès de la conscience. La culture est donc l'accomplissement de la nature humaine, et non l'abandon de celle-ci. Dans ces conditions, la culture individuelle peut se concevoir comme la capacité de comprendre la réalité du présent, au lieu de la subir en toute naïveté. Cela suppose que l'on ait assimilé l'héritage du passé, et que l'on ait dépassé la sphère étroite des intérêts particuliers. L'éducation* n'est pas une déformation, mais une formation qui permet à l'individu d'atteindre le point de vue de l'universel.

La culture et les cultures

L'ethnologie* contemporaine, à travers l'œuvre de Claude Lévi-Strauss, recèle une critique de cette idée totalisante de la culture. Rejoignant le point de vue de Rousseau, elle considère que la culture n'est pas tant un processus qu'un état, l'être humain ne pouvant exister que dans la culture. Le point d'articulation entre la culture et la nature est la prohibition de l'inceste, interdit fondamental sur lequel s'édifient les systèmes de parenté : en désignant, de façon symbolique, les conjoints possibles ou interdits, les systèmes de parenté fondent la possibilité de l'échange entre les groupes humains. Comme le langage*, les mythes*, ils constituent des formes arbitraires de mise en forme de la loi*. De même, dans le domaine de la culture matérielle, il serait faux de croire qu'il existe des besoins absolus : la satisfaction des besoins* est également soumise à l'arbitraire culturel.

Les différentes cultures résolvent à leur manière tous les problèmes de la vie : aucune ne peut être *a priori* considérée comme supérieure ; l'histoire universelle n'est qu'une illusion ethnocentrique et l'expression d'un rapport de force. On peut toutefois reprocher à cette vision des choses le relativisme auquel elle conduit. Si toutes les cultures se valent, peut-on encore affirmer des valeurs ? Faudrait-il admettre que des sous-groupes sociaux ont le pouvoir de créer une culture ? On peut aussi penser que c'est de la confrontation d'une pluralité de valeurs et de choix que peut sortir un enrichissement de la culture universelle qui, de fait, est issue de la communication* à l'échelle mondiale.

● **Textes clés :** J.-J. Rousseau, *Discours sur l'origine et les fondements de l'inégalité parmi les hommes* ; G.W.F. Hegel, *Phénoménologie de l'esprit*, VI ; Cl. Lévi-Strauss, *Race et Histoire* et *Les Structures élémentaires de la parenté*. ● **Termes voisins :** civilisation ; éducation. ● **Termes opposés :** barbarie ; nature ; sauvagerie. ● **Corrélats :** acculturation ; échange ; ethnocentrisme ; histoire ; institution ; instruction ; loi ; relativisme ; structure.

Cyniques

(adj. et n. m.) ● **Étym. :** grec *kunikos*, « qui concerne le chien ». ● **Philosophie :** membres d'une école philosophique grecque des Vᵉ-IVᵉ siècles av. J.-C., se réclamant de Socrate (« petits socratiques ») et dont les principaux représentants sont Antisthène (vers 444-365 av. J.-C.), Diogène le Cynique, et Cratès (IVᵉ siècle av. J.-C.), lequel, du fait de son anticonformisme social, alla jusqu'à accepter des femmes dans l'école, dont la plus connue est Hipparchia. *Cf.* Cynisme.

● **Corrélats :** cynisme ; stoïcisme.

Cynisme

(n. m.) ● **Étym. :** *cf.* Cyniques. ● **Sens large :** attitude de celui qui affecte de ne croire à aucune valeur. ● **Sens strict :** école issue de l'enseignement de Socrate, dont Antisthène fut le fondateur et Diogène le représentant le plus célèbre.

L'école cynique doit son nom au fait qu'Antisthène enseignait dans le Cynosarge (le « mausolée du chien »), mais aussi au fait qu'il s'appelait lui-même « chien », illustrant par là le mépris des conventions et de la loi qui caractérise le cynisme, lequel prône un retour à la nature. Les cyniques infléchissent le sens de l'ironie* socratique vers la dérision. La simplicité, le non-conformisme et l'impertinence de Diogène, vivant nu dans son tonneau et osant dire à Alexandre le Grand : « Ôte-toi de mon soleil », illustrent bien le mode de vie et la sagesse cynique.

Le mépris des conventions sociales affiché par les cyniques grecs et leur compréhension de l'ironie socratique sont sans doute à l'origine de l'évolution du sens du mot vers son sens actuel.

● **Corrélats :** ironie ; stoïcisme.

Cyrénaïques

(adj. et nom propre). ● **Étym. :** mot formé à partir du nom de la ville grecque de *Cyrène.* ● **Philosophie :** membres d'une école philosophique grecque des Vᵉ-IVᵉ siècles av. J.-C., se réclamant partiellement de Socrate (« petits socratiques »), dont le principal représentant est Aristippe (IVᵉ siècle av. J.-C.). Les Cyrénaïques se concentrent sur l'éthique et la recherche du bonheur, dans le cadre de laquelle ils accordent une grande importance à la réflexion sur le plaisir.

● **Corrélats :** cynisme ; épicurisme.

DARWIN Charles (1809-1882)

REPÈRES BIOGRAPHIQUES

Petit-fils d'un médecin naturaliste, Charles Darwin ne termine pas ses études de médecine. En 1831, il s'embarque, comme naturaliste, pour une expédition scientifique de cinq ans autour du monde. Ses observations de la flore et de la faune seront décisives pour sa théorie de l'évolution.

La théorie centrale de Darwin est la théorie de l'évolution des espèces (*cf.* Évolutionnisme et Transformisme). Elle se fonde, d'une part, sur l'observation des différences entre la faune et la flore de la côte pacifique de l'Amérique du Sud et celles des îles Galapagos ; d'autre part, sur la pratique de la sélection artificielle chez les éleveurs et les horticulteurs : de même que celle-ci consiste à améliorer les espèces dans un sens utile à l'homme, en accumulant et reproduisant les variations individuelles favorables, il existe, dans le monde végétal et animal, une sélection naturelle, au cours de laquelle les variations individuelles, favorables à une meilleure adaptation de l'organisme au milieu, ont tendance à se reproduire et à entraîner la disparition des moins aptes, le résultat étant la formation d'espèces nouvelles.

La « lutte pour l'existence », principe que Darwin emprunte à l'économiste Thomas Robert Malthus* (1766-1834) pour l'appliquer à la biologie, est ainsi au centre de la dynamique de l'évolution. Darwin ne pense pas, contrairement à Lamarck*, que c'est le milieu qui est la cause de l'évolution. Par exemple, ce n'est pas pour atteindre plus facilement les feuillages des grands arbres que le cou des girafes s'est allongé ; mais c'est parce qu'une telle variation a permis cet avantage que les individus qui n'en bénéficiaient pas ont progressivement disparu. La lutte pour l'existence du plus apte permet donc de rendre compte de l'apparente perfection de l'adaptation au milieu. On évite ainsi de recourir à l'hypothèse théologique d'un plan divin.

L'évolutionnisme de Darwin a achevé de ruiner le « fixisme » traditionnellement défendu par l'Église et, selon lequel toutes les espèces ont été créées séparément et une fois pour toutes.

● **PRINCIPAL ÉCRIT :** *L'Origine des espèces* (1859).

DASEIN

(n. m.) ● **ÉTYM. :** allemand *sein*, « être » et *da*, « là ». ● **CHEZ KANT :** la catégorie de l'existence (2e catégorie de la modalité) par opposition à la possibilité et à la nécessité. ● **CHEZ HEIDEGGER :** le *Dasein* (ou « être-là ») est l'existence humaine en tant que présence et ouverture au monde ; le *Dasein*, dès lors qu'il est, est « là », c'est-à-dire qu'il est « présence intentionnelle » — ouverture, ou encore disponibilité — à l'être qu'il perçoit, comprend, rejette, etc.

● **CORRÉLATS :** étant ; être ; existence.

◆ **Décisionnisme**

DÉCISIONNISME

Cf. Carl Schmitt.

DÉCONSTRUCTION

(n. f.) ● **ÉTYM.** : du latin *constructio*, « construire ». ● **SENS ORDINAIRE ET LITTÉRAIRE** : opération consistant à mettre au jour, par l'analyse, un système, un agencement symbolique ou conceptuel. ● **PHILOSOPHIE** : entreprise de clarification et de dénonciation de l'idéologie ou de la « métaphysique » implicite des grands textes classiques ou fondateurs, et de la philosophie occidentale dans son ensemble.

Cf. Jacques Derrida.

DÉDUCTION

(n. f.) ● **ÉTYM.** : latin *ducere*, « conduire ». ● **LOGIQUE ET ÉPISTÉMOLOGIE** : opération intellectuelle au moyen de laquelle nous concluons nécessairement une proposition à partir de propositions antécédentes, en vertu de règles logiques, ou « règles d'inférence ».

Descartes* distingue la déduction, qui suppose la médiation d'un raisonnement, de l'intuition, grâce à laquelle nous comprenons immédiatement les vérités évidentes.

Le problème philosophique posé par la déduction est de savoir si, comme le pensait Descartes, elle est un moyen d'obtenir des vérités (il faut alors que les propositions premières, ou axiomes*, qui ne sont pas elles-mêmes déduites, soient des évidences immédiatement connues) ; ou bien si elle n'est qu'un moyen formel de s'assurer de la validité* d'un raisonnement : on ne se prononcera pas alors sur la vérité* des propositions initiales, considérées comme de simples hypothèses*, mais seulement sur la cohérence des conséquences qu'on peut en déduire. Dans cette perspective, il serait plus précis de parler de raisonnement « hypothético-déductif » (*cf.* Hypothèse). On distingue ordinairement la déduction de l'induction*. La différence essentielle entre les deux opérations est que la première, contrairement à la seconde, permet de conclure rigoureusement, c'est-à-dire avec nécessité.

● **TERME VOISIN** : inférence. ● **TERMES OPPOSÉS** : induction ; intuition.

DÉDUCTION TRANSCENDANTALE

Kant* utilise l'expression « déduction transcendantale » (le terme de déduction étant emprunté au vocabulaire juridique), pour désigner comment il est possible d'expliquer que les concepts purs, c'est-à-dire *a priori*, de l'entendement ont pourtant une valeur objective, et jouent le rôle de principes dans la connaissance scientifique de la nature.

Kant distingue la déduction transcendantale d'une déduction simplement empirique, fondée non *a priori*, mais sur l'expérience.

● **CORRÉLATS** : démonstration ; induction ; syllogisme.

DÉFINITION

(n. f.) ● **ÉTYM.** : latin *definire*, « borner », « fixer des limites », « définir », de *fines*, « limites ». ● **SENS ORDINAIRE** : proposition énonçant les qualités propres à un être ou une chose, donc la signification du mot qui désigne l'être ou la chose. ● **LOGIQUE ET PHILOSOPHIE** : proposition qui énonce l'essence d'un être ou d'une chose (Aristote, *Topiques*, I, 5, 101*a*).

Une définition n'est pas une simple description : énoncé des caractères spécifiques, la définition porte sur l'essence*, c'est-à-dire ce qui constitue l'être ou la chose en propre. Elle doit comprendre non pas tout ce qu'est quelque chose, mais tout ce qu'elle ne peut pas ne pas être, tout ce qui est strictement nécessaire (ex. : « L'homme est un mammifère bipède, doué d'intelligence et de langage articulé »). On trouve d'excellentes illustrations des exigences auxquelles doit satisfaire un travail de définition chez Platon, en particulier dans le *Gorgias* (448*d sqq*), à propos de la rhétorique, ou dans le *Ménon* (71*e sqq*), à propos de la vertu.

La plupart des définitions portent sur des mots désignant des choses, des êtres, etc., qui existent avant d'être définis. Mais ce n'est pas toujours le cas. Dieu, par exemple, peut être défini hors de toute certitude concernant son existence. Dans certaines disciplines, les définitions créent leurs objets. Les trente-cinq définitions du premier livre des *Éléments* d'Euclide* (point, ligne, surface, figure, etc.) fixent les caractéristiques des premiers objets de la géométrie, mais ceux-ci n'existent qu'à partir du moment où ils sont ainsi définis.

● **Termes voisins :** délimitation ; description ; spécification. ● **Corrélats :** catégorie ; espèce ; signification.

Déisme

(n. m.) ● **Étym. :** latin *deus*, « dieu ». ● **Métaphysique et théologie :** affirmation, en dehors de toute révélation religieuse, de l'existence d'un être suprême dont la nature et les propriétés restent inconnaissables.

Parce que le déisme veut se passer des dogmes révélés de la religion, et même les contester, il fut, dès le XVIIe siècle, avec l'athéisme*, une cible privilégiée du christianisme. Depuis Kant*, il est d'usage de distinguer le déisme du théisme*. Celui-ci veut déterminer par la raison la nature de Dieu*, alors que le déisme se contente d'affirmer son existence, sans prétendre la comprendre. On dira par exemple en ce sens que Rousseau* est théiste, alors que Voltaire* est déiste.

● **Terme voisin :** théisme. ● **Termes opposés :** athéisme ; religion révélée.
● **Corrélats :** Dieu ; religion ; théologie.

Deleuze Gilles
(1925-1995)

┌─ **Repères biographiques** ─
Philosophe français. De 1953 à 1968, il publie une suite de monographies sur des philosophes (Hume, Nietzsche, Kant, Bergson et Spinoza) et sur des écrivains (Proust et Sacher-Masoch). En 1969, paraissent sa thèse sur *Niezsche, Différence et répétition*, et *Logique du sens* où s'affirment ses choix philosophiques.

En 1972, avec le psychanalyste Félix Guattari, il publie l'*Anti-Œdipe*, suivi de *Mille Plateaux*, en 1980. Il a poursuivi ensuite, tantôt seul, tantôt avec Félix Guattari, un travail de « production de concepts », en rapport avec les formes les plus novatrices de la littérature, du cinéma et de la peinture.

On retrouve dans le travail de Gilles Deleuze la préoccupation constante d'une métaphysique* de l'acte, par opposition à une métaphysique de l'être. Refusant le discours totalisant et, à ses yeux, réducteur de la philosophie classique — notamment de la philosophie idéaliste (Hegel*), qui cherche à penser l'unité du multiple en ramenant l'autre au même — Gilles Deleuze au contraire est attentif à la différence, à l'événement, « seul concept philosophique capable de destituer le verbe être et l'attribut » (« Sur la philosophie », in *Pourparlers*). Cette attention au devenir et à la différence peut servir de fil conducteur à la lecture de son œuvre. Ainsi, dans son premier travail sur les philosophes, si Deleuze se fait historien de la philosophie, ce n'est pas en tant que gardien fidèle et scrupuleux d'une tradition, mais bien pour produire des concepts nouveaux. Il y a là une forme de trahison féconde, au sens où l'on dit d'un peintre qu'il prend tel modèle. Ainsi, dans l'*Anti-Œdipe*, la psychanalyse est critiquée parce qu'elle invite à la répétition. Certes, Freud* découvre la force du désir*, mais c'est pour la rabattre aussitôt sur l'œdipe*, socle invariant de la névrose. Au contraire, selon Deleuze, le désir est une force d'invention et de différence, un franchissement des normes. Le délire du schizophrène excède de toutes parts l'histoire répétitive de l'œdipe. De même, dans son travail sur le cinéma* (*Cinéma 1 et 2*), Deleuze oppose l'image-mouvement du cinéma d'avant-guerre qui cherche une totalisation du sens, à partir d'enchaînements rationnels (Eisenstein), à l'image-temps du cinéma français d'après-guerre (Resnais, Bresson, etc.) où le temps pur est montré dans son effectivité, comme devenir, c'est-à-dire comme puissance du faux, rendant le vrai indécidable. Car le devenir met en question tout modèle formel de vérité. Le vrai* ne préexiste pas à sa production, mais s'effectue à partir de falsifications, de rectifications. Le philosophe, alors, n'est pas celui qui cherche le vrai dans un ciel des Idées éternelles, mais celui qui produit des concepts*, en épousant le mouvement, en l'accompagnant, autrement dit en étant actuel et « intempestif » (*Qu'est-ce que la philosophie ?*).

● **PRINCIPAUX ÉCRITS** : *Empirisme et subjectivité* (1953) ; *Différence et répétition* (1969) ; *Logique du sens* (1969) ; *L'Anti-Œdipe* (1972) ; *Mille plateaux* (1980) ; *Qu'est-ce que la philosophie ?* (1991).

DÉMIURGE

(n. m.) ● **ÉTYM.** : grec *demiurgos*, « artisan ». ● **SENS ORDINAIRE** : désigne quelqu'un qui est très habile dans son métier (qui « fait des miracles »). ● **SENS PHILOSOPHIQUE** : chez Platon (*Timée*), désigne le dieu artisan (qui n'est pas un créateur) qui produit le monde à partir de la matière et des Idées.

● **TERMES VOISINS** : œuvre ; production. ● **CORRÉLATS** : création ; Dieu ; travail.

DÉMOCRATIE

(n. f.) ● **ÉTYM.** : grec *dêmos*, « peuple » et *cratein*, « gouverner ». ● **PHILOSOPHIE POLITIQUE** : type d'organisation politique dans laquelle c'est le peuple, c'est-à-dire l'ensemble des citoyens sans distinction de naissance, de richesse ou de compétence, qui détient, ou qui contrôle, le pouvoir politique.

La démocratie est d'abord une forme de gouvernement. On peut distinguer la *démocratie directe* (comme l'était Athènes au Vᵉ siècle av. J.-C.) et la *démocratie représentative*, où le peuple gouverne par le truchement de représentants, élus ou désignés (cas des démocraties parlementaires modernes). Le mot démocratie renvoie aussi à une théorie de la souveraineté*, selon laquelle l'autorité politique a son fondement dans le libre pouvoir qu'a chaque homme de se gouverner lui-même. Ainsi, pour Rousseau*, la société politique naît d'un contrat social* au terme duquel le seul souverain légitime possible est le peuple, c'est-à-dire l'ensemble des citoyens votant les lois (expression de la volonté générale) et acceptant de s'y soumettre.

La démocratie suppose la loi de la majorité, la liberté* des individus (respect des droits de l'homme) et l'égalité* des citoyens, que le libéralisme* limite à l'égalité des droits et que la pensée socialiste veut étendre à l'égalité des conditions sociales. On peut ainsi distinguer une démocratie politique, qui respecte les libertés civiques et politiques (liberté d'expression, de presse...) et une démocratie économique et sociale, qui garantit les droits sociaux (droit au travail, au logement, etc.).

● **TERMES VOISINS** : État de droit ; république. ● **TERMES OPPOSÉS** : autocratie ; oligarchie. ● **CORRÉLATS** : despotisme ; égalité ; État ; liberté ; souveraineté ; tyrannie ; volonté générale.

DÉMOCRITE
(VERS 460-380 AV. J.-C.)

REPÈRES BIOGRAPHIQUES

Contemporain de Socrate, Démocrite, à la suite de Leucippe, est le véritable fondateur de l'atomisme, et précède en cela Épicure et Lucrèce.

Une réponse à Parménide

Pour Parménide*, seul l'être est, le non-être n'est pas. Démocrite souligne alors la difficulté essentielle d'une telle position : s'il n'y a pas de vide, c'est-à-dire une certaine forme d'existence du non-être, comment les mouvements de la matière seraient-ils possible ? Rejoignant, semble-t-il, la pensée de Leucippe (contemporain de Parménide), sa thèse est celle d'une composition de la matière, faite d'atomes* (éléments insécables comme l'indique l'étymologie, et impérissables), et de vide. Il en découle que les qualités sensibles sont des apparences et que la réalité est l'atome qui, lui, n'a pas de qualités sensibles, mais seulement des propriétés géométriques, comme la grandeur et la forme.

Un matérialisme préscientifique

La méthode de Démocrite préfigure la pensée scientifique : admettant la composition atomique de la matière, sa conception rend (théoriquement) possible le mouvement, mixte d'être et de non-être. Le monde matériel, déterminé par le seul principe de causalité, est désormais concevable par lui-même, sans aucune référence à Dieu ou au surnaturel. De ce point de vue, Démocrite annonce non seulement Épicure* et Lucrèce*, mais également Descartes*.

Une morale tempérée

Le matérialisme* théorique de Démocrite n'exclut pas une certaine forme d'idéalisme moral. En effet, faire « ce qui se doit » fait éprouver une satisfaction qu'aucun principe matériel ne peut garantir : « Le bonheur, écrit-il, ne consiste pas dans la possession des troupeaux et de l'or. C'est l'âme qui est le siège de la béatitude » (fragment 171). Ancrée dans la sensibilité mais sans s'y résorber, la sagesse de Démocrite pourrait résumer à elle seule tout l'art de vivre des Anciens.

● **PRINCIPAL ÉCRIT** : *Doctrines et réflexions morales.*

DÉMONSTRATION

(n. f.) ● **ÉTYM.** : latin *demonstratio*, « action de montrer ». ● **SENS ORDINAIRE** : opération permettant d'établir une proposition, une thèse, en s'appuyant sur des preuves et / ou sur une argumentation appropriée. ● **LOGIQUE ET MATHÉMATIQUES** (et, par extension, **PHILOSOPHIE DE LA CONNAISSANCE**) : raisonnement au moyen duquel la vérité de la conclusion est établie selon des raisons nécessaires, à partir de prémisses.

Si la démonstration apparaît comme un critère satisfaisant de certitude*, il faut pourtant reconnaître, avec Pascal*, qu'on ne peut tout démontrer, et qu'il est nécessaire d'admettre des vérités premières indémontrables. Celles-ci peuvent être considérées soit comme des hypothèses* simplement admises (*cf.* Hypothético-déductif, *in* Déduction), soit comme des évidences* immédiates.

● **TERMES VOISINS** : argumentation ; déduction. ● **TERME OPPOSÉ** : intuition. ● **CORRÉLATS** : raison ; raisonnement ; vérité.

DERRIDA JACQUES (NÉ EN 1930)

┌─ **REPÈRES BIOGRAPHIQUES** ─┐

Philosophe français, né à El-Biar, près d'Alger. Ancien élève de l'École normale supérieure de Paris, puis directeur d'études à l'École des hautes études en sciences sociales, il participe en 1983 à la création du Collège international de philosophie, dont il est le premier directeur. Il enseigne également aux États-Unis, où ses œuvres jouissent d'une grande notoriété.

En 1967, Jacques Derrida publie trois ouvrages : *L'Écriture et la différence*, *De la grammatologie*, et *La Voix et le phénomène*, dont le style très particulier déroute et retient l'attention. Partant du commentaire de la phénoménologie* du signe de Husserl* dans les *Recherches logiques*, Jacques Derrida montre comment cette théorie traduit et camoufle en même temps un système hiérarchique caractéristique de l'ensemble de la culture occidentale. Sortir de cette « clôture métaphysique », c'est-à-dire d'une sournoise mise en ordre du monde qui justifie subrepticement certains aspects de l'ordre établi (autorité absolue du Père, de l'État, du Vrai, du Beau, etc.) : tel sera désormais le projet du philosophe. La « grammatologie », ou science de l'écriture, constitue le fil conducteur d'une critique radicale, minutieuse et subtile, de cette « métaphysique* ».

À l'opposé de toute la tradition occidentale qu'il entend « déconstruire », Jacques Derrida affirme que l'écriture n'est pas un pis-aller, un expédient, ni même un supplément ou un accident par rapport à la parole vivante. Bien au contraire, le couple parole/écriture s'enracine dans un phénomène originel et énigmatique, la « différ*a*nce* » ou la « trace » conçue comme une production, un jeu qui n'est perceptible que par les différences précisément qu'elle engendre. Il y a dans le langage, en d'autres termes, une « altérité* » constitutive — une absence, un retard, une étrangeté — qui rendent impossible toute appropriation de la pensée par elle-même : « Non seulement il n'y a pas de royaume de la différence, écrit-il, mais celle-ci fomente la subversion de tout royaume » (*Marges de la philosophie*). La déconstruction* philosophique apparaît donc comme la quête impos-

◆ **Descartes**

sible de données de sens* indéfiniment reportées de texte en texte, sans espoir de dénouement.

● **PRINCIPAUX ÉCRITS** : *L'Écriture et la différence* (1967) ; *De la grammotologie* (1967) ; *La Voix et le phénomène* (1967) ; *Marges de la philosophie* (1972) ; *Glas* (1974) ; *Qui a peur de la philosophie ?* (1977) ; *De la vérité en peinture* (1978) ; *Spectres de Marx* (1993).

DESCARTES RENÉ
(1596-1650)

REPÈRES BIOGRAPHIQUES

Descartes est né à La Haye, en Touraine, dans une famille de petite noblesse. Il entre à dix ans au célèbre collège jésuite de La Flèche. Après une licence en droit, en 1618, commence pour lui une vie militaire et aventureuse de deux ans. S'il continue ensuite à voyager en Italie et à fréquenter les grands de ce monde, il entre surtout en contact avec les milieux scientifiques et philosophiques. Craignant les autorités — et surtout, dans le contexte de l'« affaire Galilée », le pouvoir de l'Église —, Descartes, en 1628, prend le parti d'aller s'établir en Hollande, où il se consacre à son œuvre scientifique (géométrie analytique, optique) avant de chercher à en établir les fondements métaphysiques. Requis à la cour de Suède en 1649 par la reine Christine, il meurt à Stockholm un an plus tard.

La mathématique universelle et l'unité du savoir

De l'enseignement reçu à La Flèche, Descartes ne retient que les mathématiques*, pour la clarté de leurs idées et la certitude de leurs raisons. Il forme l'idée d'unifier la connaissance selon le principe d'un ordre mathématique universel : tous les objets à connaître doivent pouvoir « s'entresuivre » de la même façon que les théorèmes* mathématiques. Cette « mathématique universelle » rend possible l'unité du savoir, qui se fonde non sur l'unité de la nature, mais sur l'unité de l'esprit* qui s'applique de la même manière à ses objets, quelle qu'en soit la diversité.

La méthode : intuition et déduction

L'important est donc d'abord la méthode, qui permet de soumettre l'ensemble des connaissances à un ordre unique de la raison. Dans le *Discours de la méthode*, qui sert de préface à trois traités scientifiques, Descartes en énonce les quatre règles ou préceptes. L'évidence* est le principe de cette méthode* ; elle consiste à n'admettre comme vérité* que ce dont la certitude* s'impose à un esprit attentif de telle sorte qu'il n'est pas permis d'en douter. Les trois autres règles concernent la mise en œuvre de la méthode. Tout d'abord l'analyse*, inspirée du procédé mathématique de mise en équation des grandeurs inconnues, qui permet de « diviser les difficultés en autant de parcelles qu'il serait requis pour les mieux résoudre ». Ensuite la synthèse*, qui consiste à progresser du simple, c'est-à-dire le plus aisément connu, au plus composé ou complexe, à l'exemple de l'ordre déductif de la géométrie qu'on trouve dans les *Éléments* d'Euclide*. Enfin la récapitulation, par laquelle on doit parcourir toute la chaîne des raisons pour permettre à l'esprit de se la représenter comme en un seul coup d'œil. L'évidence demeure le modèle de toute vérité : ou bien celle-ci évidente, et peut être saisie par intuition, ou bien elle est déduite à partir d'évidences, conformément à la troisième règle de la méthode.

Il suffirait de suivre ces préceptes pour ne jamais se tromper. Mais la possibilité même de l'erreur manifeste notre libre arbitre : si nous nous trompons, c'est que notre volonté*, c'est-à-dire notre pouvoir de juger, est infinie et dépasse les bornes de ce que notre entendement*, fini, peut concevoir clairement et distinctement.

Le doute

Le meilleur moyen de mettre en évidence l'indubitable est de soumettre les prétendues vérités à l'épreuve d'un doute* systématique. Mais le doute cartésien diffère du doute spontané qui habite l'esprit en proie à l'incertitude ; il diffère aussi du doute des sceptiques*, qui font de la suspension du jugement une règle définitive de sagesse. Il est conçu comme provisoire et méthodique : c'est un moyen pour accéder au vrai. Il a donc une fonction critique, c'est-à-dire, au sens étymologique, une fonction discriminatoire : il doit permettre de séparer la certitude de l'opinion*. Descartes prétend ainsi, de façon très ambitieuse, d'une part refuser tout héritage du passé, toute vérité préétablie, d'autre part assurer définitivement, sur des bases inébranlables, toute science à venir.

Le cogito

La première certitude que le doute va permettre de mettre à jour est celle de la pensée : *cogito*, « je pense ». Trois moments constituent cette certitude : **1.** « Je suis, j'existe » : le doute ne peut attaquer cette évidence, car il la suppose : si je doute, c'est que je suis. **2.** Le doute étant une modalité de la pensée, je ne suis certain de mon existence que pour autant que je pense (« Je pense, donc je suis »). **3.** Je suis donc une âme*, que Descartes définit non comme un obscur principe de vie mais comme une « chose » ou une « substance* » pensante (*res cogitans*). La présence immédiate à soi du sujet pensant, c'est-à-dire la conscience, devient ainsi le fondement de toute vérité possible.

Innéisme et dualisme

Deux conséquences découlent du cogito. Premièrement, si la connaissance n'a pas à chercher son origine hors de l'esprit, cela signifie que les idées vraies, claires et distinctes, sont innées. Deuxièmement, puisque, dans le travail du doute, je me découvre pure pensée, il faut séparer l'âme et le corps, l'esprit et la matière. L'âme et le corps sont deux substances dont les essences* diffèrent absolument. L'une, la pensée*, est immatérielle. L'autre est pure étendue* géométrique et se réduit au mécanisme universel. Face au sujet pensant, se déploie donc un monde tout matériel et mécanique, lui-même sans âme, c'est-à-dire sans les forces occultes ni les intentions cachées que la Renaissance attribuait à la nature. C'est un monde-machine, soumis à l'investigation mathématique et au projet technicien de se rendre « comme maîtres et possesseurs de la nature ».

Dieu

C'est à partir de l'idée de parfait qui est en nous que Descartes veut prouver l'existence de Dieu* : cette idée est une idée innée de notre entendement, claire et distincte, qu'il ne peut pourtant avoir conçue par ses propres forces, puisqu'il est lui-même imparfait. Un être parfait est donc la cause de l'idée de parfait en notre esprit. Dieu est la seconde certitude, dérivée de celle du sujet pensant.

Mais le monde aussi pourrait conduire à Dieu, et Descartes a toujours essayé de concilier les intérêts de la science et ceux de la religion : la nature-machine n'implique-t-elle pas un « ingénieur » divin ? Précisément parce que le monde est un pur mécanisme, il ne saurait exister par lui-même, il est constamment suspendu à la création divine (théorie de la « création continuée »).

La morale et les passions

Si la métaphysique*, en réfléchissant sur l'âme, le monde et Dieu, constitue les racines de l'arbre du savoir, la physique* en est le tronc, et la mécanique*, la médecine et la morale* en sont les branches. Il faudra donc déduire la morale de l'ensemble du savoir déjà constitué. Mais cela suppose le temps de trouver les certitudes métaphysiques et physiques à partir desquelles la morale va pouvoir être déduite et devenir elle-même une science des conduites humaines, qui permette la maîtrise de notre propre nature.

En attendant, il faut bien agir et obéir à des règles de conduite. D'où l'idée d'une morale par provision (provisoire), fondée sur des principes non certains, mais seulement vraisemblables, et retenus surtout à des fins pragmatiques : ce sont des règles de prudence, qui visent à procurer à Descartes la tranquillité nécessaire à l'édification de sa philosophie.

L'objet de la morale définitive sera la connaissance des passions* ou affections de l'âme, en vue du bonheur*. La passion résulte des mouvements involontaires de la mécanique corporelle et sont subies par l'âme, alors que dans le cas du mouvement volontaire, c'est l'âme qui agit et commande au corps. C'est pourquoi les représentations engendrées par les passions sont naturellement confuses et font obstacle à la recherche de la vérité. Il ne s'agit pas pour autant d'empêcher les passions par l'effet de notre libre volonté* ou de les « guérir », mais de les utiliser dans notre intérêt et de les modérer par la raison : c'est en modifiant nos pensées que nous modifierons notre corps et pacifierons nos passions.

● **PRINCIPAUX ÉCRITS :** *Règles pour la direction de l'esprit* (1628) ; *Discours de la méthode* (1637) ; *Méditations métaphysiques* (1641) ; *Principes de la philosophie* (1644) ; *Traité des passions de l'âme* (1649).

◆ **Descartes**

LE DOUTE CARTÉSIEN

L'ordre des connaissances vraies ne coïncide pas avec l'apprentissage de la vie : enfants, nous assimilons toutes les croyances, préjugés, erreurs qu'on nous impose sans les soumettre jamais à l'épreuve de notre raison (elle-même encore trop peu assurée). Une fois adultes, nous nous retrouvons prisonniers de « vérités » apprises et incapables de déterminer ce que véritablement elles valent. Relativement à cet état de fait, l'acte philosophique se présente comme une volonté de rupture : décision de remettre en question une bonne fois pour toutes l'ensemble de ce qu'on a pu jusqu'ici considérer comme vrai.

« Il y a déjà quelque temps que je me suis aperçu que, dès mes premières années, j'avais reçu quantité de fausses opinions pour véritables, et que ce que j'ai depuis fondé sur des principes si mal assurés, ne pouvait être que fort douteux et incertain ; de façon qu'il me fallait entreprendre sérieusement une fois en ma vie de me défaire de toutes les opinions que j'avais reçues jusques alors en ma créance, et commencer tout de nouveau dès les fondements, si je voulais établir quelque chose de ferme et de constant dans les sciences. Mais cette entreprise me semblant être fort grande, j'ai attendu que j'eusse atteint un âge qui fût si mûr que je fusse plus propre à l'exécuter [...]. Maintenant donc que mon esprit est libre de tous soins, et que je me suis procuré un repos assuré dans une paisible solitude, je m'appliquerai sérieusement et avec liberté à détruire généralement toutes mes anciennes opinions. Or il ne sera pas nécessaire, pour arriver à ce dessein, de prouver qu'elles sont toutes fausses, de quoi peut-être je ne viendrais jamais à bout ; mais d'autant que la raison me persuade déjà que je ne dois pas moins soigneusement m'empêcher de donner créance aux choses qui ne sont pas entièrement certaines et indubitables, qu'à celles qui nous paraissent manifestement être fausses, le moindre sujet de douter que j'y trouverai suffira pour me les faire toutes rejeter. Et pour cela il n'est pas besoin que je les examine chacune en particulier, ce qui serait d'un travail infini ; mais, parce que la ruine des fondements entraîne nécessairement avec soi tout le reste de l'édifice, je m'attaquerai d'abord aux principes sur lesquels toutes mes anciennes opinions étaient appuyées. »

R. Descartes, *Méditations métaphysiques* (1641), « Première Méditation ». Paris, Hatier, coll. « Les classiques Hatier de la philosophie », 1999, pp. 21-22.

L'idéal d'une science parfaite
Le projet de se défaire de tous ses préjugés demande une certaine maturité intellectuelle ainsi qu'une grande force de caractère. Mais il faut y prendre garde : une volonté de vérité soutient cette entreprise de destruction : on ne détruit que pour pouvoir reconstruire sur des bases solides. Descartes est très loin du scepticisme : la critique des vérités existantes se fait ici au nom d'une vérité plus haute et le doute n'est lui-même qu'un instrument en vue d'atteindre « une certitude parfaite ».

Le doute cartésien
Cette remise en question de nos connaissances doit être méthodique (il faut procéder avec ordre et rigueur) et universelle (elle ne devra rien laisser passer). Pour ce faire — et parce que l'examen, l'une après l'autre, de chacune de nos connaissances serait infini —, Descartes propose deux plans d'attaque :
— un doute hyperbolique : on n'établira pas de degrés entre des choses certainement fausses et d'autres simplement douteuses, mais le plus petit soupçon d'incertitude suffira à rejeter ce qui nous sera présenté à l'esprit ; l'ennemi est sabré sans faire de différences ;
— un doute radical : on examinera plutôt que les choses elles-mêmes, les principes des choses ; le savoir est ainsi attaqué à sa base.
Dans l'audace d'une telle entreprise, l'esprit affirme sa liberté.

LE COGITO

Descartes est en quête d'une vérité certaine, d'une vérité qu'on ne puisse en aucun cas remettre en doute. Dans le cours de cette recherche, et au moment précis où il pense avoir définitivement perdu la possibilité même d'une certitude (il trouve des raisons de n'être sûr ni de l'existence des choses ni de la nécessité des démonstrations scientifiques), il énonce une proposition qui enfin résiste absolument à l'épreuve du doute : « Je pense donc je suis. »

« Je pris garde que, pendant que je voulais ainsi penser que tout était faux, il fallait nécessairement que moi qui le pensais fusse quelque chose ; et remarquant que cette vérité : je pense, donc je suis, était si ferme et si assurée que toutes les plus extravagantes suppositions des sceptiques n'étaient pas capables de l'ébranler, je jugeai que je pouvais la recevoir, sans scrupule, pour le premier principe de la philosophie que je cherchais.

Puis, examinant avec attention ce que j'étais, et voyant que je pouvais feindre que je n'avais aucun corps et qu'il n'y avait aucun monde ni aucun lieu où je fusse ; mais que je ne pouvais pas feindre, pour cela, que je n'étais point ; et qu'au contraire, de cela même que je pensais à douter de la vérité des autres choses, il suivait très évidemment et très certainement que j'étais ; au lieu que, si j'eusse seulement cessé de penser, encore que tout le reste de ce que j'avais imaginé eût été vrai, je n'avais aucune raison de croire que j'eusse été : je connus de là que j'étais une substance dont toute l'essence ou la nature n'est que de penser, et qui, pour être, n'a besoin d'aucun lieu ni ne dépend d'aucune chose matérielle ; en sorte que ce moi, c'est-à-dire l'âme par laquelle je suis ce que je suis, est entièrement distincte du corps, et qu'encore qu'il ne fût point, elle ne laisserait pas d'être tout ce qu'elle est. »

Descartes, *Discours de la méthode* (1637), IVe partie,
Paris, Hatier, coll. « Les classiques Hatier de la philosophie », 1999, p. 37.

La vérité du cogito

Le « Je pense donc je suis » se présente comme une vérité indubitable : le fait même d'en douter, plutôt que de l'ébranler, renforce en effet la vérité de la proposition. Car enfin, pour que le doute soit possible, il faut d'abord quelqu'un qui doute : le doute suppose la pensée qui suppose à son tour un sujet existant qui la pense. « Je pense » est donc une vérité première. Or cette vérité se rapporte non à l'objet mais au sujet de la pensée. D'autre part cette vérité peut être dite « principe » en deux sens : parce qu'elle ne repose sur aucune vérité antérieure (elle est vraie par elle-même), et parce qu'elle permettra de reconnaître d'autres vérités (elle fournit pour cela des critères).

La nature du cogito

Le cogito de Descartes n'est pas seulement la rencontre d'une proposition certaine qui nous donne à comprendre ce que peut être une vérité : il détermine aussi la nature de celui qui énonce cette vérité. Il ne faut pas dire simplement qu'il y a une pensée (« Je pense donc je suis ») qui est constituée par un sujet pensant, mais que la pensée est ce qui constitue l'être même du sujet : le cogito m'apprend que je suis une nature purement spirituelle (une « âme »), et que mon corps comme tel n'entre pas dans la composition de ce que je suis essentiellement.

LES ANIMAUX-MACHINES

On a coutume d'opposer la machine et le vivant : d'un côté des rouages mécaniques et, de l'autre, la merveilleuse spontanéité des êtres organiques. Descartes récuserait une telle opposition. Selon lui, les animaux, comme les plantes, peuvent s'expliquer à partir des lois générales de la mécanique : ici et là, on ne trouvera jamais que des compositions de figures et de mouvements. La différence n'est que de complexité : les animaux sont des « machines » infiniment plus sophistiquées que celles que l'industrie de l'homme pourra jamais réaliser. Mais si Descartes refuse d'opposer machine et vivant, c'est pour introduire un

◆ **Désenchantement**

dualisme encore plus fort : l'opposition entre un comportement mécanique et une conduite raisonnable.

« Et je m'étais ici particulièrement arrêté à faire voir que, s'il y avait de telles machines, qui eussent les organes et la figure d'un singe, ou de quelque autre animal sans raison, nous n'aurions aucun moyen pour reconnaître qu'elles ne seraient pas en tout de même nature que ces animaux ; au lieu que, s'il y en avait qui eussent la ressemblance de nos corps et imitassent autant nos actions que moralement il serait possible, nous aurions toujours deux moyens très certains pour reconnaître qu'elles ne seraient point pour cela de vrais hommes. Dont le premier est que jamais elles ne pourraient user de paroles, ni d'autres signes en les composant, comme nous faisons pour déclarer aux autres nos pensées. Car on peut bien concevoir qu'une machine soit tellement faite qu'elle profère des paroles, et même qu'elle en profère quelques-unes à propos des actions corporelles qui causeront quelque changement en ses organes : comme, si on la touche, en quelque endroit, qu'elle demande ce qu'on veut lui dire ; si, en un autre, qu'elle crie qu'on lui fait mal, et choses semblables ; mais non pas qu'elle les arrange diversement, pour répondre au sens de tout ce qui se dira en sa présence, ainsi que les hommes les plus hébétés peuvent faire. Et le second est que, bien qu'elles fissent plusieurs choses aussi bien, et peut-être mieux qu'aucun de nous, elles manqueraient infailliblement en quelques autres, par lesquelles on découvrirait qu'elles n'agiraient pas par connaissance, mais seulement par la disposition de leurs organes. Car, au lieu que la raison est un instrument universel, qui peut servir en toutes sortes de rencontres, ces organes ont besoin de quelque particulière disposition pour chaque action particulière ; d'où vient qu'il est moralement impossible qu'il y en ait assez de divers en une machine pour la faire agir en toutes les occurrences de la vie, de même façon que notre raison nous fait agir. »

Descartes, *Discours de la méthode* (1637), V^e partie, Paris, Hatier, coll. « Les classiques Hatier de la philosophie », 1999, pp. 59-61.

La parole et la pensée
Une machine très perfectionnée pourra bien donner l'illusion parfaite d'un organisme vivant, mais un animal jamais ne pourra se faire passer pour un homme : il lui manquera toujours le langage. On ne confondra pas en effet la simple répétition automatique de sons (comme peut en produire un perroquet bien dressé qui réagit à des stimuli) avec un dialogue libre, où chaque conscience raisonnable exprime ses pensées, et répond toujours à propos. La parole humaine échappe aux lois de la mécanique : elle renvoie à une dimension purement spirituelle.

Intelligence et instinct
La prodigieuse habileté de certaines bêtes pourrait pourtant témoigner pour une intelligence animale. Mais là encore, il faut y voir un simple effet mécanique : la preuve en est que l'instinct est aussi infaillible que borné. Les animaux font bien les choses mais ils n'ont pas la science de leur action. Au contraire, la faculté d'adaptation de l'homme, répondant à la diversité infinie des situations, témoigne de l'usage d'une raison qui n'est pas limitée par des conditionnements biologiques.

DÉSENCHANTEMENT

(n. m.) ● **ÉTYM.** : *dés* et latin *incantare*, « prononcer des formules magiques ». ● **SENS ORDINAIRE** : perte des illusions que l'on entretient sur le réel. ● **SOCIOLOGIE** : terme utilisé par Max Weber pour qualifier un certain nombre de traits caractéristiques de la modernité.

● On parle de désenchantement lorsqu'une réalité perd de son mystère et qu'il n'existe plus d'écart entre ce qu'elle est et la manière dont elle apparaît. Le désenchantement est un concept clef de la sociologie de Max Weber* : la modernité se caractérise par le recul des croyances diverses qui accordaient aux choses un caractère magique. Les progrès de la science ont permis de dépasser ces conceptions naïves du monde et ceux de la technique ont fait de la nature un domaine à transformer plutôt qu'une réalité à contempler. Nous vivons ainsi dans un monde désenchanté où la rationalisation des échanges et la bureaucratie* se substituent aux mythes et aux symboles traditionnels. Selon Weber, ce désenchantement s'accompagne d'un processus appauvrissant par lequel l'homme se simplifie et finit par n'être plus qu'un maillon d'une longue chaîne sociale. (*Cf.* aussi Marcel Gauchet, *Le Désenchantement du monde*, Gallimard, 1985.)

● **TERME VOISIN :** désillusion. ● **CORRÉLATS :** modernité ; utopie.

DÉSIR

Avant d'accéder au rang de question, le désir a souvent été considéré par la philosophie classique comme un problème, sans doute parce que sa nature est contradictoire, ou, en tout cas, ambiguë. Le désir, en effet, est la recherche d'un objet que l'on imagine ou que l'on sait être source de satisfaction. Il est donc accompagné d'une souffrance, d'un sentiment de manque ou de privation. Et pourtant le désir semble refuser sa satisfaction, puisque, à peine assouvi, il s'empresse de renaître. C'est qu'il entretient avec l'objet désiré une relation ambivalente : le désir veut et ne veut pas être satisfait. Se déplaçant d'objet en objet, le désir est illimité, ou condamné à l'insatisfaction radicale. C'est sans doute pour cela qu'une certaine tradition le condamne ou le rejette.

Cependant, la philosophie contemporaine redonne toute sa place au désir et lui accorde une valeur positive. Puissance d'affirmation, le désir serait l'essence même de l'homme, créateur de lui-même et de ses œuvres.

Désir et sagesse

Platon*, dans le *Gorgias*, compare le désir au tonneau percé des Danaïdes, toujours plein, toujours vide, impossible à remplir. Mais alors, si nous sommes ainsi condamnés au désir et à l'agitation, comment atteindre la sérénité, c'est-à-dire, pour la philosophie antique, le bonheur* ? Tel est le problème qu'ont cherché à résoudre ces deux écoles de la sagesse antique que sont le stoïcisme* et l'épicurisme*. Tous deux proposent une morale du renoncement, ou en tout cas de la sobriété, et voient dans l'usage réglé de nos désirs la condition du bonheur. Pour le stoïcisme*, il s'agit de régler nos désirs sur la raison* et d'accorder ainsi notre vouloir à notre pouvoir. Pour l'épicurisme, il s'agit de régler nos désirs sur la nature, en opérant une distinction entre désirs naturels et nécessaires, et désirs artificiels et non nécessaires.

Mais en cherchant à tirer le désir vers la volonté, en ce qui concerne le stoïcisme, ou à le ramener au strict besoin, en ce qui concerne l'épicurisme, ces deux philosophies ne méconnaissent-elles pas sa vraie nature ? Car le désir ne se confond pas avec la volonté, même s'il lui en indique parfois — mais pas nécessairement, ni toujours — les fins. Encore moins se confond-il avec le simple besoin. Le besoin est l'état de manque dans lequel se trouve un être vivant, lorsqu'il est privé de ce qui assure sa conservation. Il trouve son apaisement dans un objet qui lui est naturellement adapté. Le désir, au contraire, n'a pas d'objet qui lui soit par avance assigné. Il peut prendre des formes multiples et inattendues, et surtout il n'est jamais repu.

Le désir comme manque

S'il excède ainsi le simple besoin, c'est que le désir procède d'un manque radical. Déjà Platon soulignait cette caractéristique lorsque, dans *Le Banquet*, il en retrace l'origine à travers le récit mythique de la naissance d'Éros, fils de Pénia (Pauvreté), sa mère, et de Poros (Richesse), son père. Entre dénuement et plénitude, le désir est recherche, et la philosophie, comme amour* de la sagesse, en procède. Mais pour Platon, si le désir est ce manque radical, c'est qu'il exprime la nostalgie d'un monde divin et plein. L'âme, prisonnière du corps, doit s'en détacher pour se tourner vers sa véritable patrie, celle des Idées et du Vrai, éternels et incorruptibles.

Pour la philosophie contemporaine, si le désir est manque et négativité, c'est qu'il témoigne, au contraire, de l'inscription de l'existence humaine dans la temporalité. Sartre*, par exemple, lui accorde une importance particulière, parce qu'il y voit l'expression par excellence de la finitude* humaine, c'est-à-dire l'ouverture de la conscience* à la dimension du temps* et à la transcendance qui nous porte à un au-delà, à un ailleurs toujours reconduit.

◆ **Désordre**

Mais définir le désir par la négativité, la privation ou le manque n'en épuise pas la signification. Et c'est sur cette signification que se joue, au fond, toute une conception de l'homme et de son rapport au monde.

Le désir comme puissance d'affirmation et de création

Inversant la perspective selon laquelle le désir serait manque et négativité, Spinoza* est sans doute le philosophe qui affirme le plus vigoureusement la valeur et la positivité du désir. Au lieu de penser le désir comme subordonné à la valeur de la chose désirée — il y aurait de bons et de mauvais désirs — Spinoza considère au contraire le désir comme producteur de valeur. Loin d'être déterminé par un objet qui lui préexisterait, le désir précède son objet et le produit. C'est ainsi que, comme Spinoza l'affirme au livre III de son *Éthique*, nous ne désirons pas une chose parce qu'elle est bonne, mais au contraire nous la jugeons bonne, parce que nous la désirons.

Gilles Deleuze*, à la suite de Spinoza, souligne le caractère positif du désir. Le désir est producteur de réalité, ingénieux et industrieux. Dans L'*Anti-Œdipe*, Gilles Deleuze et Félix Guattari reprochent à la psychanalyse* de ne voir dans le désir qu'une simple machine à produire des fantasmes. Pour Freud*, en effet, le désir recherche moins l'objet qu'il croit désirer que le fantasme inconscient dont celui-ci est le support. Le fantasme, à son tour, s'enracine dans le manque qu'engendre la position de l'interdit. Autrement dit, c'est par l'interdit que naît le désir. Il n'y aurait pas de désir sans interdit, telle est la thèse fondamentale de la psychanalyse.

Désir et désir de l'autre

En indiquant le rapport du désir au désir de l'autre, la psychanalyse indique cependant quelque chose d'essentiel : nous désirons ce que l'autre désire et que son désir, du coup, promeut comme désirable.

Hegel*, dans la *Phénoménologie de l'esprit*, montre, à travers la dialectique* du maître et de l'esclave, comment l'homme cherche la confirmation de sa valeur dans la reconnaissance par l'autre. Pour Hegel, cette reconnaissance prend la forme d'une lutte à mort entre deux consciences. Le vainqueur de cette lutte, le maître, est en effet celui qui accepte de prendre le risque de la mort, marquant ainsi, et de façon radicale, l'opposition du désir humain au besoin purement animal de conserver sa vie. Mais si l'esclave est celui qui sort vaincu de cette lutte, il est aussi celui qui tourne son désir vers le monde, et, par son travail*, le transforme et se l'approprie.

Puissance de rêve et d'action, d'amour et de haine, de négation et de transformation, le désir est donc à la fois manque et production, destructeur et entreprenant. Le désir, dans tous les cas, n'est pas à rejeter au nom d'une morale inhumaine et mortifère. Au contraire, il peut seul nous orienter vers des buts pleinement humains, de sorte qu'être attentif à sa signification est peut-être la seule exigence à laquelle il faille répondre, pour que, de puissance de vie, le désir ne se transforme pas en son contraire, c'est-à-dire en désir de mort, et donc de mort du désir.

● **TEXTES CLÉS** : Platon, *Le Banquet* ; B. Spinoza, *Éthique* (livre III). G.W.F. Hegel, *La Phénoménologie de l'esprit*. ● **TERMES VOISINS** : amour ; appétit ; besoin ; volonté. ● **TERMES OPPOSÉS** : aversion ; haine. ● **CORRÉLATS** : bonheur ; conatus ; hédonisme ; imagination ; inconscient ; plaisir.

DÉSORDRE

(n. m.) ● **ÉTYM.** : de *dés* et *ordre* (latin *ordo*, « rang »). ● **SENS ORDINAIRE** : dérèglement d'un phénomène.

Opposé à l'ordre*, le désordre indique l'absence d'unité. Ainsi, on parlera de « désordre politique » pour qualifier un état de guerre civile où les individus sont réduits à eux-mêmes et à leur violence* pour régler leurs conflits. Mais cette notion, généralement dépréciée par les philosophes, est fondamentalement relative à celle d'ordre*, comme si le désordre appelait son propre dépassement et sa propre rationalisation. C'est pourquoi Nietzsche* préférera la notion de « chaos » qui désigne selon lui l'état originel de l'univers et n'appelle aucune référence à un ordre nécessaire.

● **TERME VOISIN** : chaos. ● **TERMES OPPOSÉS** : ordre ; harmonie ; structure. ● **CORRÉLATS** : anarchie ; ordre ; violence.

DESPOTE

(n. m.) ● ÉTYM. : grec *despotês*, « maître », « père de famille », « propriétaire d'esclaves ». ● SENS ORDINAIRE : personne qui gouverne de manière absolue et arbitraire.

● TERMES VOISINS : dictateur ; tyran. ● CORRÉLAT : despotisme.

DESPOTISME

(n. m.) ● ÉTYM. : grec *despotês*, « propriétaire d'esclaves ». ● PHILOSOPHIE POLITIQUE : état où la volonté d'un seul vaut comme loi et où règne par conséquent l'arbitraire (absence de liberté et de sécurité pour les individus).

Le despotisme n'est ni régi, ni limité par le droit ; il est donc l'opposé de l'État de droit (*cf.* État). Fondé sur la crainte, il est en fait le plus bas degré d'une société politique. Au XVIIIᵉ siècle, s'est développée l'idée d'un « despotisme éclairé ». Diderot*, auprès de Catherine de Russie, Voltaire* auprès de Frédéric de Prusse voulurent ainsi utiliser l'absolutisme monarchique pour gouverner selon l'esprit nouveau de la philosophie des Lumières, c'est-à-dire selon la raison, pour le progrès* et le bonheur* des peuples. Mais, de l'aveu même des penseurs qui ont cru en elle, cette tentative fut un échec. La quasi-unanimité des philosophes finit par s'accorder sur le caractère humainement et politiquement condamnable de tout despotisme.

● TERMES VOISINS : dictature ; totalitarisme ; tyrannie. ● TERMES OPPOSÉS : : démocratie ; État de droit ; république. ● CORRÉLATS : despote ; État ; liberté ; monarchie ; pouvoir ; violence.

DESTIN

(n. m.) ● ÉTYM. : latin *destinare*, « fixer », « assujettir », « affecter à », « attribuer à ». ● SENS ORDINAIRE : enchaînement fixé d'avance du cours des événements d'une existence.

Au sens strict, le destin suppose une puissance ou une intelligence prédestinatrices qui déterminent d'avance où, quand et comment les choses doivent arriver (*cf.* Fatalisme). L'usage du terme est souvent plus lâche et vise alors seulement à désigner un simple lien de causes à effets expliquant un devenir, sans les considérer comme rigoureusement nécessaires (ainsi, par exemple, l'idée de « destin des pulsions » chez Freud*).

● TERMES VOISINS : sort. ● TERMES OPPOSÉS : contingence ; hasard. ● CORRÉLATS : déterminisme ; fatalisme (*fatum*) ; providence.

DÉTERMINISME

(n. m.) ● ÉTYM. : latin *terminus*, « borne », « limite ». ● ÉPISTÉMOLOGIE : 1. Relation nécessaire entre une cause et son effet. 2. Système de causes et d'effets entretenant entre eux des relations nécessaires. ● MÉTAPHYSIQUE : doctrine selon laquelle l'ensemble du réel est un système de causes et d'effets nécessaires, y compris les faits qui paraissent de façon illusoire relever de la liberté ou de la volonté.

La notion de déterminisme est au fondement de celle de loi physique. Elle pose qu'il est possible de formuler un lien tel qu'une ou plusieurs causes étant données, tel(s) effet(s) s'ensuit(vent) nécessairement. Le déterminisme ne doit pas être confondu avec la simple causalité, qui établit aussi un lien entre deux événements, le premier produisant le second, sans pour autant que cette relation soit présentée comme nécessaire (la même cause aurait pu produire un autre effet). Le déterminisme s'oppose donc aux relations de causalité dues au hasard* ou à la liberté*. Contrairement au fatalisme*, le déterminisme ne suppose pas une providence ; il est « aveugle ». Il faut se méfier du langage courant, qui emploie souvent l'expression « être déterminé » pour désigner une décision de la volonté, c'est-à-dire une autodétermination (*cf.* Autonomie), qui est en réalité le contraire d'un déterminisme. L'idée du déterminisme ne s'oppose pas nécessairement à l'existence de la liberté : selon une image d'Alain*, on pourrait dire que le déterminisme est à la liberté ce que l'eau est au nageur.

◆ **Devenir**

● **Terme voisin :** causalité. ● **Terme opposé :** indéterminisme.

Principe du déterminisme

Au sens épistémologique, principe selon lequel, dans un domaine donné, à tout événement peuvent être assignées une ou plusieurs causes, les mêmes causes produisant rigoureusement les mêmes effets. Le principe du déterminisme permet de distinguer les sciences exactes, formulant des lois strictes et universelles (en particulier les sciences de la nature), des sciences humaines, où l'intervention de la liberté, sans interdire l'explication par la causalité*, exclut que celle-ci soit soumise à une stricte nécessité* (par exemple en histoire*). Dans le cadre même de la nature, certains domaines ont été considérés comme échappant au déterminisme, parce qu'ils ne paraissaient pas soumis à des régularités autorisant des prévisions rigoureuses (par exemple, les « météores », les séismes, les tremblements de terre, etc., qui, tout en respectant les lois* de la nature, ne présentent pas une telle régularité). Les philosophes empiristes (en particulier Hume*) se sont interrogés sur la pertinence de l'idée du déterminisme, en faisant valoir que les relations de cause à effet étant des relations de faits, elles ne peuvent être établies que par une expérience inductive* et ne sauraient par conséquent être considérées comme des relations nécessaires et universelles (la nécessité ne pouvant être établie que par des moyens logiques). Cette difficulté a fait l'objet d'une réflexion centrale dans la philosophie de Kant*, qui soutiendra que le déterminisme de la nature ne relève pas des « choses en soi », mais de l'ordre phénoménal selon lequel notre esprit appréhende la nature.

La physique du XXe siècle parle d'« indéterminisme physique » (en microphysique) à propos de phénomènes* dont l'observation directe est impossible ou ne permet pas de prédire les effets rigoureux d'un ensemble de causes. Ces phénomènes sont alors étudiés au moyen de méthodes de nature statistique ou probabiliste (relations d'incertitude d'Heisenberg, par exemple). Cet indéterminisme théorique a conduit les physiciens à débattre de la question de savoir si l'on devait maintenir, pour l'ensemble des phénomènes naturels, le principe du déterminisme physique : l'indétermination de certains phénomènes doit-elle être mise sur le compte d'une limite provisoire de la connaissance physique ou bien relève-t-elle de la nature même de ces phénomènes ? C'est, par exemple, le propos de Louis de Broglie dans *Physique et microphysique*.

Principe du déterminisme psychique

Cf. Freud.

● **Corrélats :** cause ; causalité ; destin ; empirisme ; fatalisme ; hasard ; induction ; liberté ; loi ; nature ; nécessité ; science ; volonté.

Devenir

(v. et n. m.) ● **Étym. :** latin *devenire*, « venir en descendant », « arriver à ». ● **(Verbe) sens ordinaires : 1.** Passer d'un état à un autre. **2.** Changer. ● **(Subst.) sens ordinaires : 1.** Fait, pour une chose, d'être soumise au temps. **2.** Passage d'un état à un autre. **3.** Série des changements. **4.** Principe producteur des changements. ● **Métaphysique : 1.** Chez Héraclite : théorie du devenir universel — aucune chose ne demeure identique à elle-même, mais est soumise à un changement perpétuel. **2.** Chez Aristote : actualisation de la puissance. **3.** Chez Hegel : troisième moment dans la logique de l'être et qui unit dialectiquement l'être et le non-être.

Si devenir, pour une chose, c'est passer d'un état à un autre, alors, il faut non seulement que celle-ci, en devenant, devienne ce qu'elle n'est pas encore, c'est-à-dire autre chose que ce qu'elle est, mais encore qu'elle devienne, c'est-à-dire d'une certaine manière qu'elle se conserve. Tel est le paradoxe du devenir qui engage ainsi une réflexion sur l'identité et les rapports mutuels de l'être et du non-être. Si, comme le pense Parménide* seul l'être est et le néant n'est pas, le devenir est impossible. Par là même, la réalité du monde physique, monde du changement et du mouvement, disparaît. Inversement, affirmer avec Héraclite* l'universalité du devenir, n'est-ce pas résorber toute chose dans un flux perpétuel où l'être se dissout faute de pouvoir se conserver ? Comme le montre la théorie platonicienne de la communication des genres, le devenir implique alors le mélange mutuel de l'être et du non-être : une chose ne devient qu'à partir du moment où elle est à la fois identique et différente d'elle-même, en mouvement* vers autre chose tout en se conservant, être et non-être. Contradictoire, le devenir l'est donc dans son essence, mais n'est-ce pas là justement, comme le montre Hegel*, la logique même des choses ?

● **TERMES VOISINS :** évolution ; temporalité. ● **TERME OPPOSÉ :** intemporalité. ● **CORRÉLATS :** éternité ; histoire ; historicité.

DÉVOILEMENT

(n. m.) ● **ÉTYM. :** de *dé* et *voiler* (latin *velum*, « grande pièce d'étoffe servant à tamiser la lumière ou à couvrir un espace sans toiture »). ● **SENS ORDINAIRE :** disparition de ce qui cache.

Heidegger* définit la vérité comme dévoilement en s'inspirant du concept grec d'*alêthéia*. Il s'agit surtout pour lui de rompre avec la tradition métaphysique qui ne considère la vérité que comme une qualité du jugement (adéquation* de l'esprit et de la chose) et méconnaît le fait que le *Dasein** est en rapport avec l'être qui se dévoile en lui.

● **TERME VOISIN :** révélation. ● **CORRÉLATS :** *alêtheia* ; *Dasein* ; vérité.

DEVOIR

(v. et n. m.) ● **ÉTYM. :** latin *debere*, du préfixe *de* et de *habere*, « tenir quelque chose de quelqu'un, lui en être redevable » ; par extension : « être obligé ». ● **(VERBE) SENS ORDINAIRES : 1.** La probabilité (ex. : « Il doit pleuvoir »). **2.** La nécessité (ex. : « Cela devait arriver »). **3.** L'obligation sociale ou morale (ex. : « Tu dois rembourser tes dettes »). ● **(SUBST.) SENS LARGE :** règle d'action particulière, obligation définie et souvent propre à une fonction (ex. : « le devoir de réserve du fonctionnaire »). ● **SENS STRICT :** le devoir est l'obligation morale considérée en elle-même ; se dit surtout de l'impératif catégorique kantien.

Devoir et contrainte
La notion de devoir évoque l'idée de contrainte et, par suite, presque logiquement pourrait-on croire, le renoncement à la liberté*. Un tel glissement ne repose pourtant que sur une suite de confusions qu'il est assez facile de dissiper. Le devoir se distingue tout d'abord, contrairement à ce que suggère l'usage courant, de la nécessité* qui s'impose à tous et ne laisse aucune alternative : ainsi l'on doit manger pour vivre, qu'on le veuille ou non. L'obligation, au contraire, implique la volonté* et la liberté de choix (ex. : « Je dois dire la vérité », implique que j'envisage de ne pas le faire). Le devoir tend donc à se confondre avec l'obligation ; encore faut-il préciser que toute obligation n'est pas un devoir : les devoirs liés à une fonction ou même à un engagement ne sont pas encore le devoir moral.

Car le véritable devoir est à la fois distinct de tout mobile sensible (faire mon devoir ne me rapporte rien) et indépendant de tout contexte ou condition particuliers. Il se présente sous la forme de ce que Kant* nomme l'impératif* catégorique, qu'il oppose aux impératifs hypothétiques, règles d'habileté ou conseils de prudence (ex. : « J'éviterais de mentir...dans la mesure du possible »). L'impératif catégorique tient dans la formule suivante : « Agis uniquement d'après la maxime qui fait que tu peux vouloir en même temps qu'elle devienne une loi universelle » (*Fondement pour la métaphysique des mœurs*). En d'autres termes, le devoir n'est que l'intention et la volonté de bien faire, exigence purement désintéressée, simplement motivée par le respect de la loi* et, plus précisément, du caractère universel de celle-ci.

Les conflits de devoir
La réflexion kantienne sur les fondements de la moralité, aussi éclairante et rigoureuse soit-elle, permet-elle pour autant de lever toutes les difficultés et de résoudre tous les conflits et embarras de notre vie morale quotidienne ? Il est permis d'en douter. Aujourd'hui, par exemple, les choix auxquels se trouvent parfois confrontés médecins et savants, compte tenu des développements récents de la recherche biomédicale, posent des problèmes qu'on peut difficilement résoudre *a priori*, en appliquant mécaniquement des principes incontestables. Une approche utilitariste* l'emportera parfois sur une position de principe : toutes les personnes* doivent être tenues pour des fins en soi ; néanmoins, en cas de choix forcé —

greffe d'organe par exemple — le médecin sera tenté de donner la priorité à un malade jeune et vigoureux...

On le voit, ni les conflits de devoir, ni les interprétations fallacieuses ou perverses de la loi, ne peuvent être écartés une fois pour toutes. Bien au contraire : les progrès de la science et des techniques nous mettent chaque jour en face de nouvelles responsabilités* et de nouveaux devoirs plus souvent incompatibles que conciliables. (*Cf.* Hans Jonas.)

● **TERMES VOISINS** : contrainte ; impératif ; nécessité ; obligation. ● **CORRÉLATS** : bioéthique ; conscience ; morale ; religion ; sagesse ; vertu.

DIACHRONIE

(n. f.) ● **ÉTYM.** : grec *dia*, « à travers » et *chronos*, le « temps ». ● **SENS ORDINAIRE** : point de vue de l'évolution temporelle. ● **LINGUISTIQUE** : description évolutive de phénomènes d'ordre linguistique, par opposition à l'approche *synchronique* qui considère les structures et non les progressions.

● **TERME VOISIN** : temporalité.
● **TERME OPPOSÉ** : synchronie.
● **CORRÉLATS** : histoire ; temps.

DIALECTIQUE

(n. f. et adj.) ● **ÉTYM.** : grec *dialegein* (de *legein*, « parler », et *dia-*, « à travers »), « dialoguer », « parler l'un avec l'autre ». ● **SENS STRICT** : art de la discussion, ou technique du dialogue en vue d'atteindre le vrai, par questions et réponses. ● **SENS LARGE** : interaction dynamique et féconde entre éléments opposés, qu'il s'agisse de faits ou de pensées (ex. : « un raisonnement dialectique », « la dialectique de la nature chez Engels »).

On attribue généralement à Zénon d'Élée* l'invention de la dialectique. Chez cet auteur, puis chez les socratiques en général, la dialectique est une méthode* d'argumentation et de réfutation, par questions et réponses. Elle cherche à mettre l'adversaire en difficulté, notamment en montrant les contradictions de son discours. La dialectique est alors davantage un moyen de débusquer le faux que de produire le vrai, davantage une technique qu'une science. Avec Platon*, la dialectique va changer de statut. Au livre VII de la *République*, la dialectique est définie comme la science* véritable, par opposition à l'opinion* et même au savoir mathématique. En effet, la dialectique est ce mouvement ascendant par lequel l'esprit passe des apparences sensibles aux concepts rationnels, puis aux Idées, pour atteindre enfin le principe absolu de toute réalité : l'idée de Bien. Aristote*, s'opposant à Platon, inverse le rapport de la dialectique à la science.

Du vrai au vraisemblable

Tandis que la science est d'essence démonstrative et porte sur un genre déterminé, la dialectique est d'essence argumentative et permet de soumettre n'importe quelle thèse à l'épreuve du pour et du contre. La dialectique, pour autant, n'est pas le règne de l'arbitraire. Aristote en définit les règles dans son traité des *Topiques*, où sont examinées les formes valides de l'opinion commune, qui peut atteindre au vraisemblable et au probable, à défaut du vrai et du nécessaire, réservés à la science. Mais parce qu'il existe des domaines qui échappent à la science, la dialectique est un art utile et même nécessaire. En tout état de cause, la dialectique, science du vrai chez Platon, devient, chez Aristote, technique du vraisemblable. C'est pourquoi le mot a pu se charger, parfois, d'une nuance péjorative. Kant*, reprenant les distinctions aristotéliciennes, oppose, dans la *Critique de la raison pure*, la dialectique ou « logique de l'apparence », à l'analytique ou « logique de la vérité ». Plus précisément, la « dialectique transcendantale » étudie les conditions de possibilité des contradictions dans lesquelles l'esprit s'empêtre nécessairement lorsqu'il fait un usage illégitime de ses facultés. Selon Kant, il y a en effet une « dialectique naturelle de la raison » qui l'amène à prétendre pouvoir déterminer la nature de l'âme, du monde et de Dieu. Si la dialectique produit une apparence de savoir, et engendre alors des antinomies*, cette apparence est inévitable, ces contradictions insolubles, au moins sur un plan théorique. Autrement dit, selon la formulation de Hegel*, Kant a montré dans sa dialectique « l'objectivité de l'apparence et la nécessité de la contradiction » (*Science de la logique*). Si Hegel considère cela comme positif, c'est que la dialectique va prendre chez lui un sens radicalement nouveau, où le faux sera pensé comme fécond, c'est-à-dire comme moment nécessaire du vrai.

Le travail du négatif
La dialectique n'est pas ici une méthode, mais le processus d'autoproduction du vrai et du savoir absolu, à partir de contradictions surmontées. Selon Hegel, en effet, la pensée* et l'être* se développent dialectiquement selon un rythme ternaire : affirmation (ou thèse), négation (ou antithèse), négation de la négation (ou synthèse) dans laquelle les deux moments précédents sont à la fois dépassés et conservés (*Aufhebung*). La dialectique est donc ce « travail du négatif » à l'œuvre dans toute histoire, qu'il s'agisse de celle de la nature, ou de celle de la philosophie même. Avec Hegel, la dialectique renvoie donc au mouvement réel de la pensée. C'est ce dernier sens de processus et de mouvement par contradictions surmontées que Marx* reprendra à son tour. Mais tandis que, selon Hegel, les contradictions qui animent l'histoire sont celles de l'Esprit, pour Marx les contradictions sont les contradictions matérielles et sociales de la vie des hommes. C'est la lutte des classes qui est le moteur de l'histoire. Marx opère donc un véritable renversement de la dialectique hégélienne (*Le Capital*, Postface). Reprenant cette conception matérialiste de la dialectique, Engels et surtout Lénine élaboreront une doctrine générale du matérialisme* dialectique applicable à l'univers dans son ensemble, dont le matérialisme historique est un aspect particulier.

● **TERMES VOISINS** : argumentation ; dialogue ; raisonnement. ● **TERME OPPOSÉ** : analytique (chez Aristote). ● **CORRÉLATS** : conflit ; dissertation ; idéalisme ; logique ; matérialisme ; thèse.

DIALLÈLE

(n. m.) ● **ÉTYM.** : grec *diallêlos*, « les uns par les autres ». ● **LOGIQUE** : cercle vicieux ; il s'agit de la prétention de démontrer une thèse alors que l'on tient par ailleurs cette même thèse pour acquise.

● **TERMES VOISINS** : cercle vicieux ; paralogisme ; sophisme. ● **CORRÉLAT** : logique.

DIALOGUE

(n. m.) ● **ÉTYM.** : grec *dialogos* (de *dia-*, « à travers », et *logos*, « parole »), « entretien ». ● **SENS ORDINAIRE** : discussion entre deux ou plusieurs personnes visant à produire un accord. ● **PHILOSOPHIE : 1.** Chez Socrate, puis Platon, son disciple : procédé de recherche du vrai par questions et réponses ; *Dialogues* est d'ailleurs le titre général de l'œuvre de Platon, chaque dialogue portant le nom de son interlocuteur principal (ex. : « le *Ménon* »). **2.** Phénoménologie : forme de réciprocité et d'échange constitutif des consciences comme sujets.

Le dialogue est le propre de l'homme. Seul l'homme est capable, non seulement de communiquer avec autrui, mais encore d'échanger avec lui, de questionner et de répondre. C'est que, chez l'homme, le langage* n'est pas essentiellement, comme chez les animaux, un outil de communication, un simple relais de l'action — bien qu'il puisse l'être parfois, notamment lorsqu'il sert à donner des ordres —, mais ce par quoi il accède à la pensée et à la représentation. Le dialogue est échange d'idées. Davantage encore, il est ce à travers quoi nos idées se forment. Dialoguer, c'est moins communiquer à autrui des pensées déjà faites, que s'efforcer de les reproduire en les formulant devant lui, et en acceptant de s'exposer à la critique. Dialoguer, c'est aussi, en prévoyant les objections, éprouver la solidité de ses arguments. Le dialogue est donc fécond et porte plus loin l'exigence de la pensée. Les *Dialogues* de Platon* mettent en scène la pensée en train de se constituer, et la dialectique* n'est rien d'autre que l'art du dialogue ou de la discussion. Les objections de Socrate* obligent son interlocuteur à se mettre en quête d'une vérité qu'il croyait déjà posséder. De l'opinion à la vérité, du particulier à l'universel, le dialogue est le chemin même de la philosophie — Platon, dans le *Sophiste*, définit la pensée comme « dialogue de l'âme avec elle-même ». Cette dernière formule peut surprendre, parce qu'alors autrui* paraît absent du dialogue. Mais, à l'inverse, il est bien certain que la simple présence d'autrui ne suffit pas pour dialoguer et donc pour penser. On peut mono-

◆ Dichotomie

loguer à plusieurs, dans la communion ou le consensus. Pourtant peut-on dialoguer seul ? Oui, car toute pensée véritable, même solitaire, est sous le regard d'autrui, dans la mesure où elle tente de se formuler dans l'élément de l'universel*. C'est ce dont témoigne l'écriture, qu'elle soit littéraire ou philosophique. Non, car autrui n'est pas seulement un être idéal et abstrait auquel je m'adresse, ou sous le regard duquel j'accepte de me placer. Il est celui qui s'adresse à moi, dans la réciprocité, et me répond. « Penserions-nous beaucoup, et penserions-nous bien, si nous ne pensions pour ainsi dire en commun avec d'autres ? » faisait déjà remarquer Kant* (*Qu'est-ce que s'orienter dans la pensée ?*). Autrui, en tant qu'il est un être différent de moi, enrichit et élargit la conception que j'ai du monde. La philosophie contemporaine, et notamment la phénoménologie*, donnent au dialogue — ou « intersubjectivité* » — une importance primordiale, parce qu'il est constitutif d'un monde véritablement humain, c'est-à-dire d'un monde commun et pourtant composé de l'entrelacement des différences.

● **TERMES VOISINS** : débat ; discussion ; échange. ● **TERMES OPPOSÉS** : monologue ; violence. ● **CORRÉLATS** : autrui ; communication ; dialectique ; discours ; intersubjectivité ; langage ; pensée ; vérité.

DICHOTOMIE

(n. f.) ● **ÉTYM.** : grec *dichotomia*, « division en deux parties ». ● **LOGIQUE ET PHILOSOPHIE** : division logique d'un concept en deux autres, généralement contraires et qui recoupent la totalité de son extension*.

La dichotomie ou diarèse (du grec *diairesis*, « division ») fut un élément important de la méthode dialectique* dans les derniers dialogues de Platon* (*Sophiste*, *Politique*, *Philèbe*...) : elle permet de faire progresser les interlocuteurs vers une détermination de plus en plus en plus précise de l'essence, qui est l'objet de la recherche. Celle-ci se présente donc comme un « arbre », c'est-à-dire une série de subdivisions en deux branches, l'une étant à chaque fois éliminée, l'autre à son tour subdivisée, etc.
Le néo-platonicien Porphyre (233-304 apr. J.-C.) donne l'exemple suivant : les substances* sont soit spirituelles, soit corporelles ; les corps sont soit inorganiques, soit organiques ; les corps organisés, c'est-à-dire les êtres vivants, sont soit non sensibles, soit sensibles ; les corps organiques sensibles, c'est-à-dire les animaux, sont doués de raison ou non, etc.
Aristote* critique la dichotomie platonicienne en ce qu'elle ne fournit pas de raison nécessaire de choisir un des deux termes de la subdivision plutôt que l'autre.

● **TERME VOISIN** : division. ● **CORRÉLATS** : dialectique ; dialogue.

DIDEROT DENIS (1712-1784)

┌─ **REPÈRES BIOGRAPHIQUES** ─
Né à Langres, Diderot suit de brillantes études au collège de jésuites de la ville en vue de devenir prêtre. Il s'installe à Paris en 1729, où il exerce plusieurs métiers, cultive les mathématiques et s'initie à l'anglais, avant de vivre de sa plume. En 1748 naît le grand projet de l'*Encyclopédie*, mené à bien avec d'Alembert. Il poursuit en parallèle son œuvre personnelle (romans, critiques d'art, pièces de théâtre et essais philosophiques). Sa vie fut tumultueuse, faite d'amour (sa rencontre avec Sophie Volland), de voyages (auprès de Catherine II de Russie, en Hollande...), de luttes contre la censure subie par l'*Encyclopédie* et même d'un séjour en prison, à la suite de la publication, en 1749, de la *Lettre sur les aveugles*.

La philosophie de Diderot a rapidement évolué vers un monisme* matérialiste* et athée : le monde est un tout matériel quasi organique où, du minéral à la vie et de la vie à la pensée, le processus d'engendrement est continu (on a pu ainsi parler du « transformisme » de Diderot, qui anticipe sur les idées de Lamarck* concernant l'évolution des espèces vivantes).
Conformément à l'idéologie scientifique de son siècle, dominé par la figure de Newton*, Diderot affirme que la connaissance ne répond qu'à un seul critère : l'expérience*.
Sa pensée politique n'est ni originale ni systématique : il souhaite une société libérale et éclairée, source du progrès* matériel et moral des hommes, et fonde la souveraineté véritable sur un

contrat social*. Il affirme l'existence d'une morale universelle fondée non sur Dieu mais sur les sentiments naturels et la raison de l'homme.

Suivre la nature sera également le précepte de la philosophie esthétique* de Diderot : le génie* est celui qui sait imiter la nature (nature physique et nature humaine), non au sens d'une copie, mais en en révélant la vérité profonde, en sachant en saisir les caractères. Le beau* n'est pas alors le vrai, mais le vraisemblable.

● **PRINCIPAUX ÉCRITS :** *Lettre sur les aveugles à l'usage de ceux qui voient* (1749) ; *Pensées sur l'interprétation de la nature* (1753) ; *Le Neveu de Rameau* (1762) ; *Le Rêve de d'Alembert* (1769) ; *Jacques le fataliste* (1771).

DIEU

(n. m.) ● **ÉTYM. :** latin *deus*, « Dieu ». ● **RELIGION : 1.** Polythéisme : être(s) supérieur(s) et immortel(s), qui commande(nt) aux phénomènes naturels ou interviennent dans les affaires humaines. **2.** Monothéisme (judaïsme, christianisme, islam) : être unique, personnel, absolument parfait, créateur du monde, présidant à ses lois générales et pouvant y intervenir par des miracles. ● **PHILOSOPHIE : 1.** Métaphysique : cause première et parfaite de l'univers. **2.** Chez Aristote : vivant éternel et parfait, acte pur. **3.** Chez Spinoza : substance infinie composée d'une infinité d'attributs.

Le « Dieu des philosophes », principe abstrait et compréhensible par la raison, contredit-il le Dieu de la religion ? Les philosophes du Moyen Âge ont voulu, grâce à cet être de raison, mettre « la philosophie au service de la théologie* ». Mais Dieu est alors pensé selon les voies propres du discours philosophique, la raison, et ne dépend pas d'une révélation ou d'un acte de foi* ; or, du point de vue religieux, Dieu n'est pas qu'un principe d'explication du monde, c'est une personne miséricordieuse, objet d'amour : « Dieu d'Abraham, Dieu d'Isaac, Dieu de Jacob, écrit Pascal*, non des philosophes et des savants ». Aussi Kant*, à la suite de Pascal, affirmera-t-il que Dieu est inconnaissable par la raison, ce qui, à ses yeux, justifie la foi.

● **TERME VOISIN :** être suprême.

VISION EN DIEU

Théorie de Malebranche selon laquelle toute la connaissance, sensible aussi bien que rationnelle, résulte de l'action de Dieu en nous. L'origine de nos idées comme de nos sensations est donc en Dieu et non dans l'expérience, comme le prétendent les empiristes, ni dans notre esprit, comme le soutiennent les innéistes. *Cf.* Malebranche.

MORT DE DIEU

Cf. Nietzsche.

● **CORRÉLATS :** agnosticisme ; christianisme ; déisme ; judaïsme ; hindouisme ; métaphysique ; religion ; substance ; théisme ; théologie.

DIFFÉRANCE

(n. f.) ● **CONCEPT FORGÉ PAR JACQUES DERRIDA**, et désignant le processus dynamique qui est à l'origine des *différences* (au sens ordinaire), c'est-à-dire des écarts significatifs, ou des oppositions, notamment à l'intérieur d'un texte ou d'une structure symbolique. La *différance* est un concept économique qui désigne la « production du différer, au double sens de ce mot » (Derrida, *De la grammatologie*, Éditions de Minuit, 1967).

Cf. Derrida.

DIFFÉRENCE

(n. f.) ● **ÉTYM. :** latin *differentia*, « différence ». ● **SENS ORDINAIRE :** toute relation d'extériorité ou d'altérité entre plusieurs termes ayant quelque chose en commun ; cette extériorité peut être numérique (la différence s'oppose alors à l'identité : un homme est différent d'un autre homme) ou qualitative (lorsque deux êtres diffèrent par leur essence ou leur nature : un homme est différent d'une femme). ● **SENS PARTICULIER :** ce qui définit un être singulier et fait de lui une réalité originale, distincte de toute autre ; dans ce cas, la « différence » est une propriété intrinsèque.

◆ **Dignité**

■ ● **PHILOSOPHIE SCOLASTIQUE :** la différence « spécifique » est le caractère qui distingue une espèce des autres espèces du même genre.

La différence est tantôt une relation (un rapport entre objets distincts), tantôt un caractère intrinsèque, c'est-à-dire un trait caractérisant une réalité singulière en elle-même. C'est de ce second point de vue que la notion de « différence » a retenu l'attention de nombreux philosophes contemporains comme Emmanuel Levinas*, Jacques Derrida* ou Gilles Deleuze*. Martin Heidegger* a voulu le premier conférer à ce concept une réelle dignité philosophique : la différence comme telle, difficile à concevoir autrement que négativement (ce qui est différent, c'est ce qui n'est pas identique ou semblable), est pourtant un souci et un enjeu essentiel de toute pensée réellement attentive à la complexité du réel.

Par ailleurs, il faut signaler que l'idée de différence a fait l'objet d'une exploitation idéologique, notamment à travers l'affirmation d'un « droit à la différence », qu'il ne faut pas confondre avec le « respect de la différence ». Cette affirmation est dénoncée aujourd'hui par un certain nombre d'anthropologues (Louis Dumont par exemple). La revendication d'un « droit à la différence » peut être considérée, si l'on suit ces auteurs, comme contradictoire et dangereuse. Contradictoire, car les droits de l'homme ont pour fondement le principe d'égalité naturelle de tous les hommes. Dangereuse, car revendiquer des droits spécifiques (pour les femmes, par exemple) peut conduire à remettre à nouveau en question le principe de l'égalité des sexes. Or, l'égalité de statut de tous les êtres humains n'est pas aussi bien admise ni tolérée qu'on voudrait le croire. Le racisme* apparaît aujourd'hui comme une réaction suscitée autant par l'angoisse de l'indifférenciation (résultat de l'égalitarisme) que par le rejet de la différence (*cf.* Racisme).

■ ● **TERMES VOISINS :** altérité ; dissemblance ; distinction ; inégalité ; particularité ; singularité.

PRINCIPE DE DIFFÉRENCE
Cf. John Rawls.

DIFFÉRENCE ONTOLOGIQUE
Chez Heidegger : différence qui « sépare l'être de l'étant » ; ou encore : « différence comme telle », « différence en tant que différence ». Elle est, selon Heidegger, ce que la métaphysique n'a traditionnellement pas pu se représenter.

■ ● **CORRÉLAT :** identité.

DIGNITÉ

(n. f.) ● **ÉTYM. :** latin *dignitas*, « rang, valeur ». ● **SENS ORDINAIRE :** qualité de ce qui mérite le respect (« avoir de la dignité dans le malheur »).

C'est principalement dans la pensée kantienne que la notion de dignité reçoit un sens philosophique. Elle y désigne la valeur absolue de l'homme en tant qu'il est libre et ne doit obéir à d'autre loi que celle qu'il se donne par la raison. La dignité d'un être renvoie ainsi à son caractère irremplaçable, ce pourquoi Kant* oppose ce qui possède une dignité à ce qui a seulement un « prix » et peut donc être échangé ou vendu (*Fondement pour la métaphysique des mœurs*, Deuxième Section). Frapper un homme d'indignité, c'est bien lui refuser toute prétention à exister comme sujet autonome*.

■ ● **TERMES VOISINS :** respect ; valeur.
● **CORRÉLATS :** autonomie ; liberté ; morale ; personne.

DILTHEY WILHELM (1833-1911)

REPÈRES BIOGRAPHIQUES
Philosophe allemand contemporain de Nietzsche, Dilthey exerça une grande influence sur le mouvement phénoménologique auquel il a apporté une vision nouvelle des « sciences de l'esprit ».

De la pensée de Dilthey on retient le plus souvent la distinction entre *expliquer* et *comprendre*. Alors que l'explication* recherche les causes d'un fait et caractérise essentiellement les sciences de la nature, la compréhension* tente de délimiter le sens d'un phénomène et doit être à l'œuvre dans les sciences de l'esprit. Dilthey prétend donc qu'il est possible de construire une épistémologie* des sciences humaines aussi objective que celle des sciences physiques et, à ce titre, il s'oppose au positivisme* qui affirme que tous les discours sur l'homme sont nécessairement relatifs. Pour Dilthey, les phénomènes historiques ne sont donc pas seulement soumis au déterminisme* naturel, mais font aussi intervenir l'intention des acteurs sociaux, et il revient à l'historien de la culture d'interpréter ces intentions et leur réalisation effective. Par là, les sciences humaines se définissent comme des herméneutiques*.

● **Principaux écrits :** *Introduction à l'étude des sciences humaines* (1883) ; *Le Monde de l'esprit* (1926).

Diogène Laërce
(IIIe siècle apr. J.-C.)

Repères biographiques

De la vie de Diogène Laërce, nous ne savons presque rien, sinon qu'il vécut probablement au début du IIIe siècle de notre ère.

Moins philosophe que doxographe, Diogène Laërce a recensé, dans son ouvrage *Vies et sentences des philosophes illustres*, tout ce que la philosophie grecque avait produit jusqu'à lui, sans qu'on puisse dire avec certitude à quelle orientation philosophique lui-même se rattachait. Cette compilation, faite sans grand sens critique ni principe organisateur visible, nous est néanmoins fort précieuse puisqu'elle a permis de conserver la trace de pensées qui se seraient sans doute depuis lors perdues, ou auxquelles il nous serait beaucoup plus difficile d'accéder.

● **Principaux écrits :** *Vies et sentences des philosophes illustres*.

Diogène le Cynique

Repères biographiques

Philosophe de l'école cynique, né à Sinope, sur la mer Noire vers 413 av. J.-C., et mort à Corinthe vers 327 av. J.-C. De nombreuses anecdotes, plus ou moins véridiques (*cf.* Cynisme), circulent à son propos, illustrant l'anticonformisme social des cyniques. Ne pas confondre avec Diogène Laërce.

● **Principaux écrits :** on ne connaît Diogène que par des témoignages indirects et souvent tardifs (ceux de Diogène Laërce, qui a transmis une liste de titres de ses écrits, de Sénèque, de Sextus Empiricus, de Stobée...).

Dionysos

Dionysos, dieu de la musique et du vin dans l'Antiquité grecque, désigne chez Nietzsche* la tendance de la vie* à s'arracher à toute forme constituée, à s'affirmer dans la souffrance d'une déchirure perpétuelle. L'ivresse dionysiaque est bien ce moment, pour Nietzsche, où l'identité individuelle se perd, pour se plonger, s'abîmer dans la fusion avec une totalité cosmique en délire. Parce qu'il est un sentiment cosmique, le dionysiaque renvoie à l'essence même du monde de la volonté de puissance* : un monde en perpétuel mouvement, en lequel toutes les formes se nouent et se dénouent, se créent et se défont sans cesse (comme les vagues d'un immense océan, dira Nietzsche). C'est sur ce fond obscur et déchiré que se dessinent les formes lumineuses, aux contours nets et finis, des fictions apolliniennes (*cf.* Apollon).

Discours

(n. m.) ● **Étym. :** latin *discursus*, « action de courir ici et là », « discours », « conversation ». ● **Sens ordinaires : 1.** Allocution, conférence, développement oratoire destinés à une assemblée. **2.** Exposé, traité (ex. : « le *Discours de la méthode* de Descartes »). ● **Philosophie :** raisonnement, suite de jugements présents dans un ordre méthodique.

Plier le langage aux exigences de la pensée rationnelle est, depuis Platon*, une exigence de la philosophie. Contre les sophistes* qui privilégiaient dans leur enseignement le souci de l'effet, de la persuasion, la fascination exercée par la parole, Platon préconisait le dialogue*, qui permet de suivre les articulations de la pensée*, de la raison* ou du *logos*, et évite de se complaire dans des mots vides de sens. À l'époque contemporaine, la linguistique* a de nouveau attiré l'atten-

◆ Dissertation

tion sur le pouvoir des mots. Il ne s'agit pas de dénoncer une rhétorique superficielle, mais de reculer les limites de la détermination de la pensée par le langage ; la linguistique considère la langue* comme un système arbitraire et autonome par rapport à la pensée des individus qui, y trouvant un réservoir d'idées et de concepts, échappent difficilement à ce cadre assigné par la langue. Dans ce même optique, la psychanalyse* lacanienne considère que le sujet est prisonnier du discours tenu autour de lui, et avant lui, par son entourage, système figé de significations dont il hérite inévitablement. L'anthropologie de Michel Foucault* met en évidence le lien du discours et du pouvoir : les mots et les formules dont les individus, comme les institutions, se font les relais, cristallisent des rapports de force, indépendamment de leur signification rationnelle. Ainsi, le discours, qui désignait la raison et contenait la possibilité d'un échange rationnel, a fini par désigner ce qui échappe à un tel échange : l'opacité inhérente au langage dans son usage social.

● **Termes voisins :** parole ; raison.
● **Corrélats :** argumentation ; communication ; dialogue ; langage ; langue ; logique ; raison.

Dissertation

(n. f.) ● **Étym. :** latin *disserere*, « enchaîner à la file des raisonnements », d'où *dissertare*, « exposer ».
● **Sens ordinaire :** examen critique d'un problème, dans un écrit composé de moments ordonnés les uns par rapport aux autres de manière méthodique.

Un exercice scolaire ?
Scholê en grec, c'est le « loisir », « l'école », c'est le moment du loisir d'apprendre, libéré des contraintes de la vie quotidienne. Si disserter est un exercice scolaire, c'est avant tout au sens fort : comme expression du loisir de penser par soi-même, indépendamment des préjugés et des conventions, en laissant trace écrite de cet essai personnel. Une dissertation est philosophique si elle est une argumentation, où l'on pose des questions, avance des réponses, examine des objections, analyse des notions, confronte des idées et des systèmes. La forme originelle de la réflexion philosophique est le discours* (*logos*) rationnel. Socrate* disait que la pensée* est un « dialogue* » de l'âme avec elle-même » (Platon*, *Sophiste* 264 a) : réfléchir, examiner intérieurement des arguments, c'est juger, c'est « se dire » quelque chose, confronter des arguments comme dans une discussion avec autrui*. Le dialogue* est ainsi considéré comme la forme didactique la plus adaptée à l'apprentissage de la démarche, de la réflexion critique. Quelle différence, alors, existe-t-il entre dialogue et dissertation ?

L'ordre de la découverte et de l'exposition
Le dialogue philosophique, comme nous le montre l'œuvre de Platon, est l'approfondissement progressif d'une question ; il comprend des moments d'analyse (on y divise la difficulté en ses éléments, on y décompose les idées), et aussi des moments de synthèse. Parfois, le dialogue s'interrompt sans avoir abouti : c'est qu'il est une avancée, menée par plusieurs esprits, comparable en quelque sorte à la « méditation » popularisée par Descartes*, cheminement méthodique de la pensée d'un point à un autre, dont le départ ne préjuge pas de la fin. La dissertation garde quelque chose de la méditation, du dialogue avec autrui ou avec soi-même, mais en tant que communication écrite, elle exige aussi un ordre d'exposition, qui suppose pour ainsi dire le problème résolu. En ce sens, sa rédaction demande, soit que son plan lui préexiste, soit que son auteur s'interrompe régulièrement d'écrire, afin de déterminer *a posteriori* le contenu des moments, en les reprenant, en les nommant, et les liant à ce qui s'ensuit dans des transitions, tirant ainsi par la réflexion, un ordre d'exposition de l'ordre de la découverte lui-même. Cela, seule une démarche écrite le permet, en objectivant pour soi et pour les autres, les moments de la réflexion.

Le but de la dissertation
Il s'agit de dégager, à partir d'une question* posée, un enjeu et un problème*, dont la résolution permettra de répondre à la question. Par enjeu, il faut entendre ici ce qui est à gagner ou à perdre selon que l'on répondra d'une manière ou d'une autre à la question. Soit, par exemple, la question : « L'homme est-il un être libre ? » Si l'on y répond par la négative, on voit que ce qui est perdu, c'est la notion de responsabilité (à quoi

bon, dans ce cas, des tribunaux pour juger en matière pénale ?).

Quant au problème, il s'agit d'une difficulté méthodologique qui fait obstacle à la possibilité de réponse : il doit donc être préalablement résolu. Par exemple, notre savoir va-t-il jusqu'à pouvoir prouver l'effectivité de la liberté, ou celle-ci est-elle une sorte de croyance nécessaire, sans laquelle on ne peut pas penser l'humain ? Si l'examen du problème peut parfois prendre appui sur des analyses philosophiques déjà existantes, celles-ci ne sauraient en aucun cas prendre purement et simplement la place de l'effort nécessairement personnel de la réflexion.

● **Termes voisins** : analyse ; étude ; exposé ; rédaction ; synthèse.
● **Corrélats** : argumentation ; démonstration ; dialectique ; dialogue ; discours.

Divertissement

(n. m.) ● **Étym.** : latin *divertere*, « se détourner ». ● **Sens ordinaire** : action de se distraire, de « se changer les idées », de s'amuser. ● **Sens juridique** : action de détourner des fonds ou des biens. ● **Philosophie** : *cf.* Pascal.

● **Termes opposés** : sérieux ; travail.
● **Terme voisin** : jeu. ● **Corrélat** : angoisse.

Dogmatisme

(n. m.) ● **Étym.** : grec et latin *dogma*, « opinion », « doctrine ». ● **Sens ordinaire** : rigidité intellectuelle des adeptes d'une doctrine, lorsque ceux-ci refusent d'envisager la discussion ou la remise en cause de ses fondements. ● **Philosophie** : position philosophique consistant à admettre que l'on peut atteindre puis démontrer des vérités certaines ou même absolues, notamment dans le domaine métaphysique.

La « critique* » de la raison* à laquelle le philosophe Kant* a procédé dans l'ensemble de son œuvre avait pour but d'éviter deux écueils : le dogmatisme — croyance en la toute-puissance de la raison

— et le scepticisme* — doute radical sur les capacités de la raison. Une fois son activité fermement délimitée, la raison est opérante et fiable : le dogmatisme n'est alors plus tenable. L'histoire des idées, pourtant, nous apprend que rares sont les philosophes, aussi subtils et géniaux soient-ils, qui ne succombent pas, un jour ou l'autre, à la tentation du dogmatisme. On peut se demander, par ailleurs, si, contrairement à ce que Kant a soutenu dans son ouvrage, *La Religion dans les limites de la simple raison*, il n'y a pas un lien intrinsèque entre foi religieuse et dogmatisme : peut-on vraiment croire tout en admettant que ce à quoi l'on croit est douteux, incertain ? La question reste posée.

● **Terme opposé** : scepticisme.
● **Corrélats** : certitude ; conviction ; critique ; doute ; fanatisme ; fidéisme ; préjugé.

Dogme

(n. m.) ● **Étym.** : grec et latin *dogma*, « opinion », « doctrine ». ● **Théologie** : ensemble des positions caractéristiques d'une religion. ● **Sens ordinaire** : point de doctrine établi et considéré comme intangible et indiscutable dans une école philosophique ou religieuse, dans un courant politique, etc.

● **Terme voisin** : article de foi.
● **Corrélats** : dogmatisme ; foi ; opinion ; préjugé ; religion.

Donation

(n. f.) ● **Étym.** : latin *donatio*, de *donare*, « donner ». ● **Sens ordinaire** : contrat par lequel une personne (le donateur) se dépouille sans contrepartie d'un bien en faveur d'une autre (le donataire). ● **Philosophie** : désigne le mode selon lequel certaines sensations ou idées se présentent à l'esprit de façon immédiate. Bergson parle en ce sens des « données immédiates de la conscience ». L'empirisme et la phénoménologie veulent faire prévaloir dans la pensée la donation du phénomène contre la construction spéculative ou métaphysique.

◆ Doute

● **Terme opposé :** construction.
● **Corrélats :** évidence ; intuition ; perception ; phénomène ; sensation.

DOUTE

(n. m.) ● **Étym. :** latin *dubitare*, « balancer ». ● **Sens ordinaire :** état d'esprit provenant d'une absence de certitude. ● **Philosophie :** attitude réfléchie, volontaire et critique ; suspension du jugement devant ce qui se présente comme une vérité, afin de l'examiner et d'en mettre à l'épreuve le bien-fondé. ● **Épistémologie :** selon Claude Bernard, qualité fondamentale de l'investigation scientifique, qui vise à ne pas prendre des conclusions momentanées pour des vérités absolues.

D'un point de vue philosophique, il faut distinguer deux sortes de doute : le doute sceptique et le doute méthodique.
1. Le doute sceptique (*cf.* Scepticisme) est une suspension radicale et définitive du jugement. La pensée chrétienne, en particulier avec Pascal*, a repris certains aspects de la tradition sceptique : en mettant en évidence la faiblesse de notre raison, le doute sceptique peut être aussi un auxiliaire de la foi. À la suite de Hume* (XVIIIe siècle), le doute sceptique devient plus modéré : il consiste moins à suspendre son jugement* qu'à ne pas prendre nos croyances, mêmes les plus crédibles, pour des certitudes*, et à se défendre contre l'enthousiasme des passions et contre le dogmatisme.
2. Le doute méthodique est le point de départ de la philosophie de Descartes*. S'il consiste dans le projet de faire table rase de toutes les opinions que nous avons reçues jusqu'ici comme étant vraies, c'est en vue de trouver celles qui leur résisteront. Le doute méthodique diffère donc du doute sceptique parce qu'il est un moyen en vue d'une fin, qui est la certitude. Provisoire et délibéré, le doute cartésien est également radical : il révoque ce qui est simplement vraisemblable et n'admet pas d'intermédiaire entre le vrai et le faux. Il est, de ce fait, hyperbolique, c'est-à-dire excessif. C'est pourquoi, à la fin de la *Première Méditation métaphysique*, Descartes avance la fiction d'un « malin génie* » qui lui permet de se persuader que tout est faux. Cette fiction a essentiellement un rôle psychologique. En effet, les raisons de douter sont logiquement suffisantes, mais elles ne sont pas psychologiquement assez parfaites pour maintenir l'esprit dans sa résolution de douter. En se persuadant, grâce au « malin génie », que tout est faux — et non plus seulement douteux — cette résolution pourra plus aisément se maintenir.

● **Termes voisins :** embarras ; hésitation ; incertitude. ● **Terme opposé :** certitude. ● **Corrélats :** méthode ; philosophie ; scepticisme ; vérité.

DROIT

Le droit (du latin *directus*, « sans courbure ») est né de la nécessité de régler, voire de rectifier les relations entre les hommes. Comme le dit Kant*, les hommes sont insociablement sociables : ils veulent vivre en société, car ils savent que c'est nécessaire (sociabilité), mais chacun n'est pas disposé à s'imposer à lui-même les exigences entraînées par cette existence collective (insociabilité). Livrés à eux-mêmes, les rapports humains seraient donc passionnels, engendreraient conflits et insécurité, débouchant sur une situation contraire à l'objectif poursuivi par l'association. D'où la nécessité d'instituer un arbitrage impartial s'appliquant équitablement à tous. Il faut alors comprendre à quelles conditions un droit est véritablement un droit, garantissant réellement à chacun la faculté d'user de ses droits (« droits subjectifs »), mais lui imposant conjointement des devoirs* légitimes.

L'impossibilité de fonder le droit sur le fait

Le droit est nécessairement institué : si sa fonction est de rectifier, il serait contradictoire qu'il aille chercher ses fondements dans ce qui est déjà là. Les faits ne justifient pas le droit. Dans un passage célèbre du *Gorgias* de Platon* (483*b* sq.), l'un des personnages, Calliclès*, affirme que le droit, qui met les hommes à égalité devant la loi*, est injuste. La véritable loi, c'est le fait de la nature — l'inégalité : « Si le plus fort domine le moins fort et s'il est supérieur à lui, c'est là le signe que c'est juste [...] conformément à la nature du droit, c'est-à-dire conformément à la loi, oui, par Zeus, à la loi de nature... » Une telle volonté de rabattre le droit sur des rapports de force naturels est en réalité un déni du principe même du droit : réduisant le droit au fait, elle refuse le droit au profit de la violence*. Socrate a du reste beau jeu de répondre que si on se ralliait à cette thèse, il faudrait se soumettre à la foule des « faibles » qui, toujours plus forte que Calliclès, imposerait sa loi... Mais en réalité, aucune force, fût-ce celle de la foule, ne fondera jamais aucun droit. Comme le montre magistralement Rousseau* (*Du contrat social,* I, 3), l'idée de « droit du plus fort » est contradictoire dans les termes. Parce que le « plus fort », en effet, n'existe pas : s'il suffisait d'être « plus fort » pour être toujours le maître, on ne ferait pas appel au droit. Parce que se réclamer du droit, c'est instituer des obligations durables, irréductibles aux faits réels, qui peuvent bien les violer, mais ne sauraient les annuler : il ne suffit pas qu'un voleur ait la force ou l'habileté de me prendre mon portefeuille pour en faire sa propriété légale, même s'il le possède en fait. Un droit digne de ce nom ne saurait être « un droit qui périt quand la force cesse ». Pour comprendre que le « droit du plus fort » est une absurdité, il suffit de voir qu'il suffirait alors d'avoir la force de désobéir pour en avoir le droit...

Droit naturel et droit positif

Si le droit ne peut se fonder par le fait, il faut cependant admettre que les faits nous imposent le droit. C'est ce que démontrent les théoriciens du « droit naturel ». Il ne s'agit pas pour eux de voir dans la nature* un modèle du droit, mais d'établir que, imaginés sans société ni loi, les hommes seraient obligés d'instaurer le droit. Pour Hobbes*, par exemple, c'est en vertu de la « loi de nature » qui « interdit aux gens de faire ce qui mène à la destruction de leur vie » (*Léviathan,* chap. XIV), qu'il serait obligatoire de sortir de cet état d'insécurité en instaurant l'association, le droit et le pouvoir* qui l'institue. Même chez Hobbes donc, pourtant théoricien de la souveraineté absolue, c'est pour corriger la nature et empêcher les rapports de force interindividuels que les hommes ont institué le droit. Le droit naturel n'est pas un droit existant naturellement, mais la mise en évidence de la vraie nature du droit. Ce n'est pas la nature, mais la raison* qui institue le droit, précisément pour corriger la nature. Si bien qu'il devient possible de se réclamer du droit naturel pour combattre les excès des différents droits positifs (les systèmes juridiques tels qu'ils sont réellement institués dans les diverses sociétés). Ici encore, le droit (naturel) rectifie le fait (le droit positif). De ce point de vue, les critiques adressées à l'idée de droit naturel (*cf.* par exemple Hans Kelsen*, *Théorie pure du droit,* 1934) ont tout à fait raison de refuser qu'il se réduise aux simples commandements de la nature ou de Dieu, mais n'éliminent pas la question de savoir ce qui fonde le droit, sauf à courir le risque de réduire la norme* au fait (les systèmes de droit positif et leur logique interne).

Les conditions de légitimité du droit

S'interroger sur ce qui fonde le droit, c'est se demander à quelles conditions une loi est juste — et cela seul nous autorisera à parler de « lois injustes », à distinguer légitimité et simple légalité*, et à penser les conditions d'un droit de résistance à l'oppression. En dépit de ses limites (parce qu'il fait délibérément abstraction des conditions historiques d'existence du droit positif, toujours déjà là), le modèle théorique du contrat* nous fait clairement comprendre que la logique interne du droit, c'est la réciprocité : il faut que le droit soit institué de telle sorte que chacun, pour peu qu'il soit suffisamment éclairé, y reconnaisse les conditions de satisfaction équitable de ses intérêts. Comme le montre très bien Rousseau, la condition fondamentale de légitimité du droit — et du pouvoir qui l'institue — c'est sa conformité à la volonté générale*, qui n'est jamais addition et soustraction de volontés particulières aveuglées par des intérêts privés, mais recherche de l'intérêt général. S'il remplit ces conditions, le droit pourra user de la force (droit pénal), non plus comme d'un fondement abusif, mais comme d'un instrument de respect des lois*, c'est-à-dire de liberté*. Car, puisque le droit est rendu nécessaire par l'incapacité des individus à régler spontanément leurs relations, il serait vain d'imaginer qu'il suffise de promulguer la loi pour la faire respecter. Contrairement à la morale*, qui repose sur la seule autorité de la conscience de chacun, le droit est nécessairement contraignant. Peut-être faut-il ajouter que, né de l'imperfection de l'homme, le droit est lui-même toujours imparfait. Comme le dit Kant* : « Dans un bois aussi courbe que celui dont est fait l'homme, on ne peut rien tailler de tout à fait droit. La nature ne nous impose que de nous rapprocher de cette idée » (*Idée d'une histoire universelle [...], 6ᵉ* proposition). De là les ambiguïtés de la notion de justice* : si la justice au sens légal peut être déclarée injuste, c'est précisément parce que l'humanité, incapable de se conformer entièrement à son essence morale, fait du droit, selon la belle expression de Kant, « une idée à réaliser dans un horizon infini », c'est-à-dire à laquelle on n'a jamais le droit de renoncer, vers laquelle on doit toujours avancer, mais qu'on ne doit jamais croire totalement accomplie.

● **TEXTES CLÉS :** Platon, *Criton* ; Th. Hobbes, *Du citoyen* ; J.-J. Rousseau, *Du contrat social* ; E. Kant, *Idée d'une histoire universelle au point de vue cosmopolitique*. ● **TERME VOISIN :** légalité. ● **TERMES OPPOSÉS :** état de nature ; fait ; violence. ● **CORRÉLATS :** devoir ; institution ; justice ; légalité ; loi ; personne ; pouvoir.

DUALISME

(n. m.) ● **ÉTYM. :** latin *dualis*, « double ». ● **SENS ORDINAIRE :** dualité ; opposition de deux doctrines ou de deux opinions. ● **MÉTAPHYSIQUE :** théorie selon laquelle la réalité est formée de deux substances indépendantes l'une de l'autre et de nature absolument différente : par exemple, l'esprit et la matière ou, comme chez Descartes, l'âme et le corps. La théorie contraire est le monisme.

● **TERME OPPOSÉ :** monisme. ● **CORRÉLATS :** âme ; corps ; esprit ; matière.

DUHEM PIERRE (1861-1916)

REPÈRES BIOGRAPHIQUES

Physicien, Pierre Duhem suit une carrière universitaire classique, d'abord à Lille, puis à Bordeaux, où il obtient la chaire de physique théorique. Mort à cinquante ans, il laisse une œuvre abondante, tant en philosophie qu'en science ou en histoire des sciences.

Selon Duhem, une théorie physique n'a pas pour objet l'explication des données observables (ce qui serait se prononcer sur la nature du réel, et donc relèverait de la métaphysique), mais la classification logique des phénomènes*, laquelle doit obéir à un principe d'économie — c'est-à-dire présenter de la façon la plus simple les phénomènes et leurs relations. Une théorie physique est donc une abstraction commode permettant de résumer des lois expérimentales. Il s'agit là d'un conventionnalisme* : une théorie physique est un système abstrait construit par convention. Ses principes fondamentaux ne prétendent pas énoncer les propriétés réelles des corps ; ce sont des hypothèses* arbitrairement choisies, auxquelles on ne demande que d'être cohérentes entre elles et de « sauver les phénomènes », c'est-à-dire de rendre compte des observations et des mesures effectuées sur les grandeurs physiques.

● **PRINCIPAUX ÉCRITS :** *La Théorie physique, son objet, sa structure* (1906) ; *« Sauver les phénomènes », essai sur la notion de théorie physique de Platon à Galilée* (1908) ; *Le Système du monde : histoire des doctrines cosmologiques de Platon à Copernic* (1913-1959).

DURÉE

(n. f.) ● **ÉTYM. :** latin *durare*, « se durcir », « subsister », « durer ». ● **SENS ORDINAIRES : 1.** Intervalle de temps. **2.** Temps imparti à un être ou une chose ; on parle, par exemple, de la « durée de vie » d'un arbre. ● **PSYCHOLOGIE :** qualité vécue et subjective du temps, par opposition au temps objectif et mesurable.

Le temps, comme grandeur physique homogène et mesurable, se résout à une suite discontinue d'instants qui n'ont pas plus de durée que le point n'a d'étendue. Pourtant, comme le remarquait déjà saint Augustin* dans ses *Confessions*, la conscience du temps n'est possible que si elle transcende l'instant. La phénoménologie, et notamment Husserl* dans ses *Leçons sur la conscience intime du temps*, reprendra ces analyses et montrera que la temporalité ou la conscience intime du temps est fondamentalement durée. À partir du présent, elle retient le passé, par le souvenir, et tend vers l'avenir, dans l'attente. Le temps* vécu a donc une épaisseur, s'inscrit dans une durée, qui peut varier d'un individu à l'autre, d'un état de conscience à un autre. La durée, ou temps vécu, est hétérogène et qualitative, contrairement au temps physique. Bergson*, quant à lui, fera de la durée non seulement l'expression du temps subjectif, mais ce par quoi la conscience* coïncide avec une durée inscrite dans la réalité substantielle de toute chose. La durée serait alors le fond même de l'être que le temps physique est impuissant à saisir, dans la mesure où il n'est que la transposition symbolique du temps en espace.

● **TERMES VOISINS** : moment ; temps.
● **TERME OPPOSÉ** : instant. ● **CORRÉLATS** : conscience ; passé ; présent ; temporalité ; temps.

DURKHEIM ÉMILE (1858-1917)

REPÈRES BIOGRAPHIQUES
Ancien élève de l'École normale supérieure, Durkheim est d'abord professeur à l'université de Bordeaux, puis à la Sorbonne. Il est considéré comme l'un des principaux fondateurs de la sociologie.

La sociologie conçue comme une science

Afin d'établir que la sociologie est une véritable science* — objective et fiable — Durkheim entreprend d'en déterminer l'objet et d'en préciser la méthode. La sociologie* comporte, en premier lieu, un objet spécifique : le « fait social », dont la caractéristique essentielle est qu'il « exerce une contrainte sur l'individu ». Son étude commande une méthode* comparable à celle des sciences exactes : on s'efforcera de « traiter les faits sociaux comme des choses ». Qu'est-ce qu'une chose* ? C'est une réalité que l'on doit observer de l'extérieur et dont on ne connaît pas *a priori* la nature : Durkheim nous met ainsi en garde contre l'illusion de compréhension immédiate des faits sociaux, et invite les sociologues à étudier les phénomènes* en s'appuyant sur une exploration prudente, méthodique, et par là même scientifique des données observables.

La transcendance de la conscience collective

Cette méthode rigoureuse s'avérera particulièrement féconde, comme en témoignent les trois principaux écrits de Durkheim, qui portent sur la division du travail social, le suicide et la vie religieuse. Dans chacun de ces ouvrages, Durkheim propose une explication strictement sociologique des faits sociaux étudiés. Dans *De la division du travail social*, le volume et la densité de la population sont présentés comme les véritables causes de la différenciation sociale croissante et de la prépondérance progressive de la « solidarité organique ». Dans *Le Suicide*, le comportement des acteurs individuels est expliqué par l'existence de « courants suicidogènes », ou tendances sociales au suicide, qui s'incarnent dans tels ou tels individus. Dans *Les Formes élémentaires de la vie religieuse* enfin, Durkheim montre que la religion* est une réalité sociale et que les comportements religieux relèvent d'une logique collective. L'essence de la religion, déjà à l'œuvre dans les systèmes totémiques, est la division du monde entre phénomènes sacrés* et phénomènes profanes. L'organisation des croyances relatives au sacré, des rites et des pratiques qui y sont associés, constituent le dénominateur commun de tous les phénomènes religieux. Au fond, les modalités variables de ces pratiques et les figures extrêmement diversifiées des êtres vénérés importent peu. Car c'est la société* elle-même — conçue comme une réalité qui nous dépasse infiniment et nous inspire crainte, respect et adoration — qui, dans toutes les religions, est le véritable objet du culte que les hommes croient vouer au sacré*. Aussi la religion témoigne-t-elle de la transcendance de la conscience collective par rapport aux consciences individuelles.

● **PRINCIPAUX ÉCRITS** : *De la division du travail social* (1853) ; *Les Règles de la méthode sociologique* (1895) ; *Le Suicide* (1897) ; *Les Formes élémentaires de la vie religieuse* (1912).

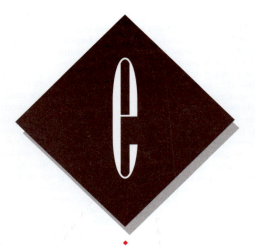

Eccéité

(n. f.) ● **ÉTYM.** : latin *ecceitas*, de *ecce*, « voici », et *ite*, suffixe indiquant l'appartenance à un groupe. ● **SCOLASTIQUE :** principe individualisant la substance. ● **PHILOSOPHIE :** traduction de l'allemand *Dasein*. Caractère singulier de ce qui existe, c'est-à-dire qui est situé dans le temps et dans l'espace.

● **TERMES VOISINS :** *Dasein* ; substance. ● **CORRÉLAT :** existence.

Échange

L'échange est l'action d'offrir ou de recevoir une chose ou une valeur contre une autre considérée comme lui étant équivalente : l'échange des services, l'échange des produits. L'échange est aussi, en un sens plus large, l'action de communiquer d'égal à égal, avec réciprocité : l'échange des idées, des sentiments.

Troc, échange et monnaie

L'échange n'est pas le don : le premier suppose une réciprocité réfléchie et concertée, des principes admis mutuellement, alors que le second obéit aux lois changeantes du sentiment. Le troc, échange d'objets contre des objets, est antérieur à l'usage de la monnaie, lequel résout le problème de l'échange d'objets de valeur inégale, par l'introduction d'une valeur générale de référence, de transport facile. Le troc aussi bien que l'échange fondé sur une monnaie supposent la sociabilité, la communication*, la raison. L'échange est spécifiquement humain, et manifeste, en plus du besoin de relation avec autrui, la volonté proprement humaine d'éviter la violence*, par le moyen de la position d'« intérêts bien compris », c'est-à-dire réfléchis.

Échange et culture

L'évolution des civilisations dépend étroitement des mutations des formes de l'échange. Ainsi, pour Lucien Goldmann (*Structures mentales et création culturelle*), le développement historique de l'économie de marché a mis en avant, progressivement et successivement : le contrat* : relation abstraite entre les hommes ; l'égalité* : dans l'échange, par-delà les différences de condition, les partenaires ont réciproquement besoin de l'autre, et chacun doit pouvoir en principe acheter ou vendre ; l'universalité : l'achat est indépendant des qualités des personnes, qui pourraient être toute personne en général ; la tolérance* : le système économique d'échange a intérêt à n'exclure personne du système d'achat-vente. Même si l'échange structuré en système commercial est aussi un facteur d'inégalité sociale, son développement a introduit ou développé dans la culture des notions humainement essentielles que la pensée démocratique doit alors reprendre et refonder.

L'échange de paroles et d'idées : le dialogue

Même intéressé, l'échange établit une relation durable entre les personnes et stabilise ainsi la communication sociale et les institutions qui la rendent possible. La constance de cette relation permet de révéler et de confirmer ce qui constitue sans doute le fondement de toute relation humaine authentique : le respect*, l'amitié*. Aussi le concept d'échange recouvre-t-il aussi bien le commerce des objets (troc, achat, vente...) que le commerce avec autrui (langage*, relations affectives...). Mode privilégié de communication, le dialogue*, qui est ouverture à l'autre et respect, est l'une des formes les plus significatives et les plus achevées de l'échange.

● **Textes clés :** J. Locke, *Traité du gouvernement civil* (chap. II à VII) ; J.-J. Rousseau, *Discours sur l'origine de l'inégalité* ; M. Mauss, « Essai sur le don » in *Sociologie et anthropologie* ; Cl. Lévi-Strauss, *Anthropologie structurale*. ● **Termes voisins :** commerce ; communication ; dialogue ; troc. ● **Corrélats :** culture ; économie ; médiologie ; société.

ÉCLECTISME

(n. m.) ● **Étym. :** grec *eklektikos*, « qui choisit ». ● **Sens ordinaire :** approche philosophique qui consiste à emprunter aux divers systèmes les thèses ou éléments les meilleurs quand ils sont conciliables, plutôt que d'édifier un système nouveau. ● **Sens particulier :** école de Victor Cousin (1792-1867) ; l'ambition de cette école philosophique est, selon lui, de « discerner ce qu'il y a de vrai et de faux dans les diverses doctrines et, après les avoir épurées et dégagées par l'analyse et la dialectique, de leur faire à toutes une part légitime dans une doctrine meilleure et plus vaste ».

● **Corrélats :** synthèse ; système.

ÉCOLE DE MILET
(VIIe-VIe SIÈCLE AV. J.-C.)

Repères biographiques

On désigne par « école de Milet » les premiers philosophes grecs, originaires de la ville de Milet, en Asie Mineure. Les trois figures principales en sont Thalès (vers 625-vers 546 av. J.-C.), Anaximène (vers 550-vers 480 av. J.-C.) et Anaximandre (vers 610-vers 545 av. J.-C.). De leurs écrits, presque tout s'est perdu (Thalès n'a d'ailleurs rien écrit), et leur pensée nous est surtout connue grâce à l'exposition et à la discussion qu'en fit Aristote au livre A de sa *Métaphysique*.

Les philosophes de Milet reçoivent parfois le nom de « physiciens », parce qu'ils se proposent d'expliquer la formation du monde, qu'ils conçoivent comme une « nature » (*phusis*) se développant à partir d'un principe unique : l'eau pour Thalès*, l'air pour Anaximène, et, pour Anaximandre*, un principe plus abstrait, qu'il nomme l'*apeiron*, littéralement le « sans limite ».

C'est avec ces penseurs que naît le discours philosophique, car ils sont les premiers à essayer de donner de la formation du monde non plus une « explication » mythique, par intervention d'agents surnaturels (*cf.* Mythe), mais une explication rationnelle, c'est-à-dire à la fois vraisemblable et fondée sur la genèse d'éléments naturels (*cf.* Présocratiques).

● **Corrélats :** Anaxagore ; Anaximandre ; Héraclite ; Parménide.

ÉCOLOGIE

(n. f.) ● **Étym. :** grec *oikos*, « maison », « habitat », et *logos*, « discours », « savoir ». ● **Science :** étude de l'ensemble des êtres vivants et des relations qu'ils entretiennent avec leur environnement. ● **Philosophie :** théorie ou doctrine qui se donne pour objectif une meilleure adaptation de l'homme à son environnement naturel. ● **Politique :** ensemble de courants politiques inspirés par la philosophie écologique, qui ont en commun une remise en cause des utopies progressistes.

La Terre est un être vivant

En 1866, le naturaliste Ernst Haeckel définit l'écologie comme « la totalité de la science* des relations de l'organisme avec l'environnement, comprenant au sens large toutes les conditions de son existence ». Il se réfère à Darwin* et insiste sur le caractère évolutif des relations entre l'homme et la nature*.

◆ Écriture

Quelques années auparavant, Auguste Comte* avait montré que l'harmonie entre l'être vivant et son milieu est la condition fondamentale de toute vie (44ᵉ leçon du *Cours de philosophie positive*). L'écologie contemporaine retient de ces premières théories biologistes l'idée de globalité : l'homme ne peut donner un sens à sa vie et accomplir un projet que s'il trouve sa place dans un contexte global. La nature conçue comme un ensemble de mécanismes et de processus indépendants de l'homme, peut seule lui fournir ce contexte. Selon James Lovelock (théoricien écologiste américain contemporain), la terre est un être vivant dont l'homme fait partie. Actuellement, l'homme agresse la nature : il est possible que la nature recouvre son équilibre mais, de cet équilibre, l'homme pourrait bien se trouver exclu (*Les Âges de Gaïa*, Laffont, 1990).

Deux écologies ?
Pour le philosophe français Luc Ferry (*Le Nouvel Ordre écologique*, Grasset, 1992), il n'existe pas une mais deux doctrines écologiques qu'il convient de distinguer soigneusement. Pour les « fondamentalistes », la nature possède une valeur intrinsèque, indépendamment des êtres humains. Elle est la condition première de toute vie, et l'espèce humaine — seule espèce « anti-naturelle » — est la plus nuisible. Aussi la nature doit-elle être protégée prioritairement. Pour les « environnementalistes » au contraire, l'homme est le seul porteur de valeur, le seul sujet de droit, et la nature ne possède pas de valeur intrinsèque : s'il faut la protéger, c'est dans le but d'assurer à l'humanité actuelle et à venir les meilleures conditions de vie. Selon Luc Ferry, l'écologie fondamentaliste peut déboucher sur un anti-humanisme vitaliste (« Il n'y a pas de valeur supérieure à la vie ») puis sur une apologie de la dictature, voire de la terreur, au nom du respect dû à la nature, devenue l'objet d'une véritable idolâtrie.

Le progrès remis en question
Même si l'écologie radicale peut constituer une idéologie dangereuse, on ne peut plus ignorer aujourd'hui que notre planète est menacée. D'où l'actualité des avertissements de philosophes comme Hans Jonas*, Cornélius Castoriadis, Edgar Morin* ou Michel Serres*. On doit comprendre, disent-ils, que l'ennemi principal de l'homme, aujourd'hui plus que jamais, est l'homme lui-même. Une codification des règles que nous adoptons à l'égard de notre environnement est devenue impérative.

● **Corrélats :** humanisme ; nature ; progrès ; violence.

ÉCRITURE

(n. f.) ● **ÉTYM. :** latin *scriptura*, de *scribere*, « écrire ». ● **SENS ORDINAIRES : 1.** Ensemble de procédés utilisés pour représenter la pensée et la parole par des signes tracés destinés à subsister. **2.** Manière singulière, particularité du graphisme d'une personne ; par extension : style de l'écrivain ou de l'artiste ; ou encore : activité créatrice considérée dans son originalité stylistique (« *écriture* cinématographique »). ● **ANTHROPOLOGIE :** tout système de communication — caractéristique d'un groupe ou d'une société — au moyen de signes conventionnels, stabilisés, permettant d'identifier des messages analysables. ● **PHILOSOPHIE :** ensemble des procédés et des systèmes signifiants par lesquels les hommes ont transcrit matériellement, à travers les âges, leurs paroles et leurs pensées. ● **ESTHÉTIQUE, LITTÉRATURE :** pratique de l'écrivain (à mi-chemin entre la langue et le style) apparentée à une fonction : l'écriture est, selon Roland Barthes, « le langage littéraire transformé par sa destination sociale » (*Le Degré zéro de l'écriture*, 1953).

L'invention de l'écriture (aux environs du IIIᵉ millénaire av. J.-C.) constitue un tournant dans l'histoire de l'humanité. Les premiers signes écrits furent probablement destinés à consigner le montant des premières grandes récoltes : l'invention de l'écriture a permis d'organiser le développement économique et la gestion de l'agriculture mécanisée à une échelle inédite ; c'est ainsi que l'on sort de l'« économie de subsistance » caractéristique des temps pré-historiques (c'est-à-dire avant l'écriture). Les sociétés que l'on appelle aujourd'hui « traditionnelles » se définissent précisément comme étant sans État, sans histoire et sans écriture. La découverte de l'écriture, en effet, enclenche l'histoire, sa rationalité mais aussi ses violences : on voit immédiatement l'ambivalence des « progrès » consécutifs à cette invention. Corrélative de la rationalisation des dimensions économiques et politiques de l'existence, l'écriture constitue en même temps un instrument de différenciation (apparition de catégories socio-économiques distinctes, ou de castes), voire d'asservissement. Les premiers scribes ont sans doute confisqué au profit des puissants qu'ils servaient la mémoire de premières sociétés nettement hiérarchisées.

Ambivalence de l'écriture

Précieuse pour transmettre les idées, indispensable pour fixer les savoirs et la mémoire sociale, l'écriture — comme l'ont très vite établi les philosophes — peut se retourner contre ce qui semble être sa vocation : faciliter et enrichir la communication et l'expression de la pensée. Dans le *Phèdre*, Platon* présente ce « don d'un dieu aux hommes » comme un cadeau empoisonné : s'ils se reposent sur l'écriture, les hommes épargneront, puis finiront par négliger leur mémoire (274 *d*). En outre, et plus radicalement, la connaissance indirecte, figée, extérieure que fournit l'écrit n'est qu'un simulacre de savoir et non pas la science elle-même. Dans le même esprit, Rousseau* dénonce la froideur, la sécheresse et l'inauthenticité de ce « nouveau » mode de communication. Mais il vise plus particulièrement l'écriture alphabétique : ce dernier stade de la rationalisation des langues marque le triomphe de l'abstraction par rapport à l'immédiateté (transparence et intimité) caractéristique des relations de proximité des hommes à l'état sauvage : « L'écriture, écrit Rousseau, qui semble devoir fixer la langue, est précisément ce qui l'altère » (*Essai sur l'origine des langues*, chap. 5). Instrument particulièrement approprié au négoce et au commerce international, l'écriture convient aux peuples policés ; mais elle n'est qu'un succédané, ou encore une parodie, de la parole vive.

Puissance de l'écriture

Chacun voit bien que l'écriture, conformément aux intuitions de Rousseau, ne fait souvent qu'accentuer les écarts que le langage* tend à creuser entre les individus. Cette fonction stigmatisante et discriminante de l'écriture et du langage a largement été dénoncée par de nombreux philosophes et sociologues contemporains. L'écriture, expliquent-ils, n'est pas un simple instrument (un matériau éventuellement nocif, mais improductif par lui-même) ; elle est au contraire douée d'une certaine autonomie, d'une puissance, voire d'une violence inattendue. Écrivains et psychanalystes ont insisté sur les incidences innombrables d'une activité qui bouscule et redistribue ses propres données, ainsi que ses champs d'application (linguistique, littérature, esthétique, etc.). Si l'inconscient peut se *lire* comme un langage (Lacan*), il faut ajouter aussitôt que tout texte est un « hypertexte » (un réseau plus ou moins indéchiffrable de règles et de symboles interconnectés), ou même encore que « l'essentiel de la langue est étranger à la langue » (Jacques Derrida*). Selon le philosophe de la déconstruction*, le langage est englobé dans une « archi-écriture », phénomène qui traduit la préséance originelle du signifiant sur le signifié. « Les formes déterminent la signification » (D. F. McKenzie) : cette idée s'éclaire et se confirme chaque jour avec l'apparition des nouvelles technologies (numérisation et télématique) qui modifient profondément notre rapport au texte et à l'écriture (*cf.* à ce propos Roger Chartier, *Culture écrite et société : l'ordre des livres*, Albin Michel, 1996).

● **TERMES VOISINS :** expression ; style. ● **CORRÉLATS :** art ; caractéristique universelle ; communication ; différance ; expression ; langage ; médiologie ; structuralisme.

ÉDUCATION

(n. f.) ● **ÉTYM. :** latin *educatio*, « élevage », « formation de l'esprit ». ● **SENS LARGE :** développement méthodique donné à une faculté, à un organe (ex. : « l'éducation des réflexes »). ● **SENS STRICT :** mise en œuvre de méthodes et de procédés propres à assurer la formation et le développement d'un être humain.

« L'homme, écrit Kant*, est la seule créature qui doive être éduquée. » N'étant pas dirigé par l'instinct*, en effet, il doit conquérir par la culture* ce que la nature* lui a refusé. L'éducation, dont le but est de conduire l'homme à sa propre humanité, comporte, toujours d'après Kant, deux aspects : la discipline et l'instruction. La discipline est la partie négative de l'éducation. Elle habitue l'enfant à supporter la contrainte des lois. Par là, elle l'aide à surmonter sa sauvagerie origi-

◆ Égalité

naire. L'instruction est la partie positive de l'éducation. Elle est l'action de former et d'enrichir l'esprit par la transmission du savoir et par l'étude. Si le but de l'éducation est, aux yeux de tous, le développement des capacités de l'individu ainsi que le perfectionnement de l'humanité prise dans son ensemble, la détermination de ses objectifs et de ses méthodes révèle de profondes divergences entre les philosophes. Faut-il mettre l'accent sur l'épanouissement individuel, ou bien plutôt sur l'adaptation harmonieuse au milieu social et à ses changements ? L'éducation doit-elle être conservatrice, autoritaire et protectrice, comme le pense Hannah Arendt* (*La Crise de la culture*), ou bien, au contraire, non directive, libérale, voire permissive ? Mais enfin, et surtout, doit-on n'envisager l'éducation que dans une perspective individualiste, ou bien faut-il prendre en compte, comme le fait Éric Weil* par exemple, la dimension politique de l'éducation ? Car éduquer, c'est conduire un enfant vers la liberté* et l'autonomie, lesquelles ne sauraient se concevoir en dehors du cadre de la citoyenneté. Dans cette mesure, la question de l'éducation recouvre étroitement celle des principes, des enjeux et du devenir de nos institutions républicaines.

● **TERMES VOISINS :** formation ; instruction. ● **TERMES OPPOSÉS :** brutalité ; sauvagerie. ● **CORRÉLATS :** citoyen ; civilisation ; culture ; enfance ; institution ; instruction ; république.

ÉGALITÉ

(n. f.) ● **ÉTYM. :** latin *aequalitas*, « égalité ». ● **MATHÉMATIQUES :** rapport entre des grandeurs en vertu duquel elles peuvent être substituées l'une à l'autre. ● **DROIT ET PHILOSOPHIE POLITIQUE :** principe selon lequel les individus, au sein d'une communauté politique, doivent être traités de la même façon.

Cette dernière définition est en elle-même vague, parce qu'une société peut admettre plusieurs types d'égalité :
— L'*égalité des droits* (ou égalité civique et politique), c'est-à-dire l'égalité devant la loi ; l'égalité s'oppose ici aux privilèges. Ce type d'égalité se fonde généralement (mais pas nécessairement) sur l'idée d'une égalité naturelle entre les hommes. Cela ne signifie pas qu'ils ont tous les mêmes forces ou les mêmes qualités, mais qu'ils ont une égale dignité.
— L'*égalité des conditions* (ou égalité sociale). Le développement des aspirations sociales a entraîné une critique de l'insuffisance de la simple égalité des droits. Marx*, par exemple, lui reproche d'être purement formelle et illusoire. La pensée de l'égalité s'oriente alors vers un égalitarisme, cherchant, dans la mesure du possible, à égaliser les moyens et les conditions d'existence. Pour Tocqueville*, cette « passion de l'égalité » sociale est le trait dominant des démocraties modernes.

Le libéralisme* a reproché à cet égalitarisme de favoriser l'égalité au détriment de la liberté* individuelle. On a pu aussi lui reprocher de confondre égalité et identité* : l'égalité suppose que les individus ont une nature ou une dignité communes, mais non qu'ils sont semblables en tous les autres points. Égalité et différence* sont donc parfaitement conciliables.

Dans la même optique, on a pu aussi distinguer égalité et justice* : l'inégalité sociale n'est pas injuste en elle-même, mais seulement lorsqu'elle empêche des individus de jouir de leurs droits (cas, par exemple, des illettrés…). Il serait alors possible, théoriquement, de résoudre la contradiction entre égalité des droits et inégalité des conditions : non en supprimant celle-ci, mais en la réduisant dans les limites où l'inégalité est compatible avec la justice. Cette conception se fonde sur l'idée aristotélicienne d'équité* (juste distribution des avantages, sans que ceux-ci soient nécessairement le résultat d'un partage égal), plutôt que sur celle d'égalité.

● **TERMES VOISINS :** équité ; équivalence ; similitude. ● **TERME OPPOSÉ :** inégalité. ● **CORRÉLATS :** droit ; justice ; liberté ; politique.

EGO

(n. m.) ● **ÉTYM. :** pronom personnel latin, signifiant « je », « moi ». ● **PHILOSOPHIE :** chez Husserl et en phénoménologie, désigne l'activité concrète qui constitue le sens de tous les objets.

L'ego est un terme dont l'usage dans la langue philosophique a été inauguré par des interprétations modernes du cogito* de Descartes*, qui firent du pronom personnel latin *ego* un substantif : « l'ego ». Il s'agissait par là de désigner le moi* qui se saisit lui-même dans le « Je pense donc je suis » : c'est moins l'individu singulier que le sujet* qui est alors en jeu. Avec Descartes, la substance*, le sujet, c'est-à-dire « ce qui se soutient soi-même » et en un sens soutient tout objet, est appréhendé sous la forme de la conscience*, plus précisément dans la certitude que la conscience a de son identité. Pour Husserl*, cette acception cartésienne de l'ego manque de radicalité car elle calque encore la compréhension de l'ego sur celle de l'objet, de la chose. L'ego husserlien, dès lors qualifié de « transcendantal* », n'est plus une substance, mais le pur acte qui rend possible, constitue, toute substantialité. Il n'en reste pas moins que, chez Husserl, l'ego qui constitue tout être, se « constitue essentiellement lui-même comme existant comme moi qui vit ceci ou cela » : c'est dire que le caractère absolu de l'ego cohabite avec l'exigence d'une vie singulière et concrète. L'ego, c'est nous tous, mais au sens de chacun, et non de n'importe qui (c'est pourquoi, chez Husserl, le rapport de l'ego à l'*alter ego* — c'est-à-dire à autrui — est essentiel). En cela, l'ego husserlien se distingue du sujet transcendantal kantien, qui est un cadre général sans rien de singulier : le moi individuel n'est pour Kant* qu'un objet constitué, et non un pouvoir constituant. Sartre* s'en souviendra lorsqu'il proposera, contre Husserl, de désolidariser l'activité constitutive de la conscience de toute idée d'un ego individuel.

● **TERMES VOISINS** : individu ; je ; moi ; sujet.

ÉGOCENTRISME

Au sens ordinaire, l'égocentrisme désigne le fait d'agir ou de penser en rapportant tout à soi-même. En psychologie (psychologie du développement, et plus spécialement chez Piaget*), le terme désigne le caractère psychologique du jeune enfant encore incapable de distinguer entre le moi* et le monde extérieur.

ÉGOÏSME

Spécialement en morale (parfois utilisé comme concept économique), l'égoïsme désigne le fait de toujours donner la priorité à ses propres intérêts.

● **CORRÉLATS** : autrui ; conscience ; intentionnalité ; transcendantal.

EIDÉTIQUE

(adj.) ● **ÉTYM.** : grec *eidêtikos*, « qui concerne la connaissance » ● **CHEZ HUSSERL** : tout ce qui concerne les essences (par opposition aux phénomènes sensibles) ; recherches s'y rapportant.

● **CORRÉLAT** : phénoménologie.

ÉLÉATES

(n. m. et adj.) ● **ÉTYM.** : nom formé à partir de la ville d'Élée, en Italie du Sud. ● **PHILOSOPHIE** : qualificatif appliqué aux penseurs grecs d'Élée (VIe et Ve siècles av. J.-C.), pour lesquels l'être est immobile et la connaissance sensible trompeuse et illusoire.

Les Éléates les plus connus sont Parménide* et Zénon d'Élée* (Ve siècle av. J.-C.), qui réfute l'existence du mouvement en des arguments célèbres : Achille, l'athlète, ne pourra jamais rejoindre une tortue, quelle que soit la distance qui l'en sépare, parce que le mouvement est divisible à l'infini ; pour la même raison, la flèche de l'archer n'atteindra jamais la cible, etc.

● **CORRÉLATS** : être ; métaphysique ; mouvement ; ontologie.

ÉLIAS NORBERT (1887-1990)

REPÈRES BIOGRAPHIQUES
Élève de Husserl et de Jaspers, Norbert Élias achève en Allemagne des études de médecine et de philosophie, puis il fuit le nazisme en 1933. Il s'installe d'abord à Londres, avant de se fixer à Amsterdam. Son œuvre a été peu reconnue de son vivant.

Sociologue et non philosophe — il se méfie de la métaphysique* et de toutes les formes de spéculations coupées des réalités concrètes —, Norbert Élias a consacré l'essentiel de son œuvre à

◆ Émile

l'étude du « processus de civilisation », en particulier sous l'angle de l'évolution des affects et des habitus*. Ses analyses se situent au carrefour de la psychologie*, de l'histoire* et de la sociologie*. Elles touchent, en réalité, à la condition humaine tout entière. Dans ses deux œuvres les plus connues — *La Civilisation des mœurs* et *La Dynamique de l'Occident* —, il montre que la tendance générale de tout processus de civilisation (évolution des mentalités et des mœurs, dans quelque société que ce soit) est le refoulement de ce que les hommes perçoivent comme relevant de leur nature animale (dans l'ordre de l'alimentation et de la sexualité notamment). Cette orientation se traduit par le rejet dans l'intimité, la répression « spontanée », de ce qui est perçu comme honteux, malpropre, relevant de « mauvaises manières » ; elle a pour conséquence la généralisation de toutes les formes de contrôle de soi, la répression systématique de toute manifestation ouverte des émotions et des pulsions.

Un adoucissement des mœurs ?

L'intériorisation des contraintes sociales qui est au cœur d'un tel « processus de civilisation » se traduit, en outre, par une réduction très générale des manifestations de violence* directe, franche, sanglante, entre les individus. Cela signifie-t-il que les hommes deviennent moins violents avec le temps ? Les guerres et les génocides* du XXe siècle permettent d'en douter ; mais Norbert Élias admet que cette évolution très générale n'exclut pas des régressions momentanées, sous la forme d'accès de fureur meurtrière savamment manipulés par tel ou tel habile dictateur. On retiendra en tout cas de ces analyses que les pulsions violentes sont partiellement maîtrisées et réduites par la « culture » sans être éliminées pour autant. Norbert Élias le montre à propos du sport* : la violence y est toujours présente, mais sous une forme ritualisée et contrôlée (règles strictes, espaces réservés, temporalité spécifique, etc.), ce qui permet de réduire de façon considérable le degré de violence acceptable dans l'affrontement physique entre les individus. En ce sens le sport, qui autorise le plaisir positif du combat loyal avec un adversaire volontaire, tout en annulant symboliquement les différences sociales au profit de l'égalité des chances, est un instrument précieux, et décisif, de la « civilisation » (au sens d'*adoucissement* des mœurs).

● **PRINCIPAUX ÉCRITS** : *La Civilisation des mœurs* (1973) ; *La Dynamique de l'Occident* (1975) ; *Qu'est-ce que la sociologie ?* (1981) ; (avec Éric Dunning) *Sport et civilisation : la violence maîtrisée* (1998) ; *La Société des individus* (1990) ; *Norbert Élias par lui-même* (1991).

ÉMILE

Émile est un personnage créé par Jean-Jacques Rousseau* dans son ouvrage *Émile ou De l'éducation* (1763). « Élève imaginaire », il représente le modèle d'une éducation selon la nature, respectant la spontanéité de l'enfant et lui permettant de devenir un homme libre et heureux. Au-delà des thèmes du livre de Rousseau, et parfois au prix de contresens, Émile est devenu un emblème pour toutes les « pédagogies modernes » qui se sont développées aux XIXe et XXe siècles.

ÉMOTION

(n. f.) ● **ÉTYM.** : latin *movere*, « mettre en mouvement ». ● **SENS ORDINAIRE ET PSYCHOLOGIQUE** : trouble intense, et généralement passager, de la conscience, provoqué par une situation inattendue, et accompagné de réactions organiques variées, désordonnées et confuses (palpitations, gorge nouée, pâleur, tremblements ou même évanouissement).

Le mot émotion comporte dans l'usage courant deux sens assez différents. Tantôt il désigne un état de choc provoqué par un événement ou une information très inattendue, heureuse ou effrayante. Le sujet ému, victime de son corps* défait, et comme paralysé, se trouve alors dans l'incapacité de réagir avec efficacité (impossibilité de crier, par exemple...). Tantôt, au contraire, l'émotion renvoie à un sentiment* plus stable et beaucoup moins irrationnel : en ce sens la pitié* est une émotion qui peut déboucher sur la compassion et la charité, tandis que l'émotion esthétique* peut nous orienter sur le chemin de la beauté. La théorie de Sartre*, pour lequel l'émotion « loin d'être un désordre sans loi, possède une signification propre », s'attache à l'émotion comprise comme choc (premier sens).

Dans *Esquisse d'une théorie des émotions*, il explique que ce rapport troublé de la conscience au monde s'apparente à une « conduite magique ». Nous ne sommes pas ici, comme nous le croyons spontanément, purement et simplement victimes de notre corps. L'émotion est au contraire une dégradation spontanée de notre rapport au monde. Ainsi, par exemple, dans la peur, la conscience vise à nier un objet du monde extérieur et ira jusqu'à s'anéantir elle-même (en s'évanouissant) pour supprimer magiquement (c'est-à-dire fictivement) l'objet qu'elle redoute (un agresseur, par exemple). Cette conduite apparemment insensée exprime donc une tentative pour substituer au monde réel un monde magique, irréel sans doute, mais également cohérent (comme le monde du rêve).

● **TERMES VOISINS :** affect ; bouleversement ; désarroi. ● **TERME OPPOSÉ :** maîtrise de soi. ● **CORRÉLATS :** passion ; sentiment.

EMPATHIE

(n. f.) ● **ÉTYM. :** grec *pathein*, « sentir », et *en-*, « dedans » ; traduction de l'allemand *Einfühlung*. ● **PSYCHOLOGIE :** faculté intuitive de s'identifier à quelqu'un, de se mettre à sa place, de ressentir ce qu'il ressent. ● **PHILOSOPHIE :** dans la tradition phénoménologique, appréhension immédiate de l'affectivité d'autrui.

L'*Einfühlung* ou empathie est à l'origine un thème du romantisme allemand qui désigne une projection du moi dans les êtres. Discutant d'une part Avenarius et son concept d'*introjection*, d'autre part Max Scheler* et sa théorie de la sympathie*, Husserl* fait de l'empathie le phénomène décisif sur la base duquel une intersubjectivité* s'établit pour constituer un monde commun. L'empathie est ce qui me fait reconnaître autrui* non pas comme un simple objet, mais comme un *alter ego* qui, malgré sa perspective différente, vise le même monde que moi. Bien que cette théorie se présente comme une critique de la perspective transcendantale*, Heidegger* refuse cette notion d'empathie en montrant qu'elle n'est que le dernier avatar de la métaphysique : si Husserl considère que ce sentiment permet de « jeter un pont » vers autrui, c'est seulement parce qu'il reprend à son compte la séparation que la métaphysique a établie entre les individus, identifiés à des « sujets ». Or, le *Dasein** est un *Mitsein*, il est immédiatement parmi les autres et les reconnaît comme ses proches, indépendamment et en amont de toute perspective théorique.

● **TERMES VOISINS :** introjection ; intropathie. ● **CORRÉLATS :** affect ; autrui ; intersubjectivité ; sympathie.

EMPÉDOCLE (D'AGRIGENTE) (VERS 490-VERS 435 AV. J.-C.)

REPÈRES BIOGRAPHIQUES

Philosophe présocratique. Les études d'Empédocle portent sur de très nombreux domaines, et il était considéré par ses contemporains comme une espèce de magicien de nature presque divine. Lui-même se présentait d'ailleurs comme une espèce de dieu. On raconte qu'à la fin de sa vie (il accordait une grande importance au feu), il s'est jeté dans l'Etna.

Selon Empédocle, le monde est formé par l'équilibre changeant et cyclique des quatre éléments, gouverné par deux principes : l'*amour* et la *haine*. Il représente l'univers sphérique comme l'emboîtement de deux hémisphères, l'un diurne, l'autre nocturne, ce qui permet de faire l'économie du Soleil pour expliquer le jour et la nuit. Les quatre éléments, d'abord mêlés en une substance mixte, se dissocient sous l'action de la *haine*. Mais une fois séparés, ils tendent alors à se réunir sous l'effet de l'*amour*. Notre monde n'existe que lorsque les éléments sont en phase de séparation ou de réunification. Les éléments sont alors soumis à un tourbillon dont la force centrifuge produit la voûte céleste. Le cercle extérieur, composé d'air, se congèle et forme une voûte cristalline qui limite le monde. Le Soleil n'est pas une substance ignée (faite de feu), mais une image du feu céleste réverbérée dans cette voûte. Les autres astres sont des masses d'air mélangées de feu.

● **PRINCIPAUX ÉCRITS :** *Les Purifications* ; *De la nature*.

◆ Empirique

EMPIRIQUE

(adj.) ● **ÉTYM.** : grec *empereikos*, « celui qui se guide sur l'expérience ». ● **SENS STRICT** : qualifie une école de médecins grecs qui déclaraient suivre l'expérience. ● **SENS ORDINAIRE** : synonyme de « pragmatique ». ● **PHILOSOPHIE DE LA CONNAISSANCE** : adjectif qualifiant le contenu expérimental, ou la source expérimentale, d'une connaissance ; synonyme de *a posteriori* ; il est alors d'usage de distinguer la connaissance empirique de la connaissance rationnelle (par exemple : les mathématiques).

Dans son acception philosophique, il ne faut pas confondre l'adjectif empirique avec le substantif empiriste, qui signifie « partisan de l'empirisme* ». Il est parfaitement possible d'admettre que certaines de nos connaissances ont un contenu empirique sans faire de l'expérience le fondement unique de la connaissance. Pour Kant*, par exemple, les propositions des sciences de la nature (les lois scientifiques) ont évidemment un contenu empirique, mais elles ne s'y réduisent pas : dans leur forme* de lois, elles dérivent de principes *a priori** de l'entendement*.

● **TERMES VOISINS** : *a posteriori* ; expérimental. ● **CORRÉLATS** : connaissance ; expérience ; science.

EMPIRISME

(n. m.) ● **ÉTYM.** : grec *empeiria*, « expérience », « savoir acquis par l'expérience ». ● **PHILOSOPHIE DE LA CONNAISSANCE** : conception selon laquelle la connaissance est fondée sur l'expérience sensible externe (les sensations) et interne (nos sentiments tels qu'ils sont vécus).

Locke* est l'auteur du texte « canonique » de l'empirisme. L'âme*, écrit-il, est une table rase, une page blanche vide de caractères. « Comment en vient-elle à recevoir des idées […] ? D'où puise-t-elle les matériaux qui sont comme le fond de tous ses raisonnements et de toutes ses connaissances ? À cela, je réponds d'un mot, de l'expérience » (*Essai philosophique concernant l'entendement humain,* I, 2). L'empirisme classique (Locke, Hume*, Condillac*…) refuse ainsi les idées innées dont parlait Descartes (*cf.* Innéisme). Il affirme que la connaissance a une base sensible (les idées sont les copies des impressions sensibles ; *cf.* Sensualisme) ; il décrit la production des concepts et des idées générales à partir des sensations primitives par le moyen des signes du langage (une idée abstraite et générale n'est qu'un mot servant à représenter des idées particulières et concrètes, elles-mêmes dérivées des sensations ; *cf.* Nominalisme) ; enfin, il a tendance à exclure toute spéculation au-delà des données de l'expérience, c'est-à-dire à récuser la métaphysique*.

L'empirisme de Locke maintenait l'existence objective des objets extérieurs dont nous avons la sensation. Mais, à la suite de Berkeley* et de Hume, l'empirisme moderne refuse ce postulat et se veut phénoméniste* : les données premières de la connaissance sont des impressions sensibles, lesquelles sont des perceptions* ou des représentations* ; il n'est pas possible d'inférer avec certitude, à partir de ces perceptions, l'existence des objets qu'elles représentent.

Depuis la fin du XIXe siècle, l'empirisme connaît un renouveau, avec Ernst Mach* (1838-1916), Moritz Schlick*, fondateur du Cercle de Vienne*, Ludwig Wittgenstein* et Rudolph Carnap*. Ces philosophes reprennent le principe de l'empirisme sur la base d'un refus des jugements* synthétiques *a priori** de Kant* : ils affirment que les seules vérités *a priori* sont celles, purement formelles, de la logique*. Délaissant le problème de l'origine des connaissances, ils veulent surtout montrer que seule l'expérience peut les vérifier. Enfin, en abordant la connaissance à partir de l'analyse logique du langage, cet empirisme moderne ne pose pas le problème de l'« idée » dans son rapport à la « sensation », mais de la proposition* dans son rapport avec un fait observable (il ne s'agit pas de savoir, par exemple, si l'idée de rouge renvoie à la sensation « rouge », mais si l'énoncé « Cette pomme est rouge » exprime un fait auquel on peut la confronter).

● **TERME VOISIN** : sensualisme. ● **TERME OPPOSÉ** : innéisme.

EMPIRISME LOGIQUE

Nom donné à l'empirisme contemporain incarné par le Cercle de Vienne. Son projet est de montrer, au moyen de l'analyse logique du langage, que toute notre connaissance est soit logique, c'est-à-dire formelle, soit fondée sur l'expérience (*cf.* Positivisme logique).

● **CORRÉLATS :** connaissance ; expérience ; rationalisme ; science ; sensation.

ENFANCE

(n. f.) ● **ÉTYM. :** latin *infantia*, de *infans*, « celui qui ne parle pas » (*in* privatif et *fari*, « parler »). ● **SENS ORDINAIRES : 1.** Premières années de la vie humaine, de la naissance à la puberté (à l'adolescence). **2.** Par analogie : première étape d'un processus, en général assimilée à l'idée de début et à celle de simplicité (ex. : « *enfance* de l'art »).

Si le mot *enfance* désigne sans ambiguïté le début de la vie, c'est-à-dire la période où l'être humain est en train de grandir, les conceptions de l'enfance varient d'une époque à l'autre et d'une théorie à l'autre. Historiquement, c'est au cours des XVIᵉ et XVIIᵉ siècles que l'on cesse de considérer les enfants comme de petits adultes en puissance, qui n'auraient pas d'identité ou de caractéristiques propres. Cette évolution des représentations relatives à l'enfance laisse toutefois subsister une opposition assez nette entre deux grandes familles de conceptions concernant le traitement qu'il faut lui réserver. Une tradition catholique très rigide (incarnée notamment par les jésuites) identifie l'enfance à l'imperfection et au péché, et préconise la répression de la spontanéité comme seul moyen de développer la raison* chez les enfants. À l'opposé, l'humanisme* de Rabelais et de Montaigne*, puis de Rousseau*, insiste sur la nécessité de respecter l'enfance, de ne pas imposer prématurément aux enfants des contraintes et des valeurs inaccessibles à leurs capacités de compréhension et de jugement. De cette tradition qui voit en l'enfance un âge « à part entière », caractérisé par des besoins et des potentialités spécifiques, sont issues les théories psychologiques contemporaines sur le *développement* des enfants, ainsi que l'idée de *droits* de l'enfant.

● **CORRÉLATS :** éducation ; majorité ; perfectibilité.

ENGAGEMENT

(n. m.) ● **ÉTYM. :** « mettre quelque chose en gage » ; par suite « s'engager », « se lier par une promesse, une convention ». ● **PHILOSOPHIE :** acte ou attitude de l'intellectuel ou de l'artiste qui, prenant conscience de son appartenance au monde, abandonne une position de simple spectateur et met sa personne, sa pensée ou son art au service d'une cause.

À la suite de Kierkegaard*, la philosophie existentialiste* définit l'homme comme « être-au-monde », situé et impliqué dans un milieu historique, un contexte social et culturel qu'il n'a pas choisi. Rompant avec toute une tradition contemplative de la philosophie, Sartre* affirme que notre liberté humaine ne peut être que « située » : l'engagement est cette insertion de notre liberté au sein du monde. Mais l'engagement n'est pas une servitude, bien au contraire : même si je suis obligé de choisir (« l'abstention est encore un choix »), je suis seul responsable de mes orientations, non seulement pour moi-même, mais devant tous les hommes.

La notion d'engagement apparaît également dans le domaine de la création esthétique (théorie de l'« art engagé »). Toutefois, cette conception de l'art a été largement contestée car il paraît difficile — voire impossible — de concilier la défense d'une cause et les impératifs purement formels de la création esthétique.

● **TERMES VOISINS :** activisme ; responsabilité. ● **CORRÉLATS :** existentialisme ; liberté ; situation.

ENGELS FRIEDRICH (1820-1895)

REPÈRES BIOGRAPHIQUES
Né en Prusse et mort à Londres, il est l'ami et le collaborateur de Karl Marx, avec lequel il écrit de nombreux ouvrages (notamment le *Manifeste du parti communiste*).

Comme auteur unique, Engels apporta une contribution plus personnelle au marxisme des origines en confrontant la pensée marxiste aux sciences sociales et historiques de son temps, mais aussi aux

◆ En-soi

sciences naturelles. En voulant montrer que le « matérialisme dialectique* » de Marx* était la philosophie la plus conforme à l'esprit scientifique et la plus apte à synthétiser la totalité du savoir de l'époque, il fournit à l'idéologie* stalinienne des années trente le prétexte pour ériger le marxisme en savoir absolu.

● **PRINCIPAUX ÉCRITS** : avec Marx : *L'Idéologie allemande* (1844-1845) et le *Manifeste du parti communiste* (1848). Seul : *Dialectique de la nature* (1874) ; *Anti-Dühring* (1876) ; *L'Origine de la famille, de la propriété privée et de l'État* (1884).

EN-SOI

(n. m. et adj.) ● **PHILOSOPHIE** : tout ce qui n'est pas humain, c'est-à-dire tout ce qui est sans avoir conscience d'être. ● **CHEZ HEGEL** : réalité qui n'est pas encore révélée à elle-même ; ou encore : un contenu que seul le « pour-soi » peut rendre effectif. ● **CHEZ SARTRE** : être de fait, opaque à lui-même, dépourvu de conscience (c'est-à-dire incapable de se constituer en spectateur de soi-même).

● **TERMES VOISINS** : chose ; objet. ● **TERME OPPOSÉ** : pour-soi. ● **CORRÉLAT** : existentialisme.

ENTÉLÉCHIE

(n. f.) ● **ÉTYM.** : grec *entelechia*, « énergie agissante ». ● **CHEZ ARISTOTE : 1.** Acte accompli par opposition à l'acte inachevé, et perfection liée à cet accomplissement. **2.** Forme (ou raison) de cet accomplissement. ● **CHEZ LEIBNIZ** : toutes les substances simples — ou monades — en tant qu'elles ont en elles une certaine perfection, et qu'elles sont sources de leurs propres actions.

● **TERMES VOISINS** : acte ; forme ; perfection. ● **CORRÉLATS** : essence ; monade ; puissance.

ENTENDEMENT

(n. m.) ● **ÉTYM.** : latin *intendere*, « tendre vers », « être attentif à », d'où « entendre ». ● **PHILOSOPHIE** : faculté de comprendre.

Rarement utilisé aujourd'hui, le terme entendement a longtemps désigné, dans le vocabulaire philosophique, la faculté de connaître et de comprendre par l'intelligence, par opposition à la sensibilité*. Pour Descartes*, l'entendement est le pouvoir de connaître en général, dont la raison* est la principale composante (*cf.* Jugement). Kant*, au contraire, attribue des fonctions distinctes à l'entendement et à la raison. L'entendement est la faculté d'ordonner les données de l'expérience*, « de ramener les phénomènes à l'unité au moyen de règles* » (*Critique de la raison pure*) : il fonde donc la connaissance* elle-même. La raison est la faculté des principes* (indépendants de toute expérience*) dont dépend la possibilité même de la connaissance.

● **TERMES VOISINS** : compréhension ; intelligence. ● **TERME OPPOSÉ** : sensibilité. ● **CORRÉLATS** : comprendre ; connaissance ; imagination ; jugement ; raison.

ENTITÉ

(n. f.) ● **ÉTYM.** : latin scolastique *entitas*, « essence d'un être ». ● **PHILOSOPHIE** : réalité totale de l'être considéré dans son individualité (chez les scolastiques et chez Descartes). ● **SENS PARTICULIER** : abstraction faussement prise pour une réalité, voire personnifiée (*cf.* Auguste Comte).

ENVIE

(n. f.) ● **ÉTYM.** : latin *invidia*, « jalousie, désir ». ● **SENS ORDINAIRES : 1.** Désir soudain et vif d'avoir, de posséder ou de faire quelque chose. **2.** Sentiment de convoitise devant un bonheur ou un avantage possédé par autrui, désir mêlé d'irritation, de tristesse et de haine contre la personne qui possède un bien qu'on n'a pas.

Pour Aristote*, l'envie est la « peine causée par la prospérité d'autrui » (*Rhétorique*). L'envie a pour objet un bien qui n'est convoité que parce qu'autrui le possède, alors qu'on en est soi-même dépourvu. C'est d'ailleurs en ce sens que Freud* parlait de « l'envie du pénis » comme d'un élément fondamental de la sexualité féminine. Mais ce sentiment peut consister à envier non les biens mais autrui, ce qui peut susciter la haine*. Aussi, pour Descartes*, « il n'y a aucun vice qui ne nuise tant à la félicité des hommes » (*Les Passions de l'âme*, art. 184). Spinoza* considère l'envie comme « la haine même », qui dispose un homme à « s'épanouir du mal d'autrui, et à se contrister de son bien » (*Éthique*, III, scolie de la proposition XXIV).

● **Termes voisins :** convoitise ; désir ; inclination ; jalousie. ● **Termes opposés :** amour ; aversion ; charité ; désintéressement ; satiété. ● **Corrélats :** besoin ; haine ; passion.

ÉPICTÈTE
(50-130 apr. J.-C.)

Repères biographiques
Esclave très tôt affranchi, Épictète suit à Rome les leçons du stoïcien Musonius Rufus. Expulsé de Rome sous Domitien en 94 apr. J.-C., il passe très pauvrement le reste de sa vie en Épire, en ouvrant une « école » dans sa modeste cabane. Les *Entretiens* et le *Manuel* ont été écrits en grec par son disciple Arrien, à partir des leçons d'Épictète.

« Ce qui dépend de nous, ce qui n'en dépend pas »
La philosophie d'Épictète accorde une place centrale à la morale* dans la réflexion. « Que dois-je faire ? » et « Comment être heureux ? » dans ce monde violent et oppressif : voilà les questions constantes sur lesquelles Épictète entretient ses disciples. Sa philosophie exalte la liberté* et la volonté* : « Si tu le veux, dit-il dans les *Entretiens*, tu es libre. »

La première distinction d'Épictète, dans le premier chapitre des *Entretiens*, est fondamentale : « Il y a des choses qui dépendent de nous et d'autres qui ne dépendent pas de nous ». C'est à Épictète que revient cette ligne directrice constante de la morale stoïcienne : « ce qui dépend de nous », c'est tout le domaine de nos opinions, pensées, jugements, représentations, volonté, désirs, aversions ; « ce qui ne dépend pas de nous », ce sont le corps, la beauté, la santé, la richesse, les honneurs. Nous devons les considérer comme ne pouvant être en notre pouvoir donc comme nous étant étrangères. Seul ce qui dépend de nous est vraiment nôtre : ce domaine a trait au bien ou au mal. Hors de nous, rien ne peut être bon ni mauvais, ni utile, ni nuisible. Tout est indifférent.

L'ordre du monde
Comme tous les stoïciens, Épictète pense que le monde est assujetti à un ordre immuable, auquel il est impossible de rien changer. Par suite nous ne pouvons modifier à notre gré ce qui se passe dans la nature, dans la société, dans notre organisme. Il n'y a qu'une chose à faire : bien jouer son rôle tout en étant spectateur du monde. Par contre, si l'on considère, non pas ce qui est hors de nous, mais ce qui se passe en nous, il en va autrement : il y a place pour la liberté*. Ce qui dépend de nous, c'est en effet notre vie spirituelle, nos désirs*, nos pensées, selon que nous les approuvons ou les rejetons, en un mot notre volonté. Le Souverain Bien* est alors l'accord de la volonté* et de la raison*. Car s'il y a un ordre immuable dans la succession des événements, ces derniers ont une raison d'être, et l'homme peut les replacer dans l'ordre du monde, en les pensant comme nécessaires. Ce qui importe, c'est que l'action intérieure peut en transformer le sens et, par exemple, faire du révolté, malheureux et troublé, un homme qui accepte avec courage ce qui arrive en cherchant à rester digne, et par là heureux. Au contraire, en se laissant dominer par la sensibilité, l'homme se laisse troubler par les événements extérieurs, il est donc malheureux. « La liberté, dit Épictète, dans les *Entretiens*, consiste à vouloir que les choses arrivent, non comme il te plaît, mais comme elles arrivent. »

La maîtrise des désirs
La finalité de la morale est donc la maîtrise des désirs qui entraînent à recher-

◆ **Épictète**

cher les « faux biens », qui sont des biens incertains. La poursuite des vrais biens ne peut donc se concilier avec la recherche des biens incertains. La morale d'Épictète est absolue. Elle refuse les compromissions. Tout le travail de la morale porte sur nos idées : il faut réfléchir à la relativité des valeurs, et nous convaincre que c'est nous qui décidons du bien et du mal de ce qui nous arrive. On peut ainsi résister aux outrages. Le sage éprouve bien sûr les affections humaines, comme l'amour ou l'amitié, mais pas au point d'en être l'esclave, ni de croire qu'elles sont immortelles. Le sage sait compatir aux douleurs d'autrui mais s'efforce de ne pas être lui-même malheureux. Cette maîtrise du désir ne peut se faire que progressivement. Épictète conseille ainsi de « commencer par les petites choses ».

- Il faut s'exercer à agir en tout avec modération. Ainsi il y a un progrès possible ; on est d'abord « convive des dieux », puis on devient leur égal : « On devient philosophe, dit-il, comme on devient athlète. »
- Ce travail sur soi-même est ardu car il faut affronter le mépris de ceux qui s'attachent aux biens incertains. Mais le sage est au-dessus de ces considérations qui ne concernent pas sa vie intérieure. Contemplant au-dedans de lui « la source du bien, une source intarissable pourvu qu'on fouille toujours », il s'assure de cette seule force et rayonne d'humanité. Cette conscience même d'appartenir à l'humanité* universelle fait de lui un juste.

● **PRINCIPAUX ÉCRITS :** *Entretiens* (vers 130) ; *Manuel* (vers 130).

« CE QUI DÉPEND DE NOUS »

Le stoïcisme donne à l'existence philosophique un sens que l'on retrouve dans des expressions courantes comme « prendre les choses avec philosophie ». Il s'agit bien en effet de proposer comme modèle de comportement, une certaine attitude face aux événements et aux choses, à tout ce qui arrive, qui soit en mesure de neutraliser et d'annuler tous les effets négatifs (tristesse, désespoir, emportement, colère...) qu'ils peuvent causer à notre âme. Épictète énonce ici le principe de cette sagesse, propre à nous fournir la clef de la liberté et du bonheur philosophiques.

« 1. Il y a des choses qui dépendent de nous et d'autres qui ne dépendent pas de nous. Ce qui dépend de nous, ce sont les pensées, la tendance, le désir, le refus, bref tout ce sur quoi nous pouvons avoir une action. Ce qui ne dépend pas de nous, c'est la santé, la richesse, l'opinion des autres, les honneurs, bref tout ce qui ne vient pas de notre action.
2. Ce qui dépend de nous est, par sa nature même, soumis à notre libre volonté ; nul ne peut nous empêcher de le faire, ni nous entraver dans notre action. Ce qui ne dépend pas de nous est sans force propre, esclave d'autrui ; une volonté étrangère peut nous en priver.
3. Souviens-toi donc de ceci : si tu crois soumis à ta volonté ce qui est, par nature, esclave d'autrui, si tu crois que dépende de toi ce qui dépend d'un autre, tu te sentiras entravé, tu gémiras, tu auras l'âme inquiète, tu t'en prendras aux dieux et aux hommes. Mais si tu penses que seul dépend de toi ce qui dépend de toi, que dépend d'autrui ce qui réellement dépend d'autrui, tu ne te sentiras jamais contraint à agir, jamais entravé dans ton action, tu ne t'en prendras à personne, tu n'accuseras personne, tu ne feras aucun acte qui ne soit volontaire ; nul ne pourra te léser, nul ne sera ton ennemi, car aucun malheur ne pourra t'atteindre. »

Épictète, *Manuel* (vers 130), trad. R. Létocquart revue et complétée par Cl. Chrétien, Paris, Hatier, coll. « Les classiques Hatier de la philosophie », 1999, p. 56.

Une dualité fondamentale

La distinction essentielle à opérer sépare d'un côté ce qui m'appartient réellement (ce qui est vraiment moi), ce qui est ma propriété et sur quoi je peux agir immédiatement (c'est-à-dire ma faculté de penser les choses et de les vouloir) et, de l'autre, ce qui ne m'appartient pas mais dépend toujours de circonstances extérieures situées au-delà de ma sphère d'activité (mon propre corps doit être assimilé à ces éléments étrangers qui ne relèvent pas de ma véritable nature).

La tâche philosophique
Le travail du sage est donc, à chaque fois, de bien faire la différence et de bien tracer la démarcation entre ces deux domaines. Ce faisant, il dessine le périmètre de sa liberté et de son action : il faut s'attacher à transformer son rapport aux choses plutôt que les choses elles-mêmes qui nous échappent toujours à certains égards. On a, dans ce travail sur soi, le secret d'une sagesse à toute épreuve.

ÉPICURE
(341-270 AV. J.-C.)

REPÈRES BIOGRAPHIQUES
Né dans l'île de Samos, Épicure est le contemporain de la décadence du monde grec, après la domination de Philippe de Macédoine et de son fils Alexandre le Grand. Le chaos extérieur de la Cité pousse Épicure à prôner un repli sur la vie intérieure. En 306, il achète le Jardin, un terrain situé au nord-ouest d'Athènes, où il rassemble une communauté d'amis, vivant autour du maître, et éloignée de la vie politique. Comme celle de Socrate, qu'il admirait, la mort d'Épicure fut celle d'un sage serein et parfaitement maître de lui.

La philosophie d'Épicure comporte trois parties : la canonique qui expose les règles du vrai ; la physique* (du grec *phusis*, « nature ») qui propose une explication philosophique de la nature ; enfin la morale*, qui traite des conditions de la vie heureuse. L'ordre de ces trois parties est important : il correspond au système d'Épicure. L'éthique* est en effet le but de la philosophie*, dont la physique est la base : elle donne, grâce à la canonique, la connaissance de la nature qui permettra au sage d'être heureux.

La canonique
Les critères de la vérité* sont les sensations*, car elles nous mettent en contact avec les choses extérieures. Les corps* émettent des particules fines (ou « simulacres ») qui rencontrent nos sens et permettent ainsi la représentation sensible. Celle-ci n'est donc pas « subjective » ou trompeuse : par les « simulacres », elle nous met en contact avec les choses mêmes. Les sensations répétées laissent en nous des empreintes qui nous permettent d'anticiper sur la perception, par laquelle nous pouvons reconnaître les objets.

La physique
Suivant l'enseignement de Démocrite* (Ve siècle avant J.-C.), Épicure propose une explication atomiste de la nature : le monde est composé d'éléments matériels minuscules et indivisibles, les atomes*. Ceux-ci, à l'état primitif, se meuvent dans le vide, et c'est par leurs rencontres et leurs diverses compositions que se forment les choses et les êtres. Ainsi, « rien ne naît de rien » : tout ce qui existe n'est qu'une certaine combinaison d'atomes ; de même, la mort* est la décomposition d'un corps en ses éléments « atomiques ».
Épicure est donc matérialiste* : puisque toute chose est une combinaison d'atomes, toute chose est de nature matérielle. L'âme elle-même est un composé d'atomes ; et l'ordre du monde n'est pas le résultat d'un plan raisonnable ou d'une intelligence divine, mais du hasard. Il s'est formé par le jeu mécanique et aveugle de combinaisons atomiques. Il y a de la sorte une infinité de mondes, et le cosmos n'est pas éternel. Quant aux dieux (eux aussi matériels), ils existent bien mais, bienheureux et aussi indépendants que le sage tend à l'être, ils se désintéressent du monde et des affaires humaines.

La morale
Pour Épicure, seule cette conception de la nature peut fonder une morale authentique, c'est-à-dire l'ataraxie* (en grec, l'« absence de troubles »), en nous délivrant des mythologies populaires, des craintes vaines et des superstitions qui reposent en fait sur notre ignorance de la nature des choses.
Ainsi, si les dieux sont indifférents, on n'a rien à en craindre ; si l'âme n'est qu'un composé matériel d'atomes, on n'a rien à redouter non plus de son séjour au royaume des morts ou de ses différentes réincarnations, croyances communes pour un Grec.
On n'a même rien à craindre de la mort, qui est la décomposition du composé

◆ **Épicure**

matériel que nous formons, corps et âme, et qui n'est donc que privation de sensation. « La mort n'est rien pour nous, puisque lorsque nous existons la mort n'est pas là et lorsque la mort est là, nous n'existons pas. »
Puisqu'il n'y a pas d'au-delà, le bonheur du sage est à réaliser en ce monde. La sensation, qui est le critère de la connaissance, en est aussi le guide en nous faisant rechercher le plaisir et fuir la douleur. Ce bonheur consistera donc dans la satisfaction des plaisirs, dont ceux de l'intelligence. La morale d'Épicure est un hédonisme* (du grec *hêdonê*, « plaisir »).
L'hédonisme épicurien n'en constitue pas pour autant une apologie de la jouissance et de la démesure : il prône un juste règlement des plaisirs, et la vie du sage est tempérante, contemplative et vertueuse.

● **PRINCIPAUX ÉCRITS :** *Lettre à Hérodote* (sur la physique) ; *Lettre à Pythoclès* (sur les météores) ; *Lettre à Ménécée* (sur la morale).

« LA MORT N'EST RIEN POUR NOUS »

La morale d'Épicure se présente comme un enseignement de la sagesse, c'est-à-dire de la conformité aux grands principes de la nature. Celle-ci nous incline à rechercher le plaisir et à fuir la douleur. Le vrai plaisir ne devra pourtant pas être confondu avec une vulgaire jouissance : c'est plutôt un repos de l'âme, une sérénité inébranlable. Il existe cependant un tourment dont il paraît difficile de nous délivrer : cette peur de la mort qui semble définitivement menacer la tranquillité de l'âme. Afin d'effacer une terreur propre à briser toute quiétude, Épicure déploie dans ce texte une argumentation serrée.

« 6. Maintenant habitue-toi à la pensée que la mort n'est rien pour nous, puisqu'il n'y a de bien et de mal que dans la sensation et que la mort est absence de sensation. Par conséquent, si l'on considère avec justesse que la mort n'est rien pour nous, l'on pourra jouir de sa vie mortelle. On cessera de l'augmenter d'un temps infini et l'on supprimera le regret de ne pas être éternel. Car il ne reste plus rien d'affreux dans la vie quand on a parfaitement compris que la mort n'a rien d'effrayant. Il faut donc être sot pour dire avoir peur de la mort, non pas parce qu'on souffrira lorsqu'elle arrivera, mais parce qu'on souffre de ce qu'elle doit arriver. Car si une chose ne nous cause aucune douleur par sa présence, l'inquiétude qui est attachée à son attente est sans fondement.
7. Ainsi le mal qui nous effraie le plus, la mort, n'est rien pour nous, puisque lorsque nous existons la mort n'est pas là et lorsque la mort est là, nous n'existons pas [...]. »

Épicure, Lettre à Ménécée, trad. P. Pénisson,
Paris, Hatier, coll. « Les classiques Hatier de la philosophie », 1999, p. 9.

Indifférence et incompatibilité d'être
Épicure commence par énoncer un principe d'indifférence : la sensation est principe de plaisir et de douleur, définissant ce qui pour nous peut être bien ou mal. La mort comme privation de sensation n'est ni bonne ni mauvaise : ne pouvant en rien nous affecter, elle n'est strictement rien pour nous. Le deuxième principe est un principe d'exclusion réciproque : être, c'est être en vie ; être mort, c'est ne plus être. On ne peut donc s'effrayer de ce qui n'existe pas. La mort n'est donc pas seulement rien pour nous, elle n'est rien en nous : sa présence implique notre absence.

Le goût de l'éphémère
La mort n'a donc rien d'effrayant : elle ne comporte ni bien ni mal, elle n'est quelque chose qu'en tant que nous ne sommes plus rien. Cette affirmation entraîne deux conséquences éthiques immédiates : nous délivrant d'une crainte absurde, elle rend possible une sérénité plus grande ; elle nous permet de jouir de l'instant pour lui-même, sans nourrir de vains espoirs.

ÉPICURISME

(n. m.) ● **ÉTYM.** : substantif formé à partir du nom d'Épicure. ● **SENS LARGE** : recherche exclusive et effrénée du plaisir. ● **SENS STRICT** : doctrine d'Épicure et de ses disciples (Lucrèce par exemple), fondée sur un idéal de sagesse selon lequel le bonheur, c'est-à-dire la tranquillité de l'âme (ataraxie), est le but de la morale ; cette doctrine invite à ne craindre ni les dieux, ni la mort (*cf.* Matérialisme), et à rechercher les plaisirs simples et naturels de l'existence (*cf.* Hédonisme).

L'épicurisme s'est développé dans l'Antiquité, aussi bien en Grèce, avec Épicure, qu'à Rome, avec Lucrèce*, dans des circonstances de troubles politiques. Le Moyen Âge chrétien l'occulta et contribua fortement à en altérer le sens, en diffusant la légende de l'épicurien jouisseur et en méconnaissant l'idéal de sagesse propre à l'épicurisme antique. Celui-ci retrouva une audience pendant la Renaissance (Montaigne*) et, partiellement, au XVIIe siècle (Gassendi*, Hobbes*).

● **TERME VOISIN** : hédonisme. ● **TERMES OPPOSÉS** : ascétisme ; démesure ; excès. ● **CORRÉLATS** : bonheur ; morale ; plaisir ; sagesse.

ÉPISTÉMOLOGIE

(n. f.) ● **ÉTYM.** : grec *epistêmê*, « science » et *logos*, « discours ». ● **SENS LARGE** (usité surtout dans les pays anglo-saxons) : analyse ou étude des processus généraux de la connaissance ; épistémologie est alors synonyme de « théorie de la connaissance » (ou gnoséologie).

● **SENS STRICT** (surtout usité en français) : analyse de l'« esprit scientifique » : étude des méthodes, des crises, de l'histoire des sciences modernes ; étude philosophique d'une science particulière (on parlera en ce sens d'épistémologie des mathématiques, de l'histoire, etc.).

L'essor de l'épistémologie est associé au développement scientifique qu'a connu le XIXe siècle. Mais les grandes crises scientifiques de la fin du XIXe siècle et du début du XXe (théorie de l'évolution* en biologie, théorie de la relativité* et mécanique quantique en physique...) remettent en cause les normes communément admises de la rationalité scientifique, telles qu'avait pu les énoncer, en 1867, Claude Bernard* dans son *Introduction à la médecine expérimentale*. Ces bouleversements impliquent-ils qu'il n'y a pas de raison* scientifique éternelle ? Que chaque science* construit historiquement son objet, contre les évidences antérieures et celles du sens commun, en surmontant ses propres obstacles ? Telle est la voie explorée par Gaston Bachelard* au moyen de ses deux concepts clés : celui d'« obstacle épistémologique », c'est-à-dire d'un ensemble de représentations scientifiques ou non scientifiques, empêchant une science donnée, à un moment donné, de poser correctement les problèmes ; et celui, corrélatif, de « rupture épistémologique », laquelle est l'acte intellectuel par lequel une science surmonte ses obstacles épistémologiques en remodelant ses principes explicatifs. La science perd alors son unité ; l'esprit scientifique est sans cesse à reconstruire. Ou bien, au contraire, est-il possible, comme l'a souligné toute une tradition positiviste* (*cf.* Cercle de Vienne), mais aussi, à sa manière Karl Popper*, de définir une « logique de la découverte scientifique », une unité méthodologique de la science ? Tel est le débat central de l'épistémologie contemporaine.

● **TERMES VOISINS** : gnoséologie ; théorie de la connaissance.

OBSTACLE ÉPISTÉMOLOGIQUE

Gaston Bachelard* désigne ainsi toute représentation ou explication du réel qui empêche sa compréhension plutôt que de la permettre. L'observation* spontanée du monde est ainsi, pour Bachelard, le premier des obstacles épistémologiques en ce qu'elle induit des pseudo-connaissances. Loin d'être le point de départ de la science, elle est ce que la science doit d'abord surmonter pour se constituer. L'idée selon laquelle la science se construit par obstacles épistémologiques surmontés conduit à une conception de l'histoire des sciences non en termes de continuité et d'accumulation de connaissances, mais de ruptures successives, chacune d'entre elles correspondant à une réorganisation globale du savoir.

● **CORRÉLATS** : connaissance ; ontologie ; science.

ÉPOCHÊ

(n. f.) ● ÉTYM. : terme grec signifiant « arrêt », « interruption », « suspension du jugement ». ● PHILOSOPHIE : **1.** Chez les sceptiques : suspension du jugement, c'est-à-dire refus de se prononcer sur quoi que ce soit, de soutenir une thèse quelconque. **2.** Chez Husserl : mise entre parenthèse du monde objectif, c'est-à-dire suspension de toute adhésion naïve (croyances spontanées, convictions diverses...) et de tout jugement d'ordre scientifique concernant le réel ; cette *épochê* permet au « sujet méditant » de se saisir comme « moi pur » ou « transcendantal ».

● CORRÉLATS : phénoménologie ; scepticisme.

ÉQUITÉ

(n. f.) ● ÉTYM. : latin *aequitas*, de *aequus*, « égal ». ● SENS LARGE : sentiment spontané du juste et de l'injuste en tant qu'il se manifeste dans l'appréciation d'un cas particulier et concret. ● SENS STRICT : justice qui a égard à l'esprit plutôt qu'à la lettre de la loi et qui peut même tempérer ou réviser celle-ci dans la mesure où « elle se montre insuffisante en raison de son caractère général » (Aristote).

L'esprit de justice

Plus qu'un principe ou une règle, l'équité est d'abord un esprit comme l'explique Aristote* dans l'analyse qu'il consacre à cette notion (*Éthique à Nicomaque*) : l'équitable, s'il a le même contenu que le juste, est cependant « plus parfait » que le juste légal car il représente « une amélioration de ce qui est juste selon la loi ». Celle-ci, en effet, comporte inévitablement des omissions ou des lacunes dues à son caractère général. L'équité, en révisant et en pondérant les dispositions légales, transmue donc la loi en un « fil de plomb » tel qu'en utilisent les architectes et qui « ne reste pas rigide mais qui peut épouser les formes de la pierre. » Si l'équité est donc l'esprit de justice en tant qu'il peut s'opposer à la légalité même, la question de sa définition reste étroitement liée à celle de la justice* en tant que principe non écrit, antérieur et supérieur aux lois.

Une distribution équitable ?

Mais comment déterminer ce qui est juste ? Les débats actuels sur la notion de justice — et donc sur l'équité — continuent de tourner autour de cette question délicate entre toutes : selon quels principes et quelles modalités peut-on déterminer ce qui est objectivement dû à chacun ? Étant donné que le principe de la justice ne saurait être l'égalité arithmétique — elle ne peut viser le pur et simple nivellement de toutes les conditions — le problème posé est celui de la distribution sociale équitable des contraintes, des charges, des privilèges et des honneurs. Selon John Rawls* (*La Théorie de la justice*), il doit exister dans les partages inégaux un point d'équilibre tel que certaines inégalités doivent être préférées à des inégalités plus grandes, mais aussi à une répartition inégalitaire. L'équité — tout comme la justice — est équilibre, convenance, et juste mesure.

● TERME VOISIN : justice. ● TERMES OPPOSÉS : iniquité ; injustice. ● CORRÉLATS : droit ; égalité ; morale.

ÉQUIVALENCE

(n. f.) ● ÉTYM. : latin *aequus*, « égal » et *valeo*, « valoir ». ● MATHÉMATIQUES : même signification ou même extension de deux propositions, de sorte qu'il est possible d'établir entre elles une relation d'égalité (écrire, par exemple, que 2 + 2 = 4 signifie que « 2 + 2 » et « 4 » sont des expressions équivalentes). ● LOGIQUE : double implication ; deux propositions p et q sont équivalentes lorsque les deux implications $p \rightarrow q$ et $q \rightarrow p$ sont vraies simultanément.

● TERME VOISIN : égalité. ● CORRÉLATS : analogie ; logique ; mathématiques.

ÉQUIVOQUE

(adj. et n. f.) ● ÉTYM. : latin *aequus*, « égal », et *vox, vocis*, « voix ». ● (ADJ.) SENS ORDINAIRE : caractère des termes qui peuvent être compris de plusieurs façons différentes. ● (SUBST.) SENS ORDINAIRE :

ambiguïté du sens dans lequel on peut entendre un terme ou une proposition.

● **TERMES VOISINS** : ambigu ; ambiguïté. ● **TERME OPPOSÉ** : univoque. ● **CORRÉLAT** : sens.

ÉRASME
(1469-1536)

REPÈRES BIOGRAPHIQUES

Humaniste chrétien et érudit, Érasme naît aux Pays-Bas et s'oriente d'abord vers la vie monastique. Il voyage ensuite à travers la France, l'Italie, l'Allemagne et l'Angleterre, où il se lie avec Thomas More qui deviendra son ami. Dans une Europe bouleversée par les guerres et les débuts de la Réforme, il poursuit une intense activité d'écriture, de publication et d'échanges, plaidant ardemment en faveur de la paix et de la tolérance.

Érasme est surtout connu du grand public pour son *Éloge de la folie*, publié en 1511. Ce texte qui, aux yeux de son auteur, n'était guère plus qu'une fantaisie, connut immédiatement auprès de ses contemporains un succès retentissant. C'est qu'il y fustigeait les mœurs et les abus de son temps, et notamment ceux du clergé. Il préparait ainsi les esprits à l'idée de réforme. Luther* lui-même, dans un premier temps, crut trouver en lui un allié. Mais par tempérament peut-être, par conviction sûrement, l'idée de rupture avec l'Église fut toujours totalement étrangère à Érasme. Plus profondément, ce qui sépare Érasme et Luther est leur conception de l'homme et de la liberté*. Alors que pour Luther l'homme est, depuis le péché originel, totalement perverti et ne doit son salut* qu'à la grâce* divine, Érasme soutient que l'homme peut librement se tourner vers le bien et participer à son salut, interprétant le péché comme une faiblesse naturelle. En 1524, il publie un ouvrage intitulé *Du libre arbitre*, auquel Luther répliquera en faisant paraître, un an plus tard, son traité du *Serf Arbitre*. Leur désaccord n'empêche pas Érasme de plaider jusqu'à la fin de sa vie pour la tolérance à l'égard des protestants et d'œuvrer en vue d'un retour à la paix et à l'unité au sein de l'Église.

L'idée de tolérance*, dont on sait le succès qu'elle a rencontré depuis, trouve chez Érasme son fondement dans un humanisme* chrétien, c'est-à-dire dans une conception de la religion débarrassée de ses dogmes* et s'adressant, à travers le message évangélique, à la raison et au cœur de tous les hommes, parce qu'ils participent tous d'une commune nature.

● **PRINCIPAUX ÉCRITS** : *Éloge de la folie* (1511) ; *Du libre arbitre* (1524).

ÉROS

(n. m.) ● **ÉTYM.** : grec *Erôs*, dieu de l'amour ; par extension, « amour sensuel », « désir des sens ». ● **SENS STRICT** : désir amoureux, par opposition à *agapê*, « affection », et *philia*, « amitié ». ● **PHILOSOPHIE** : **1.** Chez Platon : dieu de l'amour, Éros est le guide de l'ascension de l'âme vers le Beau ; fils de Poros (l'abondance) et de Pénia (la pauvreté), il symbolise le philosophe, qui, comme lui, se situe à mi-chemin entre l'indigence (l'ignorance) et la plénitude (le savoir). **2.** Chez Freud : dans la première théorie des pulsions, « pulsions de vie » constituées par l'ensemble des pulsions sexuelles et des pulsions d'autoconservation ; opposé à Thanatos, « pulsions de mort », tournées vers soi ou secondairement vers autrui, dans l'agressivité. Le choix des termes Éros et Thanatos donne une dimension plus mythique — ou métaphysique — à la théorie freudienne.

● **TERMES VOISINS** : libido ; pulsions de vie ; pulsions sexuelles. ● **TERME OPPOSÉ** : Thanatos. ● **CORRÉLATS** : amour ; libido.

ERREUR

(n. f.) ● **ÉTYM.** : latin *error*, « course à l'aventure », de *errare*, « errer ». ● **LOGIQUE ET SCIENCES** : affirmation fausse, c'est-à-dire non conforme aux règles de la logique, et/ou en contradiction avec les données expérimentales. ● **PSYCHOLOGIE** :

◆ Eschatologie

état de l'esprit qui tient pour vrai ce qui est faux, et réciproquement (ex. : « être dans l'erreur »).

L'erreur doit être soigneusement distinguée aussi bien de la faute* (qui engage plus nettement notre responsabilité) que de l'illusion* (qui n'est pas vaincue par le savoir). L'erreur procède toujours de notre jugement : elle résulte, selon Descartes*, d'un décalage permanent entre notre volonté, qui est infinie, et notre entendement, qui ne l'est pas. Nous nous trompons parce que nous outrepassons nos possibilités intellectuelles, par étourderie ou vanité : l'erreur n'est donc qu'une privation de connaissance. L'épistémologie contemporaine, au contraire, donne à l'erreur un tout autre statut, plus « positif ». Bachelard*, notamment, montre que les « vérités » scientifiques ne sont jamais que provisoires, qu'elles doivent constamment être remaniées et corrigées. La connaissance scientifique ne peut pas faire l'économie de l'erreur.

● **Termes voisins :** fausseté ; illusion ; incorrection. ● **Terme opposé :** vérité.
● **Corrélats :** connaissance ; évidence ; faute ; illusion ; jugement.

ESCHATOLOGIE

(n. f.) ● **Étym. :** grec *eschatos*, « dernier », et *logos*, « discours ».
● **Théologie :** l'eschatologie concerne l'ensemble des doctrines religieuses qui portent sur la fin des temps. Ainsi, alors que dans le judaïsme le croyant vit encore dans l'attente du Messie, les chrétiens attendent seulement son retour lors du jugement dernier.

● **Corrélats :** Christ ; christianisme ; histoire ; téléologie.

ÉSOTÉRISME

(n. m.) ● **Étym. :** grec *esôterikos*, « de l'intérieur, intime ». ● **Sens ordinaire :** doctrine dont le sens est difficile d'accès.

Ce mot désigne en général une pensée réservée à des initiés et ne pouvant être comprise que par eux. Le qualificatif *éso-térique* est parfois utilisé en un tout autre sens pour distinguer, parmi les écrits d'Aristote, ceux qui sont issus de son enseignement et n'avaient pas vocation à être publiés. Le contraire est ce qui est *exotérique*.

● **Terme voisin :** mysticisme.
● **Corrélats :** gnose ; mystère.

ESPACE

— Du point de vue de la physiologie, l'espace, limité au champ de notre perception actuelle, est différencié (haut et bas, droite et gauche), plus étendu horizontalement que verticalement, hétérogène, discontinu, variable selon le sens qui le perçoit.
— Du point de vue de l'intuition commune, l'espace physique est un milieu homogène (les propriétés en sont partout les mêmes), continu et illimité, dans lequel nous situons tous les objets et leurs déplacements.
— Du point de vue de la géométrie, l'espace est une représentation abstraite de ce milieu, vidé de toute matière et caractérisé par les propriétés suivantes : homogène, isotrope (ayant les mêmes propriétés dans toutes les directions), continu et illimité. L'espace de la géométrie euclidienne, qui correspond à celui de la perception*, est tridimensionnel ; mais d'autres géométries non euclidiennes (comme celles de Riemann ou de Lobatchevski, par exemple) travaillent sur des espaces à n dimensions.
— Du point de vue de la physique depuis Einstein, l'espace est un milieu à quatre dimensions, constitué par la réunion de l'espace à trois dimensions et du temps*, ce qui signifie que quatre variables sont nécessaires pour repérer un phénomène, sa position dans l'espace et sa position dans le temps étant solidaires.

Des approches inconciliables ?

La diversité et l'incompatibilité apparentes des différentes conceptions de l'espace ont quelque chose de décourageant : on ne saurait mieux montrer que sur cet exemple à quel point certaines questions philosophiques semblent exclure des réponses simples et univoques. L'espace est-il une donnée concrète ou bien une conception abstraite, un « ordre idéal » ? Est-il distinct de son contenu (la matière, les corps), ou bien en est-il indissociable ? Plus radicalement encore : est-il une réalité absolue ou bien, au contraire, le résultat d'un travail de construction et d'abstraction* indéfiniment repris et toujours provisoire ? La philosophie, tout au long de son histoire, apporte à ces questions des réponses on ne peut plus contrastées.

L'espace des philosophes
Pour Aristote*, l'espace est un lieu ou encore une enveloppe vide, c'est-à-dire la limite à l'intérieur de laquelle un corps est compris. Une telle conception implique un univers fini circonscrit par une sphère : si toute chose dans l'univers a un lieu, l'univers lui-même ne se trouve nulle part. Chez Descartes*, l'espace physique se confond avec la substance* corporelle ou matérielle : « L'espace, ou lieu intérieur, écrit-il, et le corps qui est compris dans cet espace, ne sont différents [...] que par notre pensée » (*Principes,* II, 10). L'étendue* géométrique constitue l'essence de l'espace cartésien, tandis qu'au contraire pour Leibniz*, l'espace n'est pas une réalité naturelle mais une « idéalité », un « ordre de coexistence » : ce qui signifie que ce sont l'ensemble des mouvements et des situations des choses les unes relativement aux autres qui constituent ce qu'on appelle l'espace, conçu finalement comme un pur système de relations abstraites.

Une « forme *a priori* de la sensibilite » ?
La conception leibnizienne tend à appauvrir l'espace en le réduisant à ses propriétés logiques. Kant* souligne au contraire le caractère intuitif de l'espace sensible. Pour lui, l'espace, tout comme le temps, est une « forme *a priori* de la sensibilité* » (il faut entendre par sensibilité la fonction par laquelle les objets nous sont donnés dans l'expérience). Remettant en cause la conception commune selon laquelle l'espace serait une réalité objective indépendante de notre perception et ayant une réalité propre, Kant conçoit donc l'espace comme une condition de possibilité de l'expérience. Exclu des « choses en soi », l'espace doit par conséquent être limité aux phénomènes* et à l'expérience possible : « L'espace n'est que la forme de tous les phénomènes externes, c'est-à-dire la condition subjective de la sensibilité » (*Critique de la raison pure*).

Des perspectives incompatibles ?
Mais l'espace dont nous parle Kant est celui — inchangé depuis les Grecs — qu'avait conçu et formalisé Euclide* plus de deux mille ans auparavant. Or la conception d'un espace exclusivement et définitivement euclidien s'avère insoutenable après les développements, à partir du XIXe siècle, des géométries non euclidiennes, confirmées par la suite par la physique d'Einstein. La géométrie euclidienne n'est plus qu'un système parmi d'autres. Dès lors, on ne peut plus compter sur la logique ou les mathématiques pour savoir enfin quel type de géométrie correspond le mieux à l'espace réel. Aujourd'hui, la tendance des physiciens serait plutôt de considérer l'espace comme une « fonction de notre sphère conceptuelle ».

Comme l'avait bien compris Kant, l'espace n'est donc pas une donnée naturelle et indépendante de la représentation humaine. Il y aurait même autant d'espaces que d'approches et de perspectives possibles sur notre univers et notre environnement (ainsi par exemple l'espace « muet » des animaux est radicalement différent, plus « fin », plus différencié, mais aussi moins ouvert et infiniment moins riche que l'espace de l'homme). L'espace des artistes enfin, notamment à la suite des révolutions esthétiques du XXe siècle (que l'on pense au cubisme par exemple), nous révèle un univers éclaté et régénéré dont l'homme n'est pas forcément le centre.

● **TEXTES CLÉS :** E. Kant, *Critique de la raison pure* ; A. Koyré, *Du monde clos à l'univers infini.*
● **TERMES VOISINS :** étendue ; matière. ● **CORRÉLATS :** perception ; temps.

ESPÈCE

(n. f.) ● **ÉTYM. :** latin *species* (de *specere*, « regarder »), « vue », « aspect ».
● **SENS ORDINAIRE ET LOGIQUE :** ensemble de choses ou d'êtres qu'un ou plusieurs caractères communs permettent de classer ensemble. ● **BIOLOGIE :** classe d'êtres vivants, végétaux ou animaux, présentant un certain nombre de similitudes, visibles et non visibles, héréditaires, et qui (sauf de très rares exceptions) ne peuvent se reproduire qu'entre eux.

En biologie, la notion d'espèce trouve son fondement dans la réalité, puisque les critères de regroupement des êtres vivants correspondent à des propriétés naturelles.

◆ Espérance

Il est toutefois possible de classer logiquement des êtres ou des choses, en se fondant non pas sur des parentés naturelles ou des ressemblances extérieures, mais sur certains caractères des individus* jugés suffisants, dans une situation déterminée, pour justifier leur appartenance à une même espèce. Dans ce sens, espèce et catégorie* sont synonymes. Une espèce peut être subdivisée en plusieurs autres : il suffit d'ajouter des critères de classement pour limiter le nombre des individus appartenant à une espèce (cf. les notions d'extension* et de compréhension* du concept). À l'opposé, le genre*, catégorie plus large, englobe plusieurs espèces (le genre animal comprend une multiplicité d'espèces, dont chacune se répartit à son tour en familles ou espèces plus restreintes, et ainsi de suite. Seule exception : le genre humain, qui se confond avec l'espèce.

● **TERMES VOISINS :** catégorie ; classe ; famille ; genre. ● **CORRÉLATS :** catégorie ; concept.

ESPÉRANCE

(n. f.) ● **ÉTYM. :** latin *sperare*, « attendre le bonheur ». ● **SENS ORDINAIRE :** attente d'une amélioration, confiance dans l'avenir. ● **THÉOLOGIE :** vertu théologale, foi dans le retour du Christ.

L'espérance est tout d'abord un sentiment qui nous porte à considérer l'avenir avec confiance. D'un point de vue purement affectif, on parle plus volontiers d'espoir que d'espérance et l'on oppose ce sentiment à la crainte. Les théoriciens classiques de la nature humaine (Hobbes*, Descartes*, Spinoza*) inscrivent tous l'espoir au rang des passions* fondamentales et le relient systématiquement au désir* : espérer, c'est considérer comme réalisable ce que nous désirons le plus intensément. L'espoir est donc indissociable d'un rapport positif au temps* ; il est la passion de l'avenir car il fait du temps notre meilleur allié.
La thématique de l'espérance comme telle appartient plus spécialement à la perspective religieuse, surtout chrétienne. L'espérance (comme la charité et la foi) est considérée comme une « vertu théologale », c'est-à-dire renvoyant directement à Dieu comme à son objet (à l'inverse, les « vertus morales » dépendent de la seule raison et ne concernent que les rapports que les hommes doivent adopter entre eux). Espérer, pour le christianisme, c'est croire en la grâce* de Dieu et en la vie éternelle promise par lui. Selon Kant*, la religion en général répond à la question : « Que m'est-il permis d'espérer ? » qui diffère de la question proprement morale : « Que dois-je faire ? » (*Logique*). L'espérance porte ici sur la réussite de l'action morale et elle est intégralement rationnelle. Mais, à l'inverse des philosophes chrétiens, Kant subordonne la question de l'espérance à celle du devoir*, parce que seul ce dernier définit la vertu et qu'il n'existe pas de « vertu théologale », ni de devoirs envers Dieu. L'espérance est donc un complément à la moralité et non son origine.

● **TERMES VOISINS :** confiance ; espoir. ● **TERMES CONTRAIRES :** angoisse ; crainte. ● **CORRÉLATS :** foi ; passion ; religion ; théologie.

ESPRIT

(n. m.) ● **ÉTYM. :** latin *spiritus*, « souffle », « vent », « esprit ». ● **SENS ORDINAIRE :** principe individuel de la pensée, par opposition au corps. ● **THÉOLOGIE :** souffle ou principe divin (« L'esprit souffle où il veut », saint Jean). ● **PHILOSOPHIE :** 1. Opposé à la nature ou à la matière, principe immatériel, considéré comme premier dans l'ordre de l'essence ou dans l'ordre de la connaissance. 2. Chez Hegel : l'Esprit est le principe rationnel qui anime l'histoire ; l'Esprit absolu est l'Esprit parvenu à sa vérité ou encore à sa réalisation absolue par la médiation de l'art, de la religion et de la philosophie.

Une dimension d'abord religieuse
Dans la tradition occidentale, l'esprit est une notion très marquée par ses origines religieuses. Le « Saint-Esprit », représenté parfois par une colombe, est l'esprit divin, consolateur ou vivifiant. Véritable force spirituelle susceptible de sanctifier les âmes, l'esprit peut également s'apparenter à l'inspiration ou à la grâce*. De façon générale, il s'oppose à la chair, qui représente la nature animale de l'homme, la puissance aveuglante de son désir.
La dimension religieuse du mot esprit sera déterminante pour toute notre tra-

dition : l'esprit deviendra, dans l'ensemble de la philosophie chrétienne, le principe en vertu duquel l'homme a vocation à la raison et participe de la divinité. L'intellect — tenu par Platon* et Aristote* pour la partie divine de l'homme — ne constitue plus pour le chrétien l'essence de l'humanité.

L'Esprit à l'œuvre dans l'histoire

Tout en s'inscrivant dans cette tradition, Hegel* modifie radicalement la conception dominante de l'esprit, associé jusque-là à l'âme* individuelle et immortelle. Chez Hegel, l'Esprit est un principe impersonnel. Sans doute, l'homme seul (en tant qu'esprit) est-il capable de se représenter ce qu'il fait, de s'opposer aux buts immédiats que lui fixe la nature et de découvrir sa propre vérité. Mais chaque homme en particulier n'est qu'un agent de l'Esprit, conçu comme cette capacité d'autodétermination, cette liberté qui, s'opposant à la nature, a engendré l'histoire. Dynamisme introduisant la rationalité dans le monde, l'Esprit n'est cependant pas quelque chose d'abstrait, il se manifeste dans les formes culturelles qu'édifient les hommes. La succession des cultures permet de suivre sa trame dans l'histoire. À travers la vie des différents peuples, l'Esprit se cherche et, s'il semble parfois errer, les contradictions, même sous leurs formes violentes, sont cependant le signe de la fécondité de l'histoire : car l'Esprit progresse toujours, comme la taupe creusant son chemin dans l'obscurité afin de parvenir enfin à la lumière.

Le « fantôme dans la machine »

À côté de toute la tradition idéaliste, a toujours existé un courant de pensée matérialiste qui tend à récuser l'approche métaphysique de la notion d'esprit pour n'en faire qu'une activité du corps (*cf.* Mécanisme). Aujourd'hui, les neurobiologistes (tel Jean-Pierre Changeux dans *L'Homme neuronal*) nous apprennent que notre cerveau fonctionne comme un ordinateur, c'est-à-dire par traitement de l'information, dont l'esprit, en quelque sorte, fournirait le programme. Les actes d'intelligence sont des faits d'organisation, les « états mentaux » relèvent de processus neuroniques... et le cerveau ne serait qu'un « ordinateur vivant » extrêmement perfectionné. Le philosophe anglais Gilbert Ryle, en rupture avec toute la tradition cartésienne et phénoménologique*, va jusqu'à dire que l'on peut faire l'économie de la notion d'esprit. L'esprit n'est pas une réalité attestée, mais bien plutôt une entité imaginaire, un mythe, bref : un « fantôme dans la machine ».

● **TERMES VOISINS :** âme ; conscience ; intelligence ; pensée ; raison. ● **TERMES OPPOSÉS :** chair ; corps ; lettre ; matière.

« ESPRITS ANIMAUX »

Chez Descartes, petites particules du sang, très fines, qui animent le corps et transmettent les informations vitales (sorte d'influx nerveux).

ESPRIT DE FINESSE / ESPRIT DE GÉOMÉTRIE

Distinction établie par Pascal* dans les *Pensées* (fragment 512, Éd. Lafuma). L'*esprit de géométrie*, c'est l'esprit déductif (*cf.* Déduction), tel que la géométrie d'Euclide*, pour le XVIIe siècle, en a fourni le modèle. Il se caractérise par sa facilité logique et sa difficulté psychologique. D'une part, en effet, il raisonne sur des principes évidents (« si gros qu'il est presque impossible qu'ils échappent »), à partir desquels il suffit de savoir déduire de proche en proche les propositions pour être sûr de ne jamais se tromper. Mais, d'autre part, il a pour objet des vérités peu communes, vers lesquelles, à l'exemple des mathématiques*, l'esprit n'a guère l'habitude de se tourner.

La situation est exactement inverse pour l'*esprit de finesse*, qui porte sur des objets communs, mais dont les principes sont difficiles à percevoir et supposent une compréhension non formalisable.

● **CORRÉLATS :** conscience ; corps ; sciences cognitives.

ESSENCE

(n. f.) ● **ÉTYM. :** latin *essentia*, de *esse*, « être », traduction du grec *ousia*. ● **SENS ORDINAIRE :** ce qui fait la nature d'une chose ou d'un être. ● **PHILOSOPHIE : 1.** Par opposition à accident, ce qui constitue la nature permanente d'un être, indépendamment de ce qui lui arrive ; en ce sens, proche de « substance ». **2.** Par opposition à existence, ce qu'est un être, ce qui le définit, indépendamment du fait qu'il existe ; en ce sens, proche de « concept ».

◆ **Esthétique**

Chercher l'essence d'un être, c'est chercher ce qui en constitue la nature. Cette quête de l'essence est celle que mène Platon*, à travers ses *Dialogues*. Il cherche à y définir, par exemple, ce que sont la justice, la beauté, le courage en soi, indépendamment des objets sensibles où ces essences — qu'il appelle Idées* — s'incarnent imparfaitement. C'est pourquoi il oppose le monde intelligible*, monde des essences pures ou des Idées, au monde sensible*. Pour Platon, l'essence, parce qu'elle présente les caractères du vrai* — universalité et nécessité — a plus d'existence* et de dignité que les objets sensibles. C'est cette priorité de l'essence que contestera le nominalisme*, à travers la fameuse « querelle des Universaux* ». Pour le nominalisme, l'essence n'est qu'une idée générale, construite par abstraction, et le nom qui lui correspond n'est qu'un signe commode pour représenter les objets toujours singuliers qui, seuls, existent. Mais on peut aussi admettre qu'il existe des essences singulières. L'essence ici s'opposera non plus à l'accident*, puisqu'une essence singulière contient en elle tous ses accidents, ou attributs*, mais s'opposera à l'existence, comme le possible au réel. Pour Leibniz*, par exemple, et dans une perspective chrétienne, la Création* est ce par quoi Dieu fait passer les essences à l'existence. C'est cette antériorité de l'essence sur l'existence que contestera l'existentialisme athée. À travers la formule « L'existence précède l'essence », l'existentialisme* entend affirmer que l'homme se crée en quelque sorte lui-même, à travers ses actes et ses choix. En d'autres termes, l'homme n'a d'autre définition que celle qu'il se donne.

● **TERMES VOISINS** : concept ; idée ; substance. ● **TERMES OPPOSÉS** : accident ; existence. ● **CORRÉLATS** : existence ; existentialisme ; idée ; jugement ; nominalisme ; réalisme ; universel (querelle des Universaux).

ESTHÉTIQUE

(n. f. et adj.) ● **ÉTYM.** : grec *aisthêtikos*, « que les sens peuvent percevoir ». ● **(SUBST.) SENS ORDINAIRES** : **1.** Étude de la sensation, du sentiment. **2.** Théorie de l'art et des conditions du beau. **3.** Théorie qui traite du sentiment du beau et du jugement de goût. **4.** Étude des différentes formes d'art. ● **(ADJ.) SENS ORDINAIRES** : **1.** Qui concerne le beau. **2.** Beau.

Le mot esthétique (du grec *aisthêsis*, « sensation », « sentiment »), s'emploie couramment comme synonyme de beau, ou désigne ce qui concerne la beauté dans toutes les acceptions de ce terme. Plus précisément, l'esthétique désigne la théorie de la sensibilité à la beauté et plus particulièrement au beau artistique et, par extension, la réflexion qui s'applique à l'art*. Elle se distingue de la critique d'art qui traite des œuvres particulières.

Dès l'origine, ce terme réunit théorie de l'art et théorie de la sensibilité, puisque Baumgarten l'inaugure en 1750 dans son ouvrage *Aesthetica*, qui traite de la formation du goût* et de l'appréciation de l'œuvre d'art. Kant* reprit tout d'abord ce terme dans la *Critique de la raison pure*, l'« esthétique transcendantale » étant l'étude des formes *a priori* de la sensibilité* : temps et espace. C'est dans la *Critique du jugement* que le terme est appliqué au jugement d'appréciation du beau.

Les limites de cette approche sont mises en évidence par l'*Esthétique* de Hegel*, pour qui l'esthétique doit tendre vers une science du beau fondée sur l'étude des œuvres d'art.

Si le relativisme radical peut constituer un écueil pour l'esthétique, puisque l'égale validité de toutes les opinions sur le beau conduit à la négation de cette valeur, l'explication de l'œuvre d'art par des facteurs extérieurs à sa beauté, tels que son contexte historique par exemple, ruine également l'objet de l'esthétique ; en effet, la référence au sentiment esthétique demeure une nécessité pour fonder une réflexion sur le beau et l'œuvre d'art.

● **TERMES VOISINS** : beau ; philosophie de l'art ; science de l'art. ● **TERMES OPPOSÉS** : inesthétique ; laid. ● **CORRÉLATS** : art ; beau ; expression.

ÉTANT

(n. m.) ● **ÉTYM.** : traduction de l'allemand *Seiendes*, participe présent du verbe *Sein*, « être ». ● **CHEZ HEIDEGGER** : concept utilisé pour désigner tout ce qui se présente d'une façon déterminée, sur un mode concret (il peut s'agir d'un objet quelconque, une fleur, une feuille de papier, une table..., mais tout aussi bien de l'être humain, de ses façons de parler, d'agir, etc.) ; Heidegger oppose l'« étant », toujours limité, à l'« être » qui est, à l'inverse, indéterminé, indifférencié.

● **Corrélats :** *Dasein* ; essence ; être ; existence.

ÉTAT

L'État est l'ensemble des institutions (politiques, juridiques, militaires, administratives, économiques) qui organisent une société sur un territoire donné. La notion d'État suppose premièrement la permanence du pouvoir : en effet, l'État n'apparaît que lorsque le pouvoir s'institutionnalise, c'est-à-dire lorsqu'il cesse d'être incorporé dans la personne d'un chef ; c'est cette permanence du pouvoir qu'exprime la formule : « Le Roi est mort, vive le Roi ». Il suppose deuxièmement la « chose publique » : si le pouvoir de l'État n'appartient pas à son détenteur, s'il n'est pas sa propriété personnelle, c'est qu'il définit un espace public, commun à tous ; en ce sens, on peut dire de tout État qu'il est une république*, c'est-à-dire, au sens étymologique (*res publica*), une « chose publique ».

Le fondement de l'autorité politique

S'il n'y a État que lorsque l'autorité est institutionnalisée, le problème qui se pose est celui de sa légitimité. En affirmant, dès le XVIe siècle, son indépendance à l'égard de l'Église (*cf.* Jean Bodin dans les six livres de *La République*, 1576), l'État moderne se prive de la légitimation traditionnelle du pouvoir par la religion. C'est pourquoi Machiavel*, premier penseur d'un État moderne désacralisé, fait dépendre le pouvoir non d'un droit qui le fonde, mais de l'habileté du Prince. Les théoriciens du contrat social*, aux XVIIe et XVIIIe siècles (Hobbes*, Locke*, Rousseau*...) veulent au contraire, en remplaçant le droit divin par le pacte social, enraciner l'autorité de l'État dans un nouveau principe, lui fournir une justification possible. Que disent, en effet, les juristes et philosophes partisans de la théorie du contrat ? Ils affirment que les hommes sont libres et égaux et que, par conséquent, aucun pouvoir n'est fondé s'il ne repose sur leur consentement, sur un contrat. Par celui-ci, les hommes renoncent à leur droit naturel d'agir de leur propre chef et acceptent de se soumettre à l'autorité de l'État. En échange, celui-ci doit leur garantir la paix civile, la sûreté et la liberté autorisée par la loi.

L'État de droit

Les théoriciens du contrat ont tous en commun une conception juridique de l'État et sont, à ce titre, des précurseurs de ce que l'on a coutume d'appeler aujourd'hui « l'État de droit ». Mais il existe pourtant des différences de conception de l'État, selon qu'est plus ou moins grande la part de liberté* laissée aux individus.
Locke, penseur de l'État libéral, estime pour sa part que le pouvoir de l'État doit être limité. Institué pour sauvegarder la liberté et la propriété privée, sa sphère de compétence n'excède pas le domaine public. Il n'intervient pas dans le domaine privé, qu'il s'agisse de religion ou d'économie. Hobbes, au contraire, est partisan de l'absolutisme. Pour être efficace, l'État, en la personne de son représentant (roi ou assemblée), a tout pouvoir, y compris sur le choix de la religion, faute de quoi les hommes retomberaient dans la violence et la guerre civile. Mais l'absolutisme ne doit pourtant pas être confondu avec le despotisme*. L'autorité absolue du souverain a pour fin, non de dominer, mais d'assurer la sécurité des biens et des personnes, de la protéger du conflit des intérêts privés qui règnent à l'état de nature. Pour Hobbes, le souverain est une personne représentative. Il n'agit pas pour lui ou en son nom propre, mais en vue de l'intérêt général. Si l'État abuse du pouvoir en le détournant à son profit, le contrat est rompu.
Sensible aux dangers du libéralisme* qui, sous couvert de liberté, peut engendrer la servitude, comme aux risques que l'absolutisme fait courir à la liberté, Rousseau — et, à travers lui, la Révolution française qui inaugure la tradition républicaine — a tenté une synthèse originale qui concilie, sans les opposer, les droits de l'homme et les droits du citoyen.
Dans un État démocratique où, à travers la loi, s'exprime la volonté générale*, l'obéissance ne menace pas la liberté. L'État devient ainsi l'espace où l'homme peut accéder à une dimension universelle de son existence, comme citoyen* concevant un intérêt général au-delà de son égoïsme naturel, et obéissant à

◆ État

l'autorité commune et réglée de la loi, plutôt que de se soumettre à la force imprévisible, et finalement toujours précaire, d'un tyran.

L'État entre la raison et la violence
L'État incarnerait donc l'intérêt général. Institué, comme le dit Spinoza*, « à cette fin de permettre la concorde », il aurait des fins raisonnables, pouvant être voulues par tous. L'État a même pu alors apparaître, avec Hegel*, comme la « réalité de l'Idée morale », la raison en acte, réalisant la morale et le droit qui ne sont encore, au niveau individuel, que des abstractions.

Mais n'y a-t-il pas là une pensée trop optimiste, et même inquiétante de l'État ? Le germe d'un culte de l'État, érigé en absolu, dont le totalitarisme* fut en notre siècle la manifestation ? En tout état de cause, l'extension de la bureaucratie*, la complexité des « technostructures » qui rendent la « gestion » de l'État de plus en plus étrangère au citoyen, tout cela ne fait-il pas de l'État moderne « le plus froid des monstres froids » (Nietzsche*) ?

D'où le développement d'un anti-étatisme qui voit l'essence de l'État dans la violence qu'il exerce sur les individus et la dépossession d'eux-mêmes qu'il entraîne. On peut distinguer deux critiques de l'État :

1. L'anarchisme* (Bakounine, Proudhon*), pour qui l'État est le mal politique absolu, l'oppression incarnée dévorant les forces vives et la liberté des individus. L'anarchisme rêve d'une société sans État, dans laquelle les rapports entre les hommes seraient exclusivement fondés sur des associations mutuelles ou sur des contrats privés.

2. Le marxisme*, qui, contrairement à l'anarchisme, ne fait pas de la destruction de l'État une fin révolutionnaire en soi. L'État, pour Marx*, est au service de la classe dominante. Il n'est que le moyen institutionnel de perpétuer l'exploitation et la domination de classe. C'est celle-ci qu'il faut détruire. Et si la révolution, en supprimant les oppositions de classe, doit conduire, à terme, à la suppression de l'État, le prolétariat vainqueur aura toutefois besoin provisoirement, d'un État qui puisse jouer son rôle, celui, en l'occurrence, de la « dictature du prolétariat ».

L'État cosmopolite
Mais la mise en œuvre historique de la dictature du prolétariat n'a pas, tant s'en faut, libéré l'homme de l'oppression. Elle a au contraire donné lieu à une hypertrophie « totalitaire » de l'État, plutôt qu'à son amoindrissement ; de sorte que c'est dans l'« État de droit » plus que dans ses tentatives d'abolition révolutionnaire que semblent se trouver les garanties de la liberté.

D'autre part, la multiplication des conflits « locaux », tout en faisant apparaître l'artificialité de certains États (ex-Yougoslavie, ex-URSS), n'entraîne-t-elle pas, non la disparition de l'État, mais son internationalisation ? Telle est l'idée actuelle d'une « communauté internationale ». Celle-ci, en bénéficiant du transfert des instances de souveraineté ordinairement accordées aux États-nations (cour de justice, forces d'intervention militaire...), pourrait, à l'échelle mondiale, assurer la paix civile et la sécurité des personnes. En somme, si l'« État de droit » représente un universel, sa destination ultime n'est-elle pas dans la constitution d'une fédération d'États libres, et, dans une perspective proche de celle de Kant*, dans l'idée de citoyens du monde ?

● **Textes clés** : Platon, *La République* ; N. Machiavel, *Le Prince* ; Th. Hobbes, *Léviathan* ; J.-J. Rousseau, *Du contrat social*. ● **Terme voisin** : société politique. ● **Termes opposés** : anarchie ; état de nature ; société civile.

ÉTATS (LOI DES TROIS)
Cf. Auguste Comte.

ÉTAT DE NATURE
Opposé à « état civil », l'état de nature désigne chez Rousseau, Locke ou Hobbes, la situation de l'homme antérieurement à toute société organisée. Il n'est pas nécessaire de penser que l'état de nature a réellement existé ; c'est une hypothèse propre à déduire certaines caractéristiques de l'état social, et en particulier la nécessité du contrat.

ÉTAT CIVIL
Par opposition à « état de nature », situation des hommes ayant mis en place une société organisée et des institutions.

● **Corrélats** : absolutisme ; arbitraire ; autorité ; cosmopolitisme ; libéralisme ; nation ; nationalisme ; peuple ; pouvoir ; révolution ; société.

ÉTENDUE

(n. f.) ● **ÉTYM.** : latin *extensio*, « action d'étendre, de déployer ».
● **SENS ORDINAIRE** : portion d'espace ou propriété des corps d'être situés dans l'espace et d'en occuper une partie. ● **PHILOSOPHIE** : **1.** Chez Descartes : attribut essentiel de la matière, ce qui revient à considérer que l'essence de la matière est purement géométrique. **2.** Chez Malebranche : désigne l'idée qui représente les corps dans l'entendement divin ; elle est donc de nature intelligible. **3.** Chez Spinoza : un des attributs de la substance divine (*cf.* Attribut).

● **TERME VOISIN** : espace. ● **CORRÉLAT** : matière.

ÉTERNEL RETOUR

● **CHEZ LES GRECS** : représentation cyclique du temps, conçu comme une sphère tournant sans fin sur elle-même. ● **CHEZ NIETZSCHE** : représentation de l'avenir conçu à la fois comme affirmation, répétition et sanction de la vie déjà vécue.

Une représentation circulaire du temps permet de concilier temporalité et éternité. Pour les stoïciens, par exemple, le monde disparaîtra dans une « conflagration universelle » puis renaîtra de ses cendres, identique à lui-même, et ainsi de suite, pour l'éternité. Nietzsche* renoue avec cette représentation du temps, mais il conçoit l'éternel retour comme étant « sélectif » : tel une roue animée d'un mouvement centrifuge, il chasse tout le « négatif ». En ce sens, la pensée de l'éternel retour est la « formule suprême de l'affirmation » (*Ecce Homo*) : car le vouloir est créateur, « rédempteur de soi-même » et « messager de joie » (*cf.* Nietzsche).

● **CORRÉLATS** : éternité ; temporalité.

ÉTERNITÉ

(n. f.) ● **ÉTYM.** : latin *aeternitas*, de *aeternus*, « éternel ». ● **SENS ORDINAIRE** : caractère de ce qui est en dehors du temps.

Contrairement au temps qui comporte l'idée de succession, l'éternité serait, selon saint Thomas*, un « temps sans commencement ni fin ». On prendra soin de distinguer l'éternité — qui serait le propre de la divinité — et l'intemporalité, caractère de ce qui est étranger au temps, qui n'est pas de l'ordre de la durée (par exemple, les vérités mathématiques, ou même les vérités de la raison en général).

● **TERMES VOISINS** : intemporalité ; perpétuité. ● **TERMES OPPOSÉS** : durée ; temporalité. ● **CORRÉLAT** : temps.

ÉTHIQUE

(n. f.) ● **ÉTYM.** : grec *ethos*, « mœurs ». ● **SENS ORDINAIRES** : **1.** Synonyme de morale : art ou pratique ayant pour fin la vie bonne et heureuse. **2.** Théorie ou doctrine ayant pour objet la détermination des fins de l'existence humaine, ou les conditions d'une vie heureuse. **3.** Réflexion et travail théorique portant sur des questions de mœurs ou de morale (ex. : les « comités d'éthique »). ● **PHILOSOPHIE** : **1.** Chez Aristote : science pratique ayant pour objet l'action de l'homme en tant qu'être de raison et pour fin la vertu dans la conduite de la vie. **2.** Chez Spinoza : l'éthique doit libérer l'homme de sa servitude à l'égard des sentiments et lui apprendre à vivre sous la conduite de la raison ; s'opposant aux préjugés et à la superstition, elle inclut la connaissance spéculative de Dieu, substance unique possédant une infinité d'attributs, et conduit à la béatitude. **3.** Chez Kant : science des lois de la liberté, ayant pour partie empirique une anthropologie pratique et pour partie rationnelle la morale, c'est-à-dire le devoir. Elle devient effective dans l'autonomie de la volonté et le règne des fins. **4.** Chez Hegel : la vie éthique est la réalisation effective de l'idée du bien à travers l'unité du moment subjectif (la volonté) et du moment objectif, le monde extérieur en tant qu'il est marqué par les œuvres de la volonté (les mœurs).

Le terme d'éthique est très proche de celui de morale*, il en est même un équivalent dans nombre de textes ; l'usage n'a pas produit une distinction univoque et constante entre ces deux notions. Toutefois, au cours de l'histoire de la philosophie, la morale, venue s'ajouter terminologiquement à l'éthique, est entrée en tension avec cette dernière. Les Grecs rapportaient étroitement l'éthique aux mœurs et aux coutumes, qui sédimentent, pour l'usage social, les finalités et les valeurs inhérentes aux actions humaines. Mœurs et coutumes deviennent en l'homme une « seconde nature », sous forme d'habitudes et de dispositions constantes. Hegel*, s'appuyant sur ce substrat auquel doit cependant s'ajouter une conscience pleine et entière, reproche à Kant* son « rigorisme » moral, le caractère abstrait, selon lui, d'un devoir* qui consiste essentiellement dans la règle d'universalisation. Pour Kant, le devoir est un « fait de la raison », universellement et immédiatement impératif ; tandis que pour Hegel, la vie éthique réside dans la conformité aux institutions et aux coutumes rationnelles. En ce sens, l'éthique est le fait d'une communauté structurée, la morale le fait de l'individu en tant que raison pratique, en tant que personne*.

Certains auteurs s'efforcent de surmonter cette opposition. Confrontant Aristote* et Kant, Paul Ricœur* définit l'éthique par un point de vue téléologique* : le bien réside dans une fin visée comme ce qui est digne d'estime, tandis que le point de vue kantien serait déontologique, l'expérience morale étant celle d'un impératif catégorique qui ne relève pas d'une appréciation. La visée éthique, par son lien aux institutions*, poserait le problème de la justice*, rencontrerait l'obligation morale sous la forme de l'interdiction et se réaliserait dans une sagesse pratique. On peut considérer que l'éthique est plus proche des déterminations du comportement de la subjectivité* vivante des individus, tandis que la morale est l'exigence universelle, irréductible et transcendante*. L'éthique s'incarne dans les valeurs, la morale est loi*. L'éthique est rapportée à un ici et maintenant, à une communauté humaine, à un « être ensemble » ; le devoir est un impératif d'universalité qui vaut par lui-même, sans égard au « contexte ». D'où, sans doute, la faveur dans laquelle le premier terme semble être tenu et le discrédit qui frappe le second : en renonçant à l'universel, l'homme choisit l'éthique.

● **TERME VOISIN** : morale. ● **CORRÉLATS** : bioéthique ; devoir ; habitus ; mœurs ; morale ; personne ; responsabilité.

ETHNOCENTRISME

(n. m.) ● **ÉTYM.** : anglais *ethnocentrism*, du grec *ethnos*, « nation, ethnie », et du latin *centrum*, « centre ». ● **SENS ORDINAIRE** : tendance à privilégier la communauté à laquelle on appartient, à faire de sa propre culture le seul modèle de référence, et, par suite, à sous-estimer et à rejeter hors de la culture tout ce qui n'en procède pas.

● **CORRÉLATS** : acculturation ; anthropocentrisme ; égocentrisme ; humanisme ; racisme.

ETHNOGRAPHIE

(n. f.) ● **ÉTYM.** : grec *ethnos*, « nation, ethnie », et *graphê*, « description ». ● **SENS ORDINAIRE** : étude descriptive et classificatrice des différentes formes de civilisation et sociétés — notamment traditionnelles — à partir de l'observation directe, et même « participante » de l'ethnologue travaillant sur le terrain.

● **CORRÉLATS** : anthropologie ; ethnologie.

ETHNOLOGIE

(n. f.) ● **ÉTYM.** : grec *ethnos*, « nation, ethnie », et *logos*, « discours ». ● **SENS ORDINAIRE** : science qui, tout en s'appuyant sur les données fournies par l'ethnographie, tend à constituer une théorie explicative et globale des sociétés (le plus souvent traditionnelles) qu'elle étudie.

● **CORRÉLATS** : anthropologie ; ethnographie ; racisme.

ÉTIOLOGIE

(n. f.) ● ÉTYM. : grec *aitiologia*, de *aitia*, « cause », et *logos*, « raison, science ». ● BIOLOGIE : étude de la genèse des organes et des fonctions d'un corps vivant. ● MÉDECINE : étude des causes des maladies et, par extension, causes mêmes de ces maladies. ● HISTOIRE ET PHILOSOPHIE : étude de l'ensemble des causes d'un phénomène.

● CORRÉLATS : causalité ; déterminisme ; organisme ; phénomène.

ÉTONNEMENT

(n. m.) ● ÉTYM. : latin *extonare*, « frapper de la foudre, de stupeur ». ● SENS ORDINAIRE : choc, émotion violente en présence d'un phénomène extraordinaire ou simplement inhabituel.

Aristote* explique dans la *Métaphysique* (A, 2) que « c'est l'étonnement qui poussa comme aujourd'hui les premiers penseurs aux spéculations philosophiques », parce qu'il a pour objet un phénomène qui nous surprend et appelle une explication rationnelle. L'étonnement serait ainsi à la source de l'interrogation philosophique, mais son excès peut se révéler mauvais : selon Descartes*, il fige le corps « comme une statue », ne fait voir de l'objet que son apparence et n'incite pas à acquérir de celui-ci une « plus particulière connaissance » (*Les Passions de l'âme*, art. 73). Contre ces perspectives rationalistes qui posent que l'étonnement doit nécessairement être dépassé par une attitude de connaissance théorique, la phénoménologie* réhabilite l'étonnement et le cultive en tant que retour à une vision naïve et originaire des choses.

● TERMES VOISINS : crainte ; stupéfaction ; stupeur ; surprise. ● TERME OPPOSÉ : indifférence. ● CORRÉLATS : admiration ; connaissance ; phénoménologie.

ÊTRE

(v. et n. m.) ● ÉTYM. : latin *esse*, « être », « exister » ; *esse* comporte lui-même une triple étymologie : *es* (« ce qui est authentique, subsiste par soi »), l'indo-européen *bheu* (« croître »), le sanscrit *ues* (« demeurer »), d'où les trois connotations du mot : subsister, croître, demeurer. ● (VERBE) SENS ORDINAIRES : 1. Exister, se trouver là (ex. : « Je suis, j'existe »). 2. L'identité (ex. : « Je suis un tel »). 3. L'appartenance d'un prédicat à un sujet (ex. : « Le citron est jaune »). ● (SUBST.) SENS ORDINAIRES : 1. Désigne une réalité quelconque : une table, un être vivant, ou même une idée ou une fiction (ce qu'on appelait autrefois un « être de raison »). 2. Précédé de l'article défini et employé au singulier (« l'être »), peut désigner le fait d'exister (ex. : « Dieu donne l'être ») ; ou bien l'essence ou la substance (ex. : « l'être des choses », « l'être en tant qu'être ») ; ou enfin l'être en soi, confondu dans certains cas avec l'être suprême, Dieu.

Une définition de l'être ne peut qu'être circulaire, donc absurde, puisqu'on ne peut définir ce terme sans l'employer (ex. : « L'être est ceci ou cela »). La réflexion sur l'être n'en constitue pas moins le fil conducteur de toute la métaphysique depuis Parménide* jusqu'à Heidegger*. De cette histoire particulièrement sinueuse, on peut tenter de retracer quelques grandes étapes.

Être et devenir

Chez Parménide, puis dans la philosophie grecque en général, l'être est conçu comme ce qui est stable par opposition à ce qui devient. Si Aristote* s'attache d'abord à l'être en tant que réalité physique (il se demande quel est l'être de l'étant, en quoi consiste la substance des choses), il cherche aussi à définir « l'être en tant qu'être », en tant que réalité métaphysique. La tradition scolastique* comprend l'être comme une existence absolue demeurant identique à elle-même. Ainsi saint Thomas* conçoit-il l'être comme la réalité suprême et éminente, à savoir Dieu*.

De l'objet au sujet

Une première rupture intervient avec Descartes* qui réoriente l'interrogation philosophique sur l'être du sujet connaissant par opposition à l'être des

◆ Être-là

choses (lequel ne peut être accessible qu'après un long détour). Mais c'est Kant* qui mettra un terme aux prétentions métaphysiques de la philosophie scolastique en établissant que le seul être connu est le phénomène*, tandis que l'« être en soi » est inaccessible. On ne peut démontrer que Dieu est, car l'existence* ne peut être établie que par l'expérience et non par la logique.

Le concept le plus creux
Tandis que la physique contemporaine nous suggère que l'être des phénomènes eux-mêmes est inaccessible (la question de savoir ce qu'est un photon, une onde, un champ magnétique a-t-elle seulement un sens ?), certains philosophes anglo-saxons, à la suite de Ludwig Wittgenstein*, tendent à considérer l'être comme une simple « copule », c'est-à-dire une catégorie logico-grammaticale, et non pas le représentant d'une quelconque réalité. L'être, disait déjà Nietzsche*, n'est que le plus creux des concepts, « la dernière vapeur de la réalité volatilisée » (*Crépuscule des idoles*).

L'oubli de l'être
Pour Heidegger, au contraire, toute la philosophie occidentale ne s'est occupée de l'être que pour « l'occulter » ou « l'oublier ». Elle confond en effet l'être et l'étant, ou bien encore elle conçoit l'étant comme une forme dégradée de l'être. Il est au contraire impératif de repenser la « différence* ontologique » entre l'être et l'étant. Il ne peut s'agir pourtant de parler de l'être — décidément innommable — mais plutôt de se mettre à l'écoute de la différence* en tant que différence ; d'explorer les lieux ou les demeures de l'être, qui se réserve toutefois dans le silence, le secret, ou encore le « retrait ».

● **Termes voisins :** essence ; étant ; existence ; substance. ● **Termes opposés :** fiction ; néant ; non-être. ● **Corrélats :** différence ; existence ; métaphysique ; ontologie.

ÊTRE-LÀ

Cf. Dasein.

EUCLIDE
(IV-IIIe SIÈCLE AV. J.-C.)

Repères biographiques
On ignore tout de la vie d'Euclide. Selon certaines sources, indirectes, il aurait enseigné à Alexandrie entre 323 et 285 avant J.-C.

Euclide fut le premier mathématicien à mettre en œuvre, dans ses *Éléments de géométrie*, une conception déductive des mathématiques* (*cf.* Déduction). Il s'agit de partir de termes primitifs (définitions*), et de propositions primitives (axiomes* et postulats*) pour démontrer de proche en proche des propositions dérivées (théorèmes). Un tel système déductif représenta un modèle de méthode pour les philosophes du XVIIe siècle. Ainsi Spinoza* construisit-il son *Éthique*, dont les propositions, dit-il, sont déduites « selon l'ordre des géomètres », sur le modèle formel des *Éléments* d'Euclide.
Cependant la théorie déductive d'Euclide n'est pas parfaite. Il est notamment contraint d'introduire, à la 29e proposition, un nouveau postulat (le 5e), concernant l'unicité de la parallèle à une droite passant par un point donné du plan. Malgré cette imperfection, et les tentatives infructueuses des mathématiciens pour démontrer le 5e postulat et le transformer en théorème, jusqu'au XVIIIe siècle la géométrie d'Euclide fut considérée comme la seule géométrie vraie.

● **Principal écrit :** *Éléments de géométrie*.

EUDÉMONISME

(n. m.) ● **étym. :** grec *eudaimonia*, « bonheur », de *eu-*, « bon » et *daimon*, « génie ». ● **Philosophie morale :** toute doctrine qui fait du bonheur, soit individuel, soit collectif, la fin suprême à laquelle tend toute activité humaine.

L'eudémonisme doit être distingué de l'hédonisme*, qui place le Souverain Bien dans le plaisir. Le bonheur*, notamment dans ces deux écoles de la sagesse antique que sont le stoïcisme* et l'épicurisme*, n'est un Souverain Bien que parce qu'il a une valeur éthique. Le bonheur n'est pas séparable de la vertu*. On parle aussi parfois d'eudémonisme, en un sens plus négatif, pour désigner toute conception de la vie qui privilégie la recherche du bonheur par rapport à toute autre considération, y compris morale.

- **Terme voisin :** hédonisme.
- **Corrélats :** bonheur ; épicurisme ; plaisir ; stoïcisme.

ÉVÉNEMENT

(n. m.) ● **Étym. :** latin *eventus*, « événement », « résultat », de *evenire*, « arriver ». ● **Sens ordinaire :** tout ce qui arrive et possède un caractère peu commun, voire exceptionnel.
● **Histoire :** tout fait notable, c'est-à-dire méritant d'être relaté par les historiens (ex. : « l'appel du 18 Juin »).

Le langage courant confond parfois le fait et l'événement : tous les faits (données de l'expérience, occurrences diverses…) ne sont pourtant pas encore des événements. Seuls sont tenus pour tels ceux qui « font date », quelle qu'en soit la raison. On peut même se demander si les phénomènes naturels (chute des feuilles, éruption volcanique, cyclone…) sont bien des événements, dans la mesure où ils sont prévisibles (ou, en tout cas, déterminés) et susceptibles de se reproduire. L'événement relève donc plus spécifiquement du champ historique. D'où la double question philosophique : 1. L'histoire* a-t-elle pour objet l'événement ? 2. N'a-t-elle pour objet que l'événement ? Tandis que les tenants de la « nouvelle histoire » estiment que l'on doit dépasser « l'événementiel » pour s'attacher à l'étude des structures sous-jacentes, des mouvements de fond, et des dimensions cachées de l'histoire, certains philosophes et historiens insistent aujourd'hui sur la nécessité de « penser l'événement » sans jamais tenter d'en réduire le caractère inédit : l'histoire n'est pas un scénario réglé d'avance et le récit narratif doit scrupuleusement restituer les événements qui sont toujours « en excédent sur leurs causes », comme l'écrit Hannah Arendt* : chaque événement doit donc être compris lui-même et par lui-même et non pas seulement expliqué, c'est-à-dire, au fond, nié dans son originalité et son unicité.

- **Termes voisins :** fait ; occurrence ; phénomène. ● **Corrélats :** comprendre ; déterminisme ; expliquer ; histoire ; interpréter ; temporalité.

ÉVIDENCE

(n. f.) ● **Étym. :** latin *evidentia*, « clarté, visibilité ». ● **Sens ordinaire :** ce qui se voit de soi-même, ce qui va de soi. ● **Philosophie :** vérité qui s'impose immédiatement à l'esprit, sans qu'il soit nécessaire de la démontrer.

L'évidence est pour Descartes* le caractère des « idées claires et distinctes », objets d'une intuition* intellectuelle, et éléments premiers du savoir. L'évidence est alors le critère le plus parfait de certitude : tout ce qui peut être reçu comme vrai est soit évident, soit déduit à partir d'évidences premières.
Leibniz* critiquera ce point de vue : l'évidence peut être trompeuse ; elle est un critère trop subjectif de vérité. Une vérité démontrée et calculée sera toujours plus sûrement et objectivement établie.
Pour l'empirisme*, l'évidence n'est pas intellectuelle mais sensible : les éléments premiers du savoir sont, non les idées claires et distinctes, mais les impressions des sens.

- **Termes voisins :** clarté ; intelligibilité. ● **Terme opposé :** inintelligibilité. ● **Corrélats :** axiome ; déduction ; donation ; idée ; intuition ; vérité.

ÉVOLUTION

(n. f.) ● **Étym. :** latin *evolutio*, « action de dérouler », « emporter en roulant », « parcourir ». ● **Sens ordinaire :** transformation continue et lente comportant un certain nombre d'étapes et s'effectuant dans un sens déterminé (ex. : « l'évolution du climat »). ● **Chez Bergson :** élan, puissance génératrice de formes vivantes indéfiniment renouvelées (« évolution créatrice »). ● **Biologie :** « processus par lequel, au cours des âges, se succèdent et s'engendrent, tout en variant, les espèces animales et végétales » (Pierre-Paul Grasset).

L'évolution est une notion assez floue. Tantôt synonyme de vie (avec ses étapes : naissance, développement, décadence), tantôt confondue avec le progrès (évolution favorable), tantôt identifiée à une puissance créatrice,

◆ **Évolutionnisme**

l'évolution est dans tous les cas à mettre en relation avec la temporalité des choses. Car l'univers, dans la mesure où il ne coïncide pas une fois pour toutes avec lui-même, se trouve comme soumis à la contrainte d'être en état de changement permanent. (On prendra garde cependant de ne pas confondre l'évolution, produit de la nécessité et du hasard, et l'histoire* qui comporte toujours une dimension renvoyant à la conscience et à l'humanité.)

Mais la signification la plus courante du terme est biologique*. La « théorie de l'évolution », due pour l'essentiel à Charles Darwin*, peut se résumer ainsi : tous les êtres vivants, y compris nous-mêmes, sont le résultat d'une longue série de transformations qui ont conduit à l'apparition puis à la diversification des espèces, par filiation à partir des formes de vie élémentaires.

Cette théorie semble emporter actuellement l'adhésion de tous les savants, au moins en ce qui concerne les quatre points suivants : le rejet du fixisme (conception statique des espèces) ; la thèse d'une filiation de tous à partir d'un ancêtre commun ; le caractère graduel de l'évolution ; l'hypothèse de la sélection naturelle comme moteur principal de l'évolution. Elle continue cependant de diviser le monde savant à bien d'autres égards. Loin d'être tranchées, les questions classiques (quel est le vrai moteur de l'évolution ? poursuit-elle un projet ?) gardent toute leur actualité philosophique.

● **TERMES VOISINS :** devenir ; histoire ; temporalité. ● **TERMES OPPOSÉS :** fixité ; immuabilité ; intemporalité. ● **CORRÉLATS :** évolutionnisme ; finalisme.

ÉVOLUTIONNISME

(n. m.) ● **ÉTYM. :** *cf.* Évolution. ● **PHILOSOPHIE :** doctrine selon laquelle l'évolution est la loi générale des êtres : « Nous sommes arrivés à considérer la loi de l'évolution comme commune à tous les ordres d'existence, en général et en détail » (Herbert Spencer). ● **BIOLOGIE :** théorie d'après laquelle toutes les espèces vivantes dérivent les unes des autres par transformation naturelle (*cf.* Lamarck et Darwin). ● **SOCIOLOGIE :** conceptions d'après lesquelles le développement des sociétés et des institutions a suivi une certaine orientation et franchi des étapes selon une loi que l'on peut dégager (*cf.* Auguste Comte).

● **TERME VOISIN :** transformisme. ● **TERME OPPOSÉ :** fixisme. ● **CORRÉLAT :** évolution.

EXISTENCE

Existence et être sont des termes apparemment équivalents. Mais cette équivalence est trompeuse, car l'être* peut se dire de deux façons. Dire d'une chose qu'elle est, c'est poser son existence ; dire ce qu'elle est, c'est définir son essence*. L'existence, par conséquent, renvoie à l'être, non en tant qu'essence, mais à l'être en tant qu'il s'oppose au néant*. C'est pourquoi l'existence est d'emblée non pas l'objet d'une définition, mais d'une interrogation : être ou ne pas être ? ou encore : pourquoi existons-nous ? La question de l'existence émerge à partir de la conscience* du néant et de la mort*. Exister, pour l'homme, ne se réduit jamais entièrement au simple fait d'être. L'existence, d'ailleurs, est un terme qui qualifie le plus souvent une vie humaine. Car, contrairement aux choses de la nature qui simplement sont là, seul l'homme existe, c'est-à-dire prend conscience de son existence, et pose la question de son sens*. C'est cette question du sens de l'existence que la philosophie moderne prendra à son compte comme problème, dans la mesure où l'existence excède toute logique et semble irréductible à tout discours, fût-il philosophique.

Essence et existence

C'est sans doute pour cette raison que la philosophie a longtemps privilégié l'essence par rapport à l'existence. D'une part, de l'existence rien ne semble pouvoir être dit, sauf à s'enfermer dans la simple tautologie*. Par exemple, dire de l'homme qu'il est, c'est tenir un discours redondant ou vide. Dire que l'homme est un animal politique (*cf.* texte pp. 31-32), par contre, c'est en proposer une définition et un mode de compréhension. D'autre part, l'essence, c'est-à-dire ce qui constitue la nature permanente et universelle d'une chose, semble posséder une supériorité sur l'existence. Car si tel triangle dessiné sur le sable peut cesser d'exister, il n'en est pas de même de l'essence du triangle. C'est ainsi que, pour Platon*, le monde intelligible* (*cf.* texte pp. 350-352), monde des pures essences éternellement identiques à elles-mêmes, est premier par rapport au monde sensible* livré au changement et au devenir. Mais c'est surtout la philosophie chrétienne du Moyen Âge qui portera à son comble l'opposition entre essence et existence. C'est à saint Thomas* d'ailleurs que l'on doit l'invention du terme latin *existentia*, du verbe *existere*, qui signifie « sortir de », « naître de ». C'est en effet dans la perspective chrétienne de la création *ex nihilo* qu'est introduite la distinction entre essence et existence. Dieu* est le seul être qui existe en vertu de sa seule essence. Les créatures ont une existence dérivée, elles « ex-sistent » à partir de Dieu.

De la logique à l'existence

En posant le concept d'un être ou Dieu, dont l'essence envelopperait nécessairement l'existence, l'argument ontologique entend franchir la distance qui sépare le possible du réel, ou encore la logique de l'existence. Kant* fera l'analyse de cette prétendue preuve, et montrera qu'elle repose sur une confusion entre l'être comme copule, qui est l'être de l'essence (Dieu est parfait), et l'être comme prédicat, qui est l'être de l'existence (Dieu est). Or, l'existence ne peut être le prédicat d'aucun concept, elle ne saurait se déduire comme peuvent se déduire les propriétés d'un triangle à partir de sa définition. Par conséquent, que Dieu soit possible, que son essence n'enferme aucune contradiction, ne prouve pas qu'il existe. L'existence est irréductible à tout concept. Kant prend l'exemple de cent thalers, monnaie en usage à son époque. Il montre que cent thalers réels ne diffèrent en rien de cent thalers possibles, du point de vue de leur définition. L'existence n'ajoute donc rien au concept, elle ne l'enrichit pas. Pourtant « je suis plus riche avec cent thalers réels qu'avec leur simple concept » (*Critique de la raison pure*). L'existence est donc pure position. Elle ne se prouve pas, elle s'éprouve, à travers l'expérience. Le pouvoir de la pensée trouve ici sa limite, puisqu'il échoue à fonder la nécessité de l'existence.

La question du sens de l'existence

Si l'existence ne résulte d'aucune nécessité*, si l'espoir d'en fonder l'intelligibilité en un être logiquement nécessaire est ruiné, elle est pure contingence*. La tâche de la penser ne disparaît pas pour autant, bien au contraire. Contre ce qu'il considère comme les excès de la pensée spéculative, et notamment contre Hegel*, le philosophe danois Kierkegaard* réaffirme que l'existence doit être, au contraire, le point de départ et le but de toute pensée. Plus encore que de l'existence, c'est alors de lui-même comme existant que le penseur doit prendre conscience. C'est en effet à partir de l'existant, c'est-à-dire de l'homme comme étant cet être capable de s'ouvrir à l'expérience originelle du simple fait d'être là, que l'existence peut prendre un sens. Exister, c'est alors *ex-sister*, au sens d'une sortie de soi, d'une ouverture à l'être. « L'essence de l'homme est l'existence », écrit Heidegger*. L'existentialisme*, avec Sartre* notamment, mettra l'accent sur la liberté* de l'homme face à l'existence. Si l'existence est pure facticité, sans justification, c'est par l'homme seulement qu'un sens* peut venir au monde, par ses projets, ses choix et ses actes. Il n'y a pas, pour l'existentialisme, de sens préalable à l'existence, ni de sens autre que celui que l'homme lui donne. C'est ce que traduit la formule de Sartre : « L'existence précède l'essence. »

● **Textes clés** : E. Kant, « Dialectique transcendantale » (in *Critique de la raison pure*, chap. III, 4e section) ; S. Kierkegaard, *Traité du désespoir* ; M. Heidegger, *Être et Temps* ; J.-P. Sartre, *L'Être et le Néant*. ● **Termes voisins** : être ; réalité. ● **Termes opposés** : essence ; néant. ● **Corrélats** : absurde ; angoisse ; contingence ; Dieu ; existentialisme ; facticité ; liberté ; mort.

EXISTENTIALISME

(n. m.) ● **Étym.** : formé à partir du mot *existence*. ● **Philosophie** : toute philosophie qui place au centre de sa réflexion l'existence humaine dans sa dimension concrète et individuelle.

L'existentialisme renvoie moins à une doctrine qu'à certains thèmes communs à des philosophes qu'il est courant de ranger sous cette étiquette (Nicolas Ber-

◆ **Expérience**

diaeff, Martin Heidegger*, Karl Jaspers*, Sören Kierkegaard*, Gabriel Marcel, Jean-Paul Sartre*...). Tous accordent une importance privilégiée à la subjectivité, à l'analyse concrète du vécu, par opposition aux systèmes philosophiques qui en font abstraction. Attentifs à la question du sens de l'existence, ils font de l'angoisse* un sentiment qui révèle la condition fondamentale de l'homme. Chacun est en effet seul face à lui-même pour décider du sens qu'il donnera à sa vie. Toutefois, il convient de faire, à cet égard, une distinction entre l'existentialisme chrétien, dont Kierkegaard est considéré comme le fondateur, et l'existentialisme de Heidegger ou l'existentialisme athée de Sartre. Pour l'existentialisme chrétien, le sentiment de l'angoisse exprime surtout l'incommensurabilité et la transcendance* absolue de Dieu* par rapport à l'homme, qui néanmoins doit faire par rapport à son existence un choix non seulement éthique, mais religieux. Pour Heidegger, l'angoisse est indépassable, sauf à la fuir dans l'inauthenticité. Face à elle, l'homme est privé de tout recours et doit penser son existence dans l'horizon de la mort. Pour Sartre, l'absolue contingence* de l'existence rend impossible toute croyance en Dieu. Mais en même temps, cette contingence est ce qui rend possible la liberté* de l'homme, lequel décide, par ses actes et ses choix, du sens qu'il entend donner à sa vie.

● **Corrélats :** absurde ; contingence ; existence.

Expérience

Le mot expérience vient du latin *experire*, « éprouver ». L'expérience est, au sens courant, « l'instruction acquise par l'usage de la vie » (Claude Bernard*). En ce sens, on dit de quelqu'un qu'il « a de l'expérience ».

De l'observation à l'expérimentation

Dans le domaine scientifique, expérience signifie « expérimentation » et désigne les procédures par lesquelles on contrôle la vérité d'une théorie ou d'une hypothèse en la confrontant à des faits. On dira ainsi d'un scientifique qu'il fait une expérience.
Il faut distinguer ici l'expérience, investigation active et méthodique, et l'observation*, plus passive. L'expérience « ne se borne pas à écouter la nature, elle l'interroge et la presse » (d'Alembert*). Elle est une observation provoquée en faisant varier artificiellement les phénomènes. Elle doit donc être guidée par des hypothèses théoriques. Ainsi, une expérimentation exige tout un travail d'élaboration théorique qui n'a plus rien à voir avec nos observations spontanées et les contredit même souvent. Elle demande un appareillage sophistiqué et des instruments qui sont eux-mêmes des « théories matérialisées ». De sorte que les phénomènes concernés par un contrôle expérimental « portent de toute part la marque théorique » (Gaston Bachelard*). En ce sens, l'expérience est une construction. Elle n'est pas faite d'un ensemble de données ou de faits* bruts, disponibles indépendamment des théories* qu'ils peuvent confirmer ou réfuter. Sans une culture scientifique, des références théoriques précises, une grille d'interprétation des résultats expérimentaux, une expérience scientifique est inintelligible. « Le microscope étourdit l'ignorant, il ne l'instruit pas » (Alain*).
Si l'on définit l'expérience par sa fonction de contrôle, son type idéal est l'expérience cruciale. Celle-ci, dont le principe a été formulé dès le XVIe siècle par Francis Bacon*, consiste à contrôler par une même expérimentation deux théories rivales qui impliquent des conséquences mutuellement exclusives. De sorte que le démenti apporté à l'une implique la vérification de l'autre. L'expérience cruciale n'est pourtant pas si décisive, parce qu'on ne peut jamais être sûr qu'il n'existe pas une troisième théorie.
De fait, la philosophie des sciences actuelle, avec Karl Popper*, montre le caractère réfutateur, plus que vérificateur, de l'expérience scientifique. En effet, les théories que l'expérimentation met à l'épreuve sont faites de lois scientifiques, et celles-ci valent universellement, non seulement pour l'expérience passée, mais pour toute expérience possible (une loi scientifique permet ainsi des prédictions). Or, une expérience porte toujours sur des phénomènes particuliers (ceux qui se produisent au moment de l'expérimentation). Une expérience particulière peut bien contredire — et donc réfuter — une loi générale, mais non pas prouver sa vérité. La découverte d'une famille de corbeaux blancs réfuterait la loi selon

Expérience

laquelle « tous les corbeaux sont noirs », tandis que le énième corbeau noir aperçu ne prouvera pas que cette loi est définitivement vraie (*cf.* Falsifiabilité). L'expérience prouve donc plus facilement le faux que le vrai. Cela ne signifie pas qu'une expérience réussie ne donne aucune information : elle confirme une théorie générale. Mais il ne faut pas confondre confirmation* (qui peut être provisoire) et preuve*.

L'expérience au sens philosophique

Dans un sens proprement philosophique, expérience désigne les données sensibles (ou impressions) auxquelles l'esprit a affaire dans l'élaboration ou la validation de ses connaissances.
Une tradition strictement rationaliste (Platon*, Descartes*, Spinoza*...) a critiqué le caractère changeant et peu fiable (voir les illusions des sens) de l'expérience, et l'a exclue du savoir véritable ou reléguée dans un genre inférieur de connaissance.
L'empirisme* (Locke*, Hume*...), au contraire, fait de l'expérience l'origine et le fondement de toutes nos connaissances. L'esprit, dit Locke, est une « table rase » : « Comment en vient-il à recevoir des idées [...] ? D'où puise-t-il tous les matériaux qui sont comme le fond de tous nos raisonnements et de toutes nos connaissances ? À cela je réponds d'un mot : de l'expérience » (*Essai sur l'entendement humain*). Il convient alors de distinguer la connaissance par expérience, qui est acquise par les sens, et la connaissance par raison*, indépendante de l'expérience (*a priori**), dont le modèle est la déduction mathématique.
L'empirisme fut critiqué par Kant* : les lois de la nature sont universelles et nécessaires ; nous ne pouvons donc pas les tirer de l'expérience, qui nous informe que les choses se sont pour l'instant passées ainsi, non qu'elles se passeront toujours et nécessairement ainsi. Il existe donc en notre esprit des principes *a priori*, c'est-à-dire indépendants de l'expérience, mais qui l'organisent et rendent possible la connaissance par expérience. En ce sens, écrit Kant, la connaissance débute avec l'expérience (les données sensibles), mais elle ne dérive pas toute de l'expérience : elle procède également du pouvoir propre qu'a l'esprit d'organiser les données qui sont en elles-mêmes des impressions fugitives et chaotiques.

Il faut alors distinguer deux sens du concept d'expérience :
1. les données ou impressions sensibles qui sont la matière première de notre connaissance ;
2. l'expérience comme résultat : monde organisé, mise en forme des matériaux sensibles par les principes *a priori* de l'esprit humain.
On remarquera que l'approche philosophique de la notion d'expérience permet de rendre compte de la nature de l'expérimentation scientifique : à savoir une construction, où, comme l'affirme Kant lui-même, c'est la raison qui prend les devants, en fournissant à l'expérience ses cadres, ses formes et ses concepts, pour lui donner un sens et lui permettre de nous instruire.

EXPÉRIENCE CRUCIALE

Dans les sciences de la nature, une expérience cruciale est une expérience permettant en principe de tester simultanément deux hypothèses contraires, de sorte que l'invalidation de l'une entraîne la vérification décisive de l'autre. Un exemple classique est, au XIXe siècle, l'expérience cruciale de Léon Foucault (1819-1868) : la lumière se propage-t-elle par émissions de corpuscules (Newton*) ou à la façon d'une onde (Fresnel) ? L'hypothèse corpusculaire implique que la lumière se propage plus vite dans l'eau que dans l'air ; l'hypothèse ondulatoire implique, au contraire, que la lumière se propage plus rapidement dans l'air que dans l'eau. L'expérience de Foucault a permis de donner raison à Fresnel contre Newton. Mais la question est de savoir si une expérience cruciale peut prouver avec certitude la vérité d'une hypothèse en prouvant la fausseté de l'hypothèse contraire. Cela supposerait qu'il n'existe pas de troisième hypothèse possible, ce dont, logiquement, on ne peut jamais être sûr.

● **TEXTES CLÉS** : J. Locke, *Essai concernant l'entendement humain* ; D. Hume, *Enquête sur l'entendement humain* ; E. Kant, *Critique de la raison pure*, Introduction ; Cl. Bernard, *Introduction à l'étude de la médecine expérimentale*.

● **TERMES VOISINS** : donné ; expérimentation ; fait. ● **CORRÉLATS** : connaissance ; empirisme ; expérimentation ; raison ; vérification.

◆ Expérimentation

EXPÉRIMENTATION

(n. f.) ● **ÉTYM.** : latin *experimentum*, « épreuve, essai ». ● **SCIENCE** : ensemble des moyens et procédures de contrôle destinés à vérifier une hypothèse ou une théorie (*cf.* Expérience).

● **CORRÉLATS** : expérience ; observation.

EXPLIQUER

(v.) ● **ÉTYM.** : latin *explicare* (de *ex* et *plicare*, « plier »), « déplier », « rendre visible ce qui était dissimulé ». ● **SENS LARGE** : éclaircir, faire comprendre, rendre intelligible (ex. : « expliquer un texte, un symbole, une énigme »). ● **SENS STRICT** : 1. Dégager la cause, déterminer la ou les raisons d'un phénomène (ex. : « expliquer un accident »). 2. Déterminer les lois, les règles de fonctionnement d'un ensemble de phénomènes (ex. : « expliquer le mouvement des astres »).

Expliquer, de façon générale, c'est clarifier, rendre intelligible ce qui se présente dans un premier temps comme obscur ou énigmatique. Lorsqu'elle porte sur une production culturelle, l'explication met à jour la structure sous-jacente, dégage l'implicite et les présupposés de ce qu'elle étudie (un texte, une œuvre, un mythe, etc.) en vue d'en déterminer la signification : le but de l'explication est ici la compréhension de l'objet étudié.
Il n'en va plus de même dans le domaine des phénomènes naturels : l'explication se dissocie alors de la compréhension. Le savant en effet ne cherche pas quel est le sens* d'un phénomène (l'attraction par exemple) lorsqu'il tente de l'expliquer. Mais il énonce une loi — c'est-à-dire une corrélation constante entre un certain nombre de paramètres — qui doit permettre d'en rendre compte.
Auguste Comte* a montré que les sciences de la nature doivent s'efforcer de déterminer les causes* des phénomènes et non pas leurs raisons*. Autrement dit, il ne peut s'agir pour le savant que d'établir des relations constantes entre des données observables (répondre à la question : « Comment ? ») et non pas de comprendre* la nature intime des phénomènes (« Pourquoi les corps s'attirent-ils ? », par exemple). Ainsi expliquer l'origine de l'univers par le Big Bang, ce n'est pas comprendre quelle est sa raison d'être. Le philosophe allemand Wilhelm Dilthey* (1833-1911) a, quant à lui, fermement opposé l'explication de la nature à la compréhension de l'esprit.

● **TERMES VOISINS** : éclairer ; éclaircir ; élucider. ● **TERME OPPOSÉ** : compliquer. ● **CORRÉLATS** : cause ; comprendre ; raison ; sens.

EXPRESSION

(n. f.) ● **ÉTYM.** : latin *expressio*, de *exprimere*, « exprimer ». ● **SENS ORDINAIRES** : 1. (Sens littéral) : évacuation, par pression, d'un liquide contenu dans un corps. 2. (Sens figuré) : transposition dans un langage, traduction dans un comportement, ou par des signes perceptibles, de phénomènes d'ordre psychique ; résultat de cette opération (textes, systèmes signifiants, œuvres...). ● **ESTHÉTIQUE** : manière dont l'artiste ou l'écrivain manifeste dans son œuvre certains contenus psychologiques. ● **PHILOSOPHIE** : action de représenter ou de traduire par des données diverses, de manière analogique, une réalité d'un autre ordre, éloignée ou cachée (ex. : « une courbe *exprime* une formule algébrique » ; « un schéma, un plan *expriment* la réalité qu'ils figurent »). ● **CHEZ SPINOZA** : relation entre l'attribut et la substance, telle que l'essence de la substance « se trouve tout entière » dans l'attribut (*Éthique*, définition 6) : les attributs sont les *expressions* de l'essence de la substance. ● **CHEZ LEIBNIZ** : mode de relation que chaque substance (« monade ») entretient avec l'univers tout entier, de telle sorte que « chaque substance simple [...] est un miroir vivant perpétuel de l'univers » (*Monadologie*, art. 75).

Malgré la diversité des sens et des registres du mot expression, le problème posé par cette notion est toujours, schématiquement, le suivant : quelle est exactement la relation entre *ce qui s'exprime* (le fruit, par exemple) et *ce qui est exprimé* (le jus ou le suc). Première possibilité : ce qui est extrait est l'exact équivalent de ce qui s'exprime. Auquel cas, il serait possible de restituer le premier terme de la relation (le fruit) à partir de son jus, ce qui est évidemment impossible : la relation exprimant/exprimé n'est pas réversible. On ne retiendra que la seconde réponse : ce qui est produit n'est pas l'équivalent de sa source. Il peut en constituer alors soit une sorte de concentré (essence, ou « quintessence », dans le cas d'un parfum, par exemple) ou bien, à l'opposé, n'être qu'un succédané, un ersatz.

Le problème des relations entre l'exprimé (ou le signifié) et sa source (le sujet producteur ou le phénomène originel) se pose dans la vie quotidienne : « Une personne s'exprime-t-elle correctement ? » signifie : « Ce qu'elle dit, ou manifeste, traduit-il fidèlement ce qu'elle pense ? » La question intéresse également l'art et la philosophie. Chez Spinoza*, l'attribut* *exprime* l'essence* de la substance* ; cependant, il ne se confond pas avec elle : comment est-ce possible ? L'attribut serait une sorte de « point de vue » sur la substance (Dieu), laquelle se manifeste ainsi d'une infinité de manières différentes. De même, chez Leibniz*, chaque substance (« monade* ») est le « miroir entier de l'univers » : l'*expression* est donc une sorte d'abrégé, de miniaturisation de la totalité, et non pas le strict équivalent de la réalité dans son ensemble, c'est-à-dire telle qu'elle est pour Dieu.

En art, enfin, l'œuvre n'*exprime* pas seulement (au sens de « traduire », « faire connaître », « transmettre ») les états d'âme de l'artiste ou de ses personnages. Sans doute existe-t-il des correspondances, des analogies entre les figures esthétiques — les structures dynamiques de la musique, par exemple — et les états affectifs. Mais le statut de l'expression est beaucoup plus complexe. Il ne peut s'agir simplement, pour l'artiste, de révéler une quelconque réalité préexistante : en art, la forme n'est pas dissociable du fond. *Exprimer*, ce n'est pas reproduire un contenu, c'est toujours remanier un ordre symbolique, recomposer un « monde », c'est-à-dire manifester la totalité (« l'univers tout entier »). « L'artiste, écrit Malraux, ne se soumet jamais au monde, et soumet toujours le monde à ce qu'il lui substitue » (*Les Voix du silence*).

● **TERMES VOISINS :** figuration ; représentation ; traduction. ● **CORRÉLATS :** art ; communication ; écriture ; esthétique ; langage.

EXTASE

(n. f.) ● **ÉTYM. :** grec *ekstasis*, « transport ». ● **SENS ORDINAIRES : 1.** Exaltation de l'esprit qui conduit à perdre le sens de la réalité immédiate. **2.** Par extension : admiration exagérée. ● **PHILOSOPHIE :** *cf.* Plotin.

● **CORRÉLAT :** mysticisme.

EXTENSION

(n. f.) ● **ÉTYM. :** latin *extensio*, « action d'étendre ». ● **LOGIQUE :** ensemble des individus ou objets auxquels un concept peut s'appliquer ; on peut définir un concept soit en extension, lorsqu'on caractérise la classe ou l'ensemble qu'il constitue (ex. : « Les Français sont les 55 millions de citoyens vivant sur le territoire national »), soit en intension (ou compréhension), lorsqu'on le détermine par des attributs censés faire partie de sa nature (ex. : « Les Français sont indisciplinés »). ● **CHEZ DESCARTES :** étendue géométrique, considérée comme l'essence de la matière.

● **TERME VOISIN :** classe. ● **TERME OPPOSÉ :** compréhension. ● **CORRÉLATS :** concept ; définition ; logique ; matière.

FACTICITÉ

(n. f.) ● **ÉTYM.** : latin *factum*, « fait ». ● **PHILOSOPHIE** : caractère de ce qui existe de façon purement contingente, sans raison ni justification.

La liberté trouve sa racine dans cette absence de fondement ou de justification de l'existence qu'est la facticité, car l'homme qui constate le fait de sa propre présence au monde, ne trouve dans ce fait aucune nécessité, aucune raison, aucune valeur qui puissent *a priori* être données.

Chez Sartre*, l'angoisse naît donc de la prise de conscience de la facticité : le pour-soi* (la conscience) est saisi du sentiment de son entière gratuité, il se pense comme étant là « pour rien », en manque permanent de sens (*cf. L'Être et le Néant*, 1943), pris dans sa condition.

Faute de pouvoir se fonder en recourant à une origine qui lui reste opaque, la conscience ne peut qu'engager un avenir : l'acte fondateur prend donc toujours pour elle la forme d'un projet, d'une visée qui aboutit à une action dont la conscience individuelle pourra rendre raison à elle-même comme aux autres (*cf.* Heidegger et Sartre).

● **TERMES VOISINS :** contingence ; existence. ● **TERME OPPOSÉ :** nécessité. ● **CORRÉLATS :** absurde ; conscience ; être pour-soi ; temporalité.

FACULTÉ

(n. f.) ● **ÉTYM.** : latin *facultas*, « capacité ». ● **SENS ORDINAIRE :** pouvoir de faire quelque chose (une *faculté intellectuelle* hors du commun désigne une intelligence exceptionnelle).

Une faculté désigne la possibilité, pour un être, de faire quelque chose et de produire certains effets. Il s'agit donc d'un pouvoir* qui définit une capacité subjective : ainsi, volonté* et intelligence* sont considérées respectivement comme la faculté d'agir et la faculté de connaître de l'homme. Les facultés se rapportent généralement à l'âme* comme à leur source et le problème se pose alors de l'unité de cette âme en regard de la diversité de ses pouvoirs. Descartes* affirme cette unité substantielle et institue la pensée* comme essence de l'âme, les autres facultés (vouloir, imaginer, sentir) lui étant subordonnées. À l'inverse, l'empirisme* tente d'édifier une « psychologie des facultés » qui considère chacune d'entre elles comme autonome. Mais de quelque manière qu'on la comprenne, la notion de faculté implique l'idée de potentialité : un sujet peut faire usage de l'une de ses facultés ou non, la faculté est seulement en puissance et seule une actualisation la réalise.

● **TERMES VOISINS :** aptitude ; possibilité ; pouvoir ; virtualité. ● **CORRÉLATS :** âme ; psychologie ; sujet.

FAIT

(n. m.) ● ÉTYM. : latin *factum*, « fait ». ● SENS ORDINAIRE : donnée observable de l'expérience, souvent invoquée, en vertu de son objectivité, comme preuve indiscutable (ex. : « C'est un fait »). ● PHILOSOPHIE : on distingue la question de fait, qui établit l'existence de telle ou telle donnée constatable, de la question de droit, qui en établit la légitimité.

Un fait, quotidien, historique ou scientifique est toujours une occurrence ou un événement* singulier, localisable dans le temps et l'espace. Il faut le distinguer (ce que ne fait pas toujours le langage ordinaire) de la loi scientifique, qui est un énoncé universel, c'est-à-dire valable dans les mêmes conditions pour toute expérience possible (l'eau bout à 100 °C ; la pression d'un gaz et son volume sont inversement proportionnels, etc.).

Le fait doit aussi être distingué de l'objet*. Il n'est pas un objet mais consiste en une relation particulière entre objets. « Socrate est athénien » est un fait, « Socrate » n'en est pas un. Enfin, le fait ne peut pas non plus être simplement assimilé au donné. Le fait — notamment le fait scientifique — n'est pas indépendant de son interprétation. Dans cette perspective, le fait apparaît davantage comme une construction, à la fois théorique et matérielle (par les instruments scientifiques). Il est alors inintelligible si l'on ne sait pas l'interpréter théoriquement, ni lire les instruments qui ont permis de le produire.

Certains historiens (par exemple Lucien Fevbre) ont également insisté sur le caractère construit du fait historique, dont la signification, l'importance, la mise en valeur sont inséparables de l'activité d'interprétation du savant.

● TERMES VOISINS : donné ; état de choses ; phénomène. ● CORRÉLATS : événement ; expérience ; histoire ; objectivité ; réalité ; science.

FALSIFIABILITÉ

(n. f.) ● ÉTYM. : anglais *to falsify*, « réfuter ». ● ÉPISTÉMOLOGIE : caractère des théories scientifiques qui sont toujours — et par nature — susceptibles d'être réfutées par l'expérience, mais qui ne peuvent jamais être définitivement confirmées ou corroborées (*cf.* Karl Popper et Imre Lakatos).

● TERME VOISIN : : scientificité. ● CORRÉLATS : confirmation ; expérience ; science.

FANATISME

(n. m.) ● ÉTYM. : latin *fanum*, « le temple » ; *fanaticus*, « le serviteur du temple » ; *fanor, -ari*, « se démener en furieux ». ● SENS ORDINAIRE : attitude de celui qui croit de façon aveugle à un dogme, un homme, une idée, un parti... et qui se comporte en conséquence.

Au XVIIIe siècle, le mot fanatisme est opposé à celui de philosophie (*cf.* Voltaire). Le fanatique est celui dont la conviction est telle qu'elle le rend incapable de juger par lui-même, ni d'envisager, ou même de tolérer, toute autre option que la sienne. Cela en fait souvent un combattant... Comme l'explique très bien Alain*, paradoxalement, le fanatisme s'appuie sur cette idée juste selon laquelle « il n'est point de vérité qui subsiste sans serment à soi » : considérant abusivement son opinion comme une vérité, le fanatique refuse en conséquence d'en changer ou qu'autrui puisse en avoir une différente.

● TERMES OPPOSÉS : esprit critique ; scepticisme. ● CORRÉLATS : conviction ; croyance ; dogmatisme ; foi ; religion ; tolérance ; violence.

FATALISME

(n. m.) ● ÉTYM. : latin *fatum*, « prédiction », « destin », « malheur ». ● SENS ORDINAIRE : toute doctrine supposant que les événements sont inéluctables et prévisibles. ● SENS DÉRIVÉ : résignation face aux événements à venir.

Le fatalisme philosophique ou religieux n'est pas nécessairement pessimiste. La doctrine stoïcienne, par exemple, est à la fois fataliste et providentialiste : ce qui arrive est inéluctable, mais est sou-

◆ **Faute**

mis au gouvernement d'une raison* clairvoyante qui organise la totalité de l'univers* de la meilleure façon possible. La sagesse consiste alors à comprendre activement pourquoi les choses arrivent ainsi, afin non seulement de les accepter, mais d'y concourir et de s'en réjouir.

FATUM

Le mot latin *fatum* est employé pour désigner la « fatalité » au sens des philosophies antiques.

● **TERME VOISIN** : nécessité. ● **CORRÉLATS** : destin ; déterminisme ; providence ; théodicée.

FAUTE

(n. f.) ● **ÉTYM.** : latin populaire *fallita*, « action de faillir », de *fallere*, « tromper ». ● **SENS LARGE** : manquement à une règle, à une norme ; erreur due à l'inattention ou à la négligence (ex. : « faute de calcul », « faute d'orthographe »). ● **SENS STRICT** : transgression d'une loi morale.

On opposera, dans un premier temps, la faute à l'erreur*. Les erreurs sont rarement commises délibérément, mais résultent le plus souvent de la précipitation, l'inadvertance ou l'ignorance : aussi nos erreurs n'engagent-elles que faiblement notre responsabilité.

Il en va tout autrement de la faute : un mensonge, une trahison, un crime, par exemple, relèvent d'un choix et nous sont donc pleinement imputables. Nous pouvons réparer nos erreurs, mais nous sommes obligés d'assumer nos fautes. Il faut pourtant nuancer cette trop rapide analyse : les fautes peuvent reposer sur des erreurs d'appréciation (faute du conducteur imprudent, par exemple) ; mais surtout, certaines erreurs constituent de véritables fautes, compte tenu de leurs enjeux (erreur de diagnostic, erreur d'analyse d'un politicien ou d'un financier, etc.). Dans certains domaines (diplomatie, politique, médecine, etc.) les erreurs sont des fautes qui ne peuvent être facilement excusées ni tolérées.

● **TERMES VOISINS** : crime ; délit ; infraction ; péché. ● **TERME OPPOSÉ** : innocence. ● **CORRÉLATS** : devoir ; erreur ; morale ; responsabilité.

FEUERBACH LUDWIG (1804-1872)

REPÈRES BIOGRAPHIQUES

Penseur allemand, Feuerbach est d'abord disciple de Hegel dont il suit les cours à Berlin avant de rompre avec une vision qu'il juge trop « idéaliste ». Après avoir exercé une influence déterminante sur les « jeunes hégéliens » (ou hégéliens de gauche), Feuerbach verra son œuvre éclipsée par celle de Marx.

Si l'on désigne généralement la pensée de Feuerbach comme un « humanisme* athée », c'est qu'elle fait de l'homme sensible l'origine et la fin de toute réalité. Contre Hegel*, Feuerbach affirme que l'essence de l'homme est le sentiment* (en particulier l'amour) qui nous met au contact du monde, et non pas l'esprit qui nous sépare de la nature. En ce sens, la vraie philosophie est nécessairement sensualiste en ce sens qu'elle doit nous ramener au sensible en dénonçant le divorce entre la raison et la réalité. Feuerbach est d'autre part matérialiste* puisque les créations de l'esprit sont nécessairement secondes par rapport à la donnée brute et matérielle de l'expérience.

Cette thèse fondamentale possède de fortes implications dans le domaine de la philosophie de la religion. Pour Feuerbach, qui utilise et transforme ce concept hégélien, l'essence de la religion est l'aliénation*, c'est-à-dire le transfert à une réalité transcendante* (Dieu) de qualités (ou « prédicats ») qui n'appartiennent qu'au genre humain. Ainsi, par exemple, la « bonté » qui désigne le principal attribut du Dieu chrétien ne possède de réalité que chez l'homme, même si celui-ci projette en imagination dans le ciel un idéal qu'il renonce à réaliser sur terre. Le rôle de la philosophie consiste donc à rendre au genre humain ce qui lui revient, à savoir l'ensemble des prédicats par lesquels il pense Dieu. La pensée de Feuerbach exercera une forte influence sur le jeune Marx* qui verra en elle le moyen d'échapper aux impostures idéalistes. Mais elle lui apparaîtra progressivement comme abstraite puisque l'homme « sensible » de Feuerbach est totalement indépendant des conditions objectives et sociales dans lesquelles il vit.

▌● **Principaux écrits :** *Pensées sur la mort et l'immortalité* (1830) ; *L'Essence du christianisme* (1842) ; *Principes de la philosophie de l'avenir* (1842).

FEYERABEND Paul (1924-1994)

Repères biographiques

Né à Vienne, c'est en Angleterre et aux États-Unis que Feyerabend va vivre et enseigner. Partagé entre le théâtre (il travailla, dans sa jeunesse, avec Brecht) et la philosophie des sciences, Feyerabend fut un personnage haut en couleurs, provocateur et se réclamant volontiers, sur le plan esthétique, du dadaïsme.

La philosophie des sciences de Feyerabend est, elle aussi, provocatrice. L'auteur prône l'« anarchisme épistémologique », c'est-à-dire le principe selon lequel en sciences « tout est bon ». Il s'agit, dans une optique radicalement antipositiviste (et aussi contre Popper*, que Feyerabend rangeait parmi les positivistes ; *cf.* Positisme), de récuser l'idée qu'il existe une méthode scientifique canonique, *la* méthode scientifique. L'histoire des sciences montre au contraire que la science réelle, loin de procéder (comme la philosophie le reconstitue idéalement) selon une méthodologie éprouvée, n'hésite pas à recourir à des arguments spécieux ou à faire valoir des intuitions non rigoureusement fondées. Et tel est justement, pour Feyerabend, le ressort de l'invention et du progrès scientifiques. Feyerabend plaide donc pour un rationalisme scientifique ouvert. Contre Karl Popper*, qui cherche à définir un critère sûr de démarcation entre science et non-science, il va même, en cherchant notamment à brouiller les frontières entre le mythe* et la science*, jusqu'à défendre l'idée qu'il n'y a pas de caractère propre à la connaissance scientifique.

▌● **Principaux écrits :** *Contre la méthode* (1975) ; *Adieu la raison* (1987).

FICHTE Johann G. (1762-1814)

Repères biographiques

Né en Saxe dans une famille modeste le 19 mai 1762, il fait des études de théologie et devient précepteur. Ses écrits en faveur de la liberté de pensée le rendent célèbre. Il enseigne à Iéna, puis à Berlin où il poursuit ses travaux alors que sa gloire décline. Il meurt le 29 janvier 1814.

La philosophie de Fichte est un système (tous les éléments sont solidaires de l'ensemble) qu'il approfondit à travers une succession de perspectives correspondant aux étapes de sa pensée et qui ont pour terme commun l'absolu. La philosophie du moi a pour principe l'intuition que l'esprit a de son unité, dans la pensée comme dans l'action ; la philosophie de l'être construit la dialectique de la liberté et du réel ; la philosophie de l'absolu est le développement ultime de l'attitude réflexive où la méditation engendre la béatitude.

Cette philosophie hautement spéculative se prolonge dans une philosophie de l'action nourrie par la défense de la liberté de pensée et des idéaux de la Révolution française. L'individualité humaine ayant pour ressort l'éducation ne se conçoit qu'à travers la réciprocité. L'idéal de fraternité humaine est la référence et la fin du droit comme de la morale, cette dernière ajoutant à la communauté sociale une communauté subjective et humainement réelle. L'État démocratique doit permettre le progrès de la liberté et la réalisation de la destination de l'homme.

La tradition a surtout retenu de Fichte une conception « romantique » de la nation pensée comme un organisme vivant se déployant de manière relativement autonome, en dehors même de l'État et de ses institutions. Toutefois, la thèse développée dans le *Discours à la nation allemande* est beaucoup plus complexe. Chez Fichte, le peuple ne se confond pas avec une réalité ethnique, ou organique, mais comporte une dimension constitutive de libre spiritua-

◆ Fictif

lité. En outre, l'Allemagne qu'il exalte est une figure universaliste et non une entité close sur elle-même. Le qualificatif « nationaliste » n'est donc pas forcément approprié pour qualifier cette théorie. *Cf.* E. Renan.

● **Principaux écrits** : *La Théorie de la science* (trois versions : 1794, 1801, 1804) ; *La Destination de l'homme* (1800) ; *Initiation à la vie bienheureuse* (1806) ; *Discours à la nation allemande* (1807).

Fictif

(adj.) ● **Étym.** : latin *fictus*, de *fingere*, « feindre ». ● **Sens ordinaire** : ce qui est créé par l'imagination et à quoi rien ne correspond dans la réalité. ● **Économie et politique** : qui n'a de valeur qu'en vertu d'une convention (valeur fictive de la monnaie fiduciaire ou de la règle : « Nul n'est censé ignorer la loi »). ● **Philosophie** : construction de l'imagination grâce à laquelle on estime pouvoir résoudre un problème réel, métaphysique, psychologique, logique ou moral.

Chez Comte* l'état théologique, celui de la jeunesse de l'humanité, est décrit comme le règne des représentations « fictives » : l'esprit humain s'y explique toutes les anomalies apparentes de l'univers « par l'action directe et continue d'agents surnaturels ». Or, cette façon de s'expliquer le monde est « nécessairement chimérique et passagère, en tant que purement fictive ». La critique des représentations fictives semble donc une exigence de la philosophie, au sens où celle-ci est une exigence de vérité, un refus de l'illusion* et de la superstition*. Ce geste était déjà celui de Platon* lorsqu'il désignait la fiction comme le plus bas degré de l'être, comme l'imitation du sensible, qui n'est lui-même qu'une ombre de la réalité intelligible. La fiction nous fait prendre des chimères pour des réalités (*cf.* Allégorie de la caverne, pp. 350-352) : c'est la raison pour laquelle Platon préconise l'exclusion des poètes de la Cité. Mais ce qui est fictif n'est pas nécessairement dénué de sens, puisque l'imaginaire peut illustrer, soutenir ou participer de la construction d'une thèse philosophique. Platon lui-même a souvent recours au mythe* pour illustrer ce que la pensée ne peut pas saisir totalement. Rousseau* élabore la fiction théorique de l'état de nature* pour élucider la nature de l'homme indépendamment de ce que la société a fait de lui, et mieux comprendre le sens de l'état civil*. Descartes* également utilise dans ses *Méditations métaphysiques* la fiction du « malin génie » (*cf.* Génie), afin de mettre en œuvre un doute hyperbolique (*cf.* Doute). Critiqué comme porteur d'illusions, le fictif a donc une réalité positive dans la philosophie, qui est la réalité positive de l'imagination* elle-même.

● **Termes voisins** : faux ; feint ; imaginaire. ● **Termes opposés** : effectif ; réel. ● **Corrélats** : création ; état de nature ; illusion ; imaginaire ; imagination ; imitation ; superstition.

Fidéisme

(n. m.) ● **Étym.** : latin *fides*, « confiance », « crédit », « loyauté », « engagement ».

Le fidéisme était à l'origine une doctrine religieuse (énoncée au XVIIe siècle par Pierre-Daniel Huet, puis par l'abbé Louis Bautain, et au XIXe siècle par Félicité Lamennais), condamnée par l'Église, et qui prétendait disqualifier totalement le rôle de la raison* dans la connaissance, affirmant que celle-ci est le fruit d'une « intelligence » fondée en dernière instance sur la révélation. Le mot qualifie aujourd'hui, avec une connotation souvent péjorative, toute doctrine qui attribue à la révélation, dans certains domaines, un pouvoir d'accès à la vérité que la raison n'aurait pas.

● **Terme opposé** : rationalisme. ● **Corrélats** : croyance ; fanatisme ; foi ; religion ; vérité.

Fin

(n. f.) ● **Étym.** : latin *finis*, « but », « terme », « limite ». ● **Sens ordinaire** : la fin est le terme (par opposition au commencement) ou encore la limite externe d'une action, d'un être, d'un processus. ● **Philosophie : 1.** Par opposition au moyen, la fin est le but d'une action, son objectif ; mais contrairement au but, elle n'est pas forcément intentionnelle (ainsi la fin de tout être vivant est la conservation de soi). **2.** Chez Kant : l'homme est une « fin en soi », c'est-à-dire une valeur absolue qui ne doit jamais être traitée comme un simple moyen ; le règne des fins désigne le monde éthique en tant qu'il est l'objectif (la fin) de l'humanité.

● **TERMES VOISINS :** terme ; objectif ; but. ● **TERMES OPPOSÉS :** commencement ; moyen. ● **CORRÉLATS :** finalité ; finalisme.

FINALISME

(n. m.) ● **ÉTYM. :** *cf.* Fin. ● **SENS ORDINAIRE :** doctrine privilégiant l'action et l'intervention de causes finales pour expliquer soit l'ensemble des phénomènes naturels, soit plus spécifiquement les processus vitaux.

● **TERME VOISIN :** vitalisme. ● **TERME OPPOSÉ :** mécanisme. ● **CORRÉLATS :** fin ; finalité.

FINALITÉ

(n. f.) ● **ÉTYM. :** *cf.* Fin. ● **PHILOSOPHIE : 1.** Caractère de ce qui a une fin, c'est-à-dire un but ; la « finalité intentionnelle » est le fait de tendre vers un but de façon consciente (ex. : « l'acte volontaire ») ; la « finalité naturelle » est la convenance et l'adaptation des moyens à une fin chez les êtres vivants. **2.** Chez Aristote : principe en fonction duquel est expliqué l'ensemble des phénomènes naturels. **3.** Chez Kant : principe suivant lequel « toutes les dispositions naturelles d'une créature sont destinées à se développer un jour complètement et conformément à une fin » (*Idée d'une histoire universelle d'un point de vue cosmopolitique,* 1ʳᵉ proposition).

La célèbre formule d'Aristote* : « La nature ne fait rien en vain » signifie que les productions naturelles sont toutes ce qu'elles doivent être, que la nature ne comporte ni esquisses, ni brouillons, ni ratés. L'univers est un ensemble harmonieux dans lequel tout est à sa place et rien n'est sans raison — la nature, au sens d'être ou d'essence, étant le principe de réalisation d'une chose, c'est-à-dire la fin ou le but en fonction duquel cette chose se développe.

La téléologie* naturelle de Kant* repose sur le même principe : les êtres vivants sont des êtres « organisés » conformément, semble-t-il, à une finalité qui ne peut que susciter notre admiration. L'histoire est également conçue par Kant comme un développement finalisé, un progrès* indéfini : la raison exige en effet que nous nous représentions notre devenir comme une longue éducation par laquelle l'humanité s'efforce d'atteindre sa véritable destination.

Mais de telles conceptions « finalistes » de l'univers ne font-elles pas bien peu de cas des ratés de la nature, des piétinements et des régressions historiques, sans parler des désastres et des crimes effroyables dont l'homme lui-même a pu être l'agent ? Tandis que les tenants du finalisme (comme Leibniz*) nous invitent à prendre du recul vis-à-vis des événements et du monde dans son ensemble, Spinoza*, au contraire, dénonce le principe de finalité qu'il considère comme l'illusion* humaine par excellence.

● **TERMES VOISINS :** fin ; finalisme. ● **TERME OPPOSÉ :** mécanisme.

FINALITÉ SANS FIN

L'un des paradoxes de l'esthétique*, selon Kant : la finalité du beau, qui ne répond pourtant à aucune fin, est l'harmonie et la satisfaction esthétique suscitée par la représentation de l'objet beau.

● **CORRÉLATS :** biologie ; esthétique ; évolutionnisme ; mal ; téléologie ; vitalisme.

FINI

(adj. et n.m.) ● **ÉTYM. :** latin *finis,* « terme », « borne ». ● **SENS ORDINAIRE :** achevé ; terminé. ● **PHILOSOPHIE :** qui comporte des limites (ex. : « une grandeur finie »).

Le fini change de valeur et de sens, selon qu'on le considère comme premier par rapport à l'infini — auquel il

◆ **Finitude**

s'oppose — ou, au contraire, comme second. Pour les Grecs, le fini est du côté de l'achèvement, de la perfection, tandis que l'infini est du côté de l'inachevé, de l'imparfait. Dans l'univers religieux du judaïsme* et du christianisme*, le fini devient second, parce que créé, limité et imparfait, tandis que Dieu est au contraire premier, sans limites, infini et donc parfait.

● **Termes voisins :** borné ; limité. ● **Terme opposé :** infini. ● **Corrélats :** finitude ; infini.

Finitude

(n. f.) ● **Étym. :** néologisme formé à partir de *fin*, *fini*. ● **Philosophie :** caractère de ce qui est fini, et plus spécialement caractère de l'homme en tant qu'il est mortel et qu'il le sait.

La finitude n'apparaît comme problème philosophique qu'à partir de Kant*. En effet, si la philosophie classique pense l'opposition du fini* et de l'infini*, c'est en affirmant en même temps que la distance qui les sépare n'est pas irréductible. Pour Descartes*, par exemple, l'idée de l'infini nous ramène à Dieu et prouve son existence, justement parce qu'une telle idée ne peut avoir été mise en nous, finis et imparfaits, que par Dieu, infini et parfait (*Méditations métaphysiques*). Tout autre est la position de Kant. Dans la *Critique de la raison pure*, Kant posera en effet des limites de fait et de droit au pouvoir de connaître. La chose en soi, l'absolu, et partant l'infini, sont inconnaissables. La finitude est ici indépassable, l'abîme qui sépare le fini et l'infini, infranchissable.

Contre la tentative hégélienne de dépasser l'opposition du fini et de l'infini et sa prétention à atteindre l'absolu sur le plan de l'immanence, Kierkegaard* rappelera la finitude essentielle de l'homme face à la transcendance. Plus radicalement encore, l'existentialisme* athée de Sartre*, privant l'homme de tout recours à une transcendance divine, renvoie l'homme à la contingence* et à la finitude de son existence.

● **Termes voisins :** contingence ; déréliction. ● **Termes opposés :** infini ; plénitude. ● **Corrélats :** angoisse ; existentialisme ; fini ; infini.

Foi

(n. f.) ● **Étym. :** latin *fides*, « confiance », « crédit », « loyauté », « engagement ». ● **Sens ordinaire :** degré d'adhésion que l'on peut accorder à une idée, une parole, un comportement ou un homme. ● **Théologie :** mode religieux de la croyance.

La foi, qui n'est pas un savoir, ne se réduit pas à une simple croyance et même, souvent, s'oppose à celle-ci. Comme le dit Alain* (*Propos*), la croyance* crédule, « c'est pensée agenouillée et bientôt couchée », tandis que dans la foi, « il faut croire d'abord, et contre l'apparence ; la foi va devant, la foi est courage » (en ce sens, l'athéisme* conscient peut aussi relever de la foi). Ce en quoi on a foi n'est pas démontrable, mais exige un degré de confiance au moins égal à celui que produirait une démonstration. La foi est un engagement* qui se veut lucide, contrairement à la croyance, le plus souvent naïve. Pour qu'il y ait foi, il faut donc qu'il y ait des raisons de croire. La foi c'est, par exemple, l'exigence qu'on s'impose à soi-même de croire en l'autre lorsqu'il a pris un engagement, mais sans en méconnaître les risques. Le mot désigne donc à la fois une obligation* qui se traduit par un comportement volontaire (sens objectif) et un régime de croyance (sens subjectif).

Au sens théologique*, la foi désigne la confiance absolue qu'on accorde à Dieu*, même lorsque la raison* n'y saurait donner un quelconque appui. Chez Pascal*, par exemple, la foi relève de l'ordre de la grâce* ; le moyen de la croyance est ici le « cœur » : « Voilà ce que c'est que la foi. Dieu sensible au cœur, non à la raison » (*Pensées,* Laf. 424). Kierkegaard* montre bien comment la foi suppose une confiance au-delà de ce que la raison peut calculer ou démontrer, à la limite de l'absurde*, mais sans faire l'économie de l'angoisse* que cela suscite (*cf.* Kierkegaard et Abraham). Chez Kant*, les « postulats* de la raison pratique » (la croyance en l'immortalité de l'âme et en l'existence d'un législateur suprême) relèvent aussi de la foi, précisément parce que la philosophie morale donne en la matière des raisons de croire, tout en affirmant qu'on ne peut pas savoir*.

Tandis que la croyance conduit à la crédulité et au sommeil de l'esprit, la foi se présente donc comme une croyance consciente d'être croyance, reposant sur des principes* et engageant une décision de la volonté*.

● **Terme voisin :** croyance.
● **Terme opposé :** savoir.

Mauvaise foi

L'expression désigne généralement une attitude d'esprit inspirant des comportements ou des propos dans lesquels il est clair que le sujet ne respecte pas ses engagements, explicites ou tacites. On tient des propos « de mauvaise foi » lorsqu'on n'est plus fidèle à sa propre volonté de vérité (par exemple, lorsqu'on refuse de reconnaître qu'on a tort).
Chez Sartre* (*L'Être et le Néant*, première partie, chap. 2), l'expression désigne plus spécialement l'attitude par laquelle la conscience d'un sujet cherche à se tromper elle-même, afin de se voiler ses responsabilités et d'échapper à l'angoisse que celles-ci pourraient provoquer. « L'homme n'est rien d'autre que ce qu'il se fait » (*L'Existentialisme est un humanisme*) ; il est de mauvaise foi dès qu'il se dissimule ce qu'il fait et que c'est lui qui le fait (*cf.* Conscience).

● **Corrélats :** athéisme ; conviction ; engagement ; religion ; volonté.

Folie

(n. f.) ● **Étym. :** latin *follis*, « ballon gonflé, outre ». ● **Sens large :** démesure, passion excessive et déraisonnable (ex. : « aimer à la folie »). ● **Sens strict :** structure mentale, affective et intellectuelle, radicalement contraire à la rationalité.

Au Moyen Âge, cette déraison fascine par l'énigme qu'elle est censée receler. À partir du XVIIe siècle, la norme* sociale est vécue à la fois comme nature et raison. La folie, comme l'a montré Michel Foucault* (*Histoire de la folie à l'âge classique*), devient objet d'exclusion : les fous sont, avec les déviants de toutes sortes, enfermés dans des asiles. Vers la fin du XVIIIe siècle, la folie se médicalise. Elle est aujourd'hui pensée en termes de maladie mentale. Un mouvement contemporain comme l'antipsychiatrie a pu ainsi reprocher à cette médicalisation d'être, pour la folie, un enfermement plus terrible encore car celle-ci n'existe plus comme expérience originale et porteuse de sens.
La pensée de Freud* incarne sur ce point l'ambiguïté du statut moderne de la folie : à la fois pathologie qu'il faut guérir et langage, certes chiffré (l'inconscient*), mais commun à tous.

● **Terme voisin :** : déraison.
● **Corrélats :** inconscient ; névrose ; norme ; pathologie ; psychose.

Fonction

(n. f.) ● **Étym. :** latin *functio*, « accomplissement », « exécution ». ● **Sens ordinaire :** rôle joué, dans un ensemble structuré, par un élément, une pièce ou un organe (ex. : « la fonction d'une batterie dans une automobile »). ● **Biologie :** ensemble des propriétés actives d'un organe au sein de l'être vivant (ex. : « la fonction glycogénique du foie »). ● **Psychologie :** ensemble d'opérations auxquelles peuvent concourir nos activités psychiques, et qui en sont caractéristiques (ex. : « la fonction imaginative »).

● **Termes voisins :** finalité ; rôle.
● **Corrélats :** fonctionnalisme ; organisme.

Fonctionnalisme

(n. m.) ● **Étym. :** *cf.* Fonction. ● **Ethnologie :** chez Malinowski, hypothèse méthodologique incitant à considérer le caractère fonctionnel de tout élément social ; en d'autres termes, on doit tenter de dégager la « fonction » de toute institution, de tout fait social au sein de la totalité à laquelle il (ou elle) s'intègre. ● **Esthétique :** théorie selon laquelle la beauté d'une œuvre d'art doit pouvoir s'expliquer par son adéquation à une fonction.

● **Corrélat :** fonction.

FONDEMENT

(n. m.) ● **ÉTYM.** : latin *fundamentum*, de *fundus*, « fond », *fundare*, « fonder ». ● **SENS ORDINAIRE ET PHILOSOPHIQUE** : ensemble des éléments essentiels qui servent de base à une conception, une doctrine, une théorie.

Fonder ce que l'on affirme, c'est en produire la justification ou la raison d'être. La recherche et l'établissement des fondements sont au cœur de la philosophie. La réflexion théorique et systématique qui la caractérise, quels qu'en soient les objets, est en effet indissociable du souci de « fonder » ce qui est proposé ou affirmé, sur des bases suffisamment solides pour que la validité des énoncés et la cohérence des doctrines puissent être mesurées à l'aune de normes* aussi indubitables que possible. Que le discours philosophique se situe dans l'ordre de la morale, du droit, dans celui de l'art ou de la science, il s'efforce toujours de fournir, à l'appui des préceptes, des systèmes de valeurs* ou des théories explicatives qu'il énonce, les garanties de leur légitimité et/ou de leur vérité*. Figure exemplaire de cette exigence, la référence à la métaphore du levier, développée par Descartes* au début de la *Deuxième Méditation*, résume à elle seule le sens de toute entreprise fondatrice : « Archimède, pour tirer le globe terrestre de sa place et le transporter en autre lieu, ne demandait rien qu'un point qui fût fixe et assuré. Ainsi j'aurais droit de concevoir de hautes espérances, si je suis assez heureux pour trouver seulement une chose qui soit certaine et indubitable. »

Le fait que des conceptions du monde ou des systèmes de valeurs différents puissent coexister ne saurait conduire à la conclusion qu'une telle ambition est vaine : même au fondement des sciences*, il est des problèmes dont la solution échappe à la seule connaissance* rationnelle, et qui justifient la diversité des explications. À plus forte raison est-il légitime, quand les questions philosophiques, au-delà des faits, engagent des choix de valeurs*, que les réponses puissent renvoyer à des fondements différents.

● **TERMES VOISINS** : base ; raison d'être. ● **CORRÉLATS** : principe ; raison.

FORCE

(n. f.) ● **ÉTYM.** : bas latin *fortia*, pluriel neutre de *fortis*, « solide », « énergique », « vigoureux ». ● **SENS ORDINAIRE** : puissance d'action d'un être, capacité de contraindre, énergie potentielle. ● **PHYSIQUE** : tout ce qui est susceptible de modifier l'état de repos ou de mouvement d'un corps abandonné à lui-même. ● **PSYCHOLOGIE** : capacité morale et intellectuelle, relevant du caractère ou de la volonté, et se traduisant, notamment, par la détermination et la constance dans l'action (ex. : « force d'âme »).

Est-il pertinent d'employer le même mot pour désigner aussi bien des capacités physiques, objectives et mesurables (capacité d'imprimer un mouvement, de déclencher une réaction matérielle, de briser une résistance...), que des caractéristiques psychologiques (fermeté d'âme) qui relèvent d'un tout autre registre ? La force physique est une capacité d'action que l'on évalue objectivement en fonction des effets qu'elle produit (ou qu'elle peut produire). La force morale, au contraire, se manifeste par des capacités émancipatrices ou créatrices (détermination, autonomie, indépendance d'esprit...) qui ne se mesurent pas et qui peuvent même exclure toute mise à l'épreuve conflictuelle, voire violente. Le plus « fort » n'est donc pas forcément celui qui peut (ou veut) briser l'autre. La force, chez l'homme, n'est donc pas la violence*, mais une qualité moralement neutre et dont, seul, l'usage violent peut donner lieu à la réprobation ou à la sanction.

● **TERMES VOISINS** : énergie ; puissance ; volonté. ● **TERMES OPPOSÉS** : faiblesse ; impuissance ; lâcheté. ● **CORRÉLATS** : action ; violence ; volonté.

FORMALISME

(n. m.) ● **ÉTYM.** : latin *forma*, « ensemble des caractéristiques extérieures de quelque chose », « forme ». ● **SENS ORDINAIRE** : tendance à accorder beaucoup plus d'importance à la forme — au sens de caractère extérieur — des choses, des règles, des conduites, qu'à ce qui les constitue « au fond » (par exemple, un « formaliste » respectera de façon scrupuleuse, en toute circonstance, les codes de politesse propres à telle ou telle situation). ● **Logique et mathématiques :** présentation systématique d'un ensemble de propositions et de raisonnements, dans une langue de symboles abstraits qui vise à mettre en évidence les relations structurelles permanentes entre les éléments du système, à l'exclusion de toute référence à des contenus intuitifs ou sensibles déterminés. ● **Philosophie :** doctrine morale de Kant, selon laquelle le caractère moral d'un acte réside dans sa conformité au pur respect du devoir, et non dans son contenu ou ses effets.

● **Corrélats :** devoir ; forme ; logique ; morale.

FORME

(n. f.) ● **Étym. :** latin *forma*, « ensemble des caractéristiques extérieures de quelque chose ». ● **Sens ordinaires : 1.** Caractères apparents des choses (ex. : « la forme du visage », « la forme d'une table »). **2.** Arrangement, façon dont une pensée est présentée (ex. : « juger un discours sur sa forme »). **3.** Caractéristiques d'une institution politique ou culturelle (ex. : « la forme monarchique d'un gouvernement », « une forme musicale »). ● **Logique :** structure d'une proposition ou d'un raisonnement, indépendante de son contenu de réalité (« Si A est B, et si C est A, alors C est B » est un raisonnement valide quels que soient A, B et C).

S'agissant des réalités physiques, la forme est traditionnellement opposée à la matière*. On remarquera toutefois que, s'il est possible de penser séparément la forme et la matière d'une chose ou d'un être, il est impossible de les séparer effectivement comme de les percevoir séparément dans la réalité. La matière n'existe pas à l'état pur, mais occupe toujours une portion d'espace déterminée : une certaine quantité de matière « a » toujours « une forme ». On peut, en revanche, concevoir l'existence de formes pures, c'est-à-dire d'êtres qui, sans avoir de réalité physique, existent tout de même d'une autre manière (dans l'esprit*, ou dans un monde supérieur). Tels sont, selon Platon*, les Idées* et les êtres mathématiques du monde intelligible, dont participent les formes de la matière sensible. Plus simplement, les catégories* mentales qui rendent possibles la perception et la pensée structurée peuvent être qualifiées de formes, dans la mesure où leur pertinence et leur efficacité sont indépendantes des contenus de réalité auxquels elles sont appliquées. La causalité*, par exemple, comme forme du lien qui peut unir deux réalités ou deux idées, opère quels que soient les faits, événements ou idées mis en relation de cause à effet.

● **Terme voisin :** structure.
● **Terme opposé :** matière.

PSYCHOLOGIE DE LA FORME (GESTALTPSYCHOLOGIE)

D'origine allemande (début du xxe siècle), cette conception des mécanismes de la perception* et du comportement repose sur l'idée que notre perception du réel et nos conduites s'inscrivent toujours dans les « formes » d'un rapport au monde déterminé, qui structure les phénomènes* en ensembles cohérents. Et chaque phénomène n'est perceptible que rapporté à l'ensemble ou à la « forme » qui lui donnent un sens. Par exemple, nous organisons spontanément notre représentation de l'espace selon l'axe haut-bas de la verticalité. Placé dans une pièce de façon à ne la voir que par l'intermédiaire d'un miroir incliné à 45°, un sujet commence par percevoir la pièce et tout ce qui s'y passe comme obliques. Mais très rapidement, si le sujet ne cherche pas à percevoir la pièce autrement que dans le miroir, les murs et les déplacements apparaissent à nouveau verticaux : il y a « redistribution instantanée du haut et du bas » (expérience de Wertheimer, rapportée par Merleau-Ponty* dans la *Phénoménologie de la perception*).

FORME SUBSTANTIELLE

Principe formel de toute chose (*substantiel* signifiant ici « essentiel »). Chez Aristote*, la forme substantielle est l'acte qui détermine la matière, c'est-à-dire ce qui lui confère son « essence » singulière. On retrouve l'emploi du même concept chez Leibniz*.

◆ **Formel**

FORME SYMBOLIQUE
Cf. Cassirer.

● **CORRÉLATS :** catégorie ; formalisme ; *gestalt* ; idée.

FORMEL

(adj.) ● **ÉTYM. :** *cf.* Forme. ● **SENS ORDINAIRES : 1.** Qui concerne la forme, par opposition à matériel. **2.** Qui relève des apparences plus que du fond des choses (*cf.* Formalisme). **3.** Synonyme de catégorique (ex. : « un engagement formel »). **4.** Synonyme de abstrait (péjoratif). ● **LOGIQUE :** *cf.* Forme.

La distinction logique et philosophique entre vérité* formelle et vérité matérielle permet de préciser les deux types de critères auxquels doivent satisfaire des énoncés ou des raisonnements pour être vrais : conformité « formelle » aux règles de la logique*, adéquation du contenu (donc du sens*) des énoncés à la réalité à laquelle ils se réfèrent.

● **TERMES VOISINS :** logique ; strict. ● **TERMES OPPOSÉS :** informel ; matériel. ● **CORRÉLATS :** forme ; logique ; vérité.

FORTUNE

(n. f.) ● **ÉTYM. :** latin *fortuna*, de *fors*, « sort, hasard, fortune ». ● **SENS ANCIEN :** puissance, divinité qui est censée distribuer le bonheur et le malheur sans règle apparente. ● **SENS ORDINAIRES : 1.** Ensemble des biens, des richesses qui appartiennent à un individu, une collectivité. **2.** Événements dus au hasard, chance heureuse ou malheureuse.

La fortune est souvent évoquée pour rappeler la contingence dans laquelle l'action humaine s'inscrit. Descartes* l'évoque en ce sens dans sa *Correspondance*, mais aussi et surtout pour rappeler, comme les stoïciens* et les épicuriens*, que le Souverain Bien (*cf.* Bien) ne saurait venir que de nous : l'attendre des causes extérieures, c'est « se mettre au pouvoir de la fortune » et s'exposer à la négligence et au malheur. C'est en ce sens que sont distingués le bonheur*, qui n'est jamais qu'un sort heureux, et la béatitude, qui ne peut venir que de nous-mêmes.

● **TERMES VOISINS :** accident ; chance ; hasard ; sort ; succès. ● **TERMES OPPOSÉS :** adversité ; infortune ; malchance ; misère ; pauvreté. ● **CORRÉLATS :** béatitude ; bien ; bonheur ; contingence ; destin ; hasard ; superstition.

FOUCAULT MICHEL (1926-1984)

> **REPÈRES BIOGRAPHIQUES**
>
> Né en 1926, Michel Foucault, philosophe de formation, est d'abord considéré comme un historien de la psychologie, jusqu'au succès de *Les Mots et les Choses*. Après quelques années passées à l'étranger (Suède et Pologne), il enseigne à l'université avant d'être élu en 1970 au Collège de France où il occupe la chaire d'histoire des systèmes de pensée. Il meurt en 1984.

L'œuvre de Foucault est souvent apparue comme une série de provocations, de défis jetés à la philosophie. L'*Histoire de la folie* se présentait déjà comme le versant sombre, la face cachée de l'histoire traditionnelle de la philosophie et des sciences. La belle raison* classique y apparaît en effet comme un facteur d'exclusion faisant taire les voix de la folie (au XVIIe siècle on commence à enfermer systématiquement les fous), et la psychiatrie positive du XIXe siècle est interprétée comme un instrument de capture d'une folie : depuis le début de son histoire, l'Occident n'aurait affirmé son identité culturelle qu'en soumettant la folie à une ségrégation marquée.

Mais c'est surtout avec *Les Mots et les Choses* que Michel Foucault acquiert les faveurs d'un large public. Trois époques y sont décrites : la Renaissance, l'âge classique, l'époque moderne ; pour chacune, une configuration systématique et spécifique (l'*épistêmê*) impose aux savoirs* une certaine régularité (il y a une manière propre de penser les choses qui se retrouve dans toutes les œuvres de l'époque considérée). Cet ouvrage se présente aussi comme une « archéologie des sciences humaines ». Ce n'est en effet que depuis le XIXe siècle que l'homme* devient explicitement l'objet d'une connaissance positive (la psychologie*, la sociologie*, la médecine clinique). L'apparition soudaine des sciences de l'homme ne doit pourtant pas être entendue, selon Foucault, comme la prise de conscience d'une possibilité jusque-là inexplorée. En fait, les sciences de l'homme se développent parce que l'homme lui-même apparaît à la même époque. Ce qu'on appelle « homme » (un sujet de connaissance qui est en même temps un être naturel, un objet de savoir) est une création récente, et menacée d'une disparition prochaine. En annonçant « la mort de l'homme », Foucault ne prédit pourtant pas l'extinction de l'espèce, mais la disparition d'une certaine figure du savoir.

Foucault entreprend ensuite l'étude des pratiques pénales. C'est ainsi qu'il analyse, dans *Surveiller et Punir* la manière dont la prison devient une pratique punitive généralisée (XIXe siècle) à la suite de la mise en place progressive d'une société disciplinaire. Cet ouvrage fera aussi assez vite scandale dans la mesure où il prétend démontrer que la fonction de la prison n'est pas d'empêcher la délinquance mais de l'entretenir. Les dernières recherches de Foucault portent sur l'histoire de la sexualité* et la formation, par la médiation des pratiques confessionnelles chrétiennes, d'un « sujet de désir* ». Cette étude l'amènera à reconsidérer le problème du rapport éthique à soi, reformulé dans le sens d'une « esthétisation de l'existence » (faire de sa vie une œuvre d'art).

● **PRINCIPAUX ÉCRITS :** *Histoire de la folie à l'âge classique* (1961) ; *Les Mots et les Choses* (1966) ; *Surveiller et Punir* (1975) ; *Histoire de la sexualité* (trois tomes, 1976 et 1984).

FOURIER Charles (1772-1837)

REPÈRES BIOGRAPHIQUES

Philosophe et économiste « utopiste ». Issu d'une famille de riches commerçants, il perd sa fortune en 1793, et devient commis voyageur. À partir de 1820, il se consacre à ses projets de réforme de la société civilisée, et développe ses idées originales dans ses œuvres, publiées en partie seulement de son vivant. Par la suite, il popularise sa doctrine en fondant un journal, *Le Phalanstère*.

Pour Charles Fourier, la civilisation, autrement dit la société européenne de son époque, est une forme de barbarie. Les passions y sont déformées et perverties du fait du commerce et de l'hypocrisie généralisée. En revanche, dans une société bien conçue, les douze passions humaines fondamentales pourraient se combiner astucieusement, sous l'égide de l'une d'entre elles, qui aurait le pouvoir d'unifier toutes les autres : l'harmonie. Fourier imagine de mettre sur pied des communautés idéales, les *phalanstères*, sortes de coopératives par actions. Tous les membres de ces phalanstères (1 610 personnes) exerceraient douze activités différentes par jour, et le travail n'y serait plus contraignant. Les enfants seraient élevés en communauté par des éducateurs motivés. Dans *Le Nouveau Monde amoureux* (publié seulement en 1967 !), Charles Fourier décrit la vie dans un phalanstère : la cohésion sociale y serait assurée notamment par les affinités spontanées s'étant révélées à l'occasion de relations sexuelles libres. Les idées subversives de Charles Fourier (qui fut qualifié par Marx* et Engels* de « socialiste utopique ») ont eu un impact certain. Si les quelques phalanstères créés en Europe n'ont pas connu de suite, le fouriérisme a influencé André Breton et Herbert Marcuse*. Il a également inspiré, pour une part, ce qu'on a appelé depuis la « pensée 68 ».

● **PRINCIPAUX ÉCRITS :** *Théorie de l'unité universelle* (1822) ; *Le Nouveau Monde industriel et sociétaire* (1829) ; *Le Nouveau Monde amoureux* (1967).

FRANCFORT (ÉCOLE DE)

REPÈRES BIOGRAPHIQUES

Le mouvement dit de l'école de Francfort regroupe au sein de l'Institut de recherche sociale de cette ville, à partir de 1923, des philosophes comme Max Horkheimer, Theodor Adorno, Walter Benjamin et Herbert Marcuse. Jürgen Habermas, né en 1929, est le représentant le plus célèbre de la « deuxième génération » de l'école de Francfort. La plupart de ses membres étant juifs, l'école émigre à Genève en 1933 à l'arrivée de Hitler au pouvoir, puis aux États-Unis pendant la guerre,

◆ Frege

avant de revenir à Francfort au début des années 1950.

Lorsque Max Horkheimer* prend la direction de l'Institut en 1931, il lui fixe pour tâche de renouveler l'analyse marxiste de la société, en y intégrant, en particulier, les apports de la psychologie* et de la psychanalyse*. Les philosophes de l'école de Francfort s'efforcent de penser des phénomènes comme le progrès technique*, l'évolution de l'art*, les effets du développement des nouveaux moyens de communication*, etc. : ils ne conçoivent la réflexion philosophique que profondément ancrée dans une pratique sociale et un engagement idéologique déterminés. La montée du nazisme, l'exil et la guerre donnent naissance à de nombreux travaux centrés sur l'analyse critique* de toutes les formes de domination totalitaire, présentées comme autant de manifestations de la crise contemporaine de la raison*. Mais le développement d'une vision plutôt pessimiste de l'histoire et de la société ne doit pas, au contraire, écarter le souci constant d'œuvrer en faveur de la constitution d'une société conforme aux exigences de la raison.

● **PRINCIPAUX ÉCRITS** : *cf.* T. Adorno, W. Benjamin, J. Habermas, M. Horkheimer, H. Marcuse.

FREGE GOTTLOB (1848-1925)

REPÈRES BIOGRAPHIQUES

Mathématicien allemand, Gottlob Frege a enseigné toute sa vie à l'université d'Iéna. Son œuvre se partage entre les mathématiques et une réflexion philosophique sur les fondements de l'arithmétique, la logique et le langage.

Dans son travail sur les *Fondements de l'arithmétique*, Gottlob Frege défend une thèse logiciste, laquelle affirme la réduction de l'arithmétique (et de l'algèbre) à la logique. Les concepts de l'arithmétique doivent pouvoir se déduire des fonctions logiques élémentaires, et les règles de l'arithmétique doivent pouvoir se déduire des lois plus fondamentales de la logique. L'arithmétique est ainsi, contrairement à ce qu'affirmait Kant*, une science analytique* *a priori** (ce qui est vrai aussi de l'algèbre, mais non de la géométrie : le logicisme de Frege ne porte pas sur les mathématiques dans leur ensemble).

Le projet de Frege est alors de construire une idéographie, c'est-à-dire une langue symbolique, débarrassée des imprécisions des langues « naturelles » (comme le français, l'allemand, etc.). Cette idéographie, conçue sur le modèle de la langue arithmétique, pourrait être un « formulaire de la pensée pure », parce qu'elle permettrait de réduire les arguments les plus complexes à une procédure mécanique. Il s'agit en somme de la reprise du projet, conçu par Leibniz*, de construire une langue artificielle qui serait conçue comme une « algèbre de la pensée ».

L'analyse du langage proposée par Frege est par ailleurs surtout connue par la distinction établie entre le sens* des phrases ou des mots (c'est-à-dire la façon dont ils s'organisent les uns par rapport aux autres et expriment une pensée) et leur référence (ou dénotation), qui est le rapport qu'ils ont aux objets et qui constitue leur valeur de vérité. Par exemple, « l'étoile du soir » et « l'étoile du matin » sont des expressions qui n'ont pas le même sens, mais qui ont la même référence (Vénus).

Cette distinction permet à Frege de justifier, dans une langue formalisée, la substitution d'une expression à une autre, c'est-à-dire la relation d'égalité, ou d'identité ($a = b$), sans recourir, comme les langues naturelles, aux ambiguïtés de la synonymie (la similitude de sens) : il suffit qu'elles aient la même référence. Écrire par exemple $a = b$, cela ne veut pas dire que a et b ont le même sens mais qu'ils ont la même valeur de vérité. La pensée de Frege, relativement méconnue en son temps, a eu une grande importance pour l'analyse logique du langage telle que l'a pratiquée, à partir de Bertrand Russell*, la « philosophie analytique* ».

● **PRINCIPAL ÉCRIT** : *Les Fondements de l'arithmétique* (1884).

FREUD SIGMUND (1856-1939)

REPÈRES BIOGRAPHIQUES

Sigmund Freud est né en 1856 à Freiberg (Moldavie). Après des études secondaires brillantes, Freud se consacre à la médecine. Il se spécialise dans l'étude du système nerveux et, en 1885, obtient une bourse d'étude et se rend à Paris auprès du psychiatre français J.-M. Charcot. Ce séjour, ainsi que sa rencontre avec H. Bernheim, à Nancy, marquent un tournant décisif dans son invention de la psychanalyse. De retour à Vienne en 1886, il se marie. Il aura cinq enfants (sa fille cadette, Anna, se spécialisera plus tard dans la psychanalyse des enfants). Il travaille alors avec le psychiatre J. Breuer et rencontre en 1887 un médecin autrichien W. Fliess, avec qui il a de nombreux échanges. Parallèlement à ses propres recherches, il entretient des relations constantes, parfois conflictuelles, avec ses nombreux disciples. En 1938, le nazisme le conduit, à cause de ses origines juives, à s'exiler à Londres, où il mourra d'un cancer, en 1939.

La rencontre de l'hystérie

La médecine de la fin du XIXe siècle, essentiellement fondée sur la connaissance des mécanismes organiques, se heurte aux « maladies de l'esprit », et plus spécialement à l'hystérie*. Le « malade » s'y signale par des symptômes physiques non simulés (paralysies, dysfonctionnements divers), sans lésions organiques susceptibles de les expliquer. J.-M. Charcot, ainsi que son élève P. Janet, donnent à Freud l'exemple méritoire d'une médecine qui prend au sérieux l'hystérie, mais commet l'erreur de vouloir la réduire à des causes physiologiques (dédoublement psychique dû à une dégénérescence du système nerveux et à l'hérédité). C'est l'observation des effets de l'hypnose, médicalement pratiquée par H. Bernheim à Nancy et par J. Breuer à Vienne, qui mettra Freud sur la voie d'une piste nouvelle : par ce procédé, les patients deviennent capables de rapporter leurs symptômes aux souvenirs d'événements leur ayant donné naissance, mais que leur mémoire* ne parvenait pas à retrouver à l'état de veille (cf. S. Freud et J. Breuer, *Études sur l'hystérie*, 1895). Le rappel à la conscience* de ces souvenirs traumatiques a pour effet d'atténuer provisoirement, parfois de faire disparaître totalement, les symptômes de la maladie. Freud abandonne rapidement la méthode hypnotique, souvent défaillante, mais celle-ci le met sur la voie d'une nouvelle méthode — la suggestion — et d'une double hypothèse que le développement ultérieur de la psychanalyse* s'emploiera à préciser et à affiner (cf. Inconscient ; Psychanalyse ; Névrose ; Psychose ; Pulsion ; Topique) : **1.** « Les hystériques souffrent de réminiscences », c'est-à-dire que leurs symptômes sont la résurgence déguisée d'événements antérieurs que, sous l'effet des contraintes morales ou sociales (d'où la présence envahissante de la sexualité dans l'explication freudienne), leur caractère déplaisant a rendus inaccessibles à la conscience (cf. Refoulement). **2.** Le retour à la conscience de ces sources refoulées a pour effet, par une *catharsis* (« purification »), de résoudre, par une voie ou une autre, la « maladie ».

Le principe du déterminisme psychique

L'explication freudienne de la « maladie » de l'esprit a pour effet inquiétant d'effacer la frontière entre le normal et le pathologique : les mécanismes psychiques étant les mêmes, la maladie n'est décrétée que lorsque le sujet éprouve de douloureuses difficultés à s'adapter au monde extérieur, voire à lui-même. Dans cet esprit, un certain nombre d'événements inexpliqués de la vie normale (rêves*, actes manqués*, lapsus*) deviennent, pour la psychanalyse, doublement précieux : **1.** Sur le plan théorique, ils permettent d'unifier l'explication des mécanismes psychiques, normaux ou pathologiques : toutes ces manifestations sont, au même titre que la « maladie », des modes d'expression déguisée des pulsions* refoulées (cf. texte p. 177) ; l'étude de leurs mécanismes aide donc à comprendre les fonctionnements symboliques permettant l'expression indirecte de l'inconscient. Rapidement, Freud étendra ces investigations aux domaines de la culture, de la religion et de l'art (cf. Sublimation). **2.** Sur le plan pratique, rêves, actes manqués, etc., doivent, dans le cadre de la cure, être considérés comme de précieux indicateurs des sources traumatiques de la maladie, puisqu'ils en sont l'expression déguisée. Aussi Freud énonce-t-il très tôt le principe du déterminisme* psychique, selon lequel ces manifestations doivent être considérées comme inscrites dans une chaîne de causes et d'effets dont la cause initiale est une source pathogène refoulée. Dans le cadre de la cure, l'ap-

Freud

plication de ce principe conduit à la pratique des libres associations : « Je ne pouvais pas me figurer qu'une idée surgissant spontanément dans la conscience d'un malade, surtout une idée éveillée par la concentration de son attention, pût être tout à fait arbitraire et sans rapport avec la représentation oubliée que nous voulions retrouver » (*Cinq Leçons sur la psychanalyse*). La névrose* est elle-même une fuite hors de la réalité, dont les manifestations sont des compromis entre pulsions refoulées et exigences du surmoi*.

Aussi Freud est-il amené à parler de « refuge dans la maladie », puisqu'en celle-ci toutes les instances psychiques trouvent leur bénéfice dans ce qui apparaît comme un mode dérivé de leur satisfaction. La « maladie », lorsque la nature du conflit psychique qui l'a causée est devenue consciente pour le sujet, peut trouver à se résoudre par diverses voies : la satisfaction des pulsions refoulées, devenues conscientes et désormais assumées ; le refus conscient de cette satisfaction ; le détournement (sublimation) de leur énergie vers des activités socialement valorisées, telle que l'art*, la religion*, les activités intellectuelles, etc.

Freud et la philosophie

Si Freud — dont la culture littéraire, philosophique et ethnologique est indéniable — a toujours affiché une certaine distance vis-à-vis de la philosophie — parce qu'il ne voulait pas risquer de fonder ses hypothèses sur des principes métaphysiques trop éloignés du terrain thérapeutique —, l'ensemble de sa théorie pose d'incontestables problèmes philosophiques. En particulier, l'hypothèse de l'inconscient* invite à repenser la nature des rapports entre la conscience que le sujet a de lui-même et la réalité de ce qu'il est. De même, le caractère inconscient de certaines pulsions animant l'activité du sujet invite à penser de façon plus fine le problème de la liberté*. Enfin, la théorie freudienne propose des hypothèses dans les domaines culturel, esthétique et religieux, qui méritent d'être prises en considération par la philosophie. Affirmant une connexion étroite entre développement et civilisation progressive de l'espèce (phylogenèse) et de l'individu (ontogenèse), Freud s'efforce de lier les enseignements de la psychanalyse à l'explication d'un certain nombre de phénomènes sociaux. Les interdits produisant l'insatisfaction des pulsions peuvent conduire, dès l'origine de l'humanité, à des réactions collectives de diverses natures. L'art est, entre autres, un moyen de satisfaire dans l'imaginaire ce que le réel nous refuse. On peut également comprendre la religion comme une illusion visant à reproduire à l'échelle sociale les relations de l'enfant à l'autorité parentale, qui assume une double fonction de protection et de répression : Dieu est une reproduction du « père tout-puissant » de l'enfance. De même, la répression des pulsions dont les individus sont inévitablement l'objet sous l'effet des exigences de la vie collective, conduit dans un premier temps à la fois à une intériorisation des interdits et à une agressivité* contre ceux qui les formulent. Mais comme ceux-ci sont en même temps initialement protecteurs et objets d'amour, cette agressivité se retourne contre soi-même et produit la culpabilité et l'angoisse*. Freud dispose ainsi d'un modèle qui lui permet non seulement de comprendre l'ambivalence des relations affectives individuelles, toujours mêlées d'amour* et de haine* (y compris vis-à-vis de soi-même — dans le masochisme, par exemple), parce qu'elles reproduisent les relations affectives infantiles, ainsi que l'ambivalence du rapport à la mort (conflit d'Éros* et Thanatos*), mais encore certains phénomènes sociaux, tels que le poids du sacrifice dans les rites religieux, les conflits sociaux et les guerres, la fascination des foules pour des leaders, etc. Toutes ces pistes théoriques seront exploitées de façons très diverses par les développements post-freudiens de la psychanalyse.

● **PRINCIPAUX ÉCRITS** : *Études sur l'hystérie* (1895) ; *L'Interprétation des rêves* (1900) ; *Cinq Leçons sur la psychanalyse* (1910) ; *Totem et Tabou* (1913) ; *Le Moïse de Michel-Ange* (1914) ; *Au-delà du principe de plaisir* (1919) ; *L'Avenir d'une illusion* (1927) ; *Malaise dans la civilisation* (1929) ; *Nouvelles Conférences sur la psychanalyse* (1932) ; *Moïse et le monothéisme* (1939).

LE REFOULEMENT

La méthode hypnotique employée par Charcot pour traiter les maladies hystériques, avait convaincu Freud de l'existence de traumatismes inconscients : les patients exprimaient sous hypnose des scènes en relation directe avec leurs troubles psychiques. Une fois réveillés et interrogés, ils reconnaissaient en elles des épisodes douloureux de leur vie, dont ils prétendaient pourtant avoir totalement perdu le souvenir. La maladie et son traitement montrent donc bien que l'hystérique sait inconsciemment une chose et qu'il refuse de se l'avouer consciemment. On peut parler d'une résistance qui empêche certains souvenirs d'être rappelés.

« La preuve était faite que les souvenirs oubliés ne sont pas perdus, qu'ils restent en la possession du malade, prêts à surgir, associés à ce qu'il sait encore. Mais il existe une force qui les empêche de devenir conscients. L'existence de cette force peut être considérée comme certaine, car on sent un effort quand on essaie de ramener à la conscience les souvenirs inconscients. Cette force, qui maintient l'état morbide, on l'éprouve comme une résistance opposée par le malade.
C'est sur cette idée de résistance que j'ai fondé ma conception des processus psychiques dans l'hystérie. La suppression de cette résistance s'est montrée indispensable au rétablissement du malade. D'après le mécanisme de la guérison, on peut déjà se faire une idée très précise de la marche de la maladie. Les mêmes forces qui, aujourd'hui, s'opposent à la réintégration de l'oublié dans le conscient sont assurément celles qui ont, au moment du traumatisme, provoqué cet oubli et qui ont refoulé dans l'inconscient les incidents pathogènes. J'ai appelé refoulement ce processus supposé par moi et je l'ai considéré comme prouvé par l'existence indéniable de la résistance. »

Freud, *Cinq Leçons sur la psychanalyse* (1909), trad. Y. Le Lay, Paris, Payot, coll. « Petite Bibliothèque Payot », 1988, pp. 24-25.

La résistance
Freud reproche à l'hypnotisme de vaincre artificiellement cette résistance. La méthode psychanalytique veut au contraire donner au malade la possibilité de la lever au moyen d'une analyse de soi. Freud est amené par ce biais à redéfinir le concept d'inconscient. Les souvenirs douloureux, nous dit-il, sont « prêts à surgir » : cette expression suggère un premier mouvement d'extériorisation. S'y oppose une force contraire qui maintient ces souvenirs dans l'inconscient (elle se manifeste pendant la cure comme « résistance » à la guérison : le patient garde le silence, ne se rend pas aux séances, affirme son incrédulité...). Freud décrit ici le psychisme comme un jeu dynamique de forces.

Le refoulement
La résistance observée par Freud l'amène à supposer, au moment où la scène traumatique a été vécue par le patient, un refoulement, c'est-à-dire un acte d'oubli immédiat et violent de ce qui vient de se passer. Or, cette force qui s'oppose maintenant à la prise de conscience est la même qui précipitait autrefois la scène traumatique dans l'inconscient : elle est toujours active et perturbe l'existence de la personne. On tombe malade de ce qu'un souvenir ne se perd pas dans l'oubli mais y est maintenu de force. Ce concept de refoulement permet de ne pas attribuer la résistance du malade à une mauvaise foi, mais d'y voir plutôt l'expression d'une souffrance psychique.

Futur

(n. m. et adj.) ● **Étym.** : latin *futurus* (participe futur de *esse*, « être »), « ce qui sera ». ● **Sens ordinaire** : ce qui n'est pas encore, ce qui est à venir ; partie du temps qui vient après le présent. ● **Philosophie** : le futur est, avec le passé et le présent, l'une des trois *ek-stases* de la temporalité ; le futur n'est pas une « partie » du temps, mais une visée de ce qui n'est pas encore, un projet, une ouverture sur le possible (*cf.* Heidegger). ● **Terme voisin** : avenir.

Futurs contingents

L'expression « futurs contingents » est utilisée par Aristote*, reprise par la philosophie scolastique, puis discutée par Leibniz*. Selon Aristote, le futur est contingent et du même coup imprévisible : « Nécessairement, il y aura demain une bataille navale ou il n'y en aura pas ; mais il n'est pas nécessaire qu'il y ait demain une bataille navale, pas plus qu'il n'est nécessaire qu'il n'y en ait pas ». Au contraire, pour Leibniz, le futur, s'il peut être imprévisible pour nous, n'est pas contingent*, mais déterminé et nécessaire* : « Les contingents sont infailliblement connus de Dieu. »

● **Corrélats** : contingence ; imagination ; nécessité ; passé ; présent ; temporalité ; temps.

GADAMER HANS GEORG (NÉ EN 1900)

REPÈRES BIOGRAPHIQUES

Né le 11 février 1900 à Breslau, en Allemagne, Gadamer se spécialise dans l'étude de la pensée platonicienne avant de rencontrer Heidegger dans les années 1920 à Fribourg. Professeur à Marbourg puis à Leipzig, il enseigne la philosophie pendant plus de cinquante ans et publie *Vérité et méthode*, son œuvre maîtresse, en 1960.

Gadamer est le principal représentant contemporain de l'herméneutique* philosophique à laquelle il donne une véritable portée ontologique. Selon lui, l'homme est l'« animal interprétant » par excellence, et la compréhension* est l'attitude générale propre à l'existence. Le premier acte philosophique ne consiste donc pas à se défaire de nos préjugés (comme dans la perspective des Lumières*), mais à les approfondir car ils sont toujours ce à partir de quoi nous interprétons notre être-au-monde. Proche de la pensée heidegerrienne du *Dasein**, la philosophie de Gadamer fait du langage* le signe de la finitude : nous appartenons au langage comme à une structure qui nous précède et que nous ne pouvons totalement objectiver. De la même manière, dans la sphère esthétique, l'expérience d'être saisi par l'objet précède l'exercice du jugement et, dans la sphère historique, nous avons conscience d'être portés par des traditions dont nous héritons sans les choisir.

À tous les niveaux, l'homme s'inscrit donc dans des structures d'appartenance (langage, histoire*) qui constituent son rapport au monde. En ce sens, la recherche de la vérité ne relève pas de la seule méthode scientifique mais elle est une entreprise herméneutique patiente qui doit se mettre à l'écoute du sens de l'être tel qu'il se livre en particulier dans la langue.

● **PRINCIPAUX ÉCRITS :** *Vérité et méthode* (1960) ; *L'Art de comprendre* (1975).

GALILÉE, GALILEO GALILEI, DIT (1564-1642)

REPÈRES BIOGRAPHIQUES

Né à Pise, Galilée étudie d'abord la médecine puis les mathématiques, qu'il enseigne à Pise et à Padoue, avant de bénéficier, à Florence, du mécénat du grand-duc Cosme II. L'apport de Galilée à la science moderne concerne principalement la théorie du mouvement (ou « dynamique ») et l'astronomie. Dans ces deux domaines, Galilée aboutit à une remise en cause de la théorie physique d'Aristote, qui était celle que l'Église avait officiellement adoptée. Celle-ci le condamne en 1611, puis en 1633, date à laquelle il est contraint d'abjurer ses thèses devant le Saint-Office.

◆ Gassendi

La dynamique

On doit à Galilée la première formulation de la loi de la chute des corps, dont le principe est qu'un corps en chute libre tombe à une vitesse uniformément accélérée, proportionnelle au temps de la chute. Alors que la physique d'Aristote* expliquait la chute de façon finaliste et qualitative, par la tendance des corps pesants à rejoindre leur « lieu naturel » (le bas), Galilée l'explique par la mise en relation de grandeurs physiques quantifiables (la vitesse et le temps). C'est un bouleversement dans la conception de la science* et de la nature. D'une part, le mouvement* n'est pas seulement, comme le croyait Aristote, un passage, une transition, l'état normal du monde étant le repos : il est un état ayant sa régularité propre, telle qu'elle peut être exprimée par des lois. D'autre part, ces lois s'énoncent sous forme d'équations mathématiques. Contrairement à Aristote, pour qui la physique s'occupe des qualités des corps et est séparée des mathématiques, traitant de la quantité, Galilée considère que la nature même est écrite en langage mathématique. Cette « mathématisation » du réel fait de Galilée le premier représentant de la science physique moderne.

L'astronomie

Galilée fut assez tôt partisan de la théorie héliocentriste de Copernic* : c'est le soleil (*hélios* en grec), et non la terre, qui est le centre autour duquel l'ensemble des planètes se meut. Cette conception était explicitement contraire à l'enseignement d'Aristote et de l'Église. Mais, alors que Copernic, au XVIe siècle, avait eu la prudence de la présenter comme une simple hypothèse facilitant les calculs astronomiques, Galilée soutint que l'héliocentrisme correspondait à la réalité et était une vérité objective. Grâce à la lunette astronomique, dont il perfectionne le principe, il peut étayer sa thèse sur des observations nouvelles (par exemple, la découverte des satellites de Jupiter). S'engage alors entre l'Église et lui une polémique qui dura plus de vingt ans et qui aboutit à la condamnation, par l'Église, des thèses de Copernic et de Galilée.

● **Principaux écrits** : *Le Messager céleste* (1610) ; *L'Essayeur* (1623) ; *Dialogue sur les deux principaux systèmes du monde* (1632).

GASSENDI, Pierre Gassend, dit (1592-1655)

Repères biographiques

Né à Digne, Gassendi étudie la théologie en Avignon puis enseigne la philosophie à Aix-en-Provence. Prévôt de la cathédrale de Digne à partir de 1626, il fréquente les milieux savants parisiens. Il enseigne ensuite les mathématiques au Collège royal de Paris de 1645 à 1648. Il eut une influence certaine sur les philosophes du XVIIIe siècle (Locke, Bayle, Voltaire).

La philosophie de Gassendi, d'inspiration sceptique, présente l'originalité par rapport à son temps d'être atomiste et matérialiste. Il critiqua Aristote*, ainsi que Descartes*, qui était son contemporain et avec qui il entretint une correspondance qui a été conservée, de même que l'ont été ses objections aux *Méditations métaphysiques* (*Cinquièmes Objections*), publiées en appendice de l'œuvre cartésienne, suivies des réponses de l'auteur du *Discours de la méthode*.

Considéré comme l'un des principaux représentants des courants libertins du XVIIe siècle, Gassendi était partisan du système de Copernic* et fut un correspondant de Galilée*.

● **Principaux écrits** : *Dissertations en forme de paradoxes contre les aristotéliciens* (livre I, 1624 ; livre II, 1658) ; *Cinquièmes Objections aux Méditations de Descartes* (1641-1642) ; *Recherches métaphysiques* (1644).

GÉNÉALOGIE

(n. f.) ● **Étym.** : grec *genealogia*.
● **Sens ordinaire** : étude ayant pour objet d'établir des filiations, notamment ancestrales (ex. : « arbre généalogique »).
● **Chez Nietzsche** : étude de la formation et de l'évolution des idées, des mœurs et des valeurs, en particulier dans la civilisation judéo-chrétienne (cf. Nietzsche).

● **Terme voisin** : genèse. ● **Corrélat** : histoire.

GÉNÉRAL

(adj. et n. m.) ● ÉTYM. : latin *genus*, « genre », « origine ». ● SENS ORDINAIRE : qui vaut pour tous les êtres ou objets appartenant à un même ensemble, ou genre.

Comme dans la langue ordinaire, l'usage philosophique de « général » renvoie toujours à l'idée de genre* ou de catégorie* (animal ou sentiment sont des termes généraux), par opposition au particulier* et au singulier*, qui désignent des qualités propres à certains êtres ou objets, ou des individus (ex. : un chien est un « animal particulier » ; l'amitié un « sentiment particulier », celle qui unit X et Y un « sentiment singulier »). À l'autre extrême, il ne faut pas confondre le général avec l'universel*, qui vaut non seulement pour une pluralité mais pour une totalité d'êtres ou d'idées : tous les hommes sont mortels (universel), mais les lois d'un État ne sont que générales (d'autres lois sont en vigueur ailleurs).

● TERME VOISIN : commun. ● TERMES OPPOSÉS : particulier ; singulier. ● CORRÉLATS : espèce ; genre ; particulier ; universel.

GÉNÉROSITÉ

(n. f.) ● ÉTYM. : latin *generosus*, « de noble race ». ● SENS ORDINAIRE : caractérise celui qui a des sentiments nobles, courageux, celui qui donne volontiers. ● PHILOSOPHIE : chez Descartes, la générosité consiste en ce que chacun sait qu'il doit faire le meilleur usage de sa volonté et qu'en cet usage résident ses seuls vrais mérites. De plus, le fait que chacun expérimente par sa propre vie que la volonté peut faillir, inspire à tout homme une certaine indulgence à l'égard d'autrui (*Les Passions de l'âme*, article 153 *sq.*).

● TERMES OPPOSÉS : égoïsme ; ressentiment. ● CORRÉLAT : morale.

GENÈSE

(n. f.) ● ÉTYM. : grec *genesis*, « origine », « génération ». ● SENS ORDINAIRE : processus de développement de quelque chose ; parfois synonyme d'histoire, ou de généalogie (ex. : « la genèse d'une doctrine »). ● BIOLOGIE : processus de formation des espèces vivantes (*cf.* Évolution). ● RELIGION : premier livre de la Bible, constitué par le récit de la Création.

● CORRÉLATS : création ; origine.

GÉNIE

(n. m.) ● ÉTYM. : latin *genius*, « divinité », puis « inclination », « talent ». ● SENS ORDINAIRES : 1. Divinité, être mythique. 2. Caractère original et spécifique (ex. : « le génie d'une langue, d'un peuple »). 3. Aptitude naturelle à créer quelque chose d'exceptionnel dans un domaine, ou dans certaines circonstances (ex. : « avoir le génie des affaires »). ● ESTHÉTIQUE : source plus ou moins mystérieuse de l'inspiration et de la création artistiques.

D'où les œuvres d'art* tirent-elles l'originalité et la supériorité qui leur confèrent un statut à part, les distinguant radicalement des autres produits de l'activité humaine ? Pour Platon*, le génie des artistes leur est communiqué directement par les dieux. Le caractère exceptionnel, et selon lui exemplaire, des œuvres d'art est la raison pour laquelle, selon Kant*, l'art doit être distingué à la fois de la nature*, de la science* et du travail* : « Le génie est la disposition innée de l'esprit par laquelle la nature donne ses règles à l'art » (*Critique de la faculté de juger*). À l'opposé de cette tradition, Nietzsche* refuse de voir dans les artistes des êtres supérieurs : « Toute activité de l'homme est compliquée à miracle, non pas seulement celle du génie, mais aucune n'est un miracle » (*Humain, trop humain*). Croire en une sorte de divinité des artistes est « un enfantillage de la raison » : « génie » est donc, pour Nietzsche, le nom donné par ceux qui s'en sentent dépourvus à ce qui n'est qu'une force particulièrement active de travail et d'expression, dont seuls les produits achevés sont visibles.

◆ Génocide

● **TERMES VOISINS :** divinité ; talent.

MALIN (OU MAUVAIS) GÉNIE

Soucieux de ne tenir pour évidente aucune des connaissances ou certitudes qu'il croit posséder, tant qu'il n'en a pas totalement éprouvé le bien-fondé, Descartes* va jusqu'à faire l'hypothèse, dans sa *Première Méditation*, d'un « mauvais génie, non moins rusé et trompeur que puissant » qui pourrait abuser de la crédulité des hommes en leur faisant croire qu'eux-mêmes et le monde extérieur existent, alors que tout ne serait qu'« illusions et tromperie ». Mais douter*, c'est penser et pour penser, il faut exister : le célèbre « Je pense donc je suis », sera l'argument décisif opposé à la possibilité du « malin génie ».

● **CORRÉLATS :** art ; création.

GÉNOCIDE

(n. m.) ● **ÉTYM. :** latin *genos*, « race », et suffixe *cide*, « qui tue », de *caedere*, « tuer ». ● **SENS ORDINAIRES :** 1. (Sens large) : extermination, ou tentative d'extermination, d'un groupe humain dans son ensemble. 2. (Sens étroit et droit français) : destruction méthodique d'un groupe ethnique dans le cadre d'un plan concerté. ● **DROIT INTERNATIONAL :** (suivant les statuts de la Cour pénale internationale de La Haye, 17 juillet 1998) : série d'actes tels que le meurtre, l'« imposition de conditions de vie inhumaines », etc., commis dans l'intention de détruire, en tout ou partie, un groupe national, ethnique, racial ou religieux.

L'étymologie du terme *génocide* pourrait être trompeuse. Ce crime politique ne vise pas forcément une « race » ou une ethnie, mais n'importe quel groupe défini de « manière arbitraire » (suivant les termes du Code pénal français, 1993) ; en outre, il ne s'agit pas nécessairement d'extermination (« tuer ») du groupe concerné. Suivant le droit français, ce qui définit le génocide est ce qui l'apparente au *crime contre l'humanité**, c'est-à-dire tout projet (détruire partiellement ou totalement un groupe déterminé) et un contexte (« plan concerté ») : le génocide serait une espèce (la « forme aboutie ») de crime contre l'humanité, catégorie qui l'englobe. Il faut en tout cas retenir que c'est l'intention qui définit principalement le crime (si elle est suivie d'effets, bien sûr...) et que, par conséquent, génocide ne signifie pas nécessairement destruction totale, effective d'un groupe déterminé. Réciproquement, toutes les exterminations pratiquées par le passé, dans le cadre de conquêtes et de guerres d'agression, n'appellent pas nécessairement, pas indiscutablement en tout cas, la qualification de *génocide* (voir à ce propos Yves Ternon, *L'État criminel. Les génocides au XXe siècle*, Seuil, 1995).

● **TERME VOISIN :** crime contre l'humanité. ● **CORRÉLATS :** guerre ; négationnisme ; violence.

GENRE

(n. m.) ● **ÉTYM. :** latin *genus*, « origine ». ● **SENS ORDINAIRE ET LOGIQUE :** terme désignant une catégorie de réalités ou d'idées que leurs caractères communs essentiels autorisent à regrouper sous la même dénomination générale (ex. : « les genres masculin et féminin » en grammaire ; les différents « genres littéraires »). ● **BIOLOGIE :** ensemble d'individus de la même famille biologique, que l'on peut à son tour subdiviser en autant d'espèces qu'il y a de sous-groupes distincts au sein du genre (ex. : « les genres minéral, végétal et animal »).

Dans les faits, l'emploi du mot genre est moins strict que ne le laisseraient croire ses définitions. L'usage ordinaire aussi bien que philosophique lui confère des acceptions très larges, et il est souvent utilisé comme synonyme de catégorie générale, ou de classe. Même en biologie, on parle à la fois de *genre animal* et de *genre humain*, alors qu'en toute rigueur, celui-ci devrait être considéré comme une espèce de celui-là : on parle d'ailleurs aussi bien de l'*espèce humaine* (cf. Espèce).

● **TERMES VOISINS :** catégorie, classe. ● **CORRÉLATS :** concept, espèce.

Gestalt

● **ÉTYM.** : mot allemand signifiant « forme ». ● **PSYCHOLOGIE** : notion qui a donné son nom à une théorie (la *Gestaltpsychologie*) suivant laquelle la réalité est toujours déjà composée, agencée suivant des *formes*, qui sont ce par quoi nous saisissons toujours les apparences en premier lieu. *Cf.* Forme (Psychologie de la forme).

● **CORRÉLATS** : forme ; psychologie.

Gnose

(n. f.) ● **ÉTYM.** : grec *gnôsis*, « connaissance ». ● **SENS ORDINAIRE** : connaissance religieuse de nature mystique. Le mot désigne de façon générique divers courants ésotériques du monde antique, d'inspiration à la fois orientale et platonicienne.

Par la voie de la connaissance intellectuelle, les gnostiques s'efforcent de se joindre au divin. La neutralisation des attaches physiques par l'ascèse (ou au contraire par la débauche), alliée à la connaissance mystique (gnose), sans recours à quelque grâce divine que ce soit, permet à l'homme de s'évader de ce monde où règne le mal* et d'être habité au plus profond de soi par le divin. Le manichéisme* s'est inspiré de la gnose. Mouvement né au sein du christianisme* (et dénoncé comme une hérésie par l'Église), le gnosticisme eut aussi des adeptes parmi les juifs et les musulmans. En un tout autre sens, moins répandu, il arrive que le mot gnose désigne la pensée des Pères de l'Église.

● **CORRÉLATS** : ésotérisme ; mysticisme.

Gnoséologie

(n. f.) ● **ÉTYM.** : grec *gnôsis*, « connaissance » et *logos*, « discours ». ● **PHILOSOPHIE** : synonyme de « théorie de la connaissance » ; peut parfois être synonyme d'épistémologie.

● **TERME VOISIN** : épistémologie.
● **CORRÉLATS** : connaissance ; science.

Gödel
(Théorème de)

Le mathématicien Kurt Gödel (1906-1978) établit en 1931 le théorème dit d'« incomplétude ». Ce théorème énonce qu'il est nécessaire de recourir à des principes extérieurs à un système déductif pour en démontrer la « consistance », c'est-à-dire la cohérence logique. Cette incomplétude d'un système formel a de grandes conséquences épistémologiques : elle met fin à l'espoir entretenu par le mathématicien Hilbert d'une axiomatisation (c'est-à-dire une formalisation) intégrale des mathématiques (*cf.* Axiomatique).

● **CORRÉLATS** : axiomatique ; logique ; mathématiques.

Goût

(n. m.) ● **ÉTYM.** : latin *gustus*, « goût ». ● **SENS ORDINAIRES : 1.** Au sens propre, celui des cinq sens qui permet de percevoir les saveurs. **2.** Au sens figuré, une préférence, un penchant, une disposition (ex. : « avoir du goût pour »). ● **ESTHÉTIQUE** : instrument du discernement esthétique, capacité de reconnaître le beau, de porter un jugement sur les œuvres d'art.

« À chacun son goût » est une expression courante qui renvoie au constat de la diversité des opinions dans le domaine du beau* comme dans celui des préférences personnelles relatives à d'autres aspects de l'existence : mode, loisirs, etc. Est-il légitime d'assimiler ces préférences à l'opinion sur la beauté d'une œuvre* ? La philosophie kantienne, celle de la troisième *Critique*, nous invite à distinguer le beau de l'agréable et, ainsi, les jugements qui s'y rapportent. L'agréable est relatif à notre intérêt et ne reflète en effet que nos préférences subjectives. Nulle argumentation ne saurait convaincre autrui du bien-fondé de ces préférences. En revanche, dans la contemplation du beau, les facultés jouent librement sans que l'intérêt nous

◆ **Gouvernement**

enchaîne ; on peut d'ailleurs admirer une œuvre dont le sujet ou la facture sont, par quelque côté, désagréables. Du point de vue de l'entendement et plus encore de la sensibilité, ce jugement ne peut être justifié par des concepts. On ne sait pourquoi l'œuvre plaît, mais elle suscite un sentiment, que l'on désire partager en essayant de lui donner une forme rationnelle. Si l'on ne peut définir le bon goût, le jugement de goût ne peut être réduit à une opinion arbitraire.

Dans la philosophie hégélienne, la beauté de l'œuvre d'art* ne vient pas seulement de l'impression de nécessité interne qui s'en dégage ; elle manifeste dans le sensible une idée*, représente la conscience d'une époque historique. Le jugement de goût ne provient pas d'une intuition arbitraire, subjective, mais d'une compréhension du sens spirituel présent dans la forme de l'œuvre d'art.

Qu'il s'agisse d'affiner son sentiment ou de donner à la valeur d'une œuvre un fondement objectif, le goût demande à être formé, non pas par l'accumulation des connaissances sur l'art mais par la fréquentation des œuvres. D'un point de vue sociologique, on a pu dire (Pierre Bourdieu*, *La Distinction, une critique sociale du jugement*) que le jugement de goût ne serait pas du tout désintéressé ; l'acquisition du bon goût constituerait un instrument de domination sociale : manifester du « bon goût » reviendrait à afficher son appartenance à une classe sociale ou son souhait d'y appartenir. On peut toutefois penser que cette critique vise, plutôt que le véritable jugement de goût, une variété du conformisme.

● **TERMES VOISINS :** amour ; jugement esthétique. ● **TERME OPPOSÉ :** mauvais goût. ● **CORRÉLATS :** beau ; esthétique.

GOUVERNEMENT

(n. m.) ● **ÉTYM. :** latin *gubernare*, « diriger un navire ». ● **SENS ORDINAIRE :** action d'organiser, d'administrer. ● **POLITIQUE :** ensemble des organismes et des personnes exerçant le pouvoir politique, soit simplement exécutif (démocratie), soit exécutif et législatif.

Si la vie en société est une nécessité à laquelle les hommes ne peuvent échapper, elle n'est pas pour autant immédiatement ordonnée et régulée, de sorte que tous œuvrent dans la même direction et pour le bien de tous. C'est ce désordre, ou, pour parler comme Kant*, cette « insociable sociabilité » qui rend nécessaire l'établissement d'un gouvernement. L'étymologie du terme suggère l'idée qu'il s'agit moins d'imposer aux hommes une force extérieure à eux que de prendre appui sur les forces existantes, mais dispersées ou antagonistes, pour leur imprimer une direction. Ramener la pluralité à l'unité, le désordre à l'ordre, telle serait la fonction du gouvernement. La question essentielle serait alors celle de savoir à qui confier le gouvernement. Dans la *République*, Platon* examine ainsi les différentes formes de gouvernement, l'aristocratie* — le gouvernement des meilleurs, c'est-à-dire ici des philosophes — étant à ses yeux une forme supérieure à toute autre. Mais cette supériorité des gouvernants — dont l'existence peut d'ailleurs être mise en doute — suffit-elle à leur donner le droit de gouverner ? La question est ici celle de la légitimité du gouvernement. En établissant que le peuple est souverain* et que la volonté générale* ne peut errer, Rousseau* — dans *Du contrat social* — attribue au gouvernement une fonction seconde et non constituante. Simple exécutant de la volonté générale, il ne saurait se substituer à elle, le pouvoir exécutif étant distinct du pouvoir législatif. Le danger cependant existe toujours d'un abus de pouvoir*, pouvant aller jusqu'à l'usurpation, par le gouvernement, de la souveraineté.

● **TERMES VOISINS :** État ; pouvoir exécutif. ● **TERME OPPOSÉ :** anarchie. ● **CORRÉLATS :** État ; monarchie ; pouvoir.

GRÂCE

(n. f.) ● **ÉTYM. :** latin *gratia*, « manière d'être agréable ». ● **THÉOLOGIE :** don gratuit de Dieu à une créature, indépendamment de ses mérites : « C'est par la grâce que vous êtes sauvés en vertu de la foi ; et cela ne vient pas de vous, puisque c'est un don de Dieu [...] » (saint Paul, *Épître aux Éphésiens*). ● **ESTHÉTIQUE :** charme ou agrément des personnes ou des choses, qui n'est pas exactement la beauté, mais plutôt une légèreté, un attrait secret difficilement définissable.

● **Corrélats** : beau ; Dieu ; esthétique ; foi ; religion.

Grammaire

(n. f.) ● **Étym.** : grec *grammatikê*, « art d'écrire et de lire des lettres ». ● **Sens ordinaire** : ensemble des règles et principes que l'on doit suivre afin de parler et d'écrire correctement. ● **Linguistique** : ensemble des structures et des règles permettant, dans une langue donnée, de produire des énoncés significatifs. ● **Philosophie : 1. Sens classique** : ensemble de règles régissant à la fois la langue et la pensée, et permettant, lorsqu'elles sont convenablement maîtrisées, de s'exprimer correctement, c'est-à-dire clairement et rigoureusement. **2. Sens moderne et littéraire** : science des procédures qui gouvernent les structures symboliques, au-delà des seules règles linguistiques ou logiques (on parlera, par exemple, de la *grammaire* d'un musicien, ou d'un peintre, au sens des procédés qui définissent sa manière, et qui lui sont propres).

Grammaire générale
Théorie du langage* non restreinte à une langue particulière, et qui s'efforce de formuler les principes de construction des énoncés de toutes les langues existantes (*cf.* Logique, Logique de Port-Royal). La connaissance de ces principes constituerait une science non seulement de la parole, mais aussi de la pensée.

Grammaire générative
Théorie de Noam Chomsky* d'après laquelle on suppose qu'il doit exister des « universaux » du langage, conçus comme des structures « génératives », c'est-à-dire des schémas, ou des formes dynamiques, en nombre fini, qui seraient à l'œuvre dans toutes les langues naturelles (*cf.* Chomsky).

● **Termes voisins** : règle ; structure.
● **Corrélats** : langage ; logique ; structuralisme.

Grotius,
Hugo de Groot, dit (1583-1645)

┌─ **Repères biographiques** ─
Érudit en droit, en philologie, en histoire et en théologie, Grotius occupe très tôt des fonctions politiques importantes dans son pays, la Hollande, alors divisée par de graves dissensions politiques et religieuses. Condamné à la prison, dont il s'évade, c'est en France où il s'est exilé, qu'il écrit l'ouvrage qui le rendit célèbre : le *Droit de la guerre et de la paix*. Grotius est considéré comme le fondateur de l'école du droit naturel.

Durant toute son existence, Grotius a milité en faveur d'un christianisme* apaisé et ouvert, au nom des valeurs de l'humanisme*. Cette volonté pacificatrice se retrouve dans son œuvre, aussi bien dans son versant théologique que juridique.
Sur le plan juridique, Grotius pose l'existence d'un droit naturel*, non pas fondé dans la nature des choses, mais déduit des « principes de la droite raison qui nous font connaître qu'une action est moralement honnête ou déshonnête selon la convenance ou la disconvenance nécessaire qu'elle a avec la nature raisonnable et sociale de l'homme ». Ce droit naturel est universel, commun à tous les lieux et à toutes les époques, et à tous les hommes. C'est à son aune que peut être évalué le droit positif*, c'est-à-dire le droit effectivement existant. Le droit naturel fonde les obligations du souverain envers ses sujets, à travers le contrat* qui les lie. Il fonde aussi les obligations des États les uns envers les autres. C'est la naissance de l'idée d'un droit international.

● **Principal écrit** : *Droit de la guerre et de la paix* (1625).

Guerre

(n. f.) ● **Étym.** : mot germanique *werra*, « guerre ». ● **Sens large** : toute espèce de combat, de lutte ou même de résistance (ex. : « déclarer la guerre à l'injustice »). ● **Sens strict** : lutte armée entre groupes sociaux ou entre États. ● **Chez Rousseau** : « La guerre n'est point

◆ **Guerre**

une relation d'homme à homme, mais une relation d'État à État, dans laquelle les particuliers ne sont ennemis qu'accidentellement. »
● CHEZ CLAUSEWITZ : « La guerre est un acte de violence destiné à contraindre l'adversaire à exécuter notre volonté » ; par ailleurs, la guerre « n'est que la continuation de la politique par d'autres moyens ».

La guerre est-elle inéluctable ?
« La guerre est inhérente à l'humanité et doit durer autant qu'elle : elle fait partie de sa morale. » Provocatrice, cette formule de Proudhon* retient l'attention. Selon lui, l'humanité s'est en effet affirmée et civilisée dans et par la guerre : « Si par impossible, écrit Proudhon dans *La Guerre et la paix*, la nature avait fait de l'homme un animal exclusivement industrieux et sociable, et point guerrier, il serait tombé, dès le premier jour, au niveau des bêtes dont l'association forme toute la destinée. »
Nombreux sont les penseurs qui — à une époque que la nôtre — en ont montré le caractère à certains égards positif. D'autres, dont Freud*, s'interrogent sur sa nécessité : « La guerre, écrit-il, ne se laisse pas éliminer ; aussi longtemps que les peuples auront des conditions d'existence aussi différentes et que leur répulsion mutuelle sera si violente, il y aura nécessairement des guerres. » Les violences guerrières constitueraient une sorte d'exutoire pour ces énergies mortifères, que le philosophe Jan Patočka* appelle « les forces de la nuit ». D'autre part, la guerre n'est-elle pas un éventuel prolongement de l'action politique, comme l'ont montré Machiavel*, Clausewitz, puis, plus récemment, Raymond Aron* ?

En finir avec la guerre
Il nous apparaît pourtant impensable de devoir composer encore, et toujours, avec les guerres. De fait, les violences dont le XXᵉ siècle a été — et est encore — le théâtre, sont parmi les plus cruelles, les plus inhumaines et les plus destructrices de toute notre histoire. Toutefois, le pire n'a pas encore été accompli, à savoir la guerre nucléaire totale (« Si l'un ou l'autre gagne, écrit Hannah Arendt*, c'est la fin des deux »). La destruction systématique de populations entières, les explosions de furie haineuse ont atteint de tels sommets que la question de la « mise hors la loi » de la guerre est devenue, aujourd'hui, un enjeu essentiel et prioritaire (*cf.* Crime contre l'humanité). Kant* avait ouvert la voie de la réflexion sur la paix internationale durable dans son *Projet de paix perpétuelle* (1795). Les guerres appartiennent désormais au passé. Mais si l'objectif — le règne du droit — peut rallier les théoriciens comme les hommes politiques de toutes les nations, la question des moyens à employer pour instaurer un semblant d'« ordre mondial » continue de diviser tragiquement les principaux acteurs du débat politique international. En effet, à supposer qu'il y ait des « guerres justes », la détermination des cas relevant de cette catégorie est pour le moins problématique (*cf.* M. Walzer*, *Guerres justes et injustes*, Belin, 1999).

● TERMES VOISINS : affrontement ; combat ; conflit ; discorde ; hostilité ; lutte ; violence. ● TERMES OPPOSÉS : concorde ; droit ; paix. ● CORRÉLATS : crime contre l'humanité ; fanatisme ; génocide ; paix ; violence.

HABERMAS JÜRGEN
(NÉ EN 1929)

REPÈRES BIOGRAPHIQUES

Ancien assistant d'Adorno, Jürgen Habermas, sociologue et philosophe, est souvent considéré comme le continuateur de la théorie critique de l'école de Francfort. Cette pensée, opposée aussi bien à la vision technocratique du monde qu'au marxisme bureaucratique des pays de l'Est, prend sa source dans l'enseignement d'Adorno, de Horkheimer et aussi des travaux d'Habermas à l'Institut de recherches sociales de l'université de Francfort.

Une théorie critique de la société

L'ouvrage intitulé *La Technique et la science comme idéologie* (1963) étudie les rapports entre la politique, la science et l'opinion publique dans le capitalisme avancé. L'interrogation du philosophe, rejoignant des thèmes développés sous un autre point de vue par Herbert Marcuse*, porte en effet principalement sur la progressive substitution de techniques issues du monde mécaniste et marchand, à l'action démocratique de citoyens décidant ensemble de leur avenir commun. La tâche de la réflexion est alors de proposer une théorie critique de l'idéologie* technocratique, qui montre le bien-fondé d'une pratique sociale démocratique et égalitaire.

L'agir communicationnel

Tous les ouvrages de Jürgen Habermas peuvent être considérés comme une propédeutique à sa *Théorie de l'agir communicationnel*, ouvrage où il expose sa conception de la « pragmatique* formelle ». Celle-ci recense les conditions de possibilités formelles de tout accord entre des interlocuteurs qui argumentent au sujet de buts communs (recherches et réalisations scientifiques, décisions politiques, etc.). Cette théorie part de deux principes. Le premier principe est celui de la distinction entre l'agir stratégique, visant l'efficacité, et l'agir communicationnel, qui cherche l'intercompréhension, le consensus. Le deuxième principe, inspiré de Karl Popper*, est que toute norme sociale ainsi que toute vérité doivent pouvoir être examinées de manière critique, et éventuellement remises en cause : aucune vérité n'est définitivement acquise. La pratique sociale et scientifique ainsi théorisée implique une éthique de tolérance, et de libre communication* entre les citoyens : on peut appeler « communauté idéale de communication » la représentation d'un tel monde impliquée par l'argumentation.

Un débat actuel sur la vérité et la morale

Le cheminement de pensée de Jürgen Habermas l'a donc conduit, à partir d'une critique de la société, vers l'étude du langage et des critères de vérité. Il fut aussi amené, à partir des années 1975-1980, à dialoguer avec Karl-Otto Apel*, qui, pour sa part, développe une pragmatique « transcendantale », comprenant des points fixes soustraits à toute remise en cause, et pour qui la

◆ Habitude

critique permanente de toutes normes — y compris celle du vrai — semble une entreprise en elle-même contradictoire. Ce débat de philosophie politique rappelle, à certains égards, les dialogues qui animèrent et éclairèrent la place publique grecque au temps de Socrate*.

● **PRINCIPAUX ÉCRITS :** *La Technique et la science comme « idéologie »* (1963) ; *Morale et communication* (1983) ; *Théorie de l'agir communicationnel* (1981).

HABITUDE

(n. f.) ● **ÉTYM. :** latin *habitudo*, « manière d'être », « état ». ● **SENS GÉNÉRAL ET PSYCHOLOGIQUE :** comportement permanent acquis par répétition et ayant un caractère automatique. ● **PHILOSOPHIE : 1.** Aristote, Pascal, Hegel... disent de l'habitude qu'elle est une « seconde nature » : par son automaticité, l'habitude est en effet quasi naturelle, mais c'est une nature seconde, puisqu'elle est acquise. **2.** Dans la philosophie de la connaissance de Hume, l'habitude joue un rôle central : c'est elle qui rend compte des grandes catégories grâce auxquelles nous interprétons la nature, notamment la catégorie de causalité. Nous disons en effet qu'un phénomène A est la cause d'un phénomène B lorsque l'expérience de la constante succession des deux phénomènes a fait naître en notre esprit l'habitude de les lier, de sorte que la production de A entraîne l'attente de B, ou la production de B la recherche de A.

● **TERMES VOISINS :** coutume ; tradition. ● **CORRÉLATS :** association ; associationnisme ; causalité ; culture ; habitus ; nature.

HABITUS

(n. m.) ● **ÉTYM. :** terme latin qui signifie « disposition constante » et qui est utilisé surtout en sociologie. ● **SOCIOLOGIE :** le terme d'habitus désigne les « manières d'être » communes à plusieurs personnes de même origine ou de même culture, et qui procèdent de l'incorporation par l'individu des pratiques et des normes véhiculées par leur groupe d'appartenance. *Cf.* N. Élias et P. Bourdieu*.

● **TERME VOISIN :** coutume. ● **CORRÉLATS :** culture ; déterminisme ; habitude ; mœurs ; perfectibilité ; sociologie ; tradition.

HAINE

(n. f.) ● **ÉTYM. :** ancien français *haïne* (XIIe siècle). ● **SENS ORDINAIRES : 1.** Sentiment violent qui pousse à vouloir du mal à quelqu'un et à se réjouir du mal qui lui arrive. **2.** Aversion profonde pour quelque chose.

La haine est traditionnellement comprise comme une passion* fondamentale, dans le couple qu'elle forme avec son contraire, l'amour*. Ainsi, saint Thomas* comme Descartes* ou encore Hobbes* font figurer la haine parmi les six passions « simples » ou « primitives » qu'ils dénombrent. D'un point de vue anthropologique, la haine est décrite comme un sentiment qui nous incite à repousser ce qui nous est nuisible : elle peut donc s'exercer aussi contre des objets. Mais dans un sens plus spécifique et plus moderne, elle est envisagée du point de vue des relations interhumaines comme un sentiment immoral et contraire à l'entente entre les hommes et les peuples. Kant*, par exemple, la considère comme le modèle même des passions qui sont, selon lui, toutes « mauvaises sans exception » : la haine, qui s'enracine profondément dans le cœur et qui réfléchit pour atteindre son but, à savoir la vengeance, est directement contraire à la loi morale et au respect de l'humanité en l'autre (*Anthropologie du point de vue pragmatique,* § 74). C'est une passion triste, comme le montrait déjà Spinoza*, qui nourrit le fanatisme*, la violence* et la guerre.

● **TERME VOISIN :** aversion. ● **TERMES OPPOSÉS :** affection ; amitié ; amour ; concorde ; fraternité. ● **CORRÉLATS :** envie ; fanatisme ; passion ; violence.

Hasard

(n. m.) ● **ÉTYM.** : arabe *az-zahr*, « dé », « jeu de dés ». ● **SENS ORDINAIRES : 1.** Cause imaginaire d'événements ou de phénomènes inexpliqués (synonyme de sort, fortune). **2.** Concours de circonstances imprévisible et surprenant (synonyme de coïncidence, accident). ● **PHILOSOPHIE : 1.** Cause accidentelle d'événements ou de phénomènes qui n'ont pas été provoqués délibérément (ex. : une rencontre « due au hasard »). **2.** Phénomènes ou événements produits par la rencontre imprévisible de séries causales indépendantes (*cf.* Cournot). ● **ÉPISTÉMOLOGIE : 1.** Indéterminisme de la matière, au niveau de la microphysique, c'est-à-dire impossibilité de prévoir ou de déterminer le comportement des particules (selon la fameuse « relation d'incertitude » de Werner K. Heisenberg). **2.** Comportement des événements pour lesquels s'applique la loi des grands nombres, parce que, globalement, ils se comportent selon les règles de la probabilité (on peut prévoir le comportement moyen de tels ensembles).

Le mot courant *hasard* regroupe des notions aussi diverses que l'inexpliqué (ce dont on ignore la cause*), l'inexplicable (ce qui est sans raison*, au moins apparente), l'indéterminé (par exemple, le parcours d'une étoile filante), et, plus généralement, le contingent* (ce qui aurait pu ne pas se produire) et le fortuit (l'imprévisible). La philosophie s'efforce de dissiper au moins certaines confusions majeures. Il est tout d'abord préférable d'opposer approches subjective et objective d'événements également inexpliqués. Les effets inattendus de certaines actions (la chute inopinée d'un pot de fleurs mal fixé) ne sont pourtant pas indéterminés, comme l'explique Aristote*. Si le pot de fleurs tue un passant, c'est un « hasard » (fâcheux !), en ce sens que l'action apparaît finalisée (délibérée) sans cependant l'avoir été. Le hasard est ici une illusion de finalité* ; ou encore, selon la formule de Bergson*, « un mécanisme* se comportant comme s'il avait eu une intention ». Mais il n'y a rien d'irrationnel dans ce type de hasard, puisque la chute (du pot de fleurs) est explicable et donc rationnelle.

Objectivement, au contraire, le hasard renvoie au caractère véritablement fortuit, et généralement imprévisible, de rencontres entre chaînes causales indépendantes : il procède alors, selon Cournot*, d'un « concours de faits rationnellement indépendants les uns des autres ». La complexité du réel est telle que la réduction de ce type de hasard ne peut être scientifiquement envisagée : autant dire que toute représentation naïvement déterministe de l'univers, tant naturel qu'humain, nous est désormais interdite (*cf.* Déterminisme). Les physiciens et les biologistes contemporains semblent se rallier à l'idée de « déterminisme approché », qui s'efforce de prendre en compte tous les éléments d'incertitude attachés aux relations complexes qu'entretiennent des structures interactives (par exemple les écosystèmes). À la suite de la physique, la biologie a accompli d'incontestables progrès en utilisant des analyses probabilistes et en dégageant des lois statistiques pour des phénomènes dont seul le comportement global peut faire l'objet d'analyses vraiment fiables.

● **TERMES VOISINS :** accident ; contingence ; fortune ; imprévisibilité ; indétermination ; sort. ● **TERMES OPPOSÉS :** finalité ; prévisibilité ; providence. ● **CORRÉLATS :** absurde ; cause ; déterminisme ; événement ; irrationnel ; loi ; raison.

Hayek Friedrich August von (1899-1992)

> **REPÈRES BIOGRAPHIQUES**
>
> Après des études de droit et de sciences politiques à Vienne, sa ville natale, Hayek entame une carrière universitaire d'abord dans son pays, l'Autriche, puis à Londres, où il est nommé professeur d'économie en 1931. Il acquiert la nationalité britannique en 1938. Après la guerre, il continue sa carrière universitaire aux États-Unis d'abord (Chicago) puis en Allemagne, à Fribourg, où il meurt. Hayek a reçu le prix Nobel d'économie en 1974.

Les travaux de Hayek ne se limitent pas à l'économie et ont une dimension et une importance philosophiques considérables. Hayek est en effet un repré-

◆ **Hédonisme**

sentant éminent du libéralisme* contemporain, tant économique que politique. Il pense la société* comme un « ordre spontané » ou « auto-organisé », distinct des « ordres artificiels », tel l'État*, qui sont le résultat d'une construction intentionnelle et rationnelle. L'erreur du marxisme*, mais aussi, par exemple, de la philosophie d'Auguste Comte*, a été d'identifier ces deux ordres en voulant organiser la société comme l'est l'État et par l'État.
Il s'ensuit une distinction entre le droit civil et le droit pénal (*nomos*) constitués de règles qui rendent possible l'auto-organisation de la société, et le droit public (*thésis*) qui régule l'ordre artificiel de l'État. Le *nomos* ne peut être l'objet d'une construction rationnelle *a priori* ; il s'élabore progressivement et est fonction de l'expérience de la vie collective. L'État de droit est donc un État à souveraineté* limitée : celle-ci est limitée par le droit lui-même (le *nomos*) qu'on ne peut sans dommage pour les libertés modifier de façon volontariste, et de l'extérieur, c'est-à-dire par intervention étatique. Cela conduit Hayek à refuser l'État-providence et l'extension des droits de l'homme aux droits sociaux ou « droits créances » (*cf.* Droit). La démocratie* se restreint selon lui au respect absolu des seuls « droits libertés ».

● **Principaux écrits :** *La Route de la servitude* (1944) ; *Scientisme et sciences sociales* (1952) ; *Droit, législation et liberté* (3 vol., 1973-1979).

HÉDONISME

(n. m.) ● **Étym. :** grec *hedonê*, « plaisir ». ● **Sens ordinaire :** attitude de celui qui aime les plaisirs des sens de façon immodérée, jusqu'à éventuellement leur sacrifier toute moralité (ex. : Don Juan). ● **Philosophie :** doctrine faisant du plaisir le souverain bien de l'homme.

L'hédonisme fut incarné en Grèce par l'école des Cyrénaïques* (fondée vers 390 av. J.-C. par Aristippe de Cyrène). L'épicurisme* fit aussi de la recherche du plaisir la règle de la vie morale et du bonheur*. Mais si on peut alors qualifier l'épicurisme, au sens littéral, d'hédonisme, on ne le peut guère au sens cou-

rant du terme : le bonheur, pour l'épicurisme, consiste dans la satisfaction modérée des plaisirs simples et naturels, autant spirituels que sensibles. Le sage épicurien, modèle de mesure, réunit plaisir* et vertu*, loin de les opposer.
Il existe aussi un hédonisme moderne, notamment l'utilitarisme* de Jeremy Bentham* (1748-1832). Celui-ci est cependant profondément différent des sagesses hédonistes antiques. Partant du principe selon lequel l'intérêt personnel est le moteur unique des actions des hommes, Bentham cherche à fonder une arithmétique des plaisirs et des peines, susceptible de procurer à tous le bonheur.

● **Terme opposé :** ascétisme.
● **Corrélats :** bonheur ; Cyrénaïques ; eudémonisme ; morale ; vertu.

HEGEL Georg Wilhelm Friedrich (1770-1831)

Repères biographiques
Georg Wilhelm Friedrich Hegel naît à Stuttgart au mois d'août 1770. Il entre en 1788 au Stift de Tübingen (un séminaire protestant) où il se lie d'amitié avec Hölderlin et Schelling. Il travaille ensuite comme précepteur, journaliste et, dès 1801, commence une carrière universitaire qui le conduira jusqu'à Berlin, où il occupera la chaire d'université de Fichte. Il meurt en novembre 1831 du choléra.

« Penser la vie »
Les jeunes années de Hegel furent marquées par les épisodes glorieux et troubles de la Révolution française, bientôt suivie des campagnes napoléoniennes qui bouleversèrent l'ensemble de l'Europe. Cette période de crise politique constituait alors ce qu'il fallait absolument penser : la philosophie trouvait déjà en l'histoire* son objet privilégié. Mais ce n'est pas seulement des agitations du monde politique que naît le besoin de philosophie pour Hegel : les états de contradiction* qui nourrissent l'époque moderne (séparation absolue entre le croyant et Dieu*, l'individu* et la société*, le citoyen* et l'État*, etc.), appellent une résolution dont la philosophie devrait nous donner la clé. Ce malheur de la conscience ne recher-

chera pourtant pas en la philosophie une consolation ultime ou un dernier refuge, mais un principe authentique de réconciliation. En effet, personne n'a autant que Hegel pensé la philosophie comme entreprise de compréhension. Le philosophe n'est ni un censeur, ni un moraliste. Il ne doit pas juger du bien et du mal, établir le juste, proposer des idéaux : il doit seulement comprendre. Mais cette attitude ne renvoie jamais, pour Hegel, à une analyse objective et détachée des états de fait. La philosophie, précisément en comprenant, fait œuvre de réconciliation en tant qu'elle pense les choses dans leur totalité, dans leur unité, dans leur mouvement même de réconciliation : la philosophie comprend les choses parce que et pour qu'elles se réconcilient.

L'idéalisme absolu
Hegel est un auteur difficile et rebutant à première lecture : ses écrits donnent rapidement l'impression d'une spéculation très abstraite, dont on voit mal comment elle pourrait s'articuler sur des réalités ou des situations concrètes. En un mot, Hegel fait figure d'ultra-idéaliste. Il faut pourtant s'entendre : Hegel, de fait, revendique lui-même la dénomination d'« idéaliste* », mais c'est précisément à ce titre qu'il prétend rendre compte de ce qui est le plus concret. Ce paradoxe s'éclaire si l'on considère les fondements théoriques de sa philosophie. Les rapports entre la pensée* et l'être*, l'intériorité spirituelle et l'extériorité matérielle, le sujet connaissant et l'objet connu ont longtemps été conçus comme un face-à-face, une dualité problématique. C'est à partir de ce dualisme que se posaient les problèmes de méthode : quels sont les critères qui nous permettent de nous assurer de la correspondance entre, d'un côté, ce qu'on pense et, de l'autre, ce qui est vraiment ? Cette description classique du processus de savoir, cette séparation tranchée entre ce qui est de l'ordre de l'Idée* et ce qui relève de la réalité concrète : voilà précisément ce qui, selon Hegel, constitue une véritable abstraction. Pour lui en effet, le concept* ne renvoie pas à une simple construction intellectuelle, à un modèle idéal au moyen duquel le sujet raisonnable se donne une image du réel afin de mieux le comprendre : il est l'intériorité et la vie même des choses. C'est pourquoi, logiquement, une pensée authentiquement idéaliste, loin de s'évader dans des chimères gratuites, rejoint en fait directement la réalité effective : en rendre raison, ce n'est pas lui imposer de l'extérieur des grilles explicatives, mais restituer, redéployer la logique rationnelle qui l'anime en son cœur. Le contraire de l'Idée, ce n'est pas le concret*, c'est l'abstrait*. Penser l'Idée, c'est donc penser le réel en ce qu'il a de plus substantiel et de plus vivant.

L'idéalisme de Hegel se veut aussi un « idéalisme absolu ». Encore une fois, il faut lever les malentendus : Hegel ne prétend pas délivrer directement un savoir de l'absolu*, comme si, à côté des objets particuliers (la matière pour la physique, la vie pour la biologie, la société pour la sociologie, etc.), l'absolu constituait le domaine réservé de la philosophie. L'absolu pour Hegel n'est pas l'objet privilégié de la science philosophique : il en est le milieu (au sens où l'on parle d'un « milieu ambiant »), l'élément (au sens où l'on dit de l'eau ou de l'air qu'ils sont des éléments). La philosophie est le savoir absolu parce que c'est seulement en elle que toute chose se pense selon cette dimension.

Le vrai comme processus dialectique
La raison* ne renvoie donc pas à des structures intelligibles bien définies, mais à un dynamisme qui commande à l'évolution des phénomènes eux-mêmes. Mais il y a plus : l'Esprit* n'est pas seulement la loi secrète de l'apparition des choses, il est ce qui doit s'apparaître à soi-même. Hegel veut dire par là que l'Esprit et la vérité* ne sont pas comme ce monde des Idées platoniciennes, régnant éternellement dans une transcendance immobile : ils doivent se révéler à eux-mêmes, progressivement et à travers tout un processus historique nécessaire et déterminé. Rien n'existe pour Hegel qui soit immédiatement : tout doit se faire, devenir soi. On pourrait dire aussi bien : rien n'est vrai par soi-même, tout doit s'avérer, se vérifier ; ou encore : l'identité n'est jamais donnée mais toujours conquise. L'Esprit est donc ce qui se réalise à travers — c'est au moins la leçon de *La Phénoménologie de l'Esprit* — l'expérience d'une conscience : cette dernière traverse, depuis la sensation immédiate du monde jusqu'aux sciences les plus avancées, un parcours pédagogique, un chemin initiatique, au cours duquel c'est l'Esprit lui-même (la raison infinie qui dépasse la simple conscience* individuelle) qui se conquiert, se réalise et se

◆ **Hegel**

connaît. Mais on ne doit pas pour autant comprendre ce processus comme une montée vers la lumière. Ce développement de l'Esprit se fait non pas à la manière d'un lent progrès, cumulant les découvertes successives, mais selon une logique de négation : l'approfondissement de l'Esprit s'opère par des passages dans le négatif (*cf.* texte ci-dessous). Comme le fruit suppose la disparition de la fleur et le jeune homme le dépassement de l'enfant, de la même façon chaque nouvelle figure de l'Esprit, supérieure à la précédente, en suppose la suppression. C'est là ce qu'on désigne comme le mouvement dialectique* dont il faut bien comprendre qu'il désigne, pour Hegel, non pas une méthode, mais la vie même de l'Esprit qui se maintient à travers le négatif.

Les incarnations de l'Esprit
L'Esprit est donc ce qui se réalise à travers l'histoire. Toutes les grandes formes culturelles doivent alors être comprises en leur vérité comme des expressions, des extériorisations de l'Esprit en marche. Hegel réinvestit ainsi les secteurs traditionnels de la philosophie. L'*Esthétique* permet de comprendre les présentations successives de l'Esprit (de l'architecture des pyramides égyptiennes jusqu'aux peintures chrétiennes de la Passion) sous des formes sensibles. La philosophie politique nous enseigne comment l'Esprit trouve enfin la réalisation effective de la liberté* concrète dans l'avènement d'un État* moderne. L'histoire, avec le récit de ces empires écroulés qu'on croyait éternels, de ces luttes passionnées pour le pouvoir, a longtemps été pensée comme jeu tragique, vain et insensé. Qui oserait dire que l'histoire fait œuvre de raison ? Et pourtant Hegel veut observer, dans le chaos des intérêts et des crimes, des passions et des guerres, le lent travail d'une raison universelle qui, faisant feu de tout bois, met la folie des hommes au service de sa réalisation. Enfin, tout ce qui apparaît dans ce monde est Esprit s'apparaissant à lui-même.

● **PRINCIPAUX ÉCRITS :** *La Phénoménologie de l'Esprit* (1806-1807) ; *Encyclopédie des sciences philosophiques* (1817) ; *Esthétique* (1820-1829) ; *Principes de la philosophie du droit* (1821-1831) ; *Leçons sur la philosophie de l'histoire* (1837).

LA RAISON DANS L'HISTOIRE

La philosophie de Hegel est celle de la réconciliation de l'Idée et du réel : il n'y a pas séparation ni divorce entre eux, car l'Idée est ce qui se réalise dans les faits et les faits sont toujours commandés par des structures idéelles. Dès lors, on ne peut plus condamner la raison philosophique pour son abstraction : elle renvoie au contraire à ce qu'il y a de plus effectif et de plus concret. C'est ce qui donne à la philosophie de l'histoire de Hegel son profil particulier : le sens de l'histoire devra être compris comme une histoire du sens.

« En ce qui concerne le concept provisoire de la philosophie de l'histoire, je voudrais remarquer ceci : le premier reproche qu'on adresse à la philosophie, c'est d'abord l'histoire avec des idées et de la considérer selon des idées. Mais la seule idée qu'apporte la philosophie est la simple idée de raison — l'idée que la raison gouverne le monde et que par conséquent l'histoire universelle s'est elle aussi déroulée rationnellement [...]. L'objet de l'histoire [philosophique] est l'objet le plus concret, celui qui contient en soi la totalité des divers aspects de l'existence : l'Individu dont elle parle est l'Esprit du monde (*Weltgeist*). C'est cet objet concret, dans sa figure concrète et dans son évolution nécessaire, que la philosophie se donne comme objet lorsqu'elle traite de l'histoire. Pour la philosophie le fait premier n'est pas le destin, l'énergie, les passions des peuples et, conjointement, la bousculade informe des événements. Le fait premier pour la philosophie est l'Esprit même des événements, l'Esprit qui les a produits, car c'est lui qui est l'Hermès, le conducteur des peuples. »

Hegel, *La Raison dans l'histoire* (1837), trad. K. Papaioannou, Paris, UGE, coll. « 10/18 », 1965, pp. 47 et 52.

Histoire et philosophie

Faire la philosophie de l'histoire ne consiste pas à plaquer sur les événements historiques des grilles d'interprétation théorique, ou encore à choisir dans l'histoire des exemples pour illustrer des concepts philosophiques : dans les deux cas, les deux domaines de recherche restent relativement étrangers l'un à l'autre. Il s'agit au contraire de comprendre que la raison est l'objet de l'histoire aussi bien que de la philosophie : c'est la même raison qui se déploie dans la pensée philosophique et qui commande à l'évolution de l'histoire de l'humanité. La philosophie comprend l'histoire parce que l'histoire réalise la philosophie.

L'Esprit du Monde

L'objet d'étude est donc cette réalisation de la raison dans l'histoire. Hegel n'étudiera pas dans leur particularité l'histoire des rois, des batailles, des révolutions, et des passions politiques. Il cherchera plutôt à comprendre comment s'opère, dans ce qui peut sembler un chaos informe d'événements, l'accomplissement logique de la raison universelle. C'est ce dynamisme interne qu'il faut décrire car il conduit la marche du monde. Il n'y a histoire, pour Hegel, que de l'Esprit.

HEIDEGGER MARTIN (1889-1976)

REPÈRES BIOGRAPHIQUES

Né à Messkirch, il entre à l'université de Fribourg où il étudie la théologie, avant de s'orienter vers la philosophie. De 1915 à 1922, il est assistant à l'université de Fribourg, puis est nommé professeur à Marbourg. En 1927, il publie *Être et Temps*, dédié à Husserl, auquel il succède à Fribourg à partir de 1928. Ses relations avec Husserl se font difficiles, puis inexistantes lorsque Heidegger accepte en 1933, date de la prise de pouvoir par les nazis, la charge du rectorat de l'université de Fribourg. Il démissionne en 1934. Suspendu dans ses fonctions de professeur en 1945, alors même que sa popularité va croissant en France avec la naissance de l'existentialisme, il est réintégré en 1951. Il enseignera jusqu'en 1973.

La question de l'être et le *Dasein*

Qu'est-ce que l'être ? Cette question est, selon Heidegger, celle de la philosophie qui, tout au long de son histoire, a tenté d'y répondre. Heidegger propose de la reprendre. Mais l'originalité de Heidegger réside en ceci qu'il ajourne les réponses pour s'attarder à la question elle-même. Avant de dire ce qu'est l'être, il convient d'abord de dire ce qu'il n'est pas. L'être ne doit pas être confondu avec l'étant, c'est-à-dire avec ce qui est. Or, parmi les étants, il en est un par qui la question de l'être advient et prend sens. De tous les étants, seul l'homme s'interroge et pose la question du sens de l'être, celle-là même formulée par Leibniz* : « Pourquoi y a-t-il quelque chose plutôt que rien ? » Cette ouverture à l'être, à partir de l'étant qu'est l'homme, Heidegger la nomme *Dasein*, littéralement « être-là ». La première partie d'*Être et Temps* se présente comme une analytique du *Dasein*. Étant parmi les étants, l'homme est dans le monde. Mais, parmi les étants, il est aussi le seul capable de s'arracher au monde et à la facticité, et de penser ce qui n'est pas. L'homme est temporalité, c'est-à-dire « ek-stase », sortie hors de soi vers ce qui n'est plus ou n'est pas encore. La mort est l'horizon de l'homme et c'est cet horizon dans lequel il se tient qui fait de l'angoisse une réalité qu'il ne peut fuir que dans l'inauthenticité d'une vie ordonnée selon la banalité, selon le quotidien, ou encore selon ce que Heidegger nomme le « souci ».

L'oubli de l'être

Lecteur de Heidegger, Sartre*, en particulier, a cru pouvoir reprendre à son compte cette analyse du *Dasein* et lui donner un développement fécond qui trouve son achèvement dans l'existentialisme. Mais — et Heidegger s'en expliquera dans sa *Lettre sur l'humanisme* — c'est au prix d'un contresens et d'une trahison. L'existentialisme, en posant que l'existence précède l'essence, affirme en effet que l'homme est le fondement ultime et dernier de tout sens, de toute valeur, et en définitive de tout être. Or, faire du sujet le fondement de l'être, c'est inverser le rapport : ce n'est pas l'homme qui fait advenir l'être. C'est au contraire l'être qui interpelle l'homme et à qui est confiée la tâche de se main-

◆ **Helvétius**

tenir dans cette ouverture et dans ce questionnement. L'homme, écrit Heidegger, est le « berger de l'être ». À cet égard, l'existentialisme n'est qu'une figure de l'histoire de la métaphysique qui, dès ses débuts, est marquée par l'« oubli de l'être ». La philosophie grecque, dès son origine, en particulier avec Platon* et Aristote*, a confondu l'être et l'étant. Cherchant à définir l'être, elle en a fait un étant simplement suprême (Dieu, la nature, le bien, etc.). L'être est, en définitive, l'impensé de la philosophie. Mais cet impensé est lui-même, selon Heidegger, un destin de la pensée. L'être, en effet, se donne dans l'étant en même temps qu'il s'en retire et est recouvert par lui. Heidegger, pour indiquer ce double mouvement, utilise le terme grec d'*alêthéia*, qui signifie « vérité », mais plus originairement « ce qui se dévoilant voile le dévoilement même ». Selon Heidegger, la technique est la forme extrême de cet oubli de l'être. Elle réalise le projet de Descartes* : se rendre « maîtres et possesseurs de la nature ». Ce faisant, elle pose l'étant comme un fonds toujours disponible, dans l'oubli de l'être, c'est-à-dire dans l'oubli de ce à partir de quoi elle est elle-même possible.

Le langage

Mais si l'être ne peut se dire, sans être immédiatement trahi, et traduit sous forme d'étant, la pensée peut-elle échapper au destin de l'oubli de l'être ? Peut-elle même parler de l'être, ou le nommer ? L'être est en effet un concept vide, il ne désigne rien. C'est pourquoi, sans doute, Heidegger, dans ses derniers textes, propose-t-il de barrer le nom de l'être. Mais le langage, à condition de ne pas le confondre avec son usage technique qui en fait un système de signes renvoyant à un univers clos, est en même temps ce à travers quoi se manifeste le rapport de l'« être à l'homme ». La force originelle du langage est incantatoire. En lui, l'étant apparaît comme avènement à partir de l'être. La poésie est manifestation originelle de l'étant comme ce qui se donne à partir de l'être, dans son apparaître et non pas réduit à sa fonction de chose toujours disponible et manipulable. Le dire du poète, en effet, ne désigne pas une réalité déjà là, mais au contraire il fait advenir un monde. Se mettre à l'écoute des poètes, comme Hölderlin ou Rilke, telle est, selon Heidegger, la tâche de la pensée, s'il est vrai que, selon ses propres termes, « le langage est la maison de l'être ».

● **Principaux écrits :** *Être et Temps* (1929) ; *Qu'est-ce que la métaphysique ?* (1929) ; *Kant et le problème de la métaphysique* (1929) ; *Introduction à la métaphysique* (1935) ; *Nietzsche* (1936-1946) ; *Lettre sur l'humanisme* (1946) ; *Chemins qui ne mènent nulle part* (1950) ; *La Fin de la philosophie et la tâche de la pensée* (1964) ; *Héraclite* (1966-1967).

HELVÉTIUS Claude Adrien (1715-1771)

Repères biographiques

Fils du premier médecin de la reine, fermier général dès l'âge de 23 ans, Helvétius appartient à la bourgeoisie montante du XVIIIe siècle. À partir de 1751, il se consacre à la philosophie et aux Lumières. Son livre *De l'esprit* (1758) fit scandale par son matérialisme.

Dans ses deux grands ouvrages, *De l'esprit* et *De l'homme*, Helvétius défend tout d'abord un matérialisme* intégral : l'homme entier, esprit compris, s'explique selon les principes qui régissent les corps. Il est plus facile, dit Helvétius, d'admettre de la matière qui pense que de concevoir la pensée comme une substance distincte. Ainsi, ni l'âme, comme principe spécifique, ni Dieu n'existent. C'est donc, entre autres, à lui que Rousseau s'en prend dans la « Profession de foi du Vicaire savoyard » (*Émile*, IV), lorsqu'il attaque l'athéisme des « matérialistes » qui ravalent l'homme au rang de bête.
Cette conception de l'esprit conduit Helvétius d'une part à accorder une place primordiale à l'éducation* ; d'autre part, à prôner une morale utilitariste* et sensualiste* : nos comportements sont fondés sur l'intérêt et se résolvent toujours en termes de recherche du plaisir sensuel. En ce sens, Helvétius préfigure l'utilitarisme de Jeremy Bentham*, mais rejoint aussi l'« art de jouir » de son contemporain le marquis de Sade.

● **Principaux écrits :** *De l'esprit* (1758) ; *De l'homme* (1772, posthume).

Héraclite
(vers 576-480 av. J.-C.)

Repères biographiques

Héraclite est né à Éphèse, en Ionie. Probablement d'origine aristocratique, il aurait été contemporain de la chute des grandes cités prospères d'Asie Mineure (Milet, Éphèse) et de la poussée perse vers la Grèce, au début des guerres Médiques. De son œuvre, il ne subsiste que quelques fragments.

Comme les philosophes de l'école de Milet* (auxquels il est postérieur), Héraclite conçoit un principe naturel unique pour la génération des choses : le feu, qu'il nomme parfois de façon plus abstraite « l'un » ou « chose sage ». En vertu de ce principe, les choses et les êtres sont sans cesse menacés de dislocation. L'ordre du monde, qu'Héraclite appelle *logos**, résulte ainsi d'un équilibre instable entre des contraires. D'où deux idées qui semblent, dans cette philosophie, fondamentales : premièrement, la guerre* *(polemos)*, c'est-à-dire l'équilibre conflictuel des contraires, est au cœur du monde ; deuxièmement, rien n'est stable et « on ne se baigne jamais deux fois dans le même fleuve » écrit Héraclite. Ce mobilisme universel est souvent opposé à l'immobilisme de Parménide*. Notons enfin que le feu est un principe non seulement cosmologique, mais également psychologique et politique ; il explique aussi les tensions de l'âme humaine et les conflits de la cité : il y a une dépendance entre le monde et l'homme. Héraclite fut ainsi peut-être le premier philosophe à proposer non seulement une théorie du monde (cosmologie*), mais aussi une théorie de l'homme (anthropologie*).

● **Principal écrit :** *Fragments*.

Herméneutique

(n. f.) ● **Étym. :** grec *hermêneuein*, « interpréter ». ● **Théologie :** interprétation des textes bibliques. ● **Philosophie :** théorie générale de l'interprétation.

Fondée sur la distinction effectuée par Wilhelm Dilthey* entre « sciences de la nature » et « sciences de l'esprit », et entre « expliquer » et « comprendre* », l'herméneutique se développe au XXe siècle, en Allemagne avec H. G. Gadamer*, et en France avec Paul Ricœur*. Les sciences herméneutiques sont celles qui non seulement établissent les faits, mais interprètent le sens des intentions ou des actions (c'est le cas des « sciences humaines », comme l'histoire par exemple). L'herméneutique relativise donc une approche de la vérité conçue sur le modèle trop strict des sciences positives.

Cercle herméneutique

Le cercle herméneutique trouve son origine chez saint Augustin* qui affirme, à propos des vérités éternelles, qu'il faut « comprendre pour croire » et « croire pour comprendre ». Il existe donc une double exigence dans la recherche de la vérité : celle de ne rien accepter dont le sens nous échappe, et celle de nous soumettre à une révélation qui nous précède. Ce cercle a été réélaboré par les représentants contemporains de l'herméneutique (Gadamer, Ricœur) qui en feront la conséquence de la situation ontologique de l'individu : l'homme n'est pas le maître du sens dont il dépend (il doit « croire »), mais sa tâche consiste à élucider ce sens autant qu'il est possible (c'est-à-dire à essayer de « comprendre »).

● **Corrélats :** comprendre ; interpréter.

Hétéronomie

(n. f.) ● **Étym. :** grec *heteros*, « autre » et *nomos*, « loi ». ● **Philosophie morale :** condition d'une volonté déterminée à agir par influence extérieure et non selon sa propre loi. S'oppose à *autonomie*.

L'opposition *autonomie/hétéronomie* a été développée surtout dans la philosophie de Kant*, pour lequel seule une volonté agissant selon les lois universelles de la raison pratique* est autonome. Agir selon ses inclinations ou ses intérêts est en revanche, pour Kant, le propre d'une volonté hétéronome, « car ce n'est pas alors la volonté qui se donne à elle-même la loi, c'est l'objet qui la lui donne par son rapport à elle » (*Fondement pour la métaphysique des mœurs*, 2e section).

◆ **Heuristique**

● **Termes voisins :** contrainte ; dépendance. ● **Terme opposé :** autonomie. ● **Corrélats :** liberté ; loi ; volonté.

Heuristique

(n. f. et adj.) ● **Étym. :** grec *heuriskein*, « trouver », de *heuris*, « flair, nez sensible ». ● **(Subst.) sens ordinaire :** discipline qui se propose de dégager les règles de la recherche et de la découverte (ex. : en histoire, recherche et critique des documents). ● **(Adj.) philosophie :** qui sert à la découverte (ex. : se dit d'une hypothèse que l'on ne cherche pas à vérifier, mais qui sert d'idée directrice dans une recherche, ou de la méthode pédagogique qui vise à faire trouver par l'élève lui-même ce qu'on veut lui apprendre).

● **Corrélats :** maïeutique ; méthode.

Hindouisme

Nom donné par l'Occident à l'ensemble des traditions religieuses originaires de l'Inde, et autrement appelé « brahmanisme ».
Les diverses formes historiques et le caractère extrêmement polymorphe de l'hindouisme, sans divinité fixe, sans fondateur identifié, sans texte canonique de référence, le rendent pour ainsi dire insaisissable d'un seul regard : les dieux mêmes y changent d'identité sous la forme d'*avatara*.

Les Veda

À l'origine, quatre mille cinq cents ans av. J.-C., on trouve les traditions de la civilisation de l'Indus qui, sous l'effet de l'invasion des Arias (les « nobles »), entre 1500 et 1000 av. J.-C., donnèrent progressivement naissance à une nouvelle culture, dont l'héritage religieux fut transmis sous la forme des Veda (« savoirs ») : Rig Veda, Yajur Veda, Sama Veda, Atharva Veda..., auxquels s'ajoutent les Upanishads, commentaires explicatifs des Veda. Les Veda sont des recueils thématiques de textes révélés, communiqués sous forme de chants, de poèmes ou d'aphorismes, à des poètes inspirés. Ils sont l'aboutissement d'une longue tradition préexistante, renvoyant à de nombreuses divinités et invitant à un culte des grandes puissances naturelles (*Brahma*, dieu de la création ; *Dyaus*, dieu du ciel ; *Varuna*, dieu des eaux ; *Marut*, dieu des vents...).
Outre les textes issus de la tradition védique, l'hindouisme s'exprime à travers des épopées mythiques plus récentes, dont les plus célèbres sont le *Mahâbhârata* et le *Râmayana*.

Les divinités hindoues

À partir du IIIe siècle av. J.-C., l'hindouisme lui-même, qui associe des pratiques religieuses à une vision philosophique de l'ordre cosmique, à une morale individuelle et à une organisation politique de la société, est dominé par une triade de divinités (la *trimurti*) formée de *Brahma* (le créateur), *Shiva* (l'ordonnateur) et *Vishnu* (le destructeur). Ces divinités sont, d'une part, différents modes de manifestation d'une même force cosmique fondamentale, le *Brahman*, et d'autre part, sont susceptibles de se manifester elles-mêmes sous forme d'avatars (l'un des plus connus est *Krishna*, une des incarnations de Vishnu). D'où diverses formes d'hindouisme, selon la divinité privilégiée, dont les trois principales sont le culte de Vishnu (vaïshnaisme), celui de Shiva (shaïvanisme) et celui de Shâkti, épouse de Shiva (shâktisme, autrement appelé « tantrisme »).

Rites et croyances

Les rites hindous conjuguent des pratiques privées (dans l'espace domestique) et publiques (pèlerinages vers la source du Gange, bains dans les eaux sacrées, prières et offrandes collectives, incinérations).
Les hindouistes croient à l'immortalité de l'âme, qui subit une série d'incarnations perpétuelles (*samsara*) dont elle ne peut se délivrer définitivement que lorsque l'*atman* (âme sacrée de chaque individu) est parvenue à fusionner avec l'âme de l'univers (le *Brahman*) et a ainsi atteint l'état définitif de *moksha* (« délivrance »). Pour y parvenir, plusieurs voies sont possibles parmi lesquelles : le *bhakti* (état d'amour réciproque entre l'*atman* personnel et le *brahman* universel) ; les actions (le *karma* est la somme des actions qui conditionne la nature de la prochaine incarnation) ; la connaissance, acquise grâce à l'enseignement initiatique d'un maître (*guru*) ; le yoga (technique tout à la fois spirituelle et physique de méditation, d'oubli de soi, de concentra-

tion, qui assure l'assujettissement à l'ordre divin).

Le système des castes
C'est également pour des raisons religieuses que la société hindoue est divisée en quatre grandes castes ou *varna* (terme signifiant « couleur », au sens racial du terme), qui sont : la caste des prêtres, des philosophes et des érudits (*brahmana*) ; la caste des nobles, des guerriers et des politiques (*kshatriya*) ; la caste des producteurs, des artisans et des paysans (*vaishya*) ; la caste des serviteurs (*shûdra*). À ceux-là s'ajoutent les inclassables (hors caste) destinés aux travaux dégradants, au plus bas desquels on trouve les intouchables, exclus des villes et de toute vie commune, politique, sociale ou religieuse, car leur seule proximité est une offense. Chaque caste est elle-même subdivisée en une multitude de sous-catégories liées aux fonctions sociales et professionnelles.
Le système des castes n'apparaît pas injuste dans l'esprit de l'hindouisme puisque, d'une part, l'incarnation est l'effet du comportement antérieur de chacun et que, d'autre part, il est toujours possible d'espérer un sort ultérieur meilleur si on accomplit au mieux son *dharma*, c'est-à-dire l'ensemble des devoirs qui sont liés au sort présent. Cependant, aujourd'hui, le système des castes est officiellement interdit, même s'il perdure dans les mœurs.

L'influence de l'hindouisme
L'hindouisme a eu très tôt une certaine influence sur la pensée occidentale (on soupçonne par exemple qu'il a, dès l'Antiquité, fortement influencé certains aspects du stoïcisme*). Il a donné naissance à des religions qui se sont détachées de lui, notamment le jaïnisme (VIᵉ siècle av. J.-C.), le bouddhisme* et le sikhisme (issu de la double inspiration de l'hindouisme et de l'islam*, à partir du XVᵉ siècle).

● **CORRÉLATS :** bouddhisme ; polythéisme ; religion.

HISTOIRE

Contrairement à la langue allemande — qui distingue *Geschichte* et *Historie* — le français utilise un seul mot qui recouvre deux significations bien distinctes : l'histoire, c'est d'abord le devenir historique (*Geschichte*) ; mais c'est aussi, d'après le grec *historia*, qui signifie « enquête », la connaissance que l'historien essaie de constituer.

La connaissance historique
1. L'histoire, science du passé ?
Ce que l'historien cherche à saisir, ce n'est pas, en tant que tel, le passé, mais des actions humaines, des faits sociaux ou politiques considérés à travers une variable qui est le temps, et rapportés dans un récit organisé selon la chronologie. Telle est la spécificité du discours historique.

2. L'histoire : science ou récit ?
L'histoire se donne d'abord comme un récit, où interviennent des individus au cours de tel ou tel événement. Se rejoignent ici deux autres sens du mot histoire : celui qui fait de l'histoire (l'historien) doit « raconter une histoire » : l'histoire relève en cela des disciplines littéraires et de grands historiens, tels Voltaire* ou Michelet, furent de grands écrivains.
Or, une histoire purement littéraire se proposerait uniquement de séduire ou d'éduquer ; son but serait esthétique ou moral. Mais une histoire purement objective est-elle possible ? « Le bon historien, écrivait Fénelon, n'est d'aucun lieu ni d'aucun temps » : voilà en apparence une règle d'or pour l'objectivité historique. Mais c'est une règle fausse : car il n'y a d'enquête historique que par rapport à un présent qui est celui de l'historien. La Révolution française, par exemple, aurait-elle suscité tant de travaux et de recherches si elle ne continuait pas d'être perçue comme fondatrice des valeurs et des idéaux de notre société ? Toute histoire est aussi mémoire*.

3. L'histoire, science des événements ou des structures ?
Pour éviter l'élaboration d'une histoire purement littéraire, les historiens de la fin du siècle dernier ont conçu leur science sur un modèle « positiviste* » : ne dire que les faits*, dans leur exacte chronologie, dépouillés de toute interprétation. Mais, en se concentrant sur les seuls événements, ce type d'histoire n'at-il pas tendance à privilégier ce qui n'est peut-être que l'« écume » de la réalité historique : l'histoire politique ou militaire, au détriment d'autres phénomènes, plus souterrains, comme l'économie, la démographie, les mentalités... ? Telle fut la critique adressée à l'histoire positiviste et événementielle par ce que l'on appelle la « nouvelle histoire », fondée au début des

années trente par Marc Bloch et Lucien Fevbre. Cette « nouvelle histoire » met en évidence l'existence de différents niveaux de la réalité historique, chacun relevant d'une durée propre, irréductible au seul temps court et précipité des événements. Elle insiste sur la longue durée, celle des évolutions historiques structurelles, où l'on peut découvrir plus de régularité que dans les événements.

4. Le statut d'une science humaine
La « nouvelle histoire », en voulant exclure l'événement au profit des structures, ne témoigne-t-elle pas elle aussi, en fin de compte, d'une volonté positiviste : parvenir à une analyse parfaitement objective et quantitative des phénomènes sociaux, sans tenir compte des hommes et de leurs intentions ? Or, si l'histoire est une science, elle ne l'est pas à la manière des sciences physiques. L'historien ne cherche pas seulement à établir des faits ou des lois*, mais aussi à comprendre* le sens* des actions humaines. La connaissance historique est une herméneutique*, c'est-à-dire une science de l'interprétation*.

Le devenir historique
1. Le rôle des hommes dans l'histoire
Il n'y aurait évidemment pas d'histoire sans hommes qui agissent en poursuivant des buts conscients. Mais sont-ils les auteurs, ou seulement les acteurs de l'histoire, voire les agents inconscients de forces historiques objectives ? Les différentes conceptions de la connaissance historique engagent, sur ces questions, des réponses différentes. Une histoire événementielle aura tendance à mettre en évidence l'influence de l'action des « grands hommes » et à faire dépendre (au moins en partie) le devenir* historique de leur personnalité. Une histoire plus attentive aux structures et à la « longue durée » s'intéressera davantage aux masses anonymes et repérera des causes objectives de l'évolution historique.

2. Y a-t-il une raison dans l'histoire ?
L'importance accordée aux grands hommes et aux événements conduit à concevoir l'histoire comme étant le résultat, finalement contingent et imprévisible, des actions humaines. Mais si l'histoire est le fruit de la liberté humaine, en offrant le spectacle de passions enchevêtrées et contrariées, elle paraît profondément déraisonnable. On peut cependant se demander si, derrière la contingence, le désordre et l'irrationalité manifestes des actions humaines, il n'y a pas une nécessité, un ordre, une rationalité. Tel est le postulat fondamental du déterminisme* historique qui se développa au XIXe siècle avec Hegel* et Marx*. Ce déterminisme repose sur quatre idées principales :

a. Il faut distinguer dans l'histoire un plan de l'apparence* — les actions des hommes, les événements — et un plan de l'essence* : des lois fondamentales qui confèrent au devenir historique un ordre inaperçu de prime abord. Ainsi, chez Hegel*, l'histoire est en son fond la réalisation progressive de l'Esprit*. Contre cet idéalisme, Marx a voulu retrouver les lois de l'histoire au niveau des modes de production économiques (cf. Matérialisme historique).

b. Les hommes font l'histoire, mais ils ne font pas librement l'histoire qu'ils veulent. Il existe un décalage entre les buts conscients des actions humaines et leur sens historique profond. Les mobiles individuels sont des « ruses de la raison » (Hegel), c'est-à-dire les voies particulières par lesquelles la rationalité et l'universel s'accomplissent.

c. L'histoire a un sens*, au double sens de « signification », et de « direction ». Elle tend vers une fin qui est l'universel réalisé (le savoir absolu chez Hegel, le communisme chez Marx). Cette fin est aussi un avènement et le début d'une autre histoire, dont les hommes seront les maîtres et les sujets conscients.

d. Toute transformation historique profonde doit donc être regardée comme un progrès*. Les grandes philosophies du progrès du XVIIIe siècle (Kant*, Condorcet*...) annoncent en cela certains des thèmes majeurs des philosophies de l'histoire du siècle suivant.

3. Mort des philosophies de l'histoire ?
Les événements du XXe siècle (guerres mondiales, génocides*...) se sont chargés de dissiper les illusions du progrès* historique, et nous percevons mieux aujourd'hui ce que les grandes philosophies de l'histoire du XIXe siècle devaient à des espérances de type religieux.
Il n'est pas sûr, pourtant, que le relativisme* historique qui semble accompagner la fin du XXe siècle, ne produise pas à son tour une mythologie inverse et tout aussi dangereuse. Car penser que l'histoire a un sens et qu'elle peut être le lieu d'un progrès présente ce que Kant appellerait un intérêt « pratique », c'est-à-dire moral : refuser de voir notre propre histoire nous échapper, et œuvrer en vue d'un état futur et meilleur de l'humanité.

FIN DE L'HISTOIRE

C'est le terme, en même temps que l'achèvement, d'une certaine « histoire » marquée par la violence et l'aliénation (chez Hegel), la lutte des classes (chez Marx). Pour le philosophe américain Francis Fukuyama, la fin de l'histoire annoncée par Hegel s'accomplit effectivement aujourd'hui. C'est la victoire des tenants du modèle démocratique et libéral sur leurs adversaires. L'abandon de tout projet de société alternatif marque la fin d'une époque, et ouvre une ère nouvelle. Mais si toutes les nations doivent finir par se rallier à l'idéal démocratique, cela ne signifie pas encore que la paix est sur le point de régner sans partage. Bien d'autres causes de conflit subsistent ; de fait, les guerres civiles et les conflits ethniques, notamment, ont plutôt tendance à se généraliser en l'absence des deux blocs qui ont pu, pendant un certain temps, « geler » les principales causes d'affrontement (Francis Fukuyama, *La Fin de l'histoire ?*, 1989 ; *La Fin de l'histoire et le dernier homme*, 1992).

● **TEXTES CLÉS** : G.W.F. Hegel, *La Raison dans l'histoire* ; E. Kant, *Idée d'une histoire universelle au point de vue cosmopolitique* ; F. Nietzsche, *Considérations inactuelles* ; K. Marx, F. Engels, *L'Idéologie allemande* ; R. Aron, *Dimensions de la conscience historique*.
● **CORRÉLATS** : déterminisme ; mémoire ; objectivité ; progrès ; sciences humaines.

HISTORICISME

(n. m.) ● **ÉTYM.** : grec *historicos*, « qui concerne l'histoire ». ● **SENS ORDINAIRE** : doctrine ou thèse philosophique selon laquelle la vérité n'est pas dissociable de circonstances historiques particulières, et ne peut donc être ni intemporelle, ni universelle. ● **PHILOSOPHIE** : **1.** Doctrine d'après laquelle la vérité et les dispositions juridiques évoluent avec l'histoire et doivent, de ce fait, être relativisées. **2.** Approche historique caractérisée par le souci de comprendre les idées et les institutions humaines en les replaçant convenablement dans leur contexte, afin de rejeter, par là même, tout système de référence absolu. **3.** Selon Karl Popper : théorie propre aux sciences sociales d'après laquelle la connaissance d'ordre scientifique des lois générales de l'histoire peut permettre d'anticiper, au moins partiellement, l'avenir (*Misère de l'historicisme*, 1945).

Connoté tout d'abord négativement (par le philosophe Feuerbach* par exemple), l'historicisme, ou « historisme », désigne la prétention d'expliquer toutes les figures culturelles et symboliques en les réintégrant dans leur contexte social ou historique. Dans un second temps — et dans une perspective hégélienne —, cette conception de l'histoire* a été valorisée : elle a été présentée comme étant particulièrement apte à permettre une compréhension de la temporalité* propre aux productions de l'humanité, et à la condition humaine en général. Plus récemment, le philosophe Karl Popper* a dénoncé l'historicisme en se fondant sur une critique plus générale des sciences humaines quant à leur prétention d'absorber des domaines qui ne sont pas de leur ressort : les méthodes des sciences de la nature, selon Karl Popper, ne peuvent s'appliquer telles quelles à l'histoire ; de tels abus préfigurent une forme de « totalitarisme* ». Dans une perspective voisine, le philosophe Léo Strauss* dénonce le relativisme*, voire le nihilisme* que l'historicisme peut induire. En effet, d'après Léo Strauss, selon cette conception toute connaissance supposerait un cadre de référence, un horizon hors duquel tout examen, toute observation pertinente serait inconcevable, si bien que la conscience humaine serait « soumise au destin, à cet inconnu dont la pensée ne peut se rendre maître, ni prévoir les agissements » (*Droit naturel et histoire*, Champs-Flammarion, 1986, p. 36).

● **CORRÉLATS** : histoire ; historicité ; nihilisme ; objectivité ; vérité.

HISTORICITÉ

(n. f.) ● **ÉTYM.** : grec *historicos*, « qui concerne l'histoire ». ● **PHILOSOPHIE** : caractère des êtres humains dont la temporalité — comme conscience du passé et anticipation de l'avenir — est une dimension constitutive (*cf.* Existentialisme).

● **CORRÉLATS** : devenir ; histoire.

◆ **Hobbes**

HOBBES THOMAS
(1588-1679)

REPÈRES BIOGRAPHIQUES

Né à Wesport, Hobbes fait ses études à Oxford et devient, à vingt ans, précepteur du fils d'une grande famille. Il accompagne son élève en France et en Italie. Lors de voyages successifs sur le continent, il rencontre les plus grands savants et philosophes de son temps, notamment Mersenne et Galilée. Il s'intéresse aux mathématiques et à la physique et cherchera à en appliquer les principes à sa philosophie. Contemporain des guerres civiles en Angleterre qui opposent le Parlement et les monarchistes, et conduisent à la révolution de 1648 et à la décapitation du roi Charles Ier, il s'enfuit en France en 1640, où son exil durera dix ans. Il y écrit et fait paraître le *Du citoyen (De cive)* et son ouvrage le plus célèbre, *Léviathan*. De retour en Angleterre, il s'engage dans diverses polémiques avec les théologiens et les savants de son temps. Il meurt en 1679.

Une théorie rationnelle du pouvoir

Hobbes est à juste titre considéré comme l'un des premiers penseurs de l'État* moderne. De fait, son ambition fut d'élaborer une théorie rationnelle du pouvoir*, et d'être le Galilée* de la science morale et politique en appliquant les principes de la physique mécanique à l'étude de l'homme et de la société. Tâche difficile, mais rendue urgente par le spectacle des guerres religieuses et politiques qui déchirent l'Angleterre. Hobbes part d'abord d'un constat : sans un pouvoir fort qui commande leur obéissance, les hommes s'entre-déchirent. Le pouvoir politique est donc nécessaire. Il n'est pas naturel pour autant. Les hommes, en effet, sont égaux. Pourquoi accepteraient-ils de se soumettre au pouvoir d'un homme, placé au-dessus d'eux ? Les théoriciens du droit divin, auxquels Hobbes s'oppose, diront que le pouvoir politique vient de Dieu*, et que, pour cette raison, il serait sacrilège de lui désobéir, et même d'en débattre. Mais si on refuse l'idée — commode — de l'origine divine du pouvoir politique, la difficulté surgit : comment les hommes peuvent-ils accepter d'obéir à un pouvoir, alors qu'ils sont naturellement égaux ? C'est ce problème que Hobbes s'efforcera de résoudre, notamment dans le *Léviathan*, à travers une démarche déductive rigoureuse.

L'état de nature

Hobbes pose d'abord l'état de nature*. L'état de nature ne doit pas être compris comme la description d'une réalité historique, mais comme une fiction théorique. Il est l'état dans lequel se trouvent les hommes, abstraction faite de tout pouvoir, de toute loi. Dans cet état, les hommes sont gouvernés par le seul instinct de conservation — que Hobbes appelle *conatus**, ou désir*. Or, à l'état de nature, les hommes sont égaux, ce qui veut dire qu'ils ont les mêmes désirs, les mêmes droits sur toutes choses, et les mêmes moyens — par ruse ou par alliance — d'y parvenir. C'est pourquoi cette égalité naturelle se transforme naturellement en rivalité. L'état de nature, c'est l'état de la « guerre* de tous contre tous ». Hobbes dira que « l'homme est un loup pour l'homme ». Doué de raison, c'est-à-dire de la faculté de calculer et d'anticiper, il prévoit le danger, et attaque avant d'être attaqué. C'est l'angoisse de la mort qui, par conséquent, est responsable de l'état de guerre et fait peser sur la vie de tous une menace permanente. On le voit, il y a là une contradiction. Les mêmes raisons qui ont conduit les hommes à l'état de guerre (peur de la mort, calcul) vont donc conduire les hommes à en sortir, c'est-à-dire à quitter l'état de nature.

Le pacte social

Sortir de l'état de nature, c'est, pour chacun, renoncer à son droit* naturel. Mais quelle sera la contrepartie d'un tel renoncement ? L'ordre et la sécurité, répond Hobbes. Qui en sera le garant ? Le souverain — homme ou assemblée — qui exercera le pouvoir. Par un pacte mutuel, les hommes renoncent à leurs droits, et en confient l'exercice à un tiers. « C'est comme si chacun disait à chacun : j'autorise cet homme ou cette assemblée et je lui abandonne mon droit de me gouverner moi-même, à cette condition que tu lui abandonnes ton droit, et que tu autorises toutes ses actions de la même manière », écrit Hobbes (*Léviathan*, chap. 17). C'est donc d'un contrat*, c'est-à-dire d'un acte volontaire et juridique, que naît le pouvoir. L'origine du pouvoir n'est ni naturelle ni divine, mais artificielle et humaine. Pour autant, le pouvoir n'est pas arbitraire, ni despotique, bien qu'il doive être, selon Hobbes, absolu.

L'absolutisme
Si le pouvoir est absolu, cela tient à la nature même du pacte social qui l'instaure. Le détenteur du pouvoir politique (homme ou assemblée), c'est-à-dire le souverain*, est en dehors du contrat. Son droit naturel, sa puissance est illimitée et se trouve même augmentée de celle dont les sujets se désaisissent à son profit. Dès lors, ce droit n'est-il pas purement et simplement le droit du plus fort ? Pour répondre à l'objection, il convient de remarquer que le caractère absolu du pouvoir est la condition de sa stabilité, mais aussi la garantie de sa légitimité. D'une part, le pouvoir doit être au-dessus des sujets, faute de quoi il serait sans cesse discuté, bientôt partagé, divisé et détruit. D'autre part, le pouvoir s'exerce au nom des sujets, qui autorisent son exercice par le pacte social. C'est au souverain, et à nul autre que lui, que le pouvoir a été confié. Mais, dira-t-on encore, si le souverain détourne le pouvoir à son profit ? Si, profitant du fait qu'il est absolu, il devient despotique ? Hobbes entend l'objection, mais n'accorde pas pour autant un droit de résistance aux sujets, parce que celui-ci ruinerait par avance toute autorité. Il admet toutefois que lorsque le souverain menace la vie de ses sujets, ceux-ci puissent recouvrir leur droit naturel de se défendre. Il existe donc un droit inaliénable, imprescriptible, qui est le droit à la vie, auquel nul ne peut être obligé de renoncer, puisque c'est au contraire pour sa sauvegarde que l'État a été instauré.

L'absolutisme de Hobbes a été critiqué et sa doctrine interprétée comme préfigurant une forme d'État totalitaire. Pourtant, en donnant à l'État un fondement juridique, Hobbes peut être considéré en réalité comme un précurseur de ce qu'on appelle aujourd'hui l'État de droit*. Au cœur de sa réflexion est posée en tout cas cette double question qu'aucune démocratie* ne peut éluder : quelle part d'obéissance le pouvoir peut-il légitimement exiger, sans outrepasser son droit ? mais aussi : quelle part de liberté* des hommes vivant en communauté peuvent-ils légitimement réclamer, sans menacer la paix civile ?

● **Principaux écrits :** *Du citoyen* (1640) ; *De la nature humaine* (1650) ; *Léviathan* (1651).

HOLBACH Pierre Henri Dietrich, baron d' (1723-1789)

Repères biographiques
Philosophe et savant français d'origine allemande. Après des études à l'université de Leyde, en Hollande, d'Holbach s'installe définitivement à Paris — où il se lie en particulier avec Diderot et où il collabore à l'*Encyclopédie*, pour des articles scientifiques. Il contribue à la publication de nombreux auteurs étrangers. Ses propres œuvres ont toujours paru de façon anonyme ou sous des pseudonymes.

La philosophie de d'Holbach est d'abord antireligieuse, et développe un athéisme* agressif (d'où la prudence qui fut la sienne de ne jamais signer ses livres). Dans son œuvre majeure, *Le Système de la nature*, publiée sous le nom de Mirabaud, d'Holbach professe un matérialisme* intégral : il s'agit de construire une explication globale du monde, phénomènes moraux, politiques et sociaux compris, à partir de la matière en mouvement. Pour d'Holbach l'univers est un tout : tout y est lié, et tout y est aussi en devenir : d'où un déterminisme* naturel et moral, voire un fatalisme, que d'Holbach veut concilier avec le thème d'une évolution des sociétés humaines vers le bien-être du plus grand nombre.

● **Principaux écrits :** *Le Christianisme dévoilé* (1761) ; *Le Système de la nature* (1770).

HOLISME

(n. m.) ● **Étym. :** grec *holos*, « tout entier ». ● **Épistémologie :** on appelle « holisme épistémologique » la conception formulée par Pierre Duhem, selon laquelle un contrôle expérimental ne porte jamais sur une hypothèse isolée, mais engage l'ensemble du savoir théorique d'un domaine scientifique, à un moment donné de l'histoire des sciences. ● **Sociologie :** idéologie qui valorise la totalité sociale et néglige ou subordonne l'individu humain ; par extension, une sociologie est « holiste » si elle part de la société globale et non de l'individu, par opposition à une sociologie individualiste (qui considère que l'individu préexiste à la société).

● **TERME OPPOSÉ** : individualisme.
● **CORRÉLATS** : communauté ; communautarisme ; société.

HOMME

(n. m.) ● **ÉTYM.** : latin *homo*. ● **SENS ORDINAIRES** : **1.** Représentant de l'espèce humaine, la plus évoluée de toutes les espèces vivantes. **2.** Êtres humains du genre masculin. ● **BIOLOGIE** : mammifère primate, seul représentant de son espèce (hominidés) dans le genre hominien (qui regroupe les australopithèques et les hominidés). ● **PHILOSOPHIE** : *cf.* Humanité.

HOMO FABER
Du latin *homo*, et *faber*, « qui produit, qui fabrique » : animal qui fabrique des outils, et toutes sortes de « choses », dont lui-même. Selon Bergson*, l'intelligence pratique précéderait et déterminerait l'intelligence spéculative et les aptitudes morales.

HOMO SAPIENS
Du latin *homo*, et *sapientia*, « sagesse ». L'*homo sapiens*, espèce qui apparaît au paléolithique supérieur, désigne l'homme en tant qu'être intelligent, c'est-à-dire (au moins virtuellement...) rationnel et raisonnable. Pour Edgar Morin*, l'*homo* est également *demens* (« fou », éventuellement dangereux...) : c'est l'*homo sapiens-demens*.

● **CORRÉLATS** : animal ; humanité ; personne ; politique ; raison.

HORKHEIMER MAX (1895-1973)

REPÈRES BIOGRAPHIQUES
Après des études supérieures en philosophie, Horkheimer est nommé professeur à l'université de Francfort (1930) où il crée avec Adorno l'Institut de recherche sociale. Contraint à l'exil par les nazis en 1933, il gagne les États-Unis. Après la guerre, en 1948, il revient en Allemagne, où il sera l'un des principaux inspirateurs de la rébellion estudiantine de 1968.

Bien que d'orientation révolutionnaire, la pensée de Horkheimer ne se laisse pas séparer d'une forme de pessimisme généralisé, comme l'atteste le titre de son principal ouvrage, *Éclipse de la raison*. Horkheimer dénonce avec Adorno* les contradictions de la raison qui, tout en prétendant être une arme contre le despotisme de l'ignorance, contribue à l'oppression sociale en lui donnant un fondement théorique : à force de vouloir légitimer le réel, la raison technique ne fait qu'enregistrer passivement les pires injustices et se réduit finalement à n'être qu'une instance idéologique. La société (qu'il s'agisse du capitalisme* ou du socialisme* réel) s'enferme dans l'uniformité et la reproduction rigide de schémas sociaux inégalitaires. La théorie critique doit précisément dénoncer comme idéologiques ces formes sédimentées de la rationalité instrumentale. Mais, à la fin de sa vie, désespérant du potentiel d'amélioration de la société moderne, Horkheimer délaisse Marx* pour se tourner vers Schopenhauer* et Nietzsche*.

● **PRINCIPAUX ÉCRITS** : *Éclipse de la raison* (1947) ; (avec Adorno) *Dialectique de la raison* (1947) ; *Théorie critique I* et *II* (1968).

HUMANISME

(n. m.) ● **ÉTYM.** : du latin *humanitas* « humanité », dérivé de *homo* « homme ». ● **SENS ORDINAIRE** : toute doctrine qui a pour objet l'épanouissement de l'homme. ● **HISTOIRE DES IDÉES** : mouvement littéraire et philosophique apparu à la Renaissance. Les « humanistes » affirment la valeur de l'homme en tant qu'homme, dont ils cherchent le modèle, par-delà le Moyen Âge chrétien et la scolastique, dans l'Antiquité grecque et latine. ● **PHILOSOPHIE MORALE** : conception de l'existence selon laquelle l'homme doit s'affirmer et se construire indépendamment de toute référence ou de tout modèle religieux.

Historiquement, l'humanisme est un mouvement intellectuel et littéraire apparu d'abord en Italie dès le XIVe siècle, puis en France aux XVe et XVIe

siècles. Il marque une étape importante dans l'histoire de la culture européenne. Luttant contre le contrôle que l'Église exerce sur l'activité intellectuelle, développant l'esprit critique, réhabilitant les œuvres du paganisme antique, il a puissamment contribué à affranchir la philosophie de la tutelle de la théologie. Les humanistes, parmi lesquels on peut citer Érasme*, Rabelais ou encore Montaigne*, défendent la valeur et la dignité de l'homme et sa place éminente au sein de l'univers. Tous soulignent l'importance de la culture et de l'éducation, en tant qu'elles permettent à l'homme de développer librement ses facultés et d'accéder à une sagesse pleinement humaine.

D'une certaine manière, la philosophie des Lumières au XVIII siècle renoue avec l'idéal humaniste, par la confiance qu'elle met en l'homme, par le souci qu'elle a d'en assurer le bonheur* et d'en défendre les droits, contre l'obscurantisme politique et religieux.

Plus généralement, l'humanisme pose que l'homme est la valeur suprême, c'est-à-dire un être dont la dignité doit être affirmée et protégée contre toutes les formes d'assujettissement, qu'il soit religieux, idéologique, politique ou économique. En ce sens, l'humanisme a été revendiqué par des philosophies très diverses, comme le personnalisme chrétien, ou l'existentialisme athée de Sartre. Ainsi défini, l'humanisme a été sévèrement critiqué. On lui a reproché son formalisme et son insuffisance à la fois théorique et pratique. Marx* et certains de ses interprètes, comme Althusser* par exemple, ironisent à propos de cet homme abstrait que l'humanisme prétend défendre, sans produire l'analyse concrète des conditions historiques de sa libération. Mais dans la mesure où il propose à l'homme un avenir plus conforme à sa dignité, le marxisme reste finalement l'héritier des valeurs défendues par l'humanisme.

Tout autre est la position d'un philosophe comme Heidegger* qui, dans sa *Lettre sur l'humanisme*, entend critiquer l'humanisme en assignant à l'homme une destination plus haute, celle d'être le « berger de l'Être » refusant l'anthropocentrisme sous-jacent à l'humanisme. Enfin, les récentes expériences historiques, contredisant radicalement l'optimisme foncier qu'il comporte, ont pu paraître remettre en cause l'humanisme, tout en rendant plus urgente que jamais une réflexion sur les moyens à mettre en œuvre pour garantir les valeurs qu'il défend.

● **Corrélats** : anthropocentrisme ; athéisme ; culture ; déconstruction ; éducation ; ethnocentrisme ; existentialisme ; Lumières ; racisme ; relativisme.

Humanité

(n. f.) ● **Étym.** : du latin *humanitas*, de *homo* « homme ». ● **Sens ordinaires** : 1. Le genre humain. 2. Bienveillance envers ses semblables. ● **Philosophie** : ensemble des caractères propres à l'espèce humaine, par rapport à l'animal. ● **Chez Kant** : principe déterminant de l'action morale, en tant que fin en soi et valeur absolue. ● **Chez Comte** : être collectif, objet de culte ou « Grand Être » dépassant et englobant les individus, en ce qu'il prépare leur existence et la prolonge après la mort.

Le concept d'humanité s'est construit en opposition à celui d'animalité. Selon Descartes*, par exemple, il existe une différence de nature entre l'homme et l'animal, et non une simple différence de degré. Seul l'homme est capable de pensée, c'est-à-dire de conscience et de langage (Descartes, *Lettre au marquis de Newcastle*). Du point de vue anthropologique et sociologique, cette capacité fonde la possibilité de la culture et de l'histoire. Attentif au fait que, à travers elles, « l'humanité se compose de plus de morts que de vivants », Auguste Comte* fera de l'humanité un Être collectif qui transcende les hommes particuliers, c'est-à-dire les individus. Du point de vue moral, cette capacité fonde le respect. L'homme est en effet cet être capable de se représenter une fin, et à ce titre, il est en lui-même une fin, c'est-à-dire une personne que l'on doit respecter, et non pas une simple chose, dont on peut disposer. « Agis de telle sorte que tu traites l'humanité aussi bien dans ta personne que dans la personne de tout autre toujours en même temps comme une fin et jamais simplement comme un moyen », écrit Kant dans le *Fondement pour la métaphysique des mœurs* (Deuxième Section). L'humanité ici est ce qui confère à l'homme son caractère sacré, qui oblige absolument non seulement envers autrui, mais aussi envers moi-même. On peut dire en ce sens que l'humanité est aussi bien l'autre en moi-même qui ne m'appartient pas, que ce qui empêche que je puisse appartenir à l'autre.

CRIME CONTRE L'HUMANITÉ
Cf. Crime.

● **CORRÉLATS** : anthropologie ; personne ; raison.

HUME DAVID (1711-1776)

REPÈRES BIOGRAPHIQUES

Hume est né à Édimbourg. Après de solides études classiques, au cours desquelles il s'initie à la physique de Newton, il entreprend un voyage en France (1734-37) où il commence à rédiger son *Traité de la nature humaine*, qui paraît en 1740. De 1746 à 1750, Hume participe à des missions diplomatiques à Turin et à Vienne. De 1763 à 1765, il séjourne à Paris, comme secrétaire de l'ambassadeur d'Angleterre. Rousseau l'accompagne à Londres en 1766, mais ils se brouillent rapidement. En 1769, Hume meurt à Edimbourgh.

Une science de la nature humaine
Le projet de Hume est de construire une science* de l'homme, c'est-à-dire de rechercher les principes qui règlent les opérations de la pensée. Cette science de la nature humaine, il la conçoit à l'image de la science de la nature physique, telle que Newton l'a constituée.

L'empirisme
Hume aborde trois problèmes principaux. Tout d'abord, l'origine des idées* : « D'où procède notre connaissance ? » ; ensuite, l'association* des idées : « Comment l'esprit procède-t-il pour raisonner et construire des connaissances nouvelles ? » ; enfin, la validité des idées : comment savoir que telle ou telle représentation correspond à une connaissance véritable et n'est pas une chimère ?
Hume est empiriste*, et la réponse qu'il donne à ces trois questions est : l'expérience*. Premièrement, notre connaissance tout entière en dérive ; deuxièmement, l'association des idées n'est pas fondée sur des principes *a priori* : elle résulte d'une habitude* née elle-même de l'expérience ; enfin, le seul moyen de savoir si une idée a un contenu objectif et n'est pas qu'un mot vide de sens est de la décomposer en autant d'expériences sensibles élémentaires d'où l'on peut la faire dériver.

L'origine des idées
Hume divise les représentations — qu'il nomme « perceptions* » — en deux catégories. D'une part, il y a les impressions* : impressions de sensation (couleurs, sons, etc.), ou impressions de réflexion (joie, peine, plaisir, douleur, etc.). D'autre part, il y a les idées*, qui ne se distinguent des impressions que par leur moindre degré de vivacité. Hume en tire la conclusion que les idées sont comme les traces mentales, les copies des impressions sensibles. Celles-ci constituent donc le matériau primitif, originaire, de notre connaissance.

L'imagination
Nos idées sont les produits de la mémoire* (lorsque nous nous rappelons une impression passée) ou de l'imagination* (lorsque nous formons en notre esprit l'image d'un objet, existant ou possible). L'imagination* est l'essence de la pensée. Elle nous permet, premièrement, d'inventer des idées nouvelles, en combinant entre elles des idées déjà données : je peux ainsi former l'idée d'une montagne d'or ou d'un animal fabuleux ; mais l'imagination ne saurait créer à partir de rien, sa liberté est seulement celle d'une combinatoire. Deuxièmement, l'imagination rend compte du processus d'abstraction et de la production des idées générales, qui sont des combinaisons d'idées particulières auxquelles on a joint un nom général (*cf.* Nominalisme). Enfin l'imagination est ce qui permet d'anticiper les événements futurs.

L'association des idées
Faculté de combinaison et d'association des idées, l'imagination n'est pas pour autant arbitraire. Il existe en effet des lois d'attraction entre les idées, comme il en existe, en physique, pour les phénomènes naturels. Les principes qui structurent l'imagination sont au nombre de trois : la ressemblance (un portrait me fait penser à l'original) ; la contiguïté dans l'espace et dans le temps (devant un couple uni, l'idée de l'un conduit à penser à l'autre) ; la causalité*, soit que devant un effet, je pense à sa cause* (un livre fait penser à son auteur), soit, à

l'inverse, que devant la cause, je pense à l'effet (le soleil fait penser à la chaleur).

La causalité
La causalité consiste dans la représentation d'une connexion nécessaire entre la cause et l'effet ; nous pensons par exemple que le soleil échauffe nécessairement la pierre ou que le pain nourrira toujours un affamé.
Qu'est-ce qui nous fait associer à un phénomène l'idée de son effet et nous permet ainsi d'anticiper l'expérience future ? Hume répond : l'habitude. Si je n'avais jamais observé la conjonction constante entre le soleil et la chaleur, la perception du premier n'aurait jamais entraîné l'attente de la seconde.

Le scepticisme
L'analyse de la causalité débouche sur le scepticisme*. Toutefois, ce scepticisme ne doit pas se comprendre à la manière du scepticisme grec ou pyrrhonien. C'est un scepticisme « mitigé » ou « académique », qui se contente de montrer que la part la plus étendue de notre savoir se résout en termes de croyance.

Critique de la métaphysique
Si les croyances expérimentales sont utiles au regard de l'action, d'autres croyances ne sont que des fictions de l'imagination. C'est, selon Hume, le cas de la métaphysique*, dont les objets : le monde*, l'âme* et Dieu* échappent à la connaissance.
En ce qui concerne le monde, rien ne permet d'affirmer son existence objective hors de nous, puisque les données premières de la connaissance sont des perceptions de l'esprit. Il n'y a pas non plus de raison de supposer une âme, c'est-à-dire un « moi » identique à lui-même, qui serait le substrat continu de nos perceptions discontinues. Quant à l'idée de Dieu, elle sera critiquée dans les *Dialogues sur la religion naturelle*, dans lesquels Hume renvoie dos à dos le théiste, qui prétend trouver dans la nature des preuves de l'existence de Dieu, et le fidéiste, qui veut en établir l'existence sur la foi et la révélation.

Morale et politique
La morale* et la politique* suscitent le même scepticisme que la théorie de la connaissance. D'une part, il n'y a aucun principe rationnel qui légitime l'autorité politique, mais seulement la coutume et l'utilité sociale. Quant aux règles de la morale, bien qu'elles renferment une certaine universalité, elles ne se déduisent pas de façon mathématique (contrairement à une idée qu'on trouve formulée, par exemple, chez Descartes*). Le jugement moral est affaire de sentiment* et de sens commun. Il est donc en partie relatif aux normes d'une société, mais n'est pas pour autant soumis à une variation arbitraire, compte tenu de l'unité de la nature humaine.

● **PRINCIPAUX ÉCRITS :** *Traité de la nature humaine* (1740) ; *Essais moraux et politiques* (1741) ; *Enquête sur l'entendement humain* (1748).

HUSSERL EDMUND (1859-1938)

REPÈRES BIOGRAPHIQUES
Né en Moravie, dans l'actuelle République tchèque, Husserl s'inscrit en 1876 à l'université de Leipzig. Il suit ensuite à Berlin les cours du mathématicien Weierstrass, puis, à Vienne, ceux du psychologue Brentano. En 1887, il soutient sa thèse *Sur le concept de nombre*. Après la publication de *Recherches logiques*, il est nommé en 1906 à Göttingen. À partir de 1916, il enseigne à Fribourg. D'origine juive, Husserl doit abandonner sa chaire en 1928, où lui succède son élève Heidegger.

La philosophie comme « science rigoureuse »
L'œuvre philosophique de Husserl est l'une des œuvres majeures du XXe siècle, dont témoigne sa postérité, qu'il s'agisse de son élève Martin Heidegger*, ou de philosophes comme Maurice Merleau-Ponty*, Jean-Paul Sartre*, Emmanuel Levinas*, et bien d'autres qui, à des degrés divers, ont puisé à sa source. C'est que la philosophie de Husserl relève le défi que la science triomphante du début du XXe siècle adresse à la philosophie et redonne à celle-ci une place menacée et contestée. Le projet de Husserl est, en effet, d'instituer la philosophie comme « science rigoureuse », dans un contexte de crise. Cette crise est à la fois celle du fondement des mathématiques et celle de la philosophie. Au tournant du XXe siècle, le psychologisme et le positivisme dominent et, à travers eux, la conviction, d'une part, que les lois logiques se ramènent aux lois psy-

◆ **Husserl**

chologiques qui régissent la nature particulière de l'esprit humain et que, d'autre part, la vérité est à chercher seulement du côté des sciences. Il y a là un double danger : celui de réduire au silence la philosophie, dont l'ambition a toujours été de comprendre l'ensemble des productions — scientifiques, mais aussi culturelles — de l'esprit, et celui du relativisme qui refuse d'accorder à la vérité un caractère absolu. La tâche qu'assignera Husserl à la philosophie sera de réhabiliter le vécu, le concret, sans pour autant renoncer à la rigueur rationnelle.

Le « retour aux choses mêmes »

Ce mot d'ordre formulé par Husserl manifeste la volonté de simplement décrire — avant toute tentative d'explication — la façon dont quelque chose se donne à une conscience, la façon dont les choses apparaissent, c'est-à-dire existent comme phénomènes. C'est pourquoi Husserl qualifie sa méthode de « phénoménologique ». Il faut toutefois se garder du contresens qui consisterait à interpréter les phénomènes comme de simples apparences, dont il faudrait saisir l'essence. Au contraire, la phénoménologie* est une description des essences. Elle décrit ce qui se passe lorsque la conscience vise un objet. Pour cela, elle utilise ce que Husserl appelle la « variation eidétique » (du grec *eidos*, « forme », « idée ») qui consiste à faire varier imaginairement les prises de vues sur l'essence, de manière à en faire apparaître l'invariant. Pour autant, l'essence du triangle n'existe pas indépendamment de l'acte de conscience qui le vise. Si la vision de l'essence est bien originaire, et non pas dérivée — comme le soutiennent l'empirisme ou le psychologisme — l'essence n'est pas séparable de l'acte qui la vise, ce qu'affirment le platonisme ou les tenants d'un réalisme des essences. Pour bien marquer la corrélation entre l'acte de conscience qui vise un objet — c'est-à-dire l'intentionnalité — et l'objet visé, Husserl utilise d'ailleurs les termes de « noèse » pour le premier et de « noème* » pour le second.

La réduction phénoménologique

Pourtant, rien n'est plus assuré que l'existence d'un monde qui dépasse et déborde la simple vue que je peux en prendre, ou la simple conscience que j'en ai. La question sera alors de comprendre cette certitude, en prenant appui non pas sur ce premier niveau d'évidence simplement factuelle ou empirique : le monde existe en dehors de moi, mais sur une évidence plus originaire et apodictique qui la fonde. Reprenant explicitement la démarche de Descartes*, Husserl, dans ses *Méditations cartésiennes*, suspend tout jugement d'existence à propos du monde et pratique l'*épochè** (du grec, « suspension du jugement »). L'existence du monde est mise entre parenthèses. À travers cette réduction phénoménologique, Husserl atteint la certitude apodictique de l'existence du sujet ou ego transcendantal. Or, même en suspendant toute croyance au monde, le sujet vise un objet que cette visée n'épuise pas. C'est ce que montre l'analyse de la perception. L'objet visé dans la perception dépasse la perception. Cette maison, dans la perception, m'offre une surface, mais en tant qu'objet visé, elle a aussi une profondeur, par exemple... C'est la forme ou « essence » de la maison qui est visée par la conscience, et celle-ci excède de toutes parts le perçu comme simple fait, ou ensemble de sensations. De la même manière, dans ses *Leçons pour une phénoménologie de la conscience intime du temps*, Husserl montrait déjà comment la temporalité n'est possible que dans ce double mouvement de présence-absence, d'immanence et de transcendance.

L'intersubjectivité

Si la réduction phénoménologique fait apparaître le sujet transcendantal comme ce à partir de quoi peuvent se déployer des significations et un monde appréhendé à travers elles, elle n'aboutit cependant ni à un relativisme* ni à un solipsisme*. Autrement dit, la réduction phénoménologique n'isole pas le sujet. Autrui y tient au contraire une place primordiale. La constitution du monde, dans son épaisseur et sa transcendance, c'est-à-dire dans sa dimension simplement humaine, présuppose en effet autrui. Car autrui n'est pas un simple objet, mais il est lui aussi un sujet, un *alter ego*. Autrui vise un monde à partir d'une perspective et d'un point de vue différents des miens. Mais c'est pourtant le même monde qui est ainsi constitué et visé. Autrui complète et enrichit ma vue du monde. Sans ce partage et cet échange, c'est-à-dire sans l'intersubjectivité, comme visée d'un monde commun, aucune culture — qu'elle soit scientifique, artistique, historique ou politique — ne serait possible. C'est à travers l'intersubjectivité que s'élabore ce que Husserl appellera « le monde de la vie », que toute conscience trouve toujours déjà là, et dans lequel elle s'inscrit.

● **PRINCIPAUX ÉCRITS :** *Recherches logiques* (1900-1901) ; *Idées directrices pour une phénoménologie et une philosophie phénoménologique pures* (1913) ; *Méditations cartésiennes* (1929) ; *La Crise des sciences européennes et la phénoménologie transcendantale* (1934-1937).

HYPOTHÈSE

(n. f.) ● **ÉTYM. :** grec *hupothêsis,* littéralement « ce qui est mis en dessous », « base », « fondement ». ● **SENS ORDINAIRE :** supposition, affirmation d'un fait comme possible. ● **MATHÉMATIQUES :** postulat ; donnée initiale, posée par convention, à partir de laquelle se tirent logiquement des conséquences, sans que la question de sa vérité soit posée. ● **SCIENCE :** explication (théorique) conditionnelle et anticipée des faits, qui demande toujours une vérification expérimentale.

La question de savoir si un système mathématique repose sur des axiomes* évidemment vrais ou s'il est hypothético-déductif, c'est-à-dire déduit de simples hypothèses, préoccupe encore les mathématiciens et les philosophes.
Il fallut attendre le XIXᵉ siècle pour que soit souligné, avec Claude Bernard* (*Introduction à la médecine expérimentale,* 1865), le rôle des grandes hypothèses dans la recherche expérimentale. Contrairement à ce qu'affirmait Newton* (« Je ne forge pas d'hypothèses »), elles sont des « idées préconçues » qui doivent guider l'investigation. Mais elles ne sont pas, pour autant, des « idées fixes » : c'est l'observation des faits qui, en définitive, décide de la vérité d'une hypothèse.

● **TERMES VOISINS :** conjecture ; postulat ; supposition. ● **CORRÉLATS :** démonstration ; logique ; mathématiques ; science ; vérification.

HYPOTHÉTIQUE

(adj.) ● **ÉTYM. :** grec *hupotheticos,* « qui concerne une hypothèse ».

● **LOGIQUE :** une proposition hypothétique (par opposition à « catégorique ») est celle dont la vérité est subordonnée à une condition (exemple : s'il est soigné, il guérira). ● **MORALE :** nécessité hypothétique (par opposition à « catégorique ») : conditionnelle (j'agirai seulement si cela ne me coûte pas trop). Terme voisin : conditionnel.

● **TERME OPPOSÉ :** catégorique. ● **CORRÉLATS :** hypothèse, anhypothétique.

HYSTÉRIE

(n. f.) ● **ÉTYM. :** latin *hystericus,* grec *husterikos* (de *hustera,* « utérus »). ● **SENS ORDINAIRE :** : excitation intense poussée jusqu'au délire, rage, folie. ● **MÉDECINE :** ensemble de symptômes, surtout neurologiques, prenant l'apparence d'affections organiques, sans lésion organique décelable.

Le caractère énigmatique de l'hystérie a suscité les explications les plus diverses : Hippocrate la décrivait comme une conséquence de la frustration sexuelle chez certaines femmes, tandis que le Moyen Âge l'a assimilée à une possession diabolique du corps humain. Au XIXᵉ siècle, les observations de Charcot l'amènent à classer l'hystérie parmi les affections du système nerveux. Avec la psychanalyse*, l'hystérie se révèle comme un trouble névrotique dont les symptômes, bien que très variables, renvoient à une structure unique : cette maladie se caractérise par des symptômes somatiques en apparence inexplicables, mais renvoyant symboliquement à des conflits psychiques, donc au refoulement* mal opéré de certains désirs inconscients.
Dans l'*hystérie de conversion,* ce conflit s'exprime par des crises plus ou moins théâtrales ou des symptômes durables comme la paralysie. L'*hystérie d'angoisse,* quant à elle, s'exprime de façon privilégiée dans la phobie. Mais, ici, tout dépend de l'histoire individuelle du sujet : seule la cure psychanalytique peut faire découvrir au patient les causes toujours particulières d'une névrose* de ce type.

● **TERME VOISIN :** somatisation. ● **CORRÉLATS :** névrose ; psychanalyse.

IBN KHALDÛN (1332-1406)

> **REPÈRES BIOGRAPHIQUES**
> Philosophe arabe, né à Tunis d'une famille andalouse, mort au Caire après avoir beaucoup voyagé.

Au moment où le monde islamique, du XIVe au XVe siècle, après une période philosophique florissante, se replie sur lui-même et se ferme à la philosophie (la sienne autant que celle de l'Occident), Ibn Khaldûn représente sans doute un tournant symptomatique. À la limite de la philosophie, sa pensée se concentre, de façon significative, sur le passé. Ibn Khaldûn est ainsi l'un des premiers penseurs à avoir orienté la philosophie vers une méditation sur le sens de l'Histoire, sur les lois de la naissance, du développement et de la mort de toute société.

● **PRINCIPAUX ÉCRITS :** *Prolégomènes* (*Muqaddima*) ; *Livre des exemples*.

IDÉALISME

(n. m.) ● **ÉTYM. :** grec *idein*, « voir » ; *idea*, « forme », « image », « espèce », « idée ». ● **SENS ORDINAIRE :** attitude consistant à ne pas accorder suffisamment d'importance à la réalité, voire à confondre l'imaginaire et le réel. ● **PHILOSOPHIE :** caractère de toute doctrine qui, d'une manière ou d'une autre, accorde un rôle prééminent aux idées. ● **MÉTAPHYSIQUE :** caractère d'une doctrine qui accorde un statut ontologique aux idées. ● **ESTHÉTIQUE :** conception de l'art qui lui assigne pour rôle de représenter une réalité idéale. ● **SENS PÉJORATIF :** caractère d'une doctrine qui accorde une importance excessive aux idées.

Le mot idéalisme apparaît tardivement, au XVIIe siècle, par opposition au matérialisme*. Il est alors polémique et prendra ensuite une multitude de sens, selon l'intention de celui qui l'emploie. Il est rare qu'une doctrine se déclare elle-même idéaliste. Lorsque c'est le cas, cela est précisé par un qualificatif supplémentaire qui lui donne une signification très différente du sens ordinaire, voire opposée. Kant* appelle ainsi « idéalisme transcendantal* » l'étude critique des conditions d'usage légitime de la raison ; chez Fichte*, l'« idéalisme subjectif » affirme la puissance du moi* face au non-moi ; et chez Hegel*, l'« idéalisme absolu » exige de l'idée qu'elle rende réellement compte de la réalité.

En métaphysique, l'idéalisme consiste à affirmer soit que les idées ont un mode d'être supérieur au monde sensible (ainsi le monde des Idées* chez Platon*, qui constituent la « vraie » réalité), soit seulement qu'une idée vraie participe à l'être (« Il est très évident que tout ce qui est vrai est quelque chose », dit Descartes* dans la *Cinquième Méditation*, mais il soutient toujours que ce sont les idées, non les sens, qui sont à l'origine de nos connaissances). L'idéalisme moral consiste à affirmer que les idées donnent à l'homme un pouvoir de transformer le monde. Du fait de sa dimension souvent polémique et de son sens relativement indéterminé, le mot idéalisme est à manier avec précaution.

● **Termes opposés :** empirisme ; matérialisme ; réalisme.

Idéalisme transcendantal

Doctrine de Kant, selon laquelle l'espace et le temps n'appartiennent pas au monde extérieur, mais sont des conditions subjectives de notre intuition sensible de la réalité : des « formes *a priori** de la sensibilité ». L'expérience sensible étant elle-même indispensable à la construction de notre connaissance scientifique du monde, celui-ci ne nous apparaît jamais tel qu'il est en soi, mais par le moyen de représentations*. Cette connaissance, par les concepts* *a priori* de l'entendement* appliqués à la matière donnée sensible, nous enseigne donc un ordre nécessaire des phénomènes*, mais ne nous donne pas directement accès aux « choses en soi* ». Le terme d'« idéalisme transcendantal » est repris pour désigner la philosophie de Husserl* : la conscience naïve du monde doit « mettre entre parenthèses » la fausse évidence de l'existence extérieure et de la nature de ses objets (*cf. Épochê*). Elle découvre alors à l'intérieur d'elle-même les essences* grâce auxquelles elle donne son sens au monde extérieur et en constitue avec certitude les objets réels. Dans les deux cas, l'idéalisme transcendantal étudie de façon critique les conditions subjectives de possibilité de la pensée et de la connaissance. (*Cf.* Transcendantal.)

● **Corrélats :** *épochê* ; espace ; essence ; idée ; spiritualisme ; temps ; utopie.

Idéalité

(n. f.) ● **Étym. :** grec *idea*, « forme, idée ». ● **Philosophie :** caractère de ce qui n'existe qu'en idée et non dans la réalité observable.

Lorsque Kant* affirme « l'idéalité transcendantale » de l'espace* et du temps*, il veut dire qu'il s'agit de formes de la sensibilité qui structurent les phénomènes* (ceux-ci n'apparaissent que dans l'espace et le temps) mais que nous ne pouvons jamais rencontrer comme tels dans l'expérience. Parler, d'une manière plus générale, de « significations idéales », c'est se référer à des formes qui n'ont de réalité que pour l'esprit. Par exemple, les objets mathématiques n'existent que dans l'esprit du mathématicien, et le triangle tracé sur le papier ne correspond pas à celui défini abstraitement au cours d'une démonstration.

● **Termes voisins :** abstrait ; irréalité. ● **Corrélats :** idéalisme ; idée ; mathématiques ; transcendantal.

Idée

Comme le constate Spinoza*, « l'homme pense » ; il y parvient par le moyen des idées. Au sens le plus général, conformément à l'étymologie (*idea*, « la forme* », « ce qui est vu »), l'idée est ce par quoi la pensée* se rapporte au réel*. De ce fait, l'origine, la nature et la fonction des idées suscitent des débats qu'aucun philosophe ne peut esquiver. Les idées rendent le monde « intelligible » ; reste à savoir si l'intelligibilité du monde suffit pour affirmer l'existence d'un monde des idées.

Nature des idées

La théorie platonicienne des Idées* a été élaborée pour combattre le relativisme des sophistes*. Pour ces derniers, rien n'est absolument vrai ; les hommes n'ont que des croyances, plus ou moins acceptables selon le degré d'adhésion commune qu'elles provoquent. Aussi l'instrument privilégié de la sophistique est-il la rhétorique*, qui s'efforce non de dire ce qui est vrai, mais de persuader les hommes de certaines valeurs utiles à la Cité. À cela, Platon* rétorque par un véritable renversement ontologique (*cf.* Réminiscence) : par exemple, les choses ne sont pas dites belles en vertu d'un jugement relatif à chacun, mais les hommes les déclarent belles parce qu'ils parviennent à les rapporter à une idée absolue, éternelle et immuable, commune à toutes les âmes éclairées. Se disputer à propos de la beauté d'une chose particulière, c'est au moins partager une idée commune de la beauté, sans laquelle le débat lui-même serait impossible. L'idée existe en soi, indépendamment de la connaissance que les hommes en ont. À cette condition seulement, les notions de vérité* et de jugement vrai prennent sens*. Dans un esprit évidemment différent, Descartes* et les cartésiens admettent également l'indépendance ontologique des idées vraies, considérées comme l'œuvre de l'être absolu, Dieu*. Contre cette affirmation d'une autonomie

◆ Idée

des idées, s'élèvent les nominalistes* et les empiristes*. Pour les premiers (*cf.* Hobbes, Condillac, Stuart Mill), les idées n'existent pas. Il n'y a que des noms par lesquels le langage humain ressaisit des qualités communes appréhendées dans les choses. Pour les empiristes (pour Hume* par exemple), l'idée n'est d'abord qu'une copie affaiblie des impressions sensibles — images que le contact avec la réalité imprime dans l'esprit.

Origine des idées
Descartes discerne trois types d'idées selon leur origine. Parmi les pensées, il distingue d'abord entre idées (qui sont « comme les images des choses ») et volitions, qui sont des états de la volonté (affirmer, désirer, refuser, etc.). Si on ne les rapporte pas à un objet extérieur, considérées en elles-mêmes, les idées ne sont ni vraies ni fausses : on constate simplement leur présence dans l'esprit. Certaines sont « innées* » (« nées avec moi »), d'autres semblent venir du dehors (« adventices »), d'autres semblent formées par moi-même (« factices »). Si la philosophie cartésienne privilégie les premières, c'est que, nées avec moi, claires et distinctes, elles doivent être considérées comme des « semences de vérité » mises par Dieu en mon esprit pour me permettre de connaître la nature avec certitude*, sans passer par l'entremise des sens* : le pur raisonnement rigoureux, conduit à partir d'idées claires et distinctes, est le seul moyen de construire une science certaine du réel. Contrairement à ce qu'admet le sens commun, la connaissance même du monde des corps* ne se constitue pas en enregistrant passivement leurs qualités sensibles, diverses et changeantes, mais en les réduisant à des idées essentielles par une simple « inspection de l'esprit », c'est-à-dire en les concevant sans recours à la sensation, ni à l'imagination (*cf.* l'analyse du morceau de cire dans la *Deuxième Méditation*).
Affirmer, comme le font les empiristes, que l'idée ne prend naissance en dernier ressort que dans l'expérience sensible, c'est réduire la connaissance à des inductions*. Hume admet tout à fait l'existence d'idées issues d'une déduction de l'esprit, mais les relations d'idées à quoi on peut réduire la logique ne nous apprennent rien sur la réalité. La connaissance du réel suppose que l'esprit enregistre des relations de faits ne devant rien à la logique. L'idée de causalité*, par exemple, est l'effet d'une répétition constatée dans l'expérience : « Le soleil ne se lèvera pas demain », cela n'est pas logiquement plus contradictoire que l'inverse. Les idées mises en œuvre dans les sciences des faits (celles qui nous importeraient le plus) débouchent donc sur des connaissances hautement probables, nullement sur des certitudes absolues. Ce que les partisans d'une objectivité* fiable des idées poursuivaient, c'était pourtant l'universalité de la connaissance...

À quoi servent les idées ?
Ce débat sur le statut et l'origine des idées, qui rejaillit sur la fiabilité du discours scientifique, Kant* s'emploie à le dépasser en soulignant le caractère représentatif de la pensée humaine. Au mieux, ces représentations*, lorsqu'elles sont rigoureuses et cohérentes, ne nous donnent accès qu'à un discours universel sur le monde tel qu'il se manifeste nécessairement à nous, non tel qu'il est en soi. Notre rapport au monde passe par les formes *a priori* de notre sensibilité, l'espace* et le temps*, et par les catégories* de l'entendement* qui ressaisit les données de l'expérience selon un ordre ne relevant pas de la fantaisie du savant, mais s'imposant à tout esprit rigoureux. Le discours scientifique demeure donc possible, mais la notion d'objectivité a changé de sens : elle ne désigne plus une fidélité des idées à la réalité extérieure, mais renvoie à l'universalité de l'ordre de nos raisonnements, qui est ici l'ordre des phénomènes*. Cette pensée objective n'est par conséquent ni simple apparence, ni accès direct à l'ordre des choses en soi. Distinguée du concept*, l'idée prend alors chez Kant une signification spécifique : c'est ce que la raison produit lorsqu'elle s'efforce de penser au-delà de l'expérience possible, par exemple en affirmant l'existence de l'âme par-delà la diversité des représentations subjectives, l'existence du monde par-delà la diversité des phénomènes, ou l'existence de Dieu comme cause première. L'objet de telles idées est « problématique » : on ne peut ni en avoir un savoir (car aucune expérience n'en est possible), ni en affirmer la vacuité (pour les mêmes raisons). Cependant, la raison se trouve irrésistiblement conduite vers la production de telles idées. Cela s'explique au plan théorique (les idées sont nécessaires pour assurer l'unité du savoir) et au plan pratique (grâce à elles, l'homme peut espérer avoir une efficacité dans le monde ; en particulier grâce à elles, la liberté est pensable et l'idéal moral n'est pas une simple chimère). De façon plus ambitieuse encore, Hegel* refuse la coupure instau-

rée par Kant entre phénomène* et chose en soi* : la pensée ne peut se contenter d'être simple représentation, laissant place à un arrière-monde hors de portée. Concept et idée ne sont pas des données *a priori* de l'esprit humain, mais le résultat d'une confrontation dialectique* entre la pensée et le réel, qui a pour effet de donner conjointement, par le jeu de la pratique, une forme commune à la pensée et au réel — ce que Hegel appelle « effectivité ». Une idée n'est alors digne de ce nom que dans la mesure où elle épouse les contours de la réalité, qu'elle s'efforce à la fois de former et de penser.
Nul ne conteste donc l'utilité des idées. Même les expérimentalistes affirment que sans idées nous ne pourrions interroger les faits (*cf.* Claude Bernard). Même Bergson*, considérant d'abord l'idée comme simple enregistrement de la similitude des effets et actions provoqués en nous par des états du monde extérieur (qui n'ont souvent entre eux aucune identité de nature), commence par reconnaître l'efficacité pratique et sociale de ces idées, avant d'en dénoncer le caractère artificiel. Ce qui, à travers l'histoire de la pensée philosophique et scientifique, suscite un réel débat, c'est le mode d'existence de l'idée (simple objet mental ou réalité en soi ?), le type de relation qu'elle entretient avec « la réalité » et, au-delà, la pertinence de l'affirmation de son universalité.

● **Textes clés :** Platon, *Ménon* ; R. Descartes, *Méditations métaphysiques,* III ; B. Spinoza, *Éthique,* livre II ; D. Hume, *Traité de la nature humaine,* livre I ; E. Kant, *Critique de la raison pure* (en particulier la « Dialectique transcendantale »). ● **Termes voisins :** catégorie ; concept ; hypothèse ; idéal. ● **Termes opposés :** matière ; réel ; sensation. ● **Corrélats :** empirisme ; idéalisme ; jugement ; matérialisme ; nominalisme ; pragmatisme ; réalisme.

Identité

(n. f.) ● **Étym. :** latin *idem*, « même ». ● **Sens ordinaire et philosophique :** caractère de ce qui est tout à fait semblable à quelque chose ou de ce qui demeure le même (« identique à soi même ») à travers le temps.

L'identité ne doit pas être confondue avec la ressemblance. Pour être identiques, deux choses devraient être indiscernables*. Or, aussi semblables soient-ils, les êtres diffèrent toujours en quelque point (c'est ce que Leibniz* appelle le « principe des indiscernables »). L'identité ne se confond pas non plus avec l'égalité*, qui suppose que des individus sont traités de la même manière, non qu'ils sont identiques.
La question de l'identité soulève deux interrogations philosophiques :
1. Si les réalités existantes sont identiques à elles-mêmes, comment expliquer qu'elles connaissent des changements ? Le problème se pose particulièrement pour l'identité subjective : qu'est-ce que ce vieillard a de commun, physiquement et moralement, avec le jeune homme qu'il était jadis ? Y a-t-il identité réelle du moi, qui demeure « derrière » les modifications, ou simple identité grammaticale du pronom personnel « je » ?
2. Comment expliquer le fait qu'on puisse attribuer à des choses ou à des êtres des propriétés qui ne leur appartiennent pas en propre ? Lorsque je dis par exemple : « Pierre est Français », j'affirme de Pierre une qualité qui est « autre » que lui, puisqu'elle pourrait être affirmée de Paul ou de Jacques. L'identité des choses ne nous réduit-elle pas à des tautologies* : à dire des choses uniquement qu'« elles sont » ? Ou qu'elles « sont ce qu'elles sont » ? Ces interrogations ont conduit des philosophes comme Platon*, afin de sauver la possibilité du jugement attributif, à faire des choses existantes des mixtes d'identité et d'altérité*.
C'est tout autrement que l'anthropologie et la sociologie actuelles posent le problème de l'identité : l'identité d'un individu ou d'un groupe est l'ensemble des caractères grâce auxquels il affirme sa singularité et sa différence — d'où, par exemple, la notion d'*identité culturelle* d'un peuple. L'identité relève en ce sens des problématiques ouvertes par l'individualisme* démocratique contemporain. Le problème qui se pose ici est le suivant : la notion d'identité d'un groupe a-t-elle un sens ? Autrement dit, l'identité n'est-elle pas nécessairement individuelle, personnelle ? Tel est le reproche que certains adressent aujourd'hui au multiculturalisme*, au nom du double principe d'autonomie et de réciprocité des sujets individuels : en « marquant »

◆ **Idéologie**

les individus par leur identité culturelle, le multiculturalisme interdit qu'ils se définissent comme individus et empêche de reconnaître en un autrui* « différent » un *alter ego*.

● **Termes voisins** : indiscernable ; même. ● **Terme opposé** : altérité.

Principe d'identité
Principe fondamental selon lequel une même proposition ne peut être à la fois vraie et fausse sous le même rapport, et qui s'énonce A=A.

● **Corrélats** : contradiction ; culture ; différence ; égalité ; indiscernables (principe des) ; individu ; individualisme ; moi ; multiculturalisme ; nation ; peuple ; principe de contradiction.

Idéologie

(n. f.) ● **Étym.** : grec *idea*, « idée », et *logos*, « discours rationnel ». ● **Sens premier** : terme créé par Destutt de Tracy (1754-1836) pour désigner, dans la lignée de Condillac, le projet d'une science généalogique des idées, considérées comme issues de la sensation. ● **Sens ordinaires** : **1.** Système d'idées, représentation générale du monde. **2.** Croyance dogmatique, fondée sur des principes rigides peu conformes au réel ; il s'agit alors d'une façon péjorative et restrictive de qualifier des convictions, le plus souvent politiques, que l'on ne partage pas. ● **Marxisme** : ensemble de représentations collectives (morales, philosophiques, religieuses...), à travers lesquelles les hommes traduisent leurs conditions réelles d'existence, et qui sont adoptées non en vertu de leur vraisemblance, mais parce qu'elles expriment les intérêts, réels ou imaginaires, d'une classe ou d'un groupe social.

En insistant d'une part sur la fonction politico-sociale de l'idéologie, d'autre part en l'analysant comme une conscience fausse ou imaginaire, le marxisme* oppose l'idéologie à la science*, et a tendance à faire de la religion* le prototype de l'idéologie. Ce faisant, il a largement contribué à faire évoluer le mot vers les significations péjoratives qu'il a communément aujourd'hui.

● **Termes voisins** : conscience sociale ; illusion ; représentation collective. ● **Termes opposés** : science ; vérité. ● **Corrélats** : matérialisme ; religion ; superstructure.

Illusion

Comme l'étymologie du mot le suggère — illusion vient du latin *illudere* qui signifie « tromper », « se jouer de » —, l'illusion est une tromperie, c'est-à-dire à la fois une erreur* et une mystification. Dans l'illusion, nous serions victimes d'une puissance trompeuse impossible à vaincre, contrairement à l'erreur dont nous serions responsables et que nous pourrions corriger. Si tel était le cas, l'illusion compromettrait gravement toute recherche de vérité* et rendrait vaine toute prétention au savoir. C'est d'ailleurs ce qu'affirme le scepticisme*, qui voit dans l'illusion* — notamment dans l'illusion des sens — la justification de sa théorie. L'illusion est en tout cas une forme d'épreuve pour la philosophie, une question qu'elle ne peut éluder, dans la mesure où elle se définit comme quête et amour de la vérité.

Illusion et erreur
L'illusion, cependant, se distingue de l'erreur. Descartes*, par exemple, dans les *Méditations*, montre comment c'est par abus de langage que nous disons que les sens nous trompent. L'erreur est le résultat d'un jugement, c'est-à-dire d'une activité de l'esprit. Or les sens sont passifs et fournissent des informations qui, en elles-mêmes, ne sont ni vraies ni fausses. Si donc nous nous trompons, c'est que nous conduisons mal notre jugement. Un bâton plongé dans l'eau paraît effectivement brisé, mais si nous jugeons qu'il l'est, nous ne sommes pas victimes d'une illusion, mais responsables de notre erreur. L'illusion peut bien, si nous n'y prenons garde, induire en erreur, mais elle n'est pas en elle-même une erreur. D'ailleurs l'erreur, une fois rectifiée, disparaît, tandis que l'illusion, au contraire, persiste. L'illusion peut être expliquée, mais non dissipée. C'est que les « illusions » des sens sont bien réelles, et obéissent à des lois d'organisation du champ perceptif tout

aussi régulières que celles qui régissent notre perception dite « normale ». La perception dans son ensemble, et sans en exclure les « illusions », constitue un premier niveau de connaissance qui peut être compris à partir de la science, mais non dépassé. Simplement, la science oblige à un décentrement, à l'abandon du point de vue subjectif que nous occupons. La perception, quant à elle, nous renseigne davantage sur le sujet qui perçoit que sur l'objet perçu.

Le sujet et l'objet

D'une façon plus générale, on peut d'ailleurs caractériser l'illusion comme la confusion de deux plans : celui de la subjectivité, d'une part, celui de l'objectivité, d'autre part. Autrement dit, dans l'illusion, nous attribuons à l'objet ce qui, en fait, revient au sujet. Spinoza*, dans l'appendice du livre I de l'*Éthique*, voit dans l'anthropocentrisme*, c'est-à-dire dans la tendance à interpréter le monde à partir de notre propre constitution, le fondement de l'illusion et notamment de l'illusion du finalisme* : parce que nous agissons toujours en vue d'une fin, nous ne pouvons nous empêcher de penser que le monde lui aussi a été conçu en vue d'une fin, qu'il a été créé pour nous. Kant*, de son côté, montrera, dans la *Critique de la raison pure*, que la raison elle-même est productrice d'illusion lorsqu'elle prétend dépasser le champ de l'expérience et qu'elle confond les principes subjectifs de la connaissance, relatifs à notre constitution, avec les principes objectifs des choses en soi. Cette illusion, que Kant qualifie de « transcendantale* », est d'ailleurs naturelle et légitime, parce qu'elle corrrespond à un besoin d'inconditionné à la fois théorique et pratique, qui s'exprime sous les trois formes de l'âme*, de Dieu* et du monde*.

Désir et illusion

Ce qui caractérise l'illusion, et la distingue de la simple erreur, c'est donc la part de désir* qu'elle contient, ou le besoin qu'elle cherche à satisfaire, lorsqu'elle nous fait prendre, selon l'expression consacrée, « nos désirs pour la réalité ». Selon Nietzsche*, par exemple, l'illusion remplit une fonction, celle de protéger du désespoir ou du vide de l'existence. Renversant la perspective de Platon*, qui, dans la *République*, condamne l'art comme copie du réel, comme simple apparence mensongère et illusoire, Nietzsche, au contraire, voit dans l'art une illusion vitale. Freud*, à son tour, dans *L'Avenir d'une illusion*, qualifie la religion d'illusion, non pas parce qu'elle serait fausse, mais par la part de désir qu'elle contient : désir de retrouver l'image protectrice et rassurante d'un père tout-puissant. On le voit, dans l'illusion, si nous sommes victimes, c'est d'un piège que nous avons bâti ou d'un désir non reconnu. La tâche de la philosophie, par rapport à l'illusion, est alors une tâche essentiellement critique. Non pas qu'il faille condamner l'illusion, ou la détruire — ce qui n'est pas forcément souhaitable, ni possible —, mais la philosophie doit en produire l'analyse et faire la part de ce qui, dans nos jugements ou représentations, relève de nos désirs et de ce qui relève de la réalité, dans un souci de lucidité et de vérité.

● **Textes clés** : Platon, *La République*, livre VII ; R. Descartes, *Méditations métaphysiques* (I et II) ; B. Spinoza, *Éthique*, Appendice, livre I ; S. Freud, *Avenir d'une illusion*.
● **Termes voisins** : apparence ; erreur ; hallucination. ● **Termes opposés** : réalité ; vérité. ● **Corrélats** : finalisme ; jugement ; métaphysique ; réalité ; religion ; scepticisme ; vérité.

IMAGE

(n.f.) ● **Étym.** : latin *imago*, « imitation », « représentation », « portrait ».
● **Sens ordinaires** : **1.** Représentation plus ou moins exacte d'une quelconque réalité (reflets, portraits, estampes, etc.). **2.** Ce qui évoque autre chose en raison d'une relation de type analogique (ex. : un dessin animé ; l'image-mouvement, c'est à dire le cinéma ; etc.). **3.** Représentations figurées chargées de contenus symboliques ou idéologiques plus ou moins stéréotypés (clichés, images d'Épinal). **4.** Figures de style : comparaisons, métaphores.
● **Psychologie** : représentation mentale d'une réalité sensible.
● **Philosophie** : selon Sartre, acte de la conscience qui vise un objet tout en le posant comme absent et qui lui substitue un « analogon ».

● **Termes voisins** : figure ; représentation ; symbole. ● **Corrélats** : art ; communication ; création ; imaginaire ; imagination ; intentionnalité ; néantiser ; sémiologie.

◆ Imaginaire

IMAGINAIRE

(adj. ou n. m.) ● ÉTYM. : latin *imaginarius*, « ce qui existe dans l'imagination ». ● SENS ORDINAIRE : couramment employé comme adjectif, le terme désigne ce qui relève de l'imagination. ● SENS PHILOSOPHIQUE : en tant que substantif, le terme est d'un emploi plus rare, et constitue alors une notion philosophique, également utilisée par diverses sciences humaines ou disciplines littéraires (étude de textes, de mythes, psychanalyse, sociologie, etc.) : est *imaginaire* ce qui n'existe que dans l'imagination, par opposition à ce qui existe ou existe *aussi* dans la réalité.

En ce dernier sens, l'imaginaire est le statut, le mode d'existence du contenu de certaines représentations (il s'oppose alors au réel*, étant, selon Sartre*, la position d'un irréel) et, corrélativement, désigne le domaine auquel appartiennent ces contenus. À ce dernier titre, l'imaginaire peut se diviser en multiples imaginaires, en mondes imaginaires, ensembles organisés d'images caractérisés par une structure et une dynamique qui leur sont propres. L'activité imaginative, l'imagination* individuelle ou collective semble toujours être adossée à un imaginaire préalable, même si celui-ci ne nous est connu que par les produits de cette activité imaginative ; l'imaginaire apparaît alors comme le laboratoire de l'imagination productrice : il est, selon Bachelard*, à la source de la faculté de « *déformer* les images fournies par la perception » (*L'Air et les songes*). On peut aussi considérer l'imaginaire comme la structure *a priori* de toute activité de l'imagination : il est à celle-ci ce que la langue est à la parole (d'un côté la structure, de l'autre l'effectuation de certaines possibilités de la structure). Il est tentant et intéressant de rendre compte d'une structure imaginaire à partir du réel (de l'expliquer à partir d'une condition donnée, sociale, naturelle, psychologique...), mais l'idée d'imaginaire est celle d'une antériorité essentielle de l'imaginaire sur l'appréhension du réel, d'une spontanéité créatrice de l'imagination. L'imaginaire serait alors *transcendantal**, c'est-à-dire condition *a priori* de l'expérience humaine du monde. Nous abordons le monde, dans l'activité contemplative comme dans l'action, *sur fond* d'imaginaire, et nous ne remontons jamais à cette source sans que notre démarche ne soit elle-même investie par un imaginaire ; l'imaginaire est alors une condition *a priori* de tout être au monde, de tout rapport au réel. Ainsi la doctrine kantienne de l'imagination transcendantale distingue-t-elle le schématisme et la symbolisation. Le schématisme, « art caché dans les profondeurs de l'âme humaine » (*Critique de la raison pure*), nous permet par ses synthèses de relier nos représentations sensibles aux concepts* et aux catégories* de l'entendement* ; la symbolisation, par le moyen de l'*analogie* (qui désigne l'identité de deux rapports, sans identité entre les termes reliés), nous permet de penser par référence au sensible, mais sans pourtant nous amener à la connaissance de leur objet, les Idées de la raison qui transcendent toute expérience possible (*Critique de la faculté de juger*, § 59). Médiatrice entre le sensible* et l'intelligible*, l'imagination affirme avec l'imaginaire un pouvoir originel de synthèse, une spontanéité créatrice qui a toujours été reconnue comme une marque du génie humain.

● TERME VOISIN : imagination.
● CORRÉLATS : activité symbolique ; cinéma ; jeu ; médiologie ; néantiser ; réel ; schématisme ; symbole.

IMAGINATION

Le terme imagination vient du latin *imago*, qui est de la même racine que *imitari*, « imiter ». En son sens étymologique, l'imagination serait donc l'« imitation par des images ». Or, l'image n'est pas la chose, même si elle lui ressemble. Elle peut donc paraître fondamentalement trompeuse, en se faisant passer pour la chose elle-même. D'où la dévalorisation, comme chez Platon*, de l'image et de l'imagination : la première est le plus bas degré du réel, et la seconde le plus bas degré de la connaissance*.

L'imagination comme faculté de l'esprit

L'imagination n'est pas la simple imitation du réel par des images. Elle consiste à produire des représentations* et, comme telle, suppose une activité de l'esprit. Cette activité ne réside pas seulement dans le fait de se représenter des objets ou des êtres absents — telle est l'imagination reproductrice ; elle consiste aussi dans la possibilité de combiner les idées ou d'anticiper les événements, et même dans la faculté que

nous avons de nous représenter ce qui n'existe pas, ou pas encore, de concevoir un monde imaginaire — telle est l'imagination productrice.
Représentation d'une réalité absente, force de création et d'invention : ces caractères reconnus à l'imagination impliquent-ils du même coup la reconnaissance de sa valeur ?

L'imagination contre la raison

La tradition rationaliste se méfie de l'imagination. D'une part, dans son caractère « reproducteur », elle souffre de n'être qu'une perception affaiblie et confuse. D'autre part, et surtout, le caractère « producteur » de l'imagination en fait une puissance de divagation et de mensonge. L'imagination est, selon le mot de Malebranche*, la « folle du logis », grande pourvoyeuse de croyances irrationnelles ou absurdes. Ne donnant aucun critère sûr pour distinguer le faux du vrai, elle est « maîtresse d'erreur et de fausseté » (Pascal*).
Il faut alors soigneusement distinguer entre imaginer et concevoir, c'est-à-dire entre l'imagination et l'entendement*, et n'accorder qu'à celui-ci la capacité d'obtenir une connaissance claire et distincte. Un exemple emprunté à Descartes* illustrera cette distinction. Considérons un polygone à mille côtés (« chiliogone »). Il est possible de concevoir clairement une telle figure et d'en déterminer et comprendre les propriétés. Mais il est impossible d'en produire par l'imagination une représentation qui ne soit pas confuse. Une telle représentation, en effet, ne différerait pas de celle d'un polygone à cinq cents côtés ou de n'importe quel autre à grand nombre de côtés : elle vaut indistinctement pour chacun d'eux.

L'imagination combinatoire

Une telle approche de l'imagination se heurte à deux critiques. La première a été clairement formulée par Sartre*. En faisant de l'imagination une perception affaiblie, nous pensons l'image mentale comme une quasi-chose, qui serait « dans » la conscience comme l'objet est « dans » la réalité. C'est méconnaître, pour Sartre, l'intentionnalité* de la « conscience imageante », qui vise un objet en tant précisément qu'il est absent et le signifie comme tel (on pense à la personne aimée quand elle n'est pas là, et comme n'étant pas là).
La deuxième critique porte sur l'identification entre imagination et fantaisie ou rêve*, fantasmagorie. Contre une telle identification, Hume* fut l'un des premiers à souligner que l'imagination est la capacité de combiner les idées ou de les anticiper, bref, de les associer. Si cette association des idées est libre, elle peut aussi se régler et devenir alors ce grâce à quoi nous connaissons le monde. Ainsi, chez Hume, la distinction cartésienne entre imagination et entendement disparaît. C'est la même faculté, que Hume nomme « imagination », qui est aussi bien, selon qu'elle est ou non réglée, source des inventions les plus fantaisistes, ou moyen de repérer des lois dans la nature. Kant* aussi insistera sur le pouvoir de liaison et de synthèse* qu'opère l'imagination au service de la connaissance.

L'imagination créatrice

Une autre réhabilitation de l'imagination nous vient du monde de l'art* et de la poésie, mais aussi de celui de l'invention technique : l'imagination n'est-elle pas, dans les deux cas, créatrice, soit en permettant une meilleure maîtrise du réel, soit, comme le disait Bachelard*, en étant une « fonction de l'irréel » tout aussi utile que la fonction de réel ?
Certes, on pourra objecter que l'imagination ne crée pas vraiment, qu'elle ne fait au mieux qu'inventer des combinaisons nouvelles avec des éléments donnés. Reste cependant que les combinaisons peuvent être complètement libres. L'imagination manifeste donc la liberté* de l'esprit ; elle est puissance, mais puissance positive. Elle se confond avec cette faculté que nous avons d'aller au-delà du donné, de penser l'absent, le passé, le futur, et le possible.

● **Textes clés :** B. Pascal, *Pensées* ; G. Bachelard, *La Psychanalyse du feu, L'Air et les Songes, La Poétique de la rêverie* ; J.-P. Sartre, *L'Imagination* ; L. Marin, *Des pouvoirs de l'image* ; F. Dagognet, *Philosophie de l'image*.
● **Termes voisins :** création ; rêve.
● **Corrélats :** art ; conception ; entendement ; image ; invention.

IMMANENCE

(n. f.). ● **Étym. :** latin *immanere*, « demeurer en ». ● **Sens ordinaire :** caractère de ce qui est immanent (ex. : « l'immanence des lois de la nature » pour les sciences modernes). ● **Métaphysique :** par opposition à transcendance, théorie selon laquelle le monde réel n'est pas réglé par un principe supérieur, distinct et séparé, mais constitue une substance auto-suffisante : l'absolu est alors « immanent » au monde.

La philosophie de Spinoza* est généralement considérée comme le type même d'une ontologie* de l'immanence. Récusant aussi bien la notion de création* que celle de finalité*, Spinoza abandonne toute idée de transcendance*, c'est-à-dire rejette le socle métaphysique des religions du Livre (Bible). Intérieur au monde, Dieu est conçu comme la rationalité et le vouloir-vivre qui animent l'être et les choses, et non pas comme une entité douée d'intention et de volonté et surveillant étroitement — quoique de loin — l'ensemble de son œuvre. Cette doctrine foncièrement subversive aux yeux de toute théologie classique débouchera en effet sur des représentations du monde en rupture avec les perspectives religieuses traditionnelles : de Hegel* à Nietzsche*, une partie de la philosophie « moderne » prolonge le renversement spinoziste, en tentant de refonder humanisme et éthique sur une représentation du monde privée de toute référence transcendante.

● **TERME OPPOSÉ :** transcendance. ● **CORRÉLATS :** bouddhisme ; Dieu ; immanent ; matérialisme ; transcendance.

IMMANENT

(adj.) ● **ÉTYM. :** latin *immanere*, « demeurer en ». ● **SENS ORDINAIRE :** ce qui, dans un être ou une chose, relève d'un principe ou d'une causalité interne et non pas d'une instance extérieure (ainsi la justice immanente est une justice sans sanction divine, ni jugement dernier). ● **PHILOSOPHIE : 1.** Chez Spinoza : par opposition à transitif, caractère d'une action qui s'applique exclusivement à son auteur, sans modifier quoi que ce soit en dehors de lui (« Dieu est cause immanente et non transitive de toute chose », *Éthique,* I, prop. 18). **2.** Chez Kant : caractère de principes dont le champ d'application ne peut excéder l'expérience possible.

● **TERME OPPOSÉ :** transcendant. ● **CORRÉLAT :** immanence.

IMMATÉRIALISME

(n. m.) ● **ÉTYM. :** nom formé à partir du préfixe privatif *in* et de *matérialisme*. ● **PHILOSOPHIE :** doctrine de Berkeley, pour qui la réalité matérielle indépendante de nos pensées n'existe pas : le monde se réduit à nos représentations ; être, c'est être perçu ou percevoir.

● **TERME VOISIN :** idéalisme. ● **TERMES OPPOSÉS :** matérialisme ; réalisme. ● **CORRÉLATS :** empirisme ; matière ; perception ; phénoménisme ; représentation.

IMMÉDIAT

(n. m.) ● **ÉTYM. :** latin *mediare*, « être au milieu ». ● **SENS ORDINAIRE :** caractère de ce qui est donné directement à l'expérience, ou encore : sans aucun intermédiaire.

L'immédiat caractérise ce qui se donne sans rapport et totalement à un sujet ou à la pensée. Ainsi le modèle de l'immédiateté est-il le sensible dont on peut croire que nous y avons accès sans aucune médiation*, c'est-à-dire par le biais d'aucune connaissance préalable. Mais, traditionnellement, l'immédiat est lié à l'intuition* qui n'est pas nécessairement sensible, comme par exemple chez Descartes* pour qui le cogito est saisi directement et de manière purement intellectuelle. Un autre exemple de « savoir » immédiat serait la foi* religieuse par laquelle un individu croit être en relation directe avec la divinité. On dira donc d'un savoir qu'il est immédiat lorsque son objet se donne à lui sans qu'aucune opération intellectuelle ni aucune élaboration particulière ne soient nécessaires.

● **TERME VOISIN :** direct. ● **CORRÉLATS :** foi ; intuition ; médiation ; savoir ; sensibilité.

IMPÉRATIF

(n. m.) ● **ÉTYM. :** latin *imperare*, « commander », « ordonner ». ● **SENS ORDINAIRE :** nécessité, contrainte (ex. : « les impératifs économiques »). ● **Philosophie morale** : obligation morale ayant la forme d'un commandement, d'un « Tu dois ».

Si tous les impératifs s'énoncent sous la forme d'un devoir, ils ne relèvent pas tous de la morale. C'est pourquoi Kant* distingue l'impératif hypothétique et l'impératif catégorique. L'impératif hypothétique est conditionnel. Il subordonne l'impératif à une fin et n'a de valeur que si — et seulement si — on cherche à atteindre cette fin. L'impératif hypothétique n'est alors qu'un simple moyen, un conseil de prudence ou d'habileté. « Si tu veux être en bonne santé, ne commets pas d'excès » est un impératif hypothétique. L'impératif catégorique, lui, est un impératif moral. Il est inconditionnel, c'est-à-dire qu'il n'est subordonné à aucune fin. Il a une valeur en soi et commande absolument, toujours et partout, quelles que soient les conséquences. L'impératif catégorique prend donc la forme de la loi* morale qui s'énonce comme suit : « Agis de telle sorte que la maxime de ta volonté puisse toujours valoir en même temps comme principe d'une législation universelle » (*Critique de la raison pratique*, première partie).

● **Termes voisins** : commandement ; prescription. ● **Corrélats** : devoir ; maxime ; morale ; volonté.

Impétus

(n. m.) ● **Étym.** : latin *impetus*, « élan ». ● **Histoire de la philosophie** : catégorie grâce à laquelle les physiciens du Moyen Âge expliquaient la persistance du mouvement.

Selon la théorie de l'impétus, si un objet en mouvement (par exemple une pierre jetée en l'air) continue à se mouvoir pendant un certain temps, c'est qu'il reçoit de son « moteur » (par exemple la main qui lance la pierre) une « force impresse » ou impétus qui, s'épuisant progressivement, explique aussi du même coup que l'objet finisse par s'arrêter. Une telle conception, en se construisant à partir de l'expérience concrète de l'élan, relève d'une physique* qualitative, héritée d'Aristote*. Elle sera définitivement abandonnée au XVIIe siècle avec Galilée* qui crée une science physique entièrement nouvelle, fondée sur la quantification et la mathématisation du réel.

● **Corrélats** : force ; inertie (principe d') ; moteur ; mouvement ; physique.

Implication

(n. f.) ● **Étym.** : latin *implicare*, « envelopper ». ● **Logique** : raisonnement qui consiste à conclure d'une proposition antécédente à une proposition conséquente enveloppée dans la première. Sa forme est « si ... alors ». Le symbole logique qui l'exprime est ⊃.

La propriété logique remarquable de l'implication est l'impossibilité de conclure de la vérité de l'antécédent à la vérité du conséquent, alors qu'on peut toujours, en revanche, conclure de la fausseté du conséquent à celle de l'antécédent.

● **Corrélat** : logique.

Incommensurabilité

(n. f.) ● **Étym.** : latin *commensurabilis*, « commensurable » et préfixe *in*. ● **Sens ordinaire et philosophique** : se dit de réalités qui n'ont pas de mesure commune.

● **Terme voisin** : irréductibilité. ● **Corrélats** : absolu ; Dieu.

Inconditionné

(n. m.) ● **Étym.** : latin *in* privatif, et *condicio*, « condition ». ● **Métaphysique** : principe qui est la condition de tout ce qui est sans être lui-même la condition d'autre chose ; c'est-à-dire qui est en même temps la raison d'être de lui-même et des autres choses : l'absolu.

Si la connaissance véritable est connaissance non seulement des faits, mais aussi des raisons qui les fondent, seul l'accès à l'inconditionné, en achevant la série des conditions en un principe unique, permettra de fonder la connais-

◆ **Inconscient**

sance. C'est pourquoi Platon* tient l'inconditionné, qu'il appelle « anhypothétique », « Bien » ou « Un-Bien », pour le principe absolu et ultime de toutes les choses et le fondement de leur connaissance.

La philosophie critique de Kant* reprendra en partie cette idée : la recherche de l'inconditionné est une tendance invincible de la connaissance humaine en quête d'unité. Mais, pour Kant, c'est une illusion* de croire qu'à cette idée métaphysique* de l'inconditionné correspond un objet de connaissance, car celle-ci n'est possible que dans les limites de l'expérience*. Ce sera alors à l'action morale, c'est-à-dire à la « raison pratique », dans l'expérience de la liberté, de nous faire accéder à un inconditionné inaccessible à la raison théorique.

● **Termes voisins :** absolu ; anhypothétique ; origine ; un. ● **Termes opposés :** condition ; conditionné. ● **Corrélats :** idée ; illusion ; métaphysique ; raison.

Inconscient

Le terme d'inconscient peut renvoyer à deux acceptions différentes. On peut en effet définir l'inconscient négativement, comme ce qui n'est pas conscient, comme le non-conscient. Mais on peut aussi définir l'inconscient positivement, comme une réalité psychique possédant un mode de fonctionnement et des caractéristiques propres. Dans ce cas, l'inconscient renvoie à la découverte freudienne et appartient au champ de la psychanalyse*. On peut noter que, dans la première acception — négative et plus large que la seconde —, le terme d'inconscient est plutôt employé sous la forme d'un adjectif et qualifie alors un état ou une personne, le substantif correspondant étant d'ailleurs « inconscience ». Dans la seconde acception, au contraire, l'inconscient est d'abord utilisé sous la forme du substantif et c'est secondairement qu'il qualifie, comme adjectif, un sentiment ou une pensée. De ces distinctions, on retiendra que l'inconscient n'acquiert le statut de concept qu'avec Freud*. Et même si certains philosophes avant lui en eurent pour ainsi dire l'intuition, c'est avec Freud que l'assimilation de la pensée* et de la conscience* est radicalement mise en question. C'est du même coup la transparence du sujet à lui-même et l'idée de sa souveraineté qui se trouvent contestées.

Les précurseurs

La philosophie classique, notamment avec Descartes*, en identifiant conscience et pensée, ne reconnaît pas l'existence d'un inconscient. Certes Leibniz* (1646-1716) admet l'existence de petites perceptions inconscientes, c'est-à-dire de « changements dans l'âme dont nous ne nous apercevons pas » (*Nouveaux Essais sur l'entendement humain*, II, chap. 1). Un siècle plus tard, Maine de Biran, dans son *Mémoire sur les perceptions obscures*, affirme lui aussi qu'il existe une sensibilité passive inconsciente. Enfin, Bergson*, analysant les mécanismes de la mémoire, montrera comment l'oubli chasse hors de la conscience les perceptions et les souvenirs qui ne sont pas utiles à l'action. Mais, dans tous les cas, cet inconscient désigne négativement ce qui n'est pas encore ou ce qui n'est plus conscient, par défaut d'intensité, d'intérêt ou de sens. La conscience reste encore l'instance privilégiée qui élabore et organise les matériaux psychiques en leur conférant une signification. Seul Nietzsche*, à travers sa critique du cogito, ira jusqu'à soutenir l'existence d'une pensée inconsciente et impersonnelle, mettant ainsi en question la prétention du sujet à maîtriser, grâce à la conscience, ses pensées et ses sentiments. Il écrit dans *Par-delà le bien et le mal* : « Une pensée ne vient que quand elle veut, et non pas quand c'est moi qui veux ; de sorte que c'est une altération des faits de prétendre que le sujet moi est la condition de l'attribut "Je pense". Quelque chose pense, mais croire que ce quelque chose est l'antique et fameux moi, c'est une pure supposition ». On est ici au plus près de l'inconscient tel que Freud le définira. Mais tandis que pour Nietzsche le problème est d'ordre métaphysique, Freud se place sur le terrain de la science et de la psychologie.

L'inconscient selon Freud

C'est en effet d'abord et avant tout son expérience de médecin soignant des malades hystériques qui conduit Freud à forger l'hypothèse de l'inconscient, dont la réalité s'impose à lui et constitue le postulat fondamental de la psychanalyse. À travers ses nombreux écrits, Freud s'attachera à définir avec toujours plus de rigueur le concept d'inconscient et à en décrire les mécanismes.

Dans une première élaboration ou première topique*, vers 1905, Freud présente l'appareil psychique comme constitué de trois étages : l'inconscient, le préconscient et le conscient (respectivement notés Ics, Pcs et Cs). Le préconscient est statique et se définit négativement comme ce qui n'est pas conscient, mais peut le devenir. Il forme avec le conscient le système « préconscient-conscient ». L'inconscient, lui, est défini positivement et dynamiquement. Il obéit à des lois de fonctionnement qui lui sont propres, et il est séparé du système Pcs-Cs par une force ou résistance qui s'oppose à ce que son contenu devienne conscient. L'inconscient n'est donc pas, comme le préconscient, du conscient latent ; il est séparé de la conscience par la censure et est le résultat d'un refoulement*.

Dans une deuxième topique, et à partir de 1920, Freud, tout en maintenant la première différenciation du pychisme en conscient, préconscient, inconscient, présente le psychisme comme constitué de trois pôles ou instances : le ça*, le moi* et le surmoi*. Le ça est le pôle pulsionnel inconscient, gouverné par le principe de plaisir. Le moi cherche à satisfaire les pulsions du ça, tout en tenant compte du principe de réalité. Il est aussi, sans qu'il le sache, soumis aux exigences du surmoi, constitué par l'intériorisation inconsciente des interdits sociaux et parentaux. Le moi apparaît ainsi comme le médiateur des intérêts opposés du ça et du surmoi. Son autonomie est par conséquent toute relative.

L'inconscient et la liberté

À travers la découverte de l'inconscient, la souveraineté du sujet sur ses pensées, ses sentiments ou ses actes semble mise en cause. C'est pourquoi des philosophes comme Alain* ou Sartre* ont cherché à en atténuer la portée. Dans ses *Éléments de philosophie*, Alain réduit l'inconscient à la partie animale et instinctive de l' homme ; Sartre, dans *L'Être et le Néant*, ramène l'inconscient à la mauvaise foi. Certes, une certaine vulgarisation de la notion d'inconscient n'est pas sans danger, lorsqu'elle conduit à interpréter hâtivement l'inconscient comme une force obscure qui nous gouverne. Mais l'inconscient est le résultat de l'histoire du sujet et c'est le sujet — et lui seul — qui, par le travail analytique, peut en ressaisir le sens et se l'approprier. C'est ce mouvement de réappropriation que traduit la formule de Freud : « Là où le ça était, je dois advenir *(Wo Es war, soll Ich werden).* »

● **TEXTES CLÉS :** S. Freud, *Cinq leçons sur la psychanalyse* et *Essais de psychanalyse.* ● **TERMES VOISINS :** inconscience ; subconscient. ● **TERME OPPOSÉ :** conscience. ● **CORRÉLATS :** ça ; conscience ; hystérie ; liberté ; moi ; perversion ; psychanalyse ; résistance ; surmoi ; topique.

INDÉFINI

(adj. et n. m.) ● **ÉTYM. :** latin *indefinitus*, « indéterminé ». ● **(ADJ.) SENS ORDINAIRE :** ce qui n'est pas défini précisément ou suffisamment déterminé, qui reste vague et incertain. ● **LOGIQUE :** proposition dont le sujet n'est pas déterminé d'un point de vue quantitatif (ex. : « L'homme est doué de raison »). ● **(SUBST.) CHEZ DESCARTES :** par opposition à l'infini : ce à quoi on ne voit pas de terme ou de limite (l'étendue par exemple).

● **TERME VOISIN :** indéterminé. ● **TERMES OPPOSÉS :** déterminé ; fini ; limité. ● **CORRÉLAT :** infini.

INDISCERNABLES (PRINCIPE DES)

Principe formulé par Leibniz* et selon lequel deux êtres réels diffèrent toujours par des caractères intrinsèques ; c'est-à-dire qu'il n'existe pas, qu'il n'existera jamais deux individus* rigoureusement semblables. *Cf.* Identité.

● **CORRÉLAT :** individu.

INDIVIDU

(n. m.) ● **ÉTYM. :** latin *individuus*, « indivisible », de *dividere*, « diviser ». **SENS ORDINAIRES : 1.** Tout être formant une unité distincte et ne pouvant être divisé sans être détruit. **2.** Être humain membre d'une société. ● **PHILOSOPHIE :** être humain indépendant et autonome,

◆ **Individuation**

ayant des intérêts et des droits éventuellement en opposition avec ceux de la société ou de l'espèce. ● **Biologie** : organisme vivant jouissant d'autonomie par rapport à son milieu.

Il ne faut pas confondre l'individu et la personne* morale. Tandis que la notion d'individualité renvoie d'abord à l'unité physiologique ou biologique, le principe de la personne morale est l'identité consciente et volontaire. En outre, quand on parle d'un individu, on met l'accent sur les particularités ou les différences* qui le distinguent de tout autre. Les personnes, au contraire, sont foncièrement semblables par la raison et la faculté de communiquer.

● **Termes voisins** : individualité ; personne ; singularité. ● **Termes opposés** : classe ; espèce ; genre. ● **Corrélats** : communauté ; ecceité ; identité ; indiscernables ; moi ; société.

INDIVIDUATION
(Principe d')

(n. m.) ● **Scolastique** : principe en vertu duquel un type (par exemple, le type humain) se singularise en une réalité unique ou singulière (par exemple, Monsieur Dupont).

INDIVIDUALISME

(n. m.) ● **Étym.** : cf. Individu. ● **Sens ordinaire** : conception selon laquelle l'individu constitue une réalité première, essentielle, et fondatrice de toute valeur. ● **Sociologie** : l'« individualisme méthodologique » est la théorie d'après laquelle les phénomènes collectifs et sociaux doivent toujours, ultimement, être expliqués en termes individuels. ● **Économie** : doctrine préconisant de limiter le plus possible le rôle de l'État dans les activités économiques et sociales, et d'encourager l'initiative privée. ● **Philosophie** : doctrine selon laquelle la société est formée par et pour des individus.

La conception dite « individualiste » de l'homme et de la société* est moderne*. Pour les Anciens, l'homme est naturellement sociable et l'individu ne se conçoit pas en dehors du cadre de la cité : « Les individus, écrit Aristote dans *Les Politiques*, ne sont que les parties intégrantes de la société [...] toutes inutiles si on les désassemble, pareilles aux mains et aux pieds qui, une fois séparés du corps, n'en ont que le nom et l'apparence sans la réalité. » Ce sont les Modernes qui ont inventé cette fiction utile d'un contrat* social passé entre des individus autonomes, calculateurs, et même rationnels. Dès lors l'État* est au service de tous les individus qui lui demandent, le cas échéant, des comptes. La conception moderne des droits de l'homme peut alors se mettre en place. À une conception holiste* de la société, qui fait prévaloir le tout sur les parties, succède donc une conception individualiste, selon laquelle l'individu constitue la valeur suprême. Mais cette doctrine ne comporte pas que des avantages : Tocqueville*, de nombreux sociologues, puis aujourd'hui un certain nombre de philosophes ont montré les périls auxquels sont exposées les sociétés individualistes. L'anomie* (absence de normes collectives indiscutées), le morcellement social, l'isolement et l'égoïsme peuvent engendrer un désarroi insupportable en même temps que des revendications discutables (par exemple, le droit des enfants à divorcer de leurs parents).

● **Termes voisins** : libéralisme ; modernité. ● **Termes opposés** : altruisme ; holisme. ● **Corrélats** : anomie ; communauté ; contrat social ; société.

INDUCTION

(n. f.) ● **Étym.** : latin *inductio*, « action d'amener ». ● **Logique** : mode de raisonnement, ou syllogisme, qui consiste à affirmer d'une classe ce qui a été établi pour chaque élément de cette classe. ● **Épistémologie** : inférence conjecturale, ou non démonstrative (ex. : « J'induis la présence d'un chien, si j'entends aboyer ») ; raisonnement qui tire des lois générales à partir de cas particuliers.

Les conclusions d'un raisonnement inductif ne sont pas logiquement nécessaires. L'induction s'oppose en cela à la déduction* (par exemple, l'induction qui a permis de conclure que « tous les corbeaux sont noirs », n'exclut pas la possibilité logique de l'existence d'une famille de corbeaux blancs).
À la suite de Hume*, des philosophes comme Karl Popper* ont insisté sur le « cercle vicieux » de l'induction : on ne peut justifier la valeur de l'induction qu'en évoquant un principe comme la régularité des phénomènes naturels, qui est lui-même un principe général, qui n'a donc pu être établi qu'inductivement, etc. Popper en tire argument pour refuser à la science* de se fonder sur l'induction. D'autres philosophes en revanche, tel Bertrand Russell*, acceptent l'induction mais, conscients des problèmes qu'elle pose, cherchent à la justifier en explicitant les postulats* sur lesquels elle repose (par exemple, le postulat de la permanence des choses, de la régularité des rapports de cause à effet, de la continuité spatio-temporelle, etc.).

● **Terme voisin :** généralisation. ● **Terme opposé :** déduction. ● **Corrélats :** connaissance ; expérience ; inférence ; logique ; science.

Inertie (Principe d')

(n. f.) ● **Étym. :** latin *inertia*, « incapacité ». ● **Science :** principe fondamental de la science moderne du mouvement (dynamique) née au XVIIe siècle. Il énonce que tout corps tend par lui-même à rester dans l'état de repos ou de mouvement où il se trouve.

Le principe d'inertie témoigne d'une rupture profonde dans la conception moderne de la nature par rapport à la physique* antique et médiévale d'Aristote*. Alors que pour celui-ci le mouvement est un passage, par définition transitoire, pour la physique scientifique moderne il est au contraire un état, qui a ses lois propres et constantes.

● **Corrélats :** force ; impétus ; mouvement ; physique.

Inférence

(n. f.) ● **Étym. :** latin *inferre*, « porter dans ». ● **Logique et épistémologie :** opération de l'esprit par laquelle on conclut d'une idée à une autre.

L'inférence est déductive, ou démonstrative, lorsque la conclusion est logiquement nécessaire (comme dans un syllogisme* par exemple). Elle est inductive, ou non démonstrative (*cf.* Induction), lorsque la conclusion n'est que probable ou vraisemblable (ex. : « J'infère l'existence d'un chien, si j'entends aboyer »).

● **Termes voisins :** déduction ; induction ; raisonnement. ● **Corrélats :** connaissance ; induction ; probabilité ; syllogisme.

Infini

(adj. et n. m.) ● **Étym. :** latin *finis*, « fin », « limite », et *in*, privatif. ● **(Adj.) sens ordinaire :** synonyme d'indéfini. ● **Mathématiques :** se rapporte à tout ce qui n'a pas de limite assignable. ● **(Subst.) mathématiques :** 1. Ce qui n'a pas de limite assignable dans l'ordre de la grandeur ou de la petitesse (infini potentiel ou relatif). 2. Ce qui n'admet actuellement aucune limite et qui, de ce fait, n'est plus de l'ordre de la grandeur (infini actuel, absolu ou transfini). ● **Chez Descartes :** par opposition à l'indéfini, l'être qui possède actuellement toutes les perfections.

Dans le monde clos, fini et ordonné qu'est le cosmos* grec, l'infini ne peut être pensé que comme chaos. Échappant à toute limite, toute mesure, bref à toute détermination rationnelle, il ne peut être qu'inconnaissable et inexprimable. Il s'apparente donc au néant. La philosophie platonicienne donne cependant une place à l'infini dans le champ du discours : il devient synonyme d'indéfini* (non fini), notion encore « négative ». À partir de Copernic*, l'infini devient une réalité — ou une idée — positive : le monde* est, de fait, infini. Chez Descartes*, l'infini acquiert même une positivité métaphysique : l'infini c'est Dieu, l'être absolu qui rend raison de tout ce qui est, et qui contient toutes

◆ Inné / Acquis

les perfections. À partir de là, c'est cet infini, à la fois actuel et absolu, que la science et la philosophie s'attacheront à penser et à construire mathématiquement.

> ● **TERMES VOISINS :** absolu ; indéfini ; totalité. ● **TERMES OPPOSÉS :** fini ; limité ; relatif. ● **CORRÉLATS :** cosmos ; indéfini ; monde ; néant.

INNÉ / ACQUIS

> (adj. et n. m.) ● **ÉTYM. :** inné vient du latin *in-natus*, « né dans » ; acquis vient du latin *acquirere*, « acquérir ». ● **SENS ORDINAIRE :** est inné ce qui appartient à la nature d'un être (ce dont il dispose dès la naissance) ; par opposition, un caractère acquis l'est après la naissance.

La question de savoir quelles sont, chez l'homme, les parts respectives de l'inné et de l'acquis, a divisé les philosophes dès le XVIIe siècle : Locke*, Leibniz*, puis la plupart des philosophes du XVIIIe siècle s'opposeront à Descartes*, qui affirmait que Dieu a imprimé des vérités éternelles innées dans l'esprit de l'homme. Avec le développement de la biologie et de la génétique à la fin du siècle dernier, puis avec l'intérêt porté par les ethnologues à la diversité des sociétés humaines et des cultures, la question a ressurgi sous une autre forme : peut-on parler d'une « nature humaine », ou bien ce qu'il y a d'inné dans l'homme est-il entièrement transformé par l'éducation* et la culture* ? Si l'on connaît de mieux en mieux l'organisation du cerveau et son rôle dans la formation des fonctions psychiques et intellectuelles, on sait aussi, avec de plus en plus de certitude, que les relations entre un être humain et le milieu environnant dans lequel il grandit contribuent de façon décisive au développement de ces fonctions. L'inné et l'acquis semblent étroitement interdépendants : chercher à « mesurer » les parts respectives de l'un et de l'autre n'a guère de sens.

> ● **TERMES VOISINS :** culturel ; naturel. ● **CORRÉLATS :** culture ; éducation ; habitus ; innéisme ; mœurs ; nature ; perfectibilité.

INNÉISME

> (n. m.) ● **ÉTYM. :** latin *in-natus*, « né dans », « inné ». ● **PHILOSOPHIE : 1.** Doctrine selon laquelle des idées, des connaissances, etc., sont présentées dans l'esprit avant tout apprentissage (*cf.* Platon et Descartes). **2.** Doctrine selon laquelle la majeure partie des caractéristiques d'un individu, y compris psychologiques, sont dès sa naissance inscrites dans son patrimoine génétique (*cf.* Inné/ Acquis).

Selon cette doctrine, existent en notre esprit des « semences de vérité » (Descartes*), « nées avec moi », et qui sont les idées* les plus simples et les plus évidentes que l'esprit* peut concevoir lorsqu'il y porte son attention. Les idées innées constituent par conséquent les fondements premiers du savoir.
L'innéisme cartésien sera combattu par l'empirisme* de Locke* : les idées premières ne sont pas innées, mais viennent de l'expérience.
Dans la pensée contemporaine, le linguiste Noam Chomsky* a repris l'inspiration générale de l'innéisme cartésien en l'appliquant au langage*. Chomsky distingue dans les phrases une « structure superficielle » (la phrase telle qu'elle est prononcée) et une « structure profonde » (le contenu mental qu'elle exprime). Ce qui pour lui est inné, ce sont les règles qui permettent la transformation de la structure profonde en structure superficielle. Ces règles sont constitutives de l'esprit humain ; elles sont la condition chez l'homme de l'apprentissage d'une grammaire quelconque.

> ● **TERME OPPOSÉ :** empirisme. ● **CORRÉLATS :** connaissance ; culture ; éducation ; entendement ; idée ; inné/acquis ; langage ; nature ; réminiscence.

INQUIÉTUDE

> (n. f.) ● **ÉTYM. :** latin *inquietudo*, « agitation, inquiétude ». ● **SENS ORDINAIRE :** trouble, état pénible consécutif à l'attente d'un événement susceptible d'avoir une issue fâcheuse, et qui empêche le repos de l'esprit. ● **PSYCHOLOGIE : 1.** Disposition spontanée consistant à ne

pas se contenter de ce qui est, et à chercher toujours au-delà. **2.** Pathologie de l'esprit particulièrement fréquente chez les obsédés. ● **Philosophie :** état d'insatisfaction, de souci propre à l'être humain.

Caractérisée par une insatisfaction quant à l'état présent et une appréhension de l'avenir, l'inquiétude humaine a été mise au premier plan par la tradition chrétienne. Pour Pascal* ou Malebranche*, elle est fondamentalement liée à la misère d'une créature qui ressent son incomplétude et la certitude de sa mort prochaine. L'inquiétude est le sentiment propre au malheur de l'homme sans Dieu mais, de ce fait même, elle peut, selon saint Augustin*, constituer le moteur de la conversion, car l'âme ne peut trouver de repos qu'en Dieu (*Confessions*, IV, 12). L'inquiétude est donc en quelque sorte révélante, et elle a au moins le mérite de s'opposer au quiétisme, qui incite à la contemplation bienheureuse et inactive de la perfection divine.

Avec Locke*, qui en fait le « principal aiguillon de l'industrie et de l'activité des hommes » (*Essai sur l'entendement humain*, II, 20-21), la philosophie donne un sens positif plus mondain au concept d'inquiétude. Mais ce sont surtout les philosophies existentielles qui en font un thème décisif en identifiant le sentiment d'inquiétude à une incapacité constitutive de la conscience de soi à coïncider avec elle-même et à assumer la responsabilité inhérente à la liberté*. Dans *L'Homme problématique*, Gabriel Marcel estime que l'inquiétude vient de ce que « nous ne sommes pas au clair sur notre être intime et sur nos possibilités ». Mais, contrairement à l'angoisse* qui paralyse celui qui la ressent, l'inquiétude peut, selon lui, se transformer en « disposition active ». S'inscrivant dans la tradition chrétienne, Gabriel Marcel pense l'inquiétude comme un sentiment qui nous arrache au quotidien et à ses mille petits soucis, pour nous faire entrer dans un plan de réalité véritable : l'inquiétude est pour lui un « principe de dépassement » qui nous fait accéder à la foi*, seule à même d'instaurer la paix en nous-mêmes.

● **Termes voisins :** agitation ; crainte ; peine ; peur ; souci. ● **Termes opposés :** calme ; paix ; quiétude ; repos ; tranquillité. ● **Corrélats :** action ; angoisse ; conscience ; liberté ; mort ; religion.

Instinct

(n.m.) ● **Étym. :** latin *instinctus*, « excitation », « impulsion ». ● **Biologie et psychologie :** mode d'adaptation inné, de caractère héréditaire, propre à une espèce. ● **Psychanalyse :** forces psychiques inconscientes qui forment le ça ; au sens freudien, l'instinct est une notion à la frontière du somatique (biologique) et du psychique ; il est le « représentant psychique de forces organiques » (Freud).

Il ne faut pas confondre le sens biologique et psychologique usuel du terme d'instinct, tel qu'il est à l'œuvre en psychologie animale par exemple, et son sens psychanalytique.

Freud* emploie le mot allemand *Trieb*, qui serait mieux traduit par pulsion* que par instinct. À la fin de sa vie, il distinguera deux grandes sortes de pulsions : « l'instinct de vie » ou Éros* (la libido*), c'est-à-dire l'ensemble des forces créatrices et affirmatrices de l'individu ; et l'« instinct de mort », ou Thanatos*, c'est-à-dire la tendance à revenir à un état inorganique.

Dans le sens psychologique habituel du mot instinct, qui est son sens propre, il faut distinguer l'instinct du réflexe. Celui-ci également est inné ; mais tout comportement inné n'est pas instinctif : le sont seulement ceux qui, en fonction de stimulations extérieures, permettent une adaptation à l'environnement. Ainsi, chez le nourrisson, la succion est un réflexe, et non un instinct : elle ne permet pas d'elle-même la satisfaction d'une fonction biologique — ce qui n'est pas le cas chez le veau, qui va dès sa naissance vers le pis de sa mère.

Il faut également distinguer l'instinct de l'intelligence*. Cette distinction a été développée par Bergson*. L'intelligence est, comme l'instinct, une fonction d'adaptation au réel, mais qui suppose construction et invention ; elle est en cela proprement humaine. L'instinct est au contraire un comportement adaptatif stéréotypé, dépendant d'une programmation génétique.

Plus le comportement animal* est instinctif (insectes, animaux inférieurs...), moins il peut se modifier lorsque les conditions extérieures empêchent le succès de l'adaptation. Il est en revanche susceptible d'adaptation chez les oiseaux et les mammifères, et peut même être, chez les mammifères supé-

rieurs (comme le singe), modifié par l'apprentissage.
L'espèce humaine est, quant à elle, faiblement déterminée par l'instinct ; l'existence d'instincts y est même douteuse. D'où, pour l'homme, la nécessité impérieuse de l'éducation*.

> ● **TERME VOISIN** : pulsion. ● **TERMES OPPOSÉS** : culture ; éducation ; intelligence. ● **CORRÉLATS** : animal ; inconscient ; nature ; perfectibilité ; vie.

INSTITUTION

(n. f.) : ● **ÉTYM.** : latin *institutio*, « arrangement », de *instituere*, « établir », « commencer », « fonder ». ● **SENS ORDINAIRES** : 1. Action d'instituer, c'est-à-dire d'établir pour la première fois (une fête, une manifestation sportive...). 2. Ce qui est ainsi institué (cérémonie, groupe, ordre, régime, etc.). ● **SOCIOLOGIE** : 1. Sens strict : forme particulière d'organisation des grandes fonctions publiques dans une société donnée (justice, administration, sécurité sociale, Église, école, etc.). 2. Sens large : ensemble des coutumes et pratiques sociales en tant qu'elles se sont cristallisées sous la forme de règles et d'usages. ● **ANTHROPOLOGIE** : par opposition à ce qui relève de l'instinct, tout ce qui a été établi par les hommes (langage, traditions, mœurs...)

Il n'y a pas de société sans institution, c'est-à-dire sans organisation et stabilisation des activités humaines dans des structures, ou dans des formes, qui constituent en même temps des normes* pour tous les individus qui y sont soumis. L'institution en général, étroitement associée ici à la culture*, est donc coextensive à l'humanité. Toutes les institutions se présentent — c'est leur caractère le plus marquant — comme des systèmes de règles contraignantes assorties d'interdits : de ce point de vue toute institution peut être tenue pour essentiellement répressive, c'est-à-dire reproductrice des inégalités et des conflits qu'elle prétend soit nier, soit résoudre (*cf.* à ce propos les analyses de Michel Foucault* et Pierre Bourdieu*).
Mais il est possible d'insister, au contraire, sur la fonction normative et régulatrice — et par là même foncièrement humanisante — de certaines de nos institutions. L'État* de droit, par exemple, peut être considéré comme une structure dont la fonction est de protéger la liberté de tous et de prévenir toute forme de tyrannie ; dans le même ordre d'idées, l'Organisation des Nations unies (ONU) est une institution dont la raison d'être est la régulation des conflits internationaux, et le maintien de la paix... L'institution scolaire, dont la finalité est l'accès de tous à la liberté, à la maîtrise de soi et à la culture est — toujours de ce point de vue — l'institution par excellence. Toutefois, le projet d'autonomie — projet éthique et politique — qui fonde l'ensemble des institutions républicaines doit lui-même être situé dans le cadre d'une histoire précise qui est celle de la modernité occidentale. Cornélius Castoriadis a montré que la liberté est un projet social et historique qui demande à être réfléchi, et assumé : c'est pourquoi il nous invite, dans l'une de ses œuvres (*L'Institution imaginaire de la société*) à une nécessaire réflexion critique sur l'imaginaire « instituant » et « créateur de valeurs ».

> ● **TERMES VOISINS** : convention ; établissement ; fondation ; organisation. ● **TERMES OPPOSÉS** : instinct ; nature. ● **CORRÉLATS** : civilisation ; culture ; éducation ; État ; instruction.

INSTRUCTION

(n. f.) ● **ÉTYM.** : latin *instruere*, « disposer, bâtir ». ● **SENS GÉNÉRAL** : action de transmettre des connaissances.

On distingue parfois l'instruction de l'éducation, celle-ci cherchant à transmettre moins des connaissances que des valeurs. Il ne faut toutefois pas exagérer cette différence. L'instruction vise en effet, à travers les savoirs transmis, à former le jugement et à cultiver l'esprit, c'est-à-dire à constituer une éducation pour la raison.

> ● **TERMES VOISINS** : culture ; éducation. ● **TERME OPPOSÉ** : ignorance. ● **CORRÉLATS** : connaissance ; jugement ; raison ; savoir.

INTELLIGENCE

(n. f.) ● **ÉTYM.** : latin *intelligere*, « comprendre ». ● **SENS ORDINAIRE ET PSYCHOLOGIQUE** : faculté de comprendre et d'innover.

D'un usage récent en philosophie, le terme intelligence appartient au vocabulaire de la psychologie. Aujourd'hui, il désigne la faculté des philosophes ont longtemps nommée entendement* ou, souvent, pensée* ou raison*. Pour les psychologues, l'intelligence regroupe l'ensemble des aptitudes qui permettent à un individu de s'adapter activement aux situations complexes dans lesquelles le place son environnement. La célèbre définition proposée par Henri Bergson* dans *L'Évolution créatrice* met plutôt en évidence les moyens de cette adaptation : « L'intelligence achevée est la faculté de fabriquer et d'employer des instruments inorganisés. » À vrai dire, aucune définition de l'intelligence n'a obtenu à ce jour l'assentiment de tous ceux dont elle constitue un objet d'étude privilégié, et beaucoup de questions déjà anciennes restent posées : quels sont exactement les liens entre l'intelligence et son principal support biologique, le cerveau ? Y a-t-il un sens à prétendre mesurer l'intelligence ? Peut-on parler d'« intelligence animale » ? Etc.

● **TERME VOISIN** : entendement. ● **TERME OPPOSÉ** : bêtise. ● **CORRÉLATS** : esprit ; inné/acquis ; instinct ; ironie ; pensée ; raison ; sciences cognitives.

INTELLIGIBLE

(adj. et n. m.) ● **ÉTYM.** : latin *intelligibilis*, « qui peut être compris ». ● **(ADJ.) SENS ORDINAIRE** : qui peut être compris. ● **(SUBST.) MÉTAPHYSIQUE** : qui relève de l'intelligence seule, de l'entendement pur. S'oppose soit au sensible, qui relève de la sensation ou de la sensibilité, soit à l'empirique, qui relève de l'expérience.

Platon* est à l'origine de la distinction entre le domaine des Idées pures, que l'intelligence seule peut appréhender, et celui des apparences* sensibles. Cependant, en affirmant que les Idées* sont non seulement des objets de connaissance, mais encore des réalités, il établit une séparation radicale entre deux mondes, qu'il est courant d'appeler « monde intelligible » et « monde sensible ». Kant*, dans la *Critique de la raison pure*, établit, lui aussi, une distinction entre deux mondes : celui des apparences ou « phénomènes* » et celui des choses en soi* ou « noumènes* ». Mais, selon Kant, le noumène est seulement le support de ce qui apparaît. S'il peut être pensé, il ne peut être connu. Toutefois, à travers l'expérience de la liberté* et du remords, Kant, dans la *Critique de la raison pratique*, postule l'existence, pour chaque être raisonnable, d'un « moi » noumémal qui fait le choix d'un caractère intelligible, à quoi se rattachent les actes dont il est légitimement tenu pour responsable, alors même que son caractère empirique est entièrement déterminé par son passé récent et lointain. Ainsi, selon Kant, si le monde intelligible nous est refusé sur le plan théorique, il est cependant nécessaire de le postuler sur le plan pratique.

● **TERMES OPPOSÉS** : empirique ; sensible. ● **CORRÉLATS** : idée ; noumène.

INTENTION

(n. f.) ● **ÉTYM.** : latin *intentio*, « action de tendre ». ● **SENS ORDINAIRE** : résolution psychologique à faire quelque chose. ● **MORALE** : volonté subjective. ● **PHILOSOPHIE** : rapport de l'esprit avec l'objet qu'il appréhende.

C'est dans le registre moral que l'intention trouve son sens premier. Là, elle signifie la visée qu'un individu confère à son action et le but qu'il lui assigne. L'intention est donc indissociable d'une pensée de la subjectivité* puisqu'elle renvoie au sens d'une action objective avant que celle-ci ne soit réalisée. Il revient à Kant* d'avoir purifié cette notion en en faisant le fondement subjectif de la moralité : comme la moralité ne tient pas dans la réussite d'un projet mais dans la pureté de la volonté, la vérité d'un acte se trouve dans l'intention qui l'anime. On a alors pu parler, pour stigmatiser la philosophie kantienne, d'une « morale de l'intention » purement formelle*, sans toujours noter que l'intention comprend en elle le

◆ **Intentionnalité**

souci de l'efficacité. Dans une perspective théorique, mais toujours accordée à une philosophie du sujet*, Husserl* fait de l'intention l'acte même de la conscience* par laquelle celle-ci se rapporte à l'objet en lui conférant une signification*.

● **Termes voisins** : maxime ; sens ; visée. ● **Corrélats** : conscience ; intentionnalité ; morale ; volonté.

INTENTIONNALITÉ

(n. f.) ● **Étym.** : latin *intentio*, « action de tendre vers ». ● **Phénoménologie** : terme utilisé par Husserl pour désigner l'acte par lequel la conscience se rapporte à l'objet qu'elle vise.

En définissant l'intentionnalité comme le fait que « la conscience est conscience de quelque chose », Husserl* entend d'abord montrer qu'elle est une visée et non une « chose pensante », comme Descartes* l'avait définie. Ensuite, étant pure transcendance, elle ne coïncide jamais avec elle-même et est fondamentalement temporalité, ouverture au passé et au futur. L'intentionnalité implique du même coup la signification, qui est dépassement du simple donné. C'est par la façon dont la conscience* se rapporte à ses objets — à elle-même ou au monde — qu'elle leur donne sens.

● **Terme voisin** : visée. ● **Corrélats** : conscience ; intention ; phénoménologie ; sens.

INTÉRÊT

(n. m.) ● **Étym.** : latin *interest*, de *interesse*, « importer » (au sens de « ce qui importe »). ● **Sens ordinaires** : **1.** Préjudice, tort ; indemnité correspondante (« dommages et intérêts »). **2.** Somme due, en plus du capital prêté, à un prêteur (« prêt à intérêt »). **3.** Ce qui convient à quelqu'un ; ce qui correspond à ses besoins ou à ses désirs. **4.** (Péjoratif) recherche d'avantages personnels, attachement égoïste à ce qui est propre à soi. ● **Philosophie** : ce qui est utile à l'individu, à un groupe, ou à l'humanité tout entière. ● **Chez Kant** : un intérêt est « ce par quoi la raison devient pratique, c'est-à-dire devient une cause déterminant la volonté » (*Fondement pour la métaphysique des mœurs*).

Le langage familier a tendance à confondre les différents sens du mot intérêt, la dernière interprétation (péjorative) pouvant retentir sur les précédentes : on dit d'une personne honnête qu'elle est « désintéressée », tandis qu'une personne « intéressée » est jugée égoïste et sournoise. Pourtant l'intérêt est une notion neutre. Il est naturel, et même raisonnable, de la part de chacun d'entre nous, aussi bien que d'une société, de poursuivre ou de préserver ses *intérêts*. C'est ainsi que Kant peut parler de l'« intérêt moral » (on peut, écrit-il, « prendre intérêt à une chose », sans pour autant « agir *par intérêt* »). La philosophie utilitariste* repose tout entière sur l'idée que la recherche de l'intérêt bien compris peut constituer le fondement d'une société équitable et tempérée. De fait, et *a contrario*, les hommes passionnés, ou fanatiques, perdent de vue momentanément, voire parfois définitivement, leurs véritables intérêts. Ils deviennent donc « désintéressés » (en un sens inhabituel !), comme le furent, par exemple, certains partisans d'Hitler ; mais ce type de « désintéressement » n'est plus qu'une forme effarante de nihilisme* (*cf.*, à ce propos, H. Arendt*, *Le Système totalitaire*, Seuil, 1972, et A. Hirschman, *Les Passions et les intérêts*, PUF, 1980).

● **Terme voisin** : utile. ● **Terme opposé** : désintérêt. ● **Corrélats** : morale ; passions ; utilitarisme ; vertu.

INTERPRÉTER

(v.) ● **Étym.** : latin *interpretari*, « expliquer », « traduire », « prendre dans tel ou tel sens ». ● **Sens ordinaires et psychologiques** : **1.** Rendre clair, trouver un sens caché, donner une signification (ex. : « interpréter un rêve, une énigme »). **2.** Déformer, travestir (par exemple, donner à un texte ou à un événement, un sens qu'ils n'ont pas).

3. Jouer une œuvre de façon à en exprimer le sens. ● **PSYCHANALYSE :** rechercher le contenu latent des productions de l'inconscient à partir de leur contenu manifeste.

À la suite de Heidegger*, le philosophe allemand Hans-Georg Gadamer* a montré, dans son œuvre maîtresse *Vérité et méthode* (1960), que l'acte de comprendre* comporte trois moments : la compréhension proprement dite, l'interprétation et l'application. Comprendre (au sens strict), c'est saisir le sens vrai ou adéquat, c'est-à-dire conforme à l'intention première. Interpréter, c'est comprendre de façon nouvelle et différente à chaque instant. Appliquer, c'est adapter à la situation concrète et tirer un enseignement pratique (tirer une interprétation édifiante de l'Écriture sainte, par exemple).

Or, ces trois moments sont indissociables : il ne peut y avoir en effet de compréhension sans interprétation car la signification, qui se trouve à la fin d'une recherche, se trouve également à son commencement, le chercheur devant toujours anticiper selon ses intérêts et ses choix. Mais il n'y a pas non plus d'interprétation sans application : toute lecture de l'histoire, par exemple, implique la mise en valeur d'un sens qui ne peut être dissocié des orientations ou même des enseignements de l'historien. Comprendre est en ce sens « l'autre face de l'action » (Hannah Arendt*), qui implique non seulement des capacités d'analyse mais aussi un « cœur intelligent ».

Dans son interprétation du totalitarisme, par exemple, Hannah Arendt montre qu'une certaine forme de compréhension de l'objet d'étude précède l'investigation philosophique et historique. Seule une intuition juste peut guider le travail du philosophe, de l'exégète ou de l'historien. La signification des phénomènes est le plus souvent connue avant d'être véritablement élucidée (notion de « cercle herméneutique* »). Comme la véritable philosophie en effet, l'esprit humain décrit des cercles, c'est-à-dire « s'adonne à ce dialogue infini avec l'essence des phénomènes qui seul lui permet de composer avec ce qui est arrivé et de parvenir à se réconcilier avec ce qui est ».

● **TERMES VOISINS :** compréhension ; élucidation ; exégèse. ● **CORRÉLATS :** comprendre ; expliquer ; herméneutique.

INTERSUBJECTIVITÉ

(n. f.) ● **ÉTYM. :** latin *inter* et *subjectivus*, « qui se rapporte au sujet ». ● **PHÉNOMÉNOLOGIE :** relation réciproque et constitutive des consciences comme sujets.

La phénoménologie* a placé autrui au centre de sa réflexion. Dans la mesure où chaque conscience* est intentionnalité, visée d'autre chose qu'elle-même, elle est d'abord et avant tout constituée par et dans l'intersubjectivité, c'est-à-dire par cette altérité essentielle qui fait de tout être humain un *alter ego* pour autrui*, mais aussi pour lui-même. Cette possibilité d'entrer, par le dialogue* notamment, dans une relation avec autrui où les positions soient à la fois différentes et interchangeables est ce qui donne au monde son épaisseur, puisqu'il s'enrichit des points de vue différents du mien, mais aussi son objectivité, au moins à titre d'exigence idéale d'un monde commun.

● **TERME OPPOSÉ :** solipsisme. ● **CORRÉLATS :** autrui ; communication ; dialogue ; échange ; phénoménologie.

INTROSPECTION

(n. f.) ● **ÉTYM. :** latin *introspectus*, « action de regarder à l'intérieur ». ● **SENS ORDINAIRE :** fait, pour une conscience, de s'observer elle-même. ● **PHILOSOPHIE ET PSYCHOLOGIE :** observation et analyse de soi en vue d'étudier sa propre personne ; ou bien en vue de connaître l'esprit humain en général.

● **TERMES VOISINS :** analyse ; conscience de soi. ● **CORRÉLATS :** conscience ; psychanalyse ; psychologie.

INTUITION

(n. f.) ● **ÉTYM. :** latin *intuitio*, « regard ». ● **SENS ORDINAIRE :** sentiment non rationnel, difficilement définissable, voire mystique, grâce auquel nous sommes censés « sentir » une vérité ou une réalité.

◆ **Intuitionnisme**

● **Philosophie** : modalité de la connaissance qui met, sans médiation, l'esprit en présence de son objet.

L'intuition, pour Descartes*, est la conception immédiate et parfaitement claire d'une idée par l'esprit : elle est donc purement intellectuelle (non sensible) et se distingue de la déduction*, qui établit ses vérités par la médiation d'une démonstration.
L'intuition désigne, chez Kant*, la façon dont un objet se donne immédiatement à notre connaissance. Or l'entendement* humain ne peut penser que des objets préalablement donnés, c'est-à-dire sentis : l'homme n'a accès qu'à l'intuition sensible, l'intuition intellectuelle est réservée à Dieu.
Pour Bergson*, en revanche, l'intuition peut atteindre un absolu* : distincte de l'intelligence* qui a pour vocation de penser la matière, elle est la seule manière de connaître véritablement — c'est-à-dire directement — l'esprit.

● **Termes voisins** : évidence ; sentiment. ● **Termes opposés** : déduction ; intelligence.

Intuition pure
Chez Kant, ce concept désigne l'espace* et le temps* : formes *a priori* de la sensibilité*.

● **Corrélats** : absolu ; certitude ; connaissance ; foi ; intuitionnisme ; vérité.

Intuitionnisme

(n. m.) : ● **étym.** : formé à partir du nom *intuition*. ● **Sens ordinaire** : doctrine, ou théorie de la connaissance, qui accorde une place essentielle à l'intuition. ● **Sens strict** : théorie philosophique de Bergson selon laquelle l'intuition peut donner accès à l'absolu, par opposition à l'intelligence conceptuelle ou scientifique. ● **Mathématiques** : par opposition au formalisme, conception de certains mathématiciens — en particulier Luitzen E.J. Brouwer (1881-1966) — pour lesquels les mathématiques ne se réduisent pas à une simple logique, mais comportent un contenu accessible à l'intuition.

● **Terme opposé** : formalisme.
● **Corrélats** : intuition ; mathématiques.

Ionienne (Philosophie)

Nom qui désigne l'ensemble des philosophes de Ionie du VIe siècle avant J.-C., c'est-à-dire les Milésiens (école de Milet*), Héraclite* d'Éphèse et aussi, au Ve siècle, Anaxagore* (500-428 av. J.-C.). (*Cf.* Présocratiques.)

Ironie

(n. f.) ● **étym.** : grec *eirôneia*, « action d'interroger en feignant l'ignorance ». ● **Sens ordinaire** : action de dire une chose dans le but d'en faire comprendre une autre, généralement son contraire. ● **Philosophie** : 1. Chez Socrate, méthode d'interrogation visant à dénoncer les contradictions de l'interlocuteur. 2. Chez les romantiques allemands : affirmation de la puissance de l'esprit, grâce à laquelle il parvient à considérer la réalité comme un simple jeu d'apparences.

C'est d'abord avec Socrate* que l'ironie acquiert son statut philosophique. Socrate n'enseigne rien, il interroge et s'efforce de manifester l'inconsistance des propos de l'interlocuteur afin de l'inviter à revoir sa position. Pour ce faire, il feint l'ignorance (« Tout ce que je sais, c'est que je ne sais rien ») et contraint ainsi l'interlocuteur à formuler son opinion. Il adopte alors à la lettre la réponse qu'on lui propose et en développe toutes les implications pour en faire apparaître les contradictions internes ou les conséquences inadmissibles. L'interlocuteur lui-même, de plus ou moins bonne grâce, se trouve alors acculé à reconnaître qu'il ne savait pas vraiment ce qu'il croyait savoir. La recherche philosophique peut ainsi véritablement commencer (*cf.* Maïeutique). L'ironie, dans le contexte des dialogues socratiques de Platon*, est également un appel à l'intelligence du lecteur, invité à combler lui-même les lacunes du discours et à construire sa propre pensée sur le sujet discuté.

Chez les romantiques allemands du XIXᵉ siècle (Schlegel, Novalis), l'ironie devient un pur et simple subjectivisme esthétique : elle prend appui sur la puissance du moi, affirmée par Fichte*, pour refuser de prendre au sérieux la réalité extérieure. Hegel* dénoncera cette perversion : selon lui, l'intérêt de l'attitude socratique consistait à affirmer les droits de la conscience*, face à l'autorité abusive des lois et des mœurs imposées de l'extérieur, et à manifester que le sens de la réalité ne peut être accordé que par l'esprit. Mais Socrate ne niait pas le sérieux de la réalité. En revanche, l'ironie socratique rencontre des limites : exclusivement critique, elle ne parvient pas à déboucher sur des solutions positives aux problèmes soulevés (cf. Aporie). Dans le sillage de la critique hégélienne, Kierkegaard* affirme l'intérêt de l'ironie, qui pose la puissance de l'esprit face aux fausses évidences de la « réalité » et invite conjointement, contre les abus romantiques, à chercher des valeurs* spirituelles et temporelles plus solides — mais il retournera l'argument contre le système même de Hegel : l'ironie est une pratique de la conscience singulière par laquelle l'individu affirme ses droits contre l'abstraction de l'esprit de système au moins autant que contre l'autorité immédiate de la réalité naturelle ou sociale. Dans tous les cas, l'ironie inaugure une démarche critique, mais appelle un complément positif (la théorie des Idées*, chez Platon ; la réalité effective, chez Hegel ; la foi*, chez Kierkegaard).

● **Terme voisin :** humour. ● **Termes opposés :** naïveté ; sérieux. ● **Corrélats :** aporie ; critique ; dialectique ; dialogue ; maïeutique ; romantisme.

IRRATIONNEL

(adj.) ● **Étym. :** latin *ratio* (*cf.* Raison). ● **Sens ordinaire et philosophie :** contraire ou inaccessible à la raison. ● **Mathématiques :** se dit d'un nombre qui n'est pas le quotient de deux nombres entiers.

Que faut-il qualifier d'irrationnel ? Tout ce dont la raison* humaine ne sait pas rendre compte à un moment donné (par exemple, le phénomène du tonnerre dans l'Antiquité) ? Ou l'ensemble des phénomènes qui lui échapperaient par nature (par exemple, Dieu, les fantômes ou les miracles) ? Le fait de répondre positivement à la première question repose sur la croyance en un constant progrès de la raison, qui conduit à l'augmentation régulière des connaissances humaines. Répondre positivement à la seconde postule au contraire l'existence de limites de la raison : ses lois* ne coïncident pas parfaitement avec celles qui régissent l'univers, et un certain nombre de phénomènes relèveront toujours d'une approche non rationnelle*.

Une troisième voie permet peut-être de sortir de ce dilemme. Si la raison ne peut légiférer sur tout, il lui revient en tout cas de fixer ses propres limites, donc de circonscrire elle-même son « autre » ; l'irrationnel est alors ce qui n'a pas de sens* au regard des critères de reconnaissance de la raison (par exemple, pour un occidental, le rôle exact de la magie dans une société africaine), ou de ses moyens d'investigation (par exemple, l'ordre des sentiments*, de l'inconscient*, ou de la foi*).

● **Termes voisins :** illogique ; mystérieux ; surnaturel. ● **Termes opposés :** logique ; rationnel. ● **Corrélats :** foi ; raison ; rationnel ; sens.

ISLAM

(n. m.) ● **Étym. :** arabe *'islâm*, « soumission ». ● **Sens ordinaire :** avec une minuscule, l'*islam* désigne l'ensemble des courants religieux musulmans ; avec une majuscule (*Islam*), le terme désigne l'ensemble des pays se réclamant de la religion musulmane.

Mahomet et le Coran

L'islam, né au VIIᵉ siècle, fondé par Mahomet (570-632) à La Mecque, puis à Médine où il était en exil (« hégire »), est le plus récent des trois grands monothéismes* et, d'un point de vue quantitatif, la deuxième religion du monde. Son texte de référence est le Coran (la « récitation ») auquel s'ajoute les *hadîth*, témoignages sur les dits et les faits de Mahomet. La *sunna* désigne l'ensemble des traditions islamiques. La *sharî'a* désigne la loi islamique, autrement dit les règles de conduites. Le Coran est reçu par l'islam comme la parole de Dieu,

Islam

transmise en arabe à Mahomet, le dernier des prophètes, par l'ange Gabriel. Les musulmans (« ceux qui se sont résignés » à la volonté de Dieu) reconnaissent également la Bible et les Évangiles, auxquels le Coran fait de nombreux emprunts, mais accusent les juifs et les chrétiens (les « gens du Livre »), qu'ils considèrent néanmoins explicitement comme des « protégés » appartenant à la même source religieuse, de ne pas avoir su entendre convenablement la parole de Dieu. Ils se considèrent, ainsi que l'affirme la Bible, comme les descendants d'Abraham*, par la voie de son premier fils Ismaël. Ils reconnaissent le Christ*, mais ne le reçoivent que comme un prophète parmi d'autres, tout en vouant un culte à sa mère, la Vierge Marie (*Myriam*).

Mahomet, orphelin démuni bien qu'issu d'une famille noble, avait épousé une riche propriétaire, Khadija. Il avait l'habitude d'aller méditer dans le désert, dans une grotte, et c'est là que lui apparut un jour, un ange envoyé par Dieu pour lui confier la mission de répandre le message coranique à travers l'humanité. Cette entreprise, qui visait à instaurer un monothéisme dans un univers où foisonnaient les religions polythéistes, lui attira l'hostilité des habitants de La Mecque, lieu de multiples pèlerinages, et le contraignit à l'exil avec ses compagnons. À Médine, Mahomet parvint à fonder la première communauté musulmane et à organiser la conquête de La Mecque.

Les « cinq piliers » de l'islam

Naît ainsi une religion, dont la principale qualité est sans doute la simplicité d'accès, qui se répandra rapidement à travers le monde, en particulier à la faveur des conquêtes arabes. Toutefois, contrairement aux idées répandues, les Arabes ne représentent que 18 % des musulmans et les huit pays qui comptent le plus de musulmans (Indonésie, Inde, Pakistan, Bangladesh, Russie, Turquie, Nigeria, Iran) ne sont pas arabes.

Le dogme musulman (articulé autour des « cinq piliers » de l'islam) impose avant tout à ses fidèles de ne croire qu'à un seul Dieu et à ses prophètes (telle est la « profession de foi » qu'il suffit de prononcer pour devenir musulman) et de se soumettre à la volonté divine. Les quatre autres piliers sont : la prière à heures fixes, cinq fois par jour ; le devoir d'aumône ; le jeune diurne durant le mois de Ramadan ; le pèlerinage à La Mecque une fois dans sa vie, si on le peut.

L'islam, et cela se manifeste dans son nom, se caractérise surtout par le devoir de soumission à la volonté divine, qui a souvent pu tourner au pur fatalisme*. Contrairement au judaïsme* et au christianisme*, il ne condamne pas aussi radicalement les plaisirs et ne dénigre pas autant le corps, même si la sexualité y est soumise à des règles strictes et si, comme toute religion, l'islam a ses ascètes et ses mystiques (soufisme).

À la mort de Mahomet, la question de sa succession (*khalifa*) suscite des divisions qui conduisent à la naissance de courants qui ont perduré : sunnites, chi'ites, kharidjites. Aujourd'hui, comme toute religion ancienne, l'islam est divisé entre les partisans d'une adaptation à la modernité et des courants orthodoxes ou fondamentalistes. Comme on le voit pour d'autres religions, le fait que l'islam soit essentiellement répandu parmi des populations pauvres, conjugué avec ses penchants vers le fatalisme, favorise actuellement l'existence du second type de courants et peut également se prêter à leur instrumentalisation politique (« islamisme »).

Islam et philosophie

L'Islam a joué un très grand rôle culturel dans tous les domaines à l'époque de l'empire arabe. Au Moyen Âge, il donne naissance à des philosophes de grand renom (Al Ghazali, Ibn Arabi, Al Farabi, Avicenne*, Averroès*, Ibn Khaldûn*). Grâce à une longue tradition de commentaire, d'interprétation et d'exploitation de la philosophie antique, l'Islam a largement contribué à la culture philosophique occidentale, à laquelle il a transmis un certain nombre de textes de Pythagore* ou d'Aristote*, d'abord connus dans leur version arabe, à l'occasion de l'occupation de l'Espagne. De même, certains des penseurs de l'Islam ont constitué une forte source d'inspiration, souvent méconnue, de la pensée européenne classique (voir, par exemple, chez Spinoza* ou chez Leibniz*). Toutefois, la pensée musulmane a éprouvé des difficultés ou des réticences à opérer une émancipation de la tutelle religieuse comparable à celle qui fut réalisée, à partir de la Renaissance, par la majeure partie des philosophies de culture chrétienne ou judaïque.

JACOB François
(NÉ EN 1920)

REPÈRES BIOGRAPHIQUES

Médecin et biochimiste français, né à Nancy en 1920, François Jacob a obtenu en 1965, avec André Lwoff et Jacques Monod, le Prix Nobel de médecine, pour la découverte de l'A.D.N. (acide désoxyribonucléique) messager.

L'A.D.N. est le support de l'ensemble des caractères héréditaires d'un organisme, et le processus de la reproduction consiste dans la transmission de cette information génétique. François Jacob définit ainsi le phénomène vivant comme essentiellement orienté vers la copie de ce programme, c'est-à-dire vers la reproduction. Aucune autre fin n'anime, selon lui, l'évolution des espèces vivantes. Celle-ci n'est pas sous-tendue par un but qui serait déterminé par avance. Seul le mécanisme de la reproduction permet d'expliquer le passage de l'être vivant à son organisation actuelle. À l'inverse de chercheurs comme Pierre-Paul Grasset, qui n'admettent pas la thèse d'une « évolution chaotique » n'obéissant à aucun projet, François Jacob dénie toute nécessité à l'orientation, à la direction de l'évolution. Mais l'apport de Jacob ne se limite pas à l'importance de ses découvertes. Il a su aussi méditer la portée et le sens de celles-ci, augmentant par là notre connaissance du vivant*.

● **PRINCIPAL ÉCRIT** : *La Logique du vivant* (1970).

JAMES William
(1842-1910)

REPÈRES BIOGRAPHIQUES

Philosophe américain. Docteur en médecine, il s'efforce tout d'abord de constituer une psychologie scientifique (*Principes de psychologie*, 1891), puis défend les principes du pragmatisme, notion qu'il emprunte à Charles S. Peirce.

Selon Charles S. Peirce*, le signe, ou, tout au moins, l'un des signes, d'une idée vraie est sa fécondité, son aptitude à produire des effets dans le réel, son efficacité : en d'autres termes, la vérité* est une propriété indissociable de l'expérience humaine, elle ne peut être détachée du sujet qui la formule. William James va plus loin : il affirme que la vérité est relative aux procédures de vérification expérimentale, à la communauté d'une époque, à un contexte théorique, etc. Elle n'est donc pas la propriété inhérente d'un énoncé ; elle n'est qu'un « événement » — c'est-à-dire une affirmation momentanément et partiellement juste, et fiable. À la limite, le pragmatisme* peut être résumé dans cette fameuse formule de William James : « Le vrai consiste simplement dans ce qui est avantageux pour la pensée. »

● **PRINCIPAUX ÉCRITS** : *Les Variétés de l'expérience religieuse* (1902) ; *Le Pragmatisme* (1907).

JANKÉLÉVITCH
VLADIMIR (1903-1985)

REPÈRES BIOGRAPHIQUES
Né en 1903 à Bourges, de parents russes, il entre en 1922 à l'École normale supérieure. Il s'engage dans la Résistance en 1939, et, après la Libération, devient professeur de philosophie morale à la Sorbonne.

Procédant par variations autour de quelques thèmes dominants — le temps* et la mort*, la pureté et l'équivoque, la musique et l'ineffable — la philosophie de Jankélévitch s'efforce de retraduire, dans l'ordre du discours, la précarité de l'existence. C'est tout d'abord l'essence très fragile de la moralité qui retient l'attention du philosophe : la fugace intention morale n'est qu'un « Je-ne-sais-quoi », constamment menacé de déchéance, c'est-à-dire de chute dans l'impureté. Seul l'amour en effet, inestimable dans sa générosité infinie, confère une valeur à tout ce qui est. Apaisante et voluptueuse, la musique témoigne elle aussi de ce « presque-rien » — présence éloquente, innocence purificatrice — qui est pourtant quelque chose d'essentiel. Expression de la « plénitude exaltante de l'être » en même temps qu'évocation de l'« irrévocable », la musique constitue l'image exemplaire de la temporalité*, c'est-à-dire de l'humaine condition. Car la vie, « parenthèse de rêverie dans la rhapsodie universelle », n'est peut-être qu'une « mélodie éphémère » découpée dans l'infini de la mort. Ce qui ne renvoie pourtant pas à son insignifiance ou à sa vanité : car le fait d'avoir vécu cette vie éphémère reste un fait éternel que ni la mort ni le désespoir ne peuvent annihiler.

● **PRINCIPAUX ÉCRITS** : *Traité des vertus* (1936) ; *Debussy et le mystère de l'instant* (1950) ; *Le Je-ne-sais-quoi et le presque-rien* (1957) ; *Le Pur et l'impur* (1960) ; *La Mort* (1966) ; *L'Imprescriptible* (1970).

JASPERS KARL
(1883-1969)

REPÈRES BIOGRAPHIQUES
Karl Jaspers naît à Oldenbourg, en Basse-Saxe. Docteur en médecine, il enseigne tout d'abord la psychologie, puis publie *Psychopathologie générale* (l'ouvrage de référence de la psychiatrie clinique moderne). Il occupe ensuite une chaire de philosophie à l'université de Heidelberg qui lui est retirée en 1937 par le gouvernement national-socialiste. La première partie de son œuvre constitue une méditation sur la condition humaine. Après la Deuxième Guerre mondiale, il accorde une large place aux considérations politiques, et recentre sa philosophie sur la raison et l'idée de communication universelle.

Existence et situations-limites
« Philosophe de l'existence* » selon ses propres termes, Karl Jaspers est pourtant, à bien des égards, un penseur inclassable. Le terme *existence* — pris ici dans un sens bien particulier — désigne moins la vie réelle qu'« une qualité possible » à laquelle « la vie peut se convertir ». Aussi ne peut-elle être décrite (elle n'est pas de l'ordre du fait) ni connue, mais seulement « éclairée ». Cet « éclairement », loin d'être de l'ordre du savoir, est une quête philosophique susceptible d'orienter autant que d'égarer en suspendant l'orientation du sujet dans le monde. En même temps, un tel acte d'affirmation de la liberté conduit à la source du sens, ou « Transcendance » (« Je suis sûr que Dieu est, écrit Karl Jaspers, par la décision même qui me fait exister »). Cependant, irrémédiablement bornée par ce qu'il appelle les « situations-limites particulières » (la naissance, la mort, la souffrance), la liberté existentielle reste enracinée dans le monde réel et ne peut franchir les obstacles qui la séparent de l'au-delà.

Vérité et communication
La vérité absolue, une et indivise, est inaccessible. Les modalités de la vérité (ou « modes de l'englobant ») sont plurielles et irréductibles : les vérités de la vie ne sont pas celles de la conscience ; les vérités de l'existence (certitudes, convictions religieuses) ne sont pas valables pour tous.
Quant à la « Transcendance », elle reste irrémédiablement cachée. Impossible à instituer, la vérité reste pourtant « ce qui nous rattache les uns aux autres ». Son véritable principe est en effet la « communication* illimitée ». Éloignée de tout dogmatisme, la pensée vraie implique la mise en commun et le commerce fécond de toutes les bonnes

volontés. En dehors du partage et de l'écoute, elle se fige, elle s'évanouit. C'est à la raison qu'il revient d'instaurer ce dialogue de toutes les pensées et de toutes les traditions, aussi éloignées soient-elles.

La paix par la loi

Au lendemain de la Seconde Guerre mondiale, Karl Jaspers s'efforce de poser les principes d'une politique pacifiée. Le premier principe est d'ordre philosophique : une conversion éthique est nécessaire à la survie de l'humanité : « Aucune paix extérieure, écrit-il, ne peut être assurée sans paix intérieure entre les hommes. » Le second principe est d'ordre politique : il s'agit de poser un droit* international, ce qui suppose : le respect des traités, le renoncement à la souveraineté absolue des États, la circulation illimitée de l'information, la protection des droits de l'homme par une autorité juridique supranationale, etc. Les conditions sont-elles réunies pour la mise en œuvre de tels principes ? À défaut de pouvoir répondre sur ce point, Karl Jaspers nous demande d'admettre que l'humanité ne pourra obtenir la paix à meilleur compte.

Humanité et citoyenneté mondiale

Vers le milieu du dernier millénaire (entre 200 et 800 av. J.-C.), la pensée libérée du mythe fait son apparition dans le monde (avec Confucius, Lao Tseu, Bouddha, Zarathoustra*, les philosophes grecs...). Pour la première fois, l'homme devient une question pour lui-même et forge le concept d'un Dieu unique et transcendant. De fortes personnalités apparaissent un peu partout, et les catégories fondamentales de la pensée moderne se mettent en place. Cette époque charnière (que Karl Jaspers nomme le « tournant axial de l'humanité ») met fin à la « préhistoire » du monde et constitue le véritable commencement de son histoire*. La nouvelle unité de l'humanité n'est en aucun cas réduction à un quelconque dénominateur commun. Elle repose au contraire sur la conviction que la diversité cache et révèle en même temps une unité plurielle et jamais achevée. Cette unité féconde et précaire ne détruit pas les traditions nationales : mais elle suscite l'entrecroisement des idées et l'enrichissement mutuel des cultures par-delà les divisions nationales et religieuses, ainsi que la radicalisation et l'approfondissement d'une citoyenneté* cessant enfin d'être exclusive.

● **Principaux écrits :** *Psychopathologie générale* (1913) ; *Psychologie des conceptions du monde* (1919) ; *La Situation spirituelle de notre époque* (1931) ; *De la vérité* (1947) ; *La Culpabilité allemande* (1948) ; *Origine et sens de l'histoire* (1949) ; *La Bombe atomique et l'avenir de l'homme* (1958).

JE

(pr. pers. et n. m.) ● **Étym. :** latin *ego*, « je, moi ». ● **Sens ordinaires : 1.** Pronom personnel de la première personne du singulier. **2.** (**Subst.**) principe auquel l'individu rapporte ses états, ses actes et ses décisions.

Quiconque dit « Je » affirme et présuppose en même temps l'unité de sa pensée et l'identité de sa personne. Le « Je » qui pense est par là même un sujet ayant conscience d'exister (Descartes*) et qui s'affirme comme une personne autonome (Kant*). Cette autodésignation comporte, selon Paul Ricœur*, trois composantes : linguistique, narrative et pratique.
Le sujet « linguistique » se désigne comme auteur de ses énonciations ; le sujet « narratif » intègre la dimension temporelle et structurante du récit ; le sujet « éthique », enfin, s'affirme comme auteur de ses actions, capable de s'estimer lui-même et de se constituer comme citoyen.

● **Termes voisins :** ego ; moi ; sujet.
● **Corrélats :** conscience ; transcendantal.

JEU

(n. m.) ● **Étym. :** latin *jocus*, « plaisanterie, jeu ». ● **Sens ordinaires : 1.** Activité libre et gratuite visant le plaisir, la distraction. **2.** Différence entre les dimensions des pièces d'une machine ou d'un objet complexe conçues pour s'emboîter l'une dans l'autre, qui rend possible un mouvement non prévu au départ.

◆ Job

La notion de jeu a fait l'objet de nombreuses études en psychologie et en sociologie. Les deux sens du mot *jeu* renvoient à l'idée de liberté, de « marge de manœuvre ». Mais aussi bien le jeu comme activité humaine que le jeu qui permet aux pièces d'une machine de bouger légèrement n'excluent pas, bien au contraire, la référence à des règles : au-delà de l'opposition apparemment simple entre le domaine des activités sérieuses, contraintes, productives (comme le travail*), et celui des activités ludiques non obligatoires et sans finalité, l'analyse des fonctions du jeu oblige paradoxalement de le prendre très au sérieux. Pour les psychologues, c'est à travers la très grande diversité des jeux auxquels ils se livrent que les enfants trouvent l'occasion de se développer sur les plans physique, psychologique, affectif et intellectuel. La spontanéité et la liberté de ses jeux permettent en effet à l'enfant de multiplier les tâtonnements et les expériences, et de transformer progressivement ses potentialités en compétences et en connaissances, tandis que la recherche de la réussite ou de la performance l'amène à découvrir par lui-même qu'il doit s'imposer des « règles [...], des difficultés choisies, spécifiques, qu'il faut résoudre pour elles-mêmes, et non plus sous la pression des événements, de l'intérêt » (Henri Wallon). Par ailleurs, de nombreuses théories sociologiques ont montré l'importance des jeux des adultes dans le développement de la culture et l'organisation des relations entre les hommes au sein des sociétés (*cf.* en particulier Roger Caillois, *Les Jeux et les hommes*, Gallimard, « Idées », 1967).

● **Corrélats :** imaginaire ; liberté ; règle ; travail.

JOB

Patriarche biblique (Ancien Testament, Livre de Job). Alors qu'il est très riche, très puissant et très pieux, Satan obtient que Dieu mette à l'épreuve la foi de Job en le réduisant à la misère et en l'accablant de maux. Job n'en continua pas moins de vénérer son Dieu.

JOIE

(n. f.) ● **Étym. :** latin *gaudia*, pl. neutre de *gaudium*, « joie », « jouissance », « contentement ». ● **Sens ordinaire :** sentiment de satisfaction ou d'exaltation, profond en ceci qu'il affecte la conscience tout entière. ● **Chez Spinoza :** sentiment qui accompagne le passage à une plus grande perfection, et qui témoigne de notre participation accrue à la nature divine.

● **Termes voisins :** allégresse ; félicité ; satisfaction. ● **Corrélats :** béatitude ; bonheur.

JONAS Hans
(NÉ EN 1903)

Repères biographiques
Né en Allemagne, élève de Husserl et de Heidegger, Hans Jonas a été professeur à Jérusalem, au Canada, à New York et à Munich. Son principal ouvrage : *Le Principe responsabilité*, paru en 1979, a connu un succès exceptionnel dans le monde entier, mais il a également suscité d'assez vives polémiques.

Repenser l'éthique
Le point de départ de Hans Jonas est la prise de conscience des menaces d'une extrême gravité que font peser sur notre environnement, mais aussi sur l'humanité tout entière, les nouvelles formes de « l'agir humain ». L'homme ne contrôle plus la technique : celle-ci répond en effet à une logique qui lui est propre, et nous ne parvenons plus à freiner cette irrésistible fuite en avant, comme l'avait bien vu Heidegger*. Que faut-il faire ? L'éthique traditionnelle, fondée sur l'idée de réciprocité (égalité de droits et de devoirs entre sujets libres et égaux) ne peut fournir aucune indication : car nous n'avons pas de devoirs — à ce point de vue — à l'égard des choses, ni à l'égard d'êtres seulement potentiels ! L'éthique est donc à repenser et le « principe responsabilité » en constituera le fondement ultime : à partir du moment où l'homme a la puissance matérielle de détruire la nature, ses nouvelles responsabilités concernent la per-

pétuation — devenue problématique — de l'humanité. La responsabilité est l'ensemble des obligations que nous avons à l'égard d'êtres qui n'existent pas encore : il y a responsabilité, selon Hans Jonas, là où il y a « vulnérabilité », caractère d'êtres sans défense que l'on doit protéger afin qu'ils puissent survivre ou tout simplement naître. L'impératif catégorique qui découle de ce principe peut se formuler de deux manières : « Agis de façon que les effets de ton action soient compatibles avec la permanence d'une vie authentiquement humaine sur terre » ou encore : « Agis de façon que les effets de ton action ne soient pas destructeurs pour la possibilité future d'une telle vie. »

De nouvelles inquiétudes

Si l'ouvrage de Hans Jonas pose avec netteté et profondeur les questions les plus sensibles de notre temps, il a suscité également des objections de taille, et nourrit même, à son tour, de nouvelles inquiétudes. N'est-il pas aléatoire et même dangereux de vouloir fonder une éthique* sur la peur, comme le recommande explicitement Hans Jonas ? Prétendre que nous avons des devoirs envers la nature, cela ne revient-il pas à sacraliser celle-ci, ou encore à confondre être et devoir être ? Car, après tout, pourquoi faudrait-il absolument que l'être soit ou, en d'autres termes : pourquoi faut-il qu'il y ait un monde animé, une humanité, plutôt que le néant ? Et enfin, plus prosaïquement : devrons-nous, avec Hans Jonas, préconiser, puis soutenir, une « dictature bienveillante », seule susceptible d'appliquer fermement une véritable politique de responsabilité ?

■ ● **PRINCIPAL ÉCRIT** : *Le Principe responsabilité* (1979).

JUDAÏSME

(n. m.) ● **ÉTYM.** : grec *ioudaios*, « juif », lui-même issu de *Juda*, nom d'un prophète biblique (fils de Jacob) et de l'un des royaumes juifs issu du schisme qui suit la mort de Salomon (931 av. J.-C.) avant qu'il soit conquis par Babylone (586 av. J.-C.). ● **SENS ORDINAIRE :** nom de la culture, et plus spécialement de la religion, des Juifs.

Le judaïsme, qui remonte à plus de quarante siècles, est le plus ancien des trois grands monothéismes*. Son texte fondateur est la Bible (Ancien Testament), et plus spécialement l'une de ses parties (le Pentateuque), sous le nom de Torah (la « loi »). À celle-ci s'ajoutent la Mishna, qui consigne par écrit, entre le Ve siècle av. J.-C. et le IIe siècle apr. J.-C., le commentaire de la Torah effectué par la tradition orale rabbinique, et le Midrash (IIe-XIIe siècle) qui rassemble les commentaires rabbiniques de la Bible. Le Talmud, en 500 apr. J.-C., désigne la réunion de la Mishna et des interprétations dont elle avait été ultérieurement l'objet.

Une tradition d'errance

Le « père » du judaïsme est Abraham*, avec qui s'inaugure une longue tradition du judaïsme : l'errance. Dieu lui demande en effet de prendre son peuple avec lui et de partir en exil vers la « Terre promise » (Canaan). Une autre grande figure du judaïsme est Moïse qui, libérant les Juifs de l'esclavage en Égypte, inaugure un nouvel exode et leur donne leur loi, le Décalogue (les « dix commandements ») en même temps qu'il leur fait enfin atteindre Canaan. Après la mort du roi Salomon, dont le règne marque une période de prospérité pour le peuple juif, son royaume est divisé, puis annexé à l'empire babylonien, ce qui inaugure une nouvelle forme de l'errance juive, cette fois à travers le monde : la *diaspora* (« dispersion »). De ce fait, les Juifs, toujours minoritaires dans leurs lieux d'exil, ont subi au cours de l'histoire brimades et répressions et ont été victimes d'une longue tradition antisémite dont la Shoah, à l'époque du nazisme, a été la manifestation extrême. L'antisémitisme a donné naissance au sionisme, doctrine politique qui vise le retour des Juifs en terre d'Israël et qui aboutit à la création d'un nouvel État après la Deuxième Guerre mondiale. De son côté, la diaspora eut, sans remettre en cause les dogmes fondamentaux du judaïsme, des effets de particularisation locale au niveau rituel (ashkénazes en Europe orientale, sépharades en Afrique du Nord). Comme dans toute religion, plusieurs courants manifestent des orientations diverses relativement au dogme (orthodoxes traditionalistes ; mystiques héritiers d'une longue tradition kabbalistique et dont le texte central est le Zohar ; hassidim). Cependant, l'une des injonctions fondamentales du judaïsme — certainement liée à l'errance et à la dispersion géographiques des Juifs — est de cultiver la mémoire pour rester fidèle au dogme.

L'Alliance

La principale originalité doctrinale du judaïsme fut d'affirmer l'unicité de Dieu, auteur parfait de la Création*, incorporel, Éternel, tout-puissant et omniscient. Par l'intermédiaire de Moïse, qui est à ce titre le principal prophète (*cf.* Prophétisme), Dieu a passé une alliance avec le peuple juif, qui fut dès lors le « peuple élu », c'est-à-dire ayant pour mission, en la respectant scrupuleusement, de témoigner, sous l'autorité des rabbins, de la loi divine parmi les autres hommes. Cela a pour effet que l'identité juive passe essentiellement par la religion. Le judaïsme instaure par ailleurs la croyance à la résurrection des morts, à la punition des péchés et à la rétribution des justes. Il attend, pour la fin des temps, la venue d'un sauveur, le Messie.

« Difficile liberté... »

À partir des injonctions divines à Adam et Ève, dans la Genèse (« Tu gagneras ton pain à la sueur de ton front », « Tu enfanteras dans la douleur »), le judaïsme confère à l'homme, à côté d'une responsabilité devant Dieu, d'un devoir d'humilité à son égard et de soumission à sa volonté, une responsabilité parallèle face à lui-même — ce qui explique sans doute que le judaïsme marque une grande distance à l'égard de toute activité « animale » de l'espèce humaine, par la subordination du corps à l'esprit, par les tabous sexuels ou alimentaires, qui s'inscrivent dans la perspective de cette culture de l'humanité par elle-même. C'est sans doute également une des raisons pour lesquelles la pensée juive a apporté des contributions considérables à l'histoire de la culture occidentale (y compris à travers ses nombreux philosophes, de Maïmonide* à Hannah Arendt* ou Emmanuel Levinas*, en passant par Spinoza* ou Moses Mendelssohn).

Certaines caractéristiques fondamentales du judaïsme, à commencer par le monothéisme, ont été reprises par le christianisme* et l'islam*.

● **CORRÉLATS :** christianisme ; islam ; monothéisme ; religion.

JUGEMENT

Dans son usage le plus courant, le mot jugement désigne un acte : énoncé d'une opinion, décision d'un juge, position d'une relation entre deux ou plusieurs termes. Il désigne plus rarement la faculté de juger. C'est en ce deuxième sens, cependant, que la notion fait l'objet d'analyses et de discussions philosophiques. Ce n'est pas surprenant. Car si distinguer le jugement, au sens logique du terme, de la simple opinion, ou encore du jugement d'un tribunal, relève seulement d'un travail de définition, en revanche, il n'y a pas de réponse simple à la question de la nature et des fonctions de la faculté de juger : en quoi consiste-t-elle ? à quelles conditions peut-elle s'exercer ? à quoi sert-elle ?

« L'acte de la connaissance, c'est le jugement » (Jules Lagneau*)

La faculté de connaître, qui a pour effet de rendre la réalité présente à l'intelligence ou aux sens, est elle-même subordonnée à l'exercice de plusieurs fonctions de l'esprit humain : la formation des concepts*, la faculté de juger, celle de comprendre. Or le jugement, autant comme acte que comme faculté, occupe dans cet ensemble une position centrale : tous les sens du mot en témoignent. La décision de justice succède à la prise de connaissance de tous les éléments d'une affaire, et conduit à la reconnaissance de l'innocence ou de la culpabilité du prévenu. Le jugement banal du type : « Un tel est un bon médecin », exprime un avis en principe fondé sur l'expérience. « Un rectangle est un cas particulier de carré », « Il s'est blessé en tombant », sont des jugements qui, en même temps qu'ils présupposent la maîtrise de concepts (rectangle, carré, chute...), contribuent à la formation de ces concepts et à l'organisation des connaissances* (les énoncés géométriques, par exemple). Il convient donc d'examiner les liens que la faculté de juger et les actes qu'elle autorise entretiennent avec les autres composantes de la faculté plus large de penser et de connaître.

Jugement, entendement et vérité

Dans la *Quatrième Méditation*, Descartes*, se « regardant de plus près », cherche et trouve en lui-même la cause de ses erreurs : « Elles dépendent du concours de deux causes, à savoir, de la puissance de connaître [...] et de la puissance d'élire ». La « puissance de connaître », c'est celle que Descartes, comme la plupart des philosophes de l'époque, nomme « l'entendement* ». La « puissance d'élire », c'est ici la volonté, siège de la faculté de porter librement des jugements sur ce que l'entendement permet de connaître — et sur le reste. Tout le problème est là : nous ne nous contentons pas de juger de ce que nous savons. Beaucoup moins limitée que notre entendement (incapable d'embrasser la totalité des objets possibles de connaissance), notre faculté de vouloir, de choisir, de juger, peut s'exercer sans contrôle, y compris sur des sujets que nous ne maîtrisons pas. Un jugement peut donc être vrai ou faux, c'est-à-dire conforme ou non à la réalité qu'il décrit. On peut même dire que le problème de la vérité ne se poserait pas si nous ne disposions ni du langage*, ni de la faculté d'énoncer des jugements. Rendre possible l'énoncé de la vérité est donc la fonction majeure des jugements, dont le contenu dépend de notre faculté de connaître.

Différentes sortes de jugements

Si la fonction des jugements est la même, leur forme, en revanche, peut varier : Kant* a ainsi proposé une « table des jugements », qui en classe toutes les caractéristiques possibles d'un point de vue logique : un jugement peut être universel ou particulier, affirmatif, négatif, indéfini, énoncer une alternative, une possibilité, une vérité, etc. À côté des caractères formels des jugements, Kant traite aussi de leur origine, et du type de connaissance sur lequel ils portent. Un jugement analytique* expose ce qui est déjà compris dans un concept* (ex. : « Les hommes sont mortels »). Un jugement synthétique* produit la synthèse *a posteriori* entre plusieurs données de l'expérience (ex. : « Cet homme est grand »). Enfin, les jugements qui relient un concept à une donnée non comprise dans le concept mais qui n'empruntent pas cette donnée à l'expérience, sont synthétiques *a priori* ; c'est le cas, par exemple, des jugements mathématiques (ex. : « La ligne droite est le chemin le plus court d'un point à un autre »).

Jugements de valeur, opinions, préjugés...

Reste le cas des jugements qui échappent aux critères de la vérité et de l'erreur. Ce sont les propositions qui expriment des choix subjectifs, des opinions dont le bien-fondé ne peut être établi par la confrontation avec la réalité, des jugements de goût* ou de valeur*. Recevables comme arguments dans une discussion, fondements d'un choix éthique, critères d'appréciation d'une œuvre d'art..., ces jugements ne le sont plus lorsqu'ils se substituent à tout effort de connaissance rationnelle, ou prétendent à l'universalité. Respectables tant qu'elles sont présentées comme telles, ou librement partagées, les certitudes subjectives deviennent dangereuses lorsqu'on cherche à les faire passer pour des vérités absolues, ou à les imposer par la violence.

JUGEMENT ANALYTIQUE

Kant définit le jugement analytique comme un jugement dont le prédicat* est contenu dans le sujet*. Autrement dit, le jugement analytique ne fait qu'expliciter ce qui est contenu dans le concept du sujet, ou, plus généralement, dans le sens d'un terme. Les énoncés analytiques peuvent alors se définir comme ceux dont la vérité tient uniquement au sens des termes, c'est-à-dire lorsqu'il y a identité entre le sens et la vérité (ex. : « Aucun célibataire n'est marié »).

Les vérités analytiques n'exigent donc pas de vérification expérimentale : elles sont vraies *a priori*. L'exemple le plus typique d'énoncé analytique est la tautologie*, c'est-à-dire cette sorte de proposition qui est vraie en vertu de sa seule structure logique (ex. : « Tous les célibataires sont célibataires », qui revient à dire que « A est A »).

● **TEXTES CLÉS :** R. Descartes, *Méditations métaphysiques* ; J. Lagneau, *Célèbres leçons et fragments.* ● **TERMES VOISINS :** appréciation ; décision. ● **CORRÉLATS :** catégories ; concept ; connaissance ; conviction ; entendement ; idée ; opinion ; pensée.

JUSTICE

Aussi ancienne que la philosophie elle-même, la réflexion sur la justice occupe une place prépondérante dans la pensée contemporaine depuis une vingtaine d'années. Ce regain d'intérêt s'explique par la renaissance et le renouvellement des interrogations concernant les droits de l'homme en général et l'État de droit en particulier. La question de la justice tendrait à se confondre aujourd'hui avec

◆ **Justice**

celle du bien commun, conçu comme respect mutuel des personnes, équilibre des libertés et solidarité sociale. Mais l'élucidation de l'idée de justice conçue dans ses termes actuels et la formulation des principes qui la constituent, impliquent un détour par les théories classiques et les débats que celles-ci n'ont cessé de susciter.

La justice, vertu globale

La justice est-elle une vertu*, ou bien une organisation générale harmonieuse de la vie sociale ? Elle est l'une et l'autre à la fois, selon Platon* qui, dans la *République*, espérait pouvoir concilier les deux acceptions possibles du terme. Elle est en nous, comme dans la cité, le principe qui maintient chaque instance à sa place tout en présidant à l'harmonie de l'ensemble. De même que dans l'État, les magistrats commandent aux guerriers et aux artisans, de même, dans l'âme, l'esprit ou la raison commande au cœur (*thumos*) et au ventre (*epithumia*). La justice, vertu globale, est ainsi ce qui donne à chaque partie d'un ensemble la place qui lui revient, celle qui lui est due compte tenu de son essence. La tradition biblique, reprise par saint Augustin*, confirmera cette approche très globale de la justice et l'élargira même aux rapports entre l'homme et Dieu : la justice n'est pas seulement le souci et le respect du bon droit*, elle peut même aller au-delà de ce qui est dû (Matthieu, XX) ; en outre, elle ne réside pas tant dans les actes et les œuvres que dans la pureté intérieure de l'homme sanctifié par la grâce*. Mais une telle conception de la justice comme vertu purement intérieure, indissociable de l'amour* et de la charité, pourrait constituer un détournement du sens usuel du terme.

La justice comme norme du droit

La justice dans son sens habituel diffère autant de la vertu platonicienne que de la vertu chrétienne, et ce, à trois points de vue : elle n'est pas une qualité purement intérieure mais concerne exclusivement les relations avec autrui ; elle n'inclut pas le rapport de l'homme au divin ; elle ne constitue pas nécessairement un idéal de perfection : un citoyen juste n'est pas pour autant un saint ! Vertu civique, la justice devrait être définie précisément, selon Aristote* comme une « disposition à accomplir des actions qui produisent et conservent le bonheur*, et les éléments de celui-ci, pour une communauté* politique » (*Éthique à Nicomaque*, V, 1). Ainsi conçue, cette disposition se décompose ensuite en justice générale ou justice légale qui a pour objet l'utilité commune de la cité, et en justice particulière ou justice au sens strict du terme, qui est orientée vers le bien des particuliers. Celle-ci comporte à nouveau deux aspects : la justice corrective, qui concerne les transactions entre les individus et qui se conforme au principe d'égalité* ; et la justice distributive qui applique le principe de proportionnalité dans la répartition des avantages et des honneurs en fonction des mérites de chacun. Dans tous les cas, l'objet de la justice est toujours l'établissement d'un juste milieu reposant en dernière instance sur le principe de l'égalité. Une telle conception de la justice se retrouvera dans toute la tradition occidentale chrétienne puis laïque, mais son objet, à partir du stoïcisme* ne se limitera plus à la cité : il s'étendra au bien commun de l'humanité.

Les théories modernes de la justice

On retiendra des analyses précédentes que la justice, conformément aux théories d'inspiration aristotélicienne, repose en règle générale sur un double principe : celui de l'égalité (« La loi doit être la même pour tous ») et celui de l'équité* (« On doit offrir à chacun ce qui lui est dû »). Résolument fidèle à Aristote sur ce point, John Rawls*, contrairement aux philosophes utilitaristes*, accorde à la justice une prééminence sur tous les autres impératifs tels que l'efficacité, la stabilité, l'organisation, etc. Se situant par hypothèse dans un état préconstitutionnel dans lequel les individus rationnels construisent librement une société juste, sans connaître quelle sera la position de chacun dans cette société, John Rawls postule que les contractants devront se déterminer en fonction de deux principes. Selon le premier principe, « chaque personne doit avoir un droit égal au système le plus étendu des libertés de base égales pour tous » ; selon le second principe (« principe de différence »), les inégalités sociales sont acceptables si, et seulement si : 1. on peut raisonnablement s'attendre à ce qu'elles soient raisonnablement avantageuses pour chacun ; 2. elles sont attachées à des positions et des fonctions ouvertes à tous. En d'autres termes, la justice — conçue comme équité — si elle implique l'égalité sur un certain plan (celui de la liberté), n'exclut pourtant pas l'inégalité, c'est-à-dire les différences de statuts économiques et sociaux : seules les inégalités qui ne profitent pas à tous doivent être tenues pour injustes (*cf.* John Rawls).

C'est ce second principe qui a suscité les plus grandes critiques car il implique forcément une intervention de l'État, toujours problématique, pour corriger ou tout au moins équilibrer les mécanismes ou les inégalités naturelles par le biais, notamment, des impôts. Quoiqu'il en soit, l'ouvrage de John Rawls, s'il a alimenté des polémiques parfois excessives, a également suscité un débat approfondi. Signalons également les travaux de Luc Ferry et Alain Renaut qui renouent avec une longue tradition républicaine du droit et de la philosophie politique français. Pour ces deux auteurs, la justice doit être conçue comme un équilibre des libertés individuelles, tempéré par des institutions garantissant une solidarité sociale effective, et réalisé dans le cadre de ce que l'on appelle l'État de droit.

Justice distributive

Caractère que prend la justice lorsqu'elle s'efforce de déterminer ce qui est dû à chacun en fonction de ses mérites.

Justice commutative

Caractère que prend la justice lorsqu'elle conçoit ce qui est dû à chacun comme devant être strictement équivalent (interchangeable).

● **Textes clés :** Platon, *Gorgias, La République* ; Aristote, *Éthique à Nicomaque,* livre V ; J. Rawls, *Théorie de la justice.* ● **Termes voisins :** droit ; équité ; légalité ; légitimité ; vertu. ● **Termes opposés :** illégalité ; inégalité ; iniquité ; injustice ; violence. ● **Corrélats :** devoir ; droit ; État.

KANT EMMANUEL (1724-1804)

REPÈRES BIOGRAPHIQUES

Emmanuel Kant est né en Prusse, à Königsberg, où il devient professeur et qu'il ne quittera jamais. Il reçoit de sa mère, luthérienne piétiste, une éducation morale très rigoureuse. Son existence est austère et d'une régularité qui, raconte-t-on, ne sera troublée qu'en deux occasions : la lecture de l'*Émile*, de Rousseau, et la nouvelle de la Révolution française. Homme engagé dans les débats de son siècle (sur les Lumières, les droits de l'homme...), Kant laisse une œuvre considérable. Celle-ci aura sur la modernité une influence déterminante.

Le projet critique

Dans la première partie de sa vie intellectuelle, Kant développe une métaphysique* proche de celle des grands systèmes de son temps (Leibniz* et Christian Wolff). Mais, à partir de 1770, sa pensée va connaître un tournant décisif, à partir duquel se construira la philosophie proprement kantienne. Le projet de cette philosophie est d'être une critique*. Ce mot signifie ici : examen des pouvoirs de la raison*, définition du domaine à l'intérieur duquel ces pouvoirs peuvent légitimement s'exercer. Kant qualifie également sa philosophie de « transcendantale* », ce qui veut dire : qui s'interroge sur les conditions de possibilité de la connaissance (« raison théorique ») et de l'action (« raison pratique »).

La philosophie de la connaissance

1. Criticisme, dogmatisme et scepticisme

La raison est naturellement dogmatique ; c'est-à-dire qu'elle use de son pouvoir de connaître sans s'interroger préalablement sur les conditions de légitimité de ce pouvoir. Faute d'une telle interrogation, la métaphysique traditionnelle s'est perdue dans des contradictions interminables, là où les autres sciences ont assuré leurs principes et leurs résultats. D'où la réaction sceptique (celle de Hume* par exemple) qui, devant les échecs dogmatiques de la raison, la proclame impuissante. Le scepticisme* a le mérite de réveiller la raison de son « sommeil dogmatique » ; mais il a le défaut de la condamner plutôt que de la juger, de lui assigner des bornes plutôt que de lui prescrire des limites à l'intérieur desquelles son pouvoir serait garanti. Aussi le criticisme veut-il instituer un tribunal de la raison et lui poser la question de droit* (et non seulement de fait*) : à quelles conditions sa prétention à connaître des objets est-elle autorisée ?

2. La théorie des facultés

Les philosophes ont communément opposé deux genres de sciences : d'un côté les sciences expérimentales ou « empiriques », de l'autre les sciences déductives, exemplairement représentées par les mathématiques. Kant récuse doublement cette distinction. Les mathématiques sont évidemment *a priori**, mais elles ne sont pas analytiques* et ne se réduisent pas à la logique. Quant aux sciences physiques, elles sont bien sûr synthétiques* (elles fournissent des informations sur le réel), mais elles ne sont pas entièrement fondées sur l'expérience : en effet les lois formulées dans le cadre des sciences de la nature valent universellement et nécessairement ; or l'expérience n'enseigne ni la nécessité*, ni l'universalité*. Quel que soit donc le type de science physique considéré, ses principes reposent sur des jugements à la fois synthétiques et *a priori*.

Nous connaissons donc quelque chose *a priori* des objets. Mais quoi ? Kant répond en distinguant deux grandes facultés de l'esprit humain : la sensibilité* et l'entendement*. Par la première, les objets nous sont donnés dans des intuitions* sensibles ; par le second, ils sont pensés, mis en relations, de sorte qu'existe pour nous une nature soumise à un ordre et à des lois. La connaissance a donc des conditions « subjectives », c'est-à-dire liées au sujet connaissant. Comment, alors, rendre compte de sa valeur objective ? Par le fait que le sujet qui porte un jugement n'est pas Pierre, Paul ou Jacques — la connaissance ne varie pas avec chacun — mais que c'est un sujet « transcendantal » : autrement dit, c'est l'esprit humain en général qui est organisé de cette façon, et les conditions de la connaissance sont en même temps subjectives et les mêmes pour tous.

3. La révolution copernicienne en philosophie
Kant fait donc du sujet le centre de la connaissance. Ce n'est pas le sujet (l'esprit) qui doit se régler sur les objets, mais l'inverse : la connaissance des objets dépend des structures *a priori* de la sensibilité et de l'entendement. Ce changement de perspective, Kant le compare à celui opéré par Copernic* en astronomie, lorsque celui-ci a affirmé que ce n'était pas la terre, mais le soleil qui était le centre immobile du mouvement circulaire des planètes. Cette « révolution copernicienne en philosophie » doit permettre à la métaphysique de s'engager enfin dans la voie sûre d'une science.

4. La critique de la métaphysique
L'âme*, le monde comme totalité, Dieu*, ont été les préoccupations traditionnelles de la métaphysique, mais ce ne sont pas des objets de connaissance : ce sont des « idées de la raison » ou « idées transcendantales ». La métaphysique*, qui veut transformer ces idées en objets, est donc une illusion* ; mais c'est une illusion inévitable, car ces idées de la raison représentent chacune un inconditionné* dont la connaissance permettrait d'achever l'unité du savoir. Au plus fort de sa critique, Kant ne renonce jamais au projet métaphysique. D'une part, il incombera à la morale de le réaliser ; d'autre part, la métaphysique comme science reste possible : il suffit, grâce à la « révolution copernicienne » d'en infléchir l'objet. La *Critique de la raison pure* constitue ainsi une sorte de préface à un système de la raison pure qui sera la métaphysique scientifique future.

5. La « critique de la faculté de juger »
Les idées « transcendantales » possèdent une autre vertu : même si aucun objet de connaissance ne leur correspond, elles gardent une fonction « régulatrice », en faisant tendre le savoir vers l'unité qu'il recherche. C'est cette fonction régulatrice de la connaissance que Kant explore dans la *Critique de la faculté de juger*, écrite dix ans après la *Critique de la raison pure*. Celle-ci réduisait les jugements de connaissance à des « jugements déterminants » (qui déterminent un objet au moyen d'un concept lui servant de règle). Mais Kant découvre peu à peu l'existence d'un autre type de jugement, qu'il appelle « réfléchissant ». Celui-ci ne produit pas une connaissance objective, mais il est l'expression subjective d'un ordre que nous devons admettre dans les objets pour les comprendre. Tel est le jugement téléologique* (de finalité) ; tel est également le jugement de goût*, c'est-à-dire portant sur le beau.

La raison pratique
1. Le devoir, la loi morale
La seule action moralement bonne l'est dans sa forme*, non dans sa matière*. C'est celle qui procède d'une intention pure, c'est-à-dire qui est accomplie par devoir*. Il faut distinguer ici l'action simplement conforme au devoir (le commerçant peut être honnête par intérêt) et celle accomplie par devoir, sans aucune considération pour l'intérêt qu'on en espère ou la satisfaction qu'on en tire. L'action morale procède donc d'une loi morale qui s'exprime sous la forme d'un devoir (« Tu dois ») et qui est

◆ **Kant**

une loi universelle de la raison pratique (qui agit en se représentant ce qui doit être). Mais comme nous sommes des êtres sensibles, la loi morale se manifeste sous la forme d'un commandement, d'un impératif. L'impératif catégorique fondamental commande d'agir de telle sorte que la maxime de notre action puisse être érigée en règle universelle. Tel est le fondement nécessaire de toute moralité rationnelle, mais aussi de toute politique, laquelle doit être soumise à l'exigence morale, loin de se réduire à une technique de pouvoir.

2. Unité de l'humanité, finalité de l'histoire

Mais l'homme ne peut se réaliser vraiment, c'est-à-dire atteindre le plein développement de toutes ses dispositions, que dans la société. Pour cette raison, la nature a sagement privé l'homme d'instinct et l'a mis au monde dans la nudité pour le forcer à s'élever par lui-même (par le travail et la culture) et à établir un ordre régi par des lois. L'histoire, conçue comme un progrès, est l'éducatrice de l'humanité, qu'elle oblige à s'améliorer sans cesse en vue de la liberté partagée. Kant affirme à la fois que le devenir de notre espèce a pour finalité le règne de la loi et la paix universelle, et que, pourtant, l'établissement de la justice publique — le « plus grand problème pour l'espèce humaine », le « plus difficile » — ne peut jamais être considéré comme une affaire réglée. Seul l'établissement d'une « société des nations », soumise à une législation internationale, permettra à l'homme d'accéder à la paix et à l'ordre juridique (condition de toute véritable autonomie) et de surmonter véritablement sa sauvagerie originelle (*Projet de paix perpétuelle*).

3. La réalisation de la métaphysique par la morale

L'action morale nous introduit dans ce que la connaissance ne peut atteindre : elle réalise l'inconditionné qui se dérobe à la raison spéculative. L'existence de Dieu, l'incorruptibilité de l'âme et la liberté ne sont pas des objets de connaissance, mais ce sont des postulats nécessaires de la raison pratique. Outre la métaphysique, les principes de la religion sont alors sauvés, mais pour des raisons autres que religieuses : parce qu'ils correspondent à l'exigence rationnelle qui est au cœur de la morale kantienne.

● **PRINCIPAUX ÉCRITS :** *Critique de la raison pure* (1781) ; *Idée d'une histoire universelle au point de vue cosmopolitique* (1784) ; *Fondement pour la métaphysique des mœurs* (1785) ; *Critique de la raison pratique* (1788) ; *Critique de la faculté de juger* (1790) ; *La Religion dans les limites de la simple raison* (1793) ; *Projet de paix perpétuelle* (1795).

« LA RÉVOLUTION COPERNICIENNE EN PHILOSOPHIE »

La philosophie critique de Kant commence par un constat : l'histoire des sciences mathématiques et physiques est celle de révolutions réussies. Les découvertes de Thalès, de Galilée ont en effet ouvert la voie de la science et ont donné lieu aux plus grandes conquêtes de l'esprit. L'histoire de la métaphysique, au contraire, reste un terrain de bataille sans cesse dévasté : on n'y voit toujours que ruine et contradictions. Il n'y a pas ici progrès du savoir mais perpétuelle remise en cause. Et pourtant, la métaphysique continue d'édicter des vérités, comme si elle demeurait, malgré ce constat millénaire d'échec, une exigence irréductible de la raison. Confronté à ce paradoxe, Kant va tenter de lui donner une solution théorique.

« On a admis jusqu'ici que toutes nos connaissances devaient se régler sur les objets ; mais, dans cette hypothèse, tous nos efforts pour établir à l'égard de ces objets quelque jugement *a priori* et par concept qui étendît notre connaissance n'ont abouti à rien. Que l'on cherche donc une fois si nous ne serions pas plus heureux dans les problèmes de la métaphysique, en supposant que les objets se règlent sur notre connaissance, ce qui s'accorde déjà mieux avec ce que nous désirons [démontrer], à savoir la possibilité d'une connaissance *a priori* de ces objets qui établisse quelque chose à leur égard, avant même qu'ils nous soient donnés. Il en est ici comme de la première idée de Copernic : voyant qu'il ne pouvait venir à bout d'expliquer les mouvements du ciel en admettant que toute la multitude des étoiles tournait autour du spectateur, il chercha s'il n'y réussirait pas mieux en supposant que c'est le spectateur qui tourne et que les astres demeurent immobiles. »

Kant, Critique de la raison pure (1781), trad. J. Barni, Paris, GF-Flammarion, 1976, pp. 41-42.

La recherche métaphysique
La métaphysique procède depuis toujours comme si son objet pré-existait à son investigation. Il y aurait ainsi les objets du monde, comme domaine d'application de la connaissance scientifique, et les objets qui ne nous sont pas directement donnés dans l'expérience sensible (Dieu, l'âme, l'un, l'être...) et qui constituent le terrain d'investigation de la pensée métaphysique. Mais, malheureusement, toutes ces recherches pour établir une connaissance pure, *a priori* (c'est-à-dire qui ne recourt pas à l'expérience), ne donnent jamais des résultats assurés.

La révolution copernicienne
Kant propose comme hypothèse que les objets ne pré-existent pas à la connaissance qu'on en prend. Le processus de connaissance ne doit pas être en effet pensé comme un faisceau de lumière qui donnerait à voir des objets jusqu'alors plongés dans l'obscurité : la connaissance ne dévoile pas son objet, elle le constitue et l'élabore. C'est là ce que Kant nomme sa « révolution copernicienne » : l'objet à connaître tourne autour du sujet connaissant comme la terre autour du soleil. En somme, le sujet qui veut connaître le monde ne doit plus se faire (comme dans les conceptions traditionnelles) le miroir de l'objet, car l'objet n'est jamais que le miroir du sujet.

LE DEVOIR

Kant prétend, au départ, seulement rapporter une opinion commune autant que banale : ce qu'on tient pour véritablement moral, c'est une bonne volonté. Les autres dispositions (les talents de l'esprit, les qualités de caractère) ne peuvent jamais être considérées comme bonnes en elles-mêmes, mais dépendent de l'usage que notre volonté en fait : on peut user de son intelligence ou de son courage à des fins mauvaises. La seule chose qui ait vraiment une valeur pour elle-même, c'est une volonté bonne, c'est-à-dire qui agit par devoir.

« Il est, par exemple, conforme au devoir que l'épicier ne fasse pas un prix plus élevé au client inexpérimenté, et là où il y a beaucoup de négoce le marchand avisé s'abstient de le faire, mais établit au contraire un même prix général pour tous, si bien qu'un enfant achète chez lui au même prix que n'importe qui d'autre. On est donc *honnêtement* servi chez lui ; pourtant, c'est loin d'être assez pour qu'on puisse croire que le marchand a agi par devoir et par principe d'honnêteté ; son intérêt l'exigeait ; en revanche, on ne peut pas admettre ici qu'il aurait dû, de plus, éprouver une inclination immédiate pour ses clients, pour ne donner, en quelque sorte par amour, aucun avantage de prix à l'un par rapport aux autres. L'action n'a donc été accomplie ni par devoir, ni par une inclination immédiate, mais simplement dans une intention intéressée [...]. Une action accomplie par devoir a sa valeur morale *non dans le dessein*, qui doit être réalisé par son moyen, mais dans la maxime, d'après laquelle elle a été décidée ; elle ne dépend donc pas de la réalité de l'objet de l'action, mais seulement du *principe du vouloir* d'après lequel l'action a été produite, indépendamment de tous les objets de la faculté de désirer. »

Kant, Fondement pour la métaphysique des mœurs (1785), Ire section, trad. O. Hansen-Löve, Paris, Hatier, coll. « Les classiques Hatier de la philosophie », 2000, pp. 21 et 25.

Moralité et légalité
Dans la première partie du texte, Kant donne l'exemple du marchand qui pratique les mêmes prix pour tous ses clients. Pourquoi celui-ci se refuse-t-il à la malhonnêteté ? Si l'on examine les mobiles de son action, on n'y trouvera certainement pas le sentiment humanitaire (le commerce ne repose sans doute pas sur l'amour

inconditionnel des clients). Le marchand serait-il alors inspiré par un respect pour la loi morale qui prescrit l'honnêteté ? On comprend pourtant vite que c'est plutôt par calcul et intérêt qu'il procède ainsi : une réputation de voleur lui ferait perdre sa clientèle. Il agit conformément au devoir et non par devoir.

Une morale de l'intention

Cet exemple nous permet de comprendre qu'on ne décide pas de la valeur morale d'un acte en considérant simplement son aspect extérieur : il faut savoir pourquoi le sujet agit ainsi. C'est dans la disposition intérieure du vouloir, dans l'intention qui préside à l'action que peut se mesurer sa moralité.

KELSEN HANS (1881-1973)

REPÈRES BIOGRAPHIQUES

Né à Prague en 1881, Hans Kelsen est le fondateur du positivisme juridique. Après des études de droit à Vienne, il suit l'enseignement de Max Weber et Heidegger. Professeur de droit à partir de 1911, il milite au Parti social-démocrate autrichien, et participe en 1918 à la rédaction de la Constitution encore en cours aujourd'hui. Il doit quitter l'Europe en 1938 et part enseigner à Berkeley, où il achève l'édition définitive de sa *Théorie pure du droit*.

Le positivisme juridique, ou normativisme, se veut une science du droit éliminant tout idéalisme ou idéologie. Son objectif n'est pas d'émettre un jugement moral ou politique, mais d'examiner la validité des normes juridiques en vigueur, c'est-à-dire leur conformité aux normes supérieures. Elles doivent en être déduites conformément à une procédure établie et avoir une certaine efficacité. Le sommet de ce système pyramidal est représenté par une « norme fondamentale hypothétique », stipulant qu'on doit obéir au droit positif, et énonçant qui détermine ce droit et selon quelles procédures. Ce fondement est « hypothétique » et non absolu, puisqu'il relève d'options morales et politiques. La validité est donc indépendante de la justice*, idéal indéfinissable qui ne peut relever que d'un choix. C'est la raison pour laquelle Kelsen critique la doctrine du droit naturel*, qui relève toujours soit de l'idéologie, soit de la contradiction qui consiste à prétendre qu'on pourrait déduire le droit du fait.

Le relativisme de Kelsen le conduit à défendre le système démocratique : la croyance en des valeurs et des vérités absolues amènerait à confier le gouvernement à ceux qui les connaissent, tandis que les autres devraient leur obéir sans discuter. Mais si les valeurs ne sont que relatives, alors, chaque homme a le droit de vivre conformément à ses propres valeurs. Le principe de la démocratie est donc bien l'autonomie* : ce qui veut dire que Kelsen fonde ce système sur la liberté et non sur l'égalité, laquelle pourrait tout aussi bien être réalisée dans un régime autoritaire.

● **PRINCIPAUX ÉCRITS :** *La Démocratie, sa nature, sa valeur* (1929) ; *Théorie pure du droit* (1934, rééd. 1960) ; *Théorie générale des normes* (1979)

KEPLER JEAN (1571-1630)

REPÈRES BIOGRAPHIQUES

Né en Allemagne, Kepler découvre l'astronomie au cours de ses études à Tübingen. Copernicien convaincu, il cherche à traduire en langage mathématique le système héliocentrique de représentation de l'univers. En raison d'un édit contre les protestants, Kepler doit quitter son pays. Il trouve refuge auprès de l'astronome danois Tycho Brahé, qui lui donne accès à une somme importante d'observations concernant le mouvement des planètes. À partir de ces données, Kepler sera conduit à postuler la forme elliptique — et non pas circulaire — de l'orbite des planètes et à formuler les lois mathématiques qui l'ont rendu célèbre.

L'œuvre scientifique de Kepler est considérable. Dans le domaine de l'optique, on lui doit la découverte du mécanisme de formation de l'image rétinienne et les premiers calculs de réfraction de la lumière. Dans le domaine de l'astronomie, Kepler fait preuve de hardiesse intellectuelle en postulant la forme elliptique de l'orbite des planètes, alors que jusque-là tout le monde — y compris Galilée* — s'accordait à en affirmer la forme circulaire. La première loi de Kepler s'énonce en effet de la manière suivante : « Les planètes se déplacent dans un plan fixe ; elles décrivent autour du Soleil une ellipse d'axe fixe, dont le Soleil occupe l'un des foyers ». La seconde loi, dite « loi des aires », pose que les aires égales d'un plan sont balayées en des temps égaux. La troisième loi relie entre elles les valeurs des masses en présence, la période de la révolution et la longueur du demi-grand axe de l'orbite. Ces résultats ont rendu possible l'avènement d'une nouvelle cosmologie* et la théorie de la gravitation universelle de Newton*.

Contemporain de Galilée, Kepler laisse donc derrière lui une œuvre scientifique d'une importance au moins égale à celle du savant italien. Et pourtant sa renommée et sa gloire n'ont jamais atteint celles de Galilée, considéré comme le fondateur de la science moderne. C'est que Kepler inscrit ses découvertes dans une vision du monde encore proche de l'univers de la Renaissance. S'il rejette la théorie d'Aristote*, et notamment son opposition devenue traditionnelle entre le corruptible et l'incorruptible, entre la Terre et le Ciel, c'est pour lui substituer une théorie de l'harmonie universelle d'inspiration néo-platonicienne. Selon Kepler, métaphysicien autant qu'homme de science, la création résulte d'un plan divin auquel les mathématiques nous permettent d'avoir accès, offrant ainsi à la contemplation un monde entièrement ordonné par la sagesse et la bonté de son Créateur.

● **Principal écrit** : *Astronomia nova* (1609).

KIERKEGAARD SÖREN (1813-1855)

Repères biographiques

Né à Copenhague, Sören est le dernier des sept enfants de Mickael Kierkegaard, homme d'un protestantisme austère, qui éduque son fils dans un climat de foi intense et tragique, et dans le sentiment aigu du péché. En 1838, il se fiance avec Régine Olsen, alors âgée de 15 ans. Deux années plus tard, il rompt mystérieusement ses fiançailles. Ses relations avec son père et sa rupture avec Régine demeureront pour lui, sa vie durant, des thèmes de méditation. Après avoir achevé ses études de théologie, il travaille à son œuvre écrite, placée sous le signe conjoint de la recherche de la foi authentique et de la lutte contre le christianisme officiel des « prêtres fonctionnaires ».

L'existence

La conscience n'est jamais, elle tend à devenir : elle existe. La pensée de Kierkegaard s'efforce d'établir la prééminence de la singularité de l'existence*, qu'il pense négligée par l'hégélianisme de l'époque : l'esprit de système est, selon lui, incapable de produire autre chose qu'une pensée abstraite condamnée à passer à côté de l'existant singulier, l'individu*. Cette pensée abstraite, par nature universalisante, est conduite à laisser à côté d'elle l'essentiel : la situation concrète, contingente et irréductiblement singulière de la conscience*, avec ses contradictions et ses déchirements, avec ses responsabilités. Dans le système, tout apparaît *sub specie aeternitatis*, « sous l'espèce de l'éternité » et de la nécessité*. Aussi le système ne peut-il guère que se rapporter, de façon rétrospective, au passé, qu'il présente comme un processus historique achevé ayant nécessairement conduit au présent ; mais l'existence temporelle, dans la singularité et la précarité de l'instant, et *a fortiori* l'existence future, la pensée abstraite ne peut en rendre compte. Ce repli de l'esprit de système dans l'ordre d'une éternité et d'une nécessité en vérité illusoires a pour effet de rendre l'existence même du penseur extérieure à sa pensée*. Si la philosophie est réellement une aspiration à la sagesse, l'idée d'un système abstrait rendu incapable d'impliquer l'existence même du penseur devient, selon Kierkegaard, dérisoire et burlesque.

L'angoisse et le désespoir

L'angoisse* et le désespoir sont des éléments moteurs essentiels de l'existence. L'angoisse, c'est l'impossibilité de trouver ici-bas des réponses humaines aux questions fondamentales de la conscience ; c'est l'état fondamental d'un être qui se sait condamné à choisir et ne sait que choisir. Le désespoir, c'est l'impossibilité d'être soi, doublée de l'impossibilité de n'être pas soi... Ce désespoir naît précisément de l'inévitable distance entre soi et soi, à laquelle Kierkegaard donne le nom d'existence. L'angoisse et le désespoir sont donc essentiels pour l'existant, qui doit les assumer dans leur double dimension : expériences douloureuses de la finitude* de l'existence, mais par là même appel de l'absolu*, ouverture sur le divin.

Les « stades » sur le chemin de la vie

Les « stades » ne sont pas à proprement parler des étapes, mais des catégories qui rendent compte des diverses figures de la conscience, des possibilités ouvertes à l'existant. Le stade esthétique (dans les deux sens du terme) est celui de la jouissance toujours fuyante, toujours renouvelée dans l'instant fugitif — de l'absorption de soi dans l'immédiat. Ainsi Don Juan : l'homme esthétique est celui qui désespère de trouver ici-bas des repères stables, mais qui ne pose aucun absolu ; figure du désir* inconsistant, il exige qu'on l'« étonne toujours davantage ». Incapable de faire le moindre choix durable, il se laisser aller à une jouissance effrénée, qui le divertit du non-sens de son existence. L'ironie* est alors un état intermédiaire entre le stade esthétique et le stade éthique* : en confrontant le réel à des exigences morales abstraites (*cf.* Socrate), l'ironie réitère l'incapacité à se fixer dans l'existence, mais en même temps elle appelle cet ancrage. Le choix proprement éthique est ainsi illustré par la figure du mariage. Si l'esthétique se situait dans l'instant, l'éthique s'inscrit dans le temps* et dans le temporel. L'éthicien est celui qui décide réellement de vouloir, qui fait des choix prenant authentiquement forme dans la sphère sociale, au risque d'y abolir sa singularité. L'humour, qui naît d'une conscience aiguë de la faute humaine, apparaît alors comme une prise de distance vis-à-vis de cette sphère éthique dont il éprouve les limites, sans pour autant renoncer à elle : d'une certaine façon, un stade est toujours la reprise, la répétition et le dépassement du stade inférieur. Le sentiment du péché est ce qui empêche la conscience de sommeiller en paix dans la sphère de l'éthique et lui impose de chercher son salut ailleurs. Le stade religieux, relation à l'éternité, s'enracine en effet dans la conscience absolue de la faute* totale de l'humanité (le péché héréditaire, mais aussi la crucifixion du Dieu qui s'est fait homme). Il naît de la conscience permanente de l'irréductible peccabilité (la chute, toujours possible, dans le péché) de l'humanité, qui ne peut se sauver seule. Ce troisième stade exige une sorte de saut dans le vide : la « suspension téléologique de l'éthique dans la foi* » — à l'image d'Abraham* qui ne renonce jamais à son rôle de conducteur de peuple ou de père d'Isaac, mais qui n'assume ces fonctions qu'en les suspendant en confiance aux décrets divins. Le stade religieux suppose un rapport singulier et personnel avec le divin, qui peut inspirer apparemment l'injustifiable au regard des simples valeurs éthiques (*cf.* le sacrifice d'Isaac ; peut-être aussi l'abandon de Régine par Kierkegaard). Mais c'est aussi le religieux qui permet de vivre l'éthique dans la plénitude de son sens (Isaac conservé à Abraham, parce que celui-ci était disposé au sacrifice ; le mariage heureux — dont Kierkegaard a été incapable).

Exister, c'est donc assumer les paradoxes auxquels se trouve confrontée une conscience déchirée entre le fini et l'infini, le temps et l'éternité, l'être et le vouloir, le monde éthique et l'absolu, la singularité contingente de l'existant et la transcendance* du divin... — paradoxes douloureux dans lesquels, seul, l'écartèlement tragique de la conscience permet de faire coexister les contraires sans jamais prétendre les réconcilier ici-bas.

● **PRINCIPAUX ÉCRITS :** *L'Ironie* (1841) ; *Le Journal du séducteur* (1843) ; *Crainte et tremblement* (1843) ; *La Répétition* (1843) ; *Le Concept de l'angoisse* (1844) ; *Miettes philosophiques* (1844) ; *Étapes sur le chemin de la vie* (1845) ; *Traité du désespoir* (1848).

KUHN THOMAS S. (NÉ EN 1922)

REPÈRES BIOGRAPHIQUES

Auteur américain spécialiste d'histoire et de philosophie des sciences. Après de brillantes études à Harvard, en sciences et en philosophie, il a enseigné dans les grandes universités américaines.

À partir d'une enquête minutieuse sur l'histoire des sciences, Kuhn a construit une conception originale de la connaissance scientifique. Il récuse la façon dont le positivisme logique* et Popper* reconstruisent une méthode scientifique idéale sans s'intéresser au processus his-

Kuhn

torique réel de la fabrication de la science*. En effet, la « science normale » ou ordinaire ne fonctionne pas selon une pure logique de l'objectivité. Elle repose au contraire sur des « paradigmes* » (ou modèles généraux de l'ordre de la nature) établis dans la communauté scientifique par consensus, c'est-à-dire acceptés non seulement en fonction de leurs succès expérimentaux mais aussi de considérations institutionnelles, philosophiques, idéologiques, voire esthétiques. Loin donc, comme le voulait Popper, de progresser en cherchant impitoyablement à « falsifier » ses hypothèses (*cf.* Falsifiabilité), la « science normale » est conservatrice : elle pose les problèmes et cherche à les résoudre dans le cadre des paradigmes en vigueur qu'elle tend à vouloir sauvegarder. Ce n'est que lorsqu'un paradigme n'est plus suffisamment opératoire ou explicatif qu'elle se résout à l'abandonner. S'ouvre alors une période de « révolution scientifique », au terme de laquelle un nouveau paradigme fera l'objet d'un nouveau consensus. Il résulte de cette conception de la science et de son histoire deux conséquences : 1. loin d'être un progrès cumulatif des connaissances, l'histoire des sciences est discontinue ; 2. la notion de progrès* elle-même doit être remise en cause. Kuhn soutient en effet que deux paradigmes successifs sont entre eux incommensurables : le nouveau ne peut donc être compris comme une meilleure approximation de la vérité que l'ancien. Cela témoigne du caractère conventionnaliste d'une telle philosophie de la science (*cf.* Conventionnalisme).

● **PRINCIPAL ÉCRIT :** *La Structure des révolutions scientifiques* (1962).

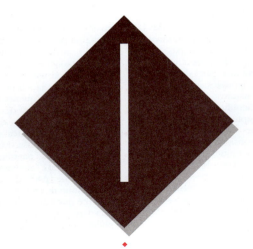

LA BOÉTIE ÉTIENNE DE (1530-1563)

REPÈRES BIOGRAPHIQUES
Grand ami de Montaigne, Étienne de La Boétie laisse une œuvre poétique et politique. On retient surtout de lui le *Discours de la servitude volontaire*, composé sans doute alors qu'il était encore adolescent.

Contrairement à toutes les idées reçues, La Boétie soutient qu'aucune tyrannie ne peut reposer (uniquement) sur la force : une certaine complicité — au moins passive — du peuple est absolument requise. Anticipant sur les analyses contemporaines du totalitarisme*, l'auteur montre que ce sont les hommes qui « s'asservissent et se coupent eux-mêmes la gorge » : en d'autres termes, ils soutiennent la tyrannie* en tissant un gigantesque réseau de liens serviles, entièrement suspendus au pouvoir suprême. Chacun, dans un tel système, est à la fois opprimé et oppresseur, complice et victime d'une situation qui n'est pourtant jamais une fatalité : car « pour avoir la liberté, il ne faut que la désirer ». La Boétie, pourtant, ne remet pas en question la monarchie, ni n'appelle explicitement à la rébellion. Il montre cependant que le politique (conçu comme espace de liberté partagée) n'est l'œuvre ni de Dieu ni du Prince, mais doit être institué par le peuple qui seul peut le désirer et le fonder.

● **PRINCIPAL ÉCRIT** : *Discours de la servitude volontaire* (1548).

LACAN JACQUES (1901-1981)

REPÈRES BIOGRAPHIQUES
Médecin psychiatre et grand psychanalyste, Jacques Lacan publie sa thèse sur la paranaoïa en 1932, puis une première contribution analytique sur le « stade du miroir » en 1936. Après la guerre, il suit les cours d'Alexandre Kojève sur Hegel, et poursuit ses travaux sous forme de séminaires hebdomadaires d'abord à l'École pratique des hautes études, puis à l'École normale supérieure. Exclu de l'Association internationale de psychanalyse, il fonde en 1964 sa propre école, l'École freudienne de Paris, qu'il dissout en 1980 et remplace par la Cause freudienne.

Le mot de ralliement de Lacan est : « retour à Freud », contre la psychanalyse américaine qui tend à « biologiser » l'inconscient, en faisant de la libido* une énergie réelle, qu'il suffirait de « libérer » (Wilhelm Reich). Lacan prend au sérieux le fait que la cure psychanalytique opère sur le malade au moyen de la seule parole. Ce qui lui permet d'écrire que « l'inconscient* est structuré comme un langage* ». Lacan en articule l'analyse autour des concepts de l'imaginaire, du réel et du symbolique.

L'imaginaire, le réel et le symbolique
Déjà dans l'analyse du « stade du miroir », Jacques Lacan montrait que la jubilation du très jeune enfant face à son

reflet résulte de ce qu'il s'identifie à une image achevée de lui-même, mais décalée par rapport à sa maturité physiologique encore manquante. Le « moi » se constitue donc dans l'imaginaire*, au double sens de l'image et du leurre, sur fond d'un manque. Le symbolique, lui, est ce qui vient à la place du manque. Accéder au symbolique, c'est donc, en même temps, accepter le manque, la castration. Quant au réel, il est ce manque-à-être, qui résiste à toute symbolisation et reste hors de portée. « Le réel est l'impossible », écrit-il. Or le manque est constitutif du désir*. « Ne pas céder sur son désir » signifie alors accepter que son objet, que Lacan appelle « petit a », soit manquant.

Besoin, demande et désir

Il ne s'agit donc pas de libérer le désir d'une soi-disant « frustration ». Croire une telle libération possible, c'est confondre désir et besoin. Or, sans nier que l'homme soit un être de besoin, il est certain que, chez lui, le besoin se transforme du seul fait qu'il ait à se formuler dans une demande à l'autre. Mais dans la demande, qui est au fond demande d'amour, l'autre est investi d'une puissance imaginaire, celle de posséder l'objet manquant. Or l'autre est aussi soumis au manque. Le comprendre, c'est passer de la demande au désir, de l'imaginaire au symbolique. Cet avènement du sujet à travers l'autre, reprenant la formule de Freud : « *Wo Es war, soll Ich werden* » — « Là où le ça était, je dois advenir » — est l'accession à l'humain, au-delà du besoin, dans le manque, par et dans le langage.

● **PRINCIPAUX ÉCRITS :** *Écrits* (1966) ; *Séminaires* (1953-1980).

LAGNEAU JULES (1851-1894)

REPÈRES BIOGRAPHIQUES

Professeur de philosophie français, Jules Lagneau a eu de son vivant un rayonnement considérable. Son meilleur élève (on peut le supposer...), Alain, a publié dans sa maturité des *Souvenirs concernant Lagneau* (1925).

La philosophie de Jules Lagneau se présente comme une recherche du salut* par la connaissance. Pour ce philosophe « idéaliste », la source vive de toute lumière se trouve en premier lieu à l'intérieur de soi-même. L'approfondissement de la réflexion permet de se familiariser avec la nécessité rationnelle et d'atteindre, au bout du compte, la coïncidence avec l'« Esprit universel », avec l'absolu, autrement dit avec Dieu. Spinoziste mais aussi proche de Kant*, Jules Lagneau estime que la réflexion trouve son accomplissement dans la pratique, c'est-à-dire dans l'acte libre, ou encore moral, à l'occasion duquel s'exprime la soumission de la nature à l'esprit. La plupart de ces idées se retrouvent chez Alain*, mais sous une forme dépourvue de tout mysticisme. Les — « célèbres » — analyses de Lagneau concernant la perception* et le jugement* ont gardé toute leur pertinence et toute leur actualité.

● **PRINCIPAUX ÉCRITS :** *Célèbres Leçons et Fragments* (1915) ; *De l'existence de Dieu* (1925).

LAÏCITÉ

(n. f.) ● **ÉTYM. :** grec *laikos*, « qui appartient au peuple ». ● **POLITIQUE :** principe selon lequel l'État n'exerce aucun pouvoir religieux et les Églises aucun pouvoir politique. ● **PHILOSOPHIE :** attitude consistant à respecter pleinement la liberté de pensée de chacun, et à s'interdire toute forme d'intolérance en matière de religion (*cf.* texte de Spinoza, « La liberté d'expression », p. 426), de philosophie et de croyances.

Genèse de la laïcité

Dans une société traditionnelle, tous les aspects de la vie — économiques, politiques, religieux, artistiques, etc. — sont étroitement imbriqués. La religion assure l'unité d'une existence totalement intégrée, et dont le sens n'est pas problématique. Au contraire, la différenciation des institutions est la caractéristique essentielle du monde « moderne » (depuis le XVIe siècle en Europe). La conséquence de ce mouvement de rationalisation et de différenciation des institutions est la suivante : la religion se trouve progressivement refoulée et n'apparaît plus que comme une dimen-

◆ **Lakatos**

sion particulière de la vie sociale, avec ses propres organes, séparés et spécialisés. Max Weber* a montré que la tradition judéo-chrétienne — la Réforme* en particulier — a joué un rôle décisif dans ce processus, lié au progrès de l'individualisme et du rationalisme européen.

Une morale et un idéal
La sécularisation (du mot anglais *secular*, « temporel »), c'est-à-dire la dissociation du religieux et du politique, du sacré et du profane, est donc, comme on vient de le voir, le produit d'une histoire longue et chaotique qui conduit à la séparation de l'Église et de l'État (1905). Mais la laïcité ne se résume pas à cette évolution institutionnelle ; c'est également une morale, et un idéal : celui de la liberté absolue des consciences. La laïcité républicaine est d'abord, selon Jules Ferry, une difficile ascèse individuelle, fondée sur le premier des devoirs républicains : s'instruire. L'humanisme, le rationalisme et le respect de la libre pensée sont les composantes essentielles de cette philosophie que certains, aujourd'hui, jugent désuète.
Le débat actuel sur la laïcité tourne essentiellement autour de deux questions :
1. Faut-il redéfinir la laïcité en prenant en compte les nouvelles réalités sociologiques ?
2. Le modèle laïc (français) est-il nécessairement « exportable » ?
Mais on ne peut prendre position sur de telles questions sans s'interroger également sur la légitimité d'une culture et d'un ensemble de valeurs (pluralisme, tolérance...), dont la portée universelle est souvent contestée.

● **Terme voisin :** sécularisation.
● **Corrélats :** liberté (libre-pensée) ; tolérance.

LAKATOS IMRE
(1922-1974)

Repères biographiques
Lakatos est né en Hongrie, d'où il s'exile en 1956, après l'invasion de Budapest par les chars soviétiques. Il suit en Angleterre l'enseignement de Karl Popper, dont il sera un disciple critique.

Il faut comprendre la philosophie des sciences de Lakatos à partir du « falsificationnisme » de Popper*, conception selon laquelle le critère de scientificité d'une théorie est sa falsifiabilité* (sa capacité d'être démentie par des tests expérimentaux) et non sa vérifiabilité. Lakatos approuve les principes de base de la philosophie de Popper, mais il propose un « falsificationnisme sophistiqué » qui amende Popper sur un point crucial : une théorie T1 ne peut être falsifiée que s'il existe une théorie T2 concurrente, qui rend compte de tous les phénomènes que T1 explique et peut de plus prédire des énoncés empiriques incompatibles avec T1. Autrement dit, falsifier une théorie, ce n'est pas rechercher un contre-exemple, c'est rechercher une théorie meilleure. D'où une exigence de « prolifération des théories » qui conduit Lakatos à proposer une « méthodologie des programmes de recherche ». Un programme de recherche se compose d'une « heuristique* négative », qui proscrit certaines voies de recherche, et d'une « heuristique positive » qui, au contraire, prescrit d'autres voies. L'heuristique négative tient au « noyau dur » du programme, que la recherche doit sauvegarder en proposant, tel un « glacis protecteur » autour de ce noyau, toutes les hypothèses auxiliaires nécessaires. La construction et l'amélioration de ce glacis protecteur relèvent, quant à elles, de l'heuristique positive. La notion de « programme de recherche » n'est pas sans faire penser à ce que Thomas Kuhn* appelle un « paradigme* ». Mais la différence essentielle entre Kuhn et Lakatos tient à ce que le premier, en affirmant l'incommensurabilité* des paradigmes entre eux, est conduit vers une philosophie relativiste de la connaissance scientifique. Alors qu'au contraire, Lakatos a toujours voulu préserver la notion de progrès scientifique : la dégénérescence d'un programme de recherche ou, à l'inverse, sa progression proviennent de son inaptitude ou de son aptitude à engager la science dans des voies théoriques fécondes et à faire progresser la connaissance objective et rationnelle du monde.

● **Principal écrit :** *Histoire et méthodologie des sciences* (1978, posthume).

LAMARCK, JEAN-BAPTISTE DE MONET DE (1744-1829)

> **REPÈRES BIOGRAPHIQUES**
>
> Après avoir essayé la voie religieuse, Lamarck se décide ensuite pour une carrière militaire, à laquelle un accident l'oblige à renoncer. C'est la rencontre avec Rousseau, qui l'initie à l'herborisation, qui l'oriente vers une carrière de naturaliste. Il devient botaniste du roi en 1781, puis, sous la Convention, professeur de zoologie au Muséum d'histoire naturelle. Bien que laissant une œuvre considérable et novatrice, Lamarck mourut isolé et méconnu.

Lamarck est entré dans l'histoire de la science pour avoir formulé dans sa *Philosophie zoologique* (1809) la première théorie de l'évolution des êtres vivants. L'évolution, pour Lamarck, s'explique par la combinaison de deux principes. D'une part, « le développement des organes et leurs forces d'action se construisent en raison de l'emploi de ces organes » ; d'autre part, « tout ce qui a été acquis ou changé dans l'organisation des individus pendant le cours de leur vie est conservé par la génération et transmis aux individus qui proviennent de ceux qui ont éprouvé ces changements ». Ainsi, les nécessités de l'adaptation au milieu renforcent ou au contraire atrophient tel ou tel organe, et l'organe ainsi transformé se transmet aux générations suivantes, ce qui suppose une hérédité des caractères acquis. Cette hérédité des caractères acquis sera contestée par la théorie de Darwin* sur l'évolution des espèces, et plus aucun biologiste ne la considère aujourd'hui comme vraie. Mais Lamarck a néanmoins été le premier à mettre en évidence l'idée d'évolution*, qui a constitué une véritable révolution intellectuelle dans les sciences biologiques du XIXe siècle.

● **PRINCIPAL ÉCRIT :** *Philosophie zoologique* (1809).

LANGAGE

Depuis le début du XXe siècle, les sciences humaines — la linguistique en particulier — ont été amenées à dissocier différents sens du mot langage, que l'usage confond le plus souvent. Au sens large, le langage signifie tout système ou ensemble de signes permettant l'expression ou la communication*. En ce sens, on parle couramment du « langage » informatique — ensemble de signes utilisés pour formuler des instructions — ou du « langage » animal. Mais le langage au sens strict est une institution universelle et spécifique de l'humanité, qui comporte des caractéristiques propres qu'il nous paraît indispensable de dégager ici.

Langage, langue, parole

On opposera pour cela le langage, en tant que faculté ou aptitude à constituer un système de signes*, à la langue qui est l'instrument de communication propre à une communauté humaine : une langue est un ensemble institué et stable, de symboles verbaux ou écrits propres à un corps social, et susceptible d'être bien ou mal traduit dans une autre langue. Enfin le langage ne doit pas non plus être confondu avec la parole, qui est l'acte individuel par lequel s'exerce la fonction linguistique.

Le propre de l'homme

Soutenir que le langage est le propre de l'homme n'est donc pas, comme on l'admet parfois, faire injure au monde animal. C'est seulement faire valoir que parmi tous les systèmes de communication, celui des êtres humains comporte un certain nombres de caractères particuliers et indissociables des autres caractéristiques humaines. Cette thèse est formulée, de façon un peu abrupte diront certains, par Descartes*. Pour lui, le langage témoigne d'une faculté de penser et de raisonner propre à l'homme ; et si les animaux ne parlent pas, c'est faute de penser et non faute de moyens de communication, comme le prouve le fait qu'ils savent fort bien exprimer leurs « passions ». Sans contredire Descartes sur ce point, on insistera davantage aujourd'hui sur le caractère historique et social du langage qui ne peut se concevoir sans un apprentissage progressif, ni hors de tout contexte culturel. Psychologues et linguistes ont en outre établi l'existence, chez le jeune enfant, d'activités langagières et cognitives qui précèdent la production d'un langage articulé et conceptuel, c'est-à-dire un langage au sens cartésien du terme. Ces activités prélinguistiques — comme par exemple la combinaison de symboles* ou la faculté d'attribuer à un

◆ **Langage**

autre une croyance que l'on ne possède pas — opposent le tout jeune enfant au singe supérieur, incapable de ce type de performances décisives pour le développement ultérieur de l'intelligence.

Un système de signes

Les recherches actuelles sur le langage s'attachent d'ailleurs à dégager les traits spécifiques des systèmes linguistiques humains. Retenons notamment la caractéristique de la double articulation, commune à toutes les langues naturelles et donc propre au langage humain : une première articulation découpe la langue en unités de sons en même temps que de sens (les mots ou syllabes, dits « monèmes* ») ; une seconde la décompose en quelques dizaines d'unités phoniques élémentaires en nombre fini et fixe (les « phonèmes* »). Ainsi, avec une quarantaine de sons (et de signes correspondants), chaque langue peut effectuer des combinaisons (monèmes, puis mots, puis phrases) en nombre quasiment illimité, tout en épargnant la mémoire. Ce fonctionnement très particulier rend possible la constitution d'énoncés en nombre potentiellement infini à partir d'un nombre d'éléments extrêmement réduit, d'où la richesse et la flexibilité remarquable du langage humain. Ajoutons enfin que la langue est un système* — souvent comparé au jeu d'échecs — c'est-à-dire un assemblage d'éléments interdépendants qui se soutiennent tous mutuellement et qui ne peuvent se comprendre isolément (il suffit, par exemple, de consulter un dictionnaire pour constater le caractère circulaire de la signification des mots ou des expressions).

La dimension pragmatique du langage

Mais le langage n'est pas seulement un système de signes servant à communiquer des pensées ou à représenter le monde. Il est également — et ceci au plus haut degré — une activité sociale. Tout un courant philosophique contemporain a été amené à mettre en valeur cette dimension « pragmatique* » du langage. Le philosophe Ludwig Wittgenstein*, tout d'abord, introduisit la notion de « jeu de langage » pour révéler l'irréductible diversité des fonctions langagières : chaque type de langage renvoie à une pratique collective (raconter une histoire, résoudre une énigme, commander, maudire...) comportant ses propres règles et sa grammaire spécifique. Ces « jeux de langage », s'ils ne font pas l'objet de conventions explicites, sont pourtant, par nature, des faits sociaux. Dès lors, le langage ne peut plus être conçu comme un phénomène privé. De son côté, le philosophe J. L. Austin*, dans *Quand dire, c'est faire*, montre que nos énoncés dans leur ensemble sont des actes et non pas seulement des propositions descriptives, ou des affirmations susceptibles d'être vraies ou fausses. Les énoncés performatifs (du verbe anglais *perform*, « accomplir une action ») constituent en eux-mêmes des actes et produisent des effets (comme par exemple : « Je lègue ma fortune à mon neveu »). Or ces actes de langage ont des conditions d'accomplissement inaperçues qui peuvent pervertir nos discours ou mettre en échec les finalités de nos actions. D'où l'intérêt manifeste de telles approches « pragmatiques » du langage.

Le pouvoir des mots

Par ces analyses, la pensée contemporaine confirme et réactualise une préoccupation très ancienne de notre histoire philosophique. Platon* fut l'un des premiers à prendre conscience du redoutable pouvoir des mots, et à s'en inquiéter. Dans *Le Sophiste* par exemple, il mettait ses concitoyens en garde contre la séduction des orateurs habiles, que ce soient des hommes politiques opportunistes ou des sophistes*. Ces inquiétudes se retrouvent aujourd'hui. Les succès de la communication sont en effet largement ambivalents. Chacun peut mesurer le pouvoir immense que confère la maîtrise de tel ou tel moyen d'expression. Et il est difficile de trouver des parades au détournement toujours possible des mots à des fins personnelles ou violentes. Au moins doit-on prendre conscience des enjeux d'un tel débat : car c'est le langage tout entier, dans sa fonction essentielle — l'accomplissement de l'humanité par le dialogue* et la pensée* — qui pourrait, dans le cas contraire, se trouver réellement menacé.

● **TEXTES CLÉS :** Platon, *Cratyle* ; J.-J. Rousseau, *Essai sur l'origine des langues* ; É. Benveniste, *Problèmes de linguistique générale* ; J. L. Austin, *Quand dire, c'est faire*.

● **TERMES VOISINS :** discours ; langue ; parole. ● **CORRÉLATS :** communication ; dialogue ; intersubjectivité ; langue ; lapsus ; sciences cognitives ; signe ; symbole.

LANGUE

(n. f.) ● ÉTYM. : latin *lingua*, « langue », « parole ». ● SENS ORDINAIRE : produit social de la faculté du langage ; ensemble de conventions nécessaires adoptées par le corps social pour permettre l'exercice de cette faculté chez les individus (ex. : « la langue anglaise »).

● CORRÉLATS : langage ; parole.

LAPSUS

(n. m.) ● ÉTYM. : terme latin signifiant « l'action de glisser, de trébucher ». ● SENS ORDINAIRE ET PSYCHANALYTIQUE : erreur commise en parlant ou en écrivant, qui consiste à employer un autre mot que celui qui est attendu.

L'emploi du mot lapsus n'est pas propre à la psychanalyse, et désigne un phénomène très fréquent, généralement attribué au hasard ou à l'inattention. Chez Freud*, les lapsus appartiennent à la catégorie des actes manqués, ensemble de conduites qui aboutissent à un autre résultat que celui qui était visé. Selon lui, les lapsus sont, comme les autres actes manqués, la manifestation déguisée de désirs inconscients.

● CORRÉLATS : acte manqué ; inconscient ; langage ; psychanalyse.

LÉGALITÉ

(n. f.) ● ÉTYM. : du latin *lex*, « loi ». ● SENS ORDINAIRE : conformité aux lois établies, au droit positif (ex. : « être dans la légalité »). ● PHILOSOPHIE : chez Kant, désigne la simple conformité extérieure à la loi morale, par opposition à la moralité qui implique l'intention d'agir par respect pour la loi morale.

On oppose souvent la légalité — simple conformité aux lois, sans préjuger de leur bien-fondé ou de leur caractère juste ou injuste — et la légitimité qui renvoie, elle, à l'idée d'équité*, de bien-fondé, de bon droit*, de justice*, etc., et fait appel à des valeurs jugées supérieures à celles des lois établies par le droit positif. Par là, on entend souligner le danger du légalisme, c'est-à-dire le danger d'une attitude qui consiste à s'en tenir à la lettre de la loi*. Or la loi peut être injuste dans son application, parce qu'elle ne tient pas compte, par son abstraction et son caractère général, des situations particulières. La loi peut être injuste aussi dans son principe même, notamment si elle trahit son caractère général et devient discriminatoire. Enfin, les lois peuvent être en opposition avec des valeurs morales ou religieuses, considérées comme supérieures au simple respect des lois. Mais alors, c'est la question de la légitimité du refus d'obéir qui se trouve à nouveau posée. La loi peut d'ailleurs prévoir et définir les limites d'un tel refus, comme, par exemple, dans le cas de l'objection de conscience.

● TERMES VOISINS : légalisme ; loyalisme. ● TERMES OPPOSÉS : illégalité ; légitimité. ● CORRÉLATS : désobéissance civile ; droit ; loi ; non-violence.

LEIBNIZ GOTTFRIED WILHELM (1646-1716)

REPÈRES BIOGRAPHIQUES

Né à Leipzig, Leibniz étudie d'abord la philosophie, puis le droit et les mathématiques. Nommé conseiller à la cour suprême de Mayence en 1667, il est chargé de missions diplomatiques. Il travaille à construire l'unité politique et religieuse de l'Europe, alors déchirée. Il voyage beaucoup et rencontre les plus grands philosophes et les plus grands savants de son temps. Il invente le calcul infinitésimal en 1676, et publie ses premiers ouvrages philosophiques. De retour en Allemagne, il est nommé bibliothécaire et conseiller à la cour de Hanovre en 1677. Il entreprend alors une historiographie de la maison de Hanovre. Parallèlement, il poursuit l'élaboration de son système philosophique.

Un esprit très curieux

Leibniz fut certainement l'un des plus grands esprits de son temps, et le plus cultivé. Curieux de tout, il s'intéresse à tout : à l'histoire, au droit, à la biologie,

◆ **Leibniz**

aux mathématiques, à la physique. Cette variété d'approches n'est pas, chez lui, le signe d'un éparpillement, mais le fruit d'une double conviction : la raison* est présente partout, la réalité est inépuisable. Le rationalisme* de Leibniz, contrairement à celui de Descartes* — à qui il s'oppose —, ne répudie pas la réalité sensible et changeante ; au contraire, il l'embrasse et l'explique. Penser la diversité, sans renoncer à l'unité, mais aussi penser l'unité sans renoncer à la diversité, telle est, au fond, l'exigence qui anime toute sa philosophie.

La monade ou l'unité vraie

C'est d'ailleurs cette union d'unité et de diversité qui constitue, selon Leibniz, le fondement de toute réalité. Qu'est-ce qui, véritablement, existe ? La réponse de Leibniz est : la substance individuelle, qu'il appellera monade*, d'un mot grec signifiant « unité ». Il est certain, écrit-il, que « ce qui n'est pas véritablement *un* être n'est pas non plus véritablement un *être* ». Mais l'unité de la monade n'est pas celle d'un simple agrégat dont l'unité est purement externe — comme celle d'un tas de cailloux, par exemple —, elle est l'unité vraie, qui est interne et donne sa cohésion au composé — comme dans le cas d'un organisme* vivant. Véritable « point métaphysique* », par opposition au point mathématique ou au point physique, toujours divisibles, la monade est non seulement une, mais encore unique, c'est-à-dire différente de toute autre, ce en quoi seulement elle est véritablement substance*. En effet, si la substance peut se définir comme ce à quoi peut s'appliquer un attribut*, en revanche, elle-même ne saurait, à son tour, servir d'attribut. Considérons la substance individuelle — ou monade — Jules César. De lui — mais d'autres aussi —, il est possible de dire qu'il est empereur. Par contre, de nul autre que lui il n'est possible de dire qu'il est Jules César. D'ailleurs ce n'est que par abstraction que l'on peut séparer tel ou tel attribut de la substance qui en est le support. En réalité, c'est l'ensemble de ses attributs qui la constituent et l'individualisent. Une substance contient toutes ses déterminations passées, présentes et futures. La monade n'a, en effet, « ni portes, ni fenêtres », par lesquelles elle recevrait passivement du dehors ses déterminations. Elle est force active, au contraire, et c'est de son propre fonds qu'elle tire tout ce qui lui arrive.

L'harmonie préétablie

Ce n'est pas seulement sa propre histoire que chaque monade contient ainsi, mais l'univers tout entier, dont elle porte trace. L'action d'une monade est liée, de proche en proche, à l'ensemble des événements du monde. De même, la perception* est la somme de « petites perceptions » inconscientes. Quand je perçois le bruit d'une vague, je perçois, sans m'en rendre compte, le bruit de chaque goutte d'eau. Ainsi chaque monade fait-elle écho à l'univers tout entier, que, telle un miroir, elle concentre et « exprime » du point de vue qui est le sien. Pour illustrer cette idée, Leibniz utilise souvent l'image du théâtre où chaque spectateur voit le même spectacle que son voisin, mais de la place où il est assis. Le même spectacle est « exprimé » différemment par chaque spectateur. Ainsi, sans qu'il y ait action extérieure d'une monade sur une autre, il y a pourtant communication* entre elles, car elles correspondent, au sens où chacune s'accorde aux autres, dans un univers réglé par Dieu*. C'est la thèse de l'harmonie* préétablie, qui permet aussi à Leibniz de répondre à la difficile question de l'union de l'âme* et du corps*. Point n'est besoin de supposer entre eux une action réciproque problématique. Mais s'ils s'accordent et se rencontrent, c'est tout simplement qu'âme et corps sont « accommodés » l'un à l'autre, comme du reste toutes les monades entre elles.

Le meilleur des mondes possibles

L'idée d'harmonie doit être prise ici au sens propre, c'est-à-dire au sens musical et esthétique. Le monde est un ensemble harmonieux, dont la beauté réside dans l'accord des parties. Le monde est le meilleur des mondes possibles, parce qu'il satisfait à la double exigence d'unité et de diversité, c'est-à-dire du maximum d'ordre et du maximum de variété. Cette double exigence est elle-même conforme, d'une part, au principe de continuité, selon lequel « la nature ne fait pas de sauts », qui assure au monde ordre et unité ; et, d'autre part, au principe des indiscernables*, selon lequel il n'existe pas dans la nature deux êtres exactement semblables, ce qui lui assure sa variété. Enfin, si Leibniz affirme que le monde est le meilleur des mondes possibles, ce n'est pas le résultat d'un optimisme naïf, comme Voltaire* a cru pouvoir lui en faire le reproche, mais parce que cette thèse est la seule qui soit conforme au principe de raison suffisante, selon lequel il doit toujours être possible d'expliquer « pourquoi quelque chose existe plutôt que rien et pourquoi ainsi et non autrement ». En effet, si tous les mondes possibles étaient également bons ou mauvais, il n'y aurait aucune raison pour que Dieu créât l'un plutôt que l'autre. Toutefois, le meilleur des mondes possibles n'est pas un monde parfait. Le mal* existe, mais Dieu n'en est pas responsable. Il résulte de la limitation originelle de toute création, limitation que chaque monade s'efforce, autant qu'elle le peut, de dépasser, dans l'effort qu'elle fait pour exprimer du mieux possible le monde.

● **PRINCIPAUX ÉCRITS :** *Discours de métaphysique* (1686) ; *Nouveaux Essais sur l'entendement humain* (1704) ; *Essais de théodicée* (1710) ; *Monadologie* (1714).

LE MEILLEUR DES MONDES

On comprend souvent l'optimisme théorique de Leibniz à travers les injonctions dérisoires de Candide : comme une naïveté enragée à voir partout du bien quand tout est au plus mal. Voltaire a sans doute déformé et caricaturé les thèses de Leibniz ; ou plutôt : il n'en présentait que les conclusions sans en exposer les fondements métaphysiques. Leibniz, en réalité, n'a jamais dit de ce monde qu'il était parfait (il n'y a que Dieu strictement qui puisse l'être), mais il a toujours soutenu en revanche qu'il était impossible, d'un point de vue métaphysique, qu'il puisse y en avoir de plus parfait.

« La notion de Dieu la plus reçue et la plus significative que nous ayons, est assez bien exprimée en ces termes que Dieu est un être absolument parfait, mais on n'en considère pas assez les suites ; et pour y entrer plus avant, il est à propos de remarquer qu'il y a dans la nature plusieurs perfections toutes différentes, que Dieu les possède toutes ensemble, et que chacune lui appartient au plus souverain degré. Il faut connaître aussi ce que c'est que la perfection, dont voici une marque assez sûre, à savoir que les formes ou natures qui ne sont pas susceptibles du dernier degré, ne sont pas des perfections, comme par exemple la nature du nombre ou de la figure. Car le nombre le plus grand de tous (ou bien le nombre de tous les nombres), aussi bien que la plus grande de toutes les figures, impliquent contradiction, mais la plus grande science et la toute-puissance n'enferment point d'impossibilité. Par conséquent, la puissance et la science sont des perfections et, en tant qu'elles appartiennent à Dieu, elles n'ont point de bornes. D'où il s'ensuit que Dieu possédant la sagesse suprême et infinie agit de la manière la plus parfaite, non seulement au sens métaphysique, mais encore moralement parlant, et qu'on peut exprimer ainsi à notre égard que plus on sera éclairé et informé des ouvrages de Dieu, plus on sera disposé à les trouver excellents et entièrement satisfaisants à tout ce qu'on aurait pu souhaiter. »

Leibniz, Discours de métaphysique (1686), § 1, Paris, Vrin, 1984, p. 37.

Le Dieu parfait
Leibniz explique ce qu'il entend par perfection : l'état d'une chose quand elle connaît son plus haut degré d'être. Cette précision est importante pour marquer que les perfections de Dieu sont actuelles et agissantes. Elles ne sont pas comme ces séries infinies de nombres auxquelles on peut indéfiniment rajouter des unités. Par ailleurs, Dieu n'est pas simplement parfait en acte : il l'est absolument. Quantitativement : il possède toutes les perfections ; qualitativement : ces perfections atteignent en lui une dimension suprême. Par exemple, sa science est la plus étendue. Non seulement il connaît toutes les choses, mais il les connaît à un degré de profondeur indépassable. Ou encore : il a toutes les bontés (la justice, la générosité, la miséricorde...), et il les possède dans leur absolue pureté.

Le meilleur des mondes possibles
Dieu est donc omniscient et omnipotent. La perfection de sa nature s'exprimera donc nécessairement dans sa Création. Un bref regard sur le monde nous donne

◆ Léviathan

> pourtant une impression contraire : le mal, l'injustice, la souffrance et l'iniquité semblent régner sans partage. Ce sera le défi de la philosophie de se placer à un niveau d'examen suffisamment profond pour pouvoir partout faire resplendir l'excellence divine.

LÉVIATHAN

Monstre biblique, dont parle le Livre de Job en disant que « sur terre, nul n'est son maître ». Dans le texte de la Bible, la puissance terrestre de Léviathan est évoquée pour signifier à quel point la surpasse la puissance céleste de Dieu, qui domine toute créature, même la plus terrible.

Le mot Léviathan sera repris au XVIIe siècle par Hobbes* : c'est le titre de son ouvrage majeur. *Léviathan* désigne, chez Hobbes, l'État*, et souligne sa puissance. La théorie absolutiste du pouvoir que développe Hobbes (*cf.* Absolu) a fait de la dénomination de l'État par ce nom biblique le symbole du caractère monstrueux de l'État moderne (« le plus froid des monstres froids », dira Nietzsche*), dévorant les forces vives de l'individu. Mais, appliqué à Hobbes, ceci est un contresens : s'il appelle l'État « Léviathan », ce n'est pas pour marquer ce que celui-là a d'effrayant, mais, au contraire, pour en faire un « Dieu mortel ». L'État est Léviathan parce qu'il est un « homme artificiel », doué d'une « âme artificielle » (la souveraineté*), et infiniment plus puissant, mais aussi plus raisonnable que les individus livrés à eux-mêmes.

LEVINAS EMMANUEL (1906-1995)

REPÈRES BIOGRAPHIQUES

Né en 1906, en Lituanie. Naturalisé français en 1930. Ses premiers travaux sont consacrés à Husserl, d'une part, au Talmud, d'autre part. Directeur de l'École normale israélite orientale (1946), puis professeur de philosophie à Poitiers, Nanterre et la Sorbonne.

Éthique et infini

La métaphysique* est pour Levinas indissociable d'une éthique*, car seule la relation à autrui constitue une véritable « ouverture vers l'infini ». Il en va de même pour les concepts théologiques qui, écrit-il, demeureraient des « cadres vides et formels » indépendamment de leur contenu moral. L'éthique est donc la philosophie première, celle à partir de laquelle toute interrogation métaphysique ou religieuse prend un sens. Car ce n'est qu'à partir de l'« autre de l'être » que l'être peut être compris. La rencontre du visage* d'autrui constitue, pour Levinas, l'expérience par excellence — et le seul témoignage effectif — de la transcendance, la seule révélation possible de « la merveille de l'idée de l'infini ».

Un nouvel humanisme

Dès lors, l'humanisme ne peut plus signifier la reconnaissance d'une essence invariable (l'homme), occupant une place centrale dans le réel et engendrant toutes les valeurs. Mais si Levinas prend bien acte de « la mort de l'homme » (*cf.* Lévi-Strauss), ce n'est pas pour récuser l'humanisme mais, bien au contraire, pour le réactiver.

Une relecture talmudique de l'Écriture le conduit à faire valoir la dimension éthique de la Loi écrite, par laquelle la crainte de Dieu se manifeste comme « crainte pour l'autre homme ». Inspiré par l'esprit du message biblique, le nouvel humanisme ne reposera donc plus sur la raison conçue comme une langue abstraite, universelle et anonyme, mais sur le dévouement, l'ouverture, et la responsabilité. La lecture de la Bible nous enseigne en effet que l'humanité de l'homme commence où cesse la violence : elle ne se manifeste vraiment que comme souci du prochain et conscience de la proximité réelle de l'« Absolument-autre » (Dieu) dans la fragilité du visage* de chaque homme. En d'autres termes, l'humain fait son apparition lorsqu'un sujet — paradoxalement, absurdement même — répond d'autrui avant de se soucier de sa propre personne. La relation éthique à l'autre ne peut être, selon Levinas, que désintéressée, dissymétrique, et dénuée de toute mesure.

● **PRINCIPAUX ÉCRITS :** *Totalité et infini* (1961) ; *Difficile liberté* (1963) ; *Quatre Lectures talmudiques* (1968) ; *Humanisme de l'autre homme* (1972) ; *Autrement* qu'être, ou au-delà de l'essence (1974) ; *Éthique et infini* (1982) ; *À l'heure des nations* (1988).

LÉVI-STRAUSS CLAUDE (NÉ EN 1908)

REPÈRES BIOGRAPHIQUES

Né en 1908 à Bruxelles, agrégé de philosophie. Durant son long séjour au Brésil (1935-1945), il étudie les différentes formes culturelles (relations de parentés, mythes, etc.) des sociétés indiennes traditionnelles. Aux États-Unis, il rencontre le linguiste Roman Jakobson, dont il s'inspire pour élaborer ses thèses structuralistes. À partir de 1958, il enseigne l'anthropologie structurale au Collège de France.

Nature et culture

« Tout ce qui est universel, chez l'homme, relève de la nature et se caractérise par la spontanéité ; [...] tout ce qui est astreint à une norme appartient à la culture et présente les attributs du relatif et du particulier » : Lévi-Strauss établit ici une ligne de démarcation apparemment simple entre la nature* (l'universel) et la culture* (les règles particulières). Simplicité toute relative cependant : que dire en effet de la règle de la prohibition de l'inceste, qui présente, à l'évidence, les caractères contradictoires de deux ordres que l'on croyait pouvoir dissocier ? Bien que constituant une disposition sociale, la règle qui interdit les relations sexuelles à l'intérieur d'un certain champ de parenté possède pourtant un caractère d'universalité. L'élucidation de ce problème conduira Lévi-Strauss à tenir la prohibition de l'inceste pour le point d'articulation entre nature et culture ; à condition, toutefois, de bien interpréter cet interdit comme témoignant de la règle fondamentale de l'échange* (le don et la réciprocité) à l'œuvre dans toute société, quoique selon des modalités toujours particularisées.

Le structuralisme

L'échange (circulation de biens, de personnes, de services) constitue un invariant de toute vie sociale. En vue de dégager l'intelligibilité cachée des diverses formes de l'activité symbolique, l'anthropologie* empruntera à la linguistique* sa méthode d'analyse. Le savant construit des modèles abstraits (ou structures, c'est-à-dire un ensemble de corrélations déterminées entre variables) susceptibles de s'adapter à des contenus extrêmement variés. La méthode* « structuraliste* » accorde la primauté au système sur les éléments et révèle la permanence des relations, par-delà la diversité des significations. Une telle approche permet de jeter des ponts entre les productions symboliques : il est possible de montrer que les mythes, les masques, les relations économiques, les manières de table, les systèmes totémiques, etc., répondent tous à une logique combinatoire complexe et peuvent, de ce fait, être traités scientifiquement.

La pensée sauvage

Grâce à la méthode structurale, Lévi-Strauss établit que la « pensée sauvage », loin d'être « primitive » — c'est-à-dire prélogique — est hautement systématique. Les rites magiques, les représentations totémiques, les systèmes matrimoniaux, etc., témoignent d'une approche classificatrice et donc « logique » des mondes naturels et sociaux. En ce sens, ils constituent une forme d'anticipation de nos démarches scientifiques : la « pensée sauvage » est non moins soucieuse d'ordre et de système que la pensée cartésienne. Elle se sépare toutefois de notre rationalité technicienne par un moindre souci d'efficacité, et par une approche mythique de l'histoire qui tend à situer hors du temps les événements fondateurs de l'ordre social.

La critique de l'humanisme

« Nous croyons que le but dernier des sciences humaines, écrit Lévi-Strauss dans *La Pensée sauvage*, n'est pas de constituer l'homme, mais de le dissoudre ». Cette formule a été diversement interprétée. Elle traduit tout d'abord un parti pris méthodologique : l'effacement du « sujet* » (« enfant gâté qui a trop longtemps occupé la scène philosophique ») témoigne d'un souci d'objectivité, c'est-à-dire de scientificité. Mais la formule marque aussi une volonté explicite de rupture avec la tradition humaniste occidentale. Pour Lévi-Strauss, la synthèse du christianisme* (unité du genre humain) et du cartésianisme (l'homme au sommet de la nature) est responsable de toute la mégalomanie des Modernes (depuis les conquêtes coloniales jusqu'aux fascismes du xxe siècle). Il est donc temps

◆ **Libéral**

pour l'homme de se contenter d'une place plus modeste dans la nature. Se méfier de l'homme pour mieux respecter l'autre : tel pourrait être le programme du philosophe qui ne se contente pas, on le voit, d'observer le monde en savant ou en esthète, mais qui en appelle aussi à notre responsabilité politique et morale.

● **Principaux écrits :** *Les Structures élémentaires de la parenté* (1949) ; *Race et histoire* (1952) ; *Tristes Tropiques* (1955) ; *La Pensée sauvage* (1962) ; *Anthropologie structurale* (1958) ; *Mythologiques* (1964-1971) ; *Le Regard éloigné* (1983) ; *De près et de loin* (1988) ; *Histoire de Lynx* (1991).

LIBÉRAL

Cf. Libéralisme.

LIBÉRALISME

(n. m.) ● **Étym.** : latin *liberalis*, « bienfaisant », « généreux ». ● **Philosophie politique :** conception dont Locke fut l'un des premiers représentants, et qui fait du sujet individuel, doté de droits inaliénables (propriété, liberté...), la source et le centre des relations sociales. ● **Économie politique :** principe lié au libéralisme politique, et selon lequel les lois du marché doivent rester libres, car elles sont naturelles (ex. : la loi de l'offre et de la demande), et tendent d'elles-mêmes à l'équilibre entre la production, la distribution et la consommation (*cf.* Adam Smith).

La fonction de l'État* libéral doit être de garantir les droits individuels. Son autorité présente donc des limites : ses différents pouvoirs (exécutif, législatif, judiciaire) doivent être séparés pour éviter tout abus (*cf.* Montesquieu) et il lui faut se garder de réglementer la « société civile* », c'est-à-dire aussi bien le domaine de la vie privée (d'où la liberté de conscience et le principe de tolérance*) que le domaine des relations économiques et le monde du travail. En affirmant le principe de la séparation des pouvoirs et en mettant l'État au service de la protection des droits individuels, de la propriété et de la liberté, le libéralisme s'attaquait primitivement à l'absolutisme qui s'était développé tout au long du XVIIe siècle et qui fut peu à peu identifié par la pensée libérale avec un pouvoir intolérant et arbitraire, en tout cas abusif.

À partir de la Révolution française, en particulier avec l'épisode de la Terreur, et au fur et à mesure du développement du courant socialiste au XIXe siècle, la cible des libéraux, aussi bien en politique qu'en économie, va changer. Il s'agira d'affirmer la valeur de la société « libérale » : d'une part, contre toute conception « démocratique » du pouvoir proclamant le règne de la « volonté générale* » et risquant par là même d'entraîner une tyrannie de la masse aussi détestable et arbitraire que celle du monarque absolu (ex. : les critiques de la pensée de Rousseau* par le libéral Benjamin Constant*) ; d'autre part, contre les revendications collectivistes ou planificatrices (socialisation de la propriété, réglementation du droit du travail...) ; enfin, à l'intérieur même des sociétés libérales, contre le développement des droits sociaux, de la protection sociale et de l'État-providence. Un tel développement implique en effet une intervention croissante de la part de l'État dans la société civile et une rupture de l'équilibre naturel que le libéralisme voit dans le concours spontané des volontés individuelles.

C'est la raison pour laquelle la pensée libérale a toujours voulu limiter l'égalité* à l'égalité des droits. Il ne s'agit pas, pour elle, d'égalité sociale : celle-ci supposerait en effet que l'État intervînt pour « corriger » le libre jeu de la société civile, ce qui est toujours perçu par le libéralisme comme funeste à la liberté.

● **Termes voisins :** individualisme ; tolérance. ● **Termes opposés :** absolutisme ; collectivisme ; communisme ; étatisme ; socialisme.
● **Corrélats :** capitalisme ; État ; individu ; liberté ; politique.

LIBERTÉ

La liberté, si difficile à définir, constitue pourtant pour chacun d'entre nous une expérience, ou tout au moins une représentation aussi familière qu'indiscutable.

Liberté et contrainte

Être libre, cela signifie tout d'abord ne pas être empêché de faire ce que l'on veut — sortir de chez soi ou quitter son pays, par exemple — ou encore dire sans crainte ce que l'on pense. Par suite, la liberté est conçue habituellement comme absence de toute contrainte étrangère : ce sens usuel du mot liberté (du latin *liber*) rejoint d'ailleurs son sens originel. Aux sources de notre civilisation, la liberté est la libre condition de l'homme qui n'est pas esclave (*servus*) ou prisonnier. Par opposition à l'esclave, traité comme un outil inanimé privé de droits, le maître ou le citoyen dispose librement de sa personne et participe activement à la vie de la cité*. Ainsi la liberté fut d'abord un statut, c'est-à-dire une condition sociale et politique garantie par un ensemble de droits et de devoirs, avant d'être conçue par les philosophes et les théologiens comme une caractéristique individuelle purement psychologique et morale. Car, comme l'a bien montré Hannah Arendt*, sans une vie publique politiquement garantie, la liberté, sous quelque forme qu'on l'envisage, ne peut avoir aucune « réalité mondaine » (*La Crise de la culture*).

La liberté comme indépendance intérieure

Les stoïciens se sont pourtant efforcés de penser la liberté indépendamment de toute condition extérieure. Le sage, parce qu'il réussit précisément à se détacher de tout ce qui n'est pas en son pouvoir, ne dépend que de lui-même et ne connaît ni la souffrance ni la contrainte. La liberté est alors conçue comme l'état idéal de l'être humain, qui atteint la sérénité par la maîtrise des passions* et par l'intelligence de la nature. Un tel détachement implique sans doute une force d'âme peu ordinaire. Quoiqu'il en soit, la conception stoïcienne oriente la réflexion dans une direction théorique nouvelle et féconde. Désormais, et pour toute la philosophie classique (*cf.* Spinoza et Leibniz) la liberté signifie l'indépendance intérieure et la capacité morale de se déterminer en suivant les seuls conseils de la raison et de l'intelligence non dévoyée par la passion. Mais s'en tenir là reviendrait à considérer que la liberté n'est finalement que l'autre nom de la raison : auquel cas, on ne comprendrait plus très bien en quoi elle se distingue de la nécessité (*cf.* textes de Spinoza, pp. 426-427). Attentif à cette contradiction majeure du concept de liberté, Descartes* fut amené à la décomposer en deux temps : négative dans la « liberté d'indifférence » (ou pouvoir de choisir même le faux ou le mal), elle est adhésion positive lorsqu'elle est éclairée et inclinée par la connaissance du bien (« liberté éclairée »). Mais l'homme, divin par sa volonté qui est infinie, ne peut pourtant que consentir à l'évidence qui procède de Dieu, seule volonté vraiment libre, c'est-à-dire créatrice de valeurs comme de vérités. Jean-Paul Sartre*, au contraire, attribuera à l'homme ce « libre arbitre » absolument originel et créateur, qu'il conçoit en même temps comme absolue responsabilité.

La liberté et la loi

Mais la liberté, conçue comme un pur pouvoir d'autodétermination, un libre arbitre éventuellement arbitraire et inconséquent, serait incompatible avec l'existence de la société : car, quand chacun fait ce qui lui plaît, écrit Rousseau*, « on fait souvent ce qui déplaît à d'autres, et cela ne s'appelle pas un État libre ». Pour Rousseau comme pour Kant*, il n'y a pas de liberté sans loi* : la loi en effet, si elle limite notre liberté, en est pourtant également la condition. Pourquoi ? Parce que la dignité de l'homme repose sur cette capacité de se déterminer en fonction d'une volonté morale, ou encore législatrice, et non pas en vertu de ses penchants, qu'il ne peut que subir. La liberté est donc, paradoxalement, le pouvoir d'obéir à la loi morale. Cette conception de la liberté par la loi, ou autonomie*, trouve également sa traduction politique dans la Déclaration des droits de l'homme et du citoyen, conformément aux principes énoncés par Montesquieu* dans un texte fameux de *L'Esprit des lois* : « Dans un État, c'est-à-dire dans une société où il y a des lois, la liberté ne peut consister qu'à pouvoir faire ce que l'on doit vouloir, et à n'être pas contraint de faire ce qu'on ne doit pas vouloir » (II, 3).

Libertés « négatives » et libertés « positives »

« La liberté consiste à ne dépendre que des lois » : cette formule de Voltaire* comporte, si l'on veut bien y réfléchir, une dangereuse ambiguïté. La liberté commence-t-elle au point où la loi cesse de commander (« Je suis libre de faire tout ce que la loi ne m'interdit

◆ **Libre arbitre**

pas ») ou bien consiste-t-elle dans le pouvoir de légiférer ? Cette difficulté renvoie sans doute à une contradiction fondamentale du concept politique de liberté. On sait, depuis Benjamin Constant*, que la conception des Anciens (la liberté conçue comme participation active du citoyen à la vie publique) ne recoupe pas du tout la conception des Modernes, pour lesquels l'indépendance individuelle, la protection des intérêts privés, la liberté d'expression et l'absence d'oppression sont devenues des valeurs essentielles. Le philosophe américain Isaiah Berlin, reprenant cette distinction dans un article fameux (« Deux conceptions de la liberté ») oppose la liberté « négative » (la liberté de s'exprimer sans censure par exemple) à la liberté « positive » qui est le pouvoir de prendre part aux décisions publiques et d'exercer l'autorité en général. Bien entendu, ces deux aspects de la liberté devraient toujours coïncider : celui qui exerce le pouvoir ne peut vouloir se nuire à lui-même ! Pourtant, l'histoire nous a appris qu'un peuple peut se gouverner lui-même avec brutalité et déraison et que, par conséquent, la « liberté négative » (ne pas être entravé par autrui dans ce que nous souhaitons faire) est peut-être la liberté par excellence, la liberté tout court. Tel fut, par exemple, le point de vue de Raymond Aron*, pour qui la seule liberté fondamentale est celle de « ne pas être empêché de ». Les autres libertés sont en fait des « droits-capacités » ou « droits-créances » (le droit à un emploi, le droit à l'éducation par exemple...) que l'on peut et que l'on doit exiger, mais dont on ne peut s'attendre à ce que l'État les garantisse effectivement (*Essai sur les libertés*).

LIBRE-PENSÉE

Dans un sens large et philosophique, la libre-pensée est l'affirmation de l'autonomie de la raison* par rapport à l'autorité de la religion*. Le principe de cette autonomie fut affirmé dès le XVIIe siècle par Descartes* et, surtout, par Spinoza*. D'un point de vue plus historique, la libre-pensée est un mouvement idéologique anticlérical, puissant dans la deuxième moitié du XIXe siècle et la première moitié du XXe, revendiquant la laïcisation de la société et dénonçant la volonté de mainmise par le clergé sur l'éducation. La libre-pensée s'est organisée en associations diverses et admet des orientations différentes, les unes ouvertement athées et antireligieuses, les autres plus compatibles avec une idée raisonnable de Dieu (*cf.* Déisme).

● **TEXTES CLÉS :** Épictète, *Manuel* ; R. Descartes, *Correspondance* ; E. Kant, *Fondement pour la métaphysique des mœurs* ; R. Aron, *Essai sur les libertés*. ● **TERME VOISIN :** autonomie. ● **TERMES OPPOSÉS :** aliénation ; dépendance ; esclavage ; servitude. ● **CORRÉLATS :** acte gratuit ; âne de Buridan ; démocratie ; déterminisme ; devoir ; État ; existentialisme ; fatalisme ; libre arbitre ; loi ; passions ; pouvoir ; volonté.

LIBRE ARBITRE

(n. m.) ● **ÉTYM. :** latin *liberium arbitrum*, « jugement de l'arbitre », « pouvoir de choisir ». ● **SENS ANCIEN :** synonyme de liberté ; capacité de se déterminer par soi-même, spontanément et volontairement. ● **SENS MODERNE :** capacité de choisir entre deux ou plusieurs comportements, sans incliner *a priori* d'un côté ou de l'autre ; autrement dit : capacité d'être cause première ou absolue de nos actes.

● **CORRÉLATS :** acte gratuit ; âne de Buridan ; déterminisme ; liberté.

LIBIDO

(n. f.) ● **ÉTYM. :** terme latin signifiant « envie », « désir amoureux », « sensualité ». ● **CHEZ FREUD :** énergie constituée par l'ensemble des pulsions d'ordre sexuel.

La libido peut prendre pour objet soit la personne propre (libido du moi) soit un objet extérieur, de tels « investissements » (le moi ou l'objet) variant en sens inverse (c'est-à-dire que la libido délaisse le moi pour s'attacher à des objets et réciproquement).

● **TERMES VOISINS :** désir ; pulsion sexuelle. ● **CORRÉLATS :** narcissisme ; principe de plaisir ; pulsion ; sexualité ; sublimation.

LINGUISTIQUE

(n. f.) ● ÉTYM. : latin *lingua*, « langue ». ● PHILOSOPHIE : science inventée au XXe siècle par F. de Saussure et ayant pour objet la langue, c'est-à-dire chaque langue considérée dans sa particularité et envisagée comme un système de signes articulés et solidaires (*cf.* F. de Saussure, É. Benveniste, N. Chomsky).

● CORRÉLATS : langage ; monème ; phonème ; signifiant ; signifié.

LOCKE JOHN (1632-1704)

REPÈRES BIOGRAPHIQUES

Issu d'une famille de tradition puritaine, Locke hésite longtemps entre une carrière cléricale et une carrière médicale. Il devient finalement, en 1667, le conseiller privé du comte de Shaftesbury, personnage influent à la cour de Charles II d'Angleterre. Mais l'absolutisme de celui-ci engage Shaftesbury dans la voie de l'opposition. Locke séjourne alors en France, à Montpellier, puis, après un retour à Londres, à Rotterdam. Il rentre définitivement en Angleterre en 1688, quand, après la « glorieuse révolution », le protestant Guillaume d'Orange monte sur le trône. C'est seulement alors que Locke accepte de publier ses principaux écrits. L'œuvre de John Locke se partage pour l'essentiel en une philosophie de la connaissance et une philosophie politique.

Une philosophie de la connaissance

« Que pouvons-nous savoir, et comment ? » : telle est la question à laquelle tente de répondre l'*Essai sur l'entendement humain*. La réponse de Locke est célèbre et en fait le premier grand représentant de l'empirisme* anglo-saxon qui s'est développé au XVIIIe siècle (Berkeley*, Hume*...) : nous ne pouvons pas connaître les qualités secrètes des choses ; toutes les idées que l'imagination* peut combiner à profusion viennent de l'expérience*, c'est-à-dire de la sensation* et de la réflexion sur les opérations de notre âme à partir de nos sensations.

L'esprit est donc, à l'origine, une « table rase ». Locke refuse la théorie cartésienne des idées innées (*cf.* Innéisme), même si, de son propre aveu, il a été conduit par Descartes* à s'intéresser à la philosophie. Bien qu'il critique la notion de substance*, il emprunte cependant à celui-ci la distinction opérée entre les « qualités premières » et les « qualités secondes » du réel perçu. Les sensations sont causées par les objets matériels extérieurs, mais ne leur ressemblent pas ; sons, couleurs, etc., sont dans notre âme, non dans les choses : ce sont des « qualités secondes ». Les « qualités premières » sont au contraire des propriétés constitutives de la matière* : tels sont l'étendue* et le mouvement*.

Cette distinction suppose l'existence d'un monde extérieur. En cela, l'empirisme de Locke n'est pas, contrairement à celui de Berkeley ou de Hume, un phénoménisme*. La théorie lockienne de la connaissance, que Leibniz* a essayé de réfuter dans les *Nouveaux Essais sur l'entendement humain*, eut une influence considérable au XVIIIe siècle, notamment en France avec Condillac*.

Une philosophie politique

« Comment les hommes peuvent-ils vivre ensemble en paix ? » : telle est la grande question qui anime les écrits politiques de Locke — qui, rappelons-le, eut à subir les méfaits de la guerre civile en Angleterre.

Premièrement, répond Locke, les hommes possèdent, en tant qu'êtres raisonnables, une conscience morale fondée en Dieu et qui leur dicte leurs obligations. Chacun est donc directement et individuellement responsable devant Dieu de ce qu'il fait et de ce qu'il croit ; le pouvoir politique ne peut en aucune façon imposer un culte déterminé. Locke prône la tolérance des différentes croyances religieuses ; mais il n'y a pas de tolérance qui vaille pour l'athéisme, car celui-ci, en dispensant de tout engagement et de toute obligation, romprait le lien social.

Deuxièmement, il s'agit de construire une théorie de la légitimité de l'autorité politique, des fondements et des limites de l'obéissance que nous lui devons. Après avoir attaqué, dans son premier *Traité du gouvernement civil*, la position de Robert Filmer défendant la monarchie absolue par la théorie du droit divin des rois, Locke développe, dans le second *Traité*, sa propre conception politique.

◆ **Logique**

Les hommes vivent originellement dans un état de nature, dans lequel la liberté individuelle (être maître absolu de soi, n'être sujet de personne) et la propriété privée (fondée sur le travail et le droit de jouir de ses fruits) sont des droits naturels inaliénables. La société civile résulte d'un contrat* social qui établit une loi commune, manquante à l'état de nature, mais qui n'a pas d'autre fin que d'assurer la sauvegarde des droits naturels. L'État* procède donc d'une convention* (un consentement mutuel entre les hommes), mais n'est pas un artifice puisqu'il a pour fonction, non pas, comme chez Hobbes*, de rompre avec l'état de nature, mais de le garantir en lui donnant une sanction légale.

Cela suppose un droit de résistance aux abus de l'autorité, lorsque celle-ci met en péril la liberté et la propriété qu'elle a normalement à charge de sauvegarder. Ce libéralisme* politique (qui s'accompagne d'un libéralisme économique, c'est-à-dire de l'idée de la liberté du marché) a fortement influencé la Constitution américaine (1776) et, en partie, l'œuvre des membres de l'Assemblée constituante, en 1789.

● **PRINCIPAUX ÉCRITS** : *Lettre sur la tolérance* (1689) ; *Essais sur l'entendement humain* (1690) ; *Deux Traités du gouvernement civil* (1690).

LOGIQUE

La logique est la science des inférences* valides. Une inférence est valide lorsqu'elle est conforme aux procédures qui gouvernent la pensée correcte. L'objet de la logique est donc de dégager les lois qui autorisent ces procédures, de les expliciter et de les formuler.

Aristote* fut le premier à tenter une telle explicitation. Cela ne signifie pas qu'avant lui, on ne raisonnait pas logiquement. Mais on peut raisonner logiquement sans faire de la logique, de la même façon qu'on peut parler correctement sans avoir une connaissance théorique des règles de la grammaire.

La logique permet cependant d'éviter (ou de réfuter) les paralogismes*, c'est-à-dire les raisonnements ayant seulement l'apparence de la correction. En ce sens, la logique est une discipline normative : elle indique quelles sont les règles que l'on doit suivre si l'on veut « bien » raisonner.

La logique, science formelle

La logique est formelle : elle traite de la forme des raisonnements, indépendamment de leurs contenus ou des objets sur lesquels ils portent. Il faut donc soigneusement distinguer la validité* formelle d'un raisonnement de la vérité « matérielle » des propositions qui le constituent.

Soit, par exemple, le raisonnement suivant : « Tous les requins sont des oiseaux ; mon poisson rouge est un requin ; donc mon poisson rouge est un oiseau ». Aucune de ces trois propositions n'est vraie « matériellement », c'est-à-dire n'est conforme à la réalité ; mais l'enchaînement qui les relie les unes aux autres est, dans sa forme, valide : la troisième proposition est bien la conséquence nécessaire des deux premières. Inversement, un raisonnement comme : « Tous les Bretons sont européens ; tous les Français sont européens ; donc tous les Bretons sont Français » est fait de trois propositions dont chacune est vraie « matériellement », mais qui sont liées par une inférence non valide (de ce que les Français et les Bretons sont européens, on ne peut pas conclure que les Bretons sont des Français).

Pour mieux faire apparaître l'aspect formel des raisonnements, il est préférable de les énoncer sous une forme hypothétique (« Si tous les requins sont des oiseaux... ») : cela indique clairement qu'on ne se prononce pas sur la vérité de chaque proposition, mais uniquement sur la validité de la conclusion.

Un autre moyen, plus clair encore, est de remplacer les termes des propositions (« oiseaux », « requins », « Français », etc.) par des variables, c'est-à-dire des lettres symboliques (a, b, c...) pouvant recevoir n'importe quelle signification. On parlera, alors, moins de « proposition » que de « forme propositionnelle ». Les variables désignent des places vides qui peuvent être remplies par un contenu quelconque. On aura alors dégagé « un moule à raisonnements, qui donnera un raisonnement lorsqu'on y coulera une matière. Seulement, quelle que soit cette matière, le raisonnement sera bon, parce que sa validité ne dépend que de la forme du moule, qui demeure invariante » (R. Blanché, *Introduction à la logique contemporaine*).

La logique semble alors offrir la possibilité de construire des enchaînements valides non seulement avec des propositions fausses, mais même avec des phrases qui ne veulent rien dire.

La proposition et le syllogisme

Contrairement à une idée courante, la logique n'est pas sortie tout achevée de l'œuvre d'Aristote. Mais la contribution de celui-ci reste fondamentale. Elle consiste dans sa théorie de la proposition* et du syllogisme*.

Un raisonnement enchaîne les propositions. Une proposition est ce qui est énoncé dans une phrase déclarative (affirmative ou négative), c'est-à-dire susceptible d'être vraie ou fausse (toutes les phrases ne sont pas déclaratives : une prière, un ordre, un encouragement, par exemple, ne sont pas des propositions). La forme la plus simple (mais non la seule) de la proposition semble être la forme prédicative : celle où l'on attribue une propriété P (« prédicat* ») à un sujet S par le moyen d'un verbe (« copule ») : S est P. Le syllogisme est un raisonnement qui, à partir de propositions données (les prémisses), établit une conclusion nécessaire, sans recourir à d'autres éléments que les données de départ (*cf.* Syllogisme).

Langue naturelle et langue symbolique

Bien que le syllogisme soit formel (on peut remplacer les termes par des variables), Aristote le concevait comme un instrument pour la science (les œuvres logiques d'Aristote nous sont connues sous le nom d'*Organon*, qui signifie « instrument »). Il était donc, pour lui, hors de question de construire des syllogismes valables à partir de propositions fausses « matériellement », ou même à partir de simples « formes propositionnelles ». La logique moderne s'affranchira définitivement de ce point de vue « réaliste ».

La logique comme calcul

Comme toute écriture symbolique, la logique sert à calculer, c'est-à-dire à manier les symboles de façon à arriver, par des procédures mécaniques, à un résultat indiscutable.

Leibniz* fut le premier, au XVIIIe siècle, à vouloir étendre l'idée de calcul à un domaine plus large que celui des nombres et des quantités, et à projeter de construire une « algèbre de la pensée ». De la même façon qu'en arithmétique, par exemple, la « syntaxe » — c'est-à-dire les règles d'utilisation des signes =, +, –, —, : — permet de calculer à coup sûr des nombres, il est possible de définir, pour un ensemble de propositions (p, q, r...) une syntaxe qui permet de mettre les propositions en relation de manière réglée, grâce à des connecteurs logiques : ᵃ (« négation »), & (« et »), v (« ou bien »), « ==> » (« si...alors »), etc. L'emploi de ces connecteurs nous permettra de transformer les propositions les unes dans les autres, et d'opérer sur elles comme sur des formules.

Les tautologies

Lorsque l'inférence est toujours vraie, quelles que soient les valeurs de vérité attribuées aux propositions, c'est une tautologie*. Soit, par exemple, le raisonnement suivant : « Si Pierre aime Marie, Paul est célibataire ; or Paul n'est pas célibataire ; donc Pierre n'aime pas Marie » : que, dans le monde réel, Pierre aime ou non Marie, que Paul soit ou non célibataire, mon calcul sera toujours valable. Il le sera même, indépendamment du sens que je donnerai à « Pierre », « Marie », « aime », « célibataire », etc.

Vides de tout contenu, les tautologies ne sont pas du tout dépourvues d'utilité. Elles constituent au contraire les lois logiques sur la base desquelles se mettent en œuvre les règles de calcul. Plus généralement, elles formulent les principes logiques qui permettent de raisonner correctement et de justifier la correction de nos raisonnements.

Logique et mathématiques

Concevoir la logique comme un calcul formel, et même formalisé, ne pouvait manquer de la rapprocher des mathématiques*. C'est aujourd'hui une question encore débattue que de savoir si les mathématiques ont la même nature formelle que la logique (*cf.* Mathématiques).

LOGIQUE DE PORT-ROYAL

Pour Arnauld* et Nicole*, logiciens de l'abbaye de Port-Royal (XVIIe siècle), la logique est un art de penser : c'est « l'art de bien conduire sa raison dans la connaissance des choses, tant pour s'instruire soi-même que pour en instruire les autres ». De ce point de vue, les termes du langage* sont des « idées », les propositions sont des « jugements ». Un raisonnement correct est « vrai » en même temps que valide, c'est-à-dire qu'il établit des relations convenables (déterminées par leur contenu) entre les idées. Cet « art de penser », qui tend à confondre formes logiques et structures rationnelles, sera enseigné jusqu'au début du XXe siècle.

LOGIQUE TRANSCENDANTALE
Selon Kant*, la logique transcendantale est la « science de l'entendement pur et de la connaissance rationnelle par laquelle nous pensons des objets tout à fait *a priori* ». Ici, « transcendantal » signifie « qui concerne la connaissance et la possibilité de son usage *a priori*. » (*Critique de la raison pure*, Logique transcendantale).

● **TEXTES CLÉS :** Aristote, *Organon* ; R. Blanché, *Introduction à la logique contemporaine*. ● **TERMES VOISINS :** calcul ; cohérence ; déduction ; raisonnement. ● **CORRÉLATS :** forme ; induction ; principe de contradiction ; principe d'identité ; raison ; validité ; vérité.

LOGOS

(n. m.) ● **ÉTYM. :** terme grec signifiant à la fois « discours », « raison » ou « raisonnement », « rapport ».

Souvent conservé sous sa forme grecque, même dans les traductions françaises, le mot *logos* renvoie à des concepts centraux de la philosophie grecque et de la tradition judéo-chrétienne. Il désigne tantôt le discours argumentatif vérifiable par opposition au mythe* (Platon*), tantôt le principe divin ou « raison suprême » du monde (stoïciens, Plotin*), tantôt la parole divine originelle (le Fils de Dieu, ou Verbe, dans le catholicisme). On retrouve la racine grecque *logos* dans logique*, et dans tous les mots français se terminant par -*logie* : tous ces termes ont en commun la référence à l'organisation des champs du savoir* en ensembles de connaissances rigoureuses, cohérentes, contrôlables, élaborées grâce au travail de la pensée rationnelle*.

● **TERMES VOISINS :** discours ; raison ; rationalité. ● **CORRÉLATS :** discours ; langage ; logique ; mythe ; raison.

LOI

(n. f.) ● **ÉTYM. :** latin *lex*, « loi ». ● **DROIT ET POLITIQUE :** règle obligatoire établie par une autorité souveraine et régissant les rapports des hommes au sein d'une société. ● **PHILOSOPHIE :** règle d'action à laquelle il est obligatoire de se conformer pour réaliser le bien moral (*cf*. Kant). ● **SCIENCE ET ÉPISTÉMOLOGIE :** rapport mesurable, universel et constant établi entre les phénomènes naturels (ex. : « la loi de la chute des corps »).

La loi, au sens juridique ou au sens moral, pose une obligation ; elle est de l'ordre de la règle*. La loi, au sens scientifique, décrit une relation qui ne comporte jamais d'exception ; elle est de l'ordre de la nécessité*. Toutefois, la loi juridique, dans la mesure où elle se distingue du simple décret, présente un caractère de généralité et d'abstraction tout comme la loi au sens scientifique. Comme le souligne Rousseau* au chapitre VI du livre I *Du Contrat social*, la loi est générale par son objet et par sa source : par son objet, car la loi ne statue pas sur un individu, mais sur des règles générales de vie sociale qui s'imposent à tous ; par sa source, car elle ne résulte pas de la volonté particulière d'un individu, ni même de celle d'une majorité d'individus, mais de la volonté générale de tous, abstraction faite de leurs intérêts privés. De même, pour Kant*, la loi morale revêt par définition un caractère d'universalité. Elle ne prescrit en effet aucun devoir* particulier, mais est la raison* pratique elle-même en tant qu'elle s'impose à l'homme par sa forme*, qui est l'universalité. Sa formule est : « Agis de telle sorte que la maxime de ta volonté puisse toujours valoir en même temps comme principe d'une législation universelle » (*Critique de la raison pratique*, Première partie, livre I). Mais tandis que l'universalité qui caractérise la loi au sens scientifique est une universalité donnée, l'universalité qui caractérise la loi morale est seulement exigible mais comporte en elle-même la possibilité de sa transgression. C'est que la loi scientifique appartient au domaine de la nature, la loi humaine au domaine de la liberté.

● **TERMES VOISINS :** impératif ; norme ; obligation ; règle. ● **TERME OPPOSÉ :** arbitraire. ● **CORRÉLATS :** institution ; légalité ; obligation ; ordre ; pouvoir ; règle ; république ; science ; volonté générale.

LUCRÈCE
(98-55 AV. J.-C.)

REPÈRES BIOGRAPHIQUES

À l'époque de Lucrèce, Rome connaît une période troublée (guerres civiles, désordres économiques...) qui préfigure la chute de la République romaine (27 av. J.-C.). S'inspirant de son maître Épicure, Lucrèce conçoit la philosophie comme une sérénité conquise au prix d'une lutte contre toutes les formes de superstition et grâce à un détachement à l'égard des vicissitudes de la condition humaine. Son œuvre principale, *De natura rerum* (« De la nature des choses ») est un long poème en six livres.

Matérialisme et critique des religions traditionnelles

Deux siècles après Épicure* en Grèce, Lucrèce, à Rome, développe un naturalisme matérialiste fondé sur l'atomisme*. La connaissance de la « nature des choses » doit libérer l'homme de la superstition, et lui permettre de vivre en harmonie avec l'univers. Si les dieux sont plusieurs fois présentés comme des chimères de l'esprit humain, l'athéisme* de Lucrèce reste pourtant problématique : le livre I du *De natura rerum* commence en effet par un hymne à Vénus, personnification de la force génitrice de la nature (livre I). Le philosophe évoque, en outre, la nature subtile, à peine concevable par l'esprit, des êtres divins qui ont leur lieu hors de ce monde (livre V).

Déterminisme et liberté

L'univers est constitué exclusivement de corps et de vide : la variété des choses ne tient qu'à la diversité de composition de leurs éléments. La structure de la matière est comparable à un langage* dont les mots sont tous constitués des mêmes lettres, mais diversement combinées (livre I). Libérée de toute providence, la nature* est déterminée, mais non finalisée. Le hasard* et la nécessité* président seuls aux lois du vivant ; mais la théorie de la déclinaison des atomes* (*clinamen*), qui accorde une place à la spontanéité — dans les corps comme dans l'esprit — fournit le fondement (matérialiste) d'une philosophie morale de l'autonomie* (l'esprit n'est soumis à aucune fatalité : l'homme est foncièrement libre).

Vers la sérénité

L'âme est formée d'atomes très petits et mobiles (« subtils »), répandus à travers tout le corps*, auquel elle est indissolublement liée. La sensation* est représentée comme un contact entre le sujet et les émanations matérielles des objets (« simulacres »). À la mort*, l'âme se disperse comme le corps. Quant à la morale de Lucrèce, elle reste très proche de celle d'Épicure : le sage ne peut connaître la paix de l'âme (ataraxie*) que s'il réussit à se délivrer de toute passion, de tout attachement superflu, ainsi que des terreurs suscitées par les « pesantes » religions (livre V).

L'histoire naturelle de l'homme

Le livre V présente un tableau grandiose de l'évolution, fondée sur la sélection naturelle des espèces. L'origine de l'organisation sociale humaine est minutieusement décrite, depuis la découverte du langage, du feu, des arts, jusqu'au pacte social. Lucrèce fut relu à la Renaissance et inspira notamment, au XVIIe siècle, Gassendi* et La Fontaine. La forme poétique de l'œuvre n'était pas appelée par son sujet (l'investigation scientifique de la nature) mais il semble que Lucrèce ait voulu, comme il le dit lui-même, corriger « l'amertume de la philosophie avec le miel de la poésie ».

● **PRINCIPAL ÉCRIT** : *De natura rerum*.

LUMIÈRE (NATURELLE)

(n. f.) ● **ÉTYM.** : latin *luminaria*, « flambeau ». ● **PHILOSOPHIE** : la raison, conçue comme puissance de vérité.

Les philosophes du Moyen Âge distinguaient la raison, ou « lumière naturelle », de la foi, ou « lumière surnaturelle », qui est une grâce de Dieu, et voulaient mettre la première au service de la seconde. À partir du XVIIe siècle (Descartes*, Spinoza*...) a été affirmée, au contraire, l'autonomie de la lumière naturelle en regard des vérités révélées de la religion.

● **TERME VOISIN** : raison. ● **CORRÉLATS** : autonomie ; philosophie ; religion ; savoir.

◆ Lumières

LUMIÈRES
(PHILOSOPHIE DES)

On appelle « philosophie des Lumières » les idées qui ont animé la vie intellectuelle en Europe, au XVIIIe siècle (l'expression elle-même date de cette époque, appelée « siècle des Lumières »). Il ne s'agit pas, au sens propre, d'une philosophie, mais d'un mouvement d'idées qui réunit plusieurs penseurs, chacun avec ses conceptions propres.

Ce mouvement d'idées présente cependant comme caractères communs :
— le principe de l'autonomie* de la raison* : « Aie le courage de te servir de ton propre entendement. Voilà la devise des Lumières » (Kant*, *Réponse à la question : « Qu'est-ce que les Lumières ? »*) ;
— la méfiance envers l'usage de l'argument d'autorité, et notamment envers les dogmes religieux (d'où l'idée, chez Kant, d'une religion « naturelle », ou « dans les limites de la simple raison ») ;
— la critique du politique, articulée autour des idées de tolérance (Locke*, Voltaire*), de liberté et d'égalité (Rousseau*, Kant) ;
— l'idée de progrès* : non seulement progrès du savoir (voir *l'Encyclopédie*, de Diderot* et d'Alembert*), mais aussi progrès de la civilisation et progrès moral, lequel suppose la perfectibilité* de l'homme.

● **Corrélats :** *Aufklärung* ; autonomie ; laïcité ; modernité ; progrès ; raison ; tolérance.

LUTHER
(1483-1546)

Repères biographiques

Né en 1483, en Saxe, Luther entre au couvent des augustins d'Erfurt et est ordonné prêtre en 1506. En 1517, il affiche sur les portes du château de Wittenberg « 95 thèses » hostiles à la pratique des indulgences : cet acte de subversion marque le début de la Réforme. Par la suite, il entreprend de réformer la messe ainsi que la hiérarchie religieuse. Rome tente de l'amener à se rétracter : en vain. En 1520, il s'oppose au pape (qu'il qualifie d'« Antéchrist ») ; il est excommunié et mis au ban de l'Empire. Dans les années qui suivent, Luther exprime publiquement sa doctrine dans ses œuvres maîtresses. En 1534, il achève de traduire la Bible. Ses conceptions politiques sont exposées dans *L'Autorité séculière* (1523). Contre les catholiques, il estime que les Églises doivent écarter toute coercition et renoncer à toute immunité temporelle. Quant aux princes séculiers (qui représentent le pouvoir politique), ils n'ont pas de fonctions religieuses spécifiques. Pour sa part, Luther fit pourtant appel aux princes pour réprimer les catholiques romains (dans son *Appel à la noblesse allemande*, en 1520) et pour protéger les luthériens. En 1524-1525, il prit également leur parti contre les paysans, à l'occasion du soulèvement de ceux-ci, non sans dénoncer toutefois les atrocités.

Luther est l'inspirateur de la *Confession d'Augsbourg*, qui résume sa doctrine : nécessité d'un retour aux sources (l'« Écriture seule ») ; autorité exclusive de la Bible ; reconnaissance de deux sacrements, le baptême et la Sainte Cène (au lieu des sept de l'Église romaine). Ce texte constitue actuellement encore la confession de foi des Églises luthériennes. La doctrine de Luther est fondée sur une représentation pessimiste de la nature humaine : à la suite du péché originel, l'homme, être foncièrement « courbe », s'est tourné vers lui-même, au lieu de s'élever vers Dieu. Il a idolâtré son propre désir ; Dieu, afin d'éviter la domination totale de Satan, a dû imposer au spirituel, par la coercition si nécessaire, un royaume temporel. Cependant les vrais chrétiens n'ont pas besoin d'un gouvernement séculier : la loi de Dieu, en effet, ne peut être imposée. Le chrétien la suit librement : aucun ecclésiastique, aucun prince n'a de prise sur sa conscience. Le véritable gouvernement spirituel appartient à la communauté d'amour et de solidarité constituée par tous les vrais chrétiens ; leur seul chef est le Christ.

La naissance des Églises de la Réforme suscita la réaction de Rome (concile de Trente, 1545), suivie de ce que l'on a appelé par la suite la « Contre-Réforme ».

● **Principaux écrits :** *Appel à la noblesse allemande* (1520) ; *Captivité à Babylone* (1520) ; *Petit Traité de la liberté humaine* (1520) ; *L'Autorité séculière* (1523).

MACH Ernst
(1838-1916)

REPÈRES BIOGRAPHIQUES

Né en Moravie, Mach est à la fois physicien, psychologue et philosophe. Il enseigne les mathématiques à l'université de Graz, en Autriche, puis la physique à l'université de Prague jusqu'en 1895.

Mach a réalisé de nombreux travaux en physique : mise en évidence du phénomène des bandes (dites bandes « de Mach ») qui concernent la distribution de la luminosité ; étude de la différence entre l'espace de la perception et l'espace géométrique ; étude des ondes de choc et travaux ayant trait à la balistique.
Parallèlement à ces travaux scientifiques importants, Ernst Mach a mené une réflexion philosophique originale, fondée sur un empirisme* radical, peut-être hérité de Berkeley* : nous ne connaissons du monde que nos sensations*. Mach refuse alors de distinguer le monde physique et le monde psychique, et en fait une seule substance « neutre » (cf. Monisme). Toute notre expérience peut ainsi être représentée dans un système unifié de concepts. Cet idéal d'unité de la science comme son empirisme radical et son refus de la métaphysique* ont fait de Mach l'un des inspirateurs du positivisme logique* du Cercle de Vienne*.

● **PRINCIPAUX ÉCRITS** : *La Mécanique, exposé historique et critique de son développement* (1883) ; *Analyse des sensations et des relations entre le monde physique et le monde psychique* (1900).

MACHIAVEL Nicolas
(1469-1527)

REPÈRES BIOGRAPHIQUES

Machiavel naît à Florence, dominée, à l'époque, par la famille des Médicis. Les Médicis sont chassés en 1494 et la République est rétablie. Machiavel devient le secrétaire de la deuxième chancellerie. Il est donc d'abord, non un homme d'État à proprement parler, mais un haut fonctionnaire qui se voit confier de nombreuses missions, tant locales qu'internationales. La chute de la République en 1512 entraîne la disgrâce de Machiavel. Il est condamné à l'exil, dans ses terres de San Casciano — où il écrit ses grandes œuvres politiques, entre autres et surtout *Le Prince* (1516).
Il reprend en 1526 des fonctions officielles, et meurt lors du renversement des Médicis — quand la République est à nouveau proclamée.

Une nouvelle philosophie politique
Machiavel rompt avec la façon traditionnelle dont la philosophie du Moyen Âge avait pensé le politique en se référant à saint Augustin*. Ce dernier faisait de l'État* (la « Cité terrestre ») le royaume de la chair, dominé par le péché ; il lui opposait la « Cité céleste ». Dans ces conditions, le seul salut pour l'État était de se faire le soutien et le glaive de l'autorité spirituelle, et il n'existait qu'en vue de fins morales et religieuses.
Machiavel fut l'un des premiers à rejeter cette conception chrétienne et à « laïciser » le politique. Celui-ci est désacralisé,

◆ Machiavel

ramené à une instance profane ; il est une institution purement humaine, et non divine. Il n'a pas à se fonder sur la religion* et, par là, il acquiert son autonomie. Entre religion et politique*, Machiavel inverse les relations : ce n'est pas la politique qui se fonde sur la religion, mais la religion qui devient un moyen politique parmi d'autres.

Le réalisme politique

Comment prendre le pouvoir et le conserver ? Telle est, pour Machiavel, la grande question politique, c'est-à-dire celle de la stabilité de l'État. La laïcisation du pouvoir s'accompagne ainsi d'une entreprise de rationalisation : l'État est réduit à des mécanismes de conquête et de conservation, et la politique aux techniques qui permettent de gouverner.

En désacralisant l'État, Machiavel le vide du même coup de toute substance morale. Dans la mesure où l'homme d'État doit se soucier de la « marche des choses », des mécanismes du pouvoir, il n'a pas à s'inquiéter d'une norme morale à laquelle conformer la vie politique. Il suffirait en effet que cette norme soit contraire aux circonstances ou à la nature de l'État pour conduire celui-ci à sa perte. Machiavel est ainsi amené à condamner fermement, au nom de la « vérité effective » des affaires humaines, toute politique fondée sur un projet moral et en particulier toute réflexion sur la cité idéale (*L'Utopie* de Thomas More*, publiée en 1516, est quasiment contemporaine du *Prince*).

Machiavel « machiavélique » ?

Machiavel prône-t-il pour autant l'immoralisme* en politique ? Pas à proprement parler. Il ne dit pas que les gouvernants doivent faire le mal, mentir, opprimer, etc., mais que, dans leurs jugements et leurs actes, ils ne doivent pas tenir compte de considérations morales. Autrement dit, morale* et politique sont deux domaines distincts. La politique est moralement neutre : si, pour se maintenir, un État doit recourir à des scélératesses, il lui faut le faire ; s'il n'en a nul besoin, il ne doit pas le faire. Pour reprendre le langage de Kant*, on pourrait dire que l'action politique relève de l'« impératif hypothétique* », qui subordonne l'action à une fin extérieure (pour Machiavel, à l'intérêt de l'État), et non de l'« impératif catégorique* » qui prescrit une action comme nécessaire en elle-même.

L'unité de l'État

La fin justifie-t-elle, alors, les moyens ? C'est ce que pense Machiavel. Mais qu'est-ce qui justifie la fin elle-même, c'est-à-dire l'unité et la stabilité de l'État ? N'est-ce pas le fait que celles-ci sont, en dernière analyse, posées comme valeurs absolues ? « J'aime ma patrie plus que mon âme » écrit Machiavel, quelques mois avant sa mort.

Machiavel, qui ne dissimula jamais son attachement au régime républicain ni son admiration pour l'antique République romaine, peut-il donc être considéré comme le premier penseur de l'unité italienne ? Le « machiavélisme » va de pair, en effet, avec cet espoir investi dans l'État. Il n'y a pas, pour Machiavel, de morale en politique, mais il y a une valeur du politique et de l'État — auxquels, finalement très désintéressé, il a voulu consacrer sa vie. Et c'est parce que cette valeur est posée comme supérieure que l'homme d'État doit savoir lui sacrifier, avec ses intérêts personnels, le point de vue moral.

Anthropologie et philosophie de l'histoire

Le réalisme politique de Machiavel s'appuie sur une vision de l'homme (une anthropologie*) et sur une conception de l'histoire*.

Une vision de l'homme, tout d'abord : les hommes sont méchants, c'est-à-dire inconstants et déraisonnables, incapables de tenir leurs engagements. S'ils étaient raisonnables, il serait possible de ne gouverner que par les lois*, c'est-à-dire humainement. C'est parce qu'ils ne le sont pas que le prince doit « faire la bête », être fort comme le lion et rusé comme le renard.

Quant à sa conception de l'histoire, Machiavel l'emprunte à Platon* (précisément au livre VIII de la *République*) : les régimes politiques sont soumis à des cycles. Cette représentation cyclique de l'histoire, et aussi l'idée que la nature humaine est invariable, motivent la lecture passionnée que Machiavel propose de l'histoire antique pour tenter d'éclairer et d'illustrer la politique présente.

La fortune et la *virtù*

À un niveau plus événementiel, ce qui semble régir la prospérité ou la ruine des États, le succès ou l'échec des actions politiques, c'est la fortune, concept qui signifie à la fois le hasard, les circonstances et la matière qui résiste à l'homme politique (c'est en grande

partie à la fortune que Machiavel attribua sa propre disgrâce).
Mais la fortune n'est pas un destin. Machiavel s'est opposé à une vision fataliste de l'histoire. Le libre arbitre* et la volonté des hommes — des gouvernants — y ont aussi leur part. C'est cette part que Machiavel appelle la *virtù*, terme qu'on pourrait traduire par « vertu », si ce mot n'avait en français un sens moral.
Il ne s'agit pas là, on s'en doute, d'une disposition à agir moralement (même si la *virtù* suppose des qualités morales comme le courage ou la fermeté). Elle désigne à la fois une aptitude à s'adapter et à utiliser les circonstances, et une force capable d'imposer sa loi à la fortune (c'est-à-dire aux circonstances), celle-ci nous dominant d'autant plus que la *virtù* est faible.

● **Principaux écrits :** *Discours sur la première décade de Tite-Live* (1531, posthume) ; *Le Prince* (1532, posthume).

Machine

(n. f.) ● **Étym.** : grec *mêchanê*, « machine », « ruse ». ● **Sens ordinaire :** forme développée de l'outil ; ensemble de mécanismes combinés, destiné à produire un effet approprié à partir d'une impulsion initiale.

Pour les Grecs, la machine est conçue comme un expédient, une ruse de l'homme contre la nature (ce sens se retrouve dans « machination »). Mais le développement même du machinisme et de l'automatisation a modifié considérablement cette représentation. À partir du XVIIe siècle, la machine a servi de modèle à la physique scientifique : la nature entière est assimilée à une « gigantesque machine en laquelle il n'y a rien du tout à considérer que les figures et les mouvements de ses parties » (Descartes*). Le corps* humain et l'animal* (c'est-à-dire en général les phénomènes biologiques) ne font pas exception à cette règle. Dans ce monde-machine, il n'y a ni causes finales, ni intentions secrètes ou forces occultes, ni principes immatériels comme l'« âme* » à considérer. La nature devient rationnelle et peut être, en principe, entièrement maîtrisée — même si, chez Descartes, le monde suppose, comme toute machine, une intelligence créatrice qui ne peut être, compte tenu de la perfection de l'objet créé, que Dieu*.

La science n'a cessé, depuis Descartes, de faire de la machine un principe d'intelligibilité pour la compréhension du monde, même si le modèle de la machine-automate, qui était celui du XVIIe siècle, a laissé aujourd'hui la place à celui de l'ordinateur et des théories de l'information (génétique, linguistique...).

Cette valorisation scientifique de la machine a conduit à tenir le développement du machinisme pour un progrès de la civilisation, libérant l'homme des travaux les plus pénibles.

Cependant le XIXe siècle, en particulier sous l'influence du mouvement romantique, voit naître une critique virulente de la machine, alors opposée au sens*, à la vie* et à la création* : d'où le thème de l'homme aliéné par la machine ou dévoré par une existence « machinale », qui alimente, aujourd'hui encore, des réflexions critiques sur la société contemporaine ou sur le travail*.

● **Termes voisins :** automate ; mécanisme. ● **Corrélats :** mécanique ; mécanisme ; nature ; science ; technique ; travail.

Magie

(n. f.) ● **Étym.** : grec *mageia*, « sorcellerie », « religion des mages ». ● **Religion : 1.** Dans les civilisations anciennes (Perses, Grecs, Romains), science et art divinatoires reconnus à certains individus (les « mages »). **2.** Dans l'Occident chrétien, principalement au Moyen Âge et à la Renaissance, art d'agir, par le moyen de procédés occultes et ésotériques, en vue de produire des effets extraordinaires. ● **Ethnologie :** chez les peuples « primitifs », croyance en l'existence de rapports d'affinité entre les choses, fondés sur la ressemblance ou la contagion ; ou bien croyance en la causalité symbolique de la pensée et du langage sur les phénomènes (ex. : la « formule magique »).

On peut opposer la pensée magique à la pensée rationnelle. La pensée magique admet un pouvoir surnaturel (dans les sociétés archaïques : le *mana*), inhérent à certains objets ou à certains individus (les sorciers) capables de les utiliser.

Il est d'usage de distinguer la magie de la religion*, en faisant de la première une forme dégradée de religiosité, fondée sur des pratiques illicites et clandestines, opposées aux rites collectifs et officiels de la religion. En outre, la pensée magique suppose un anthropomorphisme* selon lequel le monde est peuplé de forces et de volontés finalement semblables à celles des hommes et sur lesquelles on peut agir, alors que la plupart des grandes religions (monothéisme* des religions occidentales, bouddhisme*, etc.) n'ont pas ce caractère anthropomorphiste.

Mais cette critique qui vaut dans le cadre de la religion n'empêche pas les sociologues ni les ethnologues de tenir la magie pour un phénomène essentiel et riche de sens, comme en témoignent, par exemple, les travaux de Marcel Mauss sur le potlatch des Indiens.

● **TERMES VOISINS :** sorcellerie ; superstition. ● **CORRÉLATS :** religion ; sacré.

MAGISTRAT

(n. m.) ● **ÉTYM. :** latin *magistratus*, « magistrat » et « magistrature, charge, fonction publique ». ● **SENS ORDINAIRE :** membre du personnel de l'ordre judiciaire ayant pour fonction de rendre la justice ou de requérir, au nom de l'État, l'application de la loi. ● **DROIT ET PHILOSOPHIE :** fonctionnaire public ou officier civil investi d'une autorité juridictionnelle (membre des tribunaux, des cours, etc.), administrative (maire, préfet, etc.) ou politique (ministre, président de la République, etc.).

● **TERME VOISIN :** ministre. ● **CORRÉLATS :** droit ; État ; justice ; loi.

MAÏEUTIQUE

(n. f.) ● **ÉTYM. :** grec *maieutikê*, « art de faire accoucher ». ● **CHEZ PLATON :** « art d'accoucher les esprits », comme la mère de Socrate, sage-femme, accouchait les corps ; la maïeutique désigne la façon dont l'interrogation socratique amène l'interlocuteur à retrouver la vérité par ses propres forces, sans qu'elle lui soit enseignée ou transmise.

Dans la philosophie de Platon*, la maïeutique est liée à la théorie de la réminiscence*, selon laquelle l'âme* a contemplé les vérités éternelles avant de les oublier en « séjournant » dans le corps*, et donc selon laquelle apprendre n'est rien d'autre que se ressouvenir.

● **CORRÉLATS :** connaissance ; philosophie ; réminiscence.

MAÏMONIDE (RABBI MOÏSE BEN MAÏMON, DIT) (1135-1204)

> **REPÈRES BIOGRAPHIQUES**
>
> Philosophe et théologien, médecin, savant, Maïmonide a exercé une très grande influence non seulement sur la pensée juive, mais aussi sur l'ensemble de la philosophie médiévale et classique (spécialement Thomas d'Aquin, Spinoza et Leibniz). Né à Cordoue (comme Averroès une dizaine d'années avant lui) au sein de la cour arabe, il doit fuir avec sa famille lorsque les Almohades prennent le pouvoir. Il se réfugie en Afrique du Nord, avant de se fixer au Caire. À l'âge de quinze ans il rédige en arabe, comme le sera l'essentiel de son œuvre, un traité de logique aristotélicienne qui fera autorité pendant des siècles. Ses commentaires de la Torah (écrits en hébreu) restent une référence pour la pensée théologique juive. Il fut également médecin et juriste à la cour de Saladin.

Comme Averroès* et Thomas d'Aquin*, Maïmonide, en s'appuyant à la fois sur les textes sacrés, la philosophie grecque et la tradition arabe issue d'Al Farabi et d'Avicenne*, s'efforce de concilier la foi* et la raison*. Le *Livre de la connaissance*, premier volume de la *Mishneh Torah*, est un exposé systématique et très accessible des fondements théologiques et philosophiques du judaïsme*. Délibérément plus difficile d'accès afin de ne pas troubler la foi populaire de ceux qui ne sauraient pas l'exploiter, mais immédiatement traduit en hébreu et en latin, le *Guide des égarés* traite de façon encyclopédique de tous les domaines de la philosophie (métaphysique, physique, psychologie, éthique, politique), en même temps qu'il propose des interprétations des principaux passages de l'Ancien Testament. L'auteur, qui veut remettre les « égarés » sur le droit chemin, montre comment, selon lui, la foi et la raison, loin d'être vouées à s'opposer, ont besoin l'une de l'autre pour se consolider mutuellement. Connaître Dieu, cultiver son intelligence et comprendre la nature relèvent en réalité d'un même dessein.

● **PRINCIPAUX ÉCRITS :** *Guide des égarés* ; *Mishneh Torah* ; *Livre des commandements*.

MAIN INVISIBLE

Cf. Société.

MAISTRE JOSEPH DE (1753-1821)

REPÈRES BIOGRAPHIQUES
Né à Chambéry et magistrat de Savoie, la Révolution française, à laquelle il est profondément hostile, contraint Joseph de Maistre à l'exil en Suisse, en Sardaigne, puis à Saint-Pétersbourg. Il meurt à Turin.

Comme pour Louis de Bonald*, le refus de la Révolution française (« la révolution satanique ») constitue la matrice de la pensée de Joseph de Maistre. Celui-ci cherche moins à combattre l'événement révolutionnaire en lui-même qu'à dénoncer les structures mentales que cet événement révèle et dont il est issu : notamment le « sophisme fondamental » selon lequel il existerait une nature immuable et non historique de l'homme. D'où une critique radicale de l'idée de droits naturels* de l'homme, extérieurs et antérieurs à la société. La philosophie politique de De Maistre se fonde donc sur une critique métaphysique de l'humanisme* abstrait des Modernes. À la modernité révolutionnaire, Maistre oppose la valeur historique de la tradition. À ses yeux, seule l'Église catholique est désormais capable d'incarner cette tradition. Ce qui conduira Joseph de Maistre à récuser la théorie du contrat social* au nom d'un fondement divin des institutions humaines et à défendre, surtout à la fin de sa vie, une politique ultramontaniste d'allégeance au Vatican.

● **PRINCIPAUX ÉCRITS :** *Considérations sur la France* (1796) ; *Essai sur le principe générateur des institutions politiques* (1814) ; *Du pape* (1819) ; *Soirées de Saint-Pétersbourg* (1821, posthume).

MAJEURE

(n. f.) ● **ÉTYM. :** latin *major*, « plus grand ». ● **LOGIQUE :** dans la théorie du syllogisme, la majeure est la proposition attribuant le moyen terme au terme de plus grande extension. Par exemple, dans le syllogisme : Tous les hommes sont mortels (A) / Tous les philosophes sont des hommes (B) / Donc tous les philosophes sont mortels (C), (A) est la majeure, « hommes » est le moyen terme, « mortels » est le grand terme (celui qui comporte la plus grande extension), dit aussi le « majeur ».

● **CORRÉLATS :** logique ; syllogisme.

MAJORITÉ

(n. f.) ● **ÉTYM. :** latin *major*, « le plus grand ». ● **SENS ORDINAIRES :** 1. Terme désignant le droit pour un individu d'être juridiquement autonome et par conséquent responsable de ses actes. 2. Capacité d'user de son entendement librement (en ce cas, majorité est synonyme de « maturité »).

Majorité et minorité ne renvoient pas uniquement à l'âge d'un individu et à la capacité juridique qu'il confère (par exemple le droit de vote à 18 ans). Plus profondément, elles caractérisent l'aptitude ou l'inaptitude d'un sujet à user de son entendement en toute indépendance. Kant* fait du passage de la minorité à la majorité l'exigence propre aux Lumières* en tant que ces dernières impliquent le courage de se servir de son intelligence sans l'appui d'un maître ou d'un précepteur. L'accès à la majorité de l'esprit est donc le but ultime de l'éducation*.

● **CORRÉLATS :** autonomie ; droit ; liberté.

◆ Mal

MAL

(n. m.) ● ÉTYM. : latin *malum*, « mal », « souffrance ». ● SENS ORDINAIRE : tout ce qui affecte un individu, physiquement ou moralement, le fait souffrir ou lui fait du tort. ● MORALE : tout ce qui est objet de désapprobation et contre quoi l'homme doit lutter (le péché, la faute, la cruauté, la violence...)

« Si Dieu existe, d'où vient le mal ? » : pour tenter de résoudre ce problème théologique classique, Leibniz* distinguait le mal métaphysique (simple imperfection des créatures), le mal physique (la souffrance) et le mal moral (ou péché). Le mal métaphysique résulte nécessairement de la condition limitée de toute créature ; le mal physique (la souffrance) est une dépendance du mal moral : seul ce dernier pose un véritable problème. Pour le résoudre, il faudra « justifier Dieu » en s'efforçant de concilier la liberté* humaine et la toute-puissance divine. Tel est l'objet de la *Théodicée*.

Les philosophes athées posent évidemment la question du mal en des termes fort différents : non seulement le mal n'est plus conçu comme une faute — une transgression — mais il est même tenu par certains pour une notion fluctuante et relative (car ce ne sont que « des taupes et des nains », selon Nietzsche*, ceux qui disent : « Bien pour tous, Mal pour tous ») [*Ainsi parlait Zarathoustra*, « De l'esprit de lourdeur »].

Pourtant l'histoire du XXe siècle, avec l'expérience de la Shoah, tend à remettre à l'ordre du jour la question philosophique du mal. Le mal ne se situe-t-il pas au cœur même de l'homme ? Mais comment se résoudre à admettre cette perversité radicale, cette inhumanité paradoxale de l'être humain ? Si Dieu existe, a-t-il voulu le mal — la méchanceté de sa créature — ou bien l'a-t-il permis, sans le vouloir pour autant ? Méditant sur le génocide* nazi, Hans Jonas* se demande si Dieu n'a pas « pris un risque » en créant l'univers dans son ensemble et l'homme en particulier. Selon ce philosophe, il est aujourd'hui possible de penser que la souffrance, le devenir et le souci sont des prédicats qui concernent le créateur et non pas seulement l'homme, son « hasardeuse créature » (*Le Concept de Dieu après Auschwitz*, 1944).

● TERMES VOISINS : faute ; malheur ; méchanceté ; péché ; perversité ; souffrance. ● TERMES OPPOSÉS : bien ; bonheur ; innocence. ● CORRÉLATS : crime ; devoir ; génocide ; manichéisme ; morale ; religion.

MALEBRANCHE
NICOLAS (1638-1715)

REPÈRES BIOGRAPHIQUES

Philosophe cartésien français, né et mort à Paris. Après des études de théologie à la Sorbonne, il choisit de devenir prêtre et entre à l'Oratoire. L'année de son ordination (1664), il lit le *Traité de l'Homme* de Descartes, qui le convertit à la philosophie et à la science de son temps. Il publie *De la recherche de la vérité*, son premier ouvrage, en 1675. Sa vie entière est consacrée à la justification du christianisme (il publie en 1677 les *Conversations chrétiennes*) et aux études scientifiques. En 1699, il est élu à l'Académie des Sciences.

La vision en Dieu

Selon Malebranche, la véritable philosophie n'est autre que la religion, puisque la vérité* est Dieu même. La raison* — universelle et infinie — est en effet, selon lui, la marque de Dieu en l'homme. L'affirmation du caractère divin de la lumière naturelle, c'est-à-dire de la raison, n'est pas nouvelle. On la trouve déjà chez saint Augustin*, par exemple. Mais elle devient, chez Malebranche, le point de départ d'une doctrine tout à fait originale, qui est celle de la vision en Dieu, c'est-à-dire d'une connaissance — aussi bien rationnelle que sensible — en Dieu. Dieu a en lui les idées — les archétypes* au sens platonicien — de toutes les choses créées. C'est en Dieu que nous connaissons et que nous sentons. Les sensations elles-mêmes sont le résultat ou l'effet des idées que Dieu imprime en notre âme. En conséquence, l'origine de nos idées est entièrement et immédiatement divine, contrairement à ce qu'affirment les empiristes*, qui leur attribuent une origine externe, mais aussi les innéistes*, comme Descartes*, pour qui les idées sont en nous. Il en résulte que l'existence du monde matériel n'affecte en rien notre connaissance, et qu'elle est même, en toute rigueur, indémontrable.

Car la perception que nous avons de la matière et des corps, à commencer par le nôtre, est le résultat de l'action de Dieu en nous, qui imprime directement sur notre âme les sensations liées au corps, selon la loi générale de l'union de l'âme et du corps.

Le système du monde
Dans le souci de dégager Dieu de la responsabilité du mal* — tant physique que moral — existant dans un monde qu'il a pourtant créé, Malebranche pose le principe de la simplicité des voies. Dieu n'est pas obligé de créer le monde, mais s'il le crée, alors il produit nécessairement l'ouvrage le plus parfait, perfection qui tient non seulement au résultat, mais aux moyens utilisés pour y parvenir. Or les voies sont d'autant plus proches de la perfection, qu'elles sont plus simples et plus générales. Il serait ridicule, aussi bien dans l'ordre de la nature, que dans l'ordre de la grâce*, que Dieu déroge aux lois générales qui président à l'ordonnancement du monde, en compromettant la simplicité et la beauté de son ouvrage pour sauver tel pécheur, en faisant exception à la loi générale de la distribution des grâces, ou pour épargner telle souffrance qui résulte de la loi générale d'union de l'âme et du corps. Mais si Dieu est la cause véritable et efficace de toutes choses, les causes naturelles en sont les causes occasionnelles. Par exemple, le choc est la cause occasionnelle du mouvement, alors que sa cause efficace — c'est-à-dire la loi générale de la communication des mouvements — est Dieu. Dieu n'est donc pas l'auteur des imperfections de son ouvrage. Il ne veut point le mal (qu'il s'agisse du mal physique, ou du péché), il le permet, parce que son empêchement par une volonté particulière aurait pour effet de diminuer la perfection du Tout. Dans l'ordre de la nature, comme dans l'ordre de la grâce, règne la perfection qui résulte de la simplicité des voies qui seules confèrent ordre, beauté et intelligibilité au monde. Par son rationalisme, Malebranche, philosophe chrétien, heurte la doctrine théologique officielle, qui — avec Bossuet, par exemple — voit dans la Providence* de Dieu à l'égard du monde à la fois un mystère et un miracle*, puisqu'elle est interprétée dans le sens d'une intervention divine dans le cours particulier des choses. D'une certaine manière, et sans le vouloir, Malebranche prépare le passage au rationalisme du siècle des Lumières* et à la conception d'un Dieu plus proche du Dieu des philosophes et de la raison, que du Dieu d'Abraham et de la révélation.

● **PRINCIPAUX ÉCRITS** : *De la recherche de la vérité* (1675) ; *Conversations chrétiennes* (1677) ; *Traité de la nature et de la grâce* (1680) ; *Entretiens sur la métaphysique et la religion* (1688) ; *Entretiens sur la mort* (1696).

MALTHUS THOMAS ROBERT (1766-1834)

REPÈRES BIOGRAPHIQUES
Économiste anglais dont l'œuvre est consacrée à des questions de démographie et qui a donné son nom à une doctrine, le *malthusianisme*. Selon T. R. Malthus, certains contextes rendent nécessaire une limitation autoritaire de la croissance de la population. En effet, l'extension excessive de celle-ci aggrave la pénurie et donc la misère générale.

Dans son *Essai sur le principe de population*, Malthus croit pouvoir démontrer que la population s'accroît selon une progression « géométrique », tandis que, parallèlement, les ressources alimentaires n'augmentent qu'en suivant une progression « arithmétique ». Le décalage produit est tel que l'augmentation de la population doit être limitée. De fait, elle l'est naturellement, en raison de la mortalité infantile. Malthus préconise de limiter les naissances ou de retarder les mariages. De manière plus sévère encore, il conseille de suspendre toute assistance sociale, car « les lois sur les pauvres [...] créent les pauvres qu'elles assistent ». Plus raisonnablement, il recommande de favoriser l'agriculture plutôt que l'industrie, et de mettre en place une éducation publique pour tous (afin d'inciter les pauvres à plus de moralité, et donc de chasteté !).
Ces théories autoritaristes et puritaines — même si certaines vues économiques gardent un intérêt certain — ont inspiré les courants les plus réactionnaires de la pensée libérale (doctrine anti-interventionniste en matière sociale). Récemment, elles ont connu un nouveau succès avec les mouvements écologistes fondamentalistes qui proposent parfois des méthodes draconiennes pour contenir

une hypothétique explosion démographique. On sait pourtant aujourd'hui que la transition démographique devrait permettre à la population mondiale de se stabiliser au cours du XXIe siècle. Certains démographes redoutent même une inversion de la courbe démographique, en tout cas dans certaines régions du monde comme l'Europe et les États-Unis.

● **PRINCIPAL ÉCRIT** : *Essai sur le principe de population* (1798).

MANICHÉISME

(n. m.) ● **ÉTYM.** : du nom du Persan Manès (IIIe siècle apr. J.-C.). ● **SENS STRICT** : doctrine de Manès, selon laquelle le bien et le mal sont deux principes antagonistes qui gouvernent le monde ; cette doctrine provient de l'ancienne religion zoroastrique (de Zoroastre ; *cf.* Zarathoustra), qui opposait la lumière et les ténèbres. ● **SENS LARGE** : toute conception qui admet un dualisme tranché entre ce qui est bien et ce qui est mal. En ce sens, on pourra parler du manichéisme, moral ou politique, de certains individus, partis ou situations historiques (la Guerre froide par exemple).

● **CORRÉLATS** : bien ; mal ; religion ; zoroastrisme.

MANQUÉ
(ACTE MANQUÉ)

Cf. Acte.

MARC-AURÈLE
(121-180 APR. J.-C.)

REPÈRES BIOGRAPHIQUES

Né dans une famille de patriciens romains, adopté par l'empereur Antonin pour lui succéder, Marc-Aurèle devient empereur à quarante ans. Lui qui aime la philosophie et les arts, il doit vivre vingt ans sous la tente, à la tête de ses armées, sur le Danube et en Syrie, pour assurer la paix de l'Empire. Ses *Pensées pour moi-même* (douze livres écrits en grec) ont été notées au jour le jour, pendant ses campagnes.

Dans ses *Pensées*, Marc-Aurèle confronte les événements avec les valeurs que ses maîtres stoïciens lui ont enseignées. Ses références sont, à côté d'Épictète*, d'autres grands philosophes grecs : Platon*, Épicure*, Démocrite* et Héraclite*. Sur le plan doctrinal, cette œuvre n'apporte peu de chose au stoïcisme*, mais elle en souligne les plus hautes valeurs et les idées fondamentales. L'originalité de Marc-Aurèle consiste dans le ton personnel des *Pensées* qui témoigne d'une attention aiguë à l'urgence de « bien vivre », c'est-à-dire dignement, dans un monde plein de troubles, à l'urgence d'accomplir son rôle d'homme, possesseur d'un « génie intérieur » : l'intelligence et la raison*.

La précarité de l'existence humaine, la fugacité du temps, de la mémoire, qui engloutit tous les hommes, grands ou petits, dans l'oubli et la mort ; la petitesse de l'homme et de la terre dans l'infini de l'univers : tels sont les grands thèmes de la philosophie de Marc-Aurèle. Cette insistance si « moderne » n'a rien de tragique car l'homme a sa place dans cet univers où chaque être est situé de façon ordonnée. Par son « génie intérieur » (son esprit raisonnable), l'homme participe de ce cosmos* divin. Il comprend son éternelle transformation.

Cette vision du monde élimine donc la peur de la mort* qui n'est pas anéantissement mais changement, renouvellement de l'univers. Il faut donc accepter sereinement cet événement naturel. Le but de l'homme est alors de vivre dignement le présent, de jouer son rôle qui est d'être utile au bien commun, car tous les hommes sont liés dans la nature. Marc-Aurèle manifeste un sens très haut de sa responsabilité dans l'État, et se critique sévèrement lui-même lors de ses moments de découragement.

Marc-Aurèle insiste très longuement sur l'idée que la vision du Tout, de ses éternelles transformations, élève notre âme. Elle élimine les fausses représentations, les passions*, en particulier l'ambition, l'orgueil, la colère, et nous amène à être modestes, justes, et bienveillants envers chaque homme, notre égal en tant qu'être raisonnable et sociable, qu'il faut écouter en « entrant dans son âme ». L'homme qui suit la raison en tout est « tranquille et décidé à la fois, radieux et en même temps consistant ».

■ ● **Principal écrit :** *Pensées pour moi-même.*

Marchandise

(n. f.) ● **Étym. :** dérivé du latin *mercatus*, « marché ». ● **Sens courant et économique :** objet ou produit disposant d'une valeur marchande.

La notion de marchandise est élaborée dans le cadre de l'économie politique anglaise des XVIIIe et XIXe siècles (Smith*, Ricardo), qui considère la société comme un système de besoins complémentaires et donc d'échanges réciproques entre individus. C'est à Marx* et à sa distinction entre *valeur d'usage* et *valeur d'échange*, qu'on doit l'analyse la plus approfondie du concept de marchandise. L'originalité de l'analyse marxiste est double :
1. Sur le plan économique, Marx veut montrer, d'une part, que c'est le temps de travail socialement nécessaire à sa production qui est la mesure de la valeur d'échange de la marchandise, et non le jeu de l'offre et de la demande ; d'autre part, il caractérise le capitalisme* comme un mode de production où la valeur d'échange d'un produit est le but de l'échange plutôt que d'en être un moyen. Dans un système traditionnel d'échange, en effet, on vend quelque chose dont quelqu'un d'autre a besoin pour acheter ce dont on a soi-même besoin (marchandise-argent-marchandise, ou M-A-M). Dans un système capitaliste, au contraire, le but est d'acheter une marchandise pour la transformer et la revendre plus cher, en réalisant par là une plus-value (A-M-A').
2. Mais l'originalité la plus profonde de Marx consiste à sortir de la sphère strictement économique pour procéder à une analyse philosophique de la notion de marchandise. En effet, dans un système capitaliste, la force de travail humain est elle-même une marchandise qui s'échange contre un salaire, d'où la tendance du capitalisme à réduire le travailleur à son être-marchandise. La notion de marchandise devient alors un concept clé dans la critique marxiste de l'aliénation* du travail humain.

■ ● **Terme voisin :** produit. ● **Corrélats :** aliénation ; capitalisme ; chrématistique ; échange.

MARCUSE Herbert (1898-1979)

Repères biographiques

Né en 1898 à Berlin, figure intellectuelle marquante de l'extrême gauche et des mouvements de contestation des années 1960, Marcuse fut d'abord influencé par Heidegger, sous la direction duquel il rédige sa thèse sur Hegel. Bouleversé par l'écrasement de la révolution spartakiste, il ne cessera par la suite de militer dans divers mouvements d'extrême gauche, à l'exception du Parti communiste, dont il ne tarde pas à dénoncer la divergence croissante avec la théorie marxiste. Il doit quitter d'Allemagne en 1934 et s'installe aux États-Unis, où il ne cessera d'enseigner jusqu'à sa mort, en 1979.

La question posée par Marcuse est celle de la possibilité d'une culture non répressive, c'est-à-dire d'une société qui harmoniserait principe de plaisir* et principe de réalité*. À cette question, Freud* avait répondu par la négative, mais il raisonnait plus en psychologue qu'en sociologue. Les apports du marxisme* sur l'analyse de la culture vont inciter Marcuse à opérer une synthèse entre les deux pensées (« freudo-marxisme »).

« L'homme unidimentionnel »

Cette entreprise passe d'abord par une « phénoménologie de l'existence aliénée », qui n'est rien d'autre qu'une critique des sociétés capitalistes modernes et de leur culture unidimensionnelle. Dans ces sociétés, le principe de réalité est aggravé en « principe de rendement », « celui d'une société orientée vers le gain et la concurrence dans un processus d'expansion constante ». De même, la répression est aggravée en une « surrépression » qui consiste à « enrégimenter » même le temps libre pour mieux faire intérioriser par les individus l'autorité qu'ils subissent, faute de quoi la répression « ordinaire » du principe de plaisir ne leur paraîtrait pas supportable. Par une domination de plus en plus rationalisée, le capitalisme* a fini par imposer une culture « unidimensionnelle », c'est-à-dire une société close intégrant toutes les dimensions de l'existence, et par assurer le règne du gaspillage, de l'oppression et de la barbarie. Le système sait fabriquer les faux

◆ Marx

besoins et les faux rêves qui empêchent toute mise en question de ses fondements et favorisent leur intériorisation (« société de consommation »). Il transforme le désir de bonheur en frénésie de consommation, laissant les individus frustrés et malheureux. Même la sexualité* qui, par essence, est porteuse d'une énergie révolutionnaire, est « désublimée », banalisée et rabaissée au rang de marchandise (« pornographie »).

Le « grand refus »

Selon Marcuse, la libération ne viendra pas des masses, qui ne sont plus révolutionnaires, mais des exclus (Noirs des ghettos, pauvres, minorités opprimées, peuples colonisés, intellectuels radicaux, et surtout la jeunesse). Marcuse développe donc une éthique du refus, qu'il appelle le « grand refus », une éthique de la contestation permanente qui montre aussi que, dans son esprit, la théorie critique ne peut que rester négative, révolutionnaire et utopique. Il exalte également la force révolutionnaire de la sexualité, qui fait de tout le corps un instrument de plaisir, et celle de l'art*, qui fournit le paradigme* du travail libéré de la peine et brise la pétrification sociale en ouvrant à l'histoire « un autre horizon », celui du possible. C'est pour cette raison que, par leur nature, le plaisir et l'art sont déjà une rébellion.

● **PRINCIPAUX ÉCRITS** : *Raison et révolution* (1941) ; *Éros et civilisation* (1955) ; *Le Marxisme soviétique* (1958) ; *L'Homme unidimensionnel* (1964) ; *Culture et société* (1965) ; *Vers la libération* (1969) ; *La Dimension esthétique* (1977).

MARX KARL
(1818-1883)

REPÈRES BIOGRAPHIQUES

Né à Trèves, en Allemagne, dans une famille aisée, Karl Marx étudie le droit et la philosophie. Il s'oriente vers le journalisme et la politique. Il quitte l'Allemagne pour Paris, où il rencontre Friedrich Engels, avec qui il collaborera toute sa vie. Successivement expulsé de Paris, puis de Bruxelles, avant de se fixer à Londres où il meurt dans la pauvreté, il a payé d'une vie de gêne et de tracas- series policières une philosophie profondément engagée dans la politique.

Le marxisme se présente lui-même comme issu de trois traditions : la tradition politique du socialisme français, l'économie anglaise (en particulier les travaux d'Adam Smith* et David Ricardo) et la philosophie allemande (Feuerbach* et Hegel* en particulier). On peut comprendre l'unité de la pensée de Marx à partir de ces trois sources.

1. La politique

Membre de la Ligue des communistes, fondée en 1847, Marx est chargé par elle de rédiger, avec Engels*, le *Manifeste du parti communiste* (1848). Ce livre militant affirme la nécessité historique d'une révolution socialiste, à partir d'une analyse de la société et de l'histoire fondée sur l'idée de la lutte des classes. La lutte des classes a toujours été le moteur de l'histoire. L'antagonisme qui oppose la bourgeoisie et le prolétariat en est la forme moderne. Il finira par la victoire du prolétariat, l'abolition de la propriété privée et de l'exploitation du travail, et l'avènement d'une société non antagonique : le communisme.

Les autres écrits politiques de Marx furent consacrés essentiellement à l'analyse des conditions politiques de la révolution. C'est dans de telles œuvres que Marx avancera l'idée d'une dictature du prolétariat, transition nécessaire pour mener à bien la victoire révolutionnaire.

2. L'économie politique

Marx veut asseoir son projet politique et révolutionnaire sur une analyse « scientifique » de la structure économique de la société. *Le Capital* met en évidence l'exploitation* du travail* salarié. Pour que le capitaliste réalise son profit, il faut qu'une partie de la force de travail dépensée par l'ouvrier n'ait pas été rémunérée : c'est le sur-travail. Il y a exploitation du travail parce qu'il y a extorsion de sur-travail.

3. La philosophie

a. Le matérialisme* historique. Les analyses politiques et économiques de Marx sont guidées par une philosophie matérialiste de l'histoire : les forces motrices de l'histoire sont à chercher dans l'organisation matérielle des sociétés, c'est-à-dire dans la façon dont elles produisent leurs richesses (leurs modes de production), et non dans les idées ou les intentions des hommes. Ces dernières relèvent de l'idéologie*, qui est la façon dont les hommes prennent conscience des conditions historiques matérielles : « Ce n'est pas la conscience des hommes qui détermine leur existence, c'est au contraire leur existence sociale qui détermine leur conscience » (*cf.* texte p. 278). Quelle est alors la part de liberté des hommes dans l'accomplissement de leur histoire ? Marx semble hésiter entre deux réponses. Les écrits politiques sont les plus volontaristes : si les hommes ne pouvaient consciemment agir sur leur histoire, pour mieux la maîtriser, à quoi l'action militante servirait-elle ? Mais d'autres textes présentent au contraire une conception strictement déterministe* de l'histoire, qui assigne à celle-ci un sens prédéterminé et une fin : l'histoire est régie par des lois nécessaires qui gouvernent la succession des organisations sociales, du mode de production esclavagiste (Antiquité), puis féodal (Moyen Âge), jusqu'au communisme final, la société bourgeoise étant la « fin de la préhistoire de l'humanité ».

b. La dialectique*. Ce déterminisme historique doit beaucoup à l'influence de Hegel. Celui-ci concevait l'histoire comme une progression dialectique*, c'est-à-dire comme procédant par contradictions et dépassement de ces contradictions. Marx trouve dans la dialectique de Hegel une méthode d'analyse du réel : elle permet de comprendre comment l'histoire progresse à partir des contradictions entre les classes sociales. Mais Hegel est idéaliste* : pour lui, l'histoire est l'histoire de la conscience, ou de l'Idée. Il faudra que le matérialisme de Marx remette Hegel « sur les pieds », c'est-à-dire qu'il conçoive la dialectique non comme le mouvement de la conscience, mais comme celui des sociétés matérielles.

4. Unité de la pensée de Marx ?

La pensée de Marx a évolué au cours de sa vie. Jusqu'en 1846, ses œuvres sont essentiellement philosophiques. Elles sont fondées sur l'idée de l'« homme total », c'est-à-dire celui qui réalise authentiquement son humanité en accomplissant les activités humaines les plus essentielles, au premier chef le travail. Marx se livre alors à une critique de la religion et de l'État, qui ne sont que des réalisations imaginaires ou abstraites de l'homme, et plus généralement à une analyse de l'aliénation*, c'est-à-dire de la situation dans laquelle l'homme, au lieu de réaliser son essence, devient étranger à lui-même et ne peut plus se reconnaître dans son activité ou dans ses œuvres.

À partir de 1846-1848, la pensée de Marx prend un tour plus scientifique. Elle passe de la critique philosophique de l'aliénation à l'analyse économique de l'exploitation. Mais il ne faut pas exagérer cette rupture entre le jeune Marx et le penseur mûr. L'aliénation dont parlent les écrits de jeunesse dépend de conditions sociales qui sont justement analysées dans *Le Capital*. *Le Capital* n'est pas seulement un livre de science économique. Le capitalisme* est pour Marx une étape du devenir de l'humanité, lequel a une signification philosophique globale.

Un dernier problème, relatif à l'unité de la pensée de Marx, tient à la « réussite » historique du marxisme. Plusieurs partis ou régimes se sont réclamés de lui, et il a connu des querelles d'orthodoxie multiples. Mais il est évidemment difficile de savoir ce que Marx aurait pensé des avatars de sa philosophie.

● **PRINCIPAUX ÉCRITS :** *Sur la question juive* (1842) ; *Contribution à la critique de la philosophie du droit de Hegel* (1844) ; *Manuscrits de 1844*. Avec Engels : *L'Idéologie allemande* (1846) ; *Manifeste du parti communiste* (1848) ; *Contribution à la critique de l'économie politique* (1859) ; *Le Capital* (tome I, 1867 ; les tomes II et III sont posthumes et ont été publiés grâce à Engels).

LE MATÉRIALISME HISTORIQUE

L'homme, pour Marx, se distingue des animaux non par sa pensée, son langage ou ses dieux, mais en ce qu'il est un être historique : son mode de vie ne lui est pas imposé par une nature, mais il produit lui-même ses moyens d'existence. Cette production de sa vie matérielle est en même temps pour l'homme une autoproduction : les différentes formes de son activité concrète à travers l'histoire déterminent son être et la pensée de son être. C'est là ce qu'on appelle le matérialisme historique.

◆ **Marxisme**

« Le résultat général auquel j'arrivai et qui, une fois acquis, servit de fil conducteur à mes études, peut brièvement se résumer ainsi : dans la production sociale de leur existence, les hommes entrent dans des rapports déterminés, nécessaires, indépendants de leur volonté, rapports de production qui correspondent à un degré de développement déterminé de leurs forces productives matérielles. L'ensemble de ces rapports de production constitue la structure économique de la société, la base concrète sur laquelle s'élève une superstructure juridique et politique, et à laquelle correspondent des formes de conscience sociale déterminées. Le mode de production de la vie matérielle conditionne le processus de vie social, politique et intellectuel en général. Ce n'est pas la conscience des hommes qui détermine leur être ; c'est inversement leur être social qui détermine leur conscience. À un certain stade de leur développement, les forces productives matérielles de la société entrent en contradiction avec les rapports de production existants, ou, ce qui n'en est que l'expression juridique, avec les rapports de propriété au sein desquels elles s'étaient mues jusqu'alors. »

Marx, *Contribution à la critique de l'économie politique* (1859), Préface, in *Études philosophiques*, Paris, Éditions sociales, 1974, p. 121.

Rapports et forces de production
Les « forces productives » définissent le niveau technique d'une société, sa capacité matérielle à produire des richesses. Cette production de richesses est assurée au moyen d'une répartition stricte du travail (division des classes sociales) : ce sont les « rapports de production » qui constituent pour tout individu un ensemble de contraintes qui conditionnent son être. Il faut comprendre maintenant toute cette organisation de l'activité économique comme l'élément déterminant qui permet, pour une société donnée et à un moment donné, de rendre compte réellement de ses structures juridiques, de la forme qu'y prennent les relations sociales, de sa vie politique et intellectuelle. Pour l'analyse marxiste, il ne s'agit pas de réfléchir sur une théorie de la société, mais de voir comment c'est la société qui se réfléchit dans les théories.

Les révolutions dans l'histoire
Toujours dans cette perspective, les époques de crise dans l'histoire doivent être comprises comme une évolution des forces productives, telle que leur développement se trouve bientôt empêché (plutôt que soutenu) par les rapports de production existants. Les revendications politiques ou spirituelles ne constituent jamais qu'une expression seconde, dérivée (« idéologique ») de ce noyau dur de tout conflit historique.

MARXISME

(n. m.) ● **ÉTYM.** : formé à partir du nom de Karl Marx. ● **SENS STRICT** : philosophie de Marx et d'Engels. ● **SENS LARGE** : doctrine de tous ceux qui se sont réclamés de Marx ou ont été influencés par lui : penseurs originaux, représentants d'un parti ou même d'un régime politique. Il faut alors envisager : **1.** la diversité des courants marxistes, souvent opposés entre eux ; **2.** les déplacements et réarrangements que leurs diverses interprétations ont fait subir à la pensée de Marx.

MARXISME-LÉNINISME
Nom donné, à partir des années 1930, à la philosophie d'État qui s'est imposée en URSS sous Staline.

● **CORRÉLATS** : histoire ; matérialisme historique et dialectique ; politique ; révolution. *Cf.* également : Althusser ; Marcuse ; école de Francfort.

MATÉRIALISME

(n. m.) ● **ÉTYM.** : latin *materia*, « matière ». ● **SENS PÉJORATIF** : attitude ou doctrine caractérisée par un attachement aux biens matériels (richesse, etc.) et par une absence d'idéal. ● **PHILOSOPHIE** : théorie selon laquelle la matière est soit la seule réalité existante (*cf.* Monisme), soit la réalité fondamentale à partir de laquelle s'explique la vie spirituelle (*cf.* Marx, Freud), soit une réalité indépendante de l'esprit, régie par des lois propres et autonomes (*cf.* Dualisme ; mais ce sens est plus rare). Dans le premier cas, matérialisme s'oppose à idéalisme ; dans le deuxième, à spiritualisme et à immatérialisme.

Le mot matérialisme est équivoque. D'une part, il est souvent utilisé dans une intention polémique : être « matérialiste », c'est être accusé d'expliquer le « supérieur » (l'esprit) par l'« inférieur » (la matière), ou bien de refuser Dieu, l'immortalité de l'âme et, en général, la religion. Matérialisme peut être en ce sens synonyme d'athéisme*. Le terme prend une valeur positive à partir du XVIIIe siècle, au fur et à mesure que se développe la critique des dogmes religieux. Une autre difficulté tient à la diversité des conceptions de la matière propres aux différentes philosophies matérialistes, de l'atomisme* antique jusqu'au développement de la science* moderne (*cf.* Matière). Enfin, en histoire et en sociologie, notamment à la suite de Marx*, « matérialisme » peut désigner, non un système général du monde, mais une méthode d'explication des comportements sociaux à partir des structures matérielles (économiques) de la société (*cf.* Matérialisme historique).

● **TERME VOISIN :** athéisme. ● **TERMES OPPOSÉS :** idéalisme ; immatérialisme ; spiritualisme.

MATÉRIALISME DIALECTIQUE
Conçu dans les années 1930 en URSS, le matérialisme dialectique est l'élaboration dogmatique de certains principes généraux de la philosophie de Marx en un système métaphysique, expliquant la globalité des processus de la nature et de la société par des lois « dialectiques* » de la matière en mouvement. Cette philosophie officielle a pu s'autoriser de certains textes d'Engels*, en particulier la *Dialectique de la nature*.

MATÉRIALISME HISTORIQUE
Philosophie marxiste de l'histoire, selon laquelle l'architecture complète d'une société, ainsi que les lois qui président à ses transformations, s'explique par la nature et l'évolution de sa structure économique. Les individus agissent alors dans l'histoire en fonction des forces sociales qui les déterminent, et non des idéaux et des buts qu'ils se fixent consciemment.

● **CORRÉLATS :** atomisme ; dualisme ; épicurisme ; marxisme.

MATHÉMATIQUES

La question de l'origine des mathématiques — science des nombres et des figures — recoupe largement celle de la nature véritable de leurs objets. Des formes pratiques de mathématiques permettent de résoudre, de fait, un certain nombre de problèmes concrets, existaient déjà à Babylone (1800 av. J.-C.), en Égypte ancienne et en Mésopotamie. En revanche, les mathématiques (du grec *mathêma*, « savoir »), conçues comme des sciences purement abstraites, n'apparaissent qu'en Grèce avec Thalès* (VIIe-VIe siècle av. J.-C.), puis Euclide* (IVe-IIIe siècle av. J.-C.). On comprend alors pour la première fois, mais de manière tout à fait décisive, que les mathématiques sont pour la science un modèle de rigueur, précisément parce que leurs outils sont *a priori**, c'est-à-dire sans équivalent dans l'expérience sensible. Ce caractère *a priori* et déductif est aussi la clé de leur universalité. Mais cela pose aussitôt le problème, quasiment insoluble, du statut des « idéalités » mathématiques : les objets mathématiques sont-ils des « essences » (ou des « formes ») indépendantes du monde sensible comme de l'esprit qui les conçoit (Platon*) ? Ou bien les concepts mathématiques ne sont-ils que de simples « fictions logiques », des abstractions symboliques commodes, mais dénuées de tout contenu intuitif (formalisme*) ? La question posée depuis Platon et Euclide reste au cœur du débat actuel.

D'Euclide à Descartes : le réalisme et le modèle de l'évidence
C'est avec les *Éléments* d'Euclide que les mathématiques se sont constituées en science autonome. Pour la première fois, l'attention se porte exclusivement sur l'élucidation des principes et le caractère strictement démontrable (déductible) de toutes les propositions. Cependant, pour Euclide, les postulats ne sont pas des hypothèses gratuites : s'ils constituent les points de départ — nécessairement indémontrables — de l'édifice, c'est qu'ils renferment une évidence*, c'est-à-dire une vérité qui se laisse d'elle-même apercevoir. Euclide reste donc « réaliste » : chaque proposi-

◆ **Mathématiques**

tion du système étant déduite à partir d'axiomes évidents peut être tenue pour vraie, indépendamment des autres. Les mathématiques sont donc vraies dans tous les sens du terme : elles constituent un système formellement valide ; elles sont également adéquates au réel. Au XVIIe siècle, Descartes* tient le système euclidien pour le modèle de toute connaissance : on ne doit admettre, comme vérités premières, que les évidences ; de proche en proche, on doit pouvoir déduire jusqu'aux vérités* les plus éloignées des prémisses*. Le savoir s'organiserait ainsi selon l'idée d'une « mathématique universelle » (*mathêsis universalis*), conçue comme science générale de l'ordre et permettant une connaissance achevée et totale.

Du constructivisme de Kant au triomphe du formalisme

Au XVIIe siècle cependant, le développement du caractère expérimental des sciences de la nature rend caduque l'idée d'une mathématique universelle. Les mathématiques se séparent de la physique, même si elles fournissent un langage adéquat pour formuler les lois découvertes par l'expérience. Est-ce à dire qu'elles doivent être tenues pour un simple langage ? Si, pour Kant*, les mathématiques sont bien *a priori*, elles ne sont pas réductibles pour autant à de pures tautologies*. Les concepts mathématiques exigent, dit Kant, une construction dans l'espace* et dans le temps*, qui sont des « formes pures » et *a priori* de l'intuition sensible. Les jugements* mathématiques, *a priori*, sont ainsi également synthétiques*.

En insistant sur le caractère « construit » des concepts mathématiques, Kant refuse ainsi, et le formalisme, qui réduit les mathématiques à la logique, et le réalisme cartésien. Mais les formes pures de l'intuition sont, pour Kant, les formes universelles du sujet connaissant. Il ne peut donc exister qu'une seule mathématique, en particulier une seule géométrie : c'est celle d'Euclide, parce que l'espace euclidien correspond à la structure interne de notre sensibilité*.

Or, le développement des géométries non euclidiennes, au XIXe siècle, semble, dans le sens du formalisme, apporter un démenti au constructivisme de Kant. Le Russe Lobatchevski puis l'Allemand Riemann élaborent successivement des géométries différentes de celle d'Euclide. Au lieu d'accepter le postulat d'Euclide relatif à l'unicité de la parallèle, Lobatchevski part du principe que, par un point extérieur à une droite, on peut mener une infinité de parallèles alors que, pour Riemann, on n'en peut mener aucune. De tels postulats* permettent des développements logiques cohérents, bien qu'aucun ne soit en accord avec les théorèmes de la géométrie euclidienne.

Ces géométries non euclidiennes sont tout aussi valides que celles d'Euclide, puisque, en mathématiques, ce qui est démonstrativement établi doit être accepté. Le formalisme semble triompher : les axiomes d'un système déductif ne sont pas des évidences mais de pures hypothèses de départ ; et il n'y a pas de sens à dire qu'une proposition géométrique est « vraie » ou « fausse » en elle-même : vrai et faux sont des notions relatives au système d'axiomes considéré. Bref, les mathématiques ne sont effectivement rien d'autre qu'un ensemble hypothético-déductif.

L'axiomatique

En se libérant de l'évidence, les mathématiques s'affranchissent également de l'examen de la signification des propositions. Naît alors le projet d'une axiomatique*, c'est-à-dire d'une formalisation complète des mathématiques, où l'on ne se préoccupe que des rapports déductifs entre les termes, la signification de ceux-ci restant non interprétée. Ils cessent d'être des concepts* (point, ligne, etc.) pour devenir de purs symboles (▷, ◁, etc.), réglés selon des relations déterminées. Par-delà Kant, c'est alors Leibniz* qu'on retrouve, lui qui voulait déjà réduire les mathématiques au calcul formel de la logique. Le projet d'une telle « logicisation » des mathématiques a été repris, au début du XXe siècle, par Gottlob Frege et Bertrand Russell* : les opérations mathématiques doivent pouvoir se ramener aux principes logiques de base et les énoncés mathématiques, contrairement à ce que pensait Kant, sont purement analytiques (*cf.* Logique).

Formalisme ou intuitionnisme ?

Le théorème de Gödel*, dit « d'incomplétude », en démontrant qu'une théorie ne pouvait trouver en elle-même le principe de sa cohérence, rend impossible l'axiomatisation complète d'un système hypothético-déductif, et, par là, semble miner l'espoir du formalisme d'unifier l'ensemble des disciplines mathématiques. Par ailleurs, au sein de la communauté des mathématiciens, le formalisme se heurte à des objections : penser les mathématiques, c'est penser des objets qui résistent, c'est-à-dire qui ont des propriétés objectives, et qu'il est donc difficile de réduire à des constructions logiques. Telle est, par exemple, la position du mathématicien Luitzen E.J. Brouwer, qu'il qualifie lui-même d'intuitionnisme, par référence explicite à Kant, et par opposition au formalisme.

« Ni du ciel, ni de la terre... »

Soucieux de dépasser un débat qu'on peut finalement juger stérile, le philosophe Jean Toussaint Desanti observe que les mathématiques ne sont, au bout du compte, « ni du ciel, ni de la terre » (*La Philosophie silencieuse*, 1975). Leurs objets n'ont en effet de statut que « relationnel » : cependant, loin d'être un échafaudage artificiel, les structures mathématiques sont bien réelles, sans doute pas « comme des clous ou des hiboux », mais comme des « systèmes de possibilités réglées, ouvertes par les relations qui les définissent ». Le monde sensible en est bien sûr le seul support ; mais le déchiffrage de cette grammaire générative de l'univers ne peut relever que de l'esprit.

● **Textes clés** : Euclide, *Éléments* ; R. Blanché, *L'Axiomatique* ; *Penser les mathématiques* (collectif) ; *Les Mathématiques au fil des âges* (collectif). ● **Corrélats** : formalisme ; intuitionnisme ; logique ; science.

Matière

(n. f.) ● **Étym.** : latin *materia*, « matière », qui vient de *mater*, « la mère », « la source ». ● **Sens ordinaire** : opposé à esprit, désigne ce qui existe hors de nous et est perçu par les sens. ● **Logique** : par opposition à la forme d'un raisonnement, désigne les termes dont ce raisonnement se compose, son contenu. ● **Philosophie et morale** : acte effectivement accompli, abstraction faite de l'intention en vue de laquelle il a été accompli. ● **Science et épistémologie** : ensemble des éléments constitutifs de la réalité physique (atomes, molécules...).

Les philosophes ont défini diversement le concept de matière. Pour Aristote*, elle est ce qui peut recevoir une forme*. La matière est alors opposée à la forme, c'est-à-dire, pour Aristote, à l'idée*, et elle se définit comme puissance*, virtualité. Pour Épicure*, la matière est la réalité fondamentale ; elle est constituée d'atomes* discontinus se combinant diversement. Pour Descartes*, elle est la substance des corps, dont l'essence est l'étendue* géométrique. Le monde matériel s'explique alors entièrement en termes de configurations spatiales et de mouvements mécaniques. Pour Diderot* enfin, la matière est une substance dynamique se transformant de façon continue, des formes élémentaires de la matière inerte jusqu'à la vie et à la pensée.

Bien qu'il voie dans toute matière le jeu d'une combinaison d'atomes, Épicure n'est pas à l'origine de la conception scientifique moderne de la matière. C'est plutôt Galilée* et Descartes qui, en la réduisant à l'étendue géométrique, en proposent une représentation compatible avec le développement de la physique mathématique.

Les physiciens actuels de l'univers et de l'atome, en développant des modèles mathématiques de plus en plus sophistiqués de la réalité physique, aboutissent à un résultat paradoxal : la matière « s'idéalise » ; elle tend à perdre la consistance et le caractère « concret » que lui accorde le sens commun, et les entités dont elle est constituée (particules élémentaires) sont de moins en moins directement observables, de plus en plus abstraites et « théoriques » ou « conceptuelles ».

● **Termes voisins** : corps ; étendue (*cf.* Descartes) ; puissance (*cf.* Aristote). ● **Termes opposés** : esprit ; forme. ● **Corrélats** : atome ; atomisme ; dualisme ; matérialisme ; monisme ; physique ; science.

Mauss Marcel (1872-1950)

Repères biographiques

Sociologue et ethnologue français, neveu et disciple de Durkheim (1872-1950), Marcel Mauss est professeur d'histoire des religions pri-

> mitives à l'École pratique des hautes études, puis professeur de sociologie au Collège de France. Il écrit de nombreux articles et un ouvrage essentiel : *Essai sur le don* (1923). Il aura une grande influence sur l'évolution de l'anthropologie moderne, dont il est l'un des fondateurs.

Selon Marcel Mauss, la sociologie doit s'attacher à rendre compte de la réalité humaine dans sa totalité à la fois biologique, psychologique et sociale. Les techniques du corps, comme la marche par exemple, sont des actes à la fois physiques, mais aussi psychologiques et culturels. Son souci de ne jamais isoler un fait social des aspects multiples qui concourent à sa production, conduit Mauss à forger le concept de « phénomène social total ». Remarquable à cet égard est son *Essai sur le don*, où, à travers l'analyse du potlatch des Indiens, il montre que le phénomène économique de l'échange* n'est pas dissociable de ses aspects juridiques (obligation de donner, de recevoir et de rendre), politiques et religieux (lien magique entre les objets et les personnes).

● **PRINCIPAUX ÉCRITS :** *Esquisse d'une théorie générale de la magie* (1902) ; *Essai sur le don : forme et raison de l'échange dans les sociétés archaïques* (1923) ; *Manuel d'ethnologie* (1947).

MAXIME

(n. f.) ● **ÉTYM. :** latin *maxima* (sous-entendu *sententia*), « sentence générale de grande importance ». ● **SENS ORDINAIRE :** règle générale d'action ou de pensée.

La maxime désigne une règle générale d'action par laquelle un sujet définit son intention* morale. Elle renvoie donc à l'usage qu'un individu fait de sa liberté* et c'est ainsi que Kant* appelle « maxime suprême » le choix originaire que fait un individu du genre de vie qu'il entend mener. C'est donc dans la maxime que réside, subjectivement, la différence entre le bien* et le mal*.

● **CORRÉLATS :** impératif ; intention ; principe ; règle ; volonté.

MÉCANIQUE

(n. f. et adj.) ● **ÉTYM. :** grec *mêchanikos*, « qui a rapport à la mécanique » et *mêchanikê*, « science (mécanique) ». ● **(ADJ.) SENS ORDINAIRE :** qui concerne les machines (arts mécaniques) ou un mécanisme. ● **ÉPISTÉMOLOGIE :** qui est relatif à la conception « mécaniste » ou « mécaniciste » de la nature et du vivant (*cf.* Descartes et Mécanisme). ● **(SUBST.) SENS ORDINAIRES : 1.** Synonyme de mécanisme. **2.** Art de construire et de réparer les machines. ● **SCIENCE :** branche de la physique ayant pour objet les causes et les propriétés d'un mouvement (mécanique rationnelle, mécanique ondulatoire, mécanique céleste, etc.).

● **TERME VOISIN :** automatisme. ● **CORRÉLATS :** machine ; mécanisme ; mouvement ; physique.

MÉCANISME

(n. m.) ● **ÉTYM. :** grec *mêchanê*, « machine ». ● **SENS ORDINAIRE :** façon dont les pièces d'une machine sont agencées en vue de produire un effet. ● **BIOLOGIE ET ÉPISTÉMOLOGIE : 1.** Sens strict : théorie qui s'est développée au XVIIe siècle, selon laquelle il faut considérer les êtres vivants comme des machines pour les expliquer scientifiquement ; ainsi, chez Descartes, la théorie des « animaux-machines » (*cf.* Animal). **2.** Sens large : explication du vivant par sa réduction aux propriétés physico-chimiques de la matière, c'est-à-dire sans recourir au concept de « vie » (on dit aussi « mécanicisme »).

Le mécanisme s'oppose au finalisme* et au vitalisme* : d'une part, tout, dans un organisme*, s'explique par la configuration de ses parties (il n'y a pas d'intention cachée de la nature vivante) ; d'autre part, il n'existe aucune « force vitale » (ou « âme* ») qui expliquerait les comportements observables du vivant.

● **TERME VOISIN :** machine. ● **TERMES OPPOSÉS :** finalisme ; vitalisme. ● **CORRÉLATS :** animal ; biologie ; mécanique ; organisme ; vie ; vivant.

MÉDIATION

(n. f.) ● **ÉTYM.** : latin *mediare*, « être au milieu », « s'interposer ». ● **SENS ORDINAIRE** : entreprise destinée à mettre d'accord, réconcilier des personnes et des parties (« médiation juridique »). ● **THÉOLOGIE** : nécessité d'instituer des intermédiaires entre Dieu et l'homme (par exemple les anges, mais surtout, pour le christianisme, le Christ lui-même). ● **LOGIQUE** : processus par lequel on passe d'un terme initial à un terme final.

La médiation institue un rapport entre plusieurs termes apparemment distincts. En ce sens, elle qualifie l'ensemble des procédés démonstratifs (preuves, syllogismes*) ou logiques (jugement*) qui permettent à une réalité d'être comprise. C'est cette nécessité de la médiation qui sera généralisée par Hegel* aux choses elles-mêmes. Le processus dialectique* désigne ce mouvement par lequel une chose ou une signification se nie elle-même et entre ainsi en rapport avec son autre. Par exemple, la nécessité* se médiatise avec la liberté* (qui semble son contraire) au cours de l'Histoire*.

● **TERMES VOISINS** : intermédiaire ; rapport. ● **CORRÉLATS** : dialectique ; immédiat ; intuition ; jugement.

MÉDIOLOGIE

(n. f.) ● **ÉTYM.** : de *media*, contraction de l'anglo-latin *mass media*, « grands moyens d'information », et *logos*, « discours ». ● **SCIENCES HUMAINES** : terme forgé par le philosophe français Régis Debray pour désigner la discipline qui prend pour objet d'étude les interactions, passées et présentes, entre la technique et la culture.

Qu'est-que la médiologie ?

Contrairement à ce que l'on serait tenté de penser, la *médiologie* n'est pas la science des *médias*. Tout d'abord, ce n'est pas une science : son objet est impossible à cerner, indéfinissable, au sens propre de ce terme. Ensuite, ce dont elle s'occupe (le sujet auquel elle a affaire), ce ne sont pas des médias, mais bien plutôt des (ou du) *médiums* : notion « construite », et « non évidente », de « dispositif véhiculaire ». Un médium est un vecteur, ou un canal, mais il n'est pas seulement cela. Il est surtout une « matrice de sens », c'est-à-dire qu'il détermine, voire bouleverse, les contenus qu'il transmet. Ainsi, par exemple, l'imprimerie, en tant que médium, n'a pas seulement véhiculé une nouvelle culture : elle a également présidé à l'avènement de celle-ci. Un médium désigne simultanément : 1. un procédé général de symbolisation (parole, signe, image…) ; 2. un code social de communication (la langue) ; 3. un support physique (papyrus, cédérom) ; 4. un dispositif de diffusion (manuscrits, imprimerie, numérique).

Régis Debray prend pour hypothèse de travail le fait que les productions symboliques d'une société à un instant donné (religion, littérature, art…) ne peuvent s'expliquer sans prendre en compte l'influence décisive sur celles-ci des structures techniques de transmission médiatique. Il n'est pas question ici de causalité mécanique, mais au contraire d'ensembles complexes de processus dynamiques, et rétroagissant : ainsi, par exemple, le christianisme aide à la victoire du codex (le livre) sur le *volumen* (le rouleau), peu maniable. Réciproquement, la victoire du codex contribue à celle du christianisme.

Logosphère, graphosphère, vidéosphère

La médiologie étudie donc, par-delà les simples déterminations matérielles, les grands systèmes « milieu-médium ». Partant de là, Régis Debray a cru pouvoir discerner trois grandes périodes dans l'histoire de l'humanité (à partir de l'invention de l'écriture), correspondant à trois « sphères » ou encore « milieux stratégico-médiatiques » : 1. la *logosphère* (période de l'écriture manuscrite) ; 2. la *graphosphère* (période de l'imprimerie) ; 3. la *vidéosphère* (période de l'audiovisuel). À chacune de ces époques correspondent des mentalités, des mythes, des représentations différentes de l'univers et peut-être surtout de l'autorité. À l'époque de la logosphère, par exemple, correspond l'idée que « est vrai ce que Dieu a dit ». À l'époque de la graphosphère, est vrai « ce qui a été lu dans un livre ». Aujourd'hui, est vraie (en gros)… l'image vue à la télé (*Manifestes médiologiques*, Gallimard, 1994, p. 206). Les enjeux de telles « révolutions » des mentalités sont majeurs.

◆ **Mégariques**

À quoi sert la médiologie ?
Si la médiologie n'est pas une science, elle n'est pas non plus une idéologie prospective ni une morale. En revanche, elle se fixe au moins deux objectifs.
1. Nous aider à comprendre notre époque et, plus généralement, nous révéler « comment et pourquoi nous croyons », et sous l'effet de quelles contraintes, largement indépendantes de notre volonté. C'est ainsi que Régis Debray nous fournit des éléments précieux pour éclairer la « crise de transmission » que nous vivons actuellement : crise du sens, crise du lien de filiation, « crise du symbolique » en général. Le constat n'est pas propre au médiologue, mais Régis Debray montre que l'avènement de la vidéosphère produit des effets extrêmement « précarisants ». De fait, les « mass media de l'ubiquité » (Internet, portables...) déclassent les « médiums de l'historicité » : en d'autres termes, aujourd'hui, la maîtrise de l'espace (*communiquer*) a tendance à éclipser la domestication du temps (*transmettre*) : « le partage du passé commun devient de plus en plus malaisé, au fur et à mesure que la mise en commun de l'information se trouve facilitée » (*Introduction à la médiologie*, PUF, 2000, p. 6).
2. Si ce phénomène est inquiétant, Régis Debray se défend néanmoins de tout discours nostalgique ou moralisateur, de toute déploration. Bien loin de stigmatiser les innovations techniques, il souligne que « l'hominisation de l'homme a été et demeure un processus anhumain », ou encore que « rien n'est plus humain que la technique ». Toutefois, pour éviter que le « progrès » technologique ne tourne à l'inhumain (que les nouvelles technologies accentuent les inégalités, via Internet, par exemple), il plaide en faveur de l'instauration d'une « médioéthique » qui serait aux politiques culturelles ce que la bioéthique est aux politiques de la santé : c'est le second objectif de la médiologie. Dans cette perspective toutefois, il importe de dissiper au préalable aussi bien les faux espoirs (solutions miracles apportées par la technique) que les vaines craintes (déshumanisation irréversible du fait de la technique). « La responsabilité, écrit Régis Debray, consiste à comprendre la logique du devenir technologique, et certainement pas à lui tourner le dos ».

● **Corrélats :** cinéma ; écriture ; imaginaire ; médiation ; modernité ; symbolique ; technique.

MÉGARIQUES

(adj. et n. m. plur.) ● **Étym. :** du nom de la ville grecque de *Mégare*, proche d'Athènes, où se réfugièrent un certain nombre de compagnons de Socrate, après sa condamnation à mort. ● **Philosophie :** le terme désigne les membres d'une école philosophique des Ve-IVe siècles av. J.-C. et se réclamant partiellement de Socrate* (« petits socratiques »), dont le principal représentant est Euclide de Mégare (450-380 av. J.-C.).

Si l'école de Mégare s'est concentrée sur l'éthique, elle reste surtout connue pour sa redoutable dialectique* (prise ici au sens d'*éristique* ou art de la dispute), ainsi que pour ses sophismes* et paradoxes* logiques (exemple célèbre : Épiménide, qui était Crétois, dit que tous les Crétois sont des menteurs. S'il ment, il dit la vérité. S'il dit la vérité, il ment).

● **Corrélats :** Socrate (petits socratiques).

MÉMOIRE

(n. f.) ● **Étym. :** latin *memoria*, « souvenir ». ● **Sens ordinaire :** faculté de l'être vivant de conserver l'empreinte ou la trace de son passé et de s'y référer. ● **Biologie :** fonction générale du système nerveux, la mémoire est la capacité qu'ont les êtres vivants de conserver des traces du passé, ou de modifier leur comportement en fonction de leur expérience ; l'apprentissage et le dressage reposent sur cette faculté. ● **Psychologie :** ensemble des fonctions par lesquelles l'homme conserve et organise ses souvenirs, les identifie et les situe dans le passé. ● **Chez Bergson : 1.** La « mémoire-habitude » : ensemble de mécanismes moteurs qui, à partir de la répétition d'une situation, permettent l'organisation de l'action. **2.** La « mémoire-souvenir » : mémoire « authentique », qui retient le passé comme tel et peut le restituer volontairement sous la forme de souvenirs précis, déterminés et situés.

Un ensemble de propriétés actives
Les monuments historiques, qui portent l'empreinte des siècles passés, ne sont

pas pour autant doués de mémoire, pas plus que les machines électroniques capables de restituer des données préalablement « mises en mémoire », selon l'expression convenue. Ni les machines*, ni les choses ne sauraient faire preuve d'une véritable mémoire : cette faculté recouvre en effet un ensemble de fonctions actives, caractéristiques des seuls êtres vivants. Même la mémoire « mécanique » des organismes simples ne se réduit pas à un enregistrement purement passif d'expériences à caractère répétitif : elle constitue, au contraire, une réponse active et parfois complexe aux sollicitations variées de l'entourage. Plus ou moins souple, elle implique une certaine adaptation sous forme de sélection des conduites les plus réussies.

Une architecture complexe
Chez l'homme, seul être capable d'évoquer le passé en tant que tel, la mémoire apparaît moins comme une faculté que comme une architecture complexe de fonctions* qui n'apparaissent dissociées que dans certains cas pathologiques. Ainsi Jean Delay, dans *Les Dissolutions de la mémoire*, distingue trois mémoires. La mémoire sensori-motrice, purement mécanique, est régie par la seule loi de l'habitude (c'est elle qui commande notamment notre conduite corporelle). La mémoire « autistique » (propre à moi-même) assure la conservation intime et la restitution spontanée de nos souvenirs sur le mode affectif et selon une logique qui est celle de l'inconscient. Seule la troisième mémoire, la « mémoire sociale », reconstruit nos souvenirs sur le mode logique et rationnel exigé par la socialisation de la pensée. La mémoire accomplie, qui est l'union hiérarchisée de ces trois fonctions, inclut, selon le même auteur, la relation avec l'autre comme interlocuteur, réel ou fictif, de nos pensées.

Mémoire, imagination et oubli
La mémoire comme capacité de convoquer le passé et de s'y mouvoir librement est une conduite significative et sélective qui engage la responsabilité sociale du sujet. Nos souvenirs ne sont pas stockés comme des objet matériels dans un coffre ou dans un tiroir ; ils sont fixés, organisés, et datés en fonction de cadres familiaux ou sociaux dans lesquels nous ne pouvons que nous inscrire. Car le souvenir est une pensée et sa restitution, fidèle ou fantaisiste, est l'œuvre de la fonction imaginative (faculté de se représenter les choses en leur absence). La reconstitution consciente, plus ou moins volontaire, d'un passé définitivement absent, constitue le travail de la mémoire. Cette activité foncièrement sélective implique la mise à l'écart permanente de ce qui est insignifiant ou inutile : l'oubli* est une fonction positive et un aspect essentiel de la mémoire, et non pas une limitation ou une défaillance comme on pourrait le croire.

Mémoire, identité et liberté
La notion de « mémoire intégrale » ne peut avoir aucun sens. Un homme qui serait incapable d'oublier « verrait tout se dissoudre en une infinité de points mouvants et finirait par se perdre dans le torrent du devenir » (Nietzsche*, *Considérations inactuelles*). À cette fiction peu significative, on serait tenté d'opposer la notion plus plausible de mémoire authentique : celle-ci serait la faculté de retenir le passé (sans le tronquer ni le déformer) puis de le restituer en se gardant de toute affabulation. Encore faudrait-il, pour cela, qu'un tel passé, objectif, véridique, fût concevable. Les travaux des historiens nous apprennent que les mémoires collectives sont des reconstructions affectives partielles, partiales, voire largement mythiques. Ces mémoires populaires, fragiles, problématiques, vulnérables, sont néanmoins le fondement de l'identité de chaque communauté. C'est pourquoi elles constituent un enjeu politique de première importance comme l'ont révélé, *a contrario*, les entreprises totalitaires de destruction du passé des nations. « La lutte de l'homme contre le pouvoir est la lutte de la mémoire contre l'oubli » : cette formule de l'écrivain tchèque Milan Kundera nous indique que le « devoir de mémoire », exigence de transmission, corrélatif du droit des peuples à disposer librement d'eux-mêmes, est également l'expression d'une exigence fondamentale de la conscience humaine.

● **TERME VOISIN :** souvenir. ● **CORRÉLATS :** conscience ; histoire ; identité ; imagination ; liberté ; nation.

MENSONGE

(n. m.) ● **ÉTYM. :** latin *mentiri* (de *mens*, « intelligence »). ● **SENS ORDINAIRE :** parole prononcée dans le but de dénaturer ou de cacher la vérité.

◆ Mérite

Le mensonge est une reconstruction imaginaire de la réalité, généralement à son propre profit. Il se distingue donc de l'erreur* car il est un acte dont l'intention est de tromper en falsifiant la vérité* qui est connue par celui qui ment. C'est dans cette perspective que Kant* considère le mensonge comme la faute morale par excellence car la sincérité est la condition du respect* d'autrui. Mentir est donc interdit, même quand c'est un moyen d'éviter un mal plus grand (sur ce point, *cf.* l'opuscule de Kant *Sur un prétendu droit de mentir par humanité*, GF-Flammarion). Mais le mensonge relève aussi, en deçà de toute morale, d'un rapport problématique au langage*. Platon* affirmait ainsi que tout langage est susceptible de devenir mensonger dès lors qu'il se réduit à la rhétorique*, c'est-à-dire au souci de convaincre indépendamment de la vérité de ce que l'on affirme. La possibilité du mensonge renvoie donc à la fragilité du langage qui menace sans cesse d'être mis au service des passions*.

● **TERMES VOISINS :** dissimulation ; hypocrisie. ● **TERME OPPOSÉ :** sincérité. ● **CORRÉLATS :** faute ; langage ; mal ; morale ; respect ; vérité.

MÉRITE

(n. m.) ● **ÉTYM. :** latin *meritum*, « gain ». ● **SENS ORDINAIRE :** ensemble de qualités morales ou intellectuelles qui rendent une personne digne d'estime, de récompense, quand on considère la valeur de sa conduite et les obstacles surmontés. ● **RELIGION :** ce qui va au-delà du devoir strict, a sa source dans la charité et constitue une sorte de créance morale transportable d'une personne à une autre.

Le mérite est conditionné par la vertu*, mais il s'en distingue en tant qu'il implique un effort pour surmonter les difficultés qui s'opposent à la moralité, en particulier les obstacles intérieurs. Il renvoie donc non seulement à une valeur morale, mais surtout à une force morale. Cependant Kant*, dans la *Critique de la raison pratique*, rappelle que le mérite est dangereux pour la moralité en ce qu'il est « flatteur » : il peut inciter à subordonner la conduite morale à l'amour de soi ou à la recherche de la gloire. C'est la raison pour laquelle, même si c'est dans la souffrance que la vertu se montre dans toute son excellence, « il faut moins insister sur la représentation du mérite que sur la soumission du cœur au devoir », afin de fortifier le caractère. Lire également : Martine Lucchesi, *À chacun selon son mérite*, Éd. Ellipses, 1996.

● **TERMES VOISINS :** caractère ; force ; valeur. ● **TERMES OPPOSÉS :** défaut ; démérite ; faiblesse. ● **CORRÉLATS :** devoir ; morale ; vertu.

MERLEAU-PONTY MAURICE (1908-1961)

REPÈRES BIOGRAPHIQUES

Ancien élève de l'École normale supérieure et agrégé de philosophie, Maurice Merleau-Ponty enseigne à Chartres puis à Paris. Avec Jean-Paul Sartre et Simone de Beauvoir, il fonde la revue *Les Temps modernes* en 1945, puis il la quitte en 1951. Il adoptera à l'égard du Parti communiste une attitude de « compréhension sans adhésion, de libre examen sans dénigrement », jusqu'à sa rupture en 1945. Il est élu au Collège de France en 1951. Il meurt brutalement à Paris à l'âge de 53 ans.

La philosophie de Maurice Merleau-Ponty recueille le double héritage des traditions phénoménologique (Husserl*) et existentialiste (Heidegger* et Sartre*). La phénoménologie* est le projet de décrire l'existence humaine en tant qu'elle est vécue et qu'elle est susceptible, à ce titre, d'être appréhendée concrètement. L'existentialisme* est la volonté de concevoir l'homme comme un être inachevé et précaire, à mi-chemin entre la nécessité et la conscience, la nature et la liberté. La définition de l'existence est précisément cette impossible synthèse entre la chose et l'esprit, l'en-soi* et le pour-soi* qui s'accomplit pourtant sous nos yeux à chaque instant dans le phénomène de la présence. La volonté de jeter un pont entre la chose et la conscience, c'est-à-dire de penser l'homme comme « être-au-monde » — à la fois incarné et engagé dans le temps, déterminé et pourtant souverain — constitue le fil conducteur d'une philosophie de la nature ainsi que d'une réflexion sur l'humanité et sur l'histoire.

L'être-au-monde

Le point de départ de la philosophie de la nature est le problème classique de l'unité de l'âme et du corps. Le dualisme traditionnel est d'emblée rejeté : l'homme concret n'est ni un « en-soi » (un corps matériel tel qu'il peut être analysé par la science) ni un « pour-soi » (conscience souveraine, liberté absolue). Les explications « analytiques », en effet, ne peuvent que manquer la complexité du réel qu'elle s'interdisent de comprendre*. Le comportement humain est un ensemble structuré qui s'intègre dans une nature conçue à son tour comme un univers de formes* (*Gestalt**). Loin d'être un simple effet du milieu, les comportements ont un sens ; la relation de l'homme à la nature est une sorte de débat, et la phénoménologie, un peu comme la poésie, s'efforce de rétablir — ou d'instaurer simplement — une communication* significative entre la chose et l'esprit. Un tel dialogue est possible parce que l'homme n'est pas une pure « substance pensante » mais un mixte, une conscience impliquée dans le monde, un « Je perçois » et non pas un « Je pense » désincarné. Le corps se trouve par conséquent au centre de cette « phénoménologie de la perception » qui décrit le monde tout en renonçant, par là même, à l'expliquer. Mais le corps, ce n'est pas un édifice de molécules interchangeables ; c'est un sujet habitant véritablement la nature : c'est ce qu'on appelle le « corps propre », c'est-à-dire un ensemble de significations incarnées et présentes au monde, qu'il habite et partage avec d'autres consciences sur le mode de l'intersubjectivité*.

L'intermonde

À la recherche du sens, qu'il situe non pas dans les consciences mais entre elles, Merleau-Ponty est également amené à réfléchir sur « l'intermonde », cet entrelacs de significations dont il écrit qu'il est à la fois « histoire, symbolisme, et vérité à faire ». C'est en premier lieu l'histoire qu'il aborde en phénoménologue : à la suite de Husserl, il la conçoit comme avènement progressif de vérité et de sens. Dans la lignée de Marx*, il tente également, non sans difficulté, de la penser comme progrès dialectique orienté vers une fin, mais il prend rapidement ses distances avec le marxisme, avouant sa perplexité vis à vis du « déraillement de l'histoire » auquel il dit assister dès les années 1950 (*Sens et non-sens*).

L'intermonde, c'est également le monde culturel des institutions* et des symboles. La relation à autrui* — dimension constitutive de l'humanité — s'y déploie comme réciprocité conflictuelle, communication possible ou réussie, quoique toujours inachevée. Le langage enfin — présence et institution du sens — constitue le tissu même des relations intersubjectives. La philosophie de Merleau-Ponty accorde, dans la dernière partie de son œuvre notamment, une place centrale à la réflexion sur le dialogue*, comme en témoigne la méditation sur la figure de Socrate* (*Éloge de la philosophie*). Mais le dialogue entre les hommes s'inscrit lui-même dans le dialogue fondamental et permanent qu'entretiennent la conscience et le monde, et qui définit, nous l'avons vu, la condition humaine.

● **Principaux écrits :** *Phénoménologie de la perception* (1945) ; *Sens et non-sens* (1948) ; *Éloge de la philosophie* (1952) ; *Les Aventures de la dialectique* (1955) ; *Signes* (1960) ; *Le Visible et l'Invisible* (posthume, 1964).

MÉTAPHORE

(n. f.) ● **Étym. :** latin d'origine grecque *metaphora*, « transport, transposition, transfert de sens ». ● **Sens ordinaire et rhétorique :** procédé de langage qui consiste à « transporter » un terme concret dans un contexte abstrait en vertu d'une comparaison sous-entendue. Cette figure de rhétorique a été définie par Aristote* dans la *Poétique* (chap. 21), comme « transport à une chose d'un nom qui en désigne une autre, transport ou du genre à l'espèce, ou de l'espèce au genre, ou de l'espèce à l'espèce, ou d'après le rapport d'analogie ». Paul Ricœur montre que la métaphore, loin de n'être qu'une figure de rhétorique, est une structure décisive du récit et de ce qu'il appelle l'« identité narrative » (*cf*. Paul Ricœur).

● **Termes voisins :** comparaison ; image. ● **Terme opposé :** métonymie. ● **Corrélats :** écriture ; image ; langage.

◆ Métaphysique

MÉTAPHYSIQUE

Le terme métaphysique vient du grec *méta*, « au-delà » ou « après », et *phusikè*, « physique », « nature ». Terme équivoque, ses divers sens se recoupent partiellement : **1.** Au sens primitif, il s'agit d'un nom donné au 1er siècle av. J.-C. par Andronicos de Rhodes aux livres d'Aristote*, classés « après » ceux traitant de la physique. **2.** La métaphysique est, dans un sens plus large, la connaissance, par la raison et non par une révélation de type religieux, des réalités immatérielles, « au-delà » des réalités physiques matérielles (Dieu, l'âme, les Idées* platoniciennes...). **3.** Elle peut être aussi définie comme la science suprême, ou première, ayant pour objet l'absolu*, le fondement inconditionné* des choses. **4.** Si on la conçoit comme la recherche de l'essence*, de l'« être* » des choses, au-delà ou à travers leurs apparences, la métaphysique est alors synonyme de « science de l'être en tant qu'être » (Aristote) ou ontologie* (du grec *ontos*, « être », et *logos*, « discours »). **5.** Enfin, le terme métaphysique peut être employé dans un sens péjoratif ou critique : il signifie alors une spéculation ayant pour objet des abstractions, et donc un exercice oiseux ou une illusion*, qui échappe aux critères d'objectivité de la science positive.

Philosophie première

Au cours du Moyen Âge, le terme métaphysique a fini par désigner le contenu de l'ouvrage d'Aristote, qu'Andronicos de Rhodes avait intitulé *Métaphysique*. Le terme renvoie alors à ce qu'Aristote appelle « philosophie première », science des premiers principes et des premières causes, et qui a pour objet le divin.
Progressivement, l'usage fixa l'équivalence entre « métaphysique » et « philosophie première ». Ainsi le livre de Descartes* dont le titre français est *Méditations métaphysiques*, s'intitule en latin « Méditations de philosophie première ». Métaphysique en vient à signifier alors, conjointement, deux choses : la connaissance de réalités immatérielles (Dieu, l'âme...), et la primauté et la supériorité de ce type de connaissance.

Métaphysique et ontologie

On trouve dans la *Métaphysique* d'Aristote une autre définition de la science qui pourrait porter un tel nom : la « science de l'être en tant qu'être », ou ontologie*. Ce n'est pas la science de tel ou tel aspect, de telle détermination ou propriété de l'être, mais celle qui cherche à déterminer ce qui fait que les êtres sont : l'essence de l'être.
On peut identifier l'ontologie ainsi définie avec la philosophie première dont parle ailleurs Aristote : l'« être en tant qu'être » serait l'être le plus parfait ou le premier principe des choses. Dans cette hypothèse, le mot métaphysique ne changerait pas de sens selon qu'on l'associe à philosophie première ou à ontologie ; les trois termes seraient interchangeables.
Mais on peut également établir une différence entre métaphysique et philosophie première d'une part, et ontologie d'autre part. L'ontologie ne chercherait pas à connaître un type spécial d'êtres, immatériels et premiers, mais à réfléchir sur les catégories les plus générales de l'être (Qu'est-ce qu'être ? Que veut-on dire lorsqu'on dit d'une chose qu'elle est ?...). En ce sens, on peut même, avec Heidegger*, considérer que l'histoire de la métaphysique occidentale depuis les Grecs, est celle de « l'oubli de l'être », c'est-à-dire du recouvrement de la question de l'être par la considération d'un être suprême. Heidegger qualifie alors la métaphysique d'« onto-théologie ».

Science suprême ou suprême illusion ?

À partir du XVIIIe siècle, le développement des sciences expérimentales a favorisé la formation de plusieurs discours critiques sur la métaphysique — celui de Hume*, par exemple. À côté des sciences mathématiques, dont la certitude est purement déductive, et des sciences physiques, qui vérifient leurs théories dans l'expérience, il semble qu'il n'y ait plus de place pour une science métaphysique, ni déductive, ni empirique. Cette prétendue science serait ainsi une illusion, qui consiste à vouloir connaître ce qui est en réalité inaccessible à la connaissance humaine.
Le positivisme* d'Auguste Comte*, au XIXe siècle, développera cette critique : l'« esprit positif », ou scientifique, doit remplacer « l'esprit métaphysique » en niant la possibilité d'une connaissance absolue et en substituant, à la recherche de la cause première ou finale des phénomènes, celle de leurs relations observables.
Ce que l'on a appelé, au XXe siècle, le « néo-positivisme* » — en fait surtout les thèses défendues par le Cercle de

Vienne* — a accentué cette critique, en tenant la métaphysique, non seulement pour une connaissance impossible, mais pour un ensemble de propositions dépourvues de sens, résultant d'un usage illogique du langage.

Une mention spéciale doit être faite à la critique de la métaphysique opérée par Kant*. La métaphysique prend pour objet les trois grandes Idées de la raison* : l'âme*, le monde et Dieu*. Elle ne peut qu'échouer dans cette tentative, car la chose en soi* est inconnaissable ; nous ne pouvons connaître que les phénomènes*, c'est-à-dire les choses telles qu'elles se manifestent dans les conditions de l'expérience.

L'illusion métaphysique (que Kant nomme « illusion transcendantale ») consiste alors en une dialectique* qui va transformer les Idées de la raison en objets de connaissance. Mais cette illusion est nécessaire ; elle répond à une tendance naturelle de la connaissance, soucieuse d'unité et de pouvoir remonter aux principes inconditionnés* qui la fondent. L'âme représente l'unité inconditionnée des phénomènes de la vie intérieure, c'est-à-dire du sujet pensant ; le monde est la totalité inconditionnée des causes et Dieu est l'unité absolue, inconditionnée, de tous les objets concevables.

Ainsi, même si le projet d'une connaissance métaphysique a toujours échoué, la métaphysique n'est pas, comme le croient Hume ou les positivistes, une aberration, une déficience ou un enfantillage de l'esprit humain ou du langage. La tendance métaphysique traduit au contraire la recherche de la satisfaction des intérêts théoriques les plus hauts de la raison. Kant ne renoncera jamais à faire de la métaphysique une science possible, et la plus haute de toutes. Cette métaphysique devra renoncer à la connaissance illusoire de l'inconditionné et se définira comme la science complète des conditions de la connaissance humaine, dont la *Critique de la raison pure* trace le plan général.

● **Textes clés :** R. Descartes, *Méditations métaphysiques* ; E. Kant, *Critique de la raison pure*, *Prolégomènes à toute métaphysique future qui pourra se présenter comme science* ; Heidegger, *Questions I*, « Qu'est-ce que la métaphysique ? » ● **Termes voisins :** ontologie ; philosophie première. ● **Termes opposés :** expérience ; positivisme.

● **Corrélats :** absolu ; connaissance ; essence ; être ; illusion ; inconditionné ; science ; théologie.

Métempsycose

(n. f.) ● **Étym. :** grec *méta*, « au milieu de », « après », et *psuchê*, « âme ». ● **Sens ordinaire :** migration des âmes, d'un corps à l'autre.

La présence de la métempsycose dans certaines doctrines occidentales, en particulier grecques, atteste d'une lointaine influence de l'Orient (*cf.* Hindouisme). Par la métempsycose, une même âme (sans être nécessairement supposée immortelle, même si tel est souvent le cas) occupe successivement plusieurs corps d'hommes, voire d'animaux. La migration des âmes est par exemple évoquée par l'eschatologie* des mythes platoniciens.

● **Corrélats :** âme ; hindouisme ; pythagorisme.

Méthode

● **Étym. :** grec *methodos*, « poursuite, recherche », de *méta*, « vers », et *hodos*, « chemin ». ● **Sens courant :** ensemble de procédés ou de directives suivis dans un domaine déterminé, en vue d'obtenir un objectif donné (ex. : la « méthode Assimil »). ● **Sens philosophiques : 1.** Ensemble de démarches, chemin suivi par l'esprit dans un travail de recherche, une investigation, une enquête, etc. **2.** Programme réglé, ensemble de moyens déterminés et précis que l'esprit se fixe, puis s'impose de suivre afin de découvrir ou d'établir la vérité.

Il existe un lien étroit entre méthode et rationalité*. La capacité d'agir avec méthode, c'est-à-dire conformément à un programme et à des règles préétablies, constitue l'une des particularités de l'intelligence* humaine : n'est-ce pas là ce qui distingue, selon la formule bien connue de Marx*, le plus mauvais architecte de l'abeille la plus experte ? La question de la généralisation d'une méthode rationnelle à toutes les activités humaines reste cependant posée : il n'est pas sûr,

◆ **Mill**

par exemple, que les activités artistiques puissent toujours se conformer à une telle rigueur. En ce qui concerne plus spécialement la philosophie*, on se demandera s'il existe une méthode — fiable, univoque — pour découvrir ou établir la vérité et, si tel est le cas, en quoi elle consiste exactement. De manière générale, on constate qu'il n'existe pas de méthode universelle, ni de méthode pour suivre une méthode : l'intelligence humaine est toujours amenée, en fin de compte, à puiser en elle-même, et à renouveler indéfiniment, les règles auxquelles elle veut se soumettre. Sans doute Descartes* a-t-il tenté d'élaborer une méthode philosophique parfaitement rigoureuse, de type mathématique : les quatre règles qu'il propose, aussi simples et explicites soient-elles, révèlent pourtant immédiatement leurs limites. En effet, elles n'incluent pas la méthode permettant de s'assurer que l'on a bien suivi... la méthode (mes idées sont-elles indiscutablement évidentes, ma récapitulation est-elle bien exhaustive, etc. ?). De façon générale, il apparaît difficile de dissocier l'élaboration d'une méthode d'une réflexion sur le contenu et la nature de la vérité*. C'est pourquoi Hegel*, pour sa part, tend à identifier méthode (dialectique) et logique* : la forme systématique de la recherche n'est pas séparable, selon lui, de son contenu, c'est-à-dire du « mouvement du concept lui-même ». En d'autres termes : la méthode est conçue plutôt comme la conscience explicite du mouvement de la connaissance* que comme une suite de procédés séparables d'un contenu.

La multiplication et la diversification des sciences aujourd'hui, et les progrès de l'épistémologie contemporaine, ont suscité un renouveau de la réflexion sur ce thème. Dans son ouvrage intitulé *La Méthode* (1973-1991), Edgar Morin* s'interroge sur les conséquences théoriques de la complexification croissante de certaines de nos représentations du monde. Renonçant d'emblée à l'unification des sciences ainsi qu'à celle de leurs méthodes, il suggère une approche originale de réalités imbriquées, ou mixtes (physiques et sociales, naturelles et anthropologiques...), permettant d'intégrer, si nécessaire, la dimension mystérieuse des choses. Le chercheur s'interdira de réduire la pluridimensionnalité du réel, comme de nier la diversité des objets de la connaissance. Éclectisme et approximation apparaissent dès lors comme des composantes assumées de cette « méthode de la complexité », attentive aussi bien aux dernières théories de l'information qu'aux développements récents d'une « écologie généralisée ».

● **Termes voisins :** rationalité ; règle. ● **Termes opposés :** désordre ; tâtonnement.

MÉTHODE EXPÉRIMENTALE
Ensemble de procédés et d'opérations caractéristiques de la démarche du savant dans son travail d'élaboration des lois scientifiques. Selon Claude Bernard*, elle comporte trois moments : 1. l'observation des faits ; 2. l'élaboration d'une hypothèse ; 3. la vérification ou confirmation de l'hypothèse. L'objectif de la méthode est la formulation de lois — c'est-à-dire de relations constantes entre les phénomènes — contrôlables par l'expérience.

MÉTHODE SCIENTIFIQUE
Ensemble de procédures et de constructions théoriques propres à chaque science (élaboration de concepts et de « modèles », confrontation des informations, détermination des moyens de vérification [*cf.* Falsifiabilité]). Le propre d'une méthode scientifique est d'être à la fois rigoureuse et souple, prudente et critique.

● **Corrélats :** connaissance ; expérience ; raison ; vérité.

MILL John Stuart (1806-1873)

> **REPÈRES BIOGRAPHIQUES**
> Né à Londres en 1806, John Stuart Mill se réclame très vite de l'utilitarisme de Jeremy Bentham*, mais aussi de l'associationnisme de David Hume. Son *Système de logique inductive et déductive*, publié en 1843, expose les principes d'une théorie empiriste de la connaissance. Socialiste libéral, il déploie une réflexion politique concrète et originale.

John Stuart Mill n'abandonne pas le principe premier de l'utilitarisme* qui pose l'utilité comme critère des valeurs morales : une action est bonne dans la mesure où elle contribue au bonheur* du plus grand nombre. La notion de bonheur équivaut bien, ainsi que l'entendait Jeremy Bentham*, à celle de plaisir*. Mais il faut distinguer, selon John Stuart Mill, diverses espèces de plaisir. Les plaisirs relevant des facultés supérieures de l'individu, à savoir les facultés de l'esprit, sont en effet préférables aux plaisirs simplement charnels. En outre, tant que les institutions sociales ne favoriseront pas l'accord entre les intérêts de l'individu et les exigences collectives, le bien* d'autrui doit l'emporter sur le bonheur personnel.

L'utilitarisme de Mill diffère donc de celui de Bentham sur deux points essentiels :

1. Tandis que Bentham ne prenait en compte que la quantité des plaisirs, Mill insiste, au contraire, sur la qualité de ceux-ci. Le bonheur du plus grand nombre n'est pas seulement le résultat d'un calcul, un total quantifiable. Les plaisirs qui composent ce bonheur imposent une estimation qualitative.

2. En identifiant le bonheur de l'individu avec les intérêts de l'humanité, Bentham a négligé l'écart qui existe, dans l'état actuel de nos sociétés, entre le bonheur privé et le bien public. Certes le but de l'humanité doit consister à réduire le plus possible cet écart mais aussi longtemps que celui-ci subsiste, le sacrifice de l'individu est à considérer comme « la plus haute vertu ». On parle ainsi souvent de l'utilitarisme altruiste de Mill pour l'opposer à l'utilitarisme égoïste de Bentham.

Outre des questions d'ordre éthique, l'œuvre de Mill aborde des problèmes relatifs à la philosophie de la connaissance et à la philosophie politique. Mill est ainsi l'un des derniers empiristes anglais, n'accordant d'autre fondement à la connaissance* que l'expérience* et proposant une théorie associationniste des idées. Par ailleurs, la pensée de Mill a profondément marqué la conception du libéralisme* politique et économique anglais.

● **PRINCIPAUX ÉCRITS** : *Système de logique inductive et déductive* (1843) ; *Principes d'économie politique* (1848) ; *La Liberté* (1859) ; *L'Utilitarisme* (1861) ; *Le Gouvernement représentatif* (1861).

MINORITÉ

Cf. Majorité.

MIRACLE

(n. m.) ● **ÉTYM.** : latin *mirari*, « s'étonner ». ● **SENS ORDINAIRE** : action remarquable et totalement inattendue. ● **RELIGION** : fait incompréhensible par la raison, représenté comme impossible et qui, pourtant, est affirmé comme ayant eu lieu (*cf.* Mystère).

● **CORRÉLATS** : christianisme ; mystère ; religion.

MOBILE

(adj. et n. m.) ● **ÉTYM.** : latin *movere*, « mouvoir ». ● **(ADJ.) SENS ORDINAIRE** : qui est en mouvement, qui peut être mû. ● **(SUBST.) PHYSIQUE** : corps matériel en mouvement ; par extension : ce qui imprime un mouvement à un ensemble. ● **MORALE** : cause d'une action (*cf.* Motif).

● **CORRÉLATS** : cause ; motif.

MODALITÉ

(n. f.) ● **ÉTYM.** : latin *modus*, « manière », « mesure ». ● **LOGIQUE** : caractère des propositions qui exprime le type de relations que le prédicat entretient avec le sujet. ● **SENS PARTICULIERS** : **1.** Chez Aristote, il y a deux modalités : le possible et l'impossible. **2.** Dans la logique classique, il y en a quatre qui s'opposent deux à deux : possibilité et impossibilité, contingence et nécessité. **3.** Chez Kant, il y a trois modalités des jugements : problématique, assertorique et apodictique (*cf.* Catégories).

● **CORRÉLATS** : catégorie ; jugement ; mode.

MODE

(n. m.) ● **ÉTYM.** : latin *modus*, « mesure », « manière », « façon ». ● **LOGIQUE** : forme variable que peut prendre un syllogisme et qui

est fonction de la qualité (affirmative ou négative) et de la quantité (universelle ou particulière) des propositions dont il est composé.
● **SENS PARTICULIERS : 1.** Chez les scolastiques : détermination de la substance, c'est-à-dire aspect caractéristique de celle-ci. **2.** Chez Descartes : attribut ou qualité de la substance. **3.** Chez Spinoza : par opposition à l'attribut, qui est l'aspect essentiel de la substance, le mode n'en est qu'un aspect dérivé (*cf.* Spinoza).

● **TERMES VOISINS :** attribution ; caractéristique ; détermination.
● **CORRÉLATS :** attribut ; jugement ; substance.

MODERNITÉ

(n. f.) ● **ÉTYM. :** bas latin *modernus*, de *modo*, « récemment » ; terme forgé par Chateaubriand en 1849.
● **SENS ORDINAIRE :** caractère de ce qui est « moderne ». ● **HISTOIRE :** renvoie à l'histoire des « Temps modernes », depuis la Renaissance jusqu'au monde contemporain.

Le terme « modernité » désigne à la fois une époque, une civilisation et une conception de l'humanité indissociable de notre culture et de notre philosophie européenne. La notion — aussi floue soit-elle — revoie en tout cas à l'Europe des Temps modernes, c'est-à-dire à la civilisation et à l'histoire de cette région du monde (qui n'est pas seulement un espace géographique, mais également une « configuration » morale et spirituelle selon Husserl*) depuis la Renaissance jusqu'au monde contemporain.

Arbitraire et contestable à bien des égards, la notion a pourtant été bien élucidée par certains sociologues contemporains (notamment Alain Touraine dans *Critique de la modernité*, 1992). Au-delà de divergences toujours possibles dans les approches sur un tel sujet, on peut relever un certain nombre de traits caractéristiques que tous retiennent. La modernité commence au XVIe siècle en Europe avec le protestantisme, l'avènement des sciences expérimentales, et les grandes découvertes. Puis elle culmine au siècle des Lumières*. Rationalisme*, positivisme* et optimisme* (foi dans le progrès*) en sont, sur le plan philosophique, les traits les plus significatifs. L'ancrage de la modernité en Europe ne signifie pas, bien entendu, qu'elle ne concerne que ce seul continent.

En tant que phénomène de civilisation, la modernité engage quatre grandes révolutions, tant théoriques que pratiques. Il s'agit, en premier lieu, de la conquête par l'homme « moderne » de son autonomie*, et de la volonté de maîtrise technique du monde : projets rationalistes qui s'enracinent l'un et l'autre dans la philosophie cartésienne. En deuxième lieu, l'homme « moderne » vide le monde de son mystère, il le « désenchante » (*cf.* Positivisme) et s'efforce de s'approprier les qualités des dieux du passé, à savoir l'omniscience et la puissance (voir à ce sujet, Max Weber* et Émile Durkheim*). Le troisième trait caractéristique de la modernité est la différenciation des institutions ainsi que la dissociation des différentes dimensions de l'existence individuelle et collective : c'est ce qu'on appelle la « sécularisation » ou la « laïcisation » de la société — par opposition à l'imbrication de ces différentes dimensions dans les communautés traditionnelles. Enfin, la modernité culmine dans les idéaux de l'humanisme occidental développés par les Lumières. Aujourd'hui, l'optimisme, la foi dans le progrès, presque unanimement partagés par les philosophes du XVIIIe siècle (sauf Rousseau*) inspirent les plus grandes réserves, et suscitent les plus vives critiques de la part de philosophes appartenant par ailleurs à des courants de pensée très divers (voir aussi école de Francfort*, Hannah Arendt* et Hans Jonas*).

POST-MODERNISME

Ce terme est apparu dans les années 1970 pour désigner un nouveau style architectural, en rupture avec le fonctionnalisme. Le post-modernisme, de façon plus générale, se présente comme le terme ou l'accomplissement d'une modernité qu'il prétend en même temps dépasser (J.-F. Lyotard, *La Condition post-moderne*, 1979).

POST-MODERNITÉ

La post-modernité est plus un état d'esprit qu'un fait de civilisation. Le trait central en est sans doute le constat d'une crise du sens procédant d'une désillusion généralisée à l'égard des idéaux humanistes de la modernité. Scepticisme et relativisme (voire nihilisme) en sont les conséquences naturelles. Les « pères » de la post-modernité sont Nietzsche* (constat de la « mort de Dieu »), Heidegger* (critique de la technique), Habermas* (critique de la rationalité moderne) et Wittgenstein* (critique du langage philosophique).

● **Corrélats :** civilisation ; culture ; déconstruction ; désenchantement ; laïcité ; Lumières ; multiculturalisme ; progrès ; rationalité ; technique.

MŒURS

(n. f. pl.) ● **Étym. :** latin *mos, moris*, « genre de vie », « usage », « coutume ». ● **Sens strict :** conduite ordinaire, habitudes, usages d'un pays ou d'un groupe. ● **Sens large :** bonne ou mauvaise conduite d'un individu.

Les mœurs sont un fait et, pour une population, vont souvent de soi : elles font office de norme irréfléchie. Le droit* s'appuie spontanément sur elles : on parle de « bonnes mœurs », d'« attentat aux mœurs » — et, à ce sujet, la protection des mœurs est d'autant plus vive et irrationnelle qu'il est parfois difficile de les fonder ou de les justifier. Le fondement des mœurs doit être cherché moins dans l'être rationnel (réfléchissant et communiquant) de l'homme, que dans les traditions maintenues vivantes par l'histoire, et se manifestant sous la forme de contraintes psychologiques inconscientes. C'est la réflexion éthique* qui pose la question de leur bien-fondé, et de la valeur ultime des principes explicites ou implicites auxquels elles se conforment. Elle seule permet de penser les problèmes que peuvent poser les idéologies ou les croyances qui induisent des mœurs apparaissant inacceptables (discrimination raciale, politique ou sexuelle, mutilations, exclusion de religions ou dues à la religion, etc.). C'est ainsi que le droit est susceptible de se fonder sur une éthique qui tienne compte de ce qui est universellement acceptable et valable, à commencer par le principe de l'égalité de tous, sans tendre pour autant à réduire ni à uniformiser ce qui constitue la richesse de l'humanité.

● **Termes voisins :** coutume ; tradition. ● **Corrélats :** droit ; éthique ; habitus ; inconscient ; inné/acquis ; institution ; morale ; politique ; société ; surmoi.

MOI

(pr. pers. et n. m.) ● **Étym. :** latin *me*, accusatif de *ego*, « je », « moi ». ● **Sens ordinaires : 1.** La personne en tant qu'elle se désigne elle-même et qu'elle présente une certaine stabilité. **2.** La conscience individuelle, en tant qu'elle est attentive à elle-même et soucieuse, prioritairement, de ses propres intérêts. ● **Philosophie : 1.** Le *moi-substance* : réalité permanente considérée comme le support inaltérable de tous les états (affectifs et intellectuels) qui n'en constituent que des « accidents », c'est-à-dire des aspects momentanés. **2.** Chez Kant, le *moi transcendantal* : représentation du sujet qui doit nécessairement accompagner toutes les autres et qui est une et identique en chaque conscience. **3.** Chez Freud, dans la seconde topique : instance du psychisme qui joue le rôle d'un médiateur entre le ça, le surmoi et le monde extérieur (*cf.* Topique). **4.** Chez Fichte, le *moi absolu* : acte originaire de la pensée qui en exprime l'autonomie radicale.

Contrairement à ce que pourrait suggérer le langage courant (en « substantifiant » un pronom personnel), le moi ne recouvre pas une réalité aisément identifiable, car il ne renvoie ni à une donnée palpable ni à une abstraction. Puisqu'il n'est pas une entité figée, une chose (il n'y a pas un moi, ni des moi mais seulement moi qui suis unique en même temps qu'insaisissable), le moi ne serait-il qu'une « fiction verbale », porteuse de faux problèmes philosophiques ? Où donc situer le moi s'il est toujours au-delà de ses états et de ses qualités ? Nulle part bien entendu... Tout comme la personne*, le moi est plus une forme ou une fonction unificatrice originaire (« Le je pense doit pouvoir accompagner toutes mes représentations », selon Kant*) qu'une donnée empirique ou qu'une véritable substance*.

◆ **Monade**

Dans la théorie freudienne, le moi est une « fraction du ça » qui a dû se modifier sous l'influence du monde extérieur. Privilégiant le principe de réalité* par rapport au principe de plaisir*, le moi remplit essentiellement une fonction de médiateur : il s'efforce de concilier les intérêts contradictoires du ça* et du surmoi*, tout en tenant compte du monde extérieur. Son rôle est difficile, mais également essentiel : situé au centre de tous les conflits, il doit éviter, ou tenter de surmonter, les crises les plus aiguës sans dommages excessifs (culpabilité, angoisse) pour la personne dont il représente seul l'ensemble des intérêts.

● **TERMES VOISINS** : je ; ego ; soi.
● **CORRÉLATS** : ça ; identité ; inconscient ; individu ; principe de plaisir ; substance ; surmoi ; topique.

MONADE

(n. f.) ● **ÉTYM.** : grec *monados*, « unité ». ● **MÉTAPHYSIQUE** : terme utilisé d'abord par Platon pour désigner l'Idée en tant que réalité une, toujours identique à elle-même et incorruptible ; ce terme fut ensuite repris par Leibniz qui l'a rendu célèbre.

Chez Leibniz*, la monade désigne une « substance simple, sans parties, qui entre dans les composés ». Si les monades sont, selon l'expression de Leibniz lui-même, de véritables « atomes » ou éléments des choses, elles ne sont pourtant pas matérielles, puisqu'elles sont indivisibles et incorruptibles. Du point de vue extérieur, elles ne peuvent donc commencer ni finir, si ce n'est par création ou annihilation, ni même être modifiées. Les monades sont « sans portes, ni fenêtres ». Du point de vue intérieur, elles contiennent par contre non seulement leurs attributs*, mais aussi l'univers* tout entier, qu'elles « expriment » de leur point de vue. Il existe cependant entre les monades des degrés de perfection. Leibniz distingue les monades douées de perception* et d'appétition, mais non de mémoire, comme sont les plantes ; les monades douées de mémoire*, comme chez les animaux ; et enfin les monades douées de raison et d'aperception*, c'est-à-dire de conscience* réfléchie, comme chez les humains. Seul l'homme, capable de saisir l'harmonie du monde*, qu'il réfléchit comme un miroir vivant, peut s'élever jusqu'à l'idée de son créateur.

« MONADOLOGIE »

Titre donné de façon posthume à un ouvrage de Leibniz, écrit en 1714, par l'éditeur allemand Erdmann, qui le publia en 1840.

● **CORRÉLATS** : âme ; identité ; intersubjectivité ; personne ; substance.

MONARCHIE

(n. f.) ● **ÉTYM.** : grec *monarchia*, « gouvernement d'un seul ». ● **SENS COURANT ET PHILOSOPHIQUE** : régime politique dans lequel l'autorité est exercée par un roi ou, d'une façon plus générale, par un seul individu.

Du point de vue des institutions politiques, il faut distinguer la *monarchie absolue*, dans laquelle le monarque concentre tous les pouvoirs et est à l'origine des lois, et la *monarchie constitutionnelle*, dans laquelle le roi exerce son autorité dans un cadre légal qui la limite. On ne doit pas confondre pour autant la monarchie absolue avec l'exercice tyrannique du pouvoir. Même dans une monarchie absolue, il existe des règles de transmission et d'exercice de l'autorité. En ce sens on peut, avec Montesquieu*, distinguer la monarchie non seulement de la république*, mais également du despotisme*.

● **TERME VOISIN** : royauté. ● **TERME OPPOSÉ** : république. ● **CORRÉLATS** : autorité ; gouvernement ; politique ; pouvoir.

MONDE

(n. m.) ● **ÉTYM.** : du latin *mundus*, « monde ». ● **SENS ORDINAIRES** : 1. Ensemble de tout ce qui existe, synonyme d'univers. 2. La terre, en tant qu'appartenant à un système planétaire et, par extension, tout système comparable dans l'univers (cf. *Entretien sur la pluralité des mondes* de Fontenelle). 3. Le globe terrestre. ● **SENS PARTICULIER** : ensemble des choses d'une même espèce (par exemple, le monde physique opposé au monde moral, ou encore le monde extérieur et le monde intérieur). ● **Métaphysique** : ensemble de tout ce qui existe dans l'espace et dans le temps, synonyme d'univers. ● **Phénoménologie** : horizon de sens pour la conscience (cf. « Être-au-monde »). ● **Selon Hannah Arendt :** le *monde* est « lié aux productions humaines, aux objets fabriqués de main d'homme, ainsi qu'aux relations qui existent entre ses habitants ». Seul l'être humain habite un *monde*, c'est-à-dire un séjour stable dont la permanence et la continuité se concrétisent dans des œuvres qui en sont l'expression la plus manifeste (*Condition de l'homme moderne*).

Être-au-monde
Expression utilisée par Heidegger*, Sartre*, la phénoménologie* en général, pour signifier le refus de séparer le monde intérieur et le monde extérieur, et pour souligner que le monde en général est d'abord cette structure de sens visée par l'homme comme horizon de son action, de ses projets avant d'être un objet de connaissance. L'homme, pour la phénoménologie, n'est pas face au monde, mais il est dans le monde.

Monde (Idée de)
Chez Kant*, l'une des trois Idées de la raison pure, avec celle d'âme et de Dieu. La raison, en tant qu'elle vise la totalité, remonte vers l'inconditionné, comme son principe. Ce faisant, elle dépasse le champ de l'expérience possible et, en ce qui concerne par exemple l'idée de monde, tombe dans des contradictions ou antinomies*. En tant qu'ensemble de tout ce qui existe dans l'espace et dans le temps, on peut aussi bien affirmer du monde qu'il a un commencement dans le temps et qu'il est limité dans l'espace, ou au contraire qu'il est infini aussi bien dans le temps que dans l'espace.

Monde intelligible
Ce terme désigne l'ensemble des réalités intelligibles, ou Idées, que l'esprit peut saisir, par opposition au monde sensible qui désigne l'ensemble des choses qui sont connues par les sens. Cette distinction, d'origine platonicienne et surtout néo-platonicienne, a été souvent reprise et utilisée dans l'histoire de la philosophie, notamment par Malebranche*.

Meilleur des mondes
Cf. Texte de Leibniz, p. 255.

● **Terme voisin** : univers. ● **Corrélats :** humanité ; idée ; œuvre ; phénoménologie.

Monème

(n. m.) ● **Étym.** : grec *monos*, « seul », « unité ». ● **Linguistique** : unité de sens minimale du langage.

La linguistique* considère que la langue* comporte une double articulation : les phrases sont composées d'unités de sens*, ou monèmes, qui sont elles-mêmes constituées à partir de l'articulation d'unités de sons ou phonèmes*. Monème n'est pas le nom savant de *mot*, et les deux termes ne sont pas synonymes. Est en effet unité de sens tout élément de la langue réutilisable dans des énoncés divers et qui, en permutant avec un autre, change le sens de la phrase (commutation). Beaucoup de mots, mais aussi les préfixes et les terminaisons verbales, sont alors des monèmes (ex. : *débarquons* est un seul mot où il y a trois monèmes : le préfixe *dé*, utilisable avec le même sens dans d'autres phrases et pouvant, par exemple, commuter avec *em* ; le radical *barque* ; enfin, la désinence *ons*, signifiant la première personne du pluriel).

● **Terme voisin** : unité de sens. ● **Corrélats :** langage ; langue ; linguistique ; phonème ; sens ; signification.

Monisme

(n. m.) ● **Étym.** : dérivé du grec *monos*, « unique ». ● **Philosophie, métaphysique** : doctrine selon laquelle toute la réalité renvoie à une substance fondamentale posée comme principe unique d'explication.

◆ Monod

Depuis le philosophe Wolff (XVIIIᵉ siècle), inventeur du terme *monisme*, on distingue traditionnellement un monisme de type matérialiste* (tout est matière) d'un monisme de type idéaliste* (tout est esprit). Si l'un et l'autre s'opposent évidemment entre eux, le monisme en général s'oppose au dualisme* qui affirme, avec Descartes*, l'existence de deux substances distinctes, la matière et l'esprit. Toutefois il existe aussi, dans la philosophie contemporaine, un « monisme neutre » (W. James*, E. Mach*, B. Russell*). Celui-ci pose que le monde physique et le monde psychique ne sont ni deux substances différentes, ni réductibles l'un à l'autre, mais qu'ils constituent deux registres de phénomènes renvoyant à une même substance sur la nature de laquelle on n'a pas à se prononcer. Ce monisme neutre, d'inspiration positiviste (*cf.* Positivisme), vise surtout à fonder ontologiquement la possibilité de l'unité du savoir sans recourir à des hypothèses métaphysiques arbitraires sur la « matérialité » ou l'« idéalité » foncière du réel.

● **Terme opposé :** dualisme. ● **Corrélats :** âme (union de l'âme et du corps) ; esprit ; matière ; ontologie ; substance.

MONOD Jacques (1910-1976)

REPÈRES BIOGRAPHIQUES

Né à Paris, ce spécialiste français de biologie cellulaire et moléculaire est connu du public non scientifique pour son livre *Le Hasard et la Nécessité. Essai sur la philosophie naturelle de la biologie moderne*, publié en 1970. Avec François Jacob et André Lwoff, il a reçu le prix Nobel de physiologie et de médecine en 1965.

Dans *Le Hasard et la Nécessité*, Monod développe une conception de l'homme ancrée dans les principes de la biologie moléculaire. Il explique en particulier comment on peut aujourd'hui attribuer l'évolution* de l'espèce* humaine à une conjonction de hasard* et de nécessité* : hasard des mutations génétiques brusques qui permettent, à un moment donné, des transformations profondes des individus d'une espèce, mais nécessité de l'évolution irréversible qui en découle et autorise la survie de l'espèce, ou entraîne sa disparition.

● **Principal écrit :** *Le Hasard et la Nécessité. Essai sur la philosophie naturelle de la biologie moderne* (1970).

MONOTHÉISME

(n. m.) ● **Étym. :** grec *monos*, « unique », et *theos*, « dieu ». ● **Religion :** croyance en l'existence d'un Dieu unique.

Le monothéisme est un trait distinctif des trois grandes religions (d'ailleurs parentes) que sont le judaïsme*, le christianisme* et l'islam*. Il prit d'abord, dans le judaïsme ancien, la forme de l'adoration d'un Dieu jaloux (« Tu n'adoreras pas d'autre Dieu » dit l'un de ses commandements), pour devenir peu à peu l'affirmation d'un Dieu unique, seule source de l'univers.

● **Terme opposé :** polythéisme. ● **Corrélats :** christianisme ; dieu ; islam ; judaïsme ; religion ; théisme.

MONTAIGNE Michel Eyquem de (1533-1592)

REPÈRES BIOGRAPHIQUES

Michel Eyquem de Montaigne naît en 1533, dans le Périgord. Son père lui parle le latin dès l'âge de trois ans. Il prend très tôt goût aux livres en lisant dans le texte les grands auteurs de la tradition classique. À vingt-quatre ans, il entame une carrière politique à Bordeaux, où il se lie d'une amitié très forte avec Étienne de la Boétie — lequel meurt un an après : cette relation privilégiée a eu sa part dans la décision prise par Montaigne d'écrire les *Essais*. En 1572, il revient au château familial et y entreprend la rédaction de ses *Essais* — qui connaîtront trois élaborations successives. Après un voyage en Italie — au cours duquel il tiendra un *Journal* —, il participe une dernière fois aux affaires publiques, et meurt le 13 septembre 1592.

La forme des *Essais*

Il est difficile de présenter *la* pensée de Montaigne, tant il n'est même pas sûr qu'il existe *une* pensée de Montaigne. La lecture des *Essais* donne en effet une impression de dispersion et de diversité irréductibles. Il faudrait comprendre pourtant comment un ouvrage qui présente le projet singulier d'un homme de se peindre dans ses moindres détails, et pour son seul plaisir, a pu devenir un monument de culture. Il est bien certain que les *Essais* ne délivrent pas seulement des données d'introspection*, mais aussi des considérations générales sur la politique, l'histoire, la religion... Mais ce qui est en jeu ici, c'est l'avènement d'une raison* moderne, affirmant dans le même mouvement sa liberté* et sa puissance critique*. Il reste vrai que le relativisme* des *Essais* (Montaigne s'emploie dans de nombreux chapitres à nous montrer, avec force exemples, qu'on peut toujours soutenir une chose et son contraire) peut sembler désespérant : il y a là un tourbillon qui étourdit, Montaigne convoquant à chaque fois les auteurs classiques de l'Antiquité pour les faire se contredire sous nos yeux. Est-ce pour autant un appel à l'incertitude généralisée, et au nihilisme* des valeurs ?

Le scepticisme de Montaigne

Tout le mouvement des *Essais*, trahissant la passion de la recherche et l'inquiétude de la conscience, semble démontrer le contraire. Montaigne s'emploie pourtant à ruiner l'idée même de raison comme source de vérités (notamment dans l'« Apologie de Raymond Sebond » du livre II des *Essais*, où, feignant de défendre une religion fondée en raison, il expose en fait toutes les raisons de ne pas croire). L'homme, ce soi-disant glorieux « animal raisonnable », n'affirme sa différence par rapport au reste des vivants que par sa faiblesse extrême (les lourds raisonnements de la raison sont un piètre instrument comparés à l'infaillibilité de l'instinct*) et son insupportable orgueil (il croit savoir alors que toute science* est impossible ; il ose affirmer l'existence d'un Dieu* éternel, omnipotent, juste, et discute sur sa nature transcendante, quand il lui est impossible d'établir une seule vérité, touchant la pratique quotidienne, qui soit reçue par tous...). Nous voilà condamnés par Montaigne à naviguer entre des conventions imbéciles et des vérités chimériques. Le scepticisme* de Montaigne dénonce l'impuissance radicale de l'homme et son incapacité à produire une seule vérité.

L'avènement de la raison moderne

Ce n'est pas la leçon que la tradition a gardée de Montaigne. Il apparaît comme le défenseur d'une éducation* moderne : veiller à l'éveil et à l'épanouissement de l'enfant, en développant toutes ses facultés, sans lui inculquer inconsidérément des connaissances dont il ne saura que faire ; comme un défenseur des valeurs de l'amitié* : sa relation avec La Boétie* reste un modèle ; comme un défenseur de la culture indigène : il est un des premiers à décrire le débarquement des Espagnols dans le Nouveau Monde comme un carnage plutôt que comme l'exportation des valeurs de la civilisation ; et comme un défenseur de la tolérance* religieuse : il refuse de prendre parti dans le conflit des guerres de religion. On comprend que l'humiliation imposée par Montaigne à l'homme vise surtout sa prétention à se dépasser lui-même. En ridiculisant la raison dogmatique*, en tournant en dérision les vérités éternelles, Montaigne découvre, débarrassée enfin des fictions et spéculations théologico-politiques, la possibilité d'une sagesse* raisonnable accordée à l'homme. Il y a, bien éloignée de la pure faculté logique des mathématiciens autant que du Verbe divin des théologiens, une raison raisonnable qui trace, entre l'excès des mystiques et la rectitude des savants, un chemin ondoyant dans la vraie vie des hommes. C'est elle que Montaigne met en œuvre et en pratique, puisqu'il s'agit là aussi de se donner une règle : dans les *Essais* est à l'œuvre une raison moderne*, laïque*, critique* sans être fanatique*, complaisante parfois, mais surtout indulgente, accordée à la pratique des hommes (la raison n'est pas raisonnable en elle-même : il y a un usage raisonnable de la raison). De cette raison, étrangère à toute transcendance*, qui ne s'arrête devant une idée que pour en faire le tour, et jamais pour s'agenouiller, il faut attendre très sûrement notre bonheur. Car c'est l'éternité qui est précaire.

● **PRINCIPAL ÉCRIT :** *Essais* (1580-1588).

◆ Montesquieu

MONTESQUIEU
(1689-1755)

REPÈRES BIOGRAPHIQUES

Charles-Louis de Secondat, baron de la Brède et de Montesquieu, né au château de la Brède, près de Bordeaux. Il suit l'enseignement des Oratoriens puis obtient une licence en droit à Bordeaux. En 1716, il hérite de la fortune de son oncle ainsi que de la charge de président du Parlement. Il partagera son existence entre ses devoirs de magistrat et ses activités scientifiques et littéraires.

L'Esprit des lois

Dégager un ordre intelligible en s'appuyant sur l'étude précise de la variété infinie des mœurs et des institutions : telle est l'ambition de Montesquieu dans *L'Esprit des lois*. La notion centrale de l'ouvrage est celle de loi*. Rappelons que ce terme a deux significations distinctes : d'une part, la loi est un commandement, une disposition établie par une autorité compétente (loi-commandement). D'autre part, la loi est un rapport de causalité entre un déterminant et un effet, c'est-à-dire un rapport naturel, ou encore indépendant de la volonté humaine (lois causales). Montesquieu regroupe ces deux sens (« Les lois, dans leur signification la plus étendue, sont les rapports nécessaires qui dérivent de la nature des choses », *Esprit des lois*, I, 1), leur découvre une fonction commune (« conserver »), et se donne pour objectif d'étudier leurs rapports, ou leur « esprit ». Il s'agit, en somme, de dégager la loi des lois, c'est-à-dire la logique des diverses institutions*, fondée sur l'étude des liens entre lois causales et lois-commandements (comment, par exemple, les lois sur l'esclavage sont liées au climat). Cette approche originale et méthodique constitue l'apport proprement scientifique de Montesquieu.

République, monarchie et despotisme

L'Esprit des lois s'ouvre sur la théorie des trois types de gouvernement : républicain, monarchique et despotique. Chaque type est défini en fonction de ce que Montesquieu appelle la « nature » d'un gouvernement (ce qui le définit, ses modalités institutionnelles) et le « principe » du gouvernement (le sentiment qui doit animer les hommes sous un tel régime). Contrairement aux apparences, cette classification est dualiste : il y a en effet d'un côté deux gouvernements modérés (république* et monarchie*) ; de l'autre, un régime qui ne l'est pas : le despotisme*. La république (démocratique ou aristocratique) est fondée sur une organisation égalitaire ; son principe est la vertu* jointe à la modération. La monarchie est fondée sur la différenciation et l'inégalité ; son principe est l'honneur. Le despotisme marque un retour à l'égalité, mais dans l'impuissance : son principe est la peur. Montesquieu voit dans le despotisme le mal politique absolu, tandis que les deux autres régimes ont pour fin de garantir la sûreté, condition de toute liberté*. Si donc Montesquieu privilégie la république, c'est parce que le principe en est le respect des lois et qu'elle apparaît, par conséquent, comme l'exact opposé du despotisme, dont l'essence est le pouvoir arbitraire et absolu d'un seul. Mais il ne s'en tient pas là.

La séparation des pouvoirs

En Angleterre, Montesquieu a pu observer l'institution représentative, dont il s'inspire pour défendre la théorie de la séparation des pouvoirs. Un État est libre, explique-t-il, quand le pouvoir* est en mesure d'arrêter le pouvoir (*Esprit des lois*, XI, 4). Les trois instances (législatrice, exécutrice et judiciaire) sont séparées, si bien que l'équilibre des puissances y est garanti. La différenciation sociale, la distinction des classes et des rangs est pour Montesquieu une condition de la modération du pouvoir. Autant dire que bien loin d'être un inconditionnel du régime républicain, il est plutôt partisan d'un « État de droit* », c'est-à-dire d'un État fondé sur une constitution garantissant à chacun la liberté par le jeu de l'équilibre des pouvoirs et du respect des lois. *L'Esprit des lois*, qui a notamment inspiré la Constitution américaine de 1787, constitue un texte fondateur, tant pour l'ensemble des sciences politiques que pour toutes les théories modernes de l'État constitutionnel.

● **PRINCIPAUX ÉCRITS :** *Lettres persanes* (1721) ; *Considérations sur les causes de la grandeur des Romains et de leur décadence* (1734) ; *L'Esprit des lois* (1748).

MORALE

(n. f.) ● **ÉTYM.** : du latin *mores*, « mœurs » et spécialement de *moralis*, chez Cicéron, qui traduit ainsi le grec *êthikos*, « relatif aux mœurs », « moral ». ● **SENS ORDINAIRE** : ensemble de règles de conduite et de valeurs au sein d'une société ou d'un groupe (ex. : la « morale chrétienne »). ● **PHILOSOPHIE** : doctrine raisonnée indiquant les fins que l'homme doit poursuivre et les moyens d'y parvenir (ex. : la « morale stoïcienne »).

La question des fins

La philosophie morale cherche à répondre, sous la seule autorité de la raison, à la question des fins et de la destination de l'homme, pour éclairer ses choix pratiques. En cela, elle se distingue de la religion ou de toute autre forme de morale établie. À cette question des fins et de la destination de l'homme, la philosophie a traditionnellement répondu en définissant préalablement le bien*, c'est-à-dire un principe d'évaluation permettant de déterminer quelles sont les fins que doit se proposer l'action humaine. C'est ainsi que pour l'épicurisme*, le bien consiste dans l'usage raisonnable des plaisirs ; pour le stoïcisme*, il est dans l'exercice de la vertu*. On le voit, la définition du bien varie d'une doctrine à l'autre. Mais, dans tous les cas, il s'agit de poser les fondements d'une vie bonne et, du même coup, d'une vie heureuse.

La raison pratique

Renouvelant radicalement la perspective sur ce sujet, Kant* propose au contraire une morale du devoir* récusant par avance toute morale soumise à la définition préalable du bien, toujours dépendante de conditions empiriques et donc particulières. Cherchant à rendre la raison pratique, Kant montre que l'exigence de rationalité comporte en elle-même une exigence d'universalité*. Par conséquent, sera valable une action dont je peux universaliser le principe, c'est-à-dire une action dont je peux considérer le principe comme valant pour tout homme. « Agis uniquement d'après la maxime qui fait que tu peux vouloir en même temps qu'elle devienne universelle », telle est la loi morale à laquelle tout homme doit se soumettre librement, en toutes circonstances et sans tenir compte des conséquences (*Critique de la raison pratique*, « Analytique »). On a parfois reproché à Kant son rigorisme. Effectivement, la morale kantienne n'est pas une morale du bonheur, mais une morale du mérite. L'action morale n'est pas celle qui rend l'homme heureux, mais celle qui rend l'homme digne de l'être. On a pu aussi reprocher à Kant son formalisme*. En effet, la loi morale ne dit nullement ce qu'il faut faire ici et maintenant, mais seulement à quel critère formel (l'universalité) doit satisfaire la maxime de l'action morale. Or l'application de cette règle formelle à des situations concrètes est problématique. Il y a des circonstances où le choix est sinon impossible, du moins difficile. Il peut exister ce que le philosophe contemporain Paul Ricœur* appelle des « conflits de devoirs » que la loi morale suscite et qu'elle est impuissante à résoudre.

L'éthique des situations

Seul le recours à une forme de sagesse pratique permet alors de fonder un choix, ce qui suppose qu'il existe du préférable et, donc, que soit fait appel à l'idée de bien comme critère non formel d'évaluation de l'action. Il est courant aujourd'hui d'utiliser le terme d'*éthique** pour désigner cette forme de réflexion appliquée à des situations particulières, le terme de *morale* se trouvant ainsi réservé à une réflexion sur les principes.

● **TERMES VOISINS** : éthique ; mœurs. ● **TERMES OPPOSÉS** : amoralisme ; immoralisme.

MORALE PAR PROVISION

Encore appelée « morale provisoire » : *cf.* Descartes.

MORALE OUVERTE

Cf. Bergson.

● **CORRÉLATS** : bien ; éthique ; pratique.

MORE Thomas (1478-1535)

REPÈRES BIOGRAPHIQUES

Né à Londres, Thomas More poursuit à Oxford des études humanistes et se lie d'amitié avec Érasme, qui est l'un de ses maîtres. Après des études de droit, il devient, en 1504, membre du Parlement, puis il est nommé au

Conseil privé du roi Henri VIII (1509). Attaché à la foi catholique et à l'autorité du pape, il entre en conflit avec Henri VIII qui, pour pouvoir divorcer, cherche à dégager l'Église anglaise de la tutelle papale. Lorsqu'en 1533, le roi devient chef suprême de l'Église d'Angleterre, Thomas More refuse de prêter le serment d'allégeance à la nouvelle reine Ann, et à ses descendants. Il est arrêté, puis décapité.

Thomas More publie son *Utopie* (terme qu'il invente et qui signifie littéralement : « pays de nulle part ») en 1516. L'ouvrage est constitué de deux parties. La première est une description très critique de l'Angleterre du début du XVIe siècle : y règnent le paraître et la vanité, le goût du pouvoir, la corruption, la misère et la guerre ; le système des « enclosures » (où les terres étaient utilisées pour l'élevage intensif du mouton, et n'étaient donc plus cultivées) réduit la paysannerie à l'état de prolétariat misérable.

La seconde partie du livre dépeint le pays d'Utopie. Celui-ci est une île, comme l'Angleterre, mais une Angleterre imaginaire et comme inversée : les vertus d'Utopie correspondent aux vices de l'Angleterre. Les Utopiens ne connaissent ni la propriété privée, ni l'argent, ni la guerre ; leurs institutions sont sages et pacifiques, etc.

L'Utopie de Thomas More, en se présentant comme l'idée d'une cité conforme à la raison, doit beaucoup à *La République* de Platon*. More, bien évidemment, n'espérait nullement la réalisation de son *Utopie*, mais il y développe l'une des fonctions essentielles de la pensée utopiste, qui est de concevoir un idéal politique à partir duquel il est possible de juger et de critiquer la politique réelle.

● **Principal écrit :** *Utopie* (1516).

MORIN Edgar
(NÉ EN 1921)

Repères biographiques

Sociologue français, qui a résisté au nazisme pendant la Seconde Guerre mondiale, et au stalinisme par la suite. Il est l'inventeur, en France, de la sociologie du temps présent, ainsi que de l'« anthropo-politique ». Ses domaines d'investigation sont extrêmement diversifiés, et ses interventions publiques fréquentes. Actuellement directeur de recherche au CNRS (Centre national de la recherche scientifique), il a été chargé, en 1998, par le gouvernement français, de diriger un travail de réflexion concernant la refonte du système éducatif national. Le rayonnement international d'Edgar Morin est aujourd'hui considérable.

L'œuvre d'Edgar Morin est d'une ampleur exceptionnelle en raison des sujets auxquels elle touche (cinéma*, histoire*, politique*, anthropologie*...) mais elle n'est pas décousue ni éclectique pour autant, puisque le sociologue a bien pris soin de définir la *méthode* qui lui permet de reconsidérer la recherche — dans les domaines qu'il aborde — sur des bases appropriées. Cette fameuse *méthode* entend rompre avec toute une tradition épistémologique confondant la « rigueur » et l'analyse dissolvante. Dans la tradition cartésienne, en effet, l'idée vraie doit être « claire » et « distincte » — et, de ce fait, bien dissociable de toute autre ; en outre, la « simplicité » est un principe rationnel (chez Leibniz* notamment). Pour refonder le savoir humain, il est au contraire nécessaire d'élaborer une « pensée de la complexité », ainsi qu'une nouvelle science (« avec conscience ») qui devra réunir ce qui fut disjoint à mauvais escient (la nature et la culture, la matière et la pensée, l'homme et le cosmos...). Il faut désormais assumer l'irréductible « complexité » (entrelacements, interactions, connexions innombrables...) de tous les phénomènes vivants et humains. Mais le projet d'Edgar Morin ne se limite pas à appeler de ses vœux cette indispensable réforme de la pensée : il le conduit également à suggérer un nouveau « dessein » à cet « être multidimensionnel » et « pétri d'imaginaire » qu'est l'homme, tel qu'il le décrit dans le volet anthropologique de son œuvre.

Les défis du prochain millénaire

Nous construisons tous notre identité en puisant dans les figures de l'imaginaire* collectif (au cinéma notamment). De façon plus générale, les phénomènes ne sont pas dissociables de leurs représentations. Dans l'univers du vivant, comme dans le monde humain, l'« organisation » (c'est-à-dire toute structure féconde) se crée d'elle-même, tout en puisant dans le milieu qu'elle nourrit à son tour (concept d'« auto-organisation »). Inspirée de l'action, la *méthode* peut également gouverner nos projets. C'est ainsi que la « pensée de la complexité » peut permettre d'aborder les quatre grands défis du XXIe siècle : 1. régénérer l'idée de fraternité car « une société ne peut progresser en complexité que si elle progresse en solidarité » ; 2. redéfinir la scientificité en acceptant de la « complexifier » ; 3. confédérer les nations pour affronter en commun notre destin de « province de l'ère planétaire » ; 4. réconcilier l'homme, la vie et la nature dans l'idée de « terre-patrie ». Edgar Morin se présente lui-même comme un penseur désabusé mais non désespéré. Il pense que les hommes peuvent encore « se sauver », précisément parce qu'« ils sont perdus ». Mais il faut pour cela renoncer à l'humanisme* qui a fait de l'homme « un sujet solitaire dans un monde d'objets », et qui lui a proposé pour seul idéal la conquête du monde. Si nous voulons survivre, il faut donc changer et, pour ce faire, « réinterroger une raison qui a produit en son sein son pire ennemi : la rationalisation » (*Le Monde*, 23 mars 1988).

● **Principaux écrits** : *Le Cinéma ou l'homme imaginaire* (1956) ; *Les Stars* (1957) ; *Le Paradigme perdu : la nature humaine* (1973) ; *La Méthode* (4 tomes, 1977-1991) ; *Science avec conscience* (1982) ; *Introduction à la pensée complexe* (1990) ; (en collaboration avec A. B. Kern) *Terre-patrie* (1993) ; *Comment faire des têtes bien faites ?* (1999).

Mort

« La vie est l'ensemble des fonctions qui résistent à la mort. » Par cette affirmation, M.F.X. Bichat — médecin et anatomiste français du XVIIIe siècle — entendait insister sur le fait que la mort est la règle et la vie l'exception, par définition menacée. Les recherches actuelles tendent à montrer que la mort est programmée génétiquement, ruinant ainsi définitivement le vieux rêve d'immortalité. En effet la mort n'est pas seulement, pour l'homme du moins, un simple fait biologique. L'homme est en effet le seul animal qui sache qu'il doit mourir, le seul pour qui la mort est ce qui inscrit la vie* dans la précarité. Aussi est-elle source d'angoisse*. C'est pourquoi l'homme a cherché à y opposer une croyance en un au-delà, croyance qui est au fond de toute religion*. De son côté, la philosophie, dans sa quête de la vérité, se place *« sub specie aeternitatis »* ou, avec Épicure*, cherche à nous convaincre que « la mort n'est rien pour nous ». Pourtant, la pensée contemporaine et notamment l'existentialisme*, loin de se détourner de la mort, la met au centre de sa réflexion, dans la mesure où c'est sur l'horizon de la mort que toute vie humaine peut prendre sens.

« Philosopher, c'est apprendre à mourir »

Le *Phédon* est un dialogue de Platon* qui met en scène Socrate*, à la veille de sa mort, discutant avec ses amis de la question de l'immortalité de l'âme*, et qui s'achève sur cette idée que c'est un beau risque à courir. C'est que l'âme est parente et amie des Idées*, réalités intelligibles, éternellement identiques à elles-mêmes, non soumises à la corruption et au changement comme le sont les choses sensibles qui en sont la copie imparfaite et grossière. La patrie du philosophe est le « ciel des Idées », qu'il cherche à atteindre et que la mort lui permet d'approcher. À l'affirmation paradoxale de Platon selon laquelle « philosopher, c'est apprendre à mourir », semble répondre, pour la contredire, cette proposition de Spinoza* au livre IV de l'*Éthique*, selon laquelle la philosophie est « une méditation non de la mort, mais de la vie ». À vrai dire, Spinoza vise ici l'attitude morbide qui se complaît dans la fascination de la mort et condamne l'homme à l'impuissance et à la tristesse. Si Spinoza invite ainsi à se détourner de la pensée de la mort, c'est qu'elle est, selon lui, une pensée inutile. Par-delà le christianisme, il rejoint ainsi la sagesse* antique du stoïcisme* et de l'épicurisme*.

« La mort n'est rien pour nous »

Épicure, dans sa *Lettre à Ménécée*, exprime avec une force d'argumentation convaincante cette idée que la mort (*cf.* texte p. 140) ne doit pas nous faire renoncer au bonheur*, puisque « la mort n'est rien pour nous ». À travers cette affirmation paradoxale, il entend rejeter au loin la crainte de la mort, qu'il juge absurde. En effet, « tant que nous existons, la mort n'est pas, et quand la mort est là nous ne sommes plus ». Pour Épicure*, l'âme est un corps* subtil, voué, comme le corps, à la désagrégation. Elle est le siège de la sensibilité*, et lorsqu'elle meurt, meurt aussi la sensibilité. La mort ne saurait donc faire l'objet d'aucune expérience « vécue », elle ne peut être éprouvée. Et si nous sommes convaincus que la mort est la fin de tout, nous n'aurons ni à redouter ni à espérer une autre vie. Cette vie est au contraire la seule qui puisse nous apporter le bonheur, pourvu qu'elle soit sereine face à la mort.

La mort à l'horizon de la vie

Pourtant, s'il est vrai que notre propre mort est un événement* auquel nous n'assisterons pas, et qu'elle n'est rien pour nous, la mort d'autrui, ou la mort « en seconde personne », comme la qualifie Vladimir Jankélévitch*, nous place devant un scandale qui est celui de la perte d'un être irremplaçable et unique. Mais c'est sa propre mort que l'homme doit prendre en charge, car nul autre ne le peut pour lui. C'est pourquoi Heidegger* nous invite, dans une perspective pourtant très différente de penseurs religieux comme Pascal* ou Kierkegaard*, à prendre au sérieux notre propre mort, non comme événement toujours à venir et en même temps absolument sûr, mais comme horizon à partir duquel surgit la pensée du néant*, inscrit au sein même de l'existence*. Et si cette conscience du néant s'éprouve dans un sentiment d'angoisse, c'est qu'avec elle nous sommes jetés au monde. L'angoisse ne doit pas être confondue par conséquent avec la simple crainte de mourir. L'angoisse exprime au contraire le fait que notre existence n'a de sens* que parce qu'elle est « pour-la-mort », en quelque sorte « orientée » par elle. La mort est, fondamentalement, ce à partir de quoi la vie peut prendre un sens. Assumer notre condition d'être mortel nous oblige à prendre en charge la responsabilité* de notre propre vie, mais ne signifie donc nullement l'obligation de méditer sur la vanité de toutes choses.

● **TEXTES CLÉS :** Épicure, *Lettre à Ménécée* ; Platon, *Phédon* ; M. Heidegger, *Être et Temps* (première partie) ; V. Jankélévitch, *La Mort*. ● **TERMES OPPOSÉS :** immortalité ; vie. ● **TERME VOISIN :** néant. ● **CORRÉLATS :** âme ; crime ; existence ; mal ; sens ; temps ; vivant.

MOTEUR

(n. m.) ● **ÉTYM. :** latin *motus*, de *movere*, « mouvoir ». ● **SENS ORDINAIRES : 1.** (Sens propre) : ce qui produit de l'énergie ou du mouvement (une roue *motrice*). **2.** (Sens figuré) : ce qui suscite ou dynamise l'action (le *moteur* d'une entreprise). ● **SENS PHILOSOPHIQUE :** impulsion initiale, cause, mobile.

PREMIER MOTEUR

Chez Aristote*, le premier moteur est Dieu, mais celui-ci n'est pas conçu comme une personne, ni comme un être préexistant au monde créé. Le premier moteur est « acte pur », cause « immobile » de tout changement, quoique n'étant pas lui-même soumis au changement (modifications, mouvements, altérations, etc.) ni au temps.

● **TERMES VOISINS :** impulsion ; mécanisme. ● **CORRÉLATS :** acte ; activité ; énergie ; impétus ; mouvement.

MOTIF

(n. m.) ● **ÉTYM. :** latin *motivus*, « relatif au mouvement ». ● **SENS ORDINAIRE ET PHILOSOPHIQUE :** raison d'agir. ● **ESTHÉTIQUE : 1.** Sujet d'une représentation esthétique (spécialement en peinture). **2.** Ornement marginal ; thème ou structure qui fait l'objet d'une répétition (musique, peinture, architecture).

Les mots *motif* et *mobile** sont très souvent utilisés l'un pour l'autre. Toutefois, certains auteurs les distinguent assez nettement en philosophie de l'action et en psychologie : le motif est conscient ou facilement susceptible de le devenir (ex. : « exposer ses motifs »), et il relève du domaine intellectuel ; le mobile est aveugle et relève davantage de l'affectivité, de la sensibilité, du déterminisme physique... Chez Kant*, par exemple, la notion de mobile renvoie aux penchants sensibles tandis que le motif est rationnel et, par là, de l'ordre de la morale. Cette distinction est à reconsidérer dans le cadre du langage technique de chaque doctrine philosophique ou psychologique.

● **Terme voisin** : mobile. ● **Corrélats** : cause ; intention ; raison.

MOUNIER Emmanuel (1905-1950)

Repères biographiques

Philosophe français. Après avoir entamé des études de médecine, Emmanuel Mounier se consacre à la philosophie. En octobre 1932, il fonde la revue *Esprit*, qu'il dirigera jusqu'à la fin de ses jours.

Très marqué par la pensée de Charles Péguy, Emmanuel Mounier crée la revue *Esprit* afin de mettre en œuvre une philosophie pratique, à la fois contestatrice de son temps et inspiratrice d'un projet de révision radicale — quoique non politique — de la société. À ses yeux, la crise économique qui ravage l'Europe dans les années 1930 est le symptôme d'un désarroi plus profond, d'ordre moral et spirituel. Sur ce point, Mounier se sépare de la philosophie marxiste qui — de son point de vue — reste marquée par l'esprit du capitalisme*, dans la mesure où elle se définit comme étant « matérialiste ». Pour Emmanuel Mounier, au contraire, l'oppression n'est pas seulement économique, elle se situe « au fond de nos cœurs » : le mal tient aux orientations d'une civilisation qui a mutilé les hommes en les séparant les uns des autres, pour les constituer en « individus abstraits ». C'est donc l'esprit lui-même qu'il faut réformer en jetant les bases d'un nouvel humanisme*, centré sur l'idée de personne* (*cf.* Personne et Personnalisme).

Emmanuel Mounier fut un chrétien engagé en même temps qu'une personnalité singulière. Partisan du rapprochement de tous les croyants, il milita dès 1945 en faveur d'une laïcité pluraliste à l'école. Il incarna, en France, la volonté de résistance à toutes les formes de totalitarisme* ainsi que la protestation contre la mentalité « munichoise » (résignation devant le fascisme conquérant). La revue *Esprit* poursuit aujourd'hui son œuvre, en restant fidèle à ses orientations générales.

● **Principaux écrits** : *Le Personnalisme* (1950) ; *Œuvres* (1961-1963).

MOUVEMENT

(n. m.) ● **Étym.** : latin *momentum*, de *movere*, « mouvoir ». ● **Sens ordinaire** : changement de position dans l'espace, en fonction du temps, et par rapport à un système de référence. ● **Chez Aristote** : passage de la puissance à l'acte, selon quatre modalités : **1.** le mouvement spatial ; **2.** le changement qualitatif ou altération ; **3.** le changement quantitatif (croissance ou décroissance) ; **4.** la génération ou corruption. ● **Sociologie** : tout phénomène évolutif, courant social ou comportement collectif (ex. : le « mouvement ouvrier », le « mouvement féministe »).

● **Termes voisins** : acte ; déplacement ; devenir ; évolution. ● **Termes opposés** : immobilisme ; immobilité ; stabilité. ● **Corrélats** : évolution ; histoire ; progrès ; temps ; vie.

MOYEN

(n. m. et adj.) ● **Étym.** : latin *medianus*, « qui est au milieu » ● **Sens ordinaires** : **1.** (Subst.) Ce qui permet d'atteindre une fin. **2.** (Adj.) En position d'intermédiaire, en général entre deux extrêmes.

Ce qui est moyen (nom ou adjectif) est toujours « au milieu », entre un début et une fin*, ou entre deux extrêmes. Dans le déroulement d'une action intentionnelle, les moyens sont choisis au moment de la conception initiale, et mis en œuvre pour assurer la réalisation de la fin assignée à l'action : en ce sens, le moyen est à rapprocher de la condition de possibilité. Le moyen et la fin sont souvent opposés pour assigner à l'homme une place ou une valeur* supérieure dans la hiérarchie des choses et des êtres : « L'homme, et en général tout être raisonnable, existe comme fin en soi, et non pas simplement comme moyen dont telle ou telle volonté puisse user à son gré ; [...] il doit toujours être considéré en même temps comme fin » (Kant*, *Fondement pour la métaphysique des mœurs,* Deuxième Section). À l'opposé, les choses n'ont qu'une valeur relative de moyens, parce que leur existence ne dépend que de la nature.

◆ **Multiculturalisme**

● **Termes voisins :** condition ; intermédiaire. ● **Termes opposés :** extrême ; fin.

Moyen terme
Dans un enchaînement déductif de trois propositions (syllogisme*), terme commun aux deux premières, dont la fonction d'intermédiaire permet le passage à la conclusion.

● **Corrélats :** fin ; finalité ; majeure ; norme/normatif ; syllogisme.

Multiculturalisme

(n. m.) ● **Étym.** (1971) : de *multi* (« plusieurs ») et *culturel*. ● **Sens ordinaire :** coexistence de plusieurs cultures revendiquant leurs spécificités dans un même pays (les États-Unis, le Canada sont des pays *multiculturels*). ● **Philosophie :** théorie ou politique soucieuse de respecter et de protéger toutes les cultures minoritaires ou fragiles (*cf.* Charles Taylor).

● **Corrélats :** différence ; identité ; pluralisme ; relativisme ; respect ; tolérance ; universalisme.

Mystère

(n. m.) ● **Étym.** : grec *musterion*, « culte comprenant une initiation secrète », de *muein*, « se fermer ». ● **Sens ordinaires : 1.** Doctrine ou pratique réservée à des initiés (ainsi les mystères d'Éleusis dans la Grèce antique). **2.** Par dérivation, le terme désigne, le plus souvent en matière religieuse, ce qui est incompréhensible, ce qui qui dépasse les possibilités de la raison.

La notion de mystère au sens 2 (tel le mystère de la création*), ainsi que celle de miracle, est considérée comme essentielle par certains penseurs religieux. En effet, dans la mesure où elle marquerait les bornes de la raison*, elle soulignerait la nécessité de la foi* (*cf.* le texte de Pascal concernant les « vérités de cœur et les vérités de raison », p. 332).

● **Termes voisins :** ésotérisme ; miracle ; mysticisme. ● **Termes opposés :** évidence ; rationalité ; rationalisme. ● **Corrélats :** création, eschatologie ; irrationnel ; raison ; religion.

Mysticisme

(n. m.) ● **Étym. :** grec *mustikos*, « qui a trait aux mystères ». ● **Religion et philosophie :** croyance selon laquelle il serait possible d'accéder à une vérité à la fois primordiale, supérieure et ineffable, par union, voire fusion, avec l'absolu.

Dans la mesure où l'expérience mystique est incommunicable, elle est incontestable. Mais, pour la même raison, il n'y a pas de motifs de la partager, si on ne l'éprouve pas. Il manque au mysticisme de pouvoir exhiber les critères de la vérité qu'il prétend posséder.

● **Corrélats :** absolu ; amour ; Dieu ; foi ; intuition ; miracle ; mystère ; révélation.

Mythe

(n. m.) ● **Étym. :** grec *muthos*, « récit », « légende ». ● **Sens ordinaire :** croyance imaginaire, voire mensongère, fondée sur la crédulité de ceux qui y adhèrent ; dans ce cas, synonyme de fable, de conte ou de mystification. ● **Sociologie :** représentation collective stéréotypée, préjugé social dominant (ex. : le « mythe de la femme-objet »). ● **Ethnologie et religion :** récit extraordinaire relatant les aventures de dieux, demi-dieux ou héros, survenues hors du temps de l'histoire, sur laquelle ils influent pourtant (ainsi les mythes de la formation du monde ou de la destinée de l'âme après la mort). ● **Philosophie :** récit didactique exprimant une conception ou une idée abstraite (ex. : le mythe de Prométhée, chez Platon, porte sur l'origine de la civilisation et sur la condition humaine).

Le contenu à la fois obscur et fictif des mythes les ont longtemps fait passer, en regard de la rationalité philosophique et scientifique, pour des représentations illusoires et naïves, propres aux peuples primitifs et à l'enfance de l'esprit humain. La philosophie, en Grèce, naît ainsi en supplantant la pensée mythique, jusque-là dominante, et en proposant un autre modèle de discours vrai, le discours rationnel et explicatif (*cf.* Logos).

Mais l'ethnologie* montre aujourd'hui que les mythes ont d'importantes fonctions sociales : ils assurent la cohésion du groupe en donnant, notamment sous la forme d'un récit des origines raconté de façon rituelle, une justification à l'ordre, à la fois naturel et social, du monde*.

Les travaux de Claude Lévi-Strauss* prétendent même établir que, loin d'appartenir à une phase « prélogique » de l'esprit humain, les mythes manifestent dans leur structure des systèmes d'oppositions qui relèvent d'une logique universelle de l'esprit humain. Selon lui, entre la pensée mythique et la pensée rationnelle, il y aurait ainsi une différence dans les formes d'expression, mais non une différence de nature.

● **TERMES VOISINS :** allégorie ; conte ; fable ; légende. ● **CORRÉLATS :** idéologie ; philosophie ; religion.

MYTHOLOGIE

(n. f.) ● **ÉTYM. :** grec *muthos*, « légende », et *logos*, « discours », « étude ». ● **SENS STRICT :** étude des mythes. ● **SENS LARGE : 1.** Ensemble des mythes véhiculés par une culture. **2.** Synonyme de mythe. Mais, même en ce sens, on peut établir une nuance entre mythe et mythologie : le premier est d'abord parlé et a des fonctions religieuses ; la seconde relève d'une mise en forme écrite des mythes, et de leur introduction dans l'univers littéraire.

● **TERME VOISIN :** mythe. ● **CORRÉLATS :** mythe ; religion.

NARCISSE

Personnage de la mythologie grecque, célèbre pour sa grande beauté. Insensible à l'amour passionné de la nymphe Écho, il est puni par Némésis. Il existe plusieurs versions de ce qui lui est arrivé par la suite ; selon l'une d'elles, il s'éprend de sa propre image reflétée dans une pièce d'eau et se noie en tentant de la rejoindre. Narcisse constitue le symbole d'une forme d'amour dont l'objet n'est autre que le moi : « amour de soi », par opposition à l'« amour d'objet » selon les termes de Freud* (*cf.* Narcissisme).

NARCISSISME

(n. m.) ● **ÉTYM.** : formé à partir de *Narcisse*. ● **SENS ORDINAIRE** : amour quasi exclusif que l'on se porte à soi-même ; tendance à se complaire dans la contemplation de soi. ● **PSYCHANALYSE** : stade de l'évolution sexuelle infantile au cours duquel le sujet « commence par se prendre lui-même, son propre corps, comme objet d'amour » (Freud).

Dans un premier temps (*Cas Schreber*, 1911), le narcissisme est considéré par Freud* comme un stade intermédiaire entre « l'auto-érotisme » et « l'amour d'objet » ; dans un second temps, Freud distingue le « narcissisme primaire », caractérisé par une absence totale de relation à l'entourage, du « narcissisme secondaire », conçu comme un retournement de la libido*, détachée de ses objets, sur elle-même. Jacques Lacan*, par la suite, mettra en rapport cette expérience narcissique et la formation de l'unité du moi (cet épisode décisif pour la formation de la personnalité est ce que Lacan appelle le « stade du miroir »). Toutefois, pour les psychanalystes, le narcissisme n'est pas seulement un stade de la petite enfance ou un état de régression : il est aussi une structure permanente du sujet ; l'« idéal du moi* » (ou surmoi*) est en effet une « formation narcissique » qui n'est jamais abandonnée.

● **CORRÉLATS** : libido ; moi ; principe de plaisir ; principe de réalité ; psychanalyse ; pulsions ; surmoi.

NATION

(n. f.) ● **ÉTYM.** : latin *natio*, « naissance », « peuple », « race ». ● **SENS LARGE** : communauté humaine élargie regroupant des individus partageant, le plus souvent, une histoire, une langue, des institutions et un territoire. ● **PHILOSOPHIE POLITIQUE** : principe de souveraineté. La nation, comme corps politique exprimant une volonté générale, est souveraine, tant à l'égard de ses membres qu'à l'égard des autres nations.

L'homme, en tant qu'« animal politique », selon la définition d'Aristote* (*cf.* texte pp. 31-32), ne peut vivre sans ses semblables. Mais quels sont la forme et le cadre de cette communauté* à l'intérieur de laquelle les individus vivent ensemble ? À partir de quels critères peut-on les déterminer ? Selon Aristote, la communauté politique ne doit être ni trop étroite (famille ou village), ni trop large, la capacité à se suffire à soi-même constituant l'élément décisif à prendre en compte. La cité* en est le modèle. Mais la nation, forme moderne de la communauté politique, par sa taille et sa complexité, dépasse largement le cadre de la cité antique. Il n'est pas possible de rendre compte de son existence à partir de critères simples comme, par exemple, l'indépendance économique. Quel est, dès lors, le fondement ou la justification de l'existence d'une nation ? On peut, conformément à son étymologie, définir la nation comme une communauté naturelle, dans laquelle chacun s'inscrit du fait même de sa naissance. On mettra alors en avant l'existence d'une histoire* commune, d'une langue* commune, d'une culture* commune. Mais l'existence d'une telle communauté naturelle est en elle-même problématique (où finit et où commence l'histoire de la France, par exemple ?). De plus, une telle définition, en mettant l'accent sur l'héritage reçu, et du même coup subi, fait de la nation une réalité qui s'impose aux individus, indépendamment de leur choix. Or, on peut considérer au contraire que le fondement d'une nation réside dans la volonté de vivre ensemble, à partir de principes communs. La nation se définirait alors non plus comme une communauté naturelle, mais comme résultant d'un contrat*, d'une association volontaire de ses membres, unis du même coup par un intérêt général. Mais cet intérêt général à l'intérieur d'une nation, si toutefois il existe, n'est qu'un intérêt particulier au regard des autres nations. Car pour large que soit la communauté politique qu'est la nation, elle est une communauté encore étroite au regard de celle que constitue le genre humain dans son ensemble.

● **Termes voisins :** État ; peuple.
● **Termes opposés :** cosmopolitisme ; internationalisme.

Nationalisme

Glorification de la nation à laquelle on appartient et de ses valeurs, glorification qui, dans le cas du nationalisme, est agressive : elle pose la prééminence de la culture nationale, érigée en absolu non historique, sur celle des autres nations. En ce sens, le nationalisme a tendance à considérer comme « naturelles » les qualités requises pour appartenir à la nation et s'accompagne en général d'un sentiment xénophobe. Il convient alors de distinguer le patriotisme, idéologie républicaine née de la Révolution française et relevant d'une pensée universaliste de la citoyenneté (le citoyen est nécessairement patriote dans la mesure où il a en vue l'intérêt général plutôt que le sien propre) et le nationalisme, idéologie réactionnaire et belliciste, qui ne se développe en France qu'à la fin du XIXe siècle (le mot date de cette époque) et affirme la priorité du sentiment national sur la considération de l'universel humain.

● **Corrélats :** cité ; citoyen ; communauté.

Nature

La nature semble au premier abord désigner ce qui existe en dehors du monde humanisé, transformé par l'homme : inséparable du milieu artificiel qu'il s'est créé, ce dernier la perçoit volontiers comme la réalité extérieure à la culture* et à la civilisation. Il est vrai que la nature, dans un premier sens, est ce qui existe spontanément et, dans un être, ce qui constitue le principe de son développement autonome. Dans cette mesure, le monde naturel est bien ce qui existe indépendamment des intentions et des efforts de l'homme. Cependant, l'homme peut aussi être considéré comme un être naturel. Une ambiguïté résulte d'ailleurs de ce sens : la nature humaine désigne ce qui est commun à tous les individus, tandis que la nature d'une personne peut aussi désigner ce qui singularise l'individu, son tempérament, et éventuellement ses dispositions ou aptitudes innées*, opposés aux acquis de son éducation*. L'étymologie du mot nature, *natura*, du verbe latin *nascor*, « naître », nous rappelle que la nature est aussi ce qui préexiste à l'homme, ce qui dans l'humanité est spontané et originel. Doit-on considérer que ce donné originel constitue la nature humaine, au sens de définition des caractères essentiels de l'homme ?

◆ **Nature**

Alors, la société*, la technique*, autrement dit tout ce qui résulte de l'activité humaine doit-il être exclu de cette définition ou y être inclus, et reconnu comme naturel à l'homme ? Ceci nous ramène à la question : au nom de quoi disons-nous qu'un être est naturel ?

L'analogie de la nature et du travail

C'est par analogie avec le travail humain qu'Aristote* définit les êtres naturels : tout d'abord la nature (*phusis*) n'est pas une chose, mais un principe : elle est un principe de mouvement et de repos. L'artisan qui fabrique un objet, possède en pensée une idée de cet objet, agit selon un but qui est la réalisation de cette forme, et il est donc la cause de l'objet, son origine et l'agent qui le porte à l'existence. Les êtres naturels obéissent à un mouvement spontané ; l'autonomie locomotrice des animaux en fait partie, mais aussi la croissance qui les amène à une forme définie, et est suivie d'un déclin. La nature occupe, pour les êtres naturels, la position de l'artisan pour les objets fabriqués : les premiers ont en eux-mêmes le principe de leur mouvement et de leur arrêt, les seconds l'ont à l'extérieur d'eux-mêmes. Une autre forme d'analogie peut être trouvée dans le mécanisme* de Descartes* : la physique devrait s'organiser selon les mêmes lois que la technique*, qui est le modèle de la nature : les animaux sont des machines*, les fonctions physiologiques sont analogues à l'action des tuyaux et des ressorts... Dieu* est un artisan plus parfait, et la nature se borne à agir selon les lois qu'il a instaurées au départ. Cette conception a comme corollaire l'idée que la nature est entièrement maîtrisable : connaître ses lois, c'est la dominer, comme l'objet technique est dominé, pour la mettre au service des intérêts humains : nous pourrions « nous rendre comme maîtres et possesseurs de la nature », dit Descartes. Seul l'homme peut poursuivre des fins*, en connaissant le déterminisme* naturel.

La nature comme origine et comme valeur

Cependant, n'y a-t-il pas une certaine présomption à croire que la nature est ainsi en notre pouvoir ? En dépit de l'optimisme des Lumières*, Jean-Jacques Rousseau* estime que la domination de la nature n'augmente pas notre bonheur* et notre liberté*. En effet, pour lui, la nature n'est pas seulement la matière et l'étendue qui s'offrent à la compréhension d'un esprit rationnel. L'homme, par son ingéniosité et son travail, l'a transformée au point de la rendre méconnaissable. L'homme lui-même et ses facultés n'échappent pas à ce processus de transformation. Comme notre corps* ne peut plus se satisfaire de la simplicité des origines, nos désirs* nous éloignent des vrais besoins et notre amour-propre nous conduit à bannir l'égalité de notre vie sociale : loin de considérer que les lois de la société ou de l'économie sont naturelles, contrairement à certains de ses contemporains, Rousseau fait de la nature une notion critique : origine perdue mais que la raison* peut reconstituer, elle est le modèle au nom duquel les errements des individus et de la société peuvent être dénoncés. Ainsi la pitié*, sentiment spontané de sympathie envers la souffrance, est-il une trace de l'origine qui se manifeste de façon spontanée, mais aussi un caractère fondamental de l'homme, qui résiste à l'habitude, issue de l'histoire*, de supporter la vue de la pauvreté par exemple.

Lucrèce* disait déjà que la connaissance de la nature devait nous permettre la connaissance de la réalité même, par opposition aux chimères issues de notre esprit trop prompt à croire qu'il existe des forces surnaturelles. Elle libère dans la mesure où elle nous approche de la réalité. Actuellement, la réflexion issue de l'écologie*, comme étude des équilibres naturels, nous rappelle que la connaissance de la nature ne nous donne pas seulement la conscience du pouvoir de l'homme, mais aussi celle de ses limites (*cf.* Hans Jonas).

Nature naturante et naturée

Chez Spinoza*, Dieu est « nature naturante » — c'est-à-dire cause libre, créatrice et productrice de l'ordre à l'œuvre dans toute chose — et le réel, en tant qu'il découle de Dieu — c'est-à-dire les « modes » des attributs de la substance — est la « nature naturée ». En fait, il s'agit d'une seule et même réalité (« Dieu, c'est-à-dire la nature », écrit Spinoza), mais considérée de deux points de vue différents.

Droit naturel

Cf. Droit.

● **Textes clés** : Aristote, *Physique*, livre II ; Lucrèce, *De la nature des choses* ; R. Descartes, *Discours de la méthode*, VI. ● **Termes voisins** :

essence ; origine ; univers. ● **Termes opposés :** artifice ; surnaturel. ● **Corrélats :** civilisation ; culture ; déterminisme ; finalisme ; liberté ; mécanisme ; vivant ; violence.

Naturel (droit)

Cf. Droit.

Néant

(n. m.) ● **Étym. :** du latin *non ens*, « non étant ». ● **Sens ordinaire :** ce qui n'existe pas encore, ou n'existe plus. ● **Métaphysique :** non-être, ce qui n'a pas d'être ou de réalité, soit absolument, soit relativement.

Comment peut-on penser, comment peut-on dire le néant, ce qui n'est pas ? Dans son poème *De la nature*, Parménide* écrit : « L'être* est, le non-être n'est pas », faisant ainsi de l'être la seule réalité qui puisse être pensée et dite. Pourtant, comme le fait remarquer Platon*, — notamment dans le *Sophiste* — il faut bien, en quelque façon, accorder l'existence au non-être si l'on veut penser, si l'on veut parler, si l'on veut, finalement, philosopher. En effet, dire ce qu'est une chose, c'est en même temps dire ce qu'elle n'est pas. « Toute détermination est une négation* », dira Spinoza*. Mais alors ; si le néant existe, ce n'est qu' en tant que résultat d'une négation, comme relatif ou en tout cas comme second par rapport à l'être.
Est-il possible d'accorder au néant un autre statut ? Dans *L'Être et le Néant*, Sartre* cherche à penser le néant non pas sur un plan logique, comme résultat d'une négation, mais sur le plan phénoménologique, comme condition de la négation elle-même. Si la négation est possible, c'est que l'homme est cet « être des lointains », capable de distance et d'interrogation. Il est, autrement dit, « l'être par qui le néant arrive dans le monde ». Le néant est ainsi pensé à partir de l'homme. Heidegger*, au contraire, tente de penser l'homme, ou *Dasein*, à partir du néant. Dans *Qu'est-ce que la métaphysique ?*, reprenant l'interrogation de Leibniz* : « Pourquoi y a-t-il quelque chose, plutôt que rien ? », Heidegger montre comment le sentiment de l'angoisse* témoigne du fait que le néant se manifeste à l'homme comme abîme originel à partir duquel l'étant peut apparaître. L'homme, alors, n'est pas celui par qui le néant arrive mais, au contraire, celui à qui l'être se donne comme « il y a », sur fond originel du « rien », c'est-à-dire du néant.

● **Termes voisins :** inexistence ; non-être ; rien. ● **Termes opposés :** être ; existence.

Néantiser

Néologisme employé par Sartre* pour traduire le mot allemand *Nichtung*, utilisé par Heidegger*, et désignant l'acte de supprimer momentanément ce à quoi la conscience* n'est pas attentive, de *faire comme si* cela n'existait pas. Sartre fait observer que toute image comporte en elle-même une disposition « néantisante » : en effet, imaginer quelque chose, c'est se le représenter comme absent ou même comme inexistant. Cette aptitude est propre à l'être humain : les animaux sont entièrement « présents au monde », « englués » dans le réel, si bien qu'ils ne peuvent imaginer, ni donc ressentir, ce qui, pour un être comme l'homme, est de l'ordre de l'inexistence (*cf.* Imaginaire).

● **Corrélats :** angoisse ; conscience ; être ; imaginaire ; imagination ; négatif ; négation.

Nécessaire

(adj.) ● **Étym. :** latin *necessarius*, « inévitable », « indispensable », « obligatoire ». ● **Sens ordinaires : 1.** Ce qui ne peut pas ne pas avoir lieu ; ce qui ne peut être autrement. **2.** Ce sans quoi quelque chose ne peut avoir lieu. ● **Logique :** ce qui est universellement vrai ; ce dont la vérité ne peut être niée.

● **Corrélat :** nécessité.

Nécessité

(n. f.) ● **Étym. :** latin *necessitas*, « l'inéluctable », « besoin impérieux » ; « obligation impérieuse », « nécessité logique ». ● **Sens ordinaire et physique :** état de choses

◆ **Négatif**

qui ne peut pas ne pas exister. ● MÉTAPHYSIQUE : puissance (parfois divinisée) qui gouverne le cours de la réalité. ● LOGIQUE : **1.** Caractère de ce qui ne peut être faux, de ce qui est universellement vrai. **2.** Relation inévitable entre deux propositions. ● SENS DÉRIVÉ : le besoin ; ce dont un être ne peut pas se passer.

La nécessité est une modalité* logique qui s'oppose à la simple possibilité* mais aussi à l'impossibilité, ainsi qu'à la contingence*. Elle peut qualifier des pensées, des idées ou des principes : elle signifie alors que leur vérité ne peut pas être refusée par l'esprit (par exemple parce qu'elle est évidente ou logiquement démontrée ; parce que le contraire est impossible). Au sens physique, la nécessité renvoie au déterminisme* ; au sens métaphysique, elle renvoie au fatalisme*. L'acception morale du terme est trompeuse : une obligation (ce qui nous apparaît nécessaire) se distingue justement d'une contrainte en ce qu'il est toujours possible de ne pas la respecter : elle renvoie donc davantage à une exigence qu'à une nécessité (*cf.* textes de Spinoza, pp. 426-427).

● TERMES VOISINS : besoin ; destin ; fatalité ; universalité. ● TERME OPPOSÉ : contingence. ● CORRÉLATS : catégorie ; déterminisme ; liberté ; modalité.

NÉGATIF

(adj.) ● ÉTYM. : latin *negativus*, de *negare*, « nier ». ● SENS ORDINAIRES : **1.** Opposé à *affirmatif* : qui exprime une négation. **2.** Opposé à *positif* : qui exprime une absence. ● LOGIQUE : se dit d'une proposition qui a la forme d'une négation (ex. : « Nul A n'est B » est une proposition universelle négative). ● MATHÉMATIQUES : s'applique aux grandeurs affectées du signe moins.

Chez Hegel*, le « travail du négatif », ou négativité, exprime l'activité de la négation comme moment dialectique. Le moment de la négation ou anti-thèse est le contraire de l'affirmation ou thèse. Si Hegel parle de « travail » à propos du négatif, c'est que le négatif est le moteur du mouvement par lequel l'être se pose en s'opposant, par dépassement des contradictions. Le devenir, par exemple, est le résultat de la contradiction surmontée de l'être et du non-être.

● TERMES VOISINS : contradictoire ; inverse ; opposé. ● TERMES OPPOSÉS : affirmatif ; positif. ● CORRÉLATS : dialectique ; logique ; néant ; négation.

NÉGATIONNISME

(n. m.) ● ÉTYM. : de *négation*. ● SENS COURANT, DROIT ET HISTOIRE : terme forgé en 1990 pour désigner ce que l'on appelait jusqu'alors « révisionnisme ». « J'appelle "révisionnisme", écrit Pierre Vidal-Naquet, la doctrine selon laquelle le génocide pratiqué par l'Allemagne nazie à l'encontre des juifs et des tziganes n'a pas existé mais relève du mythe, de la fabulation, de l'escroquerie » (*Les Assassins de la mémoire*, La Découverte, 1985, p. 108). Les auteurs révisionnistes (Faurisson et ses émules) prétendent qu'il est utile et juste de « réviser » l'histoire selon les orientations qui sont les leurs. Les historiens préfèrent donc parler de *négationnisme*, car « nier l'histoire n'est pas la réviser » (*Les Assassins de la mémoire, op. cit.*, p. 149).

Le négationnisme est devenu une notion extensive et, par là même, délicate : elle ne vaut pas seulement pour la Shoah, mais aussi pour tous les génocides* et les crimes contre l'humanité* (*cf.* Crime) qui ont été perpétrés depuis (ou même avant ?) les crimes des nazis. Toute tentative d'apologie, de négation, ou même d'atténuation (« banalisation ») de tels crimes relève donc du négationnisme. Ce qui pourrait poser, en tout cas en France, certains problèmes, puisque le « délit » de négationnisme (lorsqu'il concerne les crimes commis dans le cadre du nazisme) y est passible de sanctions pénales (loi du 13 juillet 1990). Il n'est pas toujours facile de déterminer où commence et où finit le négationnisme.

● TERME VOISIN : révisionnisme. ● CORRÉLATS : crime contre l'humanité ; génocide ; mensonge.

NÉO-PLATONISME

(n. m.) ● **ÉTYM.** : grec *néo*, « nouveau », et *Platon*. ● **PHILOSOPHIE** : on appelle *néo-platonisme* la philosophie développée au IIIe siècle après J.-C par Plotin et son disciple Porphyre.

Le néo-platonisme de Plotin retient surtout de la lecture de Platon* l'idée de l'absolue transcendance* du Bien*. À l'instar de Platon, Plotin conçoit la philosophie comme une progression de l'âme* vers ce principe premier. Mais alors que Platon exige du philosophe qu'il redescende dans la cité pour y instaurer ordre et justice, le néo-platonisme fait de l'union quasi mystique avec le principe premier le but ultime de la vie spirituelle : « Telle est la vie des dieux et des hommes divins et bienheureux : s'affranchir des choses d'ici-bas, s'y déplaire, fuir seul vers lui seul » (Plotin, *Ennéades*, VI, 9).

Le néo-platonisme exerça une certaine influence sur les Pères de l'Église et sur les théologiens du Moyen Âge. Mais il existe entre le néo-platonisme et le christianisme* une différence importante : pour le premier, la contemplation directe et intime avec Dieu est possible, alors qu'elle ne l'est pas pour le second, pour lequel Dieu doit se révéler à l'homme. Le néo-platonisme connut un véritable renouveau dans l'Italie de la Renaissance (Marsile Ficin traduisit les *Ennéades* de Plotin en latin à la fin du XVe siècle).

● **CORRÉLATS** : bien ; contemplation ; un.

NÉVROSE

(n. f.) ● **ÉTYM.** : grec *neuron*, « nerf ». ● **PSYCHOPATHOLOGIE** : affection nerveuse sans base anatomique connue, caractérisée par des troubles psychiques divers (angoisses, obsessions, phobies...) mais pas par une altération profonde de la personnalité, contrairement à la psychose. ● **PSYCHANALYSE** : affection psychique dont les symptômes résulteraient d'un conflit affectif ayant ses racines dans l'histoire infantile du sujet.

La définition de la névrose a varié depuis l'introduction du terme par un médecin écossais (W. Cullen) en 1777. Aujourd'hui, le mot recouvre principalement trois « formes cliniques » : la névrose obsessionnelle, l'hystérie*, et la névrose phobique. Les traits communs de ces affections sont : **1.** un ensemble de symptômes « névrotiques » : troubles du comportement, de l'affectivité, de la pensée, manifestant une défense contre l'angoisse*, et constituant, à l'égard d'un conflit interne, un compromis dont le sujet tire un certain profit (« bénéfices secondaires ») ; **2.** le caractère « névrotique » du moi* : celui-ci ne peut établir — à partir de la constitution de son propre personnage — ni de bonnes relations avec autrui ni un équilibre intérieur satisfaisant (*cf*. Jean Laplanche et J.-B. Pontalis, *Vocabulaire de la psychanalyse*, PUF).

● **CORRÉLAT** : inconscient ; psychanalyse ; psychose.

NEWTON Isaac (1642-1727)

> **REPÈRES BIOGRAPHIQUES**
>
> D'origine modeste, Isaac Newton devient, dès 1669, professeur de mathématiques à Cambridge, où il mène des recherches fondamentales dans les domaines de l'optique et de la mécanique. Son œuvre maîtresse, les *Principes mathématiques de la philosophie naturelle*, publiée en 1687, expose sa théorie décisive de l'attraction universelle. L'ampleur de l'œuvre d'Isaac Newton fait de lui la figure de proue de la science du XVIIIe siècle.

La science newtonienne
Isaac Newton doit surtout sa gloire à la formulation de la loi de la gravitation universelle, qui rend compte à la fois des révolutions des astres autour du soleil et de la pesanteur des corps à la surface de la terre. Newton introduit en physique le concept de masse, et rend définitivement impossible le géocentrisme que l'Église a défendu jusqu'à Galilée* (la terre ne peut être le centre autour duquel tournent les planètes puisque sa masse est inférieure à celle du soleil).

La philosophie
Newton accompagne son œuvre scientifique d'une réflexion épistémologique*

portant sur les règles de la méthode scientifique. Celles qu'il énonce seront, jusqu'à la fin du XIXe siècle, considérées comme canoniques et inviolables.

La formule fondamentale de cette méthodologie est de ne pas « forger d'hypothèses* » — principe qui renvoie d'abord à l'induction* : les théories* doivent se tirer de l'expérience*, et les lois* doivent se dégager en faisant varier les situations expérimentales de façon à mettre en évidence les rapports constants entre les phénomènes. Mais « ne pas forger d'hypothèses » est aussi une règle au moyen de laquelle Newton exprime sa défiance envers les suppositions arbitraires de la métaphysique*, susceptible de dévoyer l'expérimentation* scientifique.

● **PRINCIPAL ÉCRIT :** *Principes mathématiques de la philosophie naturelle* (1686-1687).

NICOLE Pierre (1625-1695)

REPÈRES BIOGRAPHIQUES

Théologien et janséniste lié à l'abbaye de Port-Royal. Il a collaboré aux *Provinciales* (1656-1657) de Pascal, de même qu'il a favorisé la publication de ses *Pensées* (1670). À l'occasion des persécutions exercées contre les jansénistes de Port-Royal (1679), Nicole quitte la France et rejoint son ami Antoine Arnauld en Belgique (1679).

Pierre Nicole est surtout connu pour l'élaboration, avec Antoine Arnauld*, de la logique dite « de Port-Royal » (*cf.* Logique). Il serait également à l'origine de la fameuse distinction du *fait* et du *droit*. On lui doit aussi des traités sur les sujets les plus divers (comme la beauté, par exemple), des textes d'inspiration augustinienne sur l'éducation et sur la morale*. Foncièrement rationaliste, Nicole se serait progressivement éloigné des positions mystiques ou pessimistes de ses maîtres et de ses proches (Jansénius [1585-1638], Pascal* et Arnauld).

● **PRINCIPAUX ÉCRITS :** *De la vraie et de la fausse beauté* (1659) ; (avec Arnauld) *Logique de Port-Royal* (1662) ; *Traité de la foi humaine* (1666) ; *Traité de l'éducation d'un prince* (1670) ; *Traité de l'oraison* (1679).

NIETZSCHE Friedrich (1844-1900)

REPÈRES BIOGRAPHIQUES

Friedrich Nietzsche naît à Röchen (Saxe) en 1844. Il étudie la philologie classique à l'université de Bonn et devient lui-même professeur en 1869. Ces années sont déterminées par la découverte de Schopenhauer et l'amitié, bientôt déçue, de Wagner. Son état de santé ne lui permettant plus de travailler, il mènera, à partir de 1879, une vie de relative solitude et d'errance (séjournant dans les Alpes, en Italie, au bord de la Méditerranée), que vient troubler l'échec d'une relation amoureuse avec Lou Andréas-Salomé. Il poursuit son œuvre, malgré des crises répétées de souffrance, parfois traversées de grandes joies. Il finit par s'effondrer à Turin en 1889, victime d'une crise de folie. Pris en charge par sa mère, il s'enfonce dans onze années de mutisme et d'inconscience jusqu'à sa mort, en 1900.

Nietzsche dans l'histoire de la philosophie

Il y a des philosophes qui marquent de manière décisive l'histoire de la pensée : Nietzsche estimait en faire partie. Son œuvre, assurait-il, était assez violente pour opérer dans l'histoire de l'humanité une rupture comparable à celle provoquée par le message du Christ. Il n'est pas étonnant alors que la problématisation actuelle de la post-modernité*, pour caractériser ce qui sépare irréductiblement notre époque de temps plus anciens, ne puisse se passer de la référence à Nietzsche. Il est néanmoins périlleux d'exposer l'ensemble d'une pensée qui, par sa forme déjà (une suite de textes très courts, des « aphorismes »), s'affirme dans la dispersion et l'éclatement. Cette fragmentation provient sans doute du soupçon porté sur la signification même de l'entreprise philosophique, jusqu'alors toujours interprétée comme recherche désintéressée du vrai. L'unité de la philosophie de Nietzsche est d'abord celle de la condamnation de tout ce qui a été auparavant pensé sous le nom de « métaphysique* ».

La philosophie critique

On trouvait bien dans le platonisme la thèse selon laquelle une recherche authentique du vrai ne pouvait s'effectuer qu'à la faveur d'une conversion du regard — le détournant brutalement des intérêts du sensible*, pour l'amener à la contemplation des Idées* intelligibles. Le christianisme, d'une certaine manière, reprendra à son compte cette séparation des mondes en opposant, à la sphère de la chair, de la concupiscence et du péché, la transcendance divine où règne l'absolue bonté de Dieu*. La philosophie tient peut-être tout entière, selon Nietzsche, dans cette entreprise de dépréciation de la vie sensible et du corps* au profit de vérités supérieures. Et c'est là précisément qu'a lieu le renversement nietzschéen : ramener les productions de la conscience à ses conditions vitales (cf. texte pp. 314-315). On ne doit, explique en effet Nietzsche, cette affirmation de vérités pures et éternelles qu'à des organismes malades et lâches, cherchant fébrilement dans la fiction d'un « monde vrai » un refuge contre les fortes passions de la vie* qu'ils se sentent incapables de soutenir. On pourrait même assurer que les valeurs morales de bien et de mal, présentées comme des absolus, ne sont que les méchantes trouvailles d'un peuple d'esclaves visant à déstabiliser la puissance sereine d'une aristocratie conquérante. Cette volonté du « vrai », au profit d'une vie décadente, on en trouve enfin l'expression laïque dans la science* qui apparaît comme le dernier rempart de l'esprit religieux : elle suppose une foi inconditionnée dans la vérité*. De la philosophie platonicienne au positivisme* scientifique, en passant par la morale chrétienne et la politique démocratique, l'histoire de l'Occident s'écrit comme celle des productions de l'homme du ressentiment, menant tout droit au nihilisme* et à la proclamation de la « mort de Dieu » (cf. texte ci-dessous).

La philosophie de l'affirmation

Ce monde du sensible et du corps, Nietzsche, voulant en restituer la teneur au-delà des mépris malhonnêtes de la métaphysique, nous le découvre comme « volonté de puissance* ». Traversé tout entier par une volonté de puissance, l'univers est celui des rapports de force, toujours instables, précaires et réversibles, des formes toujours mouvantes se faisant et se défaisant sans cesse, monde dionysiaque (cf. Dionysos et Apollon) de la douleur et de l'ivresse : comment un tel monde pourrait-il jamais supporter quelque chose comme l'« être » alors qu'il est un perpétuel devenir ? Mais comment aussi ne pas désespérer de ce monde voué à sa perpétuelle destruction et recréation, comment une volonté pourrait-elle encore soutenir une affirmation, laquelle s'évanouit, aussitôt posée, dans les tourbillons du devenir ? C'est ici que Nietzsche convoque les figures de l'artiste, de l'éternel retour* (annoncé par Zarathoustra*) et du surhomme*. L'artiste, par ses créations de formes, s'inscrit dans le mouvement même de la volonté de puissance : dans ce monde où tout n'est qu'apparence*, il répète l'apparence pour elle-même. Les fictions du métaphysicien étaient mystifiantes : elles voulaient nous faire oublier la volonté de puissance au profit d'un « être vrai » transcendant, alors que les fictions de l'artiste nous le révèlent. L'éternel retour (affirmant que tout ce qui est l'objet d'une volonté authentique se répétera indéfiniment), contre la menace d'une vanité totale, dresse pour la volonté de puissance l'espace où elle pourra se déployer dans l'innocence totale de son affirmation.

● **PRINCIPAUX ÉCRITS :** *La Naissance de la tragédie* (1871) ; *Humain, trop humain* (1878) ; *Le Gai savoir* (1882) ; *Ainsi parlait Zarathoustra* (1883-1885) ; *La Volonté de puissance* (1884-1886) ; *Par-delà le bien et le mal* (1886) ; *La Généalogie de la morale* (1887) ; *Ecce Homo* (1888).

LA MORT DE DIEU

Nietzsche est connu comme celui qui a annoncé avec fracas, à la fin du siècle dernier : « Dieu est mort ! ». Il y avait, dans cette formule, une dimension de provocation énorme : car après tout, Dieu en tant qu'il est Dieu est immortel ; s'il meurt, c'est qu'il n'était pas Dieu. Comment comprendre alors cette déclaration emphatique ? Faut-il y voir simplement un sens métaphorique qui équivaudrait à « les hommes ne croient plus en Dieu, c'est la foi qui a disparu » ? Nietzsche ne serait-il qu'un banal athée ? Le texte qui suit permet peut-être d'en décider autrement.

◆ **Nietzsche**

« L'insensé. — N'avez-vous pas entendu parler de ce fou qui allumait une lanterne en plein jour et se mettait à courir sur la place publique en criant sans cesse : "Je cherche Dieu ! Je cherche Dieu !" Mais comme il y avait là beaucoup de ceux qui ne croient pas en Dieu, son cri provoqua un grand rire. S'est-il perdu comme un enfant ? dit l'un. Se cache-t-il ? A-t-il peur de nous ? S'est-il embarqué ? A-t-il émigré ? Ainsi criaient-ils et riaient-ils pêle-mêle. Le fou bondit au milieu d'eux et les transperça du regard. "Où est allé Dieu ? s'écria-t-il, je vais vous le dire. Nous l'avons tué, vous et moi ! C'est nous, nous tous, qui sommes ses assassins ! Mais comment avons-nous fait cela ?" [...] La grandeur de cet acte est trop grande pour nous. Ne faut-il pas devenir dieux nous-mêmes pour, simplement, avoir l'air digne d'elle ? Il n'y eut jamais action plus grandiose et, quels qu'ils soient, ceux qui pourront naître après nous appartiendront, à cause d'elle, à une histoire plus haute que, jusqu'ici, ne fut jamais aucune histoire ! »

Nietzsche, *Le Gai Savoir* (1882), aphorisme n° 125, trad. A. Vialatte, Paris, Gallimard, coll. « Idées », 1950, pp. 169-170.

Le meurtre de Dieu
Le texte se présente comme une fable qui met en scène la confrontation d'un individu et d'une foule. Le personnage ne prononce pas directement la mort de Dieu, mais annonce simplement qu'il est en quête de Lui. Cette recherche provoque auprès de l'assemblée des incroyants l'hilarité générale : eux savent bien et depuis longtemps que Dieu n'existe pas... C'est alors que le fou, provoquant la stupéfaction générale, se retourne pour dire : si Dieu n'existe plus, c'est que nous l'avons tué. Nietzsche signifie par là que, dans nos sociétés modernes, la disparition de Dieu comme horizon de nos pratiques et de nos pensées, ne doit pas être comprise comme le simple effacement (qui, au fond, ne nous affecte pas tellement) d'une idole, mais comme un événement qui engage de fond en comble notre condition d'homme.

Le dépassement vers le surhomme
La mort de Dieu signifie la perte brutale de toutes nos valeurs traditionnelles (le juste, le vrai, le bon...), la destruction soudaine de tous nos repères. C'est pourquoi l'insensé a besoin d'une lanterne allumée pour avancer : l'effondrement du Dieu a plongé le monde dans l'obscurité (que faire désormais ? qui croire ? où aller ?). C'est l'histoire de l'humanité tout entière qui se trouve ainsi bouleversée : afin que la réaction de l'homme soit à la mesure de l'événement, il devra se dépasser lui-même, se redéfinir, se réinventer.

LA CONNAISSANCE ET LE MENSONGE

Nietzsche représente une rupture dans l'histoire de la pensée : cette volonté pure de vérité que la philosophie a toujours fait valoir comme sa profonde justification et le signe de son plus grand désintéressement, Nietzsche montrera qu'elle est animée en son fond par une volonté de puissance. Comment alors, si règne un tel soupçon, une connaissance peut-elle prétendre à l'objectivité parfaite ? Cette question est sans doute encore trop naïve : plutôt que de se demander comment se garder des erreurs, il faut examiner comment, dès son principe, le processus de connaissance suppose l'erreur.

« Pour rendre possible le plus infime degré de connaissance, il a fallu que naquît un monde irréel et erroné : des êtres qui croyaient à du durable, à des individus, etc. Il a fallu d'abord que naquît un monde imaginaire qui fût le contraire de l'éternel écoulement ; on a pu ensuite, sur ce fondement, bâtir quelque connaissance. On peut bien discerner, en somme, l'erreur fondamentale sur laquelle tout repose (car les antinomies peuvent être pensées) mais cette erreur ne peut être détruite qu'avec la vie ; la vérité dernière qui est celle du flux éternel de toute chose ne supporte pas de nous être incorporée ; nos organes (qui servent à la vie) sont faits en vue de l'erreur. C'est ainsi que naît chez le sage la contradiction entre la vie et ses décisions dernières ; son besoin de connaissance a pour condition qu'il croie à l'erreur et qu'il vive dans l'erreur. La vie est la condition de la connaissance. L'erreur est la condition de la vie, je veux dire l'erreur foncière. Savoir que l'on erre ne supprime pas l'erreur. Ce n'est rien d'aimer. Il nous faut aimer et soigner l'erreur, elle est la matrice de la connaissance. L'art au service de l'illusion — voilà notre culte. »

Nietzsche, La Volonté de puissance (1884-1886), t. II, livre III, § 582,
trad. G. Bianquis, cité in Nietzsche, vie et vérité, Paris, PUF, 1971, p. 186.

Connaissance et erreur
Connaître suppose qu'on ait foi en un monde stable et consistant. L'imagination, précisément, crée cet univers de réalités éternelles et définissables. Ce qu'on appelle les objets de connaissance est en fait une fiction, car le monde n'est jamais que perpétuel changement, incessante transformation des choses qui font que rien n'existe qui soit identique à soi et permanent. Cette monumentale erreur, sur laquelle repose pourtant toute l'entreprise du connaître, n'est pas une simple méprise qu'il s'agirait de lever : elle est la condition même de la vie. On ne pourrait ni connaître, ni même vivre, sans forger la fiction qu'il y a des choses fixes.

La métaphysique de l'artiste
Si tout n'est que fiction, la fonction de l'art est alors étrangement réévaluée. L'art, dans ses productions imaginaires, n'est en effet plus opposé à l'entreprise scientifique, puisqu'il en révèle au contraire le principe inavouable. Cultiver l'art, revendiquer l'illusion, c'est prolonger l'élan même de la vie.

NIHILISME

(n. m.) ● ÉTYM. : latin *nihil*, « rien ».
● SENS ORDINAIRES : **1.** Position non constructive, extrêmement critique. **2.** Doctrine proclamant la négation de toutes les valeurs reconnues.
● PHILOSOPHIE : chez Nietzsche, dévaluation des valeurs.

Le nihilisme proclame le « rien » : il nie toute valeur* transcendante, et n'accorde d'importance qu'à la destruction et à la mort. Le nihilisme trouve dans l'œuvre de Dostoïevski ses premières illustrations littéraires, sous la forme de personnages liant l'affirmation de l'inexistence de Dieu* à celle d'une égalisation de toutes les actions et valeurs — « Tout est permis ». Le nihilisme devient une problématique proprement philosophique à partir de Nietzsche*, qui voit dans cette dévaluation de toutes les valeurs le résultat logique de plus de vingt siècles d'histoire d'un Occident décadent. Le nihilisme approfondit et met le point final à une entreprise de négation des valeurs fondamentales de la vie dont participent aussi bien la philosophie classique que la morale traditionnelle, la religion chrétienne et la science moderne. Mais parce qu'il constitue la crise la plus violente d'une civilisation malade, il laisse espérer un dépassement qui soit comme une nouvelle aurore. Heidegger* reprendra ce thème du nihilisme pour l'interroger comme ultime phase d'un oubli originaire de l'être* et comme installation d'un monde dominé par la technique*.

● TERME VOISIN : relativisme.
● CORRÉLATS : absurde ; néant.

NOÈME

(n. m.) ● ÉTYM. : grec *noêma*, « pensée », de *noêsis*, « faculté de penser ». ● PHÉNOMÉNOLOGIE : selon Husserl, la noèse, dans le cadre de ce qu'il intitule l'« analyse intentionnelle », est l'acte de conscience qui vise un objet, et le *noème* est cet objet (« intentionnel ») dont le sens et les caractères réels ne sont pas dissociables de l'acte intentionnel qui le détermine (Husserl, *Idées directrices pour une phénoménologie*, NRF, 1913).

● CORRÉLAT : intentionnalité.

NOMINALISME

(n. m.) ● ÉTYM. : latin *nomen*, « nom ». ● PHILOSOPHIE : théorie selon laquelle « il n'y a rien d'universel dans le monde en dehors des dénominations, car les choses nommées sont toutes individuelles et singulières » (Hobbes).

Le nominalisme s'est développé à partir du Moyen Âge et de Guillaume d'Occam* (XIVe siècle). Il constitue une réponse au problèmes des universaux* : y-a-t-il des réalités universelles correspondant aux mots généraux dont nous nous servons (« homme », « beauté », « chien »...) ?

Certains philosophes, soutenant ce qu'on peut appeler un « réalisme de la signification », répondent en effet par l'affirmative : si la beauté est un nom qui a une signification générale, alors, quelque chose comme la « beauté en soi » ou l'« essence de la beauté » existe dans la réalité. Cela conduisit Platon*, par exemple, à affirmer l'existence d'un monde intelligible*.

Au même problème, le nominalisme donne une réponse inverse : les noms ne sont que des étiquettes grâce auxquelles nous pouvons nous représenter des classes d'individus ; les idées générales n'ont pas un objet général : ce sont des abstractions obtenues au moyen du langage.

Le nominalisme permet ainsi une critique radicale des entités métaphysiques et fut surtout défendu par des philosophies empiristes (cf. Berkeley, Hume, Condillac ; Empirisme) et positivistes (cf. Cercle de Vienne et Positivisme).

● **Corrélats** : empirisme ; individu ; langage ; positivisme ; rasoir d'Occam ; universel (querelle des Universaux).

NON-VIOLENCE

Cf. Violence.

NORMATIF

Cf. Norme.

NORME

(n. f.) ● **ÉTYM.** : latin norma, « règle », « équerre ». ● **Sens ordinaire** : état habituel ou moyen de quelque chose. ● **Philosophie** : critère ou principe qui règle la conduite, ou auquel on se réfère pour porter un jugement de valeur ; est normatif tout jugement ou discours qui énonce de tels principes.

La norme est facilement associée aux notions de loi* ou de règle*, parce qu'elle conduit, comme celles-ci, à prescrire les comportements ou les états auxquels est attachée une valeur* particulière, et parce qu'elle est, comme elles, fixée par un individu, un groupe, ou une institution. Une norme est instituée en référence soit à une moyenne (par rapport à laquelle sont mesurés des écarts, dont l'ampleur éloigne plus ou moins de la norme), soit à un idéal (le bien, le beau, le vrai sont des valeurs normatives dans les domaines de l'éthique, de l'art, de la science : l'idéal est de s'en rapprocher le plus possible). Mais comme l'a montré Georges Canguilhem* (Le Normal et le Pathologique), l'usage confond souvent norme, fait, moyenne et/ou idéal : le concept de santé, par exemple, est à la fois descriptif (« Une certaine disposition et réaction d'un organisme individuel à l'égard des maladies possibles ») et normatif (c'est la référence à la « bonne » santé comme valeur, et non à la santé comme fait, qui conduit à qualifier un état de pathologique ou de normal). Être normatif, c'est donc privilégier, voire chercher à imposer des valeurs, et seule une communauté de valeurs peut fonder l'adhésion à un jugement normatif.

● **Termes voisins** : loi ; principe ; règle. ● **Termes opposés** : anomalie ; anomie. ● **Corrélats** : éthique ; institution ; mœurs ; morale ; règle ; valeur.

NOUMÈNE

(n. m.) ● **ÉTYM.** : terme formé par Kant à partir du grec noumenon, « chose pensée ». ● **Chez Kant** : réalité intelligible ; objet de la raison que peut connaître un esprit doué d'intuition intellectuelle — par exemple Dieu —, mais pas l'homme, qui ne connaît que les phénomènes, c'est-à-dire les objets de son intuition sensible.

Parce que le noumène est humainement inconnaissable, il est parfois assimilé à la chose en soi*, que Kant* oppose également au phénomène*. Or, le noumène n'est pas la chose en soi, laquelle est l'objet tel qu'il est en lui-même, sans référence à la connaissance que quiconque — homme ou Dieu — peut en prendre. Le noumène est au contraire un objet de pensée, ou de connaissance rationnelle, une essence intelligible, au sens platonicien, même si celle-ci est inaccessible à l'esprit humain. C'est pourquoi, chez Kant, ce sont surtout les idées métaphysiques (l'âme, l'univers, Dieu) qui ont une réalité « nouménale ».

● **TERMES VOISINS** : chose en soi ; essence ; intelligible. ● **TERME OPPOSÉ** : phénomène. ● **CORRÉLAT** : métaphysique.

NOUS

(n. m.) ● **ÉTYM.** : mot grec signifiant « intellect ». ● **PHILOSOPHIE** : chez les Grecs, fonction de l'esprit grâce à laquelle celui-ci peut avoir l'« intellection » (*noêsis*) des vérités intelligibles.

Chez Anaxagore*, le *nous* est le principe organisateur des choses, grâce auquel s'opère le passage du chaos* au cosmos*. Platon* reprochera à Anaxagore d'avoir une conception trop matérielle du *nous*. Pour Platon, en effet, le *nous* est la partie intelligente de l'âme*, celle qui nous permet de connaître les essences transcendantes du monde intelligible. Le néo-platonicien Plotin* (*cf.* Néo-platonisme) fera du *nous* une hypostase* séparée de l'âme, plus proche qu'elle de l'Unité absolue, principe premier de toute réalité.

● **TERMES VOISINS** : esprit ; intellect.
● **CORRÉLATS** : âme ; connaissance ; monde intelligible (chez Platon) ; vérité.

NUMINEUX

(adj. et n. m.). ● **ÉTYM.** : latin *numen*, « volonté » et, par extension, « puissance divine ». ● **THÉOLOGIE** : ce qui inspire un sentiment absolu du sacré.

Le terme de *numineux*, introduit au début du XXᵉ siècle par Rudolf Otto, a été repris depuis par certaines théories de la religion pour désigner ce qui est radicalement sacré, conçu comme un *a priori* transcendant qui constituerait l'essence même de l'expérience religieuse. Le numineux inspirerait un sentiment du sacré comparable à nul autre. Le mot a été créé pour s'opposer à ce qu'on appréhende du religieux lorsque, d'un point de vue sociologique, l'expérience religieuse est considérée comme relative à telle organisation de telle société ou à tel moment de l'histoire.

● **TERMES VOISINS** : absolu ; sacré ; tabou. ● **TERME OPPOSÉ** : profane.
● **CORRÉLAT** : religion.

OBÉISSANCE

(n. f.) ● ÉTYM. : latin *oboedire*, « obéir ». ● SENS ORDINAIRE : acte de se plier à un ordre ou à une prescription.

L'obéissance se distingue de la pure et simple soumission par le fait qu'elle est un acte, celui de se conformer à l'ordre d'un supérieur dont l'autorité* est reconnue. L'obéissance suppose donc une forme d'adhésion à l'instance qui ordonne (institution politique ou religieuse, individu doué d'une fonction parentale ou juridique) et n'est, en ce sens, pas exclusive de la liberté*. Au contraire, Rousseau* et Kant* ont montré que l'obéissance à la loi qu'on s'est prescrite (et non pas à celle que l'on nous a imposée) constitue la forme achevée d'une liberté responsable.

● TERME VOISIN : soumission. ● TERMES OPPOSÉS : désobéissance ; insoumission.

DÉSOBÉISSANCE CIVILE

Refus d'obtempérer à une loi ou à un décret parce qu'ils sont jugés contraires au lien politique établi entre des individus libres. Ainsi la non-violence* peut-elle être considérée dans certains cas comme une résistance efficace à l'oppression, le fait de désobéir à une loi injuste manifestant l'indépendance de l'individu* par rapport à l'État*. *Cf.* H. Arendt, « La désobéissance civile », in *Du mensonge à la violence*, Pocket, 1989.

● CORRÉLATS : liberté ; obligation.

OBJECTIF

(adj.) ● ÉTYM. : formé à partir du mot *objet*. ● SENS ORDINAIRE : se dit d'une description, d'un discours qui sont impartiaux, c'est-à-dire indépendants des intérêts, convictions ou préjugés de ceux qui les énoncent ; se dit également d'une personne capable, dans ses jugements, de faire abstraction de son point de vue particulier. ● PHILOSOPHIE : 1. Dans la scolastique et chez les cartésiens, la réalité « objective » d'une idée est son mode d'existence purement spirituel : l'idée objective de soleil est le soleil « en tant qu'il existe dans l'entendement » et non « en tant qu'il est au ciel » (Descartes, *Méditations*, « Premières réponses »). 2. Depuis Kant : ce qui est conforme à la réalité ; par suite, ce qui est tenu pour vrai et peut, à ce titre, être admis par tout homme.

● TERMES VOISINS : certain ; impartial ; vrai. ● TERMES OPPOSÉS : illusoire ; partial ; subjectif. ● CORRÉLATS : objet ; réalité ; vérité.

OBJECTIVITÉ

(n. f.) ● ÉTYM. : formé à partir de l'adjectif *objectif*. ● SENS ORDINAIRE : caractère de ce qui est objectif. ● PHILOSOPHIE : 1. Caractère de ce qui existe indépendamment de l'esprit humain, par opposition à ce qui est subjectif (c'est-à-dire, ici, apparent, irréel, illusoire) ; en ce sens, le monde intelligible est « objectif » pour Platon, contrairement au monde sensible (*cf.* Allégorie de la caverne, pp. 350-352). **2.** Ce qui correspond effectivement à la réalité et constitue le fondement même de l'accord des esprits, par opposition à ce qui, chez tel ou tel, n'est que représentation contingente ou passagère. ● **Épistémologie** : caractère de la démarche scientifique en tant que : **1.** elle tend à s'affranchir de la sensibilité subjective en construisant méthodiquement son objet à partir de l'observation et de l'expérimentation ; **2.** elle vise l'adhésion de tous les savants, puis, en droit au moins, l'assentiment de tous les hommes.

À partir de Kant*, l'objectivité n'est plus le caractère de ce qui existe en soi, indépendamment de mon esprit et de tout esprit : ce qui n'est... pour personne est inconnaissable, et l'on ne peut rien en dire, en tout cas rien de certain. Ce n'est pas non plus le caractère de représentations susceptibles de susciter un quelconque consensus : après tout, on peut bien délirer ou rêver en commun. L'objectivité est plus précisément une représentation correcte de la réalité, ou encore la réalité telle qu'on a raison de se la représenter. Elle est ce qui fonde et rend possible un accord universel des esprits qu'on ne peut que postuler (et non réaliser).

● **Termes voisins** : certitude ; impartialité ; vérité. ● **Termes opposés** : partialité ; prévention ; subjectivité. ● **Corrélats** : objet ; réalité ; science ; vérité.

Objet

(n. m.) ● **Étym.** : latin *objectum*, de *objicere*, « jeter devant ». ● **Sens ordinaires** : **1.** Toute chose solide susceptible d'être perçue (ex. : « un objet perdu », « un objet non identifié »). **2.** (Abstrait) : ce qui est l'occasion ou la matière d'une pensée, d'une réflexion (ex. : « l'objet d'une conférence »). ● **Philosophie** : ce qui est pensé, par opposition à l'acte de penser ; tout ce qui existe est un objet pour le sujet qui est amené à se le représenter.

● **Termes voisins** : chose ; être matériel ; réalité. ● **Terme opposé** : sujet. ● **Corrélats** : matière ; objectif ; objectivité.

Obligation

(n. f.) ● **Étym.** : latin *obligare*, « attacher à », « engager ». ● **Sens ordinaires** : **1.** Engagement. **2.** Fait d'être lié à quelqu'un, ou de lui être redevable de quelque chose. ● **Droit** : lien juridique (en particulier à la suite d'une convention ou d'un contrat) engageant une ou plusieurs personnes. ● **Morale** : autorité impérative exercée par la conscience ou la raison lorsqu'elles définissent des valeurs morales et enjoignent de les respecter.

L'obligation ne doit pas être confondue avec la contrainte : *être obligé*, c'est, d'une manière ou d'une autre, être lié à soi-même, à ses propres engagements, soit parce qu'ils sont explicites, soit parce qu'on peut soutenir que l'intérêt* véritable ou la volonté* raisonnable de l'intéressé l'engagent tacitement. L'obligation est une autodétermination de la volonté, même si celle-ci peut être contrariée par d'autres mobiles* (les passions, les penchants égoïstes, par exemple), et relève de l'autonomie*, tandis que la contrainte renvoie à une force extérieure à soi, qui s'exerce sur soi pour obtenir un effet indépendant de la volonté et le plus souvent contraire à elle. Pour un exemple de cette opposition, voir le texte de Rousseau*, « Le droit du plus fort » (*Contrat social*, I, 3), p. 393.

● **Terme voisin** : engagement. ● **Corrélats** : contrainte ; devoir ; droit ; morale ; obéissance.

Obscurantisme

(n. m.) ● **Étym.** : dérivé du latin *obscurus*, « obscur, ténébreux ». ● **Sens courant et philosophique** : attitude intellectuelle hostile aux progrès de la connaissance et qui consiste à refuser de se laisser guider par les lumières de la raison.

◆ **Observation**

Le XVIIIᵉ siècle, siècle des Lumières*, a combattu l'obscurantisme religieux, qu'il associait à la superstition* et au fanatisme*. Les différents « intégrismes » contemporains montrent que ce combat n'est pas terminé. Mais l'obscurantisme peut prendre aussi des formes non religieuses : ainsi l'obscurantisme politique du culte des chefs dans les régimes totalitaires.

● **Termes voisins** : aveuglement ; fanatisme. ● **Termes opposés** : Lumières ; raison. ● **Corrélats** : connaissance ; progrès ; religion ; tolérance.

Observation

(n. f.) ● **Étym.** : latin *observatio*, « observation ». ● **Sens ordinaire, scientifique et épistémologique** : activité consistant à examiner les faits soit avec nos seuls sens, soit en s'aidant d'instruments spécialisés (microscope, etc.).

Au sens scientifique et épistémologique, l'observation a un statut controversé. La science classique (XVIIᵉ et XVIIIᵉ siècles) voit dans l'observation la garantie de l'objectivité* scientifique : elle permet d'établir les faits*, donc de ne pas construire de théorie* qui leur soit contraire, à condition de ne pas modifier ni interpréter les faits observés. Il est possible, en ce sens, de distinguer l'observation simple, qui se borne à enregistrer les faits, et l'expérience*, « observation provoquée » (Claude Bernard*), où nous interrogeons la nature en modifiant volontairement et artificiellement les phénomènes.

Mais cette idée de l'observation est aujourd'hui remise en cause. D'une part, la différence entre observation et expérience tend à s'estomper au fur et à mesure que la technologie scientifique se perfectionne. D'autre part, la philosophie contemporaine des sciences a mis en évidence l'impossibilité d'une observation brute ou « pure », non pénétrée d'interprétation. Nos observations spontanées sont la plupart du temps orientées par nos convictions et nos opinions. L'observation scientifique tend à maîtriser cette subjectivité mais ne lui substitue pas une observation neutre : elle remplace les interprétations personnelles par des interprétations théoriques.

L'observation est en science le meilleur moyen de confirmer une théorie, mais les faits observés ne sont intelligibles, et même parfois (comme en physique microscopique par exemple) observables, qu'en fonction de théories existantes et d'appareils scientifiques qui sont eux-mêmes des « théories matérialisées » (Gaston Bachelard*).

● **Termes voisins** : expérience ; expérimentation. ● **Corrélats** : empirisme ; loi ; théorie.

Obstacle épistémologique

Cf. Épistémologie.

Occam (ou Ockham) Guillaume d' (vers 1290-1349)

Repères biographiques

Moine franciscain d'origine anglaise. Guillaume d'Occam commence ses études à Oxford, et les poursuit à Paris. De retour à Oxford, il y enseigne quelques années, mais ses attaques contre la papauté (Jean XXII, puis Benoît XII) le mènent à l'excommunication. Il s'exile alors à Munich, et consacre le reste de son existence à ses écrits théologiques et philosophiques, ainsi qu'à ses pamphlets politiques, dirigés principalement contre l'institution pontificale.

On connaît surtout Guillaume d'Occam pour ses prises de position dans la fameuse « querelle des Universaux* ». En ce qui le concerne, Occam n'est pas encore nominaliste*, mais il récuse le réalisme* : les réalistes soutenaient l'existence réelle, ou encore « substantielle » (la substance est ce qui se suffit à soi-même), d'entités intelligibles telles que les idées, les concepts, les nombres, ou ce que on appellera désormais les « Universaux ». Pour Guillaume d'Occam, les « Universaux » ne sont que des concepts, sans contenu objectif (c'est-à-dire existant en dehors du sujet qui les appréhende). Ils correspondent seulement à un acte de l'esprit qui les conçoit. Les mots ne sont que des termes conventionnels permettant de représen-

ter ces notions, lesquelles renvoient cependant à des données concrètes, singulières, les seules qui soient réelles. Par exemple, il y a des pères et des enfants, mais la paternité n'existe pas (pas indépendamment des pères et des enfants, en tout cas...). De même, l'« essence » n'existe pas indépendamment de l'existence : il y a là deux mots pour une seule réalité (*cf*. Rasoir d'Occam).
Cette théorie, apparemment très abstraite, ouvre cependant ce qu'on appelle aujourd'hui la « voie moderne ». D'une part, par ses positions radicales, en quelque sorte « positivistes* » avant la lettre (la « règle d'économie » prescrit de rejeter les hypothèses oiseuses, et de s'en tenir à ce qui n'est pas contestable), elle inaugure la déconstruction* rigoureuse de la métaphysique occidentale. Mais d'autre part, et en toute logique, Guillaume d'Occam conteste l'existence de structures éternelles ayant inspiré Dieu lui-même, et régissant, par voie de conséquence, la nature. L'ordre du monde est radicalement contingent : il aurait pu être autre. Il n'y a donc pas de savoir possible des desseins divins, et seule la révélation nous fournit des certitudes. Dès lors, toute médiation (celle du pape ou des princes) entre nous et l'au-delà est superflue. Guillaume d'Occam récuse donc l'autorité pontificale et élabore une théorie de la séparation des pouvoirs spirituels et temporels. Sur le plan politique, il défend le droit naturel de chacun à disposer de sa vie comme il l'entend, en toute indépendance, et il affirme, avec une audace incontestable, la nécessité de faire procéder toute autorité politique du consentement des hommes. À la suite de Duns Scot (théologien et philosophe écossais, 1270-1308), il ébauche une théorie du contrat social*.
On peut supposer que l'ensemble de cette philosophie a exercé une influence considérable dès la fin du Moyen Âge, et a contribué à fonder ce qui deviendra la doctrine laïque occidentale.

● **Principaux écrits** : *Commentaire sur les sentences* (1318-1319) ; *Somme de toute la logique* (1323) ; *Bréviloque sur la puissance du pape* (1334-1343).

Occasionnalisme

Cf. Cause (Cause occasionnelle) et Malebranche.

Œdipe

Personnage mythique grec. Fils du roi Laïos et de la reine Jocaste, Œdipe est éloigné de la maison paternelle lorsqu'un oracle apprend à ses parents qu'il tuera son père et épousera sa mère. Effectivement, devenu adulte, il se querelle avec un voyageur au détour d'un chemin, et le tue. Ce voyageur n'est autre que Laïos, son père. À Thèbes où il se rend, il répond aux questions du Sphinx, puis il épouse Jocaste. Thèbes est alors ravagée par la peste, et l'épidémie est interprétée comme une manifestation de la colère des dieux. Le coupable ne peut être qu'Œdipe — qui se crève les yeux lorsqu'il apprend la vérité, tandis que Jocaste se pend. Chassé par ses fils, il erre sur les routes de l'Attique, guidé par sa fille Antigone. Euripide et Eschyle lui ont consacré de nombreuses œuvres, mais c'est Sophocle qui a su donner à ce mythe une dimension tragique incomparable.

Complexe d'Œdipe

Désigne, en psychanalyse, l'attachement amoureux, ou érotique, du jeune enfant à l'égard du parent de sexe opposé.
La sexualité, selon Freud*, ne se réduit pas aux activités génitales : elle commence dès les premiers jours de la vie et elle recouvre toutes les excitations et activités qui procurent un plaisir* irréductible à l'assouvissement d'un besoin* physiologique fondamental. Les enfants ont donc une sexualité, et leur objet (c'est-à-dire l'être aimé et désiré parce qu'il est source d'apaisement et de plaisir) est d'abord la mère, puis, dans un deuxième temps (pour la fille), le parent de sexe opposé. Cet amour possessif et exclusif entraîne des sentiments hostiles — et même des souhaits de mort — à l'égard du parent (et rival) du même sexe. Le complexe d'Œdipe connaît son point culminant vers l'âge de quatre ou cinq ans, puis décline (normalement...) à l'issue d'une crise décisive pour le développement ultérieur de la personnalité. Les psychanalystes, en général, estiment que le complexe d'Œdipe joue un rôle fondamental dans la structuration de la personne, et cela dans toutes les cultures, mêmes les plus diverses.

ŒUVRE

(n. f.) ● **ÉTYM.** : latin *opus, -eris*, « activité », « œuvre ». ● **SENS ORDINAIRES ET PHILOSOPHIQUES : 1.** Activité humaine, travail ou produit d'un travail (ex. : « l'œuvre d'un savant »). **2.** Résultat concret d'un ensemble d'activités et de travaux finalisés (ex. : « les œuvres d'un peuple »). ● **ESTHÉTIQUE :** toute production, matérielle ou symbolique, originale, témoignant d'un style, et pouvant prétendre à une certaine pérennité (« œuvre d'art »).

L'usage confond le plus souvent l'œuvre et le produit — industriel ou artisanal — c'est-à-dire tout résultat sensible du travail* et de la technique* humains. Toutefois, l'œuvre, au sens strict, est une construction symbolique qui porte la marque de l'esprit et qui témoigne de son inscription historique dans la matière : car la conscience*, selon Hegel*, se révèle à elle-même dans ses œuvres sensibles. Mais certaines œuvres sont au plus haut point les « manifestations sensibles de l'Idée » car, en elles, forme et matière ne sont plus dissociables : ce sont les œuvres d'art. Dans *La Condition de l'homme moderne*, Hannah Arendt* insiste pour sa part sur l'opposition — irréductible à ses yeux — entre les produits du travail et les « œuvres ». Tandis que le travail est « consentement à la nature » car il enferme inexorablement l'homme dans la circularité de la production-consommation, l'œuvre nous arrache à l'écoulement du temps et prend possession des choses, tout en nous délivrant de l'empire de la nécessité. Éminemment inutile et gratuite, l'œuvre seule peut faire apparaître un monde* auquel l'homme peut s'accorder, car « la source immédiate de l'œuvre d'art est l'aptitude à penser » *(ibid.)*.

● **TERME VOISIN :** création. ● **TERMES OPPOSÉS :** labeur ; produit. ● **CORRÉLATS :** art ; création ; liberté ; technique ; travail.

OLIGARCHIE

(n. f.) ● **ÉTYM.** : grec *oligos*, « en petit nombre » et *archê*, « ce qui est premier », d'où « magistrature ». ● **SENS ORDINAIRE :** régime politique dans lequel le pouvoir est exercé par un petit nombre.

Une oligarchie n'est pas nécessairement une aristocratie* : ce ne sont pas nécessairement « les meilleurs » (*oi aristoi*) qui y exercent le pouvoir. Ce n'est pas non plus nécessairement une tyrannie*, une junte (même si tel est le cas le plus souvent) : une oligarchie peut s'installer au pouvoir sans recourir à la force. On pourrait même imaginer, à certaines conditions, l'existence d'un pouvoir oligarchique dans le cadre d'une république*. Tout dépend des critères de sélection pour accéder au pouvoir et des fins poursuivies par l'exercice de ce pouvoir.

● **TERMES VOISINS :** aristocratie ; despotisme ; ploutocratie ; tyrannie. ● **TERMES OPPOSÉS :** démocratie ; monarchie. ● **CORRÉLATS :** autorité ; État ; gouvernement ; politique ; pouvoir ; république ; totalitarisme.

ONTIQUE

(adj.) ● **ÉTYM.** : grec *on, ontos*, participe présent de *einai*, « être ». ● **CHEZ HEIDEGGER :** désigne ce qui se rapporte à l'étant, c'est-à-dire aux êtres du monde, par opposition à l'ontologique, qui se rapporte à « l'être en tant qu'être ».

ONTOLOGIE

(n. f.) ● **ÉTYM.** : grec *on, ontos*, participe présent de *einai*, « être », et *logos*, « discours ». ● **PHILOSOPHIE :** discours qui prend pour objet non pas telle catégorie particulière d'être mais « l'être en tant qu'être ».

Bien que le mot ontologie ne date que du XVIIe siècle, le principe peut en être trouvé chez Aristote*, selon lequel « il y a une science qui étudie l'être en tant qu'être », opposée aux sciences particulières « qui découpent quelque partie de l'être et en étudient les propriétés » (*Métaphysique*, ▲ 1).

L'ontologie serait ainsi l'étude de l'essence de l'être*, de ce qui fait qu'un être est ; elle serait l'étude du fondement* de l'ordre des choses. C'est pourquoi l'ontologie a fini par devenir synonyme de métaphysique et s'est posée comme science suprême ou universelle.

Heidegger* reproche à la métaphysique traditionnelle d'avoir donné à la question ontologique une réponse positive en cherchant l'essence de l'être dans un être ultime et inconditionné (Dieu par exemple, considéré comme un « être suprême »). Car celui-ci est encore, même s'il est condition de tous les autres, un être, un étant* — fut-il suprême — et non pas l'être. Ainsi Heidegger distingue l'ontologie des questions ontiques*, qui ont pour objet les étants.

La philosophie contemporaine fait donc de l'ontologie la compréhension du sens de l'être, plus qu'une « science » déterminée. Cette question du sens de l'être, si elle est abordée à partir d'une réflexion sur le langage, devient une interrogation sur le statut des entités à l'œuvre dans le discours (Bertrand Russell*, W.O. Quine*). Par exemple, pour Quine, la question : « Y a-t-il des dinosaures ? » est une question qui relève des sciences naturelles ; mais la question de savoir ce qu'on signifie par « il y a » est une question ontologique.

■ ● **TERME VOISIN** : métaphysique.

PREUVE ONTOLOGIQUE

Cf. Preuve de l'existence de Dieu.

■ ● **CORRÉLATS** : être ; théologie.

OPINION

(n. f.) ● **ÉTYM.** : latin *opinari*, « émettre une opinion ». ● **SENS ORDINAIRE** : avis, jugement porté sur un sujet, qui ne relève pas d'une connaissance rationnelle vérifiable, et dépend donc du système de valeurs en fonction duquel on se prononce. ● **PHILOSOPHIE** : jugement sans fondement rigoureux, souvent dénoncé dans la mesure où il se donne de façon abusive les apparences d'un savoir.

L'interrogation sur la nature de la vérité* et les moyens de l'atteindre a conduit nombre de philosophes à distinguer, entre les différents types de connaissance possibles, ceux qui conduisent effectivement à la vérité, et ceux qui en éloignent. En un premier sens, l'opinion est ainsi traditionnellement considérée comme un genre de connaissance peu fiable, fondée sur des impressions, des sentiments, des croyances* ou des jugements de valeur subjectifs. Pour Spinoza*, par exemple, elle est forcément « sujette à l'erreur et n'a jamais lieu à l'égard de quelque chose dont nous sommes certains mais à l'égard de ce que l'on dit conjecturer ou supposer » (*Court traité,* chap. II). Depuis Platon*, et jusque chez de nombreux penseurs contemporains, l'opinion est dénoncée comme *a priori* douteuse, illusoire ou fausse, voire dangereuse, lorsqu'elle cherche à s'imposer en dissimulant la faiblesse de ses fondements sous les apparences de la plus claire certitude. Selon Adorno* (*Modèles critiques,* 1963), « l'opinion s'approprie ce que la connaissance ne peut atteindre pour s'y substituer », elle rassure à bon compte, parce qu'« elle offre des explications grâce auxquelles on peut organiser sans contradiction la réalité contradictoire ». Tel est bien le « fonctionnement psychique » qui sous-tend, par exemple, les opinions racistes* : pour être plus crédible, la peur de l'autre prend le masque de l'affirmation de son infériorité ou de la mise en garde contre le danger qu'il est censé représenter. La justesse de ces analyses ne doit pas faire oublier qu'en un autre sens, l'opinion constitue une forme de connaissance utile, voire un type de jugements éminemment respectables. Dans le *Ménon*, Platon reconnaît aux opinions droites la faculté, sur les sujets qui ne relèvent ni de la science ni de la simple conjecture, d'éclairer l'action humaine. Dans le domaine moral par exemple, à défaut de vérités* certaines, des intuitions* justes relatives au bien* peuvent guider efficacement l'éducation ou l'action, en leur fixant pour but la satisfaction d'intérêts conformes aux exigences de la réflexion, et non à la soumission aux apparences ou au plaisir immédiat. Enfin, sur toutes les questions qui engagent des choix individuels qu'aucune autorité ne peut légitimement contraindre — la religion*, la préférence politique, l'adhésion à une conception du monde — la liberté d'opinion est un droit fondamental, dans les sociétés démocratiques en tout cas, dès l'instant où ceux auxquels elle est garantie n'en usent pas au détriment de la liberté d'autrui.

Analysée dans le *Traité théologico-politique* (*cf.* texte p. 426), où Spinoza insiste sur la nécessité d'une indépendance absolue des opinions religieuses et de leur expression par rapport à l'État, la liberté d'opinion est proclamée dans la

◆ Optimisme

Déclaration des droits de l'homme et du citoyen de 1789. Et depuis près d'un siècle, elle est au cœur du principe de la laïcité* qui garantit (en particulier en France) la séparation entre l'Église et l'État.

● **TERMES VOISINS :** avis ; croyance.
● **TERME OPPOSÉ :** science.

OPINION PUBLIQUE
Ensemble fluctuant de prises de positions portant sur des questions politiques, morales, économiques... Les « sondages d'opinion » prétendent en constituer une sorte de baromètre.

● **CORRÉLATS :** connaissance ; conviction ; croyance ; doute ; foi ; jugement ; préjugé.

OPTIMISME

(n. m.) ● **ÉTYM. :** latin *optimum*, « le meilleur ». ● **SENS PREMIER :** néologisme introduit en 1737 par les jésuites dans le *Journal de Trévoux* pour désigner la doctrine de Leibniz. ● **SENS ORDINAIRE :** tendance naturelle à toujours considérer les choses du bon côté et à avoir confiance en l'avenir. ● **PHILOSOPHIE :** doctrine de Leibniz selon laquelle notre monde est le meilleur des mondes possibles.

Affirmer, comme Leibniz*, que ce monde est le meilleur possible, qu'il est un « optimum », ce n'est pas dire qu'il est parfait, c'est admettre la réalité du mal. La question, alors, dans une perspective chrétienne, est de rendre compatibles l'existence du mal* et l'existence d'un Dieu* tout-puissant et bon. La réponse de Leibniz, dans la *Théodicée* (litt. : « justice de Dieu »), est que, parmi tous les mondes possibles, Dieu a nécessairement créé le meilleur, c'est-à-dire celui qui comporte le moindre mal pour un maximum de bien. C'est contre cet optimisme que Voltaire*, après le grand tremblement de terre de Lisbonne, écrira son *Candide*. Leibniz y est visé, mais aussi Alexander Pope, philosophe et poète anglais, disciple de Spinoza*, pour qui le mal, en tant que privation, n'existe pas, ou n'est qu'apparence (*Essai sur l'homme*). Mais si Voltaire critique l'optimisme métaphysique, c'est-à-dire l'idée selon laquelle le mal est justifiable et cesse d'être un scandale ou en tout cas un mystère pour le croyant, il partage avec nombre de ses contemporains la conviction que le progrès* technique et politique peut améliorer l'existence des hommes. Le siècle des Lumières* en effet croit que, sous certaines conditions, un perfectionnement moral et intellectuel de l'humanité est possible. L'*optimum*, ici, n'est pas donné, mais il est à produire. Il s'agit peut-être moins, dans ce cas, d'optimisme que de « méliorisme », c'est-à-dire de la conviction selon laquelle le monde n'est ni exempt de mal, ni le meilleur possible, mais en voie de perfectionnement ou d'amélioration.

● **TERME VOISIN :** méliorisme.
● **TERME OPPOSÉ :** pessimisme.
● **CORRÉLATS :** mal ; progrès ; théodicée.

ORDRE

(n. m.) ● **ÉTYM. :** latin *ordo*, « rang ». ● **SENS ORDINAIRES : 1.** Disposition, arrangement (l'ordre d'une cérémonie). **2.** Commandement (l'ordre d'un supérieur auquel il est obligatoire d'obéir). **3.** Domaine spécifique ou ensemble (l'ordre de la pensée et celui de l'être).

L'ordre désigne à la fois l'agencement d'un ensemble d'éléments divers et le principe d'unité de cet ensemble. Il est donc ce par quoi une réalité échappe à l'arbitraire et au chaos en prenant une forme* déterminée. L'ordre est, à ce titre, indissociable de la loi* qui définit une relation nécessaire entre plusieurs termes, ce qui explique que l'on parle aussi d'un ordre pour qualifier un commandement venu d'un supérieur et auquel il est nécessaire de se conformer. Selon Leibniz*, rien ne se fait hors d'ordre, c'est-à-dire que tout dans l'univers est disposé par Dieu selon le principe de raison suffisante et qu'il n'y a pas de place dans la création pour l'arbitraire. L'ordre est donc ce qui assigne à chaque chose sa place et, par là, rend la réalité intelligible et accessible à l'esprit. On peut néanmoins se demander si l'ordre est dans les choses ou seulement dans la pensée qui tente de les comprendre. Dans la seconde hypothèse (celle de Kant*), c'est l'entendement* qui ordonne le réel en lui donnant une forme déterminée qui n'est autre que celle de la connaissance.

L'ordre implique aussi une forme de hiérarchie, ce qui est particulièrement clair dans le sens politique* du terme. On parlera alors de l'*ordre de la société* pour désigner à la fois son principe d'organisation et sa structure pyramidale. Dans cette perspective, c'est bien le désordre* (au sens d'anarchie*) qui doit être évité par un tel agencement. De la même manière et souvent de manière péjorative, on appelle « ordre moral » l'ensemble des institutions et des pratiques qui structurent la vie d'une communauté. Ici, l'ordre apparaît comme ce qui freine l'innovation ou brime la liberté* plutôt que comme ce qui rend possible la survie du groupe.

● **TERMES VOISINS** : commandement ; structure. ● **TERMES OPPOSÉS** : chaos ; désordre. ● **CORRÉLATS** : loi ; raison ; unité.

ORGANICISME

(n. m.) ● **ÉTYM.** : formé à partir d'*organisme*. ● **BIOLOGIE** : doctrine qui considère que la vie est le résultat de l'organisation, par opposition au mécanisme, qui réduit la vie à des données physico-chimiques, et au vitalisme qui insiste sur la spontanéité du vivant. ● **SOCIOLOGIE** : théorie selon laquelle les sociétés fonctionnent comme des organismes.

Si l'on adopte la théorie organiciste, on devra admettre que le tout (la société, la communauté) est premier par rapport à ses parties (les individus) et qu'il les détermine. Comme dans l'organisme vivant*, les parties ne sont pas concevables indépendamment des relations qu'elles entretiennent entre elles (*cf.* Spencer, Malinowski, et, dans une certaine mesure seulement, Durkheim*).

● **CORRÉLATS** : holisme ; organique ; organisme ; vivant.

ORGANIQUE

(adj.) ● **ÉTYM.** : grec *organikos*, « qui concerne les instruments ». ● **BIOLOGIE** : **1.** Ce qui concerne les êtres vivants en général (ex. : « chimie organique »). **2.** Ce qui concerne plus particulièrement le fonctionnement des corps vivants. ● **SENS ORDINAIRE** : tout ce qui, dans les institutions humaines ou dans les faits sociaux, présente un caractère d'analogie avec le vivant : une structure complexe et nettement différenciée, un principe d'organisation interne, des liens d'interdépendance ou de solidarité étroits entre les parties.

● **CORRÉLATS** : mécanique ; organicisme ; organisme ; vivant.

ORGANISME

(n. m.) ● **ÉTYM.** : formé à partir de l'adjectif *organique*. ● **BIOLOGIE** : être organisé, c'est-à-dire constitué d'organes différenciés et interdépendants, définis par une (ou plusieurs) fonction(s) spécifique(s). ● **SOCIOLOGIE** : par analogie avec l'organisme vivant, totalité structurée complexe comportant des éléments qui sont à la fois différenciés et coordonnés (*cf.* Communauté).

L'organisme vivant s'oppose à la fois aux êtres inanimés et aux machines. Contrairement aux premiers, il est organisé (il constitue une totalité unifiée d'organes solidaires), doué d'une certaine autonomie variable selon le degré de complexité des organismes, et il comporte un principe de mouvement interne (qui se traduit par la croissance chez les végétaux, la mobilité chez les animaux). Par opposition aux machines, qui contiennent également une « force motrice », c'est-à-dire un principe de mouvement, il comporte, selon Kant*, deux caractéristiques : une relation d'échange continuel avec le milieu, d'une part ; une faculté d'autoprogrammation ou « force formatrice » d'autre part.
Même si certaines machines peuvent atteindre un très haut degré de complexité (un satellite par exemple), seuls les êtres vivants évoluent spontanément, se réparent eux-mêmes et se reproduisent. En d'autres termes, l'être vivant semble régi par une finalité interne, contrairement aux machines dont les fonctions ont été définies par leur concepteur. Toutefois, il existe aujourd'hui des machines susceptibles d'adaptation limitée (un thermostat, par exemple) ; et l'on tente maintenant de construire des ordinateurs conçus sur le modèle de l'organisme vivant.

◆ Organon

● **TERMES VOISINS** : animal ; être vivant. ● **TERMES OPPOSÉS** : chose ; être inanimé ; machine. ● **CORRÉLATS** : biologie ; sociologie.

ORGANON

(n. m.) ● **ÉTYM.** : grec « instrument ».
● **PHILOSOPHIE** : nom donné traditionnellement, depuis les premiers siècles de l'ère chrétienne, à l'ensemble des traités dits « logiques » d'Aristote*. Par extension, le terme d'*organon* désigne la méthode, l'instrument de la connaissance, comme dans le *Novum Organum* de Francis Bacon. Mais, pour celui-ci comme pour tous les modernes, la logique ne peut constituer le seul instrument de la science : l'intuition est également nécessaire. Dans la *Critique de la raison pure*, Kant montre ainsi que la logique, qui n'est que formelle, n'est qu'un « canon » et non un *organon* : n'étant qu'un critère négatif pour la connaissance, elle n'est en aucun cas un moyen de découverte de la vérité.

● **CORRÉLATS** : logique ; méthode.

ORIGINE

(n. f.) ● **ÉTYM.** : latin *originis*, « apparition », « naissance ». ● **SENS ORDINAIRES** : **1.** Première manifestation ou apparition de quelque chose dans le temps (ex. : « l'origine de la terre »). **2.** Ce qui explique soit l'avènement, soit le développement d'un phénomène ou d'un ensemble de phénomènes (ex. : « les origines du christianisme »).

La confusion des deux sens du mot origine conduirait à accorder à ce terme une unité qu'il n'a pas : or, de tels amalgames sont lourds de faux problèmes philosophiques. C'est ainsi que Kant* distingue le commencement de nos connaissances, qui est l'expérience (« Toute connaissance commence avec l'expérience, cela ne soulève aucun doute »), et leur fondement, qu'il situe dans « ce que notre pouvoir de connaître produit de lui-même ». Plus généralement, il paraît prudent de dissocier nettement les différentes problématiques philosophiques de l'origine. En ce qui concerne l'origine de l'univers*, la question scientifique du commencement doit être soigneusement séparée de celle, métaphysique* cette fois, de sa raison d'être (« Pourquoi, se demande Leibniz*, y a-t-il quelque chose plutôt que rien ? »). La question de l'origine de faits d'ordre culturel (le langage par exemple) et des institutions en général peut être posée en termes historiques ou philosophiques : elle engage une réflexion sur la fonction ou la finalité de tel ou tel phénomène social (la religion par exemple). Quant à la problématique de l'origine de la vie, elle est à la fois scientifique (*cf*. Évolutionnisme), métaphysique et éthique. Ici encore, il est sans doute préférable de ne pas confondre les approches, et de traiter séparément les questions de fait (qui relèvent de la science) et les questions de droit (l'être humain n'est-il qu'un succédané d'australopithèque ? La vie humaine n'a-t-elle qu'une valeur relative ?). Les juristes, les philosophes et les savants qui réfléchissent aujourd'hui sur la bioéthique* (statut de l'embryon, etc.) prennent soin d'éviter ce type de confusions.

● **TERMES VOISINS** : commencement ; fondement ; principe ; raison. ● **CORRÉLATS** : création ; Dieu ; événement ; généalogie ; institution ; temporalité.

PACTE

cf. Contrat.

PAIX

(n. f.) ● ÉTYM. : latin *pax*, « paix ».
● SENS ORDINAIRES : **1.** Situation d'une nation, d'un État, qui n'est pas en guerre. **2.** Rapports non conflictuels entre les hommes ; absence d'hostilités et de violences ouvertes au sein d'une communauté. **3.** Relations harmonieuses, ou de concorde, entre membres d'une ou de plusieurs communautés.
● PSYCHOLOGIE : état de sérénité de l'esprit qui n'est troublé par aucune passion.

La réflexion théorique concernant la violence et la guerre est plus nourrie que celle qui prend la paix pour objet. Car si la paix est difficile à établir, l'idée de paix est également extrêmement délicate à penser.

La définition courante — négative — est par là même insuffisante et ambiguë. L'« absence de tout conflit », cela signifie-t-il l'absence de toute violence, de toute hostilité, ou même de tout affrontement ? En d'autres termes : la paix exclut-elle les conflits idéologiques, ainsi que les luttes et les rivalités économiques ? Mais l'embarras n'est pas moindre si l'on se tourne vers une définition positive : conçue comme concorde, unité et harmonie, la paix est une idée équivoque. Car la véritable « tranquillité sociale » peut être obtenue au prix d'une répression des puissances vitales, dont on mesure difficilement les implications et les conséquences (depuis la terreur totalitaire jusqu'à la « paix » perpétuelle des cimetières !).

La représentation individuelle de la paix (« état de sérénité qu'aucune passion ne vient troubler ») ne peut donc servir de modèle à la paix publique. L'ayant compris, les grands théoriciens de la paix (de Dante à Raymond Aron*) raisonnent d'abord en réalistes et pensent l'ordre à venir en termes de tensions, de rapports de puissances et d'équilibre des forces.

La paix, de ce fait, impliquerait nécessairement l'autorité, imposée ou concertée (« L'homme est un animal qui a besoin d'un maître », écrit Kant*), pour mettre la guerre et la violence hors la loi puis imposer des relations confiantes entre les hommes et les États. Raisonnablement pessimiste, Kant a bien vu que l'on ne peut compter exclusivement sur les décisions rationnelles de chefs d'État soucieux d'échapper à l'insécurité permanente (projet de Bernardin de Saint-Pierre). Une paix mondiale durable implique la généralisation à tous les États du système républicain, seul capable d'assurer la dépendance de tous à l'égard d'une législation unique (*Projet de paix perpétuelle*). La paix internationale suppose également le développement d'une sociabilité à l'échelle universelle — ce que Kant nomme le « droit cosmopolite ». Or ce droit n'est pas seulement une « idée de la raison » ; il surgit aujourd'hui de la prise de conscience d'une proximité croissante des hommes sur la surface finie de la terre (Paul Valéry). Selon Claude Lefort, cette situation inédite de dépendance étroite des sociétés et des agissements humains pourrait nous conduire, dans le meilleur des cas, à « l'institution d'un espace public à l'échelle mondiale tel que les divisions y puissent trouver une autre expression que la guerre » (« L'idée de paix et l'idée d'humanité », in *Lire, à l'épreuve du politique*).

> ● **TERMES VOISINS :** ataraxie ; concorde ; tranquillité. ● **TERMES OPPOSÉS :** guerre ; hostilité. ● **CORRÉLATS :** État ; guerre ; humanité ; république ; violence.

PANLOGISME

> (n. m.) ● **ÉTYM. :** grec *pan*, « tout » et *logos*, « raison, discours ». ● **PHILOSOPHIE :** doctrine attribuée à certains philosophes — Hegel en particulier — et selon laquelle tout ce qui existe est intégralement rationnel et intelligible. La réalité serait entièrement *logique* et, par conséquent, déductible de ses prémisses.

> ● **CORRÉLATS :** logique ; rationalisme ; système.

PANOFSKY ERWIN (1892-1968)

> **REPÈRES BIOGRAPHIQUES**
>
> Philosophe et historien de l'art allemand, né à Hanovre où il effectue ses études. Devenu enseignant, il poursuit ses recherches à Hambourg jusqu'en 1933, date à laquelle le nazisme le contraint à s'exiler aux États-Unis, où il est professeur à l'université de New York, puis à celle de Princeton.

Selon Panofsky, la compréhension d'une œuvre d'art conjugue trois niveaux d'interprétation :
1. Le niveau *formel*, consistant à décrire et reconnaître les « motifs » concrets, c'est-à-dire ce que l'on observe à partir de sa propre expérience ordinaire, contrôlée par une connaissance de la façon dont telles formes représentent à telle époque telles réalités (exemple : c'est une table autour de laquelle sont réunis treize hommes aux visages graves...).
2. Le second niveau, dit *iconographique*, accessible grâce à la connaissance de la tradition littéraire et de l'histoire des « types », c'est-à-dire de la façon dont tels motifs renvoient traditionnellement à tels thèmes culturels, consiste à comprendre quelles images ou histoires ou symboles sont ainsi représentés (dans l'exemple ci-dessus, il s'agit de la Cène, c'est-à-dire du dernier repas du Christ avec ses disciples, au cours duquel il leur annonce qu'il va être trahi par l'un d'entre eux, puis crucifié).
3. Le troisième niveau (le plus conceptuel), dit *iconologique*, consiste, en s'appuyant sur une connaissance des « tendances les plus profondes de l'esprit humain », à ressaisir la signification interne, le « contenu » spirituel, non seulement pour l'artiste, mais pour l'époque, de ce qui est ainsi représenté.

À travers ce qu'il appelle l'*iconologie*, qui n'est évidemment possible que si elle s'appuie sur l'analyse formelle et l'interprétation iconographique, Panofsky, s'inspirant de son maître Ernst Cassirer*, appréhende donc les œuvres comme des « formes symboliques » qui manifestent, dans le cadre déterminé de la « représentation du monde » d'une époque, les tendances les plus profondes de l'esprit humain. Derrière les variations historiques qui les affectent, les œuvres d'art sont expressives d'un invariant renvoyant à ce qu'il y a de plus fondamental dans l'expérience humaine. Leur compréhension passe par une connaissance approfondie de la façon dont les différentes époques abordent le monde, tant sur le plan religieux, que politique ou scientifique...
L'espace pictural perspectif de la Renaissance, par exemple, est un moyen d'exprimer une relation nouvelle de l'homme à l'infini — celui-ci symbolisant désormais un nouvel ordre cosmologique, mais aussi une nouvelle expérience du divin, et devenant aussi l'objet d'une nouvelle branche des mathématiques... En même temps, la perspective, en structurant l'espace du tableau sur le modèle du regard du spectateur, indique sans doute la promotion du sujet* qui est opérée par l'humanisme* naissant. Cet exemple montre comment Panofsky s'est efforcé d'élever l'histoire de l'art à la hauteur d'une étude de l'expérience culturelle de l'humanité dans ses dimensions les plus essentielles.

> ● **PRINCIPAUX ÉCRITS :** *Dürer* (1915) ; *Idea : contribution à l'histoire du concept de l'ancienne théorie de l'art* (1924) ; *La Perspective comme forme symbolique* (1924-1925) ; *Essais d'iconologie* (1939) ; *L'Œuvre d'art et ses significations* (1957).

PANTHÉISME

(n. m.) ● **ÉTYM.** : grec *pan*, « tout » et *théos*, « dieu ». ● **MÉTAPHYSIQUE** : doctrine selon laquelle tout ce qui existe est en Dieu ; mais celui-ci n'est pas, comme dans le christianisme par exemple, transcendant, c'est-à-dire supérieur et extérieur au monde ; il lui est au contraire immanent — telle est, par exemple, la conception des stoïciens ou, sous une forme voisine, celle de Spinoza : « Dieu, c'est-à-dire la nature ».

● **TERMES OPPOSÉS** : athéisme ; monothéisme ; théisme. ● **CORRÉLATS** : Dieu ; immanence ; métaphysique.

PARADIGME

(n. m.) ● **ÉTYM.** : grec *paradeigma*, « modèle », « exemple ». ● **SENS ORDINAIRE** : modèle exemplaire d'une chose ou d'une réalité. ● **ÉPISTÉMOLOGIE** : selon Thomas S. Kuhn : **1.** Vision du monde ou « mythe fondateur » d'une communauté scientifique particulière, à un moment précis de son histoire, qui sert de modèle de référence et qui inaugure une nouvelle tradition dans une discipline. **2.** Appareil théorique et ensemble de procédures, de lois et de schémas exemplaires constituant la « matrice disciplinaire » qui encadre et oriente provisoirement la recherche dans un domaine défini.

La notion de paradigme constitue l'une des clefs de l'épistémologie de Thomas S. Kuhn* (*La Structure des révolutions scientifiques*, 1962). L'idée générale peut se résumer de la manière suivante : l'histoire des sciences est constituée d'une suite de conceptions opposées de la nature, toutes compatibles avec les faits, mais « incommensurables » (incompatibles) entre elles. En somme, les « vérités » se succèdent et se substituent les unes aux autres, et le « progrès » scientifique n'est absolument pas cumulatif, comme l'imagine le sens commun. La notion de paradigme permet de mieux comprendre cette représentation paradoxale : chaque grande innovation théorique implique un changement de modèle (de paradigme) à l'occasion d'une crise souvent déchirante. La nouvelle représentation du réel ne s'ajoute pas aux précédentes, mais s'y substitue. Ainsi Lavoisier, par exemple, a totalement renversé la perspective des chimistes qui, avant lui, concevaient encore la combustion en termes quasi mythiques. L'histoire des sciences est donc discontinue, tout en étant pourtant irréversible : tous les « paradigmes » ne se valent pas, les nouveaux sont (en principe !) meilleurs que les anciens (plus simples, plus éclairants, plus exacts dans leurs prédictions).

● **CORRÉLATS** : épistémologie ; progrès ; révolution ; science.

PARADOXE

(n. m.) ● **ÉTYM.** : grec *para*, « contre » et *doxa*, « opinion ». ● **SENS ORDINAIRE** : affirmation de certaines théories contraires à l'opinion commune. ● **LOGIQUE** : raisonnement qui aboutit à des conséquences contradictoires ou impossibles, même si on ne parvient pas à en repérer le défaut (le paradoxe se distingue en cela du paralogisme) — par exemple : « Je suis en train de mentir » : si c'est vrai, alors c'est faux ; si c'est faux, alors c'est vrai.

Le paradoxe présente-t-il un intérêt pour la pensée ? Il peut être compris négativement, comme le fruit d'un esprit recherchant l'originalité plutôt que la vérité. Mais on peut aussi le considérer positivement, comme allant à l'encontre des opinions admises et, ainsi, comme étant susceptible d'éveiller la réflexion et d'empêcher le dogmatisme. Cette vertu du paradoxe a été cultivée dans les *Dialogues* de Platon* qui se terminent en aporie*, c'est-à-dire sans qu'une solution définitive n'ait été donnée au problème posé, mais où, grâce au questionnement de Socrate, les opinions ont été ébranlées et le désir de savoir suscité. L'utilité du paradoxe est alors articulée à une conception négative de l'opinion, conçue comme obstacle à la recherche de la vérité.

● **TERMES VOISINS** : aporie ; contradiction. ● **TERME OPPOSÉ** : opinion commune. ● **CORRÉLATS** : logique ; raison ; savoir ; vérité.

PARALLÉLISME

Cf. Corps (l'âme et le corps).

PARALOGISME

(n. m.) ● **ÉTYM.** : grec *para*, « contre » et *logos*, « discours », « raison ». ● **LOGIQUE ET PHILOSOPHIE** : raisonnement qui semble correct mais qui est en réalité défectueux.

Le paralogisme se rapproche du sophisme, bien qu'en général on utilise plus volontiers ce dernier mot pour désigner un raisonnement volontairement trompeur, le paralogisme étant, quant à lui, commis de bonne foi.
Dans la *Critique de la raison pure*, Kant* entreprend une critique des paralogismes de la raison pure, grâce auxquels la métaphysique* traditionnelle avait cru — à tort — démontrer certaines propriétés de l'âme, et en particulier son immortalité, à partir d'une analyse du sujet pensant.

● **TERMES VOISINS** : antinomie ; sophisme. ● **CORRÉLATS** : logique ; métaphysique ; vérité.

PARI

(n. m.) ● **ÉTYM.** : latin *pariare*, « rendre égal ». ● **SENS ORDINAIRE** : forme de jeu dont l'issue, c'est-à-dire le gain présumé, dépend de circonstances inconnues du joueur. ● **PHILOSOPHIE** : argument utilisé par Pascal pour convaincre les incroyants de se rallier à l'hypothèse de l'existence de Dieu. Pariez que Dieu existe, suggère Pascal : « Si vous gagnez, vous gagnez tout ; si vous perdez, vous ne perdez rien. »

● **CORRÉLAT** : Dieu.

PARMÉNIDE
(ENV. 540-450 AV. J.-C.)

REPÈRES BIOGRAPHIQUES

Né en Italie du sud, à Élée, Parménide est le représentant le plus éminent des Éléates. Auteur d'un poème philosophique, *De la nature*, dont il reste quelques fragments, il a eu une influence importante sur Platon — qui a intitulé *Parménide* l'un de ses dialogues, dont le meneur de jeu n'est pas Socrate mais l'« étranger d'Élée ».

On trouve dans le « poème » de Parménide une distinction, reprise par Platon*, entre la vérité* et l'opinion*. Celle-ci liée aux apparences, et trompeuse. Parménide rejette le sensible* et le devenir* du côté du non-être. L'être* est immuable, immobile et indivisible : d'où l'opposition, un peu schématique, faite entre cette philosophie et celle d'Héraclite*, qui affirme, quant à lui, la mobilité universelle de toute réalité. Seul l'être est, et le non-être n'est pas : telle est la (double) tautologie* qui semble résumer la philosophie de Parménide (*cf.* Présocratiques).

● **PRINCIPAL ÉCRIT** : *De la nature*.

PARTICULIER

(adj.) ● **ÉTYM.** : latin *particularis*, de *pars*, « partie ». ● **SENS ORDINAIRES** : **1.** Qui ne concerne qu'un individu ou une partie des individus d'une espèce. **2.** Remarquable, qui sort de l'ordinaire. ● **LOGIQUE** : se dit d'une proposition ou d'un jugement qui ne vaut que pour une partie des individus de la classe-sujet de la proposition.

Dans la langue ordinaire comme dans un discours philosophique, tout énoncé caractérisant une chose, un être, une situation, etc., porte soit sur la totalité des individus d'une même espèce, soit sur un certain nombre d'entre eux seulement, soit sur un seul (ex. : « Tous les hommes sont mortels ; une partie seulement sont des femmes ; un seul est le roi Louis XIV » : référée au genre humain, la première affirmation est de portée générale ou universelle*, la seconde est particulière, la troisième est singulière). Ces distinctions sont fondamentales : elles déterminent aussi bien l'un des critères majeurs de la vérité* (ex. : « Il existe des cygnes noirs » est une proposition vraie ; « les cygnes sont noirs », ou « les cygnes sont blancs », sont des propositions fausses), que la possibilité de prescrire des règles* dans des domaines comme la morale* ou le droit*. Par exemple, la distinction opérée par Rousseau* (*Du contrat social*) entre intérêts particuliers et intérêt général permet de comprendre pourquoi les lois, puisqu'elles doivent s'appliquer équitablement à tous, ne peuvent jamais avoir pour objets des actions ou des intérêts particuliers.

> ● **TERMES VOISINS :** individuel ; singulier ; spécifique. ● **TERMES OPPOSÉS :** général ; universel. ● **CORRÉLATS :** différence ; jugement ; universel.

PASCAL BLAISE (1623-1662)

REPÈRES BIOGRAPHIQUES

Né en 1623 à Clermont-Ferrand, Blaise Pascal manifeste très tôt un intérêt et une réelle aptitude pour les sciences. Dès l'âge de 17 ans, il publie un essai de géométrie : l'*Essai sur les coniques* et, en 1642, il fait construire l'une des premières machines à calculer : la machine arithmétique. Blaise Pascal a pour maître son père, Étienne Pascal, magistrat éclairé qui le fait entrer en contact avec les savants les plus réputés de son temps. Après la publication de ses *Expériences nouvelles touchant le vide* (1647), Pascal correspond avec Fermat au sujet de la « règle des partis », question qui est à l'origine du calcul des probabilités. Converti avec les siens, dès 1649, à la doctrine de Port-Royal, il défend les jansénistes en publiant les *Provinciales* (1656-1657). Mais c'est son *Apologie de la religion chrétienne* — dont les fragments sont rassemblés dans les *Pensées* — qui occupe, à partir de 1657 environ, la majeure partie de son temps. Cet ouvrage doit être retenu comme l'une des études les plus singulières de la condition humaine.

L'homme, un être divisé et contradictoire

Les *Pensées* ont été écrites afin de convertir les athées à la religion chrétienne. Pascal met ainsi l'accent sur les divisions qui déchirent l'être de l'homme et entend persuader le lecteur que la foi* est l'unique recours, le seul remède capable de combattre et de lever ces contradictions. La guerre qui se livre entre les sens et la raison interdit en effet à l'homme de se consacrer exclusivement à un plaisir immédiat et facile, mais l'empêche tout autant de renoncer à ce plaisir et d'accéder à la vérité*. « Ni ange, ni bête », l'homme est soumis à des tendances opposées qui font naître en lui une insatisfaction fondamentale.

Les différentes conceptions de l'homme proposées par la philosophie reproduisent, selon Pascal, ce paradoxe inhérent à la nature humaine. Le stoïcisme* prétend que le sage est capable de posséder la vérité et d'égaler Dieu. Les pyrrhoniens (disciples de Pyrrhon*, philosophe sceptique de l'Antiquité) et Montaigne* déclarent, au contraire qu'il est impossible d'atteindre une quelconque certitude. Ces deux écoles philosophiques conduisent ainsi à deux sortes d'excès : l'orgueil dans un cas, le désespoir et la paresse dans l'autre. Or, pour rendre raison de l'homme, il convient, selon Pascal, de ne pas verser dans ces deux excès mais bien plutôt de prendre acte du partage constitutif de la nature humaine. Il faut ainsi considérer ensemble la misère et la grandeur de l'homme.

L'amour-propre, l'imagination, le divertissement

La pensée*, laissée à elle-même, aurait tôt fait de découvrir l'inanité et la vanité de l'existence. Mais des obstacles lui barrent la route. L'amour-propre, qui signifie pour Pascal l'amour de soi*, concentre toute l'attention de l'homme sur un seul objet, lui-même, et lui évite de songer au néant* qui menace toute vie et au temps qui la ruine peu à peu. L'imagination* qui attribue aux choses et aux personnes des qualités inexistantes nous permet de meubler, de combler, de façon fictive, le vide qui hante notre condition. Le divertissement, enfin, nous éloigne également de la pensée de la mort. Se divertir signifie en effet, au sens étymologique, « se détourner de quelque chose ». Qu'il s'agisse d'un jeu ou d'une simple besogne, l'espoir de vaincre ou de réussir accapare tout notre esprit et notre volonté. Le repos, à l'inverse, est insupportable puisqu'il laisse libre cours aux tourments provoqués par la réflexion.

Dignité et impuissance de la pensée

Si Pascal s'attache à peindre la misère de la condition humaine et à dénoncer les trompe-l'œil qui masquent cette misère, il ne néglige pourtant pas ce qui constitue la grandeur de cette condition. La pensée confère une dignité inégalable à

◆ **Pascal**

l'homme, qui diffère de tout autre être, dans la mesure où il est capable de méditer sur sa condition, si misérable soit-elle. Cependant, si Pascal tempère l'avis de ceux qui ne voient que bassesse en l'homme, il s'élève également contre ceux qui ne célèbrent que sa grandeur. En effet, le pouvoir de la pensée est borné. Des empêchements extérieurs sont susceptibles de la troubler, tels les sens*, l'amour-propre, l'imagination, le divertissement, mais, surtout, la pensée comporte une limite intrinsèque. Dans un écrit intitulé *De l'esprit de géométrie*, Pascal montre notamment que la méthode idéale qui consisterait à tout définir et tout démontrer est inaccessible à la raison de l'homme. Dans les *Pensées*, il développe l'idée selon laquelle l'infinité, entendue comme l'infiniment grand et l'infiniment petit, ne peut être embrassée par l'esprit humain.

La religion, seul vrai remède

En soulignant les limites et l'impuissance de la raison, l'auteur des *Pensées* ne vise pas, cependant, à susciter le désespoir chez son lecteur : il le conduit à envisager la nécessité d'une faculté supérieure. Le cœur qui nous assure intuitivement, directement, de la présence de Dieu*, surmonte la contradiction entre les sens et la raison. Il nous communique le sentiment du mystère divin et c'est sur ce mystère que repose, selon Pascal, le paradoxe de notre condition. Le dogme du péché originel permet, en effet, selon lui, de comprendre les imperfections de l'homme en même temps que sa dignité. L'homme a perdu sa véritable nature mais il conserve néanmoins des traces de ce premier état. La misère et la grandeur de l'homme trouvent ainsi leur explication dans cette chute initiale. Il ne demeure alors qu'une solution pour l'homme : parier pour Dieu, c'est-à-dire gager une vie certaine, mais finie et misérable, contre un bien incertain mais infini — et constituant le seul véritable remède aux contradictions de l'existence.

● **PRINCIPAUX ÉCRITS :** *Essai sur les coniques* (1639) ; *Préface pour un traité du vide* (1647) ; *Provinciales* (1656-1657) ; *Pensées* (1657-1662).

VÉRITÉS DE CŒUR ET VÉRITÉS DE RAISON

La raison est ce qui nous donne accès à la vérité et nous délivre des erreurs et des illusions. Mais cette assurance qu'on peut avoir de détenir des vérités inébranlables par notre seule raison, ne risque-t-elle pas aussi de nous éloigner de Dieu et de nous faire oublier notre condition de pécheur ? C'est le sens de la remise en cause des certitudes rationnelles opérée par Pascal.

« Nous connaissons la vérité, non seulement par la raison, mais encore par le cœur ; c'est de cette dernière sorte que nous connaissons les premiers principes, et c'est en vain que le raisonnement qui n'y a point de part, essaye de les combattre. Les pyrrhoniens, qui n'ont que cela pour objet, y travaillent inutilement [...]. Et il est aussi inutile et aussi ridicule que la raison demande au cœur des preuves de ses premiers principes, pour vouloir y consentir, qu'il serait ridicule que le cœur demandât à la raison un sentiment de toutes les propositions qu'elle démontre, pour vouloir les recevoir. Cette impuissance ne doit donc servir qu'à humilier la raison, qui voudrait juger de tout, mais non pas à combattre notre certitude, comme s'il n'y avait que la raison capable de nous instruire. »

Pascal, Pensées (1657-1662), n° 282,
Paris, Hachette, éd. Brunschvicg, pp. 459-460.

Principes et déductions

Pour Descartes, l'établissement d'une vérité suppose qu'on procède de l'intuition de principes évidents à la déduction de propositions certaines. Pascal admet que ce modèle de raisonnement géométrique nous conduit à la science la plus parfaite. La science la plus parfaite et non la science parfaite. En effet, comme l'avait déjà fait remarquer Aristote, cette méthode suppose qu'on s'appuie sur des principes non démontrés, car on ne peut faire remonter indéfiniment la démonstration. C'est là un argument dont usent les sceptiques pour montrer l'impuissance de toute science à se fonder elle-même. Pascal répond en séparant radicalement les deux ordres de vérités : il y a d'un côté les premiers principes qui sont l'objet d'un sentiment immédiat du cœur, et de l'autre les déductions qui sont l'affaire de la raison.

L'impuissance de la raison
La raison n'a donc pas à demander au « cœur » des démonstrations de ses principes ; ce qui met fin à la querelle sceptique. Mais il y a plus : non seulement cette connaissance du cœur est irréductible, mais la raison en dépend pour la plus petite démonstration puisqu'elle repose sur elle ; ce qui renverse l'assurance des cartésiens. C'est par le cœur que nous sentons les vérités premières, et c'est à lui seulement que s'ouvre le Dieu chrétien.

Passé

(n. m. et adj.) ● **Étym.** : latin *passus*, « pas ». ● **Sens ordinaire et philosophique :** ce qui n'est plus, partie du temps antérieure au présent.

Par rapport à l'avenir ou au présent, le passé, par son caractère d'irréversibilité, renvoie de prime abord à une certaine impuissance, ou passivité. Non seulement il semble impossible d'agir sur lui, mais encore il pèse sur nous. Le passé détermine le présent et l'avenir. Mais si ce déterminisme est strict, s'agissant de l'univers physique, il en va autrement pour l'homme. Car alors, qu'il soit collectif (c'est-à-dire historique) ou individuel, le passé prend sens par rapport au présent et à l'avenir. L'historien ne se rapporte pas au passé de la même façon, selon ses choix et même selon son époque. L'individu peut choisir de rejeter ou d'accepter son passé par rapport au présent.

● **Termes opposés :** avenir ; futur ; présent. ● **Corrélats :** histoire ; mémoire ; temps ; temporalité.

Passion

Si entre le plaisir de boire et l'alcoolisme il y a un pas à ne pas franchir, c'est parce que, justement, l'alcoolisme n'est plus tant un plaisir* que cet état de souffrance ou de dépendance quotidienne qu'on nomme, conformément à l'étymologie du terme (*patior, pati*, « souffrir », « pâtir »), la passion. En ce sens, la passion marquerait le moment où un désir ponctuel et passager est devenu capable, non seulement de se subordonner l'ensemble des autres désirs particuliers, mais encore d'organiser, d'orienter et d'imprimer sa forme à l'ensemble d'une personnalité. L'ivrogne n'est pas un bon vivant, mais une personne à ce point attachée à la passion de l'alcool, qu'elle finit elle-même par ne plus en être que l'illustration, figure abstraite que la pensée commune et la tradition moraliste reconnaissent et dénoncent dans un type social.

L'étude des passions
La passion est donc destructrice pour le sujet qui la vit, mais elle est aussi négation même de son objet. La souffrance du passionné manifeste, en effet, une insatisfaction essentielle : si dans le désir ponctuel l'objet est le moyen de la satisfaction, dans la passion il est vidé de toute substance. L'alcoolisme est une passion parce que l'alcool n'est plus ce que recherche un individu, mais le mode même par lequel celui-ci se rapporte au monde ou le perçoit.
Comment, alors, définir la passion si elle est avant tout une forme abstraite et vide, et si, de plus, cette forme peut prendre tour à tour des déterminations contraires ? Condamnée comme vice chez l'ivrogne, la passion n'est-elle pas au contraire exaltée par une tradition romantique sous la figure de l'amoureux ? Et ce qui dans le premier cas devient destruction, n'est-il pas dans le second ce qui pousse l'amoureux au-delà de lui-même, le rendant digne de l'amour qu'il réclame ? Cette forme ambivalente et contradictoire qu'est la passion ne pourra alors être saisie qu'à travers ses manifestations concrètes que sont les passions particulières.

La raison contre les passions
Si la sagesse* fut longtemps considérée par une tradition philosophique d'origine stoïcienne comme une absence de passions, ou tout du moins une domination de celles-ci, c'est que l'état de passion marque une soumission de l'âme aux désirs* et pulsions* corporelles. Les passions sont mauvaises parce qu'elles subvertissent cette harmonie hiérarchique entre les différentes parties de l'âme qui, pour Platon*, ne pouvait s'effectuer que sous l'égide de la raison. Passion il y a quand la raison est destituée de sa position de maîtrise et qu'elle

◆ Passion

est soumise à la violence impérieuse d'une pulsion sensible. Ainsi chez Descartes* ou chez Kant*, la raison est opposée aux passions en tant que seule la raison, universelle en l'homme, peut lui donner le statut d'un être libre et autonome, sujet de la moralité. La passion est alors perversion d'un ordre et condamnée comme vice ou maladie de l'âme. Vice parce qu'elle est une disposition habituelle de la volonté à la particularité d'un désir ; maladie parce qu'elle est ce moment où une partie d'un tout organique, la personne, se développe pour elle-même et au détriment de celui-ci.

Mais cette passivité de la raison dans la passion, ne marque-t-elle pas une impuissance plus profonde ? Et même en admettant que la passion dans sa forme soit condamnable, ne faut-il pas admettre l'existence de « bonnes » passions, tel, au moins, cet amour de la vérité* qui est le moteur de toute connaissance et la caractéristique du sage ?

La logique des passions

S'il faut reconnaître que les passions ne sont jamais en elles-mêmes ni bonnes, ni mauvaises (l'amour, par exemple, menant aux pires erreurs comme à la sagesse), c'est peut-être parce qu'avant tout les passions n'appartiennent pas tant au domaine de la moralité qu'elles n'engagent une réflexion sur l'origine des idées. L'âme pâtit non pas de l'action du corps, mais de ce que celui-ci reçoit de l'extérieur un ensemble d'affections. Les passions, comme le montrent Spinoza* ou Hume*, sont autant de marques dans l'esprit de l'origine passive des idées. La raison est par définition impuissante parce qu'elle n'est pas une faculté dont le sujet serait le principe souverain. Ce qu'il faut comprendre, c'est bien plutôt le processus par lequel une passion en arrive à dominer la vie d'un homme : la logique même des passions, c'est-à-dire la façon dont elles se combinent et s'opposent.

Est-ce par devoir moral qu'un homme consacre sa vie à la recherche de la vérité, ou cet amour de la connaissance est-il en lui plus fort que tout autre désir ? Dire avec Spinoza que « la connaissance vraie du bon et du mauvais ne peut, en tant que vraie, réduire aucune affection, mais seulement en tant qu'elle est considérée elle-même comme une affection » (*Éthique*, IV, 14), c'est certes dire que la raison comme telle est impuissante, mais non pas faire de la passion une fatalité. L'homme n'est pas condamné à la passion parce qu'il n'y a, au fond, que des passions particulières qui, par leur particularité même et leur violence, jouent les unes contre les autres et s'annulent. La sagesse, en ce sens, consiste non pas à vouloir les réduire, mais à en dégager des lois, à en faire apparaître la logique interne, logique qui, comme rationnelle, est déjà œuvre de la raison. Si celle-ci peut alors maîtriser les passions, c'est qu'elle transforme un point de vue partiel, une connaissance confuse et mutilée, un rapport imaginaire au monde qui est le signe d'une passivité, en une compréhension de la formation des passions, de leur combinaison, et cette compréhension est activité.

Les passions qui font l'histoire

Du point de vue individuel, la connaissance des lois des affections corporelles permet de transformer une détermination extérieure en détermination intérieure, de changer le sens d'une passivité originelle en une activité. Mais la raison ne peut agir directement et c'est par ruse, en quelque sorte, qu'elle se manifestera encore dans l'histoire* où les hommes, finalement, sont toujours mus par l'ambition, l'orgueil, la crainte ou l'espérance.

Si les passions n'ont en elles-mêmes aucune valeur morale, elles possèdent néanmoins, pour Hegel* en particulier, une fonction nécessaire : sans leur force, aucune action ne serait accomplie, elles sont le moteur de l'histoire humaine. Ainsi, pour assouvir sa soif de pouvoir, tel prince pourrait bien devoir trouver les moyens de satisfaire le peuple et, par son égoïsme même, faire acte de charité. Pour se réaliser, une passion particulière déploie à son insu des moyens contraires à sa finalité* : elle contribue à établir le règne de l'universel et de la raison. S'il est donc vain de prétendre changer la nature des hommes qui n'agissent toujours qu'en vue de leurs intérêts particuliers, peut-être cependant est-ce la contrariété même de leurs passions qui les obligent à trouver dans la raison le seul lieu possible de leur satisfaction. Telle est la contradiction essentielle de la passion, de se réaliser toujours en autre chose qu'elle-même, d'être à elle-même sa propre négation.

● **Textes clés :** Platon, *Phèdre*, *Banquet* ; Épictète, *Manuel* ; R. Descartes, *Les Passions de l'âme* ; E. Kant, *Anthropologie du point de vue pragmatique*. ● **Terme voisin :** désir. ● **Terme opposé :** action. ● **Corrélats :** besoin ; désir ; liberté ; raison ; stoïcisme.

PATHOLOGIQUE

(adj.) ● **ÉTYM.** : grec *pathos*, « ce qu'on éprouve », « affection », et *logos*, « discours », « étude ». ● **SENS ORDINAIRE** : ce qui est de l'ordre de la maladie, c'est-à-dire ce qui constitue un dysfonctionnement, une détérioration ou une crise des fonctions naturelles, ou du comportement d'un être vivant. ● **CHEZ KANT** : ce qui relève du sentiment, par opposition à ce qui est de l'ordre de la volonté ; Kant oppose l'amour pathologique, qui ne repose que sur l'inclination, et l'amour moral qui est actif, volontaire et désintéressé.

● **TERMES VOISINS** : maladie ; morbidité ; souffrance. ● **TERMES OPPOSÉS** : normal ; sain. ● **CORRÉLATS** : affection ; amour ; passion ; sentiment.

PATOČKA JAN
(1907-1977)

REPÈRES BIOGRAPHIQUES

Jan Patočka est né en Bohême. En 1934, il fonde le Cercle philosophique de Prague. Pendant la période de la stalinisation de la Tchécoslovaquie, il occupe divers postes dans l'université, la recherche et l'édition. Coauteur (avec Vaclav Havel) et porte-parole de la « Charte 77 », il travaille ensuite dans la clandestinité ; il est arrêté et battu à mort en mars 1977.

Le Monde naturel comme problème philosophique : le titre de la thèse de Jan Patočka constitue un thème central de sa pensée en même temps que son point d'ancrage philosophique. Selon Husserl* (son maître), le monde naturel est le « monde de la vie » vers lequel il convient d'effectuer un retour, en mettant entre parenthèses toute représentation scientifique et objective du monde. Pour Jan Patočka, au contraire, le « monde de la vie » est un monde historique : toute « ouverture au monde » s'inscrit en effet dans une « historicité* », c'est-à-dire dans une dépendance à l'égard des traditions, sous laquelle il est vain de chercher un quelconque invariant. Tandis que le « monde préhistorique », confiant dans le « sens donné » et ne visant qu'à maintenir l'histoire au point mort, ignorait la « problématicité », le « monde historique » (depuis Socrate*) n'a d'autre but que la vie libre comme telle ». Avec angoisse — ou perspicacité ? — Jan Patočka se demande si la guerre « totale » ne constitue pas pour l'« homme problématique » le dernier refuge d'un sens par ailleurs désespérément caché. L'Europe est-elle mûre pour sa fin ? Ou bien saura-t-elle retrouver un « socratisme politique », c'est-à-dire renouer avec le « souci de l'âme » propre aux inventeurs grecs d'une histoire à la fois problématique et polémique ? Il est encore trop tôt pour le dire.

● **PRINCIPAUX ÉCRITS** : *Le Monde naturel comme problème philosophique* (1936) ; *Essais hérétiques sur la philosophie de l'histoire* (1975) ; *Opuscules philosophiques et culturels* (1986).

PAUL [DIT SAINT PAUL]
(5 À 15-VERS 67 APR. J.-C.)

REPÈRES BIOGRAPHIQUES

Né dans la foi juive, Paul, qui porte à l'origine le nom hébreu de Saul, compte dans sa jeunesse parmi les persécuteurs des chrétiens. Un jour qu'il se rend à Damas, il est, comme il le dit lui-même, « saisi par le Christ Jésus ». À partir de ce jour, et bien qu'il ne l'ait jamais rencontré de son vivant, il devient l'un des plus fidèles apôtres du Christ et voyage de ville en ville, où il prêche et fonde des communautés chrétiennes, au prix de nombreuses persécutions. Arrêté, jugé, emprisonné à maintes reprises, il finira par être condamné à Rome et décapité.

Paul est considéré comme l'un des principaux fondateurs historiques du christianisme* : par son œuvre infatigable de prosélytisme d'une part, mais aussi par les précisions qu'il apporte à la doctrine et qu'il lègue à la postérité. Juif d'origine, citoyen romain, prêchant parmi les Juifs, mais aussi parmi les Gentils (ceux qui n'appartiennent pas à la religion juive) et parmi les « craignant Dieu » (ceux qui adhèrent au judaïsme*, mais ne sont pas circoncis), il affirme avec force le caractère universaliste du christianisme, ce qui lui vaut, entre autres, l'hostilité des Juifs et la méfiance des Romains. Par ailleurs, outre la mort rédemptrice et la résurrection du Christ, dogme fondamental du christianisme, Paul affirme aussi la résurrection des morts au jugement dernier. Il prêche également la suprématie de la foi sur les œuvres (les actions accomplies par les hommes), ce qui ne signifie évidemment pas qu'il néglige totalement ces dernières.

En outre, Paul semble avoir fortement contribué à fixer les sacrements traditionnels du christianisme naissant, en particulier le baptême « au nom de Jésus » (désormais considéré comme une purification, une renaissance et un signe d'appartenance au Christ), l'Eucharistie, à certains égards l'ordination des prêtres, enfin le mariage.

● **PRINCIPAUX ÉCRITS :** Paul est l'auteur de nombreuses Épîtres publiées dans le cadre du Nouveau Testament.

PEIRCE CHARLES SANDERS (1839-1914)

REPÈRES BIOGRAPHIQUES

Né à Cambridge (Massachusetts), Peirce fut très tôt initié par son père, lui-même mathématicien, à la logique et aux mathématiques. L'Université, dont il ne fut jamais un enseignant titulaire, peina à reconnaître sa valeur. Il se retira en Pennsylvanie, où il mourut. Aucun de ses écrits principaux n'a été publié de son vivant.

La philosophie de Peirce possède deux objets principaux, le premier étant constitué des mathématiques* et de la logique*. Il inaugure une réflexion sur le fondement des mathématiques qui fait de lui le précurseur des travaux de Russell* et de Whitehead. Son apport à la logique moderne est également important : il développe, parallèlement à Frege* qu'il ne connaissait pas, le calcul des propositions*.

Le deuxième objet des analyses de Peirce est la sémiotique*, ou science générale des signes, dont il est l'un des fondateurs. La sémiotique de Peirce comprend trois parties : la « logique critique » ou théorie formelle des signes ; la « rhétorique spéculative », qui s'attache à la façon dont s'établit la signification des signes ; et la « grammaire pure des représentations », qui examine la nature des signes.

● **PRINCIPAUX ÉCRITS :** *Recueils d'articles* (1931-1935) ; *Écrits philosophiques* (1940).

PENSÉE

(n. f.) ● **ÉTYM. :** latin *pendere*, « peser », ou *pensare*, « peser », « juger ». ● **SENS ORDINAIRE ET PHILOSOPHIQUE :** ensemble des phénomènes produits par l'action de l'esprit ; employé dans un sens plus ou moins large, ce terme renvoie tantôt à toutes les manifestations de la conscience, quelle que soit leur nature (idées, sentiments, volontés...), tantôt aux seuls phénomènes de connaissance, par opposition aux sentiments et aux volontés en particulier.

La pensée est, avec le langage* articulé, ce qui distingue le plus fondamentalement les hommes des autres animaux. Mais, pas plus que dans la langue ordinaire, le mot pensée ne renvoie, chez les philosophes, à un sens constant et unique. Descartes* (*Deuxième Méditation*) lui donne une acception très large : penser, c'est aussi bien douter, comprendre, vouloir, porter des jugements, qu'imaginer ou sentir. La pensée se confond pratiquement avec la conscience, d'où le célèbre « Je pense, donc je suis ». Kant*, en revanche, réserve l'usage du mot pensée à la désignation des facultés qui rendent possible la connaissance élaborée : « connaître par concepts et juger ». En tant que produit de l'esprit, la pensée se distingue des actions du corps. Comme moyen de se former des représentations* de ce qui est en dehors de l'esprit, elle se distingue du monde extérieur. On notera que le même terme désigne la faculté dans son ensemble (la pensée), ou un élément ou produit de cette faculté (une pensée).

● **TERMES VOISINS :** conscience ; intelligence ; réflexion. ● **CORRÉLATS :** concept ; idée ; jugement ; raison ; représentation ; sciences cognitives.

PERCEPTION

Selon qu'on l'envisage dans sa valeur de vérité*, sa fonction adaptative, ses mécanismes physiologiques, ses impacts psychologiques ou sa signification existentielle, la perception fait l'objet d'approches diverses. Ainsi, dans une philosophie de la connaissance*, elle est définie comme rapport d'un sujet à un objet. Envisagée comme fonction commune à l'ensemble des vivants, elle est étudiée par la biologie à travers les relations entre l'organisme* et son milieu. Dans ce cas, on s'interroge sur la façon dont une somme d'excitations nerveuses (stimuli) peut, par un système de codage et de décodage, transmettre un contenu d'informations (message) à l'ensemble de l'organisme. Au XXe siècle, c'est au contraire à partir du vécu originaire que la phénoménologie* cherche à ressaisir la perception en l'insérant dans une réflexion sur le corps* et sa situation dans le monde*.

La question de la perception : le « donné »

Pourtant, au-delà de ces différentes approches, l'étude de la perception peut s'organiser autour d'une question centrale : « Qu'est-ce qui nous est donné au juste dans la perception ? » S'agit-il d'un contenu sensoriel, d'un signal auquel l'organisme répond par un réflexe, d'un message qui nécessite une interprétation intellectuelle ? La perception est-elle accès à l'existence réelle des objets, ou cette situation corporelle par laquelle les choses manifestent leur présence ? Ce donné est-il un ensemble d'éléments, et, pour être donné, en est-il pour autant forcément immédiat ?

La perception : entre expérience et sensation

Quand je dis que je « perçois » un arbre, je n'en fais pas exactement « l'expérience » : je ne renvoie pas à l'ensemble de ce que j'ai vécu en me promenant dans une forêt par un long après-midi d'hiver... Mais si la perception n'est pas encore une expérience*, elle ne se réduit pas non plus à la simple sensation*. La perception dépasse les sensations en ce qu'elle les récolte (percevoir : du latin *percipere*, « prendre ensemble », « récolter »), les organise dans un tout : voir, c'est déjà percevoir.
Je perçois un arbre et le regard me livre aussi cette impression de rugosité du tronc, cette odeur de feuilles... qui font précisément que non seulement je suis capable de reconnaître instantanément qu'il s'agit d'un arbre, objet particulier et déterminé, mais aussi de sentir sa présence. Dans la perception, la sensation s'imprègne toujours déjà de sentiment, mêlant indissociablement l'objectif et le subjectif, le physiologique et le psychologique, le réel* et la représentation* que j'en ai. En outre, percevoir c'est anticiper, par l'idée qui me revient à la mémoire, la représentation d'un objet, dont les sensations corporelles ne me donnent que des indices fragmentaires. Dans la perception, la sensation formule un jugement immédiat : je vois un cercle ombragé mais je dis : « C'est un globe ». Tout le problème est de savoir si ce jugement résulte d'une faculté intellectuelle appliquée à un « donné sensible » d'ordre purement organique et matériel (mon œil voit un cercle, et je juge qu'il s'agit d'un globe), ou si, au contraire, il est à ce point enveloppé dans la sensation qu'on pourrait dire que « les sens jugent » d'eux-mêmes ce qui se donne à percevoir.

La perception : mixte de sensation et de jugement

Platon*, dans le *Théétète*, mais aussi Descartes* et Locke*, interrogent la perception dans sa valeur de vérité, sa capacité à nous fournir une connaissance des objets qui soit vraiment fiable. Si je peux voir un bâton brisé à la surface de l'eau, là où je sais qu'il n'en n'est rien, c'est bien, semble-t-il, que la perception ne peut s'identifier à la connaissance de la réalité de son objet. Elle ne nous donne que ce qui apparaît, phénomène* fugace et incertain, dont il convient de chercher ailleurs, dans un domaine méta-physique, la vraie réalité. Pensée ainsi comme opération intellectuelle d'un sujet*, la perception, apanage exclusif de l'homme, constituerait alors un rapport uniquement cognitif au monde.

Percevoir : un rapport sensible au monde

C'est cette lecture dualiste et intellectualiste de la perception que le travail de Leibniz* sur les petites perceptions — qui ouvre ainsi la voie à une étude biologique, psychologique et linguistique — remet en question. Avant d'être un mode de connaissance des choses, la perception est l'activité vitale de tout organisme en contact avec ce que l'on appellera plus tard son « milieu ». La perception exprime un rapport sensible qui se forme au contact du monde : percevoir et avoir un corps, c'est un tout.

◆ **Perfectibilité**

Au couple sujet-objet et à la question de leur adéquation, se substitue alors une étude sur la formation de la perception et des idées*, par transition continue de l'impression sensible à l'aperception* (ou perception accompagnée de conscience). Définie par Leibniz comme l'« état passager qui enveloppe et représente une multitude dans l'unité », la perception devient ce moment limite où une infinité d'impressions insensibles, petites perceptions inconscientes qui tendent d'elles-mêmes à se regrouper, passent dans le champ du perçu ou franchissent ce que l'on appellerait, aujourd'hui, le seuil perceptif. Percevoir, c'est faire l'épreuve de l'extériorité, constituer un monde en déployant autour du corps un champ d'actions possibles ; et la conscience elle-même dérive de ce rapport sensible au monde.

Vers une éducation de la perception

La perception engage désormais une réflexion sur la formation sensible du sujet, dans et par sa communication* avec le monde. Comme le montrent les philosophes sensualistes et empiristes du XVIIIᵉ siècle, tels Condillac*, Diderot* ou Hume*, les sens « jugent » d'eux-mêmes. La perception n'est pas à penser sur le modèle de la vision, comme un jugement extérieur qui poserait l'existence de son objet, mais à partir d'un contact avec le monde, du sentiment de la présence des choses. La perception est donc cette foi, cette croyance ou évidence sensible, naturelle et spontanée, que le corps manifeste en agissant. Dès lors est possible une phénoménologie* de la perception, c'est-à-dire, avec Husserl* et Merleau-Ponty*, une étude du phénomène perceptif qui s'intègre désormais à une éducation de la sensibilité*.

Il ne suffit pas d'avoir des oreilles pour écouter : pour acquérir une « oreille musicale », il faut non seulement ne pas être sourd, mais aussi apprendre à reconnaître, distinguer les sons des instruments, et pouvoir les comparer à d'autres musiques déjà connues. C'est dire que la perception participe d'une histoire à la fois personnelle et collective. En ce sens, elle est doublement inachevée. Mais pour être partiels et successifs, ces points de vue que nous prenons sur les choses n'en sont pas pour autant partiaux et subjectifs. L'incomplétude essentielle de la perception est le gage de cette richesse inépuisable de la chose qu'elle donne actuellement.

● **Textes clés** : R. Descartes, *Première* et *Deuxième Méditations* ; E. Husserl, *Idées directrices pour une phénoménologie* ; M. Merleau-Ponty, *Phénoménologie de la perception*. ● **Termes voisins** : impression ; sensation. ● **Corrélats** : croyance ; jugement ; phénoménologie.

PERFECTIBILITÉ

(n. f.) ● **Étym.** : latin *perfectus*, « achevé ». ● **Philosophie** : capacité qu'a l'homme de progresser moralement et intellectuellement — progression qui, toutefois, n'est pas garantie.

La notion de perfectibilité se construit au XVIIIᵉ siècle, dans le cadre de la philosophie des Lumières*. Elle suppose que l'espèce humaine n'est pas achevée, qu'elle doit réaliser sa nature morale dans l'histoire* et grâce à l'éducation* (Kant*). Pour Rousseau*, la perfectibilité est (avec la liberté*) le trait distinctif qui sépare l'homme des autres animaux. Mais, d'après l'auteur de l'*Émile*, la perfectibilité de l'homme n'implique pas nécessairement que celui-ci devienne progressivement plus parfait. Elle explique même la capacité de la nature humaine à se dépraver — ce qu'elle a fait au contact de la civilisation. Contrairement à l'optimisme historique dominant en général la philosophie des Lumières, Rousseau dissocie la perfectibilité de l'idée de progrès*. Loin de faire de l'histoire, comme chez Kant, l'éducatrice du genre humain, le concept de perfectibilité signifie pour Rousseau la faculté que l'homme possède de devenir, de changer sa manière d'être, en bien (ce qu'il aurait pu faire) ou en mal (ce qu'il a fait).

● **Terme voisin** : progrès. ● **Corrélats** : culture ; éducation ; histoire.

PERFECTION

(n. f.) ● **Étym.** : latin *perfectus*, « achevé », « complet ». ● **Sens ordinaires** : 1. Ce qui est exactement conforme à sa définition (ex. : « un cercle parfait »). 2. Ce qui est parfait, c'est-à-dire aussi réussi que possible en son genre (ex. : « une œuvre parfaite ») ; ce à quoi on ne peut donc rien ajouter ni retrancher. ● **PHILOSOPHIE : 1.** Chez Descartes, synonyme de réalité. Dieu, être parfait, est suprêmement réel. **2.** Chez Leibniz, voir texte p. 255.

● **TERME VOISIN :** achèvement.
● **TERME OPPOSÉ :** imperfection.
● **CORRÉLATS :** absolu ; beau ; Dieu.

PERFORMATIF
(ÉNONCÉ)

Cf. J. L. Austin.

PERSONNALISME

(n. m.) ● **ÉTYM. :** néologisme formé par le philosophe Charles Renouvier. ● **SENS PREMIER :** pour Renouvier (1815-1903), religion laïque « qui se donne pour objet de résoudre le problème du mal, de prêcher le relèvement possible de la personne humaine par le culte de la justice ». ● **PHILOSOPHIE :** ensemble de doctrines morales et politiques qui font de la personne la plus haute de toutes les valeurs (Max Scheler, Martin Buber, Emmanuel Mounier, Paul Ricœur...)

Le personnalisme, dont le représentant français le plus important fut Emmanuel Mounier* (1905-1950), repose sur un certain nombre de postulats : **1.** La personne* est la source de toutes les valeurs. **2.** La communauté (ou personne commune) est aussi originaire que la personne : la réciprocité des consciences est donc première par rapport au sentiment de l'individualité. **3.** Le respect et la valorisation de la personne constituent le meilleur rempart contre tout « irrationalisme » meurtrier et contre toute tentation totalitaire. Le personnalisme n'est pas un système ; il est plutôt un courant de pensée rassemblant des personnalités de sensibilités diverses.

● **CORRÉLATS :** intersubjectivité ; morale ; personne ; respect.

PERSONNE

La personne est une notion à la fois juridique et morale. Elle désigne l'homme* en tant que sujet* conscient et raisonnable, capable de distinguer le bien du mal, le vrai du faux, et pouvant répondre de ses actes ou de ses choix. L'idée de personne nous est aujourd'hui familière. Le respect* et la dignité de la personne humaine sont universellement admis et constamment réaffirmés, sur le plan des principes. Pourtant, l'idée de personne est complexe, comme en témoignent les débats éthiques contemporains. Elle s'est en effet progressivement élaborée à partir de sources historiques diverses, à la fois religieuses, juridiques et philosophiques.

Les sources historiques

À l'origine, le mot *persona* (du latin *personare*, « sonner à travers ») désignait le masque derrière lequel l'acteur s'effaçait pour jouer un rôle, un personnage. Or, le personnage renvoie d'emblée à une fonction et à une dimension publiques. C'est peut-être pourquoi le terme de personne a pris ensuite un sens juridique et a servi à désigner, en droit romain, celui qui a une existence civile et des droits, par opposition à l'esclave qui en est privé. Puis le stoïcisme*, notamment chez Épictète* et Marc-Aurèle*, a donné à l'idée de personne une signification morale. Le sage* stoïcien doit accepter la place et le rôle — esclave ou empereur — que le destin lui assigne, tout en conservant une indifférence intérieure à leur égard. En opposant vie publique et intériorité ou, si l'on veut, personnage et personne, en affirmant qu'au-delà des rôles et des places, il existe entre les hommes une communauté, le stoïcisme rencontrait la tradition religieuse judéo-chrétienne qui prescrit l'amour* de tous les hommes, égaux devant Dieu, et qui privilégie la vie spirituelle intérieure. Le christianisme, en outre, affirmera l'immortalité de la personne qui, parce qu'elle conserve la conscience* de ses actes, est accessible au châtiment et à la peine.

Personne et identité

En affirmant l'immortalité de l'âme, le christianisme rencontre la croyance spontanée en l'identité* du sujet, par-delà les changements qui l'affectent. Pourtant cette identité est problématique. Qui suis-je, en effet ? Quel est ce moi* dont chacun est assuré qu'il existe ?

◆ **Perversion**

Je suis d'abord un corps. Mais ce corps* que je suis peut changer, tandis que je reste le même. C'est sur cette évidence que s'appuie d'ailleurs la croyance en une survie de l'âme*, séparée du corps. Je suis, ensuite, doté d'un certain nombre de qualités qui me sont propres et que l'on regroupe habituellement sous le terme de caractère ou de « personnalité ». Mais cette réalité psychologique est elle-même changeante, peut s'altérer sans que disparaisse, là encore, la conscience de mon identité. L'identité personnelle est donc tout à la fois certaine et insaisissable. Mais cette contradiction disparaît si l'on renonce à penser la personne comme une chose, fût-elle, comme le voulait Descartes*, une « chose pensante ». La personne n'est pas une substance*, mais un principe de cohésion et de cohérence. Malgré la diversité de ses pensées et de ses actes, chacun peut, parce que la conscience les accompagne toujours, s'en reconnaître l'auteur et les juger. Être une personne, c'est être doué de conscience et de raison.

La personne comme valeur

C'est parce qu'il est une personne que l'homme est sujet de droits*, c'est-à-dire capable de prendre des décisions qui l'engagent. Il aura fallu attendre la Déclaration des droits de l'homme, en 1789, pour que ce statut juridique soit reconnu à tous les hommes. Si les hommes sont égaux en droit, c'est qu'ils ont aussi la même valeur. La Déclaration des droits de l'homme n'a pas seulement une signification juridique, elle a aussi une signification morale. Mais c'est avec Kant* que la personne devient une catégorie morale. La personne est en effet non seulement un sujet de droits, mais un objet du devoir. La personne a, selon Kant, une valeur absolue, et existe comme fin* en soi, par opposition aux choses qui ont une valeur relative et dont on peut user comme de simples moyens. Le principe du respect absolu de la personne s'exprime au travers de l'impératif catégorique qui peut se formuler ainsi : « Agis de telle sorte que tu traites l'humanité aussi bien dans ta personne que dans la personne de tout autre toujours en même temps comme une fin, jamais simplement comme un moyen » *(Fondement pour la métaphysique des mœurs).*

Reconnaître à la personne une valeur* et une dignité absolues, c'est dépasser la simple affirmation de ses droits. C'est dire qu'elle doit être protégée et respectée, même lorsqu'elle est empêchée ou incapable d'agir librement. Affirmation dont on ne peut nier la légitimité, mais qui pose de redoutables problèmes éthiques, comme on le voit dans les discussions actuelles autour de l'euthanasie ou du statut de l'embryon humain. C'est pourquoi il est plus que jamais nécessaire de poursuivre un travail de réflexion et d'élucidation qui permette de clarifier un débat, où les sources religieuses, juridiques et philosophiques de la notion de personne continuent parfois d'exercer leur influence inaperçue et peut-être contradictoire.

● **TEXTES CLÉS :** E. Kant, *Fondement pour la métaphysique des mœurs* ; M. Mauss, « Une catégorie de l'esprit humain : la notion de personne, celle de moi », in *Sociologie et anthropologie.* ● **TERME OPPOSÉ :** chose. ● **TERMES VOISINS :** conscience de soi ; sujet. ● **CORRÉLATS :** autonomie ; bioéthique ; conscience ; droit ; morale ; responsabilité.

PERVERSION

(n. f.) ● **ÉTYM. :** latin *perversitas,* « vice, dérèglement, corruption », de *perversio,* « renversement, altération ». ● **SENS ORDINAIRE :** changement en mal, dépravation. Déviation pathologique des instincts, des tendances, qui se traduit par des troubles du comportement. ● **PSYCHANALYSE :** dans un sens clinique et non pas moral, le terme désigne toute déviation par rapport à l'acte sexuel « normal » (coït visant à obtenir l'orgasme par pénétration génitale, avec une personne d'âge comparable et de sexe opposé). Il y a *perversion* lorsque le plaisir sexuel est obtenu avec d'autres partenaires ou par d'autres zones corporelles, ou quand il est subordonné à certaines conditions extrinsèques (fétichisme, sado-masochisme, etc.).

● **TERMES VOISINS :** corruption ; dépravation ; dérèglement ; déviance. ● **TERME OPPOSÉ :** amélioration. ● **CORRÉLATS :** mal ; névrose ; norme ; psychanalyse ; sexualité.

PESSIMISME

(n. m.) ● ÉTYM. : latin *pessimus*, superlatif de *malus*, « mauvais ». ● SENS ORDINAIRE : tendance naturelle à considérer les choses du mauvais côté et à penser que l'avenir est à craindre. ● PHILOSOPHIE : doctrine de Schopenhauer selon laquelle une volonté aveugle et sans but est au principe de toutes choses, engendrant désir et souffrance, dont seul le renoncement peut nous délivrer.

La philosophie pessimiste de Schopenhauer* repose sur deux affirmations distinctes : que le monde est absurde*, d'une part, et que la vie est une souffrance, d'autre part. Que la réalité de la souffrance justifie un certain pessimisme peut se concevoir. Mais que le monde soit absurde ne signifie pas qu'il est mauvais. Comment comprendre alors que le sentiment de l'absurde renforce la vision pessimiste du monde engendrée par le spectacle de la douleur ? Est-ce à dire que si la souffrance avait un sens*, elle serait supportable ? C'est bien, d'une certaine manière, ce qu'affirme le christianisme lorsqu'il attribue à la souffrance une valeur rédemptrice. On est alors en droit de se demander si le pessimisme n'est pas tant une protestation devant la souffrance que devant l'absurde, c'est-à-dire la perte du sens. C'est en tout cas l'interprétation qu'en donnera Nietzsche*, lorsqu'il fera du pessimisme de Schopenhauer une des expressions du nihilisme*, c'est-à-dire une réaction devant la faillite des valeurs traditionnelles, chrétiennes pour l'essentiel.

● TERME VOISIN : nihilisme. ● TERME OPPOSÉ : optimisme. ● CORRÉLATS : nihilisme ; optimisme.

PEUPLE

(n. m.) ● ÉTYM. : latin *populus*, « peuple ». ● SENS ORDINAIRE : collectivité humaine et politique régie par des lois ou des coutumes communes.

Le peuple constitue une communauté* interhumaine organisée selon certaines lois ou selon certaines traditions. Bien qu'étant constitué d'individus*, le peuple ne se réduit pas à la somme de ses membres mais forme une réalité relativement autonome. Ainsi, la vitalité d'un peuple est-elle relative aux institutions qu'il se donne et non pas uniquement à l'état d'esprit de ceux qui y appartiennent. D'une manière générale, depuis Hobbes* la philosophie moderne a tenté de penser le peuple comme une réalité essentiellement politique. Identifier le peuple et l'État*, c'est affirmer que l'unité d'un peuple ne dépend pas de son origine raciale, ni même des coutumes qu'il a adoptées au cours de son histoire, mais des lois qu'il se donne librement. C'est Rousseau qui ira le plus loin dans cette direction en distinguant le « peuple » comme communauté politique fondée sur le contrat social* et la « populace » qui n'est que la multitude humaine sans lois. Il s'agit donc de remonter jusqu'à « l'acte par lequel un peuple est un peuple » (*Du contrat social*, I, 5), et cet acte de volonté est le pacte social lui-même par lequel les individus forment une communauté. Si, par conséquent, le peuple n'a d'existence que politique, il se définit par la volonté générale* dont l'objet est l'intérêt commun. S'il existe ainsi une définition républicaine du peuple, le mode de gouvernement qui instaure ce dernier en origine du pouvoir est la démocratie*. Dans ce régime politique, le peuple est la source unique de la légitimité* qui s'exprime par la voie du suffrage universel. Une communauté politique possède enfin une identité spirituelle qui lui est propre et que Hegel nomme « esprit du peuple », pour la distinguer de toute forme d'identité naturelle ou raciale.

● TERME VOISIN : nation. ● TERMES OPPOSÉS : individu ; multitude. ● CORRÉLATS : cité ; communauté ; démocratie ; État ; institution ; politique ; volonté générale.

PHÉNOMÈNE

(n. m.) ● ÉTYM. : grec *phainomenon*, de *phainestai*, « être visible », « briller », de *phôs*, « la lumière ». ● SENS ORDINAIRE : ce qui se montre, c'est-à-dire ce qui se manifeste à la conscience soit directement (phénomènes affectifs et psychologiques), soit par l'intermédiaire des sens (phénomènes sen-

◆ **Phénoménisme**

sibles). ● ÉPISTÉMOLOGIE : toutes les données de l'expérience en tant qu'elles font l'objet des sciences de la nature. ● PSYCHOLOGIE : ensemble des données de la conscience, accessibles par l'intuition. ● CHEZ HUME : ensemble des affections de l'esprit, constitué des impressions directement issues de l'expérience, et des idées qui en sont les copies atténuées. ● CHEZ KANT : tout ce qui est objet d'expérience possible, et se caractérise par une forme et une matière : « Ce qui, dans le phénomène, correspond à la sensation, je l'appelle matière de ce phénomène ; mais ce qui fait que le divers qu'il y a en lui est ordonné suivant certains rapports, je le nomme forme du phénomène. » ● PHÉNOMÉNOLOGIE : le phénomène (ce qui apparaît à la conscience) est objet d'intuition ou de connaissance immédiate, en même temps que manifestation de l'essence (cf. Husserl et Merleau-Ponty).

Contrairement à Kant*, qui considérait le phénomène comme une manifestation sensible — dans l'espace et le temps — d'une « chose en soi » définitivement inaccessible, les philosophes qui se réclament de la « phénoménologie* » estiment que, dans le phénomène, ce sont les choses elles-mêmes qui se révèlent : le projet phénoménologique consiste précisément en cet effort pour laisser se dévoiler — à partir de l'intuition immédiate, de l'expérience concrète — le « monde » situé en deçà de la science. La « vision des essences », dans le phénomène, est donc possible grâce à la méthode phénoménologique, qui nous permet de rétablir une relation originaire avec les choses « en chair et en os ».

● TERME VOISIN : apparence. ● TERMES OPPOSÉS : chose en soi ; noumène. ● CORRÉLATS : *épochê* ; essence ; intentionnalité ; phénoménisme ; phénoménologie.

PHÉNOMÉNISME

(n. m.) ● ÉTYM. : formé à partir de *phénomène*. ● PHILOSOPHIE DE LA CONNAISSANCE : doctrine soutenue dès l'Antiquité par des sophistes comme Protagoras, ainsi que par l'école sceptique (*cf.* Scepticisme) ; elle affirme que nous ne connaissons que les apparences et qu'il faut donc, dans nos jugements, remplacer le verbe *être* par le verbe *sembler* (ne pas dire par exemple du miel qu'« il est doux », comme si c'était une propriété objective, mais qu'« il me semble doux » : à un autre, il pourra apparaître autrement).

Le phénoménisme définit volontiers la connaissance* comme le fait de « sauver les apparences », c'est-à-dire de construire des explications qui soient en accord avec les phénomènes observables, sans se demander si ces explications sont vraies en elles-mêmes et atteignent le cœur du réel. Cette définition fut reprise dans la philosophie contemporaine des sciences par le positivisme* d'Auguste Comte*, et surtout le conventionnalisme* de Pierre Duhem*.

● CORRÉLAT : phénomène.

PHÉNOMÉNOLOGIE

(n. f.) ● ÉTYM. : terme forgé à partir du grec *phainomenon*, « ce qui se montre », et *logos*, « discours », « science », signifiant littéralement « science des phénomènes ».

Le terme de phénoménologie apparaît chez Jean Henri Lambert en 1734, avec le sens de « doctrine de l'apparence ». Il est ensuite repris par Kant* et surtout Hegel* qui publie en 1807 une *Phénoménologie de l'esprit*. Cette dernière est l'histoire du développement progressif de la conscience, depuis la simple sensation jusqu'à la raison universelle ou « savoir absolu ». Mais c'est avec Husserl*, à l'orée du XXe siècle, que la phénoménologie naît vraiment, moins comme une école attachée à une doctrine ou un système, que comme un mouvement de pensée qui se donne la tâche, toujours renouvelée, de décrire ce qui apparaît en tant qu'il apparaît, grâce à une méthode : la « méthode phénoménologique ».

Les enjeux de la phénoménologie

Il s'agit pour Husserl de reprendre, en la radicalisant, l'interrogation philosophique première tournée du côté de l'essence* de ce qui se manifeste, c'est à dire des « phénomènes* ». De son point de vue, la phénoménologie est en quelque manière le nom moderne de la philosophie.

« Retourner aux choses mêmes » : tel est le mot d'ordre par lequel Husserl exprime l'exigence de respecter ce qui se manifeste en tant qu'il se manifeste, par opposition à la démarche de la métaphysique* traditionnelle, suspecte à ses yeux de trahir les phénomènes en les dévaluant comme simple apparence trompeuse, sous prétexte d'en saisir l'essence. Cette science des phénomènes qu'est la phénoménologie est donc essentiellement descriptive (et non déductive) : elle est description des essences — car s'il n'y avait pas d'essence, le réel s'effondrerait — mais l'être, l'essence, n'est nulle part ailleurs que dans les phénomènes : autant d'apparaître, autant d'être.

« Théorie de la connaissance », la phénoménologie se donne la tâche plus vaste d'élucider tout ce qui se présente à la conscience et, par là, toutes les manières de se présenter à la conscience (des jugements ou des actes de volonté, mais aussi des actes de perception). Dans l'expression « retour aux choses mêmes », il ne faut donc pas entendre « chose » au sens de la chose spatio-temporelle qui se présente dans la perception*, mais plus largement comme « ce qui est présent » à la pensée. Il n'en reste pas moins que la perception, en tant qu'elle est notre ouverture la plus immédiate et la plus fondamentale à ce qui se manifeste, est, pour le phénoménologue, fondatrice de tous les autres actes : en un sens, toute phénoménologie est une « phénoménologie de la perception ».

La méthode phénoménologique

Il s'agit donc de faire apparaître ce qui n'apparaît jamais dans les phénomènes, leur acte même d'apparaître, et leur manière d'apparaître (pour prendre une image : la mise en scène, que le spectateur « ne voit pas » dans un spectacle). La méthode employée pour faire apparaître la structure, d'abord inapparente, de toute apparition, est appelée *épochê** ou « mise entre parenthèses », ou « réduction transcendantale* ». Elle consiste à suspendre toute croyance immédiate et naïve en l'existence des choses, toute thèse naturelle — notons d'ailleurs que la science n'échappe pas à ce type d'adhésion naïve. L'*épochê* montre alors que, de la même manière qu'il n'y a de spectacle que pour un regard, il n'y a de phénomène que pour une conscience. Elle dévoile donc comme première et essentielle la corrélation entre la conscience et le monde : tout phénomène doit être rapporté à l'acte de conscience qui le vise. Cette corrélation est proprement le *sens* du phénomène (ce que nous appelions tout à l'heure sa « mise en scène »). Absorbée dans sa croyance aux choses, c'est son propre travail de visée que la conscience, dans sa naïveté, ignore, et que le phénoménologue lui révèle, reconduisant — la réduction doit être entendue en son sens étymologique de reconduction — les phénomènes à la conscience comme à leur source de constitution. La conscience doit dès lors être comprise comme un pur acte de « se jeter vers », qu'Husserl nomme intentionnalité* : « Toute conscience est conscience *de* quelque chose. » La réduction est dite « transcendantale* », en ce qu'elle dévoile la conscience* comme ce sans quoi les phénomènes n'auraient aucun sens et aucun être.

Reconduisant tout phénomène vers la conscience, la phénoménologie husserlienne est un idéalisme*, même si, dans ses derniers écrits, Husserl prend en compte l'inscription de la conscience dans le « monde de la vie », ce monde que je trouve toujours déjà là. Husserl ébranle ainsi la maîtrise que la conscience semble avoir sur tous les phénomènes, sans pour autant la remettre en question.

D'une manière générale, il y a une tension interne à la phénoménologie prise entre l'exigence de décrire un monde qui précède la conscience, et l'exigence de montrer que, fondamentalement, c'est la conscience qui constitue tout sens.

C'est, d'une certaine façon, en interrogeant et en mettant en cause le caractère absolu de la conscience, que vont se développer les phénoménologies postérieures à Husserl : soit en s'intéressant à cette proximité primordiale avec le monde (Merleau-Ponty*) ; soit en tentant de dégager une origine plus profonde que la conscience elle-même qui, du coup, se fait en partie passive, s'échappe à elle-même (Levinas*).

Remarquons enfin que la phénoménologie, en tant que méthode, n'a cessé de dialoguer avec d'autres disciplines, et en particulier avec les sciences humaines. Puisqu'elle veut montrer que la conscience n'est jamais un phénomène, mais ce qui rend possible les phénomènes, elle s'est toujours vigoureusement opposée au « psychologisme » qui tend à réifier la conscience, à en faire un

◆ **Philosophie**

objet de la nature explicable grâce à des lois scientifiques. Elle a pu fournir par ailleurs des outils descriptifs très sûrs à certains théoriciens de la psychiatrie ou de la sociologie. On note aussi avec intérêt la tentative, pourtant paradoxale, des sciences cognitives* — qui tentent de faire servir la description husserlienne de l'intentionnalité à l'étude scientifique d'une conscience pensée comme objective et naturelle.

● **Terme voisin :** phénomène.
● **Corrélats :** conscience ; ego ; *épochê* ; intentionnalité ; phénomène ; sens ; transcendantal.

Philosophie

Philosophie, qui signifie en grec « amour de la sagesse », est un terme ambigu. Quelle est en effet cette « sagesse » que le philosophe aime et recherche ? Car *sophia* en grec signifie à la fois « science* », « connaissance théorique ou spéculative », et « éthique* », quête sereine et modérée du bonheur. Les Grecs présentent en général la seconde comme la conséquence de la première — mais l'ambiguité demeure, entre Socrate*, impassible, buvant la ciguë et Thalès tombant dans un puits parce qu'il contemplait le ciel...

La naissance de la philosophie

Le mot philosophie est parfois entendu en un sens très large : toute conception du monde peut être qualifiée de « philosophie », aussi bien les systèmes proprement philosophiques que, par exemple, l'univers spirituel des Bushmen ou des Esquimaux.

Mais, dans un sens plus précis, la philosophie est d'abord un discours d'un certain type : le discours rationnel (*logos**), qui cherche à répondre par des arguments à un problème explicitement posé. Or, ce type de discours est historiquement situé : il a commencé à se développer dans la Grèce des VIIe et VIe siècles avant J.-C., en supplantant progressivement le mythe*.

Accompagné de rites, le mythe était censé révéler une vérité ésotérique et inexpliquée ; il racontait l'origine du monde ou de la condition humaine dans un récit situé hors du temps et dont les protagonistes étaient des dieux ou des personnages surnaturels.

Les premiers philosophes grecs (*cf.* École de Milet*, Ioniens*) substituent au récit mythique un nouveau discours ; il s'agit encore de la formation du monde, mais on tente cette fois de l'expliquer par le jeu d'éléments naturels (air, eau...) et le recours à l'analogie avec le monde de la technique. Le « miracle grec », ce n'est pas la naissance de la raison — laquelle va de pair avec l'humanité — mais c'est l'émergence du discours philosophique qui érige la rationalité en moyen, norme et critère de la vérité.

La philosophie, reine des sciences ?

Très vite, la philosophie se donne une double tâche. La première est la critique* de l'opinion*, des prétendus savoirs, des raisonnements sophistiques*, fonction exemplairement remplie par Socrate et que toute philosophie authentique ne cesse d'exercer.

Mais la philosophie prétend aussi au rang de science suprême, celle qui surplombe toutes les autres et en donne la raison ultime, celle qui atteint l'absolu*. Ainsi Platon* faisait de la « dialectique* » (c'est-à-dire la philosophie), non pas une science mais *la* science, celle qui atteint les essences* et se veut connaissance totale. Le dialecticien, c'est-à-dire le philosophe, devient alors à la fois le législateur du langage et le magistrat suprême de la cité (théorie du philosophe-roi).

Or, cette prétention propre à la philosophie sera combattue sur deux fronts opposés : d'un côté celui de la religion ; de l'autre, celui de la science expérimentale moderne.

Philosophie et religion

Le nouveau statut de la philosophie au Moyen Âge tient à ce que le christianisme veut préserver la suprématie de la foi* sur la raison. La vérité est d'abord révélée dans les Écritures, et non pas découverte par l'effort autonome d'un esprit rationnel. Elle dépend de Dieu* et non pas de la « lumière* naturelle », et le meilleur des philosophes doit reconnaître qu'il y a des mystères qui surpassent infiniment la puissance de notre raison.

Deux attitudes sont alors possibles : au pire, le discrédit total porté sur la philosophie et, en général, sur la rationalité ; au mieux, une subordination de la philosophie, qui se met « au service de la théologie ».

Philosophie et science

Si le XVIIe siècle est celui qui, avec Descartes* et Spinoza*, libère la philosophie de la tutelle théologique, c'est aussi le siècle où la science* moderne prend son essor : la philosophie rencontre là une autre contestation. Contestation inverse de celle opérée par la religion, puisqu'il lui est maintenant reproché de ne pas donner à la raison toute sa positivité. Devant la rationalité effective des sciences, la philosophie passe volontiers pour une construction intellectuelle ingénieuse peut-être, mais chimérique, et en tout cas *a priori**.

Certes, jusqu'au milieu du XVIIIe siècle, la science expérimentale s'appellera elle aussi « philosophie » (« philosophie naturelle » que l'on distinguait de la « philosophie morale »), mais c'est bien la philosophie en tant que telle qui semble, en regard de la science, perdre sa légitimité. Non seulement la philosophie ne peut plus être la science suprême, mais est-elle même un savoir positif ? La connaissance scientifique n'épuise-t-elle pas la totalité de ce qu'il est possible de savoir et ne rejette-t-elle pas la philosophie dans un passé périmé, préscientifique ?

Deux voies s'ouvrent alors pour sauver la légitimité de la réflexion philosophique. La première a été explorée notamment par Henri Bergson*. À côté des sciences, qui s'occupent de la matière et se fondent sur l'intelligence, la philosophie existe avec son objet propre, l'esprit, et sa méthode propre, l'intuition. Science et philosophie ne sauraient donc être rivales, mais complémentaires. La deuxième solution est celle du positivisme*. La philosophie n'a pas d'objet propre. Elle n'est aucune des sciences particulières, lesquelles occupent bien la totalité du champ du savoir. Elle garde cependant une légitimité : devenir, comme le veut Auguste Comte*, la « spécialité des généralités ». Au philosophe d'unifier les différents domaines scientifiques spécialisés, ou bien, comme le disait Ludwig Wittgenstein*, de clarifier le langage de la science.

Philosophie et valeur

La philosophie a-t-elle cependant tant à craindre de la science ? N'est-elle pas moins concernée par les faits que par les valeurs ? Elle interroge ce qui est à la lumière de ce qui doit être, traite à la fois du fait et du droit. Ainsi les développements imprévus de la science appellent aujourd'hui de façon urgente la réflexion philosophique ; on redécouvre par là une donnée originaire de la philosophie : le philosophe est un moraliste.

Kant* écrivait qu'on ne peut apprendre la philosophie, mais seulement apprendre à philosopher. C'est là une façon comme une autre de dire que la philosophie n'est pas une science, mais une attitude intellectuelle, c'est-à-dire à la fois un instrument critique et une interrogation sur le sens et la valeur de la condition humaine, sur lesquels aucune science ne pourra jamais nous renseigner.

● **TERME VOISIN :** sagesse. ● **CORRÉLATS :** argumentation ; dialectique ; *logos* ; maïeutique ; métaphysique ; pensée ; religion ; savoir ; science ; théologie.

PHONÈME

(n.m.) ● **ÉTYM. :** grec *phônêma*, « son de voix », « parole ». ● **LINGUISTIQUE :** unité phonique élémentaire de la langue.

La linguistique* contemporaine souligne que la langue est doublement articulée : les phrases résultent de l'articulation d'unités de sens ou monèmes*, et ceux-ci de l'articulation d'unités de sons, ou phonèmes.

Le phonème n'est pourtant pas le son physique réellement prononcé ; il est une « unité distinctive », c'est-à-dire l'unité de son qui entretient avec d'autres des rapports d'opposition permettant de distinguer le sens des mots. Ainsi, en français, *on* et *an* sont deux phonèmes puisque leur opposition phonique permet de distinguer le sens de « blond », « blanc », etc. ; en revanche, en français les divers sons possibles correspondant à la lettre *r* ne sont pas, contrairement à l'espagnol, des phonèmes distincts.

● **TERMES VOISINS :** son ; unité phonique. ● **CORRÉLATS :** langage ; langue ; linguistique ; sens ; signification.

PHYSIQUE

(n. f. et adj.) ● **ÉTYM. :** grec *phusika*, « qui se rapporte à la nature ». ● **SENS ORDINAIRES : 1.** Qui concerne le corps, par opposition à *psychique* ou à *mental*. **2.** Qui concerne les objets matériels (le monde physique). ● **SCIENCE ET PHILOSOPHIE :** système de propositions cohérentes portant sur l'organisation et/ou sur la constitution des objets et des phénomènes naturels.

Comme science des corps inorganiques, la physique se distingue à la fois des mathématiques*, qui ont pour objet des idéalités*, et de la biologie, qui traite du monde organique (les êtres vivants). Mais cette distinction, qui est institutionnellement admise (la physique est ainsi une discipline d'enseignement distincte des mathématiques ou de la biologie), est plus discutable épistémologiquement. Le problème qui se pose ici est celui de l'unité de la science* : la différence d'objets entre la physique et, par exemple, la biologie fait-elle que ces deux sciences sont irréductiblement plurielles ? Une conception qu'on pourrait appeler « physicaliste », d'inspiration positiviste (*cf.* Positivisme), soutient que non. Elle s'appuie sur l'argument selon lequel les sciences se sont constituées comme telles en empruntant leurs méthodes et en cherchant à réduire leurs objets à la physique : ainsi la biologie est-elle devenue véritablement scientifique en chassant du vivant* les « forces vitales » et en étudiant les corps organisés à partir de leur structure physico-chimique. Dans ces conditions, la physique deviendrait le modèle de ce dont la connaissance scientifique est capable. C'est ainsi qu'à propos de la sociologie*, le positivisme d'Auguste Comte* va jusqu'à parler de « physique sociale ».

Un autre problème est celui de la distinction entre *physique* et *métaphysique**. Andronicos de Rhodes, le premier à avoir rassemblé de façon systématique les œuvres d'Aristote*, a appelé les écrits du grand philosophe portant sur la nature *Physique* et *Métaphysique* ceux qui à la fois venaient « après » et traitaient de réalités « au-dessus » de la physique (double sens du préfixe grec *méta*). D'où une distinction désormais classique entre une physique portant sur des objets naturels ou matériels et une métaphysique portant sur des objets suprasensibles (âme*, Dieu*, etc.). La tradition positiviste a voulu faire coïncider cette distinction avec cette autre : science et métaphysique. La physique énoncerait des vérités scientifiques confirmées par l'expérience*, la métaphysique étant, quant à elle, un discours non fondé. Il n'est pourtant pas exact d'établir un rapport nécessaire entre physique et science. Si la physique, à partir du XVIIe siècle, avec Galilée*, a pris une dimension incontestablement scientifique, il existe aussi une physique pré-scientifique, celle des anciens (Aristote, Épicure*...). En ce sens, il est légitime d'appeler « physique » toute conception systématique et cohérente du monde naturel, que celle-ci soit ou non, au sens moderne du terme, scientifique.

● **TERMES VOISINS** : matière (matériel) ; nature (naturel). ● **TERMES OPPOSÉS** : conscience ; métaphysique ; psychisme (psychique). ● **CORRÉLATS** : corps ; expérience ; science.

PIAGET JEAN (1896-1980)

REPÈRES BIOGRAPHIQUES

Chercheur et professeur suisse de langue française, Jean Piaget étudie la biologie avant de s'intéresser à la psychologie de l'enfant. En 1956, il fonde le Centre international d'épistémologie de Genève, auquel il consacre l'essentiel de ses activités à partir de 1971.

Le problème que Jean Piaget chercha à résoudre sa vie durant est d'abord d'ordre épistémologique* : qu'est-ce qui rend possible l'acquisition de connaissances* et la production de nouveaux savoirs* par l'esprit* humain ? Sa formation de biologiste le conduit à privilégier la question de la genèse de la connaissance (son épistémologie et sa psychologie sont dites « génétiques »). À cette question, il répond en faisant l'hypothèse qu'« il y a parallélisme complet entre le développement embryologique et le développement organique de l'intelligence et de la connaissance ». Dans les deux cas, à chaque stade du développement, de nouvelles possibilités apparaissent selon un ordre logique strict, et les interactions avec le milieu environnant jouent un rôle important. À chaque stade (de l'évolution de l'intelligence* de l'enfant, comme de l'histoire des sciences), un déséquilibre progressif entre les possibilités et les connaissances acquises, et les nouveaux problèmes à résoudre, entraîne le passage au stade suivant, qui intègre dans l'équilibre antérieur les capacités et savoirs nouveaux, atteints à la fois par expérience* et par maturation interne. Jean Piaget distingue ainsi quatre grands stades du développement de l'intelligence : « sensori-motrice » jusqu'à deux ans, elle devient « préopératoire » entre deux et sept ans, puis concrète jusqu'à onze ans, l'aptitude à la pensée abstraite n'apparaissant vraiment, selon lui, que vers onze-douze ans. L'ordre des apprentissages retenu par notre système scolaire s'inspire largement de cette théorie.

● **PRINCIPAUX ÉCRITS** : *Le Langage et la pensée chez l'enfant* (1923) ; *La Représentation du monde chez l'enfant* (1926) ; *Le Jugement moral chez l'enfant* (1932) ; *La Formation du symbole chez l'enfant* (1946) ; *Biologie et connaissance* (1967) ; *Études d'épistémologie génétique* (depuis 1957).

PIC DE LA MIRANDOLE Giovanni (1463-1494)

REPÈRES BIOGRAPHIQUES

Philosophe italien. À l'occasion de ses études à l'université de Padoue, Pic de La Mirandole apprit l'hébreu, l'arabe, l'araméen et s'initia à la kabbale. À Florence, il bénéficia de la protection de Laurent de Médicis, et se lia avec Savonarole. Il est possible qu'il soit mort empoisonné, à l'âge de trente et un ans.

Celui qu'on surnommait à l'époque le « prince des érudits » tenta d'interpréter la Bible en s'appuyant sur l'enseignement de la kabbale (ou cabale : tradition judaïque proposant une interprétation allégorique et mystique de l'Ancien Testament). Ses « neuf cents thèses », intitulées *Conclusions philosophiques, cabalistiques et théologiques* (1486), firent à l'époque figure de défi dans le monde savant (alors constitué pour l'essentiel de théologiens), et lui valurent d'être condamné par la Curie romaine (il dut se réfugier quelque temps en France). Certaines de ses thèses furent jugées « hérétiques » : en fait, on lui reprochait de sacrifier la scolastique* (théorie autorisée de l'Église et de l'Université) à l'humanisme*, plus indépendant des dogmes religieux et de l'Écriture. La pensée de Pic de La Mirandole, extraordinairement audacieuse, explique qu'on ait pu le classer, ultérieurement, parmi les « pères spirituels » de l'humanisme renaissant. Son fameux discours *De la dignité humaine* rompt avec l'idée commune de l'homme propre à son époque : pour Pic de La Mirandole, l'homme, cette créature de Dieu très singulière, est un être *libre* : il n'a reçu son essence ni de la nature, ni de son Créateur, mais il se la donne à lui-même. L'homme est l'artisan de son propre destin, il devient ce qu'il se fait. Érasme* reprendra cette idée (« L'homme ne naît pas homme, il le devient ») que l'on attribue généralement à Sartre*... Toutefois, ces thèses extrêmement modernes ne sont pas dissociables de l'ensemble de l'œuvre humaniste, chrétienne et rationaliste du philosophe.

● **PRINCIPAUX ÉCRITS** : *De la dignité humaine* (1486) ; *Heptaplus* (1489) ; *L'Être et l'Un* (1492).

PITIÉ

(n. f.) ● **ÉTYM.** : latin *pietas*, « piété ».
● **SENS ORDINAIRE** : sympathie suscitée par le spectacle du malheur d'autrui ; compassion et bienveillance qui en procèdent.

Jean-Jacques Rousseau* confère à la notion de pitié un statut philosophique : ce sentiment, pour lui, est naturel, et c'est l'un des seuls vestiges de la nature originelle que conserve l'homme civilisé. Au-delà des transformations et déformations que la vie en société fait subir à la nature humaine, celle-ci se manifeste spontanément, en dépit des préjugés, à travers la pitié. Le refus de voir souffrir un être semblable à soi fonde aussi, en dépit des divergences d'intérêt et de l'égoïsme aggravé par l'amour-propre, la possibilité d'un lien social : l'idéal d'un bonheur* partagé et d'une liberté* réciproque peut s'édifier sur ce sentiment, et constituer une alternative à l'appétit de domination.
Arthur Schopenhauer* est le seul philosophe qui, après Rousseau, accorde à la pitié une valeur centrale et fondatrice tandis qu'une autre tradition, depuis Aristote*, insiste sur l'ambivalence foncière de ce sentiment. D'une part, la pitié est une passion* triste, une souffrance : or, à quoi bon augmenter des nôtres les souffrances d'autrui ? Mais surtout, la compassion peut être blessante, offensante ou même cruelle. Car la générosité a besoin de la souffrance et de la misère qu'il lui arrive d'entretenir tout en la déplorant... Les entreprises

◆ Plaisir

humanitaires actuelles appellent ce type de réserves qui s'adressent à tout projet éthique ou politique, lorsqu'il repose, en dernier ressort, sur la compassion et l'émotion. D'un autre côté pourtant, lorsqu'elle ignore ou méprise le sentiment, la vertu* peut verser dans la sécheresse d'une équation mathématique.

● **Termes voisins :** altruisme ; compassion ; miséricorde ; sympathie. ● **Terme opposé :** indifférence. ● **Corrélats :** amour ; empathie ; éthique ; état de nature ; morale ; sagesse ; société ; vertu.

Plaisir

(n. m.) ● **Étym. :** latin *placere*, « plaire », « être agréable ». ● **Sens ordinaire :** satisfaction physique ou morale. ● **Psychologie :** pôle de la vie affective, par opposition à la douleur, résultant de la satisfaction d'un besoin et dont la représentation engendre désir et intérêt. ● **Philosophie morale :** Souverain Bien, dans les doctrines morales hédonistes. ● **Esthétique :** sentiment de satisfaction désintéressé, éprouvé en présence de la beauté, qu'elle soit naturelle ou artistique.

Le plaisir est le plus souvent conçu négativement. Platon*, par exemple, en dénonce le caractère tyrannique et illusoire : à peine satisfait, le désir renaît et avec lui la souffrance. Et même lorsque Épicure* en fait le principe de sa morale*, il n'en retient qu'une définition négative. Pour l'épicurisme, le plaisir, comme Souverain Bien*, est absence de douleur, ou ataraxie. Mais il est possible de penser le plaisir positivement, non comme visée, ou comme fin de l'action, mais comme son couronnement. Selon Aristote, c'est de surcroît qu'une action est accompagnée de plaisir. Le plaisir naîtrait de la rencontre d'une activité non entravée et de l'objet le mieux approprié à sa mise en œuvre. L'exemple d'activité que donne Aristote est la vision. Il existe un plaisir de voir, qui ne résulte pas d'un manque préalable, mais du plein exercice de la faculté de voir, ce dont témoigne le plaisir esthétique.

● **Termes voisins :** jouissance ; satisfaction. ● **Termes opposés :** douleur ; peine ; souffrance.

● **Principe de plaisir**
Cf. Principe.

● **Corrélats :** bonheur ; désir ; hédonisme ; morale.

Platon
(427-347 av. J.-C.)

Repères biographiques

Fils d'une famille noble athénienne, Platon est, dans sa jeunesse, le témoin de l'effondrement d'Athènes après la guerre du Péloponnèse, et de la féroce tyrannie des Trente qui suivit la chute du régime démocratique. À vingt ans, il rencontre Socrate ; sous son influence, il choisit la voie de la spéculation philosophique. Mais la philosophie n'en doit pas moins avoir une destination politique : Platon tente à trois reprises d'établir en Sicile, auprès des tyrans Denys de Syracuse et Denys le Jeune, un gouvernement juste, tentatives qui se soldent par trois échecs. C'est au retour de son premier voyage en Sicile qu'il fonde l'Académie. Foyer d'opposition intellectuelle à la démocratie athénienne, l'Académie durera jusqu'au VIe siècle apr. J.-C., en s'éloignant considérablement de son inspiration première. Platon meurt à Athènes à l'âge de 80 ans.

Les *Dialogues*

L'œuvre de Platon est constituée de dialogues, forme littéraire qui correspond à une exigence philosophique essentielle. Car la vérité est l'objet d'une recherche commune et rationnelle. Elle n'est atteinte que grâce à une dialectique*, c'est-à-dire l'art méthodique d'interroger et de répondre. La pensée elle-même nous dit Platon, n'est rien d'autre qu'« un dialogue* intérieur de l'âme avec elle-même ».

Le dialogue institue entre les hommes un rapport fondé sur la raison*, et non sur la violence* : le discours rationnel a ses lois, communes à tous, qui sont préférables à la loi du plus fort. Mais tous les discours ne se valent pas : Platon oppose le dialogue philosophique, fondé sur la recherche commune et sincère de la vérité, au discours des sophistes* qui, dans l'Athènes démocratique, n'apprenaient qu'à se rendre maître de l'opinion*, sans égard pour la vérité.

On distingue trois groupes principaux de dialogues, qui correspondent à trois étapes de la vie et de la pensée de Platon :

1. Les dialogues de jeunesse (dits encore « socratiques »). Ils sont consacrés soit à défendre et illustrer la mémoire de Socrate*, soit à mettre en scène la méthode socratique d'examen : une interrogation critique visant à démonter les préjugés des interlocuteurs.

2. Les dialogues de la maturité. Ils correspondent à la création de l'Académie. Socrate y est encore le meneur de jeu, mais ces dialogues mettent en place une doctrine proprement platonicienne : la « théorie des essences ».

3. Les dialogues de la vieillesse. Plus érudits et plus difficiles, ils correspondent à une crise dans l'évolution de la pensée de Platon. Celui-ci revient sur la philosophie développée dans les dialogues de la maturité, pour l'approfondir, mais aussi la modifier. Le personnage de Socrate est, dans ces dialogues, moins central, voire absent, comme dans *Les Lois*, dernière œuvre de Platon,.

Être et savoir

Qu'est-ce que savoir ? Contre le sophiste Protagoras qui professait que « l'homme est la mesure de toutes choses », et qu'il y a donc autant de vérités que d'individus, Platon affirme l'universalité et l'intemporalité du savoir véritable, lequel énonce une vérité qui ne change pas selon les circonstances, les individus ou les moments. Savoir, c'est dépasser la diversité et la versatilité des opinions humaines et ramener la multiplicité des choses à l'unité d'une définition universelle.

La définition recherchée doit avoir un objet qui lui corresponde. Si une définition de la beauté est possible, c'est que, indépendamment des cas particuliers qui l'illustrent, la « beauté en soi » existe. Or, l'être en soi des choses n'existe pas dans notre expérience sensible, laquelle est soumise au devenir* ; le monde sensible est le monde du changement, de la multiplicité et de la diversité. Il est connu non par la science, mais par l'opinion, dont il a les mêmes caractères. À la limite, réduire le savoir à l'opinion, comme le fait Protagoras, implique la doctrine du mobilisme universel, défendue par le philosophe Héraclite*, selon laquelle il n'existe aucune réalité stable ni permanente.

Pour que le savoir authentique soit possible, il faut donc un autre monde, fait d'êtres non changeants, sans cesse identiques à eux-mêmes, éternels : les « Idées » (du grec *eidos*), ou essences. L'essence est ce qui existe « en soi », « en son être réel ». Ce n'est pas une idée au sens moderne du terme ; c'est un être immatériel, invisible, intelligible, mais d'une parfaite objectivité : le seul type d'être pleinement réel, par rapport auquel la réalité sensible n'est qu'une ombre.

Quant aux réalités sensibles, elles ne sont réelles que pour autant qu'elles participent aux essences intelligibles. La théorie de la participation permet à Platon d'expliquer que le monde intelligible, transcendant, c'est-à-dire extérieur et supérieur, puisse néanmoins être le principe de l'existence du monde sensible.

Cependant, les essences ne sont pas le fondement ultime des choses. Elles ont elles-mêmes un principe, car si chacune est identique à elle-même, elles sont néanmoins plusieurs, alors que la réalité suprême doit être absolument une, simple et inconditionnée*, c'est-à-dire condition de toute chose sans être elle-même conditionnée par aucune autre. Ce principe inconditionné, d'une transcendance* absolue*, au-delà même de l'essence, dit Platon, c'est le Bien (ou « Un-Bien »). Tous les objets connaissables, sensibles ou intelligibles, tiennent de lui à la fois leur être et leur possibilité d'être connus.

Dialectique de la raison et dialectique de l'amour

La connaissance est ainsi conçue par Platon (*cf.* Allégorie de la caverne, pp. 350-352) comme une conversion spirituelle, par laquelle on se détourne du monde sensible, et donc aussi du corps* (philosopher, c'est « apprendre à mourir », c'est-à-dire à détacher son âme du corps qui l'emprisonne) ; puis comme une montée difficile vers le monde intelligible. Celle-ci demande une véritable éducation* philosophique, laquelle était le but principal de l'Académie et s'organisait autour des mathématiques*.

Vient ensuite la dialectique*, qui est la science suprême, ou mieux, la science proprement dite. Là où le mathématicien, par une démarche « descendante », conclut des hypothèses aux conséquences, sans s'inquiéter du fondement des premières, le dialecticien, c'est-à-dire le philosophe, remonte des hypo-

◆ **Platon**

thèses vers leur principe (l'essence), jusqu'à atteindre, s'il le peut, ce fondement inconditionné qu'est le Bien.

La dialectique reste toujours une démarche rationnelle, même si elle doit déboucher sur la contemplation ineffable de l'Un-Bien, au-delà de tout discours. Pourtant, Platon double cette démarche rationnelle d'une dialectique de l'amour* (*cf. Le Banquet*) qui, par des voies qui lui sont propres, parvient au même résultat que la raison, c'est-à-dire à la contemplation de l'intelligible, et particulièrement de la beauté en soi. C'est que l'amour est le signe d'un manque dont l'objet aimé, croit-on, nous comblerait. Il permet ainsi l'élan vers le savoir. Il est le principe d'une élévation spirituelle au cours de laquelle on passe de la beauté des corps à celle de l'âme, de celle de l'âme à celle des conduites morales, puis à celle des sciences, pour qu'enfin se dévoile l'essence qui est le principe absolu de toute beauté.

Réminiscence et maïeutique

Connaître, c'est sortir de la caverne du monde sensible, mais c'est aussi rentrer en soi-même. À l'image de la sage-femme Phénarète, sa mère, qui accouchait les corps, Socrate pratique l'art d'accoucher les esprits, ou maïeutique*. Son interrogation vise à permettre à ses interlocuteurs de se révéler la vérité qu'ils portent en eux.

La maïeutique débouche ainsi sur la doctrine de la réminiscence* : si chacun peut reconnaître la vérité, par l'effort de sa propre raison, n'est-ce pas que nous la connaissons déjà ? « Connaître, c'est se ressouvenir » (*Ménon*) : l'esprit a déjà contemplé les vérités intelligibles qu'il a ensuite oubliées en s'incarnant dans un corps sensible. Cette doctrine est souvent énoncée sous forme de mythes : migration des âmes vers l'intelligible, réincarnations diverses, etc. Mais elle exprime une préoccupation essentielle de la philosophie : comment pourrions-nous savoir que nous savons si nous n'avions pas déjà, en quelque manière, trouvé ce que nous cherchons ?

Morale et politique

Le but dernier de la spéculation* philosophique est d'ordre pratique* : après l'ascension hors de la caverne, qui mène à la contemplation de l'intelligible, le philosophe doit redescendre. Il ne doit pas fuir hors du monde sensible, mais d'abord s'y comporter moralement, c'est-à-dire en juste. Cela est précisément possible s'il sait ce qu'est la justice en soi.

« Nul n'est méchant volontairement » : l'immoralité n'est au fond qu'ignorance ; nous ne pratiquons l'injustice que parce que nous sommes aveuglés par nos pulsions sensibles. Platon est le premier philosophe à penser qu'il faut éclairer l'homme pour le rendre meilleur. Mais la destination pratique de la philosophie n'est pas seulement morale, elle est aussi politique. Car la justice* est aussi l'affaire de la cité. Les philosophes sont destinés, parce qu'ils savent ce qu'est l'essence de la justice, à être rois, c'est-à-dire les magistrats de la cité juste.

● **Principaux écrits :** Dialogues de jeunesse : *Hippias majeur, Apologie de Socrate, Protagoras, Gorgias...* ; dialogues de la maturité : *Phédon, Banquet, Phèdre, République...* ; dialogues de la vieillesse : *Parménide, Théétète, Sophiste, Politique, Timée, Philèbe, Les Lois...*

L'ALLÉGORIE DE LA CAVERNE

Nous sommes en présence d'une « allégorie », c'est-à-dire qu'aucun élément du récit proposé n'est gratuit mais renvoie toujours à une signification abstraite. Pour comprendre l'histoire qui nous est racontée, il convient donc de la déchiffrer, de l'interpréter : toute cette aventure qui met en jeu le regard et la vision trouvera une traduction en termes d'opérations de la connaissance. Par ce modèle d'éducation philosophique, Platon enseigne à l'âme le moyen d'atteindre à des vérités supérieures.

« Socrate. — Maintenant, représente-toi notre nature, selon qu'elle est ou qu'elle n'est pas éclairée par l'éducation, d'après le tableau que voici. Figure-toi des hommes dans une demeure souterraine en forme de caverne, dont l'entrée, ouverte à la lumière, s'étend sur toute la longueur de la façade ; ils sont là depuis leur enfance, les jambes et le cou pris dans des chaînes, en sorte qu'ils ne peuvent bouger de place, ni voir ailleurs que devant eux ; car les liens les empêchent de tourner

la tête ; la lumière d'un feu allumé au loin sur une hauteur brille derrière eux ; entre le feu et les prisonniers, il y a une route élevée ; le long de cette route, figure-toi un petit mur, pareil aux cloisons que les montreurs de marionnettes dressent entre eux et le public et au-dessus desquelles ils font voir leurs prestiges.
GLAUCON. — Je vois cela.
S. — Figure-toi maintenant le long de ce petit mur des hommes portant des ustensiles de toutes sortes, qui dépassent la hauteur du mur, et des figures d'hommes et d'animaux, en pierre, en bois, de toutes sortes de formes ; et naturellement parmi ces porteurs qui défilent, les uns parlent, les autres ne disent rien.
G. — Voilà un étrange tableau et d'étranges prisonniers.
S. — Ils nous ressemblent. Et d'abord, penses-tu que dans cette situation ils aient vu d'eux-mêmes et de leurs voisins autre chose que les ombres projetées par le feu sur la partie de la caverne qui leur fait face ?
G. — Peut-il en être autrement s'ils sont contraints toute leur vie de rester la tête immobile ?
S. — Et des objets qui défilent, n'en est-il pas de même ?
G. — Sans contredit.
S. — Dès lors, s'ils pouvaient s'entretenir entre eux, ne penses-tu pas qu'ils croiraient nommer les objets réels eux-mêmes, en nommant les ombres qu'ils verraient ?
G. — Nécessairement. [...]
S. — Il est indubitable qu'aux yeux de ces gens-là, la réalité ne saurait être autre chose que les ombres des objets confectionnés.
G. — C'est de toute nécessité.
S. — Examine maintenant comment ils réagiraient, si on les délivrait de leurs chaînes et qu'on les guérît de leur ignorance, et si les choses se passaient naturellement comme il suit. Qu'on détache un de ces prisonniers, qu'on le force à se dresser soudain, à tourner le cou, à marcher, à lever les yeux vers la lumière, tous ces mouvements le feront souffrir, et l'éblouissement l'empêchera de regarder les objets dont ils voyaient les ombres tout à l'heure. Je te demande ce qu'il pourra répondre, si on lui dit que tout à l'heure il ne voyait que des riens sans consistance, mais que maintenant, plus près de la réalité et tourné vers des objets plus réels, il voit plus juste : si, enfin, lui faisant voir chacun des objets qui défilent devant lui, on l'oblige à force de questions à dire ce que c'est ? Ne crois-tu pas qu'il sera embarrassé et que les objets qu'il voyait tout à l'heure lui paraîtront plus véritables que ceux qu'on lui montre à présent ?
G. — Beaucoup plus véritables. [...]
S. — Et si on le tirait de là par force, qu'on lui fît gravir la montée rude et escarpée, et qu'on ne le lâchât pas avant de l'avoir traîné dehors à la lumière du soleil, ne penses-tu pas qu'il souffrirait et se révolterait d'être ainsi traîné, et qu'une fois arrivé à la lumière, il aurait les yeux éblouis de son éclat, et ne pourrait voir aucun des objets que nous appelons à présent véritables ?
G. — Il ne le pourrait pas, du moins tout d'abord.
S. — Il devrait en effet s'y habituer, s'il voulait voir le monde supérieur [...] À la fin, je pense, ce serait le soleil [...] lui-même qu'il pourrait regarder et contempler tel qu'il est.
G. — Nécessairement. [...]
S. — Maintenant il faut, mon cher Glaucon, appliquer exactement cette image à ce que nous avons dit plus haut : il faut assimiler le monde visible au séjour de la prison, et la lumière du feu dont elle est éclairée à l'effet du soleil ; quant à la montée dans le monde supérieur de la contemplation de ses merveilles, vois-y la montée de l'âme dans le monde intelligible [...]. Aux dernières limites du monde intelligible est l'idée du Bien, qu'on n'aperçoit qu'avec peine, mais qu'on ne peut apercevoir

◆ **Plotin**

> sans conclure qu'elle est la cause universelle de tout ce qu'il y a de bien et de beau ; que dans le monde visible, c'est elle qui a créé la lumière et le dispensateur de la lumière ; et que dans le monde intelligible, c'est elle qui dispense et procure la vérité et l'intelligence. »
>
> <div align="right">Platon, <i>République</i> (entre 385 et 370 av. J.C.), livre VII, 514<i>a</i>-517<i>c</i>, trad. É. Chambry, Paris, Gonthier, coll. « Médiations », 1966, pp. 216-219.</div>
>
> **L'état initial : ignorance et impuissance**
> Il faut d'abord bien noter, dans la description de Platon, que tout est souterrain : les prisonniers, les marionnettistes, le feu, le chemin, le petit mur sont tous — à des hauteurs différentes, bien sûr — dans la caverne où la lumière du jour parvient à peine à filtrer. Platon décrit ici notre condition première d'hommes plongés dans le monde matériel et visible : nous n'y voyons jamais que des reflets trompeurs (projetés par des manipulateurs d'opinion) que l'habitude nous fait prendre pour la réalité même. Ce monde-là nous rend tous prisonniers des apparences.
>
> **L'arrachement au sensible et la montée vers l'intelligible**
> L'âme, douloureusement contrainte par un éducateur à se délivrer de ses erreurs, reste d'abord hébétée et stupéfaite, sans repères : elle ne saurait plus dire ce qui est vrai et ce qui ne l'est pas. Le premier moment de l'éducation philosophique est donc négatif et critique. Mais, au moins, l'âme ne se repose plus sur de fausses certitudes. Elle apprendra à se tourner et à s'élever vers le principe des choses et de son intelligence des choses : l'idée du Bien.

PLOTIN
(VERS 205-270 APR. J.-C.)

REPÈRES BIOGRAPHIQUES
Philosophe grec né en Égypte. Installé à Alexandrie, il est, avec son élève Porphyre, le représentant le plus illustre du néo-platonisme. Ses œuvres, classées en six groupes de neuf livres, constituent l'une des sources principales de la pensée arabo-islamique ainsi que de la philosophie médiévale occidentale.

À la suite de Platon*, Plotin considère que le monde sensible et les réalités intelligibles tiennent leur unité et leur être d'un principe supérieur, l'Un*, ou encore le Bien*. Ce principe suprême est une « réalité » parfaite, ineffable (au-delà de tout langage), que l'on ne peut donc qu'évoquer. L'intellect et l'âme constituent avec l'Un (dont ils procèdent) ce que Plotin appelle des « hypostases » (réalités dépendantes les unes des autres) divines. L'âme est une sorte d'intermédiaire (ou « truchement ») entre le monde intelligible et le monde sensible : elle ordonne et organise le second, mais elle dérive du premier vers lequel elle peut se retourner pour le contempler et en jouir. La matière n'est que le dernier reflet de l'Un, et le contact avec le sensible* est le mal*, auquel l'âme doit s'arracher. Une fois purifiée par l'expérience esthétique*, puis par une conversion philosophique appropriée, elle peut espérer s'élever jusqu'à la contemplation du premier principe*. Au-delà de l'intelligence comme de la pensée, l'âme connaît alors l'extase. *Cf.* aussi Néo-platonisme.

● **PRINCIPAL ÉCRIT** : *Ennéades*.

PLOUTOCRATIE

(n. f.) ● **ÉTYM.** : grec *ploutos*, « richesse » et *kratos*, « domination, pouvoir ». ● **SENS STRICT** : régime dans lequel le pouvoir politique est confisqué par les riches.

● **TERME VOISIN** : oligarchie. ● **CORRÉLAT** : pouvoir.

PLURALISME

(n. m.) ● **ÉTYM.** : latin *pluralis*, « pluriel ». ● **SENS ORDINAIRE ET POLITIQUE** : doctrine ou système admettant l'existence d'opinions politiques et religieuses, de comportements culturels et sociaux différents, au sein d'un groupe organisé. ● **PHILOSOPHIE** : doctrine selon laquelle les êtres qui composent l'univers sont multiples, individuels et ne dépendent pas d'une réalité absolue.

Contre le monisme* philosophique, William James* veut affirmer le pluralisme en opposant sa *Philosophie de l'expérience* à la « philosophie de l'absolu », qui réduit le monde à une unité fictive. Un « intellectualisme vicieux » consiste à déclarer irrationnelles les données sensibles, pour mieux remplacer les choses par des concepts*, et à renvoyer l'univers à un principe unique expliquant toutes choses. Au contraire, le pluralisme valorise l'expérience pour opérer un retour aux choses mêmes, qui sont toujours individuelles. Le monisme soutient que « chaque chose est présente à chacune de toutes les autres, en un seul tout immense, qui les implique instantanément et au complet ». Le pluralisme, en revanche, « signifie seulement que les diverses parties de la réalité peuvent entretenir des relations extérieures ». L'univers n'est donc pas un département de la logique*, mais un enchaînement ininterrompu où les coupes que nous faisons sont artificielles, et où seule l'expérience peut nous révéler, par le respect de leur individualité, des états qui s'entrepénètrent dans le flux du continu.

● **Termes opposés :** dualisme ; monisme ; solipsisme. ● **Corrélats :** libéralisme ; univers.

POINCARÉ Henri (1854-1912)

Repères biographiques

Issu d'une grande famille lorraine, Henri Poincaré est d'abord et surtout un mathématicien, mais il réfléchit aussi, en philosophe, sur les conditions du travail scientifique.

La philosophie des sciences de Poincaré est conventionnaliste*. Pour lui, les lois fondamentales de la science ne sont pas des vérités empiriques, mais des définitions*, librement choisies par convention. Entre deux théories rivales, on choisira la plus « économique », c'est-à-dire celle qui permet le plus commodément de classer et de prédire les phénomènes, mais dont on ne peut dire pour autant qu'elle est vraie.

La limite de la liberté du savant dans le choix des conventions reste évidemment les faits* observables : on ne peut construire une théorie qui leur soit contraire. Mais il existe plusieurs théories, et même, dit Poincaré, une infinité qui peuvent être compatibles avec eux : d'où la substitution du critère de la commodité à celui de la vérité.

● **Principal écrit :** *La Science et l'hypothèse* (1902).

POLITIQUE

(n. m. et f. ; adj.) ● **Étym. :** grec *polis*, « cité ». ● **(Subst.) sens ordinaire et philosophique :** art de gouverner la cité, de diriger l'État ; le mot s'emploie alors au féminin. ● **Sociologie :** désigne, au masculin cette fois, l'ensemble du domaine des institutions, distingué d'autres aspects de la réalité sociale, en particulier de la sphère économique (le marxisme emploiera souvent « le politique » en ce sens). ● **(Adj.) sens ordinaire :** : qui concerne la vie de la cité ou de l'État (ex. : un « homme politique »).

1. La nature de la politique

La politique suppose-t-elle, comme le pense Platon*, un savoir théorique ou est-elle, comme le soutient Machiavel*, un art pratique, un ensemble de techniques ou de manœuvres pour la prise et la conservation du pouvoir ? L'approche platonicienne conduit à croire possibles la conception et la construction d'une politique idéale, c'est-à-dire d'un État* conforme à un idéal de justice et de raison (*cf. République*). Pour le réalisme politique de Machiavel, au contraire, cela relève d'une utopie* non seulement inutile, mais nuisible à la marche effective de l'État.

2. Les rapports de la morale et de la politique

La politique peut-elle poursuivre des fins raisonnables et bonnes en elles-mêmes (justice sociale, sécurité individuelle, etc.) ? Doit-on, au contraire, suivre l'opinion de Machiavel enseignant que, si la politique est une question purement technique (examen des procédés, éventuellement immoraux, de gouvernement), il ne convient pas de l'examiner « sous les rapports de la justice et de la morale » (*Le Prince*, chap. VIII) ?

3. Le fondement de l'autorité politique

La conception de Machiavel conduit à l'idée que le pouvoir est arbitraire, c'est-à-dire qu'il ne peut être fondé en droit. Tous les pouvoirs politiques font pourtant valoir une légitimité. C'est à l'analyse de ce fondement légitime que s'attache le droit politique.

La conception moderne du droit politique est celle de l'État de droit*, laïque, définissant et limitant l'exercice du pouvoir par une Constitution. Cette conception s'exprime particulièrement dans la théorie du contrat* social : l'autorité politique procède d'une convention passée entre des individus naturellement libres et égaux. La plupart des théories du contrat ont en commun de faire de l'organisation politique une création artificielle (conventionnelle) des hommes, c'est-à-dire : d'une part, de ne plus identifier le politique au religieux (à Dieu) ; d'autre part, de ne pas en faire un mode d'existence naturel des hommes (contrairement à l'opinion d'Aristote* qui qualifiait l'homme d'« animal politique ») ; enfin, de conférer à l'État la mission de protéger les droits des individus (sécurité, liberté, propriété...).

> ● **TERMES VOISINS :** gouvernement ; pouvoir. ● **CORRÉLATS :** cité ; citoyen ; contrat social ; droit ; État ; laïcité ; libéralisme ; nation ; peuple ; république ; sécularisation ; souveraineté.

POLYTHÉISME

(n. m.) ● **ÉTYM. :** grec *polus*, « nombreux », *theos*, « dieu ». ● **RELIGION :** croyance en l'existence de plusieurs dieux ou agents surnaturels, expliquant les phénomènes naturels et intervenant dans la vie des hommes.

> ● **TERME OPPOSÉ :** monothéisme. ● **CORRÉLATS :** Dieu ; hindouisme ; religion ; théisme.

POPPER KARL RAIMUND (1902-1994)

REPÈRES BIOGRAPHIQUES
Né à Vienne, Karl Raimund Popper quitte l'Autriche au moment du nazisme et enseigne d'abord en Nouvelle-Zélande, puis à Londres. Il s'intéresse principalement à la philosophie des sciences exactes, mais aussi à celle des sciences humaines. Il s'attache à dégager la « logique de la découverte scientifique » (c'est le titre de son ouvrage fondamental, paru en 1934), c'est-à-dire les procédures au moyen desquelles les hypothèses théoriques de la science sont contrôlées.

Le problème épistémologique central est, pour Popper, le problème de la démarcation entre science et non-science. Le caractère distinctif d'une théorie scientifique n'est pas sa vérifiabilité, mais au contraire sa falsifiabilité* (néologisme construit sur l'anglais *to falsify*, « réfuter »), c'est-à-dire la possibilité de voir l'expérimentation la démentir. Une théorie* qui a résisté victorieusement aux contrôles qui auraient pu la réfuter est confirmée ; mais cela ne signifie pas qu'elle est vérifiée.

Il en résulte qu'une explication « irréfutable » n'est pas vraie, mais qu'elle est non scientifique : c'est une explication qui refuse de s'exposer au démenti expérimental (tel est, pour Popper, le statut de théories qui ont des prétentions scientifiques, comme le marxisme* ou la psychanalyse*).

La méthode scientifique est alors non pas l'induction*, qui procède par généralisations à partir d'expériences particulières, mais la « méthode déductive de contrôle », qui procède par hypothèses et réfutations : étant donnée une hypothèse H, il est possible d'en déduire des conséquences vérifiables susceptibles de la « falsifier ».

Karl Popper a également insisté sur la concordance entre la logique « libérale » de la science, qui accepte la concurrence de toutes les théories, pourvu qu'elles soient soumises à l'épreuve du contrôle empirique, et les sociétés libérales ou « ouvertes* » — les « sociétés closes » (par exemple les sociétés communistes) reposant au contraire sur des explications totalisantes et non réfutables du monde. La réflexion épistémologique débouche alors sur une éthique de la vérité propre aux sociétés démocratiques.

> ● **PRINCIPAUX ÉCRITS :** *Logique de la découverte scientifique* (1934) ; *La Société ouverte et ses ennemis* (1945) ; *Misère de l'historicisme* (1945) ; *Conjectures et réfutations* (1953).

POSITIF

(adj.) ● ÉTYM. : latin *positus*, « posé ». ● SENS ORDINAIRES ET PHILOSOPHIQUES : **1.** Contraire de négatif. **2.** Caractère de ce qui est établi dans les faits. ● SENS STRICT : caractère d'une science expérimentale aux méthodes de vérification et aux critères d'objectivité constitués et éprouvés (ex. : « science positive »). ● CHEZ COMTE : caractérise l'âge de la science, considéré comme l'état mûr et définitif de l'intelligence humaine (*cf.* Positivisme).

Selon Auguste Comte*, par opposition à l'esprit « théologique » et « métaphysique », l'esprit « positif » renonce à la recherche des causes premières ou finales pour ne s'intéresser qu'aux relations constantes (ou lois*) observables entre les phénomènes (*cf.* texte p. 80).

● TERMES VOISINS : effectif ; réel.
● CORRÉLATS : positivisme ; science.

POSITIVISME

(n. m.) ● ÉTYM. : formé à partir de l'adjectif *positif*. ● SENS LARGE : attitude de confiance envers les méthodes et les résultats de la science expérimentale (*cf.* Scientisme). ● SENS STRICT : philosophie d'Auguste Comte et, par extension, toute philosophie qui privilégie la connaissance scientifique et combat la métaphysique (*cf.* Positivisme logique).

Le positivisme d'Auguste Comte affirme que :
— L'esprit scientifique (ou positif) va, par une loi invincible du progrès de l'esprit humain, remplacer les croyances théologiques ou les explications métaphysiques. En devenant « positif », l'esprit renonce à la question « pourquoi ? », c'est-à-dire à chercher une explication absolue des choses. Il se limite au « comment », c'est-à-dire à la formulation des lois de la nature, en dégageant, par le moyen d'observations et d'expériences répétées, les relations constantes qui unissent les phénomènes.
— Il est possible de présenter un tableau encyclopédique des sciences* : après les mathématiques*, l'astronomie, la physique, la chimie et la biologie, c'est à la sociologie*, dont Auguste Comte invente le nom, d'entrer enfin dans le domaine du savoir positif. Ces six disciplines constituent le système achevé et unifié de la connaissance.
— À cet âge de la science (qui est aussi l'« âge industriel ») doivent correspondre une politique, fondée sur une organisation rationnelle de la société, et aussi une nouvelle religion, sans Dieu : la religion de l'Humanité.

POSITIVISME LOGIQUE

Il est d'usage de nommer ainsi l'école philosophique qui s'est développée dans les années 1920-1930 à Vienne (*cf.* Cercle de Vienne). Son projet était de fonder la science sur un langage entièrement réductible à des formulations d'observations directes, et de dénoncer dans la métaphysique un tissu de propositions non signifiantes parce qu'expérimentalement invérifiables (*cf.* Empirisme logique).

● CORRÉLATS : positif ; science.

POSSIBLE/POSSIBILITÉ

(n. m. et adj.) ● ÉTYM. : latin *posse*, « pouvoir ». ● PHILOSOPHIE ET LOGIQUE : qui n'est pas, mais pourrait être — en d'autres termes, ce qui n'implique pas de contradiction logique (*cf.* chez Leibniz, la notion de « monde possible »).

En tant que le possible n'est pas, il se distingue de l'existence*. En tant qu'il peut être, il se distingue de la nécessité*. Possibilité, existence, nécessité sont pour Kant* les trois catégories* de la modalité*.

● TERMES VOISINS : aléatoire ; contingent ; hypothétique. ● TERMES OPPOSÉS : existant ; impossible.
● CORRÉLATS : catégorie ; modalité ; réalité.

POSTULAT

(n. m.) ● ÉTYM. : latin *postulare* (part. passé *postulatum*), « demander ». ● SENS ORDINAIRE : position, avouée ou non, qui constitue la base de départ d'un raisonnement.

● **MATHÉMATIQUES :** proposition non démontrable, que le mathématicien « demande » d'accepter comme nécessairement vraie, et dont il a besoin pour construire une démonstration. ● **MORALE :** pour Kant, les postulats de la raison pratique sont les propositions relatives à la liberté, l'immortalité de l'âme et l'existence de Dieu, que la raison ne peut pas démontrer, mais qui fondent la possibilité de la morale.

Tous les emplois du terme postulat renvoient à son acception mathématique*. Dans son exposé des principes de la géométrie, Euclide* (IIIe siècle avant J.-C.), introduit six « demandes », dont la cinquième correspond au célèbre postulat selon lequel, par un point donné pris hors d'une droite, on ne peut mener qu'une parallèle à cette droite. La proposition était indémontrable, mais le refus de l'admettre aurait ruiné l'ensemble de l'édifice euclidien, dans la mesure où la déduction* de théorèmes essentiels reposait sur ce point de départ. Toutes les tentatives pour en établir la démonstration par la suite ayant échoué, ou abouti à l'édification de géométries non euclidiennes fondées sur d'autres postulats, il est devenu évident que les mathématiques sont des constructions hypothético-déductives, dont le caractère systématique et la cohérence interne reposent toujours et nécessairement sur un petit nombre de postulats ou axiomes*, dont la vérité doit être admise sans pouvoir être démontrée. Un moment distinguées par les mathématiciens, toutes les propositions de ce type sont aujourd'hui désignées par le terme d'axiome*, le mot postulat étant plutôt réservé à l'usage non mathématique, en un sens proche de celui du mot hypothèse*.

● **CORRÉLATS :** axiomatique/axiome ; hypothèse ; mathématiques.

POUR-SOI

(n. m. et adj.) ● **SENS ORDINAIRE :** tout ce qui existe en étant témoin de soi-même (synonyme de conscience). ● **CHEZ HEGEL :** moment de la prise de conscience de soi qui conduit l'Esprit à sa vérité, c'est-à-dire à l'en-soi-pour-soi (étape ultime du devenir, caractérisée par la réconciliation de l'être et de la conscience). ● **CHEZ SARTRE :** l'être (en-soi) qui ne coïncide pas avec lui-même, dans la mesure où il est spectateur ou témoin de sa propre existence ; il se dissocie donc de lui-même pour se contempler ; en ce sens, le pour-soi est « transcendant au monde », il « est ce qu'il n'est pas » tout en « n'étant pas ce qu'il est » ; il est enfin ce « rien par quoi il y a des choses ».

● **TERMES VOISINS :** je ; moi. ● **CORRÉLATS :** conscience ; personne ; sujet.

POUVOIR

Le pouvoir peut se définir comme la faculté d'exercer sur un homme une domination telle qu'on obtienne de lui des actes ou un comportement qu'il n'aurait pas adoptés spontanément. Sous sa forme la plus absolue et terrifiante, le pouvoir peut, même en temps de paix, être un pouvoir de vie et de mort, dont porte encore témoignage notre actuel droit de grâce. En temps de guerre, le pouvoir paraît dans toute sa nudité et toute sa cruauté, puisqu'il place l'homme devant l'impossible choix de l'obéissance ou de la mort. La question est alors de comprendre comment le pouvoir s'exerce, par quels moyens il obtient une obéissance, qui peut aller jusqu'à l'acceptation de sa propre mort. Elle est ensuite de savoir si l'obéissance au pouvoir, même injuste, est toujours un devoir*, comme Socrate* acceptant la sentence de ses juges a cherché à nous en convaincre, ou si la résistance au pouvoir n'est pas, en certains cas, un droit* et parfois même un devoir.

L'énigme du pouvoir

Le pouvoir comporte toujours un élément de contrainte et doit parfois recourir à la force pour se faire respecter. C'est pourquoi le pouvoir est souvent purement et simplement assimilé à la force. Pourtant cette assimilation est trompeuse. Car si la force est un adjuvant nécessaire au pouvoir, son usage est réglé et exceptionnel. Le pouvoir peut bien se conquérir par la force ou même la violence, comme le montre Machiavel dans *Le Prince*, il ne saurait se maintenir exclusivement par elles. Le pouvoir obtient le plus souvent de ceux qu'il

Pouvoir

assujettit une obéissance volontaire, sans qu'il soit besoin de recourir à la force. Il y a là une énigme que La Boétie* remarquait déjà : « Je désirerais seulement qu'on me fît comprendre comment il se peut que tant d'hommes, tant de villes, tant de nations supportent quelquefois tout d'un tyran seul, qui n'a de puissance que celle qu'on lui donne, qui n'a de pouvoir de leur nuire, qu'autant qu'ils veulent bien l'endurer, et qui ne pourrait leur faire aucun mal, s'ils n'aimaient mieux tout souffrir de lui que de le contredire », écrit-il dans son *Discours sur la servitude volontaire*, publié en 1576.

Les formes de légitimation du pouvoir

Ainsi aucun pouvoir ne saurait subsister sans la reconnaissance de sa légitimité, sans le consentement de ceux qu'il assujettit. Mais les motifs de ce consentement ne sont pas tous, loin s'en faut, d'ordre rationnel. Dans une analyse désormais classique, le sociologue allemand Max Weber* distingue trois grandes formes de légitimation du pouvoir. La première forme de légitimation est celle du pouvoir traditionnel, qui prend racine dans la croyance au caractère sacré d'institutions* fondées sur la coutume. La seconde forme de légitimation est celle du pouvoir charismatique (du grec *charisma*, « grâce », « faveur ») et résulte de la confiance accordée à un individu, en vertu de circonstances exceptionnelles ou de ses qualités propres. La troisième forme, enfin, est celle du pouvoir légal et prend appui sur la croyance en la valeur rationnelle de règles qui s'imposent à tous. C'est cette dernière forme de légitimation qui caractérise l'État moderne. Le pouvoir y est pensé non comme une faculté mystérieuse ou comme la propriété de celui qui l'exerce, mais comme une institution nécessaire à l'organisation sociale. Sa légitimité* tient alors à la reconnaissance rationnelle de sa nécessité mais aussi au fait qu'il n'excède pas ce pour quoi il est institué. C'est pourquoi il s'exerce dans un cadre juridique — l'État de droit — qui en définit les limites.

L'abus de pouvoir

L'État n'exerce son pouvoir que dans l'intérêt général. Situé au-dessus des individus et des groupes, il prétend arbitrer leurs différends ou régler les conditions de leurs accords. Mais cette position d'extériorité du pouvoir, qui en garantit la justice et l'efficacité, est aussi ce qui fait peser la menace, jamais définitivement écartée, d'une scission entre gouvernants et gouvernés. Tout gouvernement tend en effet à user du pouvoir au-delà de ce pour quoi il lui a été confié, autrement dit tout gouvernement tend, par nature, à abuser du pouvoir. C'est pour conjurer ce risque que Montesquieu*, dans *L'Esprit des lois*, élabore la théorie de la séparation des pouvoirs législatif, exécutif et judiciaire, et de l'équilibre des pouvoirs — l'exécutif pouvant s'opposer au législatif. Mais quels que soient les moyens institutionnels mis en place pour prévenir les dérives du pouvoir, la vigilance du citoyen*, à travers l'information et la discussion des décisions politiques, reste le meilleur garant d'une liberté préservée. Alexis de Tocqueville*, dans son livre *De la démocratie en Amérique*, montre bien le danger que fait peser le pouvoir, même démocratique, sur la liberté d'un peuple qui n'en sentirait même plus l'oppression. Or, aucun pouvoir n'est légitime s'il ne permet la libre expression des désaccords et une opposition. Alain*, dans *Politique*, met l'accent sur l'importance de la critique, du conflit et du différend, plus fondamentalement démocratiques, à ses yeux, que le consensus. C'est pourquoi la résistance au pouvoir lui paraît être une vertu civique autant, et sinon plus, que l'obéissance au pouvoir.

Le pouvoir ou les pouvoirs

Mais la résistance au pouvoir ne doit pas forcément s'entendre comme affrontement au seul pouvoir de l'État. Dans son œuvre, le philosophe contemporain Michel Foucault* s'est attaché à montrer que le pouvoir ne se laissait pas ramener à un principe transcendant ou à une source unique, comme l'affirment les théoriciens de l'État, qu'ils soient classiques ou marxistes d'ailleurs. Le pouvoir ou plutôt les pouvoirs sont diffus, et les institutions qui visent à les intégrer sont multiples : ce sont la famille, l'école, l'art, le marché, la prison, la médecine, l'État... L'État lui-même, où la philosophie politique voit généralement l'expression du pouvoir par excellence, puisqu'il s'y définit comme souverain*, prend appui sur des rapports de forces multiples et singuliers qu'il intègre, mais qu'il ne crée pas. Autrement dit, selon Michel Foucault, le pouvoir n'est jamais tout-puissant, mais il est infini. C'est pourquoi la lutte contre le pouvoir est elle aussi sans fin et ne peut être que

◆ **Pragmatique**

locale. C'est peut-être à renoncer au prestige — mais aussi au leurre — d'un pouvoir qu'il s'agirait de conquérir ou de renverser, que nous invite Michel Foucault, lorsqu'à l'idée de révolution* il suggère de substituer celle de révolte ou de résistance.

SÉPARATION DES POUVOIRS

Principe propre au libéralisme* politique (et hostile à l'absolutisme*), selon lequel les pouvoirs législatif, exécutif et judiciaire ne doivent pas être concentrés dans les mains d'un même titulaire. Ce principe a été formulé dans toute sa force et son étendue par Montesquieu dans *L'Esprit des lois* (*cf.* p. 298).

● **TEXTES CLÉS** : La Boétie, *Discours sur la servitude volontaire* ; Machiavel, *Le Prince* ; Montesquieu, *L'Esprit des lois* ; Michel Foucault, *Surveiller et punir*. ● **TERMES VOISINS** : autorité ; domination ; puissance. ● **CORRÉLATS** : autorité ; citoyen ; État ; gouvernement ; non-violence ; politique ; résistance ; révolution ; servitude ; violence.

PRAGMATIQUE

(n. f. et adj.) ● **ÉTYM.** : grec *pragma*, « action ». ● **(ADJ.) SENS ORDINAIRES** : 1. Qui a prise sur le réel. 2. Qui se soucie essentiellement des résultats pratiques. ● **PHILOSOPHIE** : désigne chez Kant une règle de prudence, qui doit être distinguée de la loi morale. ● **(SUBST.) LINGUISTIQUE ET PHILOSOPHIE DU LANGAGE** : la pragmatique (et non le pragmatisme) est une approche du langage qui considère celui-ci non seulement dans sa dimension syntaxique ou sémantique (c'est-à-dire son organisation interne ou sa signification), mais comme un acte ; plus précisément, la pragmatique est la discipline qui tente de dégager et d'analyser les conditions de la communication.

La distinction entre les trois ordres d'analyse du langage* (syntaxique, sémantique, pragmatique) a été opérée dès 1938 par le philosophe américain Charles W. Morris. Mais c'est le philosophe anglais J. L. Austin* qui a véritablement développé la pragmatique. Son livre *Quand dire, c'est faire* (1948) met en évidence l'existence d'énoncés « performatifs » qui consistent non pas à décrire des états de choses, mais à accomplir une action.

● **CORRÉLATS** : langage ; morale.

PRAGMATISME

(n. m.) ● **ÉTYM.** : grec *pragma*, « action ». ● **SENS ORDINAIRE** : conception fondée sur un principe d'efficacité et peu soucieuse de spéculation théorique ou même d'idéal. ● **PHILOSOPHIE** : théorie (développée par Charles Sanders Peirce et William James), selon laquelle le vrai est « ce qui est avantageux pour notre pensée » (W. James).

Pour le pragmatisme, le critère de la vérité* d'une idée est la réussite de l'action*. Contre ceux qu'il appelle « intellectualistes », William James affirme qu'une idée vraie n'est pas une simple copie de la réalité. C'est dans la mesure où une idée est un guide utile pour l'action qu'elle est en accord avec la réalité, et donc qu'elle est vraie. *Cf.* Richard Rorty.

● **TERME VOISIN** : utilitarisme. ● **TERME OPPOSÉ** : intellectualisme. ● **CORRÉLATS** : action ; connaissance ; vérité.

PRATIQUE

(n. f. et adj.) ● **ÉTYM.** : grec *praktikos, praktikê*, de *pratten*, « agir ». ● **(ADJ.) SENS ORDINAIRES** : 1. Proche de la réalité ou de l'action. 2. Commode, efficace. ● **PHILOSOPHIE** : 1. Relatif à l'action, par opposition à la théorie. 2. Qui concerne la morale, c'est-à-dire qui relève de la liberté (Kant). ● **(SUBST.) SENS ORDINAIRES** : 1. Application des règles ou des prescriptions d'un art, d'un sport, d'un métier, d'une religion. 2. Comportement habituel. 3. Synonyme d'expérience, habileté résultant de l'habitude. ● **PHILOSOPHIE** : domaine de l'action concrète des hommes, par opposition à la théorie, domaine de l'activité intellectuelle.

Apparemment opposées, la pratique et la théorie* sont étroitement liées. Il y a complémentarité entre la capacité qu'a l'homme d'agir concrètement sur lui-même et sur son environnement matériel, et son aptitude à la pensée, source de la connaissance* du réel. La théorie tire en effet de l'analyse de la réalité des règles d'action et des principes généraux, la pratique se nourrit de son dialogue avec la théorie pour mieux satisfaire les besoins de l'homme. Pour Kant*, c'est l'exercice du jugement* qui assure « le lien et le passage de l'une à l'autre » : il permet de discerner « si quelque chose est ou non le cas qui tombe sous la règle ». Kant emploie aussi l'adjectif « pratique » en un sens strict : l'action est pratique en tant qu'elle procède d'une volonté libre, qu'elle est morale* et non de l'ordre de l'activité technique. La question pratique par excellence est : « Que dois-je faire ? ».

● **TERMES VOISINS** : action ; concret ; efficace ; matériel. ● **TERMES OPPOSÉS** : théorie (théorique) ; spéculation (spéculatif). ● **CORRÉLATS** : éthique ; morale ; pragmatisme ; praxis ; théorie.

PRAXIS

(n. f.) ● **ÉTYM.** : mot grec signifiant « action ». ● **SENS ORDINAIRE** : à rapprocher de pratique, c'est-à-dire de tout ce qui concerne l'action. ● **SENS PARTICULIER** : chez Marx, ensemble des pratiques permettant à l'homme de transformer conjointement le monde et lui-même.

Pour Aristote*, la *praxis*, et particulièrement l'action morale et politique, doit être distinguée de la *theôria*, la « contemplation », la « spéculation » philosophique ou scientifique (*cf.* Théorie), mais aussi de la *poiêsis*, la « fabrication ». Cette distinction correspond à une hiérarchie : la *praxis* cède le pas devant les « sciences théorétiques » qui sont les occupations les plus éminentes de l'homme préoccupé de savoir ; mais elle ne doit pas se confondre avec la simple *poiêsis*, qui relève d'une sphère d'activité inférieure (la nécessité du travail).
Pour le marxisme*, la praxis constitue l'activité matérielle des hommes dans l'histoire. Contrairement aux autres animaux, les hommes produisent leurs propres conditions d'existence et peuvent les transformer. La praxis est donc, pour le marxisme, l'élément principal de l'histoire humaine (*cf.* Marx et Matérialisme historique). Le marxisme conçoit alors toute activité, même les activités intellectuelles (art, science, philosophie, religion...), comme relevant de la praxis humaine, c'est-à-dire comme ayant un rôle dans l'histoire. Il refuse toute conception de la pensée comme pure « spéculation », récuse la distinction d'Aristote entre *theôria* et *praxis*, et tend à définir la philosophie ou la science comme des « pratiques théoriques ».

● **TERMES VOISINS** : action ; pratique.
● **TERMES OPPOSÉS** : contemplation ; spéculation ; théorie. ● **CORRÉLATS** : connaissance ; histoire ; morale ; travail.

PRÉDESTINATION

(n. f.) ● **ÉTYM.** : latin *prae-*, « avant » et *destinare*, « affecter à », « décider ». ● **SENS RELIGIEUX** : désigne le fait qu'un homme soit destiné de toute éternité, par décision de Dieu, au salut ou à la damnation.

Le problème de la prédestination, qui semble se heurter à l'existence de la responsabilité et de la liberté humaines, est au centre de la polémique relative à la grâce* divine, qui éclate au XVIIᵉ siècle à la suite des thèses calvinistes et jansénistes (l'*Augustinus*, de Jansénius, publié en 1640, marque l'acte de naissance du jansénisme). La prédestination est le thème principal des *Provinciales* (1656-1657) de Pascal*.

● **TERME VOISIN** : destin. ● **CORRÉLATS** : Dieu ; foi ; grâce ; Réforme ; religion.

PRÉDICAT

(n. m.) ● **ÉTYM.** : latin *praedicatum*, de *praedicare*, « attribuer ». ● **SENS ORDINAIRE** : dans une énonciation, ce qui est affirmé ou nié par opposition à ce dont on parle. ● **LOGIQUE** : dans une proposition attributive, le terme qui est affirmé ou nié du sujet.

◆ **Préjugé**

● **Terme voisin :** attribut. ● **Termes opposés :** substance ; sujet.
● **Corrélats :** jugement ; logique ; syllogisme.

PRÉJUGÉ

(n. m.) ● **Étym. :** latin *praejudicare*, « juger préalablement ». ● **Sens ordinaire :** opinion admise sans jugement ni raisonnement.

Le terme préjugé est souvent employé dans un sens péjoratif, pour dénoncer l'erreur ou au moins l'absence de réflexion qui conduit un individu à adhérer à une idée fausse — dont il n'a pas pris la peine de contrôler le bien-fondé — voire à la défendre contre des idées justes, ou à condamner des individus au nom de cette idée (par exemple, les opinions racistes sont des préjugés).

● **Terme voisin :** opinion. ● **Termes opposés :** savoir ; science.
● **Corrélats :** certitude ; croyance ; dogme ; doute ; foi.

PRÉMISSE

(n. f.) ● **Étym. :** latin *praemissus*, participe passé de *praemittere*, « placer devant ». ● **Sens strict :** les prémisses sont les deux premières propositions d'un syllogisme, d'où la conclusion se tire nécessairement ; la première prémisse est la prémisse majeure, la seconde, la prémisse mineure. ● **Sens large :** désigne les principes premiers d'un raisonnement.

● **Termes voisins :** axiome ; hypothèse ; postulat. ● **Corrélats :** logique ; majeure ; raisonnement ; syllogisme.

PRÉNOTION

(n. f.) ● **Étym. :** latin *praenotio*, « connaissance par anticipation ».
● **Philosophie : 1.** Chez les épicuriens et chez les stoïciens, connaissance de notions générales, qui s'actualise à l'occasion de certaines expériences et qui précède la réflexion. Il s'agirait d'une forme d'anticipation du vrai, lequel ne peut provenir entièrement de l'expérience. **2.** Chez Durkheim, notion péjorative, proche du préjugé.

● **Terme voisin :** intuition. ● **Corrélats :** empirisme ; herméneutique (cercle herméneutique) ; réminiscence.

PRÉSENT

(n. m. et adj.) ● **Étym. :** latin *praesens*, participe présent de *praeesse*, « être en avant ». ● **Sens ordinaires et philosophiques : 1.** Opposé à absent : qui est actuellement donné à la conscience. **2.** Opposé à passé et futur : ce qui existe ou se passe actuellement.

Par opposition au passé qui n'est plus, et au futur qui n'est pas encore, seul le présent peut sembler exister. Pourtant, comme le remarque saint Augustin* dans les *Confessions*, le présent n'existe finalement pas plus que le passé et le futur. En effet, sauf à s'« éterniser », le moment présent disparaît à chaque instant et devient passé. Et, sauf à disparaître, le présent ne peut non plus être ramené à une simple limite sans durée. Le présent révèle donc la nature paradoxale du temps, qui est d'être à condition de n'être pas. C'est pourquoi la philosophie contemporaine — et notamment la phénoménologie* — propose de comprendre le temps comme temporalité, c'est-à-dire non comme une « chose », dont la présence est problématique, mais comme un acte de conscience se déployant à la fois sur le passé, le présent et l'avenir. En ce sens, on peut dire qu'il n'y a pas trois temps, mais trois formes de présence à la conscience, ou, pour reprendre la formulation de saint Augustin, qu'il y a trois modes du temps : « le présent des choses passées, le présent des choses présentes, le présent des choses futures » (*Confessions*, livre XI).

● **Termes voisins :** actuel ; instant ; moment ; présence. ● **Termes opposés :** absent ; futur ; passé.
● **Corrélats :** devenir ; événement ; temporalité ; temps.

PRÉSOCRATIQUES

Ensemble des écoles philosophiques naissantes qui, du VIe siècle au milieu du Ve siècle av. J.-C., ont précédé Socrate. Au début du VIe siècle av. J.-C., se développe en Grèce une activité intellectuelle nouvelle : de Thalès* à la mort de Socrate* s'esquisse ainsi progressivement la figure du philosophe*, « ami de la sagesse* », aspirant à un savoir* pratique et théorique fondé en raison, susceptible d'inspirer une existence d'homme digne et heureux. Cette figure se voudra distincte de celle du sage* oriental, de l'orateur politique, ou du simple savant. Avec les présocratiques naît donc un nouveau rapport au savoir, dont l'Occident assumera l'héritage. L'accès à ces pensées est difficile. Les propos nous sont parvenus de manière fragmentaire et indirecte. La langue, obscure, essentiellement métaphorique, exige un travail d'interprétation. Il s'agit pourtant de comprendre en quoi se trace là, peu à peu, le dessin d'une nouvelle forme de l'esprit.

Cette réflexion naissante rayonne d'abord autour de deux grands foyers géographiques. Apparaissant sur les rives asiatiques d'Ionie, elle s'exile bientôt dans le sud de l'Italie et en Sicile. La « succession » désormais retenue est la suivante : les Milésiens (Thalès*, Anaximandre*, Anaximène) à la fin du VIIe siècle et au début du VIe siècle ; Pythagore*, qui s'exile de Samos vers Crotone, où il fonde une école qui durera plusieurs siècles ; Héraclite* d'Éphèse, à la fin du VIe siècle ; Parménide* et l'école d'Élée (dont Zénon d'Élée*, l'auteur des célèbres paradoxes) durant la première moitié du Ve siècle ; Empédocle* d'Agrigente ; Anaxagore* de Clazomène, qui s'installera à Athènes, où il fréquentera Périclès avant d'être condamné à l'exil par les adversaires politiques de celui-ci ; enfin les atomistes de l'école d'Abdère, fondée par Leucippe de Milet un peu avant 420 et prolongée par Démocrite*.

Les présocratiques renoncent à recourir aux dieux ou aux forces magiques pour expliquer les actions humaines ou l'ordre du monde. Cela les conduit à rechercher un principe naturel, une substance primordiale, qu'ils puissent présenter à la fois comme origine matérielle de l'univers* et explication élémentaire de son organisation actuelle. De là le qualificatif de *phusiologoi* (« physiciens » ; étymologiquement : « auteurs d'un discours sur la nature ») qui leur a été attribué. Rétrospectivement, leur démarche a été considérée comme une recherche des « éléments ». Le mot (*stoikeion*) désigne également les lettres de l'alphabet, avant de signifier la disposition « élémentaire » du savoir mathématique par Euclide*. Ce que les philosophes cherchent donc d'abord, ce sont les éléments premiers obéissant à des principes de composition permettant d'organiser l'univers. La nature de cette substance* primordiale variera selon les auteurs. Thalès, par exemple, pose que c'est l'eau, d'où les trois autres éléments ont été formés et qui demeure le substrat de toutes choses. Anaximandre préfère lui substituer un principe indéfini, l'*apeiron* (« indéterminé »), d'où sont issus les quatre éléments, opposés deux à deux et gouvernés par des principes de compensation (« la justice ») interdisant que l'un d'entre eux domine les autres. Anaximène, quant à lui, l'identifie à l'air. Les présocratiques, au-delà de ces simplifications, « enquêteront » sur l'essence* dont les choses sont en dernière instance constituées. Ils semblent hésiter entre des substances clairement identifiables (ex. : le feu chez Héraclite ; les quatre éléments, gouvernés par les principes opposés d'Amour et de Haine chez Empédocle) ; des principes non moins matériels, mais insaisissables de manière empirique (ex. : les nombres, chez les pythagoriciens ; le *nous* — l'esprit —, chez Anaxagore) ; ou encore des éléments dont le statut est mixte (comme les atomes* chez les Abdéritains). À chaque fois, la démarche est gouvernée par un effort de l'esprit pour reconstituer, derrière les apparences et souvent contre elles, des principes élémentaires naturels n'empruntant rien à la mythologie religieuse. C'est d'abord la régularité des mouvements des astres qui a inspiré l'idée, a priori peu évidente, d'un « ordre » (sens du mot grec *cosmos**) de la nature. Aux théologies astrales (représentation des astres comme un système divin), les présocratiques substituent des cosmogonies (théories de la genèse du monde) reposant sur des principes élémentaires et des processus purement naturels, « laïcisant » en quelque sorte la représentation du monde.

C'est dans cet esprit qu'il faut aborder leurs constructions cosmiques, d'apparence souvent fantaisiste, qu'il ne faut pas juger avec une sévérité anachronique, mais considérer comme les premières tentatives pour représenter l'univers sous forme d'un ordre naturel saisissable par l'esprit et capable, selon l'expression ultérieure d'Alexandre d'Aphrodise de « sauver les phénomènes » (c'est-à-dire d'énoncer des théories qui ne prétendent pas être descriptives, mais explicatives et en accord avec ce qui est par ailleurs observé).

La pensée présocratique n'est pas pour autant athée*. Les substances primordiales évoquées sont identifiées à des principes divins ; l'inspiration du philosophe est elle-même reçue comme divine ; certains, comme Pythagore*, fondèrent de véritables sectes religieuses. Mais l'essentiel est ailleurs : si la pensée présocratique n'exclut pas toute dimension religieuse, les dieux ne décident plus, au fil de leur caprice, des événements du monde. L'illustration la plus éloquente de ce changement se trouve dans la critique de l'anthropomorphisme* religieux que propose Xénophane : « Si les bœufs savaient dessiner [...] les bœufs donneraient aux dieux une forme bovine. » L'homme doit non seulement renoncer à se représenter la nature comme soumise à autre chose qu'aux forces naturelles, mais même la façon dont il se représente le divin demande une plus grande rigueur de pensée. On mesure mal, aujourd'hui, l'immense effort de l'esprit qui dut être nécessaire pour formuler des exigences si nouvelles.

● **Corrélats** : atomisme ; matérialisme ; *nous* ; physique ; substance ; univers.

PREUVE

(n. f.) ● **Étym.** : latin *probatio*, « épreuve ». ● **Sens ordinaire** : élément matériel ou démonstration permettant d'établir l'existence d'un phénomène ou la validité d'une thèse. ● **Justice** : ensemble des éléments qui établissent la culpabilité ; en ce sens, la preuve se distingue de la simple présomption. ● **Science et épistémologie** : procédure au moyen de laquelle on établit qu'une proposition ou un résultat sont vrais.

Si l'on excepte le cas où la procédure est extérieure et machinale (par exemple la « preuve par neuf » en arithmétique), l'analyse épistémologique distingue la preuve démonstrative (ou déductive) de la preuve expérimentale.

Dans les sciences déductives (mathématiques...), la preuve établit la certitude*. Dans les sciences expérimentales, il est plus facile de prouver le faux que le vrai*. Une expérience concluante est donc une confirmation*, et non, à proprement parler, une preuve. Une expérience négative est, en revanche, une « preuve du contraire », c'est-à-dire de la fausseté de l'hypothèse expérimentée (*cf.* Falsifiabilité).

Existe-t-il des preuves qui ne soient ni purement formelles, ni expérimentales ? C'est ce que suppose la métaphysique* en voulant, par exemple, prouver l'immatérialité de l'âme ou l'existence de Dieu. Kant* a critiqué cette prétention en montrant que ces « preuves » reposent sur des sophismes* de la raison.

● **Terme voisin** : vérification.

PREUVES DE L'EXISTENCE DE DIEU

Kant distingue, pour en montrer l'impossibilité, trois grands types de « preuves » de l'existence de Dieu :

1. la preuve *physico-théologique* : Dieu est conclu à partir de l'ordre régnant dans le monde ;

2. la preuve *cosmologique* : Dieu, être nécessaire, est conclu à partir de la contingence* du monde — ces deux preuves sont a *posteriori** : elles remontent de l'effet à la cause ;

3. la preuve *ontologique* : preuve *a priori**, elle veut démontrer l'existence de Dieu par l'analyse de son essence* ou concept. On trouve cette preuve chez saint Anselme* (XIe siècle) et chez Descartes*. L'existence de Dieu est nécessairement contenue dans le concept d'un être parfait, parce que s'il manquait à cet être un attribut comme l'existence, il ne serait pas parfait.

La critique de Kant est la suivante : parler d'existence* équivaut à poser un concept en regard de l'expérience*, mais l'existence n'est pas un attribut de ce concept ; « Dieu existe » n'est donc pas un jugement de même forme que « Dieu est bon ». On peut conclure de l'essence de Dieu à sa bonté, simple attribut, mais pas nécessairement à son existence.

PREUVE ONTOLOGIQUE

Cf. Preuves de l'existence de Dieu.

● **Corrélats :** certitude ; connaissance ; déduction ; expérience ; vérité.

Primitif

(adj. et n. m.) ● **Étym. :** latin *primitivus*, « qui naît le premier ». ● **Sens ordinaires : 1.** Premier en date, proche de l'origine, dans une époque donnée. **2.** Simple, rudimentaire. ● **Sociologie et anthropologie :** archaïque. ● **Esthétique :** génération d'artistes qui inaugurent une tradition (ex. : les « primitifs flamands »).

Purement descriptif lorsqu'il désigne l'état originel d'un texte ou d'une doctrine, le mot primitif a par ailleurs longtemps servi à qualifier les sociétés qui vivent en marge de la civilisation et du progrès industriels. Jugées selon les critères du développement économique de type occidental, ces sociétés étaient dites « primitives » en référence à la fois à une sorte d'enfance de l'humanité qu'elles n'auraient pas encore dépassée, et à un type de culture et d'organisation sociale perçues comme beaucoup plus simples que les nôtres. L'idée que tous les peuples sont adultes, qu'il n'y a pas de culture « inférieure », etc., s'est imposée, et le mot primitif, trop facilement péjoratif, n'est plus employé pour qualifier des sociétés. *Cf.* Cl. Lévi-Strauss.

● **Termes voisins :** archaïque ; originel ; premier ; simple. ● **Corrélats :** anthropologie ; ethnologie ; progrès.

Principe

(n. m.) ● **Étym. :** du latin *principium*, « commencement », « point de départ », dérivé de *princeps*, « le premier », lui-même venant de *primus*, « qui commande ». ● **Sens large :** ce qui est premier dans l'ordre de l'existence (synonyme de cause), de la connaissance (synonyme de prémisse), de l'action (synonyme de règle). ● **Philosophie :** cause première ; par exemple, Aristote, au premier livre de la *Métaphysique*, définit la sagesse comme science « des premières causes et des premiers principes ». ● **Logique et mathématiques :** proposition première d'un raisonnement ou d'une démonstration ne se déduisant elle-même d'aucune autre et d'où se tirent, à titre de conséquences, les autres propositions (ex : les prémisses d'un syllogisme, les axiomes de la géométrie). ● **Morale :** ce qui commande l'action, sous forme d'une règle ou d'une norme (ex. : « avoir des principes »).

Le besoin, pour l'esprit, de remonter jusqu'aux principes est naturel et incœrcible. Toute vérité* semble en effet suspendue et reportée tant qu'elle n'est pas rattachée à un principe qui la garantit ou qui la fonde. Ce mouvement régressif vers l'inconditionné, vers l'absolument premier, l'absolument nécessaire est, par exemple, celui que suit Platon* dans le livre VII de la *République*, lorsqu'il pose l'existence du Bien* comme principe premier et anhypothétique (*cf.* texte pp. 350-352). La question est alors de savoir si ce qui semble nécessaire dans l'ordre logique de la connaissance, l'est également dans l'ordre ontologique de l'existence. Kant*, dans la *Critique de la raison pure*, montrera qu'un tel passage de la logique à l'existence est illégitime. Si l'inconditionné* comme principe est nécessairement posé par notre raison, cela ne peut ni ne doit nous amener à conclure que cet inconditionné (Dieu, par exemple) existe en dehors d'elle.

● **Termes voisins :** cause ; fondement ; prémisse. ● **Termes opposés :** effet ; conséquence ; conclusion.

Principe de plaisir

Un des deux principes régissant, selon Freud*, l'ensemble de nos activités psychiques. Ainsi nos pulsions, dans les premiers moments de notre existence, ne cherchent qu'à se décharger dans les plus brefs délais : le principe de plaisir vise la réduction des tensions (l'apaisement d'un besoin ou d'un désir). Mais, très rapidement, les pulsions font l'apprentissage de la réalité, c'est-à-dire acceptent de différer le plaisir, de contourner les obstacles auxquelles elles ne peuvent éviter de se heurter. L'« appareil psychique » obéit désormais au principe de réalité : la recherche de la satisfaction ne s'effectue plus par les voies les plus directes, mais elle tolère les ajournements imposés par le monde extérieur. Tandis que le principe de plaisir régit le fonctionnement de l'inconscient, le principe de réalité caractérise au contraire le système conscient/préconscient.

PRINCIPE DE RÉALITÉ
Cf. Principe de plaisir.

PRINCIPE D'ÉCONOMIE (OU DE PARCIMONIE)
Principe affirmé par Guillaume d'Occam* (XIVe siècle) et repris par le nominalisme*, selon lequel « il ne faut pas multiplier les entités non nécessaires ». Le principe d'économie sera également adopté par le néo-positivisme* contemporain (Bertrand Russell* l'érigera en « maxime cardinale de la philosophie ») qui va l'utiliser au service de sa critique radicale de la métaphysique*.

PÉTITION DE PRINCIPE
Faute logique* analysée par Aristote* et qui consiste à prendre pour principe d'un raisonnement, mais sous une forme légèrement différente, ce que celui-ci est censé établir. Exemple : la guerre est une des formes de l'agressivité naturelle, donc la guerre est naturelle. Il faut distinguer le paralogisme*, où l'erreur est commise de bonne foi, et le sophisme*, qui utilise sciemment ce mode de raisonnement pour emporter la conviction de son interlocuteur.

● **CORRÉLATS :** axiome ; cercle vicieux ; déduction ; hypothèse ; inconditionné ; postulat.

PROBABILITÉ

(n. f.) ● **ÉTYM. :** latin *probabilitas*, « probabilité ». ● **SENS ORDINAIRE ET ÉPISTÉMOLOGIQUE :** vraisemblance ; crédibilité. ● **MATHÉMATIQUES :** rapport du nombre d'occurrences effectives au nombre d'occurrences possibles d'un événement (ex : « La probabilité pour que le "six" d'un dé à six faces sorte est de 1/6e »).

Au sens épistémologique, la probabilité s'oppose à la certitude*. Elle renvoie à la crédibilité d'un énoncé, dont elle est l'évaluation plus ou moins précise.
Au sens mathématique, au contraire, la probabilité est un calcul en lui-même absolument certain. Si « La face six de ce dé à six faces va sortir au prochain coup » est un énoncé « probable » au sens de « plus ou moins crédible », en revanche, l'énoncé : « Il y a une chance sur six pour que la face six sorte » est une certitude, et même une tautologie*.

● **TERMES VOISINS :** possibilité ; vraisemblance. ● **CORRÉLATS :** calcul ; certitude ; mathématiques ; vérité.

PROBLÉMATIQUE

(n. f. et adj.) ● **ÉTYM. :** grec *problêma*, « ce qui est devant », « ce qui fait obstacle ». ● **SENS ORDINAIRE (ADJ.) :** ce qui suscite le doute, ce qui prête à discussion. **(SUBST.) :** art de traiter un sujet en discutant méthodiquement ce par quoi il pose problème (*cf.* Dissertation). ● **CHEZ KANT :** est *problématique* un jugement (théorique ou pratique) à propos duquel l'affirmation et la négation sont l'une et l'autre possibles, sans que ni l'expérience, ni le raisonnement pur ne permettent de trancher de manière légitime et certaine.

● **TERME VOISIN :** doute. ● **TERMES OPPOSÉS :** assertorique ; certitude. ● **CORRÉLATS :** dialectique ; dialogue ; dissertation.

PROBLÈME

(n. m.) ● **ÉTYM. :** grec *problèma*, « sujet de controverse », « question », « problème ». ● **SENS ORDINAIRE :** question d'ordre général, qui appelle la discussion et la réflexion, et qui constitue une préoccupation (ex. : « le problème de la pollution »). ● **MATHÉMATIQUES :** difficulté à résoudre, en déterminant une solution (inconnue) à partir d'un ensemble d'éléments (connus) formulés dans l'énoncé. ● **SCIENCES :** question à résoudre à partir d'une méthode appropriée et de connaissances déjà acquises préalablement. ● **PHILOSOPHIE :** question d'ordre théorique ou pratique dont les enjeux sont décisifs et les solutions toujours discutables (ex. : « le problème du mal », « le problème de l'origine du monde »).

Le langage courant confond question et problème. Mais le philosophe doit savoir les dissocier : un problème est en effet une question qui, en vue d'une réponse, doit être traitée en procédant par étapes. Tandis qu'une question n'exige pas forcément un traitement particulier, un problème implique, pour être résolu, des données explicites et une méthode déterminée et précise. Tout l'art de la dissertation* consiste à transformer adroitement une question (celle du sujet) en un problème — ou encore une problématique — porteuse par elle-même d'une réflexion personnelle, cohérente et concluante.

Toutefois, contrairement au problème mathématique, le problème philosophique ne demande pas toujours à être résolu. L'élucidation de certaines questions peut même conduire à mettre à jour de faux problèmes qui doivent être désignés comme tels.

● **TERME VOISIN** : question. ● **CORRÉLATS** : aporie ; problématique ; question.

PRODUCTION

(n. f.) ● **ÉTYM.** : latin *productio*, « allongement », de *producere*, « faire avancer ». ● **DROIT ET POLITIQUE** : activité de transformation d'une matière première, destinée à créer des biens (matériels ou intellectuels) utiles aux hommes.

L'économie politique fait de la production la première des trois fonctions principales de l'économie, avant la distribution et la consommation.

Le concept de production occupe dans le marxisme* une place centrale : la façon dont les hommes produisent leurs conditions d'existence est, pour Marx*, la base matérielle de la société, et l'histoire*, comme la sociologie*, doivent, dans chaque cas qu'elles examinent, s'intéresser d'abord au mode de production, c'est-à-dire à la manière dont une société historique organise la production des richesses et des biens.

La notion de production se rapproche de celle de création*, mais ne doit pas se confondre avec elle : la création est une activité individuelle, la production est au contraire un phénomène social, caractéristique de l'organisation économique d'une société. En outre, le résultat du travail productif est un produit et non pas une œuvre* (*cf.* Hannah Arendt).

● **TERMES VOISINS** : création ; fabrication ; travail. ● **TERME OPPOSÉ** : consommation.

FORCES DE PRODUCTION (OU FORCES PRODUCTIVES)

Ensemble des moyens qui, à un moment donné de l'histoire d'une société, concourent à la production (moyens de travail, capital technique et scientifique, état de la division du travail, etc.). C'est là une notion essentielle pour la philosophie marxiste de l'histoire. Les forces productives se développent continûment et finissent ainsi par entrer en contradiction avec les rapports de production existants ; cette contradiction* au sein de la structure économique d'une société est, pour Marx, la première cause des bouleversements sociaux et du passage d'un type de société à un autre.

RAPPORTS DE PRODUCTION

Autre concept essentiel de la pensée marxiste, les rapports de production désignent la répartition des individus au sein de la production, selon qu'ils sont propriétaires ou non des moyens de production et d'échange*.

Pour Marx, les rapports de production constituent, dans les sociétés fondées sur la propriété privée, une structure contradictoire et conflictuelle. Les groupes sociaux se polarisent autour de deux classes* principales et antagonistes, exploiteurs et exploités (*cf.* Lutte des classes).

● **CORRÉLATS** : capitalisme ; classe ; économie politique ; histoire ; lutte des classes ; société ; travail.

PROFANE

(adj.). ● **ÉTYM.** : latin *pro*, « devant » et *fanum*, « lieu consacré » ; littéralement : « qui se tient devant le lieu consacré ». ● **SENS STRICT** : qui est étranger au sacré. ● **SENS LARGE** : qui n'appartient pas à tel domaine religieux considéré.

● **CORRÉLATS** : désenchantement ; laïcité ; sacré ; sécularisation.

◆ Progrès

PROGRÈS

(n. m.) ● ÉTYM. : latin *progressus*, « action d'avancer ». ● SENS ORDINAIRE : marche en avant, mouvement dans une certaine direction, développement.

Qualifier de progrès la transformation graduelle d'une chose, d'un être, d'un état de la réalité, ne préjuge pas du sens positif de la transformation évoquée : on parle des progrès d'une maladie, ou d'un fléau. En fait, le mot progrès renvoie le plus souvent au mouvement* d'un moins vers un plus, ou du moins bien au mieux.

La question n'est donc pas de savoir si un progrès peut être négatif (la réponse est oui), mais de comprendre pourquoi, au lieu d'être constaté et traité comme une simple réalité, le progrès donne lieu à des analyses et à des prises de position idéologiques*, des éloges ou des condamnations, et fait naître l'espoir ou la crainte.

Jusqu'au XIXᵉ siècle, la pensée dominante sur le progrès semble y lire les signes de constantes améliorations de la connaissance* et de la maîtrise de la nature* (progrès scientifique), des mœurs, de la politique, des arts (progrès de la civilisation*). Même Rousseau*, presque seul à dénoncer les méfaits de la vie civilisée, juge utile de s'interroger sur les conditions du progrès social et politique : il est en effet convaincu que les hommes sont perfectibles. Au XIXᵉ siècle, Hegel* et Auguste Comte* par exemple voient, dans le progrès (de la raison* humaine, des sciences, de la civilisation dans son ensemble), une sorte de loi* inscrite dans l'ordre de la nature et de la vie.

Certes le progrès n'est pas toujours linéaire, et pas seulement quantitatif : les hommes, leurs passions*, leurs buts individuels, offrent souvent le spectacle de désordres et de régressions. Mais il faut savoir lire l'Histoire* : c'est toujours au bout du compte la loi du progrès qui l'emportera. Paradoxalement, c'est au moment où les faits semblent donner raison à la thèse d'une nécessité* interne du progrès (accélération du développement des sciences et des techniques*, depuis un peu plus d'un siècle), que cette nécessité commence à apparaître comme une contrainte qu'il faudrait parvenir à maîtriser. Le « projet de société » des philosophes du XVIIIᵉ siècle — des citoyens* plus libres et plus responsables parce que mieux éclairés par la raison et la science, des sociétés à la fois plus justes et plus civilisées, etc. — dépendait étroitement de leur foi dans le progrès : aujourd'hui, les risques du progrès ne feraient-ils pas peser, au contraire, une lourde menace sur la poursuite de ce projet ? Les conséquences des nouvelles technologies (biotechnologies, informatique, robotique, etc.) sur la vie et l'activité humaines soulèvent des problèmes éthiques et sociaux considérables. L'équilibre écologique* semble gravement menacé par les conséquences des progrès techniques sur l'environnement (*cf.* Hans Jonas). À quelles ruptures pourrait conduire l'aggravation des écarts entre les pays très développés sur les plans technique, scientifique et industriel, et ceux dont le « retard » sur ces plans se traduit par une surpopulation et une pauvreté grandissantes ? Autant de problèmes qui font qu'aujourd'hui, si nul ne peut raisonnablement envisager le retour en arrière ou l'arrêt brutal du progrès scientifique et technique, beaucoup déplorent que le progrès moral et social ne soit pas toujours perçu comme la valeur* à l'aune de laquelle devraient être mesurées, et si possible contrôlées, les autres formes du progrès.

● TERMES VOISINS : amélioration ; avancée ; évolution. ● TERMES OPPOSÉS : recul ; régression ; stagnation. ● CORRÉLATS : bioéthique ; évolution ; histoire ; modernité ; paradigme ; positivisme ; scientisme ; technique ; téléologie ; temps.

PROLÉGOMÈNE

(n. m.) ● ÉTYM. : grec *prolegomenia*, de *prolegein*, « dire avant ». ● SENS ORDINAIRE : écrit préparatoire à une théorie, présentant les notions préliminaires nécessaires à la compréhension de celle-ci ; le mot fut utilisé par Kant, lorsqu'il voulut introduire son système de la raison pure en écrivant ses *Prolégomènes à toute métaphysique future qui voudra se présenter comme science* (1784).

● TERMES VOISINS : introduction ; prologue. ● TERMES OPPOSÉS : appendice ; épilogue. ● CORRÉLAT : discours.

PROPHÉTISME

(n. m.). ● ÉTYM. : grec *pro*, « avant » et *phêmi*, « manifester par la parole ». ● SENS ORDINAIRE : faculté de prédire l'avenir. ● RELIGION : don surnaturel dont disposeraient certains hommes élus par Dieu (les prophètes) qui, grâce à une révélation, seraient capables de transmettre aux hommes la parole et la volonté divines.

● CORRÉLATS : christianisme ; judaïsme ; islam.

PROPOSITION

(n. f.). ● ÉTYM. : latin *propositio*, « exposé d'un sujet », « présentation », « proposition ». ● LOGIQUE : énoncé susceptible d'être vrai ou faux. ● TERME VOISIN : énoncé. ● TERME OPPOSÉ : pseudo-proposition.

PSEUDO-PROPOSITION

L'empirisme logique* contemporain (*cf.* Cercle de Vienne, Ludwig Wittgenstein) a voulu séparer les propositions authentiques des pseudo-propositions. Les premières sont douées de sens parce qu'elles peuvent être vraies ou fausses. Les secondes ont grammaticalement l'air de propositions véritables mais elles sont, en réalité, dépourvues de signification, parce qu'il n'y a pas de conditions auxquelles elles pourraient se révéler vraies ou fausses.
Tels seraient en particulier, pour le Cercle de Vienne, les énoncés de la métaphysique*.

CALCUL DES PROPOSITIONS

Partie de la logique* qui traite, d'une part, du mode de formation des propositions ; d'autre part, de leur mode de composition, c'est-à-dire des relations qu'elles ont les unes avec les autres en fonction de règles qui déterminent leur valeur de vérité (vrai ou faux). *Cf.* Calcul.

● CORRÉLATS : calcul ; langage ; logique ; vérité.

PROPOSITIONNEL

Cf. Calcul.

PROUDHON PIERRE-JOSEPH (1809-1865)

> **REPÈRES BIOGRAPHIQUES**
>
> Fils d'une cuisinière et d'un tonnelier de Besançon, le jeune Proudhon doit interrompre ses études pour exercer le métier de typographe. N'abandonnant pas pour autant ses préoccupations philosophiques et sociales, il publie en 1840 *Qu'est-ce que la propriété ?* et est élu à l'Assemblée nationale en 1848. Voulant abolir non pas le capital mais l'intérêt, il crée en 1849 une banque du peuple, ce qui lui vaut d'être condamné à trois ans de prison. Libéré en 1852, il doit s'exiler à Bruxelles et revient à Paris en 1862, où il meurt en 1865. Son œuvre a fortement influencé la Première Internationale ouvrière et les courants anarcho-syndicalistes européens.

D'après Proudhon, le monde vit et progresse selon l'équilibre de forces antagonistes. Organiser la société, ce n'est pas chercher la synthèse des contraires, qui serait leur mort, c'est travailler à l'établissement d'un équilibre nécessairement instable mais éclairé par l'idée de justice. C'est par le travail* que l'homme inscrit la marque de sa liberté dans le monde, qu'il devient proprement humain et développe sa faculté de penser : « L'idée [...] naît de l'action et doit revenir à l'action, sous peine de déchéance de l'agent », écrit-il. Proudhon développe donc une philosophie de l'action*, « pratique et populaire », qui s'oppose aux spéculations stériles de la métaphysique.
La science sociale (« sociologie ») souhaitée par Proudhon doit étudier l'opposition des forces et des consciences collectives. La classe des travailleurs salariés (ouvriers et paysans) est la véritable productrice de la richesse, en même temps que la victime permanente du système aux mains de la classe des propriétaires. L'État n'a jamais engendré que la violence, l'aliénation et l'abus de pouvoir. La révolution sociale doit renverser cet ordre et imposer l'idéal de justice propre à la « raison collective ».

◆ **Providence**

La priorité est l'abolition de la propriété privée, identifiée au « vol », mais pas en vue du collectivisme, qui ne consiste qu'à transférer la propriété à l'État : celle-ci change de mains, mais pas de nature. Le capital est le premier dieu que le communisme adore, le second étant le pouvoir, car il prétend s'approprier aussi les consciences et les facultés des individus : « dictature de l'industrie, dictature dans la vie sociale et la vie privée, dictature partout ». Or ce n'est pas ce que veulent les ouvriers : spontanément, c'est le modèle des caisses d'assistance et de crédit qu'ils mettent en place (« mutuellisme »). Proudhon en appelle donc à la révolution prolétarienne, et exige « une dépossession brusque et sans indemnité de la classe capitaliste ». Selon lui, le temps est venu pour la classe ouvrière d'imposer son mouvement : elle a accédé à la conscience d'elle-même en 1848 et a élaboré son « idée », c'est-à-dire son projet de société. Il ne lui manque que la pratique révolutionnaire. La classe bourgeoise, en revanche, « n'a plus ni pensée ni volonté », elle n'est plus attachée qu'au maintien de ses privilèges. Il est donc temps, sous peine d'une régression pour l'humanité, d'instaurer la « démocratie socialiste », système fédératif agricole et industriel, mutuelliste et autogéré. L'État ne sera pas aboli, mais il n'aura plus qu'un rôle de consultation, d'instruction et d'encouragement.

● **PRINCIPAUX ÉCRITS :** *Qu'est-ce que la propriété ?* (1840) ; *Avertissement aux propriétaires* (1842) ; *Les Confessions d'un révolutionnaire* (1849) ; *De la justice dans la Révolution et dans l'Église* (1858) ; *La Guerre et la paix* (1861) ; *De la capacité politique des classes ouvrières* (1863).

PROVIDENCE

(n. f.) ● **ÉTYM. :** latin *pro*, « avant », *videre*, « voir ». ● **MÉTAPHYSIQUE ET THÉOLOGIE :** attribut divin, grâce auquel Dieu guide le cours des événements en fonction de la fin (du but) qu'il leur assigne.

On peut distinguer, avec Malebranche*, une Providence générale : l'ordre général et harmonieux du monde, fixé une fois pour toutes : il s'agit des lois de la nature*, conçues comme l'expression de la perfection du plan divin ; et une Providence particulière : l'intervention personnelle de Dieu* dans le cours des événements, par des miracles*, pour remédier à certains désordres.

● **TERMES VOISINS :** dessein de Dieu ; destin. ● **TERMES OPPOSÉS :** contingence ; hasard. ● **CORRÉLATS :** christianisme ; Dieu ; finalisme ; loi (de la nature) ; miracle.

PRUDENCE

(n. f.) ● **ÉTYM. :** latin *prudentia*, « prévoyance », traduction (d'après Cicéron) du grec *phronêsis*. ● **SENS ORDINAIRE :** attitude posée, réfléchie et prévoyante de celui qui prend la peine de s'interroger sur les conséquences de ses actes. ● **PHILOSOPHIE : 1.** Chez Platon : sagesse pratique reposant sur la contemplation des Idées, c'est-à-dire sur la connaissance de la vérité ; elle est l'une des quatre vertus cardinales. **2.** Chez Aristote : « Disposition accompagnée de raison juste, tournée vers l'action, et concernant ce qui est bien et mal pour l'homme » (*Éthique à Nicomaque*, VI). **3.** Chez Kant : associée à l'impératif catégorique, elle n'est qu'une « habileté dans le choix des moyens qui nous conduisent à notre bien-être » (*Fondement pour la métaphysique des mœurs,* Deuxième Section).

● **TERMES VOISINS :** pondération ; sagesse pratique. ● **TERMES OPPOSÉS :** folie ; imprudence ; irréflexion ; précipitation. ● **CORRÉLATS :** sagesse ; vertu.

PSYCHANALYSE

(n. f.) ● **ÉTYM. :** grec *psukhê*, « âme » et *analusis*, de *analusein*, « résoudre ». ● **SENS ORDINAIRES : 1.** Procédé d'investigation des processus psychiques, qui vise à remonter jusqu'à leurs racines inconscientes. **2.** Méthode de traitement des troubles psychiques fondée sur le procédé d'investigation qui vient d'être défini. **3.** Ensemble des théories psychologiques construites à

Psychologie

partir de cette méthode et de la pratique thérapeutique qu'elle implique.

Ces trois définitions du mot psychanalyse renvoient à un même champ d'investigations et d'élaborations théoriques : la vie psychique des êtres humains, dans sa double composante consciente et inconsciente. Inventeur de la psychanalyse, Freud* (1856-1939) a fondé l'exploration, la description et l'analyse (au sens de la chimie, qui sépare les éléments d'un corps composé) des processus psychiques, sur deux principes dont il est le premier à affirmer la prédominance : **1.** Il existe chez tout être humain un inconscient* dynamique, constitué par le refoulement* de pulsions* et de désirs* qui agissent sur la vie consciente, à son insu. **2.** Les pulsions sexuelles (*cf.* Libido), en particulier la sexualité* infantile (dont l'existence même a très longtemps été niée), jouent très tôt un rôle décisif dans la constitution de la personnalité psychique et affective de chacun.

Médecin, Freud s'interroge sur les causes de maladies graves et spectaculaires (paralysies, troubles de la vue ou du langage, états passagèrement proches de la folie*, etc.), qui peuvent atteindre des patients chez lesquels aucune lésion organique, aucune anomalie physiologique, etc., ne sont constatées. Il fait alors l'hypothèse que si ces troubles résistent à la médecine traditionnelle, c'est que leur origine doit être purement psychique. Sous hypnose dans les débuts et, par la suite, au cours de séances pendant lesquelles le psychanalyste les incite simplement à parler (libres associations d'idées, évocation de rêves, etc.), les patients « reconstituent » en quelque sorte l'histoire qui les a conduits à un état de souffrance dont ils ignorent les causes. Ce travail sur soi, sous le contrôle du psychanalyste, peut aboutir à l'acceptation ou à la résolution consciente des conflits qui avaient jusque-là été niés par le refoulement de leurs sources dans l'inconscient. Freud en arrive ainsi à la conviction que la vie psychique ne se réduit pas à la gestion consciente des désirs et de la volonté*, mais plonge une part de ses racines dans l'action précoce et prolongée de processus inconscients, en particulier ceux qui dominent les premières manifestations de la sexualité.

Plusieurs des nombreux disciples de Freud développèrent rapidement des théories différentes de la sienne. Carl Gustav Jung (1875-1961) voit dans la libido une sorte d'énergie vitale dont la sexualité n'est qu'une composante d'importance relative. Pour Alfred Adler (1870-1937), c'est la lutte contre le sentiment d'infériorité qui se trouve au centre du psychisme (le désir sexuel n'est qu'une manifestation de ce désir de puissance). Mélanie Klein (1882-1960), Anna Freud (1895-1982), Donald Winnicott (1896-1971), s'intéresseront plus particulièrement à la psychanalyse des enfants. En France, l'héritage de Freud et de ses successeurs immédiats a été repris par de nombreuses écoles de psychanalystes, dont les représentants les plus connus du grand public sont Jacques Lacan* et Françoise Dolto.

● **CORRÉLATS :** ça ; conscience ; inconscient ; libido ; moi ; névrose ; perversion ; plaisir (principe de plaisir) ; psychologie ; psychose ; pulsion ; réalité (principe de réalité) ; refoulement ; rêve ; sublimation ; surmoi ; tabou ; totem.

PSYCHIQUE

(adj.). ● **ÉTYM. :** grec *psukhê*, « âme ». ● **SENS ORDINAIRE :** qualifie les phénomènes mentaux, ce qui relève de l'esprit, par opposition aux phénomènes corporels.

La nature des phénomènes psychiques n'est pas conçue de la même façon selon qu'on soutient une position moniste ou dualiste (*cf.* Âme, Dualisme, Monisme). Dans le premier cas, vers lequel tendent les neurosciences contemporaines, les phénomènes psychiques ne sont que des phénomènes biologiques parmi d'autres. Dans le second cas, ils sont irréductibles à tout ordre simplement physiologique.

● **TERME OPPOSÉ :** physique. ● **CORRÉLATS :** âme ; dualisme ; esprit ; psychanalyse ; psychologie.

PSYCHOLOGIE

(n. f.) ● **ÉTYM. :** grec *psukhê*, « âme » et *logos*, « discours », « science ». ● **SENS ORDINAIRES : 1.** Étude scientifique des faits psychiques et de leurs lois. **2.** Connaissance intuitive de sa propre personnalité ou de celle d'autrui (ex : « manquer de psychologie »). **3.** Ensemble des manières de penser, de sentir, etc., d'un individu (au sens ou l'on parle de la psychologie de telle personne, ou de celle d'un artiste, etc.).

La psychologie, comme les autres sciences humaines, s'est constituée de façon autonome et séparée de la philosophie à la fin du XIXᵉ siècle. Le philosophe et psychologue français Théodule Ribot écrit en 1870 qu'elle doit se constituer en science* indépendante de la métaphysique*, en devenant « purement expérimentale », par une « étude constante des faits ». Les philosophes traitaient de l'âme* et de l'esprit*, de leur nature, de leurs rapports avec le corps ; les psychologues cherchent à comprendre les mécanismes qui gouvernent les comportements observables, la mesure dans laquelle ils sont produits par la conscience*, les fonctionnements affectif et intellectuel. Récusant l'introspection, très à la mode au XIXᵉ siècle en particulier, ils veulent fonder leurs théories sur des observations* et des expériences* qui s'inspirent des méthodes des sciences exactes. La psychologie peut être divisée en de très nombreuses branches, qui correspondent aux différentes catégories de faits mentaux ou comportementaux, susceptibles de faire l'objet de descriptions et d'explications (voire de traitements, lorsqu'ils semblent pathologiques*). Elle peut aussi entrer dans la composition de disciplines « mixtes », lorsque les phénomènes étudiés relèvent de plusieurs domaines : c'est le cas, par exemple, de la psycholinguistique ou de la psychologie sociale.

● **Corrélats :** âme ; conscience ; esprit ; psychanalyse ; science ; sciences cognitives.

Psychose

(n. f.) ● **Étym. :** grec *psukhê*, « âme ». ● **Psychopathologie :** maladie mentale affectant gravement la personnalité et détériorant radicalement la relation du sujet au monde extérieur ; elle se distingue de la névrose en ceci que le sujet ne sait pas, ou n'admet pas, qu'il est malade. ● **Psychanalyse :** perturbation de la relation du moi à la réalité dont les symptômes se présentent comme des tentatives de restauration du « lien objectal », c'est-à-dire du lien à un objet (personne, entité ou idéal) extérieur au sujet et indépendant de lui. Les psychoses sont de quatre types : la paranoïa et la schizophrénie d'une part ; la manie et la mélancolie d'autre part.

Selon Freud*, tandis que, dans la névrose*, le moi tente de refouler les revendications pulsionnelles, dans la psychose, il se produit une rupture entre le moi* et la réalité, qui laisse le moi sous l'emprise du ça* ; dans un second temps, le moi reconstruit la réalité selon les désirs du ça (constructions délirantes). Toutefois, dans la dernière partie de son œuvre, Freud en vint à considérer que la réalité déniée par le psychotique serait plutôt d'ordre fantasmatique : il s'agirait de la castration (*cf.* J. Laplanche et J.-B. Pontalis, *Vocabulaire de la psychanalyse*).

● **Corrélats :** névrose ; psychanalyse.

Pufendorf Samuel (1632-1694)

> **Repères biographiques**
>
> Philosophe et juriste allemand disciple de Grotius, Pufendorf enseigne le droit naturel à Heidelberg. Controversé, il est amené à quitter son pays et répond à l'invitation du roi Charles XI qui le convie à venir enseigner en Suède. Il y écrit son ouvrage le plus connu, *Du droit de la nature et des gens*, en 1672.

Pufendorf est considéré comme l'un des fondateurs de l'école du droit naturel (*cf.* Droit). À la suite de Grotius*, il pose en effet l'existence d'un droit reposant sur une morale et une justice universelles. Ce droit naturel que chacun est apte à connaître par la simple raison, sans qu'il soit besoin d'une révélation divine, régit les rapports des hommes entre eux à l'état de nature (*cf.* État), antérieurement à l'institution d'un État. Chacun est alors libre d'agir selon ce que lui dictent son sentiment et sa raison. Le renoncement au droit naturel ne peut se faire que par un acte volontaire rendu nécessaire par les avantages qu'il procure. C'est ainsi que le passage de l'état de nature à la société civile* résulte d'un contrat. Pufendorf distingue le *pacte d'association*, par lequel les contractants s'engagent à être membres d'un État et à ne former qu'un seul corps, et le *pacte de soumission* par lequel, après qu'ils ont choisi la forme du gouvernement, les gouvernés promettent obéissance aux gouvernants. C'est cette théorie du double contrat que Rousseau* critiquera dans le *Contrat social*. Car, aux yeux de Rousseau, elle justifie le despotisme*, même si Pufendorf prend soin de préciser que les gouvernés peuvent « reprendre ce qu'ils ont donné », s'ils jugent que les gouvernants usent mal du pouvoir qui leur a été confié.

■ ● **Principal écrit :** *Du droit de la nature et des gens* (1672).

Puissance

(n. f.) ● **Étym. :** latin *potens*, « puissant ». ● **Sens ordinaires : 1.** Capacité, faculté (la « puissance » de bien juger). **2.** Force, autorité ou capacité d'agir d'une personne, d'un être ou d'une institution (exemple : la « puissance » de l'Église). ● **Sciences physiques :** force physique, pouvoir d'action, ou quantité de travail susceptible d'être fournie, notamment par une machine. ● **Philosophie : 1.** Chez Aristote, les scolastiques et les cartésiens : virtualité, soit passive, soit active ; la puissance passive est une simple possibilité indéterminée (tout bloc de marbre est, en ce sens, une statue en « puissance ») ; la puissance active est une possibilité qui tend à se réaliser (un œuf contient un poussin en « puissance »). **2.** Dans la philosophie classique (Malebranche, Leibniz...) : source d'action, causalité active et efficace.

Héritière d'une longue tradition philosophique, la notion de puissance véhicule aujourd'hui des significations aux connotations contradictoires. D'un côté, et conformément à son sens aristotélicien, la puissance (par opposition à l'acte*) n'est qu'une tendance indéterminée, une simple virtualité ambiguë, toujours associée à la passivité indécise de la matière (par opposition à la forme*). D'un autre côté, la puissance (dans son sens moderne cette fois) évoque l'idée d'une énergie ou d'un pouvoir actif et efficace, c'est-à-dire tendant à produire des effets bien réels. La notion de « puissance active » permet toutefois de rétablir l'unité du concept, par-delà son ambiguïté.

■ ● **Termes voisins :** capacité ; énergie ; possibilité ; virtualité. ● **Termes opposés :** acte ; forme.

Volonté de puissance

Chez Nietzsche* : manifestation ou affirmation de puissance, principe ou essence de toute force, aussi bien active que réactive. À bien distinguer d'une pure et simple volonté de domination (*cf.* Nietzsche).

■ ● **Corrélats :** acte ; action ; autorité ; force ; matière ; pouvoir.

Pulsion

(n. f.) ● **Étym. :** latin *pulsio*, « action de pousser ». ● **Sens ordinaire :** force inconsciente d'origine biologique (appétit, sexualité) orientant le sujet vers un objet susceptible de lui apporter la satisfaction. ● **Chez Freud :** concept limite entre le psychique et le somatique, consistant en une poussée, une force faisant tendre l'organisme vers son but : la réduction d'une tension ; Freud, dans un premier temps, admet l'existence de pulsions de vie, comprenant les pulsions sexuelles et les pulsions d'autoconservation ; dans un second temps, il oppose aux pulsions de vie les pulsions de mort (*cf.* Éros et Thanatos).

Ce sont les traducteurs de Freud* qui ont introduit le terme de pulsion (en allemand, *Trieb*) pour désigner l'ensemble des tendances* qui, chez l'homme, ont un support biologique. Selon Freud, l'instinct est un comportement animal fixé par l'hérédité, caractéristique de l'espèce, préformé dans son déroulement et adapté à son objet. Au contraire, la pulsion, poussée ayant sa source dans une excitation corporelle, est relative-

◆ Pur

ment indéterminée aussi bien quant à son but (la satisfaction) que quant à son objet (ce en quoi, et par quoi, elle atteindra cette satisfaction).

> ● **TERMES VOISINS :** appétit ; inclination ; instinct ; tendance. ● **CORRÉLATS :** ça ; Éros et Thanatos ; libido ; principe de plaisir ; principe de réalité ; sexualité.

PUR

> (adj.). ● **ÉTYM. :** latin *purus*, « sans tache ». ● **SENS ORDINAIRE :** caractère de ce qui est formé d'un seul élément.

On considère comme pur ce qui est exempt de tout mélange. Ce terme trouve son origine en chimie où il désigne un élément premier dont la combinaison avec d'autres éléments forme une molécule. C'est dans la philosophie kantienne que l'analogie avec l'analyse chimique est la plus élaborée : la critique* a pour fonction de distinguer ce qui relève de l'empirique ou de la matière, et la forme pure et *a priori** qui trace les contours de cette matière. Mais si la raison « pure » a besoin d'être critiquée, c'est qu'en ne se souciant pas de l'expérience, elle produit des illusions invérifiables. À l'inverse, la morale se doit d'être « pure », c'est-à-dire indépendante des désirs pathologiques* et fondée sur la seule autonomie* de la raison. De la même manière, Kant* qualifie les jugements esthétiques sur le beau* de *purs* pour les distinguer des sensations agréables qui font intervenir la réalité matérielle de l'objet.

> ● **TERMES OPPOSÉS :** composé ; impur ; mélangé. ● **CORRÉLATS :** *a priori* ; forme.

PYRRHON D'ÉLIS
(ENV. 365-275 AV. J.-C.)

Fondateur de l'école sceptique, son enseignement a été, comme celui de Socrate, exclusivement oral. Sa pensée nous est connue grâce à son élève Timon de Phlionte. *Cf.* Scepticisme.

PYRRHONISME

Cf. Pyrrhon d'Élis et Scepticisme.

PYTHAGORE
(582-500 AV. J.-C.)

> **REPÈRES BIOGRAPHIQUES**
> Philosophe et mathématicien né à Samos, en Asie Mineure. Il s'installe à Crotone (Italie du Sud) pour y fonder une communauté à la fois intellectuelle et religieuse à caractère initiatique.

Pythagore est peut-être l'inventeur du mot « philosophie ». Il enseigne que l'âme*, distincte du corps*, est immortelle et se réincarne dans des existences sensibles successives. Cette thèse influencera Platon* (*cf.* le *Phédon*). Seule une purification de type religieux peut délivrer l'âme de ce cercle des naissances. Pour Pythagore, l'univers (cosmos*) est une harmonie réglée par le nombre, lequel est pensé comme constituant l'essence des choses. Pythagore fonde l'arithmétique comme discipline théorique (découverte de la table de multiplication, élaboration du système décimal...). L'importance métaphysique qu'il accorde au nombre et aux mathématiques aura également une influence sur la pensée de Platon.

QUALITÉ

(n. f.) ● ÉTYM. : latin *qualitas*, dérivé de *qualis ?*, « quel ? », « de quelle nature ? ». ● SENS ORDINAIRE : propriété ou manière d'être, bonne ou mauvaise, d'une personne ou d'une chose. ● MÉTAPHYSIQUE : **1.** Chez Aristote : l'une des catégories à travers lesquelles l'être peut se dire. Elle indique la manière d'être d'un sujet, laquelle peut en être niée ou affirmée. S'oppose à la quantité en tant qu'elle n'est pas mesurable, et à la relation, en tant qu'elle est inhérente au sujet. **2.** Chez Kant : désigne à la fois l'une des quatre fonctions du jugement (les trois autres sont la quantité, la modalité et la relation), renvoyant au caractère affirmatif, négatif ou indéfini d'une proposition, et la catégorie qui y correspond (*Critique de la raison pure,* Analytique, chap. 1). ● PSYCHOLOGIE : propriété non mesurable, mais susceptible de variation d'intensité, déterminant la nature d'une sensation ; par exemple, le chaud et le froid.

On oppose ordinairement la qualité et la quantité. Pourtant cette opposition ne va pas de soi, car il y a en fait à la fois continuité et rupture de l'une à l'autre. Tout d'abord, il est notable qu'au-delà d'une certaine quantité, une réalité donnée peut se modifier qualitativement, de sorte qu'une différence de degré se transforme en différence de nature, par un saut qu'il est justement convenu d'appeler « qualitatif ». Ensuite, si la qualité échappe de prime abord à la mesure, il est pourtant possible de réduire la qualité à la quantité. C'est du moins à cette réduction que s'efforce la connaissance scientifique. Ce passage de la sensation à la science est celui que Descartes* exprime par la distinction — reprise ensuite par Locke* et Leibniz* — entre qualités premières et qualités secondes. Les qualités premières, constitutives des corps, comme par exemple l'étendue ou le mouvement, sont objectives et mesurables. Les qualités secondes résultent de l'effet des premières sur nos sens ; ce sont, par exemple, la chaleur, la couleur. Elles sont subjectives et non directement mesurables.

● TERMES VOISINS : propriété ; valeur. ● TERMES OPPOSÉS : quantité ; relation. ● CORRÉLATS : mesure ; quantité ; sensation.

QUANTITÉ

(n. f.) ● ÉTYM. : latin *quantitas*, « quantité ». ● SENS ORDINAIRE : grandeur mesurable. ● LOGIQUE : extension d'un jugement ; d'où trois types de jugements possibles selon la quantité : *jugement universel* (ex. : « Tous les hommes sont mortels »), *jugement particulier* (ex. : « Quelques hommes sont Français ») ou *jugement singulier* (ex. : « Il existe un homme qui s'appelle Socrate »). ● PHILOSOPHIE : **1.** Chez

◆ Question

Aristote : catégorie du discours sur l'être ; la quantité considère la réalité du point de vue de la mesure et du nombre, et non du point de vue de la qualité, laquelle désigne une manière d'être non mesurable (ex. : « Cet homme est brun » est un jugement selon la qualité ; « Cet homme est grand » est un jugement selon la quantité). **2.** Chez Kant : une des catégories *a priori* de l'entendement ; aux trois jugements selon la quantité (universel, particulier, singulier) correspondent trois concepts purs de l'entendement : l'unité, la pluralité, la totalité.

● **Terme voisin :** grandeur.
● **Terme opposé :** qualité. ● **Corrélats :** catégorie ; concept ; physique.

Question

(n. f.) ● **Étym. :** latin *quaestio*, « recherche », de *quaerere*, « chercher ». ● **Sens strict :** interrogation sur un sujet donné (ex. : « la question posée à l'examen »). ● **Sens large :** sujet de réflexion impliquant des difficultés à résoudre, en général d'ordre théorique (ex. : « une question d'intérêt général »).

● **Termes voisins :** énigme ; interrogation ; problème. ● **Corrélats :** problématique ; problème.

Quiddité

(n. f.) ● **Étym. :** latin scolastique *quidditas*, « essence ». ● **Chez Aristote** (puis dans la tradition scolastique) : essence, en tant qu'elle s'exprime dans une définition, et qu'elle constitue l'intelligibilité d'un être. ● **Chez saint Thomas :** synonyme de forme, c'est-à-dire de ce par quoi une chose est ce qu'elle est.

● **Termes voisins :** essence ; forme.
● **Corrélat :** substance.

Quine W. Van Orman (né en 1908)

Repères biographiques
À la fois mathématicien, logicien et philosophe, W. Van Orman Quine a enseigné la philosophie jusqu'en 1978 à Harvard, aux États-Unis.

Après avoir commencé à écrire des traités de logique, Quine s'est peu à peu occupé des problèmes généraux de la théorie de la connaissance. Il se dit empiriste (*cf.* Empirisme), mais il se situe d'une façon critique par rapport à l'empirisme classique et même à l'empirisme contemporain du Cercle de Vienne* (*cf.* Carnap). Il récuse ce qu'il présente comme les deux dogmes de l'empirisme : d'une part, l'établissement d'une distinction absolue entre les vérités analytiques* et les vérités synthétiques* ; d'autre part, le caractère « atomique » de la vérité et de la signification des propositions. Pour Quine, aucune proposition ne peut être vraie ou fausse, c'est-à-dire signifiante, indépendamment des autres ; autrement dit, il n'existe pas de « propositions atomiques » à partir desquelles il serait possible de reconstruire logiquement l'ensemble du savoir. L'empirisme de Quine inclut en fait une redéfinition de la notion d'expérience*. Celle-ci n'est pas comprise comme un ensemble de « données » indépendantes de l'esprit et sur lesquelles celui-ci pourrait se fonder, mais elle est définie en termes de comportement — d'où une critique « comportementaliste » de la notion habituelle de « signification* ». La signification d'un mot n'est rien d'autre que l'ensemble des réactions d'approbation de l'entourage lorsque ce mot est prononcé à l'occasion d'une occurrence sensible. Par exemple, dire que le mot lapin signifie un animal déterminé, cela veut dire que chaque fois qu'en présence de cet animal on dit : « Tiens, un lapin », cela est approuvé par toute personne du même groupe linguistique que le nôtre.

● **Principaux écrits :** *Philosophie de la logique* (traduction française, 1975) ; *Le Mot et la Chose* (traduction française, 1977).

RACE

Cf. Racisme.

RACISME

(n. m.) ● ÉTYM. : terme formé vers 1902 à partir de *race*. ● SENS ORDINAIRES : **1.** Théorie ou doctrine selon laquelle il existe une hiérarchie entre les « races », et volonté de préserver la « race supérieure » de tout croisement. **2.** Affirmation de la supériorité d'une « race » ou d'un peuple et « justification », à partir de cet axiome, de son droit à dominer les autres groupes, ou « races », tenus pour inférieurs. **3.** Ensemble des attitudes et des comportements inspirés par cette théorie dans l'une ou l'autre de ses variantes.

On associe couramment le racisme, la xénophobie, le rejet de l'autre et l'ethnocentrisme*. Pourtant ces trois dernières attitudes sont des constantes culturelles : tout individu a tendance à s'identifier aux normes de sa propre culture, à valoriser celle-ci outre mesure, et à rejeter l'autre dans les ténèbres de la barbarie*.

La doctrine raciste, en revanche, ne fait son apparition que très récemment dans notre histoire (XIXe siècle) avec, notamment, le célèbre *Essai sur l'inégalité des races humaines* de Gobineau (1856), qui exalte la race aryenne et annonce la décadence de la civilisation résultant du mélange des sangs et des races. De telles théories, qui devaient déboucher sur les crimes nazis, et les grands massacres du XXe siècle (génocide* arménien, Shoah, par exemple) apparaissent aujourd'hui clairement comme des idéologies réactives, destinées à justifier, de façon prétendument scientifique, l'exploitation des « races » dites inférieures. Mais le concept de « race » n'est qu'un pseudo-concept, dénué de tout fondement scientifique, et ces explications « rationnelles », systématiques, pour ne pas dire simplistes, ont peu de chances de venir à bout de leur objet. Le racisme en effet a connu des métamorphoses et des variantes si nombreuses que les explications réductrices ne sont plus de mise ici. Pierre-André Taguieff montre (*La Force des préjugés*, 1987) qu'il n'y a pas un racisme, mais au moins deux (deux variantes typiques), dont les logiques sont diamétralement opposées. Le racisme de « domination », inégalitaire et ethnocentrique, prétend justifier l'assimilation, la domination et l'exploitation de l'autre. En revanche, le racisme « différentialiste » — qui met l'accent sur la « différence » entre les races — obéit à une logique d'extermination systématique de l'autre, qui n'est (de son point de vue) ni assimilable, ni « inférorisable ». Le nazisme, qui procédait de ce second type de racisme, ne pouvait donc qu'éliminer tous les juifs, les handicapés, et les tziganes, non par accident, mais parce que telle était sa « logique » : on est bien loin, ici, de l'explication — notamment marxiste — en termes d'intérêt* du racisme de type colonialiste.

- **Terme voisin :** xénophobie.
- **Corrélats :** différence ; ethnocentrisme ; ethnologie ; haine ; idéologie ; préjugé.

RAISON

(n. f.) ● **ÉTYM.** : latin *ratio*, « calcul », « compte ». ● **SENS ORDINAIRES** : **1.** Faculté de connaître, de juger, de déterminer sa conduite. **2.** Motif, cause. **3.** Justification. ● **PHILOSOPHIE** : **1.** Faculté de combiner des jugements. **2.** Faculté de bien juger. **3.** Connaissance naturelle par opposition à la foi. **4.** Principe d'explication, cause. **5.** Justification.

Quelles que soient les nuances introduites par les uns ou les autres dans la définition précise qu'ils en donnent, dans les conditions qu'ils fixent à son exercice, ou dans le type de questions qu'ils se posent à son sujet, tous les philosophes voient dans la raison le propre de l'homme, c'est-à-dire la faculté supérieure qui commande aussi bien le langage*, la pensée*, la connaissance* et la moralité*.

Le meilleur guide

Comme faculté de combiner des jugements*, la raison guide l'esprit dans son investigation réfléchie et ordonnée de tout ce qu'il cherche à connaître. Les concepts* synthétisent les représentations formées à partir des sensations, des sentiments, des volontés ; les jugements relient les concepts pour élaborer la connaissance des êtres et des choses. La raison est la faculté qui nous rend capables à la fois de former ces concepts et ces jugements, d'organiser nos connaissances en systèmes*, et de donner un sens à l'univers, en introduisant un ordre* dans les représentations symboliques que nous en avons. Dans l'exercice de cette fonction, la raison s'oppose donc à la sensibilité*, qui ne peut conduire seule à la question du sens, et à la foi*, qui répond à cette question du sens dans l'ordre de la croyance et non dans celui du savoir. Les philosophes grecs furent les premiers, dans notre civilisation, à tenter cette investigation rationnelle du monde.

La faculté de juger

À cette activité essentielle de l'esprit est le plus souvent reconnu, de surcroît, le pouvoir de bien juger. La raison s'oppose alors à la folie* et à la passion incontrôlée. Pour la plupart des philosophes, elle peut et doit régler non seulement la connaissance du monde, mais aussi les conduites des hommes. La raison est pure (Kant*), parce que c'est *a priori* (indépendamment de toute expérience) qu'elle fournit aussi bien les principes de la connaissance que ceux qui doivent régler l'action : elle peut donc être à la fois pure et pratique*. Elle seule (et non l'entendement*) peut postuler la liberté, l'immortalité et Dieu. Elle est donc au fondement de la possibilité même de la moralité.

L'universalité de la raison

La raison est-elle universelle ? Tous les philosophes des XVIIe et XVIIIe siècles en étaient manifestement convaincus : de l'idée que la raison est le propre de l'homme découle facilement celle que tous les hommes y trouvent les mêmes principes de connaissance et d'action. Pourtant, la méconnaissance et/ou la domination des sociétés dites « primitives » par les sociétés économiquement développées ont paradoxalement, et longtemps, imposé l'idée que les modes de vie et de pensée de ces sociétés étaient moins rationnels que les nôtres. Le développement de l'ethnologie* et de l'anthropologie* conduit à poser le problème autrement : ce sont les manifestations de la raison qui ne sont pas universelles, mais relatives à la très grande diversité des conditions de son exercice.

La raison selon Hegel

« La raison gouverne le monde et, par conséquent, l'histoire universelle s'est, elle aussi, déroulée rationnellement ». Hegel* résume ainsi, au début de *La Raison dans l'histoire*, sa double conviction que tout ce qui arrive dans le monde a un sens, et que ce sens est celui du progrès* constant de la raison. Même lorsque les hommes n'agissent pas rationnellement, un Esprit* supérieur aux volontés particulières guide le cours des choses, et finit toujours par faire servir les actions individuelles à la réalisation de fins qu'elles ne poursuivaient pas forcément, mais qui concourent au triomphe de la raison : progrès de la liberté (recul de la domination de l'homme par l'homme), acheminement vers un État mondial rationnel, conforme aux intérêts supérieurs de l'humanité, etc. (*cf.* Histoire).

● **TERMES VOISINS :** cause ; esprit ; intelligence ; motif ; pensée. ● **TERMES OPPOSÉS :** déraison ; foi ; folie ; passion.

RAISON D'ÉTAT

Euphémisme qui recouvre en fait un principe justifiant (ou ayant pu justifier) certaines pratiques peu avouables de l'État, censées procéder du souci de l'intérêt bien compris de la nation* (telles que l'inculpation de faux coupables, les compromis hasardeux à l'occasion de négociations diplomatiques, etc.). Pire encore : ce principe de la raison d'État a pu être invoqué pour *justifier* la liquidation d'innocents ou les pratiques contemporaines, pour le moins discutables, d'installation d'écoutes téléphoniques chez des adversaires politiques, etc.

RAISON PURE

Spécialement chez Kant, et par suite chez certains de ses successeurs, l'activité de la raison est dite « pure » lorsqu'elle peut se produire sans aucun recours à l'expérience (dans son usage pratique* comme dans son usage théorique* — ou spéculatif*). *Cf.* Pur.

RAISON PRATIQUE

Usage de la raison dans le domaine de l'action, par exemple pour déterminer des mobiles*, ou pour juger du caractère moral d'un acte ou d'une conduite. Dans ce dernier cas, selon Kant, on a affaire à un usage de la raison pure pratique appliquée aux principes de l'action (*cf.* Morale).

RAISON SUFFISANTE (PRINCIPE DE)

Selon Leibniz* : principe suivant lequel « rien n'arrive sans qu'il y ait une cause, ou du moins une raison déterminante, c'est-à-dire qui puisse rendre raison *a priori* pourquoi cela est existant et pourquoi cela est ainsi plutôt que de toute autre façon » (*Essais de théodicée,* I, 44).

RUSE DE LA RAISON

Dans le langage courant, une ruse est un procédé, une astuce, permettant de parvenir à ses fins en *biaisant*, c'est-à-dire en employant des moyens détournés. Chez Hegel*, la *ruse de la raison* est le détour opéré par la raison* (comparable, métaphoriquement, à un cours d'eau ou à un tapis) pour atteindre son objectif (la « fin de l'Histoire »). La ruse consiste à utiliser un matériau de nature apparemment résistante ou antagoniste (les passions des hommes d'action) à des fins rationnelles : la raison est comme la trame, et les passions sont comme la chaîne du grand « tapis » de l'Histoire.

● **CORRÉLATS :** connaissance ; irrationnel ; morale ; pensée ; raisonnable ; raisonnement ; rationalisme ; rationnel ; savoir ; sens ; universalisme ; vertu.

RAISONNABLE

(adj.) ● **ÉTYM. :** latin *ratio,* « calcul », « compte ». ● **SENS ORDINAIRES ET PHILOSOPHIQUES : 1.** Doué de raison. **2.** Conforme au bon sens.

Alors que le terme *rationnel*, avec lequel il ne faut pas le confondre, renvoie au rôle de la raison dans le domaine de la connaissance, l'emploi du terme *raisonnable* devrait être réservé à l'ordre de l'action. Un individu, un choix, une conduite, sont « raisonnables » lorsqu'ils paraissent sensés, c'est-à-dire conformes aux attentes ou aux jugements de la plupart des individus, en tant qu'ils sont doués de raison.

● **TERMES VOISINS :** prudent ; rationnel ; sage. ● **TERMES OPPOSÉS :** déraisonnable ; irréfléchi. ● **CORRÉLATS :** prudence ; raison ; sagesse.

RASOIR D'OCCAM

Cette expression désigne le principe d'économie de pensée formulé par le philosophe médiéval Guillaume d'Occam* (1290-1349), selon lequel « il ne faut pas multiplier les entités non nécessaires ».
Ce principe conduit au nominalisme*, c'est-à-dire à l'idée qu'il ne faut pas supposer que la signification des mots renvoie à des essences* ou des « universaux » existant en dehors du langage. Il conduit aussi le positivisme* contemporain (*cf.* Cercle de Vienne, Bertrand Russell) à une critique féroce de la métaphysique*, dont beaucoup de termes renvoient à ces « essences » ou « universaux ».

◆ Rationalisme

RATIONALISME

(n. m.) ● ÉTYM. : latin *ratio*, « calcul », « compte ». ● PHILOSOPHIE : doctrine qui consiste à privilégier la raison comme moyen de connaissance ou d'explication de la réalité.

Plusieurs types de doctrines philosophiques peuvent être qualifiées de rationalistes : **1.** celles qui attribuent à la raison humaine la capacité de connaître la vérité*, et s'opposent ainsi au scepticisme* ; **2.** celles qui posent la raison comme un moyen de connaissance sûr et indépendant de l'expérience sensible* (*cf.* Platon, Descartes, Leibniz...), par opposition aux tenants de l'empirisme* ; **3.** celles qui, tout en reconnaissant l'interdépendance de la raison et de la sensibilité, attribuent à la raison le pouvoir de fonder la connaissance et la morale (*cf.* Kant) ; **4.** celles qui privilégient la raison comme principe d'explication de l'univers, par opposition à la foi*, au mysticisme*, ou à la superstition* (*cf.* Spinoza) ; **5.** celles qui affirment le caractère rationnel de la réalité, du sens de l'histoire, etc. (*cf.* Hegel).

● TERMES OPPOSÉS : empirisme ; foi ; mysticisme ; scepticisme ; superstition. ● CORRÉLATS : connaissance ; empirisme ; raison ; scepticisme ; universalisme.

RATIONNEL

(adj.) ● ÉTYM. : latin *ratio*, « calcul », « compte ». ● SENS ORDINAIRES ET PHILOSOPHIQUES : **1.** Fondé sur la raison, conforme à ses exigences ou à ses principes. **2.** Indépendant de l'expérience sensible.

● TERMES VOISINS : logique ; raisonnable ; rigoureux. ● TERMES OPPOSÉS : illogique ; irrationnel. ● CORRÉLATS : logique ; raison ; rationalisme ; raisonnable.

RAWLS JOHN
(NÉ EN 1921)

REPÈRES BIOGRAPHIQUES

Philosophe américain, né en 1921. Son ouvrage *Théorie de la justice* (1971) a connu un retentissement considérable aux États-Unis et continue de susciter actuellement de nombreux débats et polémiques. Le succès de l'ouvrage est à la mesure des critiques — aussi nombreuses que véhémentes — qu'il a pu susciter.

Un premier paradoxe

Contemporaine du déclin de la doctrine marxiste, la philosophie de John Rawls renoue avec la tradition idéaliste de la philosophie politique. Écartant tous les faits (comme Rousseau*) dans un premier temps au moins, John Rawls pose le problème de la justice en termes d'instauration : comment pourrait-on instituer, se demande-t-il, une forme juste d'organisation sociale, abstraction faite de toute considération particulière (traditions et mœurs propres à telles et telles sociétés) ? Partant de là, il imagine une situation parfaitement hypothétique (comparable à l'« état de nature* » des anciens théoriciens du contrat* social), dans laquelle un ensemble de personnes doivent choisir les principes de répartition des biens fondamentaux qu'ils souhaitent adopter pour une société à venir. Le point important est le suivant : ces personnes ignorent quelle sera leur position dans cette future société (« voile d'ignorance »). Ils ne peuvent donc vouloir favoriser qui que ce soit : par hypothèse donc, ils opteront pour l'organisation la meilleure pour tous, c'est-à-dire pour la solution qui serait la plus avantageuse globalement, et qui ne sacrifierait *a priori* aucune catégorie sociale (ni les plus favorisés par la naissance, ni les plus démunis, ni qui que ce soit...). La décision générale — pour finir — est très paradoxale : bien qu'aucun individu raisonnable placé dans une telle situation ne puisse désirer une société injuste (qui puisse sacrifier les intérêts ou les droits de quelques-uns au profit de la communauté ou de l'une de ses parties), tous pourtant doivent s'accorder sur la reconnaissance du bien-fondé des inégalités sociales et économiques.

Deux principes de base

Les principes retenus seront, selon John Rawls, les suivants :

« 1. Chaque personne doit avoir un droit égal au système le plus étendu de libertés de base égales pour tous, qui soit compatible avec le même système pour les autres.

« 2. Les inégalités sociales et économiques doivent être organisées de façon à ce que,

à la fois : a. on puisse raisonnablement s'attendre à ce qu'elles soient à l'avantage de chacun ; b. qu'elles soient attachées à des positions et des fonctions ouvertes à tous. » (*Théorie de la justice.*)
Le premier principe, qui exprime l'engagement de John Rawls en faveur du libéralisme*, signifie que la liberté est le premier des biens et que la justice — conçue comme équité* — est d'abord et essentiellement la répartition égale entre tous les hommes de cela même qui constitue leur valeur et leur dignité. Ce principe ne peut souffrir aucune exception, et il est absolument prioritaire : la liberté de quiconque ne saurait être sacrifiée, en aucun cas, et pour quelque raison que ce soit. Le deuxième principe en revanche, est beaucoup plus original et ambigu. Que signifie-t-il exactement ? Que les inégalités sociales et économiques peuvent être tolérées, en ce sens qu'elles constituent globalement une situation plus fructueuse pour tous (les inégalités, en effet, servent de stimulant à l'activité, elles augmentent les réserves totales de biens et de produits disponibles). Mais cette tolérance rencontre des limites très strictes : les positions les plus favorisées doivent être accessibles à tous (principe démocratique de l'égalité des chances) et les inégalités ne sont tolérables que si elles profitent à tout le monde, ou aux plus défavorisés. Admettons par exemple qu'une disposition soit apparemment très inégalitaire : l'institution d'une école privée de très haut niveau, ou même d'une filière très élitiste dans l'école publique. Faut-il la rejeter d'emblée ? Certainement pas, répondrait John Rawls, car l'une ou l'autre, à certaines conditions (bourses, encouragement et soutien des plus motivés, en particulier lorsqu'ils sont défavorisés), peuvent profiter à tous. Ainsi le maintien d'une première classe, dans un métro, peut profiter à tous, si l'on décide d'en faciliter l'accès aux plus handicapés aux heures de pointe...
La théorie de John Rawls a été contestée par les milieux intellectuels de droite et de gauche, et sur plusieurs plans. À droite, on lui reproche de célébrer l'État-providence (État-assistance) parce qu'il insiste sur la nécessité de prendre d'abord en compte l'intérêt des plus démunis ; à gauche, de légitimer la logique des institutions économiques dominantes (le « marché »). D'autres enfin s'indignent de sa prétention à tirer d'une conception individualiste, occidentale, et pour tout dire, « kantienne » de l'homme, une conception de la justice intemporelle et universelle. John Rawls a répondu à ces critiques dans ses travaux ultérieurs, et le débat est loin d'être clos. *Cf.* Michaël Walzer.

● **Principaux écrits :** *Théorie de la justice* (1971) ; *Anarchie, État et Utopie* (1988) ; *Justice et démocratie* (1993).

Réalisme

(n. m.) ● **Étym.** : latin médiéval *realis*, dérivé de *res*, qui signifie « chose ». ● **Sens ordinaire** : attitude tendant à valoriser la réalité comme une donnée à prendre en compte, soit parce qu'il n'est pas possible, soit parce qu'il n'est pas souhaitable de faire autrement. ● **Esthétique** : théorie artistique et littéraire affirmant que le but de l'art n'est pas d'idéaliser le réel, mais d'en exprimer fidèlement le caractère, même banal ou laid. ● **Métaphysique** : toute doctrine affirmant qu'il existe une réalité indépendante de la pensée. ● **Mathématiques** : conception selon laquelle les objets et les relations mathématiques ont une existence indépendante de l'esprit humain.

Le réalisme est une attitude spontanée. Naturellement, nous pensons que la réalité non seulement existe en dehors de notre esprit, mais encore que la réalité est telle que notre esprit nous la fait connaître. Or cette forme de réalisme est justement ce que récuse la philosophie, dans la mesure où elle critique les certitudes immédiates et mal fondées. Exemplaire à cet égard est la démarche de Platon*, en ce qu'elle aboutit à un réalisme de second rang, en complète opposition avec ce premier réalisme « naïf » et non réfléchi. Dans ses *Dialogues*, Platon s'efforce de montrer que le monde sensible* que nous croyons connaître est en fait changeant, contradictoire. La seule réalité, la réalité véritable est, selon lui, celle du monde intelligible*. Les Idées qui servent de fondement aux choses, existent en dehors de ces dernières et de notre esprit qui les conçoit. Cette forme de réalisme qui confère aux Idées une existence séparée sera reprise au Moyen Âge lors de la fameuse Querelle des universaux (*cf.* Universel), et exprimera la doctrine selon laquelle les idées générales, ou « univer-

◆ Réalité

saux », existent hors de l'esprit qui les conçoit. Héritière de cette tradition, la première conception d'un Russell* selon laquelle les objets et les relations mathématiques ont une existence réelle et séparée de l'esprit, est aussi un réalisme. Il peut paraître paradoxal que soient qualifiées de « réalistes » des doctrines qui toutes affirment que les idées existent autant — sinon plus — que les choses elles-mêmes. Ne parlerait-on pas plus justement d'idéalisme* à leur propos, comme il est courant de le faire pour Platon, par exemple ? Et pourtant, à travers le réalisme s'exprime l'idée selon laquelle l'esprit n'est pas tout-puissant, qu'il ne peut à lui seul atteindre ou produire le vrai, que la vérité* s'impose sans qu'on puisse en disposer, comme le croyaient les sophistes* que Platon combattit en son temps. À ce titre, le réalisme philosophique s'oppose à un certain idéalisme, selon lequel l'esprit, à travers le monde, ne connaîtrait finalement jamais que lui-même.

● **Termes voisins :** matérialisme ; naturalisme. ● **Termes opposés :** idéalisme ; spiritualisme. ● **Corrélats :** idéalisme ; nominalisme ; réalité.

Réalité

(n. f.) ● **Étym. :** latin *res*, « chose ». ● **Sens ordinaire :** ensemble des choses qui sont, c'est-à-dire qui ont une existence objective et constatable. ● **Philosophie :** par opposition à l'apparence, l'être véritable des choses.

Si la connaissance requiert un objet stable, la réalité des choses ne saurait s'identifier à leur apparence sensible, toujours fugace et changeante. Comme le montre Platon*, la vraie réalité est alors à chercher dans un monde intelligible, monde des Idées, au fondement de tout ce qui existe dans le monde sensible et qui en permet la connaissance. La réalité doit nous donner les choses telles qu'elles sont en elles-mêmes et pas seulement telles qu'elles nous apparaissent : elle est leur vérité* et, comme telle, elle s'identifie à un substrat métaphysique, support des qualités sensibles. Mais comment peut-on, justement, dissocier ce qui est, de la représentation que nous en avons ? S'il faut poser dans un au-delà transcendant, l'être véritable des choses, cette transcendance* ne nous en interdit-elle pas, par là même, l'accès ? C'est cette opposition de l'apparence* à la réalité que la réflexion kantienne commence à remettre en question : la réalité, pour nous, n'est rien d'autre que la façon dont les choses nous apparaissent, elle est d'ordre phénoménal : une manifestation sensible de la chose. Et si la réalité n'est pas la vérité, c'est qu'elle n'est pas tant une connaissance, que cette qualité particulière de la chose qui nous la donne dans une présence irréductible.

● **Termes voisins :** chose ; être ; phénomène. ● **Termes opposés :** fiction ; illusion. ● **Corrélats :** apparence ; connaissance ; essence ; existence ; matière ; réalisme ; substance.

Reconnaissance

(n. f.) ● **Étym. :** latin *cognoscere*, « apprendre ». ● **Sens ordinaires : 1.** Action d'identifier par la mémoire quelque chose comme déjà connu. **2.** Action d'admettre quelque chose qui était d'abord méconnu ou nié. **3.** Action d'explorer quelque chose d'inconnu. ● **Morale : 1.** Action d'admettre, d'avouer formellement qu'on a commis une faute. **2.** Action d'admettre et de manifester par son comportement qu'on est redevable envers quelqu'un. ● **Philosophie :** opération par laquelle on manifeste à autrui qu'on a conscience de ses qualités et de ses droits.

La reconnaissance a lieu lorsque, dans la rencontre de l'autre, on prend conscience, individuellement ou collectivement, de son humanité* et de sa dignité* (*cf.* Sartre*). Dans son usage philosophique, le mot reste alors chargé de tous ses sens ordinaires (« exploration » et identification d'autrui, reconnaissance d'un certain nombre de devoirs* à son égard, etc.). Chez Hegel*, la reconnaissance est l'opération par laquelle une conscience admet qu'elle a en face d'elle une ou d'autres consciences, ou encore une manifestation de l'esprit, une réalité culturelle (par exemple : le langage* est un moyen de faire reconnaître la pensée ; la contemplation d'une œuvre d'art* peut être un moyen d'accès non seulement à la conscience de l'artiste, mais à l'esprit d'un peuple ou d'une époque ; le travail* est pour le travailleur un moyen de faire reconnaître ses qualités en les extériorisant, etc.).

● **TERMES VOISINS :** conscience ; mémoire ; réminiscence. ● **TERMES OPPOSÉS :** indifférence ; mépris. ● **CORRÉLATS :** autrui ; différence ; intersubjectivité ; multiculturalisme.

RÉDUCTION

Cf. Husserl.

RÉEL

Cf. Réalité.

RÉFÉRENT

(n. m.) ● **ÉTYM. :** latin *referre*, « rapporter ». ● **LINGUISTIQUE :** terme utilisé par certains linguistes pour désigner le type d'êtres ou d'objets auxquels renvoie un mot dans la réalité.

● **CORRÉLATS :** langage ; signifiant ; signifié.

RÉFLÉCHISSANT

Cf. Jugement.

RÉFORME

Mouvement religieux qui, au XVIe siècle, par la contestation des formes prises par le catholicisme et l'autorité du pape, donna naissance aux divers protestantismes (*cf.* Christianisme). La Réforme fut initiée par Luther* (1483-1556) et Calvin* (1509-1564), puis toucha également la Grande-Bretagne (anglicanisme). Les catholiques, notamment à l'initiative des jésuites, réagirent par la Contre-Réforme, qui suscita de nombreux débats internes au catholicisme et qui ne fut pas sans effet sur la pensée philosophique, en particulier au XVIIe siècle (spécialement en ce qui concerne la foi*, la grâce*, la prédestination*).

● **CORRÉLAT :** christianisme.

REFOULEMENT

(n. m.) ● **ÉTYM. :** latin *fullare*, « fouler une étoffe », « presser » ; « refouler » (« fouler de nouveau ») signifie donc « repousser ». ● **PSYCHANALYSE :** opération par laquelle le sujet s'efforce de repousser ou de maintenir dans l'inconscient des pensées, images, souvenirs... dont l'accès à la conscience serait source de déplaisir ou de souffrance.

Concept capital de la psychanalyse* freudienne, le refoulement s'explique par l'action des résistances que la censure de la conscience morale* (le surmoi*) ou la nécessité de satisfaire à des exigences matérielles ou sociales opposent à l'émergence de certains désirs. Ainsi maintenus ou rejetés dans l'inconscient*, ils peuvent troubler le moi conscient sous la forme de symptômes qui les « déguisent » (obsessions, phobies, lapsus...). Pour la conscience, ces symptômes sont donc sans rapport compréhensible avec le refoulé : la cure psychanalytique vise à faire remonter dans le champ de la conscience les conditions qui ont présidé à leur formation. S'il devient compréhensible, le conflit entre les défenses inconscientes et les désirs refoulés cesse d'être pathologique.

● **TERMES VOISINS :** défense ; répression. ● **CORRÉLATS :** catharsis ; hystérie ; inconscient ; lapsus ; névrose ; pulsion ; psychanalyse ; rêve ; sublimation.

RÈGLE

(n. f.) ● **ÉTYM. :** latin *regula*, « règle » (au sens matériel), « étalon ». ● **SENS ORDINAIRE :** formule indiquant ou prescrivant la conduite à suivre, ou l'action à effectuer dans une situation ou un domaine déterminés.

Comme l'instrument, qui sert à tracer des traits droits, ou à mesurer, une règle indique le « droit chemin » à emprunter pour agir conformément aux normes* en vigueur dans tel ou tel domaine de la pensée ou de l'action, ou aux principes* qui prescrivent la voie à suivre pour atteindre une certaine fin (ex. : les règles morales, de la composition musicale, du calcul, etc.). Descartes*, par exemple, a formulé aussi bien « les principales règles de la méthode* » pour progresser dans la connaissance, que « celles de la morale qu'il a tirée de cette méthode » (*Discours de la méthode*, Introduction), et les « règles pour la direction de l'esprit », auxquelles il a consacré le traité du même nom.

● **Termes voisins :** maxime ; norme ; précepte ; principe. ● **Corrélats :** loi ; méthode ; norme/normatif ; principe ; valeur.

REICH WILHELM (1897-1957)

REPÈRES BIOGRAPHIQUES

Né en 1897 en Autriche-Hongrie, Reich exerce dans les années 1920 à la Polyclinique psychanalytique de Vienne fondée par Freud. En 1930, il fonde à Berlin l'Association allemande pour une politique sexuelle prolétarienne (Sexpol). Exclu de la Société psychanalytique internationale qui lui reproche ses engagements politiques, mal vu par le Parti communiste dont il s'est toujours tenu à l'écart, menacé par le régime nazi, Reich quitte l'Allemagne en 1933 et s'installe aux États-Unis en 1939. Il écrit par la suite de nombreux articles scientifiques et réalise des expériences sur ce qu'il appelle l'*orgone*, sorte d'énergie vitale omniprésente dans l'univers. Suscitant des hostilités multiples, il est traduit en justice par l'administration américaine, déclaré paranoïaque et condamné à deux ans de prison en 1957. Il meurt dans sa cellule six mois plus tard.

L'intuition fondamentale de Reich est celle de l'existence d'une énergie primitive à l'œuvre dans la totalité de l'univers. Chez l'homme, cette énergie s'exprime particulièrement dans la sexualité et doit être déchargée pour l'équilibre de l'individu. La société bourgeoise, morale et antisexuelle, entretient les masses dans la misère sexuelle, l'angoisse* et la culpabilité pour mieux conserver l'ordre établi. La famille, en particulier, est une « fabrique d'idéologies autoritaires et de structures mentales conservatrices ». C'est de ce cadre « sexophobique » que naît le fascisme, en puissance universel parce qu'il est la « somme des réactions caractérielles irrationnelles de l'homme moyen ». La civilisation capitaliste, machiniste et aliénante, provoque en effet un retour du refoulé émotionnel sous la forme de l'adhésion aux discours fascistes, qui font appel aux fantasmes les plus archaïques (Terre mère, fusionnelle et protectrice ; figure du Père, despotique et castrateur, incarnée par le chef ; etc.). Le fascisme est « irrationnel » : sa vocation est de faire triompher l'instinct de mort, l'irrationnel désignant pour Reich le domaine des émotions en tant qu'elles sont déviées de leur fonction vitale.

Mais Reich ne renonce pas à croire que l'amour, le travail et la connaissance, qui sont les trois sources de notre vie, doivent aussi la gouverner. Le remède n'est pas le socialisme*, qui n'est qu'un « fascisme rouge », mais la « démocratie du travail », une organisation sociale autogérée centrée sur la régulation rationnelle des fonctions biologiques des individus et l'éducation* non répressive des enfants. Pourraient s'y épanouir l'amour comme sexualité naturelle, le travail comme relation créatrice avec le monde, et la connaissance comme rationalité libérée de ses peurs originaires et de ses cuirasses historiques.

● **Principaux écrits :** *L'Irruption de la morale sexuelle* (1935) ; *Psychologie de masse du fascisme* (1933) ; *La Fonction de l'orgasme* (1942) ; *Écoute, petit homme* (1948).

RELATION

(n. f.) ● **Étym. :** latin *relatio*, « action de porter à nouveau ». ● **Sens ordinaire :** lien quelconque unissant un terme ou un objet à un autre.

Un système de relations entre éléments quelconques et permutables (un jeu de cartes par exemple) est une structure*. Les sciences formelles considèrent le système logique des relations indépendamment des éléments qu'elles relient. En mathématiques*, par exemple, l'axiomatisation consiste à faire abstraction du sens des termes pour ne considérer que leurs relations.

> ● **TERME VOISIN :** lien. ● **CORRÉLATS :** axiomatique ; causalité ; forme ; structure.

RELATIVISME

(n. m.) ● **ÉTYM. :** formé à partir de l'adjectif *relatif*, du latin *relatio*, « action de porter à nouveau ». ● **PHILOSOPHIE DE LA CONNAISSANCE : 1.** Conception affirmant que la vérité est relative aux individus (elle était prônée au Ve siècle av. J.-C. par le sophiste Protagoras et l'école sceptique, qu'il a influencée — *cf.* Scepticisme). **2.** Affirmation de l'impossibilité d'une connaissance absolue des principes et des causes premières, la science véritable se contentant du relatif, c'est-à-dire d'établir par observation les relations entre les phénomènes (thèse du positivisme d'Auguste Comte). ● **ETHNOLOGIE ET SOCIOLOGIE :** doctrine qui insiste sur la différence de culture et de valeurs des sociétés, combat la tendance à juger des autres systèmes sociaux en vertu du nôtre (*cf.* Ethnocentrisme) et prône la tolérance. En ce sens, le relativisme refuse l'idée qu'il puisse y avoir des valeurs universelles.

> ● **TERMES VOISINS :** historicisme ; scepticisme. ● **CORRÉLATS :** culture ; ethnocentrisme ; positivisme ; sophisme ; tolérance ; universalisme ; vérité.

RELATIVITÉ

(n. f.) ● **ÉTYM. :** latin *relatio*, participe passé de *referre*, « raconter, rapporter ». ● **SENS ORDINAIRE :** caractère de ce qui est relatif, c'est-à-dire qui n'existe ou n'a de sens qu'en relation avec autre chose. ● **PHYSIQUE :** théorie sur le mouvement, le temps et l'espace, développée par le physicien Einstein en 1905 et 1916.

Dans le langage courant, plus fréquemment que le substantif *relativité*, on emploie l'adjectif *relatif*, soit comme contraire de l'adjectif *absolu** (ou de l'adjectif *universel**), soit plus simplement pour indiquer qu'une chose ou une idée sont en rapport avec d'autres (par exemple : conversation *relative* à tel sujet ; vérité *relative* au contexte dans lequel elle est énoncée).
La théorie de la relativité d'Einstein établit qu'il n'existe aucun système de référence universel par rapport auquel on puisse mesurer un mouvement. Galilée* puis Newton* l'avaient déjà montré pour l'espace. Einstein va plus loin en établissant que le temps est lui aussi relatif à la position des observateurs.

> ● **CORRÉLATS :** absolu ; espace ; physique ; relativisme ; temps.

RELIGION

Le terme religion vient du latin *religio*. Ce terme, à son tour, vient-il de *religare*, « relier » ou de *religere*, « recueillir de nouveau », « rassembler » ? Il est difficile de trancher. Ces deux pistes étymologiques renvoient en tout cas au double aspect de la religion : à la fois piété qui relie les hommes à la divinité (ce que Bergson* appelait « religion dynamique »), et pratique rituelle institutionnalisée (pour Bergson « religion statique »). La religion est ainsi couramment définie comme un ensemble de croyances et de rites comprenant un aspect subjectif (le sentiment religieux ou la foi) et un aspect objectif (des cérémonies, des institutions, éventuellement une Église).

La ou les religions ?

La religion est un phénomène remarquable à la fois par son universalité et sa diversité. Il existe en effet de multiples formes de religion, dans le temps comme dans l'espace — mais le fait religieux n'en est pas moins universel : il n'est pas une société où l'on ne puisse repérer, sous une forme ou sous une autre, des manifestations de la vie religieuse. Quels rapports existe-t-il entre les innombrables différences qu'on peut observer d'une religion à l'autre ?
L'ambivalence du terme vient du fait qu'il ne caractérisait, dans un premier temps, que la seule religion chrétienne

◆ **Religion**

— ce n'est qu'ensuite, en effet, que le concept de religion s'étendit à toute manifestation de la vie sociale où l'on repère ritualité et croyance. L'enquête sociologique ou ethnologique — qui ne reconnaît d'abord que la diversité — risque donc de rendre caduque l'univocité du concept de religion.

Le sacré et le profane

Cette unité peut toutefois être trouvée, non dans la croyance en un ou des dieux, ou en des puissances surnaturelles, mais dans l'opposition que toute religion établit entre le sacré* et le profane*. Le profane est la réalité ordinaire, insignifiante, qui ne se définit que par rapport au sacré. Celui-ci (objets, êtres, lieux, moments...) concentre en lui, de façon ambivalente (bienfaisance et malfaisance), toute la signification du réel : en l'objet sacralisé est censée s'exprimer une puissance relevant d'un ordre supérieur.

Cette opposition serait donc ce que Durkheim* appelait la « forme élémentaire de la vie religieuse », l'élément constitutif de toute religion. Le sacré n'apparaît tel que sur fond de profane ; inversement, un monde devenu entièrement profane, dans lequel tous les lieux, les moments et les choses s'équivaudraient, serait un monde irréligieux. Mais l'existence d'un tel monde est peu probable : même dans les sociétés contemporaines les plus fortement laïcisées, il est possible de repérer des résidus de conscience religieuse. Il s'agit plutôt ici de religiosité que de religion proprement dite. Mais on peut voir de la religiosité dans tellement de pratiques et d'attitudes « profanes » que c'est alors la spécificité du concept de religion qui s'évanouit.

Foi et raison, religion et philosophie

Pour retrouver le sens véritable de la vie religieuse, il nous faut donc considérer le contenu de signification de l'expérience du sacré. Face au sacré, l'homme religieux fait l'expérience d'un « tout autre », à la fois terrible et fascinant, effrayant et admirable : une transcendance*, ou ce que le théologien allemand Rudolf Otto appelle, pour ne pas le réduire au Dieu judéo-chrétien, le « numineux » (du latin *numen*, la « divinité »). Il faudrait donc faire naître toute religiosité du sentiment qu'a l'homme de sa finitude* et de sa dépendance à l'égard d'une puissance qui le dépasse. L'attitude religieuse par excellence est alors la foi*.

Celle-ci est, comme son étymologie (*fides*) l'indique, « confiance ». Le fidèle s'en remet à Dieu parce qu'il se voit borné, limité, et que Dieu est puissance infinie. L'acte de foi a donc rapport à des vérités* jugées essentielles, mais mystérieuses, situées au-delà de ce que la raison peut comprendre (les « vérités du cœur » selon Pascal*) et qui sont l'objet d'une révélation.

La raison et la foi, la philosophie et la religion ont toujours eu des rapports complexes oscillant entre l'hostilité déclarée et le principe d'une collaboration (saint Anselme* et saint Thomas d'Aquin* mirent ainsi la philosophie « au service de la théologie »). D'un point de vue religieux, c'est pourtant sur la faiblesse de la raison que se fonde la nécessité de la foi. La rationalisation des vérités révélées témoignerait alors d'une attitude non religieuse. Le Dieu de la religion, comme le soulignait Pascal, n'est pas le Dieu abstrait des philosophes ; c'est un « Dieu sensible au cœur ». La foi est alors une conviction qui engage tout l'individu, une adhésion totale à ce qui reste pour lui un mystère indéchiffrable. Loin d'être une croyance naïve, l'expérience religieuse peut se vivre dans l'absence de certitude, et, comme l'a montré Kierkegaard*, dans l'angoisse*.

La religion n'est-elle qu'une illusion ?

Le rationalisme classique, avec Descartes* et Spinoza*, ne récuse pas la foi, mais il affirme l'autonomie de la raison : la foi concerne le salut de l'âme, la recherche de la vérité est l'affaire de la seule raison. Cela peut être encore une façon de sauver la foi, en limitant le domaine où elle s'exerce. Mais cela favorisa aussi, tout au long du XVIIIe siècle, dit « des Lumières* », un athéisme* philosophique, une explication matérialiste du monde (Helvétius*, d'Holbach*), ou au moins une forte hostilité à l'idée de révélation et au mystère des dogmes. Ceux-ci (le péché originel par exemple) sont conçus comme d'absurdes superstitions* (*cf*. Religion naturelle). La religion devient alors suspecte d'être une tromperie obéissant à des fonctions sociales ou politiques. Quand Marx*, en 1842, écrit que la religion est « l'opium du peuple », il se situe dans la lignée des Lumières. Mais il introduit une idée nouvelle : la religion n'est pas une simple ignorance ; elle est une illusion*, qui a une signification anthropologique.

D'où l'idée d'une aliénation* religieuse, formulée, avant Marx, par le philosophe allemand Ludwig Feuerbach* : Dieu infini n'est que la projection hors de soi des aspirations humaines que borne l'expérience de notre finitude. L'homme s'aliène en Dieu parce qu'en lui, il se réalise en un « autre » imaginaire.

On pourra alors, avec Marx, voir dans les frustrations sociales de l'homme la clef de l'aliénation religieuse ; ou bien soupçonner, avec Nietzsche*, tout ce que révèlent de pulsions morbides et négatives la piété religieuse et le sentiment de culpabilité lié à la hantise du péché. On pourra également, avec Freud*, interpréter cliniquement l'illusion religieuse comme une « névrose obsessionnelle de l'humanité », rejouant indéfiniment et rituellement le meurtre originel du Père.

Toutes ces interprétations du phénomène religieux ont en commun d'être réductrices : elles font de celui-ci un symptôme d'autre chose : oppression sociale (Marx), domination du « négatif » (Nietzsche) ou souvenir traumatique (Freud). Chacune de ces réductions est d'ailleurs, en théorie, exclusive des autres. Car toute analyse réductrice de la religion a tendance, quelle que soit la pertinence de ses aperçus, à négliger la diversité et la complexité du phénomène, et à sous-estimer la valeur spirituelle de l'expérience religieuse.

● **Terme voisin :** foi. ● **Termes opposés :** athéisme ; agnosticisme ; matérialisme.

Religion naturelle

Propre à la philosophie des Lumières du XVIIIe siècle, la religion naturelle s'oppose à la fois aux religions positives, c'est-à-dire instituées, et aux religions révélées — fondées sur la révélation d'un message divin (judaïsme*, christianisme*, islam*...).

Elle prône donc un rapport immédiat à Dieu, sans l'intermédiaire de l'institution ecclésiastique — « naturelle » s'oppose ici à « artificielle » ; elle repère la présence de Dieu dans les lois de la nature (« le grand livre du monde »), plus que dans le texte de la Bible ; et elle situe la piété non dans l'observance rituelle, mais dans le contenu moral des prescriptions religieuses — « naturelle » signifie donc aussi « rationnelle » (voir Kant*, *La Religion dans les limites de la simple raison*, Classiques Hatier de la philosophie, 2000).

Religion civile

Selon Rousseau*, religion instituée par le souverain* dans le cadre de l'État républicain. Son objectif est de conférer un caractère sacré à des institutions qui ne le sont pas, puisqu'elles procèdent d'une convention (le « contrat social* »). La religion civile comporte un petit nombre de dogmes* positifs (c'est-à-dire de prescriptions), simples et précis : croyance en l'existence d'une divinité puissante et bienveillante, châtiment pour les méchants, justice pour les meilleurs... Cette religion imaginaire tolère tous les cultes et ne proscrit rien..., si ce n'est l'intolérance (*Du contrat social*, livre 4, chap. 8).

● **Corrélats :** aliénation ; christianisme ; croyance ; déisme ; Dieu ; illusion ; islam ; judaïsme ; sacré ; théisme ; théodicée ; théologie ; transcendance.

Réminiscence

(n. f.) ● **Étym. :** grec *anamnêsis*, « réminiscence », « ressouvenir ». ● **Sens ordinaire :** intuition confuse de quelque chose qui se présente comme passé, sans cependant entrer dans le champ de la mémoire consciente. ● **Philosophie :** chez Platon, mythe selon lequel la connaissance consisterait à re-connaître ce qui, tout en ayant déjà été appris, a été oublié.

Exprimée sous forme symbolique, la théorie platonicienne de la réminiscence vise à répondre à l'objection sophistique de l'inutilité et de l'impossibilité de la connaissance*. Connaître suppose, en effet, qu'on puisse apprendre, mais si apprendre est découvrir quelque chose de nouveau, de totalement inconnu, alors, comment pourra-t-on rechercher ce dont on n'a pas la moindre idée et savoir quand on l'aura trouvé ? Inversement, si l'on sait déjà ce qui est à chercher, alors, la connaissance ne nous apprendra jamais rien, et pour n'être pas impossible comme démarche, elle devient ici totalement inutile. Ainsi, la théorie platonicienne de la réminiscence aura une double fonction. Fonction d'abord psychologique, puisqu'il s'agit d'orienter le sujet vers la connaissance en lui montrant que connaître est indissociable d'une démarche intérieure de

◆ Remords

connaissance de soi. La réminiscence fait ainsi de la connaissance une reconnaissance, précisément parce que la vérité* ne peut apparaître qu'à celui qui s'est déjà disposé à l'accueillir. Mais la réminiscence a aussi une fonction épistémologique* : elle permet de réinsérer l'ignorance et la connaissance à l'intérieur du processus continu de l'apprentissage. Elle fait de l'ignorance, non plus ce néant absolu de connaissances dont on ne peut sortir qu'au prix d'un saut incompréhensible, mais le premier degré, la première étape vers la vérité, ce moment où les connaissances sont à ce point enfouies qu'on les croit oubliées.

● **TERMES VOISINS** : mémoire ; remémoration ; souvenir. ● **CORRÉLATS** : connaissance ; métempsycose ; mythe ; vérité.

REMORDS

(n. m.) ● **ÉTYM.** : latin *remordere*, « mordre de nouveau ». ● **SENS ORDINAIRE** : sentiment douloureux et souvent durable d'avoir commis une faute.

Le remords ajoute au *regret* le sentiment de la faute morale, de la culpabilité (on peut regretter un geste, un acte, une parole pour leurs conséquences imprévues, mais sans les considérer comme des fautes). Le remords se distingue par ailleurs du *repentir**, qui comporte une action de réparation et par là permet de « tourner la page ». Se repentir, c'est corriger sa faute. Le fait d'éprouver du remords est un sentiment subjectif, une souffrance interne qui se prolonge sans pouvoir changer ce qui appartient désormais au passé.

● **TERME VOISIN** : mauvaise conscience. ● **TERMES OPPOSÉS** : bonne conscience ; cynisme. ● **CORRÉLATS** : conscience ; devoir ; faute ; morale.

REPENTIR

Cf. Remords.

REPRÉSENTATION

(n. f.) ● **ÉTYM.** : latin *repraesentare*, « rendre présent ». ● **SENS ORDINAIRE** : toute image, chose, action... destinée à rendre sensibles des choses, actions... absentes ou impossibles à montrer telles quelles (ex. : les représentations graphique, picturale, théâtrale, etc.). ● **PSYCHOLOGIE ET PHILOSOPHIE** : **1.** Acte par lequel l'esprit se rend présents ses objets. **2.** Image mentale résultant de cet acte. ● **POLITIQUE** : fonction des personnes ou institutions qui en représentent d'autres (ex. : les députés sont la « représentation nationale »).

Représenter consiste toujours à la fois à « assurer la présence de » et à « remplacer » quelque chose ou quelqu'un d'absent. Ainsi, par la voix des députés qu'ils ont élus, les citoyens sont « re-présentés » à l'Assemblée nationale ; le plan d'une ville « re-présente » les positions respectives des rues et des bâtiments qui la composent dans l'espace réel.
L'usage philosophique le plus courant du mot représentation désigne la formation par l'esprit des images de toute nature qui provoquent ou accompagnent nos sentiments, nos pensées, nos volontés, et ces images elles-mêmes. Comme le précise Kant* dans la *Critique de la raison pure*, représentation est un terme « générique » : la sensation* ou la perception* « accompagnées de conscience » (représentation de la couleur rouge), le concept* correspondant à une classe d'objets, l'idée pure sont autant d'espèces de représentations que l'esprit est susceptible de former, avec ou sans le support direct de l'expérience sensible.

● **TERMES VOISINS** : idée ; image. ● **TERMES OPPOSÉS** : chose ; réalité. ● **CORRÉLATS** : connaissance ; esprit ; idée ; langage ; pensée.

RÉPUBLIQUE

(n. f.) ● **ÉTYM.** : latin *res publica*, « chose publique ». ● **POLITIQUE ET PHILOSOPHIE POLITIQUE** : **1.** Sens premier : synonyme d'État en général.

2. Sens actuel : État non monarchique, fondé sur le principe de la souveraineté populaire, que celle-ci s'exerce directement ou par le truchement de représentants élus.

Même si, dès le XVIe siècle, Machiavel* distinguait les principautés et les républiques, le sens originel du terme a été en usage jusqu'au XVIIIe siècle (Rousseau* : « J'appelle république tout État régi par des lois », *Du contrat social,* II, 6).
À la même époque, pourtant, le sens actuel se généralise. Des projets politiques républicains voient le jour (États-Unis, 1776 ; France, 1792) et la république se différencie d'autres formes de constitution politique. Montesquieu*, par exemple, distingue le gouvernement républicain des gouvernements monarchique et despotique ; il appelle alors république ce que Rousseau appelait démocratie*. Les deux termes sont d'ailleurs aujourd'hui souvent associés : une république, au sens moderne, est une démocratie politique.
D'un point de vue philosophique, la république est une idée de portée universelle, qui déborde largement les régimes dans lesquels elle s'est incarnée, depuis le XVIIIe siècle, et peut aussi s'appliquer à des monarchies quand elles sont, comme en Angleterre, constitutionnelles.
La république est alors, comme le dit Kant*, l'essence de toute constitution politique fondée sur le droit*, et suppose : **1.** l'égalité devant la loi et l'égale liberté de tous ; **2.** la volonté commune d'un intérêt général, non réductible aux intérêts particuliers de chacun ; **3.** la participation de tous à la vie publique, c'est-à-dire la politisation des consciences (chacun doit se sentir concerné par l'État) ; **4.** la vertu des citoyens et une éducation civique visant à renforcer le souci qu'a chacun de l'intérêt commun (d'où l'importance que la République française, par exemple, a toujours donné à l'école).
En ce sens, la république se définit davantage comme une « personne publique » (Rousseau parle ainsi de « moi commun », de « volonté générale ») que comme une « chose publique ».

● **Terme voisin :** démocratie.
● **Terme opposé :** despotisme.
● **Corrélats :** citoyen ; État ; pluralisme ; politique ; pouvoirs (séparation des) ; souveraineté ; volonté (générale).

RÉSISTANCE

(n. f.) ● **Étym. :** latin *resistere*, « s'arrêter », « faire face ». ● **Sens ordinaire :** réaction visant à empêcher ou au moins à diminuer une action. ● **Politique :** refus actif de se soumettre à un pouvoir (exemple : la résistance à l'oppression). ● **Psychanalyse :** opération par laquelle une force qui produit ce que Freud appelle la « censure » s'oppose au retour à la conscience des pulsions refoulées et de leurs représentations.

● **Terme voisin :** refoulement.
● **Corrélats :** acte manqué ; désobéissance civile ; inconscient ; lapsus ; non-violence ; psychanalyse.

RESPECT

(n. m.) ● **Étym. :** latin *respectus*, « égard », « considération ». ● **Sens ordinaire :** sentiment qu'impose la valeur d'une personne, d'une idée ou d'une règle, et qui conduit à s'abstenir de toute action ou de tout jugement qui pourrait lui porter atteinte. ● **Philosophie et morale :** chez Kant, sentiment moral, distinct de tous les autres sentiments, en ce qu'il ne provient pas de la sensibilité, mais de la raison pratique, c'est-à-dire de l'obligation engendrée par la loi morale.

Agir par amour de l'humanité, c'est agir conformément au devoir, mais non par devoir. Par contre, quel que soit mon sentiment pour l'humanité, agir en traitant l'humanité en ma personne et en la personne d'autrui* toujours comme une fin*, jamais simplement comme un moyen, c'est agir par devoir, c'est-à-dire par simple respect de la loi morale. Le respect est donc, selon Kant*, le seul sentiment qui soit moral. C'est qu'il n'est pas produit par ma sensibilité particulière, mais par la seule considération de la loi* morale qui m'enjoint de m'élever au-dessus de mes propres intérêts ou penchants, et de me soumettre à une législation universelle. Le respect est donc aussi le seul mobile d'action qui soit moral et *a priori*, c'est-à-dire valable pour tout être raison-

◆ **Responsabilité**

nable, quelle que soit sa nature empirique particulière. Le respect, comme le devoir qui en résulte, concilie par conséquent obligation* et liberté*. Il témoigne, selon Kant, de ma double nature à la fois sensible et rationnelle. Car si la loi morale s'impose à moi et me force au respect en humiliant mon amour-propre*, d'un autre côté, elle m'élève au-dessus de moi-même, comme auteur d'une législation morale universelle à laquelle je me soumets librement. La loi morale est donc à la fois ce qui commande le respect, et ce qui m'en inspire à l'égard d'autrui, mais aussi de moi-même.

● **Termes voisins :** considération ; égard. ● **Termes opposés :** irrespect ; mépris. ● **Corrélats :** amour ; devoir ; droit ; loi morale ; personne ; valeur.

RESPONSABILITÉ

(n. f.) ● **Étym. :** latin *respondere*, « répondre » ; l'expression « répondre de ses actes » signifie qu'on les assume totalement, qu'on s'en reconnaît l'auteur. ● **Sens ordinaires : 1.** Désigne une certaine maturité psychologique, la faculté de bien juger, de prendre des décisions raisonnables et avisées (ex. : « Un tel est responsable »). **2.** Une responsabilité est aussi une charge qu'on accepte d'assumer (ex. : « prendre une responsabilité », « avoir des responsabilités »), et renvoie à des capacités de décision pour un domaine donné. ● **Droit :** la responsabilité civile établit entre un acte dommageable et une personne donnée une relation directe qui fait de la personne l'auteur de l'acte ; la responsabilité pénale pose le problème de la mesure dans laquelle on peut reconnaître un agent (criminel, voleur...) comme l'auteur réel de l'infraction commise (problème de la liberté de l'agent).

La responsabilité pose tout d'abord le problème de la nature du lien que l'homme entretient avec ses actes. Sommes-nous responsables seulement des actes que nous avons directement commis ? Mais pourquoi, alors, le droit ne reconnaît-il pas un criminel qui tue en état de folie comme responsable de son acte, tandis qu'inversement les parents sont, aux yeux de la loi, responsables des actes de leurs enfants ? On voit que la question de la responsabilité, à ce niveau simplement juridique, s'articule sur celle de la liberté* humaine. Être libre, en effet, c'est être en mesure d'assumer l'ensemble de ses actes ; être responsable, c'est pouvoir répondre de ceux-ci, du fait précisément de cette liberté dont ils témoignent.

La notion de responsabilité connaît de nouveaux développements philosophiques au XXe siècle avec une pensée comme celle de Hans Jonas*. Ce dernier tente de poser une nouvelle éthique*, qui soit une « éthique de la responsabilité ». Le danger des derniers développements techniques, menaçants pour l'environnement et l'humanité future, impose la prise en compte d'obligations et de devoirs vis-à-vis de la planète (« biosphère ») et des générations futures (*cf.* Hans Jonas).

● **Termes voisins :** liberté ; maîtrise. ● **Termes opposés :** folie ; inconscience ; insouciance ; irresponsabilité. ● **Corrélats :** droit ; volonté.

RESSENTIMENT

(n. m.). ● **Étym. :** latin *sentire*, « percevoir », « être affecté ». ● **Sens ordinaire :** désir de se venger. ● **Philosophie :** chez Nietzsche, attitude « réactive » par laquelle les « faibles », impuissants dans l'action, s'efforcent de neutraliser les « forts » en les culpabilisant.

● **Terme opposé :** générosité. ● **Corrélats :** faute ; mauvaise conscience ; morale.

RÊVE

(n. m.) ● **Étym. :** ancien français *esver*, « vagabonder » ? ● **Sens ordinaires : 1.** Activité psychique plus ou moins structurée, se produisant pendant le sommeil, indépendamment de la volonté. **2.** Construction de l'imagination à l'état de veille, production fantaisiste de l'esprit tendant à se soustraire aux contraintes du réel. ● **PSYCHANALYSE** : le rêve est le gardien du sommeil en même temps que la réalisation imaginaire de désirs infantiles ou actuels, mais refoulés.

Chez les jeunes enfants, d'après Freud*, tous les désirs* peuvent s'exprimer directement dans les rêves, et ils sont donc immédiatement déchiffrables. Chez les adultes, au contraire, la réalisation de certains désirs doit emprunter un déguisement, du fait de la censure, forme atténuée du refoulement*. Pour dégager le sens du rêve, il convient donc de distinguer son *contenu manifeste*, c'est-à-dire le scénario un peu confus que nous retenons au réveil, et son *contenu latent*, constitué par les idées et les désirs cachés qui l'ont motivé. C'est ce contenu latent que l'interprétation du rêve doit restituer à partir de l'analyse des éléments du contenu manifeste. On admet depuis Freud que le rêve (parce qu'il permet à tous nos désirs, y compris les plus troubles, de s'exprimer) est la voie royale menant à l'inconscient. En outre, la psychologie contemporaine a confirmé cette intuition de Freud : le rêve est indispensable à la vie (qu'il protège par un mécanisme de compensation nerveuse et d'autorégulation de l'organisme), encore plus que le sommeil profond.

● **CORRÉLATS** : inconscient ; psychanalyse ; refoulement.

RÉVÉLATION

(n. f.) ● **ÉTYM.** : latin *revelatio*, « action de laisser voir, de dévoiler ». ● **SENS ORDINAIRE** : communication d'un secret, d'où : découverte soudaine. ● **THÉOLOGIE** : action par laquelle Dieu communique aux hommes (en général des élus) des vérités présentées comme inaccessibles par la voie de la raison et parfois contraires aux enseignements de celle-ci (mystères, miracles).

● **TERMES VOISINS** : irrationnel ; mysticisme. ● **TERME OPPOSÉ** : démonstration. ● **CORRÉLATS** : christianisme ; fidéisme ; foi ; islam ; judaïsme ; miracle ; mystère ; mysticisme ; religion.

RÉVOLUTION

(n. f.) ● **ÉTYM.** : bas latin *revolutio*, « retour au point de départ », de *revolvere*, « rouler en arrière ». ● **PHYSIQUE** : **1.** Rotation complète d'un corps autour de son axe. **2.** Astronomie : mouvement d'un astre retournant à un point de son orbite. ● **SENS ORDINAIRE** : changement brusque et décisif dans l'ordre social, intellectuel, esthétique, moral, etc. (ex. : « révolution des mœurs ».) ● **POLITIQUE** : passage, généralement brusque et violent, d'un type de régime politique à un autre.

Le propre d'une révolution, par opposition à une révolte, une réforme, ou un coup d'État, est d'instaurer un ordre nouveau, et ceci de manière irréversible. En ce sens, et curieusement, la révolution politique est le contraire de la révolution au sens strict (physique), qui n'est qu'un retour au point de départ. Toute révolution semble comporter, en outre, l'idée de bouleversement violent : on se demandera, dans cette mesure, si la violence est par elle-même féconde, ou si, en tout cas, elle est absolument inévitable pour renverser un ordre ancien devenu caduc, comme l'admettait Marx*. Dans une perspective diamétralement opposée, Kant* estimait que la révolution, parce qu'elle détruit l'idée même d'un état civil — c'est-à-dire la condition de possibilité de tout droit — ne mène qu'à l'anarchie, c'est-à-dire à la négation de toute justice effective. Beaucoup plus circonspecte, Hannah Arendt* s'interroge, dans son *Essai sur la révolution*, sur l'idée de « commencement » politique. Après avoir défini la révolution comme « rupture inaugurale » et « fondation de la liberté », elle examine les raisons de la perversion des idéaux révolutionnaires américains (1776) et français (1789), sans admettre pour autant la dégénérescence inévitable de toute révolution. Si l'idée de « commencement » est en effet, à ses yeux, le propre de l'« agir authentique », la possibilité effective d'une révolution radicale et féconde — c'est-à-dire d'une fondation qui « trouve en elle-même sa raison d'être » et qui soit « source de sens » — reste, de son point de vue, problématique.

● **TERMES VOISINS** : mutation radicale ; renversement. ● **TERME OPPOSÉ** : réforme. ● **CORRÉLATS** :

classes (lutte des); communisme; État; gouvernement; progrès; socialisme; souveraineté; violence.

RICŒUR PAUL
(NÉ EN 1913)

REPÈRES BIOGRAPHIQUES

Paul Ricœur est né en 1913 à Valence. Il enseigne à la Sorbonne à partir de 1956, puis à l'université de Chicago (1978). Il a publié une trentaine d'ouvrages qui font de lui le principal représentant français de l'herméneutique.

L'herméneutique

Les premiers essais de Paul Ricœur renouvellent et enrichissent la définition de l'herméneutique*, c'est-à-dire de l'art d'interpréter. Il ne s'agit pas seulement de dégager le sens — ou les sens, éventuellement contradictoires — d'un texte ou d'une configuration symbolique. La tâche herméneutique est beaucoup plus ample et plus complexe. Tout texte en effet est un monde déployé dont les possibilités nouvelles gagnent à être explorées. « Le symbole* donne à penser » : mais il ne s'agit pas tant de penser dans les symboles que de chercher à partir de symboles à se comprendre soi-même. Car il n'est pas de représentation de soi qui ne passe par la médiation des signes, des symboles et des textes : « La compréhension de soi coïncide à titre ultime avec l'interprétation appliquée à ces termes médiateurs. »

L'identité narrative

Dans un second temps, la recherche herméneutique conduit Paul Ricœur à centrer sa réflexion sur ce qu'il nomme « l'innovation sémantique* ». De même que la métaphore n'est pas un simple glissement de sens*, mais reconstitue la réalité qu'elle décrit et invente en même temps, de même tout récit est foncièrement inventif. Raconter, en effet, c'est toujours déjà expliquer, et si nous éprouvons le besoin de nous raconter, c'est parce qu'il s'agit là du plus sûr moyen de se connaître soi-même. L'analyse de la « fonction narrative » permettra de comprendre en quel sens narrativité et temporalité se constituent et s'épaulent mutuellement. La théorie de la « triple *mimêsis* » explicite cette idée : dans la « préfiguration », l'action se présente comme un récit en puissance ; puis, dans la « configuration », le récit constitue une synthèse narrative à partir d'éléments disparates ; enfin, dans la « refiguration » (acte de lecture) le lecteur s'approprie le récit et par là même, enrichit sa propre compréhension de lui-même. Les variations imaginatives propres aux récits de fiction nourrissent et structurent notre « identité* narrative », imitant en cela le récit historique.

L'agir éthique

Le concept d'identité narrative trouve son prolongement dans une analyse de l'« agir éthique » que l'on peut décomposer en ses trois principaux moments : le moment de l'éthique*, définie comme visée d'une vie bonne ; le moment de la morale, recherche de normes à caractère obligatoire ; le stade de la sagesse pratique, qui articule la seconde sur la première et prend la forme d'une dialectique* du soi et de l'autre que soi. « Viser la vraie vie avec et pour l'autre dans des institutions justes » : ainsi définie, l'intention éthique se trouve enracinée dans une « volonté de promotion mutuelle des libertés ». La réflexion sur la justice* (autour de John Rawls*), sur les paradoxes du politique*, ainsi que sur nos nouvelles responsabilités* (*cf.* Hans Jonas) conduit Paul Ricœur à tenir le pouvoir politique pour « responsable du fragile ». Étant donné la vulnérabilité essentielle de l'humain et la fragilité des institutions de la justice, le politique (« milieu d'accomplissement de la vie bonne ») ne peut être sauvé que par la vigilance du citoyen, pur produit, pourtant, du politique.

● **PRINCIPAUX ÉCRITS** : *Philosophie de la volonté* (1950-1988) ; *Le Conflit des interprétations* (1969) ; *La Métaphore vive* (1975) ; *Temps et récit* (1983-1985) ; *Du texte à l'action* (1986) ; *Soi-même comme un autre* (1990).

RIGORISME

(n. m.) ● **ÉTYM.** : latin *rigor*, « rigueur ». ● **SENS ORDINAIRE** : refus absolu de transiger avec les principes moraux.

Le rigorisme est souvent considéré, péjorativement, comme une forme de rigidité dans la réflexion morale. Il exclut, en effet, toute forme de recours à la sensibilité* ou au désir* comme mobiles de l'action. Seul Kant* aura assumé, et même revendiqué, le rigorisme par lequel il entend le refus d'accepter qu'une action puisse être moralement neutre. Au rigoriste pour qui une intention est soit bonne, soit mauvaise, il oppose l'« indifférentiste » qui voudrait sortir de cette alternative en posant que toute action est mêlée de désirs et de raison sans qu'il soit possible de séparer ces deux instances.

● **Terme voisin :** formalisme.
● **Corrélats :** intention ; morale.

Robinson

Naufragé et solitaire, le personnage de Robinson Crusoé, imaginé par Daniel Defoe au XVIIIe siècle, a alimenté des thèmes philosophiques variés. Rousseau* voit volontiers Robinson comme un modèle de l'homme libre des artifices sociaux et confronté à la seule nécessité du monde naturel. Marx* parle au contraire de « robinsonnades » pour dénoncer la fiction d'un fondement naturel du mode de production capitaliste (Robinson sur son île se comporterait comme un accumulateur de marchandises). Enfin, Robinson a pu également illustrer l'impossibilité pour l'individu de vivre, sans dommage pour sa personnalité, dans l'absence de relations à autrui* (voir par exemple le roman de Michel Tournier, *Vendredi ou les limbes du Pacifique*).

Romantisme

(n. m.) ● **Étym. :** anglais *romantic*, « roman ». ● **Sens ordinaire :** attitude sentimentale.

Si le romantisme désigne avant tout un phénomène littéraire, il caractérise aussi une tendance philosophique propre à l'Allemagne de la première moitié du XIXe siècle. C'est autour des frères Schlegel et du poète Novalis que se constitue la philosophie romantique, laquelle, en réaction contre les Lumières*, entend réhabiliter les facultés sensibles de l'homme comme l'intuition* et l'imagination*. C'est en ce sens que le romantisme exalte la figure du génie* qui symbolise la capacité d'un individu à dépasser ses limites et à s'élever jusqu'à Dieu. Ainsi Schelling* considère-t-il que l'art doit être le modèle de la philosophie. Cependant, le domaine privilégié de la philosophie romantique est la religion*, conçue d'abord comme une expérience mystique supérieure à la raison*. Le romantisme est donc une remise en cause radicale de la rationalité et de la réduction de la subjectivité à l'entendement*.

● **Corrélats :** Lumières ; sentiment ; *Weltanschauung*.

Rousseau
Jean-Jacques (1712-1778)

Repères biographiques

Jean-Jacques Rousseau est né à Genève, dans une famille calviniste, qu'il quitte à l'âge de seize ans. En 1741, il collabore avec les encyclopédistes. Son premier discours, le *Discours sur les sciences et les arts*, lui apporte la célébrité, mais aussi une réputation de scandale qui ne le quittera plus. De 1756 à 1762, il séjourne à Montmorency, qu'il est obligé de quitter après la publication d'*Émile*, en 1762. Il séjourne alors en Suisse, puis en Angleterre où il est hébergé par David Hume, avec lequel il rompt rapidement toute relation. Revenu en France, il meurt à Ermenonville, brouillé avec tous ses amis.

La généalogie du mal : état de nature et état social

« Je vois le mal sur la terre », dit, dans l'*Émile*, le Vicaire savoyard. Le mal, c'est la servitude, l'arbitraire politique, l'hypocrisie sociale, l'artifice et les calculs égoïstes ; c'est l'amour-propre*, que Rousseau distingue de l'amour de soi*, souci naturel qu'a l'homme de sa conservation ; c'est la domination des passions* funestes à l'homme, le pouvoir, la gloire, l'argent... En somme, c'est l'homme séparé de lui-même et des autres, la perte de la transparence, et l'absence de communion entre les êtres. Ce constat concerne l'homme vivant en société. Ce n'est pas là son état originel, mais le résultat d'une évolution au cours de laquelle il s'est dénaturé. Si Rousseau refuse le dogme du péché originel (l'homme n'est pas mauvais par nature),

◆ Rousseau

il n'accuse pas pour autant Dieu : c'est l'homme lui-même qui s'est corrompu. Cette corruption relève de sa liberté.
Aussi le bienheureux « état de nature* » précédant la vie en société n'est-il, dans le *Discours sur l'origine et les fondements de l'inégalité parmi les hommes* (1755), qu'une simple hypothèse nécessaire à montrer que le mal n'est pas inné. L'homme aurait tiré le mal de son innocence originelle — où, solitaire et indépendant, il ne connaît ni la morale, ni la raison — par sa seule perfectibilité*. Celle-ci n'est donc pas, comme chez Kant* ou Condorcet*, la source d'un progrès*, mais bien celle d'une dénaturation — dont la vie en société est le terme désastreux.

Le contrat social

Rousseau analyse, dans *Du contrat social* (1762), les principes du droit* politique : qu'est-ce qui peut rendre l'autorité politique légitime, étant donné que les hommes naissent libres et égaux ? Ce n'est ni l'autorité paternelle, ni Dieu, ni la force — qui est un fait*, et n'a rien à voir avec le droit* (*cf.* texte p. 393). Seule une convention fondamentale peut légitimer l'autorité politique. Par celle-ci, conçue comme un pacte d'association, le peuple se constitue comme tel. Il en résulte que seule la volonté générale* peut exercer la souveraineté*, et que la loi*, qui est l'unique pouvoir souverain, en est l'expression directe.
Par le contrat social, l'homme naturel abandonne sa liberté primitive : il n'agit plus égoïstement en vue de son intérêt privé, mais il agit désormais en vue de l'intérêt public, en se mettant « sous la suprême direction de la volonté générale », à laquelle il doit obéir sans réserve. C'est l'État qui forme alors une nouvelle unité, trans-individuelle, un « moi commun ».
Comment éviter, dans ces conditions, le despotisme, c'est-à-dire le sacrifice de l'individu à la toute-puissance de l'État ? Précisément par le fait que la volonté souveraine est générale : si chaque individu, comme sujet, doit lui obéir absolument, chacun, comme citoyen*, participe à la souveraineté. De sorte que les hommes, en perdant leur indépendance naturelle, restent aussi libres qu'auparavant puisque, obéissant à la loi publique, ils obéissent à la loi qu'ils se sont eux-mêmes fixée. Cette liberté* politique est même plus digne de l'homme que la liberté naturelle, parce qu'elle est morale et fondée sur la conscience de l'obligation.
Si l'état de nature est valorisé par rapport à la société existante, il est au contraire dévalorisé en regard d'une société politique qui serait issue du contrat social. Face à une société proprement humaine et raisonnable, et politiquement libre, l'homme naturel apparaît comme un « animal stupide et borné », dépourvu du sentiment de ce qui est juste et injuste. Il n'est donc pas question pour Rousseau, malgré la méchante critique que lui adressa Voltaire*, de prôner pour l'homme une régression.

Le salut par l'éducation

Est-ce à dire que le contrat est la solution au mal qui ronge l'homme social ? Non, car la réalité humaine est en fait malheureusement tout autre que ce qu'exigeraient les principes du droit. Rousseau est radicalement pessimiste : contrairement à ce que crurent trouver chez lui Robespierre et Saint-Just, il ne croit pas à la possibilité d'un salut collectif. Le *Contrat social* ne dit pas ce que l'humanité pourrait être, il dit ce qu'elle aurait pu devenir si elle avait fait un meilleur usage de sa perfectibilité.
S'il y a un salut pour le malheur de l'homme, il ne peut alors être qu'individuel. Ce sera l'œuvre de l'éducation*. L'*Émile* (1762) décrit ainsi l'éducation d'un « élève imaginaire », formé selon la nature (ce qui ne veut pas dire comme un être naturel), c'est-à-dire protégé des influences corruptrices de la société, en vue de devenir un homme libre, et heureux.

Conscience morale et religion

Au livre IV de l'*Émile*, Rousseau expose la célèbre « Profession de foi du Vicaire savoyard ». La première thèse qu'il y développe concerne la conscience morale conçue comme « instinct divin », sentiment immédiat et universel. Cela est-il en contradiction avec l'a-moralité de l'« état de nature » ? Non, car, d'une part, l'homme naturel, capable de pitié, a en lui des germes de moralité ; d'autre part, l'« état de nature » n'est qu'une fiction propre à rendre intelligible la dépravation actuelle de l'homme ; la « Profession de foi », quant à elle, cherche à préciser la structure de la moralité.
En y défendant une morale du cœur, ou du sentiment, Rousseau s'oppose à une morale de la raison. Mais il faut entendre par là une morale « raisonneuse », qui déduirait ses principes d'une argumentation logique. Car le sentiment moral

est en revanche profondément raisonnable et, en son universalité, rejoint la « raison pratique » de Kant*.
La deuxième thèse développée par la « Profession de foi » concerne la religion. Rousseau s'y affirme un adepte de la religion naturelle* : Dieu est accessible par les voies du cœur, sans l'intermédiaire des textes sacrés ni du clergé. Cette thèse visait à critiquer le matérialisme* et l'athéisme* ; elle n'en fut pas moins à l'origine de la condamnation de l'*Émile*.

● **PRINCIPAUX ÉCRITS :** *Discours sur les sciences et les arts* (1750) ; *Discours sur l'origine et les fondements de l'inégalité parmi les hommes* (1755) ; *Du contrat social* (1762) ; *Émile* (1762).

LE DROIT DU PLUS FORT

D'où vient que, dans nos sociétés, certains hommes ont le pouvoir de commander à d'autres dont ils obtiennent l'obéissance ? C'est en recherchant le principe de l'autorité politique que Rousseau est amené à se poser le problème du droit du plus fort. Car après tout, on répondra facilement à la question initiale : originellement, ce qui fonde le droit de certains à imposer leurs volontés aux autres, c'est leur supériorité physique. Les relations de commandement et d'obéissance dans nos sociétés ne seraient que la poursuite de ce premier rapport de force : l'ordre social, c'est la traduction, en termes de droit, d'un état de supériorité simplement physique au départ.

« Le plus fort n'est jamais assez fort pour être toujours le maître, s'il ne transforme sa force en droit et l'obéissance en devoir. De là le droit du plus fort ; droit pris ironiquement en apparence, et réellement établi en principe. Mais ne nous expliquera-t-on jamais ce mot ? La force est une puissance physique ; je ne vois point quelle moralité peut résulter de ses effets. Céder à la force est un acte de nécessité, non de volonté ; c'est tout au plus un acte de prudence. En quel sens pourra-ce être un devoir ?

Supposons un moment ce prétendu droit. Je dis qu'il n'en résulte qu'un galimatias inexplicable. Car sitôt que c'est la force qui fait le droit, l'effet change avec la cause ; toute force qui surmonte la première succède à son droit. Sitôt qu'on peut désobéir impunément on le peut légitimement, et puisque le plus fort a toujours raison, il ne s'agit que de faire en sorte qu'on soit le plus fort. Or qu'est-ce qu'un droit qui périt quand la force cesse ? S'il faut obéir par force on n'a pas besoin d'obéir par devoir, et si l'on n'est plus forcé d'obéir on n'y est plus obligé. On voit donc que ce mot de droit n'ajoute rien à la force ; il ne signifie ici rien du tout. »

Rousseau, *Du contrat social* (1762), livre I, chap. 3,
Paris, Hatier, coll. « Les classiques Hatier de la philosophie », 1999, p. 13.

La force et le droit

Rousseau ne remet pas en cause la conception du droit du plus fort au niveau historique (il ne dit pas qu'effectivement, historiquement, ce ne furent pas les plus forts d'entre eux qui prirent un ascendant sur les hommes), mais au niveau des principes. On oppose souvent le fait (défini à partir de l'expérience immanente, de ce qui s'inscrit dans la réalité des choses) et le droit (déterminé à partir de valeurs idéales, transcendant par rapport à l'ordre empirique des choses). Ces deux dimensions sont, on le voit, nettement séparées : on ne peut en aucun cas déduire le droit d'une situation de fait. Or la force elle-même ne renvoie jamais qu'à un état de fait : il se trouve qu'à un moment donné, dans un lieu donné, telle personne est plus forte qu'une autre. Ce rapport est purement empirique : il ne peut fonder un droit. Corrélativement, la soumission du plus faible devant plus fort que lui ne peut en aucun cas être interprétée comme la reconnaissance active, positive du droit de l'autre (comme un « devoir »). C'est un acte passif, négatif qui indique une résignation face à une supériorité de fait : j'obéis non parce que je le veux, mais parce que je ne peux pas faire autrement.

◆ Rousseau

Les variations du droit

Même en supposant que ce droit du plus fort existe effectivement, on tombe rapidement dans des paradoxes insoutenables. Un droit, en effet, se posant comme étant celui du plus fort, s'expose toujours à rencontrer (ailleurs ou plus tard) plus fort que lui et à renoncer alors à lui-même au profit d'un autre. On voit bien par là que ce prétendu droit est soumis aux variations d'états de force toujours précaires. Qu'est-ce qu'un droit strictement défini par une situation de fait ? Ce n'est pas un droit.

LE PACTE SOCIAL

Au fondement des sociétés humaines, Rousseau postule une convention première qui engage les hommes à conjuguer leurs forces. En effet, si l'on refuse les thèses d'Aristote sur le caractère naturel des communautés humaines, il faut penser deux choses. D'abord un état de nature où les hommes vivent séparés ; ensuite, pour rendre compte de la formation des sociétés, il faut supposer que les obstacles rencontrés se sont révélés trop grands pour être affrontés par des individus isolés. Dès lors les hommes ont dû mettre en commun leurs forces au moyen d'un pacte d'association. C'est ce dernier qui se trouve au principe des sociétés et c'est lui qui en définit les lois fondamentales.

« "Trouver une forme d'association qui défende et protège de toute la force commune la personne et les biens de chaque associé, et par laquelle chacun s'unissant à tous n'obéisse pourtant qu'à lui-même et reste aussi libre qu'auparavant." Tel est le problème fondamental dont le contrat social donne la solution.
Les clauses de ce contrat sont tellement déterminées par la nature de l'acte que la moindre modification les rendrait vaines et de nul effet ; en sorte que, bien qu'elles n'aient peut-être jamais été formellement énoncées, elles sont partout les mêmes, partout tacitement admises et reconnues ; jusqu'à ce que, le pacte social étant violé, chacun rentre alors dans ses premiers droits et reprenne sa liberté naturelle, en perdant la liberté conventionnelle pour laquelle il y renonça.
Ces clauses bien entendues se réduisent toutes à une seule, savoir l'aliénation totale de chaque associé avec tous ses droits à toute la communauté. Car premièrement, chacun se donnant tout entier, la condition est égale pour tous, et la condition étant égale pour tous, nul n'a intérêt de la rendre onéreuse aux autres. »

Rousseau, *Du contrat social* (1762), livre I, chap. 6,
Paris, Hatier, coll. « Les classiques Hatier de la philosophie », 1999, p. 21.

L'égalité

Rousseau se propose d'expliciter les termes de ce contrat par lequel les hommes associent leurs forces. Il doit être compris d'abord comme un acte d'aliénation : les hommes renoncent à l'usage de leur puissance, ils abandonnent leurs droits et leurs acquis au profit de l'ensemble des hommes. Mais cet acte n'est pas seulement négatif : il entraîne une égalité entière parmi les hommes. Égalité d'état : chacun se donne dans son intégrité et sans réserves. Égalité de condition : quelles que soient les différences de départ, chacun abandonne à la société la totalité de ses biens. Égalité de réciprocité enfin : ce qu'on abandonne aux autres, les autres nous l'abandonnent à leur tour. L'égalité parfaite est donc obtenue parce qu'il s'agit d'une aliénation de tous, de tout, à tous.

La volonté générale

Dans cette association, l'égalité apparaît comme un effet de la totalité réciproque procédant de l'aliénation (de chacun à tous). Cette totalité se retrouve sous la forme de la « volonté générale », notion synthétique qui permet de définir tout citoyen, simultanément comme celui qui commande et celui qui obéit. Elle est elle-même à la fois le produit et le fondement du pacte social.

LIBERTÉ CIVILE, LIBERTÉ NATURELLE

Rousseau, ayant exposé les fondements du passage d'un état de nature à un état civil (le pacte social), en considère maintenant les conséquences sur la conduite humaine. Ce changement d'état ne doit pas être compris comme la simple limitation ou extension de facultés naturellement présentes en l'homme, mais comme un bouleversement total de son être : c'est un nouvel homme qui est rendu possible, mû par des sentiments nobles et des idées larges, guidé par sa raison et non plus par ses instincts. Rousseau ne peut cependant s'empêcher de noter que, si l'état social peut donner naissance à cette perfection humaine, il peut aussi parfois dégrader l'humanité jusqu'à rendre enviable son état primitif. La société est une immense chance de salut pour l'homme, en même temps que le risque de sa perdition.

« Ce passage de l'état de nature à l'état civil produit dans l'homme un changement très remarquable, en substituant dans sa conduite la justice à l'instinct, et donnant à ses actions la moralité qui leur manquait auparavant. C'est alors seulement que la voix du devoir succédant à l'impulsion physique et le droit à l'appétit, l'homme, qui jusque-là n'avait regardé que lui-même, se voit forcé d'agir sur d'autres principes, et de consulter sa raison avant d'écouter ses penchants. Quoiqu'il se prive dans cet état de plusieurs avantages qu'il tient de la nature, il en regagne de si grands, ses facultés s'exercent et se développent, ses idées s'étendent, ses sentiments s'ennoblissent, son âme tout entière s'élève à tel point que si les abus de cette nouvelle condition ne le dégradaient souvent au-dessous de celle dont il est sorti, il devrait bénir sans cesse l'instant heureux qui l'en arracha pour jamais, et qui, d'un animal stupide et borné, fit un être intelligent et un homme. »

Rousseau, Du contrat social (1762), livre I, chap. 8,
Paris, Hatier, coll. « Les classiques Hatier de la philosophie », 1999, p. 26.

Liberté naturelle et liberté civile

Rousseau distingue deux libertés totalement exclusives l'une de l'autre, le pacte social jouant entre elles deux comme le point de rupture. La liberté naturelle se comprend comme une manifestation du désir individuel, recherchant une satisfaction immédiate, et comme un effet de la force qui la garantit et lui donne ses limites. La liberté civile s'exerce dans le cadre d'une volonté générale qui dépasse la particularité de l'individu et fonde un vrai droit. Cette pensée des deux libertés s'oppose aux conceptions libérales pour lesquelles l'état civil doit assurer la protection et le respect d'une liberté naturelle.

Liberté morale

La liberté civile a une dimension d'emblée éthique, en ce qu'elle permet un rapport à soi fondé sur l'obligation (obéir à une loi de notre raison) et non plus sur la satisfaction des désirs.

RUSE (DE LA RAISON)

Cf. Raison.

RUSSELL Bertrand (1872-1970)

REPÈRES BIOGRAPHIQUES

Né dans une famille aristocratique et élevé dans un milieu politiquement libéral, Bertrand Russell consacre sa longue vie d'une part à la réflexion théorique sur la logique, les mathématiques et la philosophie de la connaissance (il est professeur à Cambridge, où il a pour élève Ludwig Wittgenstein), d'autre part à l'action politique qu'il pratique en moraliste : il est pacifiste en 1914 et s'oriente vers un socialisme humaniste, libéral et résolument laïque. Il reçoit le prix Nobel de littérature en 1950.

Logique et mathématiques

Russell avait initialement pensé, selon une inspiration « platonicienne », que les

◆ Russell

mathématiques* portaient sur des entités indépendantes de la réalité empirique comme de l'esprit humain. Mais, dès 1900, en écrivant, avec A.N. Whitehead, les *Principia mathematica*, il s'engage dans une voie résolument opposée : une « logicisation » complète des mathématiques, et principalement de l'arithmétique. Il s'agit de montrer qu'on peut réduire les opérations mathématiques à des principes logiques* fondamentaux et les énoncés mathématiques à de pures tautologies*.

L'atomisme logique

La logique doit également servir d'instrument pour l'analyse philosophique. Cela conduit Russell à concevoir le monde comme un complexe logique, c'est-à-dire à affirmer, contre la conception « totalisante » du monde de l'idéalisme* — alors dominant à Cambridge — que les faits sont indépendants les uns des autres, et que les relations qui les unissent leur sont extérieures. Tout ce qui est complexe est composé de choses simples. Chaque fait peut ainsi être représenté par une proposition simple ou « atomique », les propositions complexes n'étant que des combinaisons logiques de propositions simples.

Définition de la vérité

Il résulte de l'atomisme logique que la vérité* est conçue comme correspondance entre une croyance et un fait qui est son « vérificateur ». Cette conception s'oppose à celle qui, à la manière de l'idéalisme, définit la vérité comme la cohérence existant entre les diverses croyances ou propositions, et évacue ainsi le rapport au réel.
Cette définition de la vérité rencontre toutefois le difficile problème, déjà soulevé par Hume*, de l'inférence* non déductive : c'est-à-dire lorsque nous concluons, à partir de données, à des faits non présents, sans que la conclusion soit logiquement nécessaire (cas exemplaire de l'induction). Je peux être certain d'un fait dont j'ai l'expérience directe (« J'ai chaud ») ; mais comment l'être de la même façon d'un fait que je n'ai pas directement expérimenté (« Vous avez chaud ») ? La réponse de Russell se situe dans la lignée du scepticisme* de Hume : il convient de hiérarchiser les croyances vraies et d'admettre que certaines d'entre elles, bien qu'il ne soit pas raisonnable d'en douter, n'ont pas le même degré de certitude* que celles qui font l'objet d'une connaissance directe et personnelle.

La construction du monde extérieur

Nous croyons d'ordinaire qu'il existe des objets dans un espace objectif commun. Mais notre connaissance directe porte sur des données sensibles qui constituent notre expérience personnelle. Comment passer des données sensibles au monde objectif dont parle la science — par exemple de la brûlure du soleil au soleil de la physique ? Pour résoudre ce problème, Russell recourt à une pure construction logique : les apparences sensibles d'un objet constituent mon monde privé, dans mon espace privé ; le monde est le système complet de toutes les apparences ou « perspectives ». Il est ainsi possible de penser qu'il existe des objets physiques permanents dans un espace commun, bien que cela ne soit jamais une donnée de la perception.

De l'épistémologie à l'ontologie

L'analyse logique et la théorie de la connaissance débouchent sur des questions métaphysiques générales. La première question, qui est pour Russell la question proprement ontologique, porte sur le statut des entités à l'œuvre dans le discours. L'analyse de Russell recourt ici à l'une des maximes majeures de sa philosophie — le rasoir d'Occam* —, selon laquelle il ne faut pas multiplier les entités non nécessaires. Cela conduit Russell au nominalisme* : seuls existent dans l'expérience les êtres singuliers ; les « universaux » ont un statut purement logique et linguistique.
La seconde question porte sur la nature de la matière* et de l'esprit*. À la suite de William James* et de l'école américaine (Perry, Holt), Russell refuse de faire de l'esprit et de la matière deux substances indépendantes. Récusant la notion de « sujet* », il en vient à considérer le monde mental et le monde physique comme deux expressions différentes d'une même substance neutre.

▌ ● **PRINCIPAUX ÉCRITS :** *Principia mathematica* (avec Whitehead, 1910-1913) ; *Notre connaissance du monde extérieur* (1914) ; *L'Analyse de l'esprit* (1921) ; *L'Analyse de la matière* (1927) ; *Signification et Vérité* (1940).

SACRÉ

(n. m et adj.) ● ÉTYM. : latin *sacer*, « sacré ». ● RELIGION : domaine ou ensemble de réalités (êtres, choses, lieux ou moments) séparées du monde profane ordinaire, et dans lesquelles se manifeste une puissance jugée supérieure, qu'on ne peut donc aborder qu'avec précaution, c'est-à-dire rituellement. ● MORALE : par extension (et atténuation) du sens religieux, « sacré » peut qualifier des valeurs estimées primordiales (on parle de la liberté comme d'un droit « sacré »).

Le sacré est une dimension fondamentale de la vie religieuse. Au contact de l'être ou de l'objet sacré, l'homme religieux fait l'expérience d'un « tout autre », d'une transcendance* (*cf.* Religion). Aussi les réalités sacrées ne le sont-elles pas en vertu de leurs caractéristiques propres, mais parce qu'en elles se manifeste cette transcendance. Elles sont le résultat d'une sacralisation, qui peut concerner n'importe quel objet ou n'importe quel être. Cela donne au sacré un sens que n'a pas, aux yeux de l'homme religieux, le monde profane. Mais cela en fait aussi une réalité absolument à part, et ambivalente, à la fois bénéfique et maléfique : c'est pourquoi elle est l'objet d'un comportement rituel.

● TERMES VOISINS : saint ; tabou. ● TERME OPPOSÉ : profane. ● CORRÉLATS : foi ; religion ; respect ; sacrifice ; sécularisation.

SACRIFICE

(n. m.) ● ÉTYM. : latin *sacrum*, « chose sacrée » et *facere*, « faire ». ● SENS ORDINAIRE (par dérivation du sens religieux) : renoncement volontaire à quelque chose à quoi l'on tient. ● THÉOLOGIE : offrande rituelle aux divinités (sous une forme ou sous une autre).

La notion de sacrifice, au cœur d'un grand nombre de religions, est susceptible d'interprétations très diverses. Le sacrifice peut être considéré comme une offrande intéressée dont l'homme attend en retour quelque chose de la part du divin, ou bien comme un hommage manifestant l'humilité et la finitude humaines face au sacré* qui les transcende, ou encore comme une « dépense gratuite » (Georges Bataille, *L'Érotisme*) par laquelle l'homme refuse symboliquement de réduire le sens de son existence à sa condition matérielle. Sur le terrain de la religion*, le sacrifice manifeste en tout cas, presque toujours de façon rituelle, les renoncements, ou tout simplement la modération des passions ou des égoïsmes, exigés par une morale de la coexistence. C'est du reste ce qui a pu conduire certaines critiques de la religion à l'accuser de mutiler l'existence humaine. Nietzsche*, par exemple, voit dans le sacrifice l'essence de la religiosité judéo-chrétienne en ce que sa morale* négative prône le dénuement, la pauvreté, le renoncement, voire l'ascétisme*, morale essentiellement inspirée, selon lui, par le ressentiment* et la mauvaise conscience*.

◆ Sage

● **TERME VOISIN :** rite. ● **CORRÉLATS :** ascétisme ; religion ; sacré.

SAGE

(n. m.) ● **ÉTYM. :** latin *sapidus*, « qui a du goût ». ● **SENS ANCIENS : 1.** Celui qui sait et dont le jugement est sûr (s'applique tout d'abord aux Sept Sages de la Grèce : Thalès, Solon, etc.). **2.** Type de l'homme réfléchi et prudent, qui ne craint pas la mort, et qui connaît la sérénité d'une vie conforme à la raison. ● **SENS ORDINAIRES : 1.** Celui qui a la connaissance juste des choses, et qui fait preuve de prudence et de modération dans ses jugements comme dans sa pratique. **2.** Celui qui, par son art de vivre, échappe aux tourments réservés au commun des mortels (*cf.* Socrate et Épictète).

● **TERMES VOISINS :** prudent ; réfléchi ; vertueux. ● **TERMES OPPOSÉS :** fou ; ignorant ; irresponsable. ● **CORRÉLATS :** bouddhisme ; philosophie ; prudence ; sagesse ; savoir ; vertu.

SAGESSE

(n. f.) ● **ÉTYM. :** grec *sophia* et latin *sapientia*, « jugement », « prudence », « sagesse ». ● **SENS ANCIENS : 1.** Selon Platon, une des quatre « vertus cardinales », reposant sur la contemplation des Idées et déterminant une conduite prudente et avisée. **2.** Idéal de l'homme parfaitement accompli, dont la pratique procède d'une connaissance assurée des principes de toutes les sciences. ● **SENS MODERNE :** art de vivre et attitude mesurée des hommes capables de se délivrer des préjugés et des craintes qui hantent le commun des mortels ; sérénité et bonheur durable auxquels de tels hommes peuvent prétendre.

« Par la sagesse, on n'entend pas seulement la prudence dans les affaires, mais une parfaite connaissance de toutes les choses que l'homme peut savoir, tant pour la conduite de sa vie que pour la conservation de sa santé et l'invention de tous les arts ». Cette définition de Descartes* résume la conception antique de la sagesse — attitude pratique procédant d'une « parfaite » connaissance théorique — en même temps qu'elle en représente l'une des dernières formulations significatives en Occident. En effet, un idéal aussi élevé n'est plus accessible ni même concevable à partir du XVIIe siècle. Les stoïciens et les épicuriens pensaient encore que la connaissance de la nature et la volonté* de régler nos désirs sur l'ordre du monde pouvaient garantir une vie bonne et heureuse. Mais l'extension et la multiplication des sciences, ainsi que la prise de conscience du caractère relatif et précaire de notre savoir obligent à reconsidérer un projet aussi ambitieux — voire surhumain.

Sans doute tout idéal éthique n'est-il pas caduc pour autant (« On peut être homme sans être savant », écrit Rousseau*) ; mais il doit se limiter tout en se réformant. Pour Kant*, la sagesse renvoie à une exigence de perfection qui engage la possibilité d'un progrès indéfini vers la pureté de l'intention. Pour le philosophe contemporain Paul Ricœur*, la « sagesse pratique » constitue un dépassement à la fois de l'éthique* (la visée de la vie bonne) et de la morale* (l'obligation sous la forme de normes impératives). Elle procède d'une méditation sur la place inévitable du conflit dans la vie morale et relève du « tact » du jugement en situation. Aujourd'hui, confronté à des cas de conscience inédits, le « sage », par ailleurs, n'est plus un homme seul. Essentiellement « intersubjective », la sagesse pratique se manifestera comme « sollicitude critique », respect* et souci de l'autre, en particulier dans les situations hasardeuses engendrées aujourd'hui par les nouveaux pouvoirs de l'homme (*cf.* Bioéthique et Hans Jonas).

● **TERMES VOISINS :** ataraxie ; prudence ; vertu. ● **TERMES OPPOSÉS :** démesure ; déraison ; folie. ● **CORRÉLATS :** amour ; bioéthique ; bouddhisme ; conscience (morale) ; devoir ; épicurisme ; éthique ; eudémonisme ; hédonisme ; morale ; philosophie ; responsabilité ; stoïcisme ; volonté.

SAINTETÉ

(n. f.) ● **ÉTYM.** : latin *sanctus*, « sacré », « inviolable ». ● **THÉOLOGIE :** dans la tradition judéo-chrétienne, désigne l'état de souveraineté et de pureté absolues dû à la perfection, donc l'état divin. Chez les catholiques, le terme désigne également l'état de ceux (les *saints*) qui, du fait du caractère exemplaire de leur existence terrestre, sont l'objet d'un culte. Par ailleurs, toujours pour le catholicisme, la sainteté est un attribut du pape.

Dans la tradition juive initiale, la sainteté renvoyait essentiellement à la splendeur divine, parfaite et absolument transcendante, donc à son caractère sacré, séparé, même si Dieu peut décider de la conférer à certains hommes, qui sont alors lavés de tout péché. Mais, progressivement, et plus spécialement dans le catholicisme, la notion de sainteté s'est écartée de la notion de sacré* dans la mesure où elle ne marque plus un état initial, mais relève d'une institution (encore aujourd'hui, par exemple, c'est le pape qui, par la canonisation, décrète la sainteté d'un humain). Le culte des saints, de même que l'infaillibilité pontificale, ont été contestés par les Églises réformées.

● **TERME VOISIN :** sacré. ● **CORRÉLATS :** christianisme ; islam ; judaïsme ; religion.

SAINT-SIMON
CLAUDE-HENRI DE ROUVRAY, COMTE DE (1760-1825)

REPÈRES BIOGRAPHIQUES

Saint-Simon embrassa d'abord la carrière militaire et prit part à la guerre d'Indépendance américaine. De retour en Europe, il dépensa une grande part de son énergie et de ses ressources à diffuser ses idées sur la nouvelle société scientifique et industrielle. Il regroupa autour de lui des disciples qui continuèrent son œuvre après sa mort (*cf.* Saint-simonisme).

Le concept clé de la théorie sociale de Saint-Simon est l'organisation. Il construit à partir de cette notion une conception de l'histoire selon laquelle la société théologique et militaire du Moyen Âge, société « organique » et stable, a fait place à partir du XVIe siècle et jusqu'à la Révolution française à une période « critique » et instable. Un nouveau principe d'organisation, propre aux temps modernes, doit mettre fin à cette instabilité : ce sera celui de la société industrielle, dont les entrepreneurs et les savants constituent l'élite industrieuse, comme la noblesse et le clergé constituaient celle, oisive, de l'Ancien Régime. Cette conception de l'histoire et de la société a profondément influencé la loi des trois états* d'Auguste Comte* qui commença sa carrière philosophique comme secrétaire particulier de Saint-Simon. L'industrialisme de Saint-Simon a influencé aussi la pensée socialiste française du XIXe siècle. Il a également pénétré une partie des élites dirigeantes, surtout sous le Second Empire (Napoléon III).

● **PRINCIPAUX ÉCRITS :** *L'Industrie* (1817-1818) ; *Le Système industriel* (1821) ; *Le Catéchisme des industriels* (1823-1824) ; *Le Nouveau Christianisme* (1825).

SAINT-SIMONISME

Doctrine inspirée par la pensée de Saint-Simon* et diffusée par ses disciples, dont les principaux furent Olinde Rodriguès, Prosper Enfantin et Saint-Armand Bazar. Après avoir été combattu sous la monarchie de Juillet (Louis-Philippe), le saint-simonisme eut, dans la deuxième partie du XIXe siècle, une influence certaine sur le monde industriel, politique et intellectuel français. *Cf.* Saint-Simon.

SALUT

(n. m.) ● **ÉTYM. :** latin *salus*, « sauf » : état d'une personne ou d'une chose qui est entière. ● **SENS ORDINAIRE :** (dérivé du sens religieux) : formule ou geste d'accueil, de civilité. ● **RELIGION :** désigne le fait de sauver son âme et, chez les chrétiens plus spécialement, celui d'échapper à la damnation éternelle, en particulier par la médiation du Christ.

● **TERME OPPOSÉ :** damnation. ● **CORRÉLATS :** christianisme ; grâce ; Réforme ; sainteté.

◆ Sartre

SARTRE JEAN-PAUL
(1905-1980)

REPÈRES BIOGRAPHIQUES

Jean-Paul Sartre naît à Paris en 1905 et entre à 19 ans à l'École normale supérieure. Agrégé de philosophie en 1929, il enseigne au lycée du Havre, puis se rend à Berlin pour étudier Husserl et Heidegger. Il publie en 1938 son premier roman, *La Nausée*, puis, en 1943, *L'Être et le Néant*. Il travaille également pour le théâtre (*Les Mouches*, *Huis clos*) et, en 1945, fonde avec Maurice Merleau-Ponty la revue *Les Temps modernes*. En 1964, il refuse le prix Nobel de littérature. Ses nombreuses prises de position politique le rendent très populaire, en France comme à l'étranger. Il meurt le 15 avril 1980.

La contingence et la liberté

« Tout commence par la contingence* » dit Roquentin dans *La Nausée*, c'est-à-dire par la découverte de l'existence pure, qui n'est justifiée par rien d'autre qu'elle-même, ce que Sartre appelle dans *L'Être et le Néant*, la « facticité* ». Il n'y a pas d'arrière-monde, pas de Dieu, ni de valeurs ou de sens dans cet « être-là » du monde. Mais cette découverte de la contingence va de pair avec la transcendance de l'ego : l'individu se trouve toujours jeté « hors de » l'existence* parce qu'il en a conscience ; il peut donc décider de donner un sens à cette existence. C'est en cela que consiste sa transcendance, aussi appelée liberté*.
Mais cette liberté n'est pas un être, elle est au contraire un trou dans l'être, un « néant », car elle est toujours « à faire ». Elle n'est qu'un projet, une visée, ce que Husserl* appelle « intentionnalité* ». Cette liberté se vit d'abord dans l'angoisse*, car elle se joue dans la contingence, lieu de tous les possibles. Elle se traduit par des actes dont nous sommes totalement responsables. Il n'y a pas d'autre vie pour nous racheter. Aussi Sartre s'oppose-t-il violemment à la culpabilité religieuse, mais il affirme que « même si Dieu existait », cela ne changerait rien à la nécessité pour l'homme de choisir la liberté. Le véritable enfer, « c'est les autres » qui vous jugent. Mais autrui est aussi « le médiateur entre moi et moi-même », constitutif de mon être. Ma liberté passe donc par celle de l'autre. Sartre découvre, à partir de l'expérience de la guerre, l'urgence de constituer la liberté personnelle, comme une libération de toutes les aliénations*, non seulement du monde intersubjectif, mais du monde social et politique.

La philosophie et la politique

La liberté est toujours « située », c'est-à-dire qu'elle est la rupture possible d'avec les conditions dans lesquelles on se trouve. L'engagement de cette liberté est le moment de la rupture où le mot, l'acte, la création réalisent cette liberté. Dans la présentation des *Temps Modernes*, Sartre annonce que sa revue ne publiera que des écrivains « engagés dans leur temps », qui ont cherché ou cherchent à ouvrir le champ des possibles de la liberté. Mais pas la liberté du fort contre le faible car, en écrasant le faible, le fort ferme le champ de l'intersubjectivité. Sartre ne construit pas de théorie politique, mais il se situe, du côté des opprimés, dans la perspective d'un socialisme* libertaire. Dans la *Critique de la raison dialectique* (1960), l'existentialisme* est présenté comme une idéologie* du sujet au sein d'un « marxisme ouvert », appelé à cette époque « l'horizon indépassable » de la philosophie du XXe siècle, car il donne les outils pour comprendre le monde de la rareté économique, des oppressions. Sartre retourne donc contre lui-même le marxisme* « officiel » — qui, dit-il, s'est « arrêté » — et offre dans sa revue une place à tous les dissidents des « pays dits socialistes » ou à des militants communistes. Ses positions — jugées aventureuses — aux côtés des mouvements gauchistes le font critiquer par les « libéraux » comme par les « staliniens ». Il n'en maintient pas moins fermement son projet initial de « lutter pour devenir libres », ensemble, et non pas individuellement. Aux côtés des révoltés de mai 68, partisan des luttes des paysans du Larzac, il participe à la fondation du journal *Libération* en 1973. Pour lui, la philosophie n'est donc pas seulement une réflexion sur la politique. Elle est, indissociablement, liberté de la réflexion, critique et engagement, action concrète et intellectuelle.

L'imagination et la morale

C'est dans le lien entre ce qui semble ludique (l'imagination*) et ce qui est considéré comme sérieux (la morale*) que Sartre situe sa morale concrète qu'il oppose aux morales théoriques (religieuses ou laïques). Là encore, il n'écrit pas de traité de morale : il n'a jeté que des *Cahiers pour une morale* (œuvre posthume). On y retrouve les lignes directrices de sa philosophie. La liberté est le fondement de toutes les valeurs. Même si l'homme se tait, n'agit pas, sa liberté est malgré lui « engagée ». La morale est donc une invention, une création de valeurs.

On comprend, dans cette optique, que Sartre se réfère sans cesse à l'œuvre d'art dans ses articles sur Giacometti, le Tintoret, ou ses livres sur Baudelaire, Genêt, Flaubert. L'imagination qui crée l'œuvre est, selon Sartre, en partie intellectuelle (le choix), en partie émotionnelle (le désir). L'homme joue le monde sur un mode magique, il fait être ce qu'il désire. Comme l'artiste, il utilise une matière pour réaliser ce désir* : la situation concrète. La valeur morale éclate dans l'action, dans la parole. Mais cette morale concrète n'est pas la totalité du bien, qui est impossible à atteindre. Elle est le lien dialectique* entre le mal* et le bien, qui donc n'exclut pas l'échec, l'erreur, l'impureté, l'inachèvement et le scandale. Les hommes ne créent que des « îlots de liberté », comme des fragments d'absolu, dans une histoire où les valeurs dégénèrent en violence, en bureaucratie, en totalitarisme, en attentisme mou. Malgré l'angoisse de cette non-coïncidence de la valeur et de l'acte, Sartre définit cette morale, toujours risquée dans la rencontre avec l'autre « qui n'est pas moi », comme un « optimisme tragique ».

● **PRINCIPAUX ÉCRITS :** *L'Imaginaire* (1940) ; *L'Être et le Néant* (1942) ; *Réflexions sur la question juive* (1946) ; *Baudelaire* (1947) ; *La Critique de la raison dialectique* (1960) ; *Situations* (1947-1965) ; *L'Idiot de la famille* (1970-1972) ; *Cahiers pour une morale* (1983).

SAUSSURE FERDINAND DE (1857-1913)

REPÈRES BIOGRAPHIQUES

Né en 1857 à Genève, élevé dans une famille d'intellectuels protestants (dont les ancêtres avaient fui la France au XVIIIe siècle), Ferdinand de Saussure étudie la linguistique à Leipzig en Allemagne, où il soutient en 1878 et 1881 un mémoire puis une thèse sur les langues indo-européennes. De 1881 à 1891, il enseigne comme maître de conférences à l'École des hautes études à Paris, où il est par ailleurs un membre très actif de la Société de linguistique. En 1891, il se voit proposer un poste de professeur au Collège de France, mais, pour des raisons inconnues, il repart à Genève, où il enseignera jusqu'à sa mort.

Considéré comme le principal fondateur d'une linguistique* indépendante de la philosophie, Saussure a néanmoins abordé la plupart des questions relatives au langage* qui intéressaient avant lui les philosophes : rapports entre pensée et langage, rapports entre langage et réel, langue*, parole* et production de sens*. Mais formé à l'école alors dominante de la linguistique historique allemande, c'est en linguiste et en grammairien qu'il aborde la question du fonctionnement des langues, traitées comme des objets indépendants des sujets qui les parlent.

À la fin du XVIIIe siècle, les études linguistiques ont été orientées dans cette direction par les découvertes relatives aux langues dites indo-européennes : on reconstitue progressivement l'origine commune et les liens de filiation qui unissent la plupart des langues parlées dans le vaste espace géographique qui va de l'Asie centrale à l'Atlantique (les vieilles langues germaniques, le sanscrit, le grec et le latin sont manifestement issus de la même « langue-mère »). Les premières recherches de Saussure portent ainsi sur « le système primitif des voyelles dans les langues indo-européennes » et « l'emploi du génitif absolu en sanscrit ». C'est surtout au cours de ses années d'enseignement à Genève qu'il développe l'essentiel de ses théories de « linguistique générale ». Pourtant, il n'en a à peu près rien publié de son vivant. Le *Cours de linguistique générale* rassemble les très nombreuses notes prises par quelques étudiants lors des trois cours professés à Genève en 1907, 1908-1909 et 1910-1911, et des notes de Saussure lui-même. Mis au point par deux jeunes professeurs de Genève, Charles Bailly et Albert Séchehaye, l'ensemble, publié pour la première fois en 1922 et réédité une trentaine de fois depuis, donne une idée assez complète des centres d'intérêts et des théories de Saussure.

Il y définit la langue comme « un produit social de la faculté du langage » qui ne se confond ni avec cette faculté ni avec la

◆ Savoir

parole ; il analyse les liens entre langue et écriture*, entre sons et sens dans les « signes* linguistiques » ; il montre comment la langue est de la « pensée organisée dans la matière phonique », en élaborant les catégories de « signifiant* » et « signifié* », et en développant de nombreuses considérations sur l'évolution et la diversité des langues. Il compare le fonctionnement de la langue à celui d'un jeu d'échecs : « La valeur respective des pièces dépend de leur position sur l'échiquier », et dans la langue comme aux échecs, si « les changements ne portent que sur des éléments isolés », chaque changement « a un retentissement sur tout le système » (*Cours de linguistique générale*).
Cette façon de rendre compte du type d'interdépendance qui unit dans un système* la stabilité des structures à la variabilité des éléments a fortement inspiré le structuralisme*, qui étend ce modèle à l'ensemble des fonctionnements culturels et sociaux. L'intérêt porté par la suite aux travaux de Saussure par ses partisans comme par ses adversaires, témoigne de l'importance de leurs enjeux : c'est en grande partie avec Saussure que commence la linguistique moderne. Signalons enfin que d'autres recherches, nombreuses mais beaucoup moins connues, l'ont conduit à s'intéresser aux ressorts de l'écriture poétique.

● **Principal écrit :** *Cours de linguistique générale* (1907-1911).

Savoir

(v. et n. m.) ● **Étym. :** latin *sapere*, « avoir de la saveur », d'où « avoir de la pénétration », puis « comprendre », « savoir ». ● **Sens ordinaire et philosophique :** ensemble de connaissances précises et solides dans un domaine donné.

Le plus souvent les verbes *savoir* et *connaître* sont synonymes (et signifient « être instruit sur la nature — ou dans la pratique — de quelque chose »), ce qui n'est pas toujours le cas des substantifs savoir et connaissance. Plus vaste que la connaissance, qui porte en général sur des objets précisément définis, un savoir peut être constitué par l'ensemble organisé des informations disponibles dans un domaine donné (savoirs scientifiques), ou par la maîtrise conjointe d'un ensemble d'informations et des actions dont elles induisent la capacité (savoir-faire ; ex. : « la natation »). Dans un texte philosophique, le savoir peut aussi désigner l'ensemble des connaissances, des discours, des pratiques, des méthodes d'investigation, accumulés par l'humanité au cours de son développement. Le savoir s'oppose à l'ignorance, aux opinions* et aux croyances*, mais ne se réduit pas pour autant aux seules connaissances rationnelles : la connaissance sensible, l'observation, l'expérience contribuent pour une large part à la formation de nos savoirs. Presque tous les philosophes se sont interrogés sur la nature, les conditions de possibilité, les différentes formes du savoir.

● **Termes voisins :** connaissance ; science. ● **Termes opposés :** croyance ; ignorance. ● **Corrélats :** connaissance ; démonstration ; préjugé ; preuve ; raison ; sciences cognitives ; vérité.

Scepticisme

(n. m.) ● **Étym. :** grec *skeptomai*, « j'examine ». ● **Sens ordinaire :** état de celui qui doute. ● **Philosophie :** doctrine fondée en Grèce, au IVe siècle av. J.-C., par Pyrrhon d'Élis (on parlera ainsi de « scepticisme pyrrhonien »).

Le scepticisme affirme, non pas, comme on le dit parfois, que la vérité est inaccessible mais que nous ne pouvons pas être sûrs de l'atteindre. Philosopher doit alors consister dans la pratique du doute*, en vue de la suspension du jugement. Pour les sceptiques grecs, la suspension du jugement a un but moral : procurer la « tranquillité de l'âme », ou ataraxie*, en laquelle consiste la sagesse*.
Il ne faut pas confondre le doute sceptique, qui vise à une suspension définitive du jugement, et le doute méthodique (pratiqué par Descartes*, *cf.* texte p. 106), qui est provisoire et établi en vue de la découverte de la vérité.
Au XVIIIe siècle, Hume* a proposé un scepticisme « académique » ou « mitigé » : dans la vie courante, il est impossible de douter de tout, mais il est en théorie salutaire de connaître la fragilité de nos connaissances, même celles qui nous paraissent le mieux assurées. Le scepticisme devient alors un garde-fou contre le dogmatisme*, c'est-à-dire une trop grande confiance dans le

pouvoir de la raison. L'inspiration du scepticisme humien a été prolongée, dans la philosophie contemporaine, par Bertrand Russell*.

● **Terme voisin :** doute. ● **Terme opposé :** dogmatisme. ● **Corrélats :** connaissance ; criticisme ; critique ; vérité.

SCHELER MAX (1874-1928)

REPÈRES BIOGRAPHIQUES

Né à Munich, Scheler est de confession juive mais se convertit au catholicisme. Il est nommé professeur de philosophie à Cologne en 1919, date à partir de laquelle son influence ne cessa de s'accroître. Il fut le témoin enthousiaste puis critique de la phénoménologie naissante.

Scheler veut réhabiliter la notion de « valeur » contre le formalisme de Kant* qui ramène la morale tout entière à la sphère subjective. Une valeur (le beau, le vrai, le juste) vaut objectivement et ne dépend pas du sujet* qui la pense ou souhaite la réaliser. Il existe donc un règne *a priori** des valeurs que l'on peut connaître avec évidence. Cependant, pour Scheler, cette connaissance ne dépend pas de la raison, mais du sentiment* : l'essence de l'homme est de nature affective. Dans la sympathie*, par exemple, un sujet saisit directement le vécu d'autrui* (sa souffrance) sans qu'aucun discours ne soit nécessaire. Ce que le sentiment révèle, c'est donc le fait qu'autrui est une personne*, un absolu.

● **Principaux écrits :** *Nature et formes de la sympathie* (1913) ; *Le Formalisme en éthique et l'éthique matérielle des valeurs* (1916) ; *Le Sens de la souffrance* (1916).

SCHELLING FRIEDRICH WILHELM JOSEPH (1775-1854)

REPÈRES BIOGRAPHIQUES

Né dans le Wurtemberg en 1775 et fils d'un pasteur, Schelling s'avère être un génie précoce. Il n'a que 15 ans lorsqu'il entre au séminaire de Tübingen où il rencontre Hegel et le poète Hölderlin. Nommé professeur à Iéna en 1798, il devient rapidement célèbre et dirige avec Hegel une revue philosophique. Nommé en Bavière, puis à Berlin (en 1841), son influence décline progressivement au profit de celle de l'hégélianisme. Il meurt le 20 août 1854.

En dépit de toutes ses évolutions, la pensée de Schelling ne se sera finalement affrontée qu'à un seul problème : celui du rapport de l'absolu* au fini. Si, en effet, l'absolu est, comment expliquer l'existence du relatif, du passager, de l'évanescent ? Or nous avons accès à l'absolu par l'intuition intellectuelle qui nous permet de saisir l'essence de notre moi* : « Je suis parce que je suis », voilà la vérité au-delà de laquelle il n'est pas possible de remonter. La première philosophie schellinguienne est donc radicalement idéaliste* puisqu'elle pose le primat de l'idéal (le moi) sur le réel (le non-moi). Mais Schelling ne tarde pas à s'intéresser à ce qui semble être l'autre de la raison, la nature*, et cherche à montrer que celle-ci se laisse comprendre sur le même modèle que la conscience, celui de l'identité absolue. Rien dans le monde n'échappe donc à la puissance de l'absolu.

Sur ce point, Schelling évoluera très nettement. Il prend progressivement ses distances d'avec Hegel* qui tente, selon lui, de ramener le réel à de simples fonctions logiques. C'est d'abord l'existence du mal*, c'est-à-dire du choix par la liberté de l'irrationnel, qui fait douter Schelling de la possibilité d'un système totalisant. Dans sa dernière période, la pensée schellinguienne est amenée à distinguer radicalement la « philosophie négative » qui est purement logique et ne concerne que la sphère de la pensée, et la « philosophie positive » qui affronte la réalité du monde. Ainsi Schelling expérimente-t-il, dans la dernière partie de son œuvre, les limites de la raison pure en se consacrant plus spécialement au problème philosophique et religieux de la révélation*, laquelle est précisément ce que la raison ne peut jamais déduire mais doit toujours présupposer.

● **Principaux écrits :** *Lettres sur le dogmatisme et le criticisme* (1795) ; *Système de l'idéalisme transcendantal* (1800) ; *Recherches sur la liberté humaine* (1809) ; *Philosophie de la révélation* (publ. posth. dans les Œuvres complètes, 1855-1861).

SCHÈME

(n. m.) ● **ÉTYM.** : grec *schêma*, « forme », « figure ». ● **SENS ORDINAIRE** : synonyme de *schéma*, c'est-à-dire image simplifiée et abstraite d'un objet. ● **CHEZ KANT** : représentation de l'imagination au moyen de laquelle il est possible d'appliquer un concept pur de l'entendement à une intuition sensible.

Le schème est la « représentation d'un procédé général de l'imagination servant à procurer à un concept son image » (*Critique de la raison pure*, « Analytique transcendantale »). Ainsi, en mathématiques, le nombre est le schème de la quantité. Le schème n'existe que dans la pensée. Intermédiaire entre le concept* et l'intuition*, il a, bien qu'étant « pur », c'est-à-dire non empirique, un versant intellectuel et un versant sensible.

● **TERME VOISIN** : schéma. ● **CORRÉLATS** : concept ; entendement ; imagination ; intuition ; sensibilité.

SCHÉMATISME

(n. m.) ● **ÉTYM.** : *cf.* Schème. ● **PHILOSOPHIE** : chez Kant, le « schématisme des concepts purs de l'entendement » est, dans la *Critique de la raison pure*, la partie qui traite des schèmes.

SCHLICK MORITZ
(1882-1936)

REPÈRES BIOGRAPHIQUES

Né à Berlin. Il y étudie la physique avec Max Planck. Il est nommé en 1922 à la chaire de philosophie des sciences inductives. Il meurt assassiné par un étudiant le 22 juin 1936.

Influencé par la philosophie ultra-empiriste d'Ernest Mach*, et par le *Tractatus logico-philosophicus* de Wittgenstein*, Moritz Schlick fut l'un des fondateurs du Cercle de Vienne* et l'un des chefs de file du positivisme logique* (ou empirisme logique*). Sa théorie « vérificationniste » du sens (commune au Cercle de Vienne) fait de la possibilité de vérifier ou de réfuter empiriquement un énoncé le critère de sa signification. Les propositions du type de celles de la science expérimentale sont donc les seules à être douées de sens. Elles se distinguent de l'expérience intimement éprouvée, qui est incommunicable. Il en résulte une critique radicale de la métaphysique*, analysée par Schlick comme la tentative illusoire de faire d'expériences intimes et incommunicables un système de propositions ayant valeur de connaissance.

● **PRINCIPAUX ÉCRITS** : *Théorie générale de la connaissance* (1918) ; *Les Énoncés scientifiques et la réalité du monde extérieur* (1934).

SCHMITT CARL
(1888-1985)

REPÈRES BIOGRAPHIQUES

Juriste allemand très controversé ayant brièvement adhéré au parti nazi, Carl Schmitt a su malgré tout poser des questions décisives concernant la signification de l'existence et de la décision politiques.

Schmitt reprend à son compte l'héritage de Hobbes* et de Machiavel* pour critiquer le libéralisme* politique et économique. Le libéralisme met en avant la notion d'État de droit pour annihiler le pouvoir politique : « Il n'y a pas de politique libérale, il n'y a qu'une critique libérale de la politique ». Or, l'essence du politique réside dans la décision, qui fixe les normes, les fait appliquer et exprime non pas la justice mais l'effort existentiel, la volonté « vitale » et « irrationnelle » d'un peuple.
Le souverain est celui qui décide d'une situation exceptionnelle. Il formule le contenu de la volonté nationale et peut déclarer la guerre : ce cas extrême fait éclater au grand jour l'importance de la décision. La situation d'exception est « révélatrice du fond des choses ». La distinction de l'ami et de l'ennemi est la polarité spécifiquement politique, car être un peuple*, c'est toujours s'exposer à la possibilité d'une lutte avec un autre peuple. La guerre* a une dignité éthique car elle rappelle la gravité de l'existence en relativisant la propriété et la vie au profit de la liberté. La guerre illumine l'existence, alors que le libéralisme la menace : le sérieux de la vie n'est rap-

pelé que si la possibilité de la guerre est elle-même rappelée.

La politique est une affaire de décision et non de discussion, parce que l'existence politique s'inscrit dans l'horizon de la possibilité de la mort violente. Schmitt retient donc la leçon de Hobbes pour apporter des arguments en faveur d'un pouvoir absolutiste, mais n'arrive à concevoir la liberté que dans l'identification de l'individu au peuple auquel il appartient.

● **Principaux écrits :** *Théorie de la constitution* (1928) ; *La Notion de politique* (1932).

SCHOPENHAUER
ARTHUR (1788-1860)

REPÈRES BIOGRAPHIQUES

Né à Dantzig, Arthur Schopenhauer entreprend, après une série de voyages en Europe, des études de sciences naturelles et de philosophie. Il lit Platon, Kant et la philosophie hindoue. Il publie en 1819 son ouvrage capital : *Le Monde comme volonté et comme représentation*. Il enseigne ensuite à Berlin pendant de longues années, malheureuses et stériles. Il se retire enfin à Francfort pour y poursuivre son œuvre en solitaire.

Le pessimisme

Reprenant la distinction kantienne du phénomène* et de la chose* en soi, Schopenhauer pose que « le monde est ma représentation ». Le monde que nous percevons est celui de l'apparence, que Schopenhauer fait correspondre à la *maya* des hindous, à l'illusion (*cf.* Hindouisme). Si le monde comme phénomène est illusoire, tel qu'il est perçu à travers la catégorie de causalité — sous son quadruple aspect de causalité physique, logique, mathématique et morale —, alors que le monde réel, le monde comme chose en soi, caché derrière les apparences, mais accessible par l'intuition, est un monde sans causalité ni raison, un monde absurde, lieu d'une volonté aveugle, d'un « vouloir-vivre », dont Schopenhauer écrit qu'il constitue la « clef de l'énigme du monde ».

Mais le monde n'est pas seulement absurde*, il est, pour l'homme, tragique et douloureux. Le désir*, qui est l'expression consciente et individuelle de ce « vouloir-vivre » est tragique, parce que l'homme croit, en l'assouvissant, servir ses propres intérêts, alors qu'il est au service de l'espèce, comme cela est clair dans le cas de la sexualité. De surcroît, le désir est douloureux parce qu'il est essentiellement manque, par conséquent insatiable.

Une philosophie du salut

Dès lors, le salut pour l'homme consiste à se libérer du désir. L'art, comme contemplation esthétique et désintéressée du monde, offre une « suspension du vouloir-vivre » libératrice et met l'homme sur la voie du salut. La morale de la pitié, c'est-à-dire ici de la compassion*, en me faisant renoncer à l'égoïsme d'un vouloir-vivre qui, de toute façon, condamne chacun à la souffrance, constitue aussi une voie vers la sagesse*. Mais ce sont la philosophie et la méditation qui, à travers le renoncement et l'ascétisme, permettent finalement à l'homme d'accéder à la sagesse véritable, c'est-à-dire à la négation du désir et du vouloir-vivre, négation que les bouddhistes nomment « nirvâna » (*cf.* Bouddhisme). C'est cette forme de nihilisme mystique que Nietzsche* combattra vigoureusement, y voyant l'expression de l'idéal ascétique du prêtre, et de la décadence maladive de la volonté de puissance*, concept qu'il forgera à partir de celui du « vouloir-vivre » schopenhauerien, mais aussi contre lui.

● **Principaux écrits :** *La Quadruple Racine du principe de raison suffisante* (1813) ; *Le Monde comme volonté et comme représentation* (1818) ; *Essai sur le libre arbitre* (1839).

SCIENCE

(n. f.) ● **Étym. :** latin *scientia*, dérivé de *scire*, « savoir ». ● **Sens large :** synonyme de savoir en général, et même d'habileté technique (on dira d'un militaire qu'il a la « science des armes »). ● **Chez les Grecs (épistémè) :** connaissance à la fois éminente (c'est un savoir supérieur), universelle (elle s'oppose aux opinions particulières) et théorique (elle diffère des savoir-faire pratiques) : la philosophie est cette science suprême. ● **Chez les Modernes :** connaissance scienti-

◆ **Sciences cognitives**

fique positive (la « science expérimentale »), qui repose sur des critères précis de vérification permettant une objectivité des résultats.

La philosophie des sciences (ou épistémologie) pose plusieurs problèmes :
1. Le problème de la démarcation. À quoi reconnaît-on qu'une connaissance est scientifique ? La réponse la plus simple est : à la possibilité de la contrôler par des faits (*cf.* Expérimentation). On dispose alors d'un critère de distinction entre science et non-science. Par exemple, la philosophie ne serait pas une science, contrairement à ce que pensaient les Grecs, parce que ses arguments, même s'ils sont rationnels, échappent au contrôle expérimental.
2. L'unité de la science. Doit-on parler de la science ou des sciences ? Il existe plusieurs spécialités scientifiques ; la science est donc multiple dans ses objets. Mais elle possède une unité de méthode, sans quoi on ne pourrait pas définir un critère général distinguant la science de la non-science.
3. La classification des sciences. L'unité de méthode n'empêche pas de classer les sciences selon leur objet ; ex. : le tableau encyclopédique d'Auguste Comte* (*cf.* Positivisme). Cette unité ne concerne d'autre part que les sciences expérimentales. N'existe-t-il pas d'autres types de sciences ?

On peut, en fait, distinguer trois types de sciences :
1. Les sciences expérimentales ou empiriques. Elles se rapportent à des objets donnés dans l'expérience et se valident par des contrôles expérimentaux.
2. Les sciences « formelles ». Ce sont les mathématiques et la logique, fondées sur la déduction* à partir d'axiomes*. Dans ce domaine, il n'y a aucun besoin de vérification expérimentale. On peut même discuter ici du nom de « science », puisque, purement formelles, les mathématiques et la logique n'ont pas d'objet extérieur à leur construction.
3. Les sciences humaines (histoire, sociologie, psychologie, etc.). Leur statut est très controversé. Soit on considère, avec le positivisme* que, si elles méritent le nom de sciences, on peut leur appliquer les méthodes et le langage de la science expérimentale : elles se ramènent alors à un cas particulier de celle-ci, à côté des sciences de la nature. Soit on pense au contraire, avec le philosophe allemand Wilhelm Dilthey* (1833-1911), qu'il y a lieu de distinguer entre

« sciences de la nature » et « sciences de l'esprit » et donc que, en vertu de la particularité de leur objet (l'homme), les sciences humaines relèvent d'un autre type de démarche, fondée non sur la vérification expérimentale mais sur l'interprétation des intentions humaines (*cf.* Herméneutique).

● **Termes voisins :** connaissance ; savoir. ● **Termes opposés :** ignorance ; opinion ; superstition.
● **Corrélats :** certitude ; comprendre ; expérience ; expliquer ; falsifiabilité ; interpréter ; positivisme ; preuve ; psychologie ; raison ; sociologie.

SCIENCES COGNITIVES

(n. f. pl.) ● **ÉTYM. :** latin *cognitio*, de *cognoscere*, « connaître ».

Si l'expression « sciences cognitives » est au pluriel, c'est qu'elle renvoie à des savoirs récents, divers et, aujourd'hui encore, plus ou moins cloisonnés. Si l'on regroupe, malgré tout, ces savoirs sous une même dénomination, c'est qu'ils ont un objet commun : la cognition, c'est-à-dire la fonction psychique qui assure le recueil, le stockage, la transformation et le traitement des informations que nous recevons du monde extérieur, et à partir desquelles nous élaborons la connaissance* du réel. Percevoir, raisonner, apprendre, se souvenir, parler... sont des activités qui suscitent interrogations et analyses depuis l'Antiquité. Longtemps objets privilégiés de la réflexion philosophique, ces activités ont progressivement donné naissance à des savoirs spécialisés dans l'investigation de l'une ou l'autre d'entre elles, ou de l'une ou l'autre des facultés humaines dont dépend leur possibilité : les neurosciences (neurologie, neurophysiologie...), la psychologie*, la linguistique*, auxquelles s'ajoute aujourd'hui l'informatique, qui fournit à l'étude des mécanismes de la pensée* le modèle de l'« intelligence artificielle ». Le projet d'unification qui conduit à qualifier de sciences cognitives l'ensemble des discours qui tentent de rendre compte des caractéristiques et conditions de possibilité de la faculté de connaître, repose sur le postulat qu'à terme, des liens nouveaux pourraient être mis en évidence entre les différents supports et caractéristiques de cette faculté, en particulier que la part de mystère qui continue d'entourer le passage du cérébral au mental pourrait être réduite. Comment le cerveau peut-il produire de la pensée et de la connaissance ? Telle est au fond la question à laquelle les sciences cognitives ont l'ambition d'apporter un jour une réponse unique. C'est l'ampleur de cette ambition qui motive la démarche unificatrice de certains, tandis que d'autres doutent que la connaissance du cerveau puisse jamais rejoindre celle des activités mentales telles que les appréhendent la philosophie et les sciences humaines.

● **Corrélats :** connaissance ; esprit ; intelligence ; langage ; mémoire ; pensée ; psychologie ; savoir.

Scientisme

(n. m.) ● **Étym. :** formé à partir de *science*. ● **Sens ordinaire :** attitude intellectuelle qui s'est développée surtout au XIXᵉ siècle et qui accorde au progrès scientifique une valeur absolue.

Le scientisme confère à la science le monopole de la connaissance véritable et lui attribue la capacité de résoudre progressivement l'ensemble des problèmes qui se posent aux hommes. Il apparaît en cela comme une forme simplifiée et naïve du positivisme* fondé, à la même époque, par Auguste Comte*.

● **Terme voisin :** positivisme.
● **Corrélats :** foi ; progrès ; science.

Scolastique

(adj. et n. m.) ● **Étym. :** latin *scholasticus*, du grec *scholasticos*, « relatif à l'école ». ● **Sens strict :** doctrine de l'École, c'est-à-dire philosophie et théologie enseignées dans les écoles ecclésiastiques et les universités d'Europe du IXᵉ au XVIIᵉ siècle. Elle se préoccupait essentiellement de concilier la raison — ou « lumière naturelle » — et la foi, en s'appuyant sur la philosophie grecque (en particulier sur Aristote).
● **Sens large :** caractère d'une doctrine devenue abstraite, dogmatique et figée, par référence à l'image de la scolastique tardive, caractérisée par un excès de formalisme et d'abstraction.

● **Corrélat :** saint Thomas d'Aquin.

Sécularisation

(n. f.) ● **Étym. :** dérivé du latin *saecula*, « siècles ». ● **Philosophie, sociologie :** évolution des sociétés dans le sens d'un affaiblissement de l'influence religieuse, d'un affranchissement des individus et des institutions par rapport à la religion.

La sécularisation ne signifie pas nécessairement l'athéisme* ; elle désigne le fait que les religions n'organisent plus la vie sociale. Dans une société sécularisée, les hommes peuvent être en majorité croyants, mais ils se sentent moins tenus de se référer à leurs croyances religieuses, quand ils en ont, pour orienter leurs choix d'existence. Ou plus exactement, lorsqu'ils s'y réfèrent encore, c'est du fait d'une décision personnelle, et non d'une contrainte sociale ou institutionnelle. La sécularisation est un phénomène important des sociétés démocratiques contemporaines qui reposent sur le principe de l'autonomie individuelle. Comme phénomène social, elle doit en toute rigueur être distinguée de la laïcisation (*cf.* Laïcité*) qui concerne l'organisation juridique de la société. Ainsi l'Angleterre ou la Suède, par exemple, ne sont pas des pays laïques, puisqu'ils ont une religion d'État ; mais ce sont des sociétés fortement sécularisées.

● **Terme voisin :** laïcité. ● **Corrélats :** modernité ; profane ; religion ; société.

Sémantique

(n. f. et adj.) ● **Étym. :** grec *sêmantikos*, « indication ». ● **Linguistique et philosophie du langage : 1. (Adj.)** Relatif à la signification des mots. **2. (Subst.)** Analyse du lan-

◆ **Sémiologie**

gage ayant pour objet la signification des mots et leur rapport avec le réel.

La sémantique se distingue de l'analyse syntaxique (*cf.* Syntaxe), qui étudie l'organisation interne des signes* linguistiques, et de la pragmatique*, qui étudie les actes de langage et leurs effets sur les locuteurs.

● **TERME VOISIN** : sémiologie.
● **CORRÉLATS** : langage ; linguistique ; pragmatique ; signe ; signification.

SÉMIOLOGIE

(n. f.) ● **ÉTYM.** : grec *sêmeion*, « signe » et *logos*, « étude », « science ». ● **PHILOSOPHIE ET SCIENCES HUMAINES** : science des signes, c'est-à-dire étude de l'organisation des systèmes signifiants.

Le projet d'une sémiologie générale fut fondé par le linguiste Ferdinand de Saussure* : si la langue* est un système organisé de signes arbitraires, dont on peut étudier les relations (et pas seulement l'évolution), il est possible d'étudier de la même manière tous les systèmes de signes qui régissent la vie sociale (gestes, vêtements, règles de politesse, etc.). Dans cette perspective, la linguistique, dans la mesure où elle a pour objet la structure de la langue, n'est qu'une partie de la sémiologie, même si cette partie est exemplaire et sert de modèle. *Cf.* Charles S. Peirce.

● **TERME VOISIN** : sémiotique.
● **CORRÉLATS** : langage ; langue ; linguistique.

SÉNÈQUE
LUCIUS ANNAEUS SENECA
(4 AV J.-C.- 65 APR. J.-C.)

REPÈRES BIOGRAPHIQUES

Homme politique et écrivain latin. Né en Andalousie, Sénèque vient très jeune à Rome étudier la philosophie stoïcienne, puis il devient avocat. Questeur en 33, il est exilé en Corse en 41. Il revient à Rome en 49, et devient le précepteur du jeune Néron. À ce titre, il se retrouve, de fait, l'un des régents de l'Empire. Puis il devient ministre, de 54 à 59. Toutefois, parallèlement, il prend ses distances avec la vie politique, et écrit de nombreux traités, ainsi que son œuvre maîtresse, les *Lettres à Lucilius*. Impliqué dans une conspiration, il reçoit de Néron l'ordre de se donner la mort, ce qu'il aurait fait, selon la légende, après avoir écouté une dernière fois la lecture du *Phédon*.

Le stoïcisme* de Sénèque est original à plus d'un titre. Même s'il reprend l'essentiel de l'enseignement de ses maîtres — l'opposition entre la nature, qui est en nous, et la « fortune », qui est extérieure et ne dépend pas de nous —, Sénèque est un moraliste non doctrinaire qui privilégie un certain art de vivre, sans méconnaître toutefois l'inquiétude, voire la « nausée » qui s'attache parfois à la prise de conscience de notre condition. Si la philosophie est censée assurer consolation et maîtrise de soi, la sagesse* est rare, et le bonheur* consiste peut-être seulement à se tenir à l'écart des pires vicissitudes. Dans ses tragédies (dont neuf ont été conservées), Sénèque brosse un tableau extrêmement sombre de la condition humaine, en tout cas lorsque les hommes s'abandonnent à la passion et aux vices. Dans la tradition de la tragédie hellénistique, Sénèque espère inspirer par les exemples de Thyeste, de Médée, de Phèdre... l'aversion pour la violence ainsi que l'amour du bien. Plutôt désabusé, il recherche, dans tous ses traités moraux, une voie vers le Souverain Bien* qui reposerait sur la *cura*, c'est-à-dire la conscience attentive qui saisit l'occasion au vol. Car le bonheur tient à la capacité de vivre intensément le temps présent, ou encore à renoncer au projet chimérique de se libérer du devenir (*De la brièveté de la vie*).

Sénèque croit cependant au progrès, mais il sait que rares sont les hommes qui ont par eux-mêmes la force de se prendre en charge et de se donner vraiment les moyens d'être sages et heureux. D'où la nécessité de rechercher l'appui d'un maître spirituel ; d'où l'idée, également, qu'il se fait de sa propre mission morale. Pour sa part, Sénèque a tenté de concilier la carrière politique et la vie contemplative. Il recommande, dans la première partie de son œuvre, une vie « mixte », conforme à la raison, partagée de fait entre les charges publiques et le loisir intellectuel. Dans ses derniers écrits toutefois, il se rapproche davantage de l'idéal stoïcien, prônant le détachement, identifiant lui aussi désormais la seule vertu au Souverain Bien. Singulier par son pessimisme relatif et par sa sensibilité tragique, Sénèque a également contribué à promouvoir l'idée d'universalité de la condition humaine, en prenant notamment (dans les *Bienfaits*) la défense des esclaves. Son œuvre a marqué une partie de la tradition philosophique occidentale, mais on se souviendra également de ce qu'il incarne partiellement la fameuse morgue stoïcienne tant décriée par Pascal*.

● **Principaux écrits** : *De la clémence* ; *Des bienfaits* ; *De la constance du sage* ; *De la tranquillité de l'âme* ; *De la providence* ; *Lettres à Lucilius*.

Sens

(n. m.) ● **Étym.** : latin *sensus*, « action de sentir », « organe des sens », « sensation », « manière de penser ». ●**Sens ordinaires et philosophiques : 1.** Faculté d'éprouver des sensations ; organe servant à l'exercice de cette faculté. **2.** Jugement. **3.** Direction. **4.** Signification.

Il est sans doute vain de chercher à tout prix un ordre de filiation qui expliquerait le glissement de l'une à l'autre des acceptions du mot sens. La première idée — l'usage latin du terme en témoigne — est celle de fonction permettant au corps de percevoir ce qui se passe en dehors de lui, grâce, précisément, aux organes qui commandent les cinq sens. C'est à cette acception que se réfèrent les interrogations de la philosophie classique sur la nature et la validité de nos moyens de connaissance. Plus récemment, les développements de la connaissance historique et de l'analyse du langage, en particulier, ont donné lieu à de nombreux développements de la question du sens entendu comme signification.

Nos sens nous trompent-ils ?

Si je suis capable d'affirmer que je vois de ma fenêtre des hommes passer dans la rue, et non « des chapeaux et des manteaux », c'est « par la seule puissance de juger qui réside en mon esprit » (Descartes*, *Deuxième Méditation*). Sous des formes diverses, voire contradictoires, la conviction que la connaissance atteint les apparences, et non la réalité elle-même, a préoccupé les philosophes pendant des siècles. Pour Platon*, seule l'intelligence pure peut espérer contempler les Idées* dont le monde matériel n'offre aux sens que de pâles copies. Au début du XVIIIe siècle, le philosophe anglais Berkeley* ira jusqu'à affirmer que si nos sens nous apportent sur le monde un ensemble de représentations et d'impressions, ils ne sauraient nous assurer de l'existence réelle de la matière. Son compatriote Hume* affirme comme lui que notre rapport au monde est tout entier subordonné à l'expérience, mais il en déduit que c'est aux sens qu'il faut faire confiance, et des inférences* liées à l'habitude ou au raisonnement qu'il faut au contraire se méfier (ex. : « Comment être sûr que le soleil se lèvera demain ? »). Kant* sera l'un des premiers à proposer une théorie de la connaissance fondée sur l'analyse des liens entre le sensible et le rationnel.

Le bon sens est-il « la chose du monde la mieux partagée » ?

Le glissement vers la deuxième acception du mot sens maintient la référence à l'idée de moyen de connaissance. Le bon sens, le sens moral, le sens pratique, le sens commun, sont autant de facettes du discernement qui permet d'apprécier les choses à leur juste valeur. L'exercice de cette faculté, qui relève à la fois de la connaissance sensible, de l'intuition spontanée et de la réflexion, devrait s'appliquer dans toutes les situations où le jugement* constitue le meilleur guide de l'action, en l'absence de certitudes absolues. Pourtant, avec une certaine ironie, Descartes commence son *Discours de la méthode* par l'affirmation que « le bon sens est la chose du monde la mieux partagée » : c'est justement parce que les hommes en manquent souvent qu'il leur proposera des règles pour mieux conduire leur vie (morale) et leur recherche de la vérité (méthode*).

Le sens des mots

Les deux usages les plus répandus du mot *sens* en font le synonyme tantôt de direction, tantôt de signification. L'espèce humaine est la seule à disposer d'un moyen d'expression et de communication dont la complexité et l'efficacité témoignent d'une capacité elle aussi

◆ Sensation

unique, celle de penser et de raisonner (*cf*. Langage). Les mots sont des signes*, qui renvoient à la fois à la réalité et aux images mentales que nous formons des choses, des êtres, des actions, des valeurs auxquelles nous croyons. Le sens d'un mot, c'est ce que nous voulons dire lorsque nous l'employons, et ce qu'il évoque chez celui auquel il s'adresse : ce à quoi nous pensons lorsque nous parlons, écrivons, écoutons ou lisons. Le sens n'est donc pas dans les choses elles-mêmes. C'est notre façon d'organiser nos représentations*, et d'attribuer à chacune une place dans un système, qui fait correspondre des signes à des choses, et qui nous conduit à conférer à chacun de ces signes un sens particulier. Avec l'apparition du langage, « l'univers entier, d'un seul coup, est devenu significatif » (Lévi-Strauss*).

L'histoire, la vie... ont-elles un sens ?
À l'origine du sens des mots, il y a donc une intention de signifier (*cf*. la conscience* : « Toute conscience est conscience de quelque chose », Husserl*). La part de subjectivité* et de liberté* qui entre nécessairement dans l'intention de donner un sens ouvre l'espace de l'interprétation. Le sens d'un acte, d'une parole, d'un rêve peut être en partie « caché » (*cf*. Inconscient et Psychanalyse), le sens d'un texte ne s'achève que dans sa lecture : selon Paul Ricœur*, interpréter*, c'est reconstruire « l'intention de l'auteur [...] en même temps que la signification du texte lui-même » (*Du texte à l'action*). Encore sait-on d'avance qu'une parole, un texte, un rêve ont un sens. Mais il est des ordres de la réalité ou de l'action auxquels on peut choisir ou non d'en donner un : notre capacité relative d'imprimer une direction au cours des choses et des événements nous met donc en mesure de les interpréter. Pour quiconque conçoit son existence individuelle et l'évolution de l'humanité autrement que comme une simple succession de faits bruts, la vie et l'histoire prennent, elles aussi, un sens.

● **Textes clés** : R. Descartes, *Discours de la méthode* ; G. Deleuze, *Logique du sens* ; P. Ricœur, *Du texte à l'action*. ● **Termes voisins** : direction ; signification. ● **Corrélats** : comprendre ; concept ; herméneutique ; interpréter ; langage ; perception ; raison ; sensation ; sensibilité ; signe ; signifié ; symbole.

SENSATION

(n. f.) ● **Étym.** : latin *sensus*, « sens », « sensation ». ● **Sens ordinaires** : 1. Ce qui résulte de l'usage d'un sens externe ou interne. 2. Sentiment, impression confuse de quelque chose. ● **Psychologie** : 1. Phénomène psychique accompagnant une affection corporelle reçue par un ou plusieurs organes des sens et commune à l'ensemble des organismes vivants. 2. Conscience qu'un sujet prend d'un état corporel.

Si sa spécificité consiste à nous indiquer l'existence de quelque chose d'extérieur, la sensation tire son ambiguïté du fait qu'elle se situe à ce moment presque insaisissable où une excitation purement organique acquiert un retentissement psychique, sans pour autant déjà s'exprimer sous la forme consciente de la perception. Phénomène à la fois psychique et psychologique où se mêlent l'âme et le corps, le sujet et l'objet, l'extérieur et l'intérieur, la sensation apparaît ainsi comme le point de départ nécessaire de toute théorie philosophique de la connaissance. La sensation fait problème, parce qu'avant même de pouvoir poser la question de la vérité, il faudrait pouvoir distinguer en elle ce qui relève seulement d'une disposition subjective, de ce qui nous renseigne objectivement sur la réalité extérieure.

Force est donc de constater, à la suite de Platon*, que la science* n'est pas la sensation, parce qu'il appartient à la nature même de celle-ci d'être éphémère, fugace et subjective : son actualité n'est en rien synonyme de vérité*. D'où, traditionnellement, l'opposition entre le côté objectif de la sensation, sa matière, et son côté subjectif plus proprement appelé alors sentiment*. D'où, également, l'effort pour distinguer deux groupes de sensations : les sensations externes ou représentatives qui renvoient à un objet physique à propos duquel elles fournissent un ensemble d'informations (forme, couleur, son, etc.) ; les sensations internes ou affectives, tels le plaisir ou la douleur, indiquant seulement la façon dont le sujet se rapporte à tel état de son corps. Cependant, cette tentative pour extraire du tout de la sensation un contenu d'objectivité susceptible de se transformer en connaissance suppose, d'une part, une analyse exclusivement épistémologique de la sensation et, d'autre part, un point de vue dualiste où la sensation, de phénomène, devient un résultat. À la suite d'Aristote*, Leibniz*, puis les courants sensualistes et empiristes au XVIIIe siècle, critiquent ces présupposés et réintègrent la sensation à une activité essentiellement vitale. La question devient alors de comprendre comment se forment les connaissances humaines à partir de ce rapport sensible au monde qu'est la sensation ; comment l'ensemble de la vie psychique et des facultés intellectuelles dérivent de cette nécessité, commune à l'ensemble des êtres vivants : la conservation de soi. Et affirmer avec Condillac* que « le jugement, la réflexion, les désirs, les passions [...] ne sont que la sensation même qui se transforme différemment », c'est reconnaître que si la science n'est pas la sensation, elle trouve cependant dans celle-ci son origine irréductible.

● **Terme voisin :** impression.
● **Corrélats :** connaissance ; empirisme ; perception ; sensibilité ; sensualisme ; sentiment.

Sensibilité

(n. f.) ● **Étym. :** latin *sensibilitas*, « sens », « signification », « sensibilité ». ● **Sens ordinaires : 1.** Le fait, pour un individu, d'être capable d'affection ou d'émotion. **2.** Le fait, pour un organisme vivant, d'être doué de sensation. **3.** Réceptivité à l'égard de quelque chose d'extérieur. ● **Philosophie :** capacité commune à l'ensemble des êtres vivants — et qui les distingue de la matière inerte — de recevoir de l'extérieur une excitation et d'y répondre par une réaction organique appropriée. ● **Psychologie : 1.** Faculté propre au sujet humain par laquelle il peut recevoir une affection du monde extérieur. **2.** L'affectivité, par opposition à tout ce qui, dans l'esprit, manifeste au contraire une activité intellectuelle.

Kant* distingue deux éléments dans la sensibilité : **1.** la matière : contenu ou sensation*, c'est-à-dire cet ensemble d'impressions hétérogènes que le sujet reçoit passivement de l'extérieur ; **2.** la forme* : l'espace* et le temps* comme formes *a priori* de la sensibilité, c'est-à-dire structures par lesquelles le sujet se représente ce qui est donné aux organes des sens.

La sensibilité devient alors « la réceptivité du sujet par laquelle est possible que son état représentatif soit affecté d'une certaine manière par la présence d'un objet ». Elle est ainsi la condition de possibilité de l'exercice de l'entendement* et, fournissant la matière à laquelle il va pouvoir s'appliquer, elle constitue avec celui-ci les deux sources irréductibles de la connaissance humaine. Son rôle spécifique est de permettre au sujet de se rapporter à quelque chose, existant hors de lui. Néanmoins, cette identification de la sensibilité à une faculté du sujet ne va pas forcément de soi. C'est en tout cas ce que Leibniz*, Hume*, Condillac*... et plus tard le courant phénoménologique* s'attachent à démontrer, proposant au contraire une étude de sa formation non seulement individuelle, mais aussi historique et culturelle. Loin de pouvoir être opposée à l'entendement ou réprimée comme penchant par la raison morale, la sensibilité apparaît alors comme le lieu de leur constitution, non pas tant marque de la finitude, de la fragilité ou de la faillibilité de l'homme, que signe d'un rapport humain au monde.

● **Termes voisins :** affectivité ; émotivité. ● **Terme opposé :** insensibilité. ● **Corrélats :** affection ; âme ; animal ; empathie ; entendement ; perception ; pitié ; sensation ; sympathie.

Sensible

(n. m. et adj.) ● **Étym. :** latin *sensibilis*, « sensible ». ● **(Adj.) Sens ordinaires : 1.** Qualifie ce qui peut être perçu par les sens (ex. : « la réalité sensible »). **2.** Qualifie ce qui a la capacité d'éprouver des sensations (ex. : « Les animaux et l'homme sont des êtres sensibles »). **3.** Caractère de celui qui sympathise avec autrui, partage ses joies ou ses peines. **4.** Capacité d'éprouver des sentiments délicats et subtils (ex. : « une personne sensible »).
● **(Subst.) philosophie :** la réalité en tant qu'elle est perçue par les sens.

Le sensible s'oppose à l'intelligible* dans la philosophie de Platon*, le monde

◆ **Sensualisme**

accessible à nos sens étant illusoire, source d'opinions fausses. L'allégorie de la caverne figure cette opposition (*cf.* texte pp. 350-352). Si l'on considère que le sensible nous ouvre un aspect de la réalité et peut trouver sa place dans la connaissance, il convient toutefois de distinguer le témoignage des sens et la réflexion qui s'exerce à son propos. Descartes* donne l'exemple du bâton qui apparaît brisé lorsqu'il est immergé : les lois de la réfraction permettent de rectifier cette image erronée, et d'autre part d'expliquer l'illusion* elle-même ; l'image déformée persiste au-delà de la critique de l'illusion mais, loin de compromettre l'appréhension juste du réel, elle permet de la construire.

Le monde sensible pour Kant* nous livre des phénomènes*, c'est-à-dire la réalité* telle qu'elle nous apparaît. Ces apparences fournissent à la science ses premiers matériaux, puis la sensibilité est relayée par l'entendement : à la représentation du phénomène succède l'élaboration de lois, et l'univers sensible se présente alors comme régi par le déterminisme*. Cependant, rien ne nous autorise à considérer que la réalité se limite à ce que la sensibilité puis l'entendement nous en livrent. Il appartient à la raison* de penser ce qui dépasse ce monde sensible.

Le sensible est l'objet d'une valorisation importante dans le domaine de l'esthétique (*cf.* Esthétique), à partir du moment où l'art* est moins considéré comme la recherche du beau* au sens de norme* que comme la production d'objets suscitant une émotion esthétique, s'adressant à la pensée en même temps qu'aux sens. L'artiste est sensible en ce qu'il perçoit des aspects du réel qui échappent à la majorité de ses contemporains ; l'amateur est sensible en ce qu'il reconnaît la valeur des œuvres.

● **Terme voisin :** délicat. ● **Terme opposé :** intelligible. ● **Corrélats :** esthétique ; goût ; phénomène ; sens ; sensation.

Sensualisme

(n. m.) ● **Étym. :** terme formé à partir de *sens*. ● **Philosophie de la connaissance :** doctrine selon laquelle les sensations sont les matériaux de base de toutes nos connaissances et de toutes nos idées.

Il est difficile de distinguer le sensualisme de l'empirisme*. Historiquement, le mot sensualisme a été d'abord utilisé pour désigner de façon péjorative l'empirisme de Condillac*. On peut différencier ainsi les deux termes : le sensualisme est une thèse qui ne porte que sur l'origine de nos connaissances, alors que l'empirisme concerne aussi le problème de la justification de nos connaissances. Autrement dit, tout sensualisme est nécessairement empiriste, mais l'empirisme est une philosophie qui ne se réduit pas à son aspect sensualiste.

● **Terme voisin :** empirisme. ● **Corrélats :** connaissance ; expérience ; sensation.

Sentiment

(n. m.) ● **Étym. :** latin *sentire*, « percevoir par les sens », « sentir », « ressentir ». ● **Sens ordinaire :** tout ce qui relève du domaine affectif ou émotionnel, c'est-à-dire le fait, pour un sujet, d'éprouver quelque chose à l'égard d'une personne ou d'un objet extérieur. ● **Psychologie : 1.** Ce qui, dans la sensation, indiquerait la disposition affective du sujet ; ce qui est perçu immédiatement et qui relève de l'intuition. **2.** Inclination particulière pour une personne. **3.** Émotion noble ou pour un objet élevé. ● **Philosophie :** morales du sentiment : celles qui se fondent sur le sentiment et non sur une connaissance rationnelle.

On appelle « morales du sentiment » (Rousseau*, A. Smith*, Hutcheson, etc.) l'ensemble des doctrines philosophiques qui, par opposition au rationalisme moral (Platon*, Descartes*, Kant*, etc.), tentent de montrer que les distinctions morales du bien* et du mal* ne sont pas connues par la raison mais dérivent des sentiments de plaisir et de douleur communs à l'ensemble des êtres vivants.

● **Termes voisins :** altruisme ; émotion ; sympathie. ● **Corrélats :** affection ; amour ; sensibilité ; sublimation.

Sérieux (esprit de)

(n. m. et adj.) ● ÉTYM. : latin *serius*, « sérieux » (pour une parole). ● SENS ORDINAIRE : important, qui ne peut être considéré à la légère. ● PHILOSOPHIE : chez les existentialistes français (Sartre, De Beauvoir, Merleau-Ponty), désigne, pour la dénoncer, l'attitude de celui qui adhère sans aucun recul critique à ce qu'il fait, ce qui est une figure de la mauvaise foi.

● TERMES OPPOSÉS : humour ; ironie ; jeu. ● CORRÉLAT : mauvaise foi.

Serres Michel (né en 1930)

Repères biographiques
Né en 1930 à Agen. Ancien élève de l'École navale et de l'École normale supérieure. Licencié en mathématiques et agrégé de philosophie. Il enseigne à Stanford (États-Unis) depuis 1976.

Hermès : le titre des premiers ouvrages de Michel Serres pourrait bien constituer une clef pour aborder l'ensemble de son œuvre. Dieu « des chemins et des carrefours, des messages et des marchands », Hermès inspire ici le philosophe qui cherche à réconcilier la pensée mathématique (ou cartésienne, ou classique...) et la technique d'analyse symbolique issue du romantisme*. Tandis que les « classiques » recherchaient la vérité en s'inspirant d'archétypes mathématiques, les « romantiques » se sont efforcés d'assumer la pluralité des significations et de décoder tous les langages autres que rationnels.

En ce sens, Leibniz* est le premier d'entre eux : tout en conservant l'idéal de clarté et de rigueur hérité de Descartes*, il a su être attentif aux contenus culturels les plus divers, et il a cherché à appréhender « l'obscur comme tel ».

Tel est également le projet de Michel Serres : penser le passage du clair à l'obscur, relier la raison à ce qui n'est pas elle. « Communiquer, écrit-il, c'est poser un tiers sans l'exclure » : à la suite de Bachelard*, Michel Serres poursuit donc le dialogue entrepris par Leibniz entre mathématiques et symboles, logique et culture, rationalité et déraison. Il comprend que « la complexité n'est pas un obstacle à la compréhension », que la nouvelle critique doit mettre en place une « raison généralisée » qui, loin d'exclure et de retrancher (le désordre, l'obscur, l'instable), postule la continuité et les transitions, admet l'excès et l'imprévisible, et s'attache ainsi à « absorber tout le domaine du sens ».

Un parcours extrêmement sinueux conduit Michel Serres, à partir d'un travail sur la rationalité scientifique, à une réflexion foisonnante sur les autres champs de la culture (le sensible, les mythes, les fondations...) Dans l'un de ses derniers ouvrages (*Le Contrat naturel*, 1990), il se demande si la terre ne devrait pas devenir le partenaire — inattendu — d'un contrat permettant de réinstaurer avec la nature une solidarité devenue impérative.

● PRINCIPAUX ÉCRITS : *Le Système de Leibniz et ses modèles mathématiques* (1968) ; *Hermès* : I. *La Communication* (1968), II. *L'Interférence* (1972), III. *La Traduction* (1974), IV. *La Distribution* (1977), V. *Le Passage du Nord-Ouest* (1981) ; *Le Parasite* (1980) ; *Genèse* (1981) ; *Rome, le livre des fondations* (1983) ; *Les Cinq sens. Philosophie des corps mêlés* (1986) ; *Le Contrat naturel* (1990) ; *Les Origines de la géométrie* (1993).

Sexualité

(n. f.) ● ÉTYM. : latin *sexus*, « sexe ». ● SENS ORDINAIRE : ensemble des comportements et des phénomènes physiques, psychiques et sociaux relatifs à la vie sexuelle. ● BIOLOGIE : ensemble des caractères propres à chaque sexe d'une espèce. ● PSYCHANALYSE : domaine d'expression des pulsions, de la libido (domaine beaucoup plus large que ce que le sens ordinaire identifie comme sexuel).

La sexualité doit être distinguée de la seule reproduction dans la mesure où elle ajoute aux mécanismes naturels une dimension culturelle essentielle : elle renvoie en effet à un ensemble complexe de comportements acquis, par lesquels la différence des sexes et la reproduction prennent une forme intersubjective, sociale, voire morale (*cf.* Georges Bataille, *L'Érotisme*). La sexualité serait un peu à la reproduction ce que la cuisine est à l'alimentation. En ce sens, on peut être tenté de dire que, par opposition aux accouplements animaux, la sexualité relève d'une dimension spécifiquement humaine. Ainsi, l'anthropologie s'efforce de mettre en évidence l'extrême diversité des comportements sexuels humains, mais aussi celle des représentations culturelles de la différence des sexes (des caractères supposés liés à l'appartenance à un sexe ou à l'autre, de la division sexuelle des rôles sociaux...). La notion de sexualité renvoie donc moins à la biologie qu'à la science des mœurs. Son étude dans cet esprit peut même conduire à montrer que, curieusement, elle est presque toujours liée à des enjeux de pouvoir (*cf.* Michel Foucault, *Histoire de la sexualité*).

● **Terme voisin :** libido. ● **Corrélats :** désir ; névrose ; perversion ; psychanalyse ; pulsion.

Signe

(n. m.) ● **Étym. :** latin *signum*, « signe ». ● **Sens ordinaire :** élément matériel, gestuel, graphique, phonique, plastique, dont la présence permet d'évoquer ou de deviner autre chose que lui-même, c'est-à-dire ce que le signe représente ou remplace, naturellement ou par convention.

Un signe peut être naturel (indice) ou artificiel (signal, symbole). L'indice et le signal entretiennent un lien de cause à effet avec ce dont ils sont signes (ex. : « fumée/feu » ; « chaleur/fièvre » ; « feu rouge/arrêt des véhicules »). Le symbole évoque de façon à la fois conventionnelle et analogique l'idée*, la situation, la valeur*... qu'il symbolise (ex. : « balance/justice » ; « drapeau dont les couleurs ou motifs ne sont pas totalement arbitraires/appartenance à une nation, un club » ; « signe +/addition »). Proches des symboles*, les mots sont qualifiés de « signes linguistiques » par les linguistes, qui mettent ainsi en évidence à la fois le caractère arbitraire des liens entre sons et sens*, et le pouvoir évocateur des mots (ex. : « Le mot table ne ressemble pas à une table, mais son emploi dans la conversation évoque l'objet "table" même en son absence »). Les signes linguistiques sont formés de l'union d'un signifiant* et d'un signifié*.

● **Termes voisins :** image ; symbole. ● **Corrélats :** langage ; représentation ; sémantique ; sémiologie ; sens ; signifiant ; signification ; signifié.

Signifiant

(n. m.) ● **Étym. :** terme forgé à partir de *signifier*, du latin *significare*, « faire des signes », « vouloir dire » ; participe présent utilisé comme substantif depuis Saussure (1910). ● **Linguistique :** forme phonique ou graphique du mot ; image mentale associées à cette forme (ex. : « Les éléments graphiques et/ou sonores "mai" + "s" + "on" constituent le signifiant de maison »).

● **Termes voisins :** image acoustique ; son. ● **Corrélats :** langage ; sens ; signe ; signifié.

Signification

(n. f.) ● **Étym. :** latin *significatio*, de *significare*, « indiquer », « signaler ». ● **Sens ordinaires : 1.** Ce que représentent un signe, un geste, un fait... susceptibles d'être interprétés. **2.** Sens d'un mot.

Dans la plupart de ses emplois, le mot signification est synonyme de sens*, et désigne ce à quoi renvoie, ou ce que représente un signe*. Un geste, un bruit, une expression du visage, aussi bien qu'un événement, la situation particulière d'un objet dans l'espace, peuvent avoir ou se voir attribuer une signification dès l'instant où ils manifestent une intention de signifier, ou occupent une place particulière dans un système de relations : la référence aux autres éléments du système* (par exemple à une série d'événements), ou à ce qu'a voulu exprimer tel ou tel (par son geste, son expression...), permet d'expliquer ou d'interpréter l'événement, le geste... c'est-à-dire de leur attribuer une signification. C'est pourquoi, à côté des mots (*cf.* Langage et Sens), toutes les réalités susceptibles d'être traitées comme des signes* ont ou peuvent avoir une signification.

● **Termes voisins :** explication ; interprétation ; sens. ● **Corrélats :** langage ; sémantique ; sémiologie ; sens ; signe.

Signifié

(n. m.) ● **Étym. :** *cf.* Signifiant ; participe passé du verbe *signifier*, utilisé comme substantif depuis Saussure (1910). ● **Linguistique :** sens d'un mot, ou encore concept auquel il renvoie (ex. : « Le signifié du mot *maison* est "construction destinée à l'habitation humaine" »).

● **Termes voisins :** sens ; signification. ● **Corrélats :** concept ; définition ; langage ; référent ; sens ; signe ; signifiant ; signification.

Simplicité

(n. f.) ● **Étym. :** latin *simplicitas* : « simplicité, honnêteté, innocence, naïveté ». ● **Sens ordinaires : 1.** Honnêteté naturelle et spontanée, attitude sans détour, absence de prétention, voire naïveté exagérée. **2.** Caractère de ce qui est facile à comprendre, à utiliser (ex. : « une formule simple »). ● **Épistémologie :** ce qui est construit au moyen d'un petit nombre d'opérations ou d'éléments, matériels ou intellectuels : les *machines simples* (levier, roue, poulie, treuil, etc.), une *formule simple*. ● **Philosophie :** caractère de ce qui n'est pas composé, de ce qui n'est pas décomposable en différents éléments (« corps simples »). Chez Malebranche* et Leibniz*, la « simplicité des voies » désigne l'idée selon laquelle Dieu produit le maximum d'effets dans sa création en choisissant les moyens les plus simples.

● **Simple**

La connaissance du simple apparaît comme la condition de celle du composé. Chez Locke*, les « idées simples » sont celles que nous tenons de l'expérience, et qui se combinent pour former les idées complexes. Chez Descartes*, les « natures simples » font pour l'esprit l'objet d'une évidence*. Ce sont « celles dont la connaissance est si claire et si distincte que l'esprit ne les puisse diviser en un plus grand nombre dont la connaissance soit plus distincte : tels sont la figure, l'étendue et le mouvement » (*Règles pour la direction de l'esprit*, règle XII). La troisième règle de la méthode établit que la connaissance doit partir des objets les plus simples (intuition*), pour s'élever peu à peu aux plus composés (déduction*). Le simple est identifié à l'évident. Pour Leibniz*, qui conteste la notion d'évidence, trop subjective, ce qui est simple est ce qui est « sans parties ». La monade* est une substance simple, sans étendue, ni figure, ni divisibilité possible. Le composé n'est qu'un agrégat de simples (*Monadologie*, 1-3).

● **Termes voisins :** facilité ; franchise ; ingénuité ; pureté ; sobriété.
● **Termes opposés :** affectation ; complexité ; difficulté ; prétention.
● **Corrélats :** évidence ; intuition ; monade ; un ; unité.

Sisyphe

Figure célèbre de la mythologie* grecque, Sisyphe est au centre de plusieurs légendes qui le présentent toutes comme un mortel exceptionnellement rusé. L'une d'entre elles en fait le fils d'Éole, ancêtre du dieu du vent du même nom. Il serait par ruse devenu l'amant d'Anticlée, promise à Laërte, et serait ainsi le véritable père d'Ulysse, le héros le plus connu de la mythologie grecque. Dans d'autres légendes, il aurait dénoncé Zeus, auteur de l'enlèvement d'Égine, fille du dieu du fleuve Asopos, et se serait ainsi attiré la colère du maître des dieux. Quelle que soit la version retenue de ses exploits et de ses ruses, la plupart des récits le concernant se terminent par celui du châtiment qui l'a rendu célèbre : sur l'ordre de Zeus,

Sisyphe fut condamné à rouler éternellement un énorme rocher en remontant une pente. La tâche était toujours à recommencer, puisque le rocher, emporté par son propre poids, retombait au bas de la pente une fois arrivé au sommet.
Dans *Le Mythe de Sisyphe* (1942), Albert Camus* présente ce héros comme une sorte de symbole de la condition humaine : « La clairvoyance qui devait faire son tourment » écrit-il à propos de Sisyphe, « consomme du même coup sa victoire. Il n'est pas de destin qui ne se surmonte par le mépris. »

SMITH ADAM (1723-1790)

REPÈRES BIOGRAPHIQUES

Né en Écosse en avril ou mai 1723, Adam Smith fait de longues études au cours desquelles il s'intéresse surtout à la philosophie, aux mathématiques et aux sciences naturelles. Après avoir enseigné pendant une quinzaine d'années la logique puis la philosophie morale à l'université de Glasgow, il abandonne toutes ses charges d'enseignement en 1764 et devient « précepteur itinérant » d'un jeune noble écossais. Il occupe ensuite le poste de receveur général des Douanes pour l'Écosse. C'est en 1776 qu'il publie son ouvrage le plus célèbre, *La Richesse des nations*.

Adam Smith est l'auteur de deux ouvrages dont les propos, à toute première vue, peuvent paraître indépendants ou même contradictoires. Dans *La Théorie des sentiments moraux* (1759), il critique les conceptions pessimistes de la nature humaine qui prévalaient chez les « cyniques » anglais du XVIIe siècle. Inspirés en particulier par Hobbes*, ceux-ci soutenaient que le véritable ressort de toutes nos actions et de toutes nos stratégies sociales est l'égoïsme. Pour Smith au contraire, c'est la « bienveillance » qui joue un rôle déterminant dans notre existence, tant publique que privée, et la vertu procède non pas d'un souci d'ordre rationnel mais d'une réaction non réfléchie au spectacle des misères (ou des succès) d'autrui. Dans son deuxième ouvrage majeur, *Recherche sur la nature et les causes de la richesse des nations* (1776), Smith, dont on sait qu'il est le fondateur de l'économie politique classique, montre que les hommes, mus par le *self-love* (l'amour de soi ou encore le souci de leur bien propre), contribuent, sans le savoir ni le vouloir, à la prospérité générale (la « richesse des nations »), comme si une « main invisible » (*cf.* Société) réglait de manière providentielle la coexistence pacifique de tous en vue du bien commun. Comment deux approches aussi divergentes — au moins en apparence — sont-elles conciliables ?

De la morale à l'économie

En réalité, les deux volets de l'œuvre d'Adam Smith sont étroitement liés, et parfaitement cohérents. Moraliste avant d'être économiste, Smith a eu le génie de saisir le rôle décisif de l'imagination*, et notamment de l'idée que nous nous faisons de nous-mêmes à travers le regard des autres, dans les affaires humaines. Le sujet smithien n'est pas l'*homo economicus* que l'on pourrait croire, autrement dit un individu égoïste préoccupé essentiellement de ses intérêts matériels, de sa réussite strictement économique... Bien au contraire, il a montré à quel point nous avons besoin de nos semblables pour « exister », c'est-à-dire pour acquérir une valeur à nos propres yeux. Tel est le fil conducteur qui permet de relier les deux œuvres du philosophe, et leurs thèses respectives.
Dans *La Théorie des sentiments moraux*, Smith établit que la sympathie* est le principe fondamental sur lequel repose la vie en société. En cela il s'oppose à Bernard Mandeville qui, dans sa fameuse *Fable des abeilles* (1714) soutenait que ce sont les « vices privés » (envie, convoitise, orgueil, etc.) qui alimentent le bien commun (« vertus publiques »). Pour Smith, au contraire, la vanité, l'ambition, l'amour de la gloire et même l'appétit de richesses ne sont pas des « vices » mais des passions qui, à leur manière, témoignent de sentiments « moraux », dans la mesure où elles expriment ce qui constitue l'une des principales motivations de tous nos comportements : rechercher activement la sympathie et l'approbation d'autrui afin de pouvoir nous aimer nous-mêmes.
Dans *La Richesse des nations*, Adam Smith montre que la coexistence et la concurrence des intérêts de chacun doivent permettre d'établir un ordre

social harmonieux. Les bénéfices de la vitalité économique peuvent profiter à tous par le biais de la hausse des salaires, de la baisse des profits et des prix. Productivité accrue, division du travail, accumulation du capital, expansion des marchés, doivent alimenter la croissance. Ainsi, comme chez Mandeville, la prospérité générale est un effet global non voulu, non planifié, de comportements individuels reposant sur le seul souci de chacun d'améliorer sa situation personnelle. *La Richesse des nations*, en conséquence, défend la liberté du commerce et le respect du principe de la concurrence, tant sur le plan national que sur le plan international, et s'oppose à toutes les mesures protectionnistes ainsi qu'aux monopoles ou à toute autre disposition restrictive de la liberté au bénéfice des nantis.

Un système de « liberté naturelle et de justice parfaite »

On voit ainsi comment l'économiste et le moraliste se rejoignent. Le système de « liberté naturelle et de justice parfaite » présenté dans *La Richesse des nations* n'est ni une utopie* ni une représentation cynique propre à inspirer les tenants du « capitalisme* sauvage ». Adam Smith ne postule pas que les hommes sont bons ni que les comportements économiques sont rationnels. Il montre au contraire la complexité des véritables motivations inavouées de nos comportements (l'amour de l'argent, par exemple, témoigne d'un souci d'impressionner l'autre) : la réussite économique, de manière générale, sert à inspirer au mieux la sympathie, au pire l'envie. En outre, Smith n'a nullement fait preuve d'une confiance excessive dans la capacité du marché à s'autoréguler, comme on le lui a reproché. Il a insisté sur l'importance des institutions*, tant pour coordonner les énergies que pour faire respecter les intérêts de tous en prévenant les dérapages du système. Sur le plan politique, il prône un État constitutionnel chargé de faire respecter la justice et la liberté, notamment en limitant les comportements antisociaux et en tentant de prévenir la corruption du système économique (lorsque le souci d'écraser l'autre l'emporte sur la volonté de lui être sympathique).

● **Principaux écrits :** *La Théorie des sentiments moraux* (1759) ; *Recherche sur la nature et les causes de la richesse des nations* (1776).

Socialisme ◆

SOCIABILITÉ

(n. f.) ● **Étym. :** latin *sociabilis*, « sociable ». ● **Sens ordinaire :** faculté de nouer des liens avec les autres et au sein de la société.

La sociabilité désigne la tendance des hommes à s'unir plutôt qu'à demeurer éloignés les uns des autres. Elle est donc à l'origine de la société*. Le thème de la sociabilité prend son essor aux XVIIᵉ et XVIIIᵉ siècles, où les auteurs s'opposent selon qu'ils en font un caractère naturel ou non de l'homme. Ainsi, contre la tradition aristotélicienne reprise par Grotius* et Pufendorf*, Hobbes* et Rousseau* s'opposent à la thèse de la sociabilité naturelle et font de la société politique une nécessité extérieure qui n'a aucune relation avec le fait que l'homme serait un « animal politique ». D'une certaine manière, Kant clôt le débat en parlant de l'« insociable sociabilité » (*Idée d'une histoire universelle d'un point de vue cosmopolitique*) pour caractériser le mouvement contradictoire par lequel un homme cherche à s'unir aux autres pour assurer sa sécurité, tout en essayant de se soustraire aux obligations communes.

● **Terme voisin :** altruisme. ● **Corrélats :** contrat social ; politique ; société.

SOCIALISME

(n. m.) ● **Étym. :** dérivé du latin *socialis*, « fait pour vivre en société ». ● **Sens général et philosophie politique :** doctrine politique pouvant prendre des formes très diverses mais dont le point commun est l'affirmation de la priorité du bien général de la société sur l'intérêt particulier des individus. Il s'ensuit, d'une part, l'idée d'une limitation, voire, chez certains penseurs, d'une suppression de la propriété privée ; d'autre part, l'idée qu'il revient à l'État de contrôler l'économie.

Le mot *socialisme* a été introduit en France au XIXᵉ siècle par le philosophe Pierre Leroux. Les pensées se réclamant du socialisme ou pouvant être désignées par ce mot sont d'une grande diversité. Au XIXᵉ siècle, le concept de socialisme désigne en général le principe d'une organisation collectiviste de la production

◆ Société

et de la vie sociale en son entier, que ce soit sous la forme de petites unités sociales indépendantes, tels les phalanstères de Charles Fourier*, ou d'un système de coopération sociale généralisée et sans autorité de l'État, comme pour l'anarchisme*, ou, au contraire, d'une étatisation de la vie économique dans le cadre de la prise de pouvoir politique par le prolétariat, comme pour le marxisme*. Celui-ci s'est pensé comme « socialisme scientifique » : d'après Marx* et Engels*, la transformation socialiste de la société est déterminée par la connaissance des lois économiques qui régissent le mode capitaliste de production et, plus généralement, des lois sociales qui commandent le cours de l'histoire. Ce « socialisme scientifique » s'est opposé à un socialisme nommé par Marx « utopique » (Fourier, Owen), auquel le marxisme reproche de penser l'organisation socialiste de la société comme une organisation idéale, sans référence à ses conditions historiques réelles d'émergence et d'existence. Le marxisme, surtout avec Lénine, opère aussi une distinction entre *socialisme* et *communisme**. Le premier correspond à l'État mis en place avec la révolution : une dictature du prolétariat doit permettre la disparition progressive de la classe bourgeoise. Le second est l'étape finale de l'histoire : une société sans classe et sans État. C'est en ce sens particulier du mot *socialisme* que les régimes issus de la révolution bolchevique ou imposés en Europe par l'ex-URSS se nommèrent *socialistes*. Dans les démocraties parlementaires et « bourgeoises » au contraire, le mot *socialisme* a perdu progressivement sa charge révolutionnaire et anticapitaliste pour désigner plus simplement une orientation politique plus soucieuse que le strict libéralisme* de justice sociale.

● **Termes voisins :** collectivisme ; communisme. ● **Termes opposés :** capitalisme ; libéralisme. ● **Corrélats :** anarchisme ; État ; marxisme ; société.

Société

La société semble d'abord renvoyer à une réalité primitive qui concerne presque tous les vivants. On peut la définir comme un regroupement d'individualités, structuré par des liens de dépendance réciproque, et évoluant selon des schémas réglés. C'est dans ce sens qu'on parle de « sociétés animales ». Pourtant, généralement, le terme de société est utilisé exclusivement pour les sociétés humaines. Il désigne alors cet ensemble dans lequel est intégrée la vie de tout homme, avec ses occupations, ses désirs, ses actes. Les sociétés humaines, contrairement aux sociétés animales, sont dotées d'un grand dynamisme, d'une forte capacité de changements, de révolutions*, et sont régies par des institutions*. L'histoire* décrit plusieurs grands types de société humaine. L'Occident par exemple connaît, depuis la fin du XIXe siècle, la « société industrielle », caractérisée par l'importance de la production des richesses, un fort développement technique, un taux élevé d'urbanisation et une ouverture des marchés économiques sur l'extérieur. Le problème se pose de savoir si, actuellement, nous ne sommes pas en train de vivre dans des sociétés post-industrielles, marquées par la prévalence des activités de service sur les activités de production. Par ailleurs, quand on pose la société comme un objet doté de ses propres lois, elle fait l'objet d'une description spécifique : l'analyse sociologique. Pour Auguste Comte*, fondateur de la sociologie*, on ne comprend pas la société par l'analyse de ses éléments (les individus), car le fait social constitue par lui-même un ordre de réalité irréductible. La sociologie tâche d'établir une classification des grandes formes de sociétés (Émile Durkheim* oppose une société à « solidarité mécanique* » — où tous les hommes sont unis sous une même règle —, à une société à « solidarité organique* » — dans laquelle les individus sont liés par des activités complémentaires) et en décrit les principaux mécanismes.

La naissance des sociétés politiques

On peut se demander si l'état de société renvoie à une disposition fondamentale de l'être humain, ou si c'est seulement de l'extérieur que cet état s'impose à lui (Kant* maintenait les deux thèses en parlant d'une « insociable sociabilité » de l'homme). La première position est défendue par Aristote*. Aristote définit en effet l'homme comme « animal politique* » (*cf.* texte pp. 31-32), indiquant par là une sociabilité innée. La société, le rassemblement des hommes dans le cadre d'une communauté* politique réglée par des lois, s'inscrirait dans une logique naturelle : on trouve d'abord, dans la cellule familiale, la réunion des

Société

sexes en vue de la conservation de l'espèce ; puis le village comme union de plusieurs foyers ; et, enfin, la cité* comme rassemblement de bourgades autour d'un centre administratif commun. Comme on le voit, pour Aristote, ce procès de concentration a l'allure d'une croissance organique : la société est chose naturelle. La finalité de ces rassemblements est par ailleurs clairement énoncée par Aristote : le bonheur d'être ensemble. Dire de l'homme qu'il est un animal social, c'est penser qu'il ne peut se trouver son achèvement que dans le cadre d'une communauté. La société répond donc à un besoin premier, à une tendance fondamentale de l'homme. La sociabilité de l'homme semble ici être une disposition de nature* : l'homme est naturellement pour l'homme le plus utile et le plus précieux des biens. L'essentiel de ces thèses seront reprises par les stoïciens (Cicéron*, *Des Biens et des maux*) qui, à partir de celles-ci, tenteront de formuler les règles du droit naturel. En effet, si la société des hommes ne se réduit pas à la simple juxtaposition d'individus, mais forme au contraire une communauté vivante, les règles assurant sa cohésion (défense du vol, respect de la propriété d'autrui, etc.) seront assimilables à des lois naturelles. Pourtant cette conception d'une humanité naturellement sociable semble partout contredite : le rassemblement des hommes soulève des tensions, développe des conflits si forts qu'on en vient à douter que ce dernier soit fait pour vivre en société. Rousseau* en vient même à penser que l'homme naturel est plutôt fait pour la solitude : seul un cataclysme extraordinaire a pu obliger à ces regroupements artificiels, contraignants et aliénants, que sont les sociétés humaines. Hobbes* dénonçait aussi le caractère artificiel des sociétés, mais en recourant à d'autres fondements : les mécanismes naturels des passions humaines (le désir, l'orgueil et la peur de mourir) entraînent fatalement une guerre* incessante entre les hommes. Ce qui est premier dans la nature, en effet, ce ne sont pas les sociétés, mais les affirmations individuelles de puissance, qui ne peuvent que se limiter et s'opposer entre elles. C'est pourquoi le jeu naturel des passions* mènerait vite à l'autodestruction de l'espèce, si l'homme n'avait, pour s'en garder, recours à un artifice : l'invention de l'État*, comme appareil supérieur de contraintes garantissant la sécurité et la paix parmi les hommes dans le cadre de sociétés réglées. Cependant, ce qui, par-delà les oppositions évidentes, réunit Hobbes et Rousseau, contre Aristote et l'école stoïcienne du droit naturel, c'est cette idée que les sociétés ne sont pas des réunions naturelles, mais des associations historiques fondées sur un pacte* et un consentement mutuel (ce qui signifie que l'individu* précède logiquement la société).

La cohérence des sociétés économiques

Mais on pourrait aussi bien affirmer que la société s'organise selon d'autres axes que l'axe proprement politique : nous voulons parler du jeu des intérêts économiques. Cette différence entre la dimension politique et la dimension économique est bien marquée par l'opposition, classique en philosophie politique, entre la « société civile* » (définissant la sphère des besoins particuliers) et « l'État » (renvoyant aux décisions d'intérêt général). Ce qui fait la spécificité de la société humaine pour Adam Smith*, ce sont précisément les actes d'échange qui s'y produisent. De fait, il n'y a jamais dans le monde animal d'acte réel d'échange*, avec mise sur le marché d'un bien, dialogue*, et restitution après accord passé. L'animal ne connaît, afin d'obtenir une chose qu'il voit être possédée par un autre, que la force ou la plainte. Le monde humain, au contraire, est investi par la production et l'échange des biens. Alors que l'animal (non domestique) ne dépend pour sa conservation que de lui seul, l'homme dans sa vie quotidienne dépend, pour chacun de ses gestes, du concours d'autrui : l'individu agissant se trouve placé au carrefour d'un circuit d'échanges qui, de proche en proche, renvoie à l'humanité tout entière. Pourtant, selon Adam Smith, cette interdépendance économique, si elle assure l'utilité générale, n'est soutenue, dans son mode de fonctionnement, par aucune visée altruiste : c'est au contraire la logique conjuguée des égoïsmes (chacun ne poursuivant que son profit personnel) qui produit l'intérêt collectif de façon bien plus sûre que si l'on en avait appelé aux sentiments d'humanité de chacun. La « main invisible » d'Adam Smith redistribue en intérêt général la somme des intérêts particuliers. L'harmonie sociale apparaît comme le fruit de la concurrence entre personnes. C'est précisément cette utopie* libérale que Marx*, dans ses ana-

◆ **Société civile**

lyses de la société capitaliste*, conteste. On notera au passage que nul n'a plus que Marx insisté sur l'importance du fait social : c'est sa manière d'être avec les autres (dans ses activités, son travail) qui, selon Marx, détermine en son ensemble l'être de l'individu. L'histoire d'un individu ne se laisse jamais comprendre à partir de lui-même, mais apparaît comme le produit de l'histoire de l'ensemble de la société dans laquelle il évolue. Mais cela ne signifie pas pour autant que la société forme un tout unifié : toute société est divisée en classes* sociales. La lutte qui oppose entre elles ces classes atteint son maximum de clarté dans la société capitaliste où sont nettement différenciés les propriétaires des moyens de production et les travailleurs.

Société civile et État

La société est donc pour Marx un ensemble nécessairement contradictoire et conflictuel. C'est précisément ce que Hegel* décrivait sous le nom de « société civile ». Dans la société civile, l'unité de la société est conflictuelle parce qu'elle n'est assurée que par l'inter-dépendance des circuits commerciaux, et l'enchaînement des égoïsmes. C'est pourquoi Hegel tente, sous le nom d'« État », de penser une unité supérieure où la société est le cadre par lequel chaque individu humain peut se réaliser concrètement avec (et non pas aux dépens de) l'autre.

Société ouverte

Concept proposé par Karl Popper* (*La Société ouverte et ses ennemis*) qui transporte sa conception de la connaissance scientifique dans le domaine politique. La science se caractérise en effet par la possibilité de voir ses hypothèses réfutées par l'expérience (*cf.* Falsifiabilité*) et s'oppose en cela à des discours pseudo-scientifiques dont Popper voit des illustrations exemplaires dans le marxisme* et la psychanalyse*. La connaissance objective est ainsi porteuse de valeurs morales, sociales, politiques propres aux sociétés « ouvertes » au débat et à la discussion, et admettant donc la possibilité de voir leurs lois et leurs constitutions amendées ou modifiées. À l'opposé, le marxisme, discours fermé n'acceptant pas en principe son examen critique, a justifié une « société close », de type totalitaire, dans laquelle la prétendue possession d'un savoir absolu interdit le libre jeu de la vie démocratique. Pour Popper, le modèle originaire des sociétés closes se trouve dans la *République* de Platon*, où est affirmé le principe du philosophe-roi, législateur du langage et de la cité.

● **TEXTES CLÉS** : Aristote, *Politique* (I et II) ; J.-J. Rousseau, *Du contrat social* ; E. Kant, *Idée d'une histoire universelle du point de vue cosmopolitique* ; G.W.F. Hegel, *Principes de la philosophie du droit*. ● **TERME VOISIN** : communauté. ● **TERME OPPOSÉ** : état de nature. ● **CORRÉLATS** : capitalisme ; cité ; classes sociales ; État ; gouvernement ; individualisme ; libéralisme ; politique ; pouvoir ; sociabilité ; socialisme ; sociologie.

SOCIÉTÉ CIVILE

Cf. Société.

SOCIOLOGIE

(n. f.) ● **ÉTYM.** : latin *socius*, « compagnon », « associé », et grec *logos*, « discours rationnel », « science ». ● **SENS ORDINAIRE** : terme utilisé pour la première fois par Auguste Comte (1839), pour désigner l'étude positive des phénomènes sociaux, qu'il avait dans un premier temps qualifiée de « physique sociale ».

L'ambition des « pères fondateurs » de la sociologie (Auguste Comte* puis Émile Durkheim* en France, Max Weber* en Allemagne) était d'établir sur des bases scientifiques la connaissance des phénomènes sociaux, domaine longtemps réservé aux réflexions philosophiques sur les rapports entre individus* et société*. Pour reposer « en termes scientifiques » des « questions traditionnelles de la philosophie » (Pierre Bourdieu*), Durkheim décide de « considérer les faits sociaux comme des choses » (1895), comme les éléments d'un tout dont le fonctionnement est régi par des lois* générales. Le sociologue peut alors emprunter leur méthode* aux sciences exactes : circonscrire les faits pour délimiter son champ d'investigation, dégager de l'observation et de l'analyse les lois qui les commandent. Durkheim étudie ainsi les facteurs déterminants de phénomènes comme le suicide ou les pratiques religieuses, les principales fonctions et manifestations de la morale, l'institution* familiale. Pour rendre compte de la spécificité de la réalité sociale (actions et comportements à la fois de groupes et d'individus humains), Max Weber privilégie le souci d'en expliquer*, comprendre* et interpréter* le sens* : il met en évidence, par exemple, les liens qui semblent unir, dans les sociétés occidentales les plus tôt industrialisées, la prédominance du protestantisme au développement du capitalisme* moderne (1920).

Confrontée, comme les autres sciences de l'homme, à la difficulté de concilier sa prétention à la scientificité et l'impossibilité de traiter les phénomènes humains comme des objets ou des faits naturels, la sociologie contemporaine voit néanmoins se diversifier à la fois ses méthodes, ses objets et ses ambitions. Enquêtes, statistiques, interviews, élaboration de modèles explicatifs... constituent ses principaux moyens d'investigation. Les sociologues étudient aussi bien les facteurs des grands changements sociaux, que les conditions sociales de la production des connaissances, les pratiques culturelles ou éducatives. Enfin si les uns prétendent se limiter à la description des phénomènes* qu'ils étudient, d'autres cherchent à comprendre les mécanismes* et fonctionnements qu'ils mettent en évidence, voire à agir sur l'évolution sociale (« En énonçant les déterminants sociaux des pratiques [...], le sociologue donne les chances d'une certaine liberté par rapport à ces déterminants », Pierre Bourdieu*, *Choses dites*). Depuis une quarantaine d'années, la sociologie française se développe dans quatre grandes directions. Deux courants relèvent de la « sociologie de l'intégration », et privilégient l'analyse des interactions entre stratégies individuelles et constitution de l'ordre social : l'« individualisme méthodologique » (Raymond Boudon), et l'« analyse stratégique » (Michel Crozier). Les deux autres peuvent être qualifiés de « sociologie critique », et cherchent à éclairer les conflits, l'origine des différences sociales et culturelles des mouvements sociaux, en mettant l'accent sur la logique du système (Pierre Bourdieu), ou sur le projet des acteurs sociaux (Alain Touraine).

● **Corrélats** : objectif/objectivité ; positif/positivisme ; science ; société.

Socrate
(470-399 av. J.-C.)

Repères biographiques

Fils d'un tailleur de pierre et d'une sage-femme, Socrate est, au grand siècle d'Athènes (vᵉ siècle av. J.-C.), et bien qu'il n'ait rien écrit, le philosophe par excellence. Vêtu simplement, ne se souciant pas d'une carrière personnelle, il passe son temps à discuter avec ses concitoyens, dans les maisons, sur la place publique et dans les marchés. Bien qu'il soit excellent citoyen et respectueux des lois, il est accusé d'impiété envers les dieux et de corruption de la jeunesse. Il est condamné à la mort par le tribunal démocratique d'Athènes (l'Héliée), par absorption de ciguë. Telle qu'elle est décrite par Platon dans le *Phédon*, cette mort est celle d'un sage véritable.

Que connaissons-nous de la philosophie de Socrate, puisqu'il n'a rien écrit ? Platon* l'a reconnu pour son maître et en a fait le personnage principal de la plupart de ses *Dialogues*. Mais il n'est pas aisé de démêler dans le personnage des *Dialogues*, ce qui appartient au Socrate véritable et ce qui est la pensée propre de Platon. De plus, de nombreuses autres écoles philosophiques, opposées entre elles comme au platonisme, se sont réclamées de Socrate. Nous ne connaissons donc la philosophie de celui-ci qu'indirectement, et à travers des traditions multiples et contradictoires. On peut toutefois penser que ce sont les dialogues de jeunesse de Platon (*Apologie, Criton, Charmide, Lachès* entre autres), dits précisément « dialogues socratiques », qui donnent l'idée la plus exacte de ce que fut réellement Socrate philosophe.

Socrate semble avoir été principalement préoccupé par les questions morales (contrairement aux « physiciens » présocratiques). Il nous apparaît comme l'instigateur d'une démarche essentiellement critique*. Il ne propose aucune doctrine personnelle et proclame que sa seule sagesse est négative : il « sait qu'il ne sait rien », mais ce savoir-là est supérieur aux faux savoirs. C'est pourquoi, selon la parole de l'oracle de Delphes, il est dit « le plus sage de la cité » (Platon, *Apologie de Socrate*). Son but semble avoir été, au cours de toutes les conversations qu'il eut avec ses concitoyens, de les interroger sur ce qu'ils croyaient savoir, et, en les mettant en contradiction avec eux-mêmes, de faire

◆ Soi

voler en éclat leurs convictions : telle est l'ironie* socratique qui consiste, en somme, à provoquer en autrui cette sagesse* négative.

C'est ainsi qu'il faut comprendre le « Connais-toi toi-même » qui fut la maxime de Socrate : ce n'est pas une invitation à l'introspection psychologique, mais la traduction du souci de faire de chacun le juge personnel de ses pensées. C'est la raison pour laquelle Platon nous le présente souvent, d'une part comme l'« accoucheur des esprits », travaillant les âmes comme sa mère Phénarète accouchait les corps (*Théétète*), d'autre part comme étant avec ses interlocuteurs pareil au poisson torpille qui engourdit celui qui le touche (*Ménon*). Est-ce là le motif qui entraîna la mise en accusation de Socrate et sa condamnation à mort ? C'est en tout cas dans cette critique des opinions* qu'il nous apparaît comme le véritable initiateur de la démarche philosophique.

PETITS SOCRATIQUES
Nom donné à des écoles philosophiques grecques des Vᵉ et IVᵉ siècles av. J.-C. qui, après la mort de Socrate, se sont partiellement réclamées de lui (*cf.* Cyrénaïques, Cyniques, Mégariques).

Soi

(pr. pers. et n. m.) ● **ÉTYM.** : pronom réfléchi de la troisième personne employé comme substantif. ● **PHILOSOPHIE** : désigne, chez certains philosophes (Leibniz par exemple), la personne ou la conscience de soi.

● **TERMES VOISINS** : ego ; je ; moi. ● **CORRÉLATS** : conscience ; sujet.

SOLIDARISME

Cf. Solidarité.

SOLIDARITÉ

(n. f.) ● **ÉTYM.** : latin *solidus*, « massif ». ● **SENS COURANT** : assistance mutuelle des individus. ● **BIOLOGIE, SOCIOLOGIE** : principe de dépendance réciproque des parties à l'égard d'un tout (organisme ou société).

Le principe de solidarité a été particulièrement défendu et développé, à la fin du siècle dernier, par l'homme politique français Léon Bourgeois dans sa théorie du solidarisme, dont Durkheim* a donné une expression théorique et sociologique complète. Le solidarisme ne se contente pas d'affirmer l'obligation de solidarité entre individus. Il considère la solidarité comme un fait primitivement social, une donnée primitive de la société, et non comme un état résultant de l'action d'agents moraux individuels.

● **TERMES VOISINS** : altruisme ; coopération. ● **TERMES OPPOSÉS** : égoïsme ; individualisme. ● **CORRÉLAT** : société.

SOLIPSISME

(n.m.) ● **ÉTYM.** : latin *solus*, « seul » et *ipse*, « soi ». ● **PHILOSOPHIE** : appellation qui désigne ce qui semble être une conséquence de l'idéalisme subjectif : celle qui conduirait le sujet pensant à n'affirmer aucune autre réalité que lui-même.

Aucun philosophe n'a revendiqué cette appellation : solipsisme est un terme polémique ; l'employer, à propos d'une philosophie, c'est formuler à l'encontre de celle-ci une objection ou un problème à surmonter.

On a en particulier utilisé ce terme pour désigner la situation décrite par Descartes* à la fin de la *Deuxième Méditation métaphysique*, lorsque, ayant douté de tout, il découvre la première — et donc d'abord la seule — certitude : celle du sujet existant et pensant.

● **CORRÉLATS** : cogito ; conscience ; idéalisme ; sujet.

SOPHISME

(n. m.) ● **ÉTYM.** : grec *sophisma*, « invention ingénieuse ». ● **SENS ORDINAIRE** : raisonnement faux, présentant une apparence de vérité et de rigueur, et généralement formulé dans l'intention de tromper.

● **Logique :** raisonnement apparemment valide, c'est-à-dire conforme aux règles de la logique, et néanmoins incorrect.

● **Terme voisin :** paralogisme.
● **Corrélats :** logique ; sophistes ; sophistique ; syllogisme ; vérité.

Les sophistes

Au Vᵉ siècle av. J.-C., en Grèce, les sophistes étaient des professeurs itinérants, enseignant de cité en cité, et contre rétribution, l'art d'argumenter rationnellement dans les affaires privées et publiques. Cet enseignement était destiné aux jeunes gens appelés à jouer un rôle dans les assemblées démocratiques de la Grèce, où le pouvoir était attribué à qui parlerait et convaincrait le mieux la majorité des citoyens. Les sophistes les plus prestigieux étaient Hippias, Protagoras et Gorgias. On les connaît surtout par les dialogues que Platon* leur a consacrés et dans lesquels Socrate* débat avec eux en réfutant leurs thèses.

Depuis la critique virulente qu'en a faite Platon, la sophistique grecque a la mauvaise réputation d'avoir été la pratique et la théorie d'un discours déréglé, cherchant, au moyen d'arguments fallacieux, à séduire un auditoire, et même à flatter l'opinion*, plutôt qu'à atteindre la vérité* (d'où le mot *sophisme** pour qualifier un raisonnement trompeur).

Cette critique des sophistes n'est pas sans fondement. Leur conventionnalisme*, en particulier, les conduisit à nier la possibilité d'une vérité universelle : « L'homme est la mesure de toute chose » disait Protagoras ; en d'autres termes, la vérité est relative à chacun.

Il est pourtant injuste de réduire la sophistique à cet aspect. Liés au succès du régime démocratique, Protagoras ou Gorgias en partageaient l'idéal. Séparant radicalement la loi*, qui est conventionnelle, de la nature*, ils faisaient de l'ordre politique le résultat d'une sorte de contrat social*, un ordre humain toujours révisable et non inscrit dans la nature de l'univers.

Par ailleurs, leur façon de présenter l'art d'argumenter indépendamment du contenu des argumentations, et en défendant publiquement et successivement la thèse et l'antithèse, a aussi ses vertus, quoi qu'en dise Platon : elle a favorisé le développement du formalisme* de la pensée, auquel Aristote* a donné sa première forme achevée avec la théorie du syllogisme*. Enfin, Gorgias ou Protagoras sont des penseurs qui ont influencé les écoles importantes de la philosophie grecque, comme le scepticisme*.

Sophistique

(n. f. et adj.) ● **Étym. :** grec *sophistikê*, « art des sophistes ». ● **(Adj.) sens ordinaire :** qui relève du sophisme (synonyme de fallacieux, spécieux). ● **(Subst.) sens ordinaire :** art des sophistes grecs ; mouvement philosophique qu'ils représentent. ● **Logique :** partie de la logique ayant trait aux sophismes.

● **Terme voisin :** rhétorique.
● **Corrélats :** sophisme ; sophistes.

Souverain

(adj. et n. m.) ● **Étym. :** du latin médiéval *superanus*, dérivé du latin classique *superus*, « supérieur ». ● **(Adj.) sens ordinaire :** caractère de ce qui est suprême dans son genre et indépendant (par exemple, un jury est souverain, si ses décisions ne dépendent pas d'une instance supérieure ; on parle aussi d'un État souverain, pour souligner son indépendance à l'égard des autres États). ● **(Subst.) philosophie politique :** personne individuelle ou collective à laquelle appartient le pouvoir suprême d'où dérivent tous les autres (par exemple, chez Rousseau, c'est le peuple qui est souverain dans une république ; mais le souverain peut être un monarque, comme l'atteste l'usage courant du terme).

Le terme souverain implique, en philosophie, l'idée de souveraineté. Celle-ci renvoie au principe qui légitime l'exercice du pouvoir* suprême, sans en désigner pour autant le titulaire : par exemple, dans une démocratie* représentative, le principe de la souveraineté

◆ **Souveraineté**

est dans le peuple*, mais ce sont ses représentants qui l'exercent.

Le concept de souveraineté apparaît au XVIe siècle, avec le juriste Jean Bodin qui en donne une définition dans son ouvrage *La République* (1576) : « La souveraineté est la puissance absolue et perpétuelle d'une république. » La souveraineté est absolue, ce qui signifie qu'elle est sans partage, indivisible, mais non sans limite : elle s'exerce dans le domaine public, non dans le domaine privé, par exemple. Elle est perpétuelle, c'est-à-dire qu'elle ne disparaît pas avec son titulaire. Autrement dit, la souveraineté n'est la propriété d'aucun individu. Elle est par conséquent inaliénable.

Rousseau*, dans *Du contrat social*, reprendra terme à terme cette définition de la souveraineté, mais en faisant du peuple son seul détenteur légitime. En outre, Rousseau condamne la dissociation entre origine et exercice de la souveraineté, dissociation sur laquelle reposent la monarchie constitutionnelle ou encore la démocratie représentative. Pourtant, même dans ce cas, la nécessité d'un gouvernement, c'est-à-dire d'un organe spécial chargé d'exécuter les décisions du souverain, pose inévitablement le problème d'une usurpation toujours possible de la souveraineté. *A fortiori* lorsque la souveraineté est déléguée, c'est-à-dire confiée à des élus chargés de la représenter, le risque est accru de voir le souverain confisquer la souveraineté. Parce que ce risque est inévitable, il est nécessaire de définir clairement les principes sur lesquels repose la souveraineté pour pouvoir en contrôler le respect et l'application. C'est le rôle d'une part de la Constitution et d'autre part, en France, d'un organe comme le Conseil constitutionnel, par exemple.

● **TERME VOISIN** : pouvoir.

SOUVERAIN BIEN

Cf. Bien.

● **CORRÉLATS** : démocratie ; État ; pouvoir ; république ; volonté générale.

SOUVERAINETÉ

Cf. Souverain.

SPÉCULATIF

Cf. Spéculation.

SPÉCULATION

(n. f.) ● **ÉTYM.** : latin *speculari*, « observer ». ● **SENS ORDINAIRE ET PHILOSOPHIQUE** : activité intellectuelle purement théorique, qui ne vise aucune application pratique. ● **SENS PÉJORATIF** : pure vue de l'esprit ; abstraction ne tenant pas compte du réel.

La méfiance du sens commun à l'encontre de la spéculation n'a rien de surprenant : on peut juger « perdu » le temps passé à réfléchir sur des objets inaccessibles à l'expérience* humaine (pour Kant*, par exemple, le fait que notre volonté* soit libre, la question de l'immortalité de l'âme* et celle de l'existence de Dieu*). Mais c'est justement parce que ces « spéculations » — en tant que considérations libres d'un esprit qui ne se préoccupe pas des applications pratiques — sont indépendantes de toute réalité, qu'elles peuvent manifester toute la fécondité de l'intelligence créative. Pour Hegel*, seul le moment spéculatif du cheminement de l'esprit vers le vrai est à même d'appréhender l'unité de toutes les déterminations d'un objet de pensée.

● **TERMES VOISINS** : abstraction ; contemplation ; théorie. ● **TERMES OPPOSÉS** : action ; expérience ; pratique. ● **CORRÉLATS** : dialectique ; imaginaire ; pensée ; théorie.

SPINOZA BARUCH (1632-1677)

REPÈRES BIOGRAPHIQUES

Né dans une famille de juifs portugais émigrés en Hollande au XVIe siècle, il suit les cours de l'école talmudique d'Amsterdam et continue son instruction librement, tout en travaillant dans le commerce de son père. Il fréquente les milieux des chrétiens libéraux et des libres penseurs. En 1656, il est excommunié par la Synagogue et doit gagner sa vie en polissant des verres de lunettes d'approche. Très attaqué depuis 1670 par les milieux religieux à cause de la parution de son *Traité théologico-politique*, il vit en reclus, entouré de quelques amis, après la chute violente de la République en 1672. En 1678, ses œuvres posthumes sont interdites « en tant que profanes, athées et blasphématoires ».

Une philosophie du salut ou de la béatitude : l'*Éthique*

Apprendre à penser doit nous permettre de trouver le Souverain Bien, un « bien véritable qui puisse se communiquer » et donner le suprême contentement ou « béatitude » : ce bien, c'est la vie selon la raison, qui nous « sauve » du trouble des passions. Cette finalité morale de la recherche spinoziste est exposée dès le début du *Traité de la réforme de l'entendement* et donnée comme le fil directeur du livre central de Spinoza : l'*Éthique* (1661-1675) — qu'il renoncera à publier pour des raisons de sécurité.

1. La méthode géométrique. Spinoza met à l'épreuve les bases de sa méthode jetées dans le *Traité de la réforme de l'entendement* : partir de « l'idée de l'être le plus parfait » pour en faire découler toutes les idées et toute la pratique humaine. L'*Éthique* expose la morale* réflexive la plus haute qui découle des principes métaphysiques* que Spinoza pose par définition, comme le ferait un mathématicien. Ainsi chaque partie du livre part de définitions, d'axiomes, de propositions suivies de leurs démonstrations et qu'il développe dans des scolies et des appendices. Les cinq parties traitent successivement de : « Dieu » ; « Nature et origine de l'esprit » ; « Nature et origine des sentiments » ; « La servitude humaine ou les forces des sentiments » ; « La puissance de l'entendement ou la liberté humaine ».

2. Les principes métaphysiques. Spinoza établit que, par définition, il n'existe d'autre substance* dans la nature que Dieu, dont tout est mode ou attribut*. De Dieu, « c'est-à-dire la nature », découle par la seule nécessité naturelle tout ce qui existe (les modes de l'être). Tous les événements sont soumis à un strict déterminisme. Il n'y a pas de causes finales. Le libre arbitre* est une illusion*. Il y a une parfaite adéquation (ou corrélation) entre les choses (dont l'attribut est l'« étendue ») et les idées (dont l'attribut est « la pensée* »).

3. Les trois genres de connaissance et la maîtrise des passions. L'homme du commun se satisfait d'un prétendu savoir acquis par « ouï-dire » et « expérience vague », perceptive, non critiquée : c'est « le premier genre de connaissance » qui se manifeste par un comportement passionnel, en particulier superstitieux et fanatique, car « le désir* est l'essence de l'homme ». Celui qui commence à s'instruire, apprend à définir et à déduire selon la méthode mathématique, rationnelle. Il peut alors s'affranchir des passions* en en formant des idées claires et distinctes. Il vit selon « le deuxième genre de connaissance ». Celui qui atteint « le troisième genre de connaissance », ou connaissance intuitive, voit chaque chose, chaque événement, comme découlant de la nature divine, c'est-à-dire de la nécessité naturelle. Il connaît toute chose à la fois dans sa singularité et son lien avec la totalité. Il n'est plus hanté par la crainte. Il éprouve au contraire la joie la plus haute.

4. La fausse morale et le vrai bien. Spinoza analyse, dans la quatrième partie de l'*Éthique*, tous les faux sentiments*, les faux comportements comme la crainte, la honte, la tristesse, qui n'engendrent dans la vie sociale qu'une fausse concorde. Il leur oppose les vrais sentiments fondés sur les idées positives de l'entendement : la joie, l'amour pour les idées vraies, pour son prochain en tant qu'il est dirigé par la raison. Ainsi le vrai bien* repose sur l'extension de la puissance de connaître. L'homme découvre qu'il n'y a rien de plus utile qu'un autre homme qui vit selon la raison, dans une cité raisonnable, et que partager la vraie connaissance permet de jouir de la vie en écartant les idées tristes de la haine, de la vengeance et de la mort.

Après avoir écarté l'illusion de la liberté, Spinoza, dans la cinquième partie de l'*Éthique*, lui redonne son vrai statut. Le philosophe accède à la vraie liberté et sa béatitude est la vertu* elle-même. Il expérimente alors « l'amour intellectuel de Dieu » c'est-à-dire sa propre éternité*.

Une philosophie de la politique

Si le Souverain Bien doit pouvoir se communiquer, le philosophe doit chercher les conditions politiques de sa réalisation. Spinoza prend parti dans les débats des milieux républicains sur la tolérance*. Le *Traité théologico-politique*, publié anonymement en 1670 et aussitôt attaqué par les autorités religieuses (juives et calvinistes), est un

◆ **Spinoza**

ouvrage polémique, véritable apologie pour la tolérance et l'indépendance des pouvoirs religieux et politiques. La liberté de philosopher doit être totale pour que règne la paix dans un État. Celui-ci doit être le garant d'une foi universelle, fondée avant tout sur les règles morales de la justice et de la charité.

Le *Traité politique* (1675-1677), inachevé, est, lui, un exposé synthétique sur les fondements de l'État*. Spinoza définit la fin de la société civile* par la paix et la sécurité. Son interrogation permanente est : « Comment contenir la multitude ? », question suscitée par la violence de la « révolution » orangiste qui mit fin à la République en 1672. Après avoir défini le droit par la puissance, il pose le problème général de la conservation des régimes politiques. Spinoza examine la façon dont ce problème peut être résolu pour chacun des trois régimes typiques : monarchie*, aristocratie*, démocratie*. La question reste en suspens en ce qui concerne la démocratie, l'ouvrage étant resté inachevé. Cependant la démocratie est définie comme le régime « le meilleur », car « le plus naturel » et « le plus rationnel ». Mais la question demeure : dans quelle mesure la multitude peut-elle gouverner ses propres passions ?

● **PRINCIPAUX ÉCRITS** : *Éthique* (1661-1675) ; *Traité de la réforme de l'entendement* (1661) ; *Traité théologico-politique* (1670) ; *Traité politique* (1677) ; *Correspondance* (1661-1676).

LA LIBERTÉ D'EXPRESSION

Dans son Traité théologico-politique*, Spinoza pose avec fermeté les fondements d'un État démocratique et laïque. Cette laïcité ne doit pourtant pas être comprise comme la négation, le refus de reconnaissance des croyances religieuses. À partir de l'acceptation, qui doit être partagée par tous, des valeurs fondamentales de charité et de justice, l'État laissera libre cours (tout en se réservant un droit de contrôle) aux opinions particulières, aux dogmes et aux pratiques propres aux différentes confessions. C'est là un véritable traité de la tolérance, où l'adhésion à l'État s'obtient à travers la pluralité reconnue des convictions.*

« [...] si personne ne peut abandonner sa liberté de juger et de penser ce qu'il veut, si par contre chacun est maître de ses propres réflexions, par un droit supérieur de Nature, il suit que dans un État, jamais on ne pourra tenter, si ce n'est avec une issue totalement désastreuse, de faire que les hommes, d'opinions si diverses et contraires, ne s'expriment cependant que selon le décret du pouvoir souverain [...]. En effet comme le libre jugement des hommes est tout à fait divers et que chacun pense à lui seul tout savoir, et qu'il est impossible que tous pensent également la même chose, et parlent d'une seule voix, ils ne pourraient vivre en paix si chacun n'avait pas renoncé au droit d'agir selon le seul décret de sa pensée. C'est donc seulement au droit d'agir selon son propre décret que l'individu a renoncé, non au droit de raisonner et de juger ; par suite personne ne peut, sans danger pour le droit du pouvoir souverain, agir à l'encontre du décret de celui-ci, mais il peut totalement penser et juger, et par conséquent aussi s'exprimer, à condition cependant qu'il se contente de parler et d'enseigner, et de défendre son opinion par la seule Raison, sans introduire par la ruse, la colère et la haine, quelque mesure contraire à l'État qui ne ressortirait que de l'autorité de son propre vouloir. »

Spinoza, *Traité théologico-politique* (1670), trad. M. Pardo,
Paris, Hatier, coll. « Les classiques Hatier de la philosophie », 1999, pp. 24 et 25-26.

La liberté d'expression

Pour Spinoza le terrorisme idéologique de l'État, sa prétention à réglementer ce qu'il faut ou ce qu'il ne faut pas penser, est à la fois injuste, dangereux et inutile. Injuste : il remet en cause le droit des gens à n'adopter des opinions qu'après un libre examen. Dangereux : l'État devient forcément, par cet abus de pouvoir, l'objet d'une haine populaire qui peut à tout moment se déchaîner contre lui. Inutile : on peut bien contrôler les déclarations des individus, mais en aucun cas les pensées qu'ils forment en leur for intérieur.

Le devoir d'obéissance

Mais si l'État reconnaît le droit de chacun de dire et de penser ce qu'il veut (dans certaines limites que l'auteur s'attachera dans la suite du texte à énoncer), cela ne signifie pas pour autant qu'il reconnaît le droit de chacun à agir comme il l'entend. La diversité des opinions est en effet telle qu'elle serait suivie, si l'on ne disposait d'une instance supérieure de décision, d'une égale incohérence et anarchie dans l'action. L'État, en même temps qu'il doit garantir à chacun le droit de dire ce qu'il pense des lois, doit s'assurer qu'il y obéit bien : c'est la juste mesure de sa puissance.

LIBERTÉ ET NÉCESSITÉ

Je sens que je veux une chose, et il arrive que je ne parvienne même pas à expliquer pourquoi je la veux. Je fais certains choix dans ma vie, et j'arrive difficilement à en rendre compte ensuite. Dans certaines situations, j'hésite longtemps avant de prendre une décision. C'est dans cette absence de déterminations objectives de ma volonté que la philosophie a souvent placé l'expérience irréfutable de ma liberté. En ce sens, la liberté humaine s'opposait à la nécessité des lois de la nature : alors que chaque mouvement dans la nature est strictement réglé par des lois immuables, l'homme, lui, a le pouvoir de se décider à partir de rien, de commettre des actes totalement gratuits. Grandeur de la liberté humaine ; Spinoza va s'attacher précisément à montrer combien elle se révèle illusoire à l'analyse.

« J'appelle libre, quant à moi, une chose qui est et agit par la seule nécessité de sa nature ; contrainte, celle qui est déterminée par une autre à exister et à agir d'une certaine façon déterminée. [...] Pour rendre cela clair et intelligible, concevons une chose très simple : une pierre, par exemple, reçoit d'une cause extérieure qui la pousse, une certaine quantité de mouvement et, l'impulsion de la cause extérieure venant à cesser, elle continuera à se mouvoir nécessairement. Cette persistance de la pierre dans le mouvement est une contrainte, non parce qu'elle est nécessaire, mais parce qu'elle doit être définie par l'impulsion d'une cause extérieure. [...] Concevez maintenant, si vous voulez bien, que la pierre, tandis qu'elle continue de se mouvoir, pense et sache qu'elle fait effort, autant qu'elle peut, pour se mouvoir. Cette pierre assurément, puisqu'elle a conscience de son effort seulement et qu'elle n'est en aucune façon indifférente, croira qu'elle est très libre et qu'elle ne persévère dans son mouvement que parce qu'elle le veut. Telle est cette liberté humaine que tous se vantent de posséder et qui consiste en cela seul que les hommes ont conscience de leurs appétits et ignorent les causes qui les déterminent. Un enfant croit librement appéter le lait, un jeune garçon irrité vouloir se venger et, s'il est poltron, vouloir fuir. Un ivrogne croit dire par un libre décret de son âme ce qu'ensuite, revenu à la sobriété, il aurait voulu taire. De même un délirant, un bavard, et bien d'autres de même farine, croient agir par un libre décret de leur âme et non se laisser contraindre. »

Spinoza, *Lettre 58*, trad. C. Appuhn, Paris, GF-Flammarion, 1966, pp. 303-304.

Liberté et contrainte

Pour Spinoza, le contraire de la liberté n'est pas la nécessité, mais la contrainte. La contrainte renvoie aux déterminations extérieures qui m'obligent à une action, et la liberté à celles qui dépendent uniquement de ma nature propre. Il ne faut donc pas dire qu'un acte libre est un acte sans raisons, mais un acte dont les raisons se tirent de ma seule personne, sans avoir à recourir à d'autres causes. On n'opposera plus liberté et nécessité, mais nécessité externe (contrainte) et nécessité interne (liberté).

L'ignorance des causes

La prétendue liberté de volonté est donc strictement imaginaire. L'absence de motifs objectifs pour une action ne renvoie pas en effet à la présence positive de

◆ **Spiritualisme**

la liberté en nous, mais à l'ignorance des causes qui nous déterminent : on a la conscience de son désir sans le savoir de ce désir. Ce n'est pourtant pas parce qu'on ne connaît pas les raisons de ses actes qu'on agit réellement sans raisons, mais c'est bien pour cela qu'on a l'illusion d'agir librement.

La critique de la philosophie cartésienne

Spinoza peut apparaître comme un disciple de Descartes puisque le seul ouvrage qu'il publie sous son nom expose les *Principes de la philosophie de Descartes* (1663), qu'il démontre « selon la méthode géométrique ». En fait, les concepts cartésiens : la règle de l'évidence, la rigueur mathématique, ne constituent que la forme sous laquelle Spinoza expose, dès le *Traité de la réforme de l'entendement* (1661), une philosophie différente de celle de Descartes. Contre celui-ci, Spinoza affirme qu'il n'est pas nécessaire de passer par le doute systématique pour trouver la vérité, car le vrai est « signe de lui-même et du faux ». L'erreur n'est pas le résultat d'une intervention positive de la volonté. Elle n'est qu'« une privation de connaissance qu'enveloppent les idées inadéquates, c'est-à-dire mutilées et confuses ». Il faut donc purifier l'entendement de ses idées confuses en procédant à la critique de l'imagination. Pour ce faire, doit être constituée une science de la nature humaine qui dépasse le dualisme cartésien de l'âme et du corps. En effet ce dualisme rend incompréhensible l'action de l'une sur l'autre, et confus le fondement de la morale.

SPIRITUALISME

(n. m.) ● **ÉTYM.** : latin *spiritualis*, ou *spiritalis*, « propre à la respiration », « spirituel ». ● **SENS ORDINAIRE** : doctrine consistant à soutenir que : 1. l'esprit ne se réduit pas à la vie ; 2. la vie ne se réduit pas à la matière (opposé à matérialisme). ● **MÉTAPHYSIQUE** : théorie philosophique selon laquelle il existe deux substances radicalement distinctes, l'esprit et la nature, la première étant caractérisée par la pensée et la liberté, la seconde par l'étendue et le mouvement. ● **MORALE** : théorie selon laquelle la vie humaine comporte ses propres fins (la justice, la liberté...) qui ne sauraient se réduire aux seuls intérêts du vivant, et qui peuvent même être amenées à les contredire.

Dans son sens métaphysique, le terme spiritualisme recouvre une longue tradition qui remonte à Anaxagore* (Vᵉ siècle av. J.-C.) et qui se perpétue dans toute la philosophie cartésienne (Descartes*, Malebranche*, Spinoza*, Leibniz*...). Pour Anaxagore, l'esprit est le *nous*, c'est-à-dire « l'âme » ou « le souffle » fluide et mouvant, qui s'oppose à la matière, solide et inerte. La philosophie idéaliste* dans son ensemble admet elle aussi cette opposition catégorique entre l'esprit (principe d'unification et de connaissance) et la matière (étalée et inerte) ainsi que la suprématie du premier.

Le dualisme* cartésien radicalise encore cette opposition mais reconnaît l'autonomie de la matière : celle-ci obéit à ses propres lois (*cf.* Mécanisme) et n'est donc plus totalement subordonnée à l'esprit*. En outre, chez Descartes, la conscience cesse d'être un « souffle » ou une « flamme » pour devenir un principe de connaissance et de représentation de l'univers tout entier. La question qui sera posée par la suite concerne les relations (difficilement intelligibles) entre deux substances* tenues pour radicalement étrangères l'une à l'autre.

Au XXᵉ siècle, un débat très vif continue d'opposer les tenants du matérialisme* (*cf.* Esprit) et les tenants d'un spiritualisme métaphysique renouvelé. Selon Bergson* (qui représente cette seconde position) l'esprit n'est pas un effet du corps, et la vie en général est irréductible à la matière. Loin d'être la clé du fonctionnement de l'esprit, le cerveau n'en est que l'instrument et le support : il n'est que « l'ensemble des dispositifs qui permettent à l'esprit de répondre à l'action des choses par des réactions motrices [...] dont la justesse assure la parfaite insertion de l'esprit dans la réalité » (Bergson, « L'âme et le corps » in *L'Énergie spirituelle*).

● **TERMES VOISINS** : dualisme ; idéalisme. ● **TERME OPPOSÉ** : matérialisme. ● **CORRÉLATS** : âme ; esprit ; mécanisme ; vitalisme.

SPORT

(n. m.) ● **ÉTYM.** : mot anglais *disport* signifiant en français « se déporter », « s'amuser ». ● **SENS ORDINAIRE ET SOCIOLOGIQUE** : activité physique exercée par jeu, mais aussi dans un esprit de lutte et d'effort, supposant un entraînement systématique, une discipline plus ou moins stricte, et le respect de certaines règles et normes socialement fixées (*cf.* N. Élias). Voir aussi : A. Ehrenberg, *Le Culte de la performance* (Calmann-Lévy, 1991) ; Yves Vargas, *Sur le sport*, PUF, 1992 ; Paul Yonnet, *Système des sports*, Gallimard, 1998 ; sous la dir. de Georges Vigarello, « Le spectacle du sport », revue *Communication*, Seuil, 1998.

● **TERMES VOISINS** : divertissement ; exercice. ● **CORRÉLATS** : civilisation, mœurs.

STAGIRITE (LE)

Nom par lequel il est convenu de désigner Aristote*, originaire de la ville de Stagire.

STOÏCISME

(n. m.) ● **ÉTYM.** : grec *stoa*, « portique », sous lequel Zénon donnait son enseignement à Athènes. ● **SENS LARGE** : attitude de celui qui supporte avec courage et fermeté la douleur et le malheur. ● **SENS STRICT** : école philosophique dont la doctrine connut des remaniements successifs sur environ cinq siècles et dans l'histoire de laquelle on distingue généralement trois grandes périodes : l'*ancien stoïcisme*, fondé vers 315 av. J.-C. par Zénon de Cittium, disciple des cyniques, repris par Cléanthe d'Assos, puis par Chrysippe ; le *moyen stoïcisme*, aux IIe et Ier siècles av. J.-C., avec Antipater de Tarse et Posidonius d'Apamée ; le *stoïcisme impérial*, aux Ier et IIe siècles apr. J.-C., essentiellement romain, dont les grands noms sont Sénèque, Épictète et l'empereur Marc-Aurèle.

Le stoïcisme, comme d'ailleurs l'épicurisme qui lui est contemporain, est d'abord une doctrine morale qui propose des règles de vie propres à atteindre le bonheur* et la sagesse*. Toutefois, ces règles s'appuient sur une conception théorique et rationnelle de l'univers. Le stoïcisme est bien, en ce sens, une philosophie.

La doctrine stoïcienne

1. Le stoïcisme se caractérise d'abord par son naturalisme, manifeste dans le précepte selon lequel il faut « vivre en harmonie avec la nature ». Il est vrai que le stoïcisme naît au moment du déclin de la cité grecque, comme forme politique. Le naturalisme stoïcien traduit une certaine désaffection de la vie culturelle et politique. Il prône un certain retrait par rapport à la vie publique et replace l'homme au sein de l'univers considéré comme sa véritable patrie. Cet univers, et c'est le deuxième trait caractéristique de la doctrine, est matériel.

2. Le stoïcisme est un matérialisme*. Seule existe la matière, la matière étant elle-même définie comme corps*, c'est-à-dire ce qui est capable d'agir ou ce sur quoi il est possible d'agir. Le matérialisme stoïcien a des conséquences sur la morale. La passion, par exemple, est condamnée, car elle épuise l'âme par de vains efforts. Elle est en effet orientée vers le passé, par le regret, ou vers le futur, par la crainte et l'espérance. Or ni passé, ni futur n'existent. On ne peut agir sur eux, ce sont des incorporels. D'ailleurs, l'ordonnancement des choses est décrit dans l'univers, qui forme une totalité cohérente.

3. Le stoïcisme est, en effet, un rationalisme. La matière est animée par un principe corporel que les stoïciens appellent tantôt âme ou raison, ou cause. Cette âme du monde pénètre subtilement l'ensemble des éléments corporels dont se compose l'univers et en assure ainsi à la fois la cohésion physique et la cohérence. Le monde est un système où chaque partie est en rapport ou en « sympathie » avec le tout. Par conséquent, l'univers est gouverné par une nécessité qui ne laisse place à aucune modification : tout ce qui arrive devait arriver, tout ce qui doit arriver arrivera. L'âme du monde apparaît donc sous la figure du destin. Toutefois, le stoïcisme n'est pas un fatalisme*. Dans cet univers, il y a place pour une action et une liberté, dont la morale précise les règles et les conditions.

◆ Strauss

La morale stoïcienne

« Vivre en harmonie avec la nature » signifie, pour l'homme, comprendre l'ordre universel et y acquiescer. Seul l'homme est en effet doué de la faculté de représentation et capable par conséquent de participer de manière consciente et active à la raison* universelle. Pour cela, le sage stoïcien doit maîtriser ses passions, qui contractent l'âme en vain, épouvantée par les fantômes de son imagination, et comprendre que tout ce qui arrive est conforme à l'ordre universel, y compris ce qui semble en contrarier l'harmonie et la beauté, comme la mort d'un ami ou d'un parent, par exemple. Par cet assentiment à l'ordre universel, le sage stoïcien s'en fait l'agent. Car si ce qui arrive ne dépend pas de nous, notre jugement dépend de nous. Il s'agit dès lors de s'approprier ce qui nous est étranger — l'événement — en y donnant notre assentiment par la faculté qui nous est propre : la raison. Cet assentiment au destin procure au sage la liberté et la paix de l'âme, c'est-à-dire l'ataraxie. Acceptant la place qui lui est assignée, le sage vit parmi les hommes. Il est père, époux, soldat, esclave, ou empereur. Ces « offices », ou devoirs sociaux, il les accomplit en conservant une indifférence intérieure à leur égard. Mais si les particularités culturelles, les positions sociales sont inessentielles, c'est qu'au-delà existe entre les hommes une communauté naturelle qui fonde entre eux une égalité et un droit naturels. Certains thèmes de la morale stoïcienne — le renoncement, la maîtrise des passions, la communauté entre les hommes — sont en consonance avec la morale chrétienne et seront repris par les Pères de l'Église. Cette morale austère qui, selon Kant*, place le bonheur dans l'exercice de la vertu, constitue l'un des fondements de la culture chrétienne occidentale. En tout cas ce modèle de sagesse eut une influence considérable à travers les siècles et continua d'inspirer des écrivains, comme Montaigne*, et des philosophes, comme Descartes* ou encore Spinoza*.

● **Textes clés :** Sénèque, *De la constance du sage*, *De la tranquillité de l'âme*, *Lettres à Lucilius* ; Épictète, *Manuel* et *Entretiens* ; Marc-Aurèle, *Pensées*. ● **Corrélats :** cynisme ; épicurisme ; sagesse.

STRAUSS Léo (1899-1973)

Repères biographiques

Né en Allemagne, Léo Strauss émigre en 1932 en France. En 1938, il s'installe aux États-Unis, où il enseigne dans diverses universités, notamment à Chicago. Ayant étudié plus particulièrement la pensée médiévale et la philosophie grecque, il pose tout au long de son œuvre la question du fondement de la justice, et s'interroge plus généralement sur le type de rapport qui peut s'instaurer entre l'homme et la cité.

Il y a actuellement une crise spirituelle et morale de l'Occident qui tient, selon Léo Strauss, à notre oubli du « fondement du juste ». Ce constat l'amène à réactualiser les catégories classiques de la politique, et à critiquer les déviations philosophiques contemporaines à la lumière des principes que nous ont enseignés, notamment, Platon* et Aristote*. Le « positivisme scientifique » est l'une de ces déviations qui conduisent, en survalorisant les sciences sociales et leur pseudo-neutralité, à négliger l'indispensable apport de la philosophie politique et de l'éthique. L'« historicisme* » — pour lequel toute thèse, toute connaissance suppose un cadre de référence, un horizon en dehors duquel elle ne peut prétendre à aucune validité — est le second écueil de la pensée contemporaine. Léo Strauss conteste vigoureusement l'historicisme dont il souligne le caractère contradictoire (montrer le caractère historique de toute pensée, c'est poser une thèse prétendument transhistorique...) d'une part ; il révèle, d'autre part, les conséquences nihilistes* et obscurantistes d'une telle théorie. À ces dangereuses dérives de la modernité*, il oppose la nécessité de réintroduire l'idée de *droit naturel**, « car s'il n'y a pas d'étalon plus élevé que l'idéal de notre société, nous sommes incapables de prendre devant lui le recul nécessaire au jugement critique » ; puis il affirme le caractère accessible de la vérité*, ainsi que son « pouvoir inéluctable ». La politique ne relève pas seulement de la science* (description froide et neutre des faits) ; quant à la vérité, il faut redire sa valeur : le discours vrai vaut plus que l'idéologie* ou le mythe*. Sur ce point, mais aussi sur les thèmes de la citoyenneté, de la sagesse*, de la justice*, il nous faut donc écouter à nouveau les leçons des anciens : Thucydide, Platon et Aristote, et puis surtout, bien sûr, Socrate*.

● **Principaux écrits** : *Droit naturel et histoire* (1953) ; *La Cité et l'homme* (1964) ; *Les Trois Vagues de la modernité* (1975) ; *Qu'est-ce que la philosophie politique ?* (traduction française, 1992).

Structuralisme

(n. m.) ● **Étym.** : terme formé dans les années 1960 à partir du mot *structure*. ● **Sens large** : méthode générale consistant à privilégier les structures des phénomènes à connaître (langues, parentés, mythes, etc.), c'est-à-dire à faire prévaloir les relations entre les termes d'un ensemble pour en expliquer le fonctionnement. ● **Sens strict** : doctrine ou philosophie tendant à privilégier l'approche structurale dans l'étude des diverses productions symboliques humaines.

De la linguistique...
Le terme structuralisme désigne tout d'abord une méthodologie élaborée au début du siècle par Ferdinand de Saussure* puis reprise par les grands linguistes du monde entier (Roman Jakobson, Louis Hjemslev, etc.). La langue* y est conçue comme un système* de signes se définissant les uns par rapport aux autres et non pas isolément : le sens d'un élément est déterminé par sa position dans l'ensemble du système, tout comme les pièces d'un jeu d'échec se définissent par leurs situations respectives les unes par rapport aux autres, c'est-à-dire, en dernier ressort, par les règles du jeu.
Une telle approche — dite « structurale » — des productions symboliques est reprise par Claude Lévi-Strauss*, qui applique cette méthode à l'ethnologie*. Conçue tout d'abord comme une hypothèse de travail (la structure est un modèle, constitué à partir de la réalité empirique, qui permet, en retour, de l'organiser et de l'éclairer), l'analyse structurale véhicule également une nouvelle approche philosophique.

Lévi-Strauss montre en effet que les relations de parenté, par exemple, sont l'une des formes possibles de l'échange symbolique, et que, de façon plus générale, toutes les formes de communication* peuvent être interprétées à partir de leurs infrastructures inconscientes. En d'autres termes, les véritables ressorts de nos choix individuels sont dissimulés dans les structures* sous-jacentes qui constituent la trame inapparente de toutes les institutions et productions culturelles.

... à la philosophie
Dans les années 1960, un certain nombre de philosophes français (Jacques Lacan*, Louis Althusser*, Michel Foucault*, Jacques Derrida*...) vont à leur tour rejoindre le courant structuraliste, chacun dans son domaine respectif. Les marxistes (Louis Althusser notamment) appliquent la méthode à l'histoire tout en conservant, pour l'essentiel, le schéma matérialiste (l'« instance » déterminante du mouvement historique reste économique). Jacques Lacan montre que la loi de l'ordre symbolique s'impose au sujet, qui n'est donc plus l'instance explicative du discours ni de l'agir humain (« L'inconscient est structuré comme un langage »). Michel Foucault, pour sa part, s'efforce de mettre à jour les structures latentes — ou conditions de possibilité — de nos pratiques sociales comme de nos discours rationnels, ou prétendus tels. Quant à Jacques Derrida, il utilise certaines catégories du structuralisme pour prolonger l'entreprise heideggerienne de déconstruction* de la métaphysique*. S'en prenant plus spécialement à la catégorie de subjectivité (conçue comme présence transparente de soi à soi et possession d'un sens plein et stable), il lui oppose la dislocation (des identités) et la pluralité (des significations et des vérités).
Aujourd'hui très diversifié, le mouvement structuraliste présente quelques signes d'essoufflement. Il reste pourtant, pour de nombreux savants, anthropologues, mais aussi historiens ou critiques d'art, une source d'inspiration toujours féconde ainsi qu'un espace commun de travail et de réflexion.

● **Corrélats** : anthropologie ; ethnologie ; langage ; linguistique ; marxisme ; psychanalyse ; structure ; système.

STRUCTURE

(n. f.) ● **ÉTYM.** : latin *structura*, « arrangement » ; « disposition » ; « construction ». ● **SENS ORDINAIRES** : **1.** Agencement des parties (d'un édifice, d'un bâtiment, etc.). **2.** Disposition des éléments d'un ensemble abstrait, qui est tenue pour caractéristique de cet ensemble et relativement stable. ● **MATHÉMATIQUES** : construction ou modèle destiné à rendre compte des variations d'un système à partir de l'étude des règles de ces variations. ● **SCIENCES HUMAINES** : totalité organisée qui ne se réduit pas à la somme de ses parties mais qui se définit au contraire par les relations d'interdépendance et de solidarité de l'ensemble des éléments qui la constituent.

● **TERMES VOISINS** : construction ; modèle ; ordre ; système. ● **TERMES OPPOSÉS** : chaos ; dispersion. ● **CORRÉLATS** : relation ; structuralisme.

SUBJECTIF

(adj.) ● **ÉTYM.** : latin *subjectivus*, « qui se rapporte au sujet ». ● **SENS ORDINAIRE** : ce qui est relatif à un sujet, lui appartient ; ce qui est personnel, d'ordre affectif, arbitraire, partial et relatif. ● **PSYCHOLOGIE** : par opposition à objectif, ce qui se rapporte à un état de conscience du sujet et lui est, de ce fait, relatif. ● **CHEZ KANT** : dans le cadre de la philosophie critique, ce qui découle des structures *a priori* de l'entendement humain ; dans le cadre de la philosophie morale, ce qui, dans le sujet, relève de sa sensibilité par opposition aux exigences universelles de la raison.

● **TERME OPPOSÉ** : objectif. ● **CORRÉLATS** : conscience ; sujet.

SUBLIMATION

(n. f.) ● **ÉTYM.** : latin *sublimatio*, « action d'élever ». ● **SENS ORDINAIRE** : action de transformer, d'élever, de purifier, ou encore de dériver une tendance vers un but spirituel ou altruiste. ● **PSYCHANALYSE** : transformation de pulsions ou de sentiments inacceptables en désirs orientés vers des buts socialement valorisés (notamment esthétiques ou religieux).

La notion de sublimation renvoie à la fois au sublime*, terme qui désigne, en esthétique notamment, un sentiment particulièrement élevé et délicat ; et à la sublimation au sens chimique : passage d'un corps de l'état solide à l'état gazeux. La sublimation est un processus quasi chimique (ou magique) de spiritualisation de sentiments* qui deviennent ainsi moralement acceptables. Selon Freud*, elle est la capacité qu'ont certains hommes de dévier leurs pulsions sexuelles vers des buts sans rapport avec la sexualité, tels que l'activité artistique ou l'investigation intellectuelle. Le cas de Léonard de Vinci, qui aurait surmonté son homosexualité par le biais de ses travaux artistiques et scientifiques, est souvent cité (Freud, *Un Souvenir d'enfance de Léonard de Vinci*). Plus banalement, la fonction d'une cure psychanalytique pourrait être de renforcer en chacun de nous cette aptitude à la sublimation : mais on peut se demander si tous les hommes bénéficient de cette heureuse disposition, si toutes les activités socialement valorisées peuvent constituer des dérivatifs satisfaisants, ou si seules les activités les plus « nobles » peuvent véritablement remplir cette fonction.

● **CORRÉLATS** : catharsis ; psychanalyse ; pulsions ; refoulement ; sublime.

SUBLIME

(n. m. et adj.) ● **ÉTYM.** : latin *sublimis*, « élevé », « suspendu en l'air ». ● **(ADJ.) SENS ORDINAIRES** : **1.** Qui est extrêmement élevé dans la hiérarchie des valeurs (morales, esthétiques...) ; qui suscite l'admiration et l'enthousiasme. **2.** Qualité d'une beauté saisissante, qui éveille des sentiments particulièrement intenses, mettant en jeu l'idée de transcendance ou d'infini. ● CHEZ KANT : « Est sublime ce qui, du fait même qu'on le conçoit, est l'indice d'une faculté de l'âme qui surpasse toute mesure des sens. »

Par opposition au beau, le sublime comporte l'idée d'un face-à-face ou d'une lutte avec quelque chose qui nous dépasse infiniment, mais qui en même temps nous exalte et nous renvoie au sentiment de notre propre transcendance.

Le sublime comporte des dimensions morales, métaphysiques et religieuses que l'on retrouve — au moins à titre de composantes — dans son sens moderne, c'est-à-dire esthétique. Seront jugés sublimes — au sens le plus courant du terme — des actions qui suscitent un sentiment d'admiration et d'enthousiasme (dans l'ordre moral notamment). Dans une perspective plus religieuse, Pascal* évoque le « sublime état » des justes « élevés jusqu'à la participation de la divinité » : dans cette expérience, explique-t-il, ils apprennent que même les « plus impies sont capables de la grâce de leur Rédempteur » (*Pensée* 435, éd. Brunschvicg).

Plus généralement l'idée de sublime — sentiment en l'homme de ce qui le transcende — est par excellence le symbole de la condition humaine : « C'est donc être misérable, écrit Pascal, que de se connaître misérable, mais c'est être grand que connaître qu'on est misérable » (*Pensée* 397, *id.*) ; en d'autres termes : « L'homme passe infiniment l'homme » (*Pensée* 434, *id.*).

Cette dimension métaphysique* se retrouve dans la théorie kantienne : tandis que le beau est fini et apaisant, le sublime (qui met en jeu l'idée de l'infini) renvoie à un état de tension et de trouble, suscité par exemple par des objets terribles, démesurés ou chaotiques (océan déchaîné, éruption volcanique). Comme à l'égard du sacrifice qui dépasse toute règle morale, nous éprouvons, dans le sentiment esthétique du sublime, la sourde conviction que l'homme est appelé à s'élever au-dessus de lui-même et peut toujours — quoi qu'il lui en coûte — surmonter sa petitesse, sa misère ou son insignifiance.

● **TERMES VOISINS** : saisissant ; transcendant. ● **TERMES OPPOSÉS** : insignifiant ; médiocre ; plat ; trivial. ● **CORRÉLATS** : beau ; sublimation.

SUBSTANCE

(n. f.) ● ÉTYM. : latin *substantia*, « substance », de *substare*, « se tenir dessous ». ● CHIMIE : matière scientifiquement définie, c'est-à-dire considérée du point de vue des propriétés par lesquelles elle se distingue des autres corps. ● CHEZ ARISTOTE : sujet et support permettant tel ou tel changement ; la substance première est l'être individuel qui demeure le même tout en subissant des modifications ; la substance seconde est le sujet (au sens grammatical du terme cette fois) d'une proposition, dont on peut affirmer ou nier des prédicats : ainsi l'homme, ou l'animal, qui est ceci ou cela, mais qui n'existe pas véritablement, c'est-à-dire concrètement. ● CHEZ DESCARTES : **1.** Support permanent des attributs, qualités ou accidents ; la « substance pensante » a pour attribut principal la pensée, tandis que la substance matérielle a pour attribut essentiel l'étendue. **2.** Ce qui n'a besoin que de soi-même pour exister (« à proprement parler, il n'y a que Dieu qui soit tel »). ● CHEZ SPINOZA : synonyme de Dieu. ● CHEZ KANT : concept *a priori*, relevant du jugement catégorique, et constituant la première des catégories de la relation.

Il est assez difficile de dissocier, chez Aristote*, la notion de substance de la notion d'essence*. En un certain sens, la forme* (ou quiddité*) est plus indiscutablement substance que l'individu qui n'est qu'un composé de forme et de matière. Cependant, l'individu est bien la seule véritable « substance », dans la mesure où une forme ne peut exister que réalisée dans une matière, c'est-à-dire dans un être individuel : l'essence et l'être individuel se rejoignent alors, et constituent ce qu'Aristote appelle la « forme spécifique » de l'individu. Un problème du même ordre se pose à nouveau chez Descartes* qui établit une distinction entre substance et attribut* essentiel, tout en reconnaissant que la substance seule, indépendamment de ses attributs, est pratiquement inconnaissable. Le problème sera, d'une certaine manière, résolu par Kant* pour qui la substance, c'est-à-dire l'idée de permanence du réel dans le temps, est un concept* *a priori* (ou catégorie du juge-

◆ Substantielle

ment), c'est-à-dire une condition, ou forme *a priori* de pensée, et non pas une chose* réelle qui serait indépendante du sujet et néanmoins connaissable.

● **TERMES VOISINS :** essence ; réalité.
● **TERMES OPPOSÉS :** accident ; attribut ; prédicat ; qualité. ● **CORRÉLATS :** Dieu ; eccéité ; forme ; matière.

SUBSTANTIELLE

Cf. Forme.

SUBSTRAT

(n. m.) ● **ÉTYM. :** latin *substernere*, « étendre sous ». ● **PHILOSOPHIE, MÉTAPHYSIQUE :** ce qui s'étend sous une autre réalité ; ce sans quoi une réalité (accident, modalité) ne peut se concevoir.

● **TERME VOISIN :** substance.
● **TERME OPPOSÉ :** accident. ● **CORRÉLATS :** accident ; forme substantielle ; mode.

SUBSUMER

(verbe) ● **ÉTYM. :** latin *subsumere*, de *sumere*, « prendre », et *sub*, « sous ». ● **PHILOSOPHIE :** rattacher un objet, un concept, à l'ensemble auquel il appartient : on *subsume* un individu, ou une espèce (un chien ou l'espèce canine par exemple...) dans le genre, ou la catégorie qui lui convient (mammifère domestique, etc.).

● **TERMES VOISINS :** cataloguer ; classer. ● **CORRÉLATS :** compréhension ; concept ; extension ; logique.

SUJET

(n. m.) ● **ÉTYM. :** latin *subjectum*, « ce qui est soumis, subordonné à ». ● **SENS ORDINAIRES : 1.** Ce sur quoi portent la discussion, la pensée ou une œuvre de quelque domaine qu'elle soit. **2.** L'individu. ● **POLITIQUE :** celui qui est soumis à l'autorité de quelqu'un. ● **DROIT :** individu envisagé uniquement par rapport aux droits et obligations qui lui sont attribués. ● **MORALE :** individu considéré comme l'auteur responsable d'un acte. ● **MÉDECINE ET PSYCHOLOGIE :** individu dont les comportements, le psychisme ou les états peuvent être étudiés. ● **LOGIQUE : 1.** Ce qui dans une proposition constitue le support d'attribution des prédicats. **2.** Ce qui débute un énoncé et détermine le régime du verbe. ● **MÉTAPHYSIQUE :** l'être réel, par opposition à l'objet, substance ou principe unificateur de toutes nos représentations. Il est « ce qui connaît tout le reste sans être soi-même connu » (Schopenhauer).

Avant de renvoyer à un individu réel, le terme de sujet correspondait philosophiquement à des préoccupations logiques visant à définir les critères formels d'un discours vrai. En effet, pour dire quelque chose de l'être, encore faut-il pouvoir lui attribuer des prédicats : le sujet, chez Aristote*, a donc d'abord une fonction logique et grammaticale. Or, précisément, le discours se veut non seulement formellement correct, mais matériellement vrai : la logique n'a de sens que si elle se rapporte à l'être, que si le sujet est aussi une substance dotée de qualités sensibles. Si le sujet en vient ainsi à désigner un être réel et singulier, il n'acquiert cependant le sens spécifique d'un « je » qu'à partir du moment où la philosophie cartésienne substitue, à l'antique problème de la conformité du sujet à un objet extérieur, la question du fondement de la connaissance. Dire : « Je pense, donc je suis », c'est, en effet, conférer au « je » cette dimension d'universalité propre à la raison humaine qui pose désormais le sujet comme principe sur lequel l'ensemble de la connaissance, de la morale et du droit va pouvoir se fonder. Être sujet, c'est avoir raison des choses et de soi-même, s'affirmer comme être libre et responsable. Mais justement faire du sujet un principe, n'est-ce pas présupposer que la raison est toujours en position de maîtrise alors même que l'expérience de la passion, de la folie ou tout simplement la vie sociale nous présentent un sujet en situation de perpétuelle dépossession ? À partir du XIXe siècle, avec Marx*, Freud* et Nietzsche*, un « soupçon » est porté sur le sujet : loin d'être au principe de lui-même, le sujet est dénoncé comme étant l'effet de phénomènes qui lui échappent, rapports sociaux, processus inconscients ou volonté de puissance*. De substance métaphysique, le sujet devient ainsi ce foyer limite vers lequel tendent un ensemble de faits, de comportements ou de discours qui relèvent plus du domaine du sens, qu'ils ne trouvent désormais, dans le sujet, leur vérité et leur raison d'être.

● **TERMES VOISINS** : je ; ego ; moi.
● **TERME OPPOSÉ** : objet. ● **CORRÉLATS** : conscience ; homme ; individu ; objet ; personne ; pour-soi ; responsabilité ; structuralisme.

SUPERSTITION

(n. f.) ● **ÉTYM.** : latin *superstitio* (probablement de *superstare* « se tenir dessus », de *super* et *stare* « se tenir debout »). ● **SENS ORDINAIRES** : **1.** Fait de croire que certains actes ou certains signes peuvent avoir des conséquences positives ou funestes (ex. : « briser un miroir, ou dîner à 13 »...). **2.** Attachement inconsidéré à des croyances sans fondement, crédulité et comportements irrationnels qui en procèdent. ● **SENS PHILOSOPHIQUE** : toute croyance ou toute attitude irrationnelle en tant qu'elle traduit la volonté de se prémunir contre l'ignorance et la peur en ayant recours à des procédés archaïques ou dérisoires.

Si l'on en croit Cicéron* (*De Natura deorum*, II, 18), le superstitieux est celui qui prie sans cesse pour que ses enfants lui survivent (*superstitiosus*). Vraie ou fausse, cette étymologie discutée révèle deux caractéristiques essentielles de la superstition : le désir d'obtenir une faveur, et le fait de compter sur des moyens aléatoires pour se concilier les puissances surnaturelles. Tandis que la tradition matérialiste tend à assimiler comportement religieux et superstition (*cf.* Épicure* et Lucrèce*), la conscience religieuse distingue au contraire avec soin la vraie foi* et la superstition. Pour Spinoza*, par exemple, la superstition implique l'humiliation de la raison et le mépris de Dieu dont on suppose qu'il doit céder à nos injonctions. Selon Kant*, le seul vrai commandement religieux est naturel et rationnel : c'est celui qui ordonne d'aimer Dieu, et « d'aimer un chacun comme soi-même » (*La Religion dans les limites de la simple raison*, Classiques Hatier de la philosophie). En revanche, la superstition religieuse est « la folie de croire que par les actes religieux du culte on peut faire quelque chose pour sa justification devant Dieu » (*ibid.*). En cela, Kant reprend et confirme une longue tradition qui, depuis Socrate (*Euthyphron*, de Platon) dénonce le fait de croire que, par des actes aléatoires, il est possible non seulement d'établir un commerce avec Dieu, mais encore de forcer sa volonté. La vraie religion est foi et non désir d'obtenir par n'importe quel moyen des biens personnels hypothétiques.

● **TERMES VOISINS** : crédulité ; irrationalité. ● **TERME OPPOSÉ** : rationalité. ● **CORRÉLATS** : croyance ; épicurisme ; foi ; matérialisme ; religion.

SURHOMME

(n. m.) ● **ÉTYM.** : terme forgé par Nietzsche. ● **SENS ORDINAIRE** : homme doué de capacités exceptionnelles. ● **CHEZ NIETZSCHE** : désigne un dépassement de l'humain conforme à la volonté de puissance.

Le « surhomme » est annoncé par le Zarathoustra* de Nietzsche*. Il ne s'agit pas de penser un homme qui aurait développé toutes ses capacités et constituerait le *nec plus ultra* de l'humanité. Le concept de surhomme ne doit pas renvoyer à un stade terminal qui succéderait à une longue gestation. On doit le comprendre plutôt comme l'exigence d'une fracture, d'une rupture dans l'histoire qui devrait permettre la libération d'une puissance créatrice insoupçonnée. Il s'agit d'une notion projetée vers l'avenir comme un défi, d'un appel à une transgression de l'humain par un acte d'autodépassement conforme à l'essence la plus intime de la volonté de puissance*.

● **CORRÉLATS** : éternel retour ; volonté de puissance.

◆ Surmoi

SURMOI

(n. m.) ● **ÉTYM.** : allemand *Über-ich* (terme créé par Freud). ● **CHEZ FREUD** : dans la seconde topique, une des trois instances de l'appareil psychique.

Le terme *Über-ich* a été introduit par Freud en 1923 dans *Le Moi et le Ça* pour désigner une partie de la personne qui interdit l'accomplissement et même la prise de conscience de nos désirs. Le surmoi apparaît comme une instance qui incarne la loi* et interdit qu'on la transgresse : il joue à la fois le rôle de censeur et celui de modèle, ou d'idéal, pour le moi. Chez Freud, la constitution du surmoi est corrélative du déclin du complexe d'Œdipe*, tandis que d'autres psychanalystes considèrent que le surmoi se met en place dès les premiers mois de la vie. Dans tous les cas, le surmoi, qui joue un rôle décisif dans la formation de la personnalité, est le résultat de l'intériorisation des exigences parentales — non pas tant d'ailleurs de leurs exigences effectives que des exigences de leur propre surmoi.

● **TERME VOISIN** : idéal du moi.
● **CORRÉLATS** : ça ; complexe d'Œdipe ; moi ; refoulement ; remords ; topique.

SURRÉPRESSION

Cf. Herbert Marcuse.

SUSPENSION DU JUGEMENT

Cf. Épochê.

SYLLOGISME

(n. m.) ● **ÉTYM.** : grec *sullogismos*, « démonstration ». ● **LOGIQUE** : raisonnement qui, à partir de propositions données (les prémisses), établit une conclusion nécessaire, sans recourir à d'autres éléments que les données de départ.

Aristote (*Seconds Analytiques*) fut le premier à proposer une théorie du syllogisme, dont il distingue douze figures. Soit l'exemple :
Tous les hommes sont mortels (prémisse majeure).
Tous les philosophes sont des hommes (prémisse mineure).
....
Donc tous les philosophes sont mortels (conclusion).
La conclusion est nécessaire parce qu'elle met en rapport les termes de plus petite et de plus grande extension*, ou extrêmes (ici « philosophes » et « mortels »), c'est-à-dire les termes qui désignent la classe d'individus la plus restreinte et la classe d'individus la plus large, grâce à un terme de moyenne extension, ou moyen terme (« homme »). On a pu, comme John Stuart Mill*, critiquer le syllogisme en remarquant que la conclusion ne nous apprend rien de plus que ce qui est déjà contenu dans les prémisses. Mais c'est que le syllogisme est purement formel (on peut remplacer les termes hommes, mortels... par des variables : a, b...) ; il vise non à accroître notre connaissance mais à mettre en forme rigoureusement nos raisonnements.

● **TERMES VOISINS** : déduction ; démonstration ; raisonnement.
● **CORRÉLATS** : inférence ; logique ; majeure ; sophisme.

SYMBOLE

(n. m.) ● **ÉTYM.** : grec *sumbolon*, objet coupé en deux qui servait de signe de reconnaissance. ● **SENS ORDINAIRES** : 1. Représentation ou élément qui évoque — par similitude ou par convention — un être, une chose ou une abstraction (ex. : « la balance, symbole de justice »). 2. Représentation traditionnelle d'un idéal, d'une idée, d'une institution, d'un élément mythologique, etc. (ex. : « le drapeau, symbole de la patrie »). ● **PSYCHANALYSE** : tout élément ou figuration consciente renvoyant à un contenu inconscient plus ou moins déterminé (dans la mythologie, dans les rêves, etc. ; par exemple, l'acte d'Œdipe se crevant les yeux serait le symbole de la castration). *Cf.* Rêve et Freud. ● **LINGUISTIQUE** : *cf.* Signe.

Activité symbolique

Toute activité humaine productrice de significations, et structurée à la manière d'un langage*. Chez Paul Ricœur* et Ernst Cassirer*, le *symbolique* recouvre l'ensemble des activités humaines en tant qu'elles sont créatrices d'institutions et de sens, en fonction desquels les hommes peuvent s'orienter dans un monde stable et structuré. Voir également J. Lacan* et P. Legendre, *La Fabrique de l'homme occidental* (Éditions Mille et Une Nuits, 1996).

Sympathie

(n. f.). ● ÉTYM. : grec *sumpathês*, de *sun*, « avec » et *pathos*, « émotion, affect ». ● SENS ORDINAIRE : fait d'éprouver une certaine inclination, une attirance pour une personne (ou un phénomène, une réalité d'ordre spirituelle...) jugée plaisante. ● PHILOSOPHIE : **1.** Lien qui paraît préétabli, et harmonieux, entre tous les phénomènes de l'univers (principe stoïcien de la « sympathie universelle »). **2.** Participation immédiate, intuitive, aux souffrances d'autrui. **3.** Chez Rousseau : attirance spontanée des êtres humains les uns pour les autres qui repose sur des affinités profondes, et qui fonde toute moralité authentique ; par suite, aptitude à comprendre l'autre qui en découle (*Discours sur l'origine de l'inégalité*, Classiques Hatier de la philosophie, p. 49). *Cf.* également Max Scheler.

● TERME VOISIN : compassion.
● CORRÉLATS : compréhension ; empathie ; moralité ; passion ; pitié ; sentiments ; vertu.

Synchronie

(n. f.) ● ÉTYM. : grec *sun*, « avec » et *chronos*, le « temps ». ● SENS ORDINAIRE : approche simultanée d'un ensemble d'événements. ● LINGUISTIQUE : ensemble de faits linguistiques considérés en tant qu'ils forment un système, par opposition au point de vue *diachronique*.

● TERME VOISIN : structure.
● TERME OPPOSÉ : diachronie.
● CORRÉLATS : linguistique ; structuralisme.

Syncrétisme

(n. m.) ● ÉTYM. (probable) : grec *sunkratos*, « mélangé ». ● SENS ORDINAIRE ET PHILOSOPHIQUE : assemblage plus ou moins hétéroclite d'éléments — ou de fragments de théorie — disparates. ● PSYCHOLOGIE : d'après Jean Piaget, attitude caractéristique de la mentalité enfantine. Dans ses premiers stades, l'intelligence tend toujours à confondre ou à rassembler précipitamment des éléments hétérogènes.

● TERME VOISIN : éclectisme.
● CORRÉLATS : intelligence ; synthèse.

Synthèse

(n. f.) ● ÉTYM. : grec *sun*, « ensemble » et *thêsis*, « affirmation ». ● SENS ORDINAIRE : moyen par lequel des thèses ou opinions diverses, éventuellement opposées, sont réunies ensemble ou conciliées. ● CHEZ HEGEL : troisième moment de la dialectique, qui unit, en les dépassant et les conservant tout à la fois, la thèse et sa négation, l'antithèse. ● SCIENCE (CHIMIE) : reconstitution d'un tout à partir de ses éléments. ● PHILOSOPHIE DE LA CONNAISSANCE : acte intellectuel qui, au contraire de l'analyse, procède du simple au complexe ; la synthèse correspond au troisième précepte de la méthode cartésienne.

● TERME VOISIN : dépassement.
● TERME OPPOSÉ : analyse. ● CORRÉLATS : dialectique ; dissertation.

Synthétique

Cf. Synthèse.

SYSTÈME

(n. m.) ● **ÉTYM. :** grec *sustêma*, « assemblage de parties en un corps ou ensemble », « composition ». ● **SENS ORDINAIRES : 1.** Ensemble organisé d'éléments interdépendants (ex. : le « système astronomique », le « système nerveux »). **2.** Ensemble de pratiques, d'institutions, de méthodes répondant à un objectif défini (un « système d'enseignement »). ● **ÉPISTÉMOLOGIE :** construction théorique élaborée par l'esprit pour rendre compte d'un domaine du réel, ou pour le représenter dans son ensemble (ex. : « le système de Copernic, de Newton, etc. ») ● **PHILOSOPHIE :** ensemble d'idées organisées de telle sorte qu'elles se soutiennent mutuellement, et que leurs définitions se présupposent réciproquement ; représentation cohérente et globale du réel et (ou) de l'histoire.

La raison commande, selon Kant*, la systématisation de la connaissance sous des principes qui lui confèrent une unité ; mais c'est une exigence, une simple idée qui doit guider l'avancée de nos réflexions. L'unité absolue de la pensée est impossible : une représentation totalement systématique, et achevée, du monde restera toujours un horizon. Hegel*, en revanche, s'efforce d'embrasser le système entier du savoir : sa philosophie englobe non seulement toutes les manifestations de l'Esprit et de la réalité, mais aussi l'histoire ordonnée des systèmes précédents.

● **TERMES VOISINS :** doctrine ; ensemble organisé ; structure ; théorie. ● **CORRÉLATS :** organisme ; paradigme ; structuralisme ; vivant.

TABOU

(n. m.) ● **ÉTYM.** : anglais *taboo*, du polynésien *tapu*, « interdit », « sacré ».
● **SENS ORDINAIRE** : ensemble d'interdits attachés à ce qui est sacré, impur ou effrayant (ex. : « un sujet tabou »).
● **ETHNOLOGIE** : **1.** En Polynésie : ensemble de personnes, d'objets et d'animaux investis d'une puissance sacrée, jugée dangereuse ou impure ; désigne également les interdictions correspondantes. **2.** Dans diverses sociétés traditionnelles : interdictions d'ordre religieux ou magique, ne reposant pas sur un motif rationnel ou moral, et qui entraînent des sanctions d'ordre surnaturel.

Dans *Totem et tabou* (1913), Freud* tente d'expliquer l'origine des règles de l'exogamie en forgeant l'hypothèse du « meurtre originel » du père par l'ensemble de ses fils dans la « horde primitive ». L'interdit de manger le totem* (le père) aurait pour corollaire l'interdit de relations sexuelles avec la mère : le totémisme est ainsi interprété, sinon historiquement, du moins psychologiquement, en tant que fondement de l'interdit de l'inceste.

● **CORRÉLAT** : totem.

TABULA RASA

(n. f.) ● **ÉTYM.** : désigne en latin une « tablette de cire sur laquelle rien n'est gravé ». ● **SENS STRICT** : traduction latine d'une expression d'Aristote qui visait à présenter l'esprit à sa naissance comme une « table rase » (*De l'âme*, III, 4). ● **SENS LARGE** : expression reprise pour désigner des situations dans lesquelles on prétend que le passé ne laisse aucune trace, aucun effet (« du passé faisons table rase »).

TALION (LOI DU)

(n. m.) ● **ÉTYM.** : latin *talis*, « tel que », « pareil ». ● **THÉOLOGIE** : loi biblique selon laquelle on doit être puni de la même offense que celle qu'on a commise (« œil pour œil, dent pour dent », Ancien Testament, Exode, 21-25).

Aujourd'hui critiquée parce qu'elle peut conduire à punir le crime par un crime équivalent, la loi du talion marque cependant un progrès par rapport à la simple vengeance, puisqu'elle introduit le principe selon lequel la punition doit être mesurée.

● **CORRÉLATS** : droit ; morale.

TAUTOLOGIE

(n. f.) ● **ÉTYM.** : grec *to autos*, « le même » et *logos*, « discours ».
● **LOGIQUE** : proposition nécessairement vraie *a priori*, en vertu de sa

seule forme logique et indépendamment du sens de ses termes (ex. : « Tous les célibataires sont célibataires ») ; fondée sur le principe d'identité, elle est réductible à la forme : « A est A ». Le contraire est une proposition logiquement et nécessairement fausse, c'est-à-dire une contradiction (« A n'est pas A »).

Leibniz* appelait les tautologies des « vérités identiques » ou « vérités nécessaires », Kant* les appelait des propositions « analytiques* ».

Purement formelle, la tautologie ne dit rien sur le monde ; elle est vide de sens. Lorsque je sais, par exemple, qu'il est vrai qu'« il pleut ou il ne pleut pas », je ne sais rien pour autant du temps qu'il fait réellement. Pour cette raison, le mot « tautologie » a parfois un usage péjoratif : lorsqu'il signifie « redite », ou « pléonasme ». Mais, dans le domaine de la logique, les tautologies sont essentielles : elles énoncent les lois logiques hors desquelles la pensée et le discours seraient incohérents.

● **TERMES VOISINS** : proposition analytique ; pléonasme ; vérité identique ; vérité nécessaire. ● **CORRÉLATS** : démonstration ; logique ; nécessité.

TAYLOR CHARLES (NÉ EN 1931)

REPÈRES BIOGRAPHIQUES

Professeur de philosophie et de sciences politiques à l'université McGill (Montréal). Engagé politiquement dans le Nouveau Parti démocratique canadien, il a récemment été nommé au Conseil de la langue française, dans son Québec natal. Charles Taylor prend une part très active à la vie publique de son pays.

Le point de départ de la philosophie de Charles Taylor est le constat suivant : la culture contemporaine, issue à la fois du rationalisme cartésien et de la philosophie individualiste anglo-saxonne, est marquée par le souci quasi obsessionnel de l'« authenticité ». Mais cette nouvelle « éthique » tend à entrer en conflit avec les fondements théoriques de la modernité (rationalisme* et universalisme* classiques), car elle s'enracine aussi dans le romantisme* qui, de son côté, récuse tout ce qui tend à dissoudre les liens communautaires. En outre, elle peut encourager les modes les plus complaisants, les plus vains et les plus dérisoires de culte de soi. Charles Taylor se demande comment dépasser les impasses et les dérives irrationalistes suscitées par cette culture post-moderne de l'authenticité.

La question de l'élaboration d'une « politique de la reconnaissance » domine la seconde partie de son travail. Chacun d'entre nous, fait observer Charles Taylor, ne peut « construire » convenablement son identité que dans le contexte d'une société qui ne le déprécie pas. Le « déni de reconnaissance », en effet, peut infliger de cruelles blessures en « accablant ses victimes d'une haine de soi paralysante ». Dès lors, une politique démocratique et équitable ne peut reposer uniquement sur le droit, qui traite *a priori* tous les individus également, autrement dit indifféremment. Elle doit être assortie d'une volonté « pluraliste » de tolérance*, c'est-à-dire d'une politique résolument « hospitalière aux différences ». Le point de départ d'une telle pratique ne peut être que la « présomption » de l'égalité de valeur de tous les systèmes culturels, ce qui, cependant, ne préjuge pas de l'appréciation portée sur telle ou telle œuvre, issue d'une culture traditionnelle ou minoritaire. Car les bénéficiaires de telles mesures de protection souhaitent « le respect, non la condescendance ».

● **PRINCIPAUX ÉCRITS** : *Sources of the Self* (1989) ; *Le Malaise dans la modernité* (1994) ; *Multiculturalisme. Différence et démocratie* (1994).

TECHNIQUE

Comme le mot grec *technê*, « art », « habileté », « technique », dont il est dérivé, le mot technique est d'abord synonyme d'art*, au sens de savoir-faire dont la mise en œuvre permet d'obtenir volontairement un résultat déterminé. Ce savoir-faire peut dériver soit de l'expérience* ordinaire et de l'imitation, soit de la connaissance de règles d'action codifiées, soit d'un savoir* scientifique. À la différence de l'activité artistique proprement dite, dont la finalité esthétique* est désintéressée, la technique vise l'utilité et l'efficacité. Source et condition de la maîtrise de la nature par l'homme, la technique fait pourtant, et de plus en plus, l'objet de nombreuses critiques : ses conséquences sur la vie et la nature inquiètent, sa puissance s'exercerait au détriment de celle de l'homme et de sa pensée, l'irréversibilité de ses progrès* menacerait ses concepteurs eux-mêmes, qui pourraient en perdre la maîtrise.

Technique et humanité

À la suite des nombreux philosophes qui, depuis Aristote*, ont analysé la dépendance étroite et réciproque entre l'intelligence de l'homme et la fabrication d'outils pour transformer la matière à son profit, les spécialistes de la préhistoire (en particulier André Leroi-Gourhan, dans *Le Geste et la parole*) font de l'aptitude à l'activité technique un critère essentiel d'humanité. La fabrication d'outils suppose en effet que l'on se représente mentalement l'action à accomplir, la forme de l'outil la mieux appropriée à la nature de cette action, le choix des matériaux les mieux adaptés, etc. La technique, comme le langage*, est indissociable de la pensée, donc de l'humanité. Si l'homme fait partie de la nature, ses relations avec elle sont ainsi, dès l'origine, médiatisées par un troisième terme, l'outil. Le seul usage de ses forces physiques, très inférieures à celles des autres animaux, le condamnait à une mort certaine : l'invention de ces prolongements de son corps que sont les outils fait bien plus qu'assurer sa survie, elle contribue à le rendre « comme maître et possesseur de la nature » (Descartes*).

Des discours contradictoires ?

Presque toujours associée au progrès de l'humanité, condition peu contestée de sa supériorité sur l'ensemble de la nature, la technique est pourtant volontiers, et depuis longtemps, dévalorisée au profit de l'activité intellectuelle désintéressée, de la culture esthétique ou littéraire, de la science* pure. Racontant la vie d'Archimède (savant grec du IIIᵉ siècle avant J.-C.), Plutarque le présente comme un mathématicien génial qui méprisait plus que tout les activités techniques, « choses sans noblesse et vils métiers ». Il aurait été « entraîné malgré lui au bain » (dans lequel aurait été prononcé le célèbre « *Eurêka* ! » consécutif à la découverte du principe dit d'Archimède). Il n'aurait conçu les machines de guerre extraordinaires qui ont failli valoir aux Grecs une victoire décisive sur les Romains que pour s'amuser un peu... Le statut social et économique du travail* manuel dans notre société est encore très inférieur à celui des activités auxquelles préparent les formations dominées par la culture générale ou scientifique. À l'exception de quelques-uns, les philosophes du XXᵉ siècle, pourtant caractérisé par un accroissement considérable du progrès scientifique et technique, ont par ailleurs peu pensé la technique pour elle-même, au nom de la neutralité des outils, traités comme de simples instruments de l'action. S'ils s'intéressent à l'intelligence des sujets agissant à travers la technique, presque tous déplorent leur sentiment d'impuissance devant ces outils « trop » perfectionnés que sont les machines*. « L'outil le plus raffiné reste au service de la main qu'il ne peut ni guider ni remplacer. La machine la plus primitive guide le travail corporel et éventuellement le remplace tout à fait » (Hannah Arendt*).

Ambivalence du progrès technique

Formulé dès le XIXᵉ siècle par Karl Marx*, le problème est, en fait, que la technique n'est pas neutre. Maîtrisée par une minorité, concepteurs et propriétaires des machines qui accroissent l'efficacité du travail humain, ou auteurs d'inventions susceptibles de concurrencer, voire de détruire, la nature elle-même, la technique peut devenir l'instrument de la domination de cette minorité sur la majorité de leurs congénères (*cf.* la critique marxiste de l'aliénation* des travailleurs manuels). Pensée comme une association utile entre les hommes et les machines, la technique peut au contraire apparaître à nouveau comme l'instrument par excellence de la domination raisonnable de la nature par l'humanité : « L'homme a pour fonction d'être le coordinateur et l'inventeur permanent des machines qui sont autour de lui. Il est parmi les machines qui opèrent avec lui », écrit Gilbert Simondon, l'un des philosophes contemporains à avoir développé une pensée positive de l'objet technique — conçu comme médiateur entre le genre humain et le monde. À ce deuxième cas de figure s'oppose une troisième attitude, motivée par les menaces que, de fait, le progrès technique fait peser sur l'équilibre de la nature et de la vie elle-même : l'inquiétude de ceux qui voient dans son « caractère impérieux et conquérant » (Heidegger*) une sorte d'essence intrinsèquement dangereuse de la technique. Certains penseurs contemporains (comme Hans Jonas*), vont jusqu'à penser que l'humanité ne survivra que si la peur l'emporte, d'où l'idée d'une « dictature bienveillante », susceptible d'imposer une nou-

◆ **Technocratie**

velle éthique* et une véritable politique de responsabilité*.

La technique, après avoir longtemps et incontestablement contribué à la survie de l'humanité, est, semble-t-il, en train de devenir l'une de ses préoccupations majeures. Aujourd'hui, la maîtrise de son avenir passe sans doute moins par l'invention de machines de plus en plus complexes, que par le développement d'une réflexion de plus en plus vigilante au sujet de la technique.

> ● **TEXTES CLÉS** : M. Heidegger, « La question de la technique » in *Essais et conférences* ; G. Simondon, *Du mode d'existence des objets techniques* ; H. Jonas, *Le Principe responsabilité* ; J.-P. Séris, *La Technique.* ● **TERME VOISIN** : technologie. ● **CORRÉLATS** : machine ; progrès ; travail.

TECHNOCRATIE

> (n. f.) ● **ÉTYM.** : grec *technê*, « art, technique » et *kratos*, « domination », « pouvoir ». ● **SENS ORDINAIRE** : situation dans laquelle le pouvoir est confisqué par ceux qui disposent ou prétendent disposer d'une compétence technique. ● **PHILOSOPHIE POLITIQUE** : situation dans laquelle l'exercice du pouvoir politique est limité par le poids des exigences techniques et technologiques (*cf.* Adorno et Habermas).

> ● **CORRÉLATS** : bureaucratie ; pouvoir ; technique.

TECHNOLOGIE

> (n. f.) ● **ÉTYM.** : grec *technologia*, « traité exposant les règles d'un art ». ● **SENS ORDINAIRE** : ensemble des procédés techniques, des méthodes, des savoirs et des outils propres à un métier ou à un domaine particulier (nucléaire, informatique, etc.). ● **PHILOSOPHIE** : travail de réflexion critique ayant pour objet la technique, ses enjeux, ses conséquences, etc.

> ● **CORRÉLAT** : technique.

TÉLÉOLOGIE

> (n. f.) ● **ÉTYM.** : grec *télos*, « fin » et *logos*, « discours », « science ». ● **MÉTAPHYSIQUE ET PHILOSOPHIE DE LA CONNAISSANCE** : discours sur la finalité des choses et des êtres ; par extension, dans un sens moins rigoureux, synonyme de finalisme.

La physique moderne, chassant les « causes* finales » d'Aristote*, semble avoir du même coup renoncé à la téléologie. Les sciences de la vie, toutefois, réactualiseront la pertinence du point de vue téléologique : comment en effet rendre compte autrement, et de l'adaptation des êtres vivants à leur milieu, et de leur organisation interne (*cf.* Vivant) ? Kant* réactualise le concept en l'appliquant non seulement à la vie, mais aussi à l'art* et à l'histoire*.

> ● **TERME VOISIN** : finalisme. ● **TERMES OPPOSÉS** : chaos ; hasard ; mécanisme. ● **CORRÉLATS** : art ; finalité ; mécanisme ; vie ; vivant.

TEMPÉRANCE

> (n. f.) ● **ÉTYM.** : latin *temperantia*, « modération », « tempérance ».

La tempérance est l'une des quatre vertus cardinales*, caractérisée par le sens de la mesure et la maîtrise de soi, notamment eu égard aux passions et aux sentiments.

> ● **TERMES VOISINS** : mesure ; prudence. ● **TERME OPPOSÉ** : intempérance. ● **CORRÉLATS** : justice ; sagesse ; vertu.

TEMPORALITÉ

> (n. f.) ● **ÉTYM.** : latin *temporalis*, « qui ne dure qu'un temps », « temporaire ». ● **SENS ORDINAIRE** : caractère de ce qui est dans le temps.

La temporalité s'oppose à l'éternité*, caractère de ce qui est en dehors du temps. Ce terme est utilisé par la phénoménologie*, et par Sartre*, pour définir l'une des caractéristiques de la conscience. La temporalité est constitutive de la réalité humaine, du *Dasein*, « l'être-là » ou « l'être-pour-la-mort » ; le fait d'exister comme conscience temporelle implique ainsi la finitude. Celle-ci ne se traduit pas seulement par le fait que nous sommes limités en durée, mais aussi par une difficulté à saisir notre être, comme l'a montré Sartre dans *L'Être et le Néant* (1943). Engagés, situés dans les moments d'un temps qui ne cesse de passer, nous ne sommes pas, nous existons, c'est-à-dire que nous introduisons, par notre conscience*, du néant* dans tout ce qui est pour nous présent. Par exemple, l'objet auquel je m'oppose n'est pas moi ; mon passé (et mon « moi » passé), n'est plus, et donc, en réalité, n'est pas, et il n'a d'être que sur le mode du souvenir. Toujours libre, la conscience engagée dans la temporalité ne peut ni s'appuyer sur son passé, ni s'en délivrer : c'est seulement au futur que nous pouvons former le projet d'être ce que nous voulons être. Enfin, la temporalité de la mauvaise foi est possible comme un jeu sur l'être et l'exister : tantôt on donnera consistance au passé en le jouant contre le présent, tantôt on donnera un être au présent ou au futur pour disqualifier un passé dont on a honte. Le fait de la temporalité ouvre donc aussi une dimension éthique pour la conscience.

● **TERMES VOISINS :** facticité ; historicité. ● **TERME OPPOSÉ :** éternité. ● **CORRÉLATS :** *Dasein* ; existence ; mauvaise foi ; phénoménologie ; pour-soi ; temps.

TEMPS

Qu'il s'agisse de la machine à remonter le temps de H.G. Wells ou du thème classique de la fuite du temps, les hommes semblent s'être toujours attachés à vouloir conjurer ou annuler les effets d'un temps dont l'irréversibilité même suscite l'angoisse d'une fin prochaine.

Du temps cyclique au temps linéaire

C'est peut-être par rapport à cette peur du temps qui passe, à l'imminence de la mort, que le mythe ou la religion cherchent à nier l'irréversibilité du temps en le représentant sous la forme d'un cycle — ou de ce temps hors du temps qu'est l'éternité*. Ainsi, la roue des générations, dans le mythe d'Er l'Arménien de Platon*, réintègre l'existence humaine dans un mouvement cyclique où le passé se répète et où chaque chose, une fois advenue, retourne à ce qu'elle était. Mais cette roue justement est aussi la figure de la nécessité qui scelle à jamais les vies en autant de destins. La circularité du temps, si elle annule le poids du passé, ferme l'homme à l'avenir comme champ de ses actions possibles et lieu de réalisation de sa liberté*. De même, l'éternité, espérance d'un au-delà, d'une vie après la mort, n'est-elle pas aussi ce qui empêche de pouvoir vivre ici et maintenant, en faisant du présent* la promesse perpétuelle d'un avenir qui n'est jamais là ?

On ne peut donc reconnaître la spécificité du temps sans en accepter l'irréversibilité, la ligne continue qui, du passé*, s'avance dans le futur*. Certes, la linéarité du temps fait du passé le domaine de l'irrémédiable, de l'avenir la perspective de notre mort*, mais dans cette tension ou va-et-vient perpétuel entre les deux, elle ouvre le présent à la liberté de l'homme. Mais qu'est-ce que le présent ? Un moment vécu dans la continuité d'un autre, le sentiment intérieur d'une durée qui se prolonge, ou une somme d'instants égaux que les pendules mesurent et que la science quantifie ?

Temps subjectif et temps objectif

« Si vous connaissiez le temps aussi bien que je le connais moi-même vous ne parleriez pas de le gaspiller comme une chose. Le temps est une personne » : en répondant ainsi à Alice (Lewis Carroll, *Alice au pays des merveilles*) qui s'étonnait de voir une montre indiquant seulement le jour du mois et non pas l'heure, le Chapelier met l'accent sur l'un des paradoxes majeurs du temps. Le temps est à la fois une puissance extérieure, une réalité objective sur laquelle nous n'avons pas de prise et qu'indiquent seulement les aiguilles d'une montre — sans que jamais nous puissions l'appréhender directement ; et, en même temps, nous vivons avec lui comme avec une personne à laquelle nous sommes liés subjectivement, affectivement, et dont il faut s'attirer les faveurs.

Comme le montre Bergson*, rien de commun donc entre le temps connu par la science, temps mesurable, quantifiable, milieu homogène dans lequel les choses évoluent, et le temps vécu qu'il nomme, par opposition, « sentiment intérieur de la durée* ». Universel et objectif, le temps de la science n'existe, paradoxalement, pour personne. Au niveau de la conscience intime, le temps s'allonge ou s'accélère, pèse ou s'oublie en fonction des aléas de la vie, au gré de l'humeur du moment. Ainsi, la force de l'habitude pourra-t-elle donner l'impression qu'il ne s'est rien passé, l'attente ou l'impatience faire de chaque minute qui coule autant d'heures angoissantes, la mort d'un parent cher amener la conscience d'une époque révolue. Le temps vécu est subjectif, il est qualitatif, fait de moments hétérogènes, de vitesses différentes. Mais c'est le même temps que la science présente pourtant comme une succession d'intervalles invariables : les instants.

Qu'est-ce alors que le temps, et s'agit-il en fait du temps ou de temps différents qui s'articulent les uns aux autres ?

Les différents modes de temporalité

Si la science semble nous présenter le temps comme une référence unique et absolue, c'est que peut-être l'utilisation des montres ou chronomètres est pour nous une évidence, comme s'il s'agissait par là de saisir le temps réel des choses. Pourtant, ce temps lui-même a une histoire, celle des instruments de mesure qui servent à l'appréhender. Loin d'exister dans les phénomènes naturels comme une de leurs propriétés objectives, le temps comme succession d'intervalles réguliers est le résultat de l'évolution des rapports de l'homme au monde extérieur. Ainsi, dans l'Antiquité, prévoyait-on les éclipses avec précision, mais le temps de la vie quotidienne ne faisait l'objet que d'une approximation, la durée de l'heure variant en fonction des saisons. À l'époque médiévale, le rythme des journées de travail, la vie religieuse impriment au temps une régularité nouvelle : l'heure a une détermination fixe. Mais ce n'est qu'au milieu du XVIIe siècle que les instruments de mesure du temps seront diffusés au niveau de la vie quotidienne.

Loin d'être la référence unique, universelle et absolue à partir de laquelle les phénomènes dans leur ensemble pourraient être normés, le temps est donc un système de relations, quelque chose de relatif qui est fonction de l'histoire des hommes et de la structure même de leur expérience. Telle est la force de la réflexion kantienne, d'avoir pensé le temps non plus comme une propriété réelle des choses, un absolu, mais comme une forme *a priori* de la sensibilité, c'est-à-dire comme structure du rapport du sujet à lui-même et au monde.

Le temps, alors, n'est ni ce que la science mesure, ni ce qu'un individu particulier ressent subjectivement. Ces temps sont différents, irréductibles les uns aux autres, parce que le temps lui-même n'est rien, si ce n'est le rapport ou le système de relations entre des temporalités multiples et hétérogènes. Il y a des temps — temps vécu, temps de la science, mais aussi temps économique ou naturel — qui ont chacun des rythmes différents, des facteurs spécifiques, et qui, dans la représentation, la conscience ou la connaissance que les hommes en ont, expriment autant de strates de leur histoire ; et celle-ci se déroule non pas le long d'une ligne unique, mais dans le jeu même de temporalités divergentes.

● **TEXTES CLÉS** : Platon, *Timée* ; saint Augustin, *Confessions*, livre XI ; E. Kant, *Critique de la raison pure* ; M. Heidegger, *L'Être et le temps* ; V. Jankélévitch, *L'Irréversible et la nostalgie*. ● **TERMES VOISINS** : durée ; temporalité. ● **CORRÉLATS** : espace ; éternité ; existence ; futur ; mort ; passé ; présent ; temporalité.

TENDANCE

(n. f.) ● **ÉTYM.** : latin *tendere*, « tendre vers, à ». ● **SENS ORDINAIRE** : force qui oriente vers certaines fins l'activité d'un organisme ou le déroulement d'un phénomène.

Tant que la psychologie* n'était pas clairement différenciée de la philosophie*, le mot tendance désignait tout mouvement spontané, psychologique ou physiologique, susceptible de provoquer une activité : tendance était facilement « synonyme de besoins*, appétits*, instincts*, inclinations, désirs* » (Théodule Ribot, 1833-1916). Chez certains philosophes, la référence à l'idée de tendance (sinon toujours au mot lui-même) désigne le caractère fondamental des êtres qui sous-tend toute leur énergie vitale : telle est la fonction du *conatus** de Spinoza* (« appétit » chez l'homme), ou « effort » de l'être pour persévérer dans son être, du « vouloir-vivre » chez Schopenhauer*, de la « volonté de puissance* » chez Nietzsche*. Dans un sens voisin, on utilise en psychanalyse le mot pulsion*, auquel le terme tendance sert d'ailleurs quelquefois de synonyme.

● **TERMES VOISINS :** inclination ; instinct ; pulsion. ● **CORRÉLATS :** appétit ; besoin ; désir ; pulsion.

THALÈS (DE MILET) (VERS 625-VERS 546 AV. J.-C.)

REPÈRES BIOGRAPHIQUES

Philosophe présocratique ionien de l'école de Milet, considéré comme le premier des présocratiques et, en un sens, comme le père de la philosophie. Les connaissances de Thalès touchaient à tous les domaines. Il est l'auteur d'une théorie « physique », mais aussi d'explications astronomiques (il se rendit célèbre en prévoyant l'éclipse de – 585), de découvertes mathématiques (le fameux théorème de Thalès), etc. La légende le présente comme objet des moqueries d'une servante, parce qu'il serait tombé dans un puits en observant les astres (première image du philosophe perdu dans les nuages). Cependant, on raconte aussi que c'est sa connaissance des astres qui lui permit de faire fortune. En effet, ayant prévu grâce à ses études météorologiques une excellente récolte d'olives pour l'année suivante, il se serait assuré le monopole sur tous les pressoirs à huile de la région...

L'un des grands mérites philosophiques de Thalès est d'être le premier à avoir mis au point une cosmogonie où les explications naturelles se substituent aux explications mythologiques (*cf.* Présocratiques). Selon lui, l'univers est né à partir d'une substance primordiale, l'eau, d'où les trois autres éléments ont été peu à peu formés et qui demeure le substrat de toute chose. Selon Thalès, en effet, la Terre flotte sur l'eau, ce qui fournit, entre autres, une explication à des événements mystérieux comme les tremblements de terre : ceux-ci ne doivent plus être présentés comme résultant de l'humeur des divinités. De même, les mouvements des astres sont soumis à des lois de régularité qui n'ont rien de divin — même si, par ailleurs, une telle constatation n'empêche pas Thalès d'affirmer que l'univers est « peuplé de divinités ».

● **PRINCIPAUX ÉCRITS :** il ne subsiste que des mentions des œuvres de Thalès. Il fut sans doute l'auteur d'une *Astronomie nautique*, ainsi que d'un ouvrage *Sur les principes* et peut-être d'un autre *Sur le solstice, sur l'équinoxe*, dont il ne reste que des évocations.

THANATOS

Cf. Éros.

THÉISME

(n. m.) ● **ÉTYM. :** grec *theos*, « dieu ». ● **MÉTAPHYSIQUE ET THÉOLOGIE :** doctrine affirmant l'existence d'un Dieu unique et transcendant, tel que peut le concevoir naturellement la raison ; le théisme se rapproche en cela de la religion naturelle.

Il est convenu depuis Kant* de faire une différence entre le théisme et le déisme* : contrairement à ce dernier, le théisme admet que la nature bonne et raisonnable de Dieu est connaissable.

● **TERME VOISIN :** religion naturelle. ● **TERMES OPPOSÉS :** athéisme ; religion positive. ● **CORRÉLATS :** déisme ; Dieu ; religion ; théologie.

THÉOCRATIE

(n. f.) ● **ÉTYM. :** grec *theos*, « dieu » et *kratos*, « domination, pouvoir ». ● **RELIGION ET POLITIQUE :** gouvernement dans lequel le pouvoir est présenté comme émanant de la volonté d'une divinité — le souverain étant lui-même souvent vénéré comme un représentant de Dieu sur terre.

● **CORRÉLATS :** pouvoir ; religion.

◆ Théologie

THÉODICÉE

(n. m.) ● ÉTYM. : grec *theos*, « Dieu » et *dikê*, « justice ». ● MÉTAPHYSIQUE : justification de la bonté et de la perfection divines malgré le mal régnant dans le monde.

La théodicée veut montrer qu'on ne peut imputer à Dieu les malfaçons du monde. Le terme a été créé par Leibniz*, dans le titre de son œuvre : *Essais de théodicée sur la bonté de Dieu, la liberté de l'homme et l'origine du monde* (1710).

● CORRÉLATS : destin ; providence ; théologie.

THÉOLOGIE

(n. f.) ● ÉTYM. : grec *theos*, « dieu » et *logos*, « discours ». ● MÉTAPHYSIQUE : discours qui, en s'appuyant uniquement sur la raison, traite de l'existence et des attributs de Dieu. ● RELIGION : pour les religions monothéistes (judaïsme, christianisme, islam), système des dogmes de la foi, révélés par les Écritures (la Bible, par exemple) et fondés sur l'autorité de l'Église.

En son sens métaphysique, la théologie est, pour Aristote*, la première des sciences théoriques (avant la physique et les mathématiques), parce qu'elle considère « les premiers principes et les premières causes ». On peut également, avec Kant*, distinguer une « théologie physique », qui remonte des fins de la nature à Dieu et à ses attributs, et une « théologie morale », qui postule Dieu à partir des fins des êtres raisonnables.
Il est possible de désigner par « théologie » la conception de Dieu de tel philosophe ; on parlera par exemple de la « théologie de Descartes* ou de Leibniz* ».

● TERME VOISIN : philosophie première.

THÉOLOGIE NÉGATIVE
Forme que prend la théologie lorsque, considérant que l'esprit humain ne peut dire de façon satisfaisante ce qu'est Dieu, elle s'efforce de le faire en formulant ce qu'il n'est pas.

● CORRÉLATS : foi ; métaphysique ; religion ; théisme.

THÉORIE

(n. f.) ● ÉTYM. : grec *theôria*, « contemplation ». ● SENS ORDINAIRE : connaissance spéculative, opposée à la pratique. ● PHILOSOPHIE : ensemble de thèses formant système dans un domaine donné (ex. : la théorie platonicienne des Idées, ou la théorie des animaux-machines de Descartes). ● ÉPISTÉMOLOGIE : synonyme de « théorie scientifique » ; synthèse englobant des lois particulières (ex. : la théorie de la gravitation englobe la loi de la chute des corps) et destinée à rendre compte des données de l'expérience.

Le débat sur le statut d'une théorie scientifique est double. Il porte, premièrement, sur la nature du lien avec l'expérience : une théorie est-elle dérivée, par induction*, à partir des données expérimentales ; ou exige-t-elle (*cf.* Bachelard*), une rupture avec l'expérience première et une reconstruction du réel ?
Il porte ensuite sur la fonction des théories scientifiques : sont-elles des explications* portant sur la nature du réel ? ou sont-elles, comme le pense le conventionnalisme*, des synthèses permettant seulement une description et une classification des phénomènes, sans prétendre en expliquer la nature ?

● TERME VOISIN : spéculation. ● TERME OPPOSÉ : pratique. ● CORRÉLATS : connaissance ; expérience ; savoir ; science ; système.

THÈSE

(n. f.) ● ÉTYM. : grec *thêsis*, « action de poser ». ● SENS ORDINAIRE ET PHILOSOPHIQUE : proposition ou ensemble de propositions qui développent la position soutenue et défendue par leur auteur sur une question ou un sujet pouvant donner lieu à controverse. Une thèse n'est opposable à une autre que si l'on peut invoquer des preuves ou des arguments de valeur comparable pour les justifier. ● CHEZ KANT : opposé de l'antithèse dans une antinomie. ● CHEZ HEGEL : premier moment dans un processus dialectique, contredit dans le moment de l'antithèse et repris dans celui de la synthèse.

● **TERME OPPOSÉ** : antithèse. ● **CORRÉLATS** : antinomie ; dialectique ; dissertation ; synthèse.

THOMAS D'AQUIN
(SAINT) [1227-1274]

REPÈRES BIOGRAPHIQUES
Issu d'une famille de l'aristocratie napolitaine, Thomas d'Aquin rejoint à 18 ans l'ordre dominicain des frères prêcheurs. Il étudie à Naples et à Paris puis, devenu maître en théologie, il enseigne à Paris, Rome et enfin Naples. Sa vocation évangélique est à l'origine d'une théologie philosophique qui s'efforce de réconcilier la tradition chrétienne et la philosophie gréco-arabe.

Foi et raison
Lorsque Thomas débute sa carrière de maître en théologie vers 1250 à Paris, les musulmans, toujours installés en Espagne, poursuivent l'état de siège du monde chrétien. Véritablement hantée par les succès de l'islam*, la chrétienté prend conscience des limites de son influence en même temps qu'elle redécouvre les œuvres d'Aristote*, retraduites de l'arabe en latin et enseignées depuis peu en Italie et à Paris. La philosophie* et la théologie* à cette époque paraissaient difficilement compatibles, car, face à ce qui dépasse la compréhension, l'intelligence devait renoncer à faire valoir ses droits : il ne faut pas, pouvait-on lire alors, couper le « vin fort de la parole de Dieu » avec « l'eau de la raison ». Thomas se trouvait donc confronté au choix entre deux visions du monde : celle de la Bible, fondée sur la doctrine de la Création et le caractère surnaturel de la foi* ; celle de la philosophie gréco-arabe (Aristote interprété par Averroès*) selon laquelle le monde est nécessaire et l'esprit impersonnel est seul immortel.

Philosophie et théologie
L'originalité et la force de Thomas ont consisté à refuser ce choix. La philosophie ne saurait s'opposer, selon lui, à la foi biblique. Bien au contraire, la foi a besoin de l'intelligence qui l'éclaire et la renforce : « Si nous résolvions les problèmes de la foi par la seule autorité, écrit-il, nous posséderions certes la vérité, mais dans une tête vide » (*Quodlibet*, IV). Sans aucun doute la théologie est le savoir suprême, mais la raison et la philosophie doivent en être les « servantes ». Thomas repense donc l'aristotélisme en y intégrant les doctrines de la Création, de l'immortalité personnelle et de la liberté. Il affirme que le Dieu d'Aristote* est le même que celui des prophètes, et qu'on peut démontrer qu'il n'y a qu'un seul Dieu. Il explique également que la doctrine de la Création, impliquant la contingence* du monde, n'est pas incompatible avec les positions d'Aristote (qui n'était pas parvenu à trancher la délicate question du commencement du monde dans le temps).

Création et liberté
Contredisant les commentaires « païens » d'Averroès, Thomas établit également l'unité de l'âme et du corps, et « démontre » l'immortalité personnelle de l'âme. Il réaffirme la liberté de l'homme qui n'est pas incompatible, selon lui, avec la doctrine de la Création ; Dieu est assez puissant en effet pour avoir créé des êtres doués d'autonomie. Tentant de réconcilier saint Augustin* et Aristote sur les questions morales, Thomas conçoit enfin la sagesse comme une « prudence* », c'est-à-dire une intelligence pratique éclairée par la foi : « La prudence, dit-il, est un amour qui choisit avec sagacité » (*Somme*, II, 1).

À partir du XVIe siècle, le thomisme (la philosophie de saint Thomas) deviendra la doctrine officielle de l'église catholique. La scolastique*, enseignement dispensé au Moyen Âge dans les universités d'Europe, est l'héritière, pour une large part, de la philosophie thomiste. Quant à la pensée contemporaine, souvent réticente à l'égard de l'optimisme rationaliste de saint Thomas, elle peut être conduite à réévaluer sa philosophie à la lumière des inquiétudes propres à notre temps : la réconciliation de l'homme avec lui-même ne passe-t-elle pas par le respect d'une nature dont le fondement transcendant serait le nécessaire garant ?

● **PRINCIPAUX ÉCRITS** : *Commentaires d'Aristote* ; *Somme contre les Gentils* ; *Somme théologique* (1266-1274).

◆ Thomisme

THOMISME

Doctrine inspirée par la philosophie de Thomas d'Aquin*.

TIERS EXCLU
(PRINCIPE DU)

(n. et adj. m.) ● LOGIQUE : principe selon lequel il n'y aucune proposition intermédiaire qui puisse être vraie entre une affirmation et son contraire. Soit la proposition p, le principe du tiers exclu se formule : p ou non p (ex. : « cette feuille est blanche ou non blanche »).

● CORRÉLAT : logique.

TOCQUEVILLE ALEXIS DE (1805-1859)

REPÈRES BIOGRAPHIQUES
Né en 1805, dans une famille noble ultra-royaliste, Tocqueville est nommé juge auditeur à Versailles en 1827. Député en 1839, académicien en 1841, membre de l'Assemblée constituante en 1848, il sera également ministre des Affaires étrangères en 1849. À son retour des États-Unis, en 1835, il publie le premier tome de *De la démocratie en Amérique* qui lui vaut très vite une renommée internationale.

La démocratie en Amérique
Qu'est-ce qu'une société démocratique ? Ce n'est pas en France — où la Terreur révolutionnaire a singulièrement perverti à la fois les idéaux républicains et les mœurs —, mais en Amérique que Tocqueville va chercher les éléments d'une réponse originale à cette question par ailleurs classique. Son étude du système politique et des mœurs américaines se présente à la fois comme une enquête historique et comme une réflexion théorique sur la nature de la démocratie*, qu'il conçoit avant tout comme un système social, mais doublé d'une mentalité bien spécifique.
Un système social : est dite démocratique toute société dans laquelle l'égalité est considérée comme une valeur essentielle, où la participation de tous aux affaires publiques est admise et garantie, et où la mobilité sociale interdit la constitution de catégories intouchables de privilégiés. Une mentalité spécifique : l'idéologie démocratique est foncièrement « individualiste ». La croyance en l'égalité* intellectuelle de tous et la passion commune pour la sécurité et le bien-être en sont les deux caractéristiques les plus notables. De telles convictions ont leur revers : la valorisation des ambitions personnelles et des jouissances matérielles débouchent sur un égoïsme destructeur de tout lien social comme de toute autorité.

De la démocratie au despotisme
Les analyses les plus remarquables de Tocqueville portent sur les périls qui menacent l'humanité à l'âge démocratique. D'une part, la mentalité individualiste — paradoxalement — encourage un conformisme généralisé ; d'autre part, elle appelle la centralisation et le renforcement de l'État. L'idéologie démocratique, en mettant l'accent sur l'autonomie intellectuelle, et en sapant par avance toute autorité, suscite la « tyrannie de la majorité ». Là où l'opinion de chacun est égale à celle du voisin, l'avis majoritaire devient une norme incontestée, sacralisée, et même subtilement intériorisée. L'atomisation de la société incite — en second lieu — à la démission de tous, et à l'établissement d'un État tutélaire quasi providentiel. Aussi Tocqueville voit-il se profiler, à l'ombre même du pouvoir démocratique, un nouveau despotisme* « bienveillant » et « doux » mais on ne peut plus menaçant pour l'ensemble de nos libertés*.

Les contrepoids du libéralisme
À côté de ces sombres perspectives, Tocqueville entrevoit des raisons d'espérer. La société américaine a tout d'abord instauré spontanément des contrepoids face à ces tendances lourdes du système social. La démocratie politique — les institutions représentatives, la division des pouvoirs, le pluralisme — tempère la démocratie sociale. Mais Tocqueville place l'essentiel de ses espoirs dans la liberté d'association et les « pouvoirs intermédiaires ». La dispersion des pouvoirs qui caractérisait la société aristocratique peut trouver, semble-t-il, un substitut dans le système des associations libres. Les organisations coopératives et les partis politiques — en rétablissant une solidarité de fait, et en incitant à la res-

ponsabilisation des citoyens* — assureront une authentique éducation* civique, contrecarrant ainsi l'apathie et l'égoïsme. Enfin, la presse libre constitue aux yeux de Tocqueville, l'expression la plus caractéristique, en même temps que le bien le plus précieux, d'une société vraiment libre.

● **PRINCIPAUX ÉCRITS** : *De la démocratie en Amérique* (1835-1840) ; *L'Ancien Régime et la Révolution* (1856).

TOLÉRANCE

(n. f.) ● **ÉTYM.** : latin *tolerantia*, « constance à supporter ». ● **SENS ORDINAIRES** : **1.** Capacité d'accepter ou de supporter des perturbations physiques ou morales (tolérance à la douleur, au bruit...). **2.** Sens péjoratif : acceptation contrainte de quelque chose qu'on ne peut empêcher. ● **MORALE ET POLITIQUE** : principe fondé sur l'égale liberté et dignité des convictions, qui exige de ne pas contraindre une opinion lorsqu'elle est contraire à la sienne.

Le principe de tolérance s'est développé dans le monde intellectuel européen de la fin du XVIIe siècle et pendant tout le XVIIIe siècle (*cf.* philosophie des Lumières*), notamment grâce à Pierre Bayle*, Locke* et Voltaire*, dans le contexte de la répression religieuse subie par les protestants depuis la révocation de l'édit de Nantes (1685).
La tolérance est un principe de raison qui repose sur l'idée du libre examen en vue de la recherche de la vérité. La revendication d'une tolérance politique avait tout son sens dans une situation historique où l'Église et l'État n'étaient pas séparés, et où le pouvoir politique était fondé sur l'absolutisme (*cf.* texte de Spinoza p. 426). Mais elle tend à être remplacée par le droit* dans les États démocratiques modernes où, la libre expression des convictions politiques et religieuses étant juridiquement reconnue et garantie, nous n'avons pas à les « tolérer ». Le problème posé actuellement est celui des limites de la tolérance : doit-on tolérer l'intolérable ? Ces limites sont malaisément identifiables : la liberté d'expression, par exemple, pose des problèmes extrêmement délicats (on ne saurait tolérer l'incitation au racisme... mais quelle attitude adopter vis à vis du négationnisme* ?). Le débat sur ces questions est particulièrement vif aujourd'hui aux États-Unis, où les représentants de certaines minorités (femmes, Noirs, etc.) mènent une campagne contre certaines formes d'expression jugées politiquement « incorrectes ».

● **TERMES OPPOSÉS** : fanatisme ; intolérance. ● **CORRÉLATS** : droit ; laïcité ; liberté ; modernité ; racisme ; relativisme ; république.

TOPIQUE

(n. f. et adj.) ● **ÉTYM.** : grec *topikos*, « qui concerne le lieu », de *topos*, « lieu ». ● (**ADJ.**) **SENS ORDINAIRE** : qui vient bien à sa place. **SENS PARTICULIER** : qui se rapporte à la théorie freudienne du même nom. ● (**SUBST.**) **PHILOSOPHIE** : chez Aristote : au pluriel, titre d'un ouvrage portant sur les lieux communs (*topoï*) dans lequel l'auteur constitue un inventaire et un classement des différents domaines et des différents types d'arguments utilisés en général dans les discussions. **PSYCHANALYSE** : chez Freud : théories représentant l'esprit sous la forme de systèmes ou instances où se localisent (« topiques ») des phénomènes spécifiques. Les topiques sont les théories des lieux psychiques.

À partir de 1900, Freud* s'efforce d'expliquer la complexité du fonctionnement psychique en assignant une fonction particulière à chaque partie de l'esprit : la notion de localité psychique (topique) implique l'extériorité des parties et la spécialisation de chacune d'entre elles.
Dans un premier temps (première topique, à partir des années 1915), Freud distingue trois systèmes : l'inconscient*, le préconscient et le conscient, ayant chacun leur fonction, leur énergie et leurs contenus représentatifs propres ; entre chacun de ces systèmes, il existe des censures qui contrôlent le passage des représentations de l'un à l'autre. À ce premier stade, pour Freud, il s'agit essentiellement de rendre compte de la constitution de l'inconscient à partir du processus de refoulement* originaire : le « système inconscient » est séparé du « système préconscient-conscient », avec

◆ **Totalitarisme**

lequel il est même fondamentalement en conflit. Cette première théorie tend à identifier le refoulé et l'inconscient d'une part, le moi et le système préconscient-conscient d'autre part.

Pourtant, la notion de censure, problématique dès cette première topique, interdit une telle identification : il apparaît en effet de plus en plus nettement à Freud que les mécanismes de défense du moi sont en large partie inconscients. Qui censure, comment, et pourquoi ? C'est cette question qui amènera Freud à reformuler sa théorie et à poser, dans un second temps (seconde topique, à partir de 1920), l'existence de trois instances : le ça*, pôle pulsionnel de la personnalité ; le moi* représentant des intérêts de tout le psychisme ; et le surmoi*, constitué par intériorisation des exigences et des interdits parentaux. Les « systèmes » sont conçus ici comme des personnes relativement autonomes : Freud insiste dorénavant sur le rôle décisif de l'identification (processus par lequel le sujet se conçoit sur le modèle d'un autre) dans la différenciation progressive des instances et dans la construction du psychisme. Le surmoi est comme une personne autoritaire et sévère qui, à l'intérieur de nous-mêmes, assume les fonctions de l'ancienne censure. Quant au moi, il est conçu comme un médiateur s'efforçant (péniblement) de concilier les intérêts contradictoires du ça, du surmoi, et du monde extérieur.

● **Corrélats :** ça ; inconscient ; libido ; moi ; pulsions ; psychanalyse ; surmoi.

TOTALITARISME

(n. m.) ● **Étym. :** construit à partir de l'adjectif *total*. ● **Sens ordinaires : 1.** Régime politique « policier » supprimant les libertés individuelles. **2.** Synonyme de despotisme, bien qu'il n'en soit qu'une des formes, inédite avant le XXᵉ siècle. ● **Sens strict :** doctrine politique issue du fascisme (Mussolini fut le premier à parler d'« État totalitaire »). ● **Philosophie politique :** fonctionnement de tout État qui prétend régler non seulement la vie publique, mais aussi la vie privée des individus.

Il convient de distinguer la doctrine de l'État totalitaire de l'analyse critique qu'en proposent certains philosophes ou sociologues (H. Arendt*, R. Aron*...) :
— La doctrine fasciste prône un « État* total », où les individus n'existent qu'en fonction de l'entité collective (« peuple », « nation », etc.). L'État est alors érigé en absolu et devient l'objet d'un véritable culte.
— L'analyse politique, quant à elle, cherche d'une part à comprendre comment peut fonctionner, théoriquement et pratiquement, ce type d'État ; d'autre part à repérer les constantes de tout régime totalitaire : existence d'un parti unique, exercice d'un monopole idéologique, extension de ce monopole et des prérogatives de l'État dans le domaine privé (encadrement de la jeunesse, des relations familiales, professionnelles, etc.), militarisation de la vie politique, absence de séparation entre l'État et la société civile*, mise en place d'un appareil de terreur visant à assurer la domination totale sur les individus...
Dans la mesure où ces éléments peuvent être observés dans une société politique, il deviendra possible de parler à son sujet de totalitarisme, même si, contrairement au fascisme, elle n'a jamais revendiqué cette appellation (ainsi pour l'ex-URSS sous Staline).

● **Termes voisins :** despotisme ; dictature. ● **Termes opposés :** démocratie ; État de droit ; pluralisme. ● **Corrélats :** État ; politique ; pouvoir ; république.

TOTEM

(n. m.) ● **Étym. :** traduction d'un terme indien de la communauté Ojibwa (Amérique du Nord). ● **Sens courant et ethnologie :** animal (ou végétal ou objet) considéré comme l'ancêtre et le protecteur du clan, et qui fait l'objet de divers tabous tout en étant à l'origine des prescriptions morales et sociales de la communauté.

Le totem est le symbole de la conscience collective : on lui voue un culte et il est l'objet de divers tabous : « Si le totem est un loup, tous les membres du clan croient qu'ils ont le loup pour ancêtre, et par conséquent qu'ils ont en eux quelque chose du loup. C'est pourquoi ils s'appliquent à eux-mêmes cette dénomination : ils sont des loups » (Durkheim*).

TOTÉMISME

1. Organisation sociale fondée sur les totems et leur culte. **2.** Selon Durkheim* et Freud* : théorie selon laquelle le totémisme au sens 1 est la forme première de toute religion*, et la crainte des tabous* le point de départ de toute morale (Freud, *Totem et tabou*, 1913).

● **CORRÉLATS** : religion ; tabou.

TRADITION

(n. f.) ● **ÉTYM.** : latin *tradere*, « remettre, transmettre ». ● **SENS ORDINAIRE** : ce qui est transmis par le passé.

La tradition, contrairement à un préjugé courant, n'appartient pas exclusivement au passé. Elle désigne au contraire ce qui, transmis par le passé, fait partie du présent. Philosophiquement, se pose surtout la question de l'évaluation de la tradition : qu'elle nous soit transmise par le passé n'est ni un gage de valeur, ni une raison pour la refuser *a priori*.

● **CORRÉLATS** : autorité ; histoire ; institution ; valeur.

TRAGÉDIE

(n. f.) ● **ÉTYM.** : latin d'origine grecque *tragœdia*. ● **SENS ORDINAIRES** : **1.** Pièce de théâtre dont le sujet est généralement emprunté à la légende ou à l'Histoire, qui met en scène des personnages illustres et représente une action destinée à susciter la terreur et la pitié par le spectacles des passions et des catastrophes qu'elles provoquent. **2.** Par extension, événement ou ensemble d'événements terribles, catastrophe.

Dans la *Poétique*, Aristote* définit la tragédie comme l'« imitation d'une action noble et complète [...] faite par des personnages en action et non au moyen d'un récit et qui, suscitant pitié et crainte, opère la purgation [catharsis*] de ce genre d'émotions ». Selon Nietzsche* (*Naissance de la tragédie*), la tragédie est l'œuvre d'art qui donne son nom à l'apogée de la civilisation occidentale, à l'époque de la Grèce antique. La tragédie permet à l'ivresse et à la démesure (Dionysos*) de s'exprimer sous la forme de la belle apparence et de l'harmonie (Apollon*). L'apparition de la philosophie qui, avec Platon*, déclare que la tragédie est mensongère et irrationnelle, correspond à la destruction d'une tension, qui constitue la vie même. Nietzsche oppose donc, d'une part, la démesure et le paradoxe qui caractérisent le héros tragique, passionné, coupable et innocent à la fois, et, d'autre part, le sérieux de la philosophie qui veut concilier et maîtriser ce qui n'est ni conciliable ni maîtrisable, à savoir la contradiction qui anime le jeu des forces de la vie. La vie peut donc apparaître tragique dans la mesure où l'homme est confronté, avec sa liberté, à l'absence de signification et de finalité des choses (*cf.* Absurde).

● **TERME VOISIN** : drame. ● **CORRÉLATS** : absurde ; art ; catharsis ; passion.

TRANSCENDANCE

(n. f.) ● **ÉTYM.** : latin *transcendere*, « passer au-delà », « surpasser ». ● **SENS ORDINAIRE** : caractère de ce qui est transcendant, c'est-à-dire supérieur. ● **MÉTAPHYSIQUE** : caractère de ce qui est d'une nature supérieure, radicalement différente et séparée du monde sensible : par exemple, la transcendance divine. ● **PHILOSOPHIE** : **1.** Chez Kant, caractère de ce qui est au-delà de toute expérience possible. **2.** Phénoménologie : acte par lequel la conscience vise son objet.

Dans la perspective métaphysique* classique, la transcendance renvoie à l'idée d'un principe ou d'un être radicalement séparé du monde et infiniment supérieur à lui. Selon Kant*, cette capacité de dépasser le simple donné vers un principe supérieur et inconditionné est inscrite dans la nature même de la raison. Mais, si cette idée d'un inconditionné est légitime lorsque la raison en fait un usage simplement régulateur, elle est illégitime lorsque la raison en fait un usage transcendant ou encore constitutif, c'est-à-dire lorsqu'elle croit pouvoir y faire correspondre un objet, qu'elle prétend pouvoir atteindre. La phénoménologie*, avec Husserl*, puis l'existentialisme* avec Sartre*, mettront, quant à eux, l'accent sur le fait que la transcendance, avant de caractériser un au-delà du monde, est inscrite au cœur de ce monde, à travers l'intentionnalité*, c'est-à-dire cette capacité qu'a la conscience de se rapporter à ce qui n'est pas elle, à tendre vers un ailleurs, un au-delà d'elle-même. La conscience du temps* — ou temporalité* — est l'expression même de cette transcendance, puisqu'à travers elle est visé, au-delà du présent, le passé qui n'est plus ou le futur qui n'est pas encore.

● **Termes voisins** : au-delà ; dépassement. ● **Terme opposé** : immanence. ● **Corrélats** : conscience ; Dieu ; intentionnalité.

Transcendantal

(adj.) ● **Étym.** : latin *transcendere*, « passer au-delà », « surpasser ». ● **Chez Kant** : désigne ce qui, indépendamment de toute expérience, rend possible toute connaissance.

Dans la *Critique de la raison pure*, l'« Esthétique* transcendantale » étudie l'espace et le temps, formes *a priori** de la sensibilité*, à travers lesquelles tous les phénomènes de l'expérience nous sont nécessairement donnés. La « Logique transcendantale » (Ire partie) étudie les concepts purs de l'entendement, comme celui d'unité, de causalité, etc., à travers lesquels tous les phénomènes* sont nécessairement pensés. Mais si la source de notre faculté de connaissance est transcendantale, et indépendante de l'expérience, son champ d'application et de validité se limite à l'expérience. Prétendre que les concepts purs de l'entendement ont un sens au-delà de toute expérience possible, c'est en faire un usage illégitime et transcendant.

● **Termes voisins** : *a priori* ; pur. ● **Termes opposés** : empirique ; immanent. ● **Corrélats** : *a priori* ; catégories ; espace ; temps.

Transfert

(n. m.) ● **Étym.** : latin *transfere*, « porter au-delà ». ● **Sens ordinaire** : déplacement, passage d'un ordre de choses à un autre. ● **Psychanalyse** (traduction du mot allemand *Uebertradung*) : processus suivant lequel, au cours d'une analyse, les sentiments positifs (amour) et négatifs (haine) d'un sujet, qui procèdent de la petite enfance, sont réactivés, déplacés, et amenés à prendre la personne du psychanalyste pour objet.

● **Terme voisin** : déplacement. ● **Corrélat** : psychanalyse.

Transformisme

(n. m.) ● **Étym.** : terme formé à partir de *transformation*. ● **Biologie** : théorie formulée pour la première fois par le zoologiste Lamarck, selon laquelle les espèces vivantes ne sont pas fixées depuis leur création telles qu'on peut les observer, mais se sont modifiées, transformées, en fonction des nécessités de leur adaptation au milieu. ● **Philosophie** : conception selon laquelle les êtres naturels s'engendrent les uns les autres, de la matière inerte à la vie et à la pensée (exemple du « transformisme » de Diderot, antérieur à celui, strictement biologique, de Lamarck).

Le transformisme de Lamarck* est souvent présenté comme le précurseur de l'évolutionnisme* de Darwin*. Il y a cependant une différence importante entre les deux théories : pour Darwin, la mutation des espèces se fait au hasard, le milieu intervenant seulement pour sélectionner les variations les plus favorables. Au contraire, le transformisme de Lamarck fait de l'adaptation au milieu le moteur de l'évolution des espèces ; ce qui implique l'hérédité des caractères acquis, niée par l'évolutionnisme et la génétique modernes.

● **Terme voisin** : évolutionnisme. ● **Terme opposé** : fixisme. ● **Corrélats** : biologie ; évolution ; vie ; vivant.

TRAVAIL

Notre vocabulaire fait un usage peu économe du mot travail. Celui-ci semble désigner toute activité, dès l'instant qu'elle est socialement rentable. « Travaillent », ainsi, pêle-mêle, non seulement l'ouvrier, l'employé ou le cadre, mais aussi l'enfant qui apprend à l'école, l'artiste qui peint son œuvre, le sportif professionnel qui « joue » au football... Cette inflation du terme pose un problème : s'il peut signifier toutes sortes d'activités sociales, le travail signifie-t-il encore quelque chose de précis ?

La satisfaction des besoins

Le point commun de tous les travaux n'est pas la rémunération (il existe des formes historiques de travail, comme l'esclavage antique ou le servage médiéval, qui ne sont pas rémunérées, de même qu'il existe des activités rémunérées qu'il est difficile d'appeler « travail »), mais le but du travail : la transformation de la nature dans un sens utile à l'homme, c'est-à-dire en vue de la satisfaction de ses besoins.

Cette définition du travail permet de ne pas le confondre avec le jeu ou les loisirs, c'est-à-dire des activités désintéressées dont la motivation principale est le plaisir qu'on y trouve. Il est possible, de la sorte, de discriminer les activités socialement utiles et de n'appeler « travail » que celles qui sont liées à la production des biens nécessaires à la vie. Ainsi, pour un Grec, le travail est le fait des esclaves ou de la seule catégorie des producteurs. L'homme d'action, le politique, le philosophe, eux, ne « travaillent » pas et leur activité est perçue comme d'autant plus éminente qu'elle est délivrée de cette nécessité.

En reprenant, avec Hannah Arendt*, la distinction d'Aristote* entre la *theôria* (« spéculation »), la *praxis** (« action ») et la *poièsis* (« fabrication », « travail »), le travail serait l'activité humaine la plus proche de l'animalité, de la nécessité biologique, en vertu de sa finalité qui est de satisfaire nos besoins ; la plus éphémère aussi dans ses réalisations. Le produit du travail est en effet destiné à être consommé ; la loi du travail est donc la reproduction indéfinie de ses objets et des actes accomplis pour les produire, la répétition monotone du cycle production-consommation.

Le travail est-il une malédiction ?

Le caractère souvent pénible du travail renforce l'idée négative qu'on peut s'en faire. Activité de transformation de la nature, n'est-il pas le résultat d'une lutte entre l'homme et le monde ? S'il faut travailler la nature pour en extraire des produits utiles, c'est que, spontanément, elle ne les offre pas : il faut défricher, extraire, labourer, construire ; il faut aménager un environnement primitivement hostile et, à cette fin, se fatiguer. « Tu gagneras ton pain à la sueur de ton front », dit la Genèse, impératif lié au châtiment du péché originel et auquel fait écho la nostalgie d'un paradis perdu où Adam n'aurait qu'à entretenir le jardin d'Éden — ou bien, comme chez Rousseau*, la nostalgie d'un état de nature où il suffirait de cueillir le fruit de l'arbre et boire l'eau de la source.

Le travail n'apparaît-il pas alors comme la part maudite de la condition humaine, comme une torture d'autant plus insupportable qu'elle est nécessaire à la reproduction de la vie ? On notera que l'étymologie du mot porte la trace de cette vision du travail : *tripalium* désignait un instrument de contrainte au moyen duquel on attachait le bétail.

Nature et conditions du travail : une contradiction ?

Le machinisme libère-t-il l'homme de cette souffrance ? La réponse semble négative. La division sociale des métiers est utile et permet l'acquisition d'une habileté intéressante ; mais la division technique des tâches est problématique. Leur extrême parcellarisation ôte toute signification à leur exécution. Le travailleur, tel Charlot dans *Les Temps modernes*, ne se représente plus ni le but de son activité, ni même la liaison des différents moments qui la constituent. Et le caractère répétitif, mécanique, des gestes fait alors du travail une des pratiques humaines les moins intelligentes... et les moins humaines : plus le travail est « rationalisé » (taylorisme, fordisme...), plus il devient « bête » !

Cette mécanisation inintelligente des tâches témoigne-t-elle d'un aspect essentiel du travail ? Sans doute, si, comme Hannah Arendt, on en réduit la définition à la satisfaction « animale » des besoins par la reproduction du cycle production-consommation. Mais on peut renverser cette perspective : les conditions de travail liées à la production de masse, loin d'être conformes à l'essence du travail humain, en dénaturent la signification authentique. Ces conditions mêmes ne sont-elles pas d'autant plus scandaleuses que le travail devrait être

◆ **Tyrannie**

une source de reconnaissance et d'accomplissement de soi ?

L'aliénation du travail

De là la critique, faite par Marx*, de l'aliénation* du travail : celle-ci ne dénonce pas seulement une exploitation économique, le travail produisant plus de valeur que le travailleur n'en retire en échange (ce que Marx appelait le « surtravail »), mais, plus profondément, une situation où l'homme ne se reconnaît pas dans son travail. Or, cette critique suppose que le travail doive permettre la réalisation de l'homme ; elle suppose donc la référence philosophique à une essence de l'humanité que le travail serait censé accomplir.

Le travail est-il le propre de l'homme ?

N'est-il pas alors permis de considérer le travail, contrairement à l'analyse de Hannah Arendt, comme ce qui est spécifiquement humain, et même ce par quoi l'homme produit son humanité ? On notera en ce sens, avec Marx, que le travail est le résultat d'un projet conscient et volontaire, alors que l'activité animale est instinctive ; et, avec Hegel*, qu'il arrache l'homme à son existence immédiate, en lui imposant la médiation du temps (il faut différer la satisfaction des besoins, attendre que la récolte pousse...), et aussi celle de l'outil. Le travail est alors non seulement le moyen d'une maîtrise de la nature, qu'il adapte aux besoins humains, mais il est aussi, comme le dit Hegel, celui d'une extériorisation, ou d'une objectivation, de soi : dans la nature maîtrisée par le travail, l'homme se reconnaît et s'affirme.

La valeur du travail

Si l'on peut s'inquiéter, avec Nietzsche*, de la glorification du travail par la civilisation de la production de masse, ce n'est pas pour lui opposer un « droit à la paresse », ni un droit « aristocratique » à des activités « de luxe », mais pour retrouver, au contraire, le vrai sens du travail. Celui-ci est, comme le souligne Simone Weil*, l'activité qui ne sépare pas la pensée de l'action, le « travail intellectuel » et le « travail manuel » ; il est ce que peut l'homme face à la nécessité des choses. Il est en cela la mesure de notre liberté. En nous donnant une discipline, il est formateur et pour l'espèce, et pour l'individu (cf. Kant).

Certes, on pourra dire que c'est là une vision idyllique du travail humain. Mais en même temps, la réalité moderne du chômage et de l'exclusion sociale ne contraint-elle pas à repenser le statut du travail dans nos sociétés ? Est-il raisonnable d'identifier, comme cela semble être le cas, le travail à l'emploi, de sorte qu'on finirait par travailler uniquement pour ne pas être au chômage ? Enfin, la nécessité, imposée par la révolution technologique, de lier travail et formation, n'oblige-t-elle pas à réaliser le rêve humaniste d'un travail « total », à la fois intelligent et actif ?

● **TEXTES CLÉS** : A. Smith, *La Richesse des nations* ; K. Marx, *Le Capital*, livre I ; S. Weil, *La Condition ouvrière* ; H. Arendt, *La Condition de l'homme moderne*. ● **TERMES VOISINS** : production ; transformation de la nature. ● **TERMES OPPOSÉS** : jeu, loisir. ● **CORRÉLATS** : aliénation ; besoin ; exploitation ; liberté ; société ; technique.

TYRANNIE

(n. f.) ● **ÉTYM.** : grec *turannos*, « maître ». ● **SENS PREMIER** : chez les Grecs, pouvoir politique exercé non pas en vertu d'une légitimité politique (héréditaire ou élective) mais par la violence ou une éloquence qui séduit le peuple. ● **SENS ORDINAIRE** : synonyme de despotisme ; pouvoir arbitraire et oppressif, « sans égard à la justice et aux lois » (Rousseau).

Contrairement au sens actuel, le sens grec de tyrannie n'était pas nécessairement péjoratif (ainsi, à Athènes, au VIe siècle av. J.-C., la tyrannie des Pisistrate, puis de Clisthène, par le soutien qu'elle exigeait des masses dans la prise et l'exercice du pouvoir, a préparé l'avènement de la démocratie). Toutefois, chez Platon*, on trouve déjà une critique virulente de la tyrannie, dénoncée comme pouvoir personnel et illégal, détruisant l'unité du corps politique.

● **TERME VOISIN** : despotisme. ● **TERME OPPOSÉ** : démocratie. ● **CORRÉLATS** : autorité ; État ; gouvernement ; politique ; pouvoir ; république ; totalitarisme.

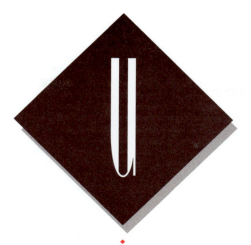

Un

(adj. et n. m.) ● ÉTYM. : latin *unus*, « un ». ● (ADJ.) SENS ORDINAIRE : renvoie à l'idée d'unité au sens quantitatif — et, dans ce cas, est opposé à multiple —, ou au sens qualitatif — et, dans ce cas, est opposé à divers ou composé. ● (SUBST.) MATHÉMATIQUES : premier terme de la suite naturelle des nombres. MÉTAPHYSIQUE : spécialement chez Plotin, principe suprême, ineffable, dénué de multiplicité, d'où procède l'être.

Si l'Un doit être posé au-dessus de l'être, c'est que l'être est multiple, c'est-à-dire qu'il ne se laisse appréhender que sous des formes déterminées et multiples. Aussi bien, d'ailleurs, l'Un n'existe pas, étant au principe de tout ce qui existe. Une certaine interprétation chrétienne — couramment appelée « théologie négative » — identifiera cet Un à Dieu, dont on ne peut rien dire, ni rien connaître.

● TERMES VOISINS : simplicité ; unité ; unicité. ● TERMES OPPOSÉS : composé ; multiple. ● CORRÉLATS : absolu ; anhypothétique ; néoplatonisme.

UNAMUNO (MIGUEL DE) (1864-1936)

> **REPÈRES BIOGRAPHIQUES**
>
> Né à Bilbao, au Pays basque espagnol, Unamuno, après de brillantes études, enseigne à Salamanque. Concerné par les événements de son temps, il milite dans les rangs socialistes jusqu'en 1897. Révoqué et banni en 1924 pour son opposition au régime dictatorial de Primo de Rivera (le Directoire, de 1924 à 1930), il s'exile à Paris durant six ans. En 1936, il soutient les débuts du mouvement franquiste, mais s'en écarte au bout de quelques semaines lorsqu'il en perçoit la vraie nature. Mort cette même année, il ne connaîtra pas le développement du régime républicain.

Philosophe, mais aussi romancier, poète, auteur de pièces de théâtre, Unamuno a usé de tous les genres pour exprimer une pensée qui est d'abord une méditation personnelle sur l'existence humaine : sur l'individu dans son temps, sur l'homme face à son destin historique, sur l'au-delà du temps humain. La guerre, l'histoire de l'Espagne, les dictatures politiques, l'excessive et naïve confiance de l'homme dans les pouvoirs de sa raison et les bienfaits du progrès scientifique, sont autant d'occasion de mettre en scène ce qu'Unamuno considère comme des traits de la finitude humaine et de nourrir ce que l'un de ses ouvrages appelle « le sentiment tragique de la vie ». Se réclamant

◆ Union de l'âme et du corps

de la tradition* chrétienne — et plus spécialement la tradition catholique espagnole — dont il veut restaurer le véritable sens, il insiste sur les douleurs de l'existence, sur les limites de ce que l'homme peut comprendre et maîtriser, et sur la nécessité du recours à la foi*, car ce qui fait selon lui le sens profond de l'humaine condition n'est pas rationnellement transmissible. La pensée d'Unamuno participe ainsi des courants philosophiques, parfois apparentés à une forme d'existentialisme*, qui affirment l'absurde* tout en refusant le désespoir.

● **Principaux écrits :** *L'Essence de l'Espagne* (1895) ; *Amour et pédagogie* (1902) ; *Vie de Don Quichotte et Sancho Pança* (1905) ; *Le Sentiment tragique de la vie* (1912).

Union de l'âme et du corps

Cf. Âme

Unité

(n. f.) ● **Étym. :** latin *unitas*, de *unus*, « un ». ● **Mathématiques :** grandeur finie prise comme terme de comparaison avec toutes les grandeurs de même espèce qui la contiennent un certain nombre de fois (ex. : « le mètre »). ● **Philosophie :** qualité de ce qui est un.

Dans l'histoire de la philosophie, la question de l'unité renvoie principalement à la question de l'unité du moi et de l'identité personnelle. Selon Leibniz*, l'unité véritable est l'*unum per se*, par opposition à l'unité de l'agrégat, qui résulte d'une union entre éléments divers. Le modèle de cette unité véritable est la substance individuelle, c'est-à-dire l'âme* ou entéléchie. Selon Kant*, au contraire, l'unité est une catégorie* de l'entendement qui effectue la synthèse du divers. L'unité du moi est alors simplement construite, sans qu'on puisse affirmer qu'une substance ou « âme » lui corresponde.

● **Termes voisins :** simplicité ; unicité. ● **Termes opposés :** diversité ; multiplicité. ● **Corrélats :** catégorie ; identité ; synthèse.

Univers

(n. m.) ● **Étym. :** latin *universum*, « tout entier » (litt. : « tourné — *versus* — de manière à former un tout — *unus* »). ● **Sens large :** le monde entier, et même l'ensemble de ce qui existe. ● **Sens strict :** le milieu matériel ou moral (ex. : « l'univers poétique »). ● **Métaphysique :** ensemble de tout ce qui existe dans l'espace et dans le temps.

Le terme d'univers est souvent utilisé comme synonyme de monde*. Mais il est parfois utile de les distinguer. Si on définit l'univers comme l'ensemble de ce qui existe dans l'espace et dans le temps, qui sont des grandeurs homogènes infinies, il n'existe qu'un seul univers (alors que l'on peut admettre une pluralité de mondes), et il est infini (alors que l'on peut admettre l'idée d'un ou de plusieurs mondes finis).

● **Termes voisins :** cosmos ; monde. ● **Corrélats :** cosmopolitisme ; physique.

Universel

(adj. et n. m.) ● **Étym. :** latin *universalis*, de *universus*, « tout entier ». ● **(Adj.) Sens ordinaire et philosophique :** qui s'applique à tout l'univers. **Logique :** se dit d'une proposition qui vaut pour une totalité d'êtres ou d'idées. ● **(Subst.) Philosophie :** employé comme substantif, désigne en général une idée ou une valeur supérieures, traitées comme un type idéal (le bien, le beau, etc.), ou une perspective susceptible d'orienter l'humanité dans son ensemble (la paix, la justice...).

L'universalité d'une proposition* (ex. : « Tous les hommes sont mortels »), ou celle d'une loi* physique (ex. : « L'attraction et la gravitation sont universelles parce que tous les corps y sont soumis »), se déduisent du raisonnement et de l'expérience. L'universalité de valeurs, d'idées, de sentiments ou de principes, si elle ne peut être que postulée, est souvent requise pour la cohérence d'une doctrine philosophique. Ainsi, chez Platon*, la référence à un monde d'Idées*, essences* éternelles dont participent les choses sensibles particulières, imparfaites et passagères, fonde-t-elle la possibilité même de la connaissance vraie. Pour Kant*, l'idée même de loi morale implique son universalité : « Agis uniquement d'après la maxime qui fait que tu peux vouloir en même temps qu'elle devienne une loi universelle » (*Fondement pour la métaphysique des mœurs*, II). Selon Hegel*, la raison est l'universel qui s'accomplit dans la réalité historique et lui donne ainsi un sens* : « présent dans les fins particulières », même lorsque celles-ci semblent contredire sa réalisation, l'universel dépasse et englobe chaque contradiction et peut être qualifié de « concret », puisqu'il devient progressivement le réel lui-même (*cf.* Raison).

● **Termes voisins** : général ; total.
● **Termes opposés** : particulier ; singulier.

Universalisme

L'universalisme fut d'abord la croyance religieuse suivant laquelle tous les hommes sont destinés au salut*. Puis on parla des religions « universalistes » pour désigner toute religion prétendant à l'universalité, contrairement aux religions traditionnelles attachées à une seule culture, ou à un seul peuple. Aujourd'hui, une philosophie, ou une doctrine, est dite « universaliste » si elle est vigoureusement rationaliste, à la manière de Descartes* et de Kant*, en ce sens qu'elle insiste sur l'unité du genre humain (« le bon sens est la chose du monde la mieux partagée ») et sur la portée nécessairement universelle de nos exigences morales et juridiques. Si Luc Ferry et Alain Renaut en France, John Rawls* aux États-Unis sont des universalistes, ils n'en sont pas moins très ouverts aux interrogations soulevées par les communautaristes*, avec lesquels ils entretiennent un débat permanent.

Universaux (querelle des)

Les universaux sont des termes désignant des catégories générales (ou des concepts) : ainsi, par exemple, l'*humanité* ou la *santé*. La philosophie médiévale se demandait si ces catégories générales existaient réellement (comme les choses tangibles), ou bien si elles n'étaient que des symboles* conventionnels : des « voix » comme on le disait à l'époque. Pour les réalistes (Duns Scot, 1270-1308 ; *cf.* Réalisme), les universaux sont présents dans les choses, même s'ils se distinguent d'elles « formellement ». Pour Guillaume d'Occam*, seul ce qui est singulier existe, et les universaux ne sont que des « termes qui prennent la place des choses » dans nos énoncés. Un *universel* n'est pas une « substance » mais un « prédicat », ou encore une « intention » de l'âme. Le nominaliste Jean Buridan (1300-1366 ; *cf.* Âne de Buridan) distingue différentes formes d'universaux, affirmant que certains ne renvoient plus du tout aux choses elles-mêmes, mais exclusivement à la manière dont on les perçoit. *Cf.* Nominalisme.

● **Corrélats** : absolu ; beau ; devoir ; droit ; éthique ; morale ; nécessaire ; particulier ; raison ; relativisme.

Univoque

(adj.) ● **Étym.** : latin *unus*, « un », et *vox*, « voix ». ● **Sens ordinaire** : caractère des termes qui ne possèdent qu'un seul sens, et ne peuvent donc être compris que d'une seule façon, quel que soit le contexte dans lequel ils sont employés.

● **Termes voisins** : clair ; précis.
● **Terme opposé** : équivoque.
● **Corrélats** : herméneutique ; interprétation ; sens.

Utile

(adj.) ● **Étym.** : latin *utilis*, « qui sert, qui est avantageux ». ● **Sens ordinaire** : **1.** Dont l'usage est ou peut être avantageux pour quelqu'un, pour plusieurs ou pour tous. **2.** Qui satisfait un besoin ou un désir. ● **Philosophie** : moyen en vue d'atteindre une fin. **1.** Selon Kant* : ce qui est *utile* est « ce qui est bon pour quelque chose, ce qui plaît seulement comme moyen » (*Critique de la faculté de juger*, 4). **2.** Selon la doctrine utilitariste, l'*utile* est la traduction de l'intérêt bien compris de chacun ou du plus grand nombre (*cf.* Bentham et Mill).

Il faudrait pouvoir distinguer les approches objectives et subjectives de l'utilité. D'un *point de vue objectif*, on

◆ **Utilitarisme**

opposera l'utile tantôt au nuisible (des denrées périmées...), tantôt au superflu (un produit luxueux). Dans ce second cas, le jugement moral entre nécessairement en ligne de compte : Rousseau*, par exemple, estime que l'usage de chaussures (c'est-à-dire les premiers sabots des hommes primitifs) fut un luxe inutile (*Discours sur les sciences et les arts*, dernière réponse à Bordes, 1752). On voit donc que l'appréciation de ce qui est (ou de ce qui n'est pas) utile variera énormément en fonction de l'imaginaire — individuel et collectif — des uns ou des autres, et aussi, bien sûr, selon les époques.

D'un *point de vue subjectif*, l'utile est difficile à dissocier du *désirable* qui, comme l'a bien montré René Girard (dans *La Violence et le sacré*, 1972), n'est tel que par comparaison (je convoite ce que l'autre possède, ou, mieux encore, ce qu'il voudrait posséder). C'est là la principale difficulté de l'utilitarisme* : comment une société pourrait-elle réaliser un objectif aussi improbable, aussi complexe à concevoir, que la mise en œuvre de ce qui doit être indéniablement utile (objectivement) pour tous, ou, tout au moins, utile pour le plus grand nombre ?

● **Termes voisins :** avantageux ; profitable. ● **Termes opposés :** inutile ; nocif ; superflu. ● **Corrélats :** bonheur ; intérêt ; justice ; utilitarisme.

Utilitarisme

(n. m.) ● **Étym. :** latin *utilitas*, « utilité », « avantage ». ● **Philosophie :** doctrine, représentée notamment par les philosophes anglais Jeremy Bentham (1748-1832) et John Stuart Mill (1806-1873), qui repose sur l'idée que le but de la société doit être le « plus grand bonheur du plus grand nombre », c'est-à-dire le total des plaisirs additionnés de chaque individu.

L'utilitarisme fait de l'utilité le seul critère de la moralité : une action est bonne dans la mesure où elle contribue au bonheur du plus grand nombre. Mais tandis que pour Bentham*, ce bonheur est lié à la quantité des plaisirs, il convient d'insister, selon Stuart Mill*, sur la qualité des plaisirs — les plaisirs de l'esprit, par exemple, l'emportant sur les plaisirs du corps.

● **Corrélats :** bonheur ; individualisme ; intérêt ; justice ; plaisir.

Utopie

(n. f.) ● **Étym. :** terme créé par Thomas More (1478-1535), à partir du grec *ou* (privatif) et *topos* « le lieu » : « ce qui n'est d'aucun lieu ». ● **Sens ordinaire :** chimère, projet irréalisable (l'adjectif correspondant est « utopique »). ● **Philosophie politique :** description concrète de l'organisation d'une société idéale (l'adjectif correspondant est « utopiste »).

L'*Utopie* de Thomas More*, publié en 1516, décrit « la meilleure constitution d'une République ». On peut trouver chez Platon*, notamment dans la *République*, une première forme de la pensée utopiste. Mais celle-ci, comme genre philosophique et littéraire, se développe surtout à la Renaissance (outre l'*Utopie* de Thomas More, *La Nouvelle Atlantide* de Francis Bacon*, ou la *Cité du soleil*, de Tommaso Campanella) et au XIXe siècle, avec ce que Marx* appelait le « socialisme utopique » (Fourier* ou Saint-Simon*) qui projetait une société égalitaire, harmonieuse et fraternelle.

Les utopies n'ont pas toutes le même sens et peuvent être diversement interprétées. Elles peuvent être, comme chez Thomas More, l'instrument d'une critique sociale et politique de la société réelle (les vertus des lois et des mœurs des « utopiens » s'opposent aux vices de l'Angleterre du XVIe siècle) ; elles peuvent aussi, selon Kant*, constituer un idéal régulateur, une condition limite du progrès moral et politique.

Cette dimension critique ou régulatrice se reconnaît surtout dans les « utopies théoriques », dont les auteurs n'attendent aucune réalisation effective. Tout autres sont en effet les « utopies pratiques » qui, tels les phalanstères de Fourier, se veulent un projet historiquement réalisable. Il est cependant difficile de voir dans l'utopie un facteur réel de changement social. Elle peut même être jugée « réactionnaire » : on l'accuse alors de refuser l'histoire ou de se réfugier dans un passé mythique. De fait, les uto-

pies sont souvent situées dans des îles et conçues comme des micro-sociétés retirées, non exposées aux vicissitudes du temps.
C'est pourquoi des penseurs comme Marx ou Machiavel* et plus près de nous, Hans Jonas* ont pu reprocher à l'utopie d'être non seulement inutile, mais politiquement nuisible : en étant en dehors du réel, l'utopie ne permet aucune prise sur lui et rend donc impossible toute transformation véritable.

● **TERMES VOISINS :** chimère ; société idéale. ● **CORRÉLATS :** bonheur ; histoire ; politique ; société.

VALEUR

(n. f.) ● **ÉTYM.** : latin *valor*, de *valere*, « être bien portant », puis « valoir ». ● **SENS ORDINAIRE** : qualité des choses, des personnages, des conduites, que leur conformité à une norme ou leur proximité par rapport à un idéal rendent particulièrement dignes d'estime. ● **ÉCONOMIE** : prix de quelque chose, dont le calcul intègre différents facteurs.

Leurs interrogations sur la société ont conduit Aristote*, et beaucoup plus tard Marx*, à analyser les mécanismes de la division du travail*, et à montrer que l'échange des produits suppose la possibilité de les comparer : pour être équitable, un échange doit porter sur des objets de même valeur (« équi-valents »). L'équivalent-monnaie permet de fixer le prix (la valeur) des choses. Au XIXe siècle, Marx a montré que cette valeur ne dépend pas seulement de l'importance du besoin* satisfait par la marchandise : il faut aussi, entre autres, distinguer la « valeur d'usage », qui se mesure à l'utilité du produit pour le consommateur, et la « valeur d'échange », dont la mesure prend en compte à la fois le critère de l'utilité et le travail nécessaire à la production. La question des valeurs est par ailleurs au centre des interrogations sur les fondements de la morale* et de la science* : réalités idéales et transcendantes pour Platon*, normes indiscutables de la conduite pour Descartes*, des valeurs comme le bien et le vrai sont au contraire, pour Nietzsche*, strictement relatives aux intérêts de ceux qui ont pu imposer leurs choix comme universels.

● **TERMES VOISINS** : prix ; qualité.
● **CORRÉLATS** : axiologie ; échange ; éthique ; jugement ; morale ; norme/normatif ; règle ; respect ; volonté.

VALIDITÉ

(n. f.) ● **ÉTYM.** : latin *validus*, « puissant ». ● **DROIT** : caractère de ce qui est juridiquement valable. ● **LOGIQUE** : cohérence formelle d'un raisonnement ou d'une argumentation.

Au sens logique, il faut distinguer la vérité* d'une proposition, qui consiste dans l'accord entre ce qu'elle énonce et les faits qui la vérifient, et la validité d'un raisonnement*, qui ne concerne que sa structure formelle. Un raisonnement peut être valide et porter sur des propositions fausses ; il peut, à l'inverse, être non valide et énoncer des propositions vraies.
Il est possible de désigner la validité par l'expression « vérité formelle » et la vérité des propositions par « vérité matérielle ».

● **TERME VOISIN** : cohérence. ● **TERMES OPPOSÉS** : incorrection ; invalidité. ● **CORRÉLATS** : argumentation ; démonstration ; formel ; logique ; proposition ; raisonnement ; syllogisme ; vérité.

VERBE

(n. m.) ● ÉTYM. : latin *verbum*, « mot, parole » (par opposition à *chose*). ● THÉOLOGIE : parole de Dieu (spécialement dans la Bible) ; par métonymie, le mot peut désigner Dieu lui-même.

● CORRÉLAT : christianisme.

VÉRIFICATION

(n. f.) ● ÉTYM. : latin *verificare*, « vérifier ». ● SCIENCE ET ÉPISTÉMOLOGIE : procédé qui permet d'établir la vérité d'une proposition (d'une hypothèse, etc.).

Dans le cas des sciences formelles, la vérification est démonstrative et de l'ordre du calcul. Dans les sciences empiriques, il est discutable de parler de « vérification ». Karl Kopper* a montré qu'on peut établir expérimentalement la fausseté d'une hypothèse, alors qu'il n'est pas possible d'en établir la vérité* (*cf.* Falsifiabilité). Lorsque l'hypothèse a passé avec succès un contrôle qui aurait pu la « falsifier », il vaut mieux parler, plutôt que de « vérification », de confirmation ou de corroboration, lesquelles sont toujours « jusqu'à preuve du contraire ».

● TERMES VOISINS : confirmation ; corroboration ; preuve. ● TERME OPPOSÉ : réfutation. ● CORRÉLATS : connaissance ; expérience ; falsifiabilité ; science.

VÉRITÉ

Alors même qu'il s'efforce de le restituer avec fidélité, le vrai n'est pourtant pas le réel. Tandis que la réalité est par définition indépendante de l'homme, la vérité est toujours de l'ordre du discours ou encore de la représentation.
Préoccupation essentielle de la recherche philosophique, la vérité n'est donc ni un fait, ni un donné. Au contraire, elle doit toujours être recherchée. Nous sommes alors renvoyés au problème de ses conditions d'accès, et à celui des critères du jugement vrai. La vérité constitue également une exigence ou encore une valeur.

La recherche de la vérité en question
Le projet de recherche de la vérité est constitutif de la réflexion philosophique, et c'est par lui que, dès l'origine, celle-ci s'est définie dans la Grèce antique.
La philosophie de Platon* illustre à merveille la triple idée autour de laquelle se formule le projet de vérité. **1.** Ce projet a un sens : l'effort de l'esprit humain pour parvenir à une authentique vérité peut être couronné de succès. **2.** Une vérité n'est telle que si celui qui l'énonce ne répète pas comme un perroquet un savoir étranger. Tel est le sens de la maïeutique* de Socrate* : on n'enseigne pas la vérité comme on remplirait un vase vide ; connaître la vérité, c'est, par un véritable « accouchement de l'esprit » (maïeutique), la retrouver comme au fond de soi, c'est-à-dire se l'approprier. **3.** La vérité se définit par sa permanence et son universalité, et en cela ne doit nullement se confondre avec la relativité et l'inconstance des opinions humaines. Il faut donc distinguer vérité et connaissance. Ce qui est vrai aujourd'hui le sera demain et toujours — et l'est pour tous — ou ce n'est pas, à proprement parler, une vérité. Ce n'est donc pas parce que la variabilité des opinions est un fait qu'une vérité objective et universelle est impossible. Ce qui est impossible, au contraire, c'est d'affirmer « à chacun sa vérité », puisqu'on l'affirme... comme une vérité. Cela n'empêche pas qu'on puisse légitimement dire « à chacun ses opinions », mais il faut opérer une distinction critique entre l'opinion*, ou vérité prétendue, et la vérité ou opinion certifiée.
Une telle recherche de la vérité peut-elle espérer aboutir ? C'est ce que conteste le scepticisme*, lequel veut substituer à l'affirmation « dogmatique » de la possession du vrai une attitude de doute* et d'examen.
Il serait évidemment contradictoire de dire que le scepticisme* est... dans le vrai, et l'on n'a pas manqué de lui reprocher cette apparente incohérence. Il a cependant une valeur, qui est de nous inciter à la modestie. En nous enseignant que nos croyances ne sont pas ces vérités assurées pour lesquelles nous les prenions, le scepticisme nous empêche, à sa manière, de nous laisser bercer par les charmes sécurisants des « vérités toutes faites », des fausses certitudes*, c'est-à-dire de l'opinion.

Définitions et critères
1. Définitions de la vérité. Tout le monde semble s'accorder depuis Thomas

◆ **Vérité**

d'Aquin*, au XIIIᵉ siècle, pour définir la vérité comme correspondance ou adéquation : adéquation entre l'intelligence qui conçoit, entre l'esprit et la réalité. En d'autres termes, la proposition « il neige », par exemple, est vraie si et seulement si, en fait, il neige.

Cette définition comporte une conséquence importante : la vérité est une propriété du langage*, non du réel. « Vrai » et « faux » sont des qualificatifs qui s'appliquent non pas à des choses, mais à des propositions. On parle pourtant d'or « faux », de « vrai » ami, etc. Mais l'or « faux » est tout aussi réel que l'or véritable. Seulement, ce n'est pas de l'or, mais, par exemple, du cuivre doré. Ce qui est « faux » alors, c'est la proposition implicite : « Ceci est de l'or ».

La définition de la vérité comme correspondance ne fait pourtant pas l'unanimité. On peut lui opposer d'autres définitions, notamment celle qui caractérise la vérité en termes de cohérence. Selon cette conception, une théorie scientifique, par exemple, sera dite vraie, non pas si elle correspond aux faits, mais si les propositions qui la constituent forment un ensemble cohérent, c'est-à-dire si elles sont compatibles entre elles. Cependant, la théorie de la « vérité-cohérence » semble difficile à soutenir : l'accord de la pensée avec elle-même est bien une condition nécessaire de la vérité (car on ne peut se contredire et énoncer une vérité), mais non une condition suffisante. Nos pensées peuvent être entre elles cohérentes et en contradiction avec la réalité.

Mais la théorie de la « vérité-correspondance » suscite elle aussi des difficultés. D'une part, l'idée de correspondance suppose que les faits auxquels nos propositions ou nos croyances doivent correspondre sont disponibles indépendamment de notre langage. Or, rien n'est moins sûr. Toute tentative de parler du monde n'en est-il pas déjà une interprétation* ? D'autre part, qu'est-ce, pour une croyance, d'être « en accord » avec les faits ? Cela signifie-t-il qu'une pensée vraie est la copie fidèle du réel, ou, comme le soutient le pragmatisme* (cf. W. James), qu'elle permet d'agir efficacement sur lui ?

Il importe sans doute que nos idées augmentent notre puissance d'agir ; mais le pragmatisme a tort de faire du succès une règle du vrai. Cette règle, il faut la chercher, au contraire, dans l'art de la preuve*. Il n'y a pas de vérité sans vérification*.

2. Le problème du critère de la vérité. À quoi reconnaît-on la vérité ? À cette question, la plupart des philosophes classiques ont suivi Descartes* pour répondre : à l'évidence* des idées vraies. Cela signifie, comme l'affirmait Spinoza*, que la vérité est *index sui*, qu'elle se montre d'elle-même, par sa seule clarté : « Qui a une idée vraie sait en même temps qu'elle est vraie et ne peut douter de la vérité de sa connaissance » (*Éthique*, II, 43).

Mais peut-on tout reconnaître par évidence ? Ce n'est pas nécessaire. Il suffit de connaître par évidence les premiers principes de la connaissance — les vérités premières — et d'établir toutes les autres par démonstration*, c'est-à-dire en les déduisant de proche en proche à partir des premières. Ainsi, pour Descartes, l'intuition* — c'est-à-dire l'évidence — et la déduction* sont les deux seules voies qui conduisent à la vérité. L'ordre du vrai aurait donc un modèle : l'ordre géométrique, tel qu'Euclide*, dès l'Antiquité, l'avait formalisé dans ses *Éléments de géométrie*.

Mais le critère de l'évidence s'est heurté à deux objections. La première fut formulée par Leibniz* : l'évidence est un critère peu fiable, car trop subjectif. Elle se définit par le fait que la représentation d'une idée s'accompagne d'un sentiment de certitude ; mais quel crédit accorder à ce sentiment ? Chacun de nous a fait l'expérience d'évidences trompeuses. Comment, alors, peut-on distinguer l'évidence de ses faux-semblants ?

La deuxième objection résulte du développement des sciences expérimentales : on ne peut traiter le monde physique comme un système mathématique et se contenter de déduire ses lois à partir d'axiomes « évidents ». Dans le domaine des sciences de la nature, le critère de la vérité doit être l'observation des faits.

Il faudrait donc distinguer deux types de critères : les vérités purement formelles d'une part, les vérités expérimentales ou empiriques d'autre part.

La vérité comme valeur

Pourquoi donc vouloir la vérité ? Vaut-elle même d'être recherchée ? Ne peut-on lui opposer des valeurs plus hautes, la vie par exemple ? Nietzsche* osa poser ces questions radicales. Leur mérite est au moins d'obliger à assumer le caractère moral de l'exigence de vérité. La vérité est un choix : nous pouvons vouloir l'erreur*, l'illusion*, le mensonge*, parce que nous pouvons aimer d'autres choses plus que la vérité (le plaisir, le pouvoir, l'action...) ; et parce que nous pouvons aussi refuser de voir dans l'effort de la raison vers la vérité le signe de notre dignité d'hommes. Descartes lui-même reconnaissait qu'on peut nier l'évidence. En ce sens, le problème de la vérité n'est pas seulement de la définir ou d'en énoncer les conditions, mais relève avant tout de notre liberté*.

■ ● **TERME VOISIN** : validité. ● **TERMES OPPOSÉS** : fausseté ; mensonge.

VÉRITÉ DE FAIT / VÉRITÉ DE RAISON

Quand un énoncé est vrai parce qu'il correspond au réel qu'il décrit, il s'agit d'une *vérité de fait*. Quand un énoncé est vrai en vertu des relations logiques entre ses termes, c'est une *vérité de raison*. Ainsi a-t-on toujours besoin, pour savoir qu'une proposition est une vérité de fait, de la confronter à la réalité ; alors qu'une simple analyse des termes dans lesquels elle est énoncée suffit à établir une vérité de raison. Il s'ensuit également qu'une vérité de fait aurait pu ne pas être vraie, alors qu'il est impossible qu'une vérité de raison ne le soit pas. Cette distinction correspond à celle que Leibniz* établit entre « vérité contingente » et « vérité nécessaire », ou encore à celle que Hume* fait entre « relations de fait » et « relations d'idées ».

VÉRITÉ FORMELLE / VÉRITÉ MATÉRIELLE

Cette distinction, due au philosophe et logicien contemporain Robert Blanché, invite à faire la différence, dans une déduction*, entre la vérité que renferme chacune des propositions considérées isolément (*vérité matérielle*) et la validité (*vérité formelle*) qui les enchaîne ensemble jusqu'à la conclusion. Il est ainsi possible que des propositions vraies *matériellement* soient reliées par un raisonnement *formellement* faux, ou, à l'inverse, que des propositions fausses *matériellement* soient reliées par un raisonnement *formellement* vrai.

■ ● **TEXTES CLÉS** : Platon, *Ménon* et *République* (VII) ; E. Kant, *Préface de la deuxième édition de la Critique de la raison pure* ; F. Nietzsche, *Le Livre du philosophe* ; M. Heidegger, *De l'essence de la vérité* (*Questions* I).

■ ● **CORRÉLATS** : certitude ; connaissance ; démonstration ; erreur ; évidence ; intuition ; preuve ; réalité ; science ; validité.

VERTU

(n. f.) ● **ÉTYM.** : latin *virtus*, « force virile », de *vir*, « homme ». ● **SENS PREMIER** : puissance propre d'une chose à produire certains effets (ex. : « la vertu médicinale des plantes »). ● **SENS ORDINAIRE** : disposition réfléchie et volontaire qui porte à faire le bien et à éviter le mal. ● **PHILOSOPHIE** : **1.** Chez Platon, puis l'épicurisme et le stoïcisme : ensemble de dispositions concourant à une vie bonne, au premier rang desquelles sont la sagesse, le courage, la tempérance et la justice, appelées « vertus cardinales ». **2.** Chez Aristote, la vertu est ce qui accomplit excellemment la nature d'un être ; si la vertu du cheval est de bien courir, la vertu de l'homme est d'agir conformément à la raison, c'est-à-dire selon le « juste milieu » ; le courage, par exemple, se situe entre la témérité et la lâcheté. Mais le juste milieu dépend des circonstances et résulte d'une estimation raisonnée, qu'Aristote appelle « prudence ».

La vertu est à la fois puissance* et renoncement. Toutefois, les morales antiques et non chrétiennes affirment qu'il existe un lien nécessaire entre la vertu et le bonheur*. Une vie bonne est non seulement une vie conforme à la vertu, mais également une vie heureuse. Que le bonheur résulte de la vertu, comme pour les stoïciens*, ou qu'il en soit la condition, comme chez Épicure*, vertu et bonheur sont indissociables. Spinoza* s'inscrit dans cette tradition, lorsqu'il définit la vertu comme la puissance qui nous porte à agir « sous la conduite de la raison, d'après le principe de la recherche de l'utile propre » (*Éthique*, IV). Au contraire, Kant*, faisant de la vertu la force de la volonté* en tant qu'elle résiste, par devoir*, aux penchants de la sensibilité, disjoint le lien entre vertu et bonheur. Il n'est pas vrai que la vertu soit récompensée. La vertu, alors, n'est pas ce qui nous rend heureux, mais ce qui nous rend dignes de l'être (*Critique de la raison pratique*, I, 2, chap. II).

◆ Vico

- **TERMES VOISINS** : aptitude ; excellence ; force. ● **TERMES OPPOSÉS** : défaut ; vice.

VERTUS CARDINALES

Ce sont les quatre vertus considérées par Platon* (puis par les épicuriens et les stoïciens) comme fondamentales, c'est-à-dire comme constitutives de la perfection morale : la sagesse*, la tempérance*, la prudence* et la justice*.

- **CORRÉLATS** : bien ; bonheur ; devoir ; justice ; morale ; sagesse.

VICO JEAN-BAPTISTE (1668-1774)

REPÈRES BIOGRAPHIQUES

Historien, juriste et philosophe italien. Après des études inachevées, il se forme lui-même à la philosophie et au droit, puis se consacre quelque temps à la poésie. À partir de 1695, il obtient une chaire à l'Université ; il gardera ce poste jusqu'à la fin de ses jours. Il fut un grand penseur, un vrai innovateur, qui pourtant mena une vie simple et besogneuse.

Jean-Baptiste Vico est le premier penseur qui réhabilite l'histoire d'un point de vue philosophique. La tradition, en effet, a opposé longtemps (encore bien après Vico !) les vérités de fait, aléatoires, et les vérités de raison, seules vraiment fiables. Tout comme les sciences mathématiques, la philosophie n'était censée s'attacher qu'aux secondes. Pour Descartes, tout particulièrement, la vérité doit être évidente (ou démontrable), en philosophie comme en mathématiques : mais cela signifie en même temps que les constructions rationnelles du savant sont *a priori* (elles sont une production de l'esprit), limpides pour cette raison même. Jean-Baptiste Vico part d'une critique de la rationalité cartésienne. Les vérités logiques et mathématiques sont hypothétiques et abstraites : ce que nous atteignons par elles n'est donc que le concept ou l'idée, c'est-à-dire la théorie, et non pas la réalité. Au contraire, dans l'histoire, l'esprit se penche sur ses propres œuvres. Étudier l'histoire, c'est donc s'attacher à ce qui a été institué par l'homme, et qui manifeste son pouvoir. Vico choisit de faire du « monde des nations » l'objet de sa « science nouvelle ». Il s'efforce de découvrir certaines des lois fondamentales qui gouvernent le devenir humain ; il présuppose une forme de nécessité, un « sens » de l'histoire, qu'il nomme (selon une terminologie encore religieuse) « Providence ». Mais il ne faut pas s'y tromper. Sa philosophie est résolument « rationaliste », et c'est en cela qu'elle est « moderne ». Bien avant Hegel, Jean-Baptiste Vico montre que la raison est à l'œuvre dans l'histoire, qu'elle s'y déploie nécessairement, quoique progressivement. Il distingue trois grands « âges » de l'humanité : l'âge des dieux, l'âge des héros et l'âge des hommes. Il montre qu'à chaque « âge » correspondent des coutumes, des lois, des systèmes juridiques, des représentations du monde et des formes de gouvernement appropriés. Le premier « âge » est marqué par la prédominance de l'imagination ; le troisième « âge » accorde une place déterminante à la science et à la philosophie. Chaque nation, qui avance à son rythme, a sa propre logique, sa propre cohérence, son propre système de gravité. Cependant, toutes les nations et toutes les cultures témoignent d'une forme d'humanité partagée, c'est-à-dire universelle.

Quoique en opposition avec le rationalisme des Lumières — Vico est déjà « romantique » par son attention aux particularismes, aux traditions —, cette philosophie est donc progressiste et « rationaliste » mais en un sens élargi. Progressiste, puisqu'elle postule une orientation positive dans l'histoire. « Rationaliste », en un sens non cartésien : toutes les formes de culture, toutes les étapes du devenir humain sont des étapes de la raison, mais d'une raison concrète, qui n'est pas apparue préformée, mais qui a connu une lente gestation depuis son origine, dont elle n'est jamais coupée : on ne doit jamais oublier que la civilisation trouve sa source dans la barbarie.

- **PRINCIPAUX ÉCRITS** : *De la très ancienne sagesse des Italiens* (1700) ; *Le Droit universel* (1720-1722) ; *Principes d'une science nouvelle concernant la nature commune des nations* (1725).

VIE

(n. f.) ● **ÉTYM.** : latin *vita*, « existence ». ● **SENS ORDINAIRES** :

1. Intervalle de temps écoulé entre l'apparition et la mort d'un individu ou d'un organisme. **2.** Par analogie, ensemble des activités des hommes et des peuples, dans leurs différents aspects (vie morale, religieuse, vie des nations...). **3.** Par extension : le monde humain dans son ensemble, le cours des choses. ● **BIOLOGIE :** ensemble des caractéristiques propres à tous les organismes, végétaux et animaux — principalement la croissance, la reproduction et l'assimilation —, par opposition à la matière inerte. ● **PHILOSOPHIE : 1.** Sens ordinaire : entité ou principe supposé animer l'ensemble des organismes vivants, depuis les êtres unicellulaires jusqu'à l'homme. **2.** Sens particuliers : **a.** Chez Nietzsche, synonyme de la « volonté de puissance », elle signifie une « accumulation de forces », un effort constant vers plus de puissance. **b.** Chez Bergson, elle est un « effort », un « flux » ou encore un « flot » qui « remonte la pente que la matière descend ».

La vie a longtemps désigné un principe ou une entité, voire une réalité insaisissable et énigmatique (ou « pneumatique »), censée animer tous les êtres vivants, et même le monde organisé dans son ensemble (*cf.* Stoïcisme). Mais la science moderne et expérimentale à ses débuts s'est voulue, notamment avec Descartes*, mécaniste* ; autant dire qu'elle ne pouvait qu'exclure de ses investigations les « forces occultes », c'est-à-dire toutes les pseudo-réalités inaccessibles à l'observation. Pourtant les sciences du vivant (le terme de biologie* date de 1802) se sont constituées en marge du mécanisme : en d'autres termes, elles n'ont pu camper sur les positions de Descartes et ont maintenu, à travers le concept clé de fonction, la notion de finalité* interne pour décrire les êtres vivants, et en expliquer le comportement. La vie présente donc des caractères bien spécifiques — nul ne le conteste plus — mais les savants et les philosophes emploient aujourd'hui plus volontiers les expressions d'« organisme vivant » ou d'« être vivant » pour éviter toute équivoque et écarter toute problématique métaphysique ou théologique (ex. : « Y a-t-il un auteur originel de la vie ? »).

● **TERMES VOISINS :** âme ; être organisé ; existence ; organisme ; vivant.

● **TERMES OPPOSÉS :** mort ; être inanimé ; matière inerte. ● **CORRÉLATS :** biologie ; matière ; mécanisme ; pulsions de vie ; vivant ; vitalisme.

VIOLENCE

Aucune manifestation de puissance ni de vie, aucun acte, aucun comportement humain ne sont violents par eux-mêmes, indépendamment de tout contexte. Le même phénomène naturel (pluies torrentielles, tempête...) peut être dévastateur ou bénéfique. Les mêmes actes (dynamitage d'un édifice, interventions chirurgicales, mutilations...) peuvent avoir des significations radicalement opposées selon les situations et les intentions des acteurs. Les manifestations de la violence sont trop dispersées, trop paradoxales, pour être significatives par elles-mêmes. Seule une interrogation sur les raisons de la violence peut nous orienter vers ce qui en constitue l'essence.

Violence et démesure

La double racine du mot nous fournit une première indication : le mot violence provient du latin *violentia*, « abus de la force » (de *vis*, « force », « violence »). Mais le mot renvoie également à *violare* « violer », « agir contre » (ex. : « violer une loi »), « enfreindre le respect* dû à une personne ». La notion grecque de démesure rassemblait toutes ces significations : pour les anciens, la violence est *hybris*, c'est-à-dire abus de puissance, profanation de la nature aussi bien que transgression des lois les plus sacrées. Fruit de l'orgueil et de la démesure, cette subversion coupe irrémédiablement l'homme de la nature*. Cependant, Calliclès* a montré d'emblée, dans le *Gorgias*, que cet excès n'est que l'autre nom du désir : un tel écart par rapport à la nature serait, de ce point de vue, autant une délivrance qu'une violence.

Nécessité de la violence

La violence est liée à la condition humaine : le constat n'est pas neuf ; mais il donne lieu à de multiples interprétations, plus ou moins désespérantes... Il faut noter cependant que les analyses les plus pessimistes (lucides ?) ne constituent pas pour autant des justifications de la violence. Selon Freud*, l'homme est foncièrement agressif ou même cruel et, constate-t-il tout en le déplorant, la civilisation ne peut que réprimer — et non réduire — les appétits de cruauté et de barbarie qui resurgissent dès que la communauté « abolit le blâme » — dans les situations de guerre ou de l'impunité. Pour René Girard, en revanche, la violence chez l'homme n'est pas instinctive, mais intersubjective et sociale : toute société s'instaure sur la base d'une « violence fondatrice », qui supplante toutes les autres violences, effectives ou latentes. Le fait de la persécution (désignation et meurtre d'une « victime émissaire ») est ainsi le principe originaire et structurel de tout ordre social. Les rituels religieux ne font que répéter, en vue de le maîtriser, un mécanisme inéluctable : car il faut évacuer cette violence fondamentale qui ne peut être que gérée, canalisée et non pas annihilée. On peut néanmoins la dénoncer et la combattre, comme le fit le Christ* : René Girard constate ainsi que « l'écriture judéo-chrétienne » opère une subversion radicale de la violence.

Fécondité de la violence ?

Montrer que la violence est difficilement surmontable (Freud), que la civilisation peut l'entretenir et la justifier (René Girard), ce n'est pas en faire l'apologie. Tout autre est le discours de philosophes qui comme Héraclite* (dans l'Antiquité) puis, dans les temps modernes, Hegel*, Marx*, Georges Sorel et enfin Nietzsche*, insistent sur la fécondité de la violence. Selon Héraclite, « le conflit est commun, la discorde est le droit, et toutes choses naissent et meurent selon discorde et nécessité » (*Les Présocratiques,* Gallimard, coll. « Bibliothèque de la Pléiade »). Pour Hegel, « l'Esprit constitue pour lui-même son propre obstacle à surmonter » : en d'autres termes, l'histoire procède de la violence, sous la forme notamment de la lutte des consciences en vue de la reconnaissance (« Toute conscience poursuit la mort de l'autre »). Mais c'est surtout chez Marx et Engels*, puis chez Lénine, et enfin chez Georges Sorel, que l'on trouve une véritable apologie de la contre-violence révolutionnaire susceptible, selon ces auteurs, d'abolir la violence originelle de l'appropriation privée des richesses. Sartre* va dans le même sens dans la préface de l'ouvrage de Frantz Fanon, *Les Damnés de la terre.*

De la violence à l'affrontement

Si la violence constitue pourtant, par essence, la négation de tout ce qui est humain (la parole, le respect, la rationalité), comment comprendre que tant de penseurs aient pu en faire ainsi une sorte d'apologie ? Si l'on s'en tient au cas exemplaire de Nietzsche (et si on laisse de côté ses formules les plus équivoques), il est possible de montrer que ce qu'il défend ardemment est moins la violence proprement dite que la lutte, le conflit, le combat (qui peut avoir lieu entre soi et soi). La remarque vaut également pour Pascal* défendant la « violence amoureuse et légitime » (*Pensée* 498, éd. Brunschvicg), ainsi que la guerre que Dieu est venu apporter aux hommes assoupis loin de Lui (Évangile selon saint Matthieu 5, 38-48). L'affrontement (la lutte voulue, la contradiction assumée) est souvent fécond et assurément indépassable. Réciproquement, tout projet de société qui refoule l'hostilité, interdit tout conflit et conçoit le lien social exclusivement en termes d'amitié et de concorde ne peut déboucher que sur la « paix* » totalitaire*, c'est-à-dire la violence la plus radicale. Paul Ricœur* insiste ainsi sur la dimension conflictuelle parce que pluraliste de toute communauté humaine ; il ne peut donc y avoir de « bon gouvernement » car « la réalisation historique de telle valeur ne peut être obtenue sans faire tort à telle autre ».

Illégitimité de la violence

La violence pure ne peut être légitimée par la philosophie. Car la pensée est par nature refus de la violence (Éric Weil*), c'est-à-dire choix de la réflexion et du dialogue, reconnaissance de l'autre comme interlocuteur, ami et semblable. Toutefois la violence peut non seulement s'expliquer mais se justifier dans bien des cas (légitime défense, résistance à l'oppression). Elle peut même être tenue pour rationnelle (ainsi le racisme, note Hannah Arendt*, suscite des réactions antiracistes violentes tout en étant « rationnelles », c'est-à-dire logiques).
La violence ne sera pourtant jamais légitime à proprement parler ; selon Hannah Arendt, « instrumentale » par nature, elle est destructrice de tout pouvoir* concerté et donc des conditions de possibilité de toute communauté humaine. Même si, à court terme, elle peut produire des effets positifs, à long terme, elle finit toujours par révéler une dimension foncièrement suicidaire. La violence exercée par l'homme moderne (savant et technocrate), enivré par son propre pouvoir, est à cet égard significative (voir à ce sujet Monette Vacquin, *Frankenstein ou les délires de la raison,* Julliard, 1989). La

démesure s'exerce aujourd'hui indirectement contre l'humanité à venir, dont les conditions de survie ne sont plus garanties (*cf.* Hans Jonas).
D'un autre côté, le sociologue Norbert Élias*, dans une perspective beaucoup plus optimiste, a démontré que le « processus de civilisation » tendrait à atténuer le degré de violence acceptable entre les hommes, et cela dans toutes les sociétés connues.

● **TERMES VOISINS :** affrontement ; agressivité ; conflit ; hostilité ; lutte ; oppression. ● **TERMES OPPOSÉS :** concorde ; dialogue ; harmonie ; respect.

NON-VIOLENCE

Mot franco-anglais qui traduit deux termes du vocabulaire gandhien : *ahimsa* (abstention de toute violence) et *satyagraha* (méthode d'action spécifique permettant de lutter sans violence contre la violence). Ce double sens se retrouve dans la notion de non-violence : refus de la violence et/ou méthode pour agir sans violence. On remarque aussitôt que la non-violence n'est pas (ou pas seulement) une attitude passive ou résignée (« zen »...). Cette notion désigne également « une doctrine visant à fonder sur une critique radicale de la violence la volonté de chercher et de mettre en œuvre des moyens de lutte politique et sociale compatibles avec cette critique » (Ch. Mellon et J. Semelin, *La Non-violence*, PUF, « Que sais-je ? », 1994). La *résistance civile* (par exemple celle des antinazis en Europe à partir des années 1920, celle des dissidents de l'Est dans les années 1950, ou des Mères de Buenos Aires dans les années 1980, etc.) relève d'une telle philosophie. En ce qui concerne Gandhi, rappelons qu'il condamna les accords de Munich dans les termes suivants : « Je vois que je peux avec succès prêcher l'*ahimsa* à ceux qui savent mourir, mais non à ceux qui ont peur de la mort ». Autant dire que la non-violence telle que Gandhi la concevait était aux antipodes de la lâcheté comme de la soumission.

● **TEXTES CLÉS :** G.W.F. Hegel, *Phénoménologie de l'esprit* ; S. Freud, *Malaise dans la civilisation* ; É. Weil, *Logique de la philosophie* ; R. Girard, *La Violence et le sacré* ; N. Élias, *La Civilisation des mœurs*.
● **CORRÉLATS :** droit ; État ; justice ; paix ; pouvoir ; respect ; révolution.

VISAGE

(n. m.) ● **ÉTYM. :** latin *visus*, « aspect », « apparence ».

Le visage n'est pas un simple phénomène*, une chose parmi les choses : il est aussi le signe de l'altérité, c'est-à-dire de ce qui nous échappe absolument. Il signifie la présence, et exprime la vie d'une autre intériorité, d'un autre moi — *alter ego* —, donc d'une liberté. Pour Emmanuel Levinas*, le visage est signe d'une transcendance qui se refuse à l'identification et à toute prise de possession. Seul parmi les autres réalités, il peut provoquer l'amour, mais aussi la colère et la violence lorsqu'il exprime l'opposition à nos désirs. La dimension de vulnérabilité qui va de pair avec sa nature (comme signe de l'intériorité d'un sujet humain qui se donne et se livre dans un extérieur) est aussi appel à un respect* qui s'impose comme un absolu. La présence d'un visage qui nous « parle » est une visitation qui met en question l'égoïsme du moi : en ce sens, le visage révèle l'exigence éthique* (*cf.* Emmanuel Levinas).

● **CORRÉLATS :** amour ; autrui ; désir ; humanité ; personne ; phénoménologie.

VITALISME

(n. m.) ● **ÉTYM. :** latin *vita*, « vie ».
● **SENS ORDINAIRES : 1.** Doctrine de l'école de Montpellier, selon laquelle un « principe vital » régit les phénomènes de la vie. **2.** Toute théorie qui s'oppose à une réduction de la vie à ses caractères physico-chimiques et recourt à une force vitale distincte de la matière.

Le médecin allemand Georg E. Stahl, expose, entre 1704 et 1708, une doctrine qualifiée d'animisme*, et reproche à la médecine mécaniste* de ne pas prendre en compte la vie elle-même. Théophile de Bordeu et Paul-Joseph Barthez étudient la médecine à Montpellier où sont discutées les thèses de G. E. Stahl ; Bordeu ne pense pas non plus que la vie puisse s'expliquer par le mécanisme et, à partir de 1751, attribue dans sa physiologie un rôle régulateur à une « âme » qui est en fait la sensibilité des fibres nerveuses. Cette âme est partout où se manifeste un mouvement spontané, et chaque

◆ **Vivant**

organe est pourvu d'une sensibilité et d'une action propres ; pour cette raison le corps vivant est comparé à un essaim d'abeilles, l'action du cerveau sur les nerfs assurant toutefois l'unité de l'être vivant. La philosophie de Bergson*, par exemple, peut être considérée comme un vitalisme, car elle considère que les propriétés de la matière et le déterminisme* que la raison peut y trouver n'expliquent pas l'essentiel de la vie, soit l'évolution* créatrice.

● **TERMES VOISINS :** animisme ; organicisme. ● **TERMES OPPOSÉS :** déterminisme ; mécanisme. ● **CORRÉLATS :** évolution ; évolutionnisme ; finalisme ; mécanisme ; organisme ; spiritualisme ; vie ; vivant.

VIVANT

À la différence des mots physique ou mathématiques, très tôt employés pour désigner des régions clairement définies de la connaissance, le terme biologie (littéralement : « science du vivant ») ne date que du début du XIXe siècle. Cela ne signifie pas que l'étude des êtres vivants n'a commencé que depuis 200 ans (dès l'Antiquité, des philosophes comme Aristote* s'y étaient intéressés) ; mais ce n'est que vers cette époque que l'objet vivant est défini dans sa généralité, c'est-à-dire que la propriété « être vivant » est conçue comme à la fois commune et spécifique à un certain nombre d'êtres, et qu'il est possible d'en déterminer les lois.

On savait bien depuis longtemps, évidemment, reconnaître des différences entre le vivant et le non-vivant, l'animé et l'inerte. Mais la science du vivant ne se constitue que lorsqu'on est à même d'expliquer et d'analyser l'ensemble des propriétés qui expliquent cette différence.

Trois découvertes décisives
Trois grandes découvertes fondent alors, au XIXe siècle, la biologie comme science. D'abord, la *théorie cellulaire*, qui établit l'existence d'un constituant commun à tous les êtres vivants, la cellule, et permet la connaissance de plus en plus approfondie de sa structure. Ensuite, la *génétique* : dans la deuxième moitié du XIXe siècle, Johann Mendel met en évidence les lois qui règlent la reproduction et la transmission héréditaire. Enfin, les *théories de l'évolution* — Lamarck* au début du siècle dernier, puis surtout Darwin* — essayent de comprendre l'« histoire » des espèces, et ruinent définitivement l'idée qu'elles ont été créées, dès l'origine, une fois pour toutes (« fixisme »).

Qu'est-ce qu'être vivant ?
Ce que les êtres vivants ont à la fois de commun et de spécifique, c'est d'être des organismes*, c'est-à-dire des systèmes existant par soi, et dont toutes les parties (les organes) sont interdépendantes et ont des fonctions* qui concourent à la conservation du tout. Plus précisément, le propre de tout organisme est, premièrement, de se nourrir et de se développer grâce à une relation constante avec un milieu extérieur ; deuxièmement, de pouvoir se reproduire ; troisièmement, d'être capable (au moins en partie) d'autorégulation (par exemple, l'organisme malade secrète des anticorps) et d'autoréparation (le phénomène de la cicatrisation, par exemple). Aussi peut-on comme Claude Bernard*, définir la vie comme « création », soulignant par là qu'elle est, selon le mot du physiologiste Marie François Xavier Bichat (1771-1802), « l'ensemble des fonctions qui résistent à la mort ».

Vitalisme et mécanisme
Cette « création » du vivant a depuis longtemps frappé l'imagination humaine, et on en cherchait volontiers l'explication dans une « force vitale », qu'on pouvait nommer « âme* » ou, à la manière d'Aristote*, « entéléchie* ». Un tel vitalisme* relève de l'explication métaphysique*, puisque cette force est mystérieuse et que la reconnaître fait échapper le vivant aux lois communes de la nature. Le vitalisme fait du vivant un empire dans un empire, une zone d'indétermination définitivement rebelle à la science.

C'est pourquoi l'attitude naturelle de l'esprit scientifique est de substituer à cette « métaphysique du vivant » une « physique du vivant », semblable à celle des objets inertes. Cette intention culmine au XVIIe siècle, avec le mécanisme* de Descartes*. Celui-ci conçoit l'être vivant, et la nature entière, comme une machine* automate : les organes ne sont rien d'autres que des rouages, et la vie* rien d'autre que la façon dont le mouvement se transmet de rouage en rouage à partir d'une impulsion initiale. Telle est notamment la théorie cartésienne des animaux*-machines.

Il est clair, dans ces conditions, que le vivant perd tout mystère. La « force vitale » est expulsée et, pour Descartes, l'âme n'est pas un principe de vie, laquelle n'est que du mécanisme, mais s'identifie à la pensée.

Le mécanisme fut pour l'intelligence du vivant un paradigme fructueux, en permettant d'établir ce qui, dans un organisme, fonctionne véritablement mécaniquement (ainsi l'Anglais William Harvey a mis en évidence, au XVIIe siècle, le rôle de « pompe hydraulique » joué par le cœur dans la circulation sanguine). Mais, inversement, la réduction au modèle de la machine rend aveugle aux spécificités de l'organisme : contre le mécanisme, Kant* a raison d'objecter qu'on n'a jamais vu deux montres, par exemple, donner naissance à une troisième !

« La vie n'existe pas »

D'où, au XVIIIe siècle, un regain du vitalisme, en particulier avec le médecin Paul-Joseph Barthez et l'école de Montpellier. Les mérites et les inconvénients de ce vitalisme sont exactement inverses de ceux du mécanisme. Les mérites, tout d'abord : le vitalisme met en lumière ce à quoi le mécanisme était aveugle, l'originalité des phénomènes biologiques. Les inconvénients ensuite : l'invocation d'une « force vitale » est le type même de la fausse explication de cette originalité ; autant expliquer les effets narcotiques de l'opium par sa « vertu dormitive » !

En ce sens, le mécanisme cartésien est, pour la science biologique, un modèle inapplicable quant à son contenu, mais indépassable quant à son intention ; et on peut trouver à travers lui ce qui définit pour toute biologie ses conditions d'intelligibilité scientifique. Si la biologie a depuis longtemps abandonné la référence cartésienne à l'automate, elle trouve aujourd'hui encore, du côté de la machine*, un modèle théorique fructueux : la machine cybernétique et les théories de l'information à partir desquelles nous pouvons comprendre la programmation génétique.

À l'encontre de la philosophie de Bergson* voyant agir, dans le vivant, la créativité d'un « élan vital », la biologie contemporaine continue ainsi, trois siècles après Descartes, d'affirmer que « la vie n'existe pas ». Entendons : la « vie* » n'est pas une entité mystérieuse nichée au cœur des vivants. La notion d'organisme a remplacé celle, trop métaphysique, de vie, et ce sont les propriétés physico-chimiques de l'organisme (l'A.D.N.), c'est-à-dire les lois ordinaires de la nature, qui expliquent les caractères spécifiques et remarquables des êtres vivants (reproduction, autorégulation, évolution...).

Le problème de la finalité

Le mécanisme cartésien excluait de voir dans la nature, et donc dans les phénomènes de la vie, la manifestation de fins. Il s'opposait en cela au finalisme* qui était par exemple celui d'Aristote, et selon lequel ce sont les fonctions* qui expliquent les organes, donc que c'est à partir des fins liées à ces fonctions que l'on doit comprendre le vivant (l'œil est fait « pour » voir, etc.).

Là encore, le mécanisme semble correspondre aux exigences d'une représentation scientifique du monde : ce serait de l'anthropomorphisme* de voir dans la nature un être conscient poursuivant des buts. Et pourtant, là encore, il faut sauvegarder l'intention scientifique du mécanisme mais refuser ses conclusions. Car dans un être vivant, l'adaptation des organes à leurs fonctions est telle qu'il est difficile de ne pas comprendre les manifestations de la vie en termes de buts ou de projets. Au siècle dernier, un grand physiologiste comme Claude Bernard le reconnaissait, et, aujourd'hui, le prix Nobel Jacques Monod* renchérit : nous devons reconnaître que « dans leur structure et leurs performances [les êtres vivants] réalisent et poursuivent un projet » (*Le Hasard et la Nécessité*.) C'est ce que Jacques Monod appelle le caractère « téléonomique » des êtres vivants (du grec *telos*, « fin », et *nomos*, « loi »).

Il y a là, pourtant, une contradiction épistémologique, car le postulat d'objectivité qui fonde toute science est précisément le refus des causes* finales. C'est peut-être encore de la génétique que viendrait la solution de cette contradiction : ne réalise-t-elle pas, avec la notion de programme, la synthèse entre le modèle — permanent — de la machine (ici la machine informatique) et les « faits téléonomiques* » constatés par les biologistes ?

Biologie et éthique

La biologie rencontre la philosophie sur un autre terrain que celui de l'épistémologie : l'éthique*. Les débats liés à l'expérimentation sur les êtres vivants existent depuis longtemps, mais les progrès de la génétique laissent entrevoir la possibilité de manipulations dont les effets sociaux, moraux et politiques ne peuvent laisser les biologistes indifférents : doit-on favoriser la naissance de tel type d'enfant, pratiquer l'eugénisme ?

◆ **Volonté**

Sur toutes ces questions, la responsabilité du biologiste est au moins aussi importante que celle du physicien devant les problèmes de l'atome, et il ne peut guère éviter aujourd'hui, comme le généticien Jacques Testard prenant la décision d'interrompre certaines de ses recherches, d'être moraliste et, dans ce sens, philosophe.

- **TERMES VOISINS :** organisme ; vie.
- **TERMES OPPOSÉS :** inerte ; inorganique ; matière. ● **CORRÉLATS :** animal ; bioéthique ; évolution ; machine ; science.

VOLONTÉ

On entend d'abord par volonté une qualité de caractère : « avoir de la volonté », c'est manifester de la persévérance dans ses choix de vie et de la fermeté dans ses décisions. La volonté est donc immédiatement valorisée : elle est ce par quoi un caractère exprime sa force d'affirmation. Au-delà de ce sens proprement psychologique, on trouve l'opposition courante (mais décisive dans un cadre juridique et pénal) du volontaire et de l'involontaire : on peut dire d'un acte qu'il est volontaire quand il trouve son principe dans une décision intérieure du sujet* libre*. L'involontaire renvoie au contraire à des contraintes extérieures, à des déterminations nécessaires. La volonté, dans l'un et l'autre sens, apparaît donc comme un principe d'activité : elle désigne ce mouvement qui nous porte à accomplir une action. Elle doit être, dans ce cadre, distinguée du désir*. Ce dernier renvoie en effet à une inclination, ou penchant vers un objet dont nous espérons une satisfaction sensible et immédiate. L'acte volontaire, de son côté, suppose toujours la mise en œuvre d'une intelligence qui puisse poser un objectif précis et élaborer la série des moyens propres à l'obtenir. La philosophie a toujours pensé la volonté selon trois axes distincts : problème psychologique de la volonté comme faculté de l'âme*, problème politico-moral de la volonté dans son rapport aux valeurs*, problème ontologique* de l'être même de la volonté.

La volonté comme faculté de l'âme

La problématique classique de la volonté tente de situer son rapport avec l'intellect, comme faculté de concevoir des objets intelligibles*, comme source de connaissance. On peut dire que, jusqu'à Descartes* au moins, les écoles philosophiques admettent généralement la supériorité de l'entendement* sur la volonté : c'est lui en effet qui clairement détermine les objectifs à atteindre, qui fixe les termes du choix à opérer. On peut cependant remarquer avec Descartes que l'entendement est toujours limité : personne (hormis Dieu* lui-même) ne peut prétendre détenir un savoir absolu*. En revanche, la volonté, comme simple faculté de dire oui ou non, de décider le pour ou le contre est absolument simple, indivisible, et, partant, illimitée : elle est infinie, et c'est elle qui nous fait ressembler à Dieu. C'est précisément ce décalage entre une volonté infinie et un entendement fini qui permet de comprendre le phénomène de l'erreur* : dans l'acte de jugement, la volonté, naturellement supérieure, aura toujours tendance à devancer l'intellect dans sa lente tâche pour distinguer le vrai du faux, et à se prononcer avant que ce dernier n'ait terminé son examen.

La volonté et les valeurs

On voit bien comment, par ce biais, la volonté se laisse décrire comme source de négativité : elle permet de comprendre l'erreur. Mais il faudrait comprendre aussi son lien avec la deuxième grande forme de négativité : le mal moral. Dans l'acte immoral, c'est la volonté qui est en cause, c'est elle qui préfère le mal* au bien*. Cette problématique peut renvoyer à la notion chrétienne de péché originel comme explication ultime de l'impureté d'une volonté humaine qui se laisse tenter par le mal. Mais l'acte moral aussi devra être décrit en termes de volonté : c'est ainsi que la morale kantienne définit la moralité* comme « bonne volonté* ». L'homme se montre moral quand sa volonté est conduite et déterminée par la forme de la loi*, c'est-à-dire quand il pose l'acte de sa volonté comme universel. Par exemple, le mensonge est immoral, parce qu'il est impossible, au moment où je mens, que je puisse vouloir en même temps que tout le monde mente (puisque précisément mon mensonge n'a de sens que si mon interlocuteur croit que je dis la vérité). Ce que je peux vouloir pour tous et pour tous les temps, est moral. Ce rapport de la volonté et de la loi se retrouve dans la notion de *volonté générale*, telle que Rousseau* en donne le modèle dans

Volonté

Du contrat social (*cf.* p. 394). Une décision politique n'est légitime que si elle correspond à une volonté générale, c'est-à-dire à la volonté de tous les membres de la société en tant qu'elle se détermine relativement à l'intérêt commun. Cette volonté générale, constituant le principe de toute société, est la source de l'autorité politique et, seule, peut justifier l'adoption de la loi, au sens d'un « acte de la volonté générale » (Rousseau).

La volonté et l'être du monde

On a vu l'importance philosophique du problème de la volonté au niveau de la vie humaine. Certains philosophes ont cependant pensé que la volonté débordait ce cadre strictement humain : elle renvoie peut-être aussi à la nature même du monde. C'est ainsi que Schopenhauer* dans son œuvre majeure (*Le Monde comme volonté et comme représentation*), décrit la nature la plus intime du monde comme un élan obstiné, une poussée aveugle, une dynamique sans but ni raison, ce qu'il nomme enfin la « volonté », ici détachée de toute référence aux valeurs, à l'action humaine, à la raison : elle ne renvoie qu'à un vouloir-vivre absurde. Nietzsche*, partiellement influencé par Schopenhauer, concevra lui aussi l'être du monde comme volonté. Toutes les manifestations (naturelles, animales, humaines) doivent selon lui être comprises comme manifestations d'une volonté de puissance* fondamentale. Cette volonté de puissance se laisse décrire selon divers modèles : comme le pur jeu d'une force qui ne trouve d'autre finalité* que sa propre affirmation, comme une volonté artiste qui sculpte des formes, ou encore comme un processus de domination qui soumet ce qui lui est inférieur.

● **Termes voisins :** désir ; souhait.
● **Termes opposés :** aboulie ; faiblesse ; impuissance ; velléité.

Vouloir-vivre

Chez Schopenhauer, le vouloir-vivre est la force, pour la plus grande part inconsciente, qui pousse les êtres vivants à persévérer dans l'existence. Les volontés apparemment multiples ne sont que le mode de représentation d'un vouloir plus fondamental. Par exemple, le désir sexuel est une manifestation du vouloir-vivre : l'individu croit y poursuivre essentiellement ses propres motifs, mais en réalité il est le phénomène* d'un vouloir plus profond, difficilement sondable par la conscience, qui vise essentiellement au maintien de l'espèce vivante à laquelle il appartient. « Cette volonté est la seule chose en soi*, la seule réalité véritable, le seul élément originel, métaphysique, dans un monde où tout le reste n'est que phénomène, c'est-à-dire simple représentation » (*De la volonté dans la nature*, PUF, 1969, p. 60).

Volonté générale

Concept politique au fondement du principe républicain. Contrairement à ce que pourrait laisser penser une représentation erronée de la pratique du suffrage universel, la volonté générale n'est pas le résultat de la somme et de la différence des volontés particulières. Elle est, idéalement, la volonté qui vise les décisions les plus conformes à l'intérêt* général. Ainsi, lors d'un vote inspiré par le principe de la volonté générale, celui qui vote ne se demande pas d'abord quel est son intérêt ou celui des siens, mais quel est celui de l'ensemble de la communauté politique à laquelle il appartient (*cf.* Rousseau, *Du contrat social*, I, 6 et 7 et surtout II, 4).

Volonté de puissance

Notion fondamentale de la philosophie de Nietzsche, pour désigner l'adhésion à la vie et, par suite, la tendance vitale à se renforcer toujours davantage. Contre la volonté ou « vouloir » unique de Schopenhauer, Nietzsche affirme que l'essence même de la volonté est d'être obéie par une autre volonté et, par suite, que la notion de volonté entraîne par définition l'idée d'une multiplicité hiérarchisée. La volonté est « volonté de puissance » dans la mesure où elle est toujours animée par la « passion de commander » (*Par delà bien et mal*, I, § 19). Pour éviter cependant des contresens courants, on évitera de penser que la volonté de puissance est recherche de la puissance pour la puissance — et encore moins qu'elle peut se résoudre en un pur rapport de force brutal. Du reste, Nietzsche admet tout à fait que la volonté de puissance, conçue comme volonté d'être obéi, s'exerce d'abord sur soi-même.

● **Textes clés :** Épictète, *Manuel* ; E. Kant, *Fondement pour la métaphysique des mœurs* ; F. Nietzsche, *Par delà bien et mal* ; P. Ricœur, *Philosophie de la volonté*. ● **Corrélats :** conscience ; inconscient ; jugement ; liberté ; puissance ; responsabilité ; sujet ; valeur.

◆ Voltaire

VOLTAIRE
FRANÇOIS-MARIE AROUET, DIT
(1694-1778)

REPÈRES BIOGRAPHIQUES

Voltaire naît à Paris dans un milieu aisé. Sa jeunesse tumultueuse lui vaut deux séjours à la Bastille et un exil de trois ans en Angleterre. Il rentre en France en 1729, mais la publication des *Lettres philosophiques* (1734) l'oblige à nouveau à fuir. Commence alors une vie de voyages (Belgique, Hollande, la Prusse, auprès du roi Frédéric...). Malgré une provisoire rentrée en grâce à Paris, entre 1744 et 1747 (il est élu à l'Académie française, devient historiographe du Roi...), il ne se fixe définitivement qu'en 1760, lorsqu'il devient le « patriarche de Ferney » et fait fructifier un patrimoine déjà conséquent. C'est la période des grands combats philosophiques, pour la tolérance, contre l'injustice, pour la réhabilitation de Calas, du chevalier de la Barre, etc. En 1778, trois mois après un retour triomphal à Paris, Voltaire s'éteint, laissant une œuvre considérable, faite d'ouvrages historiques, d'essais philosophiques, de romans, de tragédies, de poèmes et d'une gigantesque correspondance.

L'œuvre de Voltaire est moins systématique que critique, de même que son style est volontiers satirique. Gardant toute sa vie une vive admiration pour la société et le régime politique anglais, il ne souhaite pas, comme Rousseau*, une démocratie*, mais un libéralisme* éclairé, qui exprime les aspirations à la liberté de la bourgeoisie dont il est membre.

Son combat pour la tolérance* civile et religieuse se fonde sur un relativisme* et un scepticisme* qui se retrouveront dans sa critique des systèmes métaphysiques. Les constructions philosophiques les plus admirables (par exemple l'optimisme* de Leibniz* raillé dans *Candide*) ne résistent pas devant l'expérience du monde et de ses malheurs, et la petitesse de l'homme perdu dans l'univers infini rend ridicule sa prétention à s'élever vers l'absolu* ou à comprendre les desseins de Dieu*.

La raison philosophique doit se borner, comme dans la démarche de Newton*, à suivre l'expérience pour connaître le monde, à écrire, comme Locke*, « l'histoire naturelle » de l'âme (et non, comme Descartes*, son « roman »), et à reconnaître la nécessité d'admettre un auteur divin de l'ordre universel. Ce déisme*, fortement antichrétien, Voltaire ne cessera de le confronter au problème du mal*, qui l'obsède. Ainsi le désastre du tremblement de terre de Lisbonne, en 1755, suffira pour que Voltaire refuse l'idée que le monde puisse être « le meilleur des mondes possibles », comme l'écrivait Leibniz. Il n'en reste pas moins, selon lui, que « tout est comme il doit être » : l'univers n'a pas surgi par hasard du chaos. Voltaire fut aussi un historien. Convaincu que l'humanité va vers le progrès, il s'oppose à l'explication de l'histoire par la Providence* (Bossuet), mais aussi à une historiographie purement politique ou militaire. Il veut promouvoir une histoire de la civilisation reposant sur la documentation la plus large et inaugure ainsi le travail de l'historien moderne.

● **PRINCIPAUX ÉCRITS :** *Lettres philosophiques* (1734) ; *Zadig* (1747) ; *Le Siècle de Louis XIV* (1751) ; *Essai sur les mœurs et l'esprit des nations* (1756) ; *Traité sur la tolérance* (1763) ; *Candide* (1769).

VRAISEMBLANCE

(n. f.) ● **ÉTYM. :** latin *verus*, « vrai » (litt. : « ce qui ressemble au vrai »). ● **MÉTAPHYSIQUE ET PHILOSOPHIE DE LA CONNAISSANCE :** apparence de vérité, éventuellement trompeuse ; simulacre dont il faut se méfier (Platon) ou qu'il faut récuser (Descartes ; *cf.* Doute). ● **ÉPISTÉMOLOGIE :** approximation de la vérité qu'il faut prendre en compte, même si elle ne fournit aucune certitude (ce qui est communément signifié lorsque nous qualifions une hypothèse de « vraisemblable ») ; la vraisemblance est alors synonyme de crédibilité.

● **TERMES VOISINS :** crédibilité ; probabilité. ● **TERMES OPPOSÉS :** certitude ; invraisemblance. ● **CORRÉLATS :** apparence ; doute ; illusion ; opinion ; rhétorique ; sophisme ; sophistes ; vérité.

WALZER MICHAËL
(NÉ EN 1935)

REPÈRES BIOGRAPHIQUES

Philosophe américain, professeur à Princeton. Codirecteur de la revue *Dissent*.

Les critiques de l'universalisme* et les polémiques dans lesquelles elles s'inscrivent sont le cadre des travaux théoriques de Michaël Walzer. Pour de nombreux sociologues (Pierre Bourdieu* en France) et philosophes (R. Rorty aux États-Unis), le recours à la notion d'universalité est suspect : il ne s'agirait bien souvent que d'une « stratégie de légitimation » permettant de masquer les ambitions bien réelles d'une idéologie hégémonique (*nos* valeurs — comprenez « occidentales » — sont seules « universalisables », autrement dit vraies et justes). Michaël Walzer s'interroge tout d'abord sur la notion de *distance critique* propre au chercheur, ou au philosophe, observateurs soi-disant impartiaux, c'est-à-dire détachés de leur propre culture : c'est là une notion problématique (il faut bien le reconnaître...) puisque le « point de vue de nulle part » n'existe pas. Faut-il pour autant souscrire aux thèses *relativistes** qui récusent tout ancrage de la pensée dans un quelconque système de référence recevable par tous les hommes ? Michaël Walzer suggère une troisième voie, à la fois *universaliste* (toutes les théories critiques se situent dans un horizon commun qui oriente nécessairement la recherche) et *pluraliste* (chaque culture répond à une logique qui lui est propre, et qui constitue sa propre « sphère » culturelle). Proche de John Rawls*, Michaël Walzer estime toutefois que les principes vraiment fondamentaux de la justice sont communs à toutes les démocraties concrètes. Mais il insiste sur la nécessité de tolérer, et même de préserver, la coexistence, dans une société donnée, de différentes « sphères » (le politique, le religieux, l'économique, le système éducatif, etc.) véhiculant leurs systèmes de valeurs spécifiques et, par exemple, leurs propres conceptions du mérite. Chaque communauté politique coordonne ou même hiérarchise ces sphères selon une vision du monde singulière, irréductible à toute autre.

À la fois démocrate, progressiste, libéral et universaliste, Michaël Walzer est un penseur difficile, subtil et inclassable.

● **PRINCIPAUX ÉCRITS :** *Sphères de justice* (1984) ; *Pluralisme et démocratie* (1984) ; *De l'exode à la liberté* (1986) ; *Critique et sens commun* (1989) ; *Guerres justes et injustes* (1999).

WEBER MAX
(1864-1920)

REPÈRES BIOGRAPHIQUES

Né à Erfurt (Allemagne), Max Weber, historien du droit, économiste et juriste, se consacre, dans sa maturité, à la sociologie et à l'épistémologie. Ses travaux concernant l'éthique protestante et l'esprit du capitalisme,

◆ Weil

ainsi que l'ensemble de sa sociologie de la religion connaissent rapidement un retentissement considérable.

Le savant et la politique
Professeur et savant, Max Weber aurait voulu être un meneur d'hommes. Mais il comprend très tôt que ces activités ne sont pas compatibles. La recherche scientifique est une action rationnelle dont le but est la vérité* : or la vérité est aussi une valeur, elle a donc fait l'objet d'un choix. Quant à l'homme politique, il doit choisir un système de croyances en toute liberté ; il ne peut donc plus être un savant, car la science ne doit en aucun cas être faussée par des jugements de valeur, auxquels le sujet adhère préalablement à tout effort de compréhension. Réciproquement, aucune science ne peut dire aux hommes ce qu'ils doivent faire, ni apprendre à l'humanité quel sera son avenir. Le but des sciences humaines n'est que la compréhension des conduites sociales : uniquement soucieux d'objectivité*, le savant s'efforcera donc de dégager la signification vécue des comportements humains à la lumière des systèmes de croyances et de valeurs qui constituent la culture* de chaque société. Mais il s'interdira d'aller au-delà.

Éthique protestante et esprit du capitalisme
Pour comprendre les conduites sociales, Max Weber s'appuie sur ce qu'il appelle les « idéaux-types », constructions épurées de la réalité constituant un instrument de compréhension des phénomènes sociaux. Dans son ouvrage le plus célèbre, *L'Éthique protestante et l'esprit du capitalisme,* il s'efforce d'expliquer pourquoi le régime économique capitaliste ne s'est développé qu'en Occident. Sa thèse est la suivante : cette singularité s'explique par les traits spécifiques des conceptions religieuses occidentales. On peut démontrer en effet que l'éthique protestante incite au travail régulier, constant, rationnel. Or, travailler rationnellement en vue du profit et ne pas consommer est par excellence la conduite nécessaire au développement du capitalisme*, car elle signifie un continuel réinvestissement du profit (non consommé). Plus généralement, Max Weber considère que, pour comprendre une société*, on doit en saisir la logique implicite, dégagée à partir de ses grandes orientations métaphysiques et religieuses.

Rationalisme et modernité
Dans son œuvre de maturité, Max Weber poursuit son travail d'élucidation des caractères distinctifs du rationalisme* occidental moderne. Dans la sphère politique, il dégage les trois grands principes de légitimité : « traditionnel », « charismatique » et « rationnel ». Le troisième principe est fondé sur la croyance en la légalité des règles et des titres de ceux qui exercent l'autorité. Ces types purs ne se rencontrent pas isolément. Toutefois, la gestion bureaucratique* des sociétés modernes est marquée par la domination rationnelle, laquelle ne va pas, cependant, sans de nouvelles formes d'irrationalité (extension vertigineuse du pouvoir bureaucratique). Cette critique de l'administration bureaucratique conduit Max Weber à défendre un système libéral* dont le fondement doit être l'établissement de procédures permettant l'expression d'une pluralité de valeurs en concurrence, tout en assurant un compromis entre elles : le savant, on le voit, ne peut totalement s'abstenir de porter des jugements de valeur* et nous fait finalement part de ses propres préférences.

● **PRINCIPAUX ÉCRITS :** *Le Savant et le politique* (1919) ; *L'Éthique protestante et l'esprit du capitalisme* (1920) ; *Écrits sur la méthode et la théorie de la connaissance* (1922) ; *Économie et société* (1922).

WEIL ÉRIC (1904-1972)

REPÈRES BIOGRAPHIQUES
Éric Weil est né à Parchim, en Allemagne. Il soutient sa thèse en 1928 avec Ernst Cassirer. Il émigre en France, est naturalisé en 1938, mobilisé puis fait prisonnier en Allemagne. Il entre au CNRS en 1945.

L'État moderne
Dans un essai justement célèbre, *Hegel et l'État*, Éric Weil établit, contre les interprétations courantes, que Hegel* n'est pas le théoricien de l'État prussien (encore moins celui du national-socialisme). Parce qu'il « a posé correctement le problème de l'articulation des différentes sphères du politique* », Hegel est au contraire le premier grand penseur

de l'« État* moderne ». En premier lieu, il a su révéler le problème central de cet État : accumulation des richesses à un pôle ; formation, à l'autre pôle, d'une foule « inorganique » et déshumanisée, d'un prolétariat (*Pöbel*) voué à la dépendance et au dénuement total. D'autre part, il a montré que le rôle de l'État (moderne par là-même) est d'articuler et de réunifier dans la sphère proprement politique les intérêts dispersés dans les différentes activités et les différents champs de la société. Car l'existence durable et harmonieuse de la communauté* en dépend. L'État est en effet le seul qui soit en mesure de rendre effective (par le moyen notamment d'un parlement et d'une administration) l'universalisation des intérêts et des fins de chacun (réalisation de l'« idée morale »).

Raison et violence

Pour Éric Weil cependant, la philosophie ne s'achève pas avec Hegel. Celui-ci croyait pouvoir intégrer tous les moments de l'Esprit dans un discours systématique et englobant. Dans *Logique de la philosophie*, au contraire, la philosophie est présentée comme une réflexion sans prétention totalisante : la raison reconnaît l'existence de son « autre », c'est-à-dire de ce qu'elle ne peut ni nier ni absorber, à savoir la violence*. Sans doute le philosophe rejette-t-il la violence et tente-t-il de l'exclure de ses propres choix. Néanmoins il comprend aussi que toute décision, aussi irrationnelle soit-elle, relève de la liberté* ; qu'entre la violence et le discours, il y a un choix fondamental qu'on ne peut ni justifier ni exclure. La raison ne peut espérer ni abroger ni dépasser la violence ; elle ne peut que tenter de la penser, mais en affirmant, pour commencer, la pluralité indépassable des choix antérieurs à la raison, ainsi que des horizons de sens irréductibles les uns aux autres.

De la société moderne à l'État mondial

Le principe de la société moderne, matérialiste et rationaliste, est celui de la compétition et de l'exploitation maximale de toutes les ressources humaines. Pour cette raison, elle inculque à l'individu « l'autonomie calculatrice », requise par l'organisation qui se veut la plus efficace. Mais la société rationnelle (calculatrice) laisse l'individu insatisfait car l'utilité est en même temps vacuité. D'où le rôle de l'État moderne, que le philosophe doit penser : la politique ne se réduit pas à la gestion. L'État constitutionnel (ou État de droit), dans lequel l'exercice du pouvoir est réglé par la loi*, s'il garantit à chaque individu la jouissance d'une vie personnelle, lui propose également une certaine idée de l'État, idée rationnelle, ou encore universelle. Cette idée est celle de la politique conçue comme non-violence*, c'est-à-dire choix de la discussion publique comme moyen de résoudre les conflits en parvenant à des décisions communes. Elle implique une éducation* du citoyen* qui confirme et garantit son statut de gouvernant en puissance. Elle induit, pour finir, la perspective d'une unification mondiale. Moderne en effet dans son principe (la rationalité de l'organisation du travail), la société l'est aussi par sa fin : l'« État mondial ». L'instauration d'un espace de discussion permanente entre les États, la constitution d'une fédération d'États libres ou société mondiale est l'horizon raisonnable, parce que non violent, de toutes les sociétés modernes.

● **PRINCIPAUX ÉCRITS** : *Hegel et l'État* (1950) ; *Logique de la philosophie* (1950) ; *Philosophie politique* (1956) ; *Philosophie morale* (1961) ; *Problèmes kantiens* (1963) ; *Essais et conférences* (1970-1971).

WEIL SIMONE (1909-1943)

REPÈRES BIOGRAPHIQUES

Agrégée de philosophie, ancienne élève d'Alain, Simone Weil milite activement dans le mouvement ouvrier. Elle participe à la guerre d'Espagne et rejoint en 1942 la France libre à Londres, où elle se laisse mourir de faim par solidarité avec les Français restés au pays.

Le travail

Simone Weil voit dans le travail* non pas une malédiction mais au contraire une forme possible de liberté*. Dans une société idéale (telle qu'elle en dresse le tableau dans *Oppression et liberté*), les hommes travailleraient librement, loin d'avoir à disposer de tout sans avoir à travailler. Pour Simone Weil, un travail est libre non seulement quand on n'obéit pas aux ordres d'un autre, mais quand, dans la tâche même, la conception et l'exécution ne sont pas séparées.

La condition ouvrière, où le travailleur agit machinalement et s'épuise à survivre, est l'illustration même du malheur.

L'obligation

Ce sont les besoins de l'âme qui déterminent l'obligation*, c'est-à-dire ce que, en tant qu'hommes, nous devons aux autres et à nous-mêmes, et aussi ce que la société doit à chacun. L'obligation est ainsi le fondement de l'action morale et politique ; elle se traduit pratiquement par une grande exigence vis-à-vis de soi-même, à l'image de celle qui anima la vie de Simone Weil.

L'idée d'obligation doit se substituer à celle de « droits de l'homme ». Le droit* est lié à des situations de partage et d'échange, des situations « commerciales ». Les droits de l'homme ont également ce sens historique et concret. Au contraire, la notion d'obligation apparaît à Simone Weil comme inconditionnée*. Il en résulte que, sur les plans éthique et politique, une action volontaire est possible et nécessaire — même si, sur un autre plan, celui de la religion*, la volonté semble radicalement insuffisante.

L'expérience mystique

À partir de 1935, Simone Weil connaît plusieurs expériences mystiques*, à l'origine de sa conversion à la foi chrétienne. Ce rapport au christianisme* n'en reste pas moins très individuel (Simone Weil, se défiant de toute institution, refusera le baptême).

Prônant, dans le domaine religieux, un abandon de la volonté (« Il suffit d'être sans libre arbitre* pour être égal à Dieu »), Simone Weil propose une interprétation libre de divers textes sacrés (chrétiens, hindouistes et bouddhiques) et voit le salut dans l'anéantissement du moi et dans l'obéissance à Dieu.

Ce mouvement d'anéantissement du moi est comparable à l'effort d'« attention pure » dans le domaine intellectuel, qui fait disparaître le moi au profit de l'apparition du « réel ». Il est également analogue à l'expérience de la contemplation* esthétique, laquelle suppose non de s'approprier l'objet, mais de communier avec l'œuvre et sa signification.

● **PRINCIPAUX ÉCRITS :** *La Pesanteur et la Grâce* (1947) ; *La Connaissance surnaturelle* (1949) ; *L'Enracinement* (1950) ; *La Condition ouvrière* (1951) ; *La Source grecque* (1953) ; *Oppression et liberté* (1955) ; *Pensées sans ordre concernant l'amour de Dieu* (1962).

WELTANSCHAUUNG

● **ÉTYM. :** mot allemand signifiant « vision du monde ». ● **PHILOSOPHIE :** ce terme désigne une conception générale de la vie telle qu'un individu ou une collectivité se la forge à partir de son expérience propre. Une *Weltanschauung* n'a donc rien de rationnel, elle dépend beaucoup des circonstances historiques et se transforme avec elles. C'est là un concept clé hérité du romantisme et développé par Dilthey, qui assignait à l'herméneutique la tâche de clarifier la vision du monde déployée dans un texte. Ce concept est donc requis chaque fois que l'on veut marquer l'importance du passé et sa différence d'avec le présent.

● **CORRÉLATS :** communauté ; romantisme ; société.

WITTGENSTEIN LUDWIG (1889-1951)

REPÈRES BIOGRAPHIQUES

Wittgenstein est né en Autriche, dans une famille de la grande bourgeoisie. Après des études d'ingénieur, il étudie la philosophie auprès de Bertrand Russell. Engagé volontaire dans l'armée autrichienne pendant la Première Guerre mondiale, il écrit alors le seul ouvrage publié de son vivant, le *Tractatus logico-philosophicus*. Après avoir été instituteur et jardinier, il renoue avec la philosophie en 1939. Il finit sa vie dans une hutte de la côte irlandaise.

La première philosophie

Le *Tractatus* incarne la première philosophie de Ludwig Wittgenstein. Recueil d'aphorismes au contenu parfois énigmatique, il présente essentiellement une réflexion sur le langage* et les conditions auxquelles il peut représenter le monde.

L'ouvrage divise les propositions en deux groupes. Soit elles sont de pures vérités logiques, ou tautologies* (A est A); elles sont alors inconditionnellement vraies mais vides de sens, car elles ne disent rien sur l'état du monde. Soit elles ont un contenu informatif; elles se laissent alors, conformément à l'atomisme logique* de Bertrand Russell*, analyser en propositions simples (ou « atomiques »), lesquelles représentent un « état de choses » (c'est-à-dire un fait ou un événement) indépendant des autres. Les énoncés complexes ne sont que des combinaisons logiques des propositions élémentaires.

Pour qu'une proposition puisse représenter un fait, il faut qu'il y ait une forme logique commune entre la structure de la proposition et la structure du fait. Cela signifie que les éléments du langage se comportent entre eux de la même manière que les éléments du réel : les noms, qui représentent les objets, sont articulés entre eux de la même façon que les objets dans l'état des choses.

Dans ces conditions, qu'est-ce qu'une proposition douée de sens ? C'est une proposition qui représente un état de choses possible, c'est-à-dire une proposition ou bien vraie (quand elle est conforme à l'état de choses) ou bien fausse (quand elle n'y est pas conforme). C'est, autrement dit, une proposition vérifiable.

Présentée ainsi, la première philosophie de Wittgenstein paraît très proche du positivisme* du Cercle de Vienne*, qu'il a d'ailleurs fortement influencé : l'ensemble des propositions acceptables est constitué des énoncés formels de la logique et des énoncés empiriques de la science* ; il n'y a pas de place pour une science métaphysique qui ne peut être faite que de pseudo-propositions* (c'est-à-dire de phrases ni vraies, ni fausses, qu'il est logiquement impossible de vérifier) ; la philosophie n'est pas elle-même une science, mais une élucidation du langage et de la pensée.

Mais ce rapprochement entre Ludwig Wittgenstein et le Cercle de Vienne résulte en grande partie d'un malentendu. Pour l'auteur du *Tractatus*, l'analyse des conditions d'intelligibilité d'un langage rigoureusement représentatif a moins pour objet, comme le positivisme, de disqualifier la métaphysique que de montrer, de manière mystique*, l'importance de l'indicible et de l'impensable.

La seconde philosophie

À partir de la fin des années 1920, Wittgenstein élabore une nouvelle philosophie qui revient complètement sur certaines des conceptions essentielles du *Tractatus*.

1. L'abandon de l'atomisme logique. Il n'existe pas de propositions absolument simples ; tout dépend du contexte et des situations de langage.

2. L'abandon d'une démarcation stricte entre sens* et non-sens. Le langage de la science n'est plus le prototype du langage signifiant. Wittgenstein avance alors la notion de « jeu de langage ». Le langage, dit-il, est pareil à une boîte à outils : il est fait d'instruments multiples aux multiples fonctions. Il n'existe pas une manière correcte et d'autres incorrectes de les utiliser ; tout dépend, là aussi, des situations et de ce qu'on vise. Autrement dit, il n'y a pas de règles absolues du langage signifiant. Wittgenstein s'oriente ici vers un conventionnalisme* radical : il n'existe pas d'essence* de la signification. C'est alors la perspective à partir de laquelle le langage est analysé qui a changé : il n'est plus envisagé du point de vue cognitif, comme représentatif d'une réalité, mais du point de vue de la communication* et de ses usages ordinaires et variés. Wittgenstein en vient à légitimer tout énoncé qui, dans le jeu de langage qui lui est propre, remplit sa fonction de communication, même s'il ne signifie rien de précis et de défini (ex. : « Attends-moi à peu près là »). Quant au langage scientifique, il perd son privilège et n'est plus qu'un jeu de langage parmi d'autres.

● **PRINCIPAUX ÉCRITS** : *Tractatus logico-philosophicus* (1921) ; *Le Cahier brun et le cahier bleu* (1933-1935) ; *Investigations philosophiques* (1936-1949).

ZARATHOUSTRA

Le personnage historique de Zarathoustra (ou Zoroastre) — prêtre iranien de la Perse antique qui réforma la religion en enseignant le dualisme des principes du bien et du mal compris en un Dieu unique — est repris par Nietzsche* dans une de ses œuvres les plus fameuses : *Ainsi parlait Zarathoustra*. Le Zarathoustra de Nietzsche, cependant, se place « par-delà le bien et le mal ». Nietzsche pensait que ce livre allait être déterminant pour l'histoire de l'humanité, et constituer comme une nouvelle Bible. Zarathoustra y apparaît comme un prédicateur porteur d'une sagesse inédite qu'il consent à délivrer aux hommes : l'œuvre est en grande partie constituée de sermons, dans lesquels sont reprises, de façon très imagée, les grandes idées de Nietzsche. Mais la fonction de Zarathoustra est par ailleurs clairement définie : il est celui qui vient annoncer le surhomme* (l'homme est fait pour être dépassé) et l'éternel retour (le cours du monde n'est dirigé par aucune fin : il revient sans cesse sur lui-même à la manière d'un jeu gratuit).

■ ● **CORRÉLAT** : zoroastrisme.

ZÉNON DE CITTIUM (OU CITIUM) (335-264 AV. J.-C.)

REPÈRES BIOGRAPHIQUES
Philosophe grec fondateur du stoïcisme.

Aucun de ses ouvrages n'a été conservé, mais Diogène Laërce* nous a transmis — au moins partiellement — sa doctrine (*cf.* Stoïcisme).

ZÉNON D'ÉLÉE (NÉ VERS 490 AV. J.-C. À ÉLÉE)

REPÈRES BIOGRAPHIQUES
Philosophe grec de l'école d'Élée.

Disciple et peut-être fils adoptif de Parménide*, Zénon d'Élée serait, si l'on en croit Aristote*, l'inventeur de la dialectique*. Forte personnalité, doué en outre d'une langue bien pendue, il se montra souvent méprisant à l'égard des puissants : c'est ainsi qu'arrêté par le tyran Néarque, qu'il avait entrepris de renverser, il se serait tranché la langue puis lui aurait craché au visage (selon Diogène Laërce*).

Toujours selon Aristote, Zénon soutenait une série de paradoxes, dont les plus fameux concernent le mouvement. L'un d'eux consiste à soutenir qu'un mobile ne peut jamais atteindre le terme d'un trajet puisqu'il devrait pour cela parcourir la moitié du trajet, puis la moitié de la moitié, et ainsi de suite à l'infini... De même Achille ne peut atteindre la tortue qu'il poursuit puisqu'il devrait pour cela atteindre le point qu'il vient de quitter : pendant ce temps la tortue a avancé... Selon Aristote, ces arguments sont faux, parce qu'ils s'appuient sur une représentation du temps (comme étant constitué d'une addition d'instants) qui est trompeuse (cf. également Présocratiques).

ZÉTÉTIQUE

(adj. et n. f.) ● ÉTYM. : grec *zêtein*, « rechercher, enquêter ». ● PHILOSOPHIE : partie de la doctrine qui est consacrée à la recherche.

Le mot zététique est surtout utilisé dans le cadre de la philosophie des sceptiques pyrrhoniens (cf. Scepticisme et Pyrrhon d'Élis). Il veut souligner que, par essence, le scepticisme est une recherche qui n'a pas pour vocation de cesser. Le sceptique pur n'affirme rien, pas même qu'on ne peut rien affirmer ; c'est pourquoi il cherche. Si son jugement est suspendu, s'il doute, c'est un effet de cette recherche : ce n'est donc pas une posture à son tour dogmatique. S'il a recours à l'aporie*, c'est pour ne pas se reposer sur des croyances injustifiées. Comme son nom l'indique (« celui qui examine »), le véritable sceptique est d'abord un enquêteur.

● CORRÉLATS : aporie ; *épochê* ; maïeutique ; philosophie ; scepticisme.

ZOROASTRISME

Appelé aussi *mazdéïsme*, le zoroastrisme est une religion ancienne, originaire d'Iran. Il tire son nom de Zoroastre (Zarathoustra*), personnage perse du VIIe ou VIe siècle avant J.-C., dont la vie a été transmise par les récits de l'Avesta (textes sacrés qui lui sont très ultérieurs). Zoroastre, s'inspirant de traditions mazdéïstes (religion de la lumière) plus anciennes encore, serait l'ancêtre des trois grands monothéismes*, puisqu'il affirme l'existence d'un dieu unique, Ahura Mazda, maître de la lumière, mais aussi celle d'un ciel, d'un enfer et d'un jugement dernier, ainsi que l'avènement futur d'un sauveur. Ahura Mazda est en lutte contre Ahriman, puissance du mal et des ténèbres. Dans ce combat entre le principe du bien et celui du mal (cf. Manichéisme), c'est Ahura Mazda qui, à terme, doit l'emporter.

Lorsque l'islam* devint la religion dominante des Perses, les zoroastriens émigrèrent en Inde où on leur donna le nom de *parsis* (« Perses ») et où le culte de Mazda s'est mué partiellement en un culte du feu.

La figure de Zarathoustra a été utilisée de façon très libre par Nietzsche*, sans aucun souci de fidélité historique, comme porte-parole de certains aspects de sa propre doctrine.

● CORRÉLAT : Zarathoustra.

Index des noms

Adler (Alfred) : 369
Al Farabi : 42, 230, 270
Al Ghazali : 230
Anaximandre : 127, 361
Andréas-Salomé (Lou) : 312
Andronicos de Rhodes : 288, 346
Antipater de Tarse : 429
Antisthène : 98
Aphrodise (Alexandre d') : 362
Archimède : 441
Aristarque de Samos : 91
Aristippe de Cyrène : 190
Arrien : 137
Avenarius : 133
Bailly (Charles) : 401
Bakounine : 18, 150
Balibar (Étienne) : 13
Barthes (Roland) : 128
Barthez (Paul-Joseph) : 467, 468
Bataille (Georges) : 397, 414
Baudelaire : 48, 401
Baudrillard (Jean) : 52
Baumgarten (A.G.) : 148
Bautain (Louis, abbé) : 166
Bazar (Saint-Armand) : 399
Bazin (André) : 71
Beauvoir (Simone de) : 286, 413
Beckett (Samuel) : 7
Berlin (Isaiah) : 260
Bernheim (H.) : 175
Berdiaeff (Nicolas) : 158
Bettelheim (Charles) : 62
Bichat (M.F.X.) : 301, 467
Blanché (Robert) : 43, 263, 281, 463
Bloch (Marc) : 198
Bodin (Jean) : 149, 424
Bordeu (Théophile de) : 467
Bossuet : 55, 90, 273, 471
Bouddha : 57, 83, 233
Boudon (Raymond) : 421
Bourgeois (Léon) : 422
Brahé (Tycho) : 244
Brecht (Berthold) : 48
Brentano (Franz) : 205
Breton (André) : 173
Breuer (Joseph) : 175
Broglie (Louis de) : 112
Brouwer (Luitzen E.J.) : 228, 281
Buber (Martin) : 339
Campanella (Tommaso) : 458
Carroll (Lewis) : 443
Castoriadis (Cornélius) : 128, 224
Catherine de Russie : 111
Cavell (Stanley) : 72
Changeux (Jean-Pierre) : 147
Charcot (J.-M.) : 175, 207
Chateaubriand : 292
Chrysippe : 429
Clausewitz : 186
Cléanthe : 429
Confucius : 83, 233
Cratès : 98
Crozier (Michel) : 421
Cullen (W.) : 311
Dagognet (François) : 215
Dante : 327
Debray (Régis) : 283
Defoe (Daniel) : 391
Delay (Jean) : 285
Desanti (Jean Toussaint) : 281
Dolto (Françoise) : 369
Dostoïevski : 315
Dumont (Louis) : 118
Ehrenberg (A.) : 429
Einstein : 144, 145, 383
Eisenstein (Sergueï) : 101
Enfantin (Prosper) : 399
Eschyle : 321
Establet (R.) : 13
Euripide : 321
Fanon (Frantz) : 466
Fénelon : 197

Ferry (Jules) : 82, 250
Ferry (Luc) : 128, 239, 457
Fevbre (Lucien) : 163, 198
Ficin (Marsile) : 311
Filmer (Robert) : 262
Finkielkraut (Alain) : 16
Flaubert (Gustave) : 401
Fliess (W.) : 175
Fontenelle : 294
Foucault (Léon) : 159
Frédéric de Prusse : 111
Freud (Anna) : 369
Gandhi : 466
Genêt (Jean) : 401
Giacometti (Alberto) : 401
Gide (André) : 8
Girard (René) : 458, 465
Gobineau (J.A. comte de) : 375
Gödel (Kurt) : 183, 280
Goldmann (Lucien) : 126
Goodman (N.) : 18
Gorgias : 61, 91, 423
Grasset (Pierre-Paul) : 155, 231
Grosseteste (Robert) : 45
Guattari (Félix) : 101, 110
Haeckel (Ernst) : 127
Harvey (William) : 469
Havel (Vaclav) : 335
Heisenberg (Werner K.) : 112, 189
Hipparchia : 98
Hippias : 423
Hippocrate : 92
Hirschman (A.) : 226
Hjemslev (Louis) : 431
Hölderlin : 190, 194, 403
Huet (Pierre-Daniel) : 166
Hutcheson (Francis) : 412
Ibn Arabi : 230
Ionesco (Eugène) : 7
Jakobson (Roman) : 76, 257, 431
Janet (Pierre) : 175
Jansénius : 312
Jung (Carl Gustav) : 28, 369
Kafka (Franz) : 48
Klein (Mélanie) : 369
Kojève (Alexandre) : 248
Kundera (Milan) : 285
La Fontaine (Jean de) : 265
La Rochefoucauld : 16
Lambert (Jean Henri) : 342
Lamennais (Félicité) : 166
Lao Tseu : 233
Laplace (Pierre Simon) : 94
Laplanche (Jean) : 311, 370
Lavoisier : 329
le Tintoret : 401
Lefort (Claude) : 327
Legendre (P.) : 437
Lénine : 115, 418, 465
Leroi-Gourhan (André) : 441
Leroux (Pierre) : 418
Leucippe : 92, 102, 361
Levi (Primo) : 78
Lévy-Bruhl (Lucien) : 21
Lobatchevski (N.I.) : 144, 280
Lovelock (James) : 128
Lucchesi (Martine) : 286
Lumière (frères) : 72
Lwoff (André) : 231, 296
Lyotard (J.-F.) : 292
Macherey (P.) : 13
Magendie (François) : 52
Mahomet : 229
Maine de Biran : 218
Malinowski (B.) : 169, 325
Malraux (André) : 161
Mandeville (Bernard) : 416
Manès : 274
Marcel (Gabriel) : 158, 223
Marin (Louis) : 215
Matthieu (saint) : 238
Méliès (Georges) : 72

Mellon (Ch.) : 466
Mendel (Johann) : 467
Mendelssohn (Moses) : 236
Mersenne : 200
Michelet (Jules) : 197
Monod (Jacques) : 231
Morris (Charles W.) : 358
Novalis : 229, 391
O (Anna) : 65
Otto (Rudolf) : 317, 384
Owen (Robert) : 418
Pavlov (I. P.) : 47
Péguy (Charles) : 303
Planck (Max) : 404
Plutarque : 441
Pontalis (J.-B.) : 311, 370
Pope (Alexander) : 324
Porphyre : 116, 311, 352
Posidonius d'Apamée : 429
Protagoras : 61, 91, 342, 349, 383, 423
Proust (Marcel) : 101
Ptolémée : 91
Rabelais : 135, 203
Rancière (Jacques) : 13
Renaut (Alain) : 239, 457
Renouvier (Charles) : 339
Ribot (Théodule) : 370, 444
Ricardo (David) : 74, 275, 276
Riemann (G.F.B.) : 144, 280
Rilke (Rainer Maria) : 194
Robespierre : 392
Rodriguès (Olinde) : 399
Rorty (Richard) : 473
Rufus (Musonius) : 137
Ryle (Gilbert) : 14, 18, 147
Sacher-Masoch : 101
Sade (marquis de) : 194
Saint-Just : 56, 392
Saint-Pierre (Bernardin de) : 327
Salomon : 235
Savonarole : 347
Schlegel (Friedrich von) : 229, 391
Schlick (Moritz) : 66, 134
Scot (Duns) : 321, 457
Sebond (Raymond) : 297
Séchehaye (Albert) : 401
Semelin (J.) : 466
Simondon (Gilbert) : 441
Skinner (B.J.) : 47
Solon : 398
Sophocle : 23, 321
Sorel (Georges) : 465
Spencer (Herbert) : 156, 325
Staël (Madame de) : 87
Stahl (Georg E.) : 467
Stirner (Max) : 18
Strawson (P.F.) : 18
Taguieff (Pierre-André) : 375
Testard (Jacques) : 469
Thucydide : 431
Timon de Phlionte : 372
Tönnies (Ferdinand) : 75
Touraine (Alain) : 292, 421
Tournier (Michel) : 391
Tracy (Destutt de) : 212
Valéry (Paul) : 327
Vargas (Yves) : 429
Vico (Jean-Baptiste) : 464
Vidal-Naquet (Pierre) : 310
Vigarello (Georges) : 429
Villon (François) : 53
Vinci (Léonard de) : 432
Wagner (Richard) : 312
Watson (John B.) : 47
Wells (H.G.) : 443
Whitehead (Alfred N.) : 17, 336, 396
Winnicott (Donald) : 369
Wolff, Christian : 240, 296
Xénophane (de Colophon) : 362
Yonnet (Paul) : 429
Zwingli (Ulrich) : 69

Imprimé en France par CPI Hérissey à Évreux (Eure) - N° 113794 CPI
Dépôt légal : 74619 - 2/08 - avril 2010